Goffman-Handbuch

Karl Lenz · Robert Hettlage
(Hrsg.)

Goffman-Handbuch

Leben – Werk – Wirkung

1682
J.B. METZLER

Hrsg.
Karl Lenz
Technische Universität Dresden
Dresden, Deutschland

Robert Hettlage
Basel, Schweiz

ISBN 978-3-476-05870-6 ISBN 978-3-476-05871-3 (eBook)
https://doi.org/10.1007/978-3-476-05871-3

Die Deutsche Nationalbibliothek verzeichnet diese Publikation in der Deutschen Nationalbibliografie; detaillierte bibliografische Daten sind im Internet über http://dnb.d-nb.de abrufbar.

Coverfoto: Mit freundlicher Genehmigung der American Sociological Association.

Planung/Lektorat: Ferdinand Pöhlmann
J.B. Metzler ist ein Imprint der eingetragenen Gesellschaft Springer-Verlag GmbH, DE und ist ein Teil von Springer Nature.
Die Anschrift der Gesellschaft ist: Heidelberger Platz 3, 14197 Berlin, Germany

Vorwort

Anlässlich seines 100. Geburtstages erscheint das Goffman-Handbuch. Erving Manual Goffman – so sein voller Geburtsname, den er mit Ausnahme seiner Masterarbeit bei allen Publikationen auf den ersten Vornamen eingekürzt hat – ist 1922 in dem kanadischen Dorf Mannville in der Provinz Alberta geboren. Alberta ist die westlichste der sog. Prärieprovinzen Kanadas mit Edmonton als Hauptstadt. Vielfach – und nicht nur in deutschsprachigen Publikationen – wird sein Geburtsort falsch geschrieben, was aufgrund des in der englischen Sprache ungewöhnlichen Doppel-N auch nicht verwundert. Mannville wurde noch zu dessen Lebzeiten nach dem kanadischen Eisenbahnpionier Donald Mann (1853–1934) benannt und wird entsprechend der deutschen Schreibweise seines Namens geschrieben. Im deutschsprachigen Raum hat sich ein weiterer Fehler eingeschlichen, der z. T. fortgeschrieben wird. Dieser betrifft Goffmans Geburtsdatum: Er ist nicht im Juli 1922 geboren, sondern am 11. Juni.

An seinen Geburtsort dürfte er nur wenig Erinnerung gehabt haben, da seine Eltern schon als er vier Jahre alt war, in die Kleinstadt Dauphin in der Provinz Manitoba umzogen. Zur Kernfamilie gehörte seine drei Jahre ältere Schwester Frances, die später unter dem Namen Frances Bay als Schauspielerin Karriere machte, wie ihre 2008 – drei Jahre vor ihrem Tod – erfolgte Aufnahme in Canada's Walk of Fame deutlich macht. (In Deutschland dürfte ihre Rolle als schrullige Großmutter in dem Film *Happy Gilmore,* der 1996 in die deutschen Kinos kam, ihr größter Erfolg gewesen sein). Seine Mutter Anne – manchmal auch nur Ann – mit Geburtsnamen Averbach (1899–1989) und sein Vater Max Goffman (1890–1954) stammen aus dem ausgedehnten russischen Zarenreich, näher geografisch lokalisiert aus der heutigen Ukraine (der oder die Herkunftsort/e ist/sind nicht verbürgt). Beide waren jüdischen Glaubens, sind getrennt im Zuge einer großen Auswanderungswelle vor dem Ersten Weltkrieg nach Kanada emigriert und heirateten gegen Ende des Weltkrieges. Während sein Vater mehr oder minder auf sich gestellt war, gehörte seine Mutter einer erweiterten Familie an, die auf dem neuen Kontinent sehr schnell wirtschaftlich Fuß fasste. Dieses unterschiedliche soziale Kapital hatte auch auf die Machtbalance in der Familie

Auswirkung; seine Mutter wird als die starke Person beschrieben (Cavan 2014). Mithilfe ihrer Familie konnte sein Vater zunächst ein Geschäft in Mannville gründen und später ein Bekleidungsgeschäft in Dauphin, das er auch fortführte, als die Familie 1937 in die 350 km entfernte Hauptstadt von Manitoba und Metropole Winnipeg zog – in die Stadt, in der die Eltern sich auch kennenlernten. Der Wunsch, Anschluss an eine größere jüdische Gemeinde zu bekommen, dürfte für diesen Ortwechsel ausschlaggebend gewesen sein. Der Antisemitismus war in dieser Zeit in Kanada stark verbreitet (Cavan 2014, 49 f.) und dieser dürfte schon früh – wie auch seine geringe Körpergröße – zu Goffmans Grunderfahrung des Andersseins beigetragen haben. (Alle seine überlieferten Kosenamen, z. B. „peerie Goffman" aus der Zeit auf der Insel Unst, nehmen auf seine Körpergröße Bezug).

Nach einem abgebrochenen Chemiestudium, einer biografischen Suchphase, in der er auch bestrebt war, dem Militärdienst während des Zweiten Weltkriegs – verbunden mit seiner großen Angst, als kleingewachsene Person besonders leicht zum Opfer zu werden – zu entgehen, hat Goffman 1943 begonnen, Soziologie zu studieren, zunächst in Toronto und dann später in Chicago. Dort schloss er 1949 sein Masterstudium und 1953 seine Promotion erfolgreich ab (ausführlicher s. Kap. 1; zur Aufhellung seiner Biografie, die Goffman selbst im Verborgenen halten wollte, haben ganz wesentlich die zahlreichen Interviews und Materialsammlungen von Yves Winkin sowie das Erving Goffman Archives, kurz EGA, mit vielen Lebenserinnerungen beigetragen. Mehr zu seiner Biografie: Winkin 2022).

Vom Außenseiter zum Klassiker der zweiten Generation

Nach einem eher schleppenden Start nahm seine wissenschaftliche Karriere dann rasch an Fahrt auf. Seine erste Buchveröffentlichung *The Presentation of Self in Everyday Life* – zunächst 1956 in einer Schriftenreihe der University Edinburgh und 1959 in einer überarbeiteten Fassung auf dem amerikanischen Buchmarkt erschienen – hatte bereits eine hohe Aufmerksamkeit erlangt. Für dieses Werk wurde er von der American Sociological Association 1961 mit dem McIver Award ausgezeichnet. Auch der Sprung an eine Universität gelang Ende der 1950er Jahre. Er bekam eine Anstellung an der University of Berkeley, an der Herbert Blumer bereits tätig war. Blumer hatte diese Anstellung aber offenkundig nicht gefördert, sondern verhehlte seine Skepsis gegenüber der Person Goffmans nicht (Winkin 1999). Nach kontroverser Diskussion entschied sich die Kommission mit starker Unterstützung durch ein Gutachten von Everett C. Hughes für Goffman als Nachfolger von Tamotsu Shibutani (1920–2004), zunächst als Visiting Assistant Professor und ab 1962 als Full Professor.

In Berkeley wurde dann der Mythos Goffman geboren. In den 1960er Jahren avancierte er für die Studierenden zu einer Art Kultfigur. Für die im Aufbruch befindlichen Student/innen verkörperte Goffman den Normkonformismus (Lofland [1984], 2000; Marx [1984], 2000). Diese Haltung hat Bennett M. Berger (1973) bereits im Titel des Aufsatzes *A Fan Letter on Erving Goffman* zum Ausdruck gebracht. Die frühen 1960er Jahre waren zugleich für seinen wissenschaftlichen Output eine enorm produktive Zeit; in den Jahren 1961 und 1963 veröffentlichte er jeweils zwei Bücher (AS; EN bzw. BP und ST). Trotz alledem hatte Goffman noch lange das Image eines Außenseiters, der sich mit den kuriosen Details des Alltags befasst, der wegen seines guten Schreibstils als eine Art soziologisch inspirierter – und vielleicht auch inspirierender – Belletrist gelesen wird (Hettlage/Lenz 1991; Raab 2014). Verbreitet war eine Steinbruch-Rezeption, bei der einzelne Konzepte aus dem Werk aufgegriffen wurden, ohne dass deren Verankerung weiter gewürdigt worden wäre. Sein Schaffen galt primär als soziologisches Unterhaltungsprogramm, das für eine Hinführung zur Soziologie wertvoll sein kann und aus dem man gelegentlich auch etwas schöpfen kann, das aber vom harten Geschäft der Disziplin – sei es die soziologische Theorie oder die quantifizierende Empirie – weit entfernt sei.

Ein grundlegender Umschwung setzte erst in den späten 1970er Jahren ein, vor allem nach seinem frühen Tod 1982. Möglicherweise war seine Präsidentschaft in der American Sociological Association bereits Ausdruck dieses Wandels, auch wenn diese für viele damals noch überraschend war. Voraussetzung für diesen Umschwung war eine starke Pluralisierung des Faches sowohl in der Theorie wie auch in der Empirie. Die Dominanz des Strukturfunktionalismus endete zugunsten einer theoretischen Perspektivenvielfalt und die stark an den Rand gedrängte qualitative Sozialforschung erlebte eine Wiedergeburt. Inzwischen hat Goffman nicht nur durch seine empirischen Studien, sondern ebenso als soziologischer Theoretiker einen Stammplatz in der soziologischen Ahnengalerie (Collins [1980], 2000; Giddens [1988], 2000). Nur einige wenige Belege mögen dafür ausreichen: Im *Wiley-Blackwell Companion to Major Social Theorist*s, herausgegeben von George Ritzer und Jeffrey Stepnisky (2011) ist Goffman ebenso vertreten wie in *Klassiker der Soziologie* von Dirk Kaesler (2020). In einer Reihe von Einführungsbüchern zur soziologischen Theorie (z. B. Turner 2003; Gertenbach/Kahlert/Kaufmann u. a. 2009; Keller 2012; Schroer 2017) wird das Werk von Erving Goffman inzwischen als ein eigenständiger Theorieansatz aufgeführt.

Für die Entdeckung und Verbreitung Goffmans in Deutschland kommt sicherlich Jürgen Habermas eine große Bedeutung zu, der mit ihm auch in einem persönlichen Austausch stand (s. Kap. 1). Schon früh hat Habermas ([1968], 1973) Konzepte von Goffman aufgegriffen, so das der Rollendistanz sowie der persönlichen und sozialen Identität, letztere wenngleich mit verändertem Bedeutungsgehalt. Nach einer anfänglichen „Steinbruch"-Rezeption hat er später auch den theoretischen Anspruch Goffmans anerkannt. Das Grundkonzept seines Hauptwerkes – das kommunikative Handeln – kontrastiert Habermas (1981) mit drei Handlungsbegriffen, darunter das dramaturgische Handeln. In dieser Form kommt dieser Begriff bei Goffman zwar nicht vor; deutlich erkennbar ist allerdings, dass damit Bezug genommen wird auf den in seinem Erstlingswerk ausführlich beschriebenen unausweichlichen Zwang zur Darstellung des Selbst in Interaktionen. Zu vermuten ist, dass Habermas entscheidenden Anteil daran hatte, dass das im Original 1963 veröffentlichtes Werk *Stigma* als erste deutschsprachige Übersetzung in der Reihe Suhrkamp Taschenbuch Wissenschaft (stw) erschienen ist. Fünf weitere Bücher aus der Feder von Goffman (in dieser Reihenfolge: IR; AS; RP; FA und GA) wurden in der Folgezeit im Suhrkamp-Verlag publiziert.

Dass Goffman in Deutschland mittlerweile eine hohe Anerkennung als Theoretiker besitzt, dazu hat auch der von den Herausgebern dieses Handbuches publizierte Reader *Erving Goffman. Klassiker der zweiten Generation* (Hettlage/Lenz 1991) beigetragen. Aufbauend auf der im amerikanischen Raum bereits angelaufenen Entdeckung und Anerkennung von Goffman als soziologischen Theoretiker wollten wir gegen die in Deutschland damals noch dominante verkürzte Rezeption und die verengte Zuordnung zum Symbolischen Interaktionismus auf den theoretischen Gehalt seines Werkes und auf seine Originalität aufmerksam machen. Mit der Formel ‚Klassiker der zweiten Generation' sollte deutlich werden, dass er zwar nicht wie Max Weber,Georg Simmel oder Émile Durkheim einen Beitrag zur Grundlegung des Faches geleistet hat, von ihm jedoch wesentliche Impulse für die Weiterentwicklung und Ausdifferenzierung der Soziologie ausgegangen sind. Seine bleibende Leistung ist die Etablierung der Interaktion als eigenständiger Gegenstandsbereich der Soziologie, der sich weder durch Rekurs auf die Subjektivität der einzelnen Beteiligten noch durch die Einbettung in umfassendere soziale Einheiten (soziale Organisation oder Gesellschaft) hinreichend erfassen lässt. Wie die – in seiner Dissertation *(Communication Conduct in an Island Community)* und in seiner Präsidentenadresse *(The Interaction Order)* verwendete – Benennung seines Theorie- und Forschungsprogrammes als *interaction order* (Interaktionsordnung) zum Ausdruck bringt, geht es ihm vor allem um wiederkehrende Ordnungsmuster – um Strukturen – in den Begegnungen mehrerer Personen in einer sozialen Situation. Diese Ordnungsmuster – Goffman spricht vielfach auch von Regeln – ergeben sich für ihn vor allem aus dem wechselseitigen Anspruch der Subjekte auf rituelle Sorgfalt. Deutlich wird, dass für ihn die Subjekte immer Teil der Interaktion sind. Die rituellen Anforderungen verweisen auf kulturelle Grundlagen, die diese nicht erst geschaffen haben, sondern stets bereits vorfinden.

Bei der Erschließung Goffmans für das Lesepublikum im deutschsprachigen Raum und damit auch für die Anerkennung als Theoretiker kommt zweifellos Hubert Knoblauch eine herausragende Stellung zu. Unter dem Titel *Interaktion und Geschlecht* hat er 1994 die Präsidentenadresse *The Interaction Order* und den Artikel *Arrangement between the Sexes* in deutscher Übersetzung mit einem eigenverfassten Vorwort und einem Nachwort von Helga Kotthoff (mit Fokus auf den zweiten Text) herausgegeben. Der nach einem Jahr Amtszeit scheidende Präsident der American Sociological Association hält am Ende der Jahrestagung traditionsgemäß einen Vortrag. Goffman hatte diesen noch geschrieben, konnte ihn aber aufgrund seiner weit fortgeschrittenen Krebskrankheit nicht mehr selbst halten. Einer langen Tradition folgend wird dieser Vortrag dann im ersten Heft des neuen Jahrgangs der Zeitschrift *American Sociological Review* veröffentlicht. Goffmans nicht gehaltene Präsidentenadresse ist 1983 erschienen und ist gleichsam ein Vermächtnis, da er in weiten Teilen einen Überblick über das Anliegen seines Lebenswerkes gibt. Der zweite Text in diesem Übersetzungsband hat in der Geschlechterforschung eine breite Aufnahme gefunden. Knoblauch hat darüber hinaus weitere Goffman-Texte übersetzt und herausgegeben. So die vergriffene Übersetzung von *Behavior in Public*

Places – ursprünglich auf Deutsch 1971 erschienen, aber wenig beachtet – in einer verbesserten Fassung mit dem neuen Titel *Interaktion im öffentlichen Raum*. In seinem herausgegebenen Sammelband *Kommunikative Lebenswelten* (1996) hat Knoblauch die postum erschienene, von Lyn H. Lofland herausgegebene Mitschrift eines Vortrags von Goffman zur Feldforschung dem deutschen Lesepublikum zugänglich gemacht. Bei diesem Text handelt es sich um eine heimliche Aufzeichnung seines Vortrages beim Treffen der Pacific Sociological Association 1976. Goffman hatte die Publikation seines Vortrages ausdrücklich abgelehnt. Entgegen seiner Verfügung, dass aus seinem Nachlass nichts veröffentlicht werden darf, konnte dieser Text mit Zustimmung seiner Witwe Gillian Sankoff erscheinen. Schließlich hat Knoblauch zusammen mit Christine Leuenberger und Bernt Schnettler auch Goffmans letztes Buch *Forms of Talk* in einer Teilübersetzung – die ersten drei der insgesamt fünf Beiträge –, ergänzt mit Goffmans letzten Artikel *Felicity's Condition* im Buch *Rede-Weisen. Formen der Kommunikation in sozialen Situationen* (2005) übersetzt und mit einem Vorwort herausgegeben.

Goffman hat nicht nur Eingang in Überblicksdarstellungen gefunden, es liegen mittlerweile auch mehrere deutschsprachige Einführungen in sein Werk vor. Die erste hat der Wiener Soziologe Horst Reiger 1992 (3. Aufl. 2000) vorgelegt, welche auf das Kernprogramm Goffmans Bezug nimmt, aber sich vor allem auf die frühen Arbeiten konzentriert. Auf das Gesamtwerk von Goffman mit reichhaltigen Bezügen und eine breitere Rezeption der internationalen Diskussion nimmt die Einführung von Jürgen Raab ([2008] 2014) Bezug, die in der Reihe Klassiker der Wissenssoziologie, herausgegeben von Bernt Schnettler, erschienen ist. Raabs Einführung liegt inzwischen (2019) unter dem Titel *Erving Goffman: From the Perspective of the New Sociology of Knowledge* in einer englischsprachigen Übersetzung vor. Eine weitere Einführung hat 2014 Michael Dellwing veröffentlicht, in dem ebenfalls der gesamte Goffman behandelt wird, wobei es das besondere Anliegen ist, den Empiriker sichtbar und verständlich zu machen. Weit mehr als eine Einführung ist das Buch *Rahmen und Habitus* (1997) von Herbert Willems. Willems' Anliegen ist es, die Systematik im Werk Goffmans aus der Rahmenanalyse, das als sein Hauptwerk aufgefasst wird, zu rekonstruieren. Dabei wird verdeutlicht – mit ausführlichen Bezügen auf Pierre Bourdieu –, dass seine Rahmentheorie eine Habitustheorie einschließt. Neben dieser theoretischen Rekonstruktionsarbeit möchte Willems Goffmans methodisches Programm aufzeigen, das dieser weitgehend verborgen gehalten hat.

Noch deutlich umfangreicher ist die Sekundärliteratur zu Goffman im englischsprachigen Raum. An erster Stelle ist die vierbändige Sammlung von Aufsätzen zum Werk von Erving Goffman zu nennen, die Gary Alan Fine und Gregory W.H. – oft auch nur Greg – Smith im Jahr 2000 in der Reihe *Sage Masters of Modern Social Thought* zusammengestellt haben. Die vier Bände umfassen neben der Einführung, an der neben den Herausgebern auch Philip Manning mitgeschrieben hat, 91 thematisch geordnete Aufsätze, die in den 1980er und 1990er Jahren entstanden sind. Auch wenn seither zwei Jahrzehnte mit einer Fülle neuer Publikationen vergangen sind, bildet diese Aufsatzsammlung weiterhin einen Grundstock für das Verständnis des Werkes von Goffman. Im englischsprachigen Raum gibt es zudem eine ganze Reihe von Einführungen. Schon Anfang der 1990er Jahre hat Tom Burns eine umfangreiche Einführung vorgelegt, die heute noch mit ihren Detailkenntnissen beeindruckt. Burns (1913–2001) hatte von 1964 bis zu seiner Emeritierung 1981 an der University of Edinburgh eine Soziologieprofessur inne. Da Burns an dieser Universität schon seit 1949 als Lecturer tätig war, hatte er Goffman in dessen Zeit in der schottischen Hauptstadt auch persönlich kennengelernt. Smith (2013, 58) äußert sogar die Vermutung, dass der Titel für Goffmans erstes Buch, der ursprünglich *The Management of Impressions in Social Establishments* lauten sollte, auf einen Vorschlag von Burns zurückgeht. Burns hatte das Manuskript für die Erstveröffentlichung an das Social Sciences Research Centre der University of Edinburgh weitergeleitet. Im gleichen Jahr wie Burns verfasste auch Philip Manning (1992) eine sehr profunde Einführung. Weitere wichtige und sehr lesenswerte Einführungen stammen von Gregory W.H. Smith (2006), Yves Winkin/Wendy Leeds-Hurwitz (2013), Michael Hviid Jacobsen/Søren Kristiansen (2015), Ramon Vargas Maseda (2017) und Anders Persson (2019). Schon die Internationalität dieser Autor/innen, die neben den USA aus Großbritannien, Frankreich, Dänemark, Mexiko und Schweden stammen, lässt die Breite der Rezeption seines Werkes erkennen. Darüber hinaus sind noch einige Sammelbände zu nennen. Der erste Sammelband *The View of Goffman* ist noch zu Goffmans Lebzeiten erschienen, herausgegeben vom schottischen Kriminologen Jason Ditton (1949–2015). Als weitere wichtige Sammelbände sind zu nennen: *Erving Goffman: Exploring the Interaction Order* herausgegeben von Paul Drew und Anthony Wootton (1988), *Beyond Goffman* von Stephen Harold Riggens (1990), *Goffman and SocialOrganization* von Smith (1999), *Goffman's Legacy* von A. Javier Treviño (2003) und *The ContemporaryGoffman* von Michael Hviid Jacobsen (2010).

Hingewiesen werden soll auch noch auf das Erving Goffman Archives (EGA), das unter der Adresse http://cdclv.unlv.edu/ega/ verfügbar ist. Aufgebaut wurde es von dem aus Russland stammenden Dmitri Shalin, der eine Professur für Soziologie an der University of Nevada, Las Vegas (UNLV) inne hatte. Auch wenn das Archiv aktuell nicht mehr gepflegt wird und folglich einige Links ins Leere führen, ist es weiterhin eine wichtige Quelle. Neben biografischen Informationen finden sich dort eine Reihe von Aufsätzen und unveröffentlichten Texten, so z. B. seine Dissertation (CCoIC) und der dieser Arbeit vorausgehende „Draft".

Anliegen und Aufbau des Handbuches

Was ist das Anliegen dieses Handbuches? Es möchte einen Zugang zu Goffmans Werk vermitteln, die theoretischen Kontexte aufzeigen, die auf sein Werk eingewirkt haben, und zugleich auch seine Wirkungen innerhalb und außerhalb des Faches nachzeichnen. Das Handbuch ist sehr breit angelegt, die einzelnen Beiträge sind allerdings kurz gehalten und sollen einen kompakten Überblick zum Einstieg in das Thema und in die Debatte ermöglichen. Durch eine straffe Gliederung der Beiträge soll das Handbuch ein nützliches Arbeitsinstrument sein, das dazu beitragen kann, sich leichter in das Gesamtwerk Goffmans einzuarbeiten und es für eigene wissenschaftliche Zwecke zu erschließen.

Insgesamt umfasst das Handbuch 72 Beiträge, die von 51 Autorinnen und Autoren verfasst wurden. Die Beiträge sind in sieben Teile eingegliedert. In Teil I wird die Person und sein Werk vorgestellt. In den beiden folgenden Teilen werden zunächst für das Werk relevante Theoriekontexte und Denkschulen aufgezeigt und anschließend einzelne Fachvertreter (ausschließlich Männer) vorgestellt, die nachhaltigen Einfluss auf sein Denken hatten. Auch wenn Goffman sehr stark durch die qualitative Sozialforschung und das interpretative Paradigma geprägt ist, ist sein Werk – wie es Knoblauch (1994, 11) bezeichnet hat – durch einen „hemmungslose(n) Eklektizismus" gekennzeichnet. Er scheute sich nicht, weit über die Soziologie hinausgehende Gebiete aufzunehmen, wie seine ab den 1960er Jahren starke Rezeption der Ethologie zeigt. Goffmans Soziologie war stets eine, die in einem engen Austausch mit der Anthropologie stand. Das galt schon für sein Studium in Toronto und Chicago und kommt in der Benennung seiner Professur in Philadelphia zum Ausdruck. In dieser späten Schaffensphase hat er sich zudem stark mit der Linguistik befasst. Goffman ordnete sich selbst nie einer soziologischen Schule zu und entsprechend ist auch seine Rezeption schulübergreifend. Auch wenn es durch die Aufnahme des Masterstudiums in Chicago naheliegend war, sich intensiv mit der dortigen soziologischen Traditionslinie zu befassen, hinderte ihn nichts daran, dennoch ausgiebig Émile Durkheim, Talcott Parsons oder auch Sigmund Freud (zu letzterem Manning 2005) zu studieren. Indem er für seine Dissertation als zentrales Konzept das der Kommunikation wählte, irritierte er sowohl das ‚anthropologische' Lager um W. Lloyd Warner wie auch das ‚soziologische' um Everett C. Hughes in Chicago. Für beide war Kommunikation kein relevanter Begriff.

Die Auswahl der theoretischen Kontexte und Bezugsautoren ist notgedrungen selektiv. Auch ein umfangreiches Handbuch erzwingt eine Auswahl und Beschränkung. Mit gutem Grund hätte man weitere oder andere auswählen können. Wir haben in den Teilen II und III jene Theoriekontexte und Autoren ausgewählt, die wir für das Verständnis seines Werkes für unverzichtbar halten. Unter den Bezugsautoren ist keine Frau. Das ist nicht vorrangig durch seine Selektion bestimmt, sondern resultiert unmittelbar aus der nahezu vollständigen männlichen Exklusivität der Sozialwissenschaften in dieser Zeit. In Teil IV werden in 16 Kapiteln Grundbegriffe von Goffman vorgestellt. In den meisten dieser Kapitel sind es mehrere. Da die Goffmansche Konzeptschmiede stets rege arbeitete und dabei äußerst produktiv war, ist auch hier eine Auswahl erforderlich. Susan Jane Birrell, die für ihre Dissertation für jedes Konzept, das sie bei Goffman fand, eine Karteikarte anfertigte, hatte am Ende über 900 Karteikarten (Williams 1988, 88). Dass in seinen Publikationen fortlaufend Konzepte eingeführt, definiert, entwickelt, aufeinander bezogen, angewendet oder auch wieder verworfen werden, resultiert für ihn aus dem Entwicklungsstand der Soziologie. Statt schon eine Systematik der Begrifflichkeit, einen konzeptuellen Bezugsrahmen, entwickeln zu können, geht es vor allem darum, erste Einblicke in das Forschungsfeld zu vermitteln und dessen Eigenständigkeit auszuloten. Robin Williams ([1983], 2000, 106) hat dieses Charakteristikum der Arbeitsweise Goffmans als „conceptual constructivism" bezeichnet.

In Teil V werden dann die elf Bücher von Goffman, die im Zeitraum von 1956 bis 1981 erschienen sind, vorgestellt. Zusätzlich haben wir auch noch drei Aufsätze (ABS; InO; FeC) ausgewählt, wobei ausschließlich die Präsidentenadresse (InO) in einem eigenständigen Beitrag präsentiert wird. Auf die Behandlung seiner frühen Aufsätze haben wir verzichtet, da die wichtigsten vier in seinem Buch *Interaction Ritual* wieder abgedruckt sind. Ergänzt wird diese Übersicht seiner Publikationen mit seiner 1953 eingereichten und unveröffentlichten Dissertation *Communication Conduct in an Island Community,* in der sein Theorie- und Forschungsprogramm grundgelegt wird. In Teil VI stellen wir sechs Kollegen vor, mit denen Goffman in einem besonders intensiven Austausch gestanden hat, auch wenn dieser z. T. kontrovers verlaufen ist. Ergänzt wird dieser Teil durch einen umfangreichen Beitrag, in dem ein Überblick über seine Schülerinnen und Schüler gegeben wird.

Im letzten Teil wird die Rezeption des Werkes behandelt. Die Beiträge in diesem Teil weisen drei Schwerpunkte auf: Zunächst werden Goffmans Spuren in drei ausgewählten theoretischen Perspektiven (Kritische Theorie, Systemtheorie und Rational Choice-Theorie), dann in speziellen soziologischen und interdisziplinären Forschungsfeldern und schließlich in Nachbardisziplinen aufgezeigt. Was für das gesamte Handbuch gilt, trifft im Besonderen auf diesen Teil zu. Notwendigerweise musste auch hier eine Auswahl getroffen werden.

Heute ist die theoretische Eigenständigkeit von Goffman innerhalb des interpretativen Paradigmas weitgehend anerkannt (einen ausführlichen Überblick zu den kontroversen Lesarten von Goffman gibt Vargas Maseda 2017). Eine ältere Auffassung, sein Werk einfach und pauschal dem Symbolischen Interaktionismus zuzuordnen, wird mittlerweile stark in Frage gestellt (Smith 1999). In dieser Auffassung wurde nicht nur die Homogenität der Arbeiten, die als Symbolischer Interaktionismus aufgefasst werden, stark überschätzt, sondern vor allem die deutlichen Unterschiede zwischen Goffman und Blumer nicht wahrgenommen (Lenz 1991; Knoblauch 1994; Helle 1998). Goffman hat aber – im Unterschied zu Harold Garfinkel und der Ethnomethodologie – keine Schule gegründet. Zwar gibt es viele Autorinnen und Autoren, die sich von seinen Themen oder Konzepten haben anregen lassen, aber es finden sich keine Nachfolger/innen, die das Theorie- und Forschungsprogramm übernommen und weitergeführt haben. Das hat auch unmittelbare Auswirkungen auf das Handbuch. Bei den Autorinnen und Autoren, die in diesem Handbuch mitgewirkt haben, versammelt sich kein Kreis von ‚Goffman-Jünger/innen', die sich einem festen Kanon der Werkauslegung verpflichtet fühlen. Vielmehr sind hier Autorinnen und Autoren versammelt, die aus unterschiedlichen Arbeitsfeldern kommen und diverse theoretische Perspektiven mitbringen (z. B. Ethnomethodologie, Phänomenologische Soziologie, Sozialkonstruktivismus). Diese Positionierungen im wissenschaftlichen Feld generieren unterschiedliche Zugänge und Perspektiven auf das Werk von Goffman. Es geht in diesem Handbuch ganz dezidiert nicht um *die einzig richtige* Sichtweise und Lesart. Ganz im Gegenteil, wir möchten gerade die Pluralität der Positionen sichtbar machen und diese zugleich miteinander in einen Dialog bringen. Gleichwohl möchte das Handbuch aber auch einen Beitrag dazu leisten, Fehlverständnisse, Verkürzungen und Falschdarstellungen in der Rezeption, die weiterhin fortgeschrieben werden, nachhaltig zu korrigieren.

Zur formalen Gestaltung des Handbuches

Alle elf Bücher von Goffman liegen in deutscher Übersetzung vor, das letzte seiner Bücher *Forms of Talk* allerdings nur – wie bereits erwähnt – in einer Teilübersetzung. Übersetzt wurden drei der insgesamt fünf Artikel aus diesem Buch. Auch fünf Aufsätze (TNS; ABS; In0; FeC und OFw), die später nicht auch als Buchbeiträge erschienen sind, liegen in deutscher Übersetzung vor. Insgesamt ist zu konstatieren, dass die Rezeption von Goffman in Deutschland ganz überwiegend auf der Grundlage dieser Übersetzungen stattfindet. Um die Bezugnahme auf die Übersetzungen und die Originaltexte stärker zusammenzuführen, haben wir uns für das Handbuch entschlossen, bei allen Texthinweisen beide Fassungen – Originaltext und Übersetzung – zu nennen. Einheitlich über alle Beiträge wurden bei den Verweisen immer die Erstausgaben verwendet, die im Siglenverzeichnis aufgeführt sind. Auch wenn die deutschsprachige Goffman-Rezeption den Ausgangspunkt bildet, ist der Anspruch dieses Handbuchs voll und ganz auf die internationale Diskussion ausgerichtet. Aus diesem Grunde haben wir für das Handbuch viele ausländische Expertinnen und Experten eingeladen. Mitgearbeitet haben letztendlich Autorinnen und Autoren aus insgesamt elf Ländern. Die in Englisch verfassten Artikel werden im Handbuch in der Originalsprache wiedergegeben; bei anderen Fremdsprachen haben wir uns für eine Übersetzung entschieden. Goffmans hohe Variabilität im Gebrauch von Begriffen wird in den deutschen Ausgaben zusätzlich gesteigert, da die Übersetzung seiner Originalbegriffe vielfach von Buch zu Buch nicht einheitlich ist. Hinzu kommt als Problem, dass die gewählte Übersetzung nicht immer überzeugen kann. Um auch hier zu einem besseren Verständnis zukommen, sind in die englischsprachigen Texte die gängige deutsche Übersetzung und bei den deutschsprachigen Beiträgen die englische Originalfassung eingefügt. Vereinzelt finden in den Beiträgen auch Vorschläge für bessere Übersetzungen.

Für Goffmans Publikationen werden im Handbuch Abkürzungen, sog. Siglen, verwendet. Bei seinen Büchern haben wir uns weitgehend an die von Goffman selbst verwendeten Siglen gehalten. Um Bücher, Aufsätze und nicht publizierte Texte besser voneinander zu unterscheiden, verwenden wir für Bücher jedoch immer zwei Buchstaben, die aus den Wörtern des Originaltitels stammen. Meistens sind es Anfangsbuchstaben. So z. B. wird sein Werk *The Presentation of Self in Everyday Life* mit PS abgekürzt, P für ‚Presentation' und S für ‚Self'. Da es bei diesem Buch zwei Fassungen gibt, werden diese mit PS1 für die Ausgabe von 1956 und PS2 für die Ausgabe von 1959 unterschieden. Bei den Aufsätzen verwenden wir immer drei Buchstaben und bei den unveröffentlichten Texten fünf Buchstaben aus dem Titel. Um die Anzahl der Siglen nicht zu stark auszudehnen, wird für die deutsche Übersetzung die Abkürzung des Originaltitels mit einem tiefgesetzten dt verwendet, also für *Wir alle spielen Theater* steht die

Abkürzung PS_{dt}. Einige seiner Bücher, z. B. *Interaction Ritual,* sind Aufsatzsammlungen. Um die einzelnen Beiträge unterscheiden zu können, kommen nach der Reihenfolge der Beiträge Kleinbuchstaben zum Einsatz, also für den Beitrag *On Face-Work* IR_a und für die deutsche Übersetzung IR_a_{dt}. Die Liste mit allen Siglen für die Publikationen von Goffman findet sich zu Beginn des Handbuchs.

Durch die Fülle der Beiträge ergeben sich Berührungspunkte zwischen einzelnen Texten. Um diese Verbindungslinien leichter erkennen zu können, haben wir an den entsprechenden Stellen Verweise auf einen anderen Text aufgenommen, und zwar in der folgenden Form: (s. Kap. - oder in den englischsprachigen Beiträgen - chap. [Kapitelnummer]). Die Kapitelnummern sind der Gliederung zu entnehmen.

Verfasst wurden die allermeisten Beiträge dieses Handbuches in der Zeit der Corona-Pandemie. Aufgrund der erzwungenen abrupten Umstellung auf eine weitgehend digitale Lehre und die phasenweise Schließung von Bibliotheken ergaben sich für das Schreiben besondere Herausforderungen. Für alle im Lehrbetrieb war diese Umstellung mit einer hohen zeitlichen Belastung verbunden. Jüngere Kolleginnen und Kollegen mussten zusätzlich die Aufgabe meistern, da das angeordnete Home-Office mit dem ebenfalls erzwungenen Homeschooling und dem damit deutlich erweiterten Umfang der Kinderbetreuung verbunden werden musste. Ältere Kolleginnen und Kollegen, die bereits aus dem aktiven Erwerbsleben ausgeschieden waren, mussten zwar nicht diese Herausforderungen meistern; sie fanden sich aber schnell in der besonderen Risikogruppe wieder, die mit ihren Außenkontakten besonders vorsichtig sein und die auch persönlich das deutlich höhere Risiko schwerer Verläufe mental bewältigen mussten. Trotz der Verlängerung der Bearbeitungszeit war es nicht möglich, dass alle Zusagen für Artikel realisiert werden konnten. Zwei Beiträge, die wir sehr gerne in dem Handbuch gehabt hätten, kamen aus gesundheitlichen Gründen leider nicht zustande.

Danken möchten wir allen, die uns bei der umfangreichen redaktionellen Arbeit an diesem Handbuch unterstützt haben, insbesondere Martin Booker, Romy Simon, Cornelia Wustmann und Lena Hilbrecht.

Karl Lenz
Robert Hettlage

Einführungsliteratur zum Werk von Erving Goffman

Burns, Tom: Erving Goffman. New York 1992.

Dellwing, Michael: Zur Aktualität von Erving Goffman. Wiesbaden 2014.

Ditton, Jason (Hg.): The View of Goffman. London 1980.

Drew, Paul/Wootton, Anthony: Erving Goffman: Exploring the interaction order. Cambridge 1988.

Fine, Gary A./Smith, Gregory W. H. (Hg.): Erving Goffman. Sage Masters of Modern Thought. 4 Bde, London 2000.

Hettlage, Robert/Lenz, Karl (Hg.): Erving Goffman – ein soziologischer Klassiker der zweiten Generation. Bern, Stuttgart 1991.

Jacobsen, Michael Hviid/Kristiansen, Søren: The social thought of Erving Goffman. Los Angeles 2015.
Jacobsen, Michael Hviid (Hg.): The contemporary Goffman. New York 2010.
Manning, Philip: Erving Goffman and modern sociology. Cambridge 1992.
Persson, Anders: Framing social interaction. Continuities and cracks in Goffman's Frame Analysis. Milton 2018.
Raab, Jürgen: Erving Goffman [2008]. Konstanz, München ^{2}2014.
Raab, Jürgen: Erving Goffman: From the perspective of the new sociology of knowledge. London 2019.
Reiger, Horst (1992): Face-to-face Interaktion. Ein Beitrag zur Soziologie Erving Goffmans. Frankfurt/Main 1992.
Riggens, Stephen Harold (Hg.): Beyond Goffman. Studies on communication, institution, and social interaction. Berlin, New York 1990.
Smith, Gregory W. H. (Hg.): Goffman and social organization. Studies in a sociological legacy. London, New York 1999.
Smith, Gregory W.H.: Erving Goffman. New York 2006.
Treviño, A. Javier (Hg.): Goffman's legacy. Lanham 2003.
Vargas Maseda, Ramon: Deciphering Goffman. The structure of his sociological theory revisited. New York 2017.
Willems, Herbert: Rahmen und Habitus. Zum theoretischen und methodischen Ansatz Erving Goffmans. Frankfurt/Main 1997.
Winkin, Yves/Leeds-Hurwitz, Wendy: Erving Goffman: A critical introduction to media and communication theory. New York 2013.
Winkin, Yves: D'Erving à Goffman: L'oeuvre performée? Paris 2022.

Weitere Literatur

Berger, Bennett M.: This is a fan letter about Erving Goffman. In: Dissent 20 (1973), 353–361 (auch in Gary A. Fine/Gregory W.H. Smith (Hg.): Erving Goffman, Vol. 1. London, 278–289).
Cavan, Sherri: When Erving Goffman was a boy: The formative years of a sociological giant. In: Symbolic Interaction 37/1 (2014), 41–70.
Collins, Randell: Erving Goffman and the development of modern social theory. In: Jason Ditton (Hg.): The view from Goffman. Basingstoke 1980, 170–209 (auch in Gary A. Fine/Gregory W. H. Smith (Hg.): Erving Goffman, Vol. 3. London 2000, 303–337).
Gertenbach, Lars/Kahlert, Heike/Kaufmann, Stefan/Rosa, Hartmut/Weinbach, Christine: Soziologische Theorien. München 2009.
Giddens, Antony: Goffman as a systematic social theorist. In: Paul Drew/Anthony Wootton (Hg.): Erving Goffman: Exploring the Interaction Order Cambridge 1988, 248–279 (auch in Gary A. Fine/Gregory W. H. Smith (Hg.): Erving Goffman, Vol. 4. London 2000, 151–175).
Goffman, Erving: Interaktion und Geschlecht. Hg. von Hubert Knoblauch. Frankfurt/Main 1994.
Goffman, Erving: Rede-Weisen. Formen der Kommunikation in sozialen Situationen. Hg. von Hubert Knoblauch/Christine Leuenberger/Bernt Schnettler. Konstanz 2005.

Goffman, Erving: Über Feldforschung. In: Hubert Knoblauch (Hg.): Kommunikative Lebenswelten. Zur Ethnographie einer geschwätzigen Gesellschaft. Konstanz 1996, 261–269.

Habermas, Jürgen: Stichworte zu einer Theorie der Sozialisation [1968]. In: Ders.: Kultur und Kritik. Verstreute Aufsätze. Frankfurt/Main 1973, 118–194.

Habermas, Jürgen: Theorie des kommunikativen Handelns. Band 1: Handlungsrationalität und gesellschaftliche Rationalisierung. Frankfurt/Main 1981.

Helle, Horst J.: Erving Goffman: a symbolic interactionist? In: Luigi Tomasi (Hg.): The tradition of Chicago school of sociology. London, New York 1998, 179–189.

Kaesler Dirk: Klassiker der Soziologie. Bd. 2: Von Talcott Parsons bis Anthony Giddens. München ^{6}2020.

Keller, Reiner: Das interpretative Paradigma. Eine Einführung. Wiesbaden 2012.

Knoblauch, Hubert (1994): Erving Goffmans Reich der Interaktion. In: Erving Goffman: Interaktion und Geschlecht. Frankfurt/Main 1994, 7–49.

Knoblauch, Hubert/Leuenberger, Christine/Schnettler, Bernt: Erving Goffmans Rede-Weisen. Einleitung. In: Erving Goffman: Rede-Weisen. Formen der Kommunikation in sozialen Situationen. Konstanz 2005, 9–28.

Kotthoff, Helga: Geschlecht als Interaktionsritual? In: Erving Goffman, Interaktion und Geschlecht. Frankfurt/Main 1994, 159–194.

Lenz, Karl: Goffman – ein Strukturalist? In: Robert Hettlage/Karl Lenz (Hg.): Erving Goffman – ein soziologischer Klassiker der zweiten Generation. Bern, Stuttgart 1991, 249–303.

Lofland, John: Erving Goffman's sociological legacies. In: Urban Life 13 (1984), 7–34 (auch in Gary A. Fine/Gregory W. H. Smith (Hg.): Erving Goffman, Vol. 1. London 2000, 156–178).

Manning, Philip: Freud and American sociology. Cambridge 2005.

Marx, Gary T.: Role models and role distance. A remembrance of Erving Goffman. In: Theory and Society 13 (1984), 649–662 (auch in Gary A. Fine/Gregory W. H. Smith (Hg.): Erving Goffman, Vol. 1. London 2000, 60–70).

Ritzer, George/Stepnisky, Jeffrey (Hg.): Wiley-Blackwell Companion to Major Social Theorists 2011.

Schroer, Markus: Soziologische Theorien. Von den Klassikern bis zur Gegenwart. München 2017.

Smith, Gregory W. H.: Introduction: interpreting Goffman's sociological legacy. In: Ders. (Hg.): Goffman and Social Organization. London, New York 1999, 1–18.

Smith, Gregory W. H.: The dramaturgical legacy of Erving Goffman. In: Charles Endley (Hg.): The drama of social life. A dramaturgical handbook. Abingdon, London 2013, 57–72.

Turner, Jonathan: The structure of sociological theory. Belmont ^{7}2002.

Williams, Robin: Understanding Goffman's methodes. In: Paul Drew/ Anthony Wootton (Hg.): Erving Goffman. Exploring the interaction order. Cambridge, Oxford 1988, 64–88 (auch in Gary A. Fine/Gregory W. H. Smith (Hg.): Erving Goffman, Vol. 2. London 2000, 75–96).

Williams, Robin, Sociological tropes: A tribute to Erving Goffman [1983]. Gary A. Fine/Gregory W. H. Smith (Hg.): Erving Goffman, Vol. 2. London 2000, 105–110.

Winkin, Yves: Erving Goffman: what is a life? The uneasy making of an intellectual biography. In: Gregory W. H. Smith (Hg.): Goffman and Social Organization. London, New York 1999, 19–41.

Publikationen von Erving Goffman – Übersicht zu den Siglen

Für die Publikationen von Erving Goffman werden im Handbuch Abkürzungen („Siglen") verwendet. Diese bestehen bei Büchern aus zwei, bei Aufsätzen aus drei und bei unveröffentlichten Publikationen aus fünf Buchstaben.

Bei den Übersetzungen wird hinter der Sigle der Originalausgabe ein „dt" angefügt.

Bei Büchern mit eigenständigen Aufsätzen werden zusätzlich Kleinbuchstaben verwendet. Diese werden nach der Reihenfolge der Beiträge mit a beginnend vergeben. (Dies betrifft die Bücher *Asylums, Encounters, Interaction Ritual, Strategic Interaction, Relations in Public, Gender Advertisements* und *Forms of Talk*). Auf das in diesen Büchern vorangestellte Vorwort wird mit der Buch-Sigle (ohne Kleinbuchstabe) verwiesen.

Bei einigen Buchbeiträgen wird zusätzlich angezeigt, wenn diese vorab bereits als Aufsätze veröffentlicht wurden. Angezeichnet wird dies mit einem dicken Punkt (•) vor den bibliografischen Angaben.

Bei den Seitenverweisen im Handbuch wurden jeweils die im Folgenden aufgeführte Erstausgaben verwendet.

1. Bücher

Siglen	Bibliografische Angaben (mit Verweis auf frühere Veröffentlichungen)
PS1	**The presentation of self in everyday life** 1. Fassung: Monograph No. 2, Edinburgh: University of Edinburgh, Social Sciences Research Centre. 1956
PS2	Überarbeitete Fassung: Garden City, N.Y.: Anchor Books 1959
PS_{dt}	Deutsche Übersetzung: Wir alle spielen Theater. Die Selbstdarstellung im Alltag. München: Piper 1969

Siglen		Bibliografische Angaben (mit Verweis auf frühere Veröffentlichungen)
AS		**Asylums: Essays on the social situation of mental patients and other inmates.** Garden City, N.Y.: Anchor Books 1961
	a)	On the characteristics of total institutions, 13–124 • National Research Council: Symposium on preventive and social psychiatry. Washington, DC: The National Academies Press 1958, 43–84 • Donald R. Cressey (Hg.): The prison: Studies in institutional organization and change. New York: Holt, Rineheart and Winston, Inc., 1961, Teil 1, 15–67, Teil 2, 68–106
	b)	The moral career of the mental patient, 125–169 • Psychiatry 22/2 (1959), 123–142
	c)	The underlife of a public institution. A study of ways of making out in a mental hospital, 171–320
	d)	The medical model and mental hospitalization: Some notes on the vicissitudes of the tinkering trades, 321–386
AS_{dt}		Deutsche Übersetzung: Asyle. Über die soziale Situation psychiatrischer Patienten und anderer Insassen. Frankfurt/Main: Suhrkamp 1972
	a)	Über die Merkmale totaler Institutionen, 13–123
	b)	Die moralische Karriere des Geisteskranken, 125–167
	c)	Das Unterleben einer öffentlichen Institution. Eine Untersuchung über die Möglichkeiten, in einer Heilanstalt zu überleben, 169–304
	d)	Das ärztliche Berufsmodell und die psychiatrische Hospitalisierung: Einige Bemerkungen zum Schicksal der helfenden Berufe, 305–367
EN		**Encounters: Two studies in the sociology of interaction.** Indianapolis: The Bobbs-Merrill Company, 1961
	a)	Fun in games, 17–81
	b)	Role Distance, 83–152
EN_{dt}		Deutsche Übersetzung: Interaktion: Spaß am Spiel. Rollendistanz. München: Piper 1973
	a)	Spaß am Spiel, 17–91
	b)	Rollendistanz, 93–171
BP		**Behavior in public places. Notes on the social organization of gatherings.** New York: Free Press 1963
BP_{dt}		Deutsche Übersetzung: Interaktion im öffentlichen Raum. Frankfurt/Main: Campus 2009
ST		**Stigma. Notes on the management of spoiled identity.** Englewood Cliffs: Prentice-Hall 1963
ST_{dt}		Deutsche Übersetzung: Stigma. Über Techniken der Bewältigung beschädigter Identität. Frankfurt/Main: Suhrkamp 1967

Siglen		Bibliografische Angaben (mit Verweis auf frühere Veröffentlichungen)
IR		**Interaction ritual. Essays on face-to-face behavior.** Garden City, N.Y.: Anchor Books 1967
	a)	On face-work: An analysis of ritual elements in social interaction, 5–45 • Psychiatry, 18/3 (1955), 213–231
	b)	The nature of deference and demeanor, 47–95 • American Anthropologist 58/3 (1956), 473–502
	c)	Embarrassment and social organization, 97–112 • The American Journal of Sociology 62/3 (1956), 264–271
	d)	Alienation from interaction, 113–136 Human Relations 10/1 (1957): 47–59
	e)	Mental symptoms and public order, 137–148 • David Rioch/Edwin A. Weinstein (Hg.), Disorders of communication. Baltimore: The Williams & Wilkins Company 1964; 137–148
	f)	Where the action is, 149–270
IR_{dt}		Deutsche Übersetzung: Interaktionsrituale. Über Verhalten in direkter Kommunikation. Frankfurt/Main: Suhrkamp 1971
	a)	Techniken der Imagepflege. Eine Analyse ritueller Elemente in sozialer Interaktion, 10–53
	b)	Über Ehrerbietung und Benehmen, 54–105
	c)	Verlegenheit und soziale Organisation, 106–123
	d)	Entfremdung in der Interaktion, 124–150
	e)	Psychische Symptome und öffentliche Ordnung, 151–163
	f)	Wo was los ist – wo es action gibt, 164–292
ST		**Strategic interaction.** Philadelphia: University of Pennsylvania 1969
	a)	Expression games. An analysis of doubts at play, 3–81 • Communication and enforcement systems. In: Kathleen Archibald (Hg.): Strategic interaction and conflict. Berkeley 1966, 198–220
	b)	Strategic Interaction, 83–145
ST_{dt}		Deutsche Übersetzung: Strategische Interaktion. München: Hanser
	a)	Ausdrucksspiele, 11–74
	b)	Strategische Interaktion, 75–125
RP		**Relations in public. Microstudies of the public order.** New York: Basic Books 1971
	a)	The individual as a unit, 3–27
	b)	The territories of the self, 28–61
	c)	Supportive interchanges, 62–94
	d)	Remedial interchanges, 95–187
	e)	Tie-signs, 188–237
	f)	Normal appearances, 238–333
	g)	Appendix: The insanity of place, 335–390 • Psychiatry 32/4 (1969), 357–388

Siglen		Bibliografische Angaben (mit Verweis auf frühere Veröffentlichungen)
RP_{dt}		Deutsche Übersetzung: Das Individuum im öffentlichen Austausch. Mikrostudien zur öffentlichen Ordnung. Frankfurt/Main: Suhrkamp 1974
	a)	Das Individuum als Einheit, 23–53
	b)	Die Territorien des Selbst, 54–96
	c)	Der bestätigende Austausch, 97–137
	d)	Der korrektive Austausch, 138–254
	e)	Beziehungszeichen, 255–317
	f)	Normale Erscheinungen, 318–433
	g)	Anhang: Verrücktheit des Platzes, 434–503
FA		**Frame analysis. An essay on the organization of experience.** New York: Harper & Row 1974
FA_{dt}		Deutsche Übersetzung: Rahmen-Analyse. Ein Versuch über die Organisation von Alltagserfahrungen. Frankfurt/Main: Suhrkamp 1977
GA		**Gender advertisements.** New York: Harper & Row 1979 • Studies in the Anthropology of Visual Communication, 3/2 (1976), 65–154
	a)	Gender display, 1–9
	b)	Picture frames, 10–23
	c)	Gender commercials, 24–83
GA_{dt}		Deutsche Übersetzung: Geschlecht und Werbung. Frankfurt/Main: Suhrkamp
	a)	Darstellung der Geschlechter, 7–44
	b)	Bilder-Rahmen, 45–103
	c)	Das Bild der Geschlechter in den Reklamebildern, 104–326
FT		**Forms of talk.** Philadelphia: University of Pennsylvania 1981
	a)	Replies and responses, 5–77 • Language and Society 5/3 (1976), 257–313
	b)	Response cries, 78–123 • Language 54/4 (1978), 787–815
	c)	Footing, 124–159 • Semiotica 25/1–2 (1979), 1–29
	d)	The lecture, 160–196
	e)	Radio talk, 197–330
FT_{dt}		Deutsche Teil- und erweiterte Übersetzung: Rede-Weisen. Formen der Kommunikation in sozialen Situationen. Konstanz: UVK 2005
	a)	Redestatus, 37–72 (= FT_c)
	b)	Erwiderungen und Reaktionen, 73–150 (= FT_a)
	c)	Redaktionsrufe, 151–198 (= FT_b)
	d)	Glückungsbedingungen, 199–264 (= FeC)

2. Artikel

SCS	Symbols of class status. In: British Journal of Sociology 2/4 (1951), 294–304
CMO	On cooling the mark out: Some aspects of adaptation to failure. In: Psychiatry 15/4 (1952), 451–463
FaW	On face-work: An analysis of ritual elements in social interaction. In: Psychiatry 18/3 (1955), 213–231 (= IR_a; IR_a_{dt})
NDD	The nature of deference and demeanor. In: American Anthropologist, 58/3, 1956, 473–502 (= IR_b; IR_b_{dt})
ESO	Embarrassment and social organization. In: American Journal of Sociology, 62/3 (1956), 264–271 (= IR_c; IR_c_{dt})
IPe	Interpersonal persuasion. In: Bertram Schaffner (Hg.), Group processes. Transactions of the third conference, Princeton, N. J. New York: Josiah Macy, Jr. Foundation 1957, 117–193
AfI	Alienation from interaction. In: Human Relations 10/1 (1957), 47–59 (= IR_d; IR_d_{dt})
TNS	The neglected situation. In: American Anthropologist, 66/6 (1964), 133–136 Auch in: Howard S. Becker/Blanche Geer/David Riesman/Robert S. Weiss (Hg.): Institutions and the person. Festschrift in honor of Everett C. Hughes. Chicago 1968, 295–299
TNS_{dt}	Deutsche Übersetzung: Die vernachlässigte Situation. In: Horst Stenger (Hg.): Anwendungsbereiche der Soziolinguistik, Darmstadt: Wissenschaftliche Buchgesellschaft 1982, 199–205
IoP	The insanity of place. In: Psychiatry 32/4 (1969), 357–388 (= RP_g; RP_g_{dt})
RaR	1976 Replies and responses. In: Language and Society 5/3 (1976), 257–313 (= FT_a; FT_b_{dt})
ABS	The arrangement between the sexes. In: Theory and Society 4/3 (1977), 301–332
ABS_{dt}	Deutsche Übersetzung: Das Arrangement der Geschlechter. In: Erving Goffman: Interaktion und Geschlecht. Hg. von Hubert Knoblauch. Frankfurt/Main, New York, 103–158
ReC	Response cries. In: Language 54/4 (1978), 787–815 (= FT_b; FT_c_{dt})
Foo	Footing. In: Semiotica 25/1–2 (1979), 1–29 (= FT_c; FT_a_{dt})
RDK	A reply to Denzin and Keller. In: Contemporary Sociology 10/1 (1981), 60–68
PCP	Program committee encourages papers on range of methodologies. In: ASA Footnotes 9/6 (1981), 4
InO	The interaction order. In: American Sociological Review 48/1 (1983), 1–17
InO_{dt}	Deutsche Übersetzung: Die Interaktionsordnung. In: Erving Goffman: Interaktion und Geschlecht. Hg. von Hubert Knoblauch. Frankfurt/Main, New York 1994, 50–105
FeC	Felicity's condition. In: American Journal of Sociology 89/1 (1983), 1–53 Deutsche Übersetzung: FT_d_{dt}
MeH	Microsociologie et histoire. In: Philippe Fritsch (Hg.): Le sens de l'ordinaire. Paris 1983, 197–202

OFw	On fieldwork. Transcribed and edited by Lyn H. Lofland. In: Journal of Contemporary Ethnography 18/2 (1989), 123–132
OFw_{dt}	Deutsche Übersetzung: Über Feldforschung. In: Hubert Knoblauch (Hg.): Kommunikative Lebenswelten. Zur Ethnographie einer geschwätzigen Gesellschaft. Konstanz 1996, 261–269

3. Unveröffentlichte Publikationen

SCRDE	Some characteristics of response to depicted experience Unpublished Master dissertation. University of Chicago: Department of Sociology 1949 http://cdclv.unlv.edu/ega/documents/eg_ma.pdf
Draft	Draft of Ph.D. Statement 1952 http://cdclv.unlv.edu/ega/documents/eg_thesis_statement_52.pdf
CCoIC	Communication conduct in an island community Unpublished PhD dissertation. University of Chicago: Department of Sociology 1953 http://cdclv.unlv.edu/ega/documents/eg_phd.pdf
NDDHS	Notes on deference and decorum in a hospital setting 1955 (Vorfassung von NDD)

Eine vollständige Bibliografie zu den Publikationen von Goffman, einschließlich seiner Buchbesprechungen, hat Anders Persson (Lund University) erstellt und veröffentlicht. Sie ist unter der folgenden Adresse verfügbar: https://lup.lub.lu.se/search/ws/files/5499425/2438065 (15.08.2021)

In dieser Bibliografie – wie auch in anderen Übersichten – wird der Forschungsbericht *The service station dealer: The man and his work* als Publikation von Goffman aufgeführt. Dabei handelt sich allerdings nicht um eine Publikation, die Goffman ausschließlich und eigenständig verfasst hat. Es ist nur verbürgt, dass er an diesem Forschungsbericht mitgewirkt hat.

René Salomon und Andreas Göbel (Julius-Maximilians-Universität-Würzburg) bereiten in drei Bänden Erst- und Neuübersetzungen von ausgewählten Publikationen von Goffman vor. Der erste Band mit dem vorläufigen Titel *Selbst und Interaktion, Situation und Gesellschaft* ist für 2023 geplant. Er soll als Erstübersetzungen u.a. die Aufsätze *Symbols of class status, On cooling the mark out, Interpersonal persuasion, A reply to Denzin and Keller* und das Interview von Jef Verhoeven umfassen. Als Neuübersetzungen sind unter anderem *The interaction order, The arrangement between the sexes und Footing* vorgesehen. Für die beiden folgenden Bände sind Neuübersetzungen von *Strategic interaction* und *The presentation of self in everyday life* geplant.

Inhaltsverzeichnis

Herausgeber- und Autorenverzeichnis

Heinz Abels, Prof. Dr. Dr., emeritierter Professor am Institut für Soziologie an der FernUniversität in Hagen. https://www.researchgate.net/scientific-contributions/Heinz-Abels-2112989737.
Beitrag in diesem Band: 31. Identität.

Ruth Ayaß, Prof. Dr., Professorin für Soziologie, Universität Bielefeld, Fakultät für Soziologie, https://www.uni-bielefeld.de/soz/personen/ayass/.
Beiträge in diesem Band: 26. Totale Institution; 59. Interaktion und (digitale) Medien.

Jerome Barrick, M.A., Goethe-Universität Frankfurt am Main, Abteilung Sozialwissenschaften des Sports, https://www.uni-frankfurt.de/49880402/.
Beitrag in diesem Band: 62. Körpersoziologie (zusammen mit Robert Gugutzer).

Jörg R. Bergmann, Prof. Dr., emeritierter Professor an der Fakultät für Soziologie, Universität Bielefeld, https://uni-bielefeld.de/fakultaeten/soziologie/fakultaet/personen/emeriti/bergmann/index.xml.
Beitrag in diesem Band: 55. Goffmans Schüler/innen (zusammen mit Anssi Peräkylä).

Céline Bonicco-Donato, Dr., Professeur de philosophie, Ecole nationale supérieure d'architecture de Grenoble, France, https://aau.archi.fr/equipe/bonicco-donato-celine/.
Beiträge in diesem Band: 07. Existenzialismus; 12. Émile Durkheim (beide übersetzt von Anne-Laure Garcia).

Laura Bovone, Dr., Professore di Sociologia della comunicazione, Università Cattolica del Sacro Cuore, Milano, Dipartimento di Sociologia, https://docenti.unicatt.it/ppd2/it/docenti/00115/laura-bovone.
Beiträge in diesem Band: 22. Communication and expressive behavior; 48. Presidential Address: The Interaction Order.

Ann Branaman, Dr., Professor and Chair, Department of Sociology, Florida Atlantic University, https://www.fau.edu/artsandletters/sociology/faculty/branaman/.
Beitrag in diesem Band: 16. Kenneth D. Burke.

James J. Chriss, Dr., Professor, Cleveland State University, Department of Criminology, Anthropology, and Sociology. https://csuohio.academia.edu/JamesChriss.
Beiträge in diesem Band: 56. Jürgen Habermas and Theory of Communicative Action; 71. Criminology.

Michael Dellwing, PD Dr., Leiter des Methodenzentrums an der Leuphana Universität Lüneburg, https://www.leuphana.de/zentren/methodenzentrum/personen/michael-dellwing.html.
Beiträge in diesem Band: 44. Relations in Public; 66. Game Studies; 70. Psychiatrie.

Thomas S. Eberle, Prof, Dr., emeritierter Professor für Soziologie, Universität St. Gallen, Seminar für Soziologie (HSG-SfS), https://www.alexandria.unisg.ch/persons/Thomas_Eberle.
Beiträge in diesem Band: 58. Rational Choice-Theorie; 67. Organisationsforschung.

Paul Eisewicht, Dr. wissenschaftlicher Mitarbeiter, Technische Universität Dortmund, Fakultät Sozialwissenschaften, https://www.researchgate.net/profile/Paul-Eisewicht.
Beiträge in diesem Band: Band: 04. Zum Menschenbild in Goffmans Denken (zusammen mit Ronald Hitzler); 39. Encounters.

Martin Endreß, Prof. Dr., Professur für Allgemeine Soziologie an der Universität Trier. Sprecher der DFG-Forschungsgruppe 2539 „Resilienz. Gesellschaftliche Umbruchphasen im Dialog zwischen Mediävistik und Soziologie", Editor-in-Chief der Fachzeitschrift „Human Studies". https://www.uni-trier.de/index.php?id=3927.
Beiträge in diesem Band: 17. Alfred Schütz; 29. Civil Inattention.

Fraya Frehse, Prof. Dr., Professor of Sociology, University of São Paulo, http://sociologia.fflch.usp.br/frayafrehse.
Beitrag in diesem Band: 25. Concepts of space.

Anne-Laure Garcia, Dr. habil., Vertretungsprofessorin für Mikrosoziologie am Institut für Soziologie, TU Dresden, https://tu-dresden.de/gsw/phil/iso/mik/die-professur/vertretungsprofessorin-dr-anne-laure-garcia.
Beitrag in diesem Band: 65. Geschlechterforschung.

Roland Girtler, Dr., Ao. Univ.-Prof. i.R., Institut für Soziologie der Universität Wien. http://www.univprofdrgirtler.at/.
Beitrag in diesem Band: 10. Sozial- und Kulturanthropologie.

Robert Gugutzer, Prof. Dr., Professur für Sozialwissenschaften des Sports an Goethe-Universität Frankfurt/Main, https://www.uni-frankfurt.de/53066419/Prof__Dr__Robert_Gugutzer.
Beitrag in diesem Band: 62. Körpersoziologie (zusammen mit Jerome Barrick).

Robert Hettlage, Prof. Dr., emeritierter Professor für Soziologie an der Universität Regensburg.
Beiträge in diesem Band: 02. Goffman: Sein theoretisches Werk; 32. Normalität; 33. Rahmen und Rahmung.

Ronald Hitzler, Prof. Dr. emeritierter Professor für Soziologie der Technische Universität Dortmund, http://www.hitzler-soziologie.de.
Beitrag in diesem Band: 04. Zum Menschenbild in Goffmans Denken (zusammen mit Paul Eisewicht).

Elliott Hoey, Dr., Assistant Professor of Language and Communication, Vrije Universiteit Amsterdam, Department of Language, Literature and Communication, https://research.vu.nl/en/persons/elliott-hoey.
Beitrag in diesem Band: 50. Harvey Sacks (zusammen mit Anne W. Rawls).

Sarah Karim, Dr., wissenschaftliche Mitarbeiterin am Lehrstuhl Soziologie und Politik der Rehabilitation, Disability Studies, Humanwissenschaftliche Fakultät, Universität zu Köln, https://www.hf.uni-koeln.de/36445.
Beitrag in diesem Band: 30. Stigma (zusammen mit Anne Waldschmidt).

Andre Kieserling, Prof. Dr., Professur für Allgemeine Soziologie, Soziologische Theorie, Universität Bielefeld, Fakultät für Soziologie, https://www.uni-bielefeld.de/fakultaeten/soziologie/fakultaet/personen/kieserling.
Beitrag in diesem Band: 57. Systemtheorie (Niklas Luhmann).

Hubert Knoblauch, Prof. Dr., Professur für Allgemeine Soziologie, insbesondere Theorie moderner Gesellschaften, TU Berlin Fakultät VI Planen, Bauen, Umwelt, Institut für Soziologie, https://www.as.tu-berlin.de/v_menue/mitarbeiterinnen/prof_hubert_knoblauch/.
Beiträge in diesem Band: 06. Sozialkonstruktivismus; 21. Soziale Situation und Situationsdefinition; 47. Forms of Talk und Felicity's Condition.

Helga Kotthoff, Prof. Dr., emeritierte Professurin für Germanistische Linguistik, Albert-Ludwigs-Universität Freiburg, http://portal.uni-freiburg.de/sdd/personen/ehemalige/kotthoff/index.html/Kotthoff.
Beitrag in diesem Band: 68. Linguistik.

Stefan Laube, Dr., wissenschaftlicher Mitarbeiter am Institut für Soziologie, Johannes Kepler Universität Linz, https://www.jku.at/institut-fuer-soziologie/abteilungen/soziologie-mit-den-schwerpunkten-innovation-und-digitalisierung/team/stefan-laube.
Beiträge in diesem Band: 24. Darstellung; 28. Rolle(nspiel) und Rollendistanz.

Wendy Leeds-Hurwitz, Dr., Director, Center for Intercultural Dialogue (https://centerforinterculturaldialogue.org/about/director/), Associate Faculty, Royal Roads University (https://www.royalroads.ca/people/wendy-leeds-hurwitz) und Professor Emerita at the University of Wisconsin-Parkside.
Beitrag in diesem Band: 18. Gregory Bateson (1904–1980) and Communication Theory.

Karl Lenz, Prof. Dr., Professor für Mikrosoziologie am Institut für Soziologie der TU Dresden, https://tu-dresden.de/gsw/phil/iso/mik/die-professur/prof-dr-lenz. ORCID 0000-0002-7466-4163
Beiträge in diesem Band: 09. Symbolischer Interaktionismus (2. Chicagoer Schule) (zusammen mit Romy Simon); 23. Interpersonelle Rituale und rituelle Ordnung; 36. Dissertation: Communication Conduct in an Island Community; 37. The Presentation of Self in Everyday Life; 40. Behavior in Public Places.

Christian Meier zu Verl, Dr., wissenschaftlicher Mitarbeiter, Universität Konstanz, Fachbereich Geschichte und Soziologie, https://www.soziologie.uni-konstanz.de/meyer/team/wissenschaftliche-mitarbeiterinnen-und-mitarbeiter/dr-christian-meier-zu-verl/. ORCID 0000-0002-4611-5984
Beitrag in diesem Band: 53. Dell Hymes.

Christian Meyer, Prof. Dr., Professur für Allgemeine Soziologie und Kultursoziologie, Fachbereich Geschichte und Soziologie, Universität Konstanz, https://www.soziologie.uni-konstanz.de/meyer/.
Beitrag in diesem Band: 49. Harold Garfinkel.

Michael R. Müller, Prof. Dr., Professor für Visuelle Kommunikation und Mediensoziologie, Technische Universität Chemnitz, https://www.tu-chemnitz.de/phil/imf/viskom/professur/leitung.php.
Beitrag in diesem Band: 61. Visuelle Soziologie.

Heinz-Jürgen Niedenzu, Dr., Ao. Univ.-Prof. i.R., Universität Innsbruck, Institut für Soziologie, Heinz-Juergen.Niedenzu@uibk.ac.at.
Beitrag in diesem Band: 20. Interaktion.

Albert Ogien, Dr., Research Director emeritus at the French National Center for Scientific Research (CNRS), EHESS Paris, ogien@ehess.fr.
Beitrag in diesem Band: 05. Pragmatism.

Anssi Peräkylä, Prof. Dr., Faculty of Social Sciences, University of Helsinki, Finland. https://researchportal.helsinki.fi/en/persons/anssi-peräkylä.
Beitrag in diesem Band: 55. Goffmans Schüler/innen (zusammen mit Jörg Bergmann).

Rob Philburn, Dr., Lecturer in Sociology, University of Salford Manchester, School of Health and Society, https://www.salford.ac.uk/our-staff/rob-philburn.
Beitrag in diesem Band: 34. Footing.

Alex Preda, Dr. habil., Professor of Professions, Markets and Technology, King's College London, https://www.kcl.ac.uk/people/alex-preda.
Beitrag in diesem Band: 43. Strategic Interaction.

Manfred Prisching, Prof., Dr., Professor am Institut für Soziologie, Universität Graz, www.manfred-prisching.com.
Beitrag in diesem Band: 42. Interaction Ritual.

Jürgen Raab, Prof. Dr., Professor für Soziologie, Universität Koblenz-Landau, Institut für Sozialwissenschaften, https://www.uni-koblenz-landau.de/de/landau/fb6/sowi/soziologie/mitarbeiter/sozio-profs/raab/juergen-raab.
Beiträge in diesem Band: 13. George H. Mead und Charles H. Cooley; 45. Frame Analysis; 60. Qualitative Sozialforschung (Ethnografie).

Anne Warfield Rawls, Dr., Professor of Sociology at Bentley University and Research Professor of Socioinformatics at the University of Siegen, Germany, https://faculty.bentley.edu/details.asp?uname=arawls.
Beitrag in diesem Band: 50. Harvey Sacks (zusammen mit Elliott Hoey).

René Salomon, MA, wissenschaftlicher Koordinator des Projekts Goffman Studies am Lehrstuhl für Allgemeine Soziologie an der Julius-Maximilians-Universität Würzburg; https://www.goffman-studies.de
Beitrag in diesem Band: 35. Interaktion und Gesellschaft.

Alfred Schäfer, Prof. Dr., emeritierter Professor für Systematische Erziehungswissenschaft, Martin-Luther-Universität Halle-Wittenberg, Philosophische Fakultät III: Erziehungswissenschaften, Institut für Pädagogik, Mail: schaefer@paedagogik.uni-halle.de.
Beitrag in diesem Band: 27. Sekundäre Anpassung und Unterleben; 69. Pädagogik.

Martin Scheutz, Prof. Dr., Prof. für Neuere Geschichte, Institut für Österreichische Geschichtsforschung/Institut für Geschichte der Universität Wien, https://homepage.univie.ac.at/martin.scheutz/.
Beitrag in diesem Band: 72. Geschichtswissenschaften.

Tino Schlinzig, Dr., wissenschaftlicher Projektleiter, ETH Zürich, ETH Wohnforum – ETH Centre for Research on Architecture, Society & the Built Environment, https://wohnforum.arch.ethz.ch/en/people/researchers/tino-schlinzig.html.
Beitrag in diesem Band: 38. Asylums.

Hans-Joachim Schubert, Prof. Dr., Professur für Soziologie an der Katholischen Hochschule Berlin, https://www.khsb-berlin.de/de/profile-personal/3982.
Beitrag in diesem Band: 08. Chicagoer Schule der Soziologie.

Rainer Schützeichel, Prof. Dr., Professor für Soziologie an der Fakultät für Soziologie, Universität Bielefeld, https://ekvv.uni-bielefeld.de/pers publ/publ/PersonDetail.jsp?personId=41726516.
Beitrag in diesem Band: 64. Emotionssoziologie.

Romy Simon, Dr., wissenschaftliche Mitarbeiterin an der Professur für Mikrosoziologie der TU Dresden, https://tu-dresden.de/gsw/phil/iso/mik/die-professur/beschaeftigte/dipl-soz-romy-simon.
Beitrag in diesem Band: 09. Symbolischer Interaktionismus (2. Chicagoer Schule) (zusammen mit Karl Lenz).

Gregory W. H. Smith, Dr., Professor Emeritus of Sociology, School of Health and Society, University of Salford, Salford, Greater Manchester, M6 6PU.
Beiträge in diesem Band: 03. Goffman: His empirical work; 11. Georg Simmel; 15. W. Lloyd Warner.

Jörg Strübing, Dr. habil., Professor für Soziologie, Institut für Soziologie an der Eberhard Karls Universität Tübingen, https://www.soziologie.uni-tuebingen.de/struebing.
Beitrag in diesem Band: 52. Anselm L. Strauss.

Philippe Vienne, Dr., Chargé de cours en sociologie à l'Université libre de Bruxelles, Directeur du Centre de sociologie de l'éducation, Institut de Sociologie. https://www.ulb.be/fr/philippe-vienne-1.
Beitrag in diesem Band: 14. Everett C. Hughes.

Anne Waldschmidt, Dr. rer. pol., Professorin für Soziologie und Politik der Rehabilitation, Disability Studies, Humanwissenschaftliche Fakultät, Universität zu Köln, https://www.hf.uni-koeln.de/30711.
Beiträge in diesem Band: 30. Stigma (zusammen mit Sarah Karim); 41. Stigma. Notes on the Management of Spoiled Identity; 63. Disability Studies.

Yves Winkin, Dr., Emeritus Professor of Urban Anthropology, University of Liège, Belgium. yveswinkin29@gmail.com.
Beiträge in diesem Band: 01. Goffman: Life and work; 19. Ray Birdwhistell (1918–1994) and Kinesics; 54. Pierre Bourdieu.

Rainer Winter, Prof. Dr., Professur für Medien- und Kulturtheorie, Alpen-Adria-Universität in Klagenfurt am Wörthersee, https://www.aau.at/medien-und-kommunikationswissenschaft/team/winter-rainer/.
Beitrag in diesem Band: 51. Norman Denzin.

Julia Wustmann, Dr., wissenschaftliche Mitarbeiterin, Technische Universität Dortmund, Fakultät Sozialwissenschaften, https://as.sowi.tu-dortmund.de/professur/team/julia-wustmann/.
Beitrag in diesem Band: 46. Gender Advertisements und The Arrangements between the Sexes.

Teil I
Einführung

Life and Work of Goffman

1

Yves Winkin

Erving Manual Goffman was born in Mannville, Alberta (Canada), on June 11, 1922, to Russian Jewish immigrant parents. Max Goffman, his father, had a ready-to-wear clothing store, first in Mannville, then in Dauphin, about 180 miles from Winnipeg. Ann Averbach, his mother, took care of Erving and Frances, his three-year-older sister. Dauphin was an affluent wheat and rail town, with a large Ukrainian community. Relationships with the small Jewish community were smooth; Max's debonair attitude may have helped. Yet, Erving much later wrote to a colleague: "You forget that I grew up (in Yiddish) in a town where to speak another language was to be suspect of being homosexual" (Hymes [1984] 2000, 56). In 1936, the Goffmans bought a house in the North End of Winnipeg, a city of 250,000 inhabitants with 17,000 Jewish households (Gutkin/Gutkin 1987). It was a different life for Erving, who went to the renowned St John's Technical High School, for Frances, who went to the University of Manitoba, and for Ann, whose family lived nearby, but not so much for Max, who kept commuting weekly between Winnipeg and Dauphin (many biographical elements come from Winkin/Leeds-Hurwitz 2013; Winkin 2022).

Y. Winkin (✉)
Liège, Belgium
E-Mail: yveswinkin29@gmail.com

At St John's, Erving was no longer called "Goofy"—just "Goff": he was considered by his friends as brilliant but different from them, for it was rumored he listened to classical music alone in his room and conducted chemical experiments in the basement. The rumor proved true when stinkballs were launched during prom night in 1939 (interview with Meyer Brownstone, March 30, 1993). In the fall of 1939, Goffman pursued his passion: he enrolled as a chemistry major at the University of Manitoba in Winnipeg. By 1942, he was nowhere to be seen; even his sister had no idea where he was (interview with Frances Bay-Goffman, June 1, 1991). He reappared in the summer of 1943 at the National Film Board (NFB), where a few hundred young Canadian intellectuals, hoping to escape the draft, worked at producing documentary films under the spell of the charismatic John Grierson. Although he never made films at the NFB, Erving absorbed a cinematographic culture, which later became one of his trademarks, from *Gender Advertisements* to *Frame Analysis:* "Goffman was a documentary filmmaker of ideas", as Ray Birdwhistell put it (interview by Winkin, May 14, 1985).

His way to sociology

One of his friends at the NFB, Dennis Wrong, convinced Erving to complete his B.A. degree in sociology at the University of Toronto. In the fall

K. Lenz und R. Hettlage (Hrsg.), *Goffman-Handbuch*, https://doi.org/10.1007/978-3-476-05871-3_1

of 1943, Goffman undertook a triple initiation to the social sciences. The first was conducted by anthropologist Charles W.H. Hart, who had been trained by Alfred R. Radcliffe-Brown himself. In full gown, he told the students at length about his fieldwork among the Tiwi of Bathurst Island (North Australia), and he had them read Émile Durkheim's *Suicide* (1897). The origins of Goffman's longstanding faithfulness to Radcliffe-Brown and Durkheim can be found in Hart's class. The second initiation was led by Birdwhistell (see chap. 19), an anthropologist who was barely 26 at the time. He was still completing his dissertation at the University of Chicago under W. Lloyd Warner's supervision (see chap. 15). But he already had a unique way to physically demonstrate how a young woman of upper class status held a cigarette. He would also take his students to downtown public places and have them observe clothes and demeanour in relationship to social classes (à la Warner). For Goffman, it was ground-breaking; it meant for him that a whole new range of behavior could be socially analyzed (Winkin 1984). The third initiation was directly applied social sciences, taught by Elisabeth Bott, the daughter of prominent Toronto academics. She became Erving's first serious girlfriend. She trained him socially, and they competed intellectually: he read volume after volume of Freud's *Collected Papers;* she liked Edward E. Evans-Pritchard; he did not like "tribes". She convinced him to come with her to the University of Chicago. She opted for anthropology; he picked sociology. They eventually split in 1946 but remained close friends for life (interview with Bott by Winkin, October 10, 1987).

The four years Goffman spent at the University of Chicago certainly forged his intellectual dispositions, but not so much due to the courses he took, no matter how famous his professors were (from W. Lloyd Warner to Everett Hughes, from Herbert Blumer to Louis Wirth). Rather, it was thanks to the many conversations he had with his fellow students, and the many books he kept reading "voraciously", as Bott said (ibid), from philosophy to fiction, from detective stories to Marcel Proust.

He was closest with people who had experience in an occupational world far from academia. Ned Polsky was a pool hustler; Fred Davis drove a taxi; Howard S. Becker was a jazz pianist. All three were people of the night, and knew how to play poker. Only philosopher Richard Jeffrey lived during daylight, but he was an Army veteran, like Bob Habenstein, who was married with two small kids and had to make a living selling Fuller brushes door-to-door (letter Habenstein to Winkin, January 27, 1998). They all knew how idiosyncratic Erving could be, sometimes sweet, often acerbic, always at a distance. They did not refer to him as "Pooky", which was the nickname given by his Toronto buddies, but "little dagger"—never in his presence, though (interview by Winkin with Gusfield, April 21, 1987).

A softening light came in 1948, when Liz Bott introduced Erving to Angelica Schuyler Choate, a master's student in human development. She went by the phonetic short form of her middle name, Sky. There were rumors about her very wealthy family in Boston, but very few if any knew she was the daughter of the owner of the *Boston Herald.* On both sides of the family, the names were drawn from American history. Angelica's maternal grandmother, Henrietta Marion Grew, had two sisters; one of them married John Pierpont Morgan, Jr., who was to become one of the very richest men in the United States. Angelica's maternal grandfather, Stephen Van Rensselaer Crosby, was the cousin of Walter Van Rensselaer Berry, a very urbane lawyer living in Paris, known for his friends: Henry James, Marcel Proust, Paul Valery, among others. Angelica's uncle (her mother's brother) was the poet and publisher Harry Crosby, who lived an extravagant life in Paris with his wife Caresse before killing himself with his mistress in New York in 1929. The very middle name "Schuyler", transmitted from one generation to the next, came from an ancestor, the Revolutionary War general Philip Schuyler. The "Choate" name also reverberated throughout New England: the Choate School (Wallingford, Connecticut), founded in 1896 by Judge William Choate, was one of the most exclusive private preparatory schools in the land, barely accepting the sons of Catholic nouveaux riches like the Kennedys. No wonder, with such a pedigree, that Erving loved Proust. But still, the nagging question remains: how did a Jewish kid from the Canadian prairie manage his way into such a world?

A partial answer may be found in his first public paper, delivered in 1949 at the annual meeting of the University of Chicago Society for Social Research, a training ground for graduate students. The title was *Symbols of Class Status* (SCS). He had already explored the topic in his fall 1948 paper for Ernest Burgess's seminar, in which he described in very formal terms "the role of status symbols in social organization". This time, he made a distinction between occupation status symbols and class status symbols. He focused on the latter. It was an homage to Warner, whose theory of social classes was heavily used. But it was also a subtle reference to the life he was observing over the shoulder of his then girlfriend, for example when he wrote: "In many societies, avocational pursuits involving the cultivation of arts, 'tastes', sports, and handicrafts have been used as symbols of class status" (SCS, 301). One may suggest that he was tapping into his own experience when he wrote: "The style and manners of a class are [...] psychologically ill-suited to those whose life experiences took place in another class" (1951, 300). He was doing autoethnography, to use a term not yet in use, but he would never have "come out". He just admitted his gratitude to Angelica Choate for criticism in a footnote.

In addition to his friends and Sky, the most formidable intellectual presence for Erving was a professor who had left Chicago twelve years before: Radcliffe-Brown, who arrived from Sydney in 1931, and departed for Oxford in 1937. But his books, his mimeographed lectures, and anecdotes about him still circulated around the Department of Anthropology, where three members had been personally associated with him: Warner, Fred Eggan and Sol Tax. All three shared stories about the Great Man not only in their classes but also in parties and other informal gatherings. Those stories embodied Goffman's reading not only of Radcliffe-Brown's classic *Andaman Islanders* (1922) but also *Taboo* (1939) and *A Further Note on Joking Relationships* (1949).

The year 1949 was a pivotal year for Goffman at Chicago. First, he finally submitted his master's thesis, which he started in 1946 under Warner's supervision. In order to understand the rather mysterious title, *Some Characteristics of Response to Depicted Experience* (SCRDE), one needs to understand that Warner, who worked at the time with William E. Henry, a young psychologist applying Murray's Thematic Apperception Test (TAT) to different populations, wanted Goffman to expand their study of the relationship between socio-economic status and the personality of radio listeners (Warner/Henry 1948). Goffman doubled Warner and Henry's data pool by merging it with his own: he administered the TAT (a series of fuzzy pictures for which one has to invent stories) to fifty women of higher status, since they all lived in the well-to-do area of Hyde Park, Chicago. He soon realized the theoretical and methodological weaknesses of the TAT. As a result, his master's thesis provided not only a sharp criticism of the TAT as a tool for the social sciences, but also his own reinterpretation of the responses as well as an ethnographic study of the situations where the interviews took place: "Finally, most subjects managed to show, in some small way or other, that for them furniture did not have to be a symbol of wealth and respectability. [...] signs of hand-labor were to be found; sanded tables, cumbersone radio amplifiers, makeshift end tables" (SCRDE, 69). Goffman's unique writing style is already in the making, as well as his capacity to create ad hoc notions that will not reappear later.

Then, in October 1949, Goffman left Chicago for Edinburgh. Probably not so much for the job he was offered (to supervise students of the new Department of Anthropology) but for the possibilities extended to him to do fieldwork like Radcliffe-Brown—on an island (see chap. 3). In December 1949, he arrived in Baltasound, the main community on the island of Unst, the northernmost of the Shetland group, at the same latitude as Bergen in Norway. In winter, the sun appears around 10:00 am and sets around 3:30 pm. The island, 9 miles long by 4 miles wide, had about 1,000 inhabitants at the time, distributed in three communities. Most were crofters ("a few core sheep, a few ponies and cows, and a few acres of arable land"—Draft, 3), a few belonged to the gentry class, and a few more to a "sizable service class" (ibid.). Between December 1949 and May 1951, Goffman stayed a total of 12 months on the island. He first spent two months at the local family hotel. The two maids became his informants; amongst themselves, they called him "peerie Goffman" (meaning 'short' in the local dialect). In early 1950, he bought a small cottage behind the hotel, but he continued having meals with the two maids and the cook (Winkin 2022). In the summer of 1950, he took a job as a dishwasher at the hotel. On the one hand, he cultivated privileged relationships with a few people: the maids, the mailman, the doctor and his wife, the reverend; on the other hand, he attended as many public activities as possible: meals, parties, weddings, funerals, etc. Goffman was not in town to make a community study à la Warner. He meant to "study the rules of conduct which islanders adhered to while engaged in social interaction with one another" (Draft, 3). As he put it later in his dissertation: "This is not a study *of* a community; it is a study that occurred, *in* a community, of behavior with which no living person ought to be publicly identified" (CCoIC, 8; emph. in orig. underlined). He used the island of Unst as some kind of giant laboratory, where he could observe naturally occurring experiments in face-to-face interaction. His goal was to produce a general framework applicable to all situations, no matter where they happened. His ethnographic vignettes were only illustrations meant to make a conceptual point.

Between the end of his term as Instructor in the Department of Anthropology at the University of Edinburgh and his return to Chicago, there is a one-year gap (fall 1951–spring 1952). Where was he? At least part of the time in Paris with Sky. They may have been helped by Caresse Crosby, Sky's aunt, who still had good connections in Paris, as she continued to run the Black Sun Press she had founded with her late husband Harry Crosby. In any case, Erving probably drafted his dissertation in Paris. But he most certainly did not mingle with the existentialist crowd in cafés and jazz clubs of Saint Germain des Prés; he was too busy with his own writing.

When Erving and Sky returned to Chicago, the atmosphere had dramatically changed. Robert M. Hutchins, the charismatic President of the University of Chicago had unexpectedly resigned in January 1951. Louis Wirth had suddenly died of a heart attack; William Ogburn and Ellsworth Faris had announced their retirement; Blumer was leaving for Berkeley; Warner was much involved in his private venture, Social Research, Inc. (SRI); Hughes was more isolated than ever. But still, 1952 turned out to be an important year for Erving and Sky, who got married in July. In May, Erving submitted his Ph.D. thesis statement. In November, his paper *On Cooling the Mark Out,* appeared in *Psychiatry,* the highly respected journal founded by Harry S. Sullivan. And he got a job at the University of Chicago as a part-time research assistant for Edward Shils, who let him work as he pleased, so that he could still audit classes like Hughes' on Social Institutions. From his notes, we know he heard for the first time about "total institutions", an expression Hughes coined to describe those institutions "which were much more shut off from the outside world" (quoted by Burns, 1992, 142). He also worked for Social Research, Inc. (SRI). The American Petroleum Institute wanted to know how to develop gas stations throughout the United States. SRI sent Goffman and other associates to conduct fieldwork in gas stations around Chicago. They interviewed more than 200 dealers—they even asked them to respond to TATs. The February 1953 report had a title à la Hughes: *The Service Station Dealer: The Man and his Work* (Social Research Incorporated 1953). The final author was not Goffman, but there are sparks of his very idiosyncratic style in the report.

The year 1953 was marked by two major events: first, Angelica delivered Tom, who would be their only child; then, Erving delivered his thesis, titled *Communication Conduct in an Island Community* (see chap. 36). Not only the committee but the entire faculty could ask questions about the dissertation, and they did not spare the candidate—who fought back: "I remember it was a warm spring day, and Goffman under the usual heavy attack had good control of himself, such good control that when a bead of perspiration rolled down his brow to his nose, he did nothing about it!" (Strauss in a letter to Winkin, dated October 13, 1985). From the very title it was a very disconcerting dissertation. On the one hand, Goffman referred to concepts and authors unheard of in the Chicago sociological world. The very expression at the heart of the title of the dissertation was puzzling. Nobody spoke of "communication" in those days, except a small group around two professors of library science, Bernard Berelson and Douglas Waples, who had just founded the Interdisciplinary Committee on Communication (Wahl-Jorgensen, 2004). Goffman refered to Jurgen Ruesch and Gregory Bateson's book *Communication* (1951) and even alluded to John von Neumann's research in game theory (not mentioned in the bibliography but in footnote 2 page 244). On the other hand, he unsparingly created frequent new notions and expressions, from "euphoric and dysphoric interplay" to "safe supplies" and "faulty persons". They all made sociological sense when defined and illustrated with fieldwork data. While many of them faded away even before the end of the dissertation, some of them, like "management of information about oneself", "involvement" and "interaction order" were going to have a long career in Goffman's work. Goffman's vision of the ways society works is encapsulated in those 368 pages of the dissertation. For the rest of his life he kept returning to them.

The start of his career

In early 1954, sociologist John Clausen, who worked at the National Institute of Mental Health (NIMH), flew from Washington to interview Goffman for a position at his newly created Laboratory of Socio-Environmental Studies. NIMH was worried about the escalation of the number of psychiatric patients and the subsequent growth of mental hospitals—some with up to 10,000 beds—and hoped the social sciences could do something about the situation. Goffman's name had been mentioned to Clausen by David Riesman, then at the University of Chicago and author of the famous *The Lonely Crowd* (1950). Riesman said of Goffman to Clausen that he was "the most perceptive person I have ever met" (letter from Clausen to Winkin, September 2, 1992). But Clausen had not anticipated that Goffman would reverse the roles. He grilled Clausen on his research setting, on his conception of mental illness, on the degree of freedom possible in a research bureaucracy. Apparently satisfied with Clausen's answers, he agreed to join the staff, provided that he be allowed to study one of the psychiatric hospitals in the Washington area, and to disregard psychiatric definitions of mental illness and its treatment (ibid.). Clausen was stunned but he accepted Goffman's conditions.

At the time, Goffman was a research associate on a project "for the study of social practices" directed by Edward C. Banfield, a conservative professor of political sciences who was known to be close to Leo Strauss and Milton Friedman. Despite these official positions, Goffman was in fact mostly working on his own project, which he titled "The Management of Impressions in Social Establishments"—a prefiguration of *Presentation of Self in Everyday Life*. He submitted it to a few close colleagues like Robert Habenstein, Warren Peterson and Harold Garfinkel. Peterson wrote to Goffman:

> "This, I think, is truly great. It should rank you among the giants, and if that isn't recognized for a year or two, don't worry about it […]. It

should get into the textbooks within ten years, remain there for thirty or forty, at which time someone will decide that Goffman is out of date and you will be mentioned in histories of sociology" (memorandum from W. Peterson to E. Goffman, February 2, 1954).

Peterson was a visionary.

In the fall of 1954, Erving, Sky and Tom moved to Washington, D.C. Goffman began to immerse himself in two wards of the Clinical Center at NIMH (see chap. 3). Ward A was dedicated to pharmacological research, and patients were orderly: Goffman lived with them for two months as a "normal control". Ward B was dedicated to schizophrenic patients and their "schizophrenogenic" (meaning schizophrenia inducing) mothers; Goffman visited during the day as a staff sociologist. Contrasting the "ceremonial life" of the two wards, he produced in June 1955 a paper titled *Notes on Deference and Decorum in a Hospital Setting.* The core of the paper adumbrates *The Nature of Deference and Demeanor,* published one year later in *American Anthropologist* (NDD; also IR_b). But the conclusions are very different as they focus on the impact of the environment on the self:

"Mental hospitals throughout the world segregate their patients according to 'degreee of illness'. By and large this means that patients are graded according to the degree to which they violate ceremonial rules of social intercourse [...] In this institutionalization of a black mass it is no wonder that hospital staff can often be recruited for acolytes" (NDDHS, 45).

The final sentence is indicative of Goffman's state of mind when he moved to St. Elizabeth's Hospital in 1955 for a year of fieldwork. He actually stated it rather bluntly in the Preface of *Asylums:* " [...] I came to the hospital with no great respect for the discipline of psychiatry nor the agencies content with its current practice" (AS, x; AS_{dt}, 8). He wanted to know how the patients experienced the hospital. He had thus to carve out a role for himself acceptable to both the patients and the staff. He did not wear a white uniform but a t-shirt and a pair of blue jeans. As he was officially an assistant to the athletic director, he often carried a basketball. But since he did not carry a key, the surest sign of staff status, he only had to throw his basketball away to look like a patient (letter from Clausen to Winkin, September 2, 1992). As he sank deep into the "underlife" of the institution, his anger kept growing. He could not help but show it at an NIMH seminar: in order to explain how staff controlled patients without leaving bruises, he took one of the psychiatrists by the belt and pulled him back and forth; he also poked him in the stomach several times (ibid.). In October 1956 he was invited to the prestigious *Macy Conferences* at Princeton University. He was sharply criticized by Margaret Mead for his use of the term "disgorgement" to describe the final processing out of patients (IPe). Goffman fought back, electrifying the usually sedate atmosphere of the seminar. At home, the ambiance was no better. Sky was alone with Tom most of the time. When Erving was at home, he immersed himself in work—his rhythm of publication was rather frantic: *On Face-Work* in 1955, *The Nature of Deference and Demeanor* and *Embarrassment and Social Organization* in 1956. In 1956, he also published his first book, *The Presentation of Self in Everyday Life,* as a monograph of the Social Sciences Research Centre of the University of Edinburgh. He wrote in the acknowledgments: "Without the collaboration of my wife, Angelica S. Goffman, this report would not have been written". Quite possibly: she was his first reader, his typist, his editor. But gone were the happy days of student life in Chicago. Erving wanted a properly established life, on the model of his parents-in-law: no posters on the walls any longer, no framed reproductions, only real paintings. So finally Sky borrowed a Dufy from her mother (letter from Perry to Winkin, November 1992). But such demands were hard on her, and she did not always know how to cope.

His professorship at Berkeley

A respite came with their move to Berkeley in late 1957. Blumer, by then chair of the newly formed Department of Sociology at the University of California, Berkeley, invited Goffman to consider a position in social psychology. Blumer and Goffman were not close, but Blumer wanted to build a department in which all current trends of American sociology were represented. Goffman accepted the position of Visiting Assistant Professor as of January 1, 1958. Berkeley at the time was expanding at a rapid pace, as were most American universities. The University was also upgrading its faculty. Young brilliant scholars were quickly tenured. Informal interdisciplinary clusters of friendly colleagues assembled. There was one around language and society on Saturday mornings with Dell Hymes, John Gumperz, Susan Ervin-Tripp. They invited philosopher John Searle, anthropologist Ethel Albert, psychologist Dan Slobin, sociologist Aaron Cicourel—and Goffman, who became a regular attendee, although he kept his habit of sticking to his own agenda.

In that highly stimulating atmosphere, Goffman published five books in five years: the definitive version of *The Presentation of Self in Everyday Life* appeared in 1959; *Encounters* and *Asylums* both in 1961, *Behavior in Public Places* and *Stigma* in 1963. No wonder he was awarded early tenure in 1960 and full professorship in 1962. In 1961, he won the *McIver Award* of the American Sociological Association. His career was definitely skyrocketing.

At home, life was not easy as Sky had more frequent psychotic episodes. There was no way Erving would have her hospitalized against her will, and she was undecided about such a solution. When her health permitted, the two of them went to Las Vegas, Reno or Lake Tahoe for weekends of gambling. Their fun was to count cards at blackjack on the basis of the early mathematical models developed by Edward Thorp and others (including Claude Shannon). They wanted to "beat the dealer" through constant betting of the same amount. They had a good amount of money to spend, and Sky's memory of cards did the rest. Erving was not too good: he could not keep a "poker face". But they still managed to win quite a few games. They ended up getting "listed" in some casinos; they were then invited to leave, and each time it happened, according to their son who sometimes came with them, they "loved it". It meant they were getting pretty good (interview by Winkin with Tom Goffman, August 24, 1991).

What was first some kind of occupational couples therapy progressively became Goffman's third major fieldwork context. He attended a dealer's school and worked in that position, wearing the appropriate pants with deep pockets to hold many chips, as he explained to Cicourel, who visited him in Las Vegas (interview by Winkin, April 18, 1985). A journalist named Paul Jacobs had apparently interceded for him with Moe Dalitz, one of the key figures of the Jewish mafia controling several casinos in Las Vegas at the time (Daniel Bell, phone interview by Winkin, January 14, 1992). Jacobs then told Goffman: "I've got you a position. But you better not write anything bad about Dalitz or his casinos. The man has a lot of muscle in this town. He's head of the *shul*! " (letter from Ted Harwood to Winkin, December 30, 1991). If the story is true, Goffman probably worked at the *Desert Inn* and the *Stardust,* two strongholds of Dalitz and his allies. That's where the action was (published in IR_f).

Sky killed herself in May 1964. Erving was devastated, although he managed to give the impression that he was in total control. A few years later, he published *The Insanity of Place,* an incredibly intimate paper on the condition of a husband managing his mentally unstable wife at home (IOP; RP_g). In 1964 also, the Free Speech Movement reached Berkeley, resulting in strikes, sit-ins, and the National Guard on campus. Goffman was not sympathetic to the turbulent students, and had less and less patience with even his own students. His priority remained scholarship. He usually tried to stay home to write because "a university is a place to pick up your mail", as he bluntly put it to one of his graduate students (Marx 1984, 659). No wonder then that he provisionally left Berkeley in 1966 to become, first a visiting professor at the University of Manchester, then a fellow at the Center for International Affairs at Harvard University.

For a full year, Erving and Tom lived in Cambridge, MA. The Center was created in 1958 by two Harvard professors, Robert Bowie and Henry Kissinger. When Goffman was at the center, Kissinger was still officially Associate Director, but he was probably busy with other projects. Goffman certainly met more often with Thomas Schelling, the future Nobel Prize winner in Economics (2005), whose work on strategy and conflict was of much interest to him. But overall, Goffman was, as usual, a hermit: he kept to himself and wrote at home. Thus, his year in Cambridge was very productive: he published *Interaction Ritual* (1967), wrote *Strategic Interaction* (1969), and probably kept working on *Frame Analysis* (1974), which he had started in Berkeley.

The shift to the University of Pennsylvania

Goffman returned to Berkeley in 1967–1968 but he had to decide whether to stay or to accept one of the several offers made by different universities. The conditions of the University of Pennsylvania were particularly generous: as *Benjamin Franklin Professor,* he would have only one graduate seminar to teach every year—and his salary would rise from 20,000 to 30,000 dollars a year. So he moved to Philadelphia in late 1968. He chose an office in the Department of Anthropology, away from the Department of Sociology, a Parsonian stronghold not too happy about his coming to Penn. But his Penn years were serene. He bought a nice house on Rittenhouse Square, in a fancy downtown neighbourhood. He resumed his habit of working from home and spending as little time as possible in his office (legend had it that his secretary would come and meet him on the sidewalk with his mail). Yet, he got involved in many collective ventures at the University of Pennsylvania: he was associate editor for *Language in Society,* a new journal launched by the linguistic anthropologist Hymes (whom he knew from Berkeley, and much appreciated); he read book manuscripts for *Conduct and Communication,* a new series published by the University of Pennsylvania Press, for which he served as a co-editor with Hymes (see chap. 53); and he was key player in the creation of the Center for Urban Ethnography, which mostly offered grants to graduate students ready to do fieldwork.

He was engaged by the energy flowing through the university at the time. Penn in the 1970's was a hub of up-and-coming scholars in their thirties and forties who attracted one another and built strong interdisciplinary connections, sharing readings and students (Leeds-Hurwitz/Sigman 2010). Hymes attracted Goffman, and the two of them together attracted Labov, then Goffman attracted Birdwhistell, etc. Graduate students were encouraged to take courses outside their home department; there were frequent lectures by visiting professors from around the world (such as Jürgen Habermas in 1977)—and parties where faculty and graduate students mixed easily. Not to say that Goffman was often seen at such parties. But he seemed to relax: his son was on the right track to enter medical school; and he started to accept more invitations abroad (Paris, Constanz, Urbino, Rio de Janeiro, etc.). He also enjoyed collecting antiques with Henry Glassie, a colleague from the Department of Folklore and Folklife: they forged a business card together ("Goffman and Glassie – English Oak. Folk Art") so that they could attend professional auctions. He resumed going to casinos: the State of New Jersey had just allowed casinos to open in Atlantic City. In 1975, he won a Guggenheim Fellowship to study gambling again. At about the same time, he connected with Canadian sociolinguist Gillian Sankoff, who had arrived at Penn to work with Labov. They married in 1981.

His years at Penn proved to be fruitful: *Strategic Interaction* in 1969, *Relations in Public* in 1971, *Frame Analysis* in 1974, *Gender Advertisements* in 1979, *Forms of Talk* in 1981. The year 1982 should have been his crowning year. That year, his daughter Alice was born; he spent a delightful month of May with her and Gillian in Paris at the invitation of Pierre Bourdieu; and he became the 37th president of the American Sociological Association. But in 1982 he developed stomach cancer. He had to cancel his presidential address, the title of which, *The Interac-*

tion Order, showed a circle fully completed, as it was also the heading of the final chapter of his 1953 dissertation (see chap. 48). He died on November 20, 1982.

Goffman's trajectory can be read as the product of the interaction between an intellectual superachiever and a social superachiever; as a Jewish struggle with modernity, similar to Freud's or Durkheim's (Cuddihy 1975); and as the ultimate triumph of Chicago sociology, that unique blend of data and style. Goffman's life can also be seen as simply the story of a sociologist who took his job seriously.

References

Burns, Tom: Erving Goffman. London 1992.

Cuddihy, John: The ordeal of civility: Freud, Marx and Levi-Strauss and the Jewish struggle with Modernity. New York 1975.

Gutkin, Harry/Gutkin, Mildred: The worst of times, the best of times: Growing up in Winnipeg's North End. Markham 1987.

Hymes, Dell: On Erving Goffman [1984]. In: Gary A. Fine/Gregory W.H. Smith (ed.): Erving Goffman, Vol. 1. London 2000, 48–59.

Leeds-Hurwitz, Wendy/Sigman, Stuart J.: The Penn tradition. In Wendy Leeds-Hurwitz (ed.): The social history of language and interaction research: People, places, ideas. Cresskill, NJ 2010, 235–270.

Marx, Gary: Role models and role distance: A remembrance of Erving Goffman. In: Theory and Society, 13/5 (1984), 649–662 (also in Gary A. Fine/Gregory W. H. Smith (ed.): Erving Goffman, Vol. 1. London 2000, 60–70).

Social Research, Incorporated: The service station dealer: The man and his work. Chicago 1953.

Wahl-Jorgensen, Karin: How not to found a field: New evidence on the origins of mass communication research. In: Journal of Communication 54/3 (2004), 547–564.

Warner, Lloyd W./Henry William D.: The radio daytime serial: A symbolic analysis. In: Genetic Psychology Monographs, 37 (1948).

Winkin, Yves: Entretien avec Erving Goffman. In: Actes de la Recherche en Sciences Sociales 54 (1984), 85–87.

Winkin, Yves/Leeds-Hurwitz, Wendy: Erving Goffman: A critical introduction to media and communication theory. New York 2013.

Winkin, Yves: D'Erving à Goffman. L'oeuvre performée? Paris 2022.

2 Goffmans theoretisches Werk

Robert Hettlage

Dass Erving Goffman als Theoretiker eingeordnet wird, bedurfte einer längeren Vorlaufzeit. Viele seiner Leser/innen waren zunächst kaum davon zu überzeugen, hat er sich doch selbst nicht als einen solchen verstehen wollen. Denn er stand den üblichen Theoriediskussionen distanziert und überaus skeptisch gegenüber. Die meisten hielt er nicht für den Königsweg einer lebendigen Soziologie. Theorie- (und Methoden-)Debatten standen bei ihm unter dem Verdacht, unergiebige, gekünstelte Wissenschaftsspiele, also „living theatre" zu sein, dem er sich weitgehend zu entziehen versuchte. Wer hingegen (qualitative) empirische Forschung betrieb, fand schnell seine Zustimmung, konnte er doch, wie schon George C. Homans (1964, 951 ff.) betonte, seinen Gegenstand, die gesellschaftliche Wirklichkeit, nicht ganz verfehlen. Insofern war Goffman kein Theoretiker. Er hat auch keine systematische, abstrakte Theorie i.e.S. vorgelegt. Auf der anderen Seite war er zu belesen und zu versiert in den großen Debatten seines Faches, als dass man diese erste Annäherung auch als das abschließende Wort nehmen könnte. Man muss also genauer hinsehen. Wer fruchtlose (Theorie-)Debatten anprangert, spricht sich damit noch nicht gegen den Wert von Debatten überhaupt aus. So ist es auch bei Goffman. Er war reflektierender „Erfahrungswissenschaftler" genug, um bestens darüber Bescheid zu wissen, dass entsprechend der Kantschen Maxime „Anschauung ohne Begriffe blind und Begriffe ohne Anschauung leer" sind, d. h. dass sozialwissenschaftliche Erkenntnis sich empirisch-analytischer Vorgehensweisen zu bedienen habe. Für eine erste Annäherung lassen sich eine materiale, die Inhalte seines Werkes betreffende Aspekte von der formalen Weise der Erkenntnishaltung und Vorgehensweise auseinanderhalten.

Die inhaltliche Seite seiner Mikrosoziologie

Anthony Giddens ([1987], 2000, 155) hat Goffman als einen „theorist of co-presence" bezeichnet, der ein ganzes Netz von sozialen Verhaltensweisen aufspannt, in dem die Menschen als Teilnehmer/innen einer Face-to-face-Begegnung (nicht als Gruppenmitglieder) agieren. Bei dieser Klassifikation wird deutlich, dass die Menschen dabei meist unbewusst einer Reihe von Normen, nach Art von Verkehrs- oder Grammatikregeln, folgen, die die Interaktion und Kommunikation erleichtern. Er sucht nach einem Vokabular, um diese Erfahrungen durchsichtig zu machen und unterscheidet (a) zwischen Arten von Ereignissen (fokussiert, nicht

R. Hettlage (✉)
Basel, Schweiz
E-Mail: robert.hettlage@gmx.ch

K. Lenz und R. Hettlage (Hrsg.), *Goffman-Handbuch*, https://doi.org/10.1007/978-3-476-05871-3_2

fokussiert), (b) zwischen Publikumsformen (vertraut, involviert etc.), (c) zwischen Territorien des Selbst und ihrer Zugänglichkeit sowie (d) den Formen der Selbstdarstellung. Denn jede Begegnung bedingt einen „Kundgabezwang" („signs given" und „signs given off"). Jeder bringt dabei seine Biographie und seine Charakteristika ein und ist meist fähig, die Zeichen anderer aufzunehmen und zu bewerten. Ko-Präsenz impliziert nicht nur Sprachfähigkeit, sondern auch Aufmerksamkeit auf den Körper (als „anchor of communication skills", Giddens [1987] 2000, 157) und die nuancenreiche Darstellung nach außen. Menschen reagieren sehr sensibel auf diese Zeichen. Dabei werden normative Erwartungen sichtbar, die ein Eindrucks- und Spannungsmanagement erfordern. Andernfalls bricht die Interaktion auseinander und bringt die eigene Identität in Gefahr.

Goffman konzentriert sich also auf die alltäglichen Interaktionsvorgänge (s. Kap. 20). Die Beschreibung und Analyse der Interaktionssituationen (und der sie durchziehenden Konventionen, Regeln und Rituale) stehen im Vordergrund. Sie sind die Grundeinheiten der sozialen Ordnung. „Die Gesellschaft" ist demgegenüber eine höhere Ebene der Abstraktion. Goffman fragt also nicht in makroskopischer Manier, wie Thomas Hobbes, Émile Durkheim oder Talcott Parsons danach, wie und unter welchen Bedingungen Gesellschaftsordnung möglich ist, sondern danach, welche Handlungen Menschen in Gegenwart anderer vollziehen, um sich als eine normale Erscheinung zu inszenieren und um die Alltagsroutinen nicht zu stören. Er beschäftigt sich – als „ethnographer of small entities" (Goffman in Verhoeven [1993] 2000, 217.) – damit, *wie* Menschen bei der Gestaltung ihrer alltäglichen Interaktionen sich selbst darstellen (müssen), wie sie bewirken, dass sie auf andere wirken, d. h. wie sie ihre Kompetenzen einsetzen, auf welchen Wissensbestand und welche Normen sie zurückgreifen, wie sich also das Soziale in konkreten Face-to-face-Begegnungen gestaltet („Was geht hier eigentlich vor?"). Er öffnete damit ein Fenster, durch das wir auf eine sonst unsichtbar bleibende Mikrowelt der Emotionen und Beziehungen, der Worte und Gesten, der Räume und Bewegungen zu sehen erst lernen mussten (Scheff 2006, VIII), – vor allem lernen, dass und wie diese feinen Gewebe sich wechselseitig beeinflussen bzw. wie sie mit der größeren Welt verbunden sind. Die Erkenntnis, dass hinter den sozialen Gebilden und Beziehungsmustern immer feinere und unscheinbarere Formen zum Vorschein kommen und dass sich jede Gesellschaft in ihren Interaktionsformen ausdrückt, hat der Soziologie ganz neue Forschungsgebiete eröffnet.

Die formale Seite von Goffmans Soziologie

Ein solch mikroskopischer Blick auf die öffentliche Ordnung – ausgehend von den bislang als unbedeutend eingeschätzten alltäglichen Situationen („moments") – war so neu, dass die Begriffe und Analyseraster dafür noch fehlten und erst „gefunden" werden mussten (ABS_{dt}, 105 f.; ABS, 301). Insofern war Goffmans Anspruch von Anfang an von entschieden theoretischer Art („unyieldingly theoretical", Collins [1980], 2000, 309). Eine solche Ordnung im Kleinen weist eigene Bestandteile und Organisationsmuster auf, ist aber durch ständige Regelbrüche auch äußerst störanfällig und fragil. Vieles, das „Situierte", so auch der Sinn der Objekte und Handlungen, wird prozessual, durch gegenseitiges Aushandeln, hergestellt („konstruiert"), manches aber, das „Situative", ist festerer Bestandteil der sozialen Situation und weist auf soziale, stabilere Ordnungsmuster z. B. auf kulturelle Prägungen und Rahmungen hin. Was an einem solchen Ansatz „trivial" sein soll (Gouldner 1974), ist schwer zu erkennen.

Wie sehr Goffman von Anfang an mit der empirisch-analytischen Grundlegung einer „Interaktionsordnung" befasst war, zeigt ein Blick auf den Aufsatz von 1955 *On face work* (auch IR_a). Auf wenigen Seiten schlägt er für die Analyse der Darstellungsakte nicht weniger als fünf Typen von face, vier Folgen von Gesichtsverlust, zwei Arten von face work, vier Arten von Vermeidungsprozessen, drei

Korrekturvorgänge und fünf Wege vor, wie ein Anerbieten akzeptiert werden kann (Scheff 2006, 5). Ähnliches lässt sich für seine Rahmenanalyse feststellen. Peter K. Manning (1980, 252 ff.) zählt dabei 19 Arten auf, wie Täuschungen differenziert werden können, damit man ein lebendiges Bild von diesem nicht unbedeutenden sozialen Tun erhält. Dass Goffman einen unnachahmlichen „Röntgenblick" (Scheff 2006, 5) für die Komplexität der Darstellungsakte besaß, lässt sich kaum bestreiten. Dass er dann mit den Ergebnissen dieser Klassifikationsanstrengung so „sorglos" umging und sie für weitere systematische Theoriebildung kaum nutzte, unterstreicht – trotz des vorerst gegenteiligen Anscheins – sein hohes Wissenschaftsethos, d. h. seine „hyper-reflexive" (Collins [1980] 2000, 336) Distanzierung von – ihm unnötig erscheinenden – Theoriespielereien, intellektuellen Hoheitsansprüchen, Definitionskämpfen und vermeintlich festgefügten Erkenntnissen. Die Gefahr, das ‚wirkliche Leben' im Alltag aus den Augen zu verlieren, schien ihm zu groß. Mehr als vorläufige „Hinweise" („notes", „essays", „remarks") und plausible Generalisierungen ad hoc oder bestenfalls von „mittlerer Reichweite" waren vorerst nicht zu gewinnen (Radcliffe-Brown 1952).

Wenn diese theoretischen Werkzeuge nicht mehr griffig sind, müssen sie durch andere ersetzt werden. Das leuchtet ein. Deswegen fand Karl R. Popper (1969), der (wissenschafts-)kritische Rationalist, große Zustimmung mit seiner Forderung, Theorien seien nichts allzu Festes. Die zu verstehenden Zusammenhänge oder zu erklärenden Phänomene könnten sogar unter „Meinungskonkurrenten" spielerisch frei entworfen werden („conjectures") – unter der Bedingung allerdings, dass sie dann rigoros geprüft und falsifiziert würden („refutations"). „Wir schlagen eine kühne Theorie als versuchsweise Lösung vor. Wir versuchen, nach besten Kräften diese Theorie zu kritisieren, und das heißt, dass wir versuchen, sie zu widerlegen. Wenn wir damit Erfolg haben, versuchen wir eine neue Theorie zu entwickeln, die wir wieder kritisieren werden, und so weiter" (Magee 1975, 62 f.). Deswegen sei Wissenschaft immer ein Friedhof für verworfene theoretische Versuche aller Art. Im Wissenschaftsalltag sind Popper aber nur wenige gefolgt. Goffman hingegen hatte sich diese Haltung des „trial and error" zu eigen gemacht. Konzepte und Klassifikationen waren für ihn Teil eines fluiden Erkenntnisprozesses. Man durfte damit experimentieren, aber man musste sie ersetzen, wenn sie als Greifwerkzeuge nicht tauglich bzw. nicht mehr sensibilisierend genug waren. Insofern ist sein manchmal verwirrendes Jonglieren mit einer Vielzahl von ihm selbst erfundenen Konzepten und Taxonomien zur Interaktionsordnung, kein nachlässiger Umgang mit ernster konzeptueller Arbeit, wie oft behauptet wurde, sondern eine rigorose, achtsame, wenngleich ungewohnte Umgangsweise mit einem allgemein anerkannten wissenschaftstheoretischen Postulat. Man fühlt sich an Max Webers Bemerkung erinnert, dass „die scheinbar nutzlose, ‚mühselige' Definition d(ies)er Tatbestände ein Beispiel dafür ist, dass gerade das „Selbstverständliche" (weil anschaulich Eingelebte) am wenigsten „gedacht" zu werden pflegt" (Weber 1972, 23).

Das Studium der Interaktionsdynamik verlangt ein Denken in Prozessen: Goffman war deshalb ein unbequemer, ‚zögerlicher' Theoretiker. Und er war ungewöhnlich, weil er den Mut hatte, „accurately improper moves" (Scheff 2006, 32) zu unternehmen. Sein wissenschaftlicher Ernst verlangte von ihm, sich gegen jede allzu rigide Begriffsarbeit, alles Doktrinäre oder gegen allzu stabil gedachte Ordnungen zu verwahren, um die dauernd im Fluss befindliche, interaktive und performative Herstellung von Wirklichkeit (und Wissenschaft) im Blick zu halten. Kurz: es ging ihm weniger um „order", als um das eminent soziale Geschehen des „ordering". Wie kaum einer versuchte Goffman konsequent dem oft beschworenen, aber schwer zu erfüllenden erkenntnistheoretischen Postulat nachzuleben, dass angesichts der Vielfalt und Dynamik des Lebens jede wissenschaftliche Festlegung (Definition), so unerlässlich sie ist, wieder aus ihrer zu rigiden Fixierungstendenz herausgelöst werden müsse. Diese zwangsläufig paradoxe Haltung beim „doing research" verkannt zu haben, lässt manche Kritik am angeblich „theoretisch unergiebigen" Goffman als oberflächlich und vorschnell erscheinen. Trotz mancher Fehleinschätzung seines Werkes haben sich – List der Geschichte – viele seiner Konzepte in der Soziologie und weit über deren Fachgrenzen hinaus dennoch durchgesetzt. Manche Begriffe wie u. a. etwa die „Dramatologie" im Umfeld der Theatermetapher (Vorder- und Hinterbühne, Rollendistanz, Eindrucksmanagement, face-work etc.) sind sogar zur „zweiten Haut" der Soziologie geworden (Fine/Manning 2008, 34). Wenige Soziolog/innen des 20. Jahrhunderts sind so einflussreich und prägend für viele Fachdiskussionen gewesen wie er (a.a.O.), der penibel darauf sah, sich von niemandem vereinnahmen zu lassen (Vargas Maseda 2017).

Goffmans Beitrag zur empirisch-analytischen Durchdringung der Interaktionen zielt darauf ab, das Begreifen durch eine strikte Prozessförmigkeit möglichst aller Konzepte in Bewegung zu halten: Die soziale Kategorisierung nach Geschlecht beispielsweise wird zur ‚indikativen' Darstellung einer fundamentalen gesellschaftlichen und individuellen Existenzweise, später zum „doing gender" (West/Zimmerman 1987, 125 ff.) umformuliert. Das Interesse an Zielerreichung und Bestandserhalt von Organisationen wird durch die „sekundäre Anpassung", eine Art von „Tun-als-ob", dynamisiert. Die in der Soziologie übliche Festlegung auf normativ unterlegte Verhaltensformen wird von Goffman destabilisiert, so dass es ihm eher darum geht, *wie* von Akteur/innen situativ bewerkstelligt wird, dass etwas als normal, interessant oder moralisch erscheint. Rollen werden aus der festen Anbindung an Verhaltenserwartungen gelöst und durch Chancen der Distanzierung vor „unlebendigen" Festschreibungen befreit. Das Selbst ist für ihn gar kein originärer „Selbststand" der Person, sondern eher das Ergebnis sozialer Kontrollformen, die von einem sozialen System auf die Person und ihr soziales Umfeld ausgeübt wird. Kommunikation wird nicht am Erfolg „gemessen", sondern auf die Möglichkeit hin untersucht, wie jemand sich darstellt, um einen bestimmten Eindruck zu erwecken etc. All das gibt den jeweiligen Theorien des Handelns, der Organisation, der Kommunikation, der Identität u. a.m. eine gänzlich andere Note. Die festen Ordnungs- und Kompetenzgefüge werden durch den Aspekt der Performanz unterlaufen und verflüssigt. Die Momente der Überraschung, des Risikos und der Doppelbödigkeit sozialer Arrangements treten in den Vordergrund und befreien die (Teil-)Soziologie(n) von der immanenten Tendenz zur Verdinglichung ihres Gegenstandes. Goffmans oft harsche Distanzierung von fast allen soziologischen Theorieströmungen seiner Zeit lässt sich auf diese von ihm hartnäckig eingeforderte Dynamisierung des Sozialen und seiner Erfassung zurückführen.

Fazit

Manches an Goffmans Forschungsstil klärt sich, wenn man sich vor Augen hält, dass er sich vornahm, die Soziologie auf (selbst-)reflexivere Bahnen zu zwingen (Scheff 2006, 21 f.), als sie es sich bislang erlaubt hatte. Oft führen unsere alltäglichen und wissenschaftlichen Sprachgewohnheiten in die Irre, weil sie eine Selbstevidenz und „Natürlichkeit" postulieren (Sinnprovinz des Alltags, Schütz [1953] 2010), die eine wissenschaftliche Fragehaltung nicht kennt oder behindert. Das gilt für die normativen Gehalte unseres Handelns, für die Vereinnahmungskraft der Institutionen wie für die gängigen Methoden, mit denen sie erforscht werden. Unsere Alltagswelt, auch die der Wissenschaft, „funktioniert" erwartungsgemäß, weil wir Vieles als „gegeben", normal und nicht „frag-würdig" hinnehmen („natürliche Einstellung" Schütz [1945], 2003, 182 f.). Gerade deshalb müssen – wissenschaftlich gesehen – die vielfältigen sozialen Aprioris auf den Prüfstand gestellt werden. Betroffen davon sind nicht nur die Art unseres Theorieverständnisses und die Forschungsmethoden, sondern auch die Sprachgewohnheiten, mit denen wir die Wirklichkeit auszudrücken pflegen. Insofern ist Goffmans Ansatz radikal und subversiv – und eine Quelle ständiger Irritation bei denen, die immer schon zu wissen meinen, „wie Wissenschaft geht"! Nimmt man diese verschiedenen

Aspekte zusammen, dann kann man sich Randall Collins' Schluss ([1980], 2000, 311) kaum entziehen, dass Goffmans Werk zu den „major theoretical ideas of the twentieth century" gezählt werden muss.

Literatur

Collins, Randall: Erving Goffman and the development of modern sociological theory [1980]. In: Gary A. Fine/Gregory W. H. Smith (Hg.): Erving Goffman. Vol. 3. London, 303–337.

Fine, Gary Alan/Manning, Philip: Erving Goffman. In: George Ritzer (Hg.): The Blackwell companion to contemporary social theorists. New York, London 2008, 34–62.

Giddens, Anthony: Goffman as a systematic social theorist [1987]. In: Gary A. Fine/Gregory W.H. Smith (Hg.): Erving Goffman. Vol. 4. London, 151–175. 109–139

Gouldner, Alvin: Die westliche Soziologie in der Krise, 2 Bde. Reinbek bei Hamburg 1974.

Homans, George C.: Contemporary theory in modern sociology. In: Robert E. L. Faris (Hg.): Handbook of modern sociology. New York 1964, 951–959.

Magee, Bryan: Kritischer Rationalismus. Eine Unterhaltung mit Karl Popper. In: Georg Lührs/Thilo Sarrazin/Manfred Tietzel (Hg.): Kritischer Rationalismus und Sozialdemokratie. Berlin, Bonn 1975, 55–72.

Manning, Peter K.: Goffman`s framing order: Style as structure. In: Jason Ditton (Hg.): The view from Goffman. New York 1980, 252–284.

Popper, Karl R.: Conjectures and refutations. The growth of scientific knowledge. London ³1969.

Radcliffe-Brown, Alfred R.: Structure and function in primitive society. Glencoe, Ill. 1952.

Scheff, Thomas J.: Goffman unbound! A new paradigm for social science. Boulder, London 2006.

Schütz, Alfred: Über die mannigfaltigen Wirklichkeiten [1945]. In: Ders.: Theorie der Lebenswelt, Bd. 1: Die pragmatische Schichtung der Lebenswelt. Alfred Schütz Werkausgabe V.1. Konstanz 2003, 177–247.

Schütz, Alfred: Wissenschaftliche Interpretation und Alltagsverständnis menschlichen Handelns [1953]. In: Ders.: Zur Methodologie der Sozialwissenschaften. Alfred Schütz Werkausgabe IV. Konstanz 2010, 329–400.

Weber, Max: Wirtschaft und Gesellschaft. Grundriss der verstehenden Soziologie [1921]. Tübingen ⁵1972.

West, Candace/Zimmerman, Don: Doing gender. In: Gender and Society 2 (1987), 125–151.

Vargas Maseda, Ramon: Deciphering Goffman. The structure of his sociological theory revisited. New York 2017.

Verhoeven, Jef C.: An Interview with Erving Goffman, 1980 [1993]. In: Gary A. Fine/Gregory W.H. Smith (Hg.): Erving Goffman, Vol. 1. London 2000, 213–236.

Goffman's Empirical Work

Gregory W. H. Smith

3

Goffman's empirical work mixed the conventional and the unconventional. While it adopted the conventional methods of participant observation, interviewing and document analysis, it did not follow conventional research designs with their explicit research questions, testable hypotheses, clear sampling procedures and careful analysis of findings. Goffman was always proud to proclaim that his enterprise was preliminary in character. Its focus on concept articulation and the development of "frameworks of the lower range" (PCE, 4) did not require standard research designs because the aim was simply the provision of an analytic vocabulary that researchers could use within such designs. The analytic vocabulary was not developed as an *ab initio* armchair exercise. It emerged out of a disciplined engagement with empirical materials, resulting in a distinctive sociology that fell between the customary social scientific understandings of 'theory' and 'empirical research'. Thus, some commentators felt that Goffman was too empirical in his interests to be considered a theorist; others, that he was too theoretical to pass as an empirical researcher.

Goffman's use of empirical materials was a distinctive feature of his overall sociological approach, which might be approximately regarded as a fieldwork-informed, conceptually more precise version of Georg Simmel's formal sociology (see chap. 11). Goffman's stated goal was to develop the study of "the interaction order" (CCoIC; InO) as "a naturally bounded, analytically coherent field – a sub-area of sociology" (SI: ix; ST_{dt}, 9). The way forward, Goffman felt, was to develop the basic concepts and generalizations that might help to map out this new terrain for sociology. The role of his empirical work was to aid the development of concepts (face-work, deference and demeanour, remedial interchanges, and the like) and to provide empirical illustrations of the concepts devised.

Goffman sought to embody the rational, inquiring spirit of science but stood against simple mimicry of the supposed methods of science, arguing instead for modesty about aims and accomplishments. Sociology was at a very early stage of a long road where even the devising of a sound conceptual distinction that shed light on an overlooked feature of interaction practices was an achievement.

In the course of Goffman's career, beginning from his work as a graduate student at Chicago in the 1940s (see chap. 1), he undertook four main types of empirical work: interview-based studies; organized ethnographies; informal ethnographies; and document-based research.

G. W. H. Smith (✉)
University of Salford, Manchester, Großbritannien
E-Mail: g.w.h.smith@salford.ac.uk

K. Lenz und R. Hettlage (Hrsg.), *Goffman-Handbuch*, https://doi.org/10.1007/978-3-476-05871-3_3

Interview-based studies

In maturity, Goffman disparaged the interview as a research method. "I don't give hardly any weight to what people say, but I try to triangulate what they're saying with events" he stated at a 1974 panel presentation (OFw, 131; OFw_{dt}, 268). He urged the ethnographer to become 'tuned up' to the life circumstances of the group being studied, contrasting that embodied sensitivity to the situation of group members with the more distant involvement of the interviewer and listener. Goffman's guardedness about interview data may have originated in his own experiences as a young researcher in the 1940s. His MA thesis used the interview as a systematic method of social research to administer the Thematic Apperception Test (TAT) to a group of middle-class Chicago housewives, many of whom could not take entirely seriously the test's premises (Smith 2003; see chap. 18). Goffman ingeniously turned the problem around and made the site of the interviews, middle class living rooms, a topic of investigation, showing how furnishings and décor served expressive functions that resonated the airily dismissive attitudes of his interviewees. Interviews were also employed in the course of the Shetland research. Goffman carried out interviews on those historical, civic and economic matters that "islanders felt were proper subjects for interviews", and he also interviewed less formally, "wherever and whenever questions could be disguised as the ordinary curiosity of an ordinary outsider" (CCoIC, 5). While preparing his doctoral dissertation, Goffman prepared a report commissioned by W. Lloyd Warner's commercial research organization, Social Research Incorporated. Goffman carried out some of the 204 interviews and played a leading role in drafting its report, *The Service Station Dealer: The Man and His Work* (Social Research Incorporated 1953), which contains some recognizably Goffmanesque touches (Smith 2006, 21 ff.). To Goffman interviews were acceptable within a broad strategy of data collection encompassed by ethnographic fieldwork; only their stand-alone use did he question. For Goffman, just as for Robert E. Park, it was direct observation that remained the gold standard among empirical research methods.

Organized ethnographies

Goffman's organized ethnographies took both major and more minor forms. The major ethnographies, encompassing fieldwork of a year or more, took place in three research sites. The first, for Goffman's doctoral dissertation, was a crofting community on the Shetland island of Unst (see chap. 36). For twelve months between December 1949 and May 1951, Goffman carried out fieldwork supported by the Social Sciences Research Centre at the University of Edinburgh, where he was an instructor in the social anthropology department. The second major research site was St Elizabeths Hospital, Washington DC (note: the name of the hospital does not contain an apostrophe), where he conducted a year's fieldwork between 1955 and 1956 in the middle of a three year appointment as Research Associate in the Visiting Scientist Program of the Laboratory of Socioenvironmental Studies of the National Institute of Mental Health (NIMH) in Bethesda, Maryland. Goffman's third major ethnography was located in the casinos of Reno and Las Vegas from the late 1950s up to the mid-1960s, later supplemented by further fieldwork in European and American casinos with the support of a Guggenheim Fellowship (1977–1978). The casino research was never written up in full, although it was the principal source for *Where the Action Is* (IR_f).

In addition, Goffman also carried out at least three smaller, focused ethnographic investigations. Before the big study of St Elizabeths, Goffman observed two psychiatric wards at a "a modern research hospital" at NIMH, Bethesda, reported in the 1956 paper, *The Nature of Deference and Demeanour* (NDD, 473; also IR_b, 47 f.; IR_b_{dt}, 54). While at St Elizabeths, he observed surgical operations, then, following his move to the University of California, did further observations of surgery at Herrick Memorial Hospital, Berkeley (EN_b, 117; EN_b_{dt}, 132 Fn. 31), providing some of the data reported in *Role Distance.* Goffman also completed a "brief period of observation and interviewing of a classical DJ at work" (FT, 197, Fn. 1), included in *Radio Talk.* In both the major and minor ethnographies, Goffman did not do 'an ethnography' as usually understood as leading to an analysis concentrated on the cultural particularities of people and place, time and situation; rather, he sought to generalize in the manner of Simmel's formal sociology. Ethnographic specifics furnished illustrations for concepts and generalizations about the characteristics of communication conduct, the situation of mental patients and other inmates, deference and demeanour, role distance, and the like. Goffman's use of ethnography was always analytic, pressed into the cause of a formal sociology.

Goffman prized close observation of people's actual conduct in its ordinary settings because it was those details that he sought to analyse. Undertaking fieldwork in Unst, Shetland, he aspired to be more an "observant participant" than a "participating observer" (CCoIC, 2). His classic statement prefacing *Asylums:*

> "[…] any group of persons – prisoners, primitives, pilots or patients – develop a life of their own that becomes meaningful, reasonable and normal once you get close to it […] [A] good way to learn about any of these worlds is to submit oneself in the company of the members to the daily round of petty contingencies to which they are subject"' (AS, ix f.; AS_{dt}, 7).

This statement provides a capsule rationale for what he sometimes termed "naturalistic observation". In Goffman's formulation, the accent fell heavily on the ethnographer placing their body and self in the same circumstances as those being studied. The imagery of submitting yourself to the everyday contingences faced by the group studied recurred in the 1974 fieldwork talk. Goffman claimed that ethnographic data were best gathered:

> "[…] by subjecting yourself, your own body and your own personality, and your own social situation, to the set of contingencies that play upon a set of individuals, so that you can physically and ecologically penetrate their circle of response to their social situation, or their work situation, or their ethnic situation […]. So that you are close to them while they are responding to what life does to them" (OFw, 125; OFw_{dt} 1996, 263).

To develop an adequate understanding of human conduct, ethnographers must immerse and surrender themselves to the situation of those being studied. Certainly, Goffman saw ethnographic work as a tough and demanding embodied discipline that on occasion placed the ethnographer in ethically compromised positions.

Goffman was sketchy at best in describing his fieldwork practices and observer roles. Howard S. Becker speaks of Goffman's 'principled refusal' to address issues of method systematically:

> "He felt very strongly that you could not elaborate any useful rules of procedure for doing field research and that if you attempted to do that, people would misinterpret what you had written, do it (whatever *it* was) wrong, and then blame you for the resulting mess" (Becker 2003, 660).

Field research was a craft skill resistant to anything more than statements of rules of thumb. Perhaps the fullest account of actual fieldwork practices is contained in the opening pages of his doctoral dissertation (CCoIC, 1–10), where he described the range and regularity of his observant participation in Shetland community activities, his notetaking and recording practices, why he considered explicit interviewing to be intrusive, how he checked his interpretations of observed interactions, and his insistence that the concepts he devised came after and not before the facts. Yves Winkin's (2000) reconstruction of the Shetland research offers an important elaboration of Goffman's fieldwork practices.

Indirect and covert elements figure in Goffman's observational roles (ethnographers are paired with police officers as 'finks'). It is as if subtle people demand subtle techniques to uncover their practices and fronts. In a research setting there will be differential understandings of the ethnographer's role and identity, therefore a story that is not too remote from the facts is useful (OFw). For example, in Shetland

Goffman presented himself as an American student interested in the economics of crofting. However, with some of the islanders he shared his anthropological interests (Winkin 2000). At St Elizabeths, Goffman took the role of "an assistant to the athletic director, when pressed avowing to be a student of recreation and community life" in order to spend time with patients. He avoided "sociable contact with the staff and the carrying of a key" (a major emblem of staff status) to facilitate witnessing the everyday life of patients (AS, ix; AS_{dt}, 7).

Goffman's casino research began as a gambler who dabbled in card-counting. Eventually, Goffman trained as a blackjack dealer (Cosgrave 2016). In both guises his sociological intentions remained hidden.

Goffman's research roles and activities would probably not survive scrutiny in the present era of IRBs with their close monitoring of the ethical implications of all research involving human subjects. Goffman recognized the liberty he enjoyed, writing fulsomely in *Asylums* about how "psychiatrists and social scientists in government" actively facilitated his wish "to engage in pure research" (AS, x f.; AS_{dt}, 8 f.; also EN_b, 117; ENb_{dt}, 132 Fn. 31). These acknowledgements chime with the "strong emphasis" of Goffman's sociology "on human freedom and especially on the freedom of the researcher from conventional thought" (Becker 2003, 660).

Informal ethnographies

Goffman's reputation as an extraordinarily talented observer of everyday social life was based in part on how he drew upon his personal experiences, turning events witnessed in his own everyday life into fruitful sociological illustrations. These informal ethnographies were often undertaken on the fly, and provide vivid examples of how ordinary activities can be turned to sociological advantage. Numerous stories about Goffman, the incessant observer, advert to this gift. In these stories Goffman notices the delicate gestures of the flight attendant serving coffee; watches how friendships develop at a children's party; rides hotel elevators in the middle of the night to check out the after-hours social life; stops to observe a small crowd's response to a traffic accident even though already late for an appointment. This capacity to extract sociological benefits from his experiences was summed up as a maxim by Philip Strong (2014): treat your own life as data. He was able to see the more general in his responses to the ordinary occurrences of his own life. As Goffman once told Stanford Lyman, "sociology is something you *do*" (Smith 2006, 4). Underpinning all of Goffman's empirical work was a commitment to "live the ethnographic life", a phrase suggested by Goffman to one of his students (Rose 1990). That entailed a very serious commitment to live not for sociology but for data, subjecting both to relentless scrutiny. Goffman's critical reflexivity radicalized the old Chicagoan 'city as a laboratory' image: the laboratory was not just out there in ecological and subcultural arrangements; it was deeply caught up in sociologists' own ordinary experiences, which deserved careful scrutiny.

Document-based research

While Goffman prized direct observation, he also regarded the library, the bookshop and the newsstand as important research sites that offered resources to extend his ethnographic observations comparatively. To develop his formal sociology of the interaction order Goffman needed a wider range of data than his ethnography alone could furnish. Hence his recourse to a wide range of academic and especially popular documentary sources: memoirs, autobiographies, news reports, gossip columns, human interest stories, plays and novels. The distinctive look of many of the pages of Goffman's books owed much to his use of these "mixed status" illustrations (PS2, xi; PS_{dt}, 3). Goffman rarely gave much space to problems in his use of documentary sources, with the notable exception of his consideration of advertising photographs (GA_b; GA_b_{dt}). He did not do so because he considered unsystematic methods to be valid in opening the new territory of the interaction order to serious sociological analysis. The point was to gather additional sources beyond his own formal and informal ethnographies for the additional light they might shed. The method was fundamentally comparative (Strong 2014, 150). Nevertheless, Goffman was sensitive to criticisms of his methods, and his late use of photographs, recordings of bloopers and even transcribed conversational data can be read as implicit responses to his critics.

Like so many aspects of Goffman's sociological work, his empirical research remains a matter of contention. Goffman acknowledged that often he gathered empirical data in an unsystematic way but that they were needed as a "check upon just making wild imputations" (Verhoeven 1993, cited in Smith 2006, 117) about human conduct. Seen against Goffman's (PCE, 4) stated ambition of developing concepts and "frameworks of the lower range", and his claim to be working like a "one-armed botanist" (Strong 2014) searching for instances to fill out the spaces of his classifications, his empirical work, however imperfect, provides many telling illustrations. But as Goffman also recognized, for sociologists to extend or qualify his sociology would demand use of the full range of social scientific methods and principles.

References

Becker, Howard S.: The politics of presentation: Goffman and total institutions. In: Symbolic Interaction 26 (2003), 659–669.

Cosgrave, James F.: Doubling down on Goffman: A commentary on Dmitri Shalin's 'Erving Goffman, fateful action, and the Las Vegas gambling scene'. In: UNLV Gaming Research & Review Journal 20 (2016), 97–106.

Rose, Dan: Living the ethnographic life. Newbury Park 1990.

Smith, Gregory W. H.: Chrysalid Goffman: A note on 'Some Characteristics of Responses to Depicted Experience'. In: Symbolic Interaction 26 (2003), 645–658.

Smith, Gregory W. H.: Erving Goffman. London 2006.

Social Research, Incorporated: The service station dealer: The man and his work. Chicago 1953.

Strong, Philip: The importance of being Erving: Erving Goffman, 1922–1982 [1983]. In: Symbolic Interaction 37 (2014), 145–154 (also in Gary A. Fine/Gregory W. H. Smith (ed.): Erving Goffman, Vol. 1. London 2000, 38–47).

Winkin, Yves: Baltasound as the symbolic capital of social interaction [1992]. In: Gary A. Fine/Gregory W.H. Smith (ed.): Erving Goffman, Vol. 1. London 2000, 193–212.

Zum Menschenbild in Goffmans Denken

4

Ronald Hitzler und Paul Eisewicht

„So while I've got no grounds for giving the – and that›s one of the weaknesses of the things I do – while I›ve got no grounds for describing the perimeters, the outside boundaries of the conduct that I talk about – it's usually broader than a small section of the middle class in America. I hedge my bets usually by saying that I'm only talking about that group. But that's just a verbal device. No one really knows the boundaries of these things" (Goffman in Verhoeven 1980, 325).

Angesichts der unzähligen, divergierenden Lesarten zu Goffmans Werk, der Versuche ihn für unterschiedlichste Theorieschulen zu vereinnahmen, aber auch Goffmans eigener Widerstände gegen einen einheitlichen Theorieentwurf in konzeptionellen Neuschöpfungen und Modulationen, wie auch in der Maskierung von Einflüssen auf sein Denken (Vargas Maseda 2017), erscheint es gewagt, nach dem Menschenbild in Goffmans Denken zu fragen. Es ist zumindest von wenigen Ausnahmen abgesehen (Psathas 1977; Schudson 1984; Hitzler 1992) kaum ein Thema der Verhandlung zu Goffman. Dennoch ergibt sich über das Werk hinweg, u. E. nach eine durchaus kohärente und konsistente Perspektive Goffmans darauf, was Menschen im Miteinander ausmacht und was die gleichsam protosoziologischen Grundlagen seiner Überlegungen bildet. Gerade weil diese Grundlagen nicht explizit in Goffmans Werk sind und auch nicht im Fokus seiner Arbeit stehen (siehe das Eingangszitat) soll im Folgenden in einem ersten Schritt dieses intellektuelle Fundament von Goffmans Denken skizziert werden, um daran anschließend das Menschenbild Goffmans (gleichsam den ‚Goffmensch' in seinen Werken) zu diskutieren. Über die verschiedenen Wenden in Goffmans Denken (z. B. die spieltheoretische, die linguistische usw.), über die vielen Konzepte hinweg erscheint Goffmans Ansatz weniger als der eines zynischen Schauspielers in einem Spiel (Geertz 1983) als vielmehr zutiefst humanistisch und anthropologisch.

The (in)visible College – Bezüge in Goffmans Werk

Kurzgefasst lassen sich die zentralen Einflüsse auf Goffman in einen Dreischritt fassen: (1) stark inspiriert von Everett C. Hughes und W. Lloyd Warner als direkten Lehrern Goffmans in Chicago und darüber vermittelt von der Robert E. Parkschen (sozialanthropologischen) Variante der Chicago School verklammert sich in Goffmans Werk (2) eine sozialpsychologische, interaktionistische, pragmatische Perspektive auf das

R. Hitzler (✉)
TU Dortmund, Dortmund, Germany
E-Mail: ronald@hitzler-soziologie.de

P. Eisewicht
Fakultät Sozialwissenschaften, TU Dortmund, Dortmund, Germany
E-Mail: paul.eisewicht@tu-dortmund.de

K. Lenz und R. Hettlage (Hrsg.), *Goffman-Handbuch*, https://doi.org/10.1007/978-3-476-05871-3_4

soziale Miteinander von Menschen (stark von George Herbert Mead und Georg Simmel beeinflusst) mit (3) einer strukturalistischen, ethnologischen Perspektive auf die Herstellung sozialer Ordnung (die von Émile Durkheim und Alfred R. Radcliffe-Brown inspiriert ist). Dies kennzeichnet Goffmans genuine Position jenseits des Symbolischen Interaktionismus und des Strukturfunktionalismus (u. a. in der empirischen, ethnographischen Ausrichtung im Fokus auf Situationen und *ihre* Menschen und der daraus rekonstruierbaren sozialen Ordnungsleistung durch deren Verhalten; Verhoeven 1980, 317 f.). Goffman fasst diese Position (gerade in der Verschränkung der Teile; Manning 1992; Davis 2000) als „structural social psychology" (Verhoeven 1980, 322).

Von Warner und vor allem von Hughes (Burns 1992; Jaworski 2000) kommen vor allem Impulse hinsichtlich der empirischen Arbeitsweise Goffmans (s. Kap. 15 und 14). Goffman selbst etikettiert seine Arbeitsweise auch als „Hughesian Sociology" (Verhoeven 1980, 318), die er als eine Variante urbaner Ethnographie sozialpsychologischer Rahmung (durch Mead) beschreibt. Teilnehmende Beobachtungen von kleinen sozialen Einheiten im Feld sind die Basis dieser prominentesten Variante der Chicago School, die Goffman maßgeblich prägen und auch den naturalistischen Rahmen (und damit auch die Limitationen) seiner Analysen bezeichnen. Goffman übernimmt nicht nur Konzepte von Hughes, er adaptiert auch dessen konzeptionellen Arbeitsstil, Phänomene über kontrastive Beispiele und Vergleiche zu analysieren (bei Goffman z. B. in *Encounters* in der Beschreibung vom kindlichem Karussellfahren und medizinischen Operationen hinsichtlich der Rollendistanz; s. Kap. 39), aber auch den Blick für Generalisierungen anhand und Spezifika von den untersuchten Phänomenen. Hughes Einfluss wird in Goffmans frühen Arbeiten explizit deutlich *(On Cooling the Mark Out),* er schlägt sich später in der privaten Korrespondenz zwischen den beiden nieder (in denen Goffman Hughes als „father" und „master" bezeichnet), wird aber in späteren Publikationen zunehmend unsichtbar (hierzu Jaworski 2000).

Eng mit der Chicago School verwoben ist eine Verankerung in den sozialpsychologischen Überlegungen von Mead und in der Sozialphilosophie des amerikanischen Pragmatismus von John Dewey (Verhoeven 1980, 336; Vargas Maseda 2017). Damit einher geht ein Fokus auf die Verhaltensweisen von Individuen, deren Beitrag zur Aufrechterhaltung von Situationen und deren Ordnungen, sowie „the jssue about the way we are constructed socially as individuals by taking to ourselves the opinion and attitude of the other" (Goffman nach Verhoeven 1980, 337). In diesen Foki ist die sozialpsychologische/sozialphilosphische Perspektive hochanschlussfähig an die methodologischen Implikationen und die sozialanthropologischen Verfahren der ethnographischen Feldforschung, insbesondere der teilnehmenden Beobachtung. An den Denkern zum Symbolischen Interaktionismus kritisiert Goffman jedoch deren Gegenstandslosigkeit (Verhoeven 1980, 337) und insbesondere an der Ethnomethodologie ein Verkennen des Einflusses der jeweiligen historisch gewachsenen Strukturen auf die Situation (ebd.).

In der Vorstellung, Menschen kommen bereits in eine existierende Welt mit bestehenden Regeln, Normen usw. schließt Goffmans Interesse an struktur(funktion)alistischen Ansätzen an (Burns 1992, 361 f.; Lenz 1991; Collins 1988). Angelehnt an Durkheim geht damit eine Schwerpunktsetzung (auch in der Interpretation derer Interpreten, die Durkheims Einfluss höher ansetzen, als den von Simmel und Mead; z. B. Collins 1988, 43) auf soziale Zwänge in Situationen und deren rituelle Bewältigung einher. Besonders deutlich ist der Einfluss in der Adaption der Konzeption des Individuums als „geheiligtes Objekt" (Durkheim 2007).

Diese originäre Verschränkung einer von Hughes zu Simmel reichenden, interpretativ-interaktionistischen Perspektive und einer von Warner zu Durkheim weisenden strukturalistischen, die beide in einer methodisch-konzeptionell sozialpsychologischen/-anthropologischen Forschung verschränkt werden, zeichnet Goffmans Position aus (s. Kap. 9). Murray Davies (2000, 424) fasst diese wie folgt: „Goffman's main contribution to the history of social theory was to apply Durkheimian forms to Simmelian content, particularly Durkheim's macro anthropological concepts to Simmel's micro-sociological topics". Eben dies macht die Anschlussfähigkeit von, aber auch den Streit um Goffmans Werk aus, dieses eher phänomenologisch (Lanigan 1990), strukturalistisch (Collins 1988), interaktionistisch (Edgley 2003) usw. zu verorten. Wobei hier in der Rezeption grosso modo ein Übergewicht auf der Lesart als „unacknowledged reincarnation of Georg Simmel" (Rock 1979, 27) liegt, wie auch Hughes Goffman als ‚unseren' Simmel bezeichnet hat. Dabei ist gerade auch der Anschluss an Durkheims Formen für das Goffmansche Menschenbild elementar.

Goffmans protosoziologisches Fundament

Aufgrund der methodischen Limitationen (im Fokus auf die amerikanische Mittelschicht) argumentiert Alvin Gouldner (1974, 453–466) oder Arthur Brittan (1977, 112), dass sich Goffmans Erkenntnisse vor allem auf die moderne, westliche, kapitalistische (Markt-)Gesellschaft beziehen und kaum weiter generalisieren lassen. Goffman selber charakterisiert seine Arbeit jedoch tiefergehend, protosoziologisch in Fragen nach den grundsätzlichen Gegebenheiten und Verhältnissen von Individuen und sozialer Ordnung:

> „My ideological view is that what I'm doing is the structural Social Psychology that is required, or is natural for, Sociology. That is, given Sociology is a central thrust, what can we say about the individual? Not that the individual is the central pit that permits us to study society; but if you take society as the basic and substantive unit, [...] what is it about individuals, what is it we have to assume about individuals, so that they can be used or be usable socially? That's the kind of sociology I do" (Goffman nach Verhoeven 1980, 322 f.).

Hier zeigt sich auch Goffmans überraschende Nähe zu Talcott Parsons grundlegender Frage (aber auch seiner Antwort mit der voluntaristischen Handlungstheorie), wie soziale Ordnung möglich sei – weniger überraschend eine Nähe zu Simmels drittem soziologischen Apriori des Verweisungszusammenhangs von Individuum und gesellschaftlicher Struktur. Goffman geht weniger davon aus, was Menschen *sind,* als davon, wie Menschen in Gesellschaft (unter gesellschaftlichen Zwängen) handlungsfähig *werden* und wie sich in dieser gesellschaftlich bedingten Handlungsfähigkeit ihre Identität situativ konstituiert:

> „If persons have a universal human nature, they themselves are not to be looked to for an explanation of it. One must look rather to the fact that societies everywhere, if they are to be societies, must mobilize their members as self-regulating participants in social encounters. One way of mobilizing the individual for this purpose is through ritual; he is taught to be perceptive to have feelings attached to self and self expressed through face, to have pride, honor, and dignity, to have considerateness, to have tact and a certain amount of poise. These are some of the elements of behavior which must be built into the person if practical use is to be made of him as interactant, and it is these elements that are referred to in part when one speaks of universal human nature" (IR_a, 44f.; IR_a_{dt}, 52; auch PS2, 35; PS_{dt}, 35).

Vorsichtig formuliert, geht es hier um Eigenheiten, die vielleicht nicht dem Menschen, aber jedem menschlichen Zusammenleben zu eigen sind. Und sie sind dann wiederum dem Menschen als ein *zoon politikon* zu eigen. Goffmans Arbeit weist in diesen Annahmen und Zielsetzungen also weit über die amerikanische Mittelschicht des 20. Jahrhunderts hinaus. Diese ist nur eben gerade der Gegenstand von Goffmans Arbeit und notwendig in seiner gegenstandsbezogenen Analyse von Eigenheiten und der Rekonstruktion generalisierbarer Konzepte. Aus dieser Arbeitsweise erschließt sich aber auch, dass Goffman offenkundig darauf vertraute, dass ‚das Menschliche' des Zusammenlebens eben auch in dem Menschen ist, der einem konkret begegnet – nicht zuletzt, wenn er/sie sich aus dem Spiegel anschaut – und darauf, dass die menschliche Fähigkeit zur Selbst-Entäußerung sich in jedem Artefakt dokumentiert.

Das Menschenbild in Goffmans Denken

1) Welt als Widerstand: Menschen finden eine Welt voller vorliegender, historisch gewachsener, situativer Rahmen vor und müssen sich dieser Welt gegenüber bzw. in den Situationen irgendwie verhalten (FA, 2; RDK, 62 f.). Die Welt als Widerstand, die anderen in der Welt und mithin das Leben in der Welt mit den anderen und vor allem in der von anderen immer schon vor-definierten Welt als unendliche ‚offene' Aufgabe – markiert die deutlichste anthropologische Spur, die sich durch Goffmans Werk zieht.

Um mit Welt zurechtzukommen, muss der Mensch sich Vorstellungen von sich und den anderen und von der Welt machen – und in ihrem Verhalten geben Menschen diesen Vorstellungen wiederum Ausdruck. Das heißt, dass der Mensch sozusagen grundsätzlich mit der Frage konfrontiert ist, was hier eigentlich vorgeht und wie er sich (daraufhin) zu verhalten hat. Anthropologisch gesehen ist der Mensch mithin ein prinzipiell verunsichertes Wesen, das ständig Probleme zu bewältigen, Antworten zu suchen hat (Schudson 1984). Der Mensch bei Goffman lebt unweigerlich ein ‚riskantes' Leben.

Goffman selbst sucht nach keiner Antwort darauf, warum das so ist, bzw., ob das so sein muss. Er erzählt vielmehr vielerlei Geschichten darüber, wie Menschen in ganz unterschiedlichen Situationen mit ganz unterschiedlichen Verhältnissen zu ganz unterschiedlichen anderen Menschen ganz unterschiedlich zurechtkommen. Und er verklammert diese vielfältigen Geschichten mit verschiedenartigen theoretischen Erkenntnisabsichten: Wie präsentiert man sein ‚Selbst' (PS)? Was ist zu tun, wenn das ‚Selbst' beschädigt ist (ST)? Wie bewältigt man typische Alltagssituationen (BP)? Wie bewältigt man Ausnahmesituationen (AS)? Wie geht man mit speziellen ‚Spielregeln' um (AS; SI)? Wie wahrt man sein ‚Gesicht' (IR)? Wie organisiert man das Zusammenleben mit anderen (RP)? Wie organisiert man seine Erfahrungen (FA)? Wie symbolisiert man soziale Ungleichheit (GA)? Was ist zu beachten, wenn man redet (FT)? Die Klammer dieser Klammern, also das durchgängige Forschungsinteresse, hat Goffman selber noch kurz vor seinem Tod mit der Interaktionsordnung explizit benannt.

Entgegen naiver Einschätzungen des Goffmanschen Ansatzes stand im Zentrum seiner theoretischen Ambitionen eben nicht die Darstellung des ‚Selbst'. Vielmehr war das Phänomen des alltäglichen Identitäts-Managements ein besonders augenfälliger, empirisch gut ‚fassbarer', infolgedessen früh erkannter und auch fast im gesamten Werk immer sozusagen mitlaufender ‚Schlüssel' zum grundlegenderen Thema, dem (hinlänglich) gelingenden Zusammenleben als einem dauerhaften bzw. sich andauernd wiederholenden Problem für jeden einzelnen Interaktionsteilnehmer und jede einzelne Interaktionsteilnehmerin. Die jeweils gültige Interaktionsordnung als ein Konglomerat von Regeln und Handlungsanweisungen nämlich ist das Eine, die subjektive Interpretation, individuelle Selektion und situative Applikation von Elementen bzw. Teilen dieses jeweils gültigen Zeichen- und Symbolzusammenhanges hingegen ist das Andere (Soeffner 1991). Hierin zeigt sich die Verschränkung der oben skizzierten Einflüsse Durkheims und Simmels deutlich.

2) Deutungs- und Darstellungszwang im Doppelgängertum des Menschen: Als riskierten und verunsichertem Wesen bleibt dem Menschen aufgrund seiner instinktiven und körperlichen Mängelausstattung (Gehlen 1993) nichts Anderes, als sich eine Vorstellung von sich als Person und der Welt um sich herum zu machen (Rehberg 2010). ‚Welt' ist folglich für den Menschen stets ein pragmatisches Deutungs- und Handlungsproblem, dem gegenüber er sich typischerweise verhalten muss. Bei der Bearbeitung dieser Probleme sind Menschen jedoch nicht ‚auf sich allein gestellt'. Vielmehr greifen sie auf symbolisch und sozial vermittelte kulturelle Muster zurück und entlasten sich dadurch. Der kompetente Gebrauch dieser kulturellen Muster dient dabei einerseits der Auslegung dessen, was sich dem Menschen präsentiert bzw. von diesem als relevant wahrgenommen wird. Und es dient andererseits dem

Ausdruck des Menschen mit dem Ziel einen entsprechend der intersubjektiven Geltung der Muster erwartbaren Eindruck bei Menschen zu machen, d. h. chancenhaft von diesen verstanden zu werden (Schütz [1955] 2007). Das ‚In-der-Welt-Sein' und darin ‚Mit-Anderen-Sein' ist über verschiedene Zeichensysteme kulturell codiert und wird von Helmuth Plessner darin als „vermittelte Unmittelbarkeit" (Plessner [1928] 1981, 419) charakterisiert. Menschen erfinden für sich selten gänzlich neue Antworten auf die Deutungsprobleme, die sich ihnen stellen, vielmehr greifen sie auf – typischerweise durch Andere vermittelte – institutionalisierte (auf Dauer und – relativ – sicher gestellte) ‚Antworten' zurück. Rahmen sind so beispielsweise nicht nur strukturelle Zwänge bei Goffman, sie sind vielmehr Ressourcen, um handlungsfähig zu sein, deren Gebrauch wiederum deren Ordnung stabilisiert.

Menschen befinden sich also typischerweise, ob freiwillig oder gezwungenermaßen und damit zum Guten und Schlechten, in Gesellschaft. Als soziale Wesen sind sie bedingt durch die sie gegebene und umgebende sozial konstruierte, d. h. darin entwickelte, angeeignete, erprobte, stabilisierte und tradierte Kultur und deren symbolischer Kommunikationsmedien als Bedeutungsträger kulturellen Wissens. Als ‚Kulturwesen' ist der Mensch ein so aus der unmittelbaren Naturverhaftung herausgetretenes bzw. herausgeschleudertes Wesen in einem notwendigerweise vermittelten Verhältnis zur Welt und sich selbst. Er ist nicht mehr Umweltgebunden, sondern steht im Horizont von ‚Welt' überhaupt und hat in ihr (sich selbst gegenüber) eine ‚exzentrische Positionalität' inne (Plessner [1928] 1981). Der Mensch geht nicht nur – als Gattungswesen – nicht in der Natur, er geht – als Individuum – auch nicht in der ihn umgebenden Kultur auf. Vielmehr steht er – ein essentieller ‚Doppelgänger' (Plessner [1960] 1985) – zugleich in dieser und dieser gegenüber. Durch sein faktisches Handeln erzeugt, erhält, verändert, als auch zerstört der Mensch Ordnungen, auch und gerade Interaktionsordnungen. Der Mensch muss sich die Welt (einigermaßen) verständlich und sich der Welt (hinlänglich) verstehbar machen. Er muss also, und darin zeigt sich eben die kulturanthropologische Dimension von Goffmans Perspektive in einem ganz generellen Sinne Inszenierungen vornehmen. Und das heißt dann in der Tat, dass der Goffmensch ganz wesentlich als Rollen-Spieler und Schau-Stellerin zu begreifen ist: Er definiert (mehr oder weniger erfolgreich) Wirklichkeit, indem er vorgibt, so oder so, Dies oder Jenes zu sein, und damit darauf abzielt, von den anderen auch so wahrgenommen zu werden (dazu auch Plessner [1948] 1982). Die strategischen Interaktionszüge der Menschen sind also weniger die zynischen Momente manipulativer Zocker, als vielmehr notwendige Ausdrucksformen in der Suche nach sicherem Halt.

3) Der Schutz des geheiligten Selbst und die Aufrechterhaltung sozialer Ordnung: Die Beziehung zu und sein Umgang mit – konkreten und anonymen – anderen Interaktionsteilnehmern und Interaktionsteilnehmerinnen und deren ‚Verkehrsregeln' ist, wie gesagt, für den Menschen ein andauerndes Bewältigungsproblem. Er sieht sich ständig mit situativen Zumutungen konfrontiert. Wohlsozialisierte Interaktionsteilnehmende im Sinne Goffmans unterscheiden sich dabei von weniger wohlsozialisierten dadurch, dass er oder sie über die divergente soziale Akzeptanz unterschiedlicher Lösungsmuster in Bezug auf unterschiedliche Situationen ‚Bescheid weiß'. Aber auch für kompetente Interaktionsteilnehmende ist ihr Identitätsentwurf, ihre Darstellung in der Situation eine prekäre Angelegenheit, die beständige Konstruktions- und Inszenierungsarbeit abfordert. Der Goffmensch taucht gleichsam aus dem biographischen Nichts in gesellschaftlich immer schon (mehr oder weniger massiv) vor-konstruierten Ordnungszusammenhängen auf, steht in aller Regel ziemlich unvermittelt in einer der mannigfaltigen sozialen Szenen, die ihm sozusagen grundsätzlich ‚zum Tribunal' werden (wobei er bei jedem dieser Tribunale immer verschiedene Rollen gleichzeitig spielt), und muss nun eben schauen, wie er aus dieser für ihn quasi ‚absurden' Situation (hierzu Camus 1959) ‚das Beste' machen, wie er ‚die Sache' in den Griff kriegen, wie er sich optimal ‚selbstverwirklichen' und wie er die anderen von sich und seinen Ambitionen überzeugen kann.

Michael Schudson (1984) argumentiert, dass in dem Risiko, vor allem wenn es in die konkrete Gefahr der Bloßstellung, der Beschämung umschlägt, das anthropologische Grundmoment Goffmans liegt. Dies insofern, als die Bloßstellung, das Rotwerden vor Scham, also ein Gefühl, soziale Ansprüche und Normen zu brechen und damit sich selbst und sein Selbstbild zu gefährden, nur dem Menschen zu eigen ist. Und Goffman entwirft viele Konzepte die dementgegen als Schutz- und Verteidigungsmaßnahmen zur Anwendung kommen, um das geheiligte Selbst zu schützen, um Ankerkennungsverluste zu vermeiden, aber auch um rituell Anerkennung dort zu erhalten und zu geben, wo gestalterische Spielräume kompetent genutzt, adäquat und angemessen bespielt werden. Hierin liegt der originäre Beitrag Goffmans zur Beantwortung der Frage, wie soziale Ordnung, wie Gesellschaft (bei Goffman wie deren kleine Einheiten der Face-to-Face Situation) aufrechterhalten werden kann. Denn die Interaktionsordnung gewährleistet nicht nur, dass die Situation aufrechterhalten wird, sie sichert darin auch die Anerkennung bzw. den Schutz vor Gesichtsverlust der Teilnehmenden, die sich entsprechend dieser Regeln verhalten. Das Selbstinteresse des Individuums in der Welt, in der konkreten Situation nicht beschämt zu werden, Anerkennung zu finden, verschränkt sich hier mit der Reproduktion ordnungsleistender sozialer Strukturen.

Der Alltag der Inszenierung

Weil, wie wir gesehen haben, der Goffmensch seine Vorstellungen von Ordnung, bzw. seine Ansichten darüber, was ‚los', was ‚richtig' und was mithin zu tun und zu lassen sei, immer in einem sozialen ‚Raum' sowohl etablierter Gültigkeiten als auch zumindest prinzipieller Möglichkeiten entwickelt und zu realisieren sucht (Rogers 1977), handelt er notwendigerweise politisch bzw. zumindest proto-politisch. ‚Politisch' bzw. ‚proto-politisch' zu handeln meint hier zunächst: die eigenen Vorstellungen (vom Zusammenleben) gegenüber Alternativen erfolgreich durchzusetzen. Dies aber erfordert den Einsatz vielfältiger (situationsspezifischer) Taktiken und (situationsübergreifender) Strategien, insbesondere wohl den – affirmativen oder auch destruktiven – Rekurs auf je bereits gegebene soziale Gültigkeiten bzw. Einvernehmlichkeiten (s. Kap. 2). Denn proto-politisches Handeln ist wesentlich: wie auch immer gestaltetes Aushandeln von Sachverhalten zwischen divergenten Positionen im Hinblick auf Zustimmung zu und Durchsetzung von bindenden Entscheidungen.

Inszenierung, als kontrollierter Ausdruck, ist demnach gar keine besondere Sache, Alltagsdramaturgie keine außergewöhnliche Art von Verhalten, Schauspielen keine spezifische Form menschlichen Zusammenlebens, sondern eine Grundgegebenheit der conditio human zum einen, und eine recht banale, alltägliche Angelegenheit zum anderen: Wir alle zielen vermittels unserer Selbst-Darstellungen darauf ab, von den anderen auf eine bestimmte Art und Weise wahrgenommen zu werden, vor den anderen in einem bestimmten Licht zu erscheinen. Und die anderen machen im Prinzip dasselbe, und so machen wir alle uns sozial einander erträglich, denn: „Sicherheit erwächst durch einander bestätigende Vorstellungen" (Soeffner 1989, 157). Wir haben es bei Goffmans Ansatz also mit einer sozialwissenschaftlichen Perspektive zu tun, die versucht, den Prinzipien des menschlichen Zusammenlebens dadurch auf die Spur zu kommen, dass sie dieses als einen ständigen Strom wechselseitiger Inszenierungen begreift, dem ein analytisch fassbarer Komplex dramaturgischer Leistungen zugrunde liegt.

Literatur

Brittan, Arthur: The privatised world. London 1977.

Burns, Tom: Erving Goffman. London 1992.

Camus, Albert: Der Mythos vom Sisyphos. Reinbek bei Hamburg 1959.

Collins, Randall: Theoretical continuities in Goffman's work. In: Paul Drew/Anthony Wooton (Hg.): Erving Goffman. Exploring the interaction order. Cambridge

1988, 41–63 (auch in: Gary A. Fine/Gregory W. H. Smith (Hg.): Erving Goffman. Vol. 3. London, 303–337).

Davis, Murray S.: Georg Simmel and Erving Goffman [1997]. In: Gary A. Fine/Gregory W. H. Smith (Hg.): Erving Goffman. Vol. 3. London 2000, 415–434.

Durkheim, Émile: Die elementaren Formen des religiösen Lebens. Frankfurt/Main 2007 (orig. 1908).

Edgley, Charles: The dramaturgical genre. In: Larry T. Reynolds/Nancy J. Herman-Kinney (Hg.): Handbooks of Symbolic Interactionism. Walnut Creek, CA 2003, 141–172.

Geertz, Clifford: Local knowledge. New York 1983.

Gehlen, Arnold: Der Mensch [1940]. Frankfurt/Main 1993.

Gouldner, Alvin: The coming crisis in western sociology. New York 1970 (dt. 1974).

Hitzler, Ronald: Der Goffmensch. Überlegungen zu einer dramatologischen Anthropologie. Soziale Welt, 43/4 (1992), 449–461.

Jaworski, Gary D.: Erving Goffman. The reluctant apprentice. In: Symbolic Interaction 23 (2000), 299–308.

Lanigan, Richard: Is Erving Goffman a phenomenologist? In: Stephen Harold Riggins (Hg.): Beyond Goffman: Studies on communication, institution and social interaction. Berlin, New York 1990, 99–112.

Lenz, Karl: Erving Goffman – Werk und Rezeption. In: Robert Hettlage/Karl Lenz (Hg.): Erving Goffman – Ein soziologischer Klassiker der zweiten Generation. Bern, Stuttgart 1991, 25–94.

Manning, Philip: Erving Goffman and modern sociology. Cambridge 1992.

Plessner, Helmuth: Die Stufen des Organischen und der Mensch [1928]. In: Helmuth Plessner: Gesammelte Schriften IV. Frankfurt/Main 1981, 419–425.

Plessner, Helmuth: Soziale Rolle und menschliche Natur [1960]. In: Ders.: Gesammelte Schriften X. Frankfurt/Main 1985, 227–240.

Plessner, Helmuth: Zur Anthropologie des Schauspielers [1948]. In: Ders.: Gesammelte Schriften VII. Frankfurt/Main 1982, 401–418.

Psathas, George: Goffman's image of man. In: Human and Society 1 (1977), 84–94.

Rehberg, Karl-Siegbert: Der Mensch als Kulturwesen. In: Monika Wohlrab-Sahr (Hg.): Kultursoziologie. Paradigmen – Methoden – Fragestellungen. Wiesbaden 2010, 25–51.

Rock, Paul: The making of symbolic interactionism. London 1979.

Rogers, Mary F.: Goffman on power. In: The American Sociologist 12 (1977), 88–95.

Schudson, Michael: Embarrassment and Erving Goffman's idea of human nature. In: Theory and Society 13 (1984), 633–648 (auch in: Gary A. Fine/Gregory W. H. Smith (Hg.): Erving Goffman, Vol. 2. London, 3–17).

Schütz, Alfred: Symbol, Wirklichkeit und Gesellschaft [1955]. In: Ders.: Theorie der Lebenswelt. Die kommunikative Ordnung der Lebenswelt. Alfred Schütz Werkausgabe, Bd. VI.2. Konstanz, 117–220.

Soeffner, Hans-Georg: Handlung – Szene – Inszenierung. In: Ders.: Auslegung des Alltags – Der Alltag der Auslegung. Frankfurt/Main 1989, 140–157.

Soeffner, Hans-Georg: Zur Soziologie des Symbols und des Rituals. In: Jürgen Oelkers/Klaus Wegenaft (Hg.): Das Symbol – Brücke des Verstehens. Stuttgart 1991, 63–81.

Vargas Maseda, Ramon: Deciphering Goffman: The structure of his sociological theory Revisited 2017.

Verhoeven, Jef C.: An interview with Erving Goffman. In: Research on Language and Social Interaction, 26 (1980), 317–348 (auch in: Gary A. Fine/Gregory W. H. Smith (Hg.): Erving Goffman, Vol. 1. London 2000, 215–236).

Teil II
Theoriekontexte

5 Pragmatism

Albert Ogien

Goffman's work has been associated with scores of theoretical schools: phenomenology, existentialism, symbolic interactionism, social anthropology, ecology of mind, ethology, social psychology, structuralism, socio-linguistics, ethnography of communication, etc. Each of these multiple affiliations has a little bit of justification as Goffman allowed himself to take profit from a theoretical approach as long as he could draw useful insights from it, without necessarily endorsing all its premises or all its conceptual consequences, deliberately ignoring the comments made about his supposed theoretical commitments (Ryan 1978). One exceptional deviation from this stance is found in the response he has given to Norman K Denzin and Charles M. Keller to deny the label of structuralist they pinned on him (RDK).

The revival of pragmatism has recently led some analysts to rank Goffman as one of its proponents. Such contention seems rather dubious for two reasons at least: Goffman's training as a sociologist took place at a time when the influence of pragmatism on the discipline had notably declined; and he belongs to a generation of students who, to say the least, did not appreciate the way symbolic interactionism accommodated George H. Mead's version of pragmatism to sociology (Garfinkel 2005). To vindicate this claim, I would like to show that the fundamental difference between John Dewey's and Mead's standpoint and Goffman's is that whereas the former see the social (as defined by Durkheim, Ogien 2016) as a natural phenomenon, the latter takes it to be immanent to the actual accomplishment of an action in common. This difference goes beyond the distinction Toulmin drew between the empirical concerns of sociology and the theoretical pursuits of philosophy in his introduction to Dewey's *The Quest of Certainty:*

> "Whereas Dewey spoke in rather broad terms of knowledge as rooted in 'action', and did not give us a technique for analyzing action in any systematic way […] Goffman's dramaturgical model for the analysis of human conduct gives us a way of dissecting out and describing the individual 'forms of life' which enter into human social life and learning" (Toulmin 1984, xiii).

Such a contrast points to a divergence in disciplinary knowledge interests. It does not account for a more subtle variance which is just as important for that matter: the divide between the spirit and the letter of pragmatism. Where does that divide lead us to?

A. Ogien (✉)
French National Center for Scientific Research (CNRS), École des Hautes Études en Sciences Sociales, Paris, France
E-Mail: albert.ogien@ehess.fr

K. Lenz und R. Hettlage (Hrsg.), *Goffman-Handbuch,* https://doi.org/10.1007/978-3-476-05871-3_5

The spirit and the letter of pragmatism

In 1835, a sharp observer of American society in the making established that:

> "To evade the bondage of system and habit, of family maxims, class opinions, and, in some degree, of national prejudices; to accept tradition only as a means of information, and existing facts only as a lesson to be used in doing otherwise and doing better; to seek the reason of things for oneself, and in oneself alone; to tend to results without being bound to means, and to strike through the form to the substance--such are the principal characteristics of what I shall call the philosophical method of the Americans" (de Tocqueville 1938, 699).

Tocqueville's account predates as it were the depictions of pragmatism as an American way of apprehending and facing life. Such a vague qualification has been given by Dewey (1908) himself, who contended that pragmatism reflects the individualistic tendencies of modern societies, or by C. Wright Mills (1966) who stated that it betrays the "Yankee culture" proper to Vermont (Dewey's homeland). David Hollinger (1980) signaled that the pragmatist approach in philosophy is a by-product of the importance science has acquired in the modern world both in terms of knowledge and of individuals' autonomy of judgment. Some traits of this alleged American form of thought clearly loom in the background of pragmatism, and can be read into an attitude made of a particular awareness of the infinite openness of the world (Cavell 1969), a sense of the compelling pervasiveness of contingency, an unconditional confidence in the "creativity of action" (Joas 1997) and a staunch belief in ordinary people's ability to collectively overcome uncertainty to achieve a common undertaking. Such an attitude is constitutive of what may be called the spirit of pragmatism. I will claim that although some hints of this spirit permeate interactionism as well as Goffman's work, it does not imply that these approaches endorse the letter of pragmatism. This point is hard to make as the difference between the spirit and the letter of pragmatism remains blurred.

Knowledgeable scholars reckon that instead of being a neatly defined doctrine, pragmatism appears to be a quite loose philosophical label which covers five different strands of thought:

1. A 'classical' pragmatism, the content of which varies according to the fields of research each of its founding fathers got involved in: Peirce (philosophy of logic and mathematics, and sign theory); James (radical empiricism); Dewey (evolutionist and dynamic logic of inquiry); Mead (social behaviorism) (Lewis 1976).
2. An 'analytical' pragmatism, which was formed in connection with the logical empiricists of the Vienna Circle that settled in America around the 1950's, the dominant themes of which are meaning, reference, truth, interpretation, translation and language.
3. A 'radical' pragmatism devised by Mills' attempt to blend the Deweyan theory of democracy with the criticism of the Frankfurt School (Adorno, Horkheimer, Neuman, Marcuse) (Horowitz 1966).
4. A pragmatic version of pragmatism, which surfaced in the mid-1970s in the wake of Karl-Otto Apel's reading of Peirce and Mead bringing about Habermas' theory of communicative action and its proponents (Kreplak/Lavergne 2008).
5. Eventually, a "neo-pragmatism"worked out by contemporary American philosophers rediscovering the worth of its legacy as it opens new avenues in thinking about community and democracy (as illustrated by the debate between Rorty and Putnam) or language and meaning (as in Brandom's work).

Richard Bernstein has proposed to counteract the absence of a canonical definition of pragmatism by expounding the perspective these five strands seem to share:

> "a persistent questioning of the very idea that philosophy (or any form of inquiry) rests upon secure, fixed foundations which can be known with certainty. More radically, the pragmatists challenge the tacit presupposition of much modern

philosophy that the rationality and legitimacy of knowledge require necessary foundations. [...] They stressed the fallibility of all inquiry. Every knowledge claim is open to potential criticism. It is precisely because of this intrinsic fallibility that, beginning with Peirce, the pragmatists focused their attention on the community of inquirers to test and criticize all validity claims [and] rejected doctrines of mechanical determinism which were so popular in the late nineteenth century" (Bernstein 1992, 814f.).

Hilary Putnam summed up the contribution of pragmatism to philosophy by identifying four of its methodological tenets: a) antiskepticism, that is, doubt must be seen as the origin of any knowledge as it instantly prompts inquiry; b) fallibilism, that is no metaphysical guarantee exists which immunizes any belief against revision; c) rejection of the fact/value dichotomy, that is facts cannot be thought of as completely severed from the use people make of them in given circumstances; and d) primacy of practice over theory, that is satisfying the requirements proceeding from acting with others in ordinary settings prevail over pondering over what has to be done in order to behave appropriately in given circumstances (Putnam/Putnam 1994, 152 f.). These tenets delineate as it were the letter of pragmatism as a philosophical outlook. One may add to it that, according to Putnam, the major critical advance pragmatism has offered to theoretical reasoning – philosophical as well as social – boils down to one proposal: fallibilism does not necessarily fosters skepticism – meaning that doubt does not prevent from giving a provisional description of reality. In his words, one should trade truth for "warranted assertability"—i.e. propositions the validity of which is accepted on the basis of shared tested data and mutual agreement on their consistency (Capps 2019).

Contending that Goffman's work is in line with pragmatism generally amounts to mistaking the spirit of pragmatism with its letter. To show that this is the case, I will consider his stance on three notions that are said to bear part of the legacy of pragmatism to sociology: situation, intersubjective communication and pluralism.

Situation

In the very first pages of *Frame Analysis,* Goffman unambiguously dispenses with one of the most notable pillars of interactionism: the notion of definition of the situation. He asserts that

"the W. I. Thomas dictum: 'If men define situations as real, they are real in their consequences' [...] is true as it reads but false as it is taken. Defining situations as real certainly has consequences, but these may contribute very marginally to the events in progress, in some cases only a slight embarrassment flits across the scene in mild concern for those who tried to define the situation wrongly [...] Presumably, a 'definition of the situation' is almost always to be found, but those who are in the situation ordinarily do not *create* this definition, even though their society often can be said to do so; ordinarily, all they do is to assess correctly what the situation ought to be for them and then act accordingly" (FA, 1f.; FA_{dt}, 9).

Goffman took up the notion of situation from social anthropology (Mitchell 1983). Its use offers to social sciences a cogent substitute framework of analysis to the overarching notion of society. In Goffman's view, a situation delineates a fragment of the social world which imposes a structure of constraints on the behaviour of individuals who find themselves caught up in it when they engage in each and every daily common undertaking (TNS). He thus defines the situation as an envelope (a "membrane"; EN_a, 79; EN_a_{dt}, 89) that operates like a filter selecting, among all the obligations weighing on individuals in ordinary social life, those that are relevant to an ongoing practical activity. Accordingly, situations preexist the people that may happen to get involved in them. In opposition to mainstream interactionism of his time, Goffman stated that:

"[t]he process of mutually sustaining a definition of the situation in face-to-face interaction is socially organized through rules of relevance and irrelevance. These rules for the management of engrossment appear to be an insubstantial element of social life, a matter of courtesy, manners, and etiquette. But it is to these flimsy rules, and not to the unshaking character of the external world that we owe our unshaking sense of realities" (EN_a, 80f.; EN_a_{dt}, 90).

Goffman assumes that individuals are familiar with the principles and codifications, both tacit and explicit, which organize the type of social relations that are supposed to prevail in any institutionalized situation they may be engrossed in. Yet Goffman's stance is devoid of the slightest hint of determinism. In his view, the constraining features a situation specifies are impersonal—they bear on anyone who gets involved in it—and subject to the mutual confirmation of their actual relevance by the individuals who act according to what they are pressed to do. As ordinary members of society happen to be accustomed to a multitude of such situations, Goffman is founded to concede that each of them has the ability to unremittingly and transitorily bestow a mutual intelligibility on their moves and speech in most of the current interactions they get involved in (Rawls 1987). He states:

> "The elements and processes he assumes in his reading of the activity often *are* ones that the activity itself manifests – and why not, since social life itself is often organized as something that individuals will be able to understand and deal with. A correspondence or isomorphism is thus claimed between perception and the organization of what is perceived, in spite of the fact that there are likely to be many valid principles of organization that could but don't inform perception. And just as others in our society find this an effective claim, so do I" (FA, 26; FA_{dt}, 36f.).

Dewey's conception of the situation is worlds apart from Goffman's. He sees it as a given circumstance in which people directly perceive a segment of the environment they live in, and which instantly triggers an inquiry the purpose of which is to dispel the doubt about the content of this perception (what is it about, is it appropriate, correct or shared?). Such an inquiry aims at transforming what Dewey calls an 'indeterminate' situation into a 'determined' one, i.e. conferring on it an intelligibility that proves to be temporarily satisfying (Ogien 1999). For Dewey, the determination process is collectively carried out through operations of two kinds: observational and conceptual. These operations have an existential character as they actually albeit provisionally configure and stabilize aspects of the situation, highlighting previously unnoticed elements and relegating others to the background. Dewey emphasizes the radically contextual nature of any inquiry insisting that "each situation is an individual situation indivisible and induplicable" (Dewey 1989, 129 f.). This is not to say that determination is a discretionary and purely subjective process. First because it is a collective undertaking in which the nature and content of formulated propositions are under scrutiny; second because to start and achieve an inquiry, a given 'community of inquirers' must constantly stay within the bounds of an a priori conception of what the problem under consideration refers to and rigorously follow the rules of the practical logic of action.

In Dewey's theory of inquiry, the situation is a given which is the locus of human experience; in Goffman's intricate system of frames he presents in *Frame Analysis,* the situation is conceived of as a structure of constraints socially organizing experience and allowing

> "to render our behaviour understandably relevant to what the other can come to perceive is going on. Whatever else, our activity must be addressed to the other's mind, that is, to the other's capacity to read our words and actions for evidence of our feelings, thoughts and intent. This confines what we say and do, but it also allows us to bring to bear all of the world to which the other can catch allusions" (FeC, 51; FT_d_{dt}, 264).

On this account, experience appears to be a repository of conceptual and material elements from which individuals pick out the ones they use to make sense of 'what is it that's going on here' and feed their uninterrupted efforts to achieve and preserve the mutual intelligibility of the interaction they are engrossed in. How does such a stance compare with the letter of pragmatism?

Intersubjective communication

Mead (1934) has bequeathed to sociology his famous triadic distinction between the "I" (the natural attitudes expressing "the 'real person' himself that remains constant"), the "Me" (the fact that individuals regularly comply with social conventions they regard as legitimate) and the "Self" (the "social object" arising in the continual interplay between the "I" and the "Me" as it unfolds in actual interactions). This distinction derives from his naturalistic conception of the order that humans—seen as "organisms"—manage to establish and preserve when they act together (Blumer 1966). Mead writes:

> "Conduct is the sum of the reactions of living beings to their environments, especially to the objects which their relation to the environment has "cut out of it," to use a Bergsonian phrase [...] The attitudes and early indications of actions of these forms are peculiarly important stimuli, and to extend a Wundtian term may be called "gestures." These other living forms in the group to which the organism belongs may be called social objects and exist as such before selves come into existence. These gestures call out definite, and in all highly organized forms, partially predetermined reactions, such as those of sex, of parenthood, of hostility, and possibly others, such as the so-called herd instincts. In so far as these specialized reactions are present in the nature of individuals, they tend to arise whenever the appropriate stimulus, or gesture, calls them out. If an individual uses such a gesture, and he is affected by it as another individual is affected by it, he responds or tends to respond to his own social stimulus, as another individual would respond" (Mead 1922, 159 f.).

Mead's conversation of gestures is a phenomenon all living species are immersed in. One of these species, humans, possesses a property which makes a difference: language, as it brings forth the ability to symbolize (see chap. 13). For Mead, such an ability bears two consequences: it develops a capacity to 'delay' the responses given to the conversation and allows conferring intelligibility on the stimulus-response complex which makes up human interactions. In Mead's model, coordination of action is achieved since pre-given responses are dispersed in the environment (in the objects and institutions it puts on view), and because individuals are equipped to directly pick out the most adequate of them and behave in an appropriate way in any kind of circumstances. Habermas has offered a rational reading of this naturalistic account of mutual understanding arguing that referring to "[...] the mechanism of taking the attitude of the other to explain how symbolically mediated interaction arises from gesture mediated interaction" (Habermas 1984, 22) is a defective explanation. According to Habermas, Mead's stance is wanting since it lacks demonstrating

> "how an organism responding to stimuli grows into the roles of speaker and addressee, and how communicative acts differ from noncommunicative actions, that is, how processes of reaching understanding with one another differ from exerting influence upon one another with a view to consequences. This is not merely a question of the emergence of the relation-to-self that is reflected in itself, or of a higher-level subjectivity; these ideas are still tied to the subject-object mode Mead is trying to overcome. It is a question of the emergence of a higher-level form of life characterized by a linguistically constituted form of intersubjectivity that makes communicative action possible" (ibid. 10f.).

Goffman disavows Mead's naturalistic stance on quite different grounds. He claims that the distinction between "significant" and "nonsignificant" gestures disregards the fact that each and every detail of social life and of human interactions is "meaning-laden", and that relentlessly bestowing intelligibility on aspects of face-to-face encounters while simultaneously assessing the acceptability of such projections by observing the reactions of others to them is an all pervading phenomenon. As he writes:

> "Body idiom involves something more than a nonsignificant 'conversation of gestures' because this idiom tends to evoke the same meaning for the actor as for the witness, and tends to be employed by the actor because of its meaning for the witness. Something less than significant symbolism seems to be involved, however: an extended exchange of meaningful acts is not characteristic; an impression must be maintained that a margin of uncalculating spontaneous involvement has been retained in the act; the actor will usually be in a position to deny the meaning of his act if he is challenged for performing it" (BP, 34, n. 2; BP_{dt}, 51, Anm. 29).

For Goffman, three sources of constraints emanate from the mere attendance to a social gathering: the rituals attached to rules of propriety, etiquette, rcciprocity and 'face work' (Ogien 1987); the commitment to the social distribution of roles within a form of practical activity; the public display of one's awareness to appropriately achieve coordination of action in common. Goffman holds that mutual understanding stems from what may be "presumed by the way the individuals proceed to get on with the affairs at hand" (FA, 8; FA_{dt}, 16) rather than from the outspoken expounding of what they actually do. If this is so, it is because a commanding force controls the correctness of what can be presumed from external conduct and attitudes: the fact that one is habituated to 'take the role of the other'—which is Goffman's qualification of Mead's 'taking the place of the other'. This qualification rests on a sociological model of practice which assumes that each situation specifies a series of 'role obligations' (Hardimon 1994) that are willfully carried out. Such obligations eventually nurture shared expectations which incorporate the approximate meanings individuals may attach to events occurring in a given 'normative order' allegedly enforced by a situation.

Goffman's pluralism is not really concerned with the conventional issue of the 'conflict of interpretations' (Ricœur 1974) and shows no interest in highlighting the 'actors' point of view' as they are absorbed in such conflicts. It grows from an empirically documented fact: individuals regularly demonstrate that they skilfully handle the innumerable normative orders which frame social life, and steadily manage to pass from one to another defeating the potential discrepancies that may arise between them. Goffman does not dwell on the problem of multiple realities. He gets to the heart of the matter and tackles the phenomenon of interpretation itself. Now his question is: what are the practices individuals make use of to step by step frame the sequences of interaction they get engrossed in? Is such a questioning consonant with the letter of pragmatism?

Pluralism

In the opening pages of *Frame Analysis,* Goffman takes issue with William James' conception of a 'plurality of worlds':

> "Instead of asking what reality is, [James] gave matters a subversive phenomenological twist, italicizing the following question: *Under what circumstances do we think things are real?* The important thing about reality, he implied, is our sense of its realness in contrast to our feeling that some things lack this quality. One can then ask under what conditions such a feeling is generated, and this question speaks to a small, manageable problem having to do with the camera and not what it is the camera takes picture of. In his answer [...] he made a stab at differentiating the several different 'worlds' that our attention and interest can make real for us, the possible subuniverses, the 'orders of existence' (to use Aron Gurwitsch's phrase), in each of which an object or a given kind can have its proper being: the world of the senses, the world of scientific objects, the world of abstract philosophical truths, the world of myth and supernatural beliefs, the madman's world, etc. Each of these subworlds, according to James, has 'its own special and separate style of existence' and 'each world, *whilst it is attended to,* is real after its own fashion; only the reality lapses with the attention'. Then after taking this radical stand, James copped out: he allowed that the world of the senses has a special status, being the one we judge to be the realest reality, the one that retains our liveliest belief, the one before which the other worlds must give way [...] James opened a door; it let in wind as well as light" (FA, 2f.; FA_{dt}, 10f.; original emphasis).

Challenging James' view, Goffman's essay tries to demonstrate that the experience of social life, however personal it may be, is not the preserve of an individual's conscience or subjectivity. It claims that the social sciences should pay better attention to the epistemic operations that allow coordination of action to get accomplished. As he writes:

> "My aim is to isolate some of the most basic frameworks of understanding available in our society for making sense out of events and to analyse the special vulnerabilities to which these frames of reference are subject [...] I assume that definitions of a situation are built up in accordance with principles of organization which govern events – at least social ones – and our subjective involvement in them: frame is the word I use to refer to such of these basic elements as I am able to identify" (FA, 10f.; FA_{dt}, 18f.).

To James' idealistic conception of the plurality of words, Goffman opposes an analytical model based on the constant interplay between two sets of frameworks. Primary frameworks immediately cut out a portion of reality from the environment by picking up a series of elements from it and instantly arranging them in order to engage the action on plausible grounds. As soon as such arrangement obtains, secondary frameworks take the lead and operate a series of 'keyings', 'designs' and 'fabrications', allowing the interaction to go on. Primary and secondary frameworks are neither normative prescriptions nor constitutive rules. They fulfill ordering and adjustment functions as they provide criteria of judgment which, as individuals use them to guide their conducts, constantly monitor the accomplishment of an action in common. These criteria can be thought of as collectively shared since they are impersonal (everyone should use them) and binding (as long as one wants to make one's action intelligible to others). They are fixed in the uses of ordinary language and embodied in the normative orders that specify the acceptable way to behave in a given form of practical activity. According to Goffman, describing the constant interplay between primary and secondary frameworks offers an empirical account of the way perception works, since it shows how the ephemeral intelligibility of each of the sequences of an action in common is shaped. On this account, *Frame Analysis* can be seen as proposing a dynamic model of practical reasoning opening up at the same time a new domain of empirical investigation for sociology: inquiring into the social nature of the epistemic operations firing up in the course of ordinary interactions (see chap. 45).

Goffman's work admits that the natural mastery of ordinary language endows individuals with a vernacular language which is matched to a particular type of action, and such mastery signals an acquaintance with what they are supposed to do together on given occasions (even if incompletely or defectively), with the expectations about the way others might behave to fit the requirements of the role they play (even if these specifications, and the role endorsed, can change during the course of interaction), and with the anticipations others will make (even if these anticipations are ceaselessly revised in the sequentiality of exchanges). In short, Goffman's analytical framework favors the empirical study of the provisional stabilization of the vulnerability of social reality as it is experienced in a given situation (Scheff 2006). One may doubt that such a model corresponds to the letter of pragmatism.

Conclusion

Goffman's work reflects the spirit of pragmatism insofar as it acknowledges the vulnerability of social reality, and, accordingly, reckons the importance of two aspects of any action in common: its openness to change and the unpredictable nature of its unfolding and result. But it goes beyond sheer theoretical acknowledgment, as it turns both these aspects into topics to be investigated. *Frame Analysis* provides a blueprint for the empirical study of the ingenious ways in which three features of practical activity are dealt with in the course of its accomplishment: indeterminacy (descriptions are never complete and individuals have constantly to get over the shortcomings of communication); contextuality (plainly endorsing Ludwig Wittgenstein's precept (1953, §43) according to which 'the meaning of a word is its use in the language'; emergence (holding that action in common takes place in a specific time and space and that no pre-assigned end can ever be foretold).

Goffman's model combines two seemingly contradictory components of social behaviors: the fact that they are at the same time totally expected (situations are familiar and what may take place in them is expected to occur) and absolutely unpredictable (nobody knows what will exactly happen during each sequence of an interaction). He claims that sociologists should admit that no contradiction exists between a priori determination (the expected) and contingency (the unpredictable), since individuals manage to regularly and invariably overcome it in the flow of joint action. In short, the model grants that uncertainty is neither an impediment nor a nuisance to the smooth unfolding of interaction, but its very driving force.

Goffman's brand of interactionism hinges on a series of methodological principles evoking the pragmatist attitude: realism (situations preexist individuals and impose the use of the categories of judgment they make use of to act in common), fallibilism (social reality is vulnerable and open to an infinite array of transformations), pluralism (seeing a social phenomenon from a multiplicity of angles), and holism (no meaning can be isolated from the practical context in which it sequentially emerges). But keeping to these principles does not turn someone into a committed pragmatist. In Goffman' case, such a stance rather stems from the original blend of phenomenology, dynamic social anthropology (Mitchell) and the ordinary language philosophy his sociological stance is built of.

Yet for all their differences one may contend that Goffman appears to be much more dedicated to the spirit of pragmatism than Dewey or Mead are. This is only because he has unwaveringly considered vulnerability as an irremediable feature of social life. But he has done this on a sociological basis, tirelessly trying to account for the inventive ways in which individuals mutually deal with doubt and indeterminacy by relating them to a prevailing condition: the obligation to do away with the troubles which unabatedly proceed from social interaction.

References

Bernstein, Richard: The resurgence of pragmatism. In: Social Research 59/4 (1992), 813–840

Blumer, Herbert: Sociological implications of the thought of George Herbert Mead. In: American Journal of Sociology 61/5 (1966), 535–544.

Capps, John: The pragmatic theory of truth. In: Edward N. Zalta (ed.), The Stanford encyclopedia of philosophy, 2019, https://plato.stanford.edu/archives/sum2019/entries/truth-pragmatic (10.03.2021).

Cavell, Stanley: Must we mean what we say? A book of essays. Scribner, New York 1969.

De Tocqueville, Alexis: Democracy in America. Vol. II. Dearborn, New York 1938 (frz. 1835).

Dewey John: What does pragmatism mean by practical? In: Journal of Philosophy, Psychology and Scientific Methods 5/4 (1908), 85–99.

Dewey John: Logic: The theory of inquiry. In: The later works, 1925–1953, Vol. 12, Carbondale, Edwardsville 1989 [1938].

Garfinkel, Harold: Seeing sociologically: The routine grounds of social action. Paradigm, Boulder 2005.

Habermas, Jurgen: The theory of communicative action. Cambridge 1984 (orig.: Theorie des kommunikativen Handelns, 1981).

Hardimon, Michael: Role obligations. In: The Journal of Philosophy 91/7 (1994), 333–363.

Hollinger, David: The problem of pragmatism in American history. In: The Journal of American History 67/1 (1980), 88–107.

Horowitz, I. Louis: Introduction. In: C. Wright Mills: Sociology and pragmatism. New York 1966, 11–31.

Joas, Hans: The Creativity of action. Chicago 1997 (orig.: Die Kreativität des Handelns 1996).

Kreplak, Yael/Lavergne, Cécile: Les pragmatiques à l'épreuve du pragmatisme: esquisse d'un air de famille. In: Tracés 15 (2008), 127–145.

Lewis, John: The classic American pragmatists as forerunners to symbolic interactionism. In: The Sociological Quarterly 17 (1976), 347–359.

Mead, George Herbert: A behavioristic account of the significant symbol. In: Journal of Philosophy 19 (1922), 157–163.

Mead, George Herbert: Mind, self and society. Chicago 1934 (orig. 1968).

Mills, C. Wright: Sociology and pragmatism. New York 1966.

Mitchell, Clyde: Case and situation analysis. In: The Sociological Review 31/2 (1983), 187–211.

Ogien Albert: La décomposition du sujet. In: Isaac Joseph/Robert Castel/Louis Quéré/Jacques Cosnier (ed.): Le parler frais d'Erving Goffman. Paris 1987, 100–109.

Ogien, Albert: Emergence et contrainte. Situation et expérience chez Dewey et Goffman. In: Michel de Fornel/Louis Quéré (ed.): La logique des situations. Paris 1999, 69–93.

Ogien Albert: Durkheim as a sociologist of knowledge. In: Journal of Classical Sociology 13/1 (2016), 7–20.

Putnam, Hilary/Putnam, Ruth A.: Dewey's logic: Epistemology as hypothesis. In: Hilary Putnam, Words and Life. Cambridge Mass. 1994, 198–220.

Rawls, Anne W.: The Interaction order sui generis: Goffman's contribution to social theory. In: Sociological Theory 5/3 (1987), 136–149 (also in: Gary A. Fine/Gregory W. H. Smith (ed.): Erving Goffman. Vol. 2. London 2000, 252–274).

Ricœur, Paul: The conflict of interpretations. Evanston 1974.

Ryan, Alan: Maximising, moralising and dramatising. In: Christopher Hookway/Philip Pettit: Action and interpretation. Cambridge 1978, 65–83.

Scheff, Thomas: Goffman unbound. A new paradigm for social science. Boulder 2006.

Toulmin, Stephen: Introduction. In: John Dewey, The quest for certainty—The later works, 1925–1953, Vol. 4. Carbondale/Edwardsville 1984, vii–xxii.

Wittgenstein, Ludwig: Philosophical Investigations. Blackwell 1953 (orig.: Philosophische Untersuchungen [1954]. Frankfurt/Main [9]2003).

Sozialkonstruktivismus

6

Hubert Knoblauch

Wenn wir das Verhältnis Goffmans zum Sozialkonstruktivismus behandeln wollen, müssen wir zunächst bemerken, dass es sich hier nicht um ein Thema handelt, das wissenschaftlich bisher breiter reflektiert worden wäre. Das ist auch nicht sehr überraschend, denn der ‚Sozialkonstruktivismus' bezeichnet einen sozialtheoretischen Ansatz, der durchaus als ‚Grand Theory' bezeichnet werden kann, während Goffmans sehr gegenstandsbezogene Vorgehensweise eher als eine ‚Middle-range-Theorie' behandelt wurde, die, wie er selbst betonte, etwa die sozialstrukturellen Aspekte systematisch ausklammerte (FT). Aus diesem Grunde muss dieser Beitrag das Verhältnis selbst aus eigenen Stücken reflektieren. Vor dem Hintergrund einer Unterscheidung verschiedener Vorstellungen dessen, was in der sozialwissenschaftlichen Diskussion als Sozialkonstruktivismus bezeichnet wird, wird sich dieser Beitrag auf einen Vergleich Goffmans mit der Position beschränken, die diese Richtung begründet und theoretisch entscheidend geprägt hat, nämlich die Theorie der gesellschaftlichen Konstruktion von Peter L. Berger und Thomas Luckmann.

Dass beide Ansätze in einem engeren Verhältnis stehen, wird schon an der „gesellschaftlichen Konstruktion der Wirklichkeit" deutlich, die mehrfach auf Goffmans Arbeiten Bezug nimmt. Luckmann (1985) hat zudem eine begeisterte Rezension von Goffmans letztem Buch, den *Forms of Talk* verfasst. Auch Goffman selbst äußert sich sehr positiv und differenziert zum Thema, wenn er bemerkt: „Well, sociologists in some ways have always believed in the social construction of reality. […] I believe, of course, that the social environment is largely socially constructed […]" (Verhoeven 1993, 324). Jürgen Raab (2014, 14) erkennt zwischen beiden sogar eine Parallele in der Systematik des Denkens, das sich auf beiden Seiten in jener für die Wissenssoziologie bedeutsamen Doppelaspektivität gesellschaftlicher Wirklichkeit bewege, die neben der Verfestigung und Objektivität der Wirklichkeit auch deren Labilität und Vorläufigkeit erkenne.

Was die Stabilität angeht, verweisen sie alle auf Émile Durkheim, dessen Vorstellung sozialer Tatsachen für sie den harten Kern der Gesellschaft bildet. Während jedoch Berger/Luckmann sich ebenso auf Max Weber berufen, dessen Konzept des sozialen Handelns der Subjektivität eine große Rolle einräumt, bezieht sich Goffman, sofern er denn andere Klassiker erwähnt, mit größter Anerkennung auf Georg Simmel, der die Wechselwirkung zwischen Individuen als grundlegenden dynamischen Prozess

H. Knoblauch (✉)
Institut für Soziologie, TU Berlin,
Berlin, Deutschland
E-Mail: hubert.knoblauch@tu-berlin.de

K. Lenz und R. Hettlage (Hrsg.), *Goffman-Handbuch*, https://doi.org/10.1007/978-3-476-05871-3_6

des Sozialen erkannte. Es ist bekanntlich dieser Begriff der Wechselwirkung, der das Verständnis der ‚Interaktion' in der nachfolgenden angelsächsischen Soziologie prägen sollte, zu der nicht nur der frühe Symbolische Interaktionismus zählt, sondern eben auch Goffman selbst. Goffman (InO) bestimmt mit einem Konzept der Interaktionsordnung dann auch programmatisch einen so grundlegenden Gegenstand, dass eine Vergleichbarkeit mit der Grundlagentheorie von Berger/Luckmann wenigstens im Prinzip auf Augenhöhe stattfinden kann. Da sich Goffman aber theoretisch nicht breiter zum Sozialkonstruktivismus geäußert hat, sollen zunächst die verschiedenen Vorstellungen von Konstruktivismus geklärt werden. In einem zweiten Schritt werden dann kurz die grundlegenden Positionen des Sozialkonstruktivismus bestimmt, um dann in einem dritten Teil die Überschneidungen, Anknüpfungspunkte und Differenzen zwischen beiden Zugängen deutlich zu machen.

Konstruktivismen und die soziale Konstruktion der Wirklichkeit

Auch wenn der Begriff des ‚Konstruktivismus' als Bezeichnung einer akademischen Bewegung schon seit den Arbeiten von Jean Piaget in der Psychologie bekannt war, so breitete sich das Wort ‚Sozialkonstruktivismus' zunächst in den Sozialwissenschaften erst auf nennenswerte Weise aus, nachdem das Buch von Berger/Luckmann *The Social Construction of Reality* 1966 in englischer, 1970 in deutscher Sprache veröffentlicht worden war (Knoblauch/Wilke 2016). Das Buch erlebte eine enorm breite und internationale Rezeption. Es inspirierte auch eine Reihe von middle-range-Ansätzen, die sich empirisch und theoretisch etwa mit der sozialen Konstruktion von Technik, sozialen Problemen oder Geschlecht zu befassen begannen. Daneben entwickelten sich in der Folgezeit auch verschiedene Varianten des Sozialkonstruktivismus, wie etwa der „empirische Konstruktivismus" von Karin Knorr-Cetina (1989). Insbesondere der von Kenneth J. Gergen (1985) seit den 1980ern entwickelte ‚soziale Konstruktionismus' fand eine enorme Verbreitung vor allem im angelsächsischen Raum. Er bezieht sich zwar ausdrücklich auf die „gesellschaftliche Konstruktion", bindet aber auch poststrukturalistische Theorien, die Ethnomethodologie und den Feminismus mit ein. Eine ebenso große Bedeutung erlangte der „situative Konstruktivismus" (Glasersfeld 1974), dem sich Niklas Luhmann (1984) mit seiner autopoietischen Umformulierung der Systemtheorie zuwandte. Einen großen Einfluss auf das Verständnis des Sozialkonstruktivismus hatten aber auch verschiedene postkonstruktivistische Ansätze dadurch, dass sie die Unterschiede zwischen verschiedenen Formen des Konstruktivismus einebneten (Latour 2010). Deswegen müssen wir uns mit der Frage beschäftigen, was eigentlich den Sozialkonstruktivismus auszeichnet.

Die Frage, die sich Berger/Luckmann (1966) stellen, folgt einem klassischen soziologischen Problem: Wie können wir erklären, dass Individuen zum Teil einer Gesellschaft und einer gesellschaftlichen Wirklichkeit werden? In der Linie Webers sehen sie diese Grundfrage der Soziologie durch den Begriff des sozialen Handelns beantwortet. Zugleich folgen sie der vermeintlich entgegengesetzten Position Durkheims, der die subjektiven Handlungen der Individuen als Folge gesellschaftlich objektiver Tatbestände ansieht. Die Widersprüchlichkeit dieser beiden Aussagen bildet die Gegensätze der das Argument tragenden Dialektik: Sie werden ‚aufgehoben', indem die objektive Wirklichkeit als Ergebnis sozialer Handlungen gefasst wird. Die sozialen Handlungen ‚konstruieren' also die objektive Wirklichkeit.

Den eigentlichen Ausgangspunkt der gesellschaftlichen Konstruktion bildet nicht das Individuum als ein soziales Einzelwesen. Vielmehr ist es das Bewusstsein, das erfahren und handeln kann. Es ist subjektiv in einem explizit phänomenologischen Sinn, es ist vor dem Sozialen angelegt, so dass es selbst das Problem der Intersubjektivität noch zu überwinden hat. Die phänomenologische Bedeutung ist tragend, denn Berger/Luckmann betrachten Alfred Schütz' Konzept der Typisierung als grundlegend für das Weltverhältnis des subjektiven Bewusstseins. Durch Typisierungen wird Welt sinnhaft erfahren, sie sind sozusagen die Vorformen des Wissens im Erfahren. Auch der Begriff des Handelns leitet sich davon ab: Handeln meint eine vorentworfene (typisierte) Erfahrung *modo futuri exacti*. Soziale Handlungen sind Externalisierungen in der gemeinsamen Umwelt des Subjekts und der anderen, die sie als Objektivierungen erfahren.

Ging es Schütz vor allem um jenen Sinn, der das soziale Handeln ausmacht, so zielen auch Berger/Luckmann (1970, 21) auf „eine Analyse jenes Wissens, welches das Verhalten in der Alltagswelt reguliert". Denn die „Konstruktion der Wirklichkeit" entspringt nicht einfach geteiltem Wissen. Sie entspringt auch nicht einfach dem Handeln, sondern einem sozialen Handeln. Sofern es sozial ist, wird das Handeln vom Umgang mit Anderen (und, wie Berger/Luckmann betonen, deren Wissen) geleitet; sofern es aber Handeln ist, erfordert es das entwerfende und typisierende Bewusstsein. Das soziale Handeln bildet somit das logische Verbindungsglied zwischen den vermeintlich dialektischen Polen des Objektiven und des Subjektiven.

Um die Sozialität des Handelns zu erklären, greifen Berger/Luckmann neben Schütz vor allem auf George H. Mead zurück, der ja eine zentrale Referenz auch für Goffman und den Symbolischen Interaktionismus darstellt: Es ist die Rollenübernahme ebenso wie die Reziprozität der Perspektiven, die es ermöglicht, dass Objektivierungen als Teil der Handlungen Anderer erfahren werden können. Wir hören etwas und wir gehen davon aus, dass es von der anderen Person stammt, so wie unsere Laute aus uns kommen. Wir sehen ihre Hand und wir nehmen den abgerissenen Ast als Ergebnis ihrer Handlung wahr. Im Grunde sind wir damit schon bei dem, was in Anschluss an Mead als ‚symbolische Interaktion' bezeichnet wurde: Durch Objektivierungen können auch die Handlungen mindestens zweier Akteur/innen koordiniert werden.

Diese Interaktion bildet für Berger/Luckmann die Basis für die Ausbildung von Institutionen. Der Prozess der Institutionalisierung beruht auf der wechselseitigen Wahrnehmung eines typischen Handlungsproblems und auf dem interaktiven Einspielen einer Lösung auf dieses Problem. Das Einspielen der Lösung erfordert spezifische Aktivitäten des leiblichen Bewusstseins, wie die Sedimentierung von Typisierungen und die Habitualisierung von leiblichen Abläufen. Sie beruhen aber auch auf der Rollenverteilung in der sozialen Interaktion, die sich routiniert.

Zur Institution führt diese Institutionalisierung aber erst, wenn der Interaktionsablauf an Dritte weitergegeben und damit zur Tradition wird. Weil mit der Übergabe an Dritte die ursprünglichen Prozesse der Konstruktion von Institutionen verborgen werden, bedarf es zusätzlicher Deutungen, die Berger/Luckmann als Legitimationen bezeichnen. Legitimationen geben an, wie man etwas macht und warum, sie verleihen Institutionen Sinn, sichern sie (oder, im Falle von Konflikten, transformieren sie bzw. wälzen sie um). Dies verdeutlicht bereits, dass Legitimationen nicht nur ‚Rechtfertigungen' sind, sondern elementare Sinndeutungen. Legitimationen benennen, worum es bei den Handlungen geht, indem sie die Kategorien bestimmen, die Regeln formulieren, den Geltungsbereich definieren und diese Handlungen im Zusammenhang von Institutionen insgesamt verorten. Um Institutionen zu sichern, können eigene legitimatorische Apparate (also ihrerseits Institutionen der Legitimation) gebildet werden, deren Aufgabe darin besteht, den Sinn einer Institution zu verdeutlichen, zu vermitteln und mit der institutionalisierten Macht durchzusetzen.

Objektivationen, Institutionen und Legitimationen bilden gewissermaßen den gesellschaftlichen Teil der Wirklichkeit. Der dialektische Prozess, der durch die analytischen Begriffe verbunden ist, kommt zum Abschluss, wenn diese Legitimationen und Institutionen im Rahmen der Sozialisation an Einzelne vermittelt und von ihnen internalisiert werden. In der primären Sozialisation werden zunächst die grundlegenden lebensweltlichen Fertigkeiten, in den anschließenden sekundären oder tertiären Sozialisationsprozessen wird dann das spezifischere Wissen vermittelt. Durch die subjektive Integration dieser Prozesse wird schließlich aus der ursprünglichen Quelle der gesellschaftlichen Konstruktion, dem die Wirklichkeit (mit) erzeugenden Subjekt, eine ‚persönliche Identität', die in diesem Prozess geschaffen wird – und damit in einer neuen Bedeutung als ‚Subjekt' entsteht, das der gesellschaftlichen Konstruktion unterworfen ist.

Parallelen und Differenzen

Goffmans Haltung zum Sozialkonstruktivismus ist nicht Gegenstand systematischer Untersuchungen. Er selbst äußert sich nur vereinzelt dazu. So bemerkt er in dem schon erwähnten Interview, dass er die These der gesellschaftlichen Wirklichkeit zwar teile, es sei aber offen, ob dies auf der Ebene des Individuums, der Kleingruppe oder der eines Wechselspiels verschiedener sozialer Prozesse geschehe. Allerdings betont er durchaus auch zwei Differenzen. Zum einen gebe es „some biological matters", die in Betracht gezogen werden müssten. Überdies aber unterscheide er sich von den „Social Constructionists", weil er nicht denke, dass „the individual does much for the constructing. He rather comes to the world, already in some sense or the other, established" (Goffman in Verhoeven 1993, 324).

So wenig Aussagen es von Goffman zum Sozialkonstruktivismus gibt, scheint es mehrere Berührungspunkte und Differenzstellen zu geben, die ich hier ansprechen möchte. Einmal geht es (a) um die „biologischen Angelegenheiten"; damit verbunden scheint die Frage, (b) was die Rolle des Individuums bzw. des Subjekts in der Konstruktion sei. Zudem (c) werden wir uns das Verhältnis des Handelns zu dem ansehen müssen, was ja Goffmans eigentlicher Untersuchungsraum ist, nämlich den der Interaktionsordnung. Und schließlich (d) stellt sich die Frage, wie beide Zugänge das Verhältnis zu dem Bereich behandeln, den Goffman ausdrücklich nicht untersucht, nämlich das Feld der Institutionen und der Sozialstruktur.

(a) Es ist durchaus bezeichnend, dass sich Goffman hier ausdrücklich gegen den „Social Constructionism" (Gergen 1985) wendet und damit eine radikale Fassung des Konstruktivismus im Sinne hat, die, wie etwa der situative Konstruktivismus, das Soziale als eine Konstruktion *ab ovo* fasst und körperliche oder gar biologische Aspekte ausklammert. Der Sozialkonstruktivismus Berger/Luckmannscher Prägung nimmt in dieser Hinsicht eine für angelsächsische Verhältnisse ebenso ungewöhnliche wie auch entschiedene Position ein: Er stützt sich auf die Philosophische Anthropologie, die gleichsam die biologischen Rahmenbedingungen der gesellschaftlichen Konstruktion angibt. Im Unterschied zu den verschiedenen anthropologischen Bestimmungen früherer Sozialtheorien zeichnet sich die Philosophische Anthropologie durch eine negative Anthropologie aus, die den Menschen als ein weltoffenes instinktarmes Mängelwesen bestimmt. Es ist ja gerade diese negative Bestimmung, die die soziale Konstruktion der Wirklichkeit begründet und damit die biologischen und soziokulturellen Argumente miteinander verbindet.

Auch wenn der Sozialkonstruktivismus betont, dass die gesellschaftliche Konstruktion soziales Handeln, Interaktionen und Institutionen erfordert, so räumt er der Subjektivität doch eine ganz besondere Rolle ein. Diese Rolle zeigt sich an der Phänomenologie, die einmal als Begründung für den wissenschaftlichen Zugang zum Phänomen des sozialen Handelns dient, zum anderen aber gleichzeitig dessen typisch subjektive Perspektive erschließen kann.

So sehr Goffman sich von dieser subjektivistischen Position absetzt, so ist sie ihm doch keineswegs fremd. Der Bezugspunkt dieses Vergleichs besteht sicherlich in der Rahmenanalyse, in der Goffman ausdrücklich auf Schütz ([1945] 2003) verweist (s. Kap. 19). Schütz hatte sich mit seiner Theorie der mannigfaltigen Wirklichkeiten mit einem ähnlichen Problem beschäftigt (s. Kap. 17). Dabei hebt Schütz einmal auf die verschiedenen ‚Sinnprovinzen' als subjektive Erlebnisbereiche ab, zu denen etwa der Traum oder die Phantasie gehören. Diese hat zwar Goffman auch im Blick, doch zielt er, wie Thomas S. Eberle (1991, 195 f.) beim Vergleich hervorhebt, sehr viel entschiedener auf die interaktionistische Seite, also jene Wirklichkeiten, die durch interaktive Rituale oder Symbole hergestellt werden: das Spielen oder der Theatervorhang wären Zeichen dafür. Auch Hans-Georg Soeffner (1989, 146) kritisiert an Goffmans Rahmenkonzept, dass es nicht nur eine objektive Wirklichkeit bezeichnet, sondern auch subjektiv realisiert werden müsse. Goffman scheitere deswegen an der Verschränkung beider Perspektiven, weil er sich einseitig auf die interaktionistischen Symbole beschränke und die subjektiven Deutungen nicht gesondert betrachte, die übrigens auch die forschende Person, die die Deutungen der Handelnden deutet, einschließe.

So groß diese Spannung ist, so lassen sich auch Überbrückungen finden. Abgesehen von grundlegenden gemeinsamen Interessen an der Rolle der Sprache im Handeln, an der interpretativen Forschung bildet das Konzept der symbolischen Sinnwelten eine Brücke zu Goffmans Begriff des Rahmens. Symbolische Sinnwelten bilden eine Matrix aller gesellschaftlich objektivierten und subjektiv wirklichen Sinnhaftigkeit (Berger/Luckmann 1970, 103). Sie stellen die höchste Ebene der Legitimation von Wirklichkeit dar, die Wirklichkeitsbereiche und mit ihnen deren Ordnung bestimmen. Das umfasst etwa die Rolle der Träume, aber auch Spiele oder religiöse Wirklichkeiten. Gerade mit Blick auf die Besonderheit religiöser Sinnwelten ist deswegen der Bezug zum Rahmenbegriff sowohl theoretisch wie empirisch genutzt worden (Knoblauch 1998).

(b) Die Brücke zwischen der subjektiven Erfahrung und ihren gesellschaftlich objektivierten Organisationsprinzipien, die in der Interaktion zum Tragen kommen, wird noch durch ein zweites Konzept geschaffen, dessen Bedeutung bei Goffman häufig unterschätzt wird: die Rolle des Handelns. Goffman behandelt in seinen verschiedenen Arbeiten durchaus grundsätzlich Fragen des Handelns, die nicht in der Interaktion aufgehen. In der Rahmenanalyse des Täuschens behandelt er Strategien, wie wir als einzelne Handelnde vorgehen, welche Mittel wir verwenden, um etwas zu erreichen; dies gilt mit noch mehr theoretischen Anspruch für Goffmans Analyse der strategischen Interaktion (SI). Die strategischen Interaktionen sind zwar grundsätzlich in ein soziales Geflecht eingebettet; zugleich aber handelt es sich bei den Strategien um Kalküle, die Individuen anstellen, um eben in Interaktionen ihre Ziele erreichen zu können. Es ist deswegen kein Wunder, dass Goffman mit diesem Konzept ausdrücklich beim Ökonomen Thomas Schelling anknüpft (s. Kap. 43 und 58). Er ist auch einer der bedeutendsten Vertreter der Spieltheorie, in der es um die Kooperation zwischen Handelnden geht, denen es um die Durchsetzung ihrer eigenen Interessen geht. Die Spieltheorie ist deswegen auch einer der Ansätze, die von Theorien rationalen Handelns eingesetzt wird, um Vorstellungen interaktiver Kooperation aus subjektivistischer Perspektive zu vollziehen.

Diese handlungstheoretische Perspektive findet sich aber auch in der Goffman-Deutung eines entschiedenen Vertreters des Sozialkonstruktivismus. Ronald Hitzler (1992) bringt mit dem „Goffmenschen" einen Akteur auf den Begriff, der in seinen Augen von Goffman mustergültig konzipiert worden ist (s. Kap. 4). Ihm oder ihr geht es geradezu ausschließlich um die eigenen subjektiven Interessen; Interaktionen und ihre Rituale dienen in diesem Sinne lediglich dem Zwecke, diese Interessen auf eine möglichst angemessene Weise und unter Wahrung des eigenen Gesichtes durchzuführen. Diese Sicht wird etwa in *Interaction Ritual* ersichtlich: Goffman betrachtet sozial Handelnde auf zwei Weisen: einmal als Strateg/innen, die nur ihren persönlichen Vorteil im Sinn haben, zum anderen als Subjekte, die festen Ritualen unterworfen sind. Auch in *Wir alle spielen Theater* räumt Goffman zwar ein: alle unsere „Handlungen haben es also weitgehend mit moralischen Fragen zu tun, aber als Darsteller sind wir nicht moralisch an ihnen interessiert" (PS_{dt}, 230; PS2, 251). Weil dieser Position ein Zynismus vorgeworfen wurde (den Hitzler als Macchiavellismus versteht), hat Goffman die erste Fassung des Buches auch auf eine Weise überarbeitet (Manning 1992), die den Vorstellungen Bergers/Luckmanns nicht widersprechen: Das Selbst – oder, wie es bei Berger/Luckmann heißt: die persönliche Identität – geht deswegen keineswegs im Ritual auf; vielmehr ist das Ritual lediglich eine Form, in der das Selbst die eigenen Interessen verfolgt und in der die Interessenverfolgung auch der anderen sozusagen moderiert wird.

(c) Während Berger/Luckmann also die subjektive Seite des Handelns methodologisch stark betonen, greifen sie mit ihrem Begriff der Interaktion ausdrücklich auch auf Goffman zurück. Berger/Luckmann gehen ebenso auf Mead zurück, mit dessen Hilfe sie ihre Theorie der Sozialisation entwickeln. Mehr noch: neben dem grundlegenden Prozess der Sozialisation, in dem das Subjekt zum Mitglied einer Gesellschaft wird, ist auch der ebenso grundlegende Prozess der Institutionalisierung, der die Objektivität der Gesellschaft begründet, wesentlich interaktiv: Handelt es sich beim ersten tendenziell um asymmetrische Interaktionen zwischen signifikanten oder generalisierten Anderen und dem Subjekt, das seine Identität darin ausbildet, so baut der Prozess der Institutionalisierung auf der Gegen- und Wechselseitigkeit der Interaktion auf, aus der sich nicht nur gemeinsame Typisierungen dessen, was kommt, ergeben (als Erwartungen), sondern auch eingespielte Muster des verkörperten Handelns habitualisieren. Berger/Luckmann also erkennen die Interaktion als einen zentralen sozialen Prozess an, wie dies bei Goffman ausgeführt wird. In einer theoretisch sehr folgenreichen Weise aber gehen sie über Goffman hinaus, indem sie diesen Prozess mit der Institutionalisierung verknüpfen.

Diese Verknüpfung kann als der eigentliche Coup des Sozialkonstruktivismus angesehen werden. Denn mit dem Begriff der Institutionalisierung schließen sie zwar an Arnold Gehlen ([1956] 1986) an. Während Gehlen aber die Institutionalisierung als Lösung eines Problems aus der Perspektive einzelner Handelnder betrachtet, leiten Berger/Luckmann diesen Prozess aus der Interaktion ab: die ‚Transsubjektivität' der Institution besteht darin, dass sie sozusagen aus (mindestens) zwei Perspektiven entsteht und damit auf eine Weise ‚kollektiv' ist, wie dies in jüngerer Zeit erst wieder von Michael Tomasello (2009) hervorgehoben wird. In der Institutionalisierung verankern Berger/Luckmann nicht nur die sozialen Rollen, die aus der wechselseitigen Typisierung folgen (eines sich erinnerungsfähigen Bewusstseins); in einer an Simmel gemahnenden Weise erklären sie die Ablösung dieses Kollektiven von den Einzelnen mit der ‚Figur des Dritten': Es ist die Übernahme der (zuvor nur in den Subjekten und ihren Körpern verankerten) Abläufe durch Dritte, die Institutionen entstehen lässt. Denn sie übernehmen sie als ganze Abläufe, als ‚so ist das' und ‚so geht das', und da sie nicht an ihrer Entstehung beteiligt gewesen sind, können (und müssen) sie ihnen auch einen neuen Sinn verleihen, wenn Fragen aufkommen, warum das und warum so gemacht wird. Dass sie diesen Sinn als Legitimation bezeichnen, öffnet dann ein weites Feld für die Wissenssoziologie, es darf aber nicht vergessen werden, dass sich dieses Wissen wie der Sinn der Institutionen auf Interaktionen gründet.

(d) Diese Verbindung unterscheidet sie auch sehr fundamental von Goffman. Denn in seiner programmatischen Präsidialrede (InO) nimmt er eine geradezu kategorische Unterscheidung der Interaktionsordnung von der ‚Sozialstruktur' vor, die beide wie zwei getrennte Bereiche des Sozialen erscheinen lassen (s. Kap. 35). Goffman sieht zwar in seinen materialen Studien (besonders zum *Arrangement der Geschlechter*) auch Schaltstellen zwischen beiden Bereichen vor, die er „institutionelle Reflexivität" (ABS_{dt}, 107; „institutional reflexivity", ABS, 302) nennt (klassisch: die baulichen Arrangements geschlechtsspezifischer Toiletten), die später bei Anthony Giddens (1984) eine große theoretische Rolle spielen sollten. Doch bleiben bei Goffman Interaktionen und institutionelle Strukturen so sehr getrennt, dass selbst seine eigenen Analysen etwa totaler Institutionen diese Vorstellung zu sprengen scheinen.

Diese verbindende Rolle der Institutionen ist keineswegs unbedeutend, erklärt sie doch zum einen die Objektivität des Sozialen, das deswegen nicht vom einzelnen *ab ovo* konstruiert wird (wie Goffman dem Sozialkonstruktionismus vorhält), sondern empirisch schon immer ein soziohistorisches Apriori menschlichen Handelns bildet (Luckmann 1980). Dass Berger/Luckmann die Rolle von über die Sprache hinausgehenden Objektivationen erwähnen, eröffnet auch die Möglichkeit zur Betrachtung nichtsprachlichen Handelns, das ja ein besonderes Forschungsfeld Goffmans bildete. Diese Möglichkeit wurde theoretisch insbesondere vom kommunikativen Konstruktivismus betont (Keller/Knoblauch/Reichertz 2013). Aufbauend auf dem Sozialkonstruktivismus entstand er im Zusammenhang mit einer großen Zahl empirischer Arbeiten, die sich methodologisch stark an Goffmans qualitativen Empirismus anlehnten (Reichertz/Tuma 2017). Dies gilt etwa für die Videographie ebenso wie für die fokussierte Ethnographie oder die Analyse kommunikativer Gattungen. Aber auch theoretisch beruft sich der kommunikative Konstruktivismus – neben dem Sozialkonstruktivismus – auf Goffman und betrachtet die körperliche Performanz des kommunikativen Handelns als Ausgangspunkt jeder gesellschaftlichen Wirklichkeit (Knoblauch 2017).

Schluss

Goffman war sicherlich kein Theoretiker, der sich in der Tradition der ‚Grand Theories' verortete. Dennoch hat Goffman selbst die Bedeutung grundlegender Begriffe für die Analyse sozialer Wirklichkeit anerkannt und einige bedeutende konzeptionelle Vorschläge durchgespielt. Im Fokus seiner Konzepte und empirischen Betrachtungen steht dabei die soziale Situation (s. Kap. 21) und die darin stattfindenden Interaktionen, Handlungen und Rituale, denen er seine immer noch erhellenden und feinsinnigen Analysen widmete. Dabei war sich Goffman durchaus der (häufig kritisierten) gesellschaftstheoretischen Begrenztheit bewusst: dass sich seine Analyse nämlich weitgehend auf die US-amerikanische Mittelschicht der Nachkriegszeit beschränkte. Während Goffman die mögliche Verallgemeinerung seiner Befunde mit Blick auf eine für ihn analytisch nicht zugängliche Gesellschaftsstruktur offen ließ, deren Verbindung er lediglich in der Reflexivität von Institutionen in der Interaktionsordnung sah, eröffnet der soziale Konstruktivismus von Berger/Luckmann eine Verbindung zwischen diesen beiden vermeintlich getrennten Welten. So sehr diese Verbindung zunächst theoretisch blieb, beruht der kommunikative Konstruktivismus auf dem Versuch, diese komplementäre Beziehung zwischen dem empirischen, naturalistischen und durchaus auch kommunikationstheoretischen (Knoblauch 2006) Zugang Goffmans und dem theoretischen Potential des Sozialkonstruktivismus herzustellen, der auch die bei Goffman angelegte Möglichkeit zur Analyse technisch und medial vermittelter Interaktionen in der gegenwärtigen Kommunikationsgesellschaft nutzt.

Literatur

Berger, Peter/Luckmann, Thomas: The social construction of reality. New York 1966 (dt.: Die gesellschaftliche Konstruktion der Wirklichkeit 1970).

Eberle, Thomas S.: Rahmenanalyse und Lebensweltanalyse. In: Robert Hettlage/Karl Lenz (Hg.): Erving Goffman – Ein soziologischer Klassiker der zweiten Generation. Bern, Stuttgart 1991, 157–210.

Gehlen, Arnold: Urmensch und Spätkultur [1956]. Wiesbaden 1986.

Gergen, Kenneth J.: The social constructionist movement in modern psychology. In: American Psychologist 40 (1985), 266–275.

Glasersfeld, Ernst von: Piaget and the radical constructivist epistemology. In Charles D. Smock/Ernst von Glasersfeld (Hg.): Epistemology and education. Follow through publications. Athens Georgia 1974, 1–24.

Giddens, Anthony: The constitution of society. Outlines of a theory of structuration. London 1984.

Hitzler, Ronald: Der Goffmensch. Überlegungen zu einer dramatologischen Anthropologie. In: Soziale Welt 4 (1992), 449–461.

Keller, Reiner/Knoblauch, Hubert/Reichertz, Jo: Kommunikativer Konstruktivismus. Wiesbaden 2013.

Knoblauch, Hubert/Wilke, René: The common denominator: The reception and impact of Berger and Luckmann's The Social Construction of Reality. In: Human Studies 39/1 (2016), 51–69.

Knoblauch, Hubert: Transzendenzerfahrung und symbolische Kommunikation. Die phänomenologisch orientierte Soziologie und die kommunikative Konstruktion der Religion. In: Hartmann Tyrell/Volkhard Krech/Hubert Knoblauch (Hg.): Religion als Kommunikation. Würzburg 1998, 147–186.

Knoblauch, Hubert: Erving Goffman: Die Kultur der Kommunikation. In: Stephan Möbius/Dirk Quadflieg (Hg.): Kultur. Theorien der Gegenwart. Wiesbaden 2006, 157–170.

Knoblauch, Hubert: Die kommunikative Konstruktion der Wirklichkeit. Wiesbaden 2017.

Knorr-Cetina, Karin: Spielarten des Konstruktivismus. In: Soziale Welt 40 (1989), 86–95.

Latour, Bruno: On the cult of the factish Gods. In: Ders: On the modern cult of the factish Gods. Durham, London 2010, 1–67.

Luckmann, Thomas: Lebenswelt und Gesellschaft. Paderborn 1980.

Luckmann, Thomas: On Goffman's last work. In: Semiotica 53-1/3 (1985), 175–178.

Luhmann, Niklas: Soziale Systeme: Grundriß einer allgemeinen Theorie. Frankfurt/Main 1984.

Manning, Philip: Erving Goffman and modern sociology. London 1992.

Raab, Jürgen: Erving Goffman [2008]. Konstanz ^{2}2014.

Reichertz, Jo/Tuma, René (Hg.): Der kommunikative Konstruktivismus bei der Arbeit. Weinheim 2017.

Schütz, Alfred: Über die mannigfaltigen Wirklichkeiten [1945]. In: Ders.: Theorie der Lebenswelt, Bd. 1: Die pragmatische Schichtung der Lebenswelt. Konstanz 2003, 177–247.

Soeffner, Hans-Georg: Handlung-Szene-Inszenierung. Zur Problematik des ‚Rahmen'-Konzeptes bei der Analyse von Interaktionsprozessen. In: Ders.: Auslegung des Alltags. Der Alltag der Auslegung. Frankfurt/Main 1989, 140–157.

Tomasello, Michael: Die Ursprünge der menschlichen Kommunikation. Frankfurt/Main 2009.

Verhoeven, Jef C.: An interview with Erving Goffman (1980). In: Research on Language and Social Interaction 26/3 (1993), 317–348 (auch in Gary A. Fine/Gregory W. H. Smith (Hg.): Erving Goffman, Vol. 1. London, 213–236).

Existentialismus

7

Céline Bonicco-Donato

übersetzt von Anne-Laure Garcia

Goffmans Soziologie ist im angelsächsischen theoretischen Kontext verortet und zweifelsohne vom Pragmatismus geprägt (s. Kap. 5). Nichtsdestotrotz steht sie aber auch im Vermächtnis einer europäischen philosophischen Tradition: des Existentialismus, und insbesondere von Jean-Paul Sartre (1905–1980). Goffman entdeckte diese Strömung, als er 1951 einen Aufenthalt in Paris machte, um seine Doktorarbeit zu verfassen (Winkin 1988, 78). In der Lektüre des Existentialismus fand er die Matrix für seine Analyse der Face-to-face-Interaktion: den Alltag als Theater zu betrachten. Die Theaterdimension von Interaktionen ist wesentlich für sein Werk. Aus dieser stammt sein Verständnis der Begriffe Rolle und Darstellung, die in seinen Texten wiederholt verwendet werden. Goffman entwirft seinen Ansatz unter Bezugnahme auf Sartres berühmte Analysen über die Unaufrichtigkeit („mauvaise foi") aus *L'être et le néant* (1943; dt.: *Das Sein und das Nichts* [1952] 2001). Goffman beruft sich auf den französischen Philosophen an zwei strategischen Stellen in *The Presentation of Self in Everyday Life* (s. Kap. 37): bei der Definition der dramaturgischen Handlung und bei der Konzeptualisierung des Zusammenhangs zwischen Realität und Täuschung. Sartre wird deutlich häufiger als die anerkannten Soziologen aus der Gründungszeit der Soziologie – Émile Durkheim, Max Weber oder auch Georg Simmel – genannt (MacCannell 1983). Auch wenn in seinen späteren Werken die Sartre'sche Prägung schwächer wird, ist sein Einfluss nach wie vor erkennbar. Dass der Existentialismus ein entscheidendes und unbestreitbares Vermächtnis für Goffmans Ansatz ist, heißt aber keineswegs, dass er keine Überarbeitung und Veränderung vornimmt.

Goffman stützt sich auf *Das Sein und das Nichts,* um zu konzipieren, wie Interagierende ihre Rolle situationsadäquat spielen, indem sie normalisierte Verhaltensmuster anwenden, die von den sozialen Erwartungen abhängen. Er weicht jedoch in zwei Punkten davon ab: Zum einen vertritt er die Auffassung, dass diese Verhaltensweisen das Selbst des Individuums bilden und zum anderen ist er der Ansicht, dass diese sowohl mit Leichtigkeit oder Ungeschicktheit, mit Aufrichtigkeit oder Verlogenheit ausgeführt werden können (PS2, 17 f., 77; PS_{dt}, 18 f.). Nach dieser Definition von Unaufrichtigkeit (Sartre 1943, 83; dt. 2001, 122) ist die gespielte Rolle keine Lüge, sondern sie bildet

C. Bonicco-Donato (✉)
Ecole nationale supérieure d'architecture de Grenoble, Université Grenoble Alpes, Grenoble, Frankreich
E-Mail: celine.bonicco@grenoble.archi.fr

K. Lenz und R. Hettlage (Hrsg.), *Goffman-Handbuch,* https://doi.org/10.1007/978-3-476-05871-3_7

die Grundlage für ein Selbst. Durchaus möglich, dass der/die Akteur/in sich selbst ins Spiel bringt, was für Goffman bedeutet, dass er/sie mit der Rolle übereinstimmt. Ein solcher Aneignungsprozess ist nur eine Möglichkeit und es kann sein, dass eine Rollendistanz – so der Titel eines seiner Essays (EN_b) – besteht, die das Individuum zu einer Person macht. Die Analyse der Goffmanschen Variation über das existentialistische Thema der Unaufrichtigkeit erweist sich als sehr lehrreich, um einen der blinden Flecken seiner Soziologie zu beleuchten, nämlich die Frage nach der eigenen Identität.

Existentialismus: Atmosphäre eines Zeitalters und Philosophie

Als er sich als junger Mann im Paris der 1950er Jahren aufhielt, entdeckte Goffman den Existentialismus zunächst als eine Denkströmung, als eine kulturelle und gesellschaftliche Antwort auf die Barbarei des Zweiten Weltkriegs. Ihr setzte der Existentialismus das Gefühl der Tragik und des Absurden entgegen. Obwohl die Vertreter/innen dieser Strömung häufig ihre Vorbehalte ausgedrückt hatten (Sartre 1976, 192), breitete sich diese Bezeichnung dennoch in der Öffentlichkeit aus. Der Name „Existentialismus“ wurde sowohl durch Journalist/innen, Literaturkritiker/innen, die damalige rebellische Jugend, die sich während der deutschen Besetzung für die amerikanische Jazzmusik begeisterte, durch die Studierenden als auch durch die in Saint-Germain-des-Prés lebende Boheme (wie z. B. Juliette Gréco und Boris Vian) verbreitet. Ein/e Existentialist/in zu sein, bedeutete zu diesem Zeitpunkt, den festgefügten Doktrinen und den gebrauchsfertigen Wahrheiten zu misstrauen, die den Boden für totalitäre Ideologien bereiten könnten. Es bedeutete weiterhin, sich des Fortschrittsmythos und der Vergeblichkeit der großen Ideale bewusst zu sein, die zu den Abscheulichkeiten des Krieges geführt hatten. Es ging auch damit einher, die Grenzen der menschlichen Existenz zu akzeptieren, die trotz ihrer unvermeidlichen Endlichkeit dazu verdammt ist, sich auf die Welt einzulassen. Sich auf diese Strömung zu berufen, bedeutet eigene Erfahrungen statt abstrakte Theorien zu bevorzugen, seine Werte auf der Grundlage einer entzauberten Hellsichtigkeit zu bilden und seine Existenz zu stilisieren, damit sie erträglicher wird. Dies illustrierte die Kleidermode der Stammgäste der auf dem linken Seine-Ufer ansässigen Cafés (Colette 1994).

Die Behauptung der Grundfreiheit des Individuums ist genauso beängstigend wie aufregend. Sie eröffnet alle Möglichkeiten und verdammt zugleich das Individuum dazu, Entscheidungen zu treffen, ohne sich dabei an Anhaltspunkten orientieren oder durch einen Determinismus entschuldigen zu können. Die eigene Verantwortung ist uneingeschränkt. Kurz: Goffman entdeckte den Existentialismus zunächst als Lebensstil und Zeitgeist.

Als Autor des 1949 verfassten Aufsatzes *Symbols of Class Status,* in dem er eine Klassifikation von Zeichen wie Kleidung und von Verhaltensweisen, aber auch von Ausstattung und Raumumgebung vorschlägt, ist er sehr empfänglich für die existentialistische Darstellung des Selbst. Dieser Strömung nach ist das Individuum nämlich nicht ein für alle Mal festgelegt, sondern es schafft sich selbst immer wieder neu durch seine Handlungen und Selbstentwürfe. Es kann sich selbst erfinden und definieren. Es hat daher keine Essenz, die eine apriori unveränderliche und dauerhafte Identität bilden würde. Diese Perspektive besaß eine hohe Anschlussfähigkeit zu seinem Konstruktivismus. Daher erstaunt es nicht, dass Goffman aus den existentialistischen Philosophen – wie Albert Camus, Karl Jaspers, Søren Kierkegaard, Emmanuel Lévinas oder Jean Wahl – sich dafür entschieden hat, vor allem Sartres Schriften zu studieren. Er ist derjenige, der diese Idee am stärksten zum Ausdruck gebracht hat. Er machte sie zum harten Kern seiner Philosophie, um die sich alle anderen Begriffe – die Freiheit, die Beziehung zum Anderen, das Engagement – drehen. In einem berühmten Zitat erklärt Sartre (1996, 27): „l'existence précède l'essence“. Goffman lehnt sich an Sartre‘ Idee einer Theatralisierung der Existenz an, die allerdings gesellschaftlich-normativ verankert ist. Er bricht mit dem Heroismus eines zur ewigen Freiheit verdammten Individuums, nicht ohne allerdings einen gewissen Spielraum einzuräumen.

Darstellung und Rolle: Das Vermächtnis von Sartres Existentialismus

Das dramaturgische Modell, das in *The Presentation of Self in Everyday Life* verwendet wird, um zu analysieren, was geschieht, wenn zwei Personen in Kopräsenz sind, wurde weitgehend aus den Analysen Sartres über die Unaufrichtigkeit übernommen. Indem er sich auf diese Analysen stützt, kann Goffman hervorzuheben, dass alltägliche Interaktionen Darstellungen sind, die am Körper der Akteur/innen sichtbar machen, welche Anforderungen der aufmerksame Blick des Anderen in der jeweiligen Situation mit sich bringt. Das lange Zitat zur Verhaltensweise eines Kellners, das aus *Das Sein und das Nichts* stammt, und das Goffman am Ende des ersten Kapitels von *The Presentation of Self in Everyday Life* (PS2, 75 f.; PS_{dt}, 70 f.) einfügt, macht den phänomenologischen Ursprung der zentralen soziologischen Konzepte in seinem Werk deutlich: aus „le jeu comme réalisation d'une condition" entsteht der Begriff der Rolle, aus „l'être en représentation" wird die dramatisierte Handlung, aus „les gestes typiques" entsteht das Konzept der Routine und ihrer expressiven Komponenten und aus dem „regard" werden die normativen Erwartungen. Möglicherweise wurde auch der Begriff der Situation, der für sein Werk so zentral ist (TNS), von Sartre (1976) beeinflusst.

Goffman liefert allerdings eine eigenständige Interpretation der Arbeiten Sartres. Er konzipiert die Darstellungen der Akteur/innen nicht *per se* als heuchlerisch und unehrlich. Dies ist weder das Ergebnis einer Deskription oder Heuristik noch einer Wertperspektive. Es ist vielmehr eine Folge eines gänzlich anderen Verständnisses von Subjektivität und ihrer Verbindung zum Sozialen. In *The Presentation of Self in Everyday Life* schlägt Goffman vor, die Theateraufführung als soziologische Perspektive zu verwenden, um das soziale Leben zu untersuchen (PS2, xi; PS_{dt}, 4), da sich das Leben selbst eben in theatralischer Weise abspielt (PS2, 71; PS_{dt}, 64 f.). Jede einzelne soziale Situation – z. B. ein erstes Rendezvous, ein Eintritt in den Ruhestand, eine Konferenz, das Flanieren auf der Straße – kann als eine Szene betrachtet werden, in der Regelungen wirksam sind. Vorgegeben ist eine normative Rahmung, die gewisse Verhaltensweisen erfordert. Die situationsbedingten Zwänge sind sozial und lassen sich in den Erwartungen der anwesenden Personen erkennen. Die sozialen Zwänge ergeben sich aus der Öffentlichkeit der Situationen: Die Individuen werden von anderen Teilnehmenden gesehen und möglicherweise auch von potenziellen Zuschauer/innen wahrgenommen. Goffman erwähnt bereits in der Einleitung, dass die einengende Wirkung des Beobachtenden auf das, was der Einzelne sein kann, schon vom Existentialismus betont wurde (PS2, 13; PS_{dt}, 236). Hiermit übernimmt er implizit die Analyse aus *Huis Clos* (1944 dt.: *Geschlossene Gesellschaft*). In *Das Sein und das Nichts* vertritt Sartre die Auffassung, dass die Unaufrichtigkeit nicht nur die sozialen Bedingungen betrifft, die mit Berufsrollen – wie z. B. der Lebensmittelhändler, der Soldat oder der Kellner – in Zusammenhang stehen, sondern alle Haltungen und Verhaltensweisen. Goffman radikalisiert diese Auffassung, indem er in seiner Analyse diese Erweiterung vornimmt. Entsprechend sind alle intersubjektiven Beziehungen sozial, sofern zwei Personen sich in einer Situation treffen, die bestimmte Verhaltensweisen erforderlich macht.

Das Verhalten, das von einer Situation erfordert wird, entspricht der Rolle („part" oder „routine"), die jeder spielen soll. Diese Rolle ist das vorherbestimmte Handlungsmuster, das die Individuen während einer Darstellung zeigen oder zu anderen Anlässen ausführen oder vorspielen (PS2, 16; PS_{dt}, 18). Goffman ist der Ansicht, dass die Akteur/innen die Situation definieren (PS2, 3 f.; PS_{dt}, 7 f.). Dabei ist man nicht frei, beliebige Definitionen vorzuschlagen, sondern dargeboten können nur gesellschaftlich akzeptable Definitionen werden. Die Rolle besteht schon vor der Interpretation und die Darstellungen sind immer schon auf die Kommunikation ausgerichtet (PS2, 65; PS_{dt}, 60 f.). Es ist notwendig, seine Handlung zu dramatisieren (PS2, 30; PS_{dt}, 31), um den Zuschauenden zu zeigen, dass man seine Rolle richtig spielt und die Erwartungen erfüllt. Um die Relevanz dieser körperlichen Inszenierung zu illustrieren, zitiert Goffman Sartres gekonnte Schilderung jenes Schülers, der aufmerksam sein will und „his eyes riveted on the teacher, his ears open wide, so exhausts himself in playing the attentive role that he ends up by no longer hearing anything" (PS2, 33; PS_{dt}, 33; Sartre 1943, 95). Die Sichtbarkeit des Körpers spielt eine entscheidende Rolle: Der Körper ist ein Instrument, um auf seine Positionierung im sozialen Raum und auf das Verständnis der damit verbundenen Erfordernisse hinzuweisen. Insofern kann von einem „body idiom" oder einem „vocabulary of body symbols" (BP, 35; BP_{dt}, 51) gesprochen werden. Es handelt sich um einen primären Zwang, der die Interaktion leitet: eine Verpflichtung, physisch einen standardisierten Eindruck zu erzeugen. Andernfalls wird die Szene von den anderen Teilnehmenden oder den Zuschauenden verspottet und die Interaktion unterbrochen.

Auch wenn diese Analyse sich im Kielwasser der Phänomenologie Sartres bewegt, unterscheidet sie sich davon doch grundsätzlich: Goffman stützt sich auf Beschreibungen aus *Das Sein und das Nichts,* um die sozialen Zwänge zu veranschaulichen, die unser Verhalten bestimmen, ohne diese von vornherein als unaufrichtig zu betrachten. Es handelt sich um eine ganz besondere Beziehung, die das Bewusstsein mit sich selbst aufnehmen kann, wenn es so tut, als ob es etwas Anderes wäre als das, was es ist. Es verneint seine Transzendenz, um sich selbst als Selbst zu begreifen. So täuscht der Kellner nach Sartre vor, nichts anderes zu sein als das, was er spielt. Er versucht die Distanz, die ihm seine Rolle mit dem Modus „als ob" gewährt, aufzuheben: Er benimmt sich so, als ob er vollkommen mit dieser Rolle übereinstimme. Es tut so, als ob er ein Objekt ohne Bewusstsein wäre, obwohl er doch in der Lage ist, den Zwängen seines Berufs nachzukommen und seinen Pflichten einen Sinn zu verleihen (Sartre 1943, 95).

Mit großer Ironie zitiert Goffman diese Analyse ausführlich, um zu zeigen, dass der Kellner aufrichtig oder zynisch in seiner Darstellung sein kann, und gleichzeitig wirklich dieser Figur entspricht. Mit anderen Worten: Aus einer prototypischen Situation der Unaufrichtigkeit macht er das Paradigma des sozialen Verhaltens. Er erforscht nicht die Motivationen der Handelnden, sondern fasst diese, indem er eine Alternative zur Schilderung aus *Das Sein und das Nichts* anbietet, als zweitrangig auf. Diese Abwendung von der Überzeugung der Handelnden beruht auf einem grundsätzlichen Unterschied zum Denken Sartres: Es fehlt die Analyse einer Bewusstseinsstruktur: Es fehlt die Besonderheit des Bewusstseins, zu sein, was es nicht ist, und nicht zu sein, was es ist (Sartre 1943, 106).

Diese Konzentration auf die Verhaltensweisen der Handelnden, die Rollen spielen, wird schon auf den ersten Seiten von *The Presentation of Self in Everyday Life* festgezeigt: sie können das Spiel durchschauen oder nicht. Im Fall einer wirklich ehrlichen, aufrichtigen Darstellung entspricht er/sie voll und ganz diesem dargestellten Selbst. Hingegen ist eine Verhaltensweise zynisch, wenn trotz einer einwandfreien normkonformen Darstellung, nicht an die Rolle geglaubt wird. Goffman sah in dieser Verhaltensweise zunächst eine Kluft zwischen dem Tiefen-Ich und dem, was man den Zuschauenden zeigt (PS2, 18 f.; PS_{dt}, 20 f.). Er gibt diese Unterscheidung auf und beschränkt das Selbst auf die gespielte Rolle. Das führt dazu, dass die Distanz zur Rolle nicht wie bei Sartre als Diskrepanz zwischen Bewusstsein und Objekt erscheint, sondern als Koexistenz von verschiedenen Rollen bzw. von zwei unterschiedlichen und sozial inkompatiblen selves. Anders gesagt: das Verständnis des möglichen, aber nicht notwendigen Unterschieds zwischen dem/der Akteur/in und der Figur ist nicht reduzierbar auf die Deutung von Sartre. Wenn der/die Zyniker/in mit seiner/ihrer Rolle nicht übereinstimmt, liegt es nicht daran, dass er/sie nicht in der Lage ist, die Diskrepanz zwischen der Absicht des Bewusstseins und seinem Gegenstand zu überbrücken, sondern ganz einfach daran, dass er/sie an eine andere Rolle glaubt (EN_b).

Goffman begreift die Pluralität der selves sowohl als diachronisch als auch als synchronisch, wenn er den multi-zentrierten Charakter der Akteur/innen hervorhebt (EN_b, 132, 148; EN_b_{dt}, 149, 166 f.). Die Rollendistanz ist nicht absolut, sondern ergibt sich in der sozialen Situation; der Akteur/die Akteurin setzt sich dann ab, sofern er an anderen Vorgaben orientiert ist. „When the individual withdraws from a situated self he does not draw into some psychological world that he creates himself but rather acts in the name of some other socially created identity" (EN_b, 120; EN_b_{dt}, 136).

Vor diesem Hintergrund ist es nachvollziehbar, warum sich Sartres Problem der Überzeugung für Goffman nicht stellt: Ob eine Darstellung ehrlich oder zynisch ist, ist irrelevant, denn in beiden Fällen entsteht ein Selbst. Daher kann man sagen, dass man immer noch eine der Figuren ist, die man spielt. Da das Selbst nicht aus dem Inneren des Akteurs bzw. der Akteurin entsteht, sondern aus der Szene, in der die Darstellung stattfindet sowie aus ihren Zwängen, ist der/die Besitzer/in des Selbst für die Analyse von nur geringen Interesse. Die Person, der es darbietet oder dem es zugutekommt, ist weniger zentral für die Analyse, weil sie und ihr Körper nur für einen begrenzten Zeitraum als Träger der kollektiven Konstruktion dienen (PS2, 253; PS_{dt}, 231 f.). Das Selbst ist keine Projektion des Bewusstseins, sondern eine externe Konstruktion, die der Situation immanent ist.

Widersprüchliche Übernahme des intentionalen Bewusstseins

Der Hauptunterschied zwischen Goffmans Analyse und der von Sartre liegt im Wechsel des Begriffspaares Bewusstsein/Negation zugunsten des Begriffspaares Akteur/Selbst. Dies führt dazu, die Rolle des/der Handelnden schwächer zu machen, denn das Selbst besitzt den Status einer externen Konstruktion. Daraus entsteht aber für Goffman ein schwerwiegendes Problem: Wie kann ich dieselbe Person in meinen Handlungen sein, wenn das Selbst eine soziale Konstruktion ist und es so viele selves wie Situationen und mögliche Rollen für diese Situationen gibt? Einige Kritiker/innen sind der Ansicht, Goffman versuche gar nicht, die Schwierigkeit zu lösen, und er verzichte darauf, sich mit der Frage der Identität auseinanderzusetzen (Manning 1976, 13 f.; Tseëlon 1992, 115 f.). Ein solcher Standpunkt missachtet die Wichtigkeit dieses Begriffs innerhalb von Goffmans Werk und übersieht die neue Konzeptualisierung, die er entwirft. Goffman versucht die Gleichzeitigkeit und die Pluralität der selves mit einer gewissen Permanenz in Einklang zu bringen, ohne aber ein unterschwelliges Substrat bei den dargestellten Rollen vorauszusetzen. Seine Lösung besteht in einem Neuentwurf des Begriffes des intentionalen Bewusstseins von Sartre. Der ausschlaggebende Unterschied besteht darin, dass bei Goffman die Intention nicht an eine individuelle und persönliche Spontaneität gebunden ist, sondern an eine unpersönliche kognitive Bezugnahme. Diese verweist auf die Zuschreibung von Bedeutungen und auf die Antizipation dessen, was in der Situation erwartet bzw. an eigenen Anforderungen gefordert wird. Goffman greift den Begriff der Intention von Sartre auf, aber er verändert seine Bedeutung: Es handelt sich weniger um eine Dezentrierung vom Innen nach Außen als um eine umgekehrte Bewegung, die von den äußeren Umständen gesteuert wird. Hier darf nicht vergessen werden, dass Goffman ganz am Ende von *The Presentation of Self in Everyday Life* meint, dass die Mittel zur Herstellung und Aufrechterhaltung eines Selbst nicht dem/der Träger/in immanent sind, sondern extern, durch die sozialen Einrichtungen („social establishments") bereitgestellt werden (PS2, 253; PS_{dt}, 231). Trotz dieser begrifflichen Überarbeitung bewahrt ihn die Intentionalität vor einem rigiden Soziologismus und ermöglicht eine reflektierte und verständnisvolle Interpretation.

In seinem gesamten Werk ist Goffman darum bemüht, einen Zusammenhang zwischen den selves herzustellen, damit das Spektrum der Rollen mit der Aufrechterhaltung einer Identität in Einklang gebracht werden kann, einer Identität, die relational und nicht substantiell ist. Er begreift die Beständigkeit der Persönlichkeit als eine biografische Kontinuität und nicht als eine, die den Rollen zugrunde liegt. Die Einheit besteht im Zusammenhang der Rollen. In seinem Buch *Frame Analysis* ist es ihm mit dem Begriff des Rahmens gelungen, die Einheit näher zu bestimmen und so der Gefahr einer völligen Auflösung der Persönlichkeit in Charaktere zu entgehen. Diese Verbindung der Rollen, die sich je nach den Erfordernissen der Situation ergeben, wird durch die individuelle Erfahrungsstruktur des gesellschaftlichen Lebens erreicht. Diese Erfahrungsstruktur ermöglicht, die Erfordernisse der Situation zu entziffern, und sich darauf einzustellen, indem sie die beiden zusammenhängenden Fragen beantwortet: Was geht hier eigentlich vor? Was erwarten die Anderen von mir? Sie liefern die Orientierung, die notwendig ist, um die Situation zu verstehen. Sie dient dazu, den Anderen in die Erfahrung einzubeziehen. Das war es, was Goffman seit seinem ersten Werk anhand verschiedener Formulierungen herauszuarbeiten versuchte. Seine letzte Analyse dieses vorgegebenen und mitgebrachten Wissens steht in seiner Ansprache, die er vor der American Sociological Association halten sollte und die nach seinem Tod veröffentlicht wurde (InO). Seiner Ansicht nach stehen im Zentrum des interaktiven Lebens die kognitive Bezugnahme auf jene mit denen wir in Kontakt stehen. Sie organisieren unsere Handlungen und Aussagen, in dem sie diese mit Sinn ausstatten. Obwohl sich diese kognitive Bezugnahme während einer Begegnung ändern kann, was auch regelmäßig passiert, gehört diese nicht zur Situation (InO, 4 f.; InO_{dt}, 63).

Weit davon entfernt, eine zugrundeliegende Substanz anzunehmen, die die Permanenz des Subjekts durch die oberflächlichen Erscheinungsformen seiner Persönlichkeit hindurch garantieren würde, wird der Zusammenhang der selves durch kognitive Leistungen gestiftet, die bei jeder einzelnen Interaktion vorhanden sind und die Goffman interaktionelle Fähigkeiten nennt. Wieso besteht eine Einheit? Insofern diese kognitive Bezugnahme in der Lage ist, sich auf sich selbst zurückzuwenden, kann sich das Individuum der Permanenz dieser Struktur bewusst werden und daher seine verschiedenen sozialen Rollen in einem subjektiven Gefühl integrieren. In dieser Hinsicht spricht Goffman von der Ich-Identität. Er meint damit die subjektive Vorstellung der eigenen Situation und der eigenen Kontinuität, die ein Individuum infolge seiner unterschiedlichen sozialen Erfahrungen erwirbt (ST, 105; ST_{dt}, 132). Es muss betont werden, dass diese Reflexivität in einer Weise ausgeübt wird, dass das Individuum Informationen zusammenfügt, die es nicht selbst produziert hat. Auch wenn dieses Selbstbewusstsein nicht primär, sondern sekundär ist, hat es nichtsdestotrotz eine hohe Relevanz. Die biografische Kontinuität, die Goffman in *Asylums* unter der Bezeichnung „Karriere" (AS_b) und in *Frame Analysis* analysiert, scheint in erster Linie epistemologisch und nicht ontologisch zu sein. Nach seiner Auffassung ergibt sich die Identität aus der Verknüpfung von drei Elementen: Die Rollen als Gesamtheit der Zwänge, die die Situationen strukturieren; die Entwürfe und Antizipation der Ereignisse in der Situation, also der Rahmung der Situation; und das Bewusstsein der Permanenz dieser Strukturen. Die Entwürfe und Antizipation machen deutlich, dass die Rolle sich nicht mechanisch durchsetzt. Stets muss sie interpretiert werden. Anders gesagt: Zwischen die vorgegebenen Muster, die die von der Situation geforderte Haltung bezeichnen, und die verkörperte Darstellung in der Situation schiebt sich eine kognitive und physische Verarbeitung. Sie entspricht unserer Aufmerksamkeit auf die Situation und der Form, wie ihre Zwänge erfasst und wie damit umgegangen wird. Diese Prozesse, die während der Interaktion stattfinden, sind die Ursache der Vulnerabilität der Interaktionsordnung. Es entstehen Missverständnisse und Fehler, weil die Situationen problematisch, irreführend und mehrdeutig sind und weil der Körper ein instabiles Instrument ist.

Es ist notwendig zwischen „role-validation" und „role-commitment" zu unterscheiden. Die Validierung der Rolle findet statt, wenn die Gemeinschaft dem Individuum gewisse Erwartungen vorgibt, die es erfüllen soll, sowie auch eine genaue Vorstellung davon, welche Verhaltensweisen für angemessen gehalten werden. Das role-commitment ist hingegen der komplementäre Prozess, wodurch sich das Individuum gewisse Verhaltensweisen aneignet (EN_b, 90; EN_b_{dt}, 100 f.; AS_d, 341; AS_d_{dt}, 323 f.). Unter Berücksichtigung der sozialen Erwartungen ist es möglich, der Rolle eine eigene Note zu geben, je nachdem wie die Situation eingeschätzt wird. Auch wenn die Auslegung durch soziale Zwänge der Situation eingeschränkt ist und der Handlungsspielraum relativ klein zu sein scheint, ist das tatsächliche Verhalten nicht auf die normativen Vorgaben eingeengt. Hinter den Rollen hebt Goffman eine epistemologische Einheit hervor, die sich durch eine kognitive Bezugnahme auszeichnet. Sie ermöglicht nicht nur, einen Prozess zu erkennen, der identitätsstiftend ist, sondern umfasst auch Aktivitäten der Akteur/innen, die sich aus ihrer Interpretation in einer doppelten – mentalen und physischen – Dimension ergeben.

Dieser Beitrag Goffmans zum Problem der Identität stellt eine abweichende Übernahme der Phänomenologie Sartres dar. Die epistemologische Einheit, die er vorschlägt, modifiziert die ontologische Struktur des Bewusstseins bei Sartre. Nichtsdestotrotz bleibt der existentialistische Hintergrund die Grundlage, die es Goffman möglich macht, eine Soziologie des Handelns zu entwickeln und manche Auswirkungen einer allzu deterministischen Denkweise auszugleichen. Die Bruchlinie besteht im unterschiedlichen Verständnis der Intentionalität. In *Das Sein und das Nichts* bezeichnet Sartre die Intentionalität als die Bewegung, durch die das Bewusstsein sich transzendiert, um ein Objekt zu erreichen. Bei dieser Bewegung, die in Verbindung mit einem ursprünglichen Vorhaben steht, verausgabt sich das Individuum ohne mit dem Objekt zusammenzufallen. Sartre verwendet die Begriffe der Wahl und der Entscheidung, um zu bezeichnen, was zum spontanen und vorreflexiven Leben des Bewusstseins gehört. Gezeigt wird, dass es sich keinesfalls um einen überlegten Entschluss handelt und das Streben des Bewusstseins eine primordiale Freiheit offenbart. Wie die Analyse des Kellners aufzeigt, ist er keineswegs dazu gezwungen, seine Rolle zu übernehmen: Die soziale Situation hat nur die Bedeutung, die er ihr durch seine Pläne geben will und die mit der Spontaneität des Bewusstseins zu tun haben. Daran zu glauben, dass man dazu gezwungen sei, sich auf eine bestimmte Art und Weise zu benehmen, heißt, sich selbst zu belügen, indem man vor sich seine Pläne verbirgt und so tut, als ob es sich um eine von der eigenen Person unabhängige Sache handelt. Goffmans Sichtweise unterscheidet sich davon deutlich. Der Begriff der Darstellung ist ein besonderer, denn die kognitive Beziehung, mit unserem Gegenüber bietet eine Verknüpfung mit dem Bewusstsein. Denn es handelt sich um eine Absicht. Diese ist reflexiv und ermöglichst eine Vereinheitlichung. Die Darstellung ist durch die äußeren sozialen Zwänge – d. h. durch die Akzeptanzfrage – geleitet. Mit anderen Worten: Die Situation hat nicht den Sinn, den meine Pläne ihr verleihen, sondern wird durch eine vorgegebene soziale Erfahrungsstruktur geleitet. Obwohl letztere nicht ein für alle Male festgelegt ist, ist sie es, die meine Interpretation, den Erfolg meiner Darstellung und das mir zugestandene Selbst bestimmt (s. Kap. 24).

Goffman entwickelt eine „externalistische" Konzeptualisierung der Intention (Ogien 2007, 246 f.). Angenommen wird, dass in der sozialen Situation in ungefährer Weise vorgegeben ist, was gemacht werden kann. Meine Intention ist den anderen Teilnehmenden somit im Voraus bekannt. Möglich wird damit auch, dass der Handlungsverlauf antizipiert und die Situation durch eine Intervention modifiziert werden können. Goffman verzichtet nicht darauf, eine gewisse Freiheit mitzudenken. Sie ist weniger der Ausdruck einer vorrangigen Spontaneität als die Folge einer Reflexion der Person über die Art, wie sie dem Sozialen zugehörig ist bzw. sein soll. Man kann sich in zweifacher Weise von der Rolle befreien: entweder wird eine andere Rolle gespielt oder man nutzt situationsbedingte Ressourcen, um eine Interpretation vorzuschlagen, die sich zwar von der erwarteten Darstellung unterscheidet, aber auch akzeptiert wird. In seinem Werk führt Goffman mehrere Beispiele für derartige subversive Darstellungen an: die sekundäre Anpassung in psychiatrischen Kliniken, über die systematisierte Unhöflichkeit der

Quäker bis hin zur Bürgerrechtsbewegung der Afroamerikaner/innen oder zu den Forderungen der Suffragetten (Bonicco-Donato 2016, 159 f.). In all diesen Fällen handelt es sich weniger um eine *ex-nihilo* Erfindung einer neuartigen Rolle, sondern um eine Abkehr von einer Rolle, die vor Anderen hätte gespielt werden sollen; dies infolge von Reflexion über die Erfordernisse der Situation und über die verschiedenen Arten, dieser zu entsprechen.

Der besondere Bezug von Goffman zum Existentialismus, insbesondere zu seiner Sartre'schen Variante, bedeutet, dass er es ablehnt, die absolute Freiheit des Individuums zu denken. Er ist weit entfernt davon zu behaupten, dass die Individuen dazu verdammt sind, frei zu sein. Er bemüht sich darum, die Normativität herauszuarbeiten, die der Interaktionsordnung innewohnt. Trotz seiner Konzeption des Selbst übernimmt Goffman das typisch existentialistische Verständnis des öffentlichen Verhaltens, wonach sich der/die Akteur/in in theatralischer Weise für die Anderen darstellt. Das ermöglicht ihm einen Spielraum für die Handelnden, wenn sie ihre Rollen spielen, vorzusehen Er greift jedoch nicht die Analyse Sartres über die Unaufrichtigkeit auf, da er der Auffassung ist, dass es sich bei der Darstellung in der Öffentlichkeit nicht um ein Sich-selbst-belügen, sondern um die Herstellung eines Selbst handelt. Die Distanz zur Rolle entspricht keiner Diskrepanz zwischen dem Bewusstsein und seinem Gegenstand, sondern beruht auf der Übernahme einer anderen Rolle. Der existentialistische Einfluss macht es für Goffman möglich, einen soziologischen Determinismus zu vermeiden. Sartre liefert ihm die nötigen Konzepte, um die situationsadäquaten Darstellungsprozesse zu begreifen. Daraus ergibt sich eine neuartige Analyse der Begriffe von Selbst, Identität und Intention. Das Selbst ist nicht nur eine soziale Konstruktion, deren Materialien durch die Situationen vorgegeben werden, sondern es ist zugleich ein pluralistischer Begriff. Goffman hält an einem Begriff der eigenen Identität fest, weil er der Ansicht ist, dass die Rollen eine Persönlichkeit bilden, ohne ein substantielles Selbst den nach außen gezeigten selves entgegenzusetzen: Die Rollen werden durch die Permanenz der Erfahrungsstruktur vereinheitlicht, die sich reflexiv auf sich selbst zurückwenden kann. Die Intention scheint daher, weniger eine Projektion eines Bewusstseins als eine Verhaltensweise zu sein, die von der sozialen Szene erfordert wird. In diesem Zusammenhang zeigt sich die Spannung zwischen den Ressourcen und ihrer Anwendung bzw. zwischen den Werten und ihrer Implementierung. Ein Spielraum entfaltet sich, der die Vulnerabilität und die Labilität der Interaktionsordnung erkennen lässt. Goffman hat die existentialistische Analyse Sartres über die Unaufrichtigkeit nur in einer modifizierten Form übernommen. Aber dieses Vermächtnis stellt sich jedoch als entscheidend heraus, um zu verstehen, wie er die sozialen Regeln begreift. Sie sind nicht determinierend, aber doch insofern verpflichtend als sie nicht ohne das Engagement und das Verständnis der Handelnden wirken. Das ist der große Mehrwert seiner Soziologie des Handelns.

Literatur

Bonicco-Donato, Céline: Une archéologie de l'interaction. Paris 2016.

Colette, Jacques: L'existentialisme. Paris, 1994.

MacCannell, Dean: Erving Goffman. In: Semiotica 45/1 (1983), 1–33 (auch in: Gary A. Fine/Gregory W. H. Smith (Hg.): Erving Goffman, Vol. 1. London 2000, 8–37).

Manning, Peter K.: The decline of civility: A comment on Erving Goffman's sociology. In: Canadian Review of Sociology 13/1 (1976), 13–25 (auch in: Gary A. Fine/Gregory W. H. Smith (Hg.): Erving Goffman, Vol. 1. London 2000, 329–347).

Ogien, Albert: Les règles de la pratique sociologique. Paris, 2007.

Sartre, Jean-Paul: L'être et le néant. Paris, 1943. (dt.: Das Sein und das Nichts. [1952] Reinbek bei Hamburg ^{7}2001).

Sartre, Jean-Paul: Huis Clos. Paris, 1944. (dt.: Geschlossene Gesellschaft. Reinbek bei Hamburg 1986).

Sartre, Jean-Paul: L'existentialisme est un humanisme [1946]. Paris, 1996 (dt.: Der Existentialismus ist ein Humanismus. Reinbek bei Hamburg 2000).

Sartre, Jean-Paul: Situations. Paris, 1976.

Tseëlon, Efrat: Is the presented self sincere?. In: Theory, Culture and Society 9/2 (1992), 115–121.

Winkin, Yves: Portrait du sociologue en jeune homme. In: Erving Goffman: Les moments et leurs hommes. Paris 1988, 13–92

8 Chicagoer Schule der Soziologie

Hans-Joachim Schubert

Erving Goffman hat an der University of Chicago 1949 ein Masterstudium der Soziologie abgeschlossen und 1953 dort einen Ph.D.-Abschluss erworben. Seine Dissertation wurde von W. Llyod Warner begutachtet. Bei Warner hatte Goffman auch seine erste Anstellung an der University of Chicago. Als seinen wichtigsten Lehrer hat Goffman jedoch Everett C. Hughes bezeichnet, mit dem er über seine Karriere hinweg im Austausch stand. Später hat Goffman, in einem seiner wenigen Interviews, die Einordnung seiner Soziologie in eine soziologische Schule oder einen theoretischen Ansatz abgelehnt, so auch die Identifizierung mit der Chicago School of Sociology. Allerdings bringt er in diesem Interview seine als Student entwickelte Verbundenheit mit dem soziologischen Department der University of Chicago deutlich zum Ausdruck: „If I had to be labeled at all, it would have been as a Hughesian urban ethnographer" (Goffman in Verhoeven [1993] 2000, 214). Mit dieser Kennzeichnung vermeidet Goffman einerseits das Etikett Chicago School of Sociology, andererseits stellt er sich damit in ganz konkrete soziale und professionelle Zusammenhänge der University of Chicago. Diese Strategie Goffmans ist sicherlich nicht nur seinem Hang zur Idiosynkrasie geschuldet, sondern hat vor allem professionsgeschichtliche Hintergründe.

Tatsächlich ist die Bezeichnung Chicago School of Sociology schon für die Gründergeneration zumindest dann diskussionswürdig, wenn unter dem Begriff „Schule" ein theoretisch und begrifflich klar definiertes Programm verstanden wird, das als solches von Lehrer/innen an Schüler/innen vermittelt wird. Beide Kriterien der Definition des Begriffs „Schule" sind im Falle der Chicagoer Soziologie umstritten. Erstens handelt es sich bei der Chicago School of Sociology nicht um einen streng definierten und abgegrenzten soziologischen Ansatz, sondern um einen „lockeren Forschungszusammenhang" von Soziolog/innen, die mit ihren Arbeiten zwischen 1895 und 1940 die Soziologie in den USA stark beeinflussten. Zweitens hat sich die University of Chicago in erster Linie als Forschungsinstitution und nicht als Lehreinrichtung (Schule) verstanden. Die Studierenden, wie Erving Goffman, partizipierten zwar regelmäßig an Forschungsprojekten, fanden aber nur wenig konkrete oder schulische Anleitung durch Professor/innen, waren hingegen gefordert, eigenständig zu lernen und zu forschen. Aufgrund des dadurch entstandenen Orientierungsbedarfs für Student/innen, bildeten sich im räumlichen Umfeld der Universität selbstorganisierte studentische Gemeinschaften,

H.-J. Schubert (✉)
Katholische Hochschule Berlin, Berlin, Deutschland
E-Mail: hans-joachim.schubert@khsb-berlin.de

K. Lenz und R. Hettlage (Hrsg.), *Goffman-Handbuch*, https://doi.org/10.1007/978-3-476-05871-3_8

die für die Teilnehmer/innen nicht allein sozialisatorische Aufgaben erfüllten, sondern vor allem in fachlicher und professioneller Hinsicht von Bedeutung waren.

Vor diesem Hintergrund wird die Ablehnung des Labels Chicago School durch Goffman verständlich und seine Selbstbezeichnung als ‚Hughesian urban ethnographer' plausibel. Am soziologischen Department waren Student/innen in keine rigiden schulischen Programme eingebunden, sondern partizipierten an stadtsoziologischen ethnografischen Projekten der Universität oder arbeiteten an eigenen empirischen Studien, die nicht nur in universitären Veranstaltungen, sondern vor allem in studentischen Gruppen „on and off Campus" diskutiert wurden. Die Organisation der Soziologie an der University of Chicago in den 1940er und 1950er Jahren war Weichensteller für Goffmans Werk und gleichzeitig struktureller Anlass einer selbstständigen Definition der soziologischen Situation (s. Kap. 1). Deshalb zeigen sich in Goffmans Arbeiten in methodischer, theoretischer und empirischer Hinsicht prägende Spuren der Chicago School bei gleichzeitiger Distanz und unverkennbarer Eigenständigkeit.

Auch wenn die Bezeichnung „Schule" für die Chicagoer Soziologie umstritten ist, können drei Merkmale angegeben werden, die die Studien der Chicagoer Soziolog/innen in einen Zusammenhang stellen: Alle Chicagoer Soziolog/innen orientierten sich – erstens – an den Grundbegriffen der pragmatistischen Handlungstheorie von George Herbert Mead und John Dewey. Zweitens teilten sie das Interesse an einem Forschungsgegenstand: Sie untersuchten am Beispiel der „Zone of Transition" Chicagos wie Individuen, soziale Gemeinschaften und Institutionen im großstädtischen Sozialraum die Folgen kapitalistischer Industrialisierung und massenhafter Immigration aus Europa verarbeiteten. Der Anspruch, die soziale Welt mit rekonstruktiven Methoden empirisch zu untersuchen, bildet die dritte Gemeinsamkeit der Chicagoer Soziolog/innen. Sie wollten sich weder auf den Alltagsverstand noch auf statistische Verfahren der aufstrebenden Naturwissenschaften verlassen. Zusammenfassend lässt sich die Chicago School

> „als Verbindung von pragmatistischer Philosophie, politisch-reformerischer Ausrichtung auf die Möglichkeiten von Demokratie unter den Bedingungen rapider Industrialisierung und Urbanisierung sowie von Versuchen zur Empirisierung der Soziologie unter starker Betonung vorwissenschaftlicher Erfahrungsquellen charakterisieren" (Joas 1992b, 27).

Goffman und die Theorie der Chicago School

Die theoretische Orientierung der stadtsoziologischen empirischen Studien der Chicago School bildete die pragmatistische Handlungstheorie von William I. Thomas und die politische Soziologie von Robert E. Park. Thomas lieferte den Begriff der „Definition der Situation". Nach Thomas ist jede Handlungssituation durch drei Bestandteile gekennzeichnet. Erstens durch „objektive", wirtschaftliche, soziale, religiöse, intellektuelle usw. Bedingungen und Strukturen, zweitens durch die subjektiven „Einstellungen des einzelnen oder der Gruppe" und drittens durch die „Definition der Situation". Nach Thomas ist

> „die Situationsdefinition […] eine notwendige Voraussetzung für jeden Willensakt, denn unter gegebenen Bedingungen und mit einer gegebenen Kombination von Einstellungen wird eine unbegrenzte Vielzahl von Handlungen möglich, und eine bestimmte Handlung kann nur dann auftreten, wenn diese Bedingungen in einer bestimmten Weise ausgewählt, interpretiert und kombiniert werden" (Thomas 1965, 84 f.).

Einerseits werden menschliche Handlungen nicht durch ‚objektive' Strukturen kausal erzwungen, denn Individuen haben, auch in Situationen, die durch starke strukturelle Zwänge gekennzeichnet sind, Handlungsoptionen, sie können auf äußere Ansprüche differenziert reagieren. Andererseits lässt sich das Handeln der Menschen nicht teleologisch auf klare ‚subjektive' Zielorientierungen zurückführen, denn diese entstehen erst in Situationen praktischer Intersubjektivität als produktive Verarbeitung realer gesellschaftlicher

Strukturen. Schon die Studien der ersten Generation Chicagoer Soziolog/innen entgehen dem Dualismus von Objektivismus (Strukturalismus) und Subjektivismus (methodologischer Individualismus) mit Hilfe der Theorie praktischer Intersubjektivität. Die Menschen (subjektive Einstellungen) in den Ghettos und Armenvierteln der „Zone of Transition" Chicagos reagierten auf starke strukturelle Zwänge der Konkurrenzwirtschaft (objektive Bedingungen) mit Aufstand, Anpassung und Abgrenzung – wie genau, kann nur durch eine verstehende Soziologie rekonstruiert und erklärt werden, die mit der Kreativität des Handels von Menschen in strukturierten Situationen rechnet (Definition der Situation).

In *The Presentation of Self in Everyday Life* expliziert Goffman sein theoretisches „Modell" in Fortführung der Handlungstheorie der Chicago School und in Abgrenzung zum in den 1960er und 1970er Jahren dominanten Strukturfunktionalismus Talcott Parsons'. Goffman stellt fünf Handlungstypen vor, mit deren Hilfe Institutionen „analysiert" werden können. Die ersten vier Typen kennzeichnen das AGIL-Schema des Strukturfunktionalismus, die fünfte – und grundlegende – Perspektive hingegen, spiegelt die theoretische Position der Chicago School. Institutionen können, nach Goffman, erstens „technisch unter dem Gesichtspunkt ihrer Wirksamkeit und Unwirksamkeit als absichtlich organisiertes System der Betätigung zur Erzielung vorherbestimmter Zwecke betrachtet werden" (PS_{dt}, 218 f.; PS2, 240). Dieser Handlungstypus beschreibt die parsonianische G-Funktion (Zielerreichung), die dem ökonomischen System zugeordnet ist. Zweitens kann eine Institution, so Goffman, „politisch unter dem Gesichtspunkt der Handlungen, die jeder Partner (oder jede Klasse von Partnern) von den anderen verlangen kann, der Arten von Bestrafungen und Belohnungen, die ausgeteilt werden, um diese Ansprüche durchzusetzen [...] betrachtet werden, die das Erteilen von Befehlen und die Anwendung von Sanktionen begleiten" (PS_{dt}, 219; PS2, 240). Bei Parsons kennzeichnet dieser Typus die A-Funktion (Adaption) des politischen Systems, des machtvollen Mittel- und Ressourceneinsatzes als Voraussetzung einer effizienten Zweckrealisierung. Drittens, so Goffman weiter, kann „eine Institution [...] ,strukturell' unter dem Gesichtspunkt der horizontalen und vertikalen Statusunterscheidungen und der sozialen Beziehungen, die diese verschiedenen Gruppierungen miteinander verbinden, untersucht werden" (ebd.). Dies beschreibt die parsonianische I-Funktion (Integration) des Gemeinschaftssystems, der sozialen Schichtung und der emotional verbindenden Kraft sozialer Normen. „Schließlich kann man eine Institution ,kulturell' [...] unter dem Gesichtspunkt der Wertsetzungen, die sich auf Mode, Sitten und Fragen des Geschmacks, auf Höflichkeit und Anstand, auf letzte Ziele und normative Abgrenzung der Mittel usw. beziehen" (ebd.). Damit rekonstruiert Goffman die L-Funktion der strukturfunktionalistischen Analyse, der latenten Wert- und Mustererhaltung des kulturellen Systems, welches für Parsons die „oberste Kontrollhierarchie" der Gesellschaft darstellt. Institutionen können also unter den Aspekten der Zielerreichung, Mittelverwendung, sozial-normativen Integration und der kulturellen Wertereproduktion analysiert werden. Bei diesen vier Typen des strukturfunktionalistischen Rahmens bleibt Goffman jedoch nicht stehen: „Mir scheint es, als sei der dramaturgische Ansatzpunkt eine fünfte Perspektive neben der technischen, der politischen, der strukturellen und der kulturellen Perspektive. Die dramaturgische Perspektive kann ebenso wie jede der anderen vier als Ziel der Analyse, als ein endgültiges Ordnungsprinzip verwendet werden" (ebd.).

Wie der Pragmatismus und die Chicago School unterläuft Goffman mit dem dramaturgischen Handlungsbegriff die Handlungstypologie soziologischer Klassiker. Soziales Handeln wird von ihm nicht als strategisches an Zwecken und Mitteln ausgerichtetes Handeln von Individuen (methodologischer Individualismus) analysiert, aber auch nicht als ein Handeln, dass durch soziale Normen und kulturelle Werte integriert und bestimmt wird (Strukturfunktionalismus). Goffman durchbricht mit dem

Begriff des dramaturgischen Handelns die klassischen Handlungs- und Ordnungstypologien von Émile Durkheim (organische versus mechanische Solidarität), von Max Weber (zweck- und wertrational versus emotional und traditional), von Vilfredo Pareto (logisches versus nicht-logisches Handeln) und von Talcott Parsons (Mittel und Ziele versus Normen und Werte).

Soziale Ordnung ist eben nicht nur als ökonomische und politische strategische Ordnung zweckrationaler Organisation oder marktförmiger Struktur (Gesellschaft) möglich und andererseits auch nicht allein als soziale und kulturelle Ordnung, die das individuelle Handeln von Akteur/innen strukturiert (Gemeinschaft), sondern als ein permanenter Prozess der rituellen und dramaturgischen Aushandlung und des „managements" sozialer Normen und kultureller Werte einerseits und der andauernden und fragilen Darstellung subjektiver Ziele und Identitätsmerkmale andererseits. Die analytische Aufmerksamkeit Goffmans gilt, ganz im Sinne von Thomas, nicht den objektiven Strukturen hier und subjektiven Einstellungen dort, sondern dem interaktiven Prozess der Situationsdefinition. „Interaktionen weisen für Goffman besondere Züge auf", die weder mit Blick auf Individuen noch auf soziale Strukturen „adäquat beschreibbar" sind. „Sie sind mehr als bloße Umsetzung individueller Handlungsabsichten und -dispositionen" (Zweck-Mittel-Handeln) und mehr als bloße Exekution sozialer Normen und kultureller Werte, sie sind „mehr als bloße Epiphänomene sozialer Organisationen oder anderer makrosozialer Gebilde" (Lenz 2008, 240 f.). Wie oben beschrieben, folgt Goffman Thomas' pragmatistischer Handlungstheorie: Ausgangspunkt soziologischer Analyse sind weder subjektive Einstellungen noch objektive Bedeutungen, sondern die Definition der Situation – der Prozess symbolischer Interaktion.

Diese theoretische Ausrichtung seines Werkes findet sich schon in seiner unveröffentlichten Dissertation *Communication Conduct in an Island Community* (s. Kap. 36). Im zweiten Kapitel stellt er dort sein soziologisches Modell sozialer Ordnung in neun Punkten vor. Er beginnt mit der klassischen soziologischen Position, wie sie Parsons mit seiner Konvergenzthese als voluntaristische Handlungstheorie im Rahmen einer normativistischen Ordnungstheorie in *The Structure of Social Action* (1937) rekonstruiert hat. Soziale Ordnung ist danach ein über Normen und Werte integriertes System, in welches Individuen über den Prozess der Sozialisation integriert sind und deshalb gesellschaftliche Regeln freiwillig (voluntaristisch) bewusst oder unbewusst befolgen. Goffman beschreibt dieses Modell in seiner ersten These:

> „1. Social order is found where the differentiated activity of different actors is integrated into a single whole, allowing thereby for conscious or unconscious realization of certain overall ends of functions" (CCoIC, 33)

Goffman endet (9. These) jedoch seine Überlegungen mit einer radikalen Kritik am Strukturfunktionalismus, die die prozessorientierte Theorie der Chicago School zum Ausdruck bringt:

> „9. Given the rules of the social order, we find that individual participants develop *ruses and tricks* [Hervorhebung durch den Verf.] for achieving private ends that are proscribed by the rules, in such a way as not to break the rules" (CCoIC, 38).

Für Parsons ist soziale Ordnung möglich, weil die Gesellschaft ein über Normen und Werte integriertes Gefüge darstellt, deren Regeln Menschen spontan folgen, da sie diese internalisiert haben. Abweichungen davon entstehen durch Sozialisationsprobleme oder aufgrund von Fehlern der Modernisierung und struktureller Integration. Goffman geht wie Parsons davon aus, dass soziale Normen eine enorme innere und äußere faktische Sanktionskraft haben, aber anders als Parsons erkennt er, dass Handelnde systematisch soziale Normen und Erwartungen nicht erfüllen (können) und deshalb nur so tun, als ob sie Regeln entsprechen, um Sanktionen zu entgehen und um gesellschaftliche Teilnahmechancen zu erhalten. Internalisierte Normen determinieren das Handeln nicht, sondern Akteure/Akteurinnen können und müssen in konkreten Handlungssituationen soziale Erwartungen interpretieren, sie sind aufgrund der Prozesshaftigkeit der sozialen Welt dazu aufgefordert, mit sozialen Regeln zu spielen, sich von zugeschriebenen Rollen zu distanzieren und Situationen zu definieren.

Dafür entwickeln sie, so Goffman, „ruses and tricks" (Listen und Tricks): Soziale Ordnung ist für ihn ein permanenter Prozess der Definition sozialer Regeln, des dramaturgischen Spiels mit Normen. In der Analyse und begrifflichen Fassung ganz unterschiedlicher Formen des dramaturgischen Handelns – des impression managements – liegt die Innovation Goffmans gegenüber der Chicago School, die sich in analytischer Hinsicht kaum für „ruses und tricks" des Alltagshandelns interessiert hat. Goffman hingegen findet für die Kniffe der Menschen, die sie anwenden, um als „normal" zu gelten, eine ganze Reihe analytischer Begriffe, die die Vielfalt unterschiedlicher Methoden der Darstellung von Normalität zum Ausdruck bringen. Diese reichen von harmloser Segmentierung über dramatische Rollengestaltung, Ausdruckskontrolle und Mystifikation bis zur langfristig angelegten Informationskontrolle und zu Techniken der Eindrucksmanipulation. Der Beitrag Goffmans zur Sozialtheorie der Chicago School besteht in der Konstruktion von Begriffen, die solche im Alltag oft unbewusst angewendeten Handlungsformen und -strategien der soziologischen Analyse zugänglich machen. Seine Analogien etwa aus der Theaterwelt beleuchten Handlungs- und Ordnungsmechanismen der latenten Hinterbühne sozialen Lebens, die eine enorme Bedeutung für die Aufrechterhaltung institutioneller Ordnungen der Gesellschaft wie für den Prozess der Identitätskonstruktion des einzelnen haben. Goffman konzentriert sich dabei auf die theoretische Formulierung von Handlungsformen, die beschreiben, wie Individuen äußere oder innere Zwänge der Erfüllung sozialer Normen und Rollenanforderungen unterlaufen *(ruses and tricks)*. Damit interpretiert er den Begriff der „Situationsdefinition" allerdings sehr einseitig, denn er bringt nur solche Handlungen auf den Begriff, mit deren Hilfe Akteure/Akteurinnen gesellschaftliche Zwänge und Mächte „austricksen" oder „manipulieren", er analysiert hingegen nicht Handlungen, durch die die Legitimation gesellschaftlich etablierter Normen offensiv in Frage gestellt werden. Mit dieser Fokussierung verschenkt Goffman grundsätzliche Bedeutungen einer kreativen und kommunikativen Definition der Situationen. Er beleuchtet über weite Strecken ausschließlich Listen und Tricks, die im Dunkelfeld sozialer Ordnung angewendet werden. Dadurch übersieht er, dass die Legitimation bestehender Normen auch durch diskursives oder argumentatives Handeln durchbrochen werden kann (Habermas 1981) oder dass Akteure/Akteurinnen durch erfinderisches Handeln und abduktive Schlüsse neue Bedeutung schaffen können, so dass konstruktiv sozialer Wandel initiiert wird und neue soziale Regeln entstehen, die kommunikative Anerkennung finden können (Joas 1992a).

Goffman und die Empirie der Chicago School

Goffmans Interesse an empirischen Themen und Problemstellungen steht – wie seine theoretische Perspektive – einerseits in einer Kontinuität mit der Chicago School und ist andererseits als Reaktion auf die strukturfunktionalistische Modernisierungstheorie der 1960er und 1970er Jahre zu sehen. Als Goffman an der University of Chicago studierte, lagen die zentralen Arbeiten zur *urban anthropology* der ersten Chicago School vor, die Park und Burgess (1925) mit ihrem Forschungsprogramm *The City* angeregt hatten. Als Klassiker gelten heute *The Hobo* (1923) von Nels Anderson über das Milieu und die Kultur von Wanderarbeitern, *The Gang* (1927) von Frederic Thrasher über delinquente Jugendgruppen in Chicago, *The Ghetto* (1928) von Louis Wirth über die Situation der jüdischen Kulturgemeinschaft in der Großstadt, *The Taxi-Dance Hall* (1929) von Paul Cressey über multikulturelle Interaktionen in Tanzclubs, *The Jack Roller* (1930) von Clifford Shaw über die kriminelle Karriere eines Jugendlichen aus dem Slum und *The Gold Coast and the Slum* (1929) von Harvey Zorbaugh über die Reichen und Armen der Nordstadt Chicagos. Diese Studien rekonstruieren, wie die Folgen kapitalistischer Strukturierung (natural order) von den Bewohner/-innen der „Zone in Transition" lebensweltlich verarbeitet wurden (cultural order) (Park 1952, 155).

Goffman führt mit seinen empirischen Studien *Asylums, Stigma* und *Gender Advertisements* die Thematik der Chicago School fort (s. Kap. 3). Er stellt Menschen in den Mittelpunkt, die in der modernen Gesellschaft strukturell benachteiligt, ausgegrenzt und stigmatisiert werden und untersucht, wie diese subjektiv auf gesellschaftliche Restriktionen und Ablehnungen reagieren. Dieser empirische Blick auf das widerständige Handeln von Menschen innerhalb und außerhalb der nordamerikanischen Mittelschicht wurde jedoch in den 1960er und 1970er Jahren von der, mit der Chicago School konkurrierenden, funktionalistischen Sozialstrukturanalyse nicht geteilt. Goffman sah sich nach dem Ende der Dominanz der Chicago School in Nordamerika der Wucht einer großen modernisierungstheoretischen Erzählung *(grand theory)* gegenüber, die mikrogesellschaftliche Phänomene scheinbar problemlos und souverän auf makrogesellschaftliche Entwicklungen zurückführen konnte. Nach Parsons und den ihm folgenden Modernisierungstheoretikern ist die moderne Gesellschaft durch Basisinstitutionen der Marktwirtschaft, der Demokratie, einer inklusiven sozialen Welt und generalisierten Kultur gekennzeichnet. Diese Entwicklung wurde als notwendiges Ergebnis der funktionalen Differenzierung der Gesellschaft eingestuft und mit dem melioristischen Bild einer „modernen Gesellschaft" verbunden, die durch einen säkularen Wertekonsens getragen und durch eine die Individuen „übergreifende gesellschaftliche Gemeinschaft" sozial gesichert sei (Parsons 1985). Gesellschaftliche Probleme, Brüche und Ungleichheiten wurden im Rahmen dieser Theorie lediglich als Modernisierungsdefizite bewertet, die sich im Fortgang funktionaler Differenzierung zunehmend auflösen. Das Aufbegehren der amerikanischen Jugend während der 1960er Jahre erklärte Parsons z. B. nicht als Protest gegen den Vietnamkrieg, Kolonialismus und Bellizismus, sondern als Folge verschiedener *cross pressures,* die die Jugendlichen im Prozess der Sozialisation belasten. Sie wissen nicht, was sie tun sollen, weil sie – ausgelöst durch räumliche und Bildungsmobilität – gleichzeitig Erwartungen vormoderner traditionaler Herkunftsgemeinschaften des Mittleren Westens und modernen Normen der Freiheit und des Säkularismus der Küstenstädte und Colleges ausgesetzt sind. Diese Ungleichzeitigkeit der Modernisierung der amerikanischen Gesellschaft führt zu Handlungsunsicherheit bei Jugendlichen, die in den Studentenunruhen ihren Ausdruck finden, sich jedoch dann legen, wenn die Gemeinschaften des Mittleren Westens im Prozess der Modernisierung auf- oder nachholen und in der Normalität der Moderne ankommen (Parsons 1965). Regionale Disparitäten verlieren im Prozess der Modernisierung, so die Erwartung, zunehmend an Bedeutung zugunsten einer sozialräumlich und sozialstrukturell nivellierten Normalitätsgesellschaft. Aufgrund dieser theoretischen Perspektive verlor die Stadtsoziologie zugunsten makrogesellschaftlicher Sozialstrukturanalysen an Bedeutung (Häußermann 1994).

Goffman entzog sich der modernisierungstheoretischen Perspektive. Die „Normalität" der gesellschaftlichen Verhältnisse in den 1960 und 1970er Jahren wurde von ihm nicht als evolutionäres Produkt, sondern als fragiles Konstrukt sozialen Handelns gesehen, und – radikaler betrachtet – selbst als Ausgangspunkt sozialer Probleme thematisiert. Goffman übte mit seinen empirischen Studien in der Tradition der Chicago School eine grundsätzliche Kritik an der modernisierungstheoretischen Zeitdiagnose. Er stellte die Frage, ob die zunehmende normative Integration der amerikanischen Gesellschaft Grundlage für die Exklusion, Etikettierung und Stigmatisierung von Menschen ist, die „normalen" Erwartungen nicht entsprechen und einen Schritt weiter bezweifelte er, ob moderne Gesellschaften überhaupt durch einen normativen Konsens integriert sind. In starker Opposition zum funktionalistischen Paradigma in der Soziologie hat er hingegen die „Normalität" der Gesellschaft als exkludierendes Konstrukt hinterfragt. In seiner Feldstudie über das Alltagsleben einer sozial-räumlich abgelegenen Gemeinschaft Schottlands (s. Kap. 3) hat er gezeigt, dass selbst dort das Handeln der Menschen nicht problemlos internalisierten Gemeinschaftsnormen folgt, sondern dass Akteure/Akteurinnen „Normalität" spielen und ihr „Selbst" anderen als „normal" präsentieren. Soziale Ordnung besteht nicht als „übergreifende gesellschaftliche Gemeinschaft", sondern als Prozess der dramaturgischen Darstellung sozialer Regelhaftigkeit. Im Detail hat er die Inszenierungs- und Darstellungstechniken rekonstruiert, die Individuen anwenden, um Ordnung aufrechtzuerhalten und um gegenüber anderen als „normal" zu gelten (PS2).

Goffmans weitere empirische Arbeiten konzentrieren sich auf die Frage, welche Folgen die Nicht-Erfüllung von Normalitätserwartungen für Akteure/Akteurinnen hat und erklären auf diesem Weg „Normalität" selbst zum Problem (s. Kap. 32). Für Goffman sind die Normalitätsstandards der nordamerikanischen Gesellschaft virtuale Erwartungen, die zwar kein Mensch erfüllen kann, die jedoch enorme aktuale oder faktische Kraft entwickeln.

> „Zum Beispiel gibt es in einem gewichtigen Sinn nur *ein* vollständig ungeniertes und akzeptables männliches Wesen in Amerika: ein junger, verheirateter, weißer, städtischer, nordstaatlicher, heterosexueller, protestantischer Vater mit Collegebildung, voll beschäftigt, von gutem Aussehen, normal im Gewicht und Größe und mit Erfolgen im Sport" (ST_{dt}, 158; ST, 128; H.i.O.).

Die „Mittelschichtsgesellschaft" entwickelt mit ihren virtualen und unerfüllbaren Normen, den faktische Zwang Normalität vorzuspielen zu müssen, auch gegenüber ihren eigenen Mitgliedern. Alle Menschen sind nach Goffman vor dem Hintergrund dieser Normalitätserwartungen potenziell stigmatisierbar. Deutlich wird die diskriminierende Kraft dominanter Mittelschichtserwartungen in seiner empirischen Arbeit zu *Gender Advertisements* (s. Kap. 46). Ergebnis seiner Analyse kommerzieller Werbebilder der 1960er und 1970er Jahren ist, dass Männer und Frauen in diesen massiven und ständig präsenten Diskursen als Teilnehmer/innen von Situationen einer „hyper-ritualization" abgebildet werden. In diesen scheinbar normalen Alltagsritualen werden Frauen jedoch „infantilisiert" und auf Grundlage dieser Stereotypisierung in die Position einer „female subordination" gegenüber Männern gedrängt. Das Problem der Stigmatisierung in der Normalitätsgesellschaft besteht also selbst gegenüber einer nummerischen Mehrheitsgruppe, jedoch in ganz besonderer Weise für Menschen, deren aktuale Identität deutlich von den virtuellen Identitätsvorstellungen der Mehrheitsgesellschaft abweicht. In diesen Fällen kann die Definition als Außenseiter/in zu gesellschaftlicher Exklusion führen, zur Verwahrung in „totalen Institutionen". In *Asylums* beschreibt Goffman die negative Kehrseite der modernen „wissenschaftlichen" Klassifikation eines „normalen" psychischen Gesundheitszustands (s. Kap. 38). In geschlossenen Psychiatrien werden Insass/innen zuerst „normale" Identitätszeichen (z. B. Kleidung) entzogen, um ihnen danach solche Symbole, Ausstattungen und Plätze zuzuweisen, die sie als Insass/innen kennzeichnen. Aber auch in „totalen" Institutionen haben Strukturen nicht die Kraft, Akteure/Akteurinnen absolut zu beherrschen. Goffman differenziert den dominanten Diskurs der Professionellen und der Medizin innerhalb der Psychiatrie von einem widerständigen Diskurs der Insass/innen und zeigt damit, dass hinter der „front stage" offizieller Bedeutungen, eine verdeckte „back stage" der Verwahrten existiert, auf der nach eigenen Regeln gespielt wird.

Goffman untersucht die negativen Konsequenzen moderner „Normalität", nämlich das Problem der Stigmatisierung und Exklusion von Menschen, die etablierten Normen nicht entsprechen und er zeigt, dass selbst die Regeln und Strukturen totaler Institutionen interpretiert werden können und nicht determinierend wirken. Goffmans Studien *Stigma, Asylums* und *Gender Advertisments* haben gesellschaftliche Wirkung erzeugt. Sie machen in den 1960er und 1970er Jahren die negativen Seiten einer von der funktionalistischen Sozialforschung als weitgehend unproblematisch angenommen Modernisierung deutlich und haben damit eine empirische und theoretische Grundlage für soziale Bewegungen geliefert, die sich gegen die Benachteiligung und Stigmatisierung von Frauen und homosexuellen Menschen und gegen die alltagsweltliche Etikettierung von Menschen als „behindert“ oder „psychisch-krank“ richten. Goffman kann als Initiator der neuen sozialen Bewegungen der 1970er und 1980er Jahre gelten und als Anreger der aktuellen intersektionalen Erforschung sozialer Ungleichheit. Mit Blick auf die heute differenzierten Achsen sozialer Ungleichheit (Degele/Winker 2011) wird deutlich, dass sich Goffmans Arbeiten mit ungleichheitsbegründenden Prozessen beschäftigen, die „Körper“, „Gender“ und „Sex“ definieren, während die klassischen Formen sozialer Ungleichheit, „Klassismus“ und „Rassismus“ – die im Zentrum der ersten Chicago School standen – bei Goffman in den Hintergrund treten. Daran schließt die Frage an, ob Goffman in seinem Widerstand gegen den modernisierungstheoretischen Konsens der 1960er und 1970er Jahre, diesem doch gefolgt ist. Mit seiner thematischen Abkehr von sozioökonomischen Konflikten und Landnahmen des Kapitalismus und von den exkludierenden Folgen des Postkolonialismus hin zu Problemen der neuen sozialen Bewegungen hat Goffman das harmonische Bild der nivellierten Mittelschichtsgesellschaft zwar getrübt, aber nicht erschüttert.

Aktuell besteht die Annahme, dass die klassischen Formen sozialer Ungleichheit ihre Kraft auch in der Phase der ersten Moderne nie verloren haben und dass der Konsens zwischen Demokratie und Kapitalismus, der während der Pax Americana unterstellt wurde, Fiktion war. Hingegen zeigen sich heute in der nordamerikanischen Gesellschaft wieder deutlich „klassische“ sozioökonomische Differenzen und rassistische Verwerfungen. In der Ungleichheitsforschung wird der Begriff der „Zone“, wie er von der ersten Generation der Chicago School entwickelt wurde, wiederverwendet, um diese als überwunden geglaubten Sozialstrukturbrüche zu kennzeichnen. Robert Castel (2000) sieht die soziale Struktur westlicher Gesellschaften in drei Zonen unterteilt, in denen das Leben der Menschen durch deutlich unterschiedliche Teilhabechancen und Lebensbedingungen gekennzeichnet ist. In der „Zone der Integration“ befinden sich ökonomisch gut situierte Mittelschichtsmenschen der geschrumpften nivellierten Mittelschichtsgesellschaft. Die „Zone der Prekarität“ besteht aus in befristeten Arbeitsverhältnissen im Niedriglohnsektor arbeitenden armen Menschen *(working poor)*. In der „Zone der Ausgeschlossenen“ werden Akteure/Akteurinnen, die vom Arbeitsmarkt exkludiert sind, in soziale Räume gedrängt (Ghettos), in welchen sie ihre ökonomische Deprivation als Gelegenheitsarbeiter/innen innerhalb einer Schattenwirtschaft und durch Kleinkriminalität in *gangs* (Drogenhandel usw.) bearbeiten. Zwischen den Zonen bestehen deutliche Sozialstrukturbrüche, die neue Schließungen und Abgrenzungen zwischen Gruppen motivieren. Die ökonomisch integrierten Mittelschichtsmenschen fürchten den sozialen Abstieg, die Menschen in prekären Lebenslagen kämpfen um Sicherheit und die Ausgeschlossenen müssen Armut und fehlende Perspektiven verarbeiten.

Die aktuelle Chicago School, die – nach der Gründergeneration um Thomas und Park und nach der „Second Chicago School“ (Fine 1995), der auch Goffman zugerechnet werden kann – als dritte Generation (Neckel 1997) bezeichnet wird, beschäftigt sich, wie die erste, mit den prekären und exkludierten Lebenslagen der Menschen in der „Zone of Transition“: Katherine Newman (2000) beschreibt in *No Shame in my Game* die Lebenswelt der „working poor“ im Ghetto; Sudhir Alladi Venkatesh (2000) erklärt in *American Project. The Rise and Fall of a Modern Ghetto* das Scheitern des sozialen Wohnungsbaus durch politische Vernachlässigung während der Regierungszeit Ronald Reagans und die Entstehung neuer räumlicher Segregation in den Taylor Homes Chicagos; Mitchell Duneier (2001) rekonstruiert in *Sidewalk* die soziale Organisation der informellen Ökonomie obdachloser Händler in New York; Elijah Anderson (2000) schildert in *Code of the Street.* den Kampf um ein gutes Leben der „urban poor“ auf den Straßen des Ghettos; und Ervings Goffmans Tochter – Alice Goffman (2016) – zeigt in *On the Run* die geringen Chancen junger Afro-Amerikaner, dem Zugriff staatlicher Sicherheitsorgane, die einen

„war on crime“ und „war on drugs“ führen, zu entgehen und kein kriminelles Leben zu führen.

Deutlich wird in den Studien der dritten Generation ein Zusammenhang zwischen der Entgrenzung der Ökonomie von staatlichen Regularien und der Eingrenzung sozioökonomisch exkludierter Menschen durch staatlich-administrative Maßnahmen, räumlicher Ghettoisierung und Inhaftierung, begleitet von einer populistischen Krise der Demokratie. Diese Studien lesen sich wie Duplikate der empirischen Arbeiten der ersten Generation. Jedoch ist das empirische Erkenntnisinteresse Erving Goffmans dabei nicht verloren gegangen, sondern wurde aufgegriffen und kooptiert. Heute werden die von ihm erkundeten Achsen sozialer Ungleichheit, nämlich „Körper“ (Behindertenfeindlichkeit) und „Gender/Sex“ (Sexismus und Homophobie) als gleichberechtigte Ungleichheitsstrukturen neben „Klasse und Schicht“ (Klassismus) und „Migration“ (Rassismus) in empirischen Studien dieser neuen Generation thematisiert und in ihrer Intersektionalität analysiert.

Literatur

Castel, Robert: Die Metamorphosen der sozialen Frage. Eine Chronik der Lohnarbeit. Konstanz 2000.

Degele, Nina/Winker, Gabriele: Intersektionalität als Beitrag zu einer gesellschaftstheoretisch informierten Ungleichheitsforschung. In: Berliner Journal für Soziologie 21 (2011), 69–90.

Fine, Gary Alan: A second Chicago school? The development of a postwar American sociology. Chicago 1995.

Habermas, Jürgen: Theorie des kommunikativen Handelns. Frankfurt/Main 1981.

Häußermann, Hartmut: Das Erkenntnisinteresse von Gemeindestudien. Zur De- und Rethematisierung lokaler und regionaler Kultur. In: Hans-Ulrich Derlien/Uta Gerhardt/Fritz W. Scharpf (Hg.): Systemrationalität und Partialinteresse. Festschrift für Renate Mayntz. Baden-Baden 1994, 223–245.

Joas, Hans: Die Kreativität des Handelns. Frankfurt/Main 1992a.

Joas, Hans: Von der Philosophie des Pragmatismus zu einer soziologischen Forschungstradition. In: Ders.: Pragmatismus und Gesellschaftstheorie. Frankfurt/Main 1992b, 23–65.

Lenz, Karl: Verstehen und Erklären bei Erving Goffman. In: Rainer Greshoff/Georg Kneer/Wolfgang Ludwig Schneider (Hg.): Verstehen und Erklären. Sozial- und kulturwissenschaftliche Perspektiven. München 2008, 239–260.

Neckel, Sighard: Zwischen Robert E. Park und Pierre Bourdieu: Eine dritte „Chicago School“? Soziologische Perspektiven einer amerikanischen Forschungstradition. In: Soziale Welt 48/1 (1997), 71–83.

Park, Robert E.: The city: Suggestions for the investigation of human behavior in the urban environment. In: Robert E. Park/Ernest W. Burgess (Hg.): The city. Chicago 1925, 1–46.

Park, Robert E.: Human ecology. In: Ders.: Human communities. Glencoe, Ill. 1952, 145–158.

Parsons, Talcott: The structure of social action. New York 1961 (orig. 1937).

Parsons, Talcott: Jugend im Gefüge der amerikanischen Gesellschaft. In: Ludwig von Friedeburg (Hg.): Jugend in der modernen Gesellschaft. Berlin 1965, 131–155.

Parsons, Talcott: Das System moderner Gesellschaften. Weinheim, München 1985 (orig. 1971).

Thomas, William I.: Person und Sozialverhalten. Neuwied, Berlin 1965 (orig. 1951).

Verhoeven, Jef C.: An Interview with Erving Goffman, 1980 [1993]. In: Gary A. Fine/Gregory W. H. Smith (Hg.): Erving Goffman, Vol. 1. London 2000, 213–236.

Symbolischer Interaktionismus (2. Chicagoer Schule)

9

Karl Lenz und Romy Simon

In einem 1937 erschienenen Überblicksartikel zur Sozialpsychologie hat Herbert Blumer (1900–1987) erstmals von „symbolic interactionists" (153) gesprochen. Nachdem dieses Label fast 20 Jahre nahezu ungenutzt blieb, kam es ab den späten 1950er Jahren in Gebrauch. Was allerdings unter Symbolischem Interaktionismus (=SI) verstanden wird, ist keineswegs eindeutig. In einer weiten Fassung wird er als Synonym für das interpretative Paradigma verwendet (z. B. Giddens/Duneier 2000), das Thomas P. Wilson (1973) vom normativen Paradigma abgrenzte. Als Gegenhorizont hatte Wilson dabei vor allem den ab den 1940er Jahren für einen langen Zeitraum in der soziologischen Theorie dominierenden Strukturfunktionalismus im Blick. Vielfach wird unter dem SI jedoch nur eine Spielart des interpretativen Paradigmas – neben der Ethnomethodologie oder Sozialkonstruktivistischen Wissenssoziologie – verstanden (z. B. Keller 2012). In der deutschen Rezeption wird der Symbolische Interaktionismus nahezu durchgehend mit der (späten) Chicagoer Tradition gleichgesetzt. Dagegen ist es im englischsprachigen Kontext gängig, weitere Traditionslinien zu unterscheiden: eine feste Nennung ist dabei die Iowa School (Katovich/Miller/Stewart 2003), z. T. auch die Indiana School (Carter/Fuller 2016). Manchmal wird auch der Versuch unternommen, Goffmans Arbeit als eine eigene Traditionslinie, als „dramaturgical model" (Edgley 2003) einzubinden.

Wenn es in diesem Beitrag um Goffman und den SI geht, wird dieser als eine Spielart des interpretativen Paradigmas in der Chicagoer Traditionslinie (Musolf 2003) verstanden. Gary A. Fine (1995) hat für ihre Entstehungsphase in Abgrenzung zur (alten bzw. ersten) Chicagoer Schule die Bezeichnung der „second Chicago School" vorgeschlagen. Unter einer Schule wird verstanden „a collection of individuals working in the same environment who at the time and through their own retrospective constructions of their identity and the imputations of intellectual historians are defined as representing a distinct approach to a scholarly endeavor" (ebd., 2). Die Hauptphase dieser zweiten Chicagoer Schule datiert Fine von 1945 bis 1952, und damit bis zu dem Jahr, in dem Blumer Chicago in Richtung Kalifornien verließ. Da der Herausgeber selbst unsicher ist, ob in diesem Fall tatsächlich von einer Schule gesprochen werden kann, verwendet er im Titel des Sammelbandes ein Fragezeichen. Diese These ist nicht unwidersprochen geblieben, so z. B. durch Howard S. Becker (1999), der nach Fine Teil dieser Schule gewesen sein soll.

K. Lenz (✉) · R. Simon
Institut für Soziologie, TU Dresden, Dresden, Deutschland
E-Mail: karl.lenz@tu-dresden.de

R. Simon
E-Mail: romy.simon@tu-dresden.de

K. Lenz und R. Hettlage (Hrsg.), *Goffman-Handbuch*, https://doi.org/10.1007/978-3-476-05871-3_9

Lange Zeit war es verbreitet, Goffman ohne Einschränkungen dem SI zuzurechnen (z. B. Helle 1992). Dies erscheint auf den ersten Blick naheliegend, da Goffman in den späten 1940er Jahren in Chicago studierte, seinen Masterabschluss erwarb und 1953 dort auch promoviert wurde, also in der Hauptzeit der 2. Chicagoer Schule.

In einem Interview hat Jef C. Verhoeven Goffman selbst nach seiner eigenen Einschätzung dieser Zuordnung gefragt. Genauso so gut wie als „a symbolic interactionist" könne man ihn – so Goffman – auch als „structural functionalist in the traditional sense" (Verhoeven 2000, 213) bezeichnen. Er stellt überhaupt die Brauchbarkeit dieses Labels infrage. Sie habe sich nur als Reaktion auf die Selbstetikettierung der Forschungsgruppe um Harold Garfinkel als Ethnomethodologie verbreitet. Goffman unternimmt mehrere Versuche, eine bessere Etikettierung zu finden: Für sich selbst schlägt er zunächst „Hughesian urban ethnographer" vor und bezogen auf die Gruppe, der er sich zuordnet, spricht er davon, dass es passender wäre von „Hughesian sociologists who employ a quite general Meadian frame of reference" oder „sociologists of small scale" zu sprechen (ähnlich auch im Interview mit Winkin 1984). Deutlich macht er gleichfalls, dass das Verbindende die Mikrosoziologie sei, was er mit „social psychologists from the sociological side" (ebd., 214) anzeigt.

Grundzüge des Symbolischen Interaktionismus

Die deutsche Rezeption neigt stark dazu, dem SI ein geschlossenes Theorieprogramm zu unterstellen, das allerdings so nicht vorhanden ist (Jacobsen 2017). Dazu hat nachhaltig beigetragen, dass dieser mit dem durch den erfolgreichen Reader der Arbeitsgruppe Bielefelder Soziologen (1973) verbreiteten Blumer-Artikel *Der methodologische Standort des symbolischen Interaktionismus* gleichgesetzt wird. Nicht berücksichtigt wird dabei, dass Blumer in diesem primär mit methodologischen Fragen befassten Beitrag (1969) im Vorspann lediglich den Versuch unternommen hat – über eine Fülle heterogener Arbeiten hinweg – ein Minimum an Gemeinsamkeiten in der theoretischen Perspektive aufzuzeigen. Auch hat Blumer im SI niemals eine vergleichbare hervorragende Stellung innegehabt wie z. B. Garfinkel in der Ethnomethodologie. Wie auch das Goffman-Interview erkennen lässt, war Everett C. Hughes (1897–1983) ebenso einflussreich, wenn nicht sogar einflussreicher (Chapoule 1996).

Eine Verzerrung ist es gleichfalls, den SI als eine direkte Fortführung des Denkens von George Herbert Mead (1863–1931) aufzufassen und ihn als den ‚eigentlichen' Begründer der Traditionslinie anzusehen. Berenice M. Fisher und Anselm L. Strauss (1978, 483) haben in ihrem informativen Überblick aufgezeigt, dass in den meisten Arbeiten „the use of Mead's overall thinking has been either very partial or negligible". Stattdessen ist es für eine angemessene Betrachtung erforderlich, SI vor dem Hintergrund der alten Chicagoer Schule (Bulmer 1984; s. Kap. 8) zu sehen. Der Pragmatismus bildete die „Hintergrundphilosophie" (Joas 1988) dieser Schule am weltweit ersten Department für Soziologie (gegründet 1892) (s. Kap. 5). Vom Pragmatismus wurde die Leitfigur des aktiven Subjekts übernommen und von Anfang an stand die empirische Forschung im Zentrum. Angestrebt wurde nicht der Entwurf großer Theorien, sondern eine empirisch fundierte Theoriebildung. Intellectual leader waren William I. Thomas (1863–1947) und Robert E. Park (1864–1944). Thomas lehrte dort ab 1895 und wurde 1918 aufgrund einer skandalträchtigen Affäre mit einer Offiziersgattin entlassen. Wohl am bekanntesten ist seine zusammen mit Florian Znaniecki (1882–1958) verfasste ursprünglich fünfbändige Studie *The Polish Peasant in Europe and America.* Sein Interesse galt vorrangig der Erforschung von sozialer Desorganisation. Um diese angemessen zu studieren, ist es für ihn erforderlich, die objektiven Bedingungen, die vorhandenen Einstellungen und die Situationsdefinitionen der Handelnden zu erfassen. Um soziale Verhaltensweisen zu verstehen, ist für ihn ein Wissen über die subjektive Bedeutung nötig, die die Individuen ihren

Handlungen zuschreiben. Daraus ist das Thomas-Theorem („If men define situations as real, they are real in their consequences") hervorgegangen und überhaupt entwickelte sich die Definition der Situation zu einem Leitkonzept. Park, der für kurze Zeit bei Georg Simmel in Berlin studierte, hat ganz wesentlich zu dessen Rezeption in den USA beigetragen. Seine starke empirische Ausrichtung steht in enger Verbindung mit seiner journalistischen Tätigkeit, die er vor seiner Lehrtätigkeit ausgeübt hat. Soziolog/innen sollten nach Park ‚reporter in depth' sein; sie sollten so vollständig wie möglich in die soziale Welt, die sie untersuchen, eintreten, um die vorhandenen Einstellungen und Werte erfassen zu können. Maßgeblich hat er dazu beigetragen, dass die teilnehmende Beobachtung – noch vor der Analyse persönlicher Dokumente – als Forschungsmethode gängig wurde (Lindner 1990; Christmann 2007).

Die Hegemonie der Chicagoer Schule in der amerikanischen Soziologie endete in den 1930er Jahren. Mit der Emeritierung Parks verließ die zweite Leitfigur den Lehrbetrieb. Jedoch weniger der dadurch bewirkte Kontinuitätsbruch führte zum Niedergang, sondern das Aufkommen neuer Paradigmen sowohl in der soziologischen Theorie wie auch in der empirischen Sozialforschung (Joas/Knöbl 2011). Als die neuen Zentren der amerikanischen Soziologie bildeten sich in den 1940er Jahren Harvard und Columbia heraus. Durch die Arbeiten von Talcott Parsons und Robert Merton trat der Strukturfunktionalismus einen einmaligen Siegeszug an. Weitgehend parallel dazu fand unter dem Einfluss von Paul Lazarsfeld eine starke Hinwendung der empirischen Sozialforschung zu standardisierten Erhebungsverfahren und statistischer Datenanalyse statt. Unter diesen veränderten Rahmenbedingungen kam es in den späten 1950er Jahren zur Revitalisierung des Begriffs SI. Angezeigt werden sollte damit, dass neben dieser dominanten Position in Fortsetzung der (alten) Chicagoer Schule noch eine andere Theorietradition in der Soziologie existiert. Das Gemeinsame war mehr dieser Anspruch einer Alternative als inhaltliche Übereinstimmungen. In Unterscheidung zu einer „school of thought" nennt Becker (1999, 12) die sog. zweite Chicagoer Schule und damit den frühen SI eine

> „energetic school of activity, a group of sociologists who collaborated in the day-to-day work of making sociology in an American university and did that very well. But we cannot make an inferential jump from that pragmatic collaboration to a ‚tradition', a coherent body of theory".

In einer großen Heterogenität haben die Vertreter/innen das Postulat der empirisch fundierten Theoriebildung fortgesetzt. Ein angemessenes Verständnis des SI lässt sich nicht aus programmatischen Schriften gewinnen, sondern nur aus den Forschungsstudien, wie z. B. *Boys in White* von Howard S. Becker, Blanche Geer, Everett C. Hughes und Anselm L. Strauss (1961) oder *Outsiders* von Howard S. Becker (1963). Vor allem unter dem Einfluss von Hughes bildeten in den 1950er und 1960er Jahren Organisations- und Berufsforschung einen besonderen Schwerpunkt. In seiner Forschungsmethodologie schreibt der SI die naturalistische Forschungsstrategie der alten Chicagoer Schule fort. Der Erfahrungsraum der Forschenden dürfe nicht durch vorgängige methodologische Dekrete eingeengt werden. Gefordert wird ein unmittelbarer Zugang zur empirischen sozialen Welt. Die elaborierteste Forschungsstrategie aus dem SI ist die Grounded Theory, die ursprünglich von Barney G. Glaser und Anselm L. Strauss (1967) gemeinsam entwickelt wurde.

Strukturalist statt symbolischer Interaktionist?

Noch zu Goffmans Lebzeiten wurden mit George Gonos (1977) sowie Norman R. Denzin und Charles M. Keller (1981) Stimmen laut, die die Unterschiede zwischen Goffman und dem SI betonten und ihn stattdessen dem Strukturalismus zuordneten (ausführlicher Lenz 1991b). Den Anstoß bildete die Veröffentlichung von *Frame Analysis.* Bei der Zuordnung wird dabei auf den französischen Strukturalismus Bezug genommen, der mit den Namen von – um nur einige zu nennen – Claude Lévi-Strauss, Roland

Barthes, Jacques Lacan und Louis Althusser verbunden ist und der vor allem in den 1960er Jahren in Frankreich den Existentialismus ablöste. Während Gonos zwei unterschiedliche Ansätze der Mikrosoziologie erkennt und das Aufzeigen der Unterschiede mit einer Wertschätzung der Arbeiten von Goffman verknüpft, steht bei Denzin/Keller (1981) die Exklusion und das Aufzeigen von Defiziten im Vordergrund. Als Vertreter der „James-Mead-Schütz-Bateson-Tradition" konstatieren sie nicht nur Differenzen zwischen dieser Theorietradition und Goffman, sondern können in seinem Werk keinen Beitrag von Belang für die Fortentwicklung des interpretativen Paradigmas erkennen. Die Vehemenz dieser Kritik hat Goffman zu einer Erwiderung veranlasst (RDK) (s. Kap. 51): Entschieden hat er sich dabei von dieser Zuordnung distanziert, jedoch auch Differenzen zum SI zu erkennen gegeben.

Schon ein vollständiger Blick auf seine Ausbildungssituation hätte verdeutlichen können, dass Goffman nicht nur in der Traditionslinie der ersten und zweiten Chicagoer Schule und – vermittelt darüber – von Georg Simmel (s. Kap. 11) steht. Entgegen seiner im Interview mit Verhoeven vorgeschlagenen Selbstetikettierung als „Hughesian urban ethnographer" oder „Hughesian sociologists who employ a quite general Meadian frame of reference" war in dieser formativen Phase für ihn nicht nur Hughes bestimmend (Smith 2006; Winkin/Leeds-Hurwitz 2013). Ebenso einflussreich, wenn nicht gar stärker war der in Chicago ebenfalls lehrende Anthropologe und Soziologe W. Lloyd Warner (1898–1970). Warner war der Betreuer von Goffmans Masterarbeit (SCRDE) und seine Shetland-Forschungsstudie als Grundlage für seine Dissertation stand in der Anlage – nicht in der Durchführung – in der Tradition seiner ‚anthropology at home' (s. Kap. 15). Über Warner – wie schon in Toronto über den Anthropologen Charles W. M. Hart (1905–1976) – bekam Goffman Zugang zur britischen Sozialanthropologie (insbesondere zu Alfred Radcliffe-Brown) und damit vor allem auch zu Émile Durkheim. Mit großem Nachdruck hat Randall Collins ([1980], 2000) zu Recht auf dessen großen Einfluss hingewiesen. Die Analyse seiner Verweisstellen (Lenz 1991a) zeigt, dass Durkheim der am häufigsten vorkommende soziologische Klassiker der ersten Generation im Werk von Goffman ist. Insgesamt lassen sich 29 Verweisstellen auffinden, die aus 12 der 18 einbezogen Publikationen stammen. Auf keine andere Person – mit Ausnahme der eigenen – verweist Goffman in so vielen Arbeiten wie auf Durkheim (s. Kap. 12). Nicht nur die Quantität der Verweise ist hoch, auch inhaltlich hat Durkheim im Theorie- und Forschungsprogramm Goffmans markante Spuren hinterlassen. Vor allem ist hier das für sein Programm grundlegende „model of ritual interaction" zu nennen, das wesentlich von Durkheim anregt wurde (s. Kap. 23). Collins geht aber zu weit, wenn er den frühen Goffman voll und ganz der „durkheimian tradition" einverleiben möchte. Auch hier kann die Analyse der Verweisstellen weiterhelfen. Beschränkt man sich auf die Arbeiten der frühen Schaffensphase, dann zeigt sich, das für diese Phase nicht Durkheim, sondern Simmel der am häufigsten zitierte soziologische Klassiker ist. Simmel wird 20-mal angesprochen, Durkheim 17-mal. In Goffmans Dissertation, in der dieses Arbeitsprogramm zum ersten Mal ausführlich formuliert wurde, erfährt zudem Simmel eine ganz besondere Würdigung: Seine Dissertation beginnt mit einem langen Zitat aus Simmels „großer Soziologie" ([1908], 1992) (in der Übersetzung von Wolff 1950), in der die Relevanz der Analyse von Mikroprozessen aufgezeigt wird (s. Kap. 11). Statt die Chicagoer Tradition gegen die Durkheimianische Tradition gegeneinander auszuspielen (auch Vargas Maseda 2017 macht das), ist es angemessener, beim Werk von Erving Goffman von einer doppelten Herkunft auszugehen. Aber trotz der umfangreichen Rezeption von Durkheim bleibt die Verwurzelung im interpretativen Paradigma dennoch dominant. Die zahlreichen Verweise auf Harold Garfinkel und Harvey Sacks als prominente Vertreter der Ethnomethodologie, auf Gregory Bateson, William James, Charles H. Cooley und ebenso auf George H. Mead sprechen eine deutliche Sprache (Lenz 1991a). Nur kurz zu Mead (s. Kap. 13): In neun der einbezogenen 18 Publikationen wird auf Mead an 17 Stellen verwiesen. Dabei fällt auf, dass Goffman bei Mead an keiner Stelle einen Publikationstitel nennt. Da in den 1950er Jahren die Buchpublikationen Meads bereits vorlagen, hängt dies nicht mit den Besonderheiten des Werkes von Mead zusammen, dessen Bücher bekanntlich alle posthum erschienen sind. Im Fehlen der Titelhinweise kommt vielmehr eine hohe Vertrautheit mit dem Werk von Mead zum Ausdruck. Auffällig und zugleich vielsagend ist dabei allerdings, dass sich Goffman überwiegend mit Mead kritisch auseinandersetzt. So z. B. in einer Fußnote in *Behavior in Public Places,* in der betont wird, dass die Unterscheidung „significant" und „nonsignificant gestures" für die Analyse der Körpersprache („body idioms") „not entirely satisfactory" (BP, 24, Fn. 2; BP_{dt}, 51, Fn. 29) sei.

Blumer, Hughes und Becker als Vertreter des Symbolischen Interaktionismus

Auf der Suche nach Gemeinsamkeiten und Unterschieden zum SI sollen zunächst die Verbindungslinien zu ausgewählten Vertretern des SI betrachtet werden. Nicht eigens behandelt wird die These von Thomas J. Scheff (2005, 147), das Goffman ein „symbolic interactionist in the line of Cooley" sei. Damit möchte Scheff lediglich zum Ausdruck bringen, dass Cooleys Idee des *looking-glass self* für Goffman eine wichtige Anregungsquelle war. (Zu den Gemeinsamkeiten mit Cooley, s. Kap. 13).

Wenig Spuren in Goffmans Werk hat Blumer hinterlassen. Nach dem Tod von Mead hat Blumer dessen Vorlesung zur Sozialpsychologie fortgeführt und es ist sicherlich die große Lebensleistung von Blumer, Mead für die Soziologie anschlussfähig gemacht zu haben, was ihm aber erst nach und nach gelang. Anders als für die meisten, die heute zum SI gerechnet werden, lag Blumers Schwerpunkt nicht in der Empirie. Erkenntnistheoretische und methodologische Fragen standen bei ihm im Zentrum; mit großer Entschiedenheit hat er die Schwächen der expandierenden Surveyforschung angeprangert (Bude/Dellwing 2013; Dennis 2017). Während Goffman in seiner ersten Buchpublikation (PS2, Acknowledgments, o.S.) ausdrücklich Hughes, Warner und auch Hart als seinen akademischen Lehrern dankt, erscheint der Name von Blumer nicht. Im bereits mehrfach erwähnten Interview betont Goffman, dass Blumer während seiner Studienzeit nur wenig anwesend war, da er als Schlichter („arbitrator") für die Regierung tätig gewesen sei (Verhoeven 2000, 214 und 233). Mit Ausnahme seiner Dissertation finden sich in seinen frühen Arbeiten keine Bezugnahmen auf Blumer. In seiner Dissertation verweist er zweimal auf den aus dem Jahr 1936 stammenden Aufsatz *Social attitudes and nonsymbolic interaction* (CCoIC, 56, 58); beide Verweise sind für den Argumentationsgang keineswegs zentral. Neben diesen beiden Verweisen findet sich der Name Blumer nur noch an zwei weiteren Stellen. In *Strategic Interaction* (ST_b; 136; ST_b_{dt}, 117) kommt Goffman unmittelbar auf den SI zu sprechen und nennt in diesem Zusammenhang zwei Arbeiten von Blumer, darunter den namensgebenden Beitrag von 1937. Die zweite Stelle findet sich in *Role Distance* (EN_b, 91; EN_b_{dt}, 104). Dort übernimmt er Blumers Revision des Begriffs „Position". Im Interview direkt auf den „Blumerian approach" angesprochen, beschränkt er dessen Nutzen darauf, „a good corrective to the excesses of Quantitative Sociology" (Verhoeven 2000, 226) zu sein. Ungeeignet sei er jedoch, um Strukturen zu erfassen.

Seine Rezension von *Relations in Public* hat Blumer ([1972] 2000) zum Anlass genommen, sich kritisch zu den Arbeiten von Goffman zu äußern. Er nennt Goffman einleitend „an innovative scholar of high order" (Blumer [1972] 2000, 50) und erkennt durchaus das zentrale Anliegen von Goffman, Interaktionen als eigenständiges Forschungsgebiet zu konstituieren. Blumer weist im Weiteren auf zwei aus seiner Sicht zentrale Schwachstellen, die zugleich ihre Differenzen anzeigen: (1) Er stellt in Frage, ob es möglich ist, Face-to-face-Interaktionen unabhängig von den Gruppenaktivitäten, in denen sie stattfinden, als eigenständiges Arbeitsfeld zu behandeln. (2) Indem sich Goffman auf das Herstellen und Aufrechterhalten des persönlichen Eindrucks fokussiert, erfasse er nur einen Teilausschnitt der Interaktionen. Seine Perspektive „is restricted to the personal positioning of the participants to one another as they observe each other and thus ignores, essentially, their acts or what they are doing" (Blumer 2000, 6). Er verfehle damit genau das, „what Mead sees as the prime stuff of human association, whether it be face-to-face or more remote association" (ebd., 7).

Es gibt jedoch aus der 2. Chicago School durchaus Autoren, die deutlich stärker im Werk von Goffman präsent sind. Dies trifft – wie seine Hervorhebung im Interview schon nahelegt – auf Hughes zu. Insgesamt wird 24-mal auf ihn in sieben Publikationen verwiesen. Vieles spricht dafür, dass Hughes sogar deutlich häufiger anregend wirkte als Goffman es selbst angezeigt hat; im Besonderen gilt das für sein Konzept der totalen Institution (Jaworski 2000; s. Kap. 14). Hughes aus der alten Chicagoer Schule kommend, lehrte von 1938 bis 1961 in Chicago (eine Zusammenstellung seiner wichtigsten Aufsätze: Hughes 2017). Sein Denken ist stark von Park und auch Simmel geprägt, weniger dagegen von Mead. Stark prägend für das lose Netzwerk des SI hatte er wenig Sympathie für groß angelegte Theoriesysteme; er verstand Soziologie in erster Linie als empirische Disziplin, wobei er – in der Tradition von Park stehend – vor allem Feldforschung forderte (Helmes-Hayes/Santoro 2016).

Sehr präsent in Goffmans Publikation mit 20 Verweisen, verteilt auf neun Arbeiten, ist zudem Howard S. Becker. Neben den Publikationen umfassen die Verweise noch nicht publizierte Texte und auch persönliche Mitteilungen. Becker und Goffman verband eine lebenslange Freundschaft (ausführlich zu Becker: Danko 2015). Noch deutlich stärker als Goffman ist Becker von Hughes geprägt. Seiner Dissertation (1951) liegt ein Forschungsprojekt über Lehrer/innen an staatlichen Schulen zugrunde, das Hughes geleitet hat. Andere frühe Arbeiten, darunter auch *Boys in White,* hat er zusammen mit Hughes verfasst. Die von Hughes betriebene Professions- und Arbeitssoziologie bildete Beckers ersten Arbeitsschwerpunkt. Becker, der schon während seiner Studienzeit als Jazzpianist in Lokalen arbeitete und lange Zeit die Absicht verfolgte, als Musiker hauptberuflich zu arbeiten, wandte sich darüber hinaus der Untersuchung des Drogenkonsums zu. Mit seiner Studie *Outsiders* (1963) wurde er zu einem der Begründer des Labeling Approach, eines neuen Ansatzes der Devianzforschung, bei der nicht die Frage nach den Ursachen des abweichenden Verhaltens im Mittelpunkt steht. Fest in der Tradition des SI verankert versteht Becker „abweichendes Verhalten als eine Sinnzuweisung, die in sozialen Interaktionen entsteht" (Danko 2015, 65). Oder in Beckers eigenen Worten: „The deviant is one to whom that label has successfully been applied; deviant behavior is behavior that people so label" (Becker [1963], 1997, 9). Damit wird der Blick deutlich stärker auf die wirksamen Normen und die Kontrollinstanz gerichtet als es in den herkömmlichen ätiologischen Ansätzen der Fall ist. Goffmans zeitgleich entstandene Arbeiten *Asylums* und *Stigma* weisen durchaus Gemeinsamkeiten auf, geht es ihm doch im starken Maße um Stigmatisierungsprozesse. Gleichwohl hat sich Goffman nie als Vertreter dieses Ansatzes gesehen und sich damit auch kritisch auseinandergesetzt (ST, 115 ff.; ST_{dt}, 172 ff.). Becker und Goffman haben sich nachhaltig für eine Ausweitung der Methodenvielfalt in der Soziologie eingesetzt. Fast gleichzeitig haben sie Mitte der 1970er Jahre in der neu gegründeten Zeitschrift *Studies in the Anthropology of Visual Communication* Artikel publiziert, die sich mit Fotografie als Methode befassen (Becker 1974; GA).

Gemeinsamkeiten und Unterschiede zum Symbolischen Interaktionismus

Gemeinsam ist der Forschungsgruppe, die als SI bezeichnet wird, und Goffman – in Fortführung des Erbes der alten Chicagoer Schule – eine Verpflichtung zu einer naturalistischen Forschung und eine Distanzierung zu aller abstrakten Theoriebildung. Übereinstimmend werden Sinn,

Interpretation und Verstehen als Grundkategorien des Sozialen aufgefasst und den fortlaufenden Aushandlungsprozessen eine hohe soziale Relevanz zuerkannt (s. Kap. 2).

Auch wenn der Begriff Interaktion sowohl im SI als auch im Arbeitsprogramm der Interaction Order in einer herausgehobenen Weise präsent ist, zeigen sich gleichwohl markante Unterschiede (McCall 2003; s. Kap. 20). Für Blumer liegt die Betonung beim Begriff der symbolischen Interaktion ganz deutlich beim Symbolischen. Im Anschluss an die Meadsche Unterscheidung von Gesten und signifikanten Symbolen wird damit auf ihre zentrale Funktion im Austausch verwiesen. Der dabei verwendete Begriff der Interaktion ist breiter als bei Goffman; er entspricht weitgehend dem Begriff der Wechselwirkung, den Simmel ([1908] 1992) als Grundbegriff der Soziologie proklamiert hat. Dieser schließt die Kopräsenz von zwei oder mehreren Personen in einer sozialen Situation – was Goffman als Interaktion versteht – ein, ist aber darauf nicht beschränkt. Das Interaktionsgeschehen wird dabei von Goffman deutlich komplexer aufgefasst, als dies in der Tradition von Mead im SI der Fall ist. Das Modell wird erweitert, indem eine breite Aufmerksamkeit den Schwierigkeiten gewidmet wird, sich zu verstehen, und die Möglichkeit einbezogen wird, getäuscht zu werden oder dass sich Zwischenfälle ereignen. Gegen den Vorrang verbaler Kommunikation und der signifikanten Symbole wird das Ausdruckverhalten als eine ebenfalls zentrale Informationsbasis herausgestellt.

Goffman spezifiziert den Interaktionsbegriff nicht nur, sondern erhebt unter Bezugnahme auf Durkheims Emergenztheorem Interaktion zu einem eigenständigen Gegenstandsbereich der Soziologie. Durkheim‘s Regel, dass Soziales nur durch Soziales erklärbar ist, wird – wie später auch bei Niklas Luhmann (Heintz/Tyrell 2015) – auf unterschiedliche Komplexitätsstufen des Sozialen erweitert. Für Goffman sind Interaktionen weder nur das Resultat der Intentionen der daran beteiligten Personen, noch bloße Epiphänomene sozialer Organisationen oder von Gesellschaft. Unterstellt wird dabei nicht, dass Interaktionen von den Individuen und der Makrostruktur unabhängig seien, noch dass ihnen eine Priorität zukommt, sondern lediglich, dass Interaktionen nur hinreichend zu verstehen sind, wenn sie in ihrer Besonderheit als Interaktion studiert werden. Goffman verweist auf die hohe lebenspraktische Relevanz von Interaktion. „It is a fact of our human condition that, for most of us, our daily life is spent in the immediate presence of others“ (InO, 2; InO_{dt}, 56). Angenommen und unterstellt wird dabei von Goffman, dass Interaktionen unabhängig vom jeweiligen sozialen Kontext erforschbar sind. Ganz egal, ob diese im öffentlichen oder im privaten Raum eingebettet sind oder ob es sich um eine flüchtige Begegnung von Fremden oder ob es sich um den vertrauten und routinierten Austausch in einer kontinuierlichen Sozialbeziehung, wie z. B. einer Paarbeziehung, handelt. Blumers erster, weiter oben referierter Kritikpunkt zielt – indem er von Gruppenaktivitäten spricht – auf die Ausblendung des sozialen Kontextes ab, in den die Interaktion eingebettet ist. Ein weiterer Unterschied zum SI besteht in der Verwendung des „ritual model auf interaction“. Anders als von Blumer suggeriert, beschränkt sich Goffman nicht darauf, sondern weist lediglich nachdrücklich darauf hin, dass für die Analyse der Interaktion immer *auch* die wechselseitige Verpflichtung zur rituellen Sorgfalt einbezogen werden muss; ein Kritikpunkt, den Goffman in seinem Spätwerk in Richtung der ethnomethodologischen Konversationsanalyse immer wieder vorgebracht hat.

Schon mit der Benennung seines Theorie- und Forschungsprogramms als Interaction Order zeigt Goffman an, dass es nicht nur um eine bloße Beschreibung von sozialen Phänomenen geht. Ganz auf den Spuren des Soziologieprogramms von Simmel ist es sein zentrales Anliegen, die „Formen der Vergesellschaftung“, also die wiederkehrenden Muster und Strukturen aufzuzeigen. Dass es ihm primär um die „microanalysis of patterns and structures“ (RDK, 66) geht, darauf hat Goffman in einer Replik auf Denzin/Keller mit Nachdruck hingewiesen. Schon vorher ist er in seinem Werk nicht müde geworden, das herauszustellen. Hier nur eine Belegstelle: In *Gender Commercials* (GA_c, 27;

GA_c_{dt}, 118) schreibt er: „Behind infinitely varied scenic configurations, one might be able to discern a single ritual idiom; behind a multitude of surface differences, a small number of structural forms". Vielfach spricht Goffman von Regeln oder Normen, die Interaktionen zugrunde liegen und die aufzuzeigen sind. Diese Regeln können universell sein, sie sind aber vielfach kulturspezifisch und unterliegen damit ebenfalls einem historischen Wandel. Regel und Handlung stehen dabei in einem Verhältnis einer doppelten Interpretationsbedürftigkeit. Regeln sind allgemein formuliert und ihre Anwendung ist daher unauflösbar an Interpretations- und Aushandlungsprozesse gebunden. Ebenso ist jede Handlung mehrdeutig und lässt immer auch Auslegungsspielräume zu. „[T]here is no act whose meaning is independent of reasons understood for its occurrence; and there seems to be no act for which radically different reasons cannot be provided, and hence radically different meanings" (RP_d, 110; RP_d_{dt}, 158). Ein Regelverstoß ergibt sich nicht aus der scheinbar einfachen Tatsache, dass eine Regel verletzt wurde. Erforderlich sind vielfältige interpretative Erwägungen, die sich auf den Geltungsanspruch der Regeln ebenso beziehen können wie auf das, was ‚eigentlich' vorgefallen ist.

Goffmans Mikrosoziologie ist gleichsam ein Gegenprogramm zum astrukturellen Bias des SI, der vor allem aus der starken Würdigung des aktiven und kreativen Subjekts resultiert. Das Herausarbeiten, dass das Handeln in Interaktionen an Strukturen gebunden ist, ist eine Konstante, die sein ganzes Werk durchzieht. Sicherlich am deutlichsten wird das in seinem Spätwerk, insbesondere in *Frame Analysis.* Die Idee des Rahmens findet sich in seinem Schaffen von Anfang an (Persson 2019; Hettlage 2021). Der Begriff taucht in *Encounters* erstmals auf (s. Kap. 39) und hat in dem bereits in seiner *Dissertation* verwendeten Konzept der *social occasion* einen wichtigen Vorläufer (s. Kap. 36), den er in der Folgezeit oftmals verwendet hat. Voll ausformuliert und angewandt wird das Rahmenkonzept jedoch erst in *Frame Analysis* (s. Kap. 33 und 45). Mit der Ausarbeitung ist zugleich eine Distanzierung von dem aus der alten Chicagoer Schule stammenden und im SI zum festen Bestand gewordenen Leitkonzept der Definition der Situation verbunden. Gleich in der Einleitung zu *Frame Analysis* schreibt er, das Thomas-Theorem sei dem Wortlaut nach zwar richtig, aber werde falsch aufgefasst.

> „Defining situations as real certainly has consequences, but these may contribute very marginally the events in progress; in some cases only a slight embarrassment flits across the scene in mild concern for those who tried to define the situation wrongly. […] Presumably, a ‚definition of the situation' is almost always to be found, but those who are in the situation ordinarily do not *create* this definition, even though their society often can be said to do so; ordinarily, all they do is to assess correctly what the situation ought to be for them and then act accordingly" (FA, 1f., H.i.O; FA_dt, 9).

Für Goffman wird – worauf Gonos schon hingewiesen hat – die ‚Welt' nicht in jeder Situation neu geschaffen. Die Welt und die damit verbundenen Interpretationsschemata haben vielmehr Bestand und existieren unabhängig vom einzelnen Individuum (ähnlich auch RDK, 63).

Diese Anerkennung von Strukturen ist jedoch vom Antihumanismus des Strukturalismus weit entfernt. Nicht vom Tod oder von der Auflösung des Menschen ist die Rede. Ganz im Gegenteil: das Selbst bildet für Goffman einen Eckpfeiler seines Theorie- und Forschungsprogramms. „To develop a sociological version of the structure of the self" (AS, xiii, AS_{dt}, 11) ist in der Einleitung das Hauptanliegen von *Asylums;* ein Satz der genauso gut über seinem Gesamtwerk stehen könnte (Raab 2014). Für die beiden breit rezipierten Begriffe „sekundäre Anpassung" (s. Kap. 27) und „Rollendistanz" (s. Kap. 28) ist ein aktives Subjekt, das sich gegen die von außen gesetzten Zwänge und Zumutungen währt, konstitutiv. Sein „ritual model of interaction" impliziert eine starke Aufwertung des Selbst, da die wechselseitigen Anforderungen der rituellen Sorgfalt zu einem wesentlichen Bestimmungsmoment der Interaktion erhoben werden (s. Kap. 23). Auch wenn Goffman von einem aktiven Subjekt ausgeht, verkennt er keineswegs – und hierin zeigen sich deutliche Unterschiede zum SI – die Grenzen der Selbstbestimmung und der eigenen Aktivitäten. Darauf zielt auch Goffmans Bemerkung in der Replik auf Denzin/ Keller ab:

> „My plea […] is not that one should not see that it is persons with unique biographies who do the interacting but that one should move on from this warming fact to try to uncover the principled ways in which such personal histories are given place, and the framework of normative understandings this implies; which of course bring us back to patterns and structures" (RDK, 62).

Dieser Bemerkung hat Goffman den folgenden Satz vorangestellt: „If the result of my approach can be construed as ‚decentering' the self, then I am happy to be in the vanguard". Damit bringt er seine Grundauffassung zum Ausdruck, dass es nicht ausreicht, das Subjekt als eine geschlossene Einheit aufzufassen, ein Thema, das bereits William James mit Nachdruck vertreten hat (Vargas Maseda 2017). Goffman hat hierzu mehrere Vorschläge unterbreitet: In *The Presentation of Self in Everyday Life* unterscheidet er zwischen dem „Selbst als Darsteller" („self as performer") und dem „dargestellten Selbst" („performed self" oder „character"; in der deutschen Ausgabe wenig geeignet mit „Schauspielfigur" übersetzt). In *Frame Analysis* differenziert er zwischen „Person" („person"), „Rolle" („role") und „Figur" („character", „part"; die zusätzliche Verwendung von „Bühnenrolle" und „Theaterrolle" in der deutschen Ausgabe erschwert das Verständnis). „Figur" („part", „character") meint dabei die dargestellte Version einer Rolle oder einer Person, die auch im täglichen Leben vorkommt und nicht nur – wie die Übersetzung suggeriert (FA_{dt}, 148 f.; FA, 129) – auf der Bühne. In seiner Hinwendung zu Gesprächen, beginnend mit *Frame Analysis,* hat er sich dann mit der Dezentrierung der Sprecher/innenrolle befasst und zwischen „animator", „author" und „principal" (FT_a_{dt}, 59, FT_c, 144) unterschieden (s. Kap. 34).

Auch wenn die Zuordnung zum Strukturalismus nicht begründet ist, hat diese Debatte nachhaltig dazu beigetragen, die Unterschiede zwischen Goffman und dem SI in aller Deutlichkeit sichtbar zu machen. In seinem Werk wird das Individuum weder von Strukturen determiniert aufgefasst, noch zum permanenten Weltschöpfer mystifiziert. Sein besonderes Anliegen war es, in der Mikrosoziologie Handeln und Struktur miteinander zu verbinden.

Literatur

Becker, Howard S.: Outsiders. Studies in the sociology of deviance [1963]. New York 1997 (dt.: Außenseiter. Zur Soziologie abweichenden Verhaltens. Hg. von Michael Dellwing. Wiesbaden ³1999).

Becker, Howard S.: Photography and sociology. In: Studies in the Anhtropology of Visual Communication 1/1 (1974), 3–26.

Becker, Howard S.: The Chicago school, so-called. In: Qualitative Sociology 22, 1 (1999), 3–12.

Becker, Howard S./Geer, Blanche/Hughes Everett C./ Strauss, Anselm L.: Boys in white: Student culture in medical school. Chicago 1961.

Blumer, Herbert: Social psychology. In: Emerson P. Schmidt (Hg.): Man and society: A substantive introduction to the social science. New York 1937, 144–198.

Blumer, Herbert: Der methodologische Standort des symbolischen Interaktionismus. In: Arbeitsgruppe Bielefelder Soziologen (Hg.): Alltagswissen, Interaktion und gesellschaftliche Wirklichkeit. Band 1. Reinbek bei Hamburg 1973, 80–164

Blumer, Herbert: Symbolic interactionism. Perspectives and methods. Englewood Cliffs 1969.

Blumer, Herbert: Action vs. interaction. Review of Relations in Public, by Erving Goffman [1972]. In: Gary A. Fine/Gregory W. H. Smith (Hg.): Erving Goffman, Vol. 4. London 2000, 3–8.

Bulmer, Martin: The Chicago school of sociology. Chicago, London 1984.

Bude, Heinz/Dellwing, Michael: Einleitung: Blumers Rebellion 2.0. Eine Wissenschaft der Interpretation. In: Herbert Blumer: Symbolischer Interaktionismus. Aufsätze zu einer Wissenschaft der Interpretation. Frankfurt/Main 2013, 3–25.

Carter, Michael J./Fuller, Celene: Symbols, meaning, and action: The past, present, and future of symbolic interactionism. In: Current Sociology Review 64/6 (2016), 931–961.

Chapoule, Jean-Michel: Everett Hughes and the Chicago tradition. In: Sociological Theory 14 (1996), 3–29.

Christmann, Gabriela: Robert E. Park. Klassiker der Wissenssoziologie Bd. 5. Konstanz 2007.

Collins, Randall: Erving Goffman and the development of modern social theory. In: Jason Ditton (Hg.): The view of Goffman. New York 1980, 170–209 (auch in: Gary A. Fine/Gregory W. H. Smith (Hg.): Erving Goffman, Vol. 3. London 2000, 307–337).

Danko, Dagmar: Zur Aktualität von Howard S. Becker. Wiesbaden 2015.

Dennis, Alex: Herbert Blumer – from critique to perspective. In: Michael Hviid Jacobsen (Hg.): The interactionist imagination. London 2017, 145–167.

Denzin, Norman K./Keller, Charles M.: Frame analysis reconsidered. In: Contemporary Sociology 10 (1981), 52–60.

Edgley, Charles: The dramaturgical genre. In: Larry T. Reynolds/Nancy J. Herman-Kinney (Hg.): Handbook of Symbolic Interactionism. Walnut Creek, CA 2003, 140–172.

Fine, Gary A.: Introduction: A second Chicago school? In: Gary A. Fine (Hg.): A second Chicago School? Chicago, London 1995, 1–16.

Fisher, Berenice M./Strauss, Anselm L.: Interactionism. In: Robert Nisbet/Tom Bottomore, T. (Hg.): The history of sociological thought. London 1978, 457–498.

Giddens, Anthony/Duneier, Mitchell: Introduction to sociology. New York, London 2000.

Glaser, Barney G./Anselm L. Strauss: The discovery of grounded theory. Chicago 1967 (dt.: 1998).

Gonos, George: ‚Situation' versus ‚frame': The ‚interactionist' and the ‚structuralist' analyses of everyday life. In: American Sociological Review 42 (1977), 854–867.

Heintz, Bettina/Tyrell, Hartmann (Hg.): Interaktion – Organisation – Gesellschaft revisited. Sonderheft der Zeitschrift für Soziologie. Stuttgart 2015.

Helle, Horst Jürgen: Verstehende Soziologie und Theorie der Symbolischen Interaktion [1977]. Stuttgart ²1992.

Helmes-Hayes, Rick/Santoro, Marco (Hg.): The Anthem companion to Everett Hughes. London, New York 2016.

Hettlage, Robert: „Rahmen" als Schlüsselkonzept mikro- und makrosoziologischer Analysen. In: Anne-Laure Garcia/Tino Schlinzig/Romy Simon (Hg.): Von Miniasturen zu Großstrukturen. Weinheim, Basel 2021, 185–219.

Hughes, Everett C.: The sociological eye. Selected Papers [1984]. With a new introduction by David Riesman/Howard S. Becker. New York 2017.

Jacobsen, Michael Hviid: Introduction: Instigators of interactionism – a short introduction the interactionism in Sociology. In: Michael Hviid Jacobsen (Hg.): The interactionist imagination. London 2017, 1–40.

Jaworski, Gary D.: Erving Goffman: The reluctant apprentice. In: Symbolic Interaction 23/3 (2000), 299–308.

Joas, Hans: Symbolischer Interaktionismus. In: Kölner Zeitschrift für Soziologie und Sozialpsychologie 40 (1988), 417–446.

Joas, Hans/Knöbl, Wolfgang: Sozialtheorie. Zwanzig einführende Vorlesungen. Frankfurt/Main ³2011.

Katovich, Michael A./Miller, Dan E./ Stewart, Robert L.: The Iowa School. In: Larry T. Reynolds/Nancy J. Herman-Kinney (Hg.): Handbook of Symbolic Interactionism. Walnut Creek, CA 2003, 119–139.

Keller, Reiner: Das interpretative Paradigma. Eine Einführung. Wiesbaden 2012.

Lenz, Karl: Erving Goffman – Werk und Rezeption. In: Robert Hettlage/Karl Lenz (Hg.): Erving Goffman – ein soziologischer Klassiker der zweiten Generation. Bern 1991a, 243–297.

Lenz, Karl: Goffman – ein Strukturalist? In: Robert Hettlage/Karl Lenz (Hg.): Erving Goffman – ein soziologischer Klassiker der zweiten Generation. Bern 1991b, 243–297.

Lindner, Rolf: Die Entdeckung der Stadtkultur. Frankfurt/Main 1990.

McCall, George: Interaction. In: Larry T. Reynolds/Nancy J. Herman-Kinney (Hg.): Handbook of Symbolic Interactionism. Walnut Creek, CA 2003, 327–348.

Musolf, Gil Richard: The Chicago School. In: Larry T. Reynolds/Nancy J. Herman-Kinney (Hg.): Handbook of Symbolic Interactionism. Walnut Creek, CA 2003, 91–118.

Persson, Anders: Framing social interaction. Continuities and cracks in Goffman's Frame Analysis. Milton 2019.

Raab, Jürgen: Erving Goffman. Konstanz ²2014.

Scheff, Thomas J.: Looking glass self: Goffman as symbolic interactionist. In: Symbolic Interaction 20/2 (2005), 147–166.

Simmel, Georg: Soziologie. Untersuchungen über die Formen der Vergesellschaftung [1908]. Georg Simmel Gesamtausgabe Bd. 11. Frankfurt/Main 1992.

Smith, Gregory W.H.: Erving Goffman. New York 2006.

Vargas Maseda, Ramon: Deciphering Goffman. The structure of his sociological theory revisited. New York 2017.

Verhoeven, Jef C.: An interview with Erving Goffman, 1980 [1993]. In: Gary A. Fine/Gregory W. H. Smith (Hg.): Erving Goffman, Vol. 1. London 2000, 213–236.

Wilson, Thomas P.: Theorien der Interaktion und Modelle soziologischer Erklärung. In: Arbeitsgruppe Bielefelder Soziologen (Hg.): Alltagswissen, Interaktion und gesellschaftliche Wirklichkeit. Band 1. Reinbek bei Hamburg 1973, 54–79.

Winkin, Yves: Entretien avec Erving Goffman. In: Actes de Ja Recherche en Sciences Sociales 54 (1984), 85–87.

Winkin, Yves/Leeds-Hurwitz, Wendy: Erving Goffman: A critical introduction to media and communication Theory. New York 2013.

Wolff, Kurt H. (Hg.): The sociology of Georg Simmel. Glencoe, IL 1950.

10 Sozial- und Kulturanthropologie

Roland Girtler

Wie sehr Goffman von der Anthropologie beeinflusst war und wie sehr er sich für die anthropologische Forschung interessierte, wird schon an seinem wissenschaftlichen Werdegang deutlich. Sein Studium begann er an der University of Toronto und studierte dort u. a. bei Charles W. M. Hart (1905–1976), einem aus Australien stammenden Schüler von Alfred R. Radcliffe-Brown (1881–1955), dem Gründervater der britischen Sozialanthropologie. In Toronto schloss Goffman sein Studium mit einem BA in Soziologie und Anthropologie ab, bevor er zum Weiterstudium nach Chicago wechselte. Auch dort waren die beiden Fächer, wie so oft an amerikanischen Universitäten, institutionell fest miteinander verbunden (Burns 1992, 10). Seine Masterarbeit und Dissertation schrieb er dort bei W. Lloyd Warner (1898–1970), der schon vor seiner Professur in Chicago (1931 bis 1937) mit Radcliffe-Brown in einem sehr anregenden wissenschaftlichen Austausch stand (s. Kap. 15) und der auf sein Werk einen starken Einfluss ausübte. Goffmans's Interesse an der Verbindung von Soziologie und Anthropologie fand auch darin seinen Niederschlag, dass er, wie eine Generation vor ihm Radcliffe-Brown (Andamanen) und auch – die andere zentrale Figur der britischen Sozialanthropologie – Bronisław Malinowski (Trobriand-Inseln) eine Insel-Studie als Forschungsstudie für seine Dissertation wählte. Seine enge Verbundenheit mit beiden Disziplinen währte sein Leben lang wie auch in der doppelten Denomination (Anthropology and Sociology) seiner Benjamin Franklin Professur in Philadelphia (Penn State University) zum Ausdruck kommt (zunächst war das an zweiter Stelle genannte Fach noch „Psychology", was mit der eher ablehnenden Haltung der dortigen Soziologie zu Beginn zu tun hatte).

Sein fortdauerndes Interesse an der Vielfalt des Alltags mit seinen Symbolen und Ritualen ist ein anthropologisches Erbe. Auch in der eigenen Gesellschaft entsteht überall, wo Menschen gemeinsame Probleme, Ärgernisse, Freuden und Erfahrungen haben, eine gemeinsame Kultur. Es kann dies die Kultur der feinen Leute, die Kultur der Obdachlosen, die Kultur der Gefangenen oder die Kultur der Patient/innen einer Klinik sein. Goffman unternahm es, gleich einem Archäologen, fein säuberlich die verschiedenen Formen des Handelns darzustellen und zu deuten. Er wäre wohl auch ein ausgezeichneter Archäologe geworden, denn er war geradezu ein Meister, ein Künstler im Beschreiben von ‚Kleinigkeiten' des Alltags, denn gerade diese Kleinigkeiten sind es, die – wie schon Georg Simmel (1992 [1908]) argumentiert hat – das soziale Leben ausmachen. Hier liegt die Ähnlichkeit zum Archäologen/zur Archäologin, der/die aus den kleinsten Scherben versucht, das Leben früherer Zeiten zu rekonstruieren.

R. Girtler (✉)
Universität Wien, Wien, Österreich
E-Mail: rolandgirtler@univie.ac.at

K. Lenz und R. Hettlage (Hrsg.), *Goffman-Handbuch*, https://doi.org/10.1007/978-3-476-05871-3_10

Die Chicagoer Schule der Soziologie – und ihr Einfluss auf Goffman

Die Freude am Abenteuer bestimmte schon die berühmte Chicagoer Schule der Soziologie, der auch Goffman in gewisser Weise zuzurechnen ist und der er sich stets verbunden fühlte (s. Kap. 8). Statt in fernen Stammesgruppen zu forschen, zog es sein akademischer Lehrer W. Lloyd Warner und überhaupt die Chicagoer Schule vor, im Dschungel der Großstadt unterzutauchen und zu forschen. Die Vertreter/innen der Chicagoer Schule waren keine Schreibtisch-Soziolog/innen, sondern fühlten sich stets als Feldforscher/innen im Stil der klassischen Anthropologie (Lindner 1992), als jener Wissenschaft, die sich in der Tradition der Ethnologie (oder Ethnographie) bzw. früheren Völkerkunde mit dem kulturellen bzw. sozialen Handeln der Menschen beschäftigt (Girtler 2006). Methodologisch orientiert sich die Anthropologie an der teilnehmenden – aber auch nicht teilnehmenden – Beobachtung und dem freien Gespräch (Girtler 2004).

Hohes Ansehen erwarben die „Chicagoer" William I. Thomas und Florian Znaniecki mit ihrer Studie über eingewanderte polnische Bauern (1919/20). Vor allem waren es Robert E. Park (1864–1944) und Ernest Burgess (1886–1966) samt ihren Mitarbeiter/innen, die in Einzelfallstudien z. B. über Ladenmädchen, über das Leben in Hotels, über Aktivitäten in Ballsälen in der Großstadt Chicago berichteten. Mit ihren Studien über die Problemviertel der Stadt, über Randkulturen u. ä. erregten sie Aufsehen.

In dieser Zeit entwickelte Park den Begriff des „marginal man", des Randseiters (Lindner 2003). Dieser Begriff, der als wichtigster Beitrag von Park zur Kultursoziologie gesehen wird, wird auch für Goffman wichtig. Unter der Sozialfigur des Randseiters versteht man einen Menschen, der am Rande zweier Kulturen steht. Er hat an beiden Kulturen teil, ohne wirklich dazu zu gehören. Zunächst bezeichnete Park damit *coloured people,* später jedoch jene Personen, die durch Prozesse der räumlichen und kulturellen Mobilität geprägt sind. Goffman hat in seinen Gedanken zum Stigma, wie noch gezeigt wird, Parks Überlegungen aufgenommen.

Einen besonderen Einfluss übte auf Goffman Warner aus, der selbst an der University of California in Berkeley studierte und 1935 zum Professor für Anthropologie und Soziologie an die University of Chicago berufen wurde. Warner hatte zunächst – auf Anregung von Radcliffe-Brown – Feldforschung über die soziale Organisation bei den Aborigines in Australien durchgeführt. Veröffentlicht wurde diese Studie in seiner Arbeit *A Black Civilization: A Social Study of an Australian Tribe* (1937). Bei dieser Forschung stellte er u. a. fest, dass in einer Lokalgruppe bei Ehebruch es zu einer richtigen Rauferei zwischen den Verwandten des Ehemannes und des Ehebrechers kommen kann, wobei man sich gegenseitig beschimpft und verflucht. Es wird jedoch darauf geachtet, dass niemand dabei verletzt wird. Ähnliche Duelle sind auch bei uns bei Bergbauern in den Alpen möglich. Warner kommt zu interessanten Überlegungen bzgl. des ‚alltäglichen' Normensystem in den australischen Lokalgruppen. Stark angeregt von Radcliffe-Brown hat er später wesentlich eine urbane Anthropologie grundgelegt. Eine breite Resonanz fanden seine Studien *Yankee City,* zu denen fünf Arbeiten zählen: *The Social Life of a Modern Community* (1941), *The Status System of a Modern Community* (1942), *The Social Systems of American Ethnic Groups* (1945), *The Social System of a Modern Factory* (1947) und *The Living and the Dead: A Study in the Symbolic Life of Americans* (1959). Warner war es auch, der Goffmans erste Anstellung an der Universität of Edinburgh vermittelte und auch die Anregung gab für die Feldforschung auf den Shetland Islands, die seiner Dissertation *Communication Conduct in an Island Community* zugrunde liegt (s. Kap. 3).

Goffmans Faszination für Radcliffe-Brown

Von Warner hat Goffman eine hohe Wertschätzung für Radcliffe-Brown übernommen, die er auch im Interview mit Jef. C. Verhoeven poiniert zum Ausdruck gebracht hat: „So Radcliffe-Brown was central to my interest and concern – and a model for writing papers – much more than any sociologist“ (Verhoeven 1993, 321). Schon vorher hatte sie einen Niederschlag in der Widmung in seinem Buch *Relations in Public* gefunden: „Dedicated to the memory of A.R. Radcliffe-Brown whom on his visit the the University of Edinburgh in 1950 I almost met“. In Abkehr vom Evolutionismus vertraten Radcliffe-Brown und die britische Sozialanthropologie in ihrer Erforschung segmentärer Gesellschaft ein funktionalistisches Erklärungsprogramm. Nicht kulturelle Phänomene, sondern die Fülle von sozialen Beziehungen die Menschen zueinander unterhalten, das soziale Netzwerk oder soziale Struktur, standen im Fokus (Kuper 1993). In starker Anlehnung an Émile Durkheim hat er jene Phänomene untersucht, die zum Fortbestand der Gemeinschaft beitragen, wie Recht, Moral oder Religion. Yves Winkin und Wendy Leeds-Hurwitz (2013, 50) haben Radcliffe-Brown als „most fervent apostle of Durkheim's sociological vision in British and American anthropology“ genannt. Diese enge Verbundenheit wird bei Goffman sichtbar, da er Radcliffe-Brown fast immer zusammen mit Durkheim nennt. Obwohl er mit einer Forschungsstudie auf einer Insel begonnen hat, war Radcliffe-Brown kein Rollenmodell für seine Ethnographie, auch nicht Malinowski (Manning 1992; auch Salat 1983). Obwohl James Chriss (2003) gezeigt hat, dass sich in seinen Schriften durchaus funktionalistische Argumentationsmuster finden lassen, speist sich Goffmans Faszination für Radcliffe-Brown nicht aus dem von ihm vertretenen Funktionalismus, der jenseits von Chicago einen starken Einfluss auf die amerikanische Soziologie ausübte. Philip Manning (1992, 106) vermutet vielmehr, dass es die umfassende Theoriearbeit war, die Goffman bei Radcliffe-Brown beeindruckte und die er in seiner Dissertation auf Interaktionen angewendet hat. „Of course the explicit functionalism of Radcliffe-Brown's writings is not clearly in evidence, but the preference for general theory is there. Goffman's dissertation seems to have adopted the form of Radcliffe-Brown's work“.

Goffmans ethnografischer Blick

Goffman hat in seinem Studium in Chicago gelernt, mit eigenen Augen zu sehen. Er dürfte viel zu Fuß unterwegs gewesen sein, denn vor allem der Fußgänger bekommt spannende Einblicke in soziale Welten, die man ansonsten nicht erhält. Schließlich wurde dies ausdrücklich von Park propagiert, der meinte, der Soziologe/die Soziologin bzw. Kultursoziologe/Kultursoziologin müsse „nosing around“, er/sie müsse „herum schnüffeln“, um auf die Hintergründe sozialen Handelns zu kommen. Eine solche Art des Forschens ist meilenweit von dem entfernt, was in der üblichen Soziologie verlangt wird. Rene König meinte immer, man müsse sich Park als einen unermüdlichen Fußgänger vorstellen, der die Stadt Chicago kreuz und quer nach allen Richtungen hin durchstreift und seine Beobachtungen notiert hat (Lindner 1992, 10). Park und Kollegen erinnern in gewisser Weise an Forscher, die der deutsche Kulturwissenschaftler Wilhelm H. Riehl um 1850 als Menschen bezeichnet hat, die ein „Wanderstudium“ betreiben, also an den klassischen wissbegierigen Flaneur erinnern. Auch Jack London beschrieb in seinem Buch *The Road* (1907), den Tramp als einen Privatgelehrten, der auf der Straße andauernd gezwungen ist, seine Welt, in der er überleben muss, genau zu erkunden. Nach seiner Feldforschung auf den Shetland-Inseln führte Goffman unterschiedliche Studien durch, die seinem anthropologischen Interesse entsprachen, d. h. er suchte im Sinne der klassischen teilnehmenden Beobachtung direkten Kontakt zu Menschen und ihren Symbolen. Eine weitere Forschungsarbeit bezog sich auf das St. Elisabeth Hospital, Washington, DC, in dem er – gleich einem Afrika- oder Indienforscher – als „visiting scientist“ das Handeln der Patient/-innen beobachtete und eine Ethnographie der Lebenswelt in Anstalten anfertigte (s. Kap. 3 und 60).

Die Interaktionen und die Dramen der Alltagswelt sind es, die in seinen Büchern zur Schau gestellt werden. In der Tradition der Chicagoer Schule wird davon ausgegangen, dass unser Handeln durch Symbole (Kleidung,

Sprache, Regeln usw.) bestimmt ist, etwas, das typisch für die klassische Ethnologie ist. Aufhorchen ließ diese Blickrichtung jedoch für die Soziologie der 1940er und 1950er Jahre, weil sie sich anders als der Mainstream nicht an Statistiken und Fragebögen ausrichtete. Dieser ging auch nicht der Frage nach, wie die betreffenden Menschen, deren Leben die Soziologie studiert, ihre Welt selbst sehen (Vester 2009, 2010). Unsere Welt ist also nicht vorgegeben, sondern durch Menschen in ihren Interaktionen bzw. gegenseitigen Tätigkeiten geschaffen. Gesellschaft besteht also aus Verkettungen von Handlungen. Der Mensch sieht sich einer dauernden Beobachtung durch andere ausgesetzt. Dieses Wissen veranlasst ihn, Theater zu spielen mit Fassade, Bühnenbild und Requisiten. Der Mensch lernt seine sozialen Rollen kennen und versucht, mit ihnen zu spielen. Diese Erkenntnis bewog wohl auch den Kulturanthropologen Ralph Linton mit dauerhaften Erfolg, die Begriffe Rolle und Status in die Diskussion einzubringen (EN_b).

Goffman kommt zum Schluss, dass alle Menschen prinzipiell immer Theater spielen und eine Fassade verwenden, um ihre Rolle wirksam spielen zu können. Die soziale Welt ist also für Goffman, nicht nur für ihn, ein Theater schlechthin (PS2). Das Theater der Alltagswelt, das Goffman vorrangig interessiert, unterscheidet sich allerdings vom Theater, das sich auf der Bühne eines Schauspielhauses abspielt, wesentlich. Professionelle Schauspieler/innen wissen, dass ihre Rollen lediglich für die Bühne bestimmt sind. Außerhalb der Bühne verlieren sie ihre Wirklichkeit. Der Unterschied zwischen dem Theater als Schauspiel und dem Theater der realen Welt liegt schließlich darin, dass in der ‚wirklichen' Welt der/die Zuschauer/in jederzeit in das Geschehen mit einbezogen werden kann. In der Regel ist dies beim Schauspiel nicht möglich bzw. nicht geplant.

Scharfsinnig unterscheidet Goffman schließlich zwischen Vorder- und Hinterbühne (PS2, 106 ff.; PS_{dt}, 99 ff.). Während auf der Vorderbühne z. B. der Kellner genau darauf achten muss, dass er seine Rolle entsprechend an die an ihn gerichteten Erwartungen „spielt" (s. Kap. 7) – er muss Höflichkeit heucheln, er muss dem Gast, soweit als möglich, Recht geben, auch wenn der Unsinn redet, er muss mit einer Geste der Höflichkeit die Rechnung dem Gast vorlegen usw. Der Kellner spielt also seine Rolle. Anders schaut es auf der Hinterbühne aus, zu der z. B. im Kaffeehaus die Küche gehört. Hier kann der Kellner meist frei reagieren, denn er fühlt sich unbeobachtet (Girtler 2008). Auf welcher Ebene der Realität man sich gerade befindet, wird nur klar, wenn man sich auf einen gemeinsamen Schatz von Erfahrungen beziehen kann. Goffman verwendet dafür den Begriff des Rahmens (FA). Darunter versteht er eine Ansammlung von Erfahrungen, die uns helfen, Situationen wahrzunehmen und sie zu meistern. Über das Erkennen des Rahmens versteht der bzw. die Handelnde die jeweiligen Situationen entsprechend einzuordnen. Betrete ich z. B. ein Kaffeehaus, so versuche ich zunächst den Rahmen, zu dem Kellner und Wirt gehören, zu verstehen.

Gefragt wird also, was da vor sich gehe? Der Mensch versucht, jede Situation in seine bestehenden Erfahrungsschemata einzuordnen. Die Rahmen-Analyse setzt also „beim hier und jetzt situierten Akteur an, der (sich) die Frage ‚Was geht hier eigentlich vor?' stellt" (Willems 1997, 35). Rahmen sind allgemeine Interpretationsformen, die helfen, Situationen zu verstehen bzw. zu erkennen, ob sie für mich ‚normal' sind. Gerade Ethnolog/innen, die in fremden Kulturen forschen, stehen ständig vor dem Problem, ob bestimmte Handlungen ‚normal' für die betreffende Gruppe sind oder nicht. Ansonsten besteht die Gefahr hineingelegt bzw. getäuscht zu werden. Um dies zu erkennen, bedarf es der Erfahrung aber auch einer gewissen Schlauheit, ob etwas ernst gemeint ist oder auch nicht. Der Forschende muss also bemüht sein, Täuschungen bzw. falsche Vorstellungen zu erkennen (FA_{dt}, 98 ff.; FA, 83 ff.). Mit Überlegungen dieser Art hat Goffman sicherlich auf deren Feldforschungspraxis eingewirkt.

Spannend sind auch seine Gedanken zur Bedeutung des Geschlechts hinsichtlich seiner sozialen Einordnung (ABS). Im Stile der Kultur- und Sozialanthropologie verwendet er den Begriff Geschlechtsklasse („sex class"): Jede

Gesellschaft teilt Kleinkinder bei ihrer Geburt der einen oder der anderen Geschlechtsklasse zu. Diese Zuordnung erfolgt durch Betrachtung des nackten Kinderkörpers. Diese Einordnung vollstreckt sich über die gesamten Phasen des Wachstums und bestimmt maßgeblich die gesamte Entwicklung eines Menschen. Goffman selbst versteht unter dem Begriff der Geschlechtsklasse „eine rein soziologische Kategorie". „(D)ie anfängliche Zuordnung zu einer Geschlechtsklasse (bildet) den ersten Schritt in einem fortwährenden Sortierungsvorgang, der die Angehörigen beider Klassen einer unterschiedlichen Sozialisation unterwirft" (ABS_{dt}, 108 f.; ABS, 303).

Goffmans Beitrag zur Erforschung der Kultur in totalen Institutionen

In seinem Buch *Asylums* bringt Goffman eine bemerkenswerte Analyse von Institutionen, einer besonderen Art, den „totalen Institutionen" (AS_a). Goffman konzentriert sich zwar auf psychiatrische Patient/innen, deren Leben er beobachtet hat, aber seine Überlegungen gelten sehr wohl auch für Gefangene und andere Personen, die in totalen Institutionen leben oder zu leben gezwungen sind. Programmatisch stellt Goffman fest, dass jede Gruppe von Menschen, egal ob Gefangene, Pilot/innen oder Patient/innen in einem Krankenhaus, ein eigenes Leben entwickelt haben, welches sinnvoll, vernünftig und normal erscheint, sobald man es aus der Nähe betrachtet und dass die beste Möglichkeit, eine dieser Welten kennen zu lernen, darin besteht, dass man sich im Zusammenleben mit den Mitgliedern den täglichen Zufällen aussetzt, die ihr Leben bestimmen. Schließlich meint er – dies ist ein Plädoyer für die qualitativen Methoden der Soziologie:

> „Da ich ethnographische Einzelheiten hinsichtlich ausgewählter Aspekte sozialen Lebens der Patienten erfahren wollte, verzichtete ich auf die üblichen quantitativen Methoden. Ich ging davon aus, dass die statistische Absicherung einiger Aussagen so viel Zeit erfordert und mich in meiner Rolle so festgelegt hätte, dass ich beim Sammeln von Daten über die Struktur und das Gewebe des Lebens der Patienten behindert gewesen wäre. [...] Ferner räume ich ein, dass mein Urteil wahrscheinlich durch die Mentalität eines Mannes der Mittelschicht geprägt ist" (AS_{dt}, 7f.; AS, x).

Goffman war teilnehmender Beobachter am Leben in einem psychiatrischen Krankenhaus also einer „totalen Institution" (s. Kap. 26). Mit dem Eintritt sind Demütigungen verbunden, wie das Fotografieren des Neulings, Überreichung der Anstaltskleidung, Einweisung in deie Hausordnung, Zuweisung eines Schlafplatzes u. ä. Den Insass/innen wird klargemacht, dass sie ‚andere' sind, unterstrichen wird dies meist dadurch, dass sie zu einer Nummer werden oder einen neuen Namen bekommen, wie z. B. in den Klöstern. Er/sie muss fortan dem Anstaltspersonal unterwürfig begegnen. Aufnahmeprozeduren, zu denen körperliche Erniedrigungen gehören, haben dabei den Charakter eines Initiationsrituals. Rituale dieser Art faszinieren gerade die Anthropologie.

Goffmans Ansatz hat auch meine Forschung stark beeinflusst. In meiner Studie über Wiens Unterwelt habe ich dargestellt, wie Unterweltler, die in Gefängnisse kamen, diese Rituale erleben und mit ihnen umgehen (Girtler 1995). Der in das Gefängnis neu hinzugekommene Häftling muss eine Reihe von Degradierungsritualen über sich ergehen lassen. Durch diese wird ihm klargemacht, dass er nun ein anderer ist, neue Pflichten hat, nicht widersprechen darf und sich gänzlich einzuordnen hat. Zu diesen Ritualen gehören der Kleiderwechsel und das sogenannte ‚Zugangsbad', eine Art Taufe, durch die dem Gefangenen symbolisch sein neuer Status demonstriert wird. Wer als Neuer akzeptiert wird, dem bietet die Kultur der Häftlinge die Möglichkeit des Schutzes an. Obwohl die Häftlinge vollkommen kontrolliert erscheinen, hat sich auch im Gefängnis so etwas wie eine Kultur entwickelt, nämlich Strategien des Überlebens. Die im Gefängnis existierende Randkultur habe ich einmal als eine Kultur des Schutzes und des Überlebens bezeichnet. Über einen Wiener ‚Ganoven', sein Name Pepi Taschner, schrieb ich ein ganzes Buch (Girtler 1983), dessen wesentliche Teile sich auf das Leben in Gefängnissen beziehen und in dem die Hierarchie der Gefangenen dargestellt wird. Er erzählte mir z. B., dass er mit einem „Kinderschänder" die Zelle teilen musste. Um diesem zu zeigen, dass er ihn verachte, befahl er ihm zur Strafe für seine Untaten nicht im Bett, sondern unter diesem zu liegen. Diese Beispiele demonstrieren gut den Erfindungsreichtum von ‚Ganoven', um mit der Belastung des Gefängnisses fertig zu werden. Jedoch sind jene im Vorteil, die aus der Kultur der Kriminalität kommen. Sie können auf alten Traditionen aufbauen und haben die entsprechenden Kontakte im Gefängnis.

Das Stigma als Teil des Dramas – der Fremde

Ein klassisches Thema der Kulturanthropologie ist der Umgang mit Fremden (Reuter 2010). Fremde tragen das Stigma des Unbekannten, dem man zunächst mit Vorsicht begegnet. Für Georg Simmel ([1908] 1992) sind Fremde nicht Wandernde, die kommen und gehen, sondern die, die kommen und bleiben. Die Diskussion um die Stellung der Fremden geht weit in die Antike zurück. Die alten Griechen unterschieden zwischen zwei Grundfiguren der Fremden: Xenos und Barbaros. Xenos waren die Fremden, der in Gastfreundschaft aufgenommen wurden. Als Barbar (von griech. *barbaros* – eigentl. der Lallende, der den man nicht versteht) galten dagegen die Fremde, die die Einheimischen verunsichern und als Bedrohungen gesehen wurden. Manchmal zwang man sie sogar, sich auch anders zu kleiden oder gewisse Symbole zu tragen, wie eine besondere Kopfbedeckung. Manchmal schor man ihnen die Haare oder tätowierte sie. Der Barbar wurde also stigmatisiert (von griech. *stigma* – das Zeichen), um ihn zu erkennen. Diese Überlegung, dass Fremde, die ein Stigma tragen, wird von Park in seinem Konzept des „marginal man", dem „Randseiter" weitergeführt.

Das Interesse Goffmans an den Stigmata dürfte wohl mit seiner anthropologischen Ausbildung zusammenhängen bzw. auf seine anthropologischen Interessen zurückgehen. Ihn interessiert nicht, wie jemand zum Stigmatisierten wird bzw. wurde, sondern ihm stellte sich vor allem die Frage, wie gehen die Stigmatisierten mit ihrer Demütigung oder ihrer „Abnormalität" um? Damit verbindet sich auch sein Interesse am Umgang des „Normalen" mit demjenigen, der ein Stigma zu tragen hat. Goffman spielt sich dabei nicht als Moralist auf, der den Leuten sagen will: ‚Ihr Normalen seid freundlich zu den Stigmatisierten'. Er beschreibt lediglich im Stil der klassischen Kultur- und Sozialanthropologie wertfrei die vielfältigen Strategien der Bewältigung der Stigmata. Mit diesem spannenden Programm machte sich Goffman auf, um das soziale Leben der Stigmatisierten bzw. Diskreditierten zu erkunden.

Aufbauend auf seinen Beobachtungen, Literaturstudien u. ä. gibt Goffman einen Einblick in den Prozess der Kategorisierung von Personen (ST). Es ist die Gesellschaft, die uns die Mittel zu der Kategorisierung vorgibt. Der Fremde erhält von uns auf diese Weise seine „soziale Identität", die uns hilft, ihn in unserem Handeln ‚richtig' einzuschätzen. In unserer Vorstellung wird aus einer gewöhnlichen Person unter gewissen Umständen eine befleckte und beeinträchtigte. Ein Attribut, das dies zustande bringt, ist, so Goffman, ein Stigma. Das stigmatisierte Individuum kann nun versuchen, sein Stigma zu verbergen, was aber gerade bei den körperlichen Stigmata nicht einfach ist.

Ausführlich befasst sich Goffman mit dem Thema des Täuschens von Stigmatisierten, die ihre verachtete Identität nicht preisgeben wollen (ST_{dt}, 94 ff.; „passing" ST 73 ff.). Hier zeigt sich der ethnologische Blick Goffmans darin, dass er das Bemühen von Landstreichern, ihre wahre Identität nicht preiszugeben, ebenso aufzeigt wie das Bemühen von Prostituierten, die sorgsam darauf bedacht sind, dass ihr ‚normales' Umfeld nichts von ihrer Arbeit erfährt. Goffman erzählt in diesem Zusammenhang von einer Prostituierten, zu der ein Kunde kam, den sie aus ihrer Heimatstadt kannte. Etwas Ähnliches erfuhr auch ich von einer Wiener Prostituierten, die auf dem Strich einen Mann aus ihrem Heimatdorf traf. Beiden war die Sache unangenehm. Beide trafen stillschweigend die Übereinkunft, dass sie ihr Geheimnis für sich behielten, denn auch dem Kunden wäre es unangenehm gewesen, wenn man bei ihm zuhause von seiner Lust, Prostituierte aufzusuchen, erfahren würde. Goffman erzählt auch von Zuhältern, die nur Zimmer für ihre Damen in Hotels so mieteten, dass Kunden beim Aufsuchen der Zimmer nicht gesehen werden konnten (ST_{dt}, 122; ST 96). Dazu passt auch der Hinweis von Goffman auf den Kodex von Prostituierten, einen Kunden, den sie in der Öffentlichkeit erkennt, das nicht anmerken zu lassen (ST_{dt}, 101; ST 78 f.).

Für Anthropolog/innen, die sich ‚im Feld' im wahrsten Sinne des Wortes befinden, sind Goffmans Überlegungen zu den „Stigmasymbolen" („stigma symbols") geradezu wegweisend (ST_{dt}, 59; ST 43 f.). Stigmasymbole können in der „normalen Welt" den/die Stigmatisierte/n verraten. Dieser Begriff ist meines Erachtens sehr weit aufzufassen. Bei meinen Studien in Wiens Unterwelt stieß ich zum Beispiel auf Symbole, die bewusst von Ganoven an sich selbst angebracht werden, um anderen mitzuteilen, dass sie zu einer gewissen ‚Klasse' von ‚Ganoven' gehören oder gehören wollen – zum Beispiel zur ‚Klasse' der Zuhälter, Betrüger, Diebe oder Bankräuber. Durch diese Symbole kann die Zugehörigkeit einer bestimmten Gruppe von ‚Ganoven' angedeutet werden. Oder sie können andere, dazu gehören auch die Polizist/innen, davon informieren, dass man jemand ist, der niemanden verrät und nichts von diversen Übeltaten erzählt. Zum Beispiel können drei tätowierte Punkte am Winkel zwischen Daumen und Zeigefinger darauf hinweisen, dass es sich bei diesem Selbststigmatisierten um eine Person handelt, die sich verpflichtet hat, vor der Polizei bei Verhören usw. Stillschweigen zu bewahren (Girtler 1982).

Schließlich gibt es die Selbststigmatisierung, bei der ein Mensch bewusst symbolisch sich als Mitglied einer geächteten Gruppe ausgibt. Z. B. kann jemand sich freiwillig als Armer oder Bettler/in ausgeben, um seine/ihre Sympathie für die in Armut lebenden Menschen darzutun. Ähnlich ist es auch, wenn jemand seinen/ihren Einsatz für eine stigmatisierte Minderheit dadurch bekundet, dass er/sie die charakteristischen Kleidungsstücke, wie einen besonderen Schal oder einen auffälligen Hut, dieser geächteten Gruppe trägt (wie das Tuch der Palästinenser oder den Judenstern usw.). Ein Stigma kann also auch als positiv interpretiert werden. So kann freiwillige Armut als edel gesehen werde, wie im Fall des heiligen Franz von Assisi oder des griechischen Philosophen Diogenes, der sich selbst gegenüber dem König Alexander als „Hund" bezeichnete. Das Stigma kann also zum Charisma (im Sinne von „positiver Ausstrahlung") werden (Lipp 1984).

Die große Chance der Soziologie besteht und bestand wohl darin, dass sie Konzepte und Erfahrungen von Kultur- und Sozialanthropolog/-innen, die Feldforschungen betrieben haben, aufgegriffen hat. Goffman ist ein Musterbeispiel dafür, wie Soziologie an theoretischer und empirischer Leistungsfähigkeit gewinnen kann, wenn sie über eng gezogene Fächergrenzen hinausgeht. Goffman hat in der Buntheit des Alltags Zusammenhänge und Regeln gefunden und dargestellt, die helfen, menschliches Handeln zu verstehen. Manche seiner Betrachtungen regen zu einem Lächeln an. Auch dafür ist Goffman zu danken!

Literatur

Burns, Tom: Erving Goffman. London 1992.

Chriss, James J: Goffman as microfunctionalist. In: A. Javier Trevino (Hg.): Goffman's Legacy. Lanham 2003, 181–196.

Girtler, Roland: Polizei-Alltag. Strategien, Ziele und Strukturen polizeilichen Handelns. Wiesbaden 1982.

Girtler, Roland: Der Adler und die drei Punkte. Die gescheiterte, kriminelle Karriere des ehemaligen Ganoven Pepi Taschner. Wien 1983.

Girtler, Roland: Randkulturen: Theorie der Unanständigkeit. Wien 1995.

Girtler, Roland: Die 10 Gebote der Feldforschung. Wien 2004.

Girtler, Roland: Kulturanthropologie. Eine Einführung. Wien u. a. 2006.

Girtler, Roland: „Herrschaften wünschen zahlen". Die bunte Welt der Kellnerinnen und Kellner. Wien 2008.

Kuper, Adam (Hg.): Anthropology and anthropologists. The modern British school. London, New York 1993.

Lindner, Rolf: Die Entdeckung der Stadtkultur – Soziologie aus der Erfahrung der Reportage. Frankfurt/Main 1992.
Lindner, Rolf: Robert E. Park (1864–1944). In: Dirk Käsler (Hg.): Klassiker der Soziologie. Band I: Von Auguste Comte bis Alfred Schütz. München 2003, 213–229.
Lipp, Wolfgang: Stigma und Charisma. Über soziales Grenzverhalten. Berlin 1984.
Manning, Philip: Erving Goffman and modern sociology. Cambridge 1992.
Reuter, Julia: Der Fremde. In: Stephan Moebius/Markus Schroer/Diven Hacker (Hg.): Spekulanten. Sozialfiguren der Gegenwart. Berlin 2010, 161–173.
Salat, Jana: Reasoning as enterprise. The anthropology of S. F. Nadel. Göttingen 1983.
Simmel, Georg: Soziologie. Untersuchungen über die Formen der Vergesellschaftung [1908]. Georg Simmel Gesamtausgabe Band 11. Frankfurt/Main 1992.
Thomas, William I./Znaniecki, Florian: The Polish peasant in Europe and America [1919/20]. Chicago, Ill 1996.
Verhoeven, Jef C.: An interview with Erving Goffman, 1980. In: Research on Language and Social Interaction, 26/3 (1993), 317–348 (auch in: Gary A. Fine/Gregory W. H. Smith (Hg.): Erving Goffman, Vol. 1. London 2000, 213–236).
Vester, Heinz-Günter, Kompendium der Soziologie II: Die Klassiker. Wiesbaden 2009.
Vester, Heinz-Günter, Kompendium der Soziologie III: Neuere soziologische Theorien. Wiesbaden 2010.
Willems, Herbert: Rahmen und Habitus. Zum theoretischen und methodischen Ansatz Erving Goffmans: Vergleiche, Anschlüsse und Anwendungen. Frankfurt/Main 1997
Winkin, Yves/Leeds-Hurwitz, Wendy: Erving Goffman: A critical introduction to media and communication Theory. New York 2013.

Teil III
Bezugspersonen, Lehrer und Anreger

Georg Simmel (1858–1918)

11

Gregory W. H. Smith

A complex and multi-faceted thinker, Georg Simmel self-defined as a philosopher but is now best known for his contributions to sociology and cultural theory. Born in Berlin as the seventh and youngest child of a chocolate manufacturer, he was educated at the University of Berlin and worked there in honorary and unsalaried positions until the last four years of his life, when he was appointed Professor of Philosophy at the Kaiser Wilhelm University in Strasbourg. His lectures became popular events in Berlin, attracting diverse audiences, yet he was denied an established university position, due in part to anti-Semitic attitudes by the state educational authorities. His most significant sociological contributions were developed from the late 1880s onwards, culminating in the 1908 publication of *Soziologie: Untersuchungen über die Formen der Vergesellschaftung*. For the last decade of his life, Simmel's interests and publication shifted towards the philosophy of life and what we now call cultural theory. Simmel's ideas were received in English-speaking sociology in an uneven manner, partly due to their piecemeal translation. His *Soziologie* only appeared in English in its entirety in 2009 (as *Sociology: Inquiries into the Construction of Social Forms*).

The Simmel that Goffman absorbed in his Chicago training was the sociologist of social forms or 'formal sociologist'. Other readings of Simmel that emphasized the cultural dimensions of his thought only became widely known in the English-speaking world from the late 1970s. Simmel's innovation was to identify a distinctive field of study for sociology and a novel approach to its investigation.

For Simmel, sociology's field focused upon the mutual influencing and reciprocal effecting ("Wechselwirkung") between persons and the patterns of sociation ("Vergesellschaftung") that thereby resulted. Both terms are usually translated into English as 'sociation' or, simply, interaction. Seen thus, society was not a substance or structure but an 'event' produced in and through the manifold actions of everyday life, such as expressing gratitude for altruistic acts, asking strangers for directions in an unfamiliar part of the city, eating meals in company or dressing and adorning for others. Society for Simmel was a network of people engaged in mutual influencing through these ordinary actions.

The objective of Simmel's formal sociology was to identify the characteristics and contours of these ordinary actions—the social 'form' they assumed. The idea of form derived from Simmel's reading of Immanuel Kant and his active participation in the neo-Kantian debates of his

G. W. H. Smith (✉)
School of Health and Society, University of Salford, Manchester, Großbritannien
E-Mail: g.w.h.smith@salford.ac.uk

K. Lenz und R. Hettlage (Hrsg.), *Goffman-Handbuch*, https://doi.org/10.1007/978-3-476-05871-3_11

time. Simmel's formal sociology imaginatively extended the form/content distinction central to Kant's theory of knowledge into the social realm. Simmel proposed that human action was driven by 'contents'—the diverse drives, purposes, reasons that motivated people to act and which resided in the psychological orientations and biological dispositions of individual persons. However, the sociation that emerged took particular shapes or 'forms'—conflict, cooperation, division of labour, authority and subordination, and the like—that were distinct and independent from those contents. If sociology was to have a specific focus, if it was to be a special social science and not just a rag-bag of everything deemed 'social', then formal sociology would describe and analyse the properties of the forms of sociation. In reality, as Simmel recognized, form and content were indistinguishable. It required the formal sociologist to perform an 'abstraction' of the forms from the contents that animated them. How precisely that abstraction might be accomplished was to become a methodological Achilles heel for formal sociology.

Simmel in Goffman's sociology

Goffman as a graduate student could not have avoided Simmel's thought in the University of Chicago's famed sociology department, for it was an established part of its intellectual furniture (see Chap. 8). It began with the work of the Department of Sociology's head, Albion W. Small, who translated and published many of Simmel's articles in the *American Journal of Sociology* (the journal he edited) in the 1890s and 1900s. Thus, American audiences could read Simmel's latest work soon after it appeared in Germany, making Simmel Europe's best-known sociologist there. (On the influence and reception of Simmel's thought in American sociology, Levine et al. 1976; Jaworski 1997.) Simmel's influence in American sociology, and especially at Chicago, was aided by Robert E. Park, who attended Simmel's lectures in Berlin in 1899–1900. Park's 1921 book with Ernest W. Burgess, *Introduction to the Science of Sociology*, contained more extracts from Simmel than any other single author. The book (the "Green bible") remained an influential teaching text at Chicago for decades to follow. While Goffman appeared to have some reading facility in German, it seems likely that his detailed knowledge of Simmel was acquired mainly through reading the *AJS* translations and in particular Kurt Wolff's (1950) influential edited collection, *The Sociology of Georg Simmel*, which appeared in the middle of Goffman's graduate education at the University of Chicago. These were the leading English translations of Simmel to which Goffman was first exposed. In addition, Simmel's ideas were championed by Goffman's most influential Chicago teacher, Everett C. Hughes (see Chap. 14), who translated Simmel's (1949) essay on sociability (orig.: *Soziologie der Geselligkeit*, 1910), wrote prefaces to further Simmel translations (Hughes 1955; 1965) and circulated as a mimeograph a translation of a section of *Soziologie* ([1908] 1992, 599 ff.) entitled *Morality, Honour and Law* that Goffman cited twice (BP, 24 Fn. 12; BP_{dt}, 40, Fn. 22; RP_d, 97; RP_d_{dt}, 140, Fn. 3). Another Chicago teacher, Edward Shils, translated Simmel's essay, *The Metropolis and Mental Life* (orig.: *Die Großstädte und das Geistesleben*, 1903) in the 1940s (Goffman worked as a research assistant for Shils between 1952–1953). Thus, Simmel's thinking continued as a vital element of the Chicago sociology milieu during Goffman's graduate apprenticeship there.

It is over 40 years since Paul Rock (1979, 27) remarked "Erving Goffman may become the unacknowledged reincarnation of Georg Simmel". One might ask, unacknowledged by whom? For many readers of Goffman, it was easy to see how he was, as Hughes' put it in his supporting letter for Goffman's Berkeley post, 'our Simmel'. If Goffman himself was reticent about acknowledging a Simmelian influence, then that was because of his broader tendency to cover his tracks, almost as if to polish his own originality. But more than academic impression management was involved: Goffman (RDK) persuasively argued that classics should be used as resources for taking sociological inquiry forward—they should not become totems for intellectual ancestor worship. Clues to Goffman's indebtedness to Simmel are in plain sight—Simmel is right there at the beginning of his PhD dissertation and the start of his first book—although they are not conventional statements of acknowledgement. The epigraph set out as a frontispiece to the dissertation (CCoIC, iv) is a long extract from Wolff's (1950, 9 f.) translation of Simmel ([1908] 1992, 33). It contrasts conventional views of society as an enduring set of institutions and organizations ordering work, family, politics and the like with Simmel's more novel view of society as an accomplishment, emergent from the "microscopic-molecular processes" evident in everyday phenomena like greetings, asking for directions, expressing gratitude, eating meals with family or friends, and so forth. These microscopic-molecular processes "incessantly tie" people together and sustain society's macrostructures. As Wolff's translation poetically concluded: "Here are the interactions among the atoms of society. They account for all the toughness and elasticity, all the color and consistency of social life, that is so striking and yet so mysterious" (1950, 10). The quotation effectively declared Goffman's intention to work in Simmel's neighbourhood.

Simmel's name was also prominently placed in the Preface of *The Presentation of Self in Everyday Life*. Noting the "mixed status" of the book's illustrative materials, Goffman states,

> "[t]he justification for this approach (as I take to be the justification for Simmel's also) is that the illustrations together fit into a coherent framework that ties together bits of experience the reader has already had and provides the student with a guide worth testing in case-studies of institutional social life" (PS2, xii; PS_{dt}, 4).

It is a characteristically indirect Goffman statement that works as a quiet kinship claim linking his new enterprise with the then more famed pioneer of formal sociology.

How did Goffman use Simmel in his own studies? There are less than two dozen explicit mentions of Simmel in Goffman's writings. Most of these references occur in Goffman's early work from the 1950s. Goffman's references to Simmel tended to address matters of substance rather than approach. Gregory W. H. Smith (1989b: 208–244 and 431–444) explored the affinities and divergences between their respective substantive analyses. If Goffman's explicit mentions of Simmel are examined—an inherently risky strategy because for Goffman citations are an unreliable guide to influence, and yet they cannot be overlooked—it appears that one-third of the 21 mentions of Simmel occur in his PhD dissertation. A majority overall appeared in publications through to 1963. Therefore, Simmel was of most use to Goffman at the stage when he established his sociology.

Which of Simmel's writings did Goffman choose to consider in his work? Extracts from Simmel's (in Wolff 1950, 320 ff.; translation of Simmel [1908] 1992, 599 ff.) four pages on 'Discretion' were quoted by Goffman. Simmel's concept of the 'ideal sphere' and the notion that discretion enjoined the person to stay away from that personal knowledge which the other did not expressly disclose were seen by Goffman as key components of face-work, deference and situational propriety more generally. This dimension of Goffman's thought is more often attributed to Goffman's adaptation of Émile Durkheim's ideas on ritual (see Chap. 12 and 23), thus giving lie to any easy contrasts between Simmelian and Durkheimian interpretations of Goffman.

The next most popular Simmel source cited by Goffman was Simmel's essay on sociability (orig. *Die Geselligkeit* 1917). It was the only piece by Simmel that Goffman disputes, and perhaps Goffman's reading of Simmel here is not as careful as it might be. Noting Simmel's claim that pure sociability involves participants suppressing their subjective desires and their objective differences (wealth, erudition, fame, etc.), Goffman writes of "Simmel's embarrassing effort to treat sociability as a type of 'mere' play, sharply cut off from the entanglements of serious life" (EN_a, 21 EN_a_{dt}, 24). Goffman asks that this "fact" be treated as a "tendency"—yet reading Simmel's (in Wolff 1950, 48 f.) discussion it becomes clear that Simmel anticipated precisely Goffman's critical remark. Indeed, Simmel recognized that "the actual entanglement of sociability with the events of real life" (in Wolff 1950, 49) meant that successful sociability depended upon participants sustaining the fiction of equality. When they fail to sustain that fiction then the risk emerges that a social party can degenerate into what Goffman calls a "status blood bath".

In addressing the question of what Goffman learned from Simmel, we come up against the notoriously slippery notion of 'influence'. Certainly, it is important to go beyond citation counts and published avowals to seek similarities in the topics Goffman and Simmel addressed and differences in their respective treatments. Smith (1989b) identified four substantive areas for comparison between Simmel and Goffman: knowledge of others and information about self; the dramatic actor and dramaturgy; the adventure and 'action'; and gender difference. In each of these cases there are parallels in their thought that bring to mind the Weberian notion of 'elective affinities'. In the first three cases, despite differences in their respective treatments of these topics, continuities are evident. However, in the fourth case, gender difference, there is a deep-seated difference between Simmel's view of men and women as two autonomous existential totalities and Goffman's social constructionism that portends very different implications for change in gender conceptions.

Smith (1989a) suggested that reading Goffman through Simmel was an effective way of lending coherence to further aspects of Goffman's approach. Most obviously there was the shared interest in sociation, or "being with one another, for one another, against one another" (Simmel in Wolff 1950, 43). The key modification that Goffman made was to add the factor of copresence to the reciprocal orientation and influencing that both saw as central to human sociality. Face-to-face interaction was defined by Goffman as "the reciprocal influence of individuals upon one another's actions when in one another's immediate physical presence" (PS2, 15; PS_{dt}, 18). Thus, Goffman's focus was more specific to the interaction order than Simmel's.

Goffman seemed also to have taken from Simmel a concern to inspect the details of interactional minutiae in order to derive very general principles about the ordering of human sociality. Simmel once set himself the mission of "finding in each of life's details the totality of its meaning" (1978, 55). Even though Simmel's (and Goffman's) essentially exploratory analyses were based on "insecure foundations", both were never afraid to attempt to extract universally valid principles from apparently insignificant phenomena. Simmel's formal sociology provided, to quote the title of a collection of his popular articles, "snapshots sub specie aeternitatis" ('under the aspect/appearance of eternity'), that is, analyses of social forms that sought to identify their universal, eternal elements (Frisby 1981, 102–131). Interestingly, the phrase also figures in Goffman's valedictory ASA Presidential Address: "[F]or myself, I believe that human social life is ours to study naturalistically, sub specie aeternitatis" (InO, 17; InO_{dt}, 103). The same formalizing spirit that animated Simmel's work is evident in his studies of hitherto unnoticed forms of sociation specific to the interaction order, including face-work, deference and demeanour, forms of alienation from interaction, performances, and the like.

Smith (1989a) used Simmel's thinking to develop the neglected methodological aspects of Goffman's sociology. Both Simmel and Goffman recognized that sociation was driven by the psychological dispositions of persons, yet the forms that resulted were distinct from those reasons, motives and drives that impelled persons to interact with others. Parallels can be discerned between Simmel's famous excursus, *How is society possible*, and Goffman's thesis of 'situated expressivity' (Smith 2006). Formal sociology required some basic psychological presuppositions but its focus was, as Goffman memorably put it, "Not, then, men and their moments. Rather, moments and their men" (IR, 3; IR_{dt}, 9).

On Goffman's notorious unwillingness to discuss methodological questions, summarized by Howard S. Becker (2003, 660) as a "principled refusal", Smith (1989a) again shows how Simmel's comments can shed light on questions concerning the construction of formal concepts.

Simmel had more to say on this question than Goffman, albeit in rather general terms. Goffman would doubtless have found succour for his principled refusal in Simmel's admission that he lacked any neat set of measures, that there was no unambiguous teachable technique for doing formal sociology, that sometimes the distinction between form and content could not be made at all, and that when it could be accomplished, tended to be both intuitive and somewhat arbitrary. Since Simmel's day, more systematized methods of concept formation have become available (analytic induction, grounded theory). Goffman's few methodological remarks showed some sympathy—but no more than that—for these newer methods, for example in remarks that his concepts were suggested by the evidence rather than imposed on it and in seeking wide ranging comparisons to illustrate his concepts.

Similarly, Simmel's reasoning can be read to illuminate the status of the knowledge obtained by formal sociology. Formal concepts and the generalizations associated with them constitute a fundamental form of knowledge essential to further scientific advance. The conceptual basis of Simmel's and Goffman's formal sociologies are often misapprehended as unscientific. Concepts are neither true or false but rather apt or not, clear or vague, useful or fruitless. Similarly, illustrations are not robust forms of evidence but do represent an initial form of experiential testing that can be extended by more conventional methods. In this regard, Goffman's sociology tended towards the systematic and was thus amenable to such further testing, in contrast to Simmel's more fragmentary approach, suggesting one respect in which Goffman's sociology advanced the project of formal sociology.

Simmel-Goffman debates

In recent decades there has been an expansion of the ways in which Goffman drew upon and developed Simmel's approach. Interest in these questions has stimulated critical debate.

Anne Rawls (1987) influentially highlighted how Goffman's distinctive contribution to social theory centred on the articulation and development of the idea of the interaction order *sui generis*, a phenomenon to be understood in its own right and in terms of its local production. The claim has not gone unchallenged. Donald Levine (1989, 114) contested the novelty of Goffman's approach, claiming "it was on the assumption of a *sui generis* interaction order that Simmel grounded his entire sociological program". For Levine it was Simmel, not Goffman, who should be given the credit for this innovation. Certainly, some of the same phenomena that Goffman's sociology considered were first addressed by Simmel. But the notion of interaction order was not explicitly evident in Simmel. Goffman's project was confined to uncovering the features of the interaction order while Simmel's formal sociology covered a much broader territory, as was indicated by Levine's (1965, 99–104) own typology of Simmel's forms of sociation as social processes, social types and development patterns. Both Simmel and Goffman considered interaction as emergent from the activities of individuals. Simmel's notion of the 'dignity' of social forms (Tenbruck 1959) was echoed in Goffman's repeated demonstrations of the social character of phenomena often regarded as psychological or personal (embarrassment, involvement, stigma, etc.). But Goffman went beyond Simmel in his dissertation by considering interaction as a distinct type of social order with a distinctive normative structure. Interaction was understood as communicative conduct that depended on rules, expectations, moments where no rules seem to apply, ways of dealing with the breaking of rules, ways of exploiting the rules for private ends, and the like (detailed in Smith 2006, 25 ff.). Levine's old wine in new bottles reading of Goffman underestimates how Goffman extended Simmel's approach by examining the actual practices through which definitions of the situation were sustained and might succeed or fail (and thus demand remedial work). Goffman's formal sociology was constructed to more readily encourage empirical application and conceptual development. Goffman strove to develop explicit conceptual frameworks that stood in stark contrast to Simmel's essayistic and dialectical approach (Schermer/Jary 2013).

Further comparisons between Simmel and Goffman were offered by Murray S. Davis (1997) in a portrayal of their relationship designed to show the different paths taken by the two. Davis maintains that the work of both Simmel and Goffman served to legitimate the sociological study of human experience and thus to give human beings "*more ontological weight*" (1997, 386; H.i.O.). Each dealt with human experience through a qualitative, inductive methodology, building their general notions as outcomes derived from inspection of the details of social life and the historical record. For Simmel, interaction was a broad theme of his entire philosophical outlook. Formal sociology addressed the interaction between individuals more generally, and as *The Philosophy of Money* (Simmel 1978) and his valedictory *View of Life* (Simmel 2011) suggested, everything in the world interacts with everything else. In contrast, Goffman restricted his interest in interaction to sociological forays into features of the interaction order. Their views of the individual were similarly contrasting. Simmel wanted to exalt the individual, to signal the powers and potentialities of the human being as a synthesizing being who was social but much else too. In contrast, Goffman sought to sociologize the individual and reduce the personal self by uncovering new interaction order-based sources of the patterning of copresent conduct. Simmel appealed to spiritual persons with poetic and religious temperaments—Goffman to cynical types inclined towards comical and jaded takes on life.

As Uta Gerhardt (2003) observed, Goffman took careful notice of Simmel especially but not exclusively in his early publications, where Goffman drew upon Simmel's thinking about fashion, the ideal sphere, sociability, knowledge of the other, and secrecy. Gerhardt suggests that Simmel and Goffman were "of kindred spirit" because each exhibited a strong sense of how reciprocity (the mutual relatedness and interdependence implied by interaction) was "constitutive of social life" (Gerhardt 2003, 160). The writings of each also manifest a late phase in which the foci of their earlier work that made them famous (forms of sociation for Simmel, "rituals of interaction" for Goffman) were contextualized by later theories (Simmel's cultural theory and Goffman's frame analysis and later work on forms of talk) that were not well understood or ignored in their own lifetime. In recent decades there has been a renaissance of interest in Simmel's work extending beyond the formal sociology. Similarly, attention to Goffman's work has grown since his death so that it seems that sociology and neighbouring social sciences are only now beginning to catch up with Goffman's reasoning.

Concerns have been expressed that the formal sociological interpretation of Goffman risks downgrading the influence of Durkheimian and pragmatist elements of his work (see Chap. 12). Ramon Vargas Maseda (2017) presented this argument in a painstaking examination of the Goffman critical literature. However, reading Goffman as a formal sociologist need not be construed as competitive and exclusionary of pragmatist and Durkheimian readings. Most certainly, it is not an exhaustive interpretation of Goffman.

In appraising all these broad interpretations, it is as well to remember Goffman's scorn for attempts to label his sociology as symbolic interactionist, structuralist, and so on, and his decisive rejection of the "guilt by pigeonholing" (RDK, 61) he felt so often followed. Yet to describe his approach as a formal sociology is a minimal interpretation that aptly captures key features of his analytical method, textuality and substantive preoccupations. Simmelian readings of Goffman are consistent with emphases on the interactionist and Durkheimian dimensions of his sociology. There are instructive parallels between the critical reception of Simmel and Goffman, and interesting contrasts in the extent to which their interactionist analyses were situated in the theorization of larger structural and cultural contexts (Hammersley 2018 presents a useful overview). Reading Goffman through Simmelian spectacles shows how Goffman's project was not unprecedented. It also highlights what was new and offers a basis for assessing progress in sociology. Famously, Simmel likened his work to a cash legacy that his heirs would use according to their own purposes. Goffman encashed that legacy imaginatively with a conceptual strategy that brought to light many out of awareness features of everyday interaction and paved the way for further sociological studies of the interaction order.

References

Becker, Howard S.: The politics of presentation: Goffman and total institutions. In: Symbolic Interaction 26 (2003), 659–669.

Davis, Murray S.: Georg Simmel and Erving Goffman: Legitimators of the sociological investigation of human experience. In: Qualitative Sociology 20/3 (1997), 369–388 (also in: Gary Alan Fine/Gregory W. H. Smith (ed.): Erving Goffman, Vol. 3. London 2000, 415–434).

Frisby, David: Sociological impressionism: A reassessment of the social theory of Georg Simmel. London 1981.

Gerhardt, Uta: Of kindred spirit: Erving Goffman's oeuvre and its relationship to Georg Simmel. In: A. Javier Treviño (ed.) Goffman's legacy. Lanham 2003, 143–165.

Hammersley, Martyn: The radicalism of ethnomethodology: An assessment of sources and principles. Manchester 2018.

Hughes, Everett C.: Foreword. In: Simmel, Georg: Conflict and the web of group affiliations. New York 1955, 7–9.

Hughes, Everett C.: A note on Georg Simmel. In: Social Problems 13/2 (1965), 117–118.

Jaworski, Gary: Georg Simmel and the American prospect. New York 1997.

Levine, Donald N.: Some key problems in Simmel's work. In: Coser, Lewis A. (ed.): Georg Simmel. Englewood Cliffs 1965, 97–115.

Levine, Donald N./Carter, Ellwood B./Gorman, Eleanor Miller: Simmel's influence on American Sociology – I & II. In: American Journal of Sociology 81/4 (1976), 813–845 & 81/5 (1976), 1112–1132.

Levine, Donald N.: Parsons' Structure (and Simmel) revisited. In: Sociological Theory 7/1 (1989), 110–117.

Rawls, Anne W.: The interaction order sui generis: Goffman's contribution to social theory. In: Sociological Theory 5/2 (1987), 136–149.

Rock, Paul: The making of symbolic interactionism. London, 1979.

Schermer, Henry/Jary, David: Form and dialectic in Georg Simmel's sociology: A new interpretation. Basingstoke 2013.

Simmel, Georg: The philosophy of money. London 1978 (orig.: Philosophie des Geldes [1900]. Georg Simmel Gesamtausgabe Bd. 6. Frankfurt/Main 1989).

Simmel, Georg: Sociology: Inquiries into the construction of social forms. Leiden 2009 (orig.: Soziologie. Untersuchung über die Formen der Vergesellschaftung [1908] Georg Simmel Gesamtausgabe Bd. 11. Frankfurt/Main 1992).

Simmel, Georg: The view of life: Four metaphysical essays with journal aphorisms. Chicago 2011 (orig.: Lebensanschauung. Vier metaphysische Kapitel [1918]. Georg Simmel Gesamtausgabe Bd. 16. Frankfurt/Main 1992, 209–425).

Simmel, Georg, The sociology of sociability. Translated by Everett C. Hughes. In: American Journal of Sociology 55/3 (1949), 254–261 (orig.: Soziologie der Geselligkeit [1910]. Georg Simmel Gesamtausgabe Bd. 12. Frankfurt/Main 2001, 177–193).

Smith, Gregory W. H.: Snapshots sub specie aeternitatis: Simmel, Goffman and formal sociology [1989a]. In: Gary Alan Fine/Gregory W. H. Smith (ed.): Erving Goffman, Vol. 3. London 2000, 370–399.

Smith, Gregory W. H.: A Simmelian reading of Goffman. PhD thesis, University of Salford, 1989b.

Smith, Gregory W. H.: Erving Goffman. London 2006.

Tenbruck, Friedrich H.: Formal sociology. In: Kurt H. Wolff (ed.): Georg Simmel 1858–1918: A collection of essays, With translations and a bibliography. Columbus 1959, 61–99.

Vargas Maseda, Ramon: Deciphering Goffman: The structure of his sociological theory revisited. London 2017.

Wolff, Kurt H. (ed.): The sociology of Georg Simmel. New York 1950.

Émile Durkheim (1858–1917)

12

Céline Bonicco-Donato

übersetzt von Anne-Laure Garcia

In Goffmans Soziologie ist das Vermächtnis Émile Durkheims grundlegend. Er entdeckte das Werk des französischen Soziologen schon in seinen ersten Jahren an der Universität Toronto, als er an einem Lektüreseminar über *Le Suicide* (1897; dt. 2014) teilnahm. Er vertiefte seine Kenntnisse in Chicago dann unter der Leitung von W. Lloyd Warner, seinem späteren Doktorvater. Warner hatte mehrere Studien über die australischen Aborigines verfasst, die auf das Durkheims Werk *Les Formes Élémentaires de la Vie Religieuse* (1912; dt. 1984) aufbauen. Zahlreich sind im Werk Goffmans die Verweise auf Durkheim, beginnend mit seiner Dissertation (CCoIC, 104). Auf dem ersten Blick mag diese Verbindung erstaunen. Wie kann nachvollzogen werden, dass der ‚Papst der Mikrosoziologie' seinen interaktionistischen Ansatz unter die Obhut des Durkheimschen Holismus stellt? Er lehnt sich an dessen Begriff der „âme" (Seele) an, um sein eigenes Konzept des „face" (IR_a; „Image" IR_a$_{dt}$; in Abweichung zu dieser Übersetzung im Weiteren jedoch mit „Gesicht" übersetzt) zu schaffen. Er verwendet den Begriff des „rite" („Ritus"), um die immanente Regulierung der Interaktionsordnung zu erfassen. Überhaupt übte Durkheim einen entscheidenden Einfluss auf sein soziologisches Denken aus: Wie Durkheim geht es Goffman darum, eine immanente Normativität des Sozialen herauszuarbeiten. Trotz des Anschlusses an Durkheim konzipiert Goffman die befreiende Macht des Sozialen anders als dieser. Zudem setzt er sich mit einer Ebene auseinander, die dieser nicht in seine Betrachtung einbezogen hatte: der Mikro-Ebene. Dieser Blick hat einige Verschiebungen in der soziologischen Analyse zur Folge.

Von der Durkheimschen Seele (âme) zu Goffman's face

Der Bezug auf Durkheim spielt eine Schlüsselrolle in der Entwicklung des soziologischen Theorie- und Forschungsprogramms Goffmans. Er verwendet einen seiner Schlüsselbegriffe, die „Seele", um Sartres Phänomenologie weiterzuentwickeln und um die Zwangsläufigkeit der Darstellung sozialer Rollen zu betonen. Der Bezug auf die Seele ermöglicht ihm, die Normativität zu beweisen, die der Umgebung inhärent ist und die die Darstellung der Akteur/innen anleitet. In seinem Erstlingswerk

C. Bonicco-Donato (✉)
Ecole nationale supérieure d'architecture de Grenoble, Université Grenoble Alpes, Grenoble, Frankreich
E-Mail: celine.bonicco@grenoble.archi.fr

K. Lenz und R. Hettlage (Hrsg.), *Goffman-Handbuch*, https://doi.org/10.1007/978-3-476-05871-3_12

The Presentation of Self in Everyday Life beruft sich Goffman auf Durkheim, um den zeremoniellen Charakter der Interaktionsordnung zu thematisieren. In Einklang mit ihm und auch mit Alfred R. Radcliffe-Brown unterstreicht er, dass die Interaktionen die moralischen Werte zum Ausdruck bringen und bestätigen (PS2, 35; PS_{dt}, 35). Unter Bezug auf den französischen Soziologen (Durkheim 1924, 68) stellt er heraus, dass der/die Handelnde wie ein „chose sacrée" („sacred thing" PS, 69; „etwas Heiliges" PS_{dt}, 64) zu ehren sei. Die Durkheimsche Prägung hört aber keineswegs hier auf. Noch ausführlicher wird das Vermächtnis im Buch *Interaction Ritual* (1967) sichtbar, in dem mehrere Aufsätze aus der 1950er Jahre wieder veröffentlicht wurden. Goffman hat hier nicht nur ein paar Zitate von Durkheim eingefügt, sondern greift vielmehr ausführlich die Analyse aus *Les Formes Élémentaires de la Vie Religieuse* auf, um über die Personalisierung des Subjekts und über seine soziale Sakralisierung nachzudenken (IR_b, 47; IR_b_{dt}, 54).

In diesem Werk definiert Durkheim die Gesellschaft als die Quelle der Sakralität der Mitglieder der untersuchten Stämme. Durch kollektive, unpersönliche und neutrale Vorstellungen wird ihnen ein solch hoher Wert verliehen. Soziale Repräsentationen werden als die eigentliche Substanz der Seele definiert (Durkheim 1912, 386; dt. 1984, 545 f.). Die Seele ist die Individualisierung des Sozialen in einem bestimmten Körper, die zusammen ein heiliges Double bilden. Sie transzendiert das Individuum und macht aus ihm eine Person und damit ein respektables Wesen. Goffman übernimmt diesen Blickwinkel, wenn er die Persönlichkeit als *face* konzipiert. Face (Gesicht) ist der Wert, der dem Individuum zugeteilt wird, wenn es situationsangemessen interagiert. Es ist sowohl ein wertvollstes Gut als auch ein grundlegender Zwang der Gesellschaft (IR_a, 10; IR_a_{dt}, 15). Face wertet auf und ist zugleich eine Verpflichtung. Besser gesagt: Das Gesicht wertet auf, weil es verpflichtet. Wir sind gezwungen, eine Rolle zu spielen, um das Gesicht zu wahren und erhalten im Gegenzug ein Selbst, das uns zu einer respektablen Person macht.

Diese Übernahme von Durkheims Begrifflichkeit ermöglicht Goffman, eine holistische Perspektive auf einer mikrosoziologischen Ebene anzuwenden. Die intersubjektiven Beziehungen werden durch die Strukturen der sozio-räumlichen Zwänge geformt, d. h. durch die Situationen, in denen sie stattfinden. Goffman geht aber über diese Anlehnung hinaus und macht die Analyse komplexer. Er meint nämlich, dass das Gesicht je nach Situation variiert. Mit anderen Worten: er kontextualisiert die Personalisierung der Gesellschaft, so dass er die Sakralisierungsprozesse der Individuen *in situ* untersuchen und von einer Pluralität der Gesichter ausgehen kann.

In *Interaction Ritual* erklärt er, dass das Gesicht, das jede/r Interagierende zu wahren versucht, als der intimste und wirkungsvollste innerliche Zwang verstanden werden muss, den die Gesellschaft auf die Individuen ausübt. Um gewürdigt zu werden sowie um Respekt und Aufmerksamkeit zu verdienen, muss jedes Individuum sich darum bemühen, in seinen Verhaltensweisen den Anforderungen der Gesellschaft gerecht zu werden. Das face ist ein vergängliches Gut, das ständig gepflegt werden muss. Das Individuum muss darauf Acht geben, indem es die Erwartungen der Anderen bestätigt, ohne sich das face jemals richtig aneignen zu können. Das Individuum kann jederzeit das Gesicht verlieren, falls es ihm nicht gelingt, den Erfordernissen der Situation gerecht zu werden. Das Individuum trägt die gesamte Verantwortung, denn das face stützt sich nur auf sein Verhalten gegenüber sich selbst und den Anderen in den verschiedenen Situationen. Die Pluralität der in unserer modernen Gesellschaft geltenden Normen sowie der kollektiven Vorgaben erfordern jedoch eine Vielzahl von Entwürfen oder – in den Worten Durkheims – eine Modalisierung der Seele je nach Situation. Wenn die Persönlichkeit ein sozialer Gegenstand ist und die Gesellschaft komplex aufgefasst wird, dann gehört die Persönlichkeit nicht uns, sondern sie wird in jeder Situation neu aufgebaut. Da jede soziale Situation durch spezifische Zwänge charakterisiert ist, lässt sich eine Vielzahl an Gesichtern erkennen.

Das *face* variiert mit jeder neuen Situation, so dass das Individuum genauso viele *faces* ausprägt, wie es Situationen erlebt. Das kollektive *Mana,* die unpersönlichen Kräfte der Gesellschaft oder die „rules of the group" (IR, 6; IR_{dt}, 11) brechen sich in den Individuen (Durkheims These), und dies gemäß der Situation, in der das Individuen handelt (Goffmans These). Demnach ist Goffmans Begriff des face als Personalisierung der Gesellschaft in einem Körper und in einer Situation deutlich kontextueller und situationaler geprägt als Durkheims Begriff der Seele. Während das Individuum bei Durkheim nur eine Seele hat, besitzt es bei Goffman mehrere Gesichter. Die Aufhebung kollektiver Repräsentationen – d. h. die Individuation – findet nicht nur in einem Körper statt, sondern auch in den verschiedenen Szenen des öffentlichen Lebens. Diese Kluft zwischen beiden Perspektiven lässt sich durch die Bezugnahme auf unterschiedliche Gesellschaften erklären: Durkheim entwirft seine Analyse mit Blick auf traditionale Gesellschaften (Stämme der Aborigines in Australien), während Goffman sich ausschließlich für moderne städtische Gesellschaften interessiert.

Goffman erweitert Durkheims Perspektive, indem er sich auf die variierende Herstellung von Gesichtern in unterschiedlichen Kontexten konzentriert. Er verabschiedet sich von der traditionellen Unterscheidung zwischen der authentischen Persönlichkeit und der rollengebundenen sozialen Persönlichkeit: Die Persönlichkeit der Akteure/Akteurinnen verändert sich nicht nur im Laufe eines Lebens, sondern auch in der Abfolge einzelner Interaktionen. In dieser Hinsicht liefert der Aufsatz *Role Distance* (EN_b) eine sehr pointierte Analyse der Bedingungen für die Sakralisierung der Individualität. Durkheims Ausführungen über die Person werden dadurch erweitert und verändert, da ein zuvor nicht genutztes ethnografisches Material herangezogen wird, nämlich die Vorgänge im Alltagsleben (s. Kap. 39). Der Chirurg, der im Operationsraum steht, ist nicht nur ein fachkundiger Professioneller, sondern er ist auch für das Management der Gefühle in seiner Umgebung zuständig. Er muss in der Lage sein, sich von seiner Rolle zu distanzieren, um sein Team zu entspannen, oder auch ein Ehemann zu sein, der mit Frauen zusammenarbeitet: „when the individual withdraws from a situated self he does not draw into some psychological world that he creates himself but rather acts in the name of some other socially created identity. The liberty he takes in regard to a situated self is taken because of other, equally social, constraints" (EN_b, 120; EN_b_{dt}, 136).

Die Neufassung der Durkheimschen Klassifikation der Riten

Indem er methodisch die Personalisierungsprozesse in den unterschiedlichen Interaktionstypen erforscht, übernimmt Goffman nicht nur Durkheims Begriff der Riten, sondern er erneuert auch dessen Klassifikation (s. Kap. 23). Die Riten spielen eine Schlüsselrolle im Werk *Les Formes Élémentaires de la Vie Religieuse;* sie definieren die angemessenen Verhaltensweisen, mit denen der Respekt vor einem Heiligen zum Ausdruck gebracht wird. Durkheim betont stark die Dichotomie zwischen positiven und negativen Riten, wodurch die Ambivalenz des Heiligen zum Vorschein kommt, das gleichzeitig wünschenswert und verboten ist. Diese Klassifikation bereitet den Boden für die Entstehung originärer moralischer Gedanken vor, die das Vergnügen in einen kantischen deontologischen Rahmen integrieren (Durkheim 1924, 49 f.; dt. 1981, 73 f.). Da er sich nicht mit der Natur des moralischen Urteils befasst, sondern sich auf die Kommunikation der Interaktionsordnung bezieht, kann Goffman sich mit einem Phänomen auseinandersetzen, das Durkheim nur überflogen hat: Die Interagierenden sind nicht nur Personen, die geachtet werden sollen, sondern auch diejenigen, die andere Personen achten. So verschiebt er den Blick auf die fundamentale Ambivalenz des Heiligen, die der französische Soziologe betont hatte. Diese Ambivalenz ergibt sich weniger aus der Spannung zwischen dem Verbotenen und dem Gewünschten als aus der zwischen der Sender- und Empfängerfunktion, die alle Interagierenden abwechselnd ausüben müssen. Auf diese Weise kann er sich an die gängige Definition von Ritual als Handlungen anschließen, mit der Respekt und Hochachtung für einen Gegenstand mit absolutem Wert gezeigt wird (RP_c, 62; RP_c_{dt}, 97). Zugleich entwirft er eine neue Taxonomie von Ritualen. Notwendig wird es, zwischen Ritualen gegenüber dem Gesicht von Anderen und Ritualen gegenüber seinem eigenen Gesicht zu unterscheiden. Der Zusammenhang zwischen beiden erweist sich als problematisch: Wie kann ich das face meines Gegenübers achten, ohne mein eigenes face zu riskieren? Wie kann ich meine Würde behalten und gleichzeitig die Heiligkeit des Anderen achten?

Die Rituale gegenüber dem Gesicht von Anderen werden je nach Werk anders genannt: als „Schutzmaßnahmen" („protective practice") in *The Presentation of Self in Everyday Life* (PS2, 229; PS_{dt}, 208) und als Formen der „Ehrerbietung" („deference") in *Interaction Ritual* (IR_b, 56; IR_b_{dt}, 64). Übereinstimmend bringen sie eine respektvolle Haltung dem Anderen gegenüber zum Ausdruck, mit der die fremde Darstellung von Fehlern und die Störung des Bedeutungsflusses geschützt werden soll. Diese Taktformen haben die Funktion, dem/der Empfänger/in die Wertschätzung für seine/ihre Person auszudrücken oder für das, was er/sie repräsentiert. Es gehört sich, den Anderen zuzuhören und dabei sein Interesse zu bekunden, für sein Wohlgefühl zu sorgen. Ebenso sollen Informationen ausgespart werden, die die Situation stören würden, und kleine Hinweise sollen übersehen werden, die die Selbstdarstellung des anderen beeinträchtigen könnten. Mit anderen Worten: Dem Anderen soll dabei geholfen werden, seine Rolle zu spielen. In diesem Zusammenhang führt Goffman auf einer zweiten Ebene die Durkheimsche Dichotomie zwischen negativen und positiven Riten ein, indem er zwischen den Vermeidungsritualen („avoidance rituals") bzw. dem Respekt vor den persönlichen Territorien und Zuvorkommenheitsritualen („presentational rituals") bzw. dem bestätigenden Austausch unterscheidet.

Auch wenn das *face* des Anderen positiv oder negativ rituell berücksichtigt wird, ist es nichtsdestotrotz notwendig, auch Rituale zu Gunsten seines eigenen *face* zu praktizieren. Die Attribute und Techniken der Verteidigung („defensive attributes and practices"), die in *The Presentation of Self in Everyday Life* herausgearbeitet worden waren, werden in *Interaction Ritual* als Benehmen („demeanor") bezeichnet (IR_b). Die Attribute und Techniken der Verteidigung sind Maßnahmen, die Akteur/innen verwenden, um ihre eigenen Darstellungen zu schützen (PS2, 212 ff.; PS_{dt}, 193 ff.). Anders gesagt: sie dienen dem Schutz ihres Verhaltens, indem sie nichts dem Zufall überlassen, um ihre Rolle richtig zu spielen. In *Interaction Ritual* wird erläutert, warum sich der/die Akteur/in viel Mühe gibt, um sein/ihr Gesicht zu wahren (IR_a). Um dies zu schaffen, muss der/die Interagierende den ‚heiligen Funken' ehren, der in ihm/ihr steckt und seine/ihre Persönlichkeit sichert. Er/sie soll zu jeder Zeit zeigen, dass er/sie ein Individuum ist, welches sich gesellschaftlich-adäquat benehmen kann. Er/Sie soll sich bemühen, dass seine/ihre Verhaltensweisen von Anderen als annehmbar wahrgenommen werden. Diese Strategien sind pflichtgemäße Verhaltensweisen, die dazu dienen, ein gesellschaftliches Erfordernis zu erfüllen. Die Gesellschaft hat einen Einfluss auf das Individuum mittels seines *face:* Um das so fragile Gut nicht zu verlieren, das ihm von der Gesellschaft verliehen wurde, muss das Verhalten den herrschenden normativen Vorgaben entsprechen. Die mit den sozialen Situationen einhergehenden Zwänge des Gesichts müssen erfüllt werden: Die Rituale, die das Selbst betreffen, sind das, was man sich selbst schuldet. Angenommen wird, dass das Selbst eine sozial geformte Persönlichkeit ist.

In Kap. 4 von *Relations in Public* (RP_d) werden die korrektiven Rituale besonders eingehend analysiert. Sie dienen der immanenten Regulierung der Interaktionsordnung und ermöglichen Goffman, von Durkheim Abstand zu nehmen. Die korrektiven Rituale dienen dazu, das Gesicht zu wahren, indem sie es wiederherstellen. Wenn das Individuum eine/n andere/n Interagierende/n gekränkt hat, indem es an seinen/ihren sozialen Kompetenzen zweifelt, bemüht es sich, diesen Affront aufzuheben. Es zeigt dadurch, dass es dennoch eine korrekte Beziehung zu den Regeln hat, oder zumindest, dass es dazu fähig ist, diese einzuhalten (RP_d, 108; RP_d_{dt}, 155). Indem es eine korrektive Tätigkeit ausführt, versucht es vorrangig, ein Bild von sich selbst zu vermitteln, das gesellschaftlich angemessen ist. Gleichzeitig zeigt es hiermit dem/der Interaktionspartner/in an, dass es diesen für wichtig hält und bedauert, ihn/sie gekränkt zu haben. Die Entschuldigungen und Rechtfertigungen, die dem Anderen mitgeteilt werden, zielen darauf ab, zu zeigen, dass das Individuum weiterhin die gesellschaftlich positiv bewerteten Attribute aufweist: Es ist dazu fähig, die Erfordernisse der Interaktionsordnung zu verstehen und ihnen zu entsprechen. Mit anderen Worten: Beim korrektiven Austausch geht es weniger darum, dass der/die Verursacher/in der Kränkung dem/der Gekränkten eine Wiedergutmachung leistet. Es geht vor allem darum, die prinzipielle Anerkennung der Geltung der Regeln zum Ausdruck zu bringen und seine wirkliche Beziehung zu den Regeln aufzuzeigen, die durch seine Handlung verletzt wurden, und zu den Personen, deren Ansprüche dadurch normalerweise geschützt werden (RP_d, 116; RP_d_{dt}, 166). Der korrektive Austausch schafft eine Distanz zwischen Individuum und Persönlichkeit. Als Person tadele ich das, was ich als Individuum getan habe, und erhebe zugleich den Anspruch, weiterhin ein Hüter des ‚heiligen Funkens' zu sein, den die Gesellschaft in mir entzündet hat.

Hier findet eine Regulierung der Interaktionsordnung statt. Der korrektive Austausch ersetzt die traditionelle soziale Kontrolle, bei der die Straftaten durch die Bestrafung abgegolten werden. Eine Verletzung der Interaktionsordnung wird nicht nur – wie von Durkheim (1897; dt. 2014) analysiert – durch eine übergeordnete Instanz, wie z. B. die Justiz mittels einer repressiven oder restitutiven Sanktion, bestraft. Stattdessen erfolgt eine spontane Selbstkontrolle durch die Schuldigen. Eine derartige Selbstbestrafung entsteht aufgrund der inhärenten Reziprozität der rituellen Ordnung als sozialer Institution: Sobald ein Individuum das Gesicht eines Anderen gefährdet, leidet sein eigenes face darunter. Die eigenen rituellen Ansprüche können nur aufrechterhalten werden, wenn die durch die Handlungen vermittelten Bedeutungen angemessen und reibungslos ausgetauscht werden. Das setzt voraus, dass die durch die Interaktionsordnung gestellten Anforderungen beachtet werden. Dieses Kommunikationserfordernis, das der Interaktionsordnung innewohnt, stützt sich auf gegenseitige Sakralisierungen, auf die wechselseitige Anerkennung der rituellen Ansprüche und geht damit weit über das Schweigen und die Klagen hinaus. Die Interaktionsordnung ist ein Austauschsystem, in dem nicht marktbezogene Güter, sondern soziale Werte ausgetauscht werden. Sein Gesicht zu wahren, bedeutet daher die Gesellschaft auf der grundlegenden Ebene zu retten: auf der Ebene der kollektiven Überzeugungen, die mit bestimmten sozialen Situationen verbunden sind (RP_d, 108; RP_d_{dt}, 155).

Goffmans Soziologie vertieft Durkheims systematischen Analysen der Gesellschaft, indem die Person in den Fokus genommen wird. Hier entfaltet er eine scharfsinnige originelle Analyse der sozialen Regulierung, die dem Argumentationsgang Durkheims noch fehlte. Mit Durkheim geht Goffman über Durkheim hinaus. Das Individuum kann seine Persönlichkeit nicht finden, ohne die soziale Ordnung zu schützen. Die Interessen der Individuen und der Gesellschaft sind nicht gegensätzlich, sondern hängen zusammen. Dieser Konformismus enthält eine ethische Dimension. Die Aufwertung des Individuums als Person ist zwar ein Zwang, aber sie gewährleistet im Gegenzug auch eine Gleichbehandlung und eine Anerkennung der Anderen.

Neukonzeption der befreienden Macht des Sozialen

Diese Gegenseitigkeit der face-work hat einen moralischen Charakter. Sie kann dazu beitragen, soziale Ungleichheiten, die auf der Makroebene vorhanden sind, abzumildern oder sogar aufzuheben. In *Relations in Public* und in seiner Presidential Address *The Interaction Order* werden die Ressourcen hervorgehoben, die auf der Interaktionsebene gegeben sind, um soziale Hierarchien einzuebnen und um entweihte Persönlichkeiten wieder zu sakralisieren. Schon in *Asylums* werden diese Ressourcen einleuchtend erläutert (Bonicco 2008). Für die Deutung der befreienden Macht des Sozialen schlägt Goffman eine andere Version als Durkheim vor und entwirft dabei eine neue Theorie der Anerkennung.

Mit dieser Studie, die in einer psychiatrischen Anstalt, dem St. Elizabeth Hospital in Washington, 1955 und 1956 durchgeführt wurde (s. Kap. 3), verfolgt Goffman zwei Ziele. Einerseits will er die Unerträglichkeit der Einschränkungen für die Internierten und für ihr soziales Leben aufzeigen. Andererseits geht es ihm darum, die Fähigkeiten der psychisch kranken Menschen, sich der (Zwangs-)Ordnung zu entziehen, ans Licht zu bringen. Sie benutzen Schlupflöcher und führen Handlungen aus, um die Ordnung von innen heraus zu modifizieren (s. Kap. 38). Goffman stellt die unmenschliche Behandlung der Kranken heraus, die vor allem darin besteht, dass sie fortlaufend wie eine formlose undifferenzierte Masse behandelt werden. Ihre Unfähigkeit, den Anforderungen der Interaktionsordnung zu entsprechen, führt zu ihrer Abwertung und sie trägt aber auch dazu bei, die Institution zu unterlaufen. Diese kann nicht fortbestehen, wenn ihre Mitglieder sich nicht für sie engagieren oder sich nicht mit ihr verbunden fühlen. Wenn die Internierten so wenig wie möglich und nur unter Zwang am Alltag der Einrichtung teilhaben, sind die sozialen Beziehungen so stark segmentiert, dass diese im starken Maße polarisieren und das Leben der Institution lahmlegen. Seine Feldstudie entdeckt zugleich an heimlichen Orten, in Verstecken und Freiräumen ein reichhaltigeres soziales Leben auf und einen persönlichen Austausch zwischen den Insassen bzw. Insassinnen. Sie unterlaufen die Vorschriften und Verbote und können sich dank dieser sekundären Anpassungsmechanismen, der Rolle und dem Selbst entziehen, die das Personal ihnen aufdrängen möchte (AS_c, 189; AS_c_{dt}, 185).

Diese Resakralisierung trägt stark dazu bei, den Blick mancher Mitglieder der Institution zu verändern. Indem das Personal die Anpassungsstrategien der Kranken beobachtet, kann es dazu tendieren, Face-to-face-Beziehungen mit ihnen zu knüpfen und hierdurch ihren Wert anzuerkennen. Goffman räumt zwar ein, dass solche Interaktionen die psychiatrische Anstalt nicht rundum verändern, jedoch stellt er fest, dass in einigen Bereichen der Klinik die Institution von ihren eigenen Mitgliedern gefährdet wird. Die Interaktionsordnung mit ihrer radikalen Wechselseitigkeit kann die mit ihr zusammenhängenden makrosozialen Strukturen nicht determinieren – daher der berühmte Ausdruck „loose coupling" (InO, 11; „lose Koppelung", InO_{dt}, 85) –, aber sie kann einige ihrer schädlichen Wirkungen mildern.

Diese Differenzierung von mehreren sozialen Ebenen führt dazu, dass Goffman ein Verständnis der Befreiung durch das Soziale vorschlägt, das sich von Durkheim unterscheidet. In seinen Augen verrät eine Vielzahl belangloser Anekdoten ein Streben nach Freiheit (AS_c, 305; AS_c_{dt}, 290). Auch wenn der Zusammenhang zwischen der dank sekundärer Anpassung wiederhergestellten Persönlichkeit, den alltäglichen Anekdoten des Lebens in der psychiatrischen Klinik und der Freiheit eine klare Anspielung auf Durkheims Werk *Les Formes Élémentaires de la Vie Religieuse* ist, übernimmt Goffman nicht dessen Standpunkt der Befreiung. In *De la Division du Travail* schreibt Durkheim (dt. 1988, 456; orig. 1893, 381):

> „Die Freiheit steht dem sozialen Handeln nicht etwa antagonistisch gegenüber, sondern ist dessen Resultat. Sie ist nicht nur keine dem Naturzustand innewohnende Eigenschaft, sondern im Gegenteil eine Errungenschaft der Gesellschaft gegenüber der Natur. [...] Was schließlich und endlich die Freiheit ausmacht, ist die Unterordnung der äußeren Kräfte unter die sozialen Kräfte; denn nur unter dieser Bedingung können sich diese frei entwickeln. Nun ist aber diese Unterordnung sehr wohl die Umkehrung der natürlichen Ordnung."

Goffman vertritt jedoch die Auffassung, dass die Persönlichkeit das Individuum mit Leben erfüllt, indem sie es von den pathologischen Zwängen der Institution befreit, nicht aber von den natürlichen Zwängen. Er unterscheidet zwei Ebenen des Sozialen: die Interaktionsordnung, wozu die Persönlichkeit gehört, und die makrosoziale Ebene, wovon sich die Persönlichkeit freimachen kann. Der Typus der Insassen bzw. Insassinnen in einer psychiatrischen Klinik ist von der sozialen Ordnung entkoppelt, mit der die einfache aber grundlegende Tatsache zum Ausdruck gebracht wird, dass der Mensch seine Würde aus der gegenseitigen Beziehung zu dem Anderen erhält. Goffman würde sich Durkheim nicht anschließen, wenn er behauptet: „Zu einem wahrhaft menschlichen Wesen macht uns allein das, was wir von jener Gesamtheit der Ideen, Gefühle, Glaubensinhalte und Verhaltensvorschriften, die man Zivilisation nennt, uns anzueignen vermögen" (Durkheim dt. 1976, 108; orig. 1924, 79). Goffman würde einfach – und vielleicht grundsätzlicher – sagen, dass die Menschlichkeit aus den auf Vertrauen und einem gemeinsamen Erwartungshorizont beruhenden gegenseitigen Interaktionen entsteht. Hier wird das Soziale auf der kleinsten aber grundsätzlichsten Ebene begriffen. Im offiziellen Leben der Institution wird das Soziale auf Objektivierungen reduziert; in den sekundären Anpassungen wird es personalisiert.

Goffmans Soziologie der Person kann dazu beitragen, die Grundzüge einer Anerkennungstheorie herauszuarbeiten, die sich von derjenigen Axel Honneths deutlich unterscheidet und nicht von Hegel geprägt ist (Rawls 2003). Auch wenn Honneth die Anerkennungserwartungen mit dem Sozialisationsprozess verknüpft, betrachtet er nichtsdestotrotz diese als Ausdruck eines fundamentalen subjektiven Bedürfnisses. Seine Theorie hat daher zweifelsohne eine psychologische Dimension (Honneth 1992; 1999): Welche Konsequenzen für die Identität einer Person hat die Negation einer Persönlichkeit? Goffman widmet sich dieser Frage aus einer Beobachterperspektive heraus und fasst die Identität durch und durch als einen sozialen Prozess auf. Er leugnet nicht die Existenz gelebter Erfahrungen, aber er berücksichtigt sie in seiner Analyse nicht. Weit entfernt von jeglichem Pathos ist für ihn die Analyse der in totalen Institutionen stattfindenden Demütigungen („mortification") beispielhaft. Er nimmt ausschließlich einen deskriptiven Außenblick ein, um herauszustellen, wie verschiedene Formen der Anerkennung und des Kampfes in die sozialen Beziehungen eingebaut sind. Aufgezeigt wird eine tiefgründige soziale Logik: Die sekundäre Anpassung ist nicht nur eine Gegenreaktion des Individuums auf eine Institution, die seine Persönlichkeit entweiht, sondern auch eine Reaktion des Sozialen auf seine eigenen versteinernden pathologischen Tendenzen. Der Ausgleich durch die Resakralisierung der Gesichter (faces) ist ein Faktor der Dynamik.

Zusammenfassung

Auch wenn Goffman sich auf Durkheims Analysen stützt, ist seine interaktionistische Interpretation eigenständig; er verwendet diese für die Analyse der Mikroprozesse im Alltagsleben. Von Durkheim übernimmt er den Begriff der Zeremonie und nutzt diesen, um soziale Phänomene zu analysieren, die der französische Soziologe geringschätzte: die banalen Vorgänge im Alltag. Er übernimmt zwar die These einer immanenten Normativität des Sozialen, aber er überträgt sie auf die Ebene der Interaktion. In Anlehnung an Durkheim definiert er die Interaktionsordnung als eine Entität *sui generis*. Da sein Blickwinkel über den Symbolischen Interaktionismus hinaus geht, ist Goffman in der Lage, Durkheims holistische Perspektive auf die mikrosoziologische Ebene zu übertragen. Diese Übertragung hat aber Folgen: In seinen Schriften pluralisiert sich Durkheimsche Seele aufgrund der Pluralität der Szenen in den heutigen Gesellschaften in Gesichter *(faces)*. Er erweitert die Klassifikation von Riten, indem er die Sender- und Empfängerfunktionen berücksichtigt und die Dichotomie zwischen dem Gewünschten und dem Verbotenen einbezieht. Er zögert nicht, die von Durkheim vorgeschlagene Analyse des Personenbegriffs auszubauen, indem er den Prozess der Personalisierung als eine soziale Anforderung auffasst. Hierdurch ist es möglich, die soziale Ordnung mit Blick auf die Wechselseitigkeit der rituellen Ansprüche – als das von ihm berühmt gewordene ‚face-work' – zu verstehen. An Stelle der von Durkheim institutionalisierten Sanktionen, stellt Goffman die spontanen interaktiven Korrekturprozesse heraus. Er bereitet den Boden für eine Anerkennungstheorie, die nicht psychologisch geprägt ist, sondern die soziale Dynamik des Ausgleichs berücksichtigt. Diese Sichtweise radikalisiert die moralische Dimension der Soziologie Durkheims, indem er sie für unsere Gegenwart öffnet.

Literatur

Bonicco, Céline: Rigidité et souplesse de l'ordre de l'interaction chez Erving Goffman. In: Klésis (2008), 27–45.

Durkheim, Émile: De la division du travail social. Paris 1893 (dt.: Über soziale Arbeitsteilung. Studie über die Organisation höherer Gesellschaften. Frankfurt/Main 1988).

Durkheim, Émile: Le suicide. Paris 1897 (dt.: Der Selbstmord. Frankfurt/Main 2014).

Durkheim, Émile: Les formes élémentaires de la vie religieuse. Paris 1912 (dt.: Die elementaren Formen des religiösen Lebens. Frankfurt/Main 1984).

Durkheim, Émile: La détermination du fait moral. In: Ders.: Sociologie et philosophie. Paris 1924, 49–90. (dt.: Bestimmung der moralischen Tatsache. In: Ders.: Soziologie und Philosophie. Frankfurt/Main 1976, 84–117).

Honneth, Axel: Kampf um Anerkennung. Frankfurt/Main 1992.

Honneth, Axel: Postmodern identity and object-relations theory: on the supposed obsolence of psychoanalysis. In: Philosophical Explorations 2/3 (1999) 225–242.

Rawls, Anne W.: Orders of interaction and intelligibility: Intersections between Goffman and Garfinkel by way of Durkheim. In: A. Javier Trevino (Hg.): Goffman's legacy. Boulder/Col. 2003, 216–253.

13 George Herbert Mead (1863–1931) und Charles Horton Cooley (1864–1929)

Jürgen Raab

Die intellektuellen Einflüsse auf Erving Goffmans Soziologie der Interaktionsordnung von sind durchaus mannigfaltig und gewiss nicht leicht zu durchschauen. Er selbst hat durch nur spärliche Verweise in seinem Werk viel zu dieser undeutlichen Spurenlage beigetragen. Auch betrieb Goffman keine tiefschürfenden theoretischen Auseinandersetzungen mit ‚seinen' Autoren und kümmerte sich nicht um die unter ihnen oder über sie ausgefochtenen Debatten. Vielmehr behandelte er die für ihn wichtigen Theoretiker/innen wie Steinbrüche, aus denen er aufgriff und weiterentwickelte, was sich an Anregungen, Beobachtungen und Überlegungen in den jeweiligen Stand des eigenen Forschungs- und Theorieprogramms wie zu einem Mosaikbild fügte. Während seine Vertrautheit mit den klassischen Arbeiten von Émile Durkheim (s. Kap. 12) und Georg Simmel (s. Kap. 11) durch Anmerkungen und Zitate noch gut belegt ist, gestaltet sich die Rekonstruktion der Prägungen durch sein näheres akademisches Umfeld schwieriger. Denn als Goffman zwischen 1945 und 1958 in Chicago studiert, sind die Gründungsväter und ersten Lehrer der Chicago School of Sociology bereits emeritiert oder verstorben und der Generationenwechsel zur sogenannten „Second School" ist im Gange. Noch dazu verweigerte er sich vehement der Zurechnung zu dem für die zusehends sich ausdifferenzierende Chicago School neu geschaffenen Etikett des Symbolischen Interaktionismus, den er eher für wissenschaftspolitisch motiviert als für inhaltlich gerechtfertigt erachtete (s. Kap. 9).

Doch so einzigartig sich Goffmans Stellung innerhalb der Soziologie heute ausnimmt und so verschlungen sich das Geflecht der Traditionszusammenhänge, aus denen er kam, auch präsentiert, in einem seiner wenigen Interviews nennt er die beiden für ihn zentralen Referenzautoren in einem Atemzug beim Namen:

> „Coming from Chicago, there was the tradition of George Herbert Mead to provide the social psychological underpinning or background for any study. From there one could go in all kinds of directions. […] That is, Mead was very smart fellow. You can learn a lot from reading his books. At least get a lot of leads – what are now called sensitizing concepts, directions for inquiry. Cooley, as far as I was concerned, was very significant in all this too. Charles Horton Cooley, and he would be called a symbolic interactionist now, but the name wasn't around when he wrote. He is very, very important" (Goffman in Verhoeven 1993, 318 und 336).

Aus der ‚klassischen' Traditionslinie der Chicago School haben denn auch die sozialpsychologischen Ansätze von Mead und Cooley in Goffmans frühen, die Grundsteine zur Soziologie der Interaktionsordnung legenden Studien

J. Raab (✉)
Institut für Sozialwissenschaften, Universität Koblenz-Landau, Landau, Deutschland
E-Mail: raab@uni-landau.de

K. Lenz und R. Hettlage (Hrsg.), *Goffman-Handbuch*, https://doi.org/10.1007/978-3-476-05871-3_13

überaus markante Spuren hinterlassen, und sind dabei aufgrund ihrer unübersehbaren theoretischen Nähe wie auch kraft ihrer ganz eigenen Schwerpunktsetzungen gleichermaßen von kaum zu überschätzender Bedeutung (Schubert 2006; Wiley 2011). Wenn daher im Folgenden im Vordergrund steht, an welchen Theoriestellen das Denken von Mead im Werk von Goffman seine Anschlüsse findet und inwieweit Goffman für seine Soziologie der Interaktionsordnung über den wohl prominentesten allgemeinen Bezugsrahmen der Chicago School hinausgeht, wird es sich als hilfreich und lohnend erweisen, Cooley immer wieder mit in den Blick zu nehmen.

Mind, Self and Society are Twin-born

Den Kern von Meads Sozialisations- und Identitätstheorie bilden zwei einander ergänzende Überlegungen: der Gedanke vom unauflöslichen Zusammenspiel in der Entwicklung von Identität („self") und sozialer Umgebung („society"), sowie das zur Beschreibung der Entwicklung von Geist/menschlichem Bewusstsein („mind") in Anschlag gebrachte anthropologische Konzept der Perspektivenübernahme („the taking the role oft he other").

Zuvorderst ist es Mead um den Aufweis getan, dass Geist, Identität und Gesellschaft keine Substanzen sind, sondern dynamische und entwicklungsoffene, komplex ineinander verwobene und nur analytisch voneinander unterscheidbare Prozesse. Diese Überlegung ist für Goffman wegweisend. Seine Untersuchungen werden ihren Ausgang beim Spannungsverhältnis zwischen den sozialen Situationen und dem Selbst nehmen und Mead auch darin folgen, dass für die Analyse dieser Wechselwirkungen „das Ganze (die Gesellschaft) wichtiger [ist] als der Teil (Individuum), nicht der Teil wichtiger als das Ganze; der Teil wird im Hinblick auf das Ganze, nicht das Ganze im Hinblick auf das Teil oder die Teile erklärt" (Mead 1973, 45). Goffmans Ansatzpunkt ist mithin „nicht das Individuum und seine Psychologie […], sondern eher die syntaktischen Beziehungen zwischen den Handlungen verschiedener gleichzeitig anwesender Personen"; ihm geht es mithin – so das vielzitierte Bonmot – „nicht um Menschen und ihre Situationen, sondern eher um Situationen und ihre Menschen" (IR_{dt}, 8 f.; IR, 2 f.), weshalb es angeraten ist, „außerhalb des Individuums anzusetzen und sich nach innen vorzutasten, als umgekehrt" (PS_{dt} 1969, 241 Fn. 6; PS2, 86). Während Mead aufgrund seiner immer wieder hervorgehobenen Abgrenzung zu Cooleys introspektivem Zugang bereits wie ein Außenbeobachter des menschlichen Bewusstseins („mind") wirkt, werden Goffmans Tastbewegungen noch weniger tief vordringen. Auch dann nicht, wenn spätere Studien das Problem des Wirklichkeitsstatus von Alltagserfahrungen aufwerfen und die *Rahmen-Analyse* Alfred Schütz und der Phänomenologie einen offenkundigen Vorrang vor der Psychologie einräumt. In Goffmans Interesse liegt vielmehr, dass buchstäblich alles, was in sozialen Situationen geschieht oder nicht geschieht, unmittelbare Rückwirkungen hat auf das, was er als das Selbst („self") der Handelnden begreift.

Dieses Verständnis trägt abermals die unverkennbaren Züge von Mead – und auch von Cooley. Denn Meads Konzept vom „Self" als Spannungsverhältnis von „I" und „Me" sowie der hiervon abgeleitete „generalized other" nehmen nicht anders als Cooleys berühmte Wendung vom „looking-glass self" dezidiert Abstand zur Vorstellung von Identität als naturgegebenem oder vom Individuum autonom entworfenen, stabilen inneren Wesenskern, und beschreiben Identität als in sozialen Koordinations-, Kooperations- und Kommunikationszusammenhängen sich ausbildende kognitive Struktur, die fortwährend auf ihre soziale Umgebung zurückwirkt, so dass sich beide – das Selbst und die sozialen Situationen – wechselwirkend zueinander entwickeln und verändern. Kurz, Meads „mind, self and society" meint keine Stufenfolge als vielmehr einen Dreiklang, oder in der Formel von Cooley und für Goffman anschlussfähiger: „self and society are twinborn" (Cooley 2009, 5).

Der Schlüssel zum Verständnis jenes unauflöslichen Entwicklungszusammenhangs von Individuum und Gesellschaft ist Meads anthropologisch begründetes Konzept der Perspektivenübernahme („the taking the role oft he other"). Indem Menschen die potentiellen Haltungen und Reaktionen von sozialen anderen auf das eigene Handeln mitvergegenwärtigen und diese Anlage im Verlaufe ihrer Sozialisation ausbauen und verfeinern, können Menschen sich Subjekt und Objekt zugleich sein, und werden gemeinsame Situationsbestimmungen und aufeinander abgestimmte Handlungen möglich, so dass Mead resümieren kann: „Wir müssen andere sein, um wir selbst sein zu können" (Mead 1980a, 327). Diesen Gedanken macht sich Goffman unmittelbar zu eigen: „Wir folgen dabei George Herbert Mead. Was ein Individuum für sich selbst ist, ist nicht etwas, was es erfunden hätte, sondern das, was sich bei den ihm gegenüberstehenden signifikanten Anderen als Erwartung in Bezug auf es herausgebildet hat, als was sie es behandelt haben, und als was es schließlich sich selbst sehen musste, um auf ihre Reaktionen ihm gegenüber reagieren zu können" (RPf_{dt}, 367; RP_f, 279).

Das aus dieser Leitidee sich ableitende Verständnis von Identität als „a simultaneous multiplicity of selves" (EN_b, 132; EN_b_{dt}, 149) führt Goffman nicht nur zu seiner berühmten konzeptionellen Unterscheidung von Rollenspiel und Rollendistanz (EN_b), sie bietet auch die Grundlage für seine gleich dreifache Identitätstypologie (ST) (s. Kap. 31). In ihr beruht die soziale Identität („social identity") auf den Zuschreibungen und kategorialen Zuweisungen von sozialen anderen und speist sich aus jenen Merkmalen und Eigenschaften, die an einem Individuum unmittelbar wahrzunehmen sind oder antizipiert werden, und von denen angenommen wird, dass sie über verschiedene soziale Situationen hinweg stabil bleiben, wie Geschlecht, Alter, Ethnie und Milieuzugehörigkeit. Anders als der Begriff nahelegt, beruht auch der zweite Identitätstypus auf sozialen Zuschreibungen und Identifizierungen. Doch im Unterschied zur sozialen Identität, die ein Individuum in größeren Gruppen aufgehen lässt, ist für die persönliche Identität („personal identity") die Besonderheit der spezifischen Merkmalskombination eines infrage stehen Individuums ausschlaggebend, wie sie sich vor allem aus dessen Namen, Aspekten seiner spezifischen körperlichen Erscheinung und seiner Biografie ergibt. Beruhen soziale und persönliche Identität auf Fremdzuschreibungen, fokussiert Goffman mit dem dritten Typus der Ich-Identität („ego identity") auf den subjektiv-reflexiven Anteil von Identität und berücksichtigt die innige, emotionale Verbundenheit von Individuen mit ihrer Selbsteinschätzung, wofür er Meads Konzept des „role taking" um Cooleys „looking-glass self" ergänzt:

> „A self-idea of this sort seems to have three principal elements: the imagination of our appearance to the other person; the imagination of his judgment of that appearance, and some sort of self-feeling, such as pride or mortification. The comparison with a looking-glass hardly suggests the second element, the imagined judgment, which is quite essential. The thing that moves us to pride or shame is not the mere mechanical reflection of ourselves, but an imputed sentiment, the imagined effect of this reflection upon another's mind. [...] We always imagine, and in imagining share, the judgments of the other mind" (Cooley 2009, 184 f.).

Vor dem damit skizzierten Hintergrund geht Goffman für seine Soziologie der Interaktionsordnung an nicht weniger als drei Theoriestellen zunächst mit Cooley über Mead und schließlich mit den beiden Anregern über sie selbst hinaus.

Mit Cooley über Mead und darüber hinaus

Die erste Theoriestelle erweist sich als tiefster Ankerpunkt der Soziologie der Interaktionsordnung und findet sich dort, wo – siehe die obige Zitatstelle – „Cooley [...] darauf hin[wies], dass es hier [bei den Beurteilungen durch die anderen, J.R.] um das Selbst betreffende Gefühle wie Stolz und Scham geht" (RP_g_{dt}, 442; RP_g, 341; Scheff 2013). Tatsächlich ziehen sich die beiden das Selbst zutiefst berührenden Gefühle mitsamt ihren Schattierungen und Wirkungen – wie Ehrgefühl, Würde und Gelassenheit einerseits, Angst vor Entweihung, Missachtung und Diskreditierung, vor Verlegenheit und Peinlichkeit bis hin zu Wut und Selbsthass andererseits – als roter Faden durch das Gesamtwerk. Zwar haben habituellen Prägungen und biographische Erfahrungen ganz zweifelsohne ihren Teil dazu beigetragen, dass Goffman für die mit gesellschaftlichen Anerkennungssituationen und mit sozialen Statuspassagen innerhalb der weißen amerikanischen Mittelschicht verbundenen, positiven und negativen Emotionen empfänglich war und blieb. Doch den für die Untersuchungen zur Interaktionsordnung theoretisch maßglichen Bezug liefert Cooley, wenn er in Anschlag bringt, was auch Mead bei aller ansonsten strengen Kritik zugestehen muss: „Gerade seine Analysen des sozialen Verfalls waren besonders gelungen. Er konnte zeigen, dass ungesunde soziale Verhältnisse sich in einer allgemeinen Schwächung der Ich-Identität widerspiegelten, und er konnte aufweisen, dass für diese Schwächung die Umwelt verantwortlich war“ (Mead, 1980b, 338).

Mead erkennt lobend an, was die eigene Sozialpsychologie unbelichtet lässt und was Goffman dazu anregen und anhalten wird, seine Soziologie der Interaktionsordnung ausgehend von „eine[r] soziologische[n] Darstellung der Struktur des Selbst zu entwickeln“ (AS_{dt}, 11; AS, xiii): die Identität eines Selbst steht in jeder sozialen Situation auf dem Spiel. Denn das Selbst ist nicht nur ein offener Horizont voller Entwicklungsmöglichkeiten, sondern – da soziale Situationen voller Unwägbarkeiten und Untiefen stecken, die es stets der Gefahr aussetzen, bedroht und geschwächt zu werden – strukturell unsicher und verwundbar. Weil sich für Goffman nun „das, was ein Mensch schützt und verteidigt und worin er seine positiven Gefühle investiert“ auf einer „Idee von sich selbst“ gründet (IR_a_{dt}, 51; IR_a, 43), entwickelt er, um eben jene Idee für seine soziologische Darstellung der Struktur des Selbst genauer beschreiben und bestimmen zu können, das analytische Konzept vom Image („face“). Das Image bildet den Aufhänger der Interaktionsordnung als Realität und soziologischem Untersuchungsbereich *sui generis,* und es legt den Grundstein für ein ganzes Instrumentarium an darauf aufbauenden Begriffen und Konzepten. Allerdings wird Goffman für diesen entscheidenden Schritt an einer zweiten Theoriestelle erneut mit Cooley über Mead hinausdenken müssen.

Im Konzept vom Image verbinden sich Anteile der sozialen Identität („social identity“), der persönlichen Identität („personal identity“) und der Ich-Identität („ego identity“) eines Selbst zu einem Bündel von Merkmalen, die diesem Selbst zu sozialer Sichtbarkeit, Bedeutung und Akzeptanz verhelfen und mit dem es sich auf den Bühnen der Öffentlichkeit bewähren kann. Es ist „ein in den Termini sozial anerkannter Eigenschaften umschriebenes Selbstbild – ein Bild, das die anderen übernehmen können“; also genau besehen keine simple Widerspiegelung nur für die eigenen Augen, sondern „ein Bild in den Augen anderer“ (IRb_{dt}, 87; IR_b, 78). Während Mead sein Interesse auf die Phase der primären, frühkindlichen Sozialisation in aufeinander eingespielten sozialen Gruppen richtet und mit komplexer Gesellschaft ein Mehr an Normen, Werten und sozialer Kontrolle über einen sich ausdifferenzierenden verallgemeinerten Anderen („generalized other“) meint, lenkt Goffman seinen Blick auf die Phase der sekundären Sozialisation von Akteuren, die in kapitalistisch organisierten Wettbewerbsgesellschaften um soziale Sichtbarkeit, um Bedeutung und um Akzeptanz ringen und dafür zu Fließbandproduzenten jener marktgängigen Images werden, welche ihnen als Währung im sozialen Verkehr dienen. *The Presentation of Self in Everyday Life* verlangt denn auch, so Goffman – zur Unterstützung des Arguments zwei längere Passagen aus Cooleys *Human Nature and Social Ordner* zitierend – über das Image ein idealisiertes und mystifizierendes Selbst für die sozialen anderen zu inszenieren (PS_{dt}, 35 und 63; PS2, 35 und 67).

In Abhebung zu den von Mead für die Sozialtheorie erarbeiteten allgemeinen, anthropologischen und sozialpsychologischen Voraussetzungen, machen Peter L. Berger und Thomas Luckmann auf die besonderen sozio-historischen

Bedingungen und damit auf die Grenzen der Anwendbarkeit des Goffmanschen Modells aufmerksam (s. Kap. 6). Es treffe „nämlich nur auf Gesellschaften zu, in denen entscheidende Elemente der objektiven Wirklichkeit erst in der sekundären Sozialisation internalisiert werden. Wir sollten uns daher hüten, Goffmans Modell – das im Übrigen für wichtige Charakteristika der modernen industriellen Gesellschaft sehr geeignet ist – mit einem schlechthin ‚dramatischen Modell' gleichzusetzen. Schließlich hat es in der Geschichte der Menschheit andere Dramen gegeben, als das des ‚organization man', der auf ‚impression management' versessen ist" (Berger/Luckmann 2012, 153 n. 15). Zweifelsohne steht Goffmans Denken unter dem Eindruck zeitgenössischer Umstände und Befindlichkeiten. Da es ihm vornehmlich daran getan war, das kompetitive und – wie sich sogleich an der dritten Theoriestelle herausstellen wird – kooperative soziale Alltagshandeln der gesellschaftlich aufstrebenden, amerikanischen Mittelschicht am Übergang zur zweiten Hälfte des 20. Jahrhunderts in wie zu Momentaufnahmen verdichteten Fallstudien empirisch zu fokussieren und interaktionstheoretisch zu analysieren. Und weil Goffman die Soziologie insgesamt gar nicht in der Lage befand, allerklärende und abschließende Gesellschaftstheorien aufzustellen, sondern bestenfalls solche von mittlerer Reichweite, hätte er sich dieser Einschätzung durchaus angeschlossen.

Damit ist jene dritte Theoriestelle angesprochen, an der Goffman mit Mead und Cooley über den von beiden bereiteten, allgemeinen Bezugsrahmen der Chicago School hinausarbeitet, um schließlich aufbauend auf dem Konzept vom Image jene Soziologie der Interaktionsordnung zu entfalten, auf der sich sein Rang als „Klassiker der zweiten Generation" (Hettlage/Lenz 1991) gründen wird. Denn

> „die Meadsche These, dass der Einzelne eine Haltung anderer ihm gegenüber selbst einnimmt, scheint eine zu starke Vereinfachung zu sein. Der einzelne muss sich vielmehr auf andere verlassen, um das Bild von sich zu vervollständigen, von dem ihm selbst nur ein Teil zu malen gestattet ist. […] Es mag zwar sein, dass das Individuum ein einziges Selbst allein für sich hat, aber die Bestätigung dieses Besitzes ist doch gänzlich ein Produkt gemeinsamer zeremonieller Arbeit" (IR_b_{dt}, 93 f.; IR_b, 84 f.).

Das Selbst ist weder eine vorgesellschaftliche Gegebenheit noch erschöpft es sich in seiner Außendarstellung als Image in einseitigem ‚impression management'. Vor allem aber glänzt die soziale Außenseite eines Selbst nicht allein aus den Leistungen des Individuums. Vielmehr geschieht der Aufbau und vollziehen sich die fortdauernden Sicherungs- und Reparaturarbeiten an den Images („the face-work") in kooperativen Wechselwirkungen zwischen den Handelnden. Weil „der Eindruck von Realität, den eine Darstellung erweckt, ein zartes, zerbrechliches Ding ist, das durch das kleinste Missgeschick zerstört werden kann" (PS_{dt}, 52; PS2, 56), und weil solche Störungen oder Beschädigungen nicht nur Kratzer an den Oberflächen von Masken verursachen, sondern die innersten Schutzräume der Individuen angreifen und ihr Selbst verletzten, müssen die Images auf besondere Weise geschützt und gepflegt werden.

Die Mittel und Wege hierfür sind die von der Soziologie bis dahin nicht thematisierten interpersonalen Alltagsrituale. Denn „will man untersuchen, wie ein Image zu wahren ist, so muss man die Verkehrsregeln sozialer Interaktion untersuchen" (IR_a_{dt}, 17; IR_a, 12) – und *vice versa:* Will man die Verkehrsregeln sozialer Interaktion untersuchen, muss man untersuchen, wie die Images gewahrt werden. Um das rituelle Regelwerk der Interaktionsordnung in größtmöglicher Spannweite und Tiefenwirkung zu erforschen, reicht es jedoch nicht hin, am Schreibtisch zu theoretisieren und gelegentlich aus dem Lehnstuhl heraus auf die soziale Wirklichkeit hinzusehen. „That's what Cooley did, that's what Mead did. […] But there is an ethnographic side, and you couldn't get a reasonable picture […] just by sitting down and thinking of those basic processes. You have to do what is called participant observation" (Goffman in Verhoeven 1993, 337; RP_g_{dt}, 443 Fn. 5; RP_g, 342). Goffman wird es zur unüberbotenen Meisterschaft im ethnographischen Beobachten und Beschreiben von sozialen Situationen bringen, über die er von Feldforschung zu Feldforschung die tragenden Konzepte seiner Soziologie der Interaktionsordnung empirisch abgesichert entwickelt, wie etwa die Techniken der Imagepflege („face-work"), die Eindrucksmanipulation („impression management"), das Zeremoniell vom bestätigenden und korrektiven Austausch („supportive interchange", „remedial interchange") oder die Unterscheidung von Vermeidungsritualen („avoidance rituals") und Zuvorkommenheitsritualen („presentual rituals").

Dabei setzen seine Beobachtungen und Beschreibungen derart feinfühlig und präzise an, dass das Interaktionsgebaren in sehr viel komplexer Gestalt vor Augen tritt als dies bei Mead und Cooley oder den Vertretern des Symbolischen Interaktionismus der Fall war. Zusätzlich zu den dort bereits in Auge stehenden, signifikanten Symbolen der sprachlichen Kommunikation (FT) wird der mikroanalytische Blick den Körper und das gestisch-mimische Ausdruckshandeln für die Untersuchung von sozialen Interaktionssituationen als ganz entscheidende Größen entdecken (RPb; RP_e; GA). Ein Umstand, der Goffman zu einer für ihn selten direkten Klärung veranlasst: „G. H. Mead's distinction between ‚significant' and ‚nonsignificant' gestures is not entirely satisfactory here. Body idiom involves something more than a non-significant ‚conversation of gestures', because this idiom tends to evoke the same meaning for the actor as for the witness, and tends to be employed by the actor because of its meaning for the witness. Something less than significant symbolism seems to be involved" (BP, 34, Fn. 2; BP_{dt}, 51, Fn. 29). Die methodologische Schärfung macht die Analysen für das Auftreten auch geringfügigster Irritationen und Missverständnisse im Interaktionsgeschehen empfänglich, und sie eröffnet Goffman das weite Feld der strategischen Manipulationen und Täuschungen, die ihn bei den Selbstdarstellungen von Handelnden ganz besonders interessieren (SI), bis hin zu den Mehrdeutigkeiten und Modulationen in der Organisation ihrer Alltagserfahrungen und sozialen Situationen (FA).

Wirkungen

Bereits für sich genommen und insbesondere über ihre Anbindungen und Verschränkungen, sind Mead und Goffman höchst anschlussfähige und äußerst fruchtbare Impulsgebern des sozialwissenschaftlichen Denkens und Forschens. Ihre von der gemeinsamen Traditionslinie ausgegangenen und anhaltenden Wirkungen sind so tiefgreifend und dabei derart mannigfaltig, dass sie hier nur angedeutet werden können.

An erster Stelle ist ihre Bedeutung für den soziologischen Rollen-Begriff zu nennen. Meads Konzepte der Perspektivenübernahme und des Rollenspiels werden zusammen mit den von Goffman eingeführten und mit der Rolle eng verschwisterten Metaphern vom Theater und der Bühne, den Darstellern und ihrem Publikum, vor allem aber seinem Begriff der Rollendistanz von den Debatten der Nachkriegssoziologie um die eher entfremdende oder eher entäußernde Deutung von sozialen Rollen aufgegriffen.

Zur gleichen Zeit steigen Mead und Goffman zu wirkungsmächtigen Bindegliedern dessen auf, was sich heute das Interpretative Paradigma der Soziologie nennt (Wilson 1970; Keller 2012). Für das Paradigma wird der auf Mead und Cooley zurückgehende und von Goffman fortgeschriebene evolutions- und interaktionstheoretische Zugang mit seiner Einsicht in die Konstitution von Zeichensystemen und Interaktionsstrukturen durch wechselseitige Spiegelungen der Handelnden zum tragenden Grundpfeiler. Vor allem für die im Zentrum des Paradigmas stehende, von Berger und Luckmann vorgelegte Neue Wissenssoziologie sind Mead und Goffman bezeichnenderweise dort gleichgewichtige Bezugsautoren, wo ein Individuum in seiner primären und in seiner sekundären Sozialisation eine soziale Ordnung als subjektive Wirklichkeit internalisiert (Berger/Luckmann 2012, 139–156), und Meads anthropologisch und handlungstheoretisch orientierte Sozialpsychologie für die Darlegung der primären Sozialisationsphase und Goffmans Identitätskonzept für die Beschreibung der sekundären

Sozialisation grundlegend ist. In unmittelbarem Anschluss wird Luckmann für sein Verständnis von persönlicher Identität ebenso wie für seine kommunikationssoziologische Gattungsanalyse genauso auf Mead wie auf Goffman zugreifen.

Der das interpretative Paradigma überspannende Gedanke, dass Individuen und Gesellschaften die Offenheit und Vieldeutigkeit ihrer Identität und andere wiederkehrende Probleme nur sozial und kommunikativ, in konkurrierenden und kooperativen Wechselwirkungen bearbeiten und bewältigen können, leitet auch alle theoretischen und empirischen Weiterführungen der Neuen Wissenssoziologie an. So nehmen in Hans-Georg Soeffners wissenssoziologischer Hermeneutik des Symbols und des Rituals (Soeffner 2010) sowie in Hubert Knoblauchs Vorschlag eines kommunikativen Konstruktivimus (Knoblauch 2017) Meads Theorie des menschlichen Symbolgebrauchs, der Rollenübernahme und der sozialen Konstitution des Selbst einen ebenso herausragenden Stellenwert ein, wie Goffmans Soziologie der Interaktionsordnung (Raab 2019; Raab/Tänzler 2020).

Deutliche Spuren der Mead-Goffman-Linie finden sich schließlich in jüngeren Beiträgen zur Interaktionstheorie (Meyer 2015; Müller/Raab 2017) und zur Körpersoziologie (Schroer 2005; Gugutzer et al. 2017) sowie – angereichert um Cooley – zur Emotionssoziologie (Senge/Schützeichel 2013). Überhaupt sind Mead und Goffman auch überall dort nicht weit, wo über die engeren Grenzen der Soziologie hinaus mit Kultur, Kommunikation und Kooperation die „grundlegendste Frage der Sozialwissenschaft" aufgeworfen und diskutiert wird, wie aktuell und prominent in den evolutions- und gattungsgeschichtlichen Forschungen von Michael Tomasello (2010, 75; Albert et al. 2016).

Literatur

Albert, Gert/Greve, Jens/Schützeichel Rainer (Hg.): Kooperation, Sozialität und Kultur. Michael Tomasellos Arbeiten im soziologischen Diskurs. 3. Sonderband der Zeitschrift für theoretische Soziologie 2016.

Berger, Peter L./Luckmann, Thomas: Die gesellschaftliche Konstruktion der Wirklichkeit. Eine Theorie der Wissenssoziologie. Frankfurt/Main 2012 (engl. 1966).

Cooley, Charles H.: Human nature and the social order [1922]. New Brunswick 2009.

Gugutzer, Robert/Klein, Gabriele/Meuser, Michael (Hg.): Handbuch Körpersoziologie. 2 Bände. Wiesbaden 2017.

Hettlage, Robert/Lenz, Karl (Hg.): Erving Goffman – ein Klassiker der zweiten Generation. Bern, Stuttgart 1991.

Keller, Reiner: Das Interpretative Paradigma. Eine Einführung. Wiesbaden 2012.

Knoblauch, Hubert: Die kommunikative Konstruktion der Wirklichkeit. Wiesbaden 2017.

Mead, George H.: Die Genesis der Identität und die soziale Kontrolle. In: Ders.: Gesammelte Aufsätze Bd. 1, hg. von Hans Joas. Frankfurt/Main 1980a, 299–328 (engl. 1925).

Mead, George H.: Cooleys Beitrag zum soziologischen Denken in Amerika. In: Ders.: Gesammelte Aufsätze Bd. 1, hg. von Hans Joas. Frankfurt/Main 1980b, 329–345 (engl. 1930).

Mead, George H.: Geist, Identität und Gesellschaft. Aus der Sicht des Sozialbehaviorismus. Frankfurt/Main 1973 (engl. 1934).

Meyer, Christian: „Metaphysik der Anwesenheit". Zur Universalitätsfähigkeit soziologischer Interaktionsbegriffe. In: Bettina Heintz/Hartmann Tyrell (Hg.): Interaktion – Organisation – Gesellschaft revisited. Anwendungen, Erweiterungen, Alternativen. Sonderheft der Zeitschrift für Soziologie 2015, 321–345.

Müller, Michael. R./Raab, Jürgen: Interaktionstheorie. In: Robert Gugutzer/Gabriele Klein/Michael Meuser (Hg.): Handbuch Körpersoziologie. Band 1. Wiesbaden 2017, 259–276.

Raab, Jürgen: Erving Goffman from the perspective of the new sociology of knowledge. London, New York 2019.

Raab, Jürgen/Tänzler, Dirk: Die ‚Konstanzer Schule' der Neuen Wissenssoziologie. In: Carsten Klingemann/Peter-Ulrich Merz-Benz (Hg.): Jahrbuch für Soziologiegeschichte. Wiesbaden 2020, 209–262.

Scheff, Thomas: Goffman on emotions: The pride-shame system. In: Symbolic Interaction 37/1 (2013), 108–121.

Schroer, Markus (Hg.): Soziologie des Körpers. Frankfurt/Main 2005.

Schubert, Hans-Joachim: The foundation of pragmatic sociology. Charles Horton Cooley and George Herbert Mead. In: Journal of Classical Sociology 6/1 (2006), 51–74.

Senge, Konstanze/Schützeichel, Rainer (Hg.): Hauptwerke der Emotionssoziologie. Wiesbaden 2013.

Soeffner, Hans-Georg: Symbolische Formung. Eine Soziologie des Symbols und des Rituals. Weilerswist 2010.

Tomasello, Michael: Warum wir kooperieren. Berlin 2010.

Verhoeven, Jef C.: An Interview with Erving Goffman, 1980. In: Research on Language and Social Interaction 26/3 (1993), 317–348 (auch in Gary A. Fine/ Gregory W.H. Smith (Hg.): Erving Goffman, Vol. 1. London 2000, 213–236).

Wiley, Norbert: A Mead-Cooley merger. In: The American Sociologist 42/2 (2011), 168–186.

Wilson, Thomas P.: Conceptions of interaction and forms of sociological explanation. In: American Sociological Review 35 (1970), 697–710.

Everett C. Hughes (1897–1983)

14

Philippe Vienne

More than a professor, Everett C. Hughes was a mentor for many of his students at the University of Chicago between 1938 and 1961. Transcending the role of a common professor, Hughes appears to have been an 'academic father', as his correspondence in the archives of the University of Chicago Special Collections Research Center clearly shows (Vienne 2015). Among the 'after-the-war' crowd of students, as Hughes called them, were future outstanding sociologists like Howard S. Becker, Herbert Gans or Erving Goffman. Gary Jaworski (2000) has, however, described the Hughes-Goffman relationship as a "master-apprentice relationship" that was especially difficult. Goffman long delayed any expression of his intellectual debt to Hughes, thus appearing as a "reluctant apprentice". And on the other side of that relationship, Hughes has sometimes been described as having a long-term reticence concerning Goffman (Winkin 1988, 35).

With the notable exception of an article citing Hughes that Goffman published before his Ph.D. and of a chapter (already published elsewhere, *The Neglected Situation*) written by Goffman in the 1968 Festschrift in honor of Hughes (*Institutions and the Person*) (Jaworski 2000, 300 f.), there are few publications from these two sociologists that can show an explicit link between them. Goffman's "apprenticeship to Hughes is barely evident, and sometimes even struck from the record", since Goffman deliberately deleted initial citations to Hughes' sociology in the final versions of some papers (Jaworski 2000, 303 f.). The contrast with their long-term correspondence is therefore important, as it clearly shows an atmosphere of warm exchange in general, and indicates in particular a propensity of Hughes to habitually play the watchful mentor, and of Goffman to act as a grateful apprentice and to call Hughes explicitly a master, even though doing it only in private.

Regarding the intellectual relationship between Hughes and Goffman, apart from Hughes' unsuccessful attempts to recruit Goffman into the department of sociology at the end of the year 1950, three main connections may be highlighted: fieldwork, the sociology of institutions and stigma. In a 1973 self-presentation, Hughes described his research field as an ecology of contemporary institutions and occupations systems. It is a good overview of his long-term sociological work but even so, it misses two other distinctive subjects that Hughes was studying: race relations as a field of research and fieldwork as a methodological perspective. In Hughes' sociology, race relations intertwine usually with his sociology of work to stress the inequalities of treatment and the segregation

P. Vienne (✉)
Institut de Sociologie, Université libre de Bruxelles, Brüssel, Belgien
E-Mail: pvienne@ulb.ac.be

K. Lenz und R. Hettlage (Hrsg.), *Goffman-Handbuch*, https://doi.org/10.1007/978-3-476-05871-3_14

process imposed to American minorities, like in his classic article of 1945 *Dilemmas and Contradictions of Status* (republished in Hughes 1971).

A disposition for fieldwork

The first interesting link is a methodological one. One of Hughes' distinctive sociological signatures was fieldwork. Hughes had a competence and a disposition for fieldwork that he developed essentially during a summer of observation and interviews in the small town of Drummondville, Quebec, in 1937, with his wife Helen MacGill Hughes as co-researcher. Except from the anthropologist W. Lloyd Warner, Hughes was perhaps the only professor in the department of sociology of the University of Chicago who had done substantial fieldwork in his career and who was also eagerly willing to train the students in doing fieldwork.

Recruited at the University of Chicago in 1938 after his McGill University teaching period in Canada (1927–1938), Hughes therefore created a course on fieldwork in 1944. It was an original move since fieldwork had probably not been formally taught at Chicago since the days of Robert E. Park, considering the latter's mythical insistence on empirical research during a remarkable period for the development of empirical sociology. During the 1938–1948 decade, Hughes progressively appeared in the eyes of his students as a master of fieldwork and of fieldwork training, a competence that the students could not get from some of the other main figures of the department, notably Ernest W. Burgess, Louis Wirth, William Ogburn or Blumer (Vienne 2016).

During his Ph.D., Goffman was under the supervision of Hughes and Warner when he conducted his fieldwork on the island of Unst in Shetland (Winkin 1988). Hughes had expressed the conviction that Goffman, for his training as a sociologist, was in need of a special drill concerning fieldwork, that he required a "grilling" in field observation, to quote Hughes (Vienne 2016). The long delayed consequence of Hughes' insistence on doing fieldwork was that Goffman, at the end of his life, clearly acknowledged Hughes' main influence on his own conception of fieldwork/ethnography, and as a distinguished Chicagoan trademark (Verhoeven 1993; see Chap. 3), the convergence of their methodology, despite Goffmanian specificities, being very noticeable in a beautiful conference, posthumously published under the title "On Fieldwork" (OFw).

Belatedly, but strikingly, Goffman also described himself as a "Hughesian urban ethnographer" among a generation of Chicagoan "Hughesian sociologists" (Verhoeven 1993, 318 f.). He even said that Hughes especially provided him, through fieldwork, the "substance" in sociology, the feeling that sociology was real (i.e. empirical, concrete); that "substantive work" was lacking, according to him, among other Chicagoan sociologists that were more abstract-oriented, like Blumer in particular (Verhoeven 1993, 331 f.). The word "substance" has a significative importance here because Goffman used it in a letter to Hughes in 1969 to express his intellectual debt to his former professor (Vienne 2010). It is the exact same metaphor that reappeared a decade later in Goffman's interview by Jeff Verhoeven and in the conference "On Fieldwork".

The two main fieldworks of Goffman, Unst and the mental hospital of St. Elizabeths in Washington D.C., as also Goffman's propensity to do fieldwork after his initial training, can thus directly be linked with Hughes' most original methodological signature (Vienne 2016), with the necessity, however, to take into account the notable reservation suggested by Howard S. Becker (2003, 660 f.). The latter suggests that Goffman had a confessed general disinterest on methodology and on putting forward methodology in his empirical work. Regarding this point, Gary A. Fine and Daniel D. Martin (1990, 94) are right in saying that Goffman's Asylums does not provide much systematic information on its fieldwork and on how the empirical material was collected. But they maybe miss the fact that Goffman, systematically challenged and interrupted by an audience of unsympathetic psychiatrists in 1956 when discussing his work in process on total institutions, was therefore forced to give, perhaps against his will, a much more detailed account of the vicissitudes of his fieldwork and methodology than what is available in the book (IPe).

The sociological study of institutions

The second link is a field of sociological research, the study of institutions. It was under the influence of Park that Hughes began to work in that field, beginning with his 1928 Ph.D. dissertation on a "secular" institution, the Chicago Real Estate Board. Chicago's students were aware of that theoretical orientation because Goffman said that Hughes had received from Park an "institutional way of studying things" (Verhoeven 1993, 345). Hughes' sociological understanding of the institutions, sometimes described as an 'irreverent' eye on these, takes the opposite position of the conventional thinking that generally grants too much legitimacy to these revered social products. Hughes' perspective instead highlights the fact that institutions, even the most holy of them, are also "going concerns", and that they have therefore "secular concerns", i.e. prosaic necessities. The frame of reference also sheds light on the institutions' hidden functions (or "true functions", to quote Hughes). His sociology of institutions, started early, enshrined at Chicago in his course SOC350 on "social organization", finally produced one of its most original outcomes after WW2, when Hughes lectured on "bastard institutions", the lecture being finally published as a chapter in Hughes' masterpiece *The Sociological Eye* (1971).

The sociological work on 'bastard' institutions helps consider as institutions some social products that, although they are sometimes of the oldest antiquity and of resilient viability, are not or not quite legitimate, or are satisfying some illegitimate needs of the population. The 'saintly' institutions like, for instance, the Church, marriage or the justice system, find thus their underside, their 'dark' alter egos or doppelgangers, in bastard institutions like some unsuccessful sectarian movements, prostitution or kangaroo courts (notably in enduring crime organizations like the Mob). To discover the structural similarities between the illegitimate institutions and the legitimate ones offers the possibility of a new perspective on the latter, freed from the social conventions that are generated by the legitimacy of the most revered or protected institutions, as by their tendencies to give rise to a culture of secrecy and to taboos of evocation, very well sketched for instance in the French expression la Grande Muette to depict the army.

Goffman's sociology of total institutions is therefore, in my opinion, in direct continuation of Hughes' general sociology of institutions (see Chap. 26). In short, we may say that Goffman's sociology of total institutions is as weak on the very notion of institution, very briefly treated in *Asylums* (AS, 3; AS_{dt}, 15), as it is strong on describing its 'total' characteristics. The very short sociological treatment of the institution as a concept in Goffman's book bring about a general omission of any reference to Hughes' sociology of institutions. On the other hand, Goffman's sociology of 'total' institutions, with its deliberate comparative perspective, is clearly in continuity of a typical Hughesian perspective. It sheds light on some structural properties of institutions that are generally neglected because they are obscured by the rhetoric of these institutions, by the "psychiatric view of the world" (IPe, 176), through their official spokespersons acting as 'temple guards'. Goffman's exploration of the "backdoor world of the mental hospital" (IPe, 136) is also in continuity with Hughes' sociology of occupations and what his students did in the same field.

Jaworski (2000) and I (Vienne 2010) have both showed, concerning the intellectual relationship between Hughes and Goffman in general, and concerning the question of total institutions in particular, that the intellectual debt that Goffman had towards Hughes is maybe more important than what we can normally guess by reading *Asylums*. It is highly significant, for instance, that Goffman, in order to get detailed advice from his former professor, had sent to

Hughes most of his draft papers on total institutions before the publication of the book.

Hughes' quasi omission from the book published, whether in bibliographical references or in intellectual credits, is all the more astonishing given the fact that Hughes provided detailed counsel all through the process of writing (notably in mentioning to Goffman some work on similar institutions, for instance Julius Roth's fieldwork autobiographical student notes on TB hospitals), notably in a long memorandum on total institutions sent to Goffman (Hughes 2010a). Generally omitted from Goffman's book, Hughes was nevertheless far from a revengeful person since he said to Goffman that the latter's book was "great stuff" and even offered to review it, although finally not carrying out his proposition. In response, Goffman said in their correspondence that Hughes's help and counsels were an expression of a (Chicagoan) "family-feeling".

Several distinctive components of a Hughesian sociological 'eye' are therefore recognizable in Goffman's perspective on total institution: 1) the fact that the study of St. Elizabeths Hospital is based on fieldwork, 2) the use of a comparative perspective between total institutions that allows to judiciously confront the most legitimate of them, in terms of dominant point of view, with the least legitimate, 3) the skeptical view on institutional rhetoric and on any locally highly legitimate language (here psychiatry).

Underdogs and stigma

The third link between Goffman and Hughes relates to Goffman's sociology of stigma (see Chap. 41). *Stigma* is a sociological meditation on social difference and on difference of treatment, on the way to look at the difference and on the ambiguity of criteria used to define difference. Goffman's theoretical work on stigma is closely linked with the total institutions research, because Goffman started to speak of stigma almost as soon as he published on total institutions (IPe, 171 f.). Not without resonance with Becker's *Outsiders* (1963), the book changes the perspective on social underdogs, sometimes treated as misfits or outcasts by the dominant forces of society, whether for their sexual orientation, their physical appearance or the specificities of their personal or professional career. It allows them to find progressively some sort of sociological 'redemption', because the way of looking at their lives after the sociological problematization can be more complex, and above all more detached from moral 'blinkers'. It meant in summary the possibility to be (sociologically) understood rather than to be morally judged right away.

Stigma, published only two years after "Asylums", is probably a second landmark considering its political impact. The book *Stigma* allows again to taste the capacity of a critical sociology to enlighten the minds of those who read sociology or come within the range of the effects of sociology on social change. Three clear-cut examples will suffice to demonstrate the point: the impact of visible physical deformities, of physical handicap, and of sexual orientation. The way Western societies look now at these three situations has seen considerable social change in moral codes since the publication of *Stigma*. One cannot imagine possible in the present the terrible instance that Goffman (ST, 120; ST_{dt}, 150) cited in his book, describing the case of a disabled person expelled from a restaurant in Oslo as a disturbing person, as a source of scandal and embarrassment, only because that person had quit his wheelchair in order to climb the stairs by crawling, because it was the only way he could enter the restaurant by himself without external help. The voice of some of the former 'underdogs' is now a legitimate voice partly thanks to the sociology of stigma.

The correspondence between Hughes and Goffman regarding *Stigma* occurred only after the publication of the book, but it is no less interesting than the one regarding total institutions. It reveals that Hughes was instantly attracted by Goffman's conceptualization. In long letters, Hughes took the time to apply some of Goffman's themes to his own situation as a left-hander, as the son of the local minister in a small village (thus slightly isolated because of that special status), and as a person who in his youth had a "high-low shoulder", i.e. a small physical abnormality, among other sources of small stigmatizations (Vienne 2015). Goffman's concept provided Hughes an occasion to work out his sociological imagination in submitting his own biographical data to the frame of reference, as Hughes had often done with his students' interesting material or research work, in a kind of symbiotic relationship between the master and the student very well described by Becker (personal communication, Vienne 2010).

Sociology & the 'hurting' institutions

Asylums was certainly a landmark for the social reform of some of the total institutions that Goffman described and compared (Winkin 1988, 89). Randall Collins (1986, 107 f.) however argued that Goffman had no political progressive intentions in conducting his sociology of total institutions (like those embedded for instance in the social movement of antipsychiatry), and that Goffman's purpose "was not to expose and reform the mental health institutions". Collins also described Goffman as a rather "conservative" person. The opposite image comes from Becker (2003, 662 f.) who says that Goffman's descriptions "make it impossible to ignore" the "organized social practices of incarceration and degradation that repel and even disgust many readers" and that the book "may have, on occasion, helped to instigate attempts at their reform". Asylums "made possible a deeper understanding of these phenomena than either denunciation or defense ever had" and has contributed to "a far more serious moral evaluation of those practices". Finally, in Goffman, we can feel "the beating heart of a passionate civil libertarian".

In the same vein as Becker, I shall stress that Goffman's "compassion froide" (cold compassion) in *Asylums*, an expression coined by Yves Winkin (1988, 89), i.e. Goffman's 'cold' sociological analysis of highly legitimate institutions, never explicitly virulent or aggressive in its formalization but inexorably critical by the sole weight of its material, written in compassion of the inmates' fate, had probably a potent effect of disinhibition among its readers concerning the (until then) rather unquestioned legitimacy of these institutions (see Chap. 60). Goffman had not always been cold and seemingly detached in his sociological investigation of the mental hospital and in his dealings with psychiatry as a highly legitimate language. In the abovementioned conference of 1956, in front of an audience of psychiatrists and social scientists, by showing a prefiguration of his future book *Asylums*, Goffman couldn't conceal his vivid anger against the institution. His 'burning' sociological attack fought eagerly against the language of rationalization of actions that the mental hospital provided through psychiatry, and stressed the dramatic consequence of the systematical degradation of human beings in the mental hospital, implying a case of systematic social injustice for the inmates (Winkin 1988, 85 f.).

With its typical quizzical or caustic tone, with its vitriolic attacks including the fact of comparing the institutional treatment to a "metabolic cycle" of inmates, also speaking of their institutional "disgorgement" (IPe, 119 f.), Goffman's sociological 'assault' was token for what it was by the audience of psychiatrists, and even by the anthropologist Margaret Mead, whom we could have imagined to be on Goffman's side, in terms of disciplinary sympathies. On the contrary, the latter systematically challenged Goffman throughout the conference and defended against Goffman's critique the legitimacy of the mental hospitals, sometimes in a rather uncritical way, notably by saying that Goffman was thoughtless in putting "a mental hospital in the same context with a nunnery and a school and other institutions that are doing things we regard as very valuable and good, or things we regard as very lamentable and bad". The moral vigor that Goffman had put into his presentation 'against' total institutions provoked in response a typical backfire by the legitimate defenders of these institutions, as much as an exemplary disciplinary clash between a too much fiery sociologist and the outraged psychiatrists in the audience, some accusing Goffman of having "a rather aggressive attitude toward institutions" (IPe, 126).

Becker (2003) has showed persuasively that in *Asylums* there is a "politics of presentation". Goffman avoided in the book the use of "openly judgmental language" and anything that would imply a global "negative assessment" on his part, using rather "a neutral, technical language" (Becker 2003, 663 f.), or employing what Fine/Martin (1990, 106) call a "measured academic style". We can see therefore that by the choice of a slightly less passionate tone than in the 1956 conference, Goffman produced a more effective effect of persuasion on the public, showing a wise revision of the method he had initially used to defend his position as a critic of the mental hospital. The style of presentation adopted by the book shows the subtle difference between the possibilities offered by the 'skeptical' sociology of the book, quietly immune to the rationalizations that the institutions provide, and what could be initially mistaken by the public of the 1956 conference as a 'cynical' point of view, conceived as deliberately aggressive against psychiatry and its institutions.

The revision of style that Goffman finally adopted may be compared with Hughes' own method of working out social critique through sociology. Let's take three clear examples. In *French Canada in Transition* (1943), his monograph on the industrial city of Drummondville and more generally on the social change Quebec was undergoing during the 1930s, Hughes notably confronts the rise of antisemitism in Quebec during the Great Depression, a rising stirred up by certain Conservative regional or local political movements. Here and there in the book, he describes the virulence of some local chauvinists exhorting the people against Jews and against what they presented as a 'foreign' influence on Quebec. A whole chapter, "Quebec seeks villains", even provides a solid sociological meditation on the search of scapegoats in uncertain times.

The link with Hughes' "habitus" is evident when we look at the political background in which Hughes was raised. Hughes's father was a progressive Methodist minister who stood up clearly in his time against racism, enough to catch the attention of the local Ku Klux Klan and get a cross burned in front of his house. Hughes' own dispositions were clearly completely at odds with the crude nationalism and chauvinism active in the Quebec of the 1930s, especially in its antisemitic form. But in the book, he manages to deal with that in a detached way, by using reason as a tool and, in a more subtle and singular way, sometimes by using a satirical humor in order to discredit certain political extremist attitudes. There is for instance a hilarious ethnographic description of a nationalistic meeting where some speakers exhibited on scene some of the fascistic corporal attitudes 'à la mode'. The use of reason debunks irrationalities, and the use of humor can ridicule the credibility of the extremist political discourse, a clear case in which humor "contributes to rhetorical effectiveness" as a "technique for persuading the audience" while "avoiding explicit political commitment" (Fine/Martin 1990, 90 f.). Indeed, a specific use of a skeptical humor as an effective sociological rhetorical weapon has been noticed by Winkin in the case of Hughes (1988, 38) and by Fine/Martin in the case of Goffman. The latter's analysis of the use of humor in *Asylums* raises also the question of its ambivalence. The interrelations between the sociologist's tone, his subject and the public (Fine/Martin 1990, 112) can induce two quite opposite reactions of the audience: antagonism or sympathy. We may also say that humor without solid evidence—a quality that both Hughes and Goffman's works showed—has slight chances to achieve its goal.

Hughes' classic article *Dilemmas and Contradictions of Status*, mentioned above, is a second case of a certain interest. With the emblematic figures of the African-American doctor and of the woman engineer, concerning the segregation at work that they both faced in their respective ways, Hughes mobilizes sociology as a tool of reason again, to show the absurdity of the segregation system and the irrationality of the social inequalities endured by the women. It is worth recalling that Hughes' sister-in-law was an engineer in aeronautics breaking the glass ceiling in her field, and that his wife and mother-in-law were Canadian feminists.

Again, sociology provides the possibility of social change through the enlightenment of people, using the intellectual weapons of material evidence and reason.

The third example is also worth of interest. In some of his articles, as in the above-mentioned memorandum on total institutions, we can see that Hughes felt deeply politically concerned by the deeds of the Nazi regime and by its politics of annihilation and terror. Hughes' article *Good People and Dirty Work* (1971) is a sociological meditation on the evil of that regime, among other published or unpublished works by Hughes (2010b) on the same subject. Being part of an academic delegation just after World War II to revivify the denazified Frankfurt University, Hughes even used some of his time to carry on a personal inquiry in occupied Germany (for a detailed account, Fleck 2016). Hughes had been a visiting researcher in Germany during the Weimar Republic. When he came back in 1947, his intention was to systematically question, without respite, all the Germans he met about their attitudes during the Nazi regime. Hughes was shocked by the state of affected amnesia and by the deliberate omissions concerning the Nazi period among a part of the population, combined with survivals of racism. His response to that state of things was to systematically verbalize what was subject to a taboo of evocation, and to openly challenge any post-war expression of racism.

Some institutions may be depicted as 'hurting' institutions. They can be 'total' or totalitarian, they can be very active in the not so distant past of Western societies, like the segregation system (as an institution now classified in the 'bastard' ones), and they can convey an institutionalized stigmatization of underdogs. All are social products that generate systematic suffering and violence for a part of the population. The moral and political aversion Hughes had against extreme nationalism, chauvinism, racism and antisemitism, segregation, sexism, always produces a detached sociology 'on' those matters but having the strong effective social effect of helping to play 'against' these matters. The sociologist can privately as much as professionally confront the 'hurting' institutions. Likewise, Goffman's systematic delegitimization of the institutions that produce a painful mortification of the self (and sometimes also of the body) of the underdogs, with its implicit but deep wave of social criticism, had certainly an efficiency in challenging those institutions, among many other landmarks of a social change (for the same interpretation: David 1988; Winkin 1988, 89).

Two distinct habitus

I will borrow the argument of the conclusions to Winkin (1988, 13 f.), by using the biographical question in terms of a Bourdieusian perspective of habitus (see Chap. 54). The main difference between the respective sociology of Hughes and Goffman concerning what we may call the 'hurting' institutions, could be a striking difference of habitus and of the way of dealing sociologically with one's own habitus. As Anselm L. Strauss (1996) remarkably said regarding Hughes, the latter used "his own life as data". Maybe in the continuity with his father as a minister, who kept a diary regarding the ups and downs of his ministry, Hughes managed the same with the materials of his own life and experience, to be exploited sociologically.

The exchanges with Goffman on *Stigma* clearly show Hughes exposing some of the particularities of his self to treat that material sociologically. While working and publishing on the 'hurting' institutions, Goffman for his part never showed any tendency to summon up a sociological analysis of his self and concerning the link between that self and his sociological concerns, an exercise that Pierre Bourdieu called an "auto-analyse" (self-analysis), as the contraction of self-socio(logical) analysis, implying the equivalent of a psychoanalysis but with the specific tools of sociology (Bourdieu 2004).

By working out a similar type of self-analysis, Hughes was able to investigate the sociological links between his habitus as a son of a progressive minister (as a "PK", a 'preacher's kid', said Hughes' wife in Strauss 1996) and his specific sociological quest highly focused on the issues of race and sex inequalities. Goffman never did so. As Winkin has showed, Goffman never mentioned any personal biographical detail in his work. But we should not forget, in his study of the ethnical stigmatization of minorities, that he was the son of Jewish immigrants from Ukraine, just as he had maybe some reasons, biographically speaking, to become a watchful critic of the deeds of mental hospitals (Winkin 1988, 13 f.). The human being remains hidden behind the sociologist in the case of Goffman, not in the case of Hughes.

In the letter from Hughes to Goffman of February 12, 1969, Hughes used a curious expression vis-à-vis Goffman. He evoked Goffman's "Pixie-like mind" as a disposition for doing sociology. This is perhaps a revealing image to compare both men. Hughes, in his memorandum on total institutions, also evoked the "kind of analytic mind" that Goffman showed in doing sociology. So, we have on the one hand the Pixie, a sort of fairy or spirit—was it an unintentional evocation of Goffman's short height?—with its ambiguous mischievous nature, which can mean either a benign impish person or a malicious one. The Pixie can imply the evocation of a pert person, of a person that has the cheek as a positive disposition for making sociology (in Yiddish, a similar notion is called "chutzpa"). And on the other hand, we have the theoretical or 'abstract' Goffman, with his sociological inclination for typologies (as in "Asylums") and "his penchant for inventing concepts, for giving names to things, for creating categories and subcategories and classifications" (Becker 2003, 662).

An interpretation of the ambiguous image employed by Hughes, knowing the context of the intellectual relationship between both men, can lead to this proposition: Goffman was a mischievous or impish sociologist when approaching a social problem but was an abstract analytical thinker when discussing it. Hughes would probably never have compared himself to a Pixie, he saw himself rather as a quiet and sometimes shy person. Theoretically speaking, Hughes never thought of himself as a 'grand theorist' but rather as an investigator of society among many other social scientists, patiently collecting materials by himself or through his students and colleagues to achieve circumscribed analysis of carefully chosen social problems. In conclusion, Hughes' and Goffman's respective personal and sociological 'mannerisms' were certainly rather different, but there is definitely a question of resonance between them concerning the social issues they burned to face and their strong feelings against injustice.

References

Becker, Howard S.: The politics of presentation: Goffman and total institutions. In: Symbolic Interaction 26/4 (2003), 659–669.

Bourdieu, Pierre: Esquisse pour une auto-analyse. Paris 2004 (orig.: Ein soziologischer Selbstversuch. Frankfurt/Main 2002).

Collins, Randall: The passing of intellectual generations: Reflections on the death of Erving Goffman. In: Sociological Theory 4 (1986), 106–113.

David, Peter: Goffman à contre-cœur. In: Politix 1/3 (1988), 63–65.

Fine, Gary A./Martin, Daniel D.: A partisan view. Sarcasm, satire and irony as voices in Erving Goffman's Asylums. In: Journal of Contemporary Ethnography 19/1 (1990), 89–115.

Fleck, Christian: An American in Frankfurt: Everett C. Hughes's unpublished book on Germans after the end of the nazi regime. In: Rick Helmes Hayes/Marco Santoro, Marco (ed.): The Anthem companion to Everett Hughes. London, New York 2016, 149–171.

Hughes, Everett C.: French Canada in transition. Chicago, Toronto 1943.

Hughes, Everett C.: The sociological eye: Selected pages on institutions & race. Chicago 1971.

Hughes, Everett C.: Memorandum on total institutions. In: Sociologica 2 (2010a). https://rivisteweb.it/download/article/10.2383/32719 (11.06.2021)

Hughes, Everett C.: Innocents Abroad, 1948. Or how to behave in occupied Germany. In: Sociologica 2 (2010b). http://www.rivisteweb.it/download/article/10.2383/32715 (11.06.2021)

Jaworski, Gary D.: Erving Goffman: The reluctant apprentice. In: Symbolic Interaction 23/3 (2000), 299–308.

Strauss, Anselm L.: Everett Hughes: Sociology's mission. In: Symbolic Interaction 19/4 (1996), 271–283.

Verhoeven, Jeff C.: An interview with Erving Goffman, 1980. In: Research on Language and Social Interaction 26/3 (1993), 317–348 (also in Gary A. Fine/Gregory W. H. Smith (ed.): Erving Goffman, Vol. 1. London 2000, 213–236)

Vienne, Philippe: The enigma of the total institution. Rethinking the Hughes-Goffman intellectual relationship. In: Sociologica 2 (2010). https://www.rivisteweb.it/download/article/10.2383/32720 (11.06.2021)

Vienne, Philippe: Trois préfigurations du stigmate. L'homme marginal, l'homme périphérique et l'étranger dans les archives Hughes/Goffman. In: Christophe Dargère/Stéphane Héas (ed.): La chute des masques. De la construction à la révélation du stigmate. Grenoble 2015, 21–38.

Vienne, Philippe: The natural history of Everett Cherrington Hughes: A Master of fieldwork. In: Rick Helmes Hayes/Marco Santoro (ed.): The Anthem companion to Everett Hughes. London, New York 2016, 93–114.

Winkin, Yves: Portrait du sociologue en jeune homme. In: Goffman, Erving: Les moments et leurs hommes. Paris 1988, 13–92.

W. Lloyd Warner (1898–1970)

15

Gregory W. H. Smith

When Erving Goffman arrived at the University of Chicago in 1945 he was already familiar with the publications of W. Lloyd Warner and aware of his significant and growing reputation. He saw plenty of Warner during that first quarter at Chicago, taking Warner's courses on *Comparative Institutions* and *The Individual and Society*, as well as the compulsory *Advanced Field Studies: The Community* delivered by members of the Department of Sociology including Warner (Smith/Winkin 2013). Goffman's companion at this time, Elizabeth Bott-Spillius (1993), recalled, "Erving respected Lloyd Warner far more than I did". Her barbed remark points to the contradictions around Warner's contribution and legacy: from the 1930s onwards he was widely regarded as a significant figure, part of the public face of American sociology and anthropology, yet his contributions were disputed and his work has been largely forgotten since his death, perhaps unfairly (Baba 2009; Blakeman 2012; and Hamby 2007 for reevaluations of Warner's intellectual legacy).

Situating Warner

Warner was born in 1898 into a middle-class farming family in Redlands, California. (The authoritative reference for Warner's biography remains the account written by his wife, Mildred [Warner 1988]; Baba 2009 and Hamby 2007 contain further information.) Sickness foreshortened his army service during WW1, then, following a brief failed marriage, an unsuccessful attempt to break into the world of acting in New York, and a dalliance with the Socialist Party, the undergraduate student of English met anthropologist Robert H. Lowie, who impressed the young Warner enough to prompt a course change. Thus, in 1925 Warner graduated from Berkeley with an AB degree in anthropology and began postgraduate work there. At a dinner held in honour of the visiting Alfred R. Radcliffe-Brown, Warner was invited by the distinguished British social anthropologist to come with him to Australia to conduct research. Between 1926 and 1929, Warner undertook fieldwork among the Murngin (who are now usually referred to as the Yolŋu), a tribe in Arnhem Land in Northern Australia with a Stone Age culture. The book that emerged, *A Black Civilization* (Warner 1937[1964]) attracted positive reviews and became a key text in anthropological debates about kinship systems. Warner was much influenced by Radcliffe-Brown's functionalism, and especially his emphasis on ethnography

G. W. H. Smith (✉)
School of Health and Society, University of Salford, Manchester, Großbritannien
E-Mail: g.w.h.smith@salford.ac.uk

K. Lenz und R. Hettlage (Hrsg.), *Goffman-Handbuch*, https://doi.org/10.1007/978-3-476-05871-3_15

in the service of a comparative method that would eventually provide scientific generalizations about society. The two sustained a lifelong friendship (see Stocking 1985).

Warner's Murngin book was written at Harvard University, where he was appointed first Instructor and then Assistant Professor in the Department of Anthropology. Warner quickly showed himself an able leader of research teams and director of research investigations undertaken by others. He was associated with Elton Mayo's research that gave rise to the "Hawthorne Effect". He was instrumental in establishing the multidisciplinary Harvard Irish Survey (1931–1936) that shed much light on family and community life in rural Ireland (e.g. Arensberg and Kimball 1940). Most famously, while still at Harvard, Warner initiated the Yankee City series of community studies, based on intensive team research of Newburyport, Massachusetts. The series—five substantial volumes published between 1941 and 1959—was widely-read at the time. The books were also a target of criticism, to which Warner never responded. In particular, critics (e.g. Pfautz and Duncan 1950) questioned the imprecise methodological procedures and generalizability of the model of social class developed by Warner and his associates.

In the mid-1930s Warner directed the pioneering research by Allison Davis, Burleigh B. Gardner and Mary R. Gardner into how class and caste ordered relations between black and white people in the southern states of the USA, published as *Deep South* (Davis et al. 1941). Warner's skill and energy in leading and directing research teams and participating in their research activities was recognized by his appointment in 1935 as Associate Professor in Anthropology and Sociology at the University of Chicago. There he undertook further work on ethnicity, this time focused on black youth in Chicago. Warner was also closely involved in the research eventually published as Horace R. Cayton and St. Clair Drake's *Black Metropolis* (Peretz 2004). In addition, in the late 1940s a Warner team was investigating class inequality and democratic ideals in an Illinois community ("Jonesville"). When Goffman arrived as a graduate student in Chicago in 1945, Warner and his associates were turning their attention to the mass media, and in particular radio "soap" serials. This project was to provide the basis for Goffman's Master's research. In sum, as fellow student Howard S. Becker (1999) noted, Warner was a significant "presence" to students who offered "inspiration" to those wishing to pursue qualitative research. He was a figure whose training and background—Berkeley, Harvard and social anthropology—was far from the usual stereotype of Chicago sociology. Yet his work, in which theory was used to illuminate a range of carefully collected empirical materials, clearly bore the Chicagoan imprint.

Warner held a joint appointment as Professor of Anthropology and Sociology (the same job title that Erving Goffman enjoyed as a Benjamin Franklin Professor at the University of Philadelphia). As the subtitle of his biography (Warner 1988) suggests, he self-identified as an anthropologist. However, his development of what has come to be known as anthropology at home—the application of anthropological methods to understand aspects of large-scale contemporary societies—served to blur the distinctions between the two disciplines. It represented an outworking of Radcliffe-Brown's conception of anthropology as a comparative sociology. In short, the start of Goffman's graduate studies coincided with a period when Warner's career was firing on all cylinders. In addition to his multiple research projects, Warner was preparing the ground that would lead to the founding of Social Research, Incorporated (SRI) in 1946, a commercial marketing research organization that brought qualitative methods to an area dominated by survey techniques.

Working on Warner projects

Goffman was enthused by Warner from the start. In one of the courses Goffman took with Warner and William E. Henry, students were asked to work on the research team investigating the audience for a popular radio series, "Big Sister", broadcast by the Columbia Broadcasting System

(CBS). Henry gave the students brief training in how to administer the Thematic Apperception Test (TAT) then sent them into the field—the homes of women who had written fan letters to the programme—to collect data (SCRDE, 25 f.). The TAT was a projective test which asked subjects to tell a story around each of a series of ambiguous pictures. According to its inventors, Christiana D. Morgan and Henry A. Murray, skilled interpretation of these stories could provide direct access to the inner self, in the manner of a psychological X-ray. The CBS study (Warner/Henry 1948) showed how the radio programme provided educational benefits for its predominantly working-class female audience by helping them resolve their own interpersonal and emotional problems. At the same time, it offered subtle cues that the traditional housewife role was to be preferred over more active, career-oriented alternatives. For his MA thesis, Goffman wanted to further explore the relation between social class and personality begun in the CBS study by including a sample of middle-class women. TAT responses would show how class affected the women's personalities. The thesis plan was approved by Ernest Burgess in August 1946 (Smith/Winkin 2013). Burgess's social contacts in Chicago also proved helpful to Goffman with the initial recruitment of his thesis's sample.

The first half of the thesis, accepted for the MA degree in 1949, shows how this apparently well-laid, faculty-approved research plan proved impossible to carry out in accord with scientific principles. The problems included the absence of clear and unequivocal categories and procedures in the TAT literature that resulted in arbitrary coding of story elements and the questionable assumption that the TAT was revelatory of the whole of the inner self, not just that part associated with the act of make believe. The sample Goffman ended up with—47 wives of professional and managerial workers—proved problematic. Since it was partly obtained by a snowballing principle, it was more a loose-knit social network than anything close to a representative sample of middle-class women (for example, 22 of the 47 women had been to the same private women's college). Unable to use the TAT as "a self-sufficient instrument in systematic research" (SCRDE, 19) and unsure about exactly what his sample was representative of, Goffman's original plan to explore the class-personality relationship fell through.

Goffman salvaged an analysis by focusing on the TAT interview situation itself (Smith 2003), based on his visits to the residences of the middle-class women in his sample. He distinguished direct responses, where the subject responded to the depicted experience on the test card as if it were a real event, and indirect responses, which were "statements which manage by some means or other to avoid the obligation of assuming the momentary 'reality' of the representations" (SCRDE, 47). This was done in three ways: the subjects abstained from expressing the sympathy the picture conventionally demanded; or they refused to engage with what was manifestly apparent in the picture; or they judged the picture as an art object rather than the story stimulus that TAT protocols required. In an analysis that anticipated Goffman's later famed notion of role distance, Goffman examined how a "pattern of disengagement" (SCRDE, 70) was also evident in the women's living room furnishings and decorations as well as their interpersonal conduct that included occasional profanities, direct references to sex, and unrestrained body and limb postures. In the thesis's conclusion, Goffman speculated about the sources of his subjects' unwillingness to be fully bound by certain norms, which he ultimately saw as "part of a general trend toward the corruption of single-mindedness" (SCRDE, 77). Undeniably, single-mindedness would characterise Goffman's subsequent academic trajectory.

Goffman's MA thesis demonstrated greater methodological rigour and exactitude than the CBS study, bringing a precision to the collection and analysis of TAT responses that Warner and Henry (1948) lacked. Goffman's critique was also a positive critique. In place of a standardized test, Goffman drew upon observations collected incidentally or as a by-product of his serious effort to record the entirety of his subjects' storytelling activities and the features of the social setting in which the responses were made. In that respect Goffman showed himself to be an extremely self-conscious methodologist. Never captured by Warner's intellectual orbit, Goffman nevertheless responded constructively to his work and used it to shape his own distinctive approach, as can be seen in three further studies: Goffman's doctoral research (CCoIC), his first published article (SCS), and a report he undertook for SRI (Social Research Inc. 1953).

By 1949, Goffman had impressed his teacher enough for Warner to recommend him for a studentship at the University of Edinburgh, which made possible the Shetland fieldwork (1949–1951) for his PhD dissertation on communication conduct (see Chap. 1). The head of anthropology, Australian Ralph Piddington, knew Warner from his Sydney days in the 1920s with Radcliffe-Brown. Piddington was busy establishing the anthropology department at Edinburgh and wanted a young talented researcher to add impetus to the development (Winkin 2000). Exactly how Goffman came to choose Unst, the most northerly island in the UK, as a research site is unknown. Certainly, it looked ideal for another community study in the mould established by Warner, but Goffman had other ideas. It became the locale in which he worked out his initial conception of a sociology of the interaction order (CCoIC). In the dissertation only one of Warner's books was mentioned. However, Goffman (CCoIC, 136–148; 217–241) took up "participation", an idea prominent in the Yankee City series, and gave it an interactional spin: who is accredited to participate in an encounter? Eventually, this question would occupy centre-stage in *Footing* (FTc; FT_a_{dt}; also ENa, 78; EN_a_{dt}, 87 f.).

Warner was also significant in shaping Goffman's first publication, *Symbols of class status*, a title redolent of functionalist anthropological traditions. Published in December 1951, it was originally drafted in 1948 for Burgess's seminar in Personal and Social Disorganization. In the article Goffman thanks Warner "for direction" (SCS, 294 Fn. 1). However, it was not a functionalist treatment of symbols as meanings invested with sentiments that regulated a society's collective needs, interests and relations, of the kind Warner (following the lead of Durkheim and Radcliffe-Brown) undertook, for example in his study of the unifying influences of Memorial Day ceremonies (Warner 1962). Instead, Goffman concentrated on how symbols can misrepresent as well as represent people's class status. A pragmatic concern with use replaced a functionalist focus on consequences. Given the potential for misrepresentation, Goffman asked what were the principal sources of restriction and constraint that worked to minimise fraudulent use? Appearing a year after Harold W. Pfautz and Otis Dudley Duncan's (1950) stinging critique of Warner's class analysis, Goffman carefully distanced himself from his teacher's conceptions of class, for example by the repetition of the phrase, "[n]o matter how we define social class" (SCS, 296 f.). At the same time, Goffman kept with the spirit of Warner by focusing on symbolism and diagnosing class as a major source of social difference in contemporary society.

By 1953, when Goffman worked on an SRI project about the attitudes and motives of service station dealers commissioned by the American Petroleum Institute, Warner's influence on Goffman's thinking was waning. Goffman's role was to undertake a portion of the 204 interviews and to draft the report, which was finalized by SRI staff. While it used some of Warner's favoured techniques (interviewing, projective tests), the mark of Everett C. Hughes was more conspicuous. Its analysis can be read as an application of Hughes's thinking about the dilemmas and contradictions facing the men who ran service stations in the Chicago area (Smith 2006, 21 ff.).

Residues of Warner

Practically, Warner was a well-placed sponsor and supporter of Goffman throughout his graduate career at Chicago. He acted as an anchoring influence, a point of continuity as the only Chicago faculty member to be involved in both Goffman's Master's thesis and his dissertation. Warner's primary influence was to contribute to Goffman's intellectual formation by providing research opportunities to exploit, and theories, concepts and methods to consider and react against. Warner gave Goffman breaks to which Goffman brought his own distinctive interactionist slant. Even while working on a Warner project, Goffman placed his own stamp on the work; in every case Goffman showed an independence from the Warner fold. Warner's patronage served as openings to research sites and questions that enabled Goffman to forge his own distinctive sociological approach. In addition, the substance of Warner's sociology provided Goffman with important resources that he could fashion to develop the sociology of the interaction order.

Intellectually, traces of Warner's sociological preoccupations can be detected in Goffman's writings. As already noted, Goffman's development of participation might have been suggested by Warner's concerns, for example the significance of the technique of "Evaluated Participation" in his class methodology. Goffman's early interests in class and stratification, conspicuous in *The Presentation of Self in Everyday Life*, carry clear Warnerian echoes. Part of the genealogy of the notion of presentation of self can be traced back through the dissertation chapter on projected selves to the Master's thesis' use of the projective test, the TAT. Warner's studies of mid-twentieth century America sought to contradict the popular belief that "modern man" was very different from the aboriginal people Warner first studied. He wrote:

> "[...] despite obvious differences, the fundamental core of life of each is very much the same. Being a human being demands the same basic social and personal equipment in black Australia or in contemporary civilization" (Warner 1962, 4).

Goffman agreed: "underneath their differences in culture, people everywhere are the same" (FaW, 231; also IR_a, 44; IR_a$_{dt}$, 52). But he then took the reasoning one step forward. "Universal human nature" was identified not with personal qualities but rather with the interactant's capacities for face-work sustained through fundamental interactional practices.

Warner's influence was also more diffuse and abiding, extending beyond Goffman's Chicago years. Warner embodied Goffman's connection to a classical anthropological tradition. In terms of the lineage lines so important to anthropologists, Warner was a student of Radcliffe-Brown who was an early enthusiast for Durkheim's sociology (Collins 1980). The significance of the link is indicated by Goffman's only book dedication, in *Relations in Public*, to Radcliffe-Brown, whom he nearly met in 1950 in Edinburgh. Warner (1952) gave the Munro Lectures at the University of Edinburgh in April–May, 1950. Perhaps Radcliffe-Brown and Goffman were in the audience? As for a reverse line of influence, this seems unlikely. It is difficult to gauge if Goffman made any impact on Warner since he did not cite Goffman in his later publications. Goffman's name was absent from Mildred Warner's (1988) biography.

Of course, Warner and Goffman were very different kinds of persons with contrasting analytic attitudes. Colleagues and students spoke of Warner's clubbable, Californian ease with people—it is plainly evident in the photographs of him with the Murngin. His widow wrote of "his empathy with the feelings of others, his ability to appreciate special qualities in a great variety of persons" (Warner 1988, vii) and the circumstances they encountered. Goffman was similarly highly skilled at taking the perspective of others, appreciating (as books like *Stigma* demonstrated) not just their feelings but also the specifics of their social situation and how the latter shaped the former. But in contrast to Warner, many colleagues and students found Goffman to be an edgy, intense and tightly wound individual, who could be temperamental and unpredictable. Warner's analytic attitude was that of the avuncular technical expert, using social scientific methods to reveal exclusive insights about hidden features of social life, while Goffman's analytic attitude, which blurred easy distinctions between life and work, seemed to co-opt the reader as a fellow "student of society" exposing those out of ordinary awareness features of everyday life that his writings were able to bring to the surface.

From Warner Goffman may have learned something about the "business" of being a successful sociologist. In differing ways, Warner and Goffman were public intellectuals and academic entrepreneurs. Both were widely read in their own day. Each managed to attract audiences outside of academic social science. Warner was profiled in *Life* magazine in 1949; *Time* magazine profiled Goffman in 1969. Warner was a mover and shaker, good at managing and directing research teams and inspiring researchers. Through SRI he was able to realise the commercial value of his research questions and methodologies. Goffman was a loner whose academic career consisted of a series of solo performances (missing from his CV were joint publications, edited collections, conferences organized, or forewords written for his students' books). But he knew his worth in the academic marketplace, and drove hard bargains with publishers and the universities that employed him.

Warner may have served as a role model for how a ground-breaking researcher dealt with the controversies their work inevitably attracted. Writing to British anthropologist and sociologist Michael Banton, Warner recorded that his "firm practice" was never to reply to positive or negative criticism, partly because it was often descended into point-scoring that "had little to do with evidence, analysis and proper scientific discussion" (Warner 1969). Apart from a few sideswipes in his book introductions and prefaces, Goffman expressed a similar attitude towards published criticism of his work. It did not pass unnoticed. Writing to thank Herbert Blumer for his review of Goffman's *Relations in Public*, Irving Louis Horowitz (1972) remarked that Goffman was unlikely to reply, detecting the "peculiar imperial air that Goffman has generated over the years" that he thought suggestive of a "disdain for criticism or the possibility that anyone else could be right and he wrong".

Disdain would be one reading of Goffman's non-engagement in academic debate about his work. An alternative reading was that Goffman was so single minded in developing his own work that replying to critics represented an unwelcome distraction. In his single direct response to critics, Goffman was crisp in stating his disinclination to participate: "Until now I have found insufficient reason to reply to the unfavorable reviews of my books that were well informed, and to both kinds that weren't" (RDK, 61). He justified his reluctance on the grounds that "[p]ronouncing and counter-pronouncing are not the study of society" and that the accumulating commentary "add still more encrustation, further obscuring the original texts". For Goffman, as for Warner, sociological activity should be primarily directed towards the analysis of society. Critical debate about these analyses was regarded as very much a secondary task, to be avoided whenever possible. Goffman's public indifference to his critics may be the abiding lesson that Goffman learned from Warner.

References

Arensberg, Conrad M./Kimball, Solon T.: Family and community in Ireland. Cambridge, Mass. 1940.

Baba, Marietta L.: W. Lloyd Warner and the anthropology of institutions: An approach to the study of work in late capitalism. In: Anthropology of Work Review 30/2 (2009), 29–49.

Becker, Howard S.: The Chicago School, so-called. In: Qualitative Sociology 22/1 (1999), 3–12.

Blakeman, Bree: W. Lloyd Warner and Makarrwala: the intimacy of ethnographic relations and the sorrow, the estrangement of departure (2012), https://fieldnotesandfootnotes.wordpress.com/2012/03/24/w-lloyd-warner-and-makarrwala-the-intimacy-of-ethnographic-relations-and-the-sorrow-the-estrangement-of-departure/ (30.05.2020).

Bott-Spillius, Elizabeth. Letter to Greg Smith, 09.12.1993.

Collins, Randall: Erving Goffman and the development of modern social theory. In: Jason Ditton (ed.): The view from Goffman. Basingstoke, London 1980 (also in Gary A. Fine/Gregory W. H. Smith (ed.): Erving Goffman, Vol. 3. London 2000, 307–337).

Davis, Allison/Gardner, Burleigh B./Gardner, Mary R.: Deep south: A social anthropological study of caste and class. Chicago 1941.

Hamby, Louise: The reluctant collector: Lloyd Warner. In: Nicolas Peterson/Lindy Allen/Louise Hamby (ed.): The makers and making of indigenous Australian museum collections. Carlton 2007.

Horowitz, Irving Louis. Letter to Herbert Blumer, February 8, 1972.

Peretz, Henri: The making of "black metropolis". In: The Annals of the American Society of Political and Social Science 595 (2004), 168–175.

Pfautz, Harold W./Duncan, Otis Dudley: A critical evaluation of Warner's work in community stratification. In: American Sociological Review 15/2 (1950), 205–215.

Smith, Gregory W. H.: Chrysalid Goffman: A note on "Some Characteristics of Response to Depicted Experience". In: Symbolic Interaction 26/4 (2003), 645–58.

Smith, Gregory W. H.: Erving Goffman. London, New York, 2006.

Smith, Gregory W. H./Winkin, Yves: Working the Chicago interstices: Warner and Goffman's intellectual formation. In: Gary Bowden/Jacqueline Low (ed.). The Chicago school diaspora: Epistemology and substance, Montreal, Kingston, ON 2013.

Social Research Inc.: The service station dealer: The man and his work. Chicago, 1953.

Stocking Jr., George W.: "Yours affectionately, Rex": Radcliffe-Brown during and after World War II. In: History of Anthropology Newsletter 12/2, article 4: http://repository.upenn.edu/han/vol12/iss2/4 (31.05.2020).

Warner, Mildred Hall: W. Lloyd Warner: Social anthropologist. New York 1988.

Warner, W. Lloyd: A black civilization: A social study of an Australian tribe [1937]. New York, Evanston, London 1964.

Warner, W. Lloyd/Henry, William E.: The radio daytime serial: A symbolic analysis. In: Genetic Psychology Monographs 37 (1948), 3–71.

Warner, W. Lloyd: Structure of American life. Edinburgh 1952.

Warner, W. Lloyd: American life: Dream and reality [1953]. Chicago, 1962.

Warner, W. Lloyd: Letter to Michael Banton, 14.02.1969.

Winkin, Yves: Baltasound as the symbolic capital of social interaction [1992]. In: Gary Alan Fine/Gregory W. H. Smith (ed.): Erving Goffman, Vol. 1. London 2000, 193–212.

Kenneth D. Burke (1897–1993)

16

Ann Branaman

Erving Goffman's encounters with Kenneth D. Burke seem to have been entirely through reading Burke's work and discussing it with or hearing about it from friends and colleagues. Goffman could have met Burke personally when Burke lectured at the University of Chicago in 1949, but Goffman was abroad that year doing his dissertation research. Nothing in the records left behind by either Goffman or Burke documents any correspondence between them (Smith 2013). Nobody interviewed about either man reports any occasion in which they met or even listened to one another lecture. So, it seems that they had no interaction.

To the extent that Goffman knew Burke's work, then, he became familiar with it by reading the written work or hearing about it from friends and colleagues. Some scattered references to Goffman's exposure to Burke's writing do exist. Along with other graduate students who were taught by Louis Wirth at the University of Chicago in the 1940s, Goffman read Burke's *Permanence and Change* and *Attitudes towards History* as assigned reading for a seminar (Verhoeven 1993). We know that Wirth viewed Burke's as the best social psychology available at the time (Wirth 1937), a point of view that likely influenced Goffman's appreciation. Saul Mendlovitz, a friend of Goffman's during his years at the University of Chicago, recalls long conversations in a South Side bar that included frequent and appreciative discussions of Burke's work (Winkin 2002). Joseph Gusfield, a great admirer of Burke and a lifelong friend of Goffman's following their graduate school days, also recalls that Goffman was a great fan of Burke's work. Gusfield intimates that Goffman's interest was across the course of his lifetime and not solely in his graduate school days (Gusfield 2008). We also know that Goffman stayed interested in Burke across his academic lifetime because, when Goffman was at the University of Pennsylvania (from 1968) and had shifted focus to the study of linguistics, he turned back to Burke as recommended reading for students (Shalin 2014).

So, we know that Goffman knew and appreciated at least some of Burke's work across the course of his academic lifetime. Despite that, the extent of Burke's direct influence on Goffman is unclear. If we use footnotes and citations as an indicator, Goffman offers scant acknowledgement of Burke as an influence on his work. In *The Presentation of Self in Everyday Life,* he cites Burke six times, drawing on *Permanence and Change, A Grammar of Motives* and *A Rhetoric of Motives.* A couple of years later, in *Encounters,* he cites Burke once—only a glancing acknowledgement. Remarkably though, in light of the

A. Branaman (✉)
Department of Sociology, Florida Atlantic University, Boca Raton, FL, USA
E-Mail: branaman@fau.edu

K. Lenz und R. Hettlage (Hrsg.), *Goffman-Handbuch,* https://doi.org/10.1007/978-3-476-05871-3_16

many scholars who have argued that Goffman's work aligns with many of Burke's ideas, the handful of citations in *The Presentation of Self in Everyday Life* and the single citation in *Encounters* were the only times Goffman cited Burke. Even more remarkably, in light of the frequently-discussed overlap between Burke's dramatism and Goffman's dramaturgy, Goffman never cites Burke on the former. Goffman himself would have found this hardly remarkable, as Goffman eschewed labels and never used "dramaturgy" as a label for his own work (Verhoeven 1993).

Situating Burke

Kenneth Burke was (what we would now call) a 'public intellectual': his work was addressed to non-academic audiences as well as academic ones; his work was read by practitioners and scholars in many different fields. Moreover, his academic work largely escaped disciplinary confines: he wrote art and music criticism, literary criticism and theory, and pioneered new approaches to the analysis of rhetoric. Additionally, he wrote poetry, a novel, and short stories: his artistic work (particularly his poetry) was well-received. In 1981, he was awarded the National Medal for Literature, edging out four other contenders—Saul Bellow, Isaac Bashevis Singer, John Cheever and Mary McCarthy (The New York Times 1981). Burke's "hometown" newspaper, the Morristown Daily Record, reported in more detail that

> "Essayist and novelist Francine du Plessix Gray, who presented the award to Burke, said 'He transcended all traditional movements and cannot be pigeonholed' [….] Burke cupped his hand to a cocked ear to hear Gray compare his contributions to those of Thoreau. She said he has commanded an audience of writers, critics, sociologists, philosophers and theologians. 'Such is the richness and variety of Kenneth Burke's work', she said" (Daily Record 1981).

Burke's career was unconventional. He attended Ohio State University for one semester and Columbia University for one year. At this point, he discontinued formal education to live with a group of avant-garde writers in Greenwich Village and to begin his 'real' education as an autodidact (Gusfield 1989). Burke neither attained an academic degree nor identified with any particular academic discipline. In 1920, Burke began to write for and, later, serve on the editorial board of *The Dial,* a major political and literary criticism journal, until it ended publication in 1929. Between 1929 and 1937, Burke worked at a variety of jobs, including researching drug addiction for the Rockefeller Foundation, editorial work for the Bureau of Social Hygiene, and writing music criticism for *The Nation* (from 1933–1936). He published his first non-fiction work, *Counter-Statement,* in 1931 and a novel in 1932. In the mid-thirties, Burke published *Permanence and Change* (1935) and *Attitudes toward History* (1937). He published a broad range of work on the "New Criticism," a school of critical literary theory that focuses attention on an individual work of art as an independent unit of meaning, eschewing the practice of interpretation through the lens of biographical and historical data. Despite his lack of any academic credentials, the significance of his body of written work enabled Burke to land a teaching position at Bennington College from 1943 to 1961 (along with several prestigious visiting professorships, including New School for Social Research, the University of Chicago, Harvard, UC Santa Barbara and San Diego, and Emory University). In addition to *Permanence and Change* and *Attitudes towards History,* Burke's major works include *A Grammar of Motives* (1945), *A Rhetoric of Motives* (1950), and *Language and Symbolic Action* (1966).

As du Plessix Gray noted in her 1981 remarks upon the occasion of Burke's receipt of the National Medal for Literature, Burke's work had consistently drawn attention from sociologists. With Wirth's glowing AJS review of *Permanence and Change* and his subsequent inclusion of the book in the core curriculum of doctoral studies in sociology at the University of Chicago, Burke gained the attention of sociologists in the so-called "second Chicago School of Sociology", notably including Hugh Dalziel Duncan, Joseph Gusfield, and Erving Goffman.

Two well-published and influential members of that "second Chicago School" were particularly and publicly devoted to Burke. Duncan had staked much of his career on extending Burke's work into sociology in the 1950s and 1960s. At the point of his untimely death, Duncan was on the verge of a major project that would likely have propelled Burke into a central place in the canon of sociological theory (Kenny 2008). A second member of that University of Chicago graduate cohort and a lifelong friend of Erving Goffman's, Joseph Gusfield, drew on Burke's work through his own career. Indeed, he frequently acknowledged that Burke was the touchstone for his well-received and much-lauded work, crediting Burke as the major inspiration and influence on *Symbolic Crusade: Status Politics and the American Temperance Movement* (1963) and a subsequent book on drunk driving discourse. In *Symbolic Crusades,* Gusfield characterizes Burke as "perhaps the greatest analyst of political symbolism" ([1963] 1976, 170). In 1989, Gusfield would attempt to cement Burke's standing in the discipline with the publication of his edited collection of Burke's writings in the Heritage of Sociology series.

Goffman on Burke: little acknowledgement of influence

If Burke was part of the "heritage of sociology", as the series title of Gusfield's book implies, and we look only at Goffman's citations and bibliographies, Goffman seems to have been as indifferent to Burke's contribution as he was to those of many other canonical figures. This might be more in keeping with Goffman's intellectual style than a reflection of his familiarity with and use of Burke's ideas. After all, part of Goffman's intellectual persona was to seem as if he was independent of intellectual milieu—a free-floating mind, untethered by the conventions and canons of the discipline. Indeed, more than one commentator on Goffman has suggested that Goffman worked hard to create a method of work that pushed away any hint of others' influence (e.g., Jaworski 2000).

Where did Goffman acknowledge Burke? As mentioned above, all but one of Goffman's citations of Burke appear in Goffman's first published work, *The Presentation of Self in Everyday Life* (see ch. 37). The first is a reference to pages 6–9 of *A Grammar of Motives,* specifically Burke's comments about scene-act-agent ratio, in a footnote on page 25 (PS_{dt}, 26 and 237). Congruent with Burke's comments, Goffman suggests that we may expect consistency between setting, appearance, and manner but that we may also find discrepancies that may be of more analytic interest than the consistencies. As Burke puts it, a novelist who attempts to 'indict' a scene such as the bad working conditions of capitalism by demonstrating its "brutalizing" effect on workers, would end up with "brutalized" characters not worth saving (Burke 1945, 9). It is the discrepancy between the scene and the agent, in this case, that makes the novel compelling. In Goffman's case, discrepancies between appearance and manner, or between setting and agency, are more interesting than the consistencies. The expectation of consistency, in other words, generates the interest in the exceptions. "[E]xceptions to expected consistency among setting, appearance, and manner provide the piquancy and glamor of many careers and the salable appeal of many magazine articles" (PS2, 25; PS_{dt}, 26).

The second mention of Burke occurs on page 67 (PS_{dt}, 62 f.) where Goffman credits Burke (without citing any particular source) with the notion of "mystification", whereby maintenance of social distance between performers and their audiences may generate in the latter a sense of awe.

Later on page 136 (PS_{dt}, 125), in a passage continuing the theme of discrepancies, Goffman cites another footnote from Burke's *Permanence and Change:*

> "We are all, in our compartmentalized responses, like the man who is a tyrant in the office and a weakling among his family, or like the musician who is assertive in his art and self-effacing in his personal relationships. Such dissociation becomes a difficulty when we attempt to unite these compartments (as, were the man who is a tyrant in

> his office and a weakling in his home suddenly to employ his wife and children, he would find his dissociative devices inadequate, and might become bewildered and tormented)" (PS2, 136 quoting Burke 1935, 241 f.; PS_{dt}, 125).

The fourth and fifth citations of Burke are from *A Rhetoric of Motives*. The fourth occurs on pages 164 f. (PS_{dt}, 150 f.) where Goffman draws upon Burke's concept "rhetoric of medicine" to convey the way in which doctors engage in a kind of pageantry to "give the patient a dramatic medical show for his money". The fifth mention occurs in a footnote on page 175 (PS_{dt}, 150 and 247), where he credits Burke with a social analysis of 'hazing' as a process involving movement of a person from audience to team.

The only other citation of Burke by Goffman occurs in Goffman's essay *Role Distance* in *Encounters:* "A self, then, virtually awaits the individual entering a position; he need only conform to the pressures on him and he will find a me ready-made for him. In the language of Kenneth Burke, doing is being" (EN_b, 87 f.; EN_b_{dt}, 98).

The fact that Burke is cited so lightly and never cited again after Goffman's very early work in the late 1950s and early 1960s might suggest that Burke's influence on Goffman was minimal. Perhaps it was—but the biographical and textual evidence suggests that it is more likely that Goffman read Burke, reacted to what he read, and used whatever he took away from reading and thinking—but never thought it was important to acknowledge that Burke was part of the intellectual process underpinning his written work. Goffman was intellectually and temperamentally ill-suited to our current standards of acknowledgement, intellectual genealogy, and references. He adamantly refused to become part of the movement in sociology that emulated the norms of cumulative science; he was equally uninterested in the "begats" of humanistic scholarly traditions. Goffman himself would have found questions about his intellectual genealogy derisible, since he believed that the study of reality mattered far more than the study of scholars and the influences on their ideas. He would also have hesitated to announce that he was beholden to another scholar, as he tended to see his sociological work as legitimately incorporating everything—what he read in Time magazine, what he read in books, what he saw at the barbershop—that drifted into his field of vision and earned his focus. He spent little time parsing sources and all of his time on analysis. But that was Goffman's approach to doing sociology. For many other scholars, social theory is best cultivated and advanced when we understand how bodies of work are connected. Consequently, many scholars have reflected on the Burke-Goffman connection. Their research and analysis have found Burke's influence on Goffman to be significant and a reflection of an evident and longstanding appreciation for Burke's work.

Goffman scholars on Burke's influence on Goffman: a suggestion of strong connection

At the most global level, of course, Goffman and Burke were engaged in a similar undertaking—one that would be equally at odds with the 'behaviorism' of mid-20th-century sociology and the grand theories of the late 19th century. As Gusfield (1989, 4) wrote, "[…] Burke's importance for the sociologist lies […] in the development of a method, a perspective about perspectives, which is a profound attempt to understand the implications for human behavior of the fact that humans are 'symbol-using animals'". As a graduate student, Burke might have been Goffman's earliest introduction to the profound implication "of the fact that humans are 'symbol-using animals'". After all, Wirth introduced Burke to Goffman and his cohort of graduate students as the best available social psychology. As Wirth (1937, 483) stated in his AJS review of Burke's *Permanence and Change:* "Burke is not a professional sociologist, but he has presented the essentials of what social psychologists profess to treat more clearly and interestingly than the practitioners have been able to do thus far". And, as Goffman determinedly located his work at the micro-level, Burke's point of view would have both shaped Goffman's point of view and affirmed Goffman's commitment to a sociology anchored on the symbolic. Gusfield tells us that Goffman was one of the few sociologists of the mid-twentieth century who took Burke seriously (Gusfield 2008). Even without knowing about Goffman's biography, though, scholars have settled on the idea of influence.

But what, exactly, does 'influence' mean? Another way of looking at the relationship between Goffman and Burke is suggested by Ross Wolin (2001; cited in McKenzie 2010). In discussing Burke's general influence on the field of rhetorical studies, Wolin points out the difference between saying "Burke makes me think…" and saying "Burke says…" If, for Goffman, everything in his life was to be used in the service of creating his own insights, then reading Burke would have been just another part of the flow of ideas and experience out of which his work developed. Burke might have made him think about x or y or z, but he might not have seen himself as borrowing from Burke or needing to cite Burke to add additional authority to an argument. Indeed, Jürgen Raab argues this, that Goffman considered his intellectual predecessors and peers as "intellectual sources of raw material" and that "Goffman himself contributed a great deal to covering up the traces of what shaped and influenced him" (Raab 2019, 34 f.).

So, however we conceptualize it, it does seem likely that Goffman was influenced by Burke. But intellectuals can share a point of view without being mutually aware, just as two scientists can arrive at the same conclusion ('mutual discovery') by working from the same basic principles but without any sharing of ideas or data. Ideas grow in a milieu shared by many intellectuals and, although we know from Gusfield that Goffman read Burke's work across the course of many years, it is possible that at least some of the parallels between their work were only a manifestation of their shared milieu. Without better biographical information, we will never be able to resolve the issue of how the parallels developed.

Multiple well-respected and careful scholars, though, have identified points in Goffman's work that seemed to flow directly from Burke's work. The most frequently-identified point of overlap or influence seems to be in how Goffman's dramaturgy relates to Burke's earlier writing about dramatism.

Convergences: Dramatism, Dramaturgy, and Self-Identity

Although scholars debate the extent of the continuities between Burke's dramatism and Goffman's dramaturgy, there is nonetheless a general consensus that there is influence (of Burke on Goffman) and overlap of their ideas. Several Goffman scholars have made the persuasive case for continuities between Burke's dramatism and Goffman's dramaturgy.

Tom Burns (1992, 107) points out that the idea that "all the world's a stage' is as old as theatre itself", dating back to over 500 years BC and had become commonplace by the time of Shakespeare. The resurrection of the idea by 20th century social scientists, he argues, had to do with the "adoption of the term 'role' to represent routines or codes of behavior appropriate to (and thus expressive of) special social positions [….]".

The move beyond mere allusions to 'role' and 'actor' came from Marcel Mauss and Victor Turner, on the social science side, and Kenneth Burke, on the humanities side at the end of the second World War. According to Burns, the most influential of these initiatives was Kenneth Burke's *Grammar of Motives* (1945) in which he lays out 'dramatism' as an analytic framework. Dennis Brissett and Charles Edgely (2005) credit Burke with some foundational insights upon which dramaturgy was developed:

> "It is in the study of how humans accomplish meaningful lives that the dramaturgical principle becomes most obvious. Not what people do nor what they intend to do, nor even why they do it, but how they do it, is the dramaturgical curiosity. Following Kenneth Burke's [...] suggestion that a proper understanding of human behavior must focus on action, dramaturgy emphasizes the expressive/impressive dimension of human activity. The fundamental principles of dramaturgy is that *the*

> *meaning of people's doings is to be found in the manner in which they express themselves in interaction with similarly expressive others"* (Brissett/Edgely 2005, 3; original emphasis).

A second point of convergence, while arguably derivative of the more general convergence between Burke's dramatism and Goffman's dramaturgy, is their shared view of self/identity as being constituted in social interaction. Both, in their respective ways, showed that meaningful lives and identities were dramatic productions, each precariously unfolding amidst a multitude of other (overlapping, competing, and/or complementary) dramatic productions (Branaman 2014). Identification (the active and often contested process by which self-identities are constructed), for both Burke and Goffman, is a rhetorical process by which a person (or group of persons) persuades others to accept a certain conception of himself, of some other(s), or of some version of reality. The self is a product of this rhetoric of identification, and has no reality apart from it. Further, they consider the efficacy of this "rhetoric of identification" to be itself determined largely by structures of authority, power, and resources that transcend any immediate social situation. Prefiguring Goffman's debunking of the "inner self" and development of the idea that the self is a product of performance in social interaction, Burke points out the emptiness of the bourgeois notion of identification of human purpose with the self; he criticizes the naturalist distinction between individual and environment, which he argues leads to the erroneous notion that an individual is guided by a self which is private and peculiar to himself. The self, divorced from the social bases of experience which constitute identity, is a void (Burke1937, 263). Although the process whereby individuals break loose from particular, disastrous identifications is one which occupies a central place in Burke's writing (especially in *Permanence and Change*), he emphasizes that an identification is only "cured" by replacing it with an alternative, social one rather than an identification with the self. "What we call identity with the self is often merely vagueness of identity" (1937, 271).

At the same time they note the overlap and continuity, Brissett/Edgely differentiate Burke's dramatism from the dramaturgy that developed primarily on the basis of Goffman's work. They characterize Burke's dramatism as concerned with the formal properties of "who, what, where, when, and how" in contrast to dramaturgists' focus on "the processual and transitory elements of human situations" (Brissett/Edgley 2005, 13). Burke's dramatism, in other words, is the formal framework he applies to the question, "What is involved when we say what people are doing and why they are doing it?" (Burke 1969a, xv). Dramaturgical sociology, by contrast, could be said to be an analysis of people's actual doings and sayings about their doings in relation to the sayings and doings of others (Branaman 2013).

Divergences

In addition to the continuities between Burke and Goffman, there are notable differences and several points at which Burke and Goffman decisively part company. Most obviously, perhaps, is Goffman's formal training in Sociology at one of the preeminent Sociology Ph.D. programs of his time compared to Burke's autodidactism and career as a public intellectual, poet, and music and literary critic. Although Goffman felt unrestrained from pulling almost anything he read, watched, experienced, or witnessed into his analysis, he nonetheless self-identified as a "Hughesian urban ethnographer" (Goffman in Verhoeven 1993, 318) and published work that was based primarily on ethnographic observation. Given Burke's rootedness in the avant-garde critical intellectual environment of the 1920s and 1930s, direct observation and a focus on face-to-face interaction in everyday life was not the primary content of his writings (although he did study speech/rhetoric). Burke was an 'armchair' observer of social life, reading novels and philosophy rather than observing and taking notes on observation. Burke was firmly situated in the tradition of the humanities while Goffman was always a sociologist.

Connected to the different environments in which Burke and Goffman were educated is an important difference in political orientation. Burke's leftist political orientation was evident in his comparatively greater emphasis on conflict, struggle, and challenge of dominant systems of meaning. Goffman's political orientation, if he had one, did not appear in his work except insofar as readers interpreted it through the lens of a particular political orientation. Burke's view of the social world was that it was a constant site of contestation, but Goffman's view of the social world was much more conservative: conflict, struggle and challenge were rare; order was supreme. The detailed biography of Goffman written by Shalin (2013) suggests that Goffman was fiercely a-political and eager to conceal and 'pass' rather than contest social hierarchies by which he himself was disadvantaged (his height, social class and Jewish origin). Goffman did report, in fact, being very much influenced by structural-functionalism (Verhoeven 1993); he parted company with Wirth over the question of political issues. "I don't do politics", Goffman stated. In his ASA presidential address, Goffman again affirmed his apolitical approach to sociology when he says: We "study society [...] because it is there" (InO, 16 f.; InO_{dt}, 102 f.). A third significant difference was in the relative focus on the 'micro' or 'macro' levels of analysis. As he would make clear in his later and most theoretical of statements *(Frame Analysis and The Interaction Order),* although Goffman considered society, or the "macro", to be far more determinative of human life than what happens at the level of face-to-face social interaction, he nonetheless claimed and demonstrated a nearly exclusive analytic interest in the microsocial. Burke, by contrast, demonstrated a proclivity towards macro-social analysis, focusing on hegemonic worldviews and possibilities of resistance to and transformation of these.

Goffman, then, differed in several significant ways from Burke—even in the crucial overlaps between key ideas (dramatism/dramaturgy). In his relationship with Burke, as in all of his other intellectual relationships, Goffman created a distinctive voice.

Conclusions

Kenneth Burke was one of the intellectual giants of the early and mid-twentieth century—a true polymath, writing on a broad range of topics and engaging a broad set of audiences. Today, decades after his death, the Kenneth Burke Society (KBS) "has hundreds of members from a variety of academic disciplines, including English, Speech Communication, Sociology, Economics, Philosophy, Mass Communication, Religion, and Rhetoric" (KBS website homepage) and publishes its own journal: *KB—The Journal of the Kenneth Burke Society.* Almost two hundred books about or using Burke's ideas are listed on the KBS website, and new books and articles keep arriving. Burke's influence was strong during his lifetime and continues after his death.New cohorts of scholars keep finding new insights in Burke upon which they can build. In this way, Burke's career was similar to Goffman's. Influential and much-admired during his own lifetime, Goffman continues to be discovered and repurposed by new cohorts of scholars.

That Burke influenced Goffman is unarguable. Many points of apparent overlap suggest Burke's work influenced Goffman—maybe not in the sense that Goffman built on Burke but perhaps more in the sense that Burke made him think, gave him pause—as Wolin says, in the difference between "Burke says" and "Burke makes me think..." True, Goffman rarely acknowledges Burke. But, whether we see Goffman as intent on promoting a "genius" mythos (Jaworski 2000) or as someone who viewed others' ideas as 'raw material' to be freely used without acknowledgement or as someone whose restless mind ranged so widely that he didn't pause to note what might have precipitated a particular chain of thought, it does seem likely that Burke's work—read across a scholarly lifetime—had an effect on Goffman. Both men were exemplars of the kind of mind to which we often give the label "genius"—although, of course, both men would have questioned that category and its cultural baggage. They ranged broadly across demarcated fields, created new 'ways of seeing' in how they wrote about what they studied, and pushed the boundaries of academic disciplines. That we continue to find value in their work is evidence of the enduring contributions that they made—and perhaps, to some degree, the open-endedness of work that always admits new readings and readers.

References

Branaman, Ann: Feminist and postfeminist theory. In: Anthony Elliott (ed.): The handbook of social and cultural theory. Milton Park 2014. 74–96.

Branaman, Ann: Drama as life: The seminal contributions of Kenneth Burke. In: Charles Edgley (ed.): The drama of social life: A dramaturgical handbook. Milton Park 2016, 15–26.

Brissett, Dennis/Edgley, Charles (ed.): Life as theater: A dramaturgical sourcebook. London, New York [2]2005.

Burke, Kenneth: Counter-statement [1931] Berkeley 1968.

Burke, Kenneth: Attitudes toward history [1937]. With a new afterword. Berkeley 1984.

Burke, Kenneth: Permanence and change [1935]. Berkeley 1973.

Burke, Kenneth: A grammar of motives [1945]. Berkeley 1969a.

Burke, Kenneth: A rhetoric of motives [1950]. Berkeley 1969b.

Burke, Kenneth: Language as symbolic action: Essays on life, literature, and method. Berkeley 1966.

Burns, Tom: Erving Goffman. London 1992.

Daily Record (Morristown, New Jersey), "Byram Twp. Poet Captures Award," Friday, May 1, 1981.

Gusfield, Joseph: Erving was a brilliant scholar and a mensch [2008], (https://cdclv.unlv.edu/archives/interactionism/goffman/gusfield_08.html (3.7.2021).

Gusfield, Joseph R.: Symbolic crusade: Status politics and the American temperance movement [1963]. Urbana [2]1986.

Gusfield, Joseph R.: Introduction. In: Kenneth Burke: On symbols and society. Chicago 1989, 1–51.

Jaworski, Gary D.: Erving Goffman. The reluctant apprentice. In: Symbolic Interaction 23 (2000), 299–308.

Kenny, Robert Wade: The glamour of motives: Applications of Kenneth Burke within the Sociological Field 2008, https://kbjournal.org/kenny (3.7.2021).

McKenzie, John M. (2010), Reading resistance to Kenneth Burke: "Burke the usurper" and other themes. In: KB The Journal of the Kenneth Burke Society 7/1 (2010), http://www.kbjournal.org/mckenzie (7.9.2021).

Raab, Jürgen: Erving Goffman: From the perspective of the new sociology of knowledge. London 2019.

Shalin, Dmitri. N.: Interfacing biography, theory and history: The case of Erving Goffman. In: Symbolic Interaction 37/1 (2014), 2–40.

Smith, Gregory W.H.: The dramaturgical legacy of Erving Goffman. In: Charles Edgley (ed.): The drama of social life: A dramaturgical handbook. New York 2013, 57–72.

The New York Times April 20, 1981 Kenneth Burke to get Literature Medal.

Verhoeven, Jef C.: An interview with Erving Goffman, 1980. In: Research on Language and Social Interaction, 26/3 (1993), 317–348 (also in: Gary A. Fine/Gregory W.H. Smith (ed.): Erving Goffman, Vol. 1. London, 213–236).

Wirth. Louis: Review of Permanence and Change: An anatomy of purpose by Kenneth Burke. In: American Journal of Sociology 43/3 (1937), 483–486.

Winkin, Yves: Erving Goffman: What is a life? The uneasy making of an intellectual biography. In: Gregory W.H. Smith: Goffman and social organization. London, New York 1999, 27–49.

Wolin, Ross. The rhetorical imagination of Kenneth Burke. Columbia, SC 2001.

17 Alfred Schütz (1899–1959)

Martin Endreß

Das Werk von Erving Goffman erfährt vielfältige Zurechnungen. Unter ihnen dominieren diejenigen zum Symbolischen Interaktionismus, zur Ethnomethodologie sowie zur Phänomenologie als den wesentlichen Inspirationsquellen seines Werkes. Dabei ist die Wirkungslinie zur Phänomenologie über Teile des Werkes von Alfred Schütz vermittelt, auf die Goffman allerdings erst spät in seinen Arbeiten zu sprechen kommt. In einem im Jahr 1980 geführten Interview antwortet Goffman auf die Frage „What is the meaning of Schutz for your work?" von Jef C. Verhoeven:

> „Well, again it was a late sort of thing, but the last book on *Frame Analysis* was influenced by him. [Gregory] Bateson quite a bit, but Schutz's paper on multiple realities was an influence. Schutz is continuing to be something of an influence. His stuff on, on the corpus of experience and that sort of thing. There are some ways in which he impinges upon sociolinguistic concerns, but I can't profess to be a close student. Again I think Schutz has wonderful leads, but that Schutz himself doesn't carry one very far in any one direction. [...] Schutz has come to have something of that status, of course, for ethnomethodologists" (Verhoeven 1993, 344).

Und Goffman fährt fort: „Well I don't think Schutz said enough to inform any particular studies sufficiently. That is, it's just a set of leads of possibilities" (ebd., 345).

Die Frage, in welcher Form Schütz als Anreger, Ideengeber oder Inspirator von Goffman zu werten ist und in welchem Ausmaß von einer Rezeption seines Werkes bzw. von Teilen seines Werkes gesprochen werden kann, stellt sich also auch nach dieser retrospektiven Selbstauskunft in besonderer Weise. Und dabei bedarf bereits die Bedeutung des Begriffs ‚Rezeption' einer gesonderten Reflexion sowohl hinsichtlich des „Was?" als auch bezüglich des „Wie?". Spricht man in erster Hinsicht allgemein von einer Übernahme von Begriffen, Aspekten, Konzepten oder Konzeptionen bzw. theoretischen Bausteinen, so wird diese zumeist als intendiert angesehen; was allerdings objektiv rekonstruierbare, wenn eben auch nicht als intendiert unterstellbare Rezeptionselemente nicht ausschließt. Hinsichtlich der Frage des „Wie?", also der konkreten Form der Rezeption, ist wohl zumindest idealtypisch zwischen einer weitgehend originalgetreuen, also Sinngehalt und Bedeutungszusammenhang präzise transportierenden Aufnahme oder aber einer Übernahme von Begrifflichkeiten unter Verlust bzw. Abstreifen des ursprünglichen Kontextes und Sinnzusammenhangs zu unterscheiden. Wobei gerade auch letzteres in durchaus produktiver Form und mit produktiven Effekten verbunden sein kann (im Sinne eines konstruktiven – intendierten ebenso wie nicht intendierten – Missverstehens).

M. Endreß (✉)
FB IV, Abteilung Soziologie/Ethnologie, Universität Trier, Trier, Deutschland
E-Mail: endress@uni-trier.de

K. Lenz und R. Hettlage (Hrsg.), *Goffman-Handbuch*, https://doi.org/10.1007/978-3-476-05871-3_17

Entsprechend seien hier zwei Elemente von Rezeption unterschieden: Transplantation und Transformation.

Schütz-Rezeption und Schütz-Kritik bei Goffman

Auf das Werk von Alfred Schütz (Endreß 2006) als theoretische Stimulierung für Goffmans Werk zu verweisen, nötigt zunächst zur Würdigung des allgemeinen phänomenologischen Grundzuges von Goffmans Forschungsansatz, der entsprechende Bezüge schon vor dem expliziten Rekurs auf Schütz' Werk aufweist. So ist insbesondere auf die frühen Rekurse auf Gustav Ichheiser (in PS2, 2; PS_{dt}, 6) und Sartre (in PS2, 236, 33, 75 f.; PS_{dt}, 16, 33, 70 f. sowie in RP_e, 208; RP_e_{dt}, 280) aufmerksam gemacht worden (Rawls 1984; Ashworth 1985; Smith 2005; Raab 2014, 55 f.). Die direkten Bezüge auf Arbeiten von Schütz sind bei Goffman nicht nur ebenso rar, sondern sie nehmen sich zudem primär kritisch aus (Wagner 1981; Colins 1988; Lanigan 1988; Eberle 1991; Mote 2001; Smith 2005). Dies gilt insbesondere für die zentrale und bei Goffman einzig ausführlichere Diskussion von Aspekten von Schütz' Werk, konkret seiner Theorie der „mannigfaltigen Wirklichkeiten" („multiple realities") zum Auftakt wie zum Ende seiner Studie *Frame Analysis* (FA, 3–8, 560–563; FA_{dt}, 11–16, 602–605). Umgekehrt finden sich im Werk von Schütz – nachvollziehbar – keine Verweise auf die wenigen frühen Arbeiten von Goffman aus den beginnenden und mittleren 1950er Jahren (insbes. SCS; CMO; FaW; NDD; ESO; AFI; IPe).

Goffmans Rahmenanalyse versteht sich, so ihr Untertitel, als „Versuch über die Organisation von Erfahrung" (s. Kap. 45). In dieser Allgemeinheit genommen, kann es dann nicht überraschen, wenn Goffman zum Auftakt dieser Studie neben dem „Thomas-Theorem", dem von William I. und Dorothy S. Thomas formulierten Prinzip der „Definition der Situation", und der vom amerikanischen, in der Tradition des Pragmatismus stehenden Philosophen William James formulierten Idee der „various orders of reality", die er „sub-universes" nennt, auch Schütz' Idee der „multiple realities" aufnimmt und zur Einführung seines Untersuchungsinteresses hinsichtlich ihrer Anschlussfähigkeit erörtert (Grathoff [1975] 1989; Hettlage 1991). In deutlich zuspitzender Interpretation wendet Goffman sich in diesen einleitenden Passagen seines Werkes gegen die in seinen Augen überzogen subjektivistischen Einsatzpunkte dieser drei Vorschläge für eine Analyse der Kontextuierung sozialer Erfahrungsbestände.

Diese – mehr beiläufig als systematisch ausgearbeitete – Kritik an Schütz' „Theorie der mannigfaltigen Wirklichkeiten" kann nur sehr bedingt überzeugen. In Abgrenzung von James' Theorie der ‚sub-universa' mit ihren metaphysischen Konnotationen legt Schütz unter dem Titel ‚multiple realities' eine sinnstrukturelle Differenzierungsanalyse sozialer Wirklichkeit vor, die kognitive und pragmatische Aspekte konstitutiv miteinander verzahnt – eine pragmatisch-kognitive Differenzierungsanalyse der sozialen Welt, die diese als in eine historisch offene Zahl von „Sinnprovinzen" („finite provinces of meaning") gegliedert betrachtet, deren jede einen „spezifischen kognitiven Stil" („cognitive style") aufweist ([1945] 2003a, 206 f., 238 f.). Als grundlegend wird von Schütz dabei die „Sinnprovinz" der „Welt des täglichen Lebens", der „Archetyp" menschlicher „Erfahrung der Wirklichkeit", betrachtet. Demgegenüber seien „alle anderen Sinnprovinzen [...] als deren Modifikationen" anzusehen (ebd., 209 f.): „Die anderen Wirklichkeiten [d. h. Sinnprovinzen] gehen zurück auf eine spezifische Modifikation, der diese ausgezeichnete Wirklichkeit unterzogen wird" (ebd., 238).

Während die Sinnprovinzen sich intern durch Kompatibilität der Sinngehalte untereinander auszeichnen (Normalitätserzeugung), so zeichnen sie sich extern, also im Vergleich zu jeweils anderen Sinnprovinzen, durch wechselseitige Inkompatibilität aus (ebd., 209). Deshalb, so Schütz, „kann keine dieser Provinzen durch Einführung einer Transformationsformel auf eine andere bezogen werden" (ebd., 239). Aus diesem Grund sei „das Übergehen von einer in eine andere [Sinnprovinz] lediglich durch einen

‚Sprung'" vollziehbar (ebd., 239), der einen „Schock" mit sich bringe (ebd., 207 f., 209) – objektiver wie subjektiver Ausdruck „einer radikalen Modifizierung unserer Bewusstseinsspannung" (ebd., 209).

Insbesondere in drei Hinsichten stellten Goffman diese theoretischen Bemühungen von Schütz (aber auch von James) nicht hinreichend zufrieden: dass sie *erstens* nicht „überzeugend darlegen [konnten], wieviele verschiedene ‚Welten' es [...] gebe", mit Blick auf die Frage, ob man *zweitens* „das hellwache Alltagsleben tatsächlich [...] als einzige durch Regeln erzeugte Seinsebene [„plane of being"] sehen könne" (FA_{dt}, 14; FA, 5 f.) und, damit zusammenhängend, dass *drittens* die Alltagswelt keinen herausgehobenen Status beanspruchen könne („everyday is not a special domain to be placed in contrast to the others [realms of being]" (FA, 564; FA_{dt}, 606; mit Blick auf die Rezeption von Bateson und James bei Goffman: Crook/Taylor 1980). Gleichwohl stellt er die Bedeutung der Zuschreibung des „Wirklichkeitsstatus" (FA_{dt}, 11; „the reality status we give" FA, 3) für jedes Verständnis sozialer Wirklichkeit in den Vordergrund. Und mit Bezug auf diese, gegenüber James bei Schütz analytisch deutlich präzisere, die sozial-konstruktive Perspektive akzentuierende Fassung dieses Grundgedankens, übernimmt Goffman letztlich Schütz' leitende Idee der pragmatisch-kognitiven Verleihung des Wirklichkeitsakzentes.

Auch wenn Goffman sowohl gegen Kritiker wie naive Nachfolger von Schütz auf den „hypothetischen" Status der von Schütz behandelten Sinnprovinzen ausdrücklich hinweist (FA_{dt}, 14; FA, 6 Fn. 11), so scheint er doch seinerseits dem Anliegen von Schütz dann nicht gerecht zu werden, wenn er gegen diesen gerichtet behauptet, dass von einer „Strukturähnlichkeit zwischen dem Alltagsleben [...] und den verschiedenen Phantasie-‚Welten'" auszugehen sei (FA_{dt}, 14 f.; FA, 6). Denn gerade gegenläufig zu dieser Kritik Goffmans stellt Schütz' Identifizierung der konstitutiven Elemente der Sinnprovinzen gerade deren Strukturähnlichkeit heraus und sieht die Differenzen in graduell unterschiedlichen Ausprägungen. Gleichwohl kontrastiert dieser Auffassung dann in gewisser Hinsicht seine Rede vom „Schock" beim Wechsel zwischen unterschiedlichen Sinnprovinzen. Und gerade diese Auffassung motivierte wohl im Kern dann Goffmans Widerspruch (FA, 4; FA_{dt}, 12).

Strukturell parallele Untersuchungsinteressen

Jenseits dieser, jeweils an prominenten Stellen der *Frame Analysis* platzierten Abgrenzungen, bleibt jedoch die Frage, ob Schütz und Goffman in ihren Analysen nicht doch von strukturell analogen Interessen geleitet sind. Jede Beantwortung dieser Frage muss beachten, dass Goffman seine Kritik auf die Kenntnis von lediglich zwei Aufsätzen von Schütz stützt (2003a [1945]; 2003b [1955]). Entsprechend führt eine die Werke beider insgesamt vergleichend in den Blick nehmende Perspektive zu anderen Resultaten: Es geht Schütz wie Goffman unter den Titeln ‚Erfahrungszusammenhang' und ‚Sinnprovinzen' (‚finite provinces of meaning') sowie ‚Rahmen' (‚frames') jeweils um die Analyse von Sinnzusammenhängen. Für beide Autoren geht es um die Identifizierung von Sinnstrukturen, die Deutungsschemata für alltägliche Erfahrung bereitstellen. Ebenso ist für beide das Untersuchungsinteresse dabei auf die Differenzierung und auch Kontextuierung dieser Strukturen gerichtet. Alltägliche Erfahrung formiert sich angesichts der vielfältigen Verflechtung von Relevanzen und Deutungsschemata. Zugleich nehmen beide in diesem Zuge letztlich eine Hierarchisierung vor: der primär konstituierenden Relevanz der Alltagswelt als der ‚paramount reality' bei Schütz korrespondiert bei Goffman die elementare und strukturierende Bedeutung der ‚primären Rahmen'. Ebenso ist für Goffman wie für Schütz die Vorstellung einer sowohl kognitiven als auch pragmatischen Konstitution von Sinnzusammenhängen leitend. So selbstverständlich für Goffman die handlungsleitende wie handlungskonstituierende Bedeutung von sozialen Rahmen ist (FA, 247; FA_{dt}, 274) so ist es für Schütz das Primat des „pragmatischen Motivs" für alltägliche Sinnkonstitutionsprozesse ([1945] 2003a, 182 ff.). Weiterhin scheinen die Parallelen von Goffmans Analysen der Anzeigeformen in Handlungs- und Gesprächskontexten mit Schütz' – letztlich von Theodor Litt im Sinne einer ‚Generalthesis' übernommener – Figur der „Reziprozität der Perspektiven" (Schütz [1932] 2004, § 19 ff.; [1955] 2003b, 152 ff.), um die wechselseitige Orientierung von Handelnden in Situationen zu untersuchen offenkundig. Und als strukturell analog sind schließlich auch die Analyse des Wissens als Medium der Organisation des Handelns in sozialen Situationen bei Schütz und die „Analyse der Organisation der Erfahrung" bei Goffman (FA_{dt}, 19; FA, 10 f.) angelegt. Für Schütz wie für Goffman (FA, 8; FA_{dt}, 16) sind Erfahrungen im Alltag situationsgebunden. Während sich dieser Umstand bei Schütz eher implizit vornehmlich in der Untersuchung der Entwurfsstruktur des Handelns im Rekurs auf vergangenheitsbezogene „Weil-Motive" und zukunftsbezogene „Um-zu-Motive" ausdrückt (2004 [1932], §§ 8 ff.), ist der Situationsbezug bei Goffman für die Rahmenanalyse sozusagen konstitutiv (FA, 8, 21 ff.; FA_{dt}, 16, 31 ff.).

Und wenn der Ausgriff auf die „Strukturen der Lebenswelt" bei Schütz ([1957] 2003c; [1958/1959] 2020) und auf die Aufklärung der „Interaktionsordnung" bei Goffman (CCoIC; InO) im Zentrum der analytischen Aufmerksamkeit steht, dann mögen die jeweiligen Begrifflichkeiten bisweilen durchaus falsche Signale mit sich bringen. Sind diese Begrifflichkeiten doch nicht auf eine Unterscheidung etwa von Makroperspektive bei Schütz (im Sinne eines Ausgriffs auf eine „mathesis universalis", Luckmann [1973] 2007) im Unterschied zu einer Mikroperspektive bei Goffman zu bringen (s. Kap. 6). Denn bei Interaktionen kommen vom Gefängnisaufstand über das Golfspielen bis zum Geschlechtsverkehr sehr unterschiedliche Sozialverhältnisse verschiedener Niveaus sozialer Emergenz in den Blick. Umgekehrt konzentriert Schütz sich ebenso auch auf die Analyse von Face-to-face-Interaktionen (u. a. Psathas 1980) und gerade seine Untersuchungen der Bedingungen des Fremdverstehens ([1932] 2004, §§ 19 ff.) können hier als Leitfaden verstanden werden (Eberle 1991, 171 ff.).

Gleichwohl: Goffmans Perspektive auf die soziale Welt ist von der Vorstellung geprägt, dass das soziale Leben schon von sich aus „zweifelhaft und komisch" („dubious enough and ludicrous enough") sei (FA_{dt}, 10; FA, 2). Und seine generelle Ablehnung eines auf die Identifizierung universaler Strukturen zielenden soziologischen Untersuchungsinteresses bündelt sich in seiner Formulierung: „Die Aufdeckung der relevanten konstitutiven Regeln des Alltagsverhaltens wäre das Gelingen der soziologischen Alchemie" (FA_{dt}, 13; FA, 5). In diesem Sinne verbinden sich bei ihm – um die zum Auftakt vorgeschlagene Unterscheidung der unterschiedlichen Formen der Rezeption wieder aufzugreifen – die Transplantation, also die Übernahme von Ideen, mit einer Transformation ihres konzeptionellen Zuschnitts und des darauf bezogenen analytischen Instrumentariums. Beides spiegelt sich in einer Verschiebung von Begrifflichkeiten: So werden aus James' ‚various orders of reality' zunächst Schütz' ‚finite provinces of meaning' und schließlich Goffmans ‚frames', bei deren Analyse er ein besonderes Augenmerk auf deren ‚ambiguity', also die Prozesse ihres ‚breaking' sowie deren grundlegende ‚vulnerability' legt. Und die mit dieser Veränderung der konzeptionellen Begrifflichkeit einhergehende Neuausrichtung des analytischen Instrumentariums dokumentiert sich ebenso auf begrifflicher Ebene: So wird aus James' ‚paramount reality of sensations' erst Schütz' ‚paramount reality of everyday life' und dann – so lässt sich mit einer gewissen Zuspitzung analogisierend wohl formulieren – Goffmans ‚paramount reality of ordinary language'.

Gerade diese letztere Verschiebung macht jedoch auf einen weiteren Umstand aufmerksam: Im eingangs zitierten Interview weist Goffman ebenfalls darauf hin, dass Schütz' Werk zugleich „impinges upon sociolinguistic concerns", die ihn zeitlebens umtrieben. Hier ergeben sich Parallelen zwischen Schütz und Goffman nicht nur hinsichtlich eines weiten, verbale wie non-verbale Aspekte einschließenden Begriffs von Zeichen (‚signs'), sondern ebenso hinsichtlich der

Annahme von Face-to-face-Situationen, also der zeitlich und räumlich gemeinsamen Anwesenheit von miteinander Interagierenden, der Situation körperlicher Ko-Präsenz als interaktivem Elementarphänomen (Knoblauch 1994).

Perspektivische Differenzen

Insgesamt aber überwiegen doch – nicht nur in Goffmans Selbstwahrnehmung – die perspektivischen Differenzen zu Schütz: Im Unterschied zu Schütz verfolgt Goffman in seinen Arbeiten *erstens* keine konstitutionsanalytischen Fragestellungen. Weder die Analyse der Prozesse der subjektiven noch die der intersubjektiven Genese sozialer Wirklichkeit macht Goffman im engeren Sinne zum Gegenstand seiner Studien. „Vielmehr geht es ihm", so Jürgen Raab (2014, 56), „um die situative Anwendung und intersubjektive Abstimmung von Erfahrungsschemata und damit letztlich um die gesellschaftliche Konstruktion der Wirklichkeit." Diese situative Einbettung hat Goffman auf das Phänomen des ‚framing' zugespitzt.

Mit dieser unterschiedlichen Ausrichtung ihrer Analysen verbindet sich konsequent eine *zweite* Differenz: Während Schütz in konstitutionsanalytischer Perspektive nach grundlegenden, im Kern universalen Strukturen der Lebenswelt in sozialtheoretischer bzw. – so Thomas Luckmann (1973) – „protosoziologischer" Absicht fragt, interessiert Goffman sich für die situativen Formen der Organisation menschlicher Erfahrung und auch sozialer Interaktionen. Diese Formen nennt Goffman ‚Rahmen'. Und diese Rahmen, die ihrerseits auch immer schon eingelagert sind in individuelle, interaktive und kollektive Aktivitäten, ermöglichen es, so seine These, Situationen zu definieren. Insofern Goffman diese Perspektive in Abgrenzung von James' pragmatisch-ontologischem und Schütz' phänomenologisch fundiertem Ansatz entfaltet, besteht er – neben Garfinkel/Sacks und Cicourel als einer der ersten – auf einer Erweiterung des in seinen Augen intentionalen Zuschnitts von Schütz' phänomenologisch fundierter Soziologie, ohne jedoch deren grundlegend pragmatischen Zug hinreichend zu würdigen.

Wenn so auch Schütz und Goffman gleichermaßen an der Aufklärung der Sinnstrukturen alltäglicher und außeralltäglicher Sinnwelten orientiert sind, so geht es Goffman doch *drittens* in Abgrenzung von Schütz' Annahme der hinreichenden Stabilität des alltäglichen Sinn- und Handlungsbereichs, der sog. ‚paramount reality of everyday life', gerade darum, dessen Fragilität aufzuzeigen und diesen „Wirklichkeitsbereich als schwankend, brüchig und verletzlich" darzustellen (Raab 2014, 103). So ist Goffmans Soziologie in ungleich ausgeprägterem Maße als die Arbeiten von Schütz von dem Bewusstsein der konstitutiven Gleichzeitigkeit von Konstruktion und Dekonstruktion geprägt. Unter dem Titel der ‚Dekonstruktion' seien dabei sowohl das Wissen um die grundsätzliche Fragilität als auch die manipulative Verletzbarkeit alltäglicher Rahmen zusammengefasst.

Aufgrund dieser veränderten Perspektiven interessiert sich Goffman im Unterschied zu Schütz schließlich *viertens* auch stärker für die ‚Möglichkeitsräume sozialen Handelns' aufgrund der Mehrdeutigkeit und Vorläufigkeit sozialer Wirklichkeitskonstruktionen als Schütz, der einen stärker formal-strukturierenden Zugriff wählt. Deutlich wird diese Differenz bspw. in Goffmans Unterscheidung von aktueller und virtueller bzw. potentieller Identität (ST 1963, 1–19; ST_dt 1967, 9–30). In weit stärkerem Maße sind es somit die Veränderungen von Rahmen, die Goffmans Forschungsinteresse wecken. Für solche Veränderungen unterscheidet er grundsätzlich zwischen „Modulationen" (FA_{dt}, 91–97, 176–185, 390–399; „keyings", FA 77–82, 156–165, 359–368) und „Täuschungsmanövern" (FA_{dt}, 98–142, 176–185; „fabrications" FA, 83–123, 156–165).

Zusammenfassend lässt sich deshalb formulieren, dass sich in der Kontrastierung von 1) Konstitution und interaktiver Konstruktion, von 2) Universalität und Situativität, von 3) Stabilität und Fragilität sowie von 4) Strukturen der Lebenswelt auf der einen Seite und den Möglichkeitsräumen des Handelns auf der anderen die konzeptionellen und forschungspragmatischen

Unterschiede zwischen Schütz und Goffman verdichten, die gleichwohl auf dem gemeinsamen Boden des Interesses an einer Aufklärung der pragmatischen und kognitiven Strukturen sozialer Wirklichkeit(en) stehen. Jeder Vergleich zwischen ihren Ansätzen ist dabei nicht zuletzt aufgrund des beiden beschiedenen frühen Todes im Alter von jeweils nur 60 Jahren mit dem Problem unabgeschlossener Werke konfrontiert. Dennoch lässt sich die Zuspitzung wagen, dass Schütz und Goffman im Rahmen eines ihre Ansätze verbindenden Projekts der Aufklärung alltäglicher Sinnstrukturen jeweils von zwei Seiten des Tunnels aus auf ein gemeinsames Ziel hin graben: Während Schütz die Bedingungen der Möglichkeit stabil gelingender Sozialität zu identifizieren sucht (Reziprozität der Perspektiven, Idealisierungen etc.), fragt Goffman nach den interaktiven Prozessen der Herstellung und Veränderung derartig stabilisierender Rahmungen interaktiver Ordnungen und ihrer sich selbst erfüllenden Effekte (FA, 563; FA_{dt}, 605).

Literatur

Ashworth, P. D. L'enfer, c'est les autres. Giffman's Sartrism. In: Human Studies 8/2 (1985), 97–168 (auch in Gary A. Fine/Gregory W. H. Smith (Hg.): Erving Goffman, Vol. 4. London, 91–150).

Collins, Randall: Theoretical continuities in Goffman's work. In: Paul Drew/Anthony Wootton (Hg.): Erving Goffman. Exploring the interaction order. Cambridge 1988, 41–63 (auch in: Gary A. Fine/Gregory W. H. Smith (Hg.): Erving Goffman, Vol. 3. London 2000, 307–337).

Crook, Steve/Taylor, Laurie: Goffman's version of reality. In: Jason Ditton (Hg.): The view from Goffman. London, Basingstoke 1980, 233–251.

Eberle, Thomas: Rahmenanalyse und Lebensweltanalyse. In: Robert Hettlage/Karl Lenz (Hg.): Erving Goffman – ein soziologischer Klassiker der zweiten Generation. Bern, Stuttgart 1991, 157–210.

Endreß, Martin: Alfred Schütz. Klassiker der Wissenssoziologie Bd. 3. Konstanz 2006.

Grathoff, Richard: Alltägliche Paradoxien in der Rahmenanalyse und der Theorie logischen Typen [1975]. In: Ders.: Milieu und Lebenswelt. Einführung in die phänomenologische Soziologie und die sozialphänomenologische Forschung. Frankfurt/Main 1989, 286–308.

Hettlage, Robert: Rahmenanalyse – oder die innere Organisation unseres Wissens um die Ordnung der Wirklichkeit. In: Robert Hettlage/Karl Lenz (Hg.): Erving Goffman – ein soziologischer Klassiker der zweiten Generation. Bern, Stuttgart 1991, 95–154.

Knoblauch, Hubert: Erving Goffmans Reich der Interaktion. In: Erving Goffman: Interaktion und Geschlecht. Frankfurt/Main, New York 1994, 7–49.

Lanigan, Richard: Is Erving Goffman a phenomenologist? In: Critical Studies in Mass Communication 5/4 (1988), 99–112.

Luckmann, Thomas: Philosophie, Sozialwissenschaft und Alltagsleben [1973]. In: Ders., Lebenswelt, Identität und Gesellschaft. Schriften zur Wissens- und Protosoziologie. Konstanz 2007, 25–61.

Mote, Jonathon E.: From Schütz to Goffman: The search for social order. In: The Review of Austrian Economics 14/2–3 (2001), 219–231.

Psathas, George: Early Goffman and the analysis of face-to-face Interaction in strategic interaction. In: Jason Ditton (Hg.): The view from Goffman. London, Basingstoke 1980, 52–79.

Raab, Jürgen: Erving Goffman [2008]. Konstanz ^{2}2014.

Rawls, Ann W.: Interaction as a resource for epistemological critique. In: Sociological Theory 5 (1984), 222–252.

Schütz, Alfred: Der sinnhafte Aufbau der sozialen Welt. Eine Einleitung in die verstehende Soziologie [1932]. Alfred Schütz Werkausgabe, Bd. II, hg. von Martin Endreß und Joachim Renn. Konstanz 2004.

Schütz, Alfred: Über die mannigfaltigen Wirklichkeiten [1945]. In: Ders., Theorie der Lebenswelt 1. Die pragmatische Schichtung der Lebenswelt. Alfred Schütz Werkausgabe, Bd. V.1, hg. von Martin Endreß und Ilja Srubar. Konstanz 2003a, 177–247.

Schütz, Alfred: Symbol, Wirklichkeit und Gesellschaft [1955]. In: Ders., Theorie der Lebenswelt 2. Die kommunikative Ordnung der Lebenswelt. Alfred Schütz Werkausgabe, Bd. V.2, hg. von Hubert Knoblauch u.a. Konstanz 2003b, 117–220.

Schütz, Alfred: Strukturen der Lebenswelt [1957]. In: Ders., Theorie der Lebenswelt 1. Die pragmatische Schichtung der Lebenswelt. Alfred Schütz Werkausgabe, Bd. V.1, hg. von Martin Endreß und Ilja Srubar. Konstanz 2003c, 325–347.

Schütz, Alfred: Strukturen der Lebenswelt [1958/1959]. Alfred Schütz Werkausgabe, Bd. IX, hg. von Martin Endreß und Sebastian Klimasch. Köln 2020.

Smith, Gregory W. H.: Enacted others: Specifying Goffman's phenomenological omissions and sociological accomplishments. In: Human Studies 28/4 (2005), 397–405.

Verhoeven, Jef C.: An interview with Erving Goffman, 1980. In: Research on Language and Social Interaction 26/3 (1993), 317–349 (auch in Gary A. Fine/Gregory W. H. Smith (Hg.): Erving Goffman, Vol. 1. London, 213–236).

Wagner, Helmut R.: Der Einfluss der deutschen Phänomenologie auf die amerikanische Soziologie. In: Wolf Lepenies (Hg.): Geschichte der Soziologie. Studien zur kognitiven, sozialen und historischen Identität einer Disziplin, Bd. 4. Frankfurt/Main 1981, 202–236.

18 Gregory Bateson (1904–1980) and Communication Theory

Wendy Leeds-Hurwitz

Neither Erving Goffman nor Gregory Bateson was ever formally part of a communication department, but both studied communication behavior, contributed to communication theory, and influenced later scholars. Goffman used the term "communication" in the title for his doctoral dissertation (CCoIC), and again in many of his later works. Similarly, Bateson often used the term "communication" in his publications, most obviously in the book titled *Communication* (Ruesch/Bateson 1951). At a general level, both scholars pointed out communication behavior most often ignored by others. Goffman emphasized face-to-face communication, and studied the structure underlying it, what he termed the "interaction order". At a specific level, they significantly added to later vocabulary and understanding. Bateson introduced, and Goffman elaborated upon, the concepts of "metacommunication" and "frame", and then Goffman added far more terms, including "focused interaction", "gathering", "co-presence", among others. In addition, they influenced basic assumptions about how and why to study communication behavior, most critically the effort to discover the invisible structure revealed through the visible behavior of participants in interaction, leading to a search for patterns and an understanding of relationships and roles.

Gregory Bateson (1904–1980) was an anthropologist who influenced the development of communication theory (as well as theory in many other disciplines). He spent most of his career in the United States, but he was born in England, where he studied first natural sciences (shaping his later understanding of human behavior, and leading to his later turn to ethology and the study of animal behavior), and then anthropology, at the University of Cambridge (Lipset 1980). He was persuaded by Alfred C. Haddon to do anthropological fieldwork, resulting in his first book, *Naven* (1936, dedicated to Haddon), based on fieldwork among the Iatmul of New Guinea. In that book he came to realize, for example by way of his concept of schismogenesis, something about reciprocal influences in the development and functioning of social practices, and of how apparently stable social institutions are manifestations of a dynamic equilibrium in interaction processes in a society (summarized in Bateson 1972a, 109). In *Naven* he explained insights about the importance of reciprocity in interaction and certain kinds of communicative feedback processes, but he did not yet have a clear intellectual framework for these ideas; he acquired a structure on which to build when he encountered cybernetics at the first set of Macy Foundation Conferences on Cybernetics in the 1940s (Bateson 1972a,

W. Leeds-Hurwitz (✉)
Center for Intercultural Dialogue,
South Burlington, VT, USA

K. Lenz und R. Hettlage (Hrsg.), *Goffman-Handbuch*, https://doi.org/10.1007/978-3-476-05871-3_18

xi; Leeds-Hurwitz 1994). A social theorist on a grand scale, Bateson was often interested in questions that others often had not yet even noticed. He never held a regular faculty appointment, although he had temporary appointments at major institutions, including the New School for Social Research, Harvard, Stanford, the University of Hawai'i, and the University of California, Santa Cruz, and was funded by the Rockefeller and Macy Foundations as well as the National Institute of Mental Health. He moved from the study of adult humans, to family interactions, to animals, and back again to humans, always interested in questions of communication. In terms of his influence on Goffman, the major milestones were his book with Margaret Mead, his book with Jurgen Ruesch, his participation in the Macy Foundation Conferences on Group Processes, then in the Palo Alto Group, and then in the *Natural History of an Interview* project. Each of these will be briefly sketched below.

Balinese character

In 1942, Bateson and his then wife Margaret Mead published *Balinese Character,* a book consisting largely of photographs taken in Bali during the 1930s. They were investigating the relationship of culture and personality in general, and child rearing in particular, so many of the photographs illustrate mother-child interactions. They documented the patterns observed, matching ethnographic observations to photographs. Long-term ethnography preceded the creation of images, as both Bateson and Mead had conducted earlier research in the area and published books on what they had learned during the 1930s (Bateson 1936; Mead 1931). In addition to taking photographs (he had made extensive use of photographs among the Iatmul as well), Bateson also filmed interaction, again especially mother-child pairs. Since films were more difficult to publish, these were delayed: Mead edited and then published a set of short films as *Character Formation in Different Cultures: A Series,* using Bateson's footage from both Bali and New Guinea in the 1950s. These were widely adopted in anthropology courses at least through the 1970s, at least in the USA (e.g., Bateson/Mead 1954). Goffman credited *Balinese Character* with having influenced a generation of anthropologists to analyze photographs of interaction, as he himself did in *Gender Advertisements* (GA_c, 34; GA_c$_{dt}$, 319, Fn. 10), although in the rest of his work he relied upon observation rather than photographs. Goffman also credited *Balinese Characte*r with his orientation to "involvement" (BP, 36; "Engagement" BP$_{dt}$, 53), the concept of "away" (CCoIC, 236; BP, 69; "geistige Abwesenheit" BP$_{dt}$, 84), and briefly mentioned their use of "expressive behavior" (CCoIC, 66), so he obviously had read it early on. Goffman specifically made the argument that photographs were valuable as a way to reveal "small behaviors" (GA_c, 24; "kleine Verhaltenstile" GA_c$_{dt}$, 107) which might otherwise be missed. Equally important was the idea of the camera as a research tool for documenting data, rather than as a way to illustrate conclusions after the fact.

Communication: The social matrix of psychiatry

Both Bateson and Goffman worked with psychologists and psychiatrists multiple times, and framed at least some of their work as having special interest for them. In the late 1940s, Bateson began working with Jurgen Ruesch, a psychiatrist, at the Langley Porter Clinic in San Francisco. They co-authored *Communication: The Social Matrix of Psychiatry* (1951), which Goffman cited in his doctoral dissertation (CCoIC), specifically highlighting their use of the terms "intrapersonal communication" (40), "many-to-one" messages (53), and "metacommunication" (201). Ruesch/Bateson also prepared a number of films, which were quite similar in content to the films Bateson made with Mead in Bali (e.g., Ruesch/Bateson/Kees 1955). Goffman also worked within a psychiatric context, having been hired by the National Institute of Mental Health and using his observations of

St. Elizabeth's Hospital as evidence in both *The Presentation of Self in Everyday Life* and *Asylums.* In addition, it is clear that Goffman saw at least a subset of his work as most directly relevant to this audience of mental health professionals, since he published multiple times in the journal *Psychiatry* (CMO; FaW; ASV; IOP). At the same time, the mental health context was an example (and a way to get research funded), not the primary subject of research; clearly both were interested in communication understood broadly and said so on multiple occasions.

Macy Foundation conferences

The Macy Foundation Conferences, held during the 1940s and 1950s, were a deliberate attempt to integrate research across multiple disciplines; most relevant for this discussion are the Macy Conferences on Group Processes. The Second Macy Conference on Group Processes in 1955 was when Bateson first explained the concept of "framing" in detail, using the message "this is play" as his primary example (Bateson 1956; summarized in abbreviated form in Bateson 1972a). His question was how animals signal play fighting versus actual fighting, and he offered "frames" as the term for messages which define the context within which another message (word or behavior) is to be understood (Bateson 1956, 163). A "frame" ("Rahmen") conveys information about how to interpret either words or behavior; "frame analysis" ("Rahmen-Analyse") can then be understood as the study of framing messages. Bateson drew upon a wide variety of examples to make his theoretical point, as also did Goffman in his later work. In this single talk, Bateson moved between animals, schizophrenics, autistic children, and dreams, as well as a variety of cultures and activities (e.g., parent–child interactions, yo-yos, sailing). Goffman was not at that conference, but credited Bateson for the term "frame analysis" in his book of the same title (FA, 7; FA_{dt}, 15). After explaining that frames are principles of organization governing our participation in events (FA, 10 f.; FA_{dt}, 19), in the remainder of the book, Goffman went on to elaborate a set of related technical terms, including "primary framework" ("primärer Rahmen") and "key" ("Modul"), as well as "overlay tracks" ("Überlagerungskanal"), "disattend tracks" ("ignorierter Kanal"), "concealment tracks" ("verdeckter Kanal"), "breaking frame" ("Ausbrechen aus dem Rahmen"), "lamination" ("Schicht"), "transformation" ("Transformation"), and "fabrication" ("Täuschungsmanöver"), all of which are used today, although none of these have ever achieved the widespread use that the term "frame" has enjoyed (see Chap. 33).

The Third Macy Conference on Group Processes, held in 1956, was likely the first time Bateson and Goffman met in person. Ray Birdwhistell knew both Bateson and Mead and got Goffman invited; Birdwhistell had been his Anthropology professor at the University of Toronto (Winkin 1984). Goffman presented his observations of St. Elizabeth's, providing details available nowhere else, to extensive critique and discussion. Bateson, Mead, and Birdwhistell were all among those present; luckily for later scholars, the discussion as well as the formal presentation are included in the proceedings volume (IPe). The critical moment was when Goffman, in describing the characteristics of "total institutions", used the phrase "metabolic cycle" to refer to the journey of patients from admission to discharge. Mead objected, feeling that this implied that patients were being crushed, digested, and excreted. Goffman next offered "disgorgement" which Mead said implied "vomiting". Bateson then suggested "metabolic process", and Goffman finally settled on "processing of people" (Winkin/Leeds-Hurwitz 2013, 63).

In 1981 Norman K. Denzin and Charles M. Keller published a damning critique of *Frame Analysis,* which provoked a sharp response from Goffman. In it, he explicitly comments on their critique of the way he uses several prior scholars' work, including that of Bateson (RDK). As Goffman has rarely been so explicit about what he learned from Bateson, it is worth examining the details. He not only credits Bateson with the concept of "frame", but quotes extensively from

Bateson's 1955 presentation at the Macy Conference (published as Bateson 1956). He further mentions talking with Bateson and listening to his discussions across the intervening 25 years (they lived relatively near one another in California for a few years while Goffman was at UC Berkeley). He points out that where Bateson saw framing as psychological, he sees it as part of the organization of events. Where Bateson focused on play, Goffman looks not only at that but also other contexts. Finally, Goffman says it is not the interpretive tradition (of Bateson along with several others) that is valuable, so much as the general approach to documenting behavior.

Palo Alto Group

The California research team known today as the 'Palo Alto Group' began with Bateson as leader, and ended with Donald Jackson, also including Jay Haley, John Weakland, William Fry, Paul Watzlawick, and Janet Beavin Bavelas at different times; a concise overview of the group's research and publications may be found in Carol Wilder (1979). In the 1950s the group studied interactions in schizophrenic families specifically but members were always interested in communication patterns more generally (Bavelas/Segal 1982). The Palo Alto Group is widely credited with inventing family therapy (that is, treating a family as a single cohesive unit rather than a collection of discreet individuals) and the concept of the "double bind" (occurring when participants are given contradictory instructions, so whatever they do can be described as wrong). The major publication, Watzlawick/Beavin/Jackson (1967), presents 5 axioms of communication. Of these, the first three are the most closely related to Goffman's work: 1) "One cannot *not* communicate" (32, emphasis in original); 2) "Every communication has a content and a relationship aspect such that the latter classifies the former and is therefore a metacommunication" (35); and 3) "The nature of a relationship is contingent upon the punctuation of the communicational sequences between the communicants" (40).

Bateson referred to each of these concepts in other publications, both earlier and later, and each became important in Goffman's work as well, thus they will be described in a little more detail here. The first axiom suggests the logic of studying behavior others considered inconsequential, for if one cannot not communicate, then everything people do becomes potentially interesting and relevant as clues to understanding the order underlying communication. What a researcher can observe is only a single interaction at a time, and interaction is visible (and typically also audible), but for Goffman and Bateson the underlying invisible structure governing behavior was their ultimate concern. Both frequently studied what others had passed over as unimportant, unworthy of attention. Neither was terribly interested in what any one individual thought or said, intended or did, focusing rather on what occurred between people as they interacted (Bateson 1956; PS2). For this reason, Goffman occasionally used the term "microanalysis" (RDK, 66; InO, 2; InO_{dt}, 55; FeC, 26; $\mathrm{FT\_d}_{dt}$, 231) to describe his approach. From his earliest days, Goffman argued that he wanted to construct "a conceptual model for viewing interaction as a form of social order" (CCoCI, 9), and Chap. 2 of his dissertation is titled "Social Order and Social Interaction". He argued that conversational interaction (what he later named the interaction order) is "a species of social order" (37).

One implication of nothing never happening is the expectation that studying face-to-face interaction requires observation of naturally occurring behavior in its original context. Direct observation was a hallmark of Bateson's research, whether the immediate subject was cultural aspects of schizophrenia in Bali, family interaction in California, or animal behavior in Hawaii, and it was equally a hallmark of Goffman's. Both used the terms "ethnography", and "ethology" in several variations. Bateson referred to himself as "ethnographer" multiple times in *Naven* (1936), but later became known more for "ethology"—the study of behavior from a biological perspective. Goffman at one point identified himself as an "ethnographer of small entities" (Verhoeven

1993, 322), suggested that he learned 'ethnographic sociology' from Everett Hughes at the University of Chicago (334), and so became a "Hughesian urban ethnographer" (318). He held that understanding interaction requires "serious ethnography" (1967, 2), including "microanalysis" as a tool for attending to seemingly inconsequential details. Within his first semester at the University of Pennsylvania in 1968, Goffman, Dell Hymes, and John Szwed prepared a large grant proposal that supported the Center for Urban Ethnography, funding their research and that of their students (Leeds-Hurwitz/Sigman 2010; Winkin/Leeds-Hurwitz 2013). Finally, long after he delivered it, a conference presentation by Goffman about participant observation (the central element of ethnography) was transcribed and published posthumously by Lyn H.Lofland (OFw). Overlapping with his use of several variants of ethnography, however, Goffman also used the term 'interaction ethology' to define his approach (as in RP 1971, xvii). Together with Thomas A. Sebeok, Goffman organized a conference on "interaction ethology" held in Amsterdam in September 1970, funded by the Wenner-Gren Foundation (Sherzer 1971). Bateson was one of the participants, as well as Adam Kendon, Harvey Sacks, and Kenneth Pike, among others. Goffman used the term himself in multiple books (PS2; RP, x; RP_{dt}, 10), or even the earlier term, just plain "ethology", occasionally (FT, where the phrase "in the ethological sense" appears repeatedly). Other times he used concepts that owe a lot to ethology, such as "territoriality" (RP_b; InO, 4; InO_{dt}, 60 f.). Just to confuse matters, he also used the phrases "naturalistic observations" (RP, xv; RP_{dt}, 17), and "microecological" (TNS, 133; TNS_{dt}, 200; ABS, 324; ABS_{dt}, 148; InO, 11; InO_{dt}, 82). What all these have in common is the close attention to details of behavior he observed.

The second axiom introduces metacommunication, which is "communication about communication", those messages telling participants how to interpret other messages (Bateson 1956, 198). Bateson examined one specific message, "this is play", arguing that even animals need to be able to communicate about their communication and at least some can do so successfully, as when making clear whether a bite is intended as playful or an actual attack (1956). One type of metacommunicative message concerns framing; all frames are metacommunicative, but not all metacommunication is about framing. For example, pointing to the next speaker or asking someone to speak louder are examples of the former, but not typically the latter. Goffman proposed frames as a basic tool for understanding interaction (FA, 10; FA_{dt}, 19), and provided a highly elaborated set of technical vocabulary to use in frame analysis, as previously mentioned. Of these, the concept of 'laminations' is particularly undervalued; it points out that multiple things occur during a single interaction: we talk and act, while simultaneously sending messages about how to interpret our words and actions (Bateson 1956, 1972a; FA, FT).

The third axiom emphasizes understanding the relationship between interactants, and the ways in which their communication is "punctuated" (in other words, which behaviors jointly comprise a single activity, and must be analyzed together, and which are part of a different activity, much as punctuation marks divide utterances and clarify meaning). The larger question for Bateson and Goffman was to discover the structure or order underlying interaction. Bateson was especially interested in "system" (Bateson/Bateson 1987, 177) and "pattern" (Bateson 1972a, xvi, 131), "structure" (Bateson 1956, 150), the connection between "structure" and "process" (Bateson/Bateson 1987, 37), and "relationships" (157). Goffman also talked about "processes and structures" when discussing the interaction order (InO, 3; InO_{dt}, 57), as well as "interaction roles" (7; German: 72). Goffman invented the term "interaction order" specifically to call attention to the structure underlying what otherwise was understood as ephemeral and even random behavior (CCoIC), and wrote specifically about the ways in which face-to-face interaction is "socially situated" (InO, 2; InO_{dt}, 56) and structured (PS2, 254; PS_{dt}, 232 f.), including "social structures" which others were taking for granted, but which he wanted to bring to attention (InO, 2 f.; InO_{dt}, 56 ff.; also IR_e,

144; IR_e$_{dt}$, 158 f.). He asked explicitly how the interaction order tied into social structures (InO, 11; InO$_{dt}$, 87 ff.), pointing particularly to the significance of "social relationships" (13; German: 90), which can be understood as a small version social structure (9; German: 78). Goffman returned explicitly to the concept of punctuation (FT, 18), although he used other vocabulary to discuss the same general concept in other books. And he stressed his interest in the "structure" present in the world which can be perceived and reported (FT_d, 194 f.).

The Natural History of an Interview

The multidisciplinary research project begun during 1955–1956 at Stanford University's Center for Advanced Study in the Behavioral Sciences called *The Natural History of an Interview* (NHI) brought together all of the disparate pieces discussed above. The major participants included originally linguists Norman A. McQuown and Charles F. Hockett, and psychiatrists Frieda Fromm-Reichmann and Henry W. Brosin, as well as two anthropologists who only participated in the first stage of discussion (Alfred L. Kroeber and David M. Schneider). Fromm-Reichmann established the project: she wanted to understand explicitly the nonverbal cues she was intuitively using in her work with patients so that she could teach her students to be better therapists. Because she wanted to understand nonverbal behavior, Birdwhistell was invited to share his knowledge of kinesics. And because she wanted to use what they learned in a psychiatric context, Birdwhistell then suggested that they invite Bateson, who had films they might use. After the strong beginning, writing and analysis continued among small research teams in several locations through the 1950s and 1960s, eventually resulting in the production of five large volumes (Leeds-Hurwitz 1987; Leeds-Hurwitz/Kendon 2021). Given the length and difficult format (since most of the volumes consist of detailed transcriptions based on microanalysis of a single interaction, an interview by Bateson of a woman who had undergone psychotherapy), formal publication proved impossible, although the entirety has long been available on microfilm (McQuown 1971). Bateson's introduction explained the title: it was a "natural history" because minimal theory guided data collection (1971, 6), and he called team members 'natural historians' (15). Goffman was never part of this research group, but was clearly influenced by their work, most directly through Birdwhistell (having been first his student and later colleague). As one example, Goffman explicitly credited Birdwhistell as one of the influences on his understanding of the need to move beyond language to "social conduct" more broadly (TNS, 134; TNS$_{dt}$, 200), and mentions paralinguistic and kinesic features as social variables influencing interaction (133; German: 199). But Goffman also knew the work of Fromm-Reichmann, citing her as early as his dissertation (CCoIC, 73). As an example of the general influence on NHI on his thinking, Goffman used the term "natural history" to describe his own perspective as early as *Asylums* (AS_b, 12; "Naturgeschichte" AS_b$_{dt}$, 127), and claimed natural history as his method across the majority of his publications (Verhoeven 1993, 335). Many others have used the term since, or related terms (such as "context analysis"; see Leeds-Hurwitz 2005 and Kendon 1990 for details). At the same time that NHI at least minimally influenced Goffman's work, he certainly never produced the same sort of detailed transcriptions that make up the majority of McQuown (1971).

As one result of taking a natural history approach, both Bateson and Goffman took for granted that communication behavior needs to be studied in context. As Bavelas/Segal (1982) put it, the Bateson Project (another term for the Palo Alto Group) assumed a focus on the whole, with parts understood only in the context of that larger whole (102). Similarly, Goffman's writing was most often about stepping back in order to understand the larger whole. After all, what is frame analysis but a form of stepping back to understand how multiple parts are related?

Minor overlaps

In addition to these major points of connection, there are several minor overlaps that might be briefly mentioned. First, Goffman clearly knew of Bateson's work as early as his dissertation, given that he cites an example of "ethos" taken from *Naven* (1953, 143 f.). Second, as previously mentioned, Goffman and Bateson lived near one another in California for a few years and had numerous conversations as a result (RDK, 64). Third, Bateson was invited to give a presentation at the University of Pennsylvania in 1975/1976, by Birdwhistell, and it seems likely Goffman attended, and perhaps spent time with him informally. Fourth, Bateson drafted a review essay for one of Goffman's books *Relations in Public* for the *New York Review of Books,* requested for publication in June 1972, under the title *The art and science of people-watching.* A draft and minimal documentation are in the Bateson collection at the University of California, Santa Cruz (Bateson 1972b). It is not clear why the review was not, in the end, published, but the draft includes such comments as "Goffman has always combined the sardonic with the profound". Bateson frames his discussion by saying: "So there is a question about Goffman's theories and about all significant social science: what sort of civilization would result if Goffman were to be taken a. seriously and b. too seriously". Further on he writes that "Goffman repeatedly points out that in the real world of human relations it is never possible to be sure of the larger context of the other person's behavior" and "indeed by reading Goffman's book uncertainty will be increased—whether the reader learns from the book more about how to create a semblance of normal life or learns merely how many people—professionals and amateurs—are loose in the world busy creating such as semblance". In the end, he wrote only 1300 words of the 2500 requested, and never completed the review.

Conclusion

Goffman and Bateson both pointed out the significance of face-to-face communication behavior most often ignored by others, what Goffman named the "interaction order" as early as 1953. Goffman was particularly interested in the way the interaction order revealed the underlying social order. He was not terribly impressed by the work of others but did feel that the concept of communication was potentially promising (SI, ix; SI, 9), and used the term frequently, most often in his own dissertation (CCoIC). Drawing on Bateson's earlier suggestions, Goffman significantly added to both vocabulary and understanding, including most especially the concepts of "metacommunication" and "frame". Both used the terms "ethnography" and "ethology" in various forms over the years, but whatever the term used, both always stressed the significance of observing naturally occurring behavior in context over other methods of data collection. Goffman in particular used "microanalysis", attending to seemingly inconsequential details that others had typically ignored as irrelevant. Today, when scholars in Communication study the ethnography of communication, conversation analysis, or ethnomethodology, when scholars in Psychology study language and social psychology, or discursive psychology, when scholars in Sociology study microsociology, whether or not they identify it as such, they are studying Goffman's interaction order, and frequently doing so using his methods as well. And many of his terms, whether 'metacommunication' and "frame", which owe a debt to Bateson, or Goffman's own contributions of new analytic vocabulary (including "co-presence", "gathering", "social occasion", "focused" and "unfocused interaction", "civil inattention", "face" and "facework", "impression management", etc.) are today taken for granted as central concepts by scholars across all these disciplines when studying social interaction.

Acknowledgments Yves Winkin, Adam Kendon, and Phillip Guddemi all contributed helpful suggestions to drafts of this chapter; their time is much appreciated. Winkin remembered that he had once seen a reference to a review by Bateson of a Goffman book, and which archive it was in. Guddemi took time to locate it and transcribe the handwriting for me. The Bateson Idea Group has granted permission to publish quotes from the document.

References

Bateson, Gregory: Naven. Cambridge 1936.

Bateson, Gregory: The message 'this is play'. In: Bertram Schaffner (ed.), Group processes: Transactions of the second conference. New York 1956, 145–242.

Bateson, Gregory: Steps to an ecology of mind. New York: 1972a (dt. Ökologie des Geistes. Frankfurt/Main 1981).

Bateson, Gregory: Notebook 50. Gregory Bateson Papers, Special Collections and Archives. University of California Santa Cruz Library 1972b.

Bateson, Gregory/Bateson, Mary Catherine: Angels fear: Toward an epistemology of the sacred. New York 1987 (dt.: Wo Engel zögern. Frankfurt/Main 1993).

Bateson, Gregory/Mead, Margaret: Balinese character: A photographic analysis. New York 1942.

Bateson, Gregory/Mead, Margaret: Bathing babies in three cultures [film]. New York 1954.

Bavelas, Janet Beavin/Segal, Lynn: Family systems theory: Background and implications. In: Journal of Communication 32 (1982), 99–107.

Kendon, Adam: Conducting interaction: Patterns of behavior in focused encounters. Cambridge 1990.

Leeds-Hurwitz, Wendy: The social history of The Natural History of an Interview: A multidisciplinary investigation of social communication. In: Research on Language and Social Interaction 20 (1987), 1–51.

Leeds-Hurwitz, Wendy: Crossing disciplinary boundaries: The Macy Foundation Conferences on Cybernetics as a case study in multidisciplinary communication. In: Cybernetica: Journal of the International Association for Cybernetics 3/4 (1994), 349–369.

Leeds-Hurwitz, Wendy: The natural history approach: Bateson's legacy. In: Cybernetics and Human Knowing 12, 1–2 (2005), 137–146.

Leeds-Hurwitz, Wendy/Kendon, Adam: The Natural History of an Interview and the microanalysis of behavior in social interaction: A critical moment in research practice. In: James McElvenny/Andrea Ploder (eds.): Holisms of communication: The early history of audio-visual sequence analysis. Berlin 2021, 145–200.

Leeds-Hurwitz, Wendy/Sigman, Stuart J.: The Penn tradition. In: Wendy Leeds-Hurwitz (ed.): The social history of language and social interaction research: People, places, ideas. Cresskill, NJ 2010, 235–270.

Lipset, David: Gregory Bateson: The legacy of a scientist. Englewood Cliffs, NJ 1980.

McQuown, Norman A. (ed.): The natural history of an interview. Microfilm Collection of Manuscripts on Cultural Anthropology, Fifteenth Series. Chicago 1971.

Mead, Margaret: Growing up in New Guinea: A comparative study of primitive education. New York 1931 (dt.: Kindheit und Jugend in Neuguinea. München 1970)

Ruesch, Jurgen/Bateson, Gregory: Communication: The social matrix of psychiatry. New York 1951 (dt.: Kommunikation. Die soziale Matrix der Psychiatrie. Heidelberg 2012).

Ruesch, Jurgen/Bateson, Gregory/Kees, Weldon: Communication and interaction in three families [film]. San Francisco 1955.

Sherzer, Joel: Conference on interaction ethology. In: Language Sciences 14 (1971), 19–21.

Verhoeven, Jef C.: An interview with Erving Goffman, 1980. In: Research on Language and Social Interaction 26/3 (1993), 317–348 (also in Gary A. Fine/Gregory W. H. Smith (eds.): Erving Goffman, Vol. 1. London 2000, 60–70).

Watzlawick, Paul/Beavin. Janet H./Jackson, Don D.: Pragmatics of human communication. New York: 1967 (orig.: Menschliche Kommunikation. Stuttgart 1969).

Wilder, Carol: The Palo Alto Group: Difficulties and directions of the interactional view for human communication research. In: Human Communication Research 5/2 (1979), 171–186.

Winkin, Yves: Elements pour une histoire sociale des sciences sociales Américaines: Une chronique: Entretien avec Erving Goffman. In: Actes de la Recherche en Sciences Sociales 54 (1984), 85–87.

Winkin, Yves/Leeds-Hurwitz, Wendy: Erving Goffman: A critical introduction to media and communication theory. New York 2013.

19 Ray Birdwhistell (1918–1994) and Kinesics

Yves Winkin

Goffman never cared for kinesics. Although he maintained a constant interest in micro-behaviour, he never delved into the linguistically inspired "study of body motion communication", to use the definition provided by anthropologist Ray Birdwhistell, the founder of kinesics (and almost sole representative). Goffman always had high respect for Birdwhistell, who was his professor at the University of Toronto in 1944–1945, but he considered that kinesics was a dead end.

Birdwhistell was 26 when he went from the University of Chicago to the University of Toronto to teach anthropology to MA students. He was merely a teaching assistant with "ABD" (All But Dissertation) status but he already knew how to handle a group of students and get the message across. He had two major teaching techniques. The first was based on acting: Birdwhistell was a trained salon dancer. He would perform in front of the students how people behaved socially. He would show how the British upper-class kept a "stiff upper lip" demeanor; how a Southern belle held her cigarette; how a Jewish actor walked when he played the role of a cowboy. The second technique was *in situ* observation, which was unheard of at the British-modeled University of Toronto where many professors still taught in academic gowns. Birdwhistell would invite his students to public places and have them categorize people socially on the basis of their gestures and their clothes. His theoretical sources were anthropologist W. Lloyd Warner's theory of social classes and linguist Edward Sapir's analysis of gestures: "[...] we respond to gestures with an extreme alertness and, one might almost say, in accordance with an elaborate and secret code that is written nowhere, known by none, and understood by all" (Sapir 1959, 556)

> "He taught us a lot", said Goffman (interview by Winkin, April 21, 1980). "It is very difficult today to see how ground-breaking Birdwhistell was at the time. He would explain and physically show how someone holds a cigarette in a lower or upper class position. A whole new range of behaviour could be socially analysed".

That is the core of Goffman's respect for Birdwhistell, which turned out to be stable throughout his entire career. *Introduction to Kinesics,* Birdwhistell's first book (1953), was always required reading in Goffman's classes at Berkeley. *Kinesics and Context,* Birdwhistell's major book, "would not have appeared if it had not been envisaged by Erving Goffman" (Birdwhistell 1970, xiv). It was subsequently on Goffman's required reading list every year at the University of Pennsylvania. Birdwhistell's graduate students were almost automatically

Y. Winkin (✉)
Liège, Belgium
E-Mail: yveswinkin29@gmail.com

K. Lenz und R. Hettlage (Hrsg.), *Goffman-Handbuch,* https://doi.org/10.1007/978-3-476-05871-3_19

admitted to Goffman's Penn seminars, despite the difficulties he placed in front of other students wanting entry. Intellectually speaking, Birdwhistell's influence can be spotted in many places. There are explicit sentences like "[a]lthough an individual can stop talking, he cannot stop communicating through body idiom; he must say either the right thing or the wrong thing. He cannot say nothing" (BP, 35; BP_{dt}, 51). There is a paper like *The Neglected Situation* which discusses language in relation to other modalities of communication. There are explicit notions like "body gloss" (RP_d, 128–137; "leibgebundene Kundgabe" RP_d_{dt}, 181), "gestural community" (FT, 2 f.), and "bodily alignment" (InO, 9; "Anordnung des Körpers", InO_{dt}, 78). All this is to say that the attention to the body and to gestures in Goffman's writings can be related to his early training by Birdwhistell in Toronto.

There are, however, at least two major theoretical and methodological differences in approaches to kinesics between the two scholars—which can be related to their different conceptions of communication (see chap. 11).

First, Goffman always considered that Birdwhistell went too far into linguistics in order to build kinesics: "Birdwhistell should have just picked the linguistic method but he really wanted to create a bodily linguistics" (interview by Winkin, April 21, 1980). Goffman only wished Birdwhistell had moved into ethology, most probably an ethology based on naturalistic observation, as opposed to an ethology based on recording devices.

This reliance on instruments leads to a second difference between Goffman's and Birdwhistell's approaches. While in Toronto, Birdwhistell trained his students to observe microbehavior, as fieldworkers do, with the naked eye. The behavioural units to be scrutinized lasted at least a few seconds and, quite often, a few minutes. When Birdwhistell developed his kinesics, he recorded behaviour and analysed it with a slow-motion machine, which could reveal details that lasted less than a second—the brain may well register such movements in natural conditions, but not the eye. Birdwhistell needed to ground empirically his theoretical construction with such "tiny bits": kines were to phones what kinemes were to phonemes, leading to kinemorphemes (the equivalent of words) and kinemorphic constructions (the equivalent of sentences). He explained in his 1953 *Introduction to Kinesics* that he slowly projected short films to informants, asking them to tell him when they saw differences in movements. This was a very crude approach, which was ultimately abandoned. Yet, later developments, such as *The Natural History of an Interview*, which lasted for many years (Leeds-Hurwitz 1987), showed that Birdwhistell stuck to a quasi-experimental frame. He did not create situations under laboratory conditions; he imported raw data from the outside world and dissected them with the hope that patterns would ultimately emerge. A famous example is the analysis of the "Cigarette Scene", in which one can see Gregory Bateson lighting a cigarette for a mother sitting next to him, speaking about her child. The scene lasted ten seconds in real life but the unravelling of the many "streams of behaviour" (verbal, gestural, suprasegmental) took ten (non-continuous) years (Birdwhistell 1970, 227–250).

Goffman was also after structures and patterns at the micro-level, but he never worked that way. He just immersed himself in different situations and kept an eye open (OFw). This way, he stayed at the same level, both in his naturalistic observations and in his written descriptions, which allowed for social interactions to be immediately perceivable and imaginable (in the sense that readers were able to produce mental images of the scenes described). An anecdote may make the point clearer. When I (Winkin) gave him, in September 1976, a copy of *The First Five Minutes* (Pittenger/Hockett/Danehy 1960), which is a study of conversational patterns comparable to *The Natural History of an Interview,* he returned it to me immediately, saying: "Keep that, too technical for me". For years, I thought it was a typical Goffmanesque joke. All things considered, it may not have been. Goffman did not work at that micro-level, but one step above. He needed to apprehend and render social reality without any intermediary device. It is interesting to note that when Goffman relied on Birdwhistell's very fine-grained analyses of body motions, he used descriptions situated at the interactional level, not the "Cigarette Scene" kind (BP, 29; BP_{dt}, 44 f.; RP_a, 25 f., RP_a_{dt}, 51, Fn. 35).

These theoretical and methodological divergences between Goffman and Birdwhistell about kinesics and the appropriate size of behavioural sequences were never aired in public. But they can be set within a larger frame of reference, which was publicly debated: the analytical value of the concept of communication. In the preface of *Strategic Interaction,* Goffman bluntly stated: "[…] the discovery that communication could be used broadly to refer to what happens when individuals come together has been almost disastrous […]" (SI, ix; SI_{dt}, 9). Although Birdwhistell's name was not mentioned, Goffman had him in mind (interview, April 21, 1980). Birdwhistell developed and defended in many papers and public lectures a very broad vision of communication as "the active part of cultural structure" (1970, 251). A formula he often used in class was that "we don't communicate, we participate in communication", i.e., communication is an embedding matrix within which human beings (as well as animals) deploy their interactions. The concept of communication is for Birdwhistell as extensive (and as crucial) as the concept of society for Durkheimian sociologists and anthropologists. Goffman rejected that grandiose scheme: "[…] when the term *communication* is used, little clarity and consistency is found as to just what is being investigated" (SI_b, 142 f.; ST_b_{dt}, 122). Goffman did not always think that way: his dissertation was explicitly based on a communicational approach, starting with the title "Communication Conduct…". One of his sources of inspiration was Jurgen Ruesch and Gregory Bateson's book, *Communication: The Social Matrix of Psychiatry* (1951)—which was also one of Birdwhistell's major references. In the Spring of 1960, one of Goffman's classes was still titled "Communication and Social Contact", and the first required reading was Ruesch/Bateson (1951). But while Birdwhistell kept expanding upon Bateson's vision of communication, Goffman maintained more of a definition of communication as transmission: "socially organized channels for transceiving information" (SI, ix; SI_{dt}, 9). In his fall 1976 seminar at the University of Pennsylvania, he would address specifically those of us who were simultaneously attending Birdwhistell's seminar ("Hey, you, Birdwhistell students, listen") and he would preemptively respond to the objections he assumed we would raise to his restrictive approach to communication.

Kinesics, like proxemics, haptics, or chronemics, which also were developed between the 1950s and the 1970s, represented an attempt to use linguistics as a unifying principle, best illustrated in Kenneth Pike's efforts (1957). The broad approach to communication offered by Bateson and Birdwhistell, but also Claude Lévi-Strauss (1958, 326 ff.) and others, was another attempt to subsume the social sciences. That Goffman did not welcome such efforts was to be expected: "Better, perhaps, different coats to clothe the children well than a single splendid tent in which they all shiver" (AS, xiv; AS_{dt}, 11).

References

Birdwhistell, Ray: Introduction to kinesics. Louisville 1953.

Birdwhistell, Ray: Kinesics and context: Essays on body motion communication. Philadelphia 1970.

Leeds-Hurwitz, Wendy: The social history of The Natural History of an Interview: A multidisciplinary investigation of social communication. In: Research on Language and Social Interaction 20 (1987), 1–51.

Lévi-Strauss, Claude: Anthropologie structurale. Paris 1958.

Pike Kenneth: Language in relation to a unified theory of the structure of human behavior. Glendale, CA. 1957.

Pittenger, Robert E./Hockett, Charles F./Danehy John J.: The first five minutes: A sample of microscopic interview Analysis. Ithaca, NY 1960.

Ruesch, Jurgen/Bateson, Gregory: Communication: The social matrix of psychiatry. New York 1951 (dt.: Kommunikation. Die soziale Matrix der Psychiatrie. Heidelberg 2012).

Sapir, Edward: The unconscious patterning of behaviour in society [1927]. In: David G. Mandelbaum (ed.): Selected writings of Edward Sapir in language, culture and personality. Berkeley 1959, 544–559.

Teil IV
Grundbegriffe

Interaktion

20

Heinz-Jürgen Niedenzu

Die Analyse sozialer Interaktionsstrukturen und -prozesse ist das werkdurchgängige Zentralthema der Goffmanschen Soziologie. Wohl variieren in den Publikationen die Fragestellungen, die thematischen Schwerpunkte und das verwendete empirische Material, aber der Fokus ist stets daraufhin ausgerichtet, ein möglichst umfassendes Bild der die Interaktionssituationen intern strukturierenden Konventionen, Rituale, Regeln und Normen zu gewinnen, als auch deren Prozesshaftigkeit und Gestaltbarkeit Rechnung zu tragen. Das grundlegende Erkenntnisinteresse zeigt sich bereits in der Art und Weise der Aufbereitung des empirischen Materials, welches er auf den Shetland Inseln für seine Dissertation (CCoIC) erhoben hat. In anderen Werken dienen ihm u. a. die Verwendung der Theatermetapher ($PS2_t$), die Analyse von Identitätsveränderungen sowie verrückter oder unangemessener Verhaltensweisen von Personen in der Psychiatrie (AS), Kontaktsituationen mit stigmatisierten oder stigmatisierbaren Personen (ST) oder die Verletzbarkeit räumlicher und symbolischer Territorien (RP_b) dazu, das Regelwerk ‚normaler' Interaktion herauszufiltern. Unter dem Leitbegriff der „Interaktionsordnung" („interaction order") hat er schließlich die soziologische Bedeutung der systematischen Untersuchung von Interaktionssituationen als einem eigenständigen Analysebereich noch einmal aufzuzeigen gesucht und dabei auch die Bezüge zu konkurrierenden soziologischen Zugängen und Theorien thematisiert (InO; s. Kap. 48).

Begegnungen

Das interaktive Geschehen lässt sich mit Bezugnahme auf die involvierten Grundeinheiten, auf wiederkehrende Strukturen und auf zugehörige Prozesse analytisch gliedern (InO, 6 f.; InO_{dt}, 68). Die kleinste Grundeinheit sind Personen („ambulatory units"; „bewegliche Einheiten"), die in der Öffentlichkeit als Einzelne oder in Mehrzahl anzutreffen sind. Wenn Personen physisch, aber auch telefonisch oder brieflich, in die Wirkzone („response presence") von anderen kommen, spricht er von Begegnungen („contacts", „encounters", „gatherings", wobei die englischen Begriffe im Deutschen nicht immer einheitlich mit „Begegnungen" übersetzt worden sind). Von besonderer Bedeutung sind hier soziale Beziehungen, wo die Pflege von Begegnungen zum Mittel der Aufrechterhaltung der engen Beziehung wird. Weiter kann analytisch zwischen Zusammenkünften („conversational encounters"; „gatherings"), formalen Meetings mit klarer Rollenverteilung,

H.-J. Niedenzu (✉)
Institut für Soziologie, Universität Innsbruck,
Innsbruck, Österreich
E-Mail: Heinz-Juergen.Niedenzu@uibk.ac.at

K. Lenz und R. Hettlage (Hrsg.), *Goffman-Handbuch*, https://doi.org/10.1007/978-3-476-05871-3_20

Veranstaltungen mit Publikum („platform performances“) und Versammlungen angesichts feierlicher sozialer Anlässe („celebrative social occasions“) als den größtmöglichen Interaktionseinheiten unterschieden werden. Natürlich können die begrenzteren Einheiten auch innerhalb der umfassenderen Einheiten vorkommen, also beispielsweise Begegnungen im Rahmen von Publikumsveranstaltungen oder diese beiden wiederum im Rahmen eines sozialen Anlasses. Auf allen Ebenen aber werden sich den Interaktionen typische, ritualisierte und miteinander verknüpfte Handlungs- und Gesprächsmuster auffinden lassen, die diesen Situationen Struktur verleihen. Erkenntnismäßig stehen für Goffman immer die Situationen als solche mit den ihnen intrinsischen Ausgestaltungsformen im Vordergrund der Analyse (IR_{dt}, 7 ff.; IR, 1 ff.; RP_b_{dt}, 92 ff.; RP_b, 58 ff.; FA; FT).

Im Sinne von Begegnungen bezieht sich der Begriff der Interaktion primär auf unmittelbar ablaufende und zeitlich beschränkte Face-to-face-Begegnungen. Es handelt sich um soziale Situationen, in denen zwei oder mehrere Individuen raumzeitlich in unmittelbarer und wechselseitiger Reichweite füreinander körperlich und kognitiv präsent sind, sich gegenseitig wahrnehmen, um diese reziproke Wahrnehmung wissen und diese auch fühlen, ungeachtet dessen, ob sie das nach außen kundtun oder es nicht offensichtlich machen (BP_{dt}, 33; BP, 17). In diesem Kontext finden mittels sozial ritualisierter körperlicher und verbaler Expressionen sowohl situationsadäquate als auch situationsunangemessene Mitteilungen statt ebenso wie Entzifferungsversuche dieser „Darstellungen“ des Selbst (PS_{dt}). Neben der individuellen Identifizierung als einzigartige Person kommt es dabei auch zu einer sozialen Identifizierung der anderen Interaktionsteilnehmer/innen unter Bezugnahme auf situationstranszendierende soziale Kategorien. Bewusst oder unbewusst treffen die beteiligten Individuen in Interaktionssituationen darüber hinaus zutreffende oder unzutreffende Wahrnehmungen, Einschätzungen und Erwartungen über z. B. das situative Engagement, die möglichen Motive und den Sinngehalt der Handlungen der jeweils anderen Individuen. Von diesen Beobachtungen und Eindrücken ausgehend können oder müssen sie aufeinander reagieren, oder eben auch nicht. Insofern lässt sich eine derartige Interaktionssituation auch als eine öffentliche Situation beschreiben, da wechselseitig situative Verhaltenserwartungen involviert sind und somit direkt oder indirekt soziale Kontrolle auf das Verhalten ausgeübt wird.

Interaktionsordnung

Die Analyse der Interaktionsordnung arbeitet nun in einer von singulären Situationen abstrahierenden Perspektive die eigentümliche Art und Weise wechselseitiger körperlicher und kognitiver Verstricktheit von Teilnehmer/innen in Begegnungen heraus. Der Begriff der Ordnung bezieht sich dabei auf eine gewisse Geordnetheit oder Regelmäßigkeit („orderliness“) von Interaktionsabläufen als einer eigenen Handlungssphäre („domain of activity“), wobei diese Geordnetheit auf sozial geteilten kognitiven, wenn nicht sogar normativen (Vor)Annahmen („presuppositions“) und Beschränkungen basiert. Demzufolge handelt es sich um ein System von situativ („situational“) bedingten Konventionen und Reglementierungen, also um ein eigenständiges Regelwerk, welches einen Konformitätsdruck auf das interaktive Handeln inklusive der zur Anwendung kommenden prozeduralen Formen ausübt (BP, 24; BP, 8). Zur Aufrechterhaltung der situativen Ordnung und zur Wahrung des gegenseitigen Respekts vor dem Selbst der jeweils anderen kommen dabei rituelle Formen bestätigenden und korrektiven Austausches zur Anwendung (RP_c; RP_d). Klassische Strukturfaktoren wie soziale Positionen, Rollenverpflichtungen, Habitus, Schichtzugehörigkeit, Alter, Geschlecht, ethnische Zugehörigkeit, gesellschaftliche Normen und Moralkodex etc. als situationsübergreifende, situierte („situated“) Bestimmungsgrößen des Handelns treten erklärungsstrategisch hinter die Regeln momentan-situativer Angemessenheit des Engagements und Verhaltens bei Zusammenkünften in den Hintergrund. Wohl können situierte Aspekte situative überlagern, aber die interaktionszentrierte Analyse und die institutionelle Analyse gehen nicht ineinander auf (BP_{dt}, 249 f.; BP, 245 f.; InO, 7 ff.; InO_{dt}, 72 ff.). Das Situative der Interaktionssituation und das sozialstrukturell Situierte bleiben zwei verschiedene Dinge: zwischen interaktiven Praktiken, z. B. Höflichkeitsverhalten, und sozialen Strukturen, z. B. sozialen Positionen, besteht nur eine lose Koppelung, wobei Transformationsregeln die Relevanz interaktionsexterner sozialer Merkmale und Distinktionen für die konkrete Interaktionssituation selektiv bestimmen (EN_a_{dt}, 32 ff., 73 ff.; EN_a, 19 ff.; 65 ff.). Primär ist es die unmittelbare Gegenwart anderer, die die durch die Face-to-face-Konstellationen bedingten situativen Handlungen gleichzeitig immer auch schon wegen ihres Eingebettetseins in einen sozialen Zusammenhang als sozial situierte (‚socially situated') erscheinen lässt. Das Situierte als das Gesellschaftliche kann in Situationen eingehen, entspringt aber anders als das den Situationen innewohnende Situative nicht den Situationen (BP_{dt}, 37 f.; BP, 21 f.).

Strategische Interaktion

Soziale Interaktionen laufen nicht nach genetisch codierten Programmen ab, sondern unterliegen einerseits Intentionen der Interagierenden, andererseits kulturellen Kodierungen, wobei die beiden Seiten ineinander verflochten sind. Aufgrund ihrer Kopräsenz geben die Interagierenden unweigerlich mittels ihres Benehmens und ihrer Erscheinung „Ausdrucksinformationen", z. B. über Geschlecht, Alter, Beruf, Fähigkeiten etc., von sich. Davon abzugrenzen ist die Kommunikation im engeren Sinne, also die sprachliche oder sprachähnliche Übermittlung von Informationen. Der/die Beobachter/in bzw. die informationssuchende Seite wird beide Informationsquellen beachten müssen, wobei Goffman davon ausgeht, dass die Ausdrucksseite weniger leicht kontrolliert werden kann und von daher als Kontrolle für die Einschätzung der Informationen von besonderer Bedeutung ist (PS_{dt}, 10 f.; PS2, 7). Da Menschen nun aber die Fähigkeit besitzen, Informationen einzuholen, zu liefern, zu verbergen und zu manipulieren, sind Interaktionssituationen grundsätzlich immer auch einem strategischen Handeln zugänglich. Die Einschätzung der wechselseitig gelieferten Informationen gewinnt daher ebenfalls strategische Bedeutung, und das umso mehr, wenn es sich um potentiell belastete Interaktionen handelt (ST_{dt}, 86, 159 ff.; ST, 66, 129 ff.). Aus Sicht der Beobachteten geht es um die Kontrolle, gegebenenfalls auch Manipulation eigenen Ausdrucks- und Kommunikationsverhaltens zur Wahrung der persönlichen und/oder sozialen Identität, während der/die Beobachtende Interesse an einer soliden Informationsfindung hat. Um nun die Strukturen „‚strategischer Interaktion" herauszuarbeiten (s. Kap. 43), untersucht Goffman als erstes „Ausdrucksspiele" („expression games"), in denen es von Seiten der informationsgebenden Seite (der/die Beobachtete) wie auch der informationssuchenden Seite (der/die Beobachtende) zu unterschiedlichen Handlungen („Zügen", „moves") kommt (SI_a). Des Weiteren hat er sich modellmäßig Tischspiele als zentrierte Versammlungen („gaming encounters" wie z. B. bei Bridge, Poker) daraufhin angeschaut, wie die wechselseitige Aufrechterhaltung einer Situationsdefinition garantiert wird, welche Rolle dem spontanen Engagement zufällt, wie Regeln der situativen Relevanz und Irrelevanz zwecks Abgrenzung zur Umwelt zur Anwendung kommen und wie mit Zwischenfällen umgegangen wird (EN_a_{dt}, 21 ff.; EN_a, 19 ff.). Auf einer noch allgemeineren Ebene hat er schließlich mithilfe von spielanalytischen Überlegungen (SI_b) versucht, das der „strategischen Interaktion" im engeren Sinne unterliegende System als Abfolge von teils verdeckten, teils sichtbaren Spielzügen bzw. strukturierten Handlungsweisen zu analysieren. Die einzelnen Spielzüge bauen demzufolge jeweils auf einem wechselseitig erfolgenden Perspektivenwechsel mit gedanklichen Antizipationen über die Antizipationen des/der Spielpartners bzw. -partnerin sowie rational-kalkulierenden Entscheidungen auf, die die objektive Situation für die Beteiligten ändern (SI_b_{dt}, 89, 117 ff.; SI_b, 100 f.; 136 ff.). Dieser allgemeine spielanalytische Ansatz mit Einschätzung der Situation, vernunftgeleiteter Entscheidung, Handlung und Ergebnis (SI_b$_{dt}$, 104; SI_b, 119 f.) stößt jedoch bei der Analyse von Interaktionen („Begegnungen", „Zusammenkünfte", unmittelbare Gesprächssituationen) aufgrund des Vorhandenseins von normativen Rahmungen, moralischen Beurteilungen und sozialer Kontrolle an Grenzen. So geht es in persönlichen Interaktionen immer auch um „schickliches" Verhalten, um situative Anstandsformen und nicht bloß um berechnendes Ausdrucks- und Kommunikationsverhalten (SI_b$_{dt}$, 114 ff.; SI_b, 133 ff.).

Zentrierte Interaktion

Die „zentrierte Interaktion" bzw. „zentrierte Versammlung" (BP$_{dt}$, Teil III), bei raumzeitlich strukturell voneinander abhängigen Handlungen auch als „situiertes Aktivitätssystem" bezeichnet (EN_b$_{dt}$, 107 ff.; „situated activity system", EN_b, 71 ff.), ist charakterisiert durch eine wechselseitig aufeinander bezogene Aktivität (z. B. ein Gespräch), der eine miteinander geteilte Definition der Situation zugrunde liegt, womit für alle aktiv Teilnehmenden ein verpflichtender kognitiver und visueller Aufmerksamkeitspunkt gegeben ist (EN_a$_{dt}$, 20 f.; EN_a, 17 f.). Die damit entstehende interaktive Kooperation zwischen den Individuen äußert sich unter anderem in ihrer jeweiligen körperlichen (z. B. Gestik; Mimik) und kognitiven (z. B. zuhören und sachbezogen antworten) Präsenz, die Aufmerksamkeit vermittelt, sowie einer wechselseitigen Aufgeschlossenheit für die Gesprächsinhalte. Aktiv Teilnehmende sind (anders als mögliche Zuhörer/innen, die wohl anwesend, aber nicht unmittelbar involviert sind) durch aufeinander bezugnehmende Gesprächsphasen auf die Unterhaltung fokussiert, wodurch sie ihre situative Anwesenheit und das Befolgen situativer Umgangsformen unter Beweis stellen, sich mithin situationsangemessen verhalten, ein entsprechendes Engagement zeigen. Dieses Engagement beinhaltet aber auch ein Recht auf eine taktvolle Entlassung aus dieser Begegnung.

Eröffnungszug für eine zentrierte Interaktion kann ein wechselseitiger Blickkontakt und dessen Wahrnehmung sein, der Zugänglichkeit und Bereitschaft zu einem Gespräch signalisiert. Im Falle einer bereits bestehenden Bekanntschaft mit wechselseitigem kognitiven Erkennen („cognitive recognition"), die zur sozialen oder persönlichen Identifizierung führt, besteht sowohl ein Recht auf die Kontaktaufnahme wie auch eine Pflicht, diese nicht abzulehnen („soziales Erkennen"; „social recognition"). Natürlich gibt es aber auch Vermeidungsstrategien, um sich dieser Situation zu entziehen, z. B. versucht man den Eindruck zu erwecken, man hätte den anderen nicht gesehen. In einer nicht bereits auf diese Weise spezifizierten Eröffnungssituation muss der Blickkontakt gleichzeitig aber auch der Norm höflicher Gleichgültigkeit entsprechen, so dass einerseits kein Belästigt werden oder andererseits kein Gesichtsverlust droht, wenn jemand nicht an einer gemeinsamen Aktivität interessiert ist. Insofern stellt der gegenseitige Austausch von freundlichen Blicken wie auch die höfliche Gleichgültigkeit („civil inattention") (s. Kap. 29) für Goffman eines der am häufigsten anzutreffenden interpersonellen Rituale im Sinne von Verkehrsregeln sozialer Interaktion dar (BP$_{dt}$, 97 ff.; BP, 83 ff.). Allerdings können ritualisierte Interaktionssequenzen variiert, verändert und moduliert werden (FA$_{dt}$, 55 f.; FA, 43 f.). Ein Blickkontakt als Ausgangspunkt oszilliert jedenfalls zwischen der Chance der Erfüllung des Kontaktwunsches und dem Risiko der Ablehnung desselben. Ein Sonderfall sind Personen in „exponierten Positionen" („exposed positions") wie Polizist/innen, Priester/innen, Verkäufer/innen etc., die im Prinzip jederzeit kontaktierbar sind bzw. auch selber andere kontaktieren dürfen. Gegenseitige Offenheit, wie etwa in Ferienorten oder im Karneval, oder eine Kontaktaufnahme zwischen einander Unbekannten, etwa im Fall der Bitte um Feuer oder um eine Auskunft, sowie in Notfällen, ist demgegenüber in aller Regel nur unter sehr bestimmten Umständen erlaubt (BP$_{dt}$, Kap. 8). Grundsätzlich geht es bei den die Interaktionen intern regelnden Konventionen, Ritualen und Normen sowohl um

Rücksichtnahme auf den sozialen Anlass der Begegnung als auch um die Wahrung des Respekts vor den Images der jeweils anderen Personen, die in der Interaktion anerkannt, bestätigt oder korrigiert werden. Ehrerbietung und Benehmen sowie der Schutz vor möglichen Bloßstellungen dienen diesbezüglich der Aufrechterhaltung der rituellen Ordnung und der Vermeidung von Störungen (IR_a; IR_b; IR_c).

Nicht-zentrierte Interaktion

Bei der nicht-zentrierten Interaktion (BP_{dt} 2009, Teil II) sind eine gemeinsame Anwesenheit und die beiläufige Wahrnehmung der jeweils anderen anwesenden Individuen, etwa durch einen taktvollen kurzen und höflichen Blickkontakt, gegeben, aber es kommt zu keiner unmittelbaren Fokussierung auf die anderen (EN_{dt}, 7; EN, 7). Hierbei spielt das Expressive, die Körpersprache eine Hauptrolle, werden doch durch sie unweigerlich Informationen über einen selbst und die eigene Engagement-Struktur vermittelt; so soll der kurze Blickkontakt einerseits Aufmerksamkeit für die Situation, andererseits höfliche Gleichgültigkeit zum Ausdruck bringen, während das Anstarren ein situatives Fehlverhalten darstellen würde. Im Falle einer nicht-zentrierten Interaktion geht es primär darum, situativ angemessenes Engagement zu zeigen, also z. B. bei einem Vortrag Aufmerksamkeit und Interesse an der Thematik darzustellen. Dabei geht es nicht um die Frage der Wahrhaftigkeit der Darstellung, sondern der Bezugspunkt sind auf diese Situation bezogene Regeln, die es erlauben, Formen eines Über- oder Unterengagements als Missachtung der Situation zu etikettieren und ggf. zu sanktionieren.

Normen regeln (idealiter) die Art des jeweiligen Engagements („involvement') der einzelnen Teilnehmer/innen einer Begegnung (s. Kap. 40); die interaktive Verflechtung manifestiert sich als „Engagement-Struktur der Situation" (BP_{dt}, 200 ff.; „structure of involvement in the situation", BP, 193 ff.). Die Darstellung des Engagements ist immer an konventionalisierte Zeichen gebunden, so dass mittels dieser Zeichensprache sowohl die Möglichkeit des Vortäuschens von Engagement besteht als auch eine Distanzierung offensichtlich gemacht werden kann. Ein nicht angemessenes Engagement kann durch Rückzug in Schutzräume („Hinterbühne", PS_{dt}, 104; „backstage" „back region", PS2, 112) verborgen und damit gegen die Wahrnehmung durch andere abgeschirmt werden. Die Wahrnehmung ist also störanfällig, weil Personen einerseits den situativen Regeln entsprechend handeln können, andererseits wegen deren Kenntnis diese aber auch gestalterisch umgehen können. Des Weiteren unterscheidet Goffman zwischen Kern- und Nebenengagement („main and side involvements") sowie zwischen dominantem und untergeordnetem Engagement (BP_{dt}, 59 ff.; „dominant and subordinate involvements", BP, 43 ff.). Im Fall einer Vorlesung als dem anlassbezogenen Kernengagement ist ein bewusstes und aufmerksames Verfolgen des Vortrags gefordert; ein dieses nicht störendes Nebenengagement wäre das nebenherlaufende und quasi automatisiert erfolgende Stricken eines Pullovers. Ein untergeordnetes Engagement darf demgegenüber nicht vom dominanten Engagement, welches dem sozialen Anlass geschuldet ist, ablenken; so stellt die Beschäftigung mit dem Smartphone, anders als das Lutschen eines Bonbons, eine Ablenkung der Aufmerksamkeit vom dominanten Engagement, dem Verfolgen des Vortrags, dar. Die Toleranz für Neben- wie auch für untergeordnete Engagements ist jeweils historisch und kulturell gebunden, genauso wie auch hier die Darstellungsdramaturgie zum Tragen kommt.

Rezeption und Weiterentwicklung

Die Goffmanschen Untersuchungen zum Interaktionsgeschehen sind in der Allgemeinen Soziologie, in etlichen Bereichssoziologien sowie in Nachbarwissenschaften rezipiert worden und haben direkt oder indirekt viele primär aufs Mikrosoziale ausgerichtete Arbeiten inspiriert. Angesichts der kaum mehr überschaubaren

Sekundärliteratur müssen an dieser Stelle einige wenige Hinweise ausreichen; für ausführlichere Literaturüberblicke und -kommentierungen sei auf die Ausführungen und Zusammenstellungen von Jürgen Raab (2014, 119–148) und Michael Dellwing 2014, 189–233) verwiesen.

Goffmans Interaktionsverständnis und die Vorstellung einer Interaktionsordnung kritisch aufgearbeitet haben – neben unzähligen anderen – Tom Burns (1992, 17–105), Anne Rawls (2000), Philip Manning (2000), Gregory W. H. Smith (2006, 33–54), Robert Hettlage (2007) und Adam Kendon (2010). Dass die Interaktionsordnung für Goffman weder ein ausschließliches Produkt aktueller Interaktionen ist, noch dass diese vom Formen- und Regelwerk determiniert sind, sondern dass es sich bei ihr um ein fluides und dynamisches Zwischenreich von Handlung einerseits und Struktur andererseits handelt, wird von Raab (2014, 120) hervorgehoben. Dieses Spannungsverhältnis in der Goffmanschen Forschungspraxis zwischen durkheimianischer Ordnungsorientiertheit und pragmatistischem Offenheitsdenken des Sozialen wird auch von Dellwing (2010) thematisiert. Er betont, dass es Goffman nie darum ging, diese Spannung aufzulösen, sondern es ging ihm um das Zusammenbinden von Unterschiedlichem, von Regeln und Situativität, mithin dem handlungsbasierten situativ-kreativen Umgang mit ‚Regeln' und dem Aushandeln von deren Bedeutungen (Dellwing 2010, 529 ff.).

In der Lesart von Raab ist Goffman vor allem als ein Klassiker der Wissenssoziologie anzusehen, der wichtige Impulse insbesondere für die Ansätze einer ‚neuen' deutschsprachigen Wissenssoziologie gesetzt hat. So finden sich Anschlüsse an Goffman in der Sprach- und Kommunikationssoziologie von Thomas Luckmann und seiner Gattungsforschung, aber auch in der Ausarbeitung und Fortentwicklung einer hermeneutischen Wissenssoziologie, wie sie programmatisch beispielsweise von Hans-Georg Soeffner, Ronald Hitzler und Jo Reichertz betrieben wird (Raab 2014, 124 ff.). Dellwing (2014, 190–194) verhandelt unter dem Stichwort ‚Theoretische Globalrezeption' die mannigfaltigen Versuche in der Sekundärliteratur, Goffmansche Begriffe in eine systematische Begriffsdiskussion einzubeziehen, ihn einer soziologischen Schule zuzuordnen sowie nach einer inneren Werksystematik zu suchen – Ansinnen, denen sich Goffman aber immer wieder zu entziehen versucht hätte. Konzeptionell wiederum finden sich in vielen Forschungs- und Praxisfeldern (z. B. Marketing, Politik, Medien, Recht, Diversitätsmanagement. Emotion Work etc.) selektive, ‚steinbruchartige' Anschlüsse an Goffman (Dellwing 2014, 194–209). Den generellen Anspruch einer ‚goffmanesken' Soziologie sieht Dellwing (2014, 209–218) darin, sich vom Glauben an feste Realitäten und Bedeutungsfixierungen zu emanzipieren. Vielmehr gälte es herauszuarbeiten, in welchen expressiven Darstellungen die Realitäten und Bedeutungen der Interaktionsordnungen miteinander permanent generiert werden (auch Raab 2014, 120).

Anknüpfungspunkte an die Goffmansche Interaktionssoziologie und deren systemtheoretische Reformulierung finden sich weiters bei Niklas Luhmann (1972) wie ausführlich auch später bei André Kieserling (1999) und mehr auf eigene Empirie bezogen bei Roland Walkow (2007). Von der Soziologie der Interaktionsordnung inspiriert sind beispielsweise die empirischen Arbeiten von Jean-Claude Kaufmann (2005, 2014), der auch versucht hat (2011), medial vermittelte und damit ‚quasi' Face-to-face-Interaktionen beim Online-Dating auf grundlegende Interaktionsskripte hin zu analysieren. Die Anwendbarkeit des Goffmanschen Interaktionsverständnis auf technisch vermittelte Interaktionen hat u. a. Hubert Knoblauch (2004) thematisiert, wobei die zunehmende Mediatisierung von Interaktionen (Videoschaltungen, Distance-learning, Chat-Rooms etc.) eine weitere Modifizierung und Erweiterung des Goffmanschen Interaktionskonzepts erforderlich machen wird (s. Kap. 59).

Literatur

Burns, Tom: Erving Goffman. London, New York 1992.

Dellwing, Michael: Rituelle Spiele mit Beziehungen. Goffmans Normen zwischen Interaktionsordnung und ironischer Offenheit. In: Berliner Journal für Soziologie 20 (2010), 527–544.

Dellwing, Michael: Zur Aktualität von Erving Goffman. Wiesbaden 2014.

Hettlage, Robert: Risikogesellschaft im Kleinformat. Goffmans Interaktionsordnung als Dialektik von Risiko und Absicherung. In: Österreichische Zeitschrift für Soziologie 32/2 (2007), 9–31.

Kaufmann, Jean-Claude: Schmutzige Wäsche. Ein ungewöhnlicher Blick auf gewöhnliche Paarbeziehungen. Konstanz 2005.

Kaufmann, Jean-Claude: Sex@mour. Wie das Internet unser Liebesleben verändert. Konstanz 2011.

Kaufmann, Jean-Claude: Kochende Leidenschaft: Soziologie vom Kochen und Essen [2006]. Konstanz ^{2}2014.

Kendon, Adam: Goffman's approach to face-to-face interaction. In: Paul Drew/Anthony Wootton: Erving Goffman. Exploring the interaction order. Cambridge 2010, 14–40.

Kieserling, André: Kommunikation unter Anwesenden. Studien über Interaktionssysteme. Frankfurt/Main 1999.

Knoblauch, Hubert: Die Video-Interaktions-Analyse. In: Sozialer Sinn 1 (2004), 123–138.

Luhmann, Niklas: Einfache Sozialsysteme. In: Zeitschrift für Soziologie 1 (1972), 51–65.

Manning, Philip K.: Credibility, agency and the interaction order. In: Symbolic Interaction 23/3 (2000), 283–297.

Raab, Jürgen: Erving Goffman. Konstanz und München [2008]. ^{2}2014.

Rawls, Anne W.: The interaction order sui generis: Goffman's contribution to social theory [1987]. In: Gary Alan Fine/Gregory W.H. Smith (Hg.): Erving Goffman, Vol. II. London, Thousand Oaks, New Delhi 2000, 252–274.

Smith, Gregory W.H.: Erving Goffman. New York 2006.

Walkow, Roland: Beavis & Butt-Head – systemtheoretisch beobachtet. In: Soziale Welt 58 (2007), 439–452.

Soziale Situation und Situationsdefinition

21

Hubert Knoblauch

In einem seiner bekanntesten Aufsätze *The Neglected Situation* bestimmt Goffman die soziale Situation („social situation") als einen zentralen Gegenstand der soziologischen Forschung. Mit einer Anspielung auf Émile Durkheims Definition der Gesellschaft als sozialer Tatsache bemerkt er, soziale Situationen seien eine Realität sui generis, die also in eigenem Recht zu untersuchen seien (s. Kap. 12). Ausgangspunkt für diese eigenständige Rolle der Situation ist für ihn die Beobachtung, dass der Sinn von Äußerungen, von Reden und damit von sprachlicher Kommunikation ohne die Berücksichtigung seiner situationalen Merkmale nicht verständlich sei. Allerdings beschränkt er sich nicht auf die sprachliche Interaktion. Die Interaktion von Angesicht zu Angesicht („face-to-face interaction") habe unabhängig von der Sprache ihre eigenen Regeln, ihre eigenen Abläufe und ihre eigenen Ordnungen. In einer späteren Arbeit wird er (InO) diesen Gegenstandsbereich sozialer Wirklichkeit als Interaktionsordnung („interaction order") bezeichnen, doch kann er auch durch den Begriff der sozialen Situation, des Situativen und des Situierten bezeichnet werden.

In der Soziologie hat der Begriff der sozialen Situation eine ansehnliche Geschichte, reicht er doch auf die Begründung des Symbolischen Interaktionismus zurück, in dessen Linie auch Goffman (mehr oder weniger genau) zu verorten ist (Lenz 1991, 85 f.). Einen Bezugspunkt dafür bildet die berühmte „Definition der Situation" von William I. Thomas und Dorothy S. Thomas (1928, 571): „If men define situations as real, they are real in their consequences". So sehr Goffman das Wort der Situation aufnimmt, so sehr weicht er auch von der subjektivistischen Schlagseite des Konzeptes der Situation ab, wie es etwa in der phänomenologischen Tradition verwendet wird (Hitzler/Honer 1984). Zweifellos spielen auch für ihn etwa Rahmungen eine Rolle für das Verständnis der sozialen Situation, die das subjektive Erfahren betreffen, doch spielt der Situationsbegriff etwa in der *Rahmen-Analyse* eine untergeordnete Rolle (Eberle 1991). Mit dem Begriff der sozialen Situation zielt er weniger auf etwas, das im Bewusstsein Einzelner verankert wäre (auch wenn er dies nicht beiseite lassen will); vielmehr geht es ihm um das, was sich zwischen Handelnden ausbildet, sozusagen das Zwischenreich der Interaktion. Der Hinweis auf Durkheim macht dabei deutlich, dass er mit seinem Begriff der sozialen Situation auf die ‚objektiv' empirisch beobachtbaren Merkmale der Interaktion in situ fokussiert. Die soziale Situation entstehe dann, „whenever two or more individuals find themselves in one another's immediate presence" (TNS, 135; TNS_{dt}, 202).

H. Knoblauch (✉)
Institut für Soziologie, TU Berlin,
Berlin, Deutschland
E-Mail: hubert.knoblauch@tu-berlin.de

K. Lenz und R. Hettlage (Hrsg.), *Goffman-Handbuch*, https://doi.org/10.1007/978-3-476-05871-3_21

Der Begriff der Präsenz ist so bedeutend, dass Goffman sogar als „Theoretiker der Ko-Präsenz“ bezeichnet wurde (Giddens 1987). Er bezieht sich zum einen auf die zeitliche Gegenwart der Individuen, die sich ihrer von Angesicht zu Angesicht (oder mit anderen Sinnen) gewahr werden. Diese Ko-Präsenz wird etwa von Alfred Schütz (1972) betont, für den sich diese unmittelbare Begegnung geradezu existentiell durch ein „gemeinsam Altern“ auszeichnet. Es ist viel darüber spekuliert worden, ob Goffman damit die Vorstellungen einer Vorrangstellung der Face-to-face-Interaktion vor mittelbareren (etwa medialen) Arten des sozialen Handelns behaupte und damit einer „Metaphysik der Präsenz“ anhänge, die andere Formen medialer Kommunikation zu bloßen Ableitungen degradiere. Wie auch seine Bezüge auf die Verhaltensforschung zeigen, spielt für Goffman die Begegnung von Körpern eine wichtige Rolle, die schon wegen ihrer Verletzlichkeit besondere Umgangsformen erforderten. Allerdings bleibt die soziale Situation für Goffman keineswegs den Handelnden äußerlich, sondern wird durch ein – neben der Interaktion – weiteres Definitionsmerkmal betont: Soziale Situation ist für ihn ein „environment of mutual monitoring possibilities“ (TNS, 135; TNS_{dt}, 202). Das ‚Monitoring‘ lässt sich nicht direkt ins Deutsche übersetzen; man könnte sagen, dass sich die Beteiligten ‚im Auge behalten‘, würde dann aber zum einen übersehen, dass sie sich auch ihrer eigenen Beobachtbarkeit bewusst sind; zum anderen wird diese Zugänglichkeit über, wie Goffman es in diesem Zusammenhang formuliert, die „naked senses“ (ebd.) gewährleistet, durch die Individuen füreinander zugänglich sind, doch müssen sich diese nicht auf die Augen bzw. das Visuelle beschränken, sondern können auch Hören, Riechen oder Tastsinn umfassen.

Monitoring schließt zwar das Bewusstsein der Handelnden mit ein, doch sollte es nicht als intentionaler Akt verstanden werden, sondern als ein eher habituelles Registrieren, das im Hintergrund verläuft. Christian Heath, Jon Hindmarsh und Paul Luff (2003) haben diese Art von Bewusstheit in Interaktionssituationen als „awareness“ bezeichnet, ein Begriff, der ja auch schon von Barney G. Glaser und Anselm L Strauss (1965) eingeführt worden war. Ein besonderer Ausdruck dieses Monitoring dürfte die ‚höfliche Unaufmerksamkeit‘ (‚civil inattention‘) sein (s. Kap. 29), die wir in der Begegnung im öffentlichen Raum zeigen, wenn wir anonymen Anderen etwa keine besondere Aufmerksamkeit zukommen lassen, dennoch aber ihre Präsenz registrieren. Das ‚Monitoring‘ richtet sich aber auch auf diejenigen, an denen wir uns orientieren, wo es wohl weniger um die „signs given“ geht, die kommunizierten Zeichen, als um die „signs given off“, die vielfachen Anzeichen in Gestik, Mimik oder Kleidung beziehen (PS2; PS_{dt}). Dass eine soziale Situation vorliegt, steht außer Zweifel, wenn es zu einer Interaktion gekommen ist, an der sich Einzelne aktiv beteiligen. Diese Interaktionen können unterschiedliche Umfänge annehmen, die Goffman nicht sehr scharf mit den Begriffen „encounter“, „occasion“ und „gathering“‘ bezeichnet. Philip Manning (1992, 11) spricht in diesem Zusammenhang auch von Kontexten, doch sollte der Begriff Kontext mit Vorsicht verwendet werden, weil er sich lexikalisch auf ‚Text‘ bezieht und damit eine Schlagseite hin zu sprachartigen Zeichensystemen aufweist. Goffman aber betont mit dem Situationsbegriff ganz entschieden (auch) die nichtsprachlichen Aspekte der Interaktion. Dabei steht „encounter“‘ für die Begegnung von Angesicht zu Angesicht weniger Personen; die „occasion“ bildet das, was wir allgemein als eine „Veranstaltung“ bezeichnen können, die durch eine minimale (zeitliche, rituelle, räumliche) Rahmung, einen ‚Fokus‘ der Interaktion und/oder eine größere Zahl an Beteiligten ausgezeichnet ist. „Gathering“ bezeichnet dann das, was wir im Deutschen als Zusammenkunft bezeichnen, die eher die Ansammlung und Aggregation meint.

Soziale Situationen können damit eine durchaus komplexe ‚Beteiligungsstruktur‘ aufweisen, die mit dem unterschiedlichen Grad an Engagement („involvement“) verbunden ist. Wichtig für die soziale Situation ist deswegen das, was Charles Goodwin (1981), anschließend an Goffman, als „response presence“ bezeichnet hat: Auch wer etwa als „bystander“‘ lediglich im Hintergrund einer Interaktion steht, ist Teil von ihr und ‚reagiert' darauf auf eine Weise, die den Grad der Involviertheit anzeigt. Goffmans Vorstellung der sozialen Situation steht damit in einer großen Nähe zur Ethnomethodologie, die Goodwins Arbeiten zugrunde liegt (Bergmann 1991). Die Ethnomethodologie zeichnet sich durch eine so große Bedeutung der Situation aus, dass sie etwa von Jürgen Habermas (1981, 180) auch als ‚Situationalismus' bezeichnet wurde. Die gesellschaftliche Wirklichkeit ist eine fortwährende Konstruktion der Akteur/innen, die sich bestimmter (Ethno-)Methoden bzw. neuerdings Praktiken verdankt. Doch so sehr Goffman selbst die soziale Situation als eigenständigen Forschungsbereich ausgezeichnet hat, unterscheidet er sich vom radikalen Konstruktivismus der Ethnomethodologie durch die Betonung der Aspekte der Situation, die sich der je gegenwärtigen Konstruktion entziehen. Diese Aspekte können durch den Begriff des Situativen bzw. Situierten unterschieden werden (BP_{dt}, 38; BP, 22; Knoblauch 2009): Das, was in einer Situation sozusagen prozessual geschieht, können wir als situiert ansehen. Situiert sind Handlungen, weil sie den je besonderen Anforderungen einer Situation folgen (Suchman 2007). Situativ dagegen bezeichnet jene Aspekte, die sozusagen die festen Bestandteile einer Situation ausmachen, welche über den Prozess situierten Handelns hinausgehen. Das mag zwar abstrakt klingen, rückt aber damit einen Aspekt der Situation in den Blick, der oben schon mit dem Begriff des „environment" angeschnitten wurde und in einer anderen Definition der sozialen Situation auf eine Weise zum Ausdruck kommt, die die Anspielung auf die „Umwelt" vermeidet (wie sie etwa in der Chicagoer Schule im Begriff der Kultur- bzw. Sozial-‚Ökologie' gepflegt wurde). Goffman (FT_b, 84; FT_c_{dt}, 157) definiert die soziale Situation nämlich auch als „any physical area anywhere within which two or more individuals find themselves in visual and aural range of one another", also „in one another's immediate presence" (TNS, 135; TNS_{dt}, 202). Präsenz kann also auch räumlich verstanden werden. Weil die Räumlichkeit der sozialen Situation durch den sinnlichen Bezug der Individuen gebildet wird, muss sie als ein relationaler Begriff verstanden werden, wie ihn etwa Martina Löw (2000) konzipiert hat. Empirisch finden sich solche räumlichen Relationen etwa in den ‚face-formations' ausgearbeitet, d. h. in den Weisen, wie sich Handelnde in fokussierten Interaktionen zueinander positionieren (Kendon 1990). Die Definition der sozialen Situation legt aber auch zwei weitere Merkmale nahe, die durchaus beide umstritten sind.

Die „physical area" lässt vermuten, dass Goffman hier einen physikalisch bestimmbaren Behälterraum meint, ‚in dem' die Situation stattfindet. Diese Vorstellung bricht etwas mit dem sozial-relationalen Raumkonzept, das sich auf das Verhältnis der Handelnden bezieht. Eine Deutung, die diesen Bruch vermeidet, lässt sich am Anschluss Trevor Pinch (2010) formulieren. Er betont, wie Goffman in seiner Analyse des Karussell-Fahrens ein „situated activity system" bildet, in dem die Technologie und Materialität des Karussells einen entscheidenden Beitrag für die Interaktion zwischen Kindern und Eltern bildet. Weil diese Perspektive für Goffman durchaus typisch sei, wäre das ‚Physikalische' der Situation also in diesem Sinne als Form der Materialität zu verstehen, die durch ihre räumlichen Formen die Interaktion strukturiert und, wie Pinch hinzufügt, ‚vermittelt' (‚mediates').

Der Begriff der ‚Mediation' verweist auf ein zweites Problem des Verständnisses sozialer Situationen, das insbesondere von Karin Knorr-Cetina (2014) im Zusammenhang mit der Mediatisierungsforschung aufgeworfen wurde (s. Kap. 59). Knorr nämlich versteht Goffmans Konzept der Situation als räumlich abgeschlossen. Damit ist es auf bestimmte Orte begrenzt; auch wenn Goffman verschiedene Situationen nebeneinander erfassen könne, erlaube sein Begriff der sozialen Situation nicht die Erfassung technisch mediatisierten Handelns und Kommunizierens. Vor dem Hintergrund dieser scharfen Abgrenzung der „sozialen Situation" entwickelt Knorr ihr Konzept der „synthetischen Situation". Während Goffmans ‚Situation' sich durch physikalische Präsenz der Interaktionspartnerinnen und ihrer Körper auszeichnet, überwinde die synthetische Situation die Grenzen von Unmittelbarkeit und Mittelbarkeit ebenso wie die Differenzen zwischen „mikroskopischen Einzelhandlungen" und globalen „Makrosystemen der Gesellschaft". Dies gelinge durch die Mediatisierung, insbesondere Dank „skopischer Medien". Ein skopisches Medium „collects and focuses activities, interests, and events on one surface, from whence the result may then be projected again in different directions. When such a mechanism is in place, participants become oriented towards this projected reality and their actions are responses to it" (Knorr-Cetina 2014, 49). Beispielsweise werden in räumlich verteilten Orten Finanzkurse, Produktionslinien oder Kriegshandlungen interaktiv mithilfe digitaler Repräsentationen der Vorgänge und Akteur/innen koordiniert, die zwar miteinander interagieren, dazu aber keinerlei Ko-Präsenz benötigen. Ihre besondere Kraft erlangen diese synthetischen Situationen, weil die Beteiligten nicht nur folgenlos miteinander reden; vielmehr haben diese Situationen Wirkungen, und zwar nicht nur auf die beteiligten Akteur/innen, sondern auch auf andere Orte, Objekte und Menschen: Wie nationale Kriege mit einem Knopfdruck erfolgen können, so können menschliche Akteur/innen unmittelbar und fortwährend durch diese Zeichen gemeinsam und über den physikalischen Raum hinweg Geld oder Artikel tauschen, Autoteile produzieren oder zeitgleich mit der eigenen Spielfigur die des anderen auslöschen. Sie beziehen sich auf dieselben Dinge, die sie bewirken, und ihre eigenen Interaktionen an den verschiedenen Orten sind zeitgleich repräsentiert (Knorr-Cetina 2014). Synthetische Situationen verbinden also Akteur/innen an verschiedenen Orten, die gleichzeitig miteinander handeln, aufeinander wirken und dabei jeweils auch mit ihren Aktionen repräsentiert werden.

Die radikale Abgrenzung zu Goffman scheint etwas überzogen, denn auch wenn die Rolle der räumlichen Mediatisierung nicht ausgearbeitet ist, so behandelt er an verschiedenen Stellen seines Werkes die Interaktion mit verschiedenen Kommunikationsmedien (s. Kap. 59): das reicht vom einseitigen Sprechen im Radio, bei dem selbst die Sprechfehler gedeutet werden, zur wechselseitigen Koordination etwa beim Telefonieren, ja Goffman antizipiert sogar die Videotelefonie. Auch wenn die Frage nach der Erweiterung sozialer Situationen gerade im Zuge der Digitalisierung sicherlich empirisch noch weiter untersucht werden muss, zeigt sich bereits, wie brauchbar der Begriff der sozialen Situation für die gegenwärtige Forschung ist. Die soziale Situation bietet einen bedeutenden Bezugspunkt für das, was in den Sozialwissenschaften als „naturalistische Forschung" bezeichnet wird (s. Kap. 60), die sich mit den sozialen Handlungen, Interaktionen und eben sozialen Situationen selbst beschäftigt, in denen wir die Begegnung mit anderen sozial lebensweltlich erfahren. Während ein Großteil der Sozialforschung die soziale Wirklichkeit vermittelt über (qualitative oder quantitative) Aussagen (aus Interviews, Fragebögen) die soziale Wirklichkeit rekonstruiert, bietet die soziale Situation den raumzeitlichen Bezugspunkt, in dem das Soziale stattfindet, sei es direkt im ‚hier und jetzt' oder auf die eine oder andere Weise mediatisiert.

Literatur

Bergmann, Jörg R: Über Erving Goffmans Soziologie des Gesprächs und seine ambivalente Beziehung zur Konversationsanalyse. In: Robert Hettlage/Karl Lenz (Hg.): Erving Goffman – ein soziologischer Klassiker der zweiten Generation. Bern, Stuttgart 1991, 301–326.

Eberle, Thomas: Rahmenanalyse und Lebensweltanalyse. In: Robert Hettlage/Karl Lenz (Hg.): Erving Goffman – ein soziologischer Klassiker der zweiten Generation. Bern, Stuttgart 1991, 157–210.

Giddens, Anthony: Goffman as a systematic social theorist. In: Ders.: Social theory and modern sociology. Cambridge, Mass. 1987, 109–139.

Glaser, Barnay G./Strauss, Anselm L.: Awareness of dying. Chicago, Il. 1965.

Goodwin, Charles. Conversational organization: Interaction between speakers and hearers. New York 1981.

Habermas, Jürgen: Theorie des kommunikativen Handelns. 2 Bände. Frankfurt/Main 1981.

Heath, Christian/Hindmarsh, Jon/Luff, Paul: Interaction in isolation: the dislocated world of the London Underground train driver. In: Sociology 33 (2003), 555–575.

Hitzler, Ronald/Honer, Anne: Lebenswelt – Milieu – Situation. Terminologische Vorschläge zur theoretischen Verständigung. In: Kölner Zeitschrift für Soziologie und Sozialpsychologie 36/1 (1984), 56–74.

Kendon, Adam: Conducting interaction. Patterns of behavior in focused encounters. Cambridge 1990.

Knoblauch, Hubert: Die Öffentlichkeit der Interaktion. In: Erving Goffman: Interaktion im öffentlichen Raum. Frankfurt/Main 2009, 9–15.

Knorr-Cetina, Karin: The synthetic situation: Interactionism for a global world. In: Symbolic Interaction 32/1 (2009), 61–87.

Knorr-Cetina, Karin: Scopic media and global coordination: The mediatization of face-to-face encounters. In: Knud Lundby (Hg.): Mediatization of communication. Berlin 2014, 39–62.

Lenz, Karl: Erving Goffman – Werk und Rezeption. In: Robert Hettlage/Karl Lenz (Hg.): Erving Goffman – ein soziologischer Klassiker der zweiten Generation. Bern, Stuttgart 1991, 25–94.

Löw, Martina: Raumsoziologie. Frankfurt/Main 2000.

Manning, Philip: Erving Goffman and modern sociology. London 1992.

Pinch, Trevor: The invisible technologies of Goffman's work. In: Technology and Culture 51/2 (2010), 409–424.

Schütz, Alfred: Gemeinsam Musizieren. In: Ders.: Gesammelte Aufsätze II. Angewandte Theorie. Den Haag 1972, 129–150.

Suchman, Lucie A.: Human-machine reconfigurations: Plans and situated actions. Cambridge, New York 2007.

Thomas, William I./Thomas, Dorothy S.: The child in America. Behavior problems and programs. New York 1928.

22 Communication and Expressive Behavior

Laura Bovone

Goffman's work on communication mainly centres on expressive behavior, which can only be found in face-to-face interaction. He explores primarily the area of interpersonal communication, giving far less attention to mediated communication. Therefore, it could be argued that his field of interest is narrower than that of the theory of communication, which seems more generally focused on the transmission of messages. But Goffman (SI, ix; SI_{dt}, 9) clearly wants to add something to communication studies, that he sees as limited to"socially organized channels". According to him, information, however communicated, "will naturally exude expressions" (SI, 7; SI_{dt}, 16) and is therefore worth considering. Expressiveness, then, far from being a very particular type of communication, will turn out to be spread all over our utterances and even outside communication, such as in games and strategic interactions.

It is no surprise, then, that Goffman's work still constitutes a reference point for today's media studies (Jenkins 2010), in spite of the very fast transformation of information technologies. On the one hand, his approach proves to be very useful in analyzing mediated interaction and particularly social media platforms (Robinson 2007; Rettie 2009; Murthy 2012); on the other hand, communication theory itself has changed, increasingly focusing more on interactional processes than on communication devices and messages, and sometimes openly linking to Goffman's theory (Meyrowitz 1985; Thompson 1995; Livingstone/Lunt 2013).

Expressions given and given off

In *The Presentation of Self in Everyday Life,* Goffman does not yet present a conclusive theory on communication; his goal is rather to deal with the practical problems we face in (casual) encounters, when trying to frame up others in order to anticipate their behavior (see Chap. 37). Goffman (PS2, 2; PS_{dt}, 6; original emphasis) states that during interaction "the individual will have to act so that he intentionally or unintentionally *expresses* himself, and the others will in turn have to be *impressed* in some way by him". In principle then, expressiveness is practically synonymous of communication, and Goffman distinguishes two types of communication/expressiveness of the individual: "the expression that he gives and the expression that he gives off" (ibid.; in German: "der Ausdruck, den er sich selbst gibt, und der Ausdruck, den er ausstrahlt"). Intentionality and language characterise the first type, that is "the communication

L. Bovone (✉)
Dipartimento di Sociologia, Università Cattolica del Sacro Cuore, Mailand, Italien
E-Mail: laura.bovone@unicatt.it

K. Lenz und R. Hettlage (Hrsg.), *Goffman-Handbuch,* https://doi.org/10.1007/978-3-476-05871-3_22

in the traditional and narrow sense" which "involves verbal symbols or their substitutes" used "admittedly and solely to convey the information" (ibid.). But Goffman (PS2, 4; PS_{dt}, 8) states that he is more concerned with the second type of communication, "with the more theatrical and contextual kind, the non-verbal, presumably unintentional kind, whether this communication be purposely engineered or not". Although at first the two types appear to be radically different, in reality they are not, because, as we see, the criterion of intentionality is immediately ambiguous and will actually keep being questioned throughout Goffman's work.

For instance, elaborating on the dramaturgical metaphor, Goffman (PS2, 22 f.; PS_{dt}, 23 f.) describes in detail the "expressive equipment" of the performer, as composed by a "setting", the stage surrounding the performance, and a "personal front", following the actor wherever he goes, consisting of: "insignia of office or rank; clothing; sex, age, and racial characteristics; size and looks; posture; speech patterns; facial expressions; bodily gestures". These are standard elements for the staging, but do not only pertain to theatrical expressiveness because, "intentionally or unwittingly employed by the individual during his performance" (PS2, 22; PS_{dt}, 23), they obviously intercept also verbal communication.

Here is the paradox of the human way of learning about others. We want to understand what lies under others' appearances basing our judgement just on appearances, and mostly on that personal front that the individual does not seem in control of:

> "When one individual enters the presence of others, he will want to discover the facts of the situation [...] all the relevant social data about the others [...], as well as their innermost feelings concerning him. Full information of this order is rarely available; in its absence the individual tends to employ substitutes – cues, tests, hints, expressive gestures, status symbols, etc. – as predictive devices [...] And, paradoxically, the more the individual is concerned with the reality that is not available to perception, the more must he concentrate his attention on appearances" (PS2, 249; PS_{dt}, 227 f.).

Actually, appearances are all the impressions we get from others' expressive activity, which in Goffman's first works, as we have already said, coincides with communication.

When, as in *Behavior in Public Places,* Goffman's definitional effort becomes more evident, expressiveness is said to characterize only expressions given off and not linguistic messages, but Goffman's (BP, 13 f.; BP_{dt}, 19 f.) words are more and more cautious, as reporting a perceived but only tentative opinion:

> "Consensus as to the meaning of linguistic messages seems more firmly established than it is in regard to that of expressive messages. Linguistic messages can be translated, stored and held up as legal evidence [...] are felt to be voluntary and intended; expressive messages [...] must often preserve the fiction that they are uncalculated, spontaneous, and involuntary, as in some cases they are".

On the same page, the dichotomy voluntary-involuntary, so often recalled, is openly denied in a footnote as a sort of social convention.

Goffman actually admits that, from the practical point of view of an observer looking for information, the two components of communication are inextricably intertwined, one needs the other: the meaning of a message is not graspable, apart from the sound of words, if we are not able to understand whether it was conveyed seriously or ironically. To fully understand, we need to be able to evaluate both the linguistic communication and the expressive "'framing' information" offered by "paralinguistic clues such as intonation, facial gestures, and the like" (SI_a, 9; ST_a_{dt}, 17).

Intelligence activities, police interrogations or even the inquisition tortures (SI) offer significant examples of impression management with the purpose of maintaining a single definition of the situation. "Expression games" strongly engage individuals, who have to calculate their moves and their observable behavior controlling them by the millimeter, while trying to decode countering actions. But, beyond those examples of "spectacular concealment", Goffman (SI_a, 79 ff. ST_a_{dt}, 71 ff.) wants to stress the importance of understanding expressions for ordinary people in everyday life. They often happen to ask for advice in stores or offices and then have to decide whether the answer was sincere, or, when hearing the courteous expressions of their employer or friends, they have to decide if these are 'really' heartfelt.

Similarly, during his ethnography in Shetland, Goffman (PS2) noticed how the crofter's wife did not only listen to clients' verbal comments about her dishes but carefully looked at the way the fork was lifted to the mouth, the chewing speed etc. This allowed Goffman to conclude that witnesses are able, often more than the performing individual, to control and compare verbal communication and non-verbal/given off expression.

For Goffman (PS2, 252; PS_{dt}, 230), a performer is "a harried fabricator of impressions" devoted to communication. But what is really planned by that impression management is difficult to say (Ytreberg 2010).

Communication, truth, morality

To sustain a single definition of the situation, a performer has to maintain a good consistency between setting and personal front, and between his expressions and his team's and audience's expectations through appropriate dramaturgical virtues such as loyalty, prudence, and discipline (PS2, 212–228; PS_{dt}, 193–207). That is the "moral character" of face-to-face interaction: individuals should keep their promises, avoiding disruptions (PS2, 13; PS_{dt}, 15). Analyzing social situations, though, we see how cynicism and sincerity alternate, and the need of making visible that one's duty is being accomplished can require concealed hard work and even the decision of sacrificing action for expression (PS2, 33), for instance honesty for appearing honest.

The truth issue and the related morality issue force Goffman to address traditional moral prescriptions, which, contrary to what many maintain (from Gouldner 1970 to Raffel 2013), he does not deny nor claims to be outdated (Bovone 1993). Simply, instead of being concerned, as mainstream sociologists are, with substantive rules governing ethics and law, Goffman (IR_b, 55; IR_b_{dt}, 62) focuses his attention on "etiquette": the rules managing linguistic and gestural ceremonial expressions, the courtesy rituals that save the dignity of everybody's self. The self is in fact a "ceremonial thing" (IR_b, 91; IR_b_{dt}, 100), and reciprocity establishes the moral character of interactions and is an essential component of all social relationships (see Chap. 23).

Empirical observation, though, can only capture actors' expressive behavior, appearances and etiquette, not their inside feelings and values. Indeed,

> "[T]he individuals who are performers dwell more than we might think in a moral world. But, *qua* performers, individuals are concerned not with the moral issue of realizing these standards, but with the amoral issue of engineering a convincing impression that these standards are being realized" (PS2, 251; PS_{dt}, 229 f.).

Saying that, *qua* performers, individuals are "merchants of morality" (PS2, 251; PS_{dt}, 230), Goffman doesn't mean to condemn contemporary society, but rather restate sociology's limits and its duty to take a step back when facing individual's inwardness. As we know, during interaction we don't get to individual's thoughts and emotions but, starting from their supposedly intentional words or what seems to be involuntary, we actually proceed "on the basis of inferences" (PS2, 3; PS_{dt}, 7). The same is true also for sociologists, and "what reality really is can be left to other students" (PS2, 66; PS_{dt}, 61). Truth about intentions is within nobody's reach.

Typical roles and expressions

Being presumably unintentional, expressions appear to have something to do with the informal and relaxed atmosphere typical of backstage, however, it is not so, because it is actually on the busy front stage that one needs to be careful and act with "expressive responsibility" (PS2, 208; PS_{dt}, 189).

A situation apparently similar to backstage also arises when individuals show a limited attachment to their roles, enacting them without the expected typical qualities and giving up the chance of saving their faces through the usual techniques of role-segregation and audience-segregation (EN_b) (see Chap. 28, 39). Among many other examples, Goffman suggests the case of a chief surgeon who, during serious surgery, teases nurses and interns as supposedly ignoring his position's privileges. But the situation is not at all out of control, on the contrary, the surgeon is performing his role in a responsible, though creative, manner. What could appear inconsistent finds expressive consistency in the situation. The self's most secret and private part, and even humor, comes out here: "It is right here, in the manifestations of role distance, that the individual's personal style is to be found" (EN_b, 152; EN_b_{dt}, 171), that is in the personal mix of a typical role and its actual expressive performance. The performer, a "juggler" (EN_b, 139; "Jongleur" EN_b_{dt}, 156) who has to cope with "multiple self-identifications" (EN_b, 151; EN_b_{dt}, 169) and multiple commitments, never rests or retires to private life. He succeeds in managing complex roles as requested by situations, "manipulating expressions given off, taken in everyday-life to be routinely unmanipulable" (Waksler 1989, 3).

The relaxed backstage, then, turns out to be hypothetical and difficult to check. Ultimately, Goffman ends up describing alternating, even overlapping performances, teams and audiences. Given the many examples where the most different levels of awareness and intentionality intertwine, it is not useful to ask if Goffman's performer is sincere in his face work (Tseelon 1992), but it is better to observe single situations and make conjectures about them or simply appreciate them.

Years later, during a conference (FT_d), Goffman analyzes a role he himself is performing: the lecturer. Lecturing is much more than giving a piece of information, and its success depends also on its capacity of distancing from the text. Lecturers impress their audience through theatrical skills and situational rituals. Text transmission is transformed/improved not only by speakers' personal expressive ability, but by the cooperation of the entire setting, even that "noise" that classic communication theory wanted to avoid as disturbing and can be on the contrary considered as "the music of the interaction" (FT_d, 186).

Conclusion

Goffman distinguishes two dimensions in communication not because it is possible to say exactly when one begins and the other ends, but to give visibility to the important expressive dimension that mainstream sociology and theories of communication had completely neglected. In fact, Goffman wants to complete the picture, rather than turn it over.

For instance, age, gender, and status are important sociological variables for Goffman (PS2) too, because they are supposed to define the other. But, we must remember, they pass through an expressive situated performance that interactionally defines everybody's position, offering an impression that is not easy to interpret.

To avoid the embarrassment of communication problems, we find suggestions in Goffman's very last paper *Felicity's Condition,* where felicity is said to be connected with a feeling of normality, a life situation without misunderstandings.

Goffman's first advice is to put into practice more or less the same dramaturgical virtues we already encountered in *The Presentation of Self in Everyday Life,* such as courtesy, modesty, and tact, so that we take care of the expressive part of communication; the second advice exhortes us to follow „one central obligation: […] our activity must be addressed to the other's mind, that is, to the other's capacity to read our words and actions for evidence of our feelings, thoughts, and intent" (FeC, 51; FT_d_{dt}, 264). That means we have the moral/communicative obligation to help others interpret the whole of our verbal and non-verbal expressions, filling their shoes, that is considering the tools they actually have to understand us. We are urged to pre-interpret the others' possible interpretation, for which our good will is needed.

Here, for once, the normality to be pursued does not depend only, as Goffman usually seems to claim, on taken-for-granted rules and formal consensus, rather it depends on everybody's voluntary engagement. On the one hand, that reminds us of Alfred Schütz's (1962, 322 f.) approach in *Symbol, Reality and Society:* communication is never fully successful, but can be highly successful, even though it is a demanding job. If it is true that we do not know about others' intentions, here Goffman appears to admit that we can at least orient our intentions. On the other hand, that lets us better realize why in the end Jürgen Habermas (1984, 329), in spite of his criticism and his partial reading of Goffman, decided to include dramaturgical action in the list of communicative actions oriented to reaching understanding (see Chap. 56).

References

Bovone, Laura: Ethics as etiquette. The emblematic contribution of Erving Goffman. In: Theory, Culture and Society 9/4 (1993), 25–39 (also in Gary A. Fine/Gregory W. H. Smith (ed.): Erving Goffman, Vol. 2. London, 18–29).

Gouldner, Alvin W.: The coming crisis of western sociology. New York 1970 (orig. 1974).

Jenkins, Richard: The 21st.century interaction order. In: Michael H. Jacobsen (ed.): The contemporary Goffman. New York, Abingdon 2010, 257–274.

Habermas, Jürgen: The theory of communicative action. Vol. I. Boston 1984 (orig.: Theorie des kommunikativen Handelns, 1981).

Livingstone, Sonia/Lunt, Peter: Mediated frameworks for participation. In: Margit Böck/Norbert Pachler (ed.): Multimodality and social semiosis: Communication, meaning-making, and learning in the work of Gunther Kress. New York 2013, 75–84.

Meyrowitz, Joshua: No sense of place. The impact of electronic media on social behavior. New York 1985 (german 1990).

Murthy, Dhiraj: Towards a sociological understanding of social media: Theorizing twitter. In: Sociology 46/6 (2012), 1059–1073.

Raffel, Stanley: The everyday life of the self: Reworking early Goffman. In: Journal of Classical Sociology 13/1 (2013), 163–168.

Rettie, Ruth: Mobile phone communication: Extending Goffman to mediated interaction. In: Sociology, 43/3 (2009), 421–438.

Robinson, Laura: The cyber self: The self-ing project goes on line. Symbolic interaction in the digital age. In: New Media and Society 9/1 (2007), 93–110.

Schütz, Alfred: Collected papers vol. I. Martinus Nijhoff. Gravenhage 1962.

Thompson, John B.: The Media and modernity. A social theory of the media. Cambridge 1995.

Tseelon, Efrat: Is the presented self sincere? Goffman, impression management and the postmodern Self. In: Theory, Culture and Society 9/2 (1992), 115–128.

Waksler Frances C.: Erving Goffman's sociology: An introductory essay. In: Human Studies 12/1–2 (1989), 1–18.

Ytreberg Espen: The question of calculation. Erving Goffman and the pervasive planning of communication. In: Michael H. Jacobsen: The contemporary Goffman. New York, Abingdon 2010, 293–312.

23 Interpersonelle Rituale und rituelle Ordnung

Karl Lenz

Kurz vor seinem Tod hat Charles Goodwin in einem Interview mit René Salomon über seine erste Begegnung mit Harold Garfinkel berichtet. Er und seine Frau, Marjorie Harness Goodwin (mehr zu den beiden Goodwins, s. Kap. 55), wurden von Gail Jefferson mit der Bemerkung vorgestellt, Candy – so der Kosename seiner Frau – sei „Erving Goffman's student". Garfinkel trat sehr nah an sie heran und fragte: „You work with Erving Goffman? Are you into ritual?" (Goodwin/Salomon 2019, 10). Diese kleine Anekdote bringt pointiert – trotz ihres intensiven persönlichen Austauschs und einer hohen Konvergenz ihres Denkens – die zentrale Differenz zwischen Goffman und Garfinkel (s. Kap. 49) zum Ausdruck und verweist auf den Kern von Goffmans Kritik an der ethnomethodologischen Konversationsanalyse, die seine späteren Arbeiten nachhaltig prägten. Mehr noch: Diese Anekdote richtet zugleich die Aufmerksamkeit auf ein Grundelement von Goffmans Theorie- und Forschungsprogramm, das zu erkennen und angemessen zu würdigen, für ein tieferes Verständnis seines Werkes unverzichtbar ist (Bovone 2000; Raab 2014; Persson 2019).

Ritual als Grundbegriff

Beim Begriff des Rituals lehnt sich Goffman stark an Émile Durkheim an (Persson 2019, 26 ff.; Willems 2003). Der Zugang zu seiner Soziologie wurde ihm in seinem Studium in Toronto und Chicago primär über die britische Sozialanthropologie, vor allem über Alfred R. Radcliffe-Brown, vermittelt (Winkin/Leeds-Hurwitz 2013). In seinem erstmals kurz nach seiner Dissertation in der Zeitschrift *Psychiatry* (1955) erschienenen und zwölf Jahre später in *Interaction Ritual* wieder veröffentlichten Artikel *On face-work* bezieht er Rituale auf Handlungen („acts"), „whose symbolic component the actor shows how worthy he is of respect or how worthy he feels others are of it" (IR_a, 19; IR_a_{dt}, 25). Diese Definition findet sich mit nur leichten sprachlichen Variationen auch in *Relations in Public* und in *Gender Advertisements:*

> „Ritual is a perfunctory, conventionalized act through which an individual portrays his respect and regard for some object of ultimate value to that object of ultimate value or to its stand-in" (RP_c, 62; RP_c_{dt}, 97).
>
> „(T)he interpersonal [… ritual] can be defined as perfunctory, conventionalized acts through which one individual portrays his regard for another to that other" (GA_a, 1; GA_a_{dt}, 8).

Goffman stützt sich dabei vor allem auf Durkheims Spätwerk *Les formes elementaires de la vie religieuse,* das schon 1915 von dem späteren Geschichtsprofessor Joseph Ward Swain

K. Lenz (✉)
Institut für Soziologie, TU Dresden, Dresden, Deutschland
E-Mail: karl.lenz@tu-dresden.de

K. Lenz und R. Hettlage (Hrsg.), *Goffman-Handbuch,* https://doi.org/10.1007/978-3-476-05871-3_23

ins Englische übersetzt wurde. In seinem Interview mit Jef Verhoeven ([1993] 2000, 232) sagte Goffman, dass dieses Buch in seiner frühen Schaffensperiode „really a very, very central book“ war. Ausgehend von der evolutionistischen Vorstellung einer kontinuierlichen Entwicklung menschlicher Kultur wendet sich Durkheim in diesem Buch den frühesten Formen der Religion zu, um ihre elementarsten Bausteine ausfindig zu machen (Knoblauch 1999; Delitz 2013). Die früheste Form von Religion ist für Durkheim der Totemismus. Gegenstand seiner Analyse sind die Glaubenssysteme der australischen Aborigines und auch der Ureinwohner Nordamerikas. Für seine Analyse nutzt er die zu seinen Lebzeiten wachsende Anzahl von Beschreibungen vor allem von angelsächsischen Ethnograf/innen. Sehr stark stellt Durkheim die Vergesellschaftungsfunktion der Religion heraus, sie bindet das Individuum an die Gesellschaft. Der gemeinsame Glaube an die symbolische Ordnung stärkt die Zusammenhörigkeit. Religionen weisen nach Durkheim zwei Bestandteile auf: Sie umfassen einerseits Glaubensüberzeugungen und Rituale und andererseits ist für sie die Unterscheidung des Profanen und Sakralen konstitutiv. Die Glaubensüberzeugungen und Rituale beziehen sich auf sakrale Objekte. Rituale sind – Durkheim (1984a, 67) spricht von „Riten“ – „Verhaltensregeln, die dem Menschen vorschreiben, wie er sich den heiligen Dingen gegenüber zu benehmen“ habe. Im Anschluss an Durkheim hat Jörg Bergmann (2000) drei grundlegende Strukturmerkmale von Ritualen aufgeführt: (1) Rituale haben eine performative Qualität; sie müssen ausgeführt und vollzogen werden. Sie können ohne Worte auskommen; sie können aber auch Sprechakte umfassen. (2) Rituelle Handlungen folgen einem vorgegebenen Muster, das nur wenig Variationsbreite zulässt. Das bedingt, dass sie „in hohem Maße als automatisiert und stereotyp erscheinen und sich [...] durch fortwährende Wiederholung auszeichnen“ (Bergmann 2000, 156). Sie werden als kulturelle Konvention übernommen und generieren eine starke normative Verhaltenserwartung. Für die Akteur/-innen sind Rituale „kulturelle Selbstverständlichkeiten, deren Sinn nicht hinterfragt wird“ (ebd.). (3) Rituale haben schließlich eine symbolische Qualität, „sie verweisen auf etwas [..., was] in der rituellen Handlung symbolisiert wird“ (Bergmann 2000, 157). Gerade dieses letzte Strukturmerkmal ermöglicht es, Rituale von (bloßen) Routinen als wiederkehrende und verfestige Handlungsabläufe zu unterscheiden.

Durkheims moralischer Individualismus

Goffman entlehnt aus dem Werk von Durkheim aber nicht nur den Ritualbegriff, sondern dieser Begriff ist eingebettet in die Übernahme zentraler Bestandteile seiner Sozialtheorie (Müller 1991). Durkheim befasste sich sein gesamtes intellektuelles Leben lang mit der Krise der modernen Gesellschaft und ihrer Überwindung. In seiner Dissertation und frühem Hauptwerk *De la division du travail social* (1893 bzw. – mit ergänztem Vorwort – 1902, dt. 1988), das ebenfalls frühzeitig in einer englischen Übersetzung vorlag, zeichnet Durkheim den Wandel von einer segmentären zu einer funktional differenzierten Gesellschaft und die damit verknüpfte Ablösung der mechanischen durch die organische Solidarität nach. Nicht die Arbeitsteilung, sondern die Anomie, ihr ungeregelter Zustand, erzeugt die Krise der modernen Gesellschaft. Die Religion bildet – um eine Formulierung aus einem Brief an Marcel Mauss zu verwenden – die „Matrix“ (zit. n. Delitz 2013, 122) der Gesellschaft, auch der modernen, wenn gleich in grundlegend veränderter Form. „Die Gesamtheit der gemeinsamen religiösen Überzeugungen und Gefühle“ bezeichnet Durkheim (1988, 128) als Kollektivbewusstsein. In segmentären Gesellschaften sind das Kollektiv- und Einzelbewusstsein deckungsgleich, wodurch kein Raum für Individualität besteht. An die Stelle der Ähnlichkeit treten in funktional differenzierten Gesellschaften die Unterschiede; auch sind die Individuen nicht direkt an die Gesellschaft gebunden, sondern an Institutionen. Die (alte) Religion wird in diesen

Gesellschaften stark zurückgedrängt; sie umfasst einen immer kleineren Teil des Soziallebens und die Allgegenwärtigkeit von Gott schwindet. Jedoch verschwindet die Religion nicht, sondern sie verändert sich nur grundlegend. „In dem Maß, in dem alle anderen Überzeugungen und Praktiken einen immer weniger religiösen Charakter annehmen, wird das Individuum der Gegenstand einer neuen Art von Religion" (ebd., 227). Der „Kult des Individuums" (ebd., 478) wird zum Kern des neuen Kollektivbewusstseins.

Schon in diesem frühen Werk zeigt Durkheim also auf, dass der Individualismus das verbindende Prinzip der modernen Gesellschaft ist und hat das in seinen Arbeiten nach 1895 - von ihm selbst als „Demarkationslinie" seines Denkens bezeichnet - noch deutlich ausgebaut (Giddens 1971; Marske 1987). Durkheim unterscheidet zwischen dem egoistischen und dem moralischen Individualismus; nur der Letztere erscheint ihm als eine geeignete Grundlage für den Zusammenhalt der modernen Gesellschaft. Mit dieser Unterscheidung verbindet er eine deutliche Kritik am Utilitarismus. Nicht die Arbeitsteilung, die aus jedem Individuum eine/n Austauschpartner/in macht, erzeugt Solidarität, „sondern weil sie eine neue Moral und damit ein neues Subjekt erzeugt, das zugleich gebundener und freier ist denn je" (Delitz 2013, 97). Der moralische Individualismus findet ihren Niederschlag in den universellen Menschenrechten, die durch die Französische Revolution inspiriert wurden. Seine Grundlage bildet die Heiligkeit der Person, wie Durkheim ([1898], 1986, 56 f.) in seiner Stellungnahme zur Dreyfus-Affäre ausführt:

> „Diese menschliche Person [...] wird als heilig betrachtet, sozusagen in der rituellen Bedeutung des Wortes. Sie hat etwas von der transzendenten Majestät, welche die Kirchen zu allen Zeiten ihren Göttern verleihen; man betrachtet sie so als wäre sie mit dieser mysteriösen Eigenschaft ausgestattet, die um die heiligen Dinge herum eine Leere schafft, die sie dem gewohnten Kontakt und dem allgemeinen Umgang entzieht. Und genau daher kommt der Respekt, der der menschlichen Person entgegengebracht wird. [....] Eine solche Moral ist [...] eine Religion, in der der Mensch zugleich Gläubiger und Gott ist".

Und in seiner Vorlesung 1902/1903 formulierte er es folgendermaßen: „In der Tat ist eines der Hauptaxiome unserer Moral (man könnte sogar sagen, das Hauptaxiom), dass die menschliche Person heilig ist. Sie hat Recht auf den Respekt, den der Gläubige aller Religionen seinem Gott vorbehält" (Durkheim 1984b, 153 f.).

Goffmans Bearbeitung: Das rituelle Modell der Interaktion

Goffman stützt sich auf Durkheims Sozialtheorie und übernimmt das Theorem des moralischen Individualismus als Grundlage der modernen Gesellschaft (Chriss 1993; Collins 2000). Er löst diese aus dem makrosoziologischen Kontext und fragt stattdessen, wie sich das von Durkheim benannte „Hauptaxiom" auf die direkten Kontakte von Personen auswirke. Diese Bezugnahme findet sich bereits in seiner Dissertation (s. Kap. 36), in der er sein Theorie- und Forschungsprogramm grundgelegt hat. Im 7. Kapitel („Sign Situations") geht es zunächst um die Informationsvermittlung und -verarbeitung bei gemeinsamer Anwesenheit in einer sozialen Situation. Mit dem Verweis, dass die Perspektive erweitert werden muss, schreibt Goffman (CCoIC, 103) ohne zunächst Durkheim zu nennen:

> „For the actor, others may come to be seen as sacred objects. The social attributes of recipients must be constantly honored; where these attributes have been dishonored, propitiation must follow. The actor must be on his guard almost all the time and carefully poised in his action. He must conduct himself with great ritual care, threading his way through one situation, avoiding another, counteracting a third, lest he unintentionally and unwittingly convey a judgement of those present that is offensive to them".

Für ihn folgt daraus und das ist für sein Theorie- und Forschungsprogramm grundlegend: „Even more than being a game of informational management, conversational interaction is a problem in ritual management" (ebd.). Erst wenn er im übernächsten Absatz nochmals herausstellt, dass sich die Handelnden wechselseitig als „sacred idol, image, or god“ (ebd., 104) sehen, wird auf Durkheim und zwar auf das Kapitel zum Seelenbegriff aus *Die elementaren Formen des religiösen Lebens* (8. Kap. im 2. Buch) in der englischen Übersetzung verwiesen. „We feel that these objects possess some sacred value, whether positive and purifying, or negative and polluting, and we feel disposed to perform rites before these objects. These rites we perform as frequently and compulsively as the sacred value of the object is great“ (ebd.). Goffman bezeichnet diese neue und erweiterte Sichtweise auf Interaktion als „ritual model of interaction“ (ebd., 103). Diese sei bislang in der Soziologie stark vernachlässigt. Verantwortlich dafür seien George Herbert Mead und Max Weber. Beide haben gelehrt, soziale Beziehungen und Interaktionen als „product of two persons taking each other's actions into consideration in pursuing their own action“ (ebd.) zu betrachten. Das hatte zur Folge, dass der Fokus auf die Handlungen und nicht auf die handelnden Personen gerichtet wurde. „By ‚consideration‘ we have tended to mean calculation, not considerateness“ (ebd.), das Sich-Vorstellen statt der Rücksichtnahme.

Ausdrücklich und ausführlich hat Goffman überdies in seinem Aufsatz *The Nature of Deference and Demeanor* (orig. *1956,* unverändert wiederveröffentlicht: IR_b; dazu auch Jaworski 2021) auf diese Traditionslinie hingewiesen. Gleich einleitend spricht Goffman unter Verweis auf das schon erwähnte Seelenbegriff-Kapitel von der Heiligkeit der Person und endet mit der Bezugnahme auf Durkheims Religionssoziologie mit dem folgenden, gekürzt wiedergegebenen, Text:

> „Many gods have been done away with, but the individual himself stubbornly remains as a deity of considerable importance. He walks with some dignity and is the recipient of many little offerings […]. In contacts between such deities there is no need for middlemen; each of these gods is able to serve as his own priest“ (IR_b, 95; IR_b$_{dt}$, 104 f.).

Im Zentrum dieses Artikels stehen mit Ehrerbietung („deference“) und Benehmen („demeanor“) zwei rituelle Grundformen, die aus dem Status der Heiligkeit der Handelnden und der damit einhergehenden wechselseitigen Verpflichtung zur rituellen Sorgfalt resultieren. Mit Ehrerbietung wird die besondere Wertschätzung der anderen Person zum Ausdruck gebracht, wobei Goffman hier – in Anlehnung an Durkheims Unterscheidung von positiven und negativen Riten – zwischen Zuvorkommenheits- („presentational-“) und Vermeidungsritualen („avoidance rituals“) differenziert. Benehmen bezieht sich auf die Selbstdarstellung der Person, die an den bestehenden Verhaltenserwartungen ausgerichtet wird.

Heilige Subjekte und rituelle Sorgfalt

In diesen beiden frühen Texten hat Goffman in aller Deutlichkeit angezeigt, worauf sein Interesse im besonderen Maße gerichtet ist. In seinem Theorie- und Forschungsprogramm der Interaktionsordnung geht es ihm vorrangig darum, in Interaktionen die Vielfalt der wiederkehrenden Muster aufzuzeigen, die sich aus dem wechselseitigen Anspruch der Handelnden auf Heiligkeit und der daraus resultierenden Erwartungen und Verpflichtung zur wechselseitigen rituellen Sorgfalt ergeben. Verstöße gegen diese Erwartungen und Verpflichtungen ritueller Ordnung werden aufgefasst als eine Verletzung von dem, was in dieser Situation als angemessenes Verhalten gilt. Sie werden als Zeichen für eine Missachtung dieser Zusammenkunft und seiner Teilnehmer/innen gewertet. Sobald das Subjekt erkennt, dass es in der Perspektive des/der anderen gegen diese situativen Anstandsformen verstoßen hat, reagiert es mit Gefühlen der Scham, Peinlichkeit oder Verlegenheit (Schudson [1984] 2000). Da sich Interaktionen durch ein hohes Maß an Kooperation auszeichnen, treten diese Emotionen vielfach auch auf, wenn andere Anwesende dagegen verstoßen. Bei Verstößen gegen die rituelle Ordnung sind immer auch Anstrengungen verbreitet, diese wiedergutzumachen und zu reparieren, um den Ansprüchen der rituellen Sorgfalt zumindest im Nachhinein gerecht zu werden.

Eine bei der Rezeption von Goffman wiederkehrende Schwierigkeit, zentrale Theorieelemente zu erkennen, besteht darin, dass er in der Benennung variationsreich ist und diese oftmals auch nur beiläufig verwendet. Die Rede ist in seinen Texten von „ritual model“, „ritual order“, „ritual elements“, oder von „ritual idioms“ und „interpersonal rituals“. Verwendung finden auch Bezeichnungen, in denen der Wortstamm Ritual gar nicht vorkommt, wie z. B. „situational proprieties“ („situative Anstandsregeln“) (BP, 24; BP_{dt}, 39) oder "etiquette"(CCoIC, 35). („Interaction ritual“ findet sich dagegen nur als Buchtitel, nicht aber in seinen Texten). Trotz dieses Spiels mit Worten ist es wichtig zu erkennen, dass es ihm bei der Interaktionsordnung vorrangig um wiederkehrende Verhaltensmuster geht, die sich aus dem Umgang mit der Heiligkeit der anwesenden Personen und der damit verknüpften wechselseitigen Verpflichtung zur rituellen Sorgfalt ergeben. Um diesen besonderen Typus von Ordnung deutlich zu machen, empfiehlt es sich, konkret von ritueller Ordnung zu sprechen. Geht es in diesem Zusammenhang um einzelne wiederkehrende Verhaltensmuster, dann bietet es sich an, von interpersonellem Ritual und rituellem Idiom zu sprechen.

Eng verknüpft mit Ordnung ist bei Goffman der Begriff der ‚Regeln‘, auch wenn er diesen meist eher beiläufig erwähnt. Nach Philip Manning (1992, 73) versteht Goffman unter sozialen Regeln „invisible, underlying codes governing our behavior“. An mehreren Stellen vergleicht Goffman die Regeln in sozialen Interaktionen mit den Verkehrsregeln oder mit der Grammatik der Sprache. Überwiegend sind sie nur als ein praktisches Wissen der Handelnden verfügbar und leiten – ohne dass sie selbst Gegenstand der Reflexion werden – an, wie man sich in einer sozialen Situation zu verhalten hat. Dabei können Regeln jedoch immer nur vage Handlungsanleitungen sein. Auch wenn Goffman durchaus verschiedene Arten von Regeln unterscheidet, ist seine Aufmerksamkeit vor allem auf Regeln ausgerichtet, die die rituelle Ordnung in Interaktionen bilden (vgl. Manning 1992, 74 ff.).

Interpersonale Rituale und rituelle Ordnung als Grundelement seines Theorie- und Forschungsprogrammes

Auch wenn es sicherlich zutrifft, dass die interpersonellen Rituale und rituelle Ordnung besonders ausführlich in seinen frühen Arbeiten thematisiert werden, erstreckt sich diese thematische Ausrichtung – wie noch zu zeigen sein wird – über sein gesamtes Werk (Persson 2019). Der folgende Durchgang kann nur kursorisch sein (auch Knoblauch 1994, 22 ff.; Raab 2014, 81 ff.; Jacobsen/Kristiansen 2015). Bei diesem raschen Galopp durch das Werk soll jedoch auf die Verschiebung im Ritualbegriff durch seine verstärkte Rezeption der Ethologie aufmerksam gemacht werden.

In dem kurz nach seiner Dissertation verfassten Aufsatz *On Face-Work* (wieder abgedruckt als IR_a) wird dies auch schon im Untertitel *An Analysis of Ritual Elements in Social Interaction* angekündigt. (Dieser Artikel hat Penelope Brown und Stephen C. Levinson (1978) zu ihrer Studie über Universalien sprachlicher Höflichkeitsformen angeregt, s. Kap. 68). Unter „face” (im Deutschen missverständlich mit „Image” übersetzt) wird das durch das eigene Handeln positiv vermittelte und von den anderen wertgeschätzte Selbstbild verstanden. Es ist in aller Regel mit Gefühlen verbunden, die sich je nachdem unterscheiden, ob das Gesicht gewahrt werden kann oder ob man in der Situation das Gesicht verliert. Verbreitet ist auch die „Gelassenheit“ („poise“), worunter die Fähigkeit verstanden wird „to suppress and conceal any tendency to become shamefaced during encounters with others“ (IR_a, 9; IR_a_{dt}, 14). Die Regelung, wie weit man bei der Wahrung des Gesichts gehen darf oder muss, die geforderte Selbstachtung („self-respect“) und Rücksichtnahme („considerateness“) verweisen auf die rituelle Ordnung, die in der jeweiligen Gruppe oder im jeweiligen sozialen Milieu Geltung besitzt. Alle Aktivitäten, die unternommen werden, um die Handlungen („doing“) mit dem „Gesicht“ in Übereinstimmung zu bringen, bezeichnet Goffman als „face-work" (übersetzt mit „Techniken der Imagepflege"). Gesichtsarbeit ist in Interaktionen stets eine wechselseitige Verpflichtung, zu der alle Beteiligten verpflichtet sind. Die Praktiken der Gesichtsarbeit variieren stark, zwischen Gesellschaften und Sozialmilieus und ebenso von Person zu Person. Benannt und beschrieben werden zwei Grundformen („basic kinds"): der Vermeidungsprozess („avoidance process") und der korrektive Prozess („corrective process"). Zu ersteren zählen u. a. Defensivpraktiken („defensive measures"), mit denen heikle Themen und Tätigkeiten vermieden werden. Die zweite Grundform umfasst Ausgleichshandlungen („interchanges") mit denen nach einem Verstoß oder Zwischenfall das rituelle Gleichgewicht wiederhergestellt wird.

Deutlich ausführlicher hat Goffman dieses Thema in einem Beitrag *Remedial Interchanges* (dt.: *Der korrektive Austausch*) in seinem 16 Jahre später erschienenen Buch *Relations in Public* behandelt. Benannt werden drei Hauptverfahren („main devices") des korrektiven Handelns („remedial work"): Erklärungen („accounts"), Entschuldigungen („apologies") und Ersuchen („request") (PR_d, 109 ff.; PR_d_{dt}, 157 ff.). Ausgehend von der Annahme der schlimmstmöglichen Deutung des Vorfalls – der als virtueller Regelverstoß („virtual offense") bezeichnet wird – werden die Ablaufstrukturen des kollektiven Austauschs mit den Elementen Korrektiv („remedy"), Entgegenkommen („relief"), Anerkennung („appreciation") und Bagatellisierung („minimization") beschrieben. In diesem Buch greift Goffman wiederum Durkheims Unterscheidung von negativen und positiven Ritualen auf. Neben dem korrektiven Austausch wird in einem weiteren Kapitel der bestätigende Austausch („supportive interchange") – ausführlich vor allem am Beispiel des Grüßens – behandelt. Für den Begriff des Rituals greift Goffman in diesem Buch neben Durkheim eben auf die Ethologie – im deutschsprachigen Raum meist als vergleichende Verhaltensforschung bezeichnet –, also dem Teilgebiet der Biologie zurück, das sich mit Verhaltensweisen von Tieren und auch von menschlichen Lebewesen befasst. Goffmans Faszination für die Ethologie ergibt sich vor allem aus deren reichhaltiger Tradition der naturalistischen Beobachtung. Er greift auf den in der Ethologie verbreiteten Begriff der ‚Ritualisierung' („ritualization") zurück und versteht darunter „a physically adaptive behavior pattern that has become removed somewhat from its original function, rigidified as to form, and given weight as a signal or ‚releaser' to conspecifics" (RP_c, 62; RP_c_{dt}, 97). In leichter sprachlicher Variation findet sich diese Fassung des Begriffs auch in seiner Präsidentenadresse (InO, 3; InO_{dt}, 59). Ohne dass es Goffman problematisiert, ergibt sich damit eine Ausweitung seines Ritualbegriffes, da der aus der Ethologie entlehnte Begriff nicht auf die Heiligkeit der Person ausgerichtet ist, sondern vor allem das Moment der Routine zum Ausdruck bringt. Goffman gibt damit den Bezug auf das geheiligte Subjekt und die Anforderungen der rituellen Sorgfalt nicht auf, nimmt aber in Kauf, dass er damit einen Begriff von Ritualen in Gebrauch hat, der – wenn auch durchaus verbunden mit performativer und symbolischer Qualität – das Momentum der Wiederkehr und Wiederholung stärker akzentuiert. Ohne im Einzelnen darauf einzugehen, sei nur erwähnt, dass auch die weiteren Beiträge aus *Relation in Public* vielfältige Bezüge zu Ritualen auffassen.

In seinem Erstlingswerk und wohl bekanntestem Buch *The Presentation of Self in Everyday Life* wird die rituelle Ordnung ebenfalls explizit zum Thema gemacht. Gegen Ende des ersten Kapitels („Performances") zitiert er aus der englischen Fassung des Durkheim Artikels *Détermination du fait moral* (orig. 1906) mit der Aussage, dass „human personality […] a sacred thing" (PS2, 69; PS_{dt}, 66) ist. In diesem Zusammenhang weist Goffman darauf hin, dass bei Georg Simmel mit der „ideal sphere", die jede Person umgebe, eine ganz ähnliche Vorstellung wie bei Durkheim vorhanden sei. Er zitiert aus der Auswahl von Simmel-Texten in englischer Übersetzung von Kurt H. Wolff (1950) und bezieht sich auf eine Textstelle aus Simmels „großer Soziologie" ([1908], 1992, 396). Auch wenn Goffman es im Weiteren nicht mehr in dem Maße explizit macht, liegt das von ihm in seiner Dissertation benannte „ritual model of interaction“ dem gesamten Werk zugrunde. Gezeigt wird, dass die Darstellung der Person immer auch eine rituelle Komponente hat; ein Zusammenhang, den er in *Gender Advertisements* – wie noch gezeigt wird – deutlich stärker expliziert.

Die Fokussierung auf die rituelle Ordnung ist in *Behavior in Public Places* von Anfang an deutlich. Wie in seiner Dissertation weist er gleich eingangs daraufhin, dass das Modell der sozialen Ordnung für die Analyse von Interaktion verwendet wird. Eigentlich wäre es naheliegender gewesen, hier den dort im Schlussteil eingeführten Begriff der Interaction Order zu verwenden. Goffman nutzt ihn jedoch nicht. Mit seiner Definition von sozialer Ordnung, in der er auf moralische Normen verweist (BP, 8; BP_{dt}, 24), wird angezeigt, dass es vor allem um jene Ordnung geht, die aus den wechselseitigen Ansprüchen auf rituelle Sorgfalt erwächst. Als Leitkonzept wählt er in diesem Werk „situational proprieties“ („situative Anstandsregeln“) (s. Kap. 40). Eingebettet in öffentliche Orte werden die situativen Anstandsregeln in den beiden Grundtypen der nicht-zentrierten („unfocused“) und zentrierten Interaktionen („focused interaction“) untersucht. Erwartet wird, dass die Beteiligten ein der Situation angemessenes Maß an Anteilnahme („involvement“; in BP_{dt} mit „Engagement“ übersetzt) zeigen, wobei dem Körper eine hohe Relevanz zukommt. Die Körpersprache („body idioms“) dient nicht nur der Informationsvermittlung, sondern ist nach Goffman immer auch normativ reguliert. Es besteht die Verpflichtung, bestimmte Eindrücke nicht zu vermitteln und auch den Erwartungen zu entsprechen, wie sich die Anwesenden zu präsentieren haben. Mit der höflichen Unaufmerksamkeit („civil inattention“; in BP_{dt} mit „höflicher Gleichgültigkeit“ übersetzt) geht Goffman (BP, 83 ff., BP_{dt}, 97 ff.) ausführlich auf ein interpersonelles Ritual ein, das nur eine kurze Zeitsequenz beansprucht, jedoch im Alltag häufig praktiziert wird (s. Kap. 29). Die situativen Anstandsregeln werden in diesem Buch primär aufgezeigt, in denen der Blick auf Verstöße gerichtet wird. Goffman wendet sich hierfür psychiatrischen Patient/innen zu und macht zugleich deutlich, dass fortgesetzte Verletzungen der rituellen Ordnung den Grundstoff für eine psychiatrische Karriere bilden können.

Frame Analysis ist sicherlich das Werk von Goffman, in dem interpersonelle Rituale und rituelle Ordnung am wenigsten thematisiert werden, auch wenn sie durchaus mitschwingen (Persson 2019). Dass dies aber keine Abkehr ist, kann man nicht nur seiner Präsidentenadresse, sondern auch seinen beiden letzten Büchern (GA und FT) entnehmen. Das zentrale Konzept in *Gender Advertisements* ist „gender display“ („Darstellung der Geschlechter“), darunter werden auf die beiden Geschlechtsklassen bezogene „conventionalised portrayals“ (GA, 1; GA_{dt}, 10) verstanden. Oder in den Worten von Gregory W. H. Smith (2010, 168): „Gender displays are the gestures and postures signifying sex–class membership that people produce and recognise while co-present with others“. Bei dem hier zugrunde gelegten Ritualbegriff nimmt Goffman wiederum auf die Ethologie Bezug und spricht folglich wieder von Ritualisierung. In einer kurzen Bemerkung in der Präsidentenadresse (InO, 10; InO_{dt}, 8) betont Goffman, dass der ethologische Ritual-Begriff „as germane as the anthropological formulation“ sei. Während er in seinem ersten Werk (PS) rituelle Aspekte der Darstellung identifiziert, fasst er jetzt die Ritualisierung als Darstellung (GA, 1; GA_{dt}, 9). Im Original wird das durch den Wechsel von „performance“ zu „display“ angezeigt. Trotz des Rückgriffs auf die Ethologie schwindet auch hier der Ausdruck der besonderen Wertschätzung nicht, wie Goffmans Ausführungen zu den Praktiken des Hofmachens und zum System der Höflichkeiten im Umgang der Mitglieder der beiden Geschlechterklassen zeigen (auch ABS; Kotthoff 1994). Da sich das empirische Material in diesem Buch auf die Geschlechterdarstellung in Reklamebildern erstreckt, prägt er zudem den Begriff der Hyper-Ritualisierung. Damit soll zum Ausdruck gebracht werden, dass Werbefotos aus dem Alltag stammende rituelle Idiome nutzen und diese weiter standardisieren, übertreiben und vereinfachen, um ihre Werbebotschaft kundzutun (GA_c, 84; GA_c_{dt}, 327; s. Kap. 48, 68).

Im Spätwerk von Goffman, das – wie Hubert Knoblauch, Christine Leuenherger und Bernt Schnettler (2005, 25) zu Recht betonen – fälschlicherweise manchmal als eine linguistische Wende aufgefasst wird, ist die Auseinandersetzung mit der ethnomethodologischen Konversationsanalyse und auch mit der Sprachakttheorie ein dauerhaftes Thema. Goffman kritisiert, dass in dieser Tradition Gespräche aus der Perspektive eines „communications engineer [...], someone optimistic about the possibility of culture-free formulations" (FT_a, 14; FT_c_{dt}, 82) betrachtet werden. In den Blick genommen werden nur die formalen Strukturen – Goffman spricht von „system requirements" („Systemvoraussetzungen") und „system constraints" („Systemzwängen"). Ausgeblendet bleibt jedoch in diesen Analysen nach Goffman, dass es sich in den Gesprächen vielfach um einen rituellen Austausch handelt, der im hohen Maße kulturspezifisch ist. Diese vehemente Kritik hat die ethnomethodologische Konversationsanalyse herausgefordert und Emanuel A. Schegloff ([1988], 2000) – mit Harvey Sacks und Gail Jefferson einer ihrer Pioniere – hat mit einer Gegenkritik geantwortet. Schegloff kritisiert, dass Goffman seinen eigenen Anspruch, – „not the individual and his psychology, but rather the syntactical relations among the acts of different persons mutually present to one another" (IR_2; IR_{dt}, 9) zum Gegenstand der Analyse zu machen – nicht konsequent eingelöst habe. Mit Ausnahme von *Frame Analysis* und des Aufsatzes *Footing* (wiederabgedruckt als FT_c) habe Goffman die Analyse der Interaktionsmuster nicht konsequent von den Handlungsabsichten abgetrennt. Verantwortlich für diesen versteckten Psychologismus wird sein rituelles Modell der Interaktion gemacht. „[I]t seems to me, the perduring entanglement with ‚ritual' and ‚face' kept him in the psychology" (ebd., 180). Mit Verweis auf Durkheims Ritualtheorie hat Knoblauch (1994, 14) diese Kritik als „missliche Fehlinterpretation" zurückgewiesen. Dass mit dem rituellen Modell der Interaktion kein Rückgriff auf die Psychologie einhergeht, darauf hat auch Goffmans selbst schon in seinem Aufsatz *On Face-Work* hingewiesen:

> „[T]he person becomes a kind of construct, built up not from inner psychic propensities but from moral rules that are impressed upon him from without. These rules, when followed, determine the evaluation he will make of himself and of his fellow-participants in the encounter, the distribution of his feelings, and the kinds of practices he will employ to maintain a specified and obligatory kind of ritual equilibrium" (IR_a, 45; IR_a_{dt}, 52 f.).

Diese Kontroverse zeigt zugleich die wesentlichen Differenzen zwischen dem Theorie- und Forschungsprogramm der Interaction Order und der ethnomethodologischen Konversationsanalyse auf, die sich auf das Subjekt beziehen. Letztere geht zwar von einem aktiven, wirklichkeitsschaffenden Subjekt aus. Dieses Subjekt bleibt in der Analyse aber unberücksichtigt, da diese nur auf die formalen Strukturen ausgerichtet ist, die in dem von Subjekten produzierten Material sichtbar werden. Aufgrund dieser Ausrichtung auf meist in Textdokumenten eingefrorenen Materialien wird eine große Nähe zur Linguistik geschaffen, in der die ethnomethodologische Konversationsanalyse oftmals mehr Resonanz findet als in der Herkunftsdisziplin. Dagegen ist für Goffman das Subjekt immer ein wesentlicher Teil der Interaktion und somit auch seiner Analyse der Interaktionsordnung. „It is plain", formuliert Goffman in seiner Präsidentenadresse, „that each participant enters a social situation carrying an already established biography of prior dealings with the other participants-or at least with participants of their kind; and enters also with a vast array of cultural assumptions presumed to be shared" (InO, 4; InO_{dt}, 62). Mit diesen Worten wendet sich Goffman gegen einen „rampant situationalism" (InO, 4; „reißerischen Situationalismus" InO_{dt}, 61). Ohne auf innere Vorgänge Bezug zu nehmen, wird das Subjekt immer als Teil der Interaktion aufgefasst. Es ist keine bloße Maschine anwesend, sondern ein rituelles Selbst (Manning 2000), das über die eigenen und fremden Ansprüche auf Heiligkeit Bescheid weiß, das durch die körperliche Anwesenheit in der sozialen Situation physisch und psychisch verwundbar ist und auch selbst bei anderen Wunden verursachen kann; das gleichermaßen in der Interaktion verletzbar ist und auf andere verletzend wirken kann. Mit Blick auf dieses Subjekt wird zugleich deutlich, dass Goffmans Strukturanalyse der Interaktion eine starke Fundierung in einer Kulturanalyse besitzt. Auch wenn sich das Subjekt, wie Goffman vor allem in *Asylums* und *Role Distance* gezeigt hat, gegen die Zumutung von außen wehren kann, ist die soziale Wirklichkeit nicht nur eine Hervorbringung der in der Situation anwesenden Personen. Sie agieren vielmehr immer schon – wie er vor allem in *Frame Analysis* gezeigt hat – mit kulturell vorgegebenen und angeeigneten Erfahrungs- und Interpretationsschemata. Und der für die moderne Gesellschaft grundlegende Individualismus mit seiner Absolutsetzung des Individuums bringt es mit sich, dass durch die Anwesenheit der Personen in einer Situation vielfältige wechselseitige Handlungszwänge wirksam werden, die Goffman als rituelle Ordnung fasst und deren Erfassung für die Interaktionsordnung bestimmend ist.

Literatur

Bergmann, Jörg: Die Menschen und ihre Rituale – Rituale im Alltag, Politik und Religion. In: Quatuor Coronati Jahrbuch 37 (2000), 153–160.

Bovone, Laura: Ethics as etiquette: The emblematic contribution of Erving Goffman [1993]. In: Gary A. Fine/Gregory W.H. Smith (Hg.): Erving Goffman, Vol. 2. London, 18–32.

Brown, Penelope/Levinson, Stephen: Universals in language usage: Politeness phenomena. In: Esther Goody (Hg.). Questions and politeness. Cambridge 1978, 56–289.

Chriss, James J.: Durkheim's cult of the individual as civil religion: Is appropriation by Erving Goffman. In: Sociological Spectrum 13/2 (1993), 251–275

Collins, Randall: Erving Goffman and the development of modem social theory [1980]. In: Fine, Gary A./Gregory W.H. Smith (Hg.): Erving Goffman, Vol. 3. London 2000, 307–337.

Delitz, Heike: Émile Durkheim zur Einführung. Hamburg 2013.

Durkheim, Émile: Détermination du fait moral [1906]. In: Ders.: Sociologie et Philosophie. Paris 1967, 39–71 (dt.: Die Bestimmung der moralischen Tatsache. In: Ders: Soziologie und Philosophie. Frankfurt/Main 1967, 84–117).

Durkheim, Émile: Die elementaren Formen des religiösen Lebens, Frankfurt/Main ^{3}1984a (frz.: Les formes elementaires de la vie religieuse, Paris 1912; engl. 1915).

Durkheim, Émile: Erziehung, Moral und Gesellschaft. Vorlesung an der Sorbonne 1902/1903, Frankfurt/Main 1984b (frz.: L'education morale 1934).

Durkheim, Émile: Der Individualismus und die Intellektuellen. In: Hans Bertram (Hg.): Gesellschaftlicher Zwang und moralische Autonomie. Frankfurt/Main 1986, 54–70 (frz. 1898).

Durkheim, Émile: Über soziale Arbeitsteilung. Studie über die Organisation höherer Gesellschaften. Frankfurt/Main 1988 (frz. De la division du travail social Paris 1893, ^{2}1892).

Durkheim, Émile: Physik der Sitten und des Rechts. Vorlesungen zur Soziologie der Moral. Frankfurt/Main 1991 (frz. 1890–1990).

Giddens, Anthony (1971): The „individual" in the writing of Émile Durkheim. In: European Journal of Sociology/Archives Européennes de Sociologie 12 (1971), 210–228.

Goodwin, Charles/Salomon, René: Not being bound by what you can see now. Charles Goodwin in conversation with René Salomon [32 paragraphs]. In: Forum Qualitative Sozialforschung/Forum: Qualitative Social Research 20/2 (2019), Art. 11, http://dx.doi.org/https://doi.org/10.17169/fqs-20.2.3271.

Jacobsen, Michael Hviid/Kristiansen, Søren: The social thought of Erving Goffman. London 2015.

Jaworski, Gary D.: A Note on three versions of Goffman's paper „The nature of deference and demeanor". In: Academia Letters, Article 919, 2021, 1–4. https://doi.org/10.20935/AL919 (02.08.2021)

Knoblauch, Hubert (1994): Erving Goffmans Reich der Interaktion. In: Erving Goffman: Interaktion und Geschlecht. Frankfurt/Main 1994, 7–49.

Knoblauch, Hubert: Religionssoziologie. Berlin, New York 1999.

Knoblauch, Hubert/Leuenherger, Christine/Sehnettler, Bernt: Erving Gofmans Rede-Weisen. Einleitung. In: Erving Goffman: Rede-Weisen. Formen der Kommunikation in sozialen Situationen. Konstanz 2005, 9–28.

Kotthoff, Helga: Geschlecht als Interaktionsritual? In: Erving Goffman: Interaktion und Geschlecht. Frankfurt/Main 1994, 159–194.

Manning, Phil: Ritual talk [1989]. In: Gary A. Fine/Gregory W.H. Smith (Hg.): Erving Goffman, Vol. 4. London 2000, 214–236.

Manning, Philip: Erving Goffman and modern sociology. Cambridge 1992.

Marske, Charles E.: Durkheim's „cult of the individual" and the moral reconstitution of society. In: Sociological Theory 5/1 (1987), 1–14.

Müller, Hans-Peter: Die Moralökologie modernen Gesellschaften. Durkheims Physik der Sitten und des Rechtes. In: Émile Durkheim: Physik der Sitten und des Rechts. Vorlesungen zur Soziologie der Moral. Frankfurt/Main 1991, 307–341.

Persson, Anders: Framing social interaction. Continuities and cracks in Goffman's Frame Analysis. London, New York 2019.

Raab. Jürgen: Erving Goffman. Konstanz ^{2}2014.
Schegloff, Emanuel A.: Goffman and the analysis of conversation [1988]. In: Gary A. Fine/Gregory W. H. Smith (Hg.): Erving Goffman. Vol. 4. London, 176–213.
Schudson, Michael: Embarrassment and Erving Goffman's idea of human nature [1984]. In: Gary A. Fine/ Gregory W. H. Smith (Hg.): Erving Goffman, Vol. 2. London 2000, 3–17.
Simmel, Georg: Soziologie. Untersuchungen über die Formen der Vergesellschaftung [1908] Georg Simmel Gesamtausgabe Bd. 11. Frankfurt/Main 1992.
Smith, Gregory W.H.: Erving Goffman. London 2006.
Smith, Gregory W. H: Reconsidering gender advertisements. Performativity, framing and display. In: Michael H Jacobsen (Hg.): The contemporary Goffman. New York/London 2010, 165–184.
Verhoeven, Jef C.: An interview with Erving Goffman, 1980 [1993]. In: Gary A. Fine/Gregory W.H. Smith (Hg.): Erving Goffman, Vol. 1. London 2000, 213–236.
Winkin, Yves/Leeds-Hurwitz, Wendy: Erving Goffman: A critical introduction to media and communication Theory. New York 2013.
Wolff, Kurt H. (Hg.): The sociology of Georg Simmel, Glencoe, Ill. 1950.
Willems, Herbert: Rituale und Zeremonien in der Gegenwartsgesellschaft. In: Erika Fischer-Lichte/Christian Horn/Sandra Umathum/Matthias Warstat (Hg.): Ritualität und Grenze. Tübingen 2003, 399–418.

24 Darstellung

Stefan Laube

Der Begriff „Darstellung“ („performance“) bildet den analytischen Kern in Goffmans soziologischer Erschließung der Analogie von Theater und sozialem Leben. Mit Hilfe dieses „dramaturgical approach“ (PS2, 240; PS_{dt}, 219), den er in *The Presentation of Self in Everyday Life* vorlegt, macht Goffman die dramaturgischen Bedingungen und Mittel zwischenmenschlicher Interaktion zum soziologischen Untersuchungsgegenstand. Die Notwendigkeit zu Darstellungen ergibt sich dabei dadurch, dass die Teilnehmenden sozialer Interaktionen auf die Hervorbringung und Deutung von Zeichen angewiesen sind, um einen möglichst glaubwürdigen Eindruck von sich selbst zu vermitteln und von anderen zu erhalten. Soziale Merkmale, etwa eine Statusposition, eine berufliche Tätigkeit oder eine innere Einstellung, können aus Sicht des dramaturgischen Ansatzes nicht einfach in Besitz genommen werden, sondern müssen körperlich, verbal und/oder durch den Gebrauch materieller Bedeutungsträger (z. B. Kleidung) in Szene gesetzt werden.

Auch wenn spätere Werke Goffmans den Performance-Begriff nur am Rande thematisieren und Goffman darüber hinaus in seinen Spätwerk *Frame Analysis* das Theater nicht als Analogie, sondern als Beispiel und Fall für einen kulturellen Rahmen der Interpretation von Alltagserfahrungen verwendet (FA, 123 ff.; FA_{dt}, 143 ff.), bildet die Theater-Analogie dennoch eine grundlegende heuristische Perspektive in seinem Gesamtwerk. So lesen wir etwa in *Stigma,* das sich mit Normalität und Abweichung beschäftigt, von „Maskeraden“ (ST_{dt}, 123; „masquerade“, ST, 97), die in der Interaktion aufgebaut werden. Und selbst im posthum erscheinenden Aufsatz *Felicity's Condition* betont der Verfasser, dass auch die Glaubwürdigkeit eines Redebeitrags an „a very pointed enactment“ (FeC, 44; „eine gezielte Darstellung“, FT_d_{dt}, 255) durch Sprecher/innen geknüpft ist.

Neuschöpfung der Theatermetapher

Die Analogie von Theater und sozialem Leben selbst ist keine Erfindung Goffmans. Ihre ideengeschichtlichen Wurzeln reichen bis zur Antike und spätestens seit William Shakespeare („Die ganze Welt ist eine Bühne“) ist sie als Metapher zur Beschreibung gesellschaftlicher Vorgänge etabliert. Goffman ist jedoch der erste, der den soziologischen Erkenntniswert dieser Metapher systematisch erschließt. Eine anregende Rolle spielen dabei der Existentialismus Jean-Paul Sartres (s. Kap. 7) sowie Kenneth Burkes literatur- und kommunikationswissenschaftliches Konzept des „Dramatism“ (Burke 1945; s. Kap. 16)

S. Laube (✉)
Institut für Soziologie, Johannes Kepler Universität Linz, Linz, Österreich
E-Mail: stefan.laube@jku.at

K. Lenz und R. Hettlage (Hrsg.), *Goffman-Handbuch*, https://doi.org/10.1007/978-3-476-05871-3_24

wie mehrere Literaturverweise in *The Presentation of Self in Everyday Life* nahelegen. Anders als bei Burke sind Goffmans Gegenstand aber nicht philosophische Texte, die als dramatische Aufführungen verstanden werden, sondern soziale Interaktionen. Darüber hinaus zeichnet sich Goffmans soziologische Neuschöpfung der Theater-Analogie durch die Entwicklung einer Reihe von Begriffen aus (z. B. „front", „backstage and frontstage", „impression management"), die sich weder bei Burke noch in anderen Performance-Theorien finden.

Eine Darstellung definiert Goffman zunächst als „all the activity of a given participant on a given occasion which serves to influence in any way any of the other participants" (PS2, 15; PS_{dt}, 18). Die Art der Beeinflussung bezieht sich dabei auf den Eindruck, den andere vom eigenen Ausdruck erhalten sollen. Während diese anderen das „Publikum" („audience") einer Darstellung bilden, bezeichnet Goffman einen Zusammenschluss mehrerer Darsteller/innen als „Ensemble" („team"). Ensemblemitglieder sind untereinander zur Loyalität und gegenseitigen Unterstützung verpflichtet, was den gemeinsam aufgebauten Ausdruck vor einem Publikum betrifft. Darüber hinaus gilt für Ensemblemitglieder die Regel der Einmütigkeit, die verlangt, dass Mitglieder eines Ensembles sich vor Publikum nicht widersprechen. Ein besonderes „performance risk" (PS2, 91; PS_{dt}, 85) geht daher von Ensemblemitgliedern aus, die sich nicht an diese Regel halten, weil sie besonders anfällig sind für die Preisgabe diskreditierender Tatsachen. Kinder, Betrunkene, naive oder ungeschickte Individuen werden deshalb wenn möglich von der Mitwirkung an Darstellungen ausgeschlossen.

Vor dem Publikum bedienen sich das Ensemble oder einzelne Darsteller/innen einer gezielt aufgebauten „Fassade" („front"). Dabei handelt es sich um jene Ausdrucksmittel, die Personen normalerweise mit sich herumtragen, sowie die szenischen Komponenten einer Interaktion, die Goffman als „Requisiten" und „Bühnenbild" bezeichnet. Die Kontrolle über die Gestaltung einer Fassade verleiht einem Ensemble die Macht über „strategische Kunstgriffe" (PS_{dt}, 87; „strategic devices" PS2, 93), mit denen es die dem Publikum zugänglichen Informationen steuern und kontrollieren kann. Beispiele Goffmans umfassen das Auflegen des guten Bestecks beim Empfang von Gästen in einem Mittelstandshaushalt genauso wie die Verteilung von Krebskranken über ein ganzes Krankenhaus, um zu erschweren, dass sich ihnen ihre Krankheit durch die Platzierung auf einer bestimmten Station erschließt.

Diese Beispiele für die Gestaltung einer Fassade verdeutlichen, dass Darstellungen in ihrem Charakter zwar manipulativ sind, sich aber in wesentlicher Hinsicht von Lügen unterscheiden. So existiert zum einen ein deutlicher Unterschied zwischen unverhohlenen Täuschungen und „Kunstgriffen bei der Kommunikation" (PS_{dt}, 58), etwa Andeutungen, taktische Zweideutigkeiten oder entscheidende Auslassungen. Derartige Kunstgriffe erlauben es nämlich, Nutzen aus Unaufrichtigkeiten zu ziehen, ohne gelogen zu haben. Wie Goffman anmerkt, haben etwa Massenmedien „durch geschickt gewählte Kameraeinstellung und Bearbeitung […]" (PS_{dt}, 58; PS2, 62) ihre ganz eigenen Kunstgriffe zur Erzeugung dessen entwickelt, was er „misrepresentation" (PS2, 58 ff.; „unwahre Darstellungen", PS_{dt}, 54 ff.) nennt. Zum anderen sind Darstellungen nicht per se mit Unaufrichtigkeiten gleichzusetzen. Auch aufrichtige Teilnehmende sind dazu gezwungen andere durch entsprechende Darstellungen von ihrer Aufrichtigkeit überzeugen.

Für Goffman entscheidend ist, dass Darstellungen – egal ob aufrichtig oder unwahr – zutiefst moralisch aufgeladen sind. Sie zielen darauf ab, in sozialen Interaktionen das öffentlich projizierte Selbstbild der Teilnehmenden durch die wechselseitige Befolgung ritueller Sorgfalt vor Beschädigungen zu schützen. Aufgrund seiner Zerbrechlichkeit und Exponiertheit kann der in Darstellungen aufgebaute Eindruck jederzeit durch unüberlegte oder absichtliche verbale oder non-verbale Handlungen zerstört werden (PS_{dt}, 189 ff.; PS2, 208 ff.). In Frage kommen „unbeabsichtigte Gesten", etwa ein nicht verschlossener Hosenschlitz; „unpassendes Eindringen" des Publikums in den

Hinterbühnen-Raum, in dem eine Darstellung vorbereitet wird (s. Kap. 25); „Taktlosigkeiten“, die wir als ‚ins-Fettnäpfchen-Treten‘ umschreiben und schließlich das, was wir umgangssprachlich ‚eine Szene machen‘ nennen: Die situationale Aufkündigung der reibungsfreien dramaturgischen Zusammenarbeit durch ein Mitglied des Ensembles oder des Publikums.

Gegen die Auffassung, Darsteller/innen seien bei Goffman durch und durch strategisch agierende Blender/innen spricht außerdem, dass Alltagsteilnehmende sich zwar durchaus Gedanken über den Eindruck machen, den sie bei anderen hervorrufen wollen oder sollen; doch das praktische Darstellungswissen, also die Kenntnis dessen wie die eigene Stimme, Mimik und der Körper zu handhaben sind, um Eindrücke gezielt zu manipulieren, ist Alltagsteilnehmenden üblicherweise nur schwer zugänglich. Im Alltag seien Skripts und Drehbücher daher unnötig, denn „we all act better than we know how“ (PS2, 74; PS_{dt}, 86). Auch wenn wir uns nach Goffman im Vollzug des Alltags üblicherweise nicht bewusst machen, dass soziale Interaktionen einem ungeschriebenen Drehbuch folgen, nehmen wir dennoch überaus gekonnt an Darstellungen teil. Und mit Hilfe der Theater-Analogie lassen sich die aus diesem impliziten Wissen gespeisten Darstellungspraktiken genauer bestimmen.

Praktiken der Darstellung: Eindrucksmanagement und Informationskontrolle

Da der durch Darstellungen aufgebaute Eindruck überaus zerbrechlich und anfällig für die oben erwähnten Störungen ist, sind Darstellungen in besonderer Weise von Praktiken des Eindrucksmanagements abhängig. Goffman (PS2, 208 ff.; PS_{dt}, 189 ff.) spricht in diesem Zusammenhang von „impression management“ (in der deutschen Übersetzung einseitig mit „Eindrucksmanipulation“ wiedergegeben) und unterscheidet dabei drei Prinzipien:

„Dramaturgical loyalty“ („dramaturgische Loyalität“) umschreibt die Regel, dass Ensemblemitglieder die Geheimnisse und Schwächen ihres Ensembles Außenstehenden nicht verraten sowie übermäßige Gefühlsbindungen mit dem Publikum vermeiden. „Dramaturgical discipline“ („dramaturgische Disziplin“) bezieht sich vor allem auf die Kontrolle über Gesichtsausdruck, Stimme und insbesondere über den eigenen Gefühlsausdruck. Während Darsteller/innen ihre wirkliche Gefühlsreaktion verbergen müssen, sollen sie die in einer Situation sozial erwarteten Gefühle zeigen. „Dramaturgical circumspection“ („dramaturgische Sorgfalt“) schließlich bezieht sich auf die performative Anpassung einer Darstellung an die „information conditions under which it must be staged“ (PS2, 222; PS_{dt}, 201). Hier weist Goffman bereits implizit auf die mit technischen und elektronischen Kommunikationsmedien verbundene Verschiebung der Möglichkeiten und Grenzen des Impression Management hin (Laube 2016).

Neben diesen Verteidigungsmaßnahmen der Darsteller/innen stehen auch dem Publikum „protective practices“ (PS2, 229; „Schutzmaßnahmen“ PS_{dt}, 208) zur Verfügung, mit denen Darstellungen durch taktvolles Verhalten vor Störungen bewahrt werden können. Diese Praktiken umfassen etwa das Gebot, sich von den Hinterbühnen fernzuhalten, auf denen die Darsteller/innen ihre Performance vorbereiten sowie das taktvolle Ignorieren von Fehlern während einer Darstellung. Mit der wiederholten Betonung von Takt will Goffman deutlich machen, dass Darstellungen grundsätzlich nicht betrieben werden, um sich Anerkennung, Einfluss und Macht zu sichern – eine missverständliche Lesart seines Begriffs des Eindrucksmanagements, die sich heute etwa im Feld der Unternehmenskommunikation findet (Piwinger/Bazil 2014). Vielmehr geht es bei Impression Management darum, mittels taktvoller Rituale die Gefahr eines Gesichtsverlustes zu bannen. Ein solcher ist bei Goffman weit mehr als ein wirtschaftlicher Wettbewerbsnachteil, sondern verbunden mit dem Erleiden überaus unangenehmer emotionaler Erfahrungen: Mit Nervosität, Peinlichkeit oder schlimmstenfalls „humiliation“ (PS2, 212; PS_{dt}, 192).

Bereits in *The Presentation of Self in Everyday Life* charakterisiert Goffman Stigmatisierte als eine Gruppe, die besonders von einem möglichen Gesichtsverlust betroffen ist und daher ganz eigene Strategien des Täuschens und der unwahren Darstellung entwickelt. In *Stigma* nimmt Goffman diesen Faden wieder auf. Vor der Folie von Normalität und Abweichung beschreibt er hier Strategien des Täuschens, die er „Techniken der Informationskontrolle" nennt. „Verstecken", „Verwischen" und „Unsichtbarmachen" (ST_{dt}, 117 f.; ST, 92) sind die hier maßgeblichen Strategien des Eindrucksmanagements. Unter Goffmans Beispielen finden sich der Wechsel des Namens, Versuche, das Stigma in der Interaktion als einen weniger drastischen Makel darzustellen, etwa als Tagträumerei, statt als Schwerhörigkeit oder das gegenseitige Ignorieren von Stigmatisierten in der Anwesenheit Nicht-Stigmatisierter. Auch wenn sich in *Stigma* kein expliziter Verweis auf die Theatermetapher findet, lassen sich diese Strategien des Stigma-Managements unschwer als dramaturgische Kunstgriffe der Entfaltung unwahrer Darstellungen erkennen.

Rezeption und Weiterentwicklung

Die von Goffman in die Soziologie eingeführte Theater-Analogie und ihr Grundgedanke, dass das Soziale einem gesellschaftlichen Darstellungsdruck unterliegt, wurden sowohl innerhalb der Soziologie als auch in anderen Bereichen der Sozial- und Kulturwissenschaften breit rezipiert.

In der Soziologie lassen sich vor allem zwei Rezeptionsstränge ausmachen. Ein sozialtheoretischer Diskussionsstrang thematisiert Goffmans Gebrauch der Theatermetapher als Beitrag zur soziologischen Theorie. In der deutschsprachigen Soziologie zunächst als vermeintliche Erweiterung der Rollentheorie vereinnahmt (s. Kap. 28), galt Goffmans dramaturgischer Ansatz in der englischsprachigen Fachdiskussion lange als eng verwandt mit dem Symbolischen Interaktionismus und wird zum Teil bis heute hartnäckig diesem Ansatz zugeordnet (z. B. Joas/Knöbl 2004). Angesichts der von Herbert Blumer (1972) betonten Unterschiede zwischen Symbolischem Interaktionismus und dramaturgischem Ansatz erscheint diese Zuordnung zumindest fragwürdig (s. Kap. 9). Zur Debatte steht darüber hinaus auch die Stellung, die der dramaturgische Ansatz in Goffmans Gesamtwerk einnimmt. Anstatt die Theater-Analogie zu einer vermeintlich übergeordneten Leitperspektive zu erheben, plädiert die neuere Rezeption dafür, sie als eine von mehreren heuristischen Perspektiven Goffmans zu begreifen (Laube 2020). So kennzeichnet die Soziologie der „interaction order", wie Goffman selbst sein Arbeitsgebiet bezeichnete (InO), nicht nur die Verwendung der Theatermetapher, sondern auch die der Heuristik des Spiels, des Rituals oder der Normalität.

Der zweite Strang der soziologischen Rezeption interpretiert Goffmans Erschließung der Theater-Analogie als Form der Gesellschaftstheorie. Von Alvin Gouldner (1970, 378–90) stammt die Einschätzung, Goffman habe mit seiner Theater-Analogie eine Diagnose der westlichen Mittelstandsgesellschaft der 1950er-Jahre vorgelegt. Anstatt sich mit den wahrhaftigen Werten bürgerlicher Lebensführung zu beschäftigen, trachteten die Mitglieder der neu entstandenen Mittelschicht danach mit oberflächlichen Symbolen ihren neu erworbenen Status als Aufsteiger/innen darzustellen. Auch manch spätere Deutung unterstellt in ähnlicher Weise, Goffman habe bereits früh eine Gesellschaft der medialen Selbstinszenierung vorausgesehen, in der nur Oberflächen zählten anstelle bürgerlicher Werte (Lemert 1997, xxxiii). Derartige Einschätzungen sind fragwürdig, weil sie in kulturpessimistischer Weise einen Niedergang gesellschaftlicher Werte diagnostizieren, den Goffman selbst mit keinem Wort erwähnt. Gravierender aber ist, dass sie die Theater-Analogie als wörtliche Beschreibung gesellschaftlicher Verhältnisse behandeln, während Goffman (PS, 254) selbst sie dezidiert als metaphorisches Erkenntniswerkzeug einführt. Eine deutlich differenziertere gesellschaftstheoretische Rezeption legt Jürgen Habermas in seiner Theorie des kommunikativen Handelns (1981) vor, die in theoriegeschichtlicher Hinsicht einen kommunikativen, einen teleologischen, einen normenregulierten und einen durch Goffman geprägten dramaturgischen Handlungsbegriff unterscheidet (s. Kap. 58).

Neben den erwähnten Rezeptionssträngen finden sich in der Soziologie auch Weiterentwicklungen der dramaturgischen Perspektive und des damit verbundenen Begriffs der Darstellung. Mindestens drei solcher Weiterentwicklungen stießen auf breitere Resonanz: In der Emotionssoziologie prägte Arlie R. Hochschild (1979) die Konzepte „feeling rules" und „emotion work", die stark von Goffmans begrifflicher Bestimmung der sozialen Regeln, die in sozialen Interaktionen für die Darstellung von Gefühlen gelten, beeinflusst sind. In der Organisationssoziologie nutzten John W. Meyer und Brian Rowan (1977) implizit die Unterscheidung von Vorder- und Hinterbühne und explizit Goffmans Konzept „Techniken der Imagepflege" („face-work", IR_a), um zu verdeutlichen, dass auch Organisationen ihr Handeln nach innen und nach außen hin zeremoniell inszenieren. Und die neuere Diskussion um einen *practice turn,* mit dem die Soziologie den Vollzug sozialen Handelns in seiner Materialität und Körperlichkeit zum Thema macht, greift Goffmans Akzentuierung der körperlichen und materiellen Dimension von Darstellungen sozialen Handelns auf (Schmidt 2012; Laube 2016).

Außerhalb der Soziologie ist Goffmans Theatermetapher heute ein oft genannter Bezugspunkt im Rahmen der Diskussion um einen *performative turn.* Interesse weckt Goffman in dieser Debatte deshalb, da Kultur hier verstanden wird als hervorgebracht durch kollektive und individuelle Handlungen einschließlich ihrer „Aufführungs-, Darstellungs- und Inszenierungsaspekte" (Bachmann-Medick 2007, 107). Allerdings unterstellt auch diese Rezeptionslinie bisweilen vorschnell, Goffman habe den „Gedanken von der Theatralität des alltäglichen Lebens [...] zu einer Gesellschaftstheorie" (Fischer-Lichte 2015, 28) ausgearbeitet. Goffman begreift das Theater ausdrücklich nicht als konstituierendes Merkmal gesellschaftlicher Wirklichkeit, sondern als heuristische Metapher zu ihrer Beschreibung (PS2, 254 f.; PS_{dt}, 232 f.). Aus seiner Sicht ist es lediglich *ein* Modell der sozialen Welt, nicht ihr Abbild. Allerdings ist es durchaus ein Modell, das sich besonders gut zur Verdeutlichung der dramaturgischen Aspekte des sozialen Lebens eignet (Willems 2009).

Ein deutlicher Hinweis für die fachübergreifende Popularität von Goffmans Theater-Analogie ist schließlich auch die Aufmerksamkeit für einzelne ihrer begrifflichen Werkzeuge. So bauen Forschungen in den Social Media Studies (Picone 2015) wie auch in der Unternehmenskommunikation (Piwinger/Bazil 2014) auf Goffmans Konzept des Eindrucksmanagements auf. Dabei bleibt aber die bei Goffman so stark betonte Verzahnung der Theater-Analogie mit der moralischen Verpflichtung zu wechselseitiger ritueller Sorgfalt oft unberücksichtigt. Selbstdarstellung ist bei Goffman anders als im heutigen umgangssprachlichen Wortgebrauch nicht gleichbedeutend mit Selbstvermarktung. Vielmehr geht es nach Goffman bei Darstellungen stets darum mittels taktvoller Rituale und Praktiken des Eindrucksmanagements die Gefahr eines allgegenwärtigen Gesichtsverlustes zu bannen.

Literatur

Bachmann-Medick, Doris: Cultural Turns. Neuorientierungen in den Kulturwissenschaften. Reinbek bei Hamburg 2007.

Blumer, Herbert: Action vs. interaction. Review of Relations in Public, by Erving Goffman. Transaction 9/6 (1972), 50–53 (auch in Gary A. Fine/Gregory W. H. Smith (Hg.): Erving Goffman, Vol. 4. London 2000, 3–8).

Burke, Kenneth: A grammar of motives. New York 1945.

Fischer-Lichte, Erika: Performativität. Eine Einführung. Bielefeld 2015.

Gouldner, Alvin: The coming crisis of Western sociology. New York 1970 (dt. 1974).

Habermas, Jürgen: Theorie des kommunikativen Handelns. Band 1: Handlungsrationalität und gesellschaftliche Rationalisierung. Frankfurt/Main 1981.

Hochschild, Arlie Russell: Emotion work, feeling rules, and social structure. In: American Journal of Sociology 85/3 (1979), 551–575.

Joas, Hans/Knöbl, Wolfgang: Sozialtheorie. Zwanzig einführende Vorlesungen. Frankfurt/Main 2004.

Laube, Stefan: Goffman mediatisieren. Zum Zusammenspiel von Vorder- und Hinterbühne in digitalisierten Praktiken. In: Hilmar Schäfer (Hg.): Praxistheorie. Ein soziologisches Forschungsprogramm. Bielefeld 2016, 285–300.

Laube, Stefan: Interaktionsordnung. In: Christian Dayé/Christian Fleck (Hg.): Meilensteine der Soziologie. Frankfurt/Main 2020, 469–476.
Lemert, Charles: Goffman. In: Charles Lemert/Ann Branaman (Hg.): The Goffman reader. Cambridge, Mass 1997, X–XLIII.
Meyer, John W./Rowan, Brian: Institutionalized organizations: Formal structure as myth and ceremony. In: American Journal of Sociology 83/2 (1977), 340–363.
Picone, Ike: Impression management in social media. In: Robin Mansell/Ang Peng Hwa (Hg.): The International Encyclopedia of Digital Communication and Society. Oxford 2015, 469–476.
Piwinger, Manfred/Bazil, Vazrik: Impression Management: Identitätskonzepte und Selbstdarstellung in der Wirtschaft. In: Ansgar Zerfaß/Manfred Piwinger (Hg.): Handbuch Unternehmenskommunikation: Strategie, Management, Wertschöpfung. Wiesbaden 2014, 471–490.
Schmidt, Robert: Soziologie der Praktiken. Konzeptionelle Studien und empirische Analysen. Berlin 2012.
Willems, Herbert: Theatralität als (figurations-)soziologisches Konzept: Von Fischer-Lichte über Goffman zu Elias und Bourdieu. In: Ders. (Hg.): Theatralisierung der Gesellschaft, Band 1: Soziologische Theorie und Zeitdiagnose. Wiesbaden 2009, 75–110.

Concepts of Space

25

Fraya Frehse

If we consider Erving Goffman's lifelong interest in the social normativity implicit in the reciprocal symbolic influences and, hence, communicative sequences of behaviour by individuals in physical co-presence – in short, his long-standing focus on the "interaction order" (InO) – it comes as no surprise that spatial categories abound in his oeuvre (Frehse 2016). For Goffman, face-to-face interactions empirically occur within "situations", which are "full spatial environment[s] anywhere within which an entering person becomes a member of the gathering that is (or does then become) present" (BP 1963, 18; BP_{dt}, 34; and also RP_a, 28; InO, 2). Thus, the conceptual comprehension of the social order latent in the "rules of conduct" that intermediate temporally instantaneous contacts (IR_b, 48; BP, 3) depends on analytically dissecting the various social traits of this peculiar "spatiality" named situation (Frehse 2020, 8). A hexa-dimensional conception of space helps Goffman in this task: space may *simultaneously* be setting, conditioning, sign, or idiom for the empirically given various ways of interacting and of relating socially (Frehse 2016, 12). And the endeavor's epistemic outcome is a pioneering approach to the symbolic regularities involved in the spatialization of bodily and materially mediated (non-)verbal interaction (Frehse 2020, 10 f., forthcoming/2020a, 4).

In light of this wider sociological rationale about the spatial dimension of social interaction in Goffman's work, I here aim to answer in two brief steps the following question: How do three of Goffman's most influential spatial categories relate (or not) to one another in conceptual terms within this author's "sociology of space" (Frehse 2016)? Not only am I referring to region and territory, which have usually been addressed by scholarship (Frehse 2016, 2; and also, among others, Jensen 2010; Smith/Hall 2018). I am also alluding to frame (see Chap. 33), whose spatial dimension still lacks specific conceptual debate: so far it has been mobilized mainly for methodological purposes (Lin/Sun 2011; Odebunmi 2012).

Goffman introduced the terms respectively in *The Presentation of Self in Everyday Life* (106–140), in *Asylums* (23, 48, 239 f.), and in *Frame Analysis* (7, passim). From then on, he mobilized them frequently (as to regions see AS, passim; EN_a, 84; ST, passim; BP, passim; RP, 16, 59, 252, 254; InO, 7; regarding territories see EN_b, 114; BP, 61, 99 Fn. 32, 238; SI, 45, 93, 127; RP, passim; GA_a, 5, 16; FT, 16, 140; InO, 4 f.; FeC, 38 ff.; MeH, 200; frames, in turn, may also be found in GA, passim; FT, passim; FeC, passim; InO, 16).

F. Frehse (✉)
Universidade de São Paulo, São Paulo, Brazil
E-Mail: fraya@usp.br

K. Lenz und R. Hettlage (Hrsg.), *Goffman-Handbuch*, https://doi.org/10.1007/978-3-476-05871-3_25

The author's earliest definitions of the first two concepts are clarifying as to their spatial relevance in his work. A region ("Region") refers to "any place that is bounded to some degree by barriers to perception" (PS2, 106; PS_{dt} 1969, 99), whereas the territory ("Bereiche" oder "Territorien") – of the self – concerns "the boundary that the individual places between his being and the environment" (AS_a, 23; AS_a_{dt}, 33). In turn, regarding frame ("Rahmen") things are more complex. It comprises the "principles" that organize the individual's cognitive experience of situations of interaction because they "govern" both social events and "our subjective involvement in them" (FA, 10 f.; FA_{dt}, 19). If this definition at first sight is devoid of any spatial dimension, we should remember that Goffman's explicit reference for proposing the concept is a specific paper by the anthropologist Gregory Bateson from 1955 (1981; FA, 7; FA_{dt}, 15). Therein, Bateson extensively drew on the "physical analogy of the picture" frame to demonstrate that "a delimited psychological frame" is "a spatial and temporal bounding of a set of interactive messages" (Bateson 1981, 143, 147). From this theoretical standpoint, the frame conceptually heightens the various albeit definite cognitive *locations* that social conventions metaphorically assure to the interacting individuals.

To put it briefly: the region, the territory and the frame conceptually address three distinctive dimensions of face-to-face interaction. The social intercourse within situations varies depending respectively on the physical traits of the perceptual environment (regions), on the territorial traits of the interacting human beings (territories of the self), and on the social traits that metaphorically frame the individual's cognitive experience of the situations of social interaction (frames).

Hence, one may conclude that it was by means of the concepts of region, territory and frame that the situational nature of respectively the physical-material settings around interacting individuals, the individuals' personal territories, and their cognitive frames found a conceptual place of its own within Goffman's overall sociological approach to space. And my specific aim here becomes characterizing this conceptual place more precisely. To sum it up: What conceptual role do regions, territories and frames jointly play within Goffman's sociology of space?

In order to address this issue within this chapter's limits, I firstly locate it within Goffman's work, and within both the scholarship on his oeuvre and that which employs the spatial categories at stake here in spatial researches. Hence, an essayistic answer to the issue becomes feasible.

Possible conceptual entanglements of region, territory and frame as a research issue

Goffman never explicitly dwelled on this topic. However, he often made joint conceptual use of at least two of the categories (as to regions and territories together, see AS, EN, ST, BP, RP, and indirectly MeH; regarding territories and frames see GA, FT, FeC; with respect to the three categories all together, see indirectly InO).

In fact, only two late reflections by Goffman on his intellectual trajectory contain indirect hints on how he conceptually conceived the relationship between regions, territories and frames. On one occasion (InO, 4, 6 f.; InO_{dt}, 60 f., 68 f.), the author indirectly located territories and regions among both the "terms" that "hold for face-to-face existence everywhere", and "the basic substantive units" of the interaction order. At a second opportunity (MeH, 200), Goffman recognized especially the "territories of the self" and the "ritualization of the space surrounding the individual" as the "conceptual sets" that helped him focus on the "forms of interaction".

As to the scholarship on Goffman's oeuvre and thought, accurate explanations of his main concepts (for example Treviño 2003; Smith 2006; Sheff 2006) have not implied specific inquiries into how particularly region, territory and frame are connected (or not) with each other within the author's conceptual framework. Indeed, the author's approaches to the interaction order and frames have usually been addressed separately (see for example Smith 2006, 33–67;

Sheff 2006; 33–49, 73–92; for an exception see Treviño 2003, 17 ff.). The same applies to a former inquiry of mine into the conceptions of (physical) space that underpin Goffman's work: I focused on the author's work from the 1950s to the early (pre-Frame Analysis) 1970s (Frehse 2016, 3).

Things do not differ much in the – sparse – scholarship that has explored spatial phenomena either in theoretical or in empirical terms with the aid of Goffman's spatial concepts. Regarding the first trend, mainly as from the 2000s regions and territories have *separately* supported German-speaking sociological inquiries of an essentially theoretical nature into the social dimension of space (see for example Löw 2001, 41; Schroer 2006, 108–109, 118; for an overview see Frehse, 2016, 2 f.). As to the second trend, I recently learned (Frehse 2021, 74, Fn. 2) that especially from 2010, English-speaking scholarship has also separately employed territories and frames in empirical research on various kinds of spaces, which range from more or less mobile and public to digital ones (on the analytical use of territories see for example Jensen 2010, Smith/Hall 2018; as to frames see Lin/Sun 2011, Odebunmi 2012). Spatial analyses that dwell on more than one spatial category are a rare exception (as to regions and territories altogether see Kim 2012).

I do not rule out the possibility that this overall silence regarding the issue of the possible conceptual links between the three spatial categories in Goffman's thought owes a lot to the radically interdisciplinary roots of each term. The region concept stems from the notion of "behavioral setting", by means of which the environmental psychologists Roger Barker and Herbert Wright in 1950 proposed a referential link between definite "expectations of conduct" and particular physical settings (Barker/Wright 1950; Frehse 2016, 10, Fn. 15; PS2, 106; PS_{dt} 1969, 243, Fn. 1; InO, 4; InO_{dt}, 61 f.; for a different dimension of Goffman's dialogue with Barker/Wright, see FA, 9, Fn. 19; FA_{dt}, 17; Fn. 19). Goffman's approach to territories, in turn, derives from ethology, "especially ornithology", which equals territories to the areas defended by individual or grouped animals against others of the same species, these areas ranging from nests and lairs to the boundaries of the animal's "regular movements" (AS_c, 239; AS_c_{dt}, 230, Fn. 91; also RP_b). As to frames, I have already mentioned their intrinsic link with Bateson's anthropology. Against the backdrop of such a broad disciplinary palette, how may conceptual confluences between regions, territories and frames be identified?

My proposal is that the methodological answer lies in replacing the 'how' by a 'where': that is, by Goffman's sociology of space. I assume that this approach is a methodological standpoint from which to analytically inquire the three spatial categories as to the conceptual role they play therein.

Three spatial scales of social interaction

Assuming spatial scale as the spatial range of social processes – and hence distinguishing spatial scales from the possibility of *temporal*-spatial ones (Frehse 2020a, 6; for an overview of the scholarly debates on scales see Herod 2011) – I argue that, taken all together, regions, territories and frames are complementary methodological tools of a conceptual nature (Frehse 2020a, 6). They indeed help Goffman to gain analytical access to an absolutely wide range of empirically given variations of three different spatialities implicit in the situations of interaction. I am respectively referring to the physical-material settings of interaction, to the personal territorial extensions and the cognitive frameworks of the face-to-face bodily and materially mediated intercourse between two and more human beings.

In order to demonstrate this statement here, I briefly recapitulate how Goffman methodologically employed the three spatial categories throughout his work. We will then see that he analytically adjusted them to his absolutely wide scope of empirical research settings of a spatial nature (Frehse 2016, 6 f.).

In 1959, "region" encompassed a triad of terms: the "front region", where the performance takes place (PS2, 107; "Vorderbühne". PS_{dt}, 100); the "back region or backstage" ("Hinterbühne"), which is "a place, relative to a given performance, where the impression fostered by the performance is knowingly contradicted" (PS2, 112; PS_{dt}, 104); and "the outside" ("Außen"), which is a region apart from both the front and the back regarding a particular performance (PS2, 135; PS_{dt}, 123 f.). Four years later, in turn, the concept also incorporated "open regions" ("offene Regionen"), which are typical of interactional engagements among unacquainted individuals: these "physically bounded places" are socially underpinned by the right of "'any' two persons" to engage with one another for the sake of "extended salutations" (BP, 132; BP_{dt} 2009, 144).

Whereas in 1961 the palette of territories that could be analytically depicted in "total institutions" ranged from "group territories" – i.e., "free places" to which a group of inmates adds a "proprietary right" that keeps all other non-invited patients out (AS_c, 239; AS_c_{dt}, 230) – to "personal" ones – where a totally "private claim on space" is possible (AS_c, 243; AS_c_{dt}, 234) – in the late 1960s „informational territories" entered the conceptual stage. Goffman then focused on the normativity implicit in the individuals' expressivity regarding the information they exchange with one another in situations of social interaction (SI_a, 45: SI_a_{dt}, 43 f.).

Finally, as to Goffman's frame concept, after addressing its theoretical basis, its methodological implications and analytical possibilities (FA, passim), he employed it in all his subsequent analyses of the interaction order (Smith 2006, 62). Hence, innovative conceptual variations of a spatial nature emerged: the individuals' "wider social frame" (GA_a, 6; GA_a_{dt}, 28), the "occupational frame" of men and women within advertisements (GA_c, 32: GA_c_{dt}, 134), and the "frame space" of the words that a speaker chooses to use in conversational interaction amidst the utterance norms of a social nature that prevail therein (FT_e, 230).

This brief analytical recollection suggests that each of the three categories occupies, as it were, a conceptual place of its own within Goffman's approach to the spatial dimension of social interaction. Thus, I finally arrive at their complementary methodological role within the author's sociology of space.

Given that from the beginning Goffman's concept of social interaction is intrinsically linked to the sociologist William I. Thomas' emphasis on the inferential character of social life (PS2, 3; PS_{dt}, 7), and by the same token to Thomas' stress on the socially constructed, „defined" character of situations (Thomas/Thomas 1928, 521 f.; FA, 1; FA_{dt}, 9), it becomes reasonable that both the empirical existence and the analytical depiction of regions, territories and frames depend on the interacting individuals' definitions of what happens within the situations of face-to-face interaction they get involved in. For Goffman, these definitions are fostered by the interactants' situational performance, (i) which depends on the social nature of their selves (Mead 1934; Smith 2006, 35), and (ii) whose "given" and "given off" expressiveness within the situation (PS2, 2; PS_{dt}, 6; Ichheiser 1949) is conveyed, on the one hand by means of the artefacts and objects employed within social interaction (PS2, 29 ff.; PS_{dt}, 30 ff.; BP, 18; BP_{dt}, 34), and on the other hand through the "embodied expressive signs" comprised in the interactants' conventionalized (non-)verbal "body idiom" – i.e. in their physical appearance and personal acts (BP, 34; BP_{dt}, 50).

Regions, frames and territories matter precisely when it comes to conceptualizing this twofold conveyance dynamic of interactional expressivity. Goffman's way of addressing the social traits of this expressivity dynamic not only brings to the conceptual forefront the hexa-dimensional conception of space that undergirds his work (Frehse 2016). Regions are spatial outcomes of the interactional expressivity particularly of artefacts and objects; territories, in turn, are the spatial results of the interactional expressivity of the individual's body idiom. Frames, finally, emanate from the interactional combination of both the physical-material setting and the body idiom inside the multiple spatial realms (i.e., frames) implicit in the cognitive expressivity of social interaction. To sum it up: regions, territories and frames are conceptually entangled with one another in a uniquely complementary way because they render methodological access to distinctive albeit correlative spatial traits of the interactional expressivity. It is this methodological attribute that turns these three spatial scales of social interaction into methodological tools of Goffman's sociology of space.

Thereby, this approach becomes uniquely operational for sociological analyses that aim to simultaneously address the corresponding three spatial ranges of the interactants' expressiveness within the situations of social interaction. After all, this kind of approach to the spatialization of social interaction remains widely unexplored within spatial-sociological debates (for an overview see Frehse 2020a). We hence realize that Goffman's sociology of space carries at its core a fully-fledged methodological toolkit, which consists of conceptually interconnected cum analytically versatile regions, territories and frames.

References

Barker, Roger G./Wright, Herbert F.: Methods in psychological ecology. Topeka 1950.

Bateson, Gregory: A theory of play and fantasy [1955]. In: Ibid.: Steps to an ecology of mind [1972]. Northvale/London [2]1987, 138–148 (dt. 1981).

Frehse, Fraya: Erving Goffmans Soziologie des Raums. In: Sozialraum.de (Online) 8 (2016), http://sozialraum.de/erving-goffmans-soziologie-des-raums.php (31.8.2020).

Frehse, Fraya: On the temporalities and spatialities of the production of space. In: SFB 1265 Working Paper Series, 4 (2020), https://sfb1265.de/einblicke/publikationen/working-paper-nr-4-on-the-temporalities-and-spatialities-of-the-production-of-space/ (31.08.2020).

Frehse, Fraya: The historicity of the re-figuration of spaces under the scrutiny of the pre-Covid São Paulo homeless pedestrians. In: Angela Million/Christian Haid/Ignacio Castillo Ulloa/Nian Baur (ed.): Spatial transformations. Oxford forthcoming/2021, 1–11.

Frehse, Fraya: Erving Goffman's sociology of physical space for architects and urban designers. In: Tom Avermaete/Leandro Medrano/Luiz Recamán (ed.): The new urban condition. New York 2021, 73–85.

Herod, Andrew: Scale. Abindgon 2011.

Ichheiser, Gustav: Misunderstandings in human relations: A study of false social perception. In: American Journal of Sociology [supplement] 55/2 (1949), 5–67.

Jensen, Ole B.: Negotiation in motion: Unpacking a geography of mobility. In: Space and Culture 13/4 (2010), 389–402.

Kim, Esther: Nonsocial transient behavior: Social disengagement on the greyhound bus. In: Symbolic Interaction 35/3 (2012), 267–283.

Lin, Holin/Sun, Chuen-Tsai: The role of onlookers in arcade gaming: Analysis of public behaviours. In: Convergence 17/2 (2011), 125–137.

Löw, Martina: Raumsoziologie. Frankfurt/Main 2001.

Mead, George H.: Mind, self and society. Chicago 1934 (german 1968).

Odebunmi, Akin: Participation configuration in a Nigerian university campus. In: Pragmatics & Cognition 20/1 (2012), 186–215.

Schroer, Markus: Räume, Orte, Grenzen. Frankfurt/Main 2006.

Sheff, Thomas: Goffman unbound! Boulder/London 2006.

Smith, Gregory W. H.: Erving Goffman. London, New York 2006.

Smith, Robin J./Hall, Tom: Everyday territories: Homelessness, outreach work and city space. In: British Journal of Sociology 69/2 (2018), 372–390.

Thomas, William I./Thomas, Dorothy S.: The child in America. New York 1928.

Treviño, A. Javier (ed.): Goffman's legacy. Lanham, Boulder, New York, Toronto, Oxford 2003.

Totale Institutionen

26

Ruth Ayaß

Der Begriff „totale Institution" wurde von Erving Goffman 1961 in seinem Text *On the Characteristics of Total Institutions* eingeführt. Dieser Text (1957 war schon eine kürzere Fassung erschienen) eröffnet den Band *Asylums* (AS_a), zu deutsch *Asyle* (AS_a$_{dt}$). Begriff und Text gehen auf eine empirische Untersuchung in einer geschlossenen Psychiatrie zurück, die Goffman unmittelbar im Anschluss an seine Arbeit an *The Presentation of Self in Everyday Life* (PS) durchführte. Gegenstand der Studie war die Situation psychiatrischer Patient/innen in geschlossenen Einrichtungen. Goffman hatte hierfür 1955 und 1956 im St. Elisabeths Hospital in Washington, D.C., einer psychiatrischen Anstalt, Feldforschung betrieben (s. Kap. 3). Der Essay *On the Characteristics of Total Institutions* behandelt primär das Leben in dieser Psychiatrie. Totale Institutionen definiert Goffman eingangs wie folgt: „A total institution may be defined as a place of residence and work where a large number of like-situated individuals, cut off from the wider society for an appreciable period of time, together lead an enclosed, formally administered round of life" (AS, xiii; AS$_{dt}$, 11). Von anderen Institutionen gesellschaftlichen Lebens unterscheiden sich totale Institutionen vor allem darin, dass sie die Übergänge zwischen innen und außen streng reglementieren, kontrollieren und sich nach außen durch Mauern, Stacheldraht, verschlossene Pforten etc. abschotten. Auch wenn sich die empirische Studie vorwiegend auf Psychiatrien bezieht, hat Goffman weitere (totale) Institutionen ebenfalls im Blick: Gefängnisse, Waisenhäuser, Kasernen, Internate, Kriegsgefangenenlager, Konzentrationslager, Tuberkulosestationen und andere mehr. Den Begriff der totalen Institution versteht Goffman als „Idealtyp" (AS_a, 5; AS_a$_{dt}$, 17). Die empirischen Beispiele (die Realtypen also) unterteilt Goffman in fünf Gruppen:

1. Anstalten der Fürsorge („care"), die für Menschen vorgesehen sind, die sich nicht selbst versorgen können, die aber der Gesellschaft als harmlos gelten (Goffman führt hier u. a. Waisenhäuser und Altersheime als Beispiele an).
2. Anstalten für Menschen, die sich nicht selbst versorgen können, die aber, unbeabsichtigt, eine Bedrohung für die Gesellschaft darstellen (z. B. Tuberkulosesanatorien).
3. Anstalten für Personen, die als gefährlich gelten, Gefängnisse zum Beispiel, wobei diese Einrichtungen nicht notwendig auf das Wohlergehen der Personen zielen, die in ihnen leben.

R. Ayaß (✉)
Fakultät für Soziologie, Universität Bielefeld,
Bielefeld, Deutschland
E-Mail: ruth.ayass@uni-bielefeld.de

K. Lenz und R. Hettlage (Hrsg.), *Goffman-Handbuch*, https://doi.org/10.1007/978-3-476-05871-3_26

4. Einrichtungen, die vorgeben, auf die Durchführung bestimmter Arbeiten ausgerichtet zu sein, etwa Kasernen, Schiffe, Arbeitslager etc.
5. Anstalten, die als Rückzugsorte von der Welt dienen, Klöster zum Beispiel.

Da diese Typenbildung als idealtypisch zu verstehen ist, ergebe sich, so warnt Goffman selbst, ein begriffliches Problem: „none of the elements I will describe seems peculiar to total institutions, and none seems to be shared by every one of them“ (ebd.).

„Total“ an diesen totalen Institutionen ist ihr allumfassender („encompassing“) Charakter (AS_a, 4; AS_a_{dt}, 15). Während für die moderne Gesellschaft typisch ist, dass der Mensch an verschiedenen Orten „schläft, spielt und arbeitet“ und dabei mit verschiedenen Personen in Berührung kommt, gilt dies nicht für totale Institutionen (AS_a_{dt}, 17; AS_a, 5). Ihr zentrales Merkmal ist, dass die Trennung dieser drei Bereiche aufgehoben ist: Alles geschieht am selben Ort in der Gesellschaft von Schicksalsgenoss/innen. Der Tag und seine zeitliche Struktur werden vorgeschrieben, ebenso die Tätigkeiten. Die Menschen werden kontrolliert und überwacht (AS_a, 6 f.; AS_a_{dt}, 18). Eine zentrale Eigenheit haben alle totalen Institutionen gemein: Sie trennen streng zwischen „inmates“ und „supervisory staff“, also Insass/innen und (Aufsichts-)Personal. Dieser „basic split“ (AS_a, 7; AS_a_{dt}, 18) liefert auch die Gliederung des Textes in „The Inmate World“ und „The Staff World“. Der Abschnitt zur „Welt der Insassen“ beschreibt die Aufnahmeprozeduren, die der Neuankömmling durchlaufen muss, als Prozesse der Demütigung und Unterwerfung. In ihnen wird das bürgerliche Selbst zerstört und das Individuum der Anstaltskontrolle unterworfen. Für das Selbst des/der Insassen/Insassin sind die totalen Institutionen verheerend („fateful“; AS_a, 47; AS_a_{dt}, 53). Ein System von Privilegien und Strafen dient der Disziplinierung der Insass/innen. Die strengen Lebensbedingungen führen zu einem System von sekundären Anpassungen („secondary adjustments“), mit denen die Insass/innen versuchen, auszuweichen, ihr Selbst zu schützen oder sich Erleichterung zu verschaffen (AS_a, 54–66; AS_a_{dt}, 59–70); sie reichen vom offenen Widerstand bis hin zur „conversion“ (das Individuum übernimmt die Rolle des/der perfekten Insassen/Insassin).

Der Abschnitt zur „Welt des Personals“ beschreibt das Problem des Personals, einerseits die Ziele der Institution umzusetzen (‚Besserung‘ des/der Insassen/Insassin zum Beispiel), andererseits „sozialen Abstand“ zu den Insass/innen herzustellen und zu bewahren (AS_a_{dt}, 90; im englischen „social distance“, AS_a, 87). Die strikte Trennung zwischen Insass/innen und Personal wird rituell in „institutional ceremonies“ (dt.: „Anstaltszeremonien“) aufgehoben, in denen es zu verstärktem Kontakt zwischen den beiden Gruppen kommt, etwa beim „Tag der offenen Tür“, Weihnachtsfeiern oder Anstaltslaientheater, Veranstaltungen, die sich häufig an Dritte richten und in denen den Besuchern eine Fassade dargeboten wird (AS_a, 93–112; AS_a_{dt}, 95–112).

Das Phänomen, das Goffman mit dem Begriff der totalen Institution beschreibt, wurde in der Soziologie durchaus schon vor Goffman beschrieben. Goffman selbst verweist auf einen Aufsatz von Howard Rowland aus dem Jahr 1939 über *Segregated Communities* sowie einen Text von Amitai Etzioni aus dem Jahr 1957 über *‚Closed‘ Educational Institutions in Israel* (AS_a, 4; AS_a_{dt}, 16, Fn. 2). Dennoch sind es Goffmans Begriff und Text, die sich durchsetzen und auf große Resonanz stoßen. Dies hat (auch) mit Goffmans Darstellung des Gegenstands zu tun. Obwohl der Text nur ca. 120 Seiten lang ist, behandelt Goffman die große Bandbreite der totalen Institutionen von Internaten bis hin zu Konzentrationslagern *einerseits* auf einer *formalen* Ebene und zieht dabei teils überraschende Vergleiche über die Institutionen hinweg. Es gelingt ihm damit, die verschiedensten Fälle und Phänomene auf eine gemeinsame Begrifflichkeit und Beschreibungsebene zu bringen, auch und gerade wenn sich die beschriebenen Einrichtungen sonst nicht ähneln (zum Beispiel das Phänomen, Neuankömmlingen in Militär, Klöstern und Konzentrationslagern gleichermaßen die Haare zu scheren und sie zu entkleiden).

Die Leser/innen des Textes werden dadurch gezwungen, ihre Vorstellungen einzelner Institutionen zu revidieren und sie in neuem Licht zu sehen, ein rhetorisches Manöver, das John Lofland (1980, 25) als „Goffmanesque touch" beschreiben würde. Goffmans Begriff ist auf gewisse Weise provozierend verallgemeinernd (Hettlage 2008, 261 bezeichnet ihn als „suggestiv") – gerade weil er die nur äußerlich neutralen Begriffe „Insass/innen" und „Personal", die aus Gefängnis und Psychiatrie stammen, konsequent auf alle totalen Institutionen anwendet. Wie Howard S. Becker anmerkt, verwendet Goffman eine „neutral, technical language. When he talked about mental hospitals and prisons, he used language that might just as well be used to describe an anthill or a beehive [...]" (Becker 2003, 664).

Andererseits aber kombiniert Goffman diese formale Darstellung mit einer Fülle von Beschreibungen der Institutionen aus der Perspektive der Insass/innen. Goffman ergreift also klar Partei und thematisiert dies auch selbst als „partisan view" (AS, x; AS_{dt}, 8). Für die Darstellung des Lebens in den nationalsozialistischen Konzentrationslagern zitiert Goffman zum Beispiel mehrfach Eugen Kogon und Bruno Bettelheim – beide hatten deutsche Konzentrationslager überlebt und in bahnbrechenden Texten ihre Erfahrungen beschrieben. Goffman greift aber auch auf biographische Darstellungen bekannter Romanautoren zurück – für die Darstellung der Militärlager der Royal Air Force aus der Perspektive des Insassen zitiert er T.H. Lawrence, er beruft sich auf Herman Melville für dessen Erfahrungen in der US Navy und auf George Orwell für die Erinnerungen an den Aufenthalt im Internat. Das literarische Niveau dieser zitierten Berichte der früheren Insassen und ihre – teils bittere, teils zynische – Beschreibungen machen, gemeinsam mit Goffmans eigenen empirischen Erfahrungen aus dem Feldaufenthalt im St. Elisabeths, die Darstellung der totalen Institutionen sehr eindringlich und gehen mit der formalen Beschreibung eine eigentümliche Mischung ein.

Ein drittes kommt hinzu: Der Essay *On the Characteristics of Total Institutions* eröffnet das Buch *Asyle* mit einer allgemeinen Theorie über totale Institutionen. Ihm schließen sich mehrere Texte an, in denen Goffman in erster Linie auf Psychiatrien eingeht und die „moralische Karriere" der Psychiatriepatient/innen beschreibt sowie ihre Optionen, sich im Unterleben der Institution ein Überleben zu sichern (s. Kap. 27). Während also die formale Darstellung beansprucht, alle Formen totaler Institutionen zu umfassen, beruht die empirische Analyse auf Goffmans eigenem Feldaufenthalt in einer psychiatrischen Anstalt, dem St. Elisabeths Hospital in Washington, D.C. Entsprechend basiert sein Wissen um die Realitäten in Psychiatrien auf seinen eigenen Forschungen, während er für die anderen Institutionen auf die Erfahrungen anderer zurückgreifen muss. *On the Characteristics of Total Institutions* ist damit einerseits ein empirischer Text, andererseits aber auch nicht. So stellt auch Nick Perry fest: „The model is thus required to take a burden heavier than it is able to sustain. For Goffman has looked at one organization in detail – a mental hospital – and formulated a framework for the coordination of his observations" (1974, 349).

In diesem Spannungsfeld bewegt sich entsprechend die Rezeption des Textes. Was den Text zunächst so überzeugend in der Lektüre macht, erschwert zugleich seine Rezeption. Es ist zunächst wenig verwunderlich, dass große Teile der Psychologie und Psychiatrie mit heftiger Ablehnung reagierten. Goffmans Text wurde als Beitrag zur antipsychiatrischen Bewegung verstanden (auch wenn Goffman sich dieser selbst nicht zurechnete), und entsprechend feindselig fielen in Psychiatrie und Psychologie vielfach die Reaktionen aus (z. B. Weinstein 2000). Nicht ohne Grund. Goffman hatte Psychiatrien gesondert thematisiert und in die Verantwortung genommen: „Psychiatrische Heilsanstalten spielen in diesem Zusammenhang eine besondere Rolle, denn ihr Personal hält sich für spezialisiert in der Wissenschaft von der menschlichen Natur, und aufgrund dieses Wissens stellt es Diagnosen und verschreibt Therapien" (AS_a_{dt}, 91; AS_a, 89). Die Essays zu den totalen Institutionen im Allgemeinen und Psychiatrien im Speziellen, die sich in *Asylums* finden, sollten daher auch im Zusammenhang mit einem weiteren Text Goffmans gelesen werden, der 1969 in einem anderen Band erschien, *The Insanity of Place* (IOP; auch RP_g) (s. Kap. 70), in dem er die Erfahrung der Angehörigen thematisiert und die psychiatrischen Patient/innen im Kontext ihrer Familien beschreibt (hier greift Goffman auf Erfahrungen in der eigenen Familie zurück; hierzu auch Shalin 2013).

In der Soziologie ist Goffmans Text jedoch wegweisend (als „seminal" bezeichnet ihn McEwen 1980, 143). Er ist nach wie vor die meist zitierte soziologische Untersuchung zum Thema Psychiatrie, auch wenn sich die psychiatrischen Anstalten und Abteilungen seit der Publikation vor allem durch Prozesse der De-Institutionalisierung – also Flexibilisierung und Dezentralisierung – deutlich verändert haben (hierzu auch Hettlage 2008, 263 f.). Das St. Elisabeths Hospital in Washington, D.C., hatte zum Zeitpunkt von Goffmans Feldaufenthalt 7000 Insassen, und sehr lange Aufenthalte waren die Regel – neuere Texte weisen immer wieder auf diese besonderen Bedingungen der amerikanischen Psychiatrien der 1950er-Jahre hin (z. B. Gronfein 2000, 270).

In den an Goffman anschließenden Diskussionen und Weiterführungen kehren mehrere Kritikpunkte wieder. Auf zwei dieser Kritikpunkte sei hier eingegangen (zu weiteren Punkten die kritischen Übersichten in Perry 1974; McEwen 1980; Davies 1989 und Hettlage 2008):

1. Immer wieder wird die große Bandbreite an Einrichtungen kritisch diskutiert, die Goffman unter den Begriff der „totalen Institution" subsumiert. Wie unterschiedlich sich das Verhältnis von Personal und Insass/innen und damit der Aufenthalt in totalen Institution gestalten kann, zeigt sich zum Beispiel im Kriterium von Freiwilligkeit resp. Unfreiwilligkeit des Aufenthalts – ausgerechnet Goffmans Paradebeispiel Psychiatrie ist hier ein Grenzfall. Detaillierte empirische Untersuchungen einzelner Institutionen wie Internate oder Militär, die an Goffman anschließen, korrigieren und konkretisieren entsprechend Goffmans Generalisierungen.
2. Es ist unklar, wie Goffman totale Institutionen von Institutionen im Allgemeinen einerseits und klassischen Organisationen andererseits abgrenzt. Die von Goffman beschriebenen Anstalten haben durchweg den Charakter von Organisationen. Man muss davon ausgehen, dass Goffman diese Abgrenzung bewusst vermieden hat. Er zeigt vielmehr einen Typus von Organisation, der so umfassend auf das Leben seiner Insass/innen zugreift, dass er den Charakter von – totalen – Institutionen annimmt. Andererseits finden sich die Merkmale totaler Institutionen auch außerhalb von Anstalten. Lewis A. Coser (2015) zum Beispiel zielt mit seinen Analysen der „‚gierigen' Institutionen" auf Formationen, die sich eben nicht im Anstaltscharakter niederschlagen, welche also die Personen nicht notwendig aus ihrem sozialen Umfeld herauslösen und hinter verschlossene Tore verbringen, die aber dennoch einen allumfassenden Anspruch an sie stellen: Sekten, Familien (mit ihren Ansprüchen an Dienstboten und Hausfrauen), politische Gruppierungen (Coser nennt hier die Bolschewisten). Auch in gierigen Institutionen erfahren die Personen eine „fremdbestimmte Unterwerfung" (Coser 2015, 27), ohne selbst Insasse/Insassin einer totalen Institution im eigentlichen Sinn zu sein. Denn sie müssen sich den gierigen Institutionen so intensiv widmen, dass sie für andere Interaktionen nicht zur Verfügung stehen (Coser 2015, 17).

An Goffmans Begriff der totalen Institutionen ist auffällig, dass er sich in der weiteren Diskussion als sperrig präsentiert, sich aber zugleich als produktiv erweist (und damit alle Merkmale eines typischen Goffman-Begriffs aufweist) (s. Kap. 72). Dies wird vor allen Dingen dort deutlich, wo sich Einrichtungen, die in Goffmans Sinn zu den totalen Institutionen zählen, modernisieren, wie dies in den vergangenen 50 Jahren insbesondere in Gefängnis und Psychiatrie geschehen ist, die Konzepte wie den/die

„Freigänger/in“ oder „offene“ Abteilungen entwickelt haben. Sie präsentieren sich damit auf einer Alltagsebene als nicht-totale Institutionen oder als Institutionen mit nicht-totalen Anteilen, bleiben aber in diesen Veränderungen – Goffman würde sie wohl zu den zeremoniellen Darbietungen rechnen – letztlich ihrem totalen Anspruch treu und dehnen ihn in den Alltag der Akteur/innen aus. Auch in einem anderen Punkt zeigt sich die Modernisierungs- und Überlebensfähigkeit der totalen Institutionen. Goffman verwendet in *Asylums* neben seinem Hauptbeispiel Psychiatrie ca. 20 weitere Beispiele für totale Institutionen, darunter Leprosorien, Tuberkulosesanatorien und Armenasyle (für die Beispiele s. AS_a, 5 und 10; AS_a_{dt}, 16 und 21), welche, zumindest gegenwärtig im nordwestlichen Teil der Welt, deutlich weniger Bedeutung haben als früher und daher veraltet wirken. Doch sind totale Institutionen z. B. in Flüchtlingslagern weiterhin allgegenwärtig (gerade im Zeitalter der Massenmigration). Vor allen Dingen aber entstehen an anderen Stellen *neue* totale Institutionen. In Fernsehsendungen wie „Big Brother“ oder vergleichbaren Sendungen, die dem sogenannten Reality-Format zugehören, unterwerfen sich Akteur/innen den Regeln von „Camps“ oder „Containern“, deren Lebensbedingungen den Strukturen von totalen Institutionen, vor allem in der Abschottung von der Außenwelt und der lückenlosen Überwachung, verblüffend ähneln, und die von der zeremoniellen Darbietung an ein Publikum leben bzw. diese zu ihrem Kern machen.

In der Fähigkeit von totalen Institutionen, sich zu häuten und dabei im Kern total zu bleiben – oder schlicht in neue Gehäuse zu schlüpfen – zeigt sich, dass Goffmans Begriff der totalen Institutionen weiterhin für die soziologische Beschreibung relevant ist.

Literatur

Becker, Howard S.: The politics of presentation: Goffman and total institutions. In: Symbolic Interaction 26/4 (2003), 659–669.

Coser, Lewis A.: Gierige Institutionen. Soziologische Studien über totales Engagement. Frankfurt/Main 2015 (orig.: Greedy institutions. Patterns of undivided commitment. New York 1974).

Davies, Christie: Goffman's concept of the total institution: Criticisms and revisions. In: Human Studies 12 (1989), 77–95 (auch in Gary A. Fine/Gregory W. H. Smith (Hg.): Erving Goffman, Vol. 3. London u. a. 2000, 239–254).

Etzioni, Amitai: The organizational structure of „closed“ educational institutions in Israel. In: Harvard Educational Review 27/2 (1957), 107–125.

Gronfein, William: Goffman's Asylums and the social control of the mentally ill [1992]. In: Gary A. Fine/Gregory W. H. Smith (Hg.): Erving Goffman, Vol. 3. London u. a. 2000, 255–279.

Hettlage, Robert: Totale Institutionen. Organisationsanalyse und Gesellschaftsperspektive. In: Herbert Willems (Hg.): Lehr(er)buch Soziologie. Wiesbaden 2008, 253–268.

Lofland, John: Early Goffman: Style, structure, substance, soul. In: Jason Ditton (Hg.): The view from Goffman. London 1980, 24–51.

McEwen, Craig A.: Continuities in the study of total and nontotal institutions. In: Annual Review of Sociology 6 (1980), 148–185.

Perry, Nick: The two cultures and the total institution. In: British Journal of Sociology 25/3 (1974), 345–355 (auch in: Gary A. Fine/Gregory W. H. Smith (Hg.): Erving Goffman, Vol. 3. London u. a. 2000, 173–183).

Rowland, Howard: Segregated communities and mental health. In: Forest R. Moulton (Hg.): Mental health. Publication of the American Association for the Advancement of Science 9, 1939, 263–268.

Shalin, Dmitri N.: Goffman on mental illness: Asylums and „The Insanity of Place“ revisited. In: Symbolic Interaction 37/1 (2013), 122–144.

Weinstein, Raymond M.: Goffman's Asylums and the total institution model of mental hospitals [1994]. In: Gary A. Fine/Gregory W. H. Smith (Hg.): Erving Goffman, Vol. 3. London u. a. 2000, 280–304.

Sekundäre Anpassung und Unterleben

27

Alfred Schäfer

Goffman führt die Begriffe der sekundären Anpassung und des Unterlebens in seinem Buch *Asylums* (s. Kap. 38), im Rahmen einer Theorie totaler Institutionen, ein. Diese Theorie thematisiert einen Grenzfall der Institutionalisierung bzw. Organisation, der darauf abzielt, individuelle Identitäten in einer hierarchischen Ordnung zu definieren und zu fixieren. Obwohl man die Praktiken der sekundären Anpassung und des Unterlebens durchaus mit anderen, von Goffman beschriebenen Strategien des Identitätsmanagements in alltäglichen Interaktionen in Verbindung bringen kann, scheint Goffman (auch werkgeschichtlich) ihre spezifische Bedeutung doch in ihrer Opposition gegenüber totalitären Identitätszumutungen zu sehen.

Verpflichtung und Bindung: Organisatorische Identitätserwartungen

Den Bezugspunkt für Phänomene der sekundären Anpassung bilden nicht die Probleme einer niemals gelingenden Perspektivenübernahme und der daraus resultierende Umgang mit prekär bleibenden Identitätsunterstellungen. Die Probleme, auf die mit sekundären Anpassungen reagiert wird, sind zwar immer noch Identitätserwartungen, aber solche, wie sie in zweckrational verfassten bzw. formalen Organisationen formuliert sind. Solche Organisationen bestimmen einen Raum von Verpflichtungen und Bindungen, der nicht nur eine ‚äußerliche' Bestimmung der Mitgliedschaft vorsieht, sondern dieses Mitglied „vielmehr auch in seiner Eigenschaft als Mensch" (AS_c_{dt}, 177; AS_c, 180) zu inkludieren beansprucht. Es ist eine über die bloße Verpflichtung hinausgehende Erwartung der Verbindlichkeit organisatorisch definierter Erfordernisse, die das Profil einer individuellen Zugehörigkeit bestimmen. Diese Verbindlichkeit legt fest, ob man zur ‚Welt' der Organisation gehört: „Eine Handlung vorschreiben heißt, eine Welt vorschreiben; sich vor einer Vorschrift drücken heißt, sich vor einer Identität drücken" (AS_c_{dt}, 183; AS_c, 187). Es geht dann um mehr als nur eine erwartbare Handlungsdisziplin: Gefordert scheint „auch eine Disziplin des Seins" (AS_c_{dt}, 184; AS_c, 188). Diese beinhaltet die als verpflichtend betrachtete Erwartung, „einen bestimmten Charakter zu haben und in einer bestimmten Welt zu leben" (ebd.).

Goffman unterscheidet nun im individuellen Umgang mit dem so formulierten Erwartungshorizont von Organisationen eine primäre und eine sekundäre Anpassung. Von einer primären Anpassung spricht er, wenn Mitglieder einer

A. Schäfer (✉)
Martin-Luther-Universität Halle-Wittenberg, Halle (Saale), Deutschland
E-Mail: alfred.schaefer@paedagogik.uni-halle.de

K. Lenz und R. Hettlage (Hrsg.), *Goffman-Handbuch*, https://doi.org/10.1007/978-3-476-05871-3_27

Organisation deren Erwartungshorizont als für sich verbindlich akzeptieren, wenn sie in „angemessenem Geist" (AS_c_{dt}, 185; AS_c, 189) das tun, was für sie und ihre jeweilige Position vorgesehen ist, und wenn sie mit den darauf beruhenden institutionellen Gratifikationen zufrieden sind. Zu erwähnen ist aber, dass mit dieser primären Anpassung keine (etwa im strukturfunktionalen Sinne) unproblematische Eingliederung, keine einfache Übereinstimmung organisatorischer und individueller Perspektiven gemeint ist. Auch eine Identifikation mit den als verbindlich betrachteten Verpflichtungen einer Organisation hebt die Interpretationsbedürftigkeit ihrer Vorschriften nicht auf. Regeln definieren die Bedingungen ihrer Realisierung niemals hinreichend (Wittgenstein 1971). Dies bedeutet, dass auch eine primäre Anpassung letztlich auf einem Aushandlungsprozess beruht, der sich um die Konkretion organisatorischer Ziele und die intersubjektiven Beziehungen der sich in ihrem Lichte verstehenden Individuen dreht. Goffman spricht daher davon, dass es nicht nur um eine primäre Anpassung des individuellen Menschen an die Organisation gehe, sondern „dass es ebenso vernünftig wäre, davon zu sprechen, dass die Organisation eine primäre Anpassung an ihn durchmacht" (AS_c_{dt}, 185; AS_c, 189).

Gegenüber der primären ist die sekundäre Anpassung des Individuums an die Organisation nun dadurch gekennzeichnet, dass das Individuum hier Möglichkeiten sucht, wie es „sich der Rolle und dem Selbst entziehen kann, welche die Institution für es für verbindlich hält" (ebd.). Solche Möglichkeiten können in unerlaubten Handlungen, aber auch in von der Organisation und ihren Vorgaben abweichenden Zielen liegen. Wenn Organisationen diese Abweichungen, mit denen sie immer rechnen müssen, feststellen sollten, werden sie dazu tendieren, disziplinierende Maßnahmen zu ergreifen, die bis zum angedrohten oder vollzogenen Ausschluss reichen können. Es kann aber auch, um Eskalationen zu vermeiden, die wiederum weitergehende oder auch sich ausbreitende Widerstände provozieren könnten, damit reagiert werden, dass man einige dieser problematischen Praktiken legitimiert, um sie auf diese Weise kontrollieren zu können (AS_c_{dt}, 192; AS_c, 197). Gegenüber diesen integrativen Strategien von Seiten der Organisation unterscheidet Goffman aus der Perspektive jener Individuen, die sich Strategien der sekundären Anpassung bedienen, zwei Formen. Eine zerstörerische Form zielt darauf, die Organisation von innen heraus zu sabotieren: Es geht um die Unterbrechung organisatorischer Abläufe, die darauf zielen, die Strukturen der Organisation selbst zu verändern. Eine gemäßigte Form, die dann zum Gegenstand der weiteren Untersuchungen wird, drängt nicht auf solche Veränderungen. Sie nähert sich eher primären Anpassungsmechanismen, unterscheidet sich aber von diesen dadurch, dass hier an die Stelle der Primatsetzung organisatorischer Ziele die Orientierung an persönlichen Vorteilen rückt. Die Formen der sekundären Anpassung machen „das Unterleben sozialer Institutionen" (AS_c_{dt}, 196; AS, 201) aus und Goffmans These beinhaltet, dass ein solches Unterleben mit der Rigidität und der Zunahme eines totalitären Charakters von solchen Institutionen eine zunehmende Bedeutung für die inkludierten Individuen erhält: Es wird dann zu einer Überlebenstechnik.

Gemäßigte Formen der sekundären Anpassung – seien es die Produktion von Räumen für Nebenengagements, das Unterlaufen des institutionellen Handlungsdrucks, die Versuche, aus den vorgeschriebenen Tätigkeiten einen individuellen (materiellen oder symbolischen) Nutzen zu ziehen, die Formen eines legitimierten Absentismus usw. – mögen sich zwar zunächst einerseits vor dem Hintergrund moderner Befreiungsnarrative als Gegenwehr stilisieren lassen: als Unterlaufen eines machtvollen Drucks und als Versuch, diesem entgegen individuelle Freiräume zu wahren und zu behaupten. Der Rückverweis auf dieses Narrativ liegt nahe, wenn man von ‚totalen Institutionen' ausgeht. Andererseits aber wird man im Hinblick auf andere soziale Organisationen und Institutionen davon ausgehen müssen, dass Formen der sekundären Anpassung das Funktionieren solcher sozialen Einheiten zugleich unterlaufen und stabilisieren. Sekundäre Anpassungsmechanismen tragen zur Stabilisierung der Institution bei, gegen die sie sich wenden. Und diese Dialektik trifft nicht nur auf

‚normale', sondern auch auf ‚totale Institutionen' zu – wenn auch auf eine unterschiedliche Weise.

Totale Institutionen

Total sind Institutionen aufgrund ihres umfassenden Charakters. Sie bilden das gesamte Leben der Insass/innen umfassende und von der übrigen Gesellschaft abgeschlossene Orte, die gleichzeitig durch eine scharfe Trennung der Insass/innen von einem professionellen Stab gekennzeichnet sind, der sie überwacht und die Macht zu einer umfassenden Kontrolle hat. Da totale Institutionen an anderer Stelle im Handbuch näher betrachtet werden (s. Kap. 26), soll der Fokus hier auf drei Merkmale gelegt werden, die selbst wiederum als Bezugspunkte für die hier zu findende spezifische Qualität sekundärer Anpassungsprozesse anzusehen sind. Das erste dieser Merkmale bilden die Aufnahmeprozeduren in totale Institutionen und die darauf folgende Kontrolle der noch möglichen Beziehungen zur Außenwelt. Goffman hat auf den demütigenden und entwürdigenden Charakter solcher Aufnahmeprozeduren hingewiesen: Es geht dabei nicht nur darum, Insass/innen so transparent erscheinen zu lassen, dass ihnen jeder Spielraum zum Identitätsmanagement genommen wird. Zudem werden sie aus allen sozialen Kontexten herausgelöst, die nun allenfalls nur noch im Rahmen ihrer institutionellen Definition eine Rolle spielen dürfen. Schließlich geht es nicht zuletzt um „die Zerstörung des formellen Verhältnisses zwischen dem Individuum und seinen Handlungen" (AS_a$_{dt}$, 43; AS_a, 35). Es geht um eine radikale Enteignung des sozialen Selbst und der mit ihm verbundenen Handlungsspielräume: Das hervorgebrachte Individuum verliert den Status einer als eigenständig verstandenen Zurechnungsadresse. Seine symbolischen Artikulationen, seine Äußerungen und Praktiken, können nun unabhängig von der Beantwortung der Frage des darin vermuteten Selbstausdrucks anderen Ordnungsmustern und Registern zugeschrieben werden. Diese Register beziehen sich nur noch auf eine soziale Kategorie (den Kranken, Verbrecher/innen, Unselbständigen o. ä.). Genau darin liegt – zweitens – die Möglichkeit einer ungebrochenen Definitionsmacht des Stabes. Diese besteht darin, dass in ihr die für jede Selbstdarstellung konstitutive Lücke zwischen Repräsentation und Präsenz geschlossen wird. Das kategorisierte Individuum wird mit eben dieser Kategorie identifiziert. Daraus folgt wiederum – drittens – mit Blick auf die erwähnte, die sekundäre Anpassung kennzeichnende Dialektik der systemstabilisierenden Gegenwehr, eine systematische Beschränkung. Diese Dialektik kann sich nur dort entfalten, wo Freiräume der Abweichung oder des Sich-Entziehens gegeben sind, die die Organisation zwar nicht grundsätzlich in Frage stellen, die aber doch eine relevante Differenz und Opposition zwischen eigenem Interesse und Organisationszweck artikulieren. Am Beispiel des Loopings zeigt Goffman, wie sich die Dialektik einer systemstabilisierenden Gegenwehr in eine direkte Bestätigung der genannten Merkmale totaler Institutionen verwandelt: in eine bloße Herrschaftsfigur, die den Stab und damit die Organisation unangreifbar macht. Beim Looping handelt es sich um eine vom Stab selbst provozierte Gegenwehr des Insass/innen, die dann wiederum als eine Bestätigung jener Definition aufgefasst wird, die seiner/ihrer Einlieferung zugrunde lag (ebd.). Für die Insass/innen folgt daraus, dass sich die Möglichkeiten einer sekundären Anpassung, eines Unterlebens, weitgehend vom Organisationszweck entkoppeln müssen. Es wird darum gehen, sich der allgegenwärtigen Kontrolle zu entziehen und Reste einer eigenen Handlungsökonomie zu bewahren. Mit Blick auf die Organisationsziele wird diese sekundäre Anpassung eher defensiv vorgehen: Sie wird versuchen, sich der Aufsicht zu entziehen, nicht durch sie kontrollierte Gegenstände zu bewahren und Räume zu nutzen; sie wird versuchen, soziale Beziehungen zu anderen Insass/innen zu bilden, zu kontrollieren oder zu nutzen. Diese Formen der sekundären Anpassung orientieren sich vor allem an Möglichkeiten diesseits der organisatorischen Logik und Zwecksetzung. Sie bleiben eher abstrakte Negationen dieser Abläufe: als bestimmte Negation im Rahmen dieser Abläufe hätten sie keine Chance.

Die Dialektik der sekundären Anpassung

Die Funktionslogik der totalen Institutionen reduziert die Dialektik der sekundären Anpassung auf einen Ausgrenzungsmechanismus: Deren Praktiken haben für die Institution selbst entweder nur eine irrelevante Bedeutung oder sie werden zur Steigerung der Herrschaft des Stabs über die Insass/innen genutzt. Vor diesem Hintergrund ergibt sich ein Bild, nach dem das Unterleben der Insass/innen als Zeichen dafür interpretiert werden kann, dass die Behauptung eines eigenen Selbst noch unter den widrigsten Bedingungen statthat. Blickt man demgegenüber auf jene Dialektik der sekundären Anpassung, wie sie Goffman für alle Organisationsformen postuliert, so verschiebt sich dieses Bild. Es ist hier gerade die erwartete Selbstverpflichtung auf die ‚Welt' der Organisation, die eine Differenz individueller Orientierungen und Aktivitäten zu den Organisationszielen immer schon als zu schließende Lücke unterstellt. Damit sind zwei Implikationen verbunden, die den Unterschied zur ‚totalen Institution' markieren. Einerseits wird davon ausgegangen, dass sich Organisationsziele nicht einfach als Handlungsziele verbindlich machen lassen. Sie verlangen im Hinblick auf konkrete Situationen eine letztlich ungeregelte Übersetzung und eine Akzeptanz durch die Mitglieder der Organisation, die diese Übersetzung leisten müssen. Damit ist andererseits zugleich impliziert, dass die Grenze zwischen Befolgung und Abweichung so einfach nicht zu ziehen ist, sondern einen zwar asymmetrischen, aber doch einen Ort der Aushandlung darstellt. Erst mit diesen beiden Implikationen wird es sinnvoll, das Unterleben oder die sekundären Anpassungsprozesse im Rahmen jener Dialektik zu formulieren, die diese zugleich als Widerständigkeit, als ein Unterlaufen der Organisationsziele im eigenen Interesse und als funktionalen Beitrag zur Aufrechterhaltung der institutionellen Ordnung begreift. Die sekundäre Anpassung verweist dann auf die Unmöglichkeit, das Identitätsmanagement des Individuums mit einer ihm organisatorisch zugeschriebenen Kategorie zur Deckung zu bringen. Während in Prozessen der primären Anpassung diese Unmöglichkeit eher in der Orientierung hin auf einen vielleicht harmonischen wechselseitigen Anpassungsprozess von Organisation und Mitgliedschaft verläuft, zeigen die Prozesse der sekundären Anpassung nichts anderes als die Grenzen einer solchen Versöhnung. Praktiken der (gemäßigten) sekundären Anpassung unterlaufen die Imperative der Organisation, indem sie deren Freiräume – und damit die unaufhebbare Differenz von sozialer Kategorie und individueller Identität – nutzen.

Zwischen Ohnmacht und Befreiung – normative Verschiebungen in der Rezeption

Man kann nun die Dialektik der sekundären Anpassung selbst noch einmal im Horizont der Opposition von Unterwerfung und Befreiung diskutieren und damit normativ kodieren. Vor dem Hintergrund einer solchen idealisierten Gegenüberstellung kann dann etwa bedauert werden, dass die Betonung der sekundären Anpassung den Machtcharakter von Institutionen nivelliere und letztlich sozial bedeutungslose Freiräume feiere (Gouldner 1974, 456). Eine solche Kritik betont, dass trotz individueller Interpretationsspielräume der organisatorische Rahmen nicht in Frage gestellt werde. Man kann betonen, dass gerade die Betonung dieser Interpretations- und Handlungsspielräume sich den Erfordernissen einer neuen Ökonomie anpasse, dass sie als Theorie Züge eines neuen Utilitarismus trage, in dem die Betonung der eigenen Individualität zugleich den Erfordernissen einer Vermarktung des eigenen Selbst entspreche (Meltzer/Petras/Reynolds 1975, 108). Dieser vermittelte praktische Konformismus korrespondiere letztlich mit einem Verzicht auf eine ‚wirkliche' Identität: Sie als Ziel individueller Anstrengungen noch festhalten zu wollen, führe letztlich zu einer absurden Soziologie (Lyman/Scott 1970). Das Ringen um eine unverfügbare, eine zugleich sakralisierte wie unmögliche Identität führt in dieser

Perspektive nicht nur auf der Ebene des intersubjektiven Austauschs, sondern auch auf der einer organisatorischen Einbindung allenfalls zu tragischen Verstrickungen.

Demgegenüber lässt sich das Unterleben gerade dann, wenn man einen tendenziell totalitären Machtanspruch von Institutionen betont, auch als widerständig, als institutionell vermittelte Befreiungspraxis stilisieren. Diese beruht dann letztlich darauf, dass jene Praktiken, die Goffman in der hier betonten Dialektik der sekundären Anpassung analysiert, noch einmal normativ aufgewertet werden: als etwas, das möglich bleiben müsse und letztlich auch pädagogisch zu befördern sei (Krappmann 1971). Auch wenn sich diese Perspektive jener von Goffman analysierten Dialektik der sekundären Anpassung nähert, so gewinnen deren Praktiken doch hier eine Auszeichnung, die dazu neigt, deren implizit kritisches Verhältnis zur Institution in eine explizite Kritik im Namen einer eigenen Befreiung zu transformieren.

Neben diesen beiden Rezeptionslinien, von denen die letztere zu einer Vielzahl empirischer Studien geführt hat, lässt sich eine dritte Linie unterscheiden, die gerade die in diesen Untersuchungen dominierende herrschaftskritische Perspektive problematisiert hat. Diese betont, dass Goffman die totalitäre Geschlossenheit der Institutionen überbetont habe, dass auch totale Institutionen keinen monolithischen Block abgeben würden und dass daher wohl auch die Möglichkeiten individueller Gegenwehr und Identitätsbehauptung vielfältiger sein dürften (Davies 1989). Eine solche Perspektive kommt der hier angegebenen zweiten moralisierenden Rezeptionslinie insofern entgegen, als sie das Konzept der totalen Institutionen näher an andere Institutionen heranrückt und damit Übertragungs- und Kritikmöglichkeiten eröffnet. Andererseits aber nimmt sie dieser einen Teil ihres moralischen Impetus, weil deren Engagement sich nicht zuletzt vom ‚Totalitären' herleitet.

Literatur

Davies, Christie: Goffman's concept of the total institution. Critics and revisions. In: Human Studies 12 (1989), 77–95.

Gouldner, Alvin: Die westliche Soziologie in der Krise. 2 Bände. Reinbek bei Hamburg 1974 (org. 1970).

Krappmann, Lothar: Soziologische Dimensionen der Identität. Strukturelle Bedingungen für die Teilnahme an Interaktionsprozessen. Stuttgart 1971.

Lyman, Stanford M./Scott, Marvin B.: A Sociology of the absurd. New York 1970.

Meltzer, Bernard N./Petras, John W./Reynolds, Larry T.: Symbolic interactionism. London/Boston 1975.

Wittgenstein, Ludwig: Philosophische Untersuchungen. Frankfurt/Main 1971.

Rolle(nspiel) und Rollendistanz

28

Stefan Laube

„Role Distance" („Rollendistanz") ist eine Wortschöpfung Erving Goffmans und zugleich namensgebender Titel des zweiten Teils seiner 1961 erschienenen Monographie *Encounters* (s. Kap. 39). Mit diesem Begriff greift Goffman das empirische Phänomen auf, dass sich Individuen in bestimmten Momenten und Konstellationen sozialer Interaktion demonstrativ von ihrer sozialen Rolle distanzieren und damit signalisieren, dass sie sich dessen bewusst sind, eine bestimmte Rolle zu spielen. Charakteristisch für diese Akte der Distanzierung ist nach Goffman, dass sie neben bzw. gleichzeitig zu der jeweils zum Ausdruck gebrachten Hauptrolle, etwa einer Berufsrolle, andere Rollen ins Spiel bringen, zum Beispiel Geschlechterrollen. Teilnehmende sozialer Interaktionen betrachtet Goffman daher als „Jongleur[e]" (EN_b_{dt}, 156; „juggler", EN_b, 139) vielfältiger Rollenzuschreibungen. Der Vollzug von Rollendistanz hilft diesen Jongleuren dabei, die an sie gestellten komplexen und teilweise heterogenen Verhaltenserwartungen situativ zu gestalten und auszubalancieren.

Mit dieser Konzeption wendet sich Goffman gegen zwei zum Zeitpunkt des Erscheinens von *Encounters* dominante Diskursstränge. Zum einen gegen die in der damaligen Soziologie einflussreiche funktionalistische Rollentheorie, die den Begriff der sozialen Rolle als mit einer Position verknüpftes Bündel normativer Verhaltenserwartungen definiert. Verhaltensweisen, die von diesen normativen Erwartungen abweichen, lassen sich aus der Perspektive der funktionalistischen Rollentheorie nur als abweichendes Verhalten klassifizieren. Der Begriff der Rollendistanz hält dem entgegen, dass die kompetente Ausführung einer Rolle auch Aspekte der Distanzierung von dieser Rolle umfasst, die mit der alleinigen Betrachtung von Rollenerwartungen nicht erfasst werden können.

Zum anderen positioniert sich Goffman mit dem Begriff der Rollendistanz auch in kritischer Weise in der im Zuge der Umbruchstimmung der 1960er Jahre breit geführten Debatte zu gesellschaftlichen Rollenzwängen. Besonders der damals populären Vorstellung, dass sich Individualität und Autonomie nur in einer radikalen Ablehnung sozialer Erwartungen und Rollenvorgaben ausdrücken könne, erteilt er eine Absage. Vielmehr eröffne das zeitweilige Zurücktreten von einer Rolle erst die Möglichkeit der individuellen und autonomen Bewältigung heterogener Rollenanforderungen und sozialer Erwartungen. Mehr noch: Als Teil der persönlichen Interaktionskompetenz und des eigenen Ausdrucksrepertoires drücke sich gerade in Rollendistanz der „personal style" (EN_b, 152; EN_b_{dt}, 171) des Einzelnen aus.

S. Laube (✉)
Institut für Soziologie, Johannes Kepler Universität Linz, Linz, Österreich
E-Mail: stefan.laube@jku.at

K. Lenz und R. Hettlage (Hrsg.), *Goffman-Handbuch*, https://doi.org/10.1007/978-3-476-05871-3_28

Von sozialer Rolle zum Rollenspiel

Ausgangspunkt in der Konzeption von Rollendistanz ist die Definition einer sozialen Rolle als mit einer sozialen Position verknüpftes Bündel von Rechten und Pflichten. Goffman übernimmt diese Definition vom Kulturanthropologen Robert Linton (1936, 114), dessen Rollenbegriff zuvor bereits von Robert K. Merton aufgegriffen wurde. Während Merton (1957) aber das rollentheoretische Verständnis von Linton grundsätzlich übernimmt und dahingehend erweitert, dass mit einer sozialen Position nicht nur eine, sondern mehrere soziale Rollen verknüpft sein können („role-sets"), weist Goffman den Rollenbegriff Lintons in einer Hinsicht grundlegend zurück. Zwar ließen sich mit dem Rollenbegriff die mit einer sozialen Position verbundenen Verhaltenserwartungen in den Blick nehmen, unklar bleibe dabei allerdings, wie sich Rolleninhaber/innen in Interaktionen zu ihren Rollenerwartungen tatsächlich verhalten, ob und wie sie diese deuten und an konkrete Handlungsabläufe anpassen. Dem Begriff der sozialen Rolle stellt Goffman deshalb die „actual role performance" (EN_b, 93; EN_{dt}, 105) gegenüber, um auf diese Weise die nicht vorgeschriebenen Aspekte in der situativen Deutung und performativen Ausgestaltung des Rollenverhaltens zu beleuchten.

Damit erweitert Goffman sein bereits zwei Jahre zuvor begonnenes Unterfangen der Etablierung von „situational terms" (PS2, 16; PS_{dt}, 18) anstelle von „conventional structural ones" (ebd.). Während er in *The Presentation of Self in Everyday Life* dem Ausdruck „role" den explizit auf die situative Gestaltung des Rollenverhaltens bezogenen Begriff „part" gegenüberstellt, setzt er in „Role Distance" auf den Terminus „situated activity system" (EN_b, 95 ff.; EN_b_{dt}; 107 ff.). Damit will Goffman nicht, wie die vorliegende deutsche Übersetzung „situationsabhängiges Handlungssystem" (EN_b_{dt}, 107) nahelegt, zum Ausdruck bringen, dass die gesetzten Handlungen von ganz spezifischen Situationen abhingen. Gemeint ist, in etwa gleichbedeutend mit dem von Goffman zwei Jahre später in *Behavior in Public Places* eingeführten Terminus „focused interaction" (BP, 24; BP_{dt}, 40), die Eingebundenheit in einen situierten Kreislauf voneinander abhängiger Handlungen, in welchem die Teilnehmenden ein gemeinsames Zentrum visueller und kognitiver Aufmerksamkeit aufrechterhalten. Beispiele sind nach Goffman das Spielen eines Spiels, Haareschneiden, die Abhaltung eines Kleingruppen-Experiments oder die Durchführung einer chirurgischen Operation.

Goffmans Auseinandersetzung mit dem Rollenbegriff führt zu zwei sozialtheoretischen Modifikationen gegenüber der funktionalistischen Rollentheorie: Einerseits zu einer Annäherung an das tatsächliche Rollenverhalten in sozialen Interaktionen und andererseits zu einer Verschiebung von den normativen zu den interpretativen und performativen Aspekten des Rollenverhaltens. Beide Modifikationen evozieren ein soziologisches Menschenbild, das sich grundsätzlich von dem der funktionalistischen Rollentheorie unterscheidet. Während letztere den Menschen als Rollenträger/in porträtiert, deren/dessen Verhalten von klar benennbaren mit ihrer/seiner sozialen Position verknüpften Verhaltenserwartungen angeleitet wird, werden Menschen bei Goffman zu Rollenspieler/innen. Als solche antizipieren und balancieren sie komplexe und heterogene soziale Erwartungen, die darüber hinaus oft nicht benannt, sondern stillschweigend vorausgesetzt werden, im situativen Vollzug ihres Verhaltens, von Augenblick zu Augenblick und je nach den Erfordernissen situierter Aktivitätssysteme.

Rollendistanz als situatives Jonglieren mit vielfältigen Rollen

Der Umstand, dass Individuen nicht immer allen Verhaltensvorschriften ihrer Statusposition entsprechen, kann im Rahmen der funktionalistischen Rollentheorie nur als abweichendes Verhalten gedeutet werden. Goffman hingegen gelingt es Akte der partiellen Zurückweisungen einer Rolle soziologisch neu zu bewerten. Anders als die Rollentheorie isoliert er Rollenerwartungen nicht von der situativen Realität des Soziallebens, sondern betrachtet sie als

Gegenstand performativ hervorgebrachter Deutungs- und Vollzugsleistungen in sozialen Situationen. Akte der Rollendistanz begreift er damit zwar nicht als einen normativen, explizit vorgeschriebenen, aber als einen typischen Aspekt in der Realisierung sozialer Rollen. Sie lassen sich durchaus als sozial erwartbar beschreiben und erfüllen innerhalb einer zentrierten Interaktion (bzw. eines situierten Aktivitätssystems) eine wichtige Funktion: Die Stabilisierung des gemeinsamen Zentrums visueller und kognitiver Aufmerksamkeit, besonders in kritischen Momenten des Übergangs.

Diese Funktion von Rollendistanz illustriert Goffman detailliert anhand selbst erhobener ethnografischer Beobachtungsnotizen zur Durchführung chirurgischer Operationen. Die Bewältigung einer OP verlange, dass alle Mitglieder des hierarchisch organisierten OP-Teams in ihrem Rollenspiel laufend ihre Annahmen darüber modulieren, welche Rechte und Pflichten ihnen in ihrer Position zustehen. Daher treten die Teilnehmenden im Verlauf der OP immer wieder von ihrer beruflichen Hauptrolle zurück und lassen dafür Aspekte anderer sozialer Rollen in den Vordergrund treten. So zieht der Chefchirurg Nutzen aus distanzierenden Handlungen, die den Rechten und Pflichten, die mit der sozialen Position eines Chefchirurgen verbunden sind, offen widersprechen. Indem er etwa Fehler von Teammitgliedern in kritischen Momenten der Operation durch Scherze auf seine Kosten thematisiert, bricht er zwar mit der formalen Verhaltens-Etikette im Operationssaal, festigt aber die Arbeitsleistung und Konzentration seiner hierarchisch unter ihm stehenden Mitarbeiter/innen. Innerhalb der OP als situiertes Aktivitätssystem ist er daher gleichzeitig „a host to persons at his party, as well as the director of his operating team“ (EN_b, 127 f.; EN_b_{dt}, 143). In der Ausübung dieser Mehrfachrolle kann der Chefchirurg auch einem seiner Assistenten erlauben, zeitweise die Rolle eines Clowns einzunehmen, um kritische Momente der OP zu ironisieren und Anspannung abzubauen, etwa wenn ein benötigtes Instrument unauffindbar oder ein Teammitglied unaufmerksam ist. Schließlich kann durch Rollendistanz auch der im Operationssaal normalerweise würdevoll behandelte Patientenkörper zeitweilig profanisiert werden, um die Aufmerksamkeit und Konzentration des OP-Teams zu steuern: „At the beginning of the task the surgeon may beat a tattoo on the leg of the anesthetized patient, and at the end he may irreverently pat the patient on the bottom, commenting that he is now better than new“ (EN_b, 126; EN_b_{dt}, 142). Damit distanziert er sich zwar von den gesellschaftlichen Erwartungen, die üblicherweise an die Rolle eines Arztes geknüpft werden, beugt sich aber der situativen Notwendigkeit sicherzustellen, dass alle Mitglieder des OP-Teams im richtigen Moment bei der Sache sind.

Auch wenn der konkrete Ausdruck von Rollendistanz offen für individuelle Idiosynkrasien ist, etwa durch den Einsatz von Humor und Ironie, regulieren stillschweigende „role-distance rights“ (EN_b, 130; EN_b_{dt}, 146) wer sich wann und auf welche Weise innerhalb eines situierten Aktivitätssystems von seiner Rolle distanzieren darf. Während etwa die Hilfsschwester im Verlauf der OP zeitweise in ihrer Geschlechterrolle als Frau adressiert wird oder von sich aus als solche agieren darf, wird die in der Hierarchie höherstehende OP-Schwester generell nicht mit ihrer Geschlechterrolle in Verbindung gebracht, um ihre Aufgabe als Überwacherin der Sterilität und der ungeminderten Geschicklichkeit der Chirurgen nicht zu gefährden. Ebenso steht es nur dem Chefchirurgen zu, einem Assistenten die Rolle eines Clowns zu gewähren, während nur er selbst wie ein Gastgeber auf einer Party die OP-Etikette durch Scherze lockern darf, aber nicht selbst den Clown spielen kann. All diese Akte von Rollendistanz sind jedenfalls kein Ausbrechen aus Rollenzwängen, sondern ein Jonglieren mit verschiedenen Rollen im Dienst der Aufrechterhaltung eines situierten Aktivitätssystems.

Die Idee, dass die Distanzierung von einer Rolle keinesfalls ein Ausbrechen aus gesellschaftlichen Zwängen darstellt, wurde Goffman bereits in seiner Studienzeit von Everett

C. Hughes nahegebracht (s. Kap. 14). Dessen Vorläuferbegriff „role release" lässt Goffman in „Role Distance" zwar unerwähnt, zitiert ihn aber in einer Fußnote in *Asylums* (AS_a, 94; AS_a$_{dt}$, 96). Hughes griff mit diesem Begriff Gelegenheiten und Konstellationen auf, in denen Individuen von üblicherweise an sie gerichteten Rollenerwartungen befreit sind und so die Möglichkeit erhalten, ein anderes Verhalten auszudrücken. Die Funktion dieser temporären Befreiung von Rollen sah er im kontrollierten Abbau von Spannungen und damit letztlich in der Stabilisierung sozialer Ordnung. Man darf annehmen, dass Goffmans Porträt von Rollendistanz als relative Freiheit von Rollenerwartungen, die dem Druck der Aufrechterhaltung eines situierten Aktivitätssystems geschuldet ist, von diesem Grundgedanken von Hughes beeinflusst worden ist.

Rezeption und Weiterentwicklung

Die Rezeption von Goffmans situativer Wendung des Rollenbegriffs ist zunächst von der rollentheoretischen Diskussion der 1960er und 70er Jahre geprägt. Während in den USA Merton und seine Schüler/innen den diesbezüglichen Diskurs bestimmen, findet auch in der deutschsprachigen Soziologie eine intensiv geführte Debatte um die Leistungsfähigkeit und Grenzen der Rollentheorie statt. Im Sog dieser Debatte wird die von Goffman vorgenommene Abgrenzung gegenüber dem Rollenbegriff nur zögerlich als solche (an)erkannt. Mitverantwortlich dafür sind Ungenauigkeiten in der Übersetzung von *The Presentation of Self in Everyday Life,* die sowohl den von Goffman eingeführten Begriff „part" als auch den älteren Terminus „role" mit „Rolle" wiedergibt (PS$_{dt}$, 18; PS2, 16). Darüber hinaus erweckt Ralf Dahrendorf, der mit *Homo Sociologicus* (1957) zu einem vielzitierten Autor in der rollentheoretischen Kontroverse in Deutschland wird, in seinem kurzen Vorwort zur deutschen Übersetzung den Eindruck, Goffmans Ansatz füge sich nahtlos in die von ihm vertretene Variante der funktionalistischen Rollentheorie (s. Kap. 37).

Erst im Verlauf der weiteren Rezeption treten dann die Unterschiede zur Rollentheorie deutlicher hervor. Mit der Gegenüberstellung von interpretativem und normativem Paradigma (Wilson 1973) beginnt das Bild Goffmans als vermeintlicher Rollentheoretiker langsam zu bröckeln. Mit dieser Gegenüberstellung wird die funktionalistische Rollentheorie als Ausdruck eines normativen Paradigmas charakterisiert, das Gesellschaft aus dem an Normen und Erwartungen orientierten Verhalten erklärt. Goffmans Arbeiten hingegen werden zu einer wichtigen Säule des interpretativen Paradigmas, das den interpretativen Prozess der Auslegung von Verhaltenserwartungen in den Mittelpunkt rückt (auch Falk/Steinert 1973). Langzeitergebnis dieser Differenzierung ist, dass die ursprünglich im Kontext der Debatte um die Rollentheorie eingeführten und rezipierten Begrifflichkeiten Goffmans heute kaum mehr mit der Rollentheorie assoziiert werden. Während der Begriff der sozialen Rolle fixer Bestandteil des grundbegrifflichen Inventars des Faches geworden ist, aber in der soziologischen Theoriearbeit kaum mehr weiterentwickelt wird (Dayé 2020), weckt Goffmans situatives Vokabular des Rollenspiels daher auch in aktuellen Theoriedebatten in den Sozial- und Kulturwissenschaften breites Interesse (s. Kap. 24).

Auf den Begriff der Rollendistanz im engeren Sinn trifft dies jedoch nur in geringem Ausmaß zu. Seine Rezeption erreicht ihren Höhepunkt im Zuge der rollentheoretischen Debatte diesseits und jenseits des Atlantiks. Hervorzuheben ist hier etwa der Beitrag Rose Laub Cosers (1966), deren eigene Arbeiten in der rollentheoretischen Tradition Mertons stehen. Laub Coser würdigt, dass Goffman einen bislang zu wenig berücksichtigten Aspekt des Rollenverhaltens beleuchtet, weist aber zugleich auf die Vermengung von zwei unterschiedlichen Fällen von Rollendistanz hin. Neben der Rollendistanz in chirurgischen Operationen verwendet Goffman auch das Beispiel von männlichen Heranwachsenden, die während des Reitens auf Karussellpferden Rollendistanz zeigen. Laub Coser argumentiert, dass diese Variante von Rollendistanz die Anbahnung eines dauerhaften Statusübergangs vom Kind zum Mann betrifft, während sich der Chefchirurg bei der OP nur in bestimmten Momenten von den Privilegen und Vorschriften distanziere, die mit seinem Status verbunden sind. Ihr Vorschlag, den Begriff der Rollendistanz nur für den Fall dauerhafter Statusübergänge oder -verluste zu reservieren, setzt sich jedenfalls nicht durch. Hinzu kommt aber eine weitere Variante von Rollendistanz: Die Distanzierung von einer aufgezwungenen Rolle, wie sie sich in Gefängnissen, Konzentrationslagern oder psychiatrischen Anstalten beobachten lässt. So argumentiert Haus Peter Dreitzel (1972, 196 f.) in Anlehnung an Goffman, dass Individuen in totalitären und oppressiven Situationen Rollendistanz üben können, um Widerstand gegen die ihnen aufgezwungene Statusposition zum Ausdruck zu bringen. Beeinflusst vom Begriff der Rollendistanz und entgegen der funktionalistischen Rollentheorie hatte zuvor bereits Jürgen Habermas (1973 [1968]) in seinen sozialisationstheoretischen Überlegungen die Möglichkeit von Autonomie im Umgang mit gesellschaftlichen Rollenerwartungen betont.

Im Zuge der schwindenden Aufmerksamkeit für die Rollentheorie ab den 1980er Jahren ebbte auch die Auseinandersetzung mit dem Begriff der Rollendistanz merklich ab (Edgley 2013). Zwar findet er in jüngerer Zeit durchaus vereinzelte Aufnahme in Forschungsarbeiten, die ohne den Bezug zur Rollentheorie auskommen, etwa im Bereich der Technik- und Materialitätssoziologie (Pinch 2010) oder der Emotionssoziologie (Laube 2005). Sozialtheoretische Weiterentwicklungen des Begriffs (z. B. Chriss 1999) sind jedoch rar.

Literatur

Chriss, James J.: Role distance and the negational self. In: Gregory W. H. Smith (Hg.): Goffman and Social Organization. Studies of a Sociological Legacy. London 1999, 64–80.

Coser, Rose Laub: Role distance, sociological ambivalence, and transitional status systems. In: American Journal of Sociology 72/2 (1966), 173–87.

Dahrendorf, Ralf: Homo Sociologicus. Ein Versuch zur Geschichte, Bedeutung und Kritik der sozialen Rolle. Opladen 1957.

Dayé, Christian: Soziale Rolle. In: Christian Dayé/Christian Fleck (Hg.): Meilensteine der Soziologie. Frankfurt/Main 2020, 394–404.

Dreitzel, Hans Peter: Die gesellschaftlichen Leiden und das Leiden an der Gesellschaft. Vorstudien zu einer Pathologie des Rollenverhaltens. Stuttgart 1972.

Edgley, Charles: Role-distance, activity distance, and the dramaturgic metaphor. In: Ders. (Hg.): The drama of social life: A dramaturgical handbook. London 2013, 123–136.

Falk, Gunter/Steinert, Heinz: Über den Soziologen als Konstrukteur von Wirklichkeit, das Wesen der sozialen Realität, die Definition sozialer Situationen und die Strategien ihrer Bewältigung. In: Heinz Steinert (Hg.): Symbolische Interaktion. Arbeiten zu einer reflexiven Soziologie. Stuttgart 1973, 13–45.

Habermas, Jürgen: Stichworte zu einer Theorie der Sozialisation [1968]. In: Ders.: Kultur und Kritik. Verstreute Aufsätze. Frankfurt/Main 1973, 118–194.

Laube, Stefan. Der Kunde ist König, egal wie dumm er ist. Professionelle und unprofessionelle Strategien der Gefühlsarbeit im Call-Center. Unveröffentl. Diplomarbeit. Graz 2005.

Linton, Ralph: The study of man: An introduction. New York 1936.

Merton, Robert K.: The role set: Problems in sociological theory. In: British Journal of Sociology 8/2 (1957), 106–120.

Pinch, Trevor: The invisible technologies of Goffman's sociology: From the merry-go-round to the internet. In: Technology and Culture 51/2 (2010), 409–424.

Wilson, Thomas P.: Theorien der Interaktion und Modelle soziologischer Erklärung. In: Arbeitsgruppe Bielefelder Soziologen (Hg.): Alltagswissen, Interaktion und gesellschaftliche Wirklichkeit. Band 1: Symbolischer Interaktionismus und Ethnomethodologie. Reinbek bei Hamburg 1973, 54–79.

29 Civil Inattention

Martin Endreß

In seinem Nekrolog für Erving Goffman verweist Hans Oswald darauf, dass „das Wissen um die soziale Kontextualität und Zerbrechlichkeit des Selbst" wesentlicher Antrieb von Goffmans Forschungen und Studien gewesen ist (Oswald 1983, 212). Einer der genuinen und zentralen Bezugspunkte seiner Untersuchungen dieser Verletzlichkeit und Zerbrechlichkeit bildet die Analyse des Phänomens der „civil inattention" für Goffman. Dieser Begriff hat in der deutschen Literatur verschiedene Übersetzungsvorschläge erfahren: Eingeführt sind die Varianten „höfliche Gleichgültigkeit" (BP_{dt}, 97), „höfliche Nichtbeachtung" (Hirschauer 1999), aber auch „höfliche Unaufmerksamkeit" (Knoblauch 1994). Womöglich kann man auch von einer „zivilen bzw. höflichen Gelassenheit" sprechen, die Goffman hier für den Normalfall des Begegnens im öffentlichen Raum auf den Begriff bringt.

Ihren systematischen Ort im Kontext von Goffmans übergreifenden Untersuchungen zur „Interaktionsordnung" hat die Figur der „civil inattention" im Rahmen der konstitutiven „Normalitätsschauspiel(e)" (RP_f_{dt}, 371; „normalcy show" RP_f, 282), die strukturell für das Gelingen alltäglicher Routinepraktiken und für ein angstfreies öffentliches Leben unerlässlich sind. Mit diesen suchen Akteurinnen und Akteure die Spannung zwischen dem Bemühen um die „Demonstration von Normalität" und dem gleichzeitigen Verbergen eigenen Argwohns („suspicion"), eigener Unsicherheit bzw. Verunsicherung oder auch der Sorge um die eigene Verletzbarkeit („vulnerability") alltäglich zu bewältigen (ebd.; zum Kontext: Raab 2014, 103 ff.; Cary 1978; Giddens 1987; Haddington et al. 2012; Hettlage 1991, 118 ff.; Hirschauer 2005; Manning 1992, 10 ff.; Knoblauch 1994, 21 f.). Goffman spricht hier vom „Oberflächencharakter sozialer Ordnung" („the surface character of public order"), der durch eine Reihe von „Quellen sozialer Kontrolle an öffentlichen Plätzen" („sources of social control in public places") gesichert werde (RP_f_{dt}, 430; RP_f, 331).

Solchermaßen bildet „civil inattention" für Goffman nicht nur ein „wesentliches Merkmal des öffentlichen Lebens", sondern er versteht sie letztlich als „Inbegriff [des] Arrangements" der Begegnung einander unbekannter Personen im öffentlichen Raum (ABS_{dt}, 153; ABS, 327), insofern dieser Raum durch „die offene Anwesenheit anderer" (RPf_{dt}, 395; „the open presence of others", RP_f, 302) gekennzeichnet ist. Als Haltung beschreibt Goffman in dieser, mit objektiver Verwundbarkeit einhergehenden Situation des Begegnens einander Unbekannter im öffentlichen Raum „civil inattention" als „eine Mischung aus Vertrauen, Rücksichtnahme

M. Endreß (✉)
FB IV, Abteilung Soziologie/Ethnologie,
Universität Trier, Trier, Deutschland
E-Mail: endress@uni-trier.de

K. Lenz und R. Hettlage (Hrsg.), *Goffman-Handbuch*, https://doi.org/10.1007/978-3-476-05871-3_29

und scheinbarer Sorglosigkeit“ (ABS_{dt}, 153; ABS, 327). Es handelt sich gewissermaßen um eine sozial verträgliche Informationsaufnahme und Wachsamkeitsform vor dem Hintergrund der „grundsätzliche[n] Deutungsbedürftigkeit menschlichen Handelns“ und der „prinzipielle[n] Mehrdeutigkeit sozialer Wirklichkeit“ (Raab 2014, 105). Entsprechend identifiziert Goffman für die öffentlichen Räume von Gesellschaften die Etablierung von „Regeln“ („rules“) der „civil inattention“ für Begegnungen von Menschen, die als Anzeichen für den Beziehungsstatus der füreinander Unbekannten fungieren: ein Code von „Beziehungszeichen“ („tie-signs“) (RPf_{dt}, 397; RP_f, 323):

> „What seems to be involved is that one gives to another enough visual notice to demonstrate that one appreciates that the other is present (and that one admits openly to having seen him), while at the next moment withdrawing one's attention from him so as to express that he does not constitute a target of special curiosity or design.“

Goffman zufolge handelt es sich um „perhaps the slightest of interpersonal rituals, yet one that constantly regulates the social intercourse of persons in our society“ (BP, 84; BP_{dt}, 98; mit Blick auf den öffentlichen Raum des Fahrstuhls: Hirschauer 1999, bes. 239 f.). Zur kundigen Gesellschaftlichkeit wie zum Bewegen im öffentlichen Raum gehört demnach ein Repertoire an Verhaltens- und körperlichen Ausdrucksformen (Blickausrichtung, Gestik und Mimik), die eigene Gelassenheit, Kenntnis der eigenen Grenzen wie auch Respekt vor der oder dem Anderen zum Ausdruck bringen.

Dabei ist es für Goffman offenkundig, dass die „civil inattention“ als interaktive Basisregel öffentlichen Lebens durch die Institutionalisierung sozialer Kontrollmechanismen – wie gesetzliche Regelungen, moralische Missbilligung oder die Anwesenheit von Ordnungskräften – abgestützt und flankiert wird. Damit erweist sich „taktvolles und diskretes Verhalten“ („using discretion“) als konstitutiv zur Aufrechterhaltung und Pflege der „Struktur der öffentlichen Ordnung“ („structure of public order“) (RPe_{dt}, 281; RP_e, 209): „Es kommt laufend zu Aggressionshemmungen, und gewöhnlich wird ein gewisses Maß an Höflichkeit eingehalten“ (RPf_{dt}, 430; RP-f, 331). Das veranschaulicht für Goffman insbesondere die Überlegung ex negativo: der Blick auf Situationen des „Zusammenbruch[s] der höflichen Gleichgültigkeit“ („breakdown in civil inattention“) (RP_f_{dt}, 432; RP_f, 332). Denn die Idee der „civil inattention“ baut letztlich auf dem Befund auf, dass Erfahrungen der (latenten) Zerbrechlichkeit sozialer Wirklichkeit ein Korrelat der konstitutiven „latenten Fragilität“ und Veränderungsdynamik menschlicher Deutungen der sozialen Welt und ihres grundlegenden Bezuges zur sozialen Welt sind. In Interaktionen stehen also stets sowohl die jeweils eigene Weltsicht sowie der Welt- und Sozialbezug als auch das Selbstbild und der Selbstbezug zwangsläufig mit ‚auf dem Spiel‘. Aktuell beobachtbare Prozesse der Brutalisierung (Goffman vermeidet den Begriff der „de-civilization“), des Kippens öffentlicher Räume in Arenen des Misstrauens und forcierter Rücksichtslosigkeiten vermitteln einen Eindruck von den möglichen Konturen des Verlustes der „civil inattention“, die Goffman insbesondere auf „halb-öffentlichen Plätzen in Slums“, aber auch in Innenstädten und Geschäftsvierteln der Städte identifiziert. In solchen Fällen lässt sich mit Goffman von einer Untergrabung der Idee des unaufdringlichen wechselseitigen Voneinander-Notiz-Nehmens, und damit von einem Verlust einer Kultur des Taktes und des Respekts voreinander im öffentlichen Raum sprechen.

Gleichwohl bleiben die Haltung und das Handeln im Sinne der „civil inattention“ nicht nur grundlegende Aspekte des öffentlichen Lebens, sondern sie stellen zugleich Chance (im Sinne einer Entlastung von der Sorge des Verletzt-werden-Könnens) und Risiko dar. Und zwar nicht nur in dem Sinne, dass alarmierende („alarming“) Signale übersehen werden können, sondern auch aufgrund der Manipulationsmöglichkeit dieser als „Alarmquellen“ („a source of alarm“) fungierenden „Informationszeichen“ („informing signs“), also durch die „Vortäuschung höflicher Gleichgültigkeit“

seitens unbekannter Anderer (RPf$_{dt}$, 398; RP_f, 305). In einer weiteren Hinsicht schließlich ergibt sich ein Risiko aufgrund des potentiellen Missverstehens von Ausdrucksformen der ‚civil inattention'. Goffman veranschaulicht dieses Risiko an den möglichen Implikationen eines zweiten Blickes bei Begegnungen einander unbekannter Männer und Frauen im öffentlichen Raum, der bereits als ‚Einladung' missverstanden werden kann (ABS, 330 Fn. 5; ABS$_{dt}$, 120, Fn. 10).

Systematisch zu verorten ist Goffmans Figur der „civil inattention" im Rahmen seiner Unterscheidung von zwei Haupttypen von Ehrerbietung („deference"), also von Zuvorkommenheitsritualen („presentational rituals") und Vermeidungsritualen („avoidance rituals") (IR$_{dt}$, 70–81; IR, 62–73). Danach gehört die „civil inattention" für Goffman zu den „Vermeidungsritualen" – als eine Form der „ehrerbietenden Distanz" („stand-off arrangements") (IR$_{dt}$, 71; IR, 63). Solchermaßen ist „civil inattention" als „eine wesentliche Form von nichtzentrierter Interaktion" zu begreifen (BP$_{dt}$, 102; BP, 88).

Zusammenfassend lässt sich sagen, dass es beim Phänomen der „civil inattention" um eine Form der unmerklichen Aufmerksamkeit geht, um ein Beobachten, welches sich nicht als solches zu erkennen gibt. Ein für den öffentlichen Raum im Kern implizit mitlaufendes (letztlich dauerhaftes) Sondieren, ob die allgemeinen Regeln des als angemessen erachteten höflichen Umgangs unter Mitmenschen und einem selbst gegenüber eingehalten werden oder nicht.

Goffmans Beschreibungen, dass Verletzungen der „civil inattention" zu Misstrauen, Argwohn und Verdächtigungen („distrust", „suspicions") führen, haben die Rezeption des Phänomens der „civil inattention" insbesondere im Rahmen von Arbeiten zur Soziologie des Vertrauens befördert. So nimmt Anthony Giddens mit seinem Konzept der „ontologischen Sicherheit" das Prinzip der „civil inattention" bei Goffman insbesondere als „Vertrauen im Sinne eines ‚Hintergrundgeräusches'" auf (1995, 104 f., 113; auch Willems 1997, 93, 167, 335). Ebenso hat Endreß die Idee der „civil inattention" im Rahmen der Vertrauensanalyse aufgegriffen (u. a. 2002, 24; 2012) und den Gedanken der höflichen Unaufmerksamkeit bzw. Gelassenheit als das für die Ausbildung eines grundlegenden Sicherheitsempfindens in alltäglichen flüchtigen Begegnungen und anonymen Sozialkontakten fungierende Prinzip herausgestellt. Danach reguliert es alltäglich in öffentlichen Räumen die Praxis unaufdringlichen wechselseitigen Voneinander-Notiz-Nehmens ohne weitergehende Handlungsrelevanzen. Der analytische Kern dieses Prinzips findet sich im Vertrauen auf selbstverständlich geltende Strukturen des sozialen Verkehrs, die die konstitutive Ambivalenz zwischen der Verletzungsmächtigkeit und der Verletzbarkeit eines jedes Menschen im Rahmen einer Kultur der „civil inattention" ebenso positiv wie produktiv aufheben. Dieses Strukturprinzip menschlicher Sozialität ermöglicht eine Kultur vor-institutioneller wie vor-reflexiver Anerkennung. Der dominierenden Alltagserfahrung nach wird sie als ein Kernmoment menschlicher Soziabilität, d. h. Sozialitätsfähigkeit verstanden werden. Gegenbilder sind hier im Kriegszustand befindliche und nicht demokratisch strukturierte Gesellschaften ebenso wie öffentliche Orte, die zu ‚Angst-Räumen' und ‚No-go-areas' mutiert sind.

Vermittelt über Beobachtungen zum Phänomen des Vertrauens wurde Goffmans Figur der „civil inattention" konsequenterweise ebenso im Rahmen des Sicherheitsdiskurses aufgegriffen. So haben Endreß/Rampp (2013, 156) argumentiert, dass liberal-inkludierende Praktiken der Sicherheitsproduktion dazu angetan sind, die Kultur der für den öffentlichen Raum grundlegenden „civil inattention" des gesellschaftlichen Miteinanders zu destabilisieren, wenn nicht gar zu untergraben, und stattdessen im Sinne einer umfassenden „civil attention" den Verdacht bzw. eine proaktive Aufmerksamkeitskultur zum Grundphänomen sozialen Lebens zu erheben. Im Zuge eines solchen „breakdown in civil inattention" (RP_f, 332; RP_f$_{dt}$, 432) mutiert dann die alltäglich gelebte Normalität des sozialen Verkehrs zu einer Sozialität unter

Vorbehalt. Ein derartiger Vorbehalt tangierte ganz offensichtlich das als Vergesellschaftungsmodus fungierende (Grund-)Vertrauen: Misstrauen und Angstkultur statt Vertrauen und „civil inattention" würden zum zentralen Modus sozialer Interaktion werden und die vorgängigen Annahmen eines selbstverständlichen Respektierens von Grenzen und des Nichteintretens von Bedrohungskonstellationen im wechselseitigen sozialen Verkehr würden brüchig.

Letztlich erweist sich die analytische Relevanz der Figur der „civil inattention" gerade in Zeiten, in denen ihre Verletzung regelmäßig beklagt und ihre Praktizierung als vielfach bedroht, wenn nicht gar unmöglich angesehen wird, als überaus zentral: Vom öffentlichen Bloßstellen über Beleidigungen, von sexueller Belästigung über verbale und nonverbale Bedrohungen, von Verleumdungen im Netz über Verletzungen der persönlichen Integrität – alle diese Formen der Verletzung von Ansehen, Antlitz und Ausdruck lassen sich unter dem Titel der „civil inattention" als schützenswerte und zu schützende Güter personaler Integrität und Unversehrtheit begreifen. Wiederholte rassistische Diskriminierungen und die im Jahr 2020 erneut aufgebrochenen Proteste gegen Rassendiskriminierungen in den USA nach der Ermordung von George Floyd durch Polizisten dokumentieren individuelle Folgen und gesamtgesellschaftliche Konsequenzen eines Zusammenbruchs der „civil inattention" auf das Nachdrücklichste. Ein solcher Zusammenbruch durchdringt alle Poren des sozialen Lebens und führt u. a. dazu, dass ‚nicht-weiße' Eltern bereits ihre kleinen Kinder regelmäßig und intensiv auf Begegnungen mit der Polizei und dafür überlebensnotwendige Verhaltensregeln vorbereiten müssen.

Literatur

Cary, Mark S.: Does civil inattention exist in pedestrian passing? In: Journal of Personality and Social Psychology 36/11 (1978), 1185–1193.

Endreß, Martin: Vertrauen. Bielefeld 2002.

Endreß, Martin: Vertrauen und Misstrauen – Soziologische Überlegungen. In: Christian Schilcher/Mascha Will-Zocholl/Marc Ziegler (Hg.): Vertrauen und Kooperation in der Arbeitswelt. Wiesbaden 2012, 81–102.

Endreß, Martin/Rampp, Benjamin: Vertrauen in der Sicherheitsgesellschaft. In: Gerhard Banse (Hg.): Technik und Sicherheit. Berlin 2013, 145–160.

Giddens, Anthony: Erving Goffman as a systematic social theorist. In: Ders.: Social Theory and Modern Sociology. Cambridge/Oxford 1987, 109–139.

Giddens, Anthony: Konsequenzen der Moderne [1990]. Frankfurt/Main 1995.

Haddington, Pentti/Frogell, Sami/Grubert, Anna et al.: Civil inattention in public places: Normalising unusual events through mobile and embodied practices. In: Forum Qualitative Sozialforschung 13/3 (2012) (abrufbar unter: http://www.qualitative-research.net/index.php/fqs/article/view/1794/3424).

Hettlage, Robert: Rahmenanalyse – oder die innere Organisation unseres Wissens um die Ordnung der Wirklichkeit. In: Robert Hettlage/Karl Lenz (Hg.): Erving Goffman – ein soziologischer Klassiker der zweiten Generation. Bern, Stuttgart 1991, 95–154.

Hirschauer, Stefan: Die Praxis der Fremdheit und die Minimierung von Anwesenheit. Eine Fahrstuhlfahrt. In: Soziale Welt 50/2 (1999), 221–246.

Hirschauer, Stefan: On doing being a stranger: The practical constitution of civil inattention. In: Journal for the Theory of Social Behaviour 35/1 (2005), 41–67.

Knoblauch, Hubert: Erving Goffmans Reich der Interaktion. In: Erving Goffman: Interaktion und Geschlecht. Frankfurt/Main, New York 1994, 7–49.

Manning, Philip: Erving Goffman and modern sociology. London 1992.

Oswald, Hans: In Memoriam Erving Goffman. In: Kölner Zeitschrift für Soziologie und Sozialpsychologie 36/2 (1983), 210–213.

Raab, Jürgen: Erving Goffman [2008]. Konstanz ^{2}2014.

Willems, Herbert: Rahmen und Habitus. Zum theoretischen und methodischen Ansatz Erving Goffmans: Vergleiche, Anschlüsse und Anwendungen. Frankfurt/Main 1997.

Stigma

30

Anne Waldschmidt und Sarah Karim

Kein anderer Begriff ist so eng mit dem Namen Erving Goffman verbunden wie ‚Stigma'; auch das Interesse an seinem Werk *Stigma. Notes on the Management of Spoiled Identity* (1963; dt. 1967) hält seit nunmehr knapp sechzig Jahren unvermindert an (s. Kap. 41). Stigma(-tisierung) wird in solch unterschiedlichen Fächern wie Anthropologie, Ethnologie und Erziehungswissenschaft, Geschichte, Medienwissenschaft, Jura und Soziologie, Medizin, Psychiatrie und Psychologie ebenso diskutiert wie in den verschiedenen querliegenden Forschungsrichtungen, etwa der Geschlechterforschung (s. Kap. 65) oder den Disability Studies (s. Kap. 63). Im Folgenden beleuchten wir die Facetten des Stigmabegriffs und beziehen uns dabei vornehmlich auf die deutsche Fassung von *Stigma;* bei auffälligen Unterschieden greifen wir zusätzlich auf das englische Original zurück.

A. Waldschmidt (✉) · S. Karim
Humanwissenschaftliche Fakultät, Universität zu Köln, Köln, Deutschland
E-Mail: anne.waldschmidt@uni-koeln.de

S. Karim
E-Mail: sarah.karim@uni-koeln.de

Allgemeine Bedeutung von ‚Stigma'

Um den semantischen Gehalt des ab dem 16. Jahrhundert in das Deutsche eingewanderten Substantivs (einschließlich des dazugehörigen Verbs und Adjektivs) zu eruieren, bietet sich ein Blick in das Digitale Wörterbuch der Deutschen Sprache an, das den Wortschatz von 1600 bis in die Gegenwart erfasst und drei Bedeutungen nennt: Erstens meint Stigma in der ‚gehobenen' Sprache ein „charakteristisches Merkmal" oder „Kennzeichen"; zweitens bezeichnet es im religiösen Sinne das „Wundmal Christi" oder „Wundmal eines Stigmatisierten"; drittens gibt es die historische Bedeutung als „Brandmal, das Sklaven im Altertum bei schweren Vergehen aufgebrannt wurde" (Stigma: Stichwort o. J.). Die Vokabel lässt sich zurückführen auf das lateinische *stigma,* das wiederum vom griechischen *stígma* (στίγμα) abstammt und sich von dem Verb *stízein* (στίζειν) ableitet, das „stechen, punkten, tätowieren oder brandmarken" bedeutet (ebd.).

Ein weiteres Referenzwerk ist das *Lexikon zur Soziologie* (Klimke/Lautmann/Stäheli u. a. 2020); dort definiert Wolfgang Bisler (2020, 754) den Begriff im expliziten Bezug auf Goffmans *Stigma* folgendermaßen:

> „Merkmal, durch das eine Person sich von den für die Personenkategorie, der sie angehört, geltenden Standards physischer, psychischer und/oder sozialer Normalität (d. h. von ihrem sozialen Typus)

K. Lenz und R. Hettlage (Hrsg.), *Goffman-Handbuch,* https://doi.org/10.1007/978-3-476-05871-3_30

> negativ unterscheidet, das sie in ihrer sozialen Identität gefährdet und das sie somit von vollständiger sozialer Akzeptierung ausschließt. In unserer Gesellschaft wirken etwa Merkmale wie ‚blind', ‚unehelich', ‚vorbestraft' als S[tigma]".

Als verwandte Begriffe kennt die Soziologie außerdem die „Stigma-Umkehr" als Strategie „sozialer Randgruppen", „bestimmte gesellschaftliche Institutionen für ihre entrechtete Lage" (Lautmann 2020c, 754) verantwortlich zu machen, und das „Stigmamanagement", um als stigmatisierte Person „Selbstachtung zu wahren und die Anerkennung anderer zu erringen" (Lautmann 2020d, 754). Lerita Coleman-Brown (2017, 155) zufolge regulieren Stigmata soziale Beziehungen auf dreifache Weise: Kognitiv dienen sie der Stereotypisierung, auf der Verhaltensebene erlauben sie die Ausübung sozialer Kontrolle und auf affektiver Ebene lösen sie Angst aus.

‚Stigma' als Begriff nach Goffman

Zu Beginn von *Stigma* bezieht sich auch Goffman auf die Semantik: Im Altgriechischen habe ein Stigma auf „körperliche Zeichen" verwiesen, „die dazu bestimmt waren, etwas Ungewöhnliches oder Schlechtes über den moralischen Zustand des Zeichenträgers zu offenbaren" (ST_{dt}, 9; ST, 1). Heutzutage stehe weniger die körperliche Dimension als vielmehr der Aspekt der „Unehre" (ebd.) im Vordergrund. Goffmans dezidiert soziologische Begriffsbestimmung, um die „verschiedenen Stigmabeispiele[.], einschließlich derer, die die Griechen meinten" (ST_{dt}, 13; ST, 5), zu erfassen, wird zum vielzitierten Klassiker:

> „Ein Individuum, das leicht in gewöhnlichen sozialen Verkehr hätte aufgenommen werden können, besitzt ein Merkmal, das sich der Aufmerksamkeit aufdrängen und bewirken kann, dass wir uns bei der Begegnung mit diesem Individuum von ihm abwenden, wodurch der Anspruch, den seine anderen Eigenschaften an uns stellen, gebrochen wird. Es hat ein Stigma, das heißt, es ist in unerwünschter Weise anders, als wir es antizipiert hatten" (ebd.).

‚Stigma' in Relation zu verwandten Begriffen

Bereits Goffman nutzt eine Reihe anderer Begriffe wie zum Beispiel Stereotyp(-isierung), Vorurteil, Etikett(-ierung), Diskriminierung und Devianz, die auch heute noch als Synonyme von Stigma(-itisierung) gebraucht und nicht trennscharf abgegrenzt werden. Im Folgenden werden die begrifflichen Gemeinsamkeiten und Unterschiede erläutert und Stigma in Relation zu diesen fünf verwandten Termini näher bestimmt.

Erstens: Goffman zufolge ist ein Stigma nicht mit Stereotyp gleichzusetzen, sondern nur dessen „Ableger" (ST_{dt}, 68; ST, 51), nämlich „eine *besondere Art von Beziehung* zwischen Eigenschaft und Stereotyp" (ST_{dt}, 12; H.d.V.; ST, 4). Die Handlung des Stereotypisierens sieht er als ‚etwas Fundamentales in der Gesellschaft' an; das „Stereotypisieren oder ‚Profilieren' unserer normativen Erwartungen in bezug auf Verhalten und Charakter" (ST_{dt}, 68; ST, 51) von Individuen finde, wenn sich fremde Personen begegnen, notwendig und ständig statt.

Waldemar Lilli (2020a, 753) definiert Stereotyp als „fest gefügte, für lange Zeit gleich bleibende, durch neue Erfahrungen kaum veränderbare, meist positiv oder negativ bewertende und emotional gefärbte Vorstellung über Personen und Gruppen [...], Ereignisse oder Gegenstände in der Umwelt". Stereotype würden mittels selektiver Wahrnehmung gebildet und veränderten sich selbst bei widersprüchlicher Erfahrung nur wenig; letztlich dienten sie der Komplexitätsreduktion. Daniel Geschke (2012, 2) ergänzt, dass zumeist „ein gewisser sozialer Konsens" darüber bestehe, „welche Eigenschaften mit welchen Gruppen assoziiert werden".

Die gegenseitige soziale „Klassifizierung und Typisierung" ist somit der Normalfall des „beständigen sozialen Vergleich[s] des erwarteten mit dem [...] konkret gezeigten Verhalten, Habitus, Aussehen usw. einer Person" (Kardorff 2016, 408). Verfestigt sich die Typenbildung zu formelhaften Vorstellungen, entstehen Stereotypen. Während Stigmata zwangsläufig mit negativen Eigenschaften assoziiert sind, können Stereotype auch mit positiver Bewertung verbunden sein (z. B. Deutsche sind fleißig). Außerdem betreffen sie nicht nur fremde, sondern auch eigene (Bezugs-)Gruppen. Festgefahrene (meist positive) Vorstellungen über die eigene Person oder Gruppe werden als Autostereotype bezeichnet (Lilli 2020a, 753). Im Unterschied zum Stereotypisieren ist Stigmatisierung kein vornehmlich kategorisierender, sondern ein mit Abwertung und Aussonderung einhergehender Vorgang.

Wird ein Stereotyp mit „herabsetzende[n] Einstellungen" (Geschke 2012, 2) verbunden, handelt es sich um ein Vorurteil, den *zweiten* zu betrachtenden Terminus. In *Stigma* benutzt Goffman das Substantiv Vorurteil (englisch: *prejudice*) an mehreren Stellen (ST_{dt}, 41, 57, 70, 136, 161, 170; ST, 28, 42, 53, 109, 130, 138), allerdings ohne den Begriff zu definieren. In der englischen Version (ST, 42, 65) kommt auch das Verb *(to prejudice)* vor, das mit ‚voreingenommen sein' oder ‚beeinträchtigen' übersetzt wird (ST_{dt}, 57, 84).

Soziologisch wird Vorurteil oder „Globalurteil, Pauschalurteil" verstanden als „ein verfestigtes, vorgefasstes, durch neue Erfahrungen oder Informationen schwer veränderbares Urteil über Personen, Gruppen, Sachverhalte usw." (Lilli 2020b, 850). Meist geht es dabei um die ‚starke', auch emotional aufgeladene Bewertung fremder Gruppen oder gesellschaftlicher Minderheiten, deren Mitglieder mit positiven oder negativen Attributen versehen werden, wobei das negative, abwertende Vorurteil häufiger als das positive, wertschätzende ist. ‚Vor-Urteile' basieren auf unvollständigen oder falschen Informationen und dienen – mithilfe der Konstruktion von ‚Sündenböcken' – vor allem der sozialen Kohäsion einer Gruppe.

The Nature of Prejudice von Gordon W. Allport (1954) gilt als Klassiker der (sozialpsychologischen) Vorurteilsforschung; diese Studie erwähnt auch Goffman in *Stigma* (ST_{dt}, 22; ST, 12), ohne sich jedoch explizit damit auseinanderzusetzen. Allport (1954, 250–268) prägt in diesem Zusammenhang die sogenannte ‚Kontakthypothese', die auch heute noch Anwendung findet. Demnach kann der Kontakt zwischen verschiedenen Gruppen zum Abbau von Vorurteilen führen, wenn vier „situationelle" Bedingungen erfüllt sind: „gleicher Status der Gruppen in der Kontaktsituation, gemeinsame Ziele, kein Wettbewerb zwischen den Gruppen und positive Unterstützung des Kontaktes durch Autoritäten" (Pettigrew/Hammann 2016, 194).

Implizit widerspricht Goffman diesem Ansatz. Zwar nennt er zunächst Beispiele, welche ihn stützen, anschließend betont er jedoch, dass große soziale Nähe zu stigmatisierten Personen nicht automatisch Vorurteile verringere: „Vertrautheit" müsse „Verachtung nicht reduzieren" (ST_{dt}, 69; ST, 53). Ein „langdauerndes intimes exklusives Verhältnis" (ST_{dt}, 70; ST, 53) wie zum Beispiel zwischen Eheleuten könne sogar stärker durch ein Stigma belastet sein als zufällige Begegnungen. Auf die von Allport (1954) genannten Bedingungen für einen gelingenden Kontakt wie gleicher Status der Beteiligten oder „common interests and common humanity" (ebd., 267) geht Goffman nicht ein.

Im Unterschied zum Stigma handelt es sich bei einem Vorurteil, ähnlich wie beim Stereotyp, um eine gruppenbezogene Bewertung, die sowohl negativ als auch positiv ausfallen kann. Stigmata beziehen sich dagegen auf – als ‚schlecht' beurteilte – Merkmale von Individuen, die zwar mit einer Gruppenzugehörigkeit verknüpft sein können, aber nicht müssen. Vorurteile sehen das Individuum primär als Teil einer sozialen Gruppe und bewerten es anhand generalisierter Eigenschaften, die „für jedes Mitglied der betreffenden Gruppe als zutreffend angesehen werden" (Lilli 2020b, 850).

Als *dritter* ‚klassischer' Ansatz ist der Labeling Approach (AE: ‚labeling', BE: ‚labelling') relevant, der – auch unter den Begriffen Etikettierungsansatz oder Definitionsansatz – vor allem für die Kriminalsoziologie von Bedeutung ist (Brusten 2020). Er versteht soziale Abweichung als Ergebnis komplexer Prozesse, die mit der Etikettierung eines Individuums als

‚abweichend' (vorläufig) zum Abschluss kommen (Lautmann 2020b, 443). Personen, die sich nicht normgerecht verhalten, werden mithilfe gesellschaftlicher Institutionen und Zuschreibungen, die immer mit Machtstrukturen verknüpft sind, als ‚auffällig' markiert. In der Folge entstehen entsprechende Identitäten, d. h. etikettierte Personen übernehmen das *‚label'* in ihr Selbstbild. Im Wesentlichen ist mit dem Labeling Approach eine Abkehr von ätiologischen Erklärungen für abweichendes Verhalten verbunden: Abweichung wird hier als „eine Konsequenz der Anwendung von Regeln und Sanktionen auf den Täter" (ebd.) verstanden, anstatt ihren Grund ausschließlich im Individuum zu suchen.

In *Stigma* nutzt Goffman *‚labeling'* nicht als soziologischen Fachbegriff und auch das Substantiv *‚label'* sowie das Verb *‚to label'* nur unspezifisch (ST, 24, 46, 140); im Deutschen werden letztere mit ‚Wort' und ‚bezeichnen' übersetzt (ST_{dt}, 36, 62, 172). Gleichzeitig bezieht sich Goffman jedoch, vor allem in den Fußnoten, wiederholt auf Edwin M. Lemert (ST o. S., 22, 55, 73, 95, 127, 129; ST_{dt}, 7, 33, 72, 94, 120, 157, 159) sowie auf Howard S. Becker (ST, 80, 142; ST_{dt}, 103, 175), zwei prominente Vertreter des Etikettierungsansatzes.

Lemert gilt heute als Vermittler „zwischen ätiologischen und Etikettierungsansätzen" (Klimke/Legnaro 2016, 125). In seinem Werk *Social Pathology* (Lemert 1951, 75–77) unterscheidet er zwischen ‚primärer' und ‚sekundärer' Devianz, d. h. „zwischen ursprünglichen und abhängigen Ursachen für abweichende Eigenschaften und Handlungen" (Lemert [1967] 2016, 126); dabei nennt er „stigmatizing" (Lemert 1951, 77) als einen Faktor bei der Verfestigung der Devianz.

Becker (1963) geht in seiner Studie *Outsiders* der Frage nach, welche sozialen Situationen und Prozesse zu regelverletzendem Verhalten führen bzw. Menschen dazu bringen, ein bestimmtes Verhalten als abweichend zu etikettieren. Von ihm stammt das Konzept der ‚abweichenden Karriere' (ebd., 25–39), die als Folge sanktionierter Regelverstöße und durch die Verfestigung von „unconventional impulses" (ebd., 28) bei den Abweichenden entsprechende Identitäten und Gruppenzugehörigkeiten entstehen lässt. Ohne den Begriff der Stigmatisierung zu verwenden, betont Becker, dass eine solche ‚Karriere' in der Regel mit Erfahrungen der Ausgrenzung verbunden ist.

Auch im englischen Original von *Stigma* findet sich der Begriff der Karriere. Unter der Überschrift „Moral Career" (ST, 32–40) wird dem Sachverhalt sogar ein ganzer Abschnitt gewidmet; in der deutschen Übersetzung heißt es dagegen eher unverfänglich „Moralischer Werdegang" (ST_{dt}, 45–55). Vergleicht man Beckers Ansatz mit der Stigmatheorie, zeigt sich, dass die Annahme einer typischen ‚abweichenden Karriere' dazu führt, normwidriges Verhalten als verfestigt und somit ‚ausweglose' Situation zu denken: Personen werden zu *outsiders* gemacht und bleiben dies dann auch. Dagegen geht Goffman davon aus, dass Stigmamanagement gewissermaßen den Normalfall zwischenmenschlicher Interaktion darstellt und ein zugeschriebenes Stigma z. B. mittels der Technik des „Passing" (ST, 73–91) – des „Täuschens" (ST_{dt}, 94–116) – zeitweise und situativ irrelevant gemacht werden kann.

Viertens wird in aktuellen Diskussionen über Stigma, Stereotypisierung, Vorurteile und Etikettierung der Sachverhalt der Diskriminierung oder Benachteiligung *(disadvantage)* ebenfalls häufig thematisiert. In *Stigma* werden allerdings das Substantiv ‚Diskrimination' und das Verb ‚diskriminieren' nur an zwei Stellen benutzt (ST_{dt}, 13, 66; ST, 5, 50), während der Ausdruck „benachteiligt" *(disadvantaged)* etwas häufiger fällt (ST_{dt}, 32, 168, 178, 179; ST, 21, 136, 145, 146). Eine nähere Betrachtung findet sich jedoch an keiner Stelle.

Aus sozialpsychologischer Sicht bezeichnet Geschke (2012, 2) es als Diskriminierung, „wenn Individuen oder Gruppen eine Gleichbehandlung, die sie sich wünschen, verwehrt wird". Im *Lexikon zur Soziologie* betonen Rolf Klima und Daniela Klimke (2020), dass neben Einstellungen und Verhaltensweisen, die Personen oder soziale Gruppen herabsetzen, insbesondere auch sozio-ökonomische Diskriminierungen von Bedeutung sind und die

„Benachteiligung von Personengesamtheiten" (ebd., 153) objektiv feststellbar und messbar ist. Auch Albert Scherr (2017) hebt hervor, dass soziologische Forschung von der Annahme ausgeht,

> „dass eine grundlegende Gemeinsamkeit der heterogenen Formen von Diskriminierung in der [...] *Konstruktion von Unterscheidungen von sozialen Gruppen und Personenkategorien besteht, die für die Herstellung, Begründung und Rechtfertigung von [...] Hierarchien, insbesondere von Machtasymmetrien, sozioökonomischen Ungleichheiten und ungleichen Chancen der Anerkennung, verwendet werden*" (ebd., 42; H.i.O.).

Aus dieser Sicht können Stigmata (z. B. Blindheit) zwar Diskriminierungen nach sich ziehen, sind aber weder deren notwendige noch hinreichende Bedingung. Umgekehrt können auch nichtstigmatisierte Personen (z. B. Frauen) von Diskriminierung betroffen sein. Während Diskriminierung immer schlechtere Lebensbedingungen und ungerechtfertigte Ungleichbehandlung beinhaltet, ist dies bei Stigmatisierung nicht zwangsläufig der Fall. Entsprechend fokussiert die Untersuchung von Diskriminierung eher auf strukturelle und institutionelle Aspekte oder Bedingungen, während sich Goffman in interaktionistischer Tradition den unmittelbaren Face-to-face-Beziehungen widmet.

Schließlich gilt es *fünftens,* so wie es auch Goffmans Absicht war (ST, o. S.; ST_{dt}, 7), die Beziehungen zwischen den Begriffen Stigma und Devianz bzw. Abweichung zu klären. Das Konzept der Devianz bzw. des abweichenden Verhaltens, als dessen Begründer Émile Durkheim gilt (s. Kap. 12), bezeichnet nach Rüdiger Lautmann zwei Aspekte: Zum einen geht es allgemein um „Verhaltensweisen, die mit geltenden Normen und Werten nicht übereinstimmen", zum anderen ist nach dem Labeling Approach „jedes Verhalten [deviant], das die Leute so etikettieren" (Lautmann 2020a, 143). Deviantes Verhalten ziehe gesellschaftliche Sanktionen nach sich, um das deviante Individuum zu bestrafen, zu heilen oder zu bessern. Neben der Kriminalität (Delinquenz) als „Hauptbeispiel" beziehe sich der Begriff auch „auf die stigmatisierenden Eigenschaften und Verhaltensweisen" zum Beispiel von „Angehörigen ethnischer, nationaler, politischer oder sexueller Minderheiten" (ebd.).

Während somit Lautmann Devianz und Stigma miteinander verknüpft, hat Goffman in *Stigma* das Anliegen verfolgt, die beiden Begriffe zu differenzieren und „einen speziellen Begriffsapparat zu formulieren und anzuwenden" (ST_{dt}, 7; ST, o. S.). Gemessen an diesem Anspruch bleibt aber das letzte Kapitel „Deviationen und Devianz" (ST_{dt}, 172–180; ST, 140–147) reichlich nebulös; im Wesentlichen steckt es nochmals das Untersuchungsfeld ab: So gebe es vier Gruppen, nämlich „In-group-Abweichende, sozial Abweichende, Minoritätenmitglieder und Personen unterer Klassen" (ST_{dt}, 179; ST, 146), die sich zumindest „gelegentlich in der Funktion stigmatisierter Individuen erfahren" (ebd.) würden. Instruktiver ist Goffmans Hinweis im Vorwort, dass die „soziale Information" (ST_{dt}, 7; ST, o. S.) analytisch im Mittelpunkt stehen müsse, d. h. die ‚Botschaften', die Einzelne gegenüber relevanten Anderen über sich (preis-)geben. Tatsächlich zeigt er mithilfe vieler Fallschilderungen, in denen Behinderung *(disability)* eine zentrale Rolle spielt (s. Kap. 63), dass (potenziell) stigmatisierende Merkmale oder Eigenschaften, die in sozialen Interaktionen (auch non-intentional) sichtbar und relevant werden, von (deviantem) Verhalten, d. h. Handlungen, die geltende Normen bewusst oder unbewusst verletzen, zu trennen sind.

Insgesamt gibt Goffman der Debatte um Devianz einen interaktionistischen *turn* und gesteht allen Beteiligten, ob ‚normal', stigmatisierbar oder bereits stigmatisiert, die „gleiche mentale Ausrüstung" (ST_{dt}, 161; ST, 131) zu. Außerdem macht er die Grenze zwischen den ‚Normalen' und den ‚Devianten', die devianztheoretisch als ‚stabil' oder ‚starr' gedacht wird, maximal durchlässig: „Wenn nun die stigmatisierte Person deviant genannt werden muss, sollte man sie besser *normal deviant* nennen" (ST_{dt}, 162; ST, 131; H.i.O.). Entsprechend sei die Notwendigkeit, Stigmamanagement zu betreiben, „ein allgemeiner Bestandteil von Gesellschaft", nämlich „ein Prozess, der auftritt, wo immer es Identitätsnormen" (ST_{dt}, 160–161; ST, 130) und

„Interaktionsrollen“ (ST_{dt}, 170; ST, 138) gibt. Auch wenn Goffman durchaus kritisiert werden kann, weil er die Macht gesellschaftlicher Strukturen und Institutionen zu wenig einbezieht (Waldschmidt 2008, 5804), so ist es diese Flexibilisierung und die damit einhergehende Annahme, dass ‚normale‘ *und* stigmatisierte Personen über Handlungsmacht *(agency)* verfügen, die seinen Ansatz auszeichnet und ihm Aktualität verleiht.

Fazit

In der Zusammenschau ist fraglich, ob Goffman es tatsächlich geglückt ist, Stigmatheorie und Devianzansatz klar zu differenzieren. Denn trotz seiner Abgrenzungsbemühungen gilt er heute als Vertreter der Soziologie sozialer Abweichung und der Kriminologie (Klimke/Legnaro 2016). Zudem hat er sich von Lemert den Vorwurf eingehandelt, sich lediglich mit der Frage zu befassen, „wie Menschen mit ihrem Stigma fertig werden“; sekundäre Devianz beziehe sich „dagegen auf die Prozesse, die das Stigma schaffen, aufrechterhalten und intensivieren“ (Lemert [1967] 2016, 127). Auch bleibt die Frage, warum Goffman – im Bemühen um eine interaktionistische Theorie, in der es vor allem um alltägliches Rollenhandeln und Identitätsfragen geht – mit Stigma ausgerechnet einen Begriff gewählt hat, der eben nicht auf die ‚Inter-Aktion‘, sondern auf die Personenmerkmale der Handelnden abhebt.

Literatur

Allport, Gordon W.: The nature of prejudice. London 1954 (dt.: Die Natur des Vorurteils. 1971).

Becker, Howard S.: Outsiders. Studies in the sociology of deviance. London, New York 1963 (dt.: Außenseiter. Zur Soziologie abweichenden Verhaltens. [3]2019).

Bisler, Wolfgang: Stigma. In: Lexikon zur Soziologie. Wiesbaden [6]2020, 754.

Brusten, Manfred: Definitionsansatz. In: Lexikon zur Soziologie. Wiesbaden [6]2020, 132.

Coleman-Brown, Lerita M.: Stigma: An enigma demystified. In: Lennard J. Davis (Hg.): The disability studies reader. New York, Abingdon [5]2017, 145–159.

Geschke, Daniel: Vorurteile, Differenzierung und Diskriminierung – sozialpsychologische Erklärungsansätze. In: Aus Politik und Zeitgeschichte 16–17 (2012), 33–37.

Kardorff, Ernst von: Stigma und Stigmatisierung. In: Ingeborg Hedderich/Judith Hollenweger/Gottfried Biewer/Reinhard Markowetz (Hg.): Handbuch Inklusion und Sonderpädagogik. Bad Heilbrunn 2016, 407–412.

Klima, Rolf/Klimke, Daniela: Diskriminierung. In: Lexikon zur Soziologie. Wiesbaden [6]2020, 153.

Klimke, Daniela/Legnaro, Aldo (Hg.): Kriminologische Grundlagentexte. Wiesbaden 2016.

Klimke, Daniela/Lautmann, Rüdiger/Stäheli, Urs/Weischer, Christoph/Wienold, Hanns (Hg.): Lexikon zur Soziologie. Wiesbaden [6]2020.

Lautmann, Rüdiger: Devianz. In: Lexikon zur Soziologie. Wiesbaden [6]2020a, 143.

Lautmann, Rüdiger: Labeling Approach. In: Lexikon zur Soziologie.Wiesbaden [6]2020b, 443.

Lautmann, Rüdiger: Stigma-Umkehr. In: Lexikon zur Soziologie. Wiesbaden [6]2020c, 754.

Lautmann, Rüdiger: Stigmamanagement. In: Lexikon zur Soziologie. Wiesbaden [6]2020d, 754.

Lemert, Edwin M.: Social pathology. A systematic approach to the theory of sociopathic behavior. New York, Toronto, London 1951.

Lemert, Edwin M.: Der Begriff der sekundären Devianz [orig. 1967; dt.: 1975]. In: Daniela Klimke/Aldo Legnaro (Hg.): Kriminologische Grundlagentexte. Wiesbaden 2016, 125–137.

Pettigrew, Thomas/Hammann, Kerstin: Gordon Willard Allport: The nature of prejudice. In: Samuel Salzborn (Hg.): Klassiker der Sozialwissenschaften. 100 Schlüsselwerke im Portrait. Wiesbaden [2]2016, 193–197.

Lilli, Waldemar: Stereotyp. In: Lexikon zur Soziologie. Wiesbaden [6]2020a, 753.

Lilli, Waldemar: Vorurteil. In: Lexikon zur Soziologie. Wiesbaden [6]2020b, 850.

Scherr, Albert: Soziologische Diskriminierungsforschung. In: Albert Scherr/Aladin El-Mafaalani/Emine Gökcen Yüksel (Hg.): Handbuch Diskriminierung. Wiesbaden 2017, 39–58.

Stigma: Stichwort. In: DWDS – Digitales Wörterbuch der deutschen Sprache, hg. von der Berlin-Brandenburgischen Akademie der Wissenschaften. Berlin o. J., https://www.dwds.de/wb/Stigma (2.7.2020).

Waldschmidt, Anne: ‚Wir Normalen‘ – ‚Die Behinderten‘? Erving Goffman meets Michel Foucault. In: Karl-Siegbert Rehberg (Hg.): Die Natur der Gesellschaft. Verhandlungen des 33. Kongresses der Deutschen Gesellschaft für Soziologie in Kassel 2006. Teilband 2. Frankfurt/Main, New York 2008, 5799–5809.

31 Identität

Heinz Abels

Den Begriff „identity" benutzt Goffman erstmals in seinem Aufsatz über Rollendistanz, wo er von einer „socially created identity" (EN_b, 120; EN_b_{dt}, 136) spricht. Eine Differenzierung des Begriffs in „personal", „social" und „ego-identity" nimmt er in seinem Buch *Stigma* (1963) vor, wo er zeigt, dass persönliche und soziale Identität ganz entscheidend von den Definitionen durch Andere abhängen und Ich-Identität im Kern in der subjektiven Reflexion dieser Definitionen besteht (ST, 105 f.; ST_{dt}, 132).

Die Anfänge von Goffmans Identitätstheorie sind in seinen früheren Arbeiten zu sehen, in denen er zeigt, wie sich das Individuum als ein Selbst („self") in sozialen Interaktionen präsentiert (Krappmann 1971, 24). Bei dem Bild von sich selbst („image of self") muss zwischen einem Bild, das das Individuum von sich hat und das es meint, durch sein Verhalten auch vor den Anderen zum Ausdruck zu bringen, und dem Bild, das es in den Augen der Anderen abgibt, unterschieden werden (PS2, 2; PS_{dt}, 10). Das zweite Bild ist entscheidend durch soziale Vorstellungen, die die Anderen von ihm haben, und durch seine Reaktion auf deren Verhalten in einer aktuellen Situation geprägt. Wenn davon die Rede ist, eine Person habe oder zeige ein bestimmtes Image („face"), heißt das, dass die Anderen ihr eine Konsistenz des Verhaltens attestieren und dieses Image durch ihre Reaktionen bestätigen (FaW, 213 f.; IR_a_{dt}, 10 f.). Dieses von den Anderen als solches identifizierte und bestätigte Selbst wird Goffman später (ST, 2; ST_{dt}, 10) als *soziale Identität* bezeichnen.

Das Selbst verdankt sich einer laufenden gemeinsamen Produktion. Das muss man sich aus der Perspektive des Individuums so vorstellen: es inszeniert sich durch ein bestimmtes Verhalten und erweckt einen bestimmten Eindruck. Dabei beobachtet es, wie die Anderen auf diese Inszenierung reagieren, und zieht aus ihren Reaktionen laufend Schlüsse, wie es von den Anderen in einer aktuellen Situation angesehen wird, welches Verhalten von diesen erwartet und gebilligt wird und mit welchen Strategien es sich selbst ins Spiel bringen kann. Da Situationen, gegenseitige Erwartungen und Identifizierungen und damit auch Handlungsmöglichkeiten sich ständig ändern, steht das Selbst nicht fest und ist auch nicht einheitlich. Es gibt so viele „social selves", wie es Bezugsgruppen und Handlungssituationen gibt (PS2, 48; PS_{dt}, 46).

Tritt ein Individuum in eine strukturierte Interaktion ein, sieht es sich mit typischen Erwartungen konfrontiert, wie jemand, der eine bestimmte Rolle spielt, *ist,* wie er sich *verhalten* und wie er *sich selbst sehen* sollte. Es wartet sozusagen ein *virtuelles Selbst,* d. h. ein Selbst,

H. Abels (✉)
Institut für Soziologie, FernUniversität in Hagen, Hagen, Deutschland
E-Mail: heinz.abels@fernuni-hagen.de

K. Lenz und R. Hettlage (Hrsg.), *Goffman-Handbuch,* https://doi.org/10.1007/978-3-476-05871-3_31

das in der Gesellschaft jedem, der in einer typischen Situation eine typische Rolle spielt, zugeschrieben wird, auf das Individuum. Wo das Individuum den Eindruck hat, dass die ihm zugewiesene Rolle nicht seinem Selbstbild entspricht oder in einer aktuellen Situation kontraproduktiv wäre, bringt es eine andere Facette seines Selbst ins Spiel. Dieses Verhalten bezeichnet Goffman als Rollendistanz („role distance") (s. Kap. 28). Er bringt zwei Beispiele. Da ist der Sechsjährige, der mit seinem wilden Gehampel auf dem Karussellpferd seinen überängstlichen Eltern zeigen will, dass er kein kleines Kind mehr ist. Er weist – natürlich unbewusst – ein virtuelles Selbst zurück und reklamiert ein tatsächliches, eigenes. Das zweite Beispiel betrifft einen Chirurgen, der bei einer komplizierten Operation auf das Missgeschick eines Assistenten reagieren muss. Statt ihn zu tadeln, was diesen weiter verunsichern würde, rettet er die Situation, indem er in jovialem Ton über den Patzer hinweggeht. Durch sein spontanes Verhalten stellt der Chirurg nicht die Rolle an sich in Frage, sondern handelt im Namen einer anderen „socially created identity" (EN_b, 120; EN_b_{dt}, 136). Sie ist durch die soziale Erwartung definiert, dass der Leiter eines Teams auch in einer problematischen Situation schnell und kompetent handelt. Nach Goffman tritt eine Person gleichzeitig in verschiedenen Rollen auf. Sie wird von vielen Seiten identifiziert, und sie identifiziert sich auch selbst in verschiedene Richtungen (EN_b, 125 f.; EN_b_{dt}, 140 f.). Rollendistanz ist die Basis der Selbst-Identifikation in einer spezifischen Handlungssituation (EN_b, 131; EN_b_{dt}, 147 f.).

Institutionelle Einschränkungen eines eigenen self hat Goffman in seinem Buch *Asylums* beschrieben. Der Begriff „asylums" steht für „total institutions" wie Gefängnisse, psychiatrische Kliniken, Klöster oder Gefangenenlager, in denen den Insassen ihre Identitäts-Ausrüstung („identity kit") genommen wird, indem man ihnen ihr persönliches Habe wegnimmt, sie in Einheitskleidung steckt und in manchen Fällen ihren Namen durch einen neuen oder durch eine Nummer ersetzt. Goffman bezeichnet das als „personal defacement" (AS_a, 20; „persönliche Entkleidung", AS_a_{dt}, 30). Die Institution *definiert,* wer man ist und zu sein hat. Manche totalen Institutionen wie Umerziehungslager oder Sektencamps dienen dazu, ein früheres Selbst zu vernichten („to mortify his self") (AS_a, 22; AS_a_{dt}, 31).

Eine Typologie der Identität entwirft Goffman in seinem Buch *Stigma* (1963; dt. 1967), dessen Grundthese lautet, dass soziale und persönliche Identität Teil der wechselseitigen Beziehungen und Definitionen zwischen dem Individuum und Anderen sind (ST, 105 f.; ST_{dt}, 132 f.). Die Definitionen erfolgen nach dem *kategorialen Prinzip,* den Anderen nach sozial üblichen Standards zu definieren, oder dem *individuellen Prinzip,* ihn nach individuellen Merkmalen zu beurteilen (InO, 3 f.; InO_{dt}, 59 f.). Die soziale Identität eines Individuums hängt ganz wesentlich von den Zuschreibungen seiner Mitmenschen ab.

> „Die Gesellschaft gibt uns vor, nach welchen Kriterien wir Personen in typischen Situationen einordnen, und nennt uns auch gleich die Attribute, die wir bei ihnen als natürlich und normal erwarten können. [...] Selbst wenn uns ein Fremder begegnet, dann stellen wir uns nach den ersten Eindrücken eine *soziale Identität* vor, die mit den Kategorien und Attributen konstruiert wird, die wir kennen" (ST, 2, Übersetzung H. A.).

Die soziale Identität, die jemandem aufgrund bestimmter Merkmale spontan und unreflektiert von Anderen zugeschrieben wird, nennt Goffman ‚virtuelle soziale Identität'. Es ist eine unterstellte oder vorgestellte Identität, das Bild, das Andere aufgrund eigener Erfahrungen oder vom Hörensagen über ‚Menschen dieser Art' von einem haben und das mit einer bestimmten Erwartungshaltung verbunden ist, wie diese sich verhalten sollen. Die soziale Identität, die das Individuum in einer konkreten Situation durch sein tatsächliches Verhalten zum Ausdruck bringt (und von der es naiv annimmt, dass sie auch als solche zur Kenntnis genommen wird!), bezeichnet Goffman als „tatsächliche (actual) soziale Identität" (ST, 2; ST_{dt}, 9 f.).

Nun kann es vorkommen, dass der Andere, den wir nach unseren Vorerfahrungen identifizieren und einordnen, etwas hat, das unseren

Erwartungen nicht entspricht, oder dass ihm etwas fehlt. In einer solchen Situation befinden sich *Stigmatisierte,* also Personen, die ein auffälliges körperliches oder soziales Merkmal aufweisen, das sie nach den Maßstäben der ‚Normalen' diskreditiert (s. Kap. 30). Die soziale Identifizierung als ‚anders' droht das ‚Selbst' und damit auch die persönliche Identität des Betroffenen zu beschädigen und das Individuum von der Gesellschaft und von sich selbst zu trennen (ST, 19; ST_{dt}, 30). Die Beschädigung kann schon sehr früh im Leben einsetzen, indem die Betroffenen erfahren, dass sie als ‚anders' wahrgenommen werden. Aus der Reaktion auf diese sozialen Definitionen entsteht eine bestimmte „conception of self" (ST, 32; ST_{dt}, 45), die zu einem integralen Teil der persönlichen Identität wird. Nach Goffman ist auch diese persönliche Identität sozial bedingt, weil das Individuum sich in der Selbstwahrnehmung und in seiner Präsentation an sozial akzeptierten Formen orientiert, um anerkannt zu werden.

Offizielle Feststellungen der Identität einer Person (z. B. durch die Polizei oder vor Gericht) erfolgen durch Angaben zu Name, Geburtsdatum, Geschlecht, Wohnort und manchmal auch zu besonderen Kennzeichen. Mit solchen Angaben werden Menschen sozusagen in ein abstraktes Muster vieler anonymer Anderer eingeordnet. In Kreisen, die sich kennen, wird dagegen jedes Mitglied mehr oder weniger als einzigartige Person („‚unique' person") wahrgenommen. Jeder hat irgendetwas an sich, was ihn von den Anderen unterscheidet. Oft ist es nur ein einziges Merkmal, das den Anderen als Identitätsaufhänger („identity peg") dient.

Das Individuum selbst glaubt sich von allen Anderen zumindest durch eine durchgängige Einheit seiner Biographie zu unterscheiden. Doch diese Annahme trügt. Die eigene Biographie steht keineswegs fest, sondern wird vom Individuum je nach Situation ganz unterschiedlich erinnert und interpretiert. Die Annahme einer konsistenten Lebenslinie steht in scharfem Kontrast zu der Vielfalt von Selbsten („multiplicity of selves"), die das Individuum von sich angenommen und in seinem Handeln zum Ausdruck gebracht hat (ST, 63; ST_{dt}, 81). Die Neuinterpretation der eigenen Biographie erfolgt kontinuierlich und unter der Hand. Manchmal kann sie aber auch dramatische Konsequenzen haben, wenn das Individuum in neuen sozialen Kreisen eine neue Identität vorgibt. Dann muss es für die Anderen eine Biographie entwerfen, in der die Vergangenheit u. U. verschwiegen oder umgedeutet wird. Die Neuordnung der Vorgeschichte seiner persönlichen Identität birgt eine doppelte Gefahr in sich: die stillschweigenden Korrekturen können auffliegen und die virtuelle soziale Identität beschädigen, und das Individuum kann in einen Teufelskreis des Täuschens („cycle of passing") über seine wahre persönliche Identität geraten (ST, 78 f.; ST, 102).

Goffman verklammert die beiden Typen soziale und persönliche Identität durch den Erikson entlehnten Begriff der Ich-Identität („ego identity"). Ich-Identität ist eine gefühlte Identität („felt identity"): das subjektive Gespür des Individuums für seine Stellung zwischen den Anderen und das Gefühl, dass es in seinem Handeln eine gewisse Kontinuität gibt und dass sich in all den vielfältigen Erfahrungen eine gewisse Einzigartigkeit herausgebildet hat. Die soziale und die persönliche Identität sind vor allem Teil der Identifizierungen und Definitionen, die die Anderen vornehmen; Ich-Identität ist vor allem eine reflexive Empfindung des Individuums selbst (ST, 105 f.; ST_{dt}, 132 f.). Doch auch die Ich-Identität ist sozial bedingt: Das Gefühl der Ich-Identität hängt wesentlich davon ab, an welcher Bezugsgruppe sich das Individuum gerade orientiert, wie es mit aktuellen Erwartungen umgeht und welche Identitätspolitik es betreibt, um Einzigartigkeit zu demonstrieren oder wenigstens für sich zu wahren (St, 112 ff.; ST_{dt}, 140 ff.).

Die Interaktion zwischen Diskreditierten und den Anderen steht in der Spannung von „phantom normalcy" und „phantom acceptance" (ST, 122; ST_{dt}; 152). Die Gruppe der Normalen bietet den Stigmatisierten eine Identität an, die zu versprechen scheint, dass sie sich bei guter Anpassung als ein ganzer Mensch mit entsprechendem Selbstrespekt fühlen können. Doch macht sich der/die Stigmatisierte dieses angebotene Selbst zu eigen, bleibt es notwendig

„a resident alien, a voice of the group that speaks for and through him“ (ST, 123; ST_{dt}, 153). In der Spannung zwischen fremden Identitätsannahmen und Ich-Konzeptionen stehen selbstverständlich auch die Normalen: Abgesehen davon, dass wohl jeder einen „halbversteckten Fehler“ hat, der – wenn er ans Licht kommt – eine peinliche Kluft zwischen virtueller und aktueller Identität offenbarte, ist jedes Individuum in jeder Face-to-face-Interaktion gehalten, die Diskrepanz zwischen virtueller und tatsächlicher, aktueller Identität zu managen (ST 1963, 127 und 138; ST_dt, 156 f. und 170).

In Deutschland ist Goffmans Identitätsbegriff von Jürgen Habermas und Lothar Krappmann weiterentwickelt worden (Abels 2010). Habermas übernimmt Goffmans Begrifflichkeit, wonach die persönliche Identität in der einzigartigen Konstellation biographischer Daten und sozialer Erfahrungen und die soziale Identität ganz wesentlich darin besteht, dass sie einem Individuum von außen zugeschrieben wird und nach und nach auch sein Selbstbild tangiert. Ich-Identität fasst Habermas „als die Balance zwischen der Aufrechterhaltung beider Identitäten“ auf (Habermas 1968, 131), erklärt die Aufrechterhaltung aber in einem entscheidenden Punkt anders als Goffman. Danach halten wir eine *soziale Identität* aufrecht, indem wir mit relevanten Bezugspersonen im Hinblick auf normative Verhaltenserwartungen „identisch“ zu sein versuchen und uns gleichwohl anstrengen, diese „Identität“ mit den Anderen „als eine Scheinnormalität *(phantom normalcy)* sichtbar zu machen“ (Habermas 1968, 131 f.). Auch bei der Präsentation der persönlichen Identität orientieren wir uns an den Zuschreibungen einer Einzigartigkeit durch wichtige Bezugspersonen, machen gleichwohl „den sozialen Abstand einer ausdrücklichen Nicht-Identität […] als eine fiktive Einzigartigkeit *(phantom uniqueness)* sichtbar“ (Habermas 1968, 132). Im Klartext: Wir gehen in einer konkreten Interaktion auf die sozial zugeschriebene Einzigartigkeit ein, deuten aber an, dass wir in anderen Situationen auch ein ganz anderer sind und sein müssen.

Auch Krappmann knüpft an Goffmans Erklärung der Strategie der *phantom normalcy* an (Veith 2010): Das Individuum

> „bewahrt eine individuelle Identität, weil es die sozialen Identitätsnormen nicht voll übernimmt, sondern nur respektiert, und zwar indem es trotz Benutzung dieser Normen, ohne die es sich als Interaktionspartner nicht etablieren kann, zu erkennen gibt, dass es doch unter sie nicht gänzlich zu subsumieren ist“ (Krappmann 1971, 75).

Hier nun sieht Krappmann in Goffmans Identitätskonzept eine Problematik ausgeblendet: das Individuum steht in der Spannung zwischen der individuellen Vorstellung, wer es aufgrund seiner unverwechselbaren Biographie ist und wie es sich als einzigartiges darstellen will, und den Erwartungen der Interaktionspartner, die ihm in einer konkreten Situation eine Identität nach ganz anderen Kriterien ansinnen. Würde es sich auf ihre Erwartungen voll einlassen, droht ihm Nicht-Identität; würde es Einzigartigkeit zu unnachgiebig demonstrieren,

> „ist es möglicherweise nicht mehr in der Lage, den Balanceakt einer ‚phantom normalcy‘ in einer Form aufrechtzuerhalten, die kommunikatives Handeln über gemeinsame Symbolsysteme noch erlaubt“ (Krappmann 1971, 77). „Wer allen Anforderungen genügen will, riskiert, in einer Welt ohne Normenkonsens zerrissen zu werden; wer sich allein auf die Anforderungen besonders mächtig oder zuverlässig erscheinender Interaktionspartner stützen will, riskiert, dass er durch seine Festlegung in anderen Interaktionen scheitert; wer sich allen Anforderungen verweigert, riskiert, niemand zu sein“ (Krappmann 1971, 80).

Deshalb geht Krappmann kritisch über Goffman hinaus. Er sieht die Chancen des Individuums, sich zwischen den zahlreichen Anforderungen als identisches zu behaupten und darzustellen, in „asymmetrischen sozialen Beziehungen erschwert […] und in Verhältnissen extremer Repression völlig unmöglich gemacht“ (Krappmann 1971, 81). Dieses Problem hat Goffman in *Asyle* und *Stigma* angesprochen, Krappmann verbindet es mit einer *Gesellschaftskritik:* Sein Identitätskonzept „will das Individuum nicht an vorgegebene Verhältnisse anpassen“ und will ihm auch „nicht die falsche Sicherheit einer festen Position“ in Form voller Übernahme der Erwartungen der Anderen oder völliger Verweigerung empfehlen; „vor den widersprüchlichen Anforderungen einer in sich zerstrittenen Gesellschaft kann es sich nicht schützen“. Krappmanns Identitätsbegriff versucht deshalb, „dem Erfordernis Raum zu geben, kreativ die Normen, unter denen Interaktionen stattfinden, zu verändern“ und „nicht-übereinstimmende Normen negierend zu überschreiten“ (Krappmann 1971, 208 f.).

Das gelingt dem Individuum nur, wenn es im Sozialisationsprozess „identitätsfördernde Fähigkeiten“ ausbildet. Neben der Fähigkeit, sich in die Rolle eines Anderen zu versetzen (Empathie), und der Fähigkeit, die Zweideutigkeit von Rollen und die nur teilweise Erfüllung eigener Bedürfnisse auszuhalten (Ambiguitätstoleranz), sind das die von Goffman genannten Fähigkeiten, Rollenerwartungen bis zu einem gewissen Grad zurückzuweisen (Rollendistanz) und sein persönliches Profil sowohl gegenüber den Normalitätserwartungen der Anderen als auch in der Kontinuität der eigenen Biographie zu zeigen (Identitätsdarstellung) (Krappmann 1971, 132).

Und in Beantwortung der rhetorischen Frage, warum Goffmans Individuen ständig „daran arbeiten, ihre Identität zu entwerfen, sie Anderen verständlich zu machen, sie zu verteidigen und immer wieder umzukonstruieren“, stellt Krappmann fest: Sie tun es,

> „um aus sozialen Erwartungen nicht heraus zu fallen und doch eigenen Wünschen Anerkennung zu verschaffen. Dieses mühevolle Balancieren zwischen Erwartungen, Zuschreibungen und eigenen Interessen und Sehnsüchten ist kein Jonglieren aus Übermut, sondern entspringt der Not, seinen Platz in einer widersprüchlichen, sich wandelnden Gesellschaft zu bestimmen. Erreichbar ist trotz dieses Aufwands keine ein für allemal gesicherte Identität, sondern lediglich, sich trotz einer immer problematischen Identität die weitere Beteiligung an Interaktionen zu sichern“ (Krappmann 1997, 81).

Literatur

Abels, Heinz: Identität. Über die Entstehung des Gedankens, dass der Mensch ein Individuum ist, den nicht leicht zu verwirklichenden Anspruch auf Individualität und die Tatsache, dass Identität in Zeiten der Individualisierung von der Hand in den Mund lebt. Wiesbaden ^{2}2010.

Habermas, Jürgen: Stichworte zur Theorie der Sozialisation [1968]. In: Ders.: Kultur und Kritik. Frankfurt/Main 1973.

Krappmann, Lothar: Soziologische Dimensionen der Identität. Stuttgart 1971.

Krappmann, Lothar: Die Identitätsproblematik nach Erikson aus einer interaktionistischen Sicht. In: Heiner Keupp/Renate Höfer (Hg.): Identitätsarbeit heute. Frankfurt/Main 1997, 66–92.

Veith, Hermann: Das Konzept der balancierenden Identität von Lothar Krappmann. In: Benjamin Jörissen/Jörg Zirfas (Hg.): Schlüsselwerke der Identitätsforschung. Wiesbaden 2010, 179–202.

32 Normalität

Robert Hettlage

In der Alltagssprache wird das Attribut ‚normal' meist ziemlich sorglos und unreflektiert verwendet. Die Wissenschaftssprache ist hier vorsichtiger, muss es auch sein. Denn an den Lehrbüchern gemessen, gehört Normalität nicht zu den Grundbegriffen der Soziologie. Sie befassen sich eher mit Konformität und Abweichung, wird doch hinter „Normalität" eine implizite normative Vorentscheidung befürchtet. Wer sich als wertfrei argumentierende/r Sozialwissenschaftler/in versteht, gibt daher eher dem Ansatz Max Webers beim fraglosen „Eingelebt-Sein" den Vorzug vor Ulrich Becks Hinweis auf den „Käfig der Normalität" (1990, 231), oder er entscheidet sich eher für Robert K. Mertons Vorschlag, bei Routine und Ritualismus anzusetzen als bei Friedrich Nietzsches Gleichschaltung von normal und banal (profillos). Es kommt also sehr darauf an, gegen welchen Tatbestand man Normalität abgrenzen will, vor welchem Hintergrund man also die Differenz bildet. Normalgesellschaft, „Normalpatriotismus" (Nipperdey 1992), Normalgeschmack u. a. m. sind jedenfalls keine gängigen wissenschaftlichen Konzepte geworden. Meist umgeht man die Schwierigkeit, eine gültige soziale Norm („Soll") festzulegen dadurch, dass man sich auf den statistischen Durchschnitt als Maß des Normalverhaltens stützt. Dennoch ist der Begriff „normal" als Hinweis auf die „in der sozialen Wirklichkeit festsitzende, festgefügte Praxis", die das Alltagsverhalten, Einstellungen, Begriffe etc. kennzeichnet (Ritsert 1989, 185), unverzichtbar. Das zeigt sich auch und vor allem an Goffmans Mikrosoziologie.

Goffmans Konzentration auf die alltägliche Interaktionsordnung rückt neben dem Interesse an der Aufrechterhaltung der Situation als solcher und der Einhaltung der (moralischen) Mikro-Ordnung die Responsivität und Rücksichtnahme (ST_{dt}, 29) unter den Interaktionspartner/innen in den Vordergrund (s. Kap. 2; 23). Folgerichtig steht die interaktive Handlungsverschränkung auch bei der Bestimmung von Normalität im Blickpunkt.

Normalität ist eine soziale Praxis, kein objektiv gegebenes Datum; normal oder abweichend sind nicht Personen, sondern eher Perspektiven, die in Situationen entstehen, in denen gängige Normen nicht realisiert sind (ST_{dt}, 170.; ST, 138). Normalität wird nicht wie bei Talcott Parsons auf eine gegebene, integrative Makro-Ordnung bezogen. Normalität wie Abweichung/Abwertung/Pathologie werden ‚dramaturgisch gemacht'. Alle Handlungen in Ko-Präsenz von anderen sind deswegen nicht nur durch hohe Sichtbarkeit, sondern auch durch Verletzbarkeit gekennzeichnet. Die Erwartungen der jeweils anderen können verfehlt werden, was sich

R. Hettlage (✉)
Basel, Schweiz
E-Mail: robert.hettlage@gmx.ch

K. Lenz und R. Hettlage (Hrsg.), *Goffman-Handbuch*, https://doi.org/10.1007/978-3-476-05871-3_32

in Peinlichkeit, Scham und Unbehaglichkeit bei Ego niederschlägt. Um die Risiken für das Selbst (Identität) auszuschalten, werden eine Reihe von die Spannung mindernden und Kooperation voraussetzenden Strategien eingesetzt (Normalisierungsprozesse). Stigma-Management tritt im sozialen Kontakt bzw. in der Gesellschaft immer da auf, wo Identitätsnormen im Spiel sind. Normalität ist also ein zerbrechliches Konstrukt und Ausgangspunkt neuer sozialer Probleme.

Goffman hat mit seinen viel gelesenen Büchern *Stigma* und *Asylums* Maßstäbe für die Erforschung der Normalität gesetzt – weniger durch die Beschreibung der Stigmata selbst (fünf Anlässe werden von ihm genannt: physische Deformationen, individuelle Charakterfehler, psychische Auffälligkeiten, phylogenetische Merkmale (Ethnizität) und kulturelle Merkmale (Religion), als durch einen neuen Blick auf die ‚gemischten' Kontaktsituationen zwischen Normalen und Diskreditierten bzw. zwischen Expert/innen und „Insass/innen". Stigmatisierung hat die Funktion, eine Gesellschaft zu stützen, die Abweichungen nicht toleriert. Wie Howard S. Becker interessiert Goffman sich für den variablen Charakter („fashion character") von Beurteilungen, also dafür, *wie* bestimmte Merkmale in bestimmten Situationen wirken, d. h. für die situative Relativität des Normalen (und der Abweichung). Umgekehrt heißt das: Goffman geht es darum, den pathologisierenden Tendenzen in der Abweichungsdebatte den Boden zu entziehen, indem er die Prozesse analysiert, wie Abweichung durch Stigmatisierung überhaupt erst sozial hergestellt wird und wie die von solch unbehaglicher Etikettierung Betroffenen damit umgehen. Dabei zeigt sich, dass die Attribute „normal" und „abweichend" demselben sozialen Komplex entstammen, und auf das gegebene rituelle[n] Lexikon verweisen, was als gesund, natürlich, gesittet, erwartbar oder als typisch, natürlich, selbstverständlich und fraglos (und als deren jeweiliges Gegenteil) gelten soll (ST_{dt}, 160 ff.; ST, 130 ff.).

Dabei zeigt sich einerseits, dass manche Akteure/Akteurinnen (z. B. Expert/innen) die Macht und die Gefolgschaft haben, andere erfolgreich mit einem Etikett (krank, auffällig, schwierig, faul etc.) zu versehen. Was also als normal oder abweichend gilt, ist oft von den Umständen (politische Einstellung, finanzielle Ressourcen, Ideologie der Expert/innen, Beruf, Status u. a.) abhängig. Auf der anderen Seite verlangt der Begegnungscharakter zwischen Normalen und Stigmatisierten, dass die (Mikro-) Ordnung eingehalten wird. Deswegen zeigen die Teilnehmer/innen eine gewisse „wechselseitige Rücksichtnahme" (ST_{dt}, 29; ST, 18). Dies ist dann der Fall, wenn Diskreditierte oder Diskreditierbare versuchen, der Stigmatisierung durch Betonung ihrer Normalität (z. B. durch Verhüllung einer körperlichen Auffälligkeit) auszuweichen, was durch teilnehmende Dritte nicht selten mit höfliche Unaufmerksamkeit („civil inattention" BP_{dt}, 97 ff.; BP, 83 ff.) quittiert wird (s. Kap. 29). Den Vorgang der Leugnung oder Verdeckung eines Phänomens nennen Peter L. Berger und Thomas Luckmann (1997, 123 f.) den Prozess der Nihilierung. Diese Richtungsvorgabe hat eine Reihe von Folgen für die mikro- und makrogesellschaftliche Analyse:

1. Da nämlich die meisten Menschen als Rollenträger/innen nicht allen Erwartungen entsprechen können, wird die Gefahr, Opfer von Stigmatisierung zu werden, allgegenwärtig. Die Abweichung von der Norm und deren Stigmatisierung sind, soziologisch gesehen, normale Phänomene (s. Kap. 30) Die Spannung zwischen tatsächlicher und virtueller sozialer Identität oder, philosophisch gewendet: zwischen Sein und Soll ist an der Tagesordnung. Sie erfordert komplexe Regelungen bei allen Teilnehmer/innen, um die Ordnung bzw. um wenigstens den nötigen *Eindruck* von Normalität aufrechterhalten zu können. Überall gilt deshalb das ‚Gesetz' des Verschweigens, Verdrehens, Verschleierns und Täuschens. Denn der Darstellungsdruck, der allen Begegnungen unabweislich innewohnt, führt beinahe zwangsläufig zu einer schier endlosen Verkettung von Preisgabe und Verhüllung. Sie macht alle Kommunikation für Irrtümer anfällig und somit zerbrechlich.

2. Der Stigmatisierte oder diejenigen, die die Gefahr mit einem Stigma behaftet zu werden antizipieren, sind gedrängt, sich aus der Perspektive der Normalen und der größeren Gesellschaft, die sie darstellen, zu sehen (und) sich Kriterien zu eigen zu machen, denen sie, aus welchen Gründen auch immer, nicht genügen können. Stigma wirkt als Stigma nur, weil beide Seiten denselben Ordnungs-Rahmen als Normalstandard teilen (FA 1974). Das ist ein wesentlicher Stabilisierungsfaktor auf der Mikro-, Meso- und Makroebene. An der Rechtsgeltung oder den Erziehungsbemühungen lässt sich das ablesen. Normalität und Rahmen sind deshalb bei Goffman korrespondierende Konzepte.
3. An Goffmans Überlegungen wird damit der Oberflächencharakter der sozialen Ordnung sichtbar. In der Mikro- und Makro-Ordnung genügt fürs erste der Eindruck, als würden die Normen allgemein geteilt, was jedoch durch die erfolgreiche Selbstdarstellung als rituelle Normbefolger zwar suggeriert, aber real nicht gedeckt ist. Diesen Tatbestand nennt Goffman „normale Erscheinung" („normal appearance", (RP_f) oder „normalcy show" (RP_f, 282; „Demonstration von Normalität", RP_f_{dt}, 371)). Akteure und Akteurinnen präsentieren ihr Selbst als normal. Sie spielen Normalität (s. Kap. 44). Das ist jeder Situation inhärent und für das Gelingen der alltäglichen, angstfreien Routinen sogar unerlässlich. Harold Garfinkels ethnomethodologische Krisenexperimente führen vor Augen, was an sozialem Chaos eintreten kann, wenn der Anschein oder die Erwartung des Normalen gestört wird. Das zeigt auf, welche Gefährdungen gesamthaft auftreten könnten, wenn der Normalanschein überhandnehmen sollte. Das zu analysieren, liegt aber nicht in Goffmans mikrosoziologischem Blickwinkel.
4. Mit diesem Perspektivenwechsel von der Etikettierung hin zur Demonstration von Normalität (RP_{dt}, 371) rettet Goffman all jenen Akteuren/Akteurinnen das Gesicht (face) (und das sind tendenziell alle), die ja nur „normale Abweichende" (ST_{dt}, 160. „normal-deviant"; ST, 130; auch Travers 1994, 30) sind, weil sie niemals allen Normen entsprechen (können) (Hughes 1996, 426). Jürgen Habermas (1977, 131 ff.) übernimmt den Begriff der „Scheinnormalität" („phantom normalcy") (ST_{dt}, 152: ST, 122), mit der alle zufrieden sind, solange sie eben als normale Menschen betrachtet werden. So finden sie Aufnahme in den „protektiven Kreis" derer, die sich gegenseitig ihrer Normalität versichern und ihre jeweilige Wirklichkeit absichern.
5. Ohne den Anschein des Normalen und ohne die entsprechende Haltung des höflichen, ‚routinierten Wohlwollens' (d. h. ohne, dass die an sich unvermeidbare Fremdheit unter Menschen in der (modernen) Gesellschaft eingeklammert würde), wäre für den Einzelnen das Handlungsrisiko zu hoch. Alle soziale Interaktion wäre traum- und trauma-artig, seltsam, fragwürdig (Travers 1994, 32) und höchst vorläufig (De-Normalisierungsangst). Anders gewendet: Soziale Ordnung im Kleinen wie im Großen ist ohne Normalitäts*fiktionen* nicht möglich, schließt aber auch die Gefahr des Zerbrechens der Illusion und die Haltung der ständigen Alarmbereitschaft nicht aus. Denn auch ehemals als normal wahrgenommene Interaktionsteilnehmer/innen können sich, wenn sich die Beurteilungskriterien wandeln, unversehens in der Rolle von Außenseitern wiederfinden.
6. Niemand entkommt dem sozialen Anpassungsdruck, dass von ihm/ihr erwartet wird, sich aus der Perspektive eines normalen, nicht vom idealen Kulturstandard abweichenden Menschen aus zu sehen. Nur so erfährt das Individuum Anerkennung. Auf der anderen Seite können Normerfüllung und Identitätswahrung nur gelingen, wenn zugleich hinreichend Distanz (zur Rolle) gezeigt wird, d. h. wenn man zu erkennen gibt, dass man die Schablone durchbricht und sich nicht *gänzlich* der Norm unterwirft, sondern sich einen Interpretations- und Handlungsspielraum vorbehält. In diesem „Tun als ob" liegt eine spannungsvolle Doppeldeutigkeit, ja ein Identitätsdilemma, das Goffman mit „phantom normalcy" umschreibt. Es wird

nämlich gefordert, so zu sein, wie alle (soziale Identität) und zugleich so zu sein, wie niemand (personale Identität) (Krappmann 1973, 77 f.). So lässt man zu und fördert gleichzeitig, dass eine Scheinakzeptierung (phantom acceptance) die Basis für eine Scheinnormalität (phantom normalcy) bildet.

Goffmans Überlegungen zur Normalität haben Jürgen Link(2006) – ohne direkte Bezugnahme zwar, aber in der Sache doch eine makrosoziologische Weiterführung – zur Frage geführt, ob und inwiefern moderne Gesellschaften sich „in Ordnung" und am Funktionieren halten, indem sie Abweichungen durch Normalisierungsprozesse still stellen. Angesichts der Diversität der Lebensentwürfe kann nur schwer auf ein verbindliches und verbindendes Ganzes rekurriert werden. Also werden die inhärenten Spannungen dadurch abgebaut, dass die Abweichungen (aus der Sicht der jeweils anderen) tendenziell ent-stigmatisiert, also normalisiert werden. Dieser Prozess ist typisch für die funktional ausdifferenzierte, bürgerliche Moderne: Sie verweigert sich der Selektion von als ‚unangemessen' und unpassend typisierter Verhaltensweisen durch Rekurs auf eine immer auf Anschlussfähigkeit abzielende, zur Indifferenz neigende ‚Mischkulanz'. Die Suche nach rezeptiven „Normalfeldern" auf der Basis statistischer Normalverteilung und die Bildung statistischer Durchschnitte – und nicht die möglicherweise gegebene Kreativität der Ausreißer – sind Ausdruck, Maßstab und Gefährt dieses modernen kollektiven Bewusstseins. Unsere Konzepte für Leistung, Motivation, Anpassung, Prestige, Sicherheit, Vertrauen, Sitte u. a.m. zielen auf die soziale, möglichst quantifizierbares Wissen erzeugende Mitte (Normalismus). Überdies hat die Normalisierung (im Sinne von Entstigmatisierung) der sozialen Randpositionen ‚immer schon' begonnen (Waldenfels 2008, 261 ff.). Sie produziert im Wissen, dass verbindliche Wertvorgaben weiter ausdünnen und der Prozess der Inklusion vormals fremder, abweichender Denk – und Verhaltensformen ständig weiterlaufen muss, immer neue Normalitäten.

Normalität ist historisch wandelbar, also in dauernder Bewegung. Das erklärt in etwa, warum die Soziologie so zögerlich ist, mit der Kategorie des Normalen zu arbeiten. Goffman hat mit seinen mikrosoziologischen Studien zum „management of spoiled identity" – so der Untertitel seines Buches *Stigma* – das Problembewusstsein für die vielen Schattierungen und die Dynamik des Normalen bei der Face-to-face-Interaktion, aber auch auf der Makroebene des Sozialen deutlich geschärft.

Literatur

Beck, Ulrich: Die irdische Religion der Liebe. In: Ders./ Elisabeth Beck-Gernsheim: Das ganz normale Chaos der Liebe. Frankfurt/Main 1990, 222–266.

Berger, Peter L./Luckmann, Thomas: Die gesellschaftliche Konstruktion der Wirklichkeit. Eine Theorie der Wissenssoziologie [1970]. Frankfurt/Main 1997 (Orig. 1966).

Habermas, Jürgen: Stichworte zur Theorie der Sozialisation [1968]. In: Kultur und Kritik. Frankfurt/Main 1977, 118–194.

Krappmann, Lothar: Soziologische Dimensionen der Identität. Strukturelle Bedingungen für die Teilnahme an Interaktionsprozessen [1971]. Stuttgart [3]1973.

Link, Jürgen: Versuch über den Normalismus. Wie Normalität produziert wird [1996]. Göttingen [3]2006.

Nipperdey, Thomas: Deutsche Geschichte 1866–1918. 2. Band: Machtstaat vor der Demokratie. München 1992.

Ritsert, Jürgen: Über Praxis der Soziologie und Soziologie der Praxis. In: Soziale Welt 40/1, 2 (1989), 184–195.

Travers, Andrew (1994): Destigmatizing the Stigma of Self in Garfinkel's and Goffman's Accounts of Normal Appearances. In: Philosophy of the Social Sciences 20/1 (1994), 1–45.

Waldenfels, Bernhard: Grenzen der Normalisierung. Studien zur Phänomenologie des Fremden 2. Frankfurt/ Main 1980.

Rahmen und Rahmung

33

Robert Hettlage

Das Rahmen-Konzept („frame“), das Goffman durch Anpassung an die Analyse der Face-to-face-Begegnungen in der Soziologie bekannt gemacht hat, stützt sich einerseits auf Georg Simmels ([1902] 1995) Erklärungen zum Bilderrahmen, andererseits auf Gregory Batesons ([1955] 1981) „Spielrahmen“, die damit beide auf die Rolle des Verstehenshorizonts für den Erfolg einer Kommunikation verweisen.

Goffman, der Zeit seines Lebens an einer konzeptuellen Aufschlüsselung der mikrosoziologischen „Interaktionsordnung“ arbeitete, hat in fast allen seinen Büchern implizit mit dem Rahmen-Konzept gearbeitet, ihm aber erst gegen Ende seines Lebens ein eigenes Buch, *Frame Analysis,* gewidmet (s. Kap. 45). Standen am Anfang die Darstellung des Selbst (PS, AS), die Außenwirkung von Merkmalen (ST) und die situativen Anforderungen an die Teilnehmer/innen einer Begegnung bzw. die Rolle der Zeremonien und Spielregeln (EB, BP) und der Schutz der Situation (IR, SI) im Vordergrund, so war es später das mitgebrachte Vorwissen und der unterschiedlichen Deutungen bei der Beurteilung von Situationen, d. h. die Möglichkeit des Verstehens von Ereignissen überhaupt (Persson 2019). Die beiden folgenden Publikationen *Gender Advertisements* und *Forms of Talk* kreisen ebenfalls um deutungsbezogene Themen, sind also „Übungen“ zur Rahmenanalyse (Smith 2010, 173).

Wie oft in seinen Schriften neigt Goffman eher zur Verrätselung, wenn es um Definitionen geht. So nennt er Rahmen die Erfahrungstatsache, dass wir für die Situationdefinition auf „Organisationsprinzipien für Ereignisse [...] und unsere persönliche Anteilnahme an ihnen“ (FA_{dt}, 19; FA, 10 f.) zurückgreifen. Gemeint ist die Verschränkung von Texten (i. w. S.) mit ihren Kontexten, zwischen Darstellung und Deutung. Beide Aspekte sind imperativ. Sie können nicht gelingen, wenn wir uns nicht vorab auf ein gemeinsames Vorverständnis über unsere Wirklichkeit (hierin Alfred Schütz’ „Wissensvorrat“ vergleichbar, Schütz 2003) hätten verlassen können. Rahmen sind Deutungsschemata, mit deren Hilfe sich die Teilnehmer/innen einer Situation oft ohne Worte, aber mit einem vorsprachlichen, impliziten „Index“ versehen (Garfinkel 1967), auf einen gemeinsamen Boden beziehen. Sie sind die Grundlage aller Darstellung und Selbstdarstellung. Hingegen können die Grenzen zwischen (erwartetem) Regelwerk und freier Handlungsgestaltung (Modulation), zwischen Ein- und Ausschluss, Spaß und Ernst, Theater und Täuschung, Höflichkeit und Lüge, echter Freude und gespielter Freude, zwischen (gespielter) Normalität und (gespielter) Abweichung (Rahmentäuschung) aber auch verschwimmen oder strategisch zum Schwimmen

R. Hettlage (✉)
Basel, Schweiz
E-Mail: robert.hettlage@gmx.ch

K. Lenz und R. Hettlage (Hrsg.), *Goffman-Handbuch,* https://doi.org/10.1007/978-3-476-05871-3_33

gebracht werden (Rahmenbruch), so dass einerseits die (Selbst-)Darstellungen situativ vielschichtig und uneinsichtig werden und andererseits die Interpretation des Dargestellten in die Irre läuft (Rahmenirrtum).

Hieran dokumentiert Goffman, wie sehr die gemeinsame soziale Welt doch auf schwankendem Boden steht. Das basale Vertrauen in die gemeinsame Realität des Miteinanders, in das Gelingen der Kommunikation und in die Möglichkeit des „Fremdverstehens" ist jederzeit gefährdet und kann immer wieder enttäuscht werden. Die angesammelten Alltagserfahrungen erlauben es immerhin, Situationen zu begreifen und bis auf weiteres zu meistern, indem sie auf bestimmte Erfahrungsmuster (Ordnungen) bezogen und in diese eingeordnet werden (*diagnostic frames,* Benford/Snow 2000, 615).

Die Verwendung des Rahmenkonzepts ermöglicht es, den Vorgang des Verstehens besser auszuleuchten, indem bestimmte Ereignisse von den Teilnehmer/innen der Interaktion (als Handelnde und als Beobachtende) nach ihrer wahrgenommenen Relevanz gebündelt – sei es eingeklammert, sei es perspektivisch herausgehoben – werden. Dadurch erhält die Grundfrage der Soziologie nach der sozialen Ordnung ein anderes Gesicht. Es wird nicht mehr nur gefragt, wie geordnetes Zusammenleben überhaupt möglich ist, sondern es wird für alle Teilnehmer/innen einer Begegnung wichtig zu wissen, in welcher Realität sie sich in diesem Moment befinden bzw. was hier eigentlich los ist („what is going on?"). Nur innerhalb eines Bezugsrahmens (und die daran orientierten Anzeigesignale der Akteure/Akteurinnen) können wir entscheiden, was thematisch bedeutungsvoll, was richtig oder falsch, was angemessen ist oder eben „aus dem Rahmen fällt". Solche Grundannahmen über die Welt – Goffman spricht von „Kosmologie" (FA_{dt}, 37; FA, 27), wirken wie Musterlösungen „für die Produktion und Rezeption kommunikativer Interaktionen" (Luckmann 2002, 188). Sie sind Bestandteil jeder Kultur, denn sie geben nicht nur primäre Deutungshorizonte *(codes, cues)* für das Personsein (Selbst, Pflichten, Wirksamkeit, Eleganz), für Verantwortung (Sparsamkeit, Vergnügen, Stil und Geschmack), für soziale Ordnung (Regeln, Klassifikationen) und die Selbstverständlichkeiten des (modernen) Lebens (Urbanität, Märkte, Konsum) vor. Sie haben auch Disziplinierungspotential für das, was geglaubt, gefühlt, bestaunt und bewundert werden muss.

Da es Goffman aber nicht so sehr um den Charakter einer stabilen Ordnung, sondern mehr um den sozialen Herstellungsprozess von Realitäten („ordering") geht, unterscheidet er zwischen Rahmen („frame") und Rahmung („framing"). Erstere beziehen sich auf relativ stabil gewordene Deutungsmodelle, die bestimmte Handlungen erwartbar machen. Mehr ins Detail gehend untersucht er vier solcher Mikro-Regelsysteme: 1) den Ortsrahmen, der territoriale Schutzaufgaben hat (z. B. die Hinterbühne), 2) den Geschlechtsrahmen, der geschlechtsspezifische Klassifikationen vorgibt, 3) den Gesichtsrahmen, der den affektiven Körperausdruck steuert und 4) den Gesprächsrahmen, der die Einbettung von Konversationen in einen Gesprächskontext von Aufmerksamkeit, Redestatus und Ernsthaftigkeit situiert.

Nun sind solche „frames" selbst wieder dynamischen Verläufen unterworfen, die die Denk-, Gefühls- und Interpretationsraster in Bewegung halten. Die Stabilisierungsleistung der Rahmen ist also selbst nur eine instabile, vorläufige und nicht wirklich verlässliche. Der von den Rahmen vermittelte Konsens über das gegenseitig unterstellte Normalverhalten in bestimmten Situationen ist häufig nur ein Schein. Er ist fiktional und brüchig (s. Kap. 32). Fixe Regeln sind allgemein nur schwer durchsetzbar. Handelnde gehen mit ihnen „kreativ" um. Nur im Grenzfall handeln sie genauso, wie der Erwartungshorizont es verlangt. Der fiktionale Zug der bisher für unverrückbar gehaltenen Gruppendeutungen, wird dann besonders deutlich, wenn Zufälle oder unvorhersehbare Ereignisse eintreten, wenn unwillentlich ein Lapsus passiert oder wenn die Ereignisse willentlich umgedeutet werden. Die jeweils geltende Wirklichkeit muss immer wieder neu gefunden und erfunden werden. Die Interaktionsteilnehmer/innen müssen folglich, wie Spione und Detektive (ein bei Goffman besonders beliebtes Beispiel), auf der Lauer liegen, um die jeweiligen Handlungszüge (moves), ihre Sinnverschiebungen, die Täuschungsmanöver und Finten (das „So Tun als ob") der Beobachteten rechtzeitig aufzuspüren.

Dieser Blick auf das animal sociale ist ein völlig anderer als derjenige, der in der Soziologie mit ihrer Thematisierung fixer normativer Ordnungsklammern üblich war. Deswegen rückt Goffman die Dynamik der Rahmung („framing"), also die Transformation von primären Rahmen in sekundäre Sinnbildungen in den Vordergrund (FA_{dt}, 38 ff.; FA, 28 ff.). (Nur) an den Brüchen kann deutlich gemacht werden, was an kollektiv unsichtbar gehaltenen kulturellen Selbstverständlichkeiten sozial wirksam war und ist. Erst wenn erfahren wird, dass Rahmen miteinander im Konflikt stehen oder willentlich außer Kurs gesetzt werden, wird das ehemals als „natürlich gegeben" erachtete Orientierungsmuster in Zweifel gezogen und der Reflexion zugänglich. Manches an Goffmans Arbeitsweise wird aus der häufigen Verwendung dieses ‚argumentum ex negativo' erkennbarer. In *Rahmen-Analyse* führt er es an vielen Beispielen von Rahmenirritationen vor, die es also mit Rahmenverfälschungen, Rahmenirrtümern und Rahmenbrüchen zu tun haben. Dann erst sind die Menschen gezwungen sich mit dem Geltungsanspruch ihrer als „normal" gerahmten Welt explizit auseinanderzusetzen.

Mit Rahmentäuschungen befasst sich Goffman zentral schon in *Strategische Interaktion,* wo die Grenze zwischen echter und gefälschter Kommunikation etwa bei Bluffspielen, zur Debatte steht. In weiten Bereichen besteht die Diplomatie aus Eindrucksmanipulationen, Tarnungen der wahren Absichten und gezielten Täuschungen („fabrications"). Um diese aufdecken zu können, muss sich der/die Beobachter/in intensiv in die Spielzüge und die kommunikative Praxis des jeweils anderen hineinversetzen. Nur wenn man merkt, was an Informationen gegeben *(given and given off)* und was ihm vorenthalten wird, kann er den ‚Einschätzungswettkampf' für sich entscheiden. Ähnlich ist es im Begegnungsalltag, in dem ja auch nicht alle und häufig die wichtigsten Informationen nicht preisgegeben werden. So bleibt trotz aller Bemühungen das eigentlich Gemeinte zu entziffern und zu antizipieren immer eine Unsicherheit bestehen, was der jeweils andere wirklich im Sinn hatte. Irrige Annahmen und Folgerungen sind folglich in jede Begegnung eingebaut, was sich in einen latenten Alarmzustand verlängert. Anlass zu Alarm und erhöhter Aufmerksamkeit ist jedenfalls immer dann gegeben, wenn das Verhalten des Gegenübers nicht in das Normalitätsschema (z. B. die Wahrung der Körperdistanz oder der Respekt vor räumlichen Ansprüchen) hineinpasst. Entwarnung hinsichtlich eines befürchteten Normbruchs kann eintreten, wenn der/die virtuelle ‚Täter/in' in einem korrektiven Austausch („remedial interchanges", RP_d) eintritt. Beide zeigen sich dadurch gegenseitig an, dass sich zwischen ihnen ein (vorläufiger) Rahmen gegenseitigen Wissens um die gültigen Normen etabliert hat.

Aber ganz sicher kann man nicht sein. Es gäbe auch die Möglichkeit, dass sich der/die ‚Täter/in' nur verstellt hat und etwas ganz anderes im Sinn hat. Dem entspräche ein Rahmungsirrtum von Seiten des Betroffenen, der als Entschuldigung nimmt, was gar nicht als solche gedacht war. Dass solche Irrwege der Einschätzung möglich, ja an der Tagesordnung sind, weil Situationen leicht transformierbar sind, macht Goffman an der Beobachtung eines Kampfes zwischen zwei Menschen deutlich. Der/die Beobachtende sieht einen „Kampf" und übersieht, dass es die Nachahmung eines Kampfes aus Zeitvertreib, zu Lehrzwecken (Kampfsport) oder nach einem Drehbuch eines Filmes oder eine zeremoniale Aufführung (Schaukampf) war. Die vielen Schattierungen einer dramatisch inszenierten Handlung werfen die Frage nach der „wirklichen Wirklichkeit", den Grenzen der Rahmung und der Klärung des jeweils gültigen Rahmens auf (FA_{dt}, 368 ff.; FA, 338 ff.). Wer von einer Szene gefangen ist, hat manche Möglichkeit verspielt, zwischen nicht transformierten und transformierten („modulierten") Vorgängen zu unterscheiden (FA_{dt}, 376 f.; FA, 345 ff.). Es kann sogar zu einem Rahmenbruch kommen, wenn jemand bemerkt, dass er die Vorgänge falsch gerahmt hat und in einem Wutanfall „aushakt".

Beispiele für erfolgreiche und gescheiterte Modulationen lassen sich beinahe beliebig finden. Goffmans Rahmenanalyse ist eine solche Fundgrube. Die oft witzige Präsentation soll nicht darüber hinwegtäuschen, dass hier die Tiefenstruktur aller Begegnung und aller Wirklichkeitserfassung erläutert wird, nämlich die Organisation eines gegenseitigen, verlässlichen Wissens. Damit wird auch klar, warum Goffman die Grenze zwischen Mikro- und Makrosoziologie für durchlässig hält.

Dass das Rahmenkonzept eine Scharnierfunktion bilden könnte, um beide Bereiche wieder aneinander anzunähern, hat Robert Hettlage (2021) zu zeigen versucht. Dabei konnte er nicht nur auffällige Parallelen zwischen Goffmans Rahmen und Pierre Bourdieus kollektiven Dispositionen (ausführlicher Willems 1997), sondern auch zu Michel Foucaults Genealogie des Wissens (Normalisierung und Disziplinierungsrahmen), zu Walter Bühls Erinnerungsrahmen, ja sogar zu Talcott Parsons' telischen Rahmungen und Legitimationsrepertoires herausarbeiten.

Dass auch die ‚große Welt' voller Rahmungskämpfe ist, lässt sich an den politischen Rahmungen (Nation und Nationalismus), an den wirtschaftlichen Rahmungen (Kapitalismusdebatte) und an der Sozialpolitik (Wohlfahrtsstaat vs. Individualverantwortung) illustrieren. Auch die moderne Wissenschaft lebt von einer „Diesseitigkeitsrahmung". Rahmungswechsel *(reframing)* lässt sich nur schwer per Beschluss in Gang setzen, da er mit einer Entplausibilisierung bislang gültiger Normalitätsunterstellungen einherginge. Das aber würde in die Nähe der Anomie führen.

Literatur

Bateson, Gregory: Eine Theorie des Spiels und der Phantasie. In: Ders.: Ökologie des Geistes. Anthropologische, psychologische, biologische und epistemologische Perspektiven. Frankfurt/Main 1981, 241–261 (engl. 1972).

Benford, Robert D./Snow, David A.: Framing processes and social movements. An overview and assessment. In: Annual Review of Sociology 26 (2000), 611–639.

Garfinkel, Harold: Studies in Ethnomethodology. Englewood Cliffs 1967 (dt. 2020).

Hettlage, Robert: „Rahmen" als Schlüsselkonzept mikro- und makrosoziologischer Analysen. In: Anne-Laure Garcia/Tino Schlinzig/Romy Simon (Hg.): Von Miniasturen zu Großstrukturen. Weinheim, Basel 2021, 185–219.

Luckmann, Thomas: Wissen und Gesellschaft. Ausgewählte Aufsätze 1981–2002. Konstanz 2002.

Persson, Anders: Framing social interaction. Continuities and cracks in Goffman's Frame Analysis. London, New York 2019.

Schütz, Alfred: Teiresias oder unser Wissen von zukünftigen Ereignissen [1959]. In: Alfred Schütz: Werkausgabe Band V.1: Theorie der Lebenswelt 1. Die pragmatische Schichtung der Lebenswelt. Konstanz 2003, 349–371.

Simmel, Georg: Der Bilderrahmen [1902]. In: Georg Simmel: Aufsätze und Abhandlungen 1901–1908, Band 1. Georg Simmel Gesamtausgabe Band 7. Frankfurt/Main 1995, 101–108.

Smith, Greg: Reconsidering Gender Advertisements. Performativity, framing and display. In: Michael H. Jacobsen (Hg.): The contemporary Goffman. New York, London 2010, 165–184.

Willems, Herbert: Rahmen und Habitus. Zum theoretischen und methodischen Ansatz Erving Goffmans. Frankfurt/Main 1997.

Footing

34

Rob Philburn

Although originally published two years earlier (Foo), most readers encounter Goffman's discussion of *footing* ("Redestatus") in the context of his wider discussion of *Forms of Talk* (see Chap. 47), which reveals how "deeply incorporated into the nature of talk are the fundamental requirements of theatricality" (FT, 4). However, footing also reflects several of Goffman's wider concerns (e.g. role distance, involvement and participation, the self, social encounters, dramaturgy, frames) presented in his earlier work. Even though footing on the one hand, then, explores "uncharted territory" (Levinson 1988, 163), on the other, a general field of enquiry had previously been staked out and well-trodden by Goffman. The wider context, outside of Goffman's own writings, and beyond his disciplinary camp of interactionist sociology, also needs to be considered. Tom Burns (1992, 300) suggests a point of departure for Goffman's work in *footing* may lie in the 'natural' language emphasis of Ludwg Wittgenstein, or speech act theory of John Austin, Goffman similarly "dismantling some of the assumptions we have about the nature of talk", but nevertheless moving in a different direction. Yves Winkin and Wendy Leeds-Hurwitz (2013, 69) note that Goffman's work in *Forms of Talk* arose out of prior "productive dialogues" and "intellectual fights" he had with Dell Hymes (see Chap. 53) and William Labov. Indeed, in his pre-amble to, and over the course of his discussion of footing, Goffman makes a point of referring the reader to linguistics to assert the usefulness of what he has to say about how we should understand talk, and the rightful place of sociology as *the* paradigm for arriving at such an understanding. Finally, it is well known that Goffman had an ongoing bone to pick with the second of the two main sociological approaches to understanding spoken interaction, conversation analysis, and his discussion of footing cannot be understood without reference to this ongoing dispute.

Goffman argued that footing—the "alignment we take up to ourselves and others present as expressed in the way we manage the production or reception of an utterance" (FT_c, 128; FT_a_{dt}, 42), and changes thereof—is an integral and ubiquitous organizational feature of social encounters. Formulaic examples of footings are those which in some way "ritually bracket" encounters (e.g. opening greetings, terminating farewells) or "buffer" between shifts in differing episodes of activity. Perhaps more important for Goffman than the episodic bracketing functions of footing are the "layering" possibilities, that is, changes in footing which in some way transform—often fleetingly—the interactional

R. Philburn (✉)
School of Health and Society, University of Salford, Manchester, UK
E-Mail: r.philburn@salford.ac.uk

K. Lenz und R. Hettlage (Hrsg.), *Goffman-Handbuch,* https://doi.org/10.1007/978-3-476-05871-3_34

tone of more primary underlying footings of social encounters. Shifts in footing can range from "gross changes in stance" to quite "subtle shifts in tone" (FT_c, 128; FT_a_{dt}, 41), and can be achieved via whatever array of expressive apparatus participants in social encounters have at their disposal (semantic and prosodic aspects of speech, tone of voice, bodily orientation, gaze shift etc.). Changes in footing commonly lead to an "alteration in the social capacities of participants" (FT_c, 126; FT_a_{dt}, 39) in those social encounters, and ultimately, to the frame of reference for what can be heard to be 'happening' in any given social encounter, and how one might be expected to expressively respond.

Central to Goffman's argument—the "structural basis" of footing—is the deconstruction of what he refers to as the "primitive" or "crude" notions of speaker and hearer, which he sees as requiring decomposition into "smaller, analytically coherent elements" (FT_c, 129; FT_a_{dt}, 43). Beginning with the notion of hearer—in anything other than private two-party conversations—any given utterance in social encounters might be heard to be directed at any given person, person(s), or the group as a whole (or may even be directed primarily at oneself) (see commentary on *response cries;* FT_b; FT_c_{dt}). Thus, we can speak of "addressed" and "unaddressed" hearers to any given utterance. Moreover, such statuses for any particular participant(s) can, and commonly do, change over the course of any given spoken encounter. The matter is further complicated in that the 'target' of a particular utterance may be other than, or more than, the person(s) to whom it appears to be directed. This question of hearership extends even further, though, beyond the boundaries of any particular conversation, in that any given utterance, if made in the perceptual range of others, may have a range of potential (over)hearers, not limited to those ("ratified") participants currently engaged in a particular state of talk. This relationship of any person to any perceivable utterance is his/her "participation status" ("Teilnehmerstatus"), and the collection of such statuses in its entirety in any social situation is the "participation framework" ("Teilnehmerrahmen"). One consequence of this potentially wide-ranging array of hearers to any given utterance is "structural instability" to spoken encounters, one which not only raises potential problems for ratified and "non-ratified" participants (e.g. persons hearing things they shouldn't be hearing), but also opens up a range of possibilities for talk. For example, unaddressed ratified hearers can assume any given utterance is also *for* them even though not specifically directed *at* them, or not, non-ratified participants can shift to ratified in status, or vice versa, by joining or being brought into, or leaving or being left out of talk, and non-ratified hearers may engage in their own separate talk about what any given others can be heard to be talking about (Goffman uses neat concepts such as "byplay" ("Nebengeschehen"), "crossplay" ("Quergeschehen") and "sideplay" ("Seitengeschehen") to illustrate some of these possibilities). Thus, Goffman maps the notion of hearership onto the wider social settings in which talk occurs, and gathering of persons therein.

Regarding the notion of speaker, Goffman uses a tripartite conceptualisation: "animator" ("Animateur"); "author" ("Autor") and "principal" ("Urheber"). These three elements of speakership reveal our relationship to and responsibility for the words we utter, and in doing so in effect tell fellow-participants who or what we are speaking *as*. The first term indicates the person who is responsible for the actual production of the utterance—the "sounding box" ("Lautsprecher"); the second refers to the person who is responsible for the actual choice and authorship of the words spoken; and the final term refers to the person whose actual belief(s), stance(s), opinion(s), experience(s), feeling(s), aspiration(s) etc. are being expressed. All three aspects may coincide, as when any given person utters, composes, and commits to any given utterance, but there are many occasions when they do not – e.g. when we recite or quote others' words (which we had no part in composing ourselves), or convey their position(s) (to which we do not express commitment ourselves). The interplay of these three elements of speakership constitutes the "production format" ("Produktionsformat") of any given utterance.

Footing provides great flexibility for speakers in being able to cite—or "embed"—countless "figures" in their talk. Such figures are often drawn from worlds other than the one in which the current speaking occurs, may be persons with whom we or others co-present are acquainted or not, and may even be fictional/mythical in character. Indeed, we can, and often do, similarly speak not only *of, for,* and *as* others, but also *of, for,* and *as* ourselves, just as easily embedding ourselves as figures in our own utterances (e.g. through storytelling, in which we appear as the central chief protagonist alongside other characters). Production formats are more than linguistic utterances, though. They are often embellished or overlaid with dramatic expressivity. Thus, as much as we are able to talk of the Queen of England, we are also able to perform as the Queen of England (e.g. employing appropriate mimicry/parody etc.) and in doing so speak "more in the manner that stage actors do than in the manner that mere quotation provides" (FT_c, 150; FT_a_{dt}, 65). This theatrical dimension of utterances is key to Goffman's notion of footing, and applies not just to examples as overt as monarchical mockery, but to whatever "stance", "posture", or "projected self" we wish to index, claim and project.

The ongoing question that fellow-participants in social encounters have to answer is who, or what, are we speaking as (in what capacity?, occupying which role?, claiming what identity?). This points to something much wider than mere words, and something truly sociological, in that, when any given person takes up or changes footing, he/she "goes some distance in establishing a corresponding reciprocal basis of identification for those to whom this stand-taking is addressed [...] to select the capacity in which we are to be active is to select (or to attempt to select) the capacity in which the recipients of our action are present" (FT_c, 145; FT_a_{dt}, 60). In short, changes in footing seek to change/establish new participation frameworks and invoke and embed the corresponding "interactional arrangements" from those frameworks. In this sense, the idea of participation status outlined above is not simply a matter of one's legitimacy or not to take receipt of and reply to any given utterance, but something much more dramatic than that, similarly involving corresponding identities, roles and social capacities. This idea is central, as it opens up a whole array of interactional possibilities in any given social encounter, and reveals that, "[a]s dramatists can put any world on their stage, so we can enact any participation framework and production format in our conversation" (FT_c, 155; FT_a_{dt}, 70).

At the start of his discussion Goffman illustrates this by way of an anecdote of a scene in the Oval Office of the White House between the then (1963) U.S. president, a female journalist present, and the wider entourage of fellow-journalists, cameramen and government officials. On conclusion of a Bill signing (the primary purpose of the gathering), the president changes both his tone and focus of attention, from that corresponding to the highest office in the land conducting the serious ritual of Bill signing, to flirtingly teasing the female journalist. What ensues is something akin to a mock fashion show or balletic performance, rather than a formal press conference, complete with all the necessary embedded corresponding figures and complementary interactional arrangements—a scene quite alien to the business at hand, but nevertheless quite easily incorporated into it by all within perceptual range of the president's change of stance. The anecdote illustrates not only the fleeting enactment of one set of roles within the more extended performance of another, but the 'transformative power' of footing, the interactional arrangements of one frame of reference being "layered", albeit temporarily and playfully, over currently established ones.

Footing has been described as "the most influential article of Goffman's later career" (Goodwin 2007, 37) and of "central importance to many different branches of linguistics" (Levinson 1988, 222). Indeed, much like other Goffmanian concepts "footing" has generated a significant secondary literature in fields such as conversation analysis, linguistic anthropology, interactional sociolinguistics, pragmatics (Sidnell 2009, 139) and beyond (e.g. communication studies, Winkin/Leeds-Hurwitz 2013), literary studies and psychoanalysis (MacCannell 2013), and fine art (Sidnell 2009). The usefulness of the framework has been demonstrated in a varied range of contexts, from new interviews (Clayman 1992) to criminal hearings (D'hondt 2014), children's medical play (Buchbinder 2008) to exorcisms (Hanks 1996). There have also been quite sophisticated expanded conceptualisations of Goffman's rendering (e.g. Levinson 1988). Within interactionist sociology, the relevance of footing for both conversation analysis and ethnomethodology has been noted (e.g. Schegloff 1988; Smith 2003), with Emanuel A. Schegloff (1988, 94) regarding footing (and it's precursory discussion in *Frame Analysis*) as having "freed" Goffman from his "perduring entanglement with 'ritual' and 'face'", which he saw as keeping Goffman focused on psychology rather than "syntactical relations between acts" (see Chap. 23).

However, reservations have been aired. For example the significance of bodily posture, demeanour or gesture has been argued to have been neglected (Burns 1992). Examination of non-verbal dimensions of social encounters has also revealed a more reflexive, emergent and shared involvement in footing than apparent in Goffman's original discussion (e.g. Goodwin 2007). Some criticism points to the over-emphasis on interaction for examining and appreciating wider structural issues. Peter K. Manning (1992, 133), for instance, urges that' "caution is needed in assuming that inequalities between men and women can be understood as being primarily produced in social encounters". In a similar vein, although Goffman does allude to the gender politics at play in his White House anecdote, Flower Juliet MacCannell (2013, 311) argues that he misses "the dark, compulsive side of ritual". Concerns with conceptual consistency have also been raised. Jack Sidnell (2009, 140), for example, notes that, at points in the discussion, Goffman's desire to link footing "to a rather bewildering array of practices", including focal concerns from his own work and concepts taken from linguistics, gives the impression that the concept is "being used to talk about just about everything and nothing in particular". David T. Helm (1982, 149) (in defence somewhat of conversational analysts' more rigorous empiricism) argues that "Goffman's analysis too often yields non-formalized conceptual categories that seem only partially related to the data". Such comments reflect perhaps more generally what has been referred to as Goffman's "almost systematic elusiveness", with "[c]hanges in the definition of concepts and in relative emphases upon their implications […] frequently found" in his work (Manning 1980, 261). Ironically, linguistics has provided something of a counter to such criticism, with the concept being seen as something of a refutation to the "frequent complaint about his work in general that not only is it not empirical, but that it is not clear how it might be so" (Levinson 1988, 162).

Perhaps above anything else, Goffman's main contribution lies in the way that the concept of footing promotes situational sociology to the forefront of the analysis of talk. Although Goffman recognised the usefulness of linguistics to help us recognise the "cues and markers through which […] footings become manifest" (FT_c, 157; FT_a_{dt}, 72), he clearly argues that it is sociology, not linguistics, that is best equipped to address the "essential fancifulness of talk" (FT_C,, 147; FT_a_{dt}, 61).What footing allows us to do, perhaps more than anything else, is focus not just on talk, but on the social situation *sui generis* (and all the interactional arrangements that entails) that talk occurs in and co-constitutes via its shared use, and in doing so provides "a more elaborate conceptual apparatus than linguistics provides" (Burns 1992, 326).

References

Buchbinder, Mara H: 'You're still sick!': Framing, footing and participation in children's medical play. In: Discourse Studies 10/2 (2008), 139–159.

Burns, Tom: Erving Goffman. London 1992.

Clayman, Steven E: Footing in the achievement of neutrality: The case of news-interview discourse. In: Paul Drew/John Heritage (ed.): Talk at work: Interaction in institutional settings. Cambridge 1992, 163–198.

D'hondt, Sigurd: Defending through disaffiliation: The vicissitudes of alignment and footing in Belgian criminal hearings. In: Language and Communication 36 (2014), 68–82.

Goodwin, Charles: Interactive footing. In: Elizabeth Holt/Rebecca Clift (ed.): Reporting talk: Reported speech in interaction. Cambridge, UK 2007, 16–46.

Hanks, William F: Exorcism and the description of participant roles. In: Michael Silverstein/Greg Urban (ed.): Natural histories of discourse. Chicago 1996, 160–200.

Helm, David T: Talk's form: Comments on Goffman›s Forms of Talk. In: Human Studies 5 (1982), 147–157.

Levinson, Stephen C: Putting linguistics on a proper footing: Explorations in Goffman's concepts of participation. In: Paul Drew/Anthony Wootton (ed.): Erving Goffman: Exploring the interaction order. Cambridge 1988, 161–227.

MacCannell, Flower Juliet: Forms of talk/figures of speech. In Stephen Riggins (ed.): Beyond Goffman. Berlin 2013, 295–314.

Manning, Peter K: Goffman's framing order: Style as structure. In: Jason Ditton (ed.): The view from Goffman. London, Basingstoke 1980, 252–284.

Manning, Peter K: Erving Goffman and modern sociology. Stanford 1992.

Schegloff, Emanuel, A.: Goffman and the analysis of conversation. In: Paul Drew/Anthony Wootten (ed.): Erving Goffman: Exploring the interaction order. Cambridge 1988, 89–135 (also in Gary A. Fine/Gregory W. H. Smith (ed.): Erving Goffman, Vol. 4. London, 176–213).

Sidnell, Jack: Participation. In: Sigurd D'hondt/Jan-Ola Östman/Jef Verschueren (ed.): The pragmatics of interaction. Amsterdam 2009, 125–156.

Smith, Gregory W: Ethnomethodological readings of Goffman. In: A Javier Trevino (ed.): Goffman›s legacy. Maryland 2003, 254–283.

Winkin, Yves/Leeds-Hurwitz, Wendy: Erving Goffman: A critical introduction to media and communication theory. New York 2013.

Interaktion und Gesellschaft

35

René Salomon

Die folgenden Ausführungen gehen entgegen der gängigen Rezeption davon aus, dass das Interaktionskonzept Goffmans aufs Engste mit einem spezifischen Verständnis von Gesellschaft verknüpft ist und dessen Theoriearchitektur nicht in Gänze verstanden werden kann, ohne diese Verknüpfung zu berücksichtigen. Genauer: Es lässt sich verdeutlichen, dass Goffmans Interaktionstheorie immer auch als eine Theorie des Verhältnisses von Interaktion und Gesellschaft zu lesen ist. Entsprechend zeigt sich das hinter dem begrifflichen Kompositum ‚Interaktion und Gesellschaft' stehende Problemverhältnis auch als konstitutiv für die werkgenetische Entfaltung gleich mehrerer grundlegender Konzepte. Da Goffman dieses Problemverhältnis selbst ausschließlich indirekt diskutiert und es zumeist nur als Hintergrundfolie der Entwicklung und Positionierung bestimmter Theoriefiguren sichtbar wird, ist man – um den Mangel an konkreter Diskussion zu kompensieren – auf eine Rekonstruktion der Grundlegung und inhaltlichen Ausgestaltung eben dieser Theoriefiguren, ihrer Beziehung zueinander und ihrer Position innerhalb der gesamten Theoriearchitektur verwiesen.

Obwohl sie das gesamte Œuvre durchziehen, werden diese Theoriefiguren auf Grund eines regelmäßigen Begriffswechsels nicht immer sofort als solche erkennbar, bleiben sich aber dennoch in ihrer Grundstruktur zumeist sehr ähnlich und weisen in ihrer inhaltlichen Ausarbeitung oft nur kleinere Verschiebungen und Ergänzungen auf. Diese spezifische Form der Verwendung von Konzepten und ihrer Bezeichnung wird von Goffman methodisch eingesetzt. Er sieht darin nicht nur Verschiedenes, sondern auch Gleiches verschieden sichtbar machen zu können, um so zu einem umfassenderen Bild des im Fokus stehenden Phänomens zu gelangen (EN 8; EN_{dt}, 8; RP, xviii; RP_{dt}, 14 f.). Goffman nutzt dabei – ganz in der Tradition der frühen Chicagoer School – diese Theoriefiguren und Termini häufig als heuristische Mittel, welche grundsätzliche Denkrichtungen markieren, ohne dabei einem strengen theoriesystematischen Anspruch gerecht zu werden (s. Kap. 8). Er verzichtet zumeist auf eine detaillierte Entfaltung der von ihm eingeführten Konzepte und Begriffe und auf deren klare und scharfe Abgrenzungen untereinander. Seine oft tentativen und sich überlagernden Versuche zur Erfassung des ‚Verhältnisses von Interaktion und Gesellschaft' können daher am besten im Kontext der Theoriegenese und anhand solcher Aspekte rekonstruiert werden, welche Modifikationen und Verschiebungen vorheriger Grundfiguren deutlich werden lassen (Salomon 2021). Eine der Einflusslinien, auf deren Basis

R. Salomon (✉)
Lehrstuhl für Allgemeine Soziologie,
Julius-Maximilians-Universität-Würzburg,
Würzburg, Deutschland
E-Mail: salomon@goffman-studies.de

K. Lenz und R. Hettlage (Hrsg.), *Goffman-Handbuch*, https://doi.org/10.1007/978-3-476-05871-3_35

die Relevantsetzung dieses Verhältnisses einen Ausgangspunkt findet und anhand dessen solche Verschiebungen im Folgenden sichtbar gemacht werden können, verweist auf Grundlegungen innerhalb der sog. ersten Chicago School.

Die physisch-strukturelle und die kommunikativ-moralische Ordnung des Sozialen (Physical Structure and Moral Order)

Es sind die Arbeiten Robert E. Parks und seiner Nachfolger, die schon früh Goffmans Sensus dafür prägen, dass zum Verständnis sozialer Ordnung weder der alleinige Fokus auf das Verhalten von Personen und Gruppen noch derjenige auf die Strukturen ihrer Umwelt ausreicht, sondern beides nur als aufs Engste miteinander verknüpft und als sich gegenseitig konstituierend zu verstehen ist. Schon in Parks Erstversion von *The City* (1915) bildet dies eine grundlegende Kernannahme, die dann später in verschiedene Richtungen ausgearbeitet wird. Das Innovative an Parks Ansatz lässt sich als die Entdeckung der Einheit des Unterschiedes von physisch-struktureller und kommunikativ-moralischer Ordnung auf den Punkt bringen. Es ist denn auch die in *The City* formulierte Aufforderung zur Beobachtung der Einheit des Unterschiedenen und zum Zusammendenken dieser beiden Ordnungsebenen in ihrer gegenseitigen Konstituierung und Beeinflussung, die in ihrer Umsetzung und Weiterentwicklung durch Personen wie Everett C. Hughes, W. Lloyd Warner – aber auch Ernest W. Burgess und Louis Wirth – das thematische Umfeld bestimmt, in dem Goffman studiert und welches seine fachliche Sozialisation maßgeblich beeinflusst.

Einigen dieser Grundideen bleibt Goffman insofern treu, als dass auch er im Weiteren von verschiedenen ‚Ebenen sozialer Ordnung' ausgeht, welche in ihrer Differenz nur als Einheit zu verstehen sind. Zudem übernimmt er die Idee, dass bestimmte ‚physisch-strukturelle Ordnungen' – sind sie einmal etabliert – bestimmte ‚moralische (kommunikative) Ordnungen' wahrscheinlicher machen, sich dabei aber zugleich aus diesen speisen, durch diese in Vollzug gesetzt werden und so Gestalt gewinnen. Es ist aber vor allem die These Parks und Burgess', dass soziale Institutionen nur dann zur Realität gebracht werden, wenn sie mit Situationen korrespondieren, die ihnen entsprechen und in denen sie durch bestimmte – eben für sie typische – Formen der ‚kommunikativ-moralischen Ordnungsbildung' zur situativen Existenz gebracht werden (Burgess/Park 1921, 797), die sich bei Goffman an prominenter Stelle – wenn auch anders gewendet – wiederfindet.

Gesellschaft, Kultur und Sozialstruktur als Formen und Abstraktionsebenen sozialer Ordnung

So können seine Arbeiten in einem ersten Schritt als Beitrag zur Untersuchung sozialer Ordnung verstanden werden, welche sich Goffman zufolge auf verschiedenen Ebenen und Abstraktionsniveaus beobachten lässt (EN, 7; EN_{dt}, 7; BP, 4; BP_{dt}, 20; RP, x; RP_{dt}, 10 f.; FA, 553; FA_{dt}, 594; ABS, 306; ABS_{dt}, 114). Die Begriffe Gesellschaft („society") und Kultur („culture") dienen ihm zur Bezeichnung der Ordnungs- und Abstraktionsebene, welche die umfassendste, maßgeblichste und stabilste Form sozialer Organisation („social organization") – in Sinne der Vollzugsformen und Strukturierungsweisen des Sozialen – darstellt. Goffman fasst mit den Begriffen Gesellschaft und Kultur ein Netz von Makrostrukturen, die regionale Differenzen aufweisen können, womit mehrere Gesellschaften und Kulturen vorstellbar werden, welche sich jeweils durch ihre Strukturierung voneinander unterscheiden, aber alle gleichsam derselben Makroebene sozialer Ordnung angehören. Er bezeichnet die Strukturierungen, durch die sich Gesellschaften voneinander unterscheiden, als

Sozialstrukturen („social structures"), womit für ihn – ganz in der Tradition Warners – Aspekte wie Alter, Geschlecht, Ethnie, ökonomischer Status, Berufsstatus, Wohnort u.ä. gemeint sind, die eine horizontale und vertikale Einteilung in verschiedene Statūs ermöglichen (PS2, 239 ff.; PS_{dt}, 218 ff.). Hingegen umfassen die jeweils die Kulturen unterscheidenden Strukturierungen für ihn Aspekte wie moralische Wertevorstellungen, Bräuche, Regeln des Benehmens, normative Vorstellungen u. a. Diese beiden Ordnungsebenen stellen für Goffman den primären, da situations-, zeit- und personenübergreifenden Kontext dar, innerhalb dessen sich weitere Ordnungsebenen realisieren.

Das Setting

Das Konzept des „(social) setting" steht ebenfalls in der Tradition der Arbeiten Parks, Hughes' sowie Warners, indem es auf die je spezifische räumlich-physische Konstellation verweist, in der sich etwas abspielt und die einen Einfluss auf die dortigen Situationsdefinitionen nimmt (PS2 22 f.; PS_{dt}, 23 f.; ST, 2; ST_{dt}, 9 f.; RP_a, 3 ff.; RP_a_{dt}, 23 ff.). Goffman benutzt den Terminus allerdings mit einem erweiterten Fokus darauf, dass diese settings als Zeichenträger fungieren und dazu beitragen, bestimmtes Verhalten erwartbar zu machen. Dabei beschränkt er den Begriff auf die Bestandteile des physischen Umfeldes, die expressiven Wert haben und moralische Implikationen aufweisen, was es ihm ermöglicht, settings als Überschneidungspunkt von physisch-struktureller und moralisch-kommunikativer Ordnung zu fassen. Ein setting kann ebenso eine Station in einer Klinik, ein Jahrmarkt, eine Straße mit ihren einsehbaren und uneinsehbaren Ecken und Winkeln sein wie auch ein Frisörsalon mit seinen Spiegeln, Shampoos, Scheren und Einrichtungsgegenständen. Settings sind zumeist lokal verankert, wobei es Ausnahmen gibt wie bspw. religiöse Prozessionen oder Karnevalszüge. Somit bieten settings als Kontext den Boden und das Material für die sich in ihnen vollziehenden interaktiven Ordnungen.

Social Establishments/Social Institutions

Eine Präzisierung findet die Figur des setting in den Konzepten des „social establishment" bzw. der „social institution". Goffman sieht – ganz in der Tradition Hughes' – die moderne Gesellschaft als dadurch gekennzeichnet, dass sich ein großer Teil des sozialen Lebens innerhalb solcher „social establishments" abspielt (Wohnungen, Arbeitsplätze, Kneipen, Kaufhäuser usw.). Establishments sind laut Goffman bisher aus vier Perspektiven untersucht worden; aus technischer, politischer, struktureller und kultureller Perspektive (was entfernt an Parks Differenzierung in ökologische, ökonomische, politische und kulturelle Organisation erinnert – Park 1925, 674 f.). Analog zu der oben bereits eingeführten Differenz zielt die ‚strukturelle Perspektive' auf Gesellschaftsstrukturen in Form der horizontalen und vertikalen Statusverteilung innerhalb von establishments ab und die kulturelle Perspektive auf die dort vorfindbaren kulturellen Strukturierungen in Form moralischer Werte, Bräuche, Restriktionen und ähnlichem. Goffman schlägt nun eine weitere Perspektive vor, die eine bisher unbeachtete Ebene sozialer Ordnungsbildung sichtbar macht. Diese legt den Fokus auf Aspekte des ‚Face-Work', dessen Formen und Probleme sowie – in Bezug dazu – die Beziehungen verschiedener Personen und Gruppen innerhalb solcher social establishments. Welche Relevanz Goffman der Untersuchung von social establishments/institutions in seinem frühen Werk beimisst wird dadurch deutlich, dass *The Presentation of Self in Everyday Life* explizit als Beitrag zur Untersuchung ebendieser social establishments vorgelegt wurde (PS2 238 f.; PS_{dt}, 217 f.) – der Manuskripttitel lautete entsprechend *The Management of Impressions in Social Establishments* (1954) – und auch *Asylums* und *Encounters* sind als solche Beiträge zu lesen und machen deutlich, wie Goffman damit das Ziel verfolgt, die Einheit des Unterschiedes dieser verschiedenen Ordnungen zu beschreiben und dazu der für die Chicagoer School noch maßgeblichen Differenz von primär zwei Ebenen weitere hinzufügt. Gesellschaft und Kultur werden so auf einer niedrigeren Abstraktionsebene in social settings, social occasions und institutions sowie den durch diese vermittelten (Rollen)erwartungen widergespiegelt und bilden damit einen Rahmen, in dem sich durch Differenz zu diesen eine eigene Ordnungsebene entfaltet.

Social Occasion & Behavior Setting

Der Begriff der „social occasion" beleuchtet einen weiteren Aspekt dessen, was mit social setting und social institution bereits in den Blick geriet. Social occasions wie Hochzeiten, Picknicks, politische Versammlungen und dergleichen erfüllen ebenfalls eine strukturierende Funktion bzgl. des dort stattfindenden Verhaltens. Auch sie stellen einen Rahmen zur Verfügung, der spezifische Erwartungen bündelt und verschiedene Unterscheidungen ermöglicht (Beginn/Ende; Teilnehmer/innen/Nichtteilnehmer/innen; Hauptaktivität/Nebenaktivität u. a.). Dieser Rahmen ist aber – entgegen dem der settings und institutions – stärker zeitlich verfasst. Auch social occasions evozieren Verhalten und treten zugleich nur aufgrund desselben in Existenz. Anfänglich referiert Goffman auf social occasions, um zu verdeutlichen, dass sein eigener Fokus auf etwas anderem liegt, da occasions nur grobe Orientierungsmuster seien, die einen viel zu kleinen Anteil des sozialen Lebens ausmachen würden (CCoIC, 135). Diese Ansicht ändert sich ab den 1960er Jahren, nachdem ihm die Nähe zu dem von Roger G. Barker entwickelten Konzept der „behavior settings" deutlich wird (BP, 18 f.; BP_{dt}, 34 f.). Barker kann in seinen Studien aufzeigen, dass behavior settings keine Ausnahmeereignisse sind, sondern sich wie Ketten durch den gesamten Alltag ziehen und sich viel eher dazu eignen, situatives Verhalten anzuleiten und zu erklären als individualpsychologische Entscheidungen (Barker 1963). Nicht nur wird darin Goffmans eigene These von der strukturierenden Wirkung der sich mit den jeweiligen settings, institutions und occasions aufspannenden Erwartungen bestätigt, sondern zugleich auch jene, dass diese ihren Ursprung weder in der jeweiligen Situation noch den beteiligten Personen haben (InO, 4; InO_{dt}, 61 f.). Stattdessen sind solche behavior settings nur in ihrem historischen, gesellschafts- und kulturspezifischen Gewachsensein zu verstehen.

Interaction Rituals

Goffman gelingt durch die Nutzung des Ritualbegriffs als Metapher die Konstruktion einer seiner wohl bekanntesten Theoriefiguren: den interaction rituals (s. Kap. 23). Ihm dient dieser Begriff zur Beschreibung der Praktiken, die von einer Person gegenüber einer anderen ausgeführt werden und eine symbolische Komponente aufweisen, durch welche die Haltung und Stellung der einen Person (Ego) gegenüber der Situation und der an ihr beteiligten anderen Person (Alter) ihren Ausdruck findet (FaW, 219; IR_a_{dt}, 23 ff.; NDD, 478; IR_b_{dt}, 64 f., GA_a, 1; GA_a_{dt}, 7 f.). Dies beinhaltet zugleich eine Positionierung bzgl. der Frage, welche Behandlung Ego durch Alter erwartet und welche Behandlung Ego bereit ist, Alter zuteil werden zu lassen (was zugleich im Zusammenhang mit dem jeweils zugeschriebenen sozialen Wert steht). Diese Praktiken auf der Ebene der Interaktion verknüpft Goffman mit der Ordnungsebene der Kultur durch die Betonung der Tatsache, dass die symbolische Komponente (welche die jeweilige Haltung ausdrückt) ihren Symbolwert aus einem Repertoire schöpft, welches eben nicht von den beteiligten Personen und auch nicht situationell produziert wurde, sondern seinen Ursprung in der Gesellschaft und Kultur hat, in der die jeweiligen Personen sozialisiert wurden. Da sich für die jeweiligen settings, institutions und occasions zumeist korrespondierende und im Vollzug als angebracht und passend erscheinende Interaktionsrituale ausmachen lassen, ermöglicht dies Goffman auch hier eine deutliche Verknüpfung der Konzepte: Zwar sind Interaktionsrituale, wie er betont, kein direkter Ausdruck sozialstruktureller oder kultureller Arrangements – also nicht durch diese determiniert – aber es sind diese Arrangements, welche das Repertoire an

Ausdrucksmöglichkeiten für Interaktionsrituale zur Verfügung stellen (InO, 11; InO_{dt}, 82 ff.). Goffman kann somit mittels des Ritualbegriffs die bisherigen Konzepte und Ordnungsebenen auf eine neue Art in Beziehung setzen, dabei den Schwerpunkt auf die kulturellen Strukturen legen und diese wiederum mit der Interaktion verflechten.

Soziale Situation als die Einheit der Differenz von Situationellem und Situiertem

Fast ebenso bekannt ist Goffmans Konzept der sozialen Situation, welches ihm dazu dient, den Kumulationspunkt der verschiedenen Ordnungsebenen sichtbar zu machen (s. Kap. 21). Über eine Differenzierung der sozialen Situation in lediglich situierte und ausschließlich situationelle Aspekte gelingt es ihm, diese mit den verkörperten Anteilen situativer Kommunikation in Verbindung zu setzen. Goffman unterscheidet grundsätzlich zwischen linguistischen und expressiven Anteilen der Kommunikation (CCoIC, 43–71), wobei die expressiven Anteile die verkörperten und körpergebundenen sind und somit auf wechselseitige Wahrnehmbarkeit innerhalb der Situation angewiesen sind, um eine Wirkung zu entfalten. Diese Argumentationsfigur wiederholt Goffman nun in Bezug auf die Differenz von lediglich situierten und ausschließlich situationellen Aspekten einer sozialen Situation (BP, 21 ff.; BP_{dt}, 37 ff.). Letztere sind die Aspekte der sozialen Situation, welche an die Anwesenheit anderer gebunden sind – die lediglich situierten hingegen diejenigen Aspekte, die auch ohne die Anwesenheit einer zweiten Person auftreten können. Indem er nun betont, dass Situationen zumeist einen sie strukturierenden sozialen Kontext aufweisen, welcher ein offiziell anerkanntes, erwartbares und angebrachtes Verhaltensmuster zur Verfügung stellt, schafft es Goffman mit dem Terminus der sozialen Situation eine Theoriefigur einzuführen, die nicht wie die anderen bisher genannten nur implizit auf die Einheit des Unterschieds der verschiedenen Ordnungsebenen verweist, sondern diese nun explizit fasst und ihr somit einen exklusiven Platz innerhalb der Theorie zuweist. So sind soziale Situationen meist in social occasions/settings eingebettet und diese können wiederum in social establishments/institutions stattfinden (BP, 18 ff.; BP_{dt}, 34 ff.).

Loose-Coupling Approach

Mit dem loose-coupling approach legt Goffman den Fokus nun auf die Schnittstellen zwischen der Interaktionsordnung und den anderen Ebenen sozialer Ordnung, wodurch es ihm gelingt, aufzeigen, wie sich diese überlagern, stützen, aber auch zueinander in Konkurrenz setzen. Diese anderen Ebenen sozialer Ordnung – deren bisherige Auflistung bei weitem nicht vollständig ist – dienen in funktionaler Hinsicht und aufgrund ihres historischen Gewachsenseins einer ganz grundlegenden Strukturierung und Stabilisierung des sozialen Lebens. Sie ermöglichen durch die in ihnen jeweils als sinnvoll und angebracht verstandenen Verhaltens-, Denk- und Fühlweisen eine intuitive Orientierung der Gesellschaftsmitglieder im Umgang mit einer Welt, die zwar von solchen anleitenden Rahmen in Form von settings u.ä. durchzogen ist, innerhalb derer sie aber primär auf Interaktionen mit Unbekannten zurückgeworfen sind, welche auf Grund ihrer je individuellen Sozialisation entsprechend unterschiedlich auf das durch diese Ordnungen zur Verfügung gestellte Material zugreifen – und zwar primär im Modus inkorporierter und unbewusster Konventionen und Praktiken (InO, 3, 11; InO_{dt}, 56 f., 82 f.). Durch Goffmans Feststellung, dass keine dieser nur in Situationen zur Realität gebrachten Ordnungen fest mit der anderen verkoppelt ist – und somit auch keine Ordnung die andere kausal determiniert – bietet er der Soziologie ein Modell an, das sich dazu eignet zu erklären, wie es zu den andauernden Abweichungen von Erwartungen kommt, ohne dass sich dadurch Sozialstrukturen sogleich ändern; wieso Abbrüche, Irritationen und Konflikte innerhalb sozialer Situationen sich nicht auf die sich in ihnen überschneidenden Ordnungen übertragen; wieso

Personen sich zwar meist ähnlich, aber letztlich doch alle unterschiedlich verhalten; warum im Grunde jeder die Chance hat, sich völlig anders als erwartet zu betragen und es dennoch zumeist nicht tut. Zugleich wird es damit möglich, den Blick auf jene raren Momente zu richten, in denen Interaktionsordnungen sozialer Situationen als Ansatzpunkt für Änderungen innerhalb der anderen Ordnungsebenen fungieren. So zeigt sich Goffman als ein Theoretiker, der mit seinem Werk letztlich ganz in der Tradition der klassischen Soziologie und einer ihrer Grundfragen steht: der nach dem Verhältnis von Interaktion und Gesellschaft.

Literatur

Barker, Robert G.: The stream of behaivior. New York 1963.

Burgess, Ernest W./Park, Robert E.: Introduction to science of the sociology. Illinois 1921.

Park, Robert E.: The city: Suggestions for the investigation of human behavior in the city Environment. In: American Journal of Sociology 20/5 (1915), 577–612.

Park, Robert E.: Community organization and the romantic temper. In: The Journal of Social Forces 3/4 (1925), 673–667.

Salomon, René: Erving Goffman. Eine problemgenetische Rekonstruktion seines theoretischen Ansatzes. Dissertationsmanuskript. Berlin, Würzburg (in Vorbereitung).

Teil V
Werke

Dissertation: *Communication Conduct in an Island Community*

36

Karl Lenz

Goffmans Dissertation *Communication Conduct in an Island Community* war zu seiner Lebzeit und ist aufgrund des Publikationsverbots aus seinem Nachlass auch weiterhin unveröffentlicht. Dennoch besitzt sie in der Goffman-Rezeption eine hohe Aufmerksamkeit. Es besteht ein breiter Konsens (z. B. Manning 1992; Smith 2006; Winkin/Leeds-Hurwitz 2013, Raab 2014) darüber, dass die Grundzüge seines Theorie- und Forschungsprogramms, das er dann fast 30 Jahre verfolgte, in dieser Arbeit bereits in deutlichen Konturen entworfen ist. Seine Dissertation basiert auf seiner Feldstudie auf einer der Shetland-Inseln. Diese Inselgruppe mit 15 bewohnten Inseln liegt im Atlantischen Ozean zwischen Norwegen im Osten, den Färöer-Inseln im Norden und Schottland im Süd-Westen. In seiner Dissertation wird die Inselgruppe als „Bergand“ (CoCIC, 12) bezeichnet. Goffman wählte für seine Forschung die nördlichste Insel, die in seiner Dissertation keinen eigenen Namen hat. Es handelt sich um die Insel Unst. Der Ort, an dem Goffman lebte und seine Forschung durchführte, wird von ihm als „Dixon“ bezeichnet. Wie Yves Winkin (2000) mit umfangreichen Erkundungen aufgezeigt hat, handelt es sich um Baltasound. Es ist die größte der drei Siedlungen auf Unst, damals mit knapp 300 Bewohner/-innen. Goffman war von Dezember 1949 bis Mai 1951 in Baltasound; mit Unterbrechungen verbrachte er zwölf Monate an diesem Ort.

Als Grund für seinen Aufenthalt gab Goffman an, dass er ein *American college student* oder ein Anthropologe sei, der aus erster Hand Erfahrungen über die Landwirtschaft auf der Insel sammeln möchte. Dass ein Fremder kam, solange blieb und immer wieder an bestimmten Punkten auftauchte, aber doch sehr viel Zeit für sich verbrachte, musste in der geschlossenen Gemeinschaft eine hohe Aufmerksamkeit erregt haben. Winkin (2000) berichtet, was ich auch aus eigenen Gesprächen in Baltasound im September 2002 bestätigen kann, dass sich das Gerücht verbreitete, er sei in Wirklichkeit ein amerikanischer Spion. Gerade in den Zeiten des sich immer deutlicher abzeichnenden Kalten Krieges hatte dieses Gerücht durchaus eine Plausibilität. Dass seine Anwesenheit damals eindrucksvoll war, lässt sich dadurch bestätigen, dass es noch vor ca. 20 Jahren bei den älteren Bewohner/-innen möglich war, Personen zu finden, die sich an „peerie Goffman“ – so sein Spitzname aufgrund seiner Körpergröße – erinnerten. (Und das war kein Effekt, der erst durch die Nachfragen der Goffman-Forscher, die mittlerweile auf seinen Spuren in Unst waren, entstanden ist.)

K. Lenz (✉)
Institut für Soziologie, TU Dresden,
Dresden, Deutschland
E-Mail: karl.lenz@tu-dresden.de

K. Lenz und R. Hettlage (Hrsg.), *Goffman-Handbuch*, https://doi.org/10.1007/978-3-476-05871-3_36

Nach Baltasound auf Unst kam Goffman über die University of Edinburgh (s. Kap. 1). Das Department of Social Anthropology und das Committee of Social Science Research finanzierte und unterstützte diese Studie. Nach Edinburgh kam er durch die Vermittlung des Betreuers seiner kurz zuvor abgeschlossenen Masterarbeit und frühen Förderers W. Lloyd Warner (1898–1970) (s. Kap. 15). Dieser hatte eine Anfrage von Ralph Piddington – ein Kollege aus der gemeinsamen Zeit in Australien – nach einem bzw. einer geeigneten Doktorand/-in für den Aufbau eines neuen Departements für Sozialanthropologie an der schottischen Universität erhalten. Diese Studie sollte den damals neuen Ansatz einer „anthropology at home" fortsetzen, den Warner in seinen Yankee City Studien bereits angewandt hatte, die breite Aufmerksamkeit fanden (Brody 1982). Trotz seiner großen Wertschätzung für Warner ist Goffman nicht in diese Fußstapfen gestiegen, sondern entschied sich für einen eigenen Weg. Gleich in der Einleitung wird dies deutlich zum Ausdruck gebracht, dass nicht die Gemeinde und das Gemeindeleben, sondern Interaktionen in einer Gemeinde der eigentliche Gegenstand seiner Dissertation sind, also die gemeinsame Anwesenheit mehrerer Personen in einer sozialen Situation.

Mit Kommunikation greift Goffman schon im Titel einen Begriff auf, der damals in der Soziologie in Chicago wenig gebräuchlich war. Goffman stützt sich dabei vor allem auf das Buch *Communication. The Social Matrix of Psychiatry* des Psychiaters Jürgen Ruesch und des Anthropologens Gregory Bateson (zu letztgenannten s. Kap. 18), das 1951 erstmals erschien und für den jungen Doktoranden eine wichtige Anregungsquelle war. Im Vorwort der deutschen Ausgabe (2012, 7) hat Fritz B. Simon dieses Buch als „Gründungsmanifest systemtheoretisch- konstruktivistische[r] Ansätze in den Sozialwissenschaften" bezeichnet. Mit dem Begriff der sozialen Matrix beziehen sich Ruesch/Bateson auf den Kontext oder Rahmen, durch die Ereignisse für den/die Beobachter/in erst Bedeutung gewinnen. Lange vor der kommunikationstheoretischen Wende in der Soziologie haben sie Kommunikation als Leitbegriff vorgeschlagen. Dieser Begriff soll die unterschiedlichsten Aspekte menschlichen Verhaltens umfassen: Intrapersonelle und interpersonelle Ereignisse, aber auch körperliche und kulturelle Phänomene sollen damit in ein konsistentes theoretisches Modell integriert werden (Simon 2012). Zur Irritation der damaligen Chicagoer Soziologie und auch seines Prüfungskomitees greift Goffman diesen Begriff auf. Zur Verstärkung dieser Irritationen hat auch seine bereits in seiner Dissertation zum Vorschein kommende und sein gesamtes Werk prägende Neigung, fortlaufend Begriffe zu prägen, beigetragen (Winkin/Leeds-Hurwitz 2013; s. Kap. 1).

Nach Beendigung seiner Forschungsstudie und seiner Tätigkeit als Instructor in Edinburgh verbrachte Goffman mehrere Monate in Paris und schrieb dort am „Draft" seiner Dissertation. Im Frühjahr 1952 kehrte er nach Chicago zurück und reichte im Dezember 1953 am Department of Sociology der dortigen Universität seine Dissertation ein. Neben Warner waren als Gutachter Anselm L. Strauss und Donald Horton tätig. Strauss war kurz vorher als Assistant Professor nach Chicago zurückgekehrt (s. Kap. 52). Strauss ersetzte den eigentlich vorgesehenen Herbert Blumer, der kurz zuvor Chicago in Richtung Kalifornien verlassen hatte. Horton ist heute weitgehend unbekannt, noch am bekanntesten ist der von ihm zusammen mit R. Richard Wohl geprägte Begriff der „para-social interaction" (Horton/Wohl 1956). Strauss und Horton hatten zu Goffman eher den Rang von Peers und übten keinen thematischen Einfluss auf die Arbeit aus.

Aufbau, Programm und Theoriemodell

Goffmans Dissertation umfasst neben der Einleitung und dem Schluss, fünf nummerierte Teile („chapter"). Vorangestellt ist seiner Dissertation das bekannte Plädoyer von Georg Simmel aus seiner „großen" Soziologie ([1908] 1992, 32) – in englischer Übersetzung von Kurt H. Wolff (1950, 9 f.) – für eine Erweiterung der Soziologie mit einer Mikrosoziologie.

Gleich zu Beginn der Einleitung wird das Forschungsziel genannt „to isolate and record recurrent practices of what is usually called face-to-face interaction" (CoCIC, 1). Mit der Bestimmung des Gegenstandes wird der Anspruch verknüpft, ein „general communication framework" (ebd., 9) zu entwickeln. Im Laufe der Studie habe sich herausgestellt, dass „conversational interaction" als „one species of social order" (ebd.) gesehen werden kann. Conversational interaction wird in dieser Arbeit synonym zu Face-to-face-Interaktionen verwendet. Indem Interaktion als soziale Ordnung betrachtet wird, ist schon angedeutet, was Goffman am Ende seiner Arbeit als „interaction order" bezeichnen wird. In sehr knapper Form – wie dies auch aus späteren Arbeiten bekannt ist – gibt Goffman in der Einleitung Einblick in seine empirische Arbeit.

Kurz sind die ersten beiden Teile, die jeweils ein Kapitel umfassen. Im ersten Kapitel wird die Inselgruppe als Ort seiner Feldforschung vorgestellt. Ausführlich wird – den Arbeiten Warners folgend – auf die sozialen Unterschiede in der Gemeinde eingegangen: Beschrieben wird die Differenzierung in „gentry", bestehend aus zwei Familien, und den „crofters", die die restlichen Bewohner/innen umfassen. Im zweiten Teil wird ein Theoriemodell sozialer Ordnung präsentiert, das auf Talcott Parsons' *The Social System* (1951) und vor allem Chester I. Barnards *The Functions of the Executive* (1947) basiert. Während Parsons (1902–1974) als lange Zeit prägende Gestalt der US-Soziologie hinlänglich bekannt ist, trifft das auf Barnard (1886–1961) nicht zu. Barnard, ein amerikanischer Geschäftsmann, hat das genannte Buch ursprünglich 1938 publiziert und es galt lange Zeit als ein Grundlagenwerk der Organisationsforschung und der Managementtheorie (McNally 2018). Goffman präsentiert das Modell in Form von Kernaussagen, die kurz kommentiert werden. Es umfasst Aussagen zur Beschaffenheit sozialer Ordnung, zu (regelkonformen) Verhaltensweisen, Regelverletzungen und Wiedergutmachungsmaßnahmen. Dieses Modell sozialer Ordnung sei aber für das Studium von Interaktionen nicht ausreichend. Verstöße gegen die soziale Ordnung passieren in Interaktionen fortlaufend und Nachsicht ist andauernd gefordert. Dass nur eine vorläufige Akzeptanz („working acceptance") erreicht werden kann, ist ein Grundmerkmal von Gesprächsinteraktionen.

> „(T)he exercise of gain strategies is so common a thing that it is often better to conceive of interaction not as a scene of harmony but as an arrangement for pursuing a cold war. A working acceptance may thus be likened to a temporary truce, a modus vivendi for carrying on negotiations and vital business" (CCoIC, 40).

Die folgenden drei Teile umfassen jeweils mehrere Kapitel. Sie sind dabei so aufgebaut, dass zunächst grundlegende Kommunikationskonzepte eingeführt werden, die anschließend mit den Materialien aus der Feldforschung in Verbindung gebracht werden. Ausdrücklich weist Goffman darauf hin, dass trotz des Aufbaus die Konzepte aus dem empirischen Material gewonnen wurden.

Informationsmanagement und rituelles Management

Der dritte Teil befasst sich mit dem Informationsmanagement über das eigene Selbst, was naheliegt, hierin eine Vorgängerarbeit zu dem erstmals drei Jahre später publizierten Buch *The Presentation of Self in Everyday Life* zu sehen. Ein aufmerksames Studium macht aber deutlich, dass ganz wesentliche Bestandteile der späteren Arbeit noch fehlen. Weder steht der Begriff der Darstellung im Zentrum der Argumentation, noch lassen sich Bezüge auf Kenneth Burke und den Existenzialismus finden.

Goffman beginnt das Kapitel mit dem Kommunikationsbegriff und macht deutlich, dass Kommunikation mehr ist als ausgesprochene oder geschriebene Sprache. Synonym verwendet er den Begriff des „linguistic behavior". Grundlegend in diesem Teil ist die Unterscheidung zwischen „expressive" und „instrumental behavior" (ebd., 50). Verhaltensweisen sind expressiv, wenn „the character of the actor (overflows) [...] into the character of his acts". Instrumentelle Verhaltensweisen umfassen dagegen Aktivitäten, „which is officially of no value initself, but only of value in so far as it serves as a means to another end" (ebd.). Im Weiteren wird deutlich, dass dies nur eine analytische Unterscheidung ist und im Alltag beide in Mischformen vorhanden sind. Instrumental behavior erinnert stark an Webers zweckrationales Handeln. Ähnlichkeiten zeigen sich auch mit der in Goffmans ersten Buch eingeführten Unterscheidung der beiden grundlegenden Formen der Kommunikation (PS2, 4; PS_{dt}, 6). Zunächst gilt das jedoch nur für das expressive behavior, das dem entspricht, was er dort als „expression given off" („Ausdruck, den er ausstrahlt") und später auch als „expressed information" („Ausdrucksinformation" SI_a, 4; SI_a_{dt}, 14) benennt (s. Kap. 22). Dagegen bleibt das instrumental behavior noch ganz auf das Handlungsparadigma ausgerichtet und setzt noch nicht um, was mit dem Kommunikationsbegriff eigentlich ermöglicht wird. Goffman fasst das Sprachverhalten als eine Unterform des instrumental behavoir auf (CCoIC, 52), was dem Kommunikationsbegriff nicht gerecht wird. Erst später und dann erst nebenbei kommt auch die zweite Kommunikationsform aus PS („expression given") zum Vorschein, wenn Goffman „two streams of signs" unterscheidet und diese als „expressive signs" und „linguistic signs" (CCoIC, 80) bezeichnet (s. Kap. 22). Deutlich werden in seiner Dissertation noch einige Unstimmigkeiten bei den Begriffen „linguistic" und „instrumental behavior" und auch „behavior" bzw. „sign" werden nicht klar voneinander getrennt.

Goffmans Interesse gilt jedoch ganz vorrangig dem „expressive behavior", dem Ausdrucksverhalten. Ausführlich wird Herbert Blumer (1936, 522; zit. CCoIC, 58) zitiert, wonach „expressive behavior is regularized by social codes much as language or conduct". Jedoch lasse sich das Ausdrucksverhalten nicht auf den Ausdruck von Emotionen beschränken. Zusammenfassend benennt Goffman einige Grundmerkmale des Ausdrucksverhaltens: Es liefert immer nur vage Informationen, für die der/die Verursacher/in nur eingeschränkt verantwortlich gemacht werden kann. Sie sind nicht diskursiv und auch nicht „part of an extended logically integrated line of reasoning" (CCoIC, 69). Typischerweise geben sie nur allgemeine Hinweise, die vor allem „with the actor's general alignment or attitude" (ebd.) zu den Vorgängen in der sozialen Situation in Verbindung stehen. Das Ausdrucksverhalten ist überwiegend nicht geplant. Zudem handele es sich dabei – im Unterschied zum Sprachverhalten – nicht um Symbole, sondern um „natural signs or symptoms" (ebd., 70); sie bleiben Zeichen, auch wenn niemand anwesend ist, der sie als Informationsquelle nutzt.

Die zentrale Funktion des Ausdrucksverhaltens besteht für Goffman darin, Informationen über die anwesenden Personen zu vermitteln. Wie in seinem Erstlingswerk (PS2, 4; PS_{dt}, 6) übernimmt Goffman die von Gustav Ichheiser (1949) stammende Unterscheidung zwischen Ausdruck („exprerssion") und Eindruck („impression"). Ichheiser ist ein aus Polen stammender, lange in Österreich tätiger und später im amerikanischen Exil arbeitender Sozialpsychologe und Soziologe, der heute weitgehend in Vergessenheit geraten ist (Fleck 2015). „In Ichheiser's terminology, sources of expression of one person comes to be sources of impression of him for other persons. Of all the actual sources of expression that exist concerning any actor, those which occur while the actor is engaged in linguistic communication are perhaps the most important" (CCoIC, 73). Für Goffman bildet diese Unterscheidung die Grundlage für seine Analyse des Informationsmanagements über das eigene Selbst. Für unser Handeln sind wir auf Informationen über die andere Person angewiesen. Diese Informationen tragen wesentlich zur Definition der Situation bei. Die Ausdrucksinformationen des/der Senders/Senderin werden als eine zentrale Informationsquelle genutzt. Aber ebenso wie der/die Empfänger/in nach diesen Informationen Ausschau hält, hat der/die Sender/in Interesse daran, seine/ihre Ausdrucksinformation zu kontrollieren und zu steuern.

Für Goffman reicht es allerdings nicht aus, Gesprächsinteraktionen nur als Vorgänge der Informationssammlung und Informationskontrolle aufzufassen. Notwendig für ihn ist zugleich – und das ist für ihn vorrangig – die wechselseitigen rituellen Ansprüche der Akteur/-innen, die im Austausch miteinander erfüllt werden, zu berücksichtigen. Die Anwesenden in Face-to-face-Interaktionen sind wechselseitig verpflichtet, die anderen jeweils als ein heiliges Objekt zu sehen und entsprechend mit angemessener ritueller Sorgfalt zu behandeln.

> „The social attributes of recipients must be constantly honored; where these attributes have been dishonored, propitiation must follow. The actor must be on his guard almost all the time and carefully poised in his action. He must conduct himself with great ritual care, threading his way through one situation, avoiding another, counteracting a third, lest he unintentionally and unwittingly convey a judgement of those present that is offensive to them. Even more than being a game of informational management, conversational interaction is a problem in ritual management" (ebd., 103).

Wie an anderer Stelle ausführlich gezeigt wird (s. Kap. 23), stützt sich Goffman dabei auf Émile Durkheims Sozialtheorie und seine grundlegende Frage nach dem Zusammenhalt der modernen Gesellschaft. Für Durkheim bildet der moralische Individualismus das neue Kollektivbewusstsein. An die Stelle der Allgegenwart von Gott tritt in der modernen Gesellschaft die Heiligkeit der Person. Goffman übernimmt das Theorem des moralischen Individualismus, löst dieses aus dem makrosoziologischen Kontext und fragt stattdessen, wie sich die aus der Heiligkeit der Person erwachsende Verpflichtung zur rituellen Sorgfalt auf die direkten Kontakte von Personen in Interaktionen auswirke. Schon in seiner Kritik am Modell der sozialen Ordnung war diese Argumentationslinie implizit vorhanden und an dieser Stelle (Kap. 7: „Sign Situation") benennt er es als „ritual model of interaction" (ebd.). Später wird Goffman diese besondere Form der sozialen Ordnung, die für ihn bei der Analyse von Interaktion vorrangig ist, auch als „rituelle Ordnung" (FaW; auch IR_a) bezeichnen. Zusammen mit seiner Auffassung, dass Interaktionen ein eigenständiges Arbeitsfeld sind (s. Kap. 20; 48), bildet diese rituelle Komponente einen Eckpfeiler seines Theorie- und Forschungsprogramms der Interaction Order.

Grundkonzepte der Interaktionsanalyse

Im vierten Teil der Dissertation, der zehn Kapitel umfasst, präsentiert er eine Reihe von Grundbegriffen für die Analyse von Face-to-face-Interaktionen. Ausgehend von den Begriffen Botschaft („message"), Zeichen („sign"), Medium („medium"), Sender („transmitter" oder agency") und Empfänger („receiver") werden einige Besonderheiten von Face-to-face-Interaktionen, z. B. die nicht-leugbare Natur („non-deniable nature"; ebd., 113) der Botschaften, herausgestellt. Im Vorgriff auf seine spätere grundlegende Unterscheidung von zentrierter und nicht zentrierter Interaktion („focused" und „unfocused interaction" EN, BP) spricht Goffman von „directed" und „undirected interaction" (CCoIC, 116). Im nächsten Kapitel wird das Konzept der sozialen Veranstaltung („social occassion"; ebd., 127 ff.) eingeführt; er macht dies, indem er einige Grundmerkmale vorstellt und anschließend Variationen benennt. Teilnehmer/-innen einer Interaktion besitzen das Privileg einer „accredited attendance", einer akkreditierten Anwesenheit (ebd., 136). Das ist aber nicht der einzige Kommunikationsstatus, der in dieser Sozialform vorkommen kann. Verwiesen wird auf das Konzept der „Unperson" („non-person"; ebd., 137); das ist eine in einer Interaktion eigentlich anwesende Person, die jedoch von den anderen Akteur/innen als nicht anwesend behandelt wird. Dies kann auf Kinder oder auch auf Bedienstete zutreffen. In einem späteren Kapitel (16. Kap.) geht er auf diesen Ausschluss aus der Interaktion noch ausführlicher ein. Zunächst wird jeweils in eigenständigen Kapiteln ausführlich der Ausdruck („expression“) und Austausch von Botschaften („interchanges of messages“) behandelt. Verwiesen wird ferner darauf, dass es immer wieder Anlässe gibt, in denen Personen besondere Anstrengungen unternehmen, Respekt und Interesse für den/die bzw. die anderen zu zeigen. Als ein erstes Beispiel für den höflichen Austausch („polite interchange“) wird eine Straßenbegrüßung („road salutations“) behandelt. Ohne schon den Begriff zu verwenden, wird damit beschrieben, was in *Behavior in Public Places* (83 ff.) als „civil inattention“ („höfliche Gleichgültigkeit“, BP_{dt}, 97 ff.) ausführlich dargestellt wird (s. Kap. 29). In diesem Zusammenhang thematisiert Goffman auch Interaktionen mit Personen mit Gesichtsdeformationen (ebd., 187 f.), ein Thema, das dann in *Stigma* vertieft wird. Als ein weiteres Thema wird der versöhnende Austausch („minor propitiatory interchanges“) aufgegriffen (ebd., 190 f.), was als Vorarbeit für seinen Beitrag *Remedial Interchange,* erschienen in *Relations in Public* (1971_d) gelten kann. In seiner Dissertation schließt Goffman ein Kapitel an, indem aufgezeigt wird, wie die Aufmerksamkeit („attention“) hergestellt wird. „The initiation and maintenance of this organized attention, the transfer of it from one speaker to another, and its final dissolution all involve problems in attention management“ (ebd., 196). Um Kommunikationen am Laufen zu halten, wird vielfach auf „sichere Vorräte“ („safe supplies“) zurückgegriffen (ebd., 206 ff.). An prominenter Stelle gehört zum sicheren Vorrat der „small talk“, also Themen (wie z. B. das Wetter) von denen angenommen wird, dass man über diese mit allen Personen sprechen kann. Abgeschlossen wird dieser Teil mit dem Rückzug aus Interaktionen („exclusion from participation“). Da ein Rückzug als ein Zeichen für eine negative Bewertung der Verbleibenden aufgefasst werden kann, wird für den Rückzug ein geeigneter Zeitpunkt abgewartet. Teilnehmer/innen können eine Interaktion auch verlassen, ohne dass sie ihre ökologische Position verändern. Goffman spricht hier von einer „dual participation“; ein oder mehrere Teilnehmer/innen wenden ihre Aufmerksamkeit von der Haupttätigkeit ab und einer Nebentätigkeit zu. Goffman spricht an dieser Stelle von „dominant“ und „subordinate interplay“ (ebd., 234); eine Unterscheidung, die er dann in *Behavior in Public Places* als „main“ und „side involvement“ (BP, 43 ff.; übersetzt mit: „Kern-“ und „Nebenengagement“; BP_{dt}, 59 ff.) fassen wird.

Im fünften und letzten Teil seiner Dissertation werden Verhaltensweisen in Interaktionen betrachtet. Einleitend wird in die Unterscheidung „euphoric“ und „dysphoric interaction“ eingeführt (CCoIC, 243 ff.). In einer Interaktion ist es möglich,

> „that no one will be made to feel ill at ease, out of countenance, nonplussed, self-conscious, embarrassed, or out of place because of the sheer presence of the others or because of the actions of others […]. When these conditions are presents, we may say that the interaction is euphoric. To the degree that those present have been made to feel ill at ease, we may say that the interaction is dysphoric“ (ebd., 243).

Unklar und schwammig bleibt der Verweis Goffmans auf die Herkunft der Konzepte „euphoria“ und „dysphoria“. Ohne dass Namen genannt werden, wird in einer Fußnote lediglich darauf verwiesen, dass diese Konzepte von „students of proliterate societies“ (ebd., 243) verwendet werden „to refer to social systems that are functioning well or functioning badly“. Goffman ist erkennbar bestrebt – wie Gregory W. H. Smith (2006, 29) betont – zu zeigen, dass mit Euphorie und Dysphorie nicht Gefühle der Teilnehmer/-innen gemeint sind, sondern Erscheinungsformen des Austausches. Die psychologische Sprache mit der diese Unterscheidung formuliert wird, lässt sich jedoch als ein Beleg für Emanuel A. Scheglоffs ([1988] 2000) generell vorgebrachte Kritik lesen, im Werk Goffmans sei ein versteckter Psychologismus vorhanden. Später scheint er das auch selbst erkannt zu haben, denn diese Unterscheidung taucht kaum noch auf und wird auch dort nur beiläufig verwendet (z. B. EN_a, 44 f.; EN_a_{dt}, 49 ff.). In seiner Dissertation führt Goffman aus, dass es eine fortlaufende Aufgabe für die Interaktionspartner/innen sei, ein angemessenes Level an Euphorie hervorzubringen. In der Regel erfolgt dies durch ein „level of proper involvement" (ebd., 247). Mit „involvement" expliziert Goffman an dieser Stelle einen Begriff, den er schon vorab mehrmals verwendet hatte und der in *Behavior in Public Places* zum Schlüsselbegriff wird (s. Kap. 40). In der deutschen Ausgabe wird „involvement" mit „Engagement" übersetzt, möglich wäre aber auch „Anteilnahme". Euphorie verlange ein angemessenes Maß an Engagement oder Anteilnahme. Was als angemessen aufgefasst wird, variiert zwischen den Interaktionen und auch zwischen den Rollen, die man in einer besonderen Interaktion innehat. Vielfach verändert es sich auch im Verlauf einer Interaktion; Goffman spricht von „involvement contour" (ebd., 248).

Wenn sich die Teilnehmer/innen nicht angemessen beteiligen, weil sie sich zu wenig um die Vorgänge kümmern oder zu stark auf sich selbst bezogen sind, dann wird die Interaktion dysphorisch. Es gibt aber auch Personen, sog. „faulty persons" (ebd., 258 ff.), die das bewirken können. Darunter werden Personen verstanden, die in fast allen Zusammenkünften, an denen sie teilnehmen, Unbehagen und Spannungen hervorbringen und dadurch verursachen, dass sich die anderen unwohl fühlen. Ausschlaggebend dafür kann fehlende Sprachkompetenz sein; möglich ist es aber ebenso, dass es nicht an dieser Person selbst liegt, sondern an den wirksamen Normalitätsvorstellungen. Wenn eine Person zu stark von diesen Normalitätsvorstellungen abweicht, werden die Gesprächspartner/innen dadurch stark abgelenkt und fixieren sich auf diese Abweichung. Auch hier zeigen sich deutliche Anknüpfungspunkte zu seinem späterem Buch *Stigma* (s. Kap. 41).

Ein wichtiger Bestandteil der Ausgeglichenheit („poise") sind dabei die Selbstkontrolle und emotionale Kontrolle. In diesem Zusammenhang verweist Goffman auch auf die Zivilisationsstudie von Norbert Elias (ebd., 274). Angedeutet ist auch, was Goffman später mit seinen Begriffen „Rollendistanz" und „sekundäre Anpassung" ausarbeiten wird (s. Kap. 28 bzw. 27).

Die nächsten beiden Kapitel – Kap. 22: „On projected selves" und Kap. 23 „The mangement of the projected self" – nehmen vorweg, was Goffman in seinem ersten Buch (PS) ausführlich behandeln wird. „At the moment of coming together, each participant – by his initial conduct and appearance – is felt by others to ‚project' a self into the situation" (ebd., 300). Goffman verknüpft das entworfene Selbst mit dem Konzept der Defintion der Situation: „(T)he selves projected into an interplay provide a significant part of the initial definition of the situation, for it is by these selves that each participant know what to expect from others and what is expected from him" (ebd, 301). Das entworfene Selbst liefert die Grundlinie für die Handlungen. Es muss für die anderen Teilnehmer/innen hinreichend vertraut oder akzeptabel sein. Angelegt ist hier, was in seinem Artikel *On Face-Work* ausgearbeitet wird (1955; auch IR_a). Die Handelnden haben das Interesse, ihr entworfenes Selbst aufrechtzuerhalten. Es drohen aber ernsthafte Unterbrechungen („serious disruptions) in Form eines Fauxpas („gaffes") oder einer Anmaßung („pretention"); darüber hinaus sind auch unernsthafte Unterbrechungen („unserious disruptions") möglich.

Im Weiteren wird noch beschrieben, wie durch die Anwendung von Takt oder anderen sozialen Strukturen das projektierte Selbst und damit auch die interaktionale Euphorie aufrechterhalten wird. Goffman nennt insgesamt sieben typische Strategien: Diskretion („discretion"), Absicherung („hedging"), Höflichkeit („politeness"), Unernsthaftigkeit („unsersiousness"), Selbstbeherrschung („sangfroid"), geheuchelte Gleichgültigkeit („feigned indifference") und Nichtsehen („non-observance").

Abschluss

Das letzte Kapitel des fünften Teils ist mehr als eine Zusammenfassung dieses Teiles. Sie ist überhaupt der Abschluss der gesamten Arbeit und wird daher hier eigenständig betrachtet. In diesem Kapitel führt Goffman den Begriff „interaction order" („Interaktionsordnung") ein, den er dann in seiner Präsidentenadresse kurz vor seinem Tod prominent herausstellte (s. Kap. 48) und der inzwischen häufig dazu verwendet wird, die Besonderheit seines Theorieprogrammes zu labeln. Sicherlich ist verwunderlich, dass er – wie auch Philip Manning (1992) betont – diesen Begriff in seiner Dissertation nicht schon früher eingeführt hat. Dies zeigt zugleich viel von seinem Umgang mit seinen Begriffen und seinem Grundverständnis, was diese zu leisten imstande sind (Lenz 1991). Goffman fasst Interaktionsordnung als eine grundlegende Form von sozialer Ordnung auf. Egal in welchen Kontext sie eingebettet sind, egal wie viele an ihr beteiligt sind und auch unabhängig von der Dauer, lassen sich in Interaktionen wiederkehrende Muster aufzeigen, die für ihn ganz wesentlich daraus resultieren, dass in ihnen Subjekte aufeinandertreffen, die Vorstellungen von sich und über die anderen haben und damit Ansprüche verbinden, wie sie behandelt werden wollen. Er schreibt:

> „The system of rules and conventions which guides the flow of message during spoken communication is a normative system. Not only can it be anticipated that islanders will adhere to these communication conventions but also that they are, in some sense, morally obliged to do so. When one of these conventions is broken, it is not the state or the community that is offended, but only the other participants, and in most cases they are obliged to sanction the offender in an explicit roundabout way. Thus, conventions for guiding spoken communication on the island constitute the kind of normative system which is sometimes called etiquette" (ebd., 350f.).

Relevanz

Indem Goffman in seiner Präsidentenadresse den Begriff der Interaction Order zur Benennung seines Theorie- und Forschungsprogramms aufgegriffen hat, gab er kurz vor seinem Tod noch den indirekten Hinweis auf seine Dissertation. Neben der Übernahme dieses Labels zur Benennung hat dieser Hinweis gleichzeitig ein hohes Interesse an dieser Arbeit geweckt, die über die University of Chicago zugänglich und inzwischen als unveröffentlichte Arbeit einen beachtlichen Verbreitungsgrad besitzt. Durch die Rezeption seiner Dissertation konnte die frühe Grundlegung seines Arbeitsprogramms und in seinem wissenschaftlichen Schaffen ein hohes Maß an Kontinuität entdeckt werden. Stellvertretend sollen an dieser Stelle drei große Kenner seines Werkes zitiert werden. In ihrem Überblicksartikel schreiben Gary Alan Fine und Philip Manning (2003, 45): „The still unpublished dissertation remains a key resource for understanding the development of Goffman's ideas". Und Gregory W. H. Smith (2006, 29) formuliert es folgendermaßen: „It is possible to read all Goffman's publications on interaction in the following decade as enlarging, refining and filling in the small print of ideas first set out in his 1953 PhD". Diesen beiden Positionen kann man sich nur anschließen. In seiner Dissertation entwirft Goffman sein Theorie- und Forschungsprogramm, das er dann bis zu seinem Tode konsequent verfolgte. Eine ganze Reihe von Grundkonzepten, die er in den Publikationen in den folgenden Jahren ausbreiten und in das Zentrum stellen wird, sind schon in dieser frühen Arbeit vorhanden.

Dennoch darf seine Dissertation nicht als die große Vorratskammer aufgefasst werden, aus der Goffman in seiner gesamten Schaffensperiode ausschließlich geschöpft hat. Eine solche Position würde wesentliche Weiterentwicklungen in seinem Theorieprogramm ignorieren. In knapper Form sollen zum Abschluss einige Punkte benannt werden, in denen er in seinem Werk über diese frühe Grundlegung hinausgegangen ist: 1) In seiner Dissertation lassen sich noch einzelne Formulierungen – wie die Konzepte „euphoric" und „dysphoric" – finden oder zumindest so lesen, als ob damit Aussagen über das Innenleben des Subjekts gemacht werden, die jedoch die Wahrnehmungsmöglichkeiten einer Beobachterperspektive übersteigen. Entgegen der pauschalen Kritik von Schegloff hat sich Goffman schon in den Aufsätzen der 1950er Jahren – vier davon abgedruckt in *Interaction Ritual* ($IR_{a\text{-}d}$) – von diesen Versatzstücken eines versteckten Psychologismus verabschiedet, ohne allerdings die Subjekte aus den Interaktionen auszuklammern. Sowohl der/die Darsteller/in wie auch das dargestellte Selbst sind Teil der Interaktion. Das dargestellte Selbst wird hervorgebracht durch „the whole scene of his action" (PS2, 252; PS_{dt}, 231) und steht nicht mit einem ‚wahren Selbst' in Verbindung (FA, 293 ff.; FA_{dt}, 323 ff.). Der/die Darsteller/in ist nicht nur Sender/in und Empfänger/in von Informationen, sondern immer auch Träger/in ritueller Ansprüche (s. Kap. 23). 2) Bei dem Ritualkonzept hat sich Goffman zunächst auf Durkheim und die Rezeptionslinie der Sozialanthropologie von Radcliffe-Brown bis Warner gestützt. In Fortschreibung dieses Konzeptes hat er später zusätzlich auch auf die Angebote der Ethologie zurückgegriffen. 3) Auch wenn die Analyse des Ausdrucksverhaltens ein Kernstück seiner Dissertation ist, fehlt noch der Begriff der Darstellung und zugleich sein Theorem des unvermeidlichen Zwangs zur Darstellung in der sozialen Situation mit der jede/r Anwesende konfrontiert ist. Für diese Weiterführung war die Bezugnahme auf Kenneth Burke und den Existenzialismus ausschlaggebend (s. Kap. 16 und 7). 4) Schließlich stellt das Rahmenkonzept eine weitere wesentliche Weiterentwicklung dar, gleichwohl er mit „social occasion" schon in CCoIC ein Vorläufer-Konzept eingeführt und auch längere Zeit verwendet hat. Mit dem Rahmenkonzept wendet sich Goffman noch deutlicher gegen das in der Chicago-Tradition fest verankerte Konzept der Situationsdefinition und versucht die damit einhergehende astrukturelle Basis zu überwinden. Deutlich gemacht wird, dass die Wirklichkeit nicht primär situativ hergestellt wird, sondern immer schon auf in die Situation mitgebrachtem kulturellen Wissen basiert (s. Kap. 9 und 33).

Literatur

Barnard, Chester I.: The functions of the executive. Cambridge 1947

Blumer, Herbert: Social attitudes and nonsymbolic interation. In: Journal of Education Sociology 9 (1936), 515–523.

Brody, M. Kenneth: Yankee City and the bicentennial: Warner's study of symbolic activity in a contemporary setting. In: Sociological Inquiry 54/2 (1982), 259–273.

Ichheiser, Gustav: Misunderstandings in human relations. A study of false social perception. Chicago, Ill. 1949.

Fine, Gary Alan/Manning, Philip: Erving Goffman. In: George Ritzer (Hg.): The Blackwell companion to major contemporary social theorists. Malden 2003, 34–62.

Fleck, Christian: ‚Who is Ichheiser?' – ein an sich und der Welt Gescheiterter. In: Ders.: Etablierung in der Fremde. Vertriebene Wissenschaftler in den USA nach 1933. Frankfurt/Main 2015, 295–332.

Horton, Donald/R. Richard Wohl: Mass communication and para-social interaction: Observations on intimacy at a distance. In: Psychiatry 19 (1956), 215–222.

Lenz, Karl: Erving Goffman – Werk und Rezeption. In: Robert Hettlage/Karl Lenz (Hg.): Erving Goffman – ein soziologischer Klassiker der zweiten Generation. Bern, Stuttgart 1991, 25–94.

Manning, Philip: Erving Goffman and modern sociology. Cambridge 1992.

McNally, Jeffrey J.: The functions of the executive, by Chester Barnard 1938. In: Academy of Management Learning & Education 17/1 (2018), 112–114

Parsons Talcott: The social system. Glencoe 1951.

Raab, Jürgen: Erving Goffman [2008]. Konstanz [2]2014.

Ruesch, Jürgen/Bateson, Gregory: Communication. The social matrix of psychiatry. New York 1951 (dt. Die soziale Matrix der Psychiatrie [2]2012).

Schegloff, Emanuel A.: Goffman and the analysis of conversation [1988]. In: Gary A. Fine/Gregory W. H. Smith (Hg.): Erving Goffman, Vol. 4. London 2000, 176–213.

Simmel, Georg: Soziologie. Untersuchungen über die Formen der Vergesellschaftung [1908] Georg Simmel Gesamtausgabe Bd. 11. Frankfurt/Main 1992.

Simon, Fritz B.: Vorwort. In: Jurgen Ruesch/Gregory Bateson: Kommunikation. Die soziale Matrix der Psychiatrie. Heidelberg [2]2012, 7–10.

Smith, Gregory W.H.: Erving Goffman. New York 2006.

Winkin, Yves: Baltasound as the symbolic capital of social interaction [1992]. In: Gary Alan Fine/Gregory W. P. Smith (Hg.): Erving Goffman, Vol. I. London 2000, 193–212.

Winkin, Yves/Leeds-Hurwitz, Wendy: Erving Goffman: A critical introduction to media and communication Theory. New York 2013.

Wolff, Kurt H. (Hg.): The sociology of Georg Simmel, Glencoe, Ill. 1950.

The Presentation of Self in Everyday Life

37

Karl Lenz

The Presentation of Self in Everyday Life ist die erste Buchveröffentlichung von Erving Goffman und zugleich unverändert die von diesem erfolgreichen Autor bekannteste und meist gelesene Publikation. In englischer Sprache gibt es zwei Fassungen, eine von 1956 in einer Schriftenreihe der University of Edinburgh („Social Sciences Research Centre, Monograph No 2") veröffentlichte und eine zweite, die drei Jahre später im Verlag Anchor in den USA erschienen ist. Zahlreich sind die Übersetzungen dieses Buches in andere Sprachen. In Deutschland ist das Buch 1969 unter dem Titel *Wir alle spielen Theater* im damals noch stark sozialwissenschaftlich ausgerichteten Münchner Piper-Verlag erschienen. Inzwischen liegt es in unveränderter Übersetzung mit jedoch von Zeit zu Zeit verändertem Cover in der 15. Auflage vor (trotz dieser hohen Auflage wird auf der Seite des Verlags sein Vorname z. T. mit „Erwin" falsch geschrieben). Übersetzt wurde es von dem lange Zeit an der Universität Bochum tätigen Politikwissenschaftler Peter Weber-Schäfer (1935–2019).

Wiederholt kann man lesen, dass dieses Buch eine überarbeitete Fassung seiner Dissertation (CCoCI) sei. Richtig daran ist jedoch lediglich, dass an vielen Stellen auf das empirische Material seiner Shetland-Studie zurückgegriffen wird. Im Aufbau und ebenso im Text hat diese Arbeit allerdings keine wesentlichen Gemeinsamkeiten mit seiner Dissertation, sondern stellt eine eigenständige Arbeit dar, die – wie noch zu zeigen sein wird – auch argumentativ eigenständig ist. Jedoch hat Goffman – wie auch in seinen folgenden Arbeiten – das in seiner Dissertation skizzierte „ritual model of interaction" (CCoIC, 103) zugrunde gelegt (s. Kap. 36).

In der deutschen Übersetzung ist ein Vorwort von dem damals noch in Konstanz lehrenden Ralf Dahrendorf (1929–2009) vorangestellt, das zum Verständnis des Werkes wenig beiträgt. Goffmans starke Ausrichtung auf Feldforschung bringt Dahrendorf mit der Seminaraufgabe des im Londoner Exil lehrenden Karl Mannheim an seine Studierenden in Verbindung, auf der „benachbarten Fleet Street ‚Gesellschaft' zu beobachten" (PS_{dt}, VII). Zwar kannte Goffman Publikationen von Mannheim – wie auch ein Verweis in diesem Buch bezeugt (ebd., 241; PS2, 81) –, jedoch stand seine empirische Ausrichtung nicht mit ihm in Verbindung. Für den die US-Soziologie breit rezipierenden Dahrendorf stand die naheliegende Traditionslinie über Robert Park und Everett C. Hughes nicht im Fokus. Leitend sei für Goffman die Frage: „Wie ist Gesellschaft möglich?" (PS_{dt}, VII). Dass es Goffman als Mikrosoziologe primär um Interaktion geht, bleibt außen vor. In der Formulierung der „totalen Institution Gesellschaft" (ebd.) kommt

K. Lenz (✉)
Institut für Soziologie, TU Dresden,
Dresden, Deutschland
E-Mail: karl.lenz@tu-dresden.de

K. Lenz und R. Hettlage (Hrsg.), *Goffman-Handbuch,* https://doi.org/10.1007/978-3-476-05871-3_37

stärker Dahrendorfs eigene These der Gesellschaft als ärgerliche Tatsache zum Vorschein, als ein angemessenes Verständnis dieses zentralen Begriffes aus Goffmans damals im Original schon vorliegenden Werk *Asylums*. Ganz deutlich wird, dass aus der Sicht des Verfassers bei Goffman zu wenig Gesellschaftskritik vorhanden sei. Trotz dieser Vorbehalte attestiert Dahrendorf dem Werk einen hohen theoretischen Gehalt. Er reiht es in die Tradition von Georg Simmel ein, nicht zuletzt wegen des beiden Autoren gemeinsamen „Sinn[s] für scheinbar abwegige Details" (ebd., IX). Dahrendorf verankert Goffman dabei uneingeschränkt in die damals breit diskutierte und von ihm mit seinem Buch *Homo sociologicus* (1959) wesentlich mitgeprägte Rollentheorie. Angeregt von Mannheims totalem Ideologieverdacht stellt er für Goffmans Werk fest, dass es einen „totalen Rollenverdacht" (ebd., VIII) belege. Eine enge Verwandtschaft sieht er zu Heinrich Popitz' zwei Jahren vorher erschienenen Buch zum Rollenbegriff (Popitz 1967).

Zentrale Inhalte

Während der Originaltitel auf den zentralen Gegenstand des Buches verweist, auf die Selbstdarstellung im Alltag – oder genauer gefasst: Interaktion –, nimmt der deutsche Titel Goffmans Verwendung der Theatermetapher zur Beschreibung des Gegenstandes auf. Damit wird zugleich eine grundlegende Arbeitsweise von Goffman deutlich, die er vom amerikanischen Literatur- und Kulturwissenschaftler Kenneth Burke (1897–1993) übernimmt und die dieser als „perspective by incongruity" bezeichnet hat. Mit dieser Vorgehensweise werden soziale Phänomen interpretiert „by removing words from their ‚constitutional' setting" (Burke 1964, 94 f.; ausführlicher: Burke 1954). Goffman verwendet das Theatermodell und möchte aufzeigen,

> „the way in which the individual in ordinary work situations presents himself and his activity to others, the ways in which he guides and controls the impression they form of him, and the kinds of things he may and may not do while sustaining his performance before them" (PS2, XI; PS_{dt}, 3).

Das Theater mit dem sozialen Leben in Verbindung zu bringen, hat eine lange kulturgeschichtliche Tradition; stellvertretend seien nur Platon *(Philebos)* oder Shakespeare *(Wie es euch gefällt)* genannt. Schon Burke hat darauf hingewiesen, dass eine analoge Beschreibung von Phänomenen nicht mit Identität verwechselt werden darf. Diese Mahnung beherzigt Goffman von Anfang an: Gleich im Vorwort und nochmals am Ende des Buches macht Goffman klar, dass die Theatermetapher nur ein heuristisches Hilfsmittel ist und auch nur sein kann (PS2, XI und 254 f.; PS_{dt}, 3 und 232 f.). Die Theatermetapher wird gleich im Vorwort eingeführt. Auch wird kurz auf das verwendete empirische Material, insbesondere auf seine Shetland-Studie verwiesen, und die Publikation in die Traditionslinie von Simmel gestellt.

Entgegen der Aussage von Dahrendorf ist das zentrale Konzept in diesem Buch nicht „Rolle". Überhaupt kommt in der deutschen Übersetzung der Rollenbegriff häufiger vor als im Original. In der Übersetzung verschwindet auch die vorhandene Unterscheidung zwischen „part" und „role". Nur an einer Stelle (PS_{dt}, 18) und zwar in einem Satz, in dem beide Wörter verwendet werden, kommt diese Unterscheidung in der Übersetzung zum Vorschein. Die Rede ist in diesem Satz dann von „Teilrolle" und „Rolle", eine Unterscheidung, die in der Übersetzung aber nicht fortgeführt wird. Hier stößt man auf Grenzen einer Übersetzung. Formal ist es durchaus zutreffend, „part" als „Rolle" zu übersetzen. Der Intention des Autors wird man damit allerdings nicht gerecht. Beide Begriffe decken sich nicht mit dem herkömmlichen Rollenbegriff, der auf die mit der sozialen Position – Linton spricht von „sozialem Status" – verbundenen Verhaltenserwartungen abzielt. Beide Male – sowohl bei „part" wie auch „role" – geht es vor allem um die Ausübung, wobei die Abgrenzung nicht immer eindeutig ist. Mit „part" bezeichnet Goffman die vorgegebenen Handlungsmuster, die in der Darstellung zum Vorschein kommen und mit „role" die Ausübung von Rechten und Pflichten, die mit der sozialen Position verbunden sind. Diese Unterscheidung hat er im Nachgang aufgegeben. In *Encounters* (EN_b,

91; EN_b$_{dt}$, 104) definiert er Rolle als „the typical response of individuals in a particular position" und befasst sich vor allem mit „situated role" (EN_b, 96; EN_b$_{dt}$, 108). Die Häufigkeit von „Rolle" in der deutschen Übersetzung von PS wird zugleich noch dadurch gesteigert, dass auch „character" als Rolle übersetzt wird.

Weder „role" noch „part", sondern „Darstellung" ist der zentrale Begriff (s. Kap. 24) in diesem Buch. Jedoch nicht – wie der Originaltitel nahelegt – „presentation", sondern „performance" ist das Leitkonzept. „A ‚performance' may be defined as all the activity of a given participant on a given occasion which serves to influence in any way any of the other participants" (PS2, 15; PS$_{dt}$, 18).

Vereinzelt kommt „performance" auch schon in seiner Dissertation vor, meist jedoch als bloße Beschreibungskategorie, wie z. B. „violin performance" oder „solo singing performance" (CCoIC, 266 bzw. 316) und noch nicht als wissenschaftlich elaboriertes Konzept. Dieses Konzept stellt eine wesentliche Innovation in seinem ab seiner Dissertation kontinuierlich verfolgten Theorie- und Forschungsprogramm der Interaction Order dar. Zu Recht hat Hubert Knoblauch (2010) auf die Engführung der deutschen Übersetzung mit „Darstellung" hingewiesen, da Goffman damit nicht nur das „Darstellen" meint, sondern auch „den realzeitlichen Vollzug des Handelns, das auf die Beobachtung von anderen und ihre Reaktion hin entworfen" wird (Knoblauch 2010, 242). Goffman nimmt mit diesem Begriff – worauf auch Tom Burns (1992, 108) schon hingewiesen hat – auf den in Deutschland wenig beachteten Burke (1897–1993) Bezug (Gusfield 1988; Branaman 2013; s. Kap. 16). In seiner Dissertation hatte Burke noch keine Spuren hinterlassen. Das ist eigentlich überraschend, da Goffman bereits im Studium mit Burke eingehend vertraut wurde. Sein akademischer Lehrer, der aus Deutschland stammende und früh verstorbene Louis Wirth (1893–1952) hat Burkes Ideen all seinen Studierenden eindringlich nahegebracht, wie auch Goffman in dem Interview mit Jef C. Verhoeven ([1993] 2000, 216) selbst bekundete. Erst nach seiner Dissertation hat er diese Anregung aufgegriffen. Goffman nimmt dabei vor allem auf das 1945 veröffentlichte Werk *Grammar of Motives* von Burke Bezug, nicht auf *Permanence and Change* (1935), das Wirth als „the most important book in Social Psychology" (ebd.) bezeichnet hatte.

Wesentlich für den Begriff der Darstellung – und zugleich eine weitere Innovation im Vergleich zu seiner Dissertation – ist zudem die Rezeption des französischen Existenzialismus, insbesondere von Jean-Paul Sartre (1905–1980). An zwei Stellen finden sich in diesem Buch zwei längere Zitate von Jean-Paul Sartre (PS2, 33, 75 f.; PS$_{dt}$, 33, 70 f.) und darüber hinaus vier weitere Zitate von Simone de Beauvoir (PS2, 57 f., 112 f., 161, 235 f.; PS$_{dt}$, 54, 105, 147, 214). Dies wurde vielfach als eine bloße Steinbruch-Rezeption des Existenzialismus aufgefasst (s. Kap. 7). Tatsächlich geht aber der Einfluss des Existenzialismus deutlich weiter und beschränkt sich keineswegs nur auf die Übernahme passender Zitate, die – wie berichtet wird – Goffman gleichsam als ethnographische Beschreibungen aufgefasst hat. Sartres Konzept des „mauvaise foi" – in der deutschen Übersetzung: „Unaufrichtigkeit" und in der englischen Übersetzung: „bad faith" – hat einen nachhaltigen Niederschlag in diesem Werk gefunden.

Der Leitgedanke von Sartres Philosophie ist – wie in seinem Hauptwerk *Das Sein und das Nichts* (orig. 1943) ausgeführt – die Freiheit; für Sartre (1905–1980) ist die Freiheit die Grundbestimmung des Menschen (Biemel 1982). Eng verbunden mit der Freiheit ist die Erfahrung der Angst. „(I)n der Angst gewinnt der Mensch Bewusstsein von seiner Freiheit, oder, wenn man lieber will, die Angst ist der Seinsmodus der Freiheit als Seinsbewusstsein" (Sartre 2001, 91). Zwar entspringt die Angst bei Sartre – wie bei Martin Heidegger – aus der Erfahrung des Nichts; das für ihn jedoch ein vom Bewusstsein selbst erzeugtes Nichts ist. An dieser Stelle kommt bei Sartre das Konzept des mauvoise foi ins Spiel, als Flucht vor der Angst. Sie ist eine Bestimmung der in sich widersprüchlichen menschlichen Existenz, also vom einem Sein, „das, das ist, was es nicht ist und das nicht das ist, was es ist" (Sartre 2001, 138). Die

Unaufrichtigkeit umfasst Faktizität und Transzendenz zugleich. Mit Faktizität bezeichnet Sartre das Verwirklichte, das Festgelegte; mit Transzendenz das über das gegenwärtig gegebene Hinausweisende, das Mögliche. Als Subjekt sind wir nie auf die pure Gegenwart reduziert. Ohne dass wir der Gegenwart voraus wären, könnten wir nicht handeln. Neben einer Frau in einer Pick-Up Situation illustriert Sartre (2001, 139 f.) dies am Beispiel eines Kellners, das Goffman (PS2, 81 f.; PS_{dt}, 70 f.) ausführlich zitiert. Er übernimmt Sartres These von der Unvermeidbarkeit der Unaufrichtigkeit. Während diese bei Sartre ein Bewusstseinsphänomen ist, macht Goffman sie zu einem sozialen Phänomen.

Goffman führt die Vorstellung von der Unvermeidbarkeit der Unaufrichtigkeit und den Begriff der Darstellung zusammen und fasst diese Synthese als Zwang zur Darstellung. Dieses Theorem ist in seiner Dissertation noch nicht vorhanden, sondern wird von ihm erstmalig in diesem Werk formuliert.

> „All of these general characteristics of performances can be seen as interaction constraints which play upon the individual and transform his activities into performances. Instead of merely doing his task and giving vent to his feelings, he will express the doing of his task and acceptably convey his feelings. In general; then, the representation of an activity will vary in some degree from the activity itself and therefore inevitably misrepresent it. And since the individual will be required to rely on signs in order to construct a representation of his activity, the image he constructs, however faithful to the facts, will be subject to all the disruptions that impressions are subject to“ (PS2, 65; PS_{dt}, 61).

Der Zwang zur Darstellung ist in jeder Interaktion wirksam. Auch wer aufrichtig ist, muss die anderen, also das Publikum, von der eigenen Aufrichtigkeit überzeugen. Eine Darstellung und der damit bewirkte Eindruck („impression“) hat dabei stets eine doppelte Funktion, sie leisten einen Beitrag zur Definition der Situation und zugleich wird dadurch ein Bild von sich selbst entworfen. Letzteres ermöglicht es den anderen, dem handelnden Subjekt eine Identität zuzuschreiben. Mit dem Zwang zur Darstellung ist nicht gemeint, dass jedes Subjekt bemüht ist, einen falschen Eindruck zu erwecken. Schon Sartre zeigte, dass Unaufrichtigkeit und Lügen nicht gleichgesetzt werden dürfen. Da jedoch ein Zwang zur Darstellung besteht und eine jede Darstellung Zeichen braucht, wird dadurch zugleich ein Potential zur Täuschung geschaffen. Da die Akteur/innen gezwungen sind, ihre Tätigkeit, ihr Anliegen, ihre Einstellung den anderen nahe zu bringen, entsteht die Möglichkeit der Irreführung, da es nur wenige Zeichen gibt, „that cannot be used to attest to the presence of something that is not really there“ (PS2, 58; PS_{dt}, 54). Goffman führt die Unterscheidung zwischen einem/einer aufrichtigen („sincere“) und zynischen Darsteller/-in („cynical performer“) ein (PS2, 18; PS_{dt}, 20), also jenen, die selbst von ihrer Darstellung überzeugt sind, und jenen, die wissen, dass sie etwas vorspielen. Zwischen diesen Extremen gibt es viele Mischungsverhältnisse. Generell besitzen Darstellungen eine Tendenz zur Idealisierung, wobei diese positiv oder negativ sein können (PS2, 34 ff.; PS_{dt}, 35 ff.). Man kann sich als wissender oder erfahrener präsentieren als man tatsächlich ist, ebenso möglich ist es, dass man mit dem eigenen Unwissen und der fehlenden Erfahrung kokettiert. In den meisten Tätigkeiten kann der/die Handelnde in seiner/ihrer Darstellung auf ein standardisiertes Ausdrucksrepertoire zurückgreifen, das als Fassade („front“) bezeichnet wird (PS2, 22 ff.; PS_{dt}, 23 ff.). Immer wieder macht Goffman deutlich, dass eine jede Darstellung stets gefährdet ist, da die Gefahr eines Zwischenfalls oder einer Ungeschicklichkeit fortwährend besteht und dadurch der angestrebte Eindruck entwertet werden kann (PS2, 14 f.; PS_{dt}, 16 f.). Für eine soziologische Analyse ist es unerlässlich, zwischen Darsteller/in und dargestelltem Selbst zu differenzieren. Das Selbst ist für ihn nicht etwas, was in der Person verwurzelt ist, sondern es entsteht aus der Gesamtszene der Handlungen (PS2, 252 ff.; PS_{dt}, 231 ff.).

Die grundlegenden Ausführungen zur Darstellung bilden das erste Kapitel dieses Werkes. Neben dem Vorwort ist diesem Kapitel eine Einleitung vorangestellt, in der zwei Arten von Kommunikation, der verbale Ausdruck und der „Ausdruck, den man ausstrahlt“ (PS_{dt}, 6) – im

Original als „expression that he gives and expression that he gives off" (PS2, 2) bezeichnet – und auf die vorgegebene Asymmetrie im Kommunikationsprozess hingewiesen wird. Breiten Raum nimmt das aus der ersten Chicagoer Schule übernommene Konzept der Definition der Situation ein und es findet sich der Verweis auf die moralischen Anforderungen, die durch die wechselseitige Verpflichtung zur rituellen Sorgfalt gegeben sind. Deutlich wird, dass sich dieses Werk in das in seiner Dissertation grundgelegte Forschungsfeld der Interaction Order einfügt, auch wenn er das Wort nicht gebraucht.

Nachdrücklich macht Goffman deutlich, dass Darstellungen vielfach im Zusammenwirken mit anderen erfolgen und von ihnen getragen werden. Die Gruppe von Akteur/innen, die in der Darbietung eines Handlungsablaufes miteinander kooperieren, werden als Ensemble („team") bezeichnet (Kap. 2). Dem Ensemble steht das Publikum („audience") gegenüber, davon werden dann als Restkategorie die „Außenseiter" („outsider") unterschieden, die die Darstellung nicht kennen. Im Zusammenhang mit dem Ensemble führt Goffman auch den Begriff des „impression management" (PS2, 80) ein; in der deutschsprachigen Ausgabe wird dieser verengt als „Eindrucksmanipulation" übersetzt (zunächst umschreibend: PS_{dt}, 76; dann erstmals: 106). Stärker relevant wird dieser Begriff, wenn Goffman die räumliche Dimension vor allem in Form der Begriffe Vorder- und Hinterbühne aufgreift. Jenseits von Vorder- und Hinterbühne erstreckt sich das Außen („outside"). Die Vorderbühne („front region") ist die Region, in der die Darstellung stattfindet. Die Hinterbühne („back region or backstage") ist der Raum, in dem die Vorstellung vorbereitet wird und der dem Publikum verschlossen ist. Der Übergang von der Vorder- zur Hinterbühne ist für Goffman besonders geeignet, das Eindrucksmanagement zu beobachten.

Ein Ensemble ist vor allem bestrebt, die Definition der Situation aufrechtzuerhalten, die durch ihre Darstellung hervorgebracht wird. Dafür ist es erforderlich, Geheimnisse zu bewahren. Es werden unterschiedliche Arten von Geheimnissen unterschieden, z. B. dunkle, strategische oder Gruppengeheimnisse („dark", „strategic", „inside secrets"). Eine besondere Aufmerksamkeit widmet Goffman Sonderrollen („discrepant roles"), die die strikte Aufspaltung in Ensemble und Publikum aufbrechen. Sonderrollen sind z. B. Denunziant/innen, die die Geheimnisse des Ensembles verraten, oder auch Claqueure, die mit dem Ensemble verbunden sind, sich jedoch als gewöhnliche Zuschauer/-innen ausgeben.

An und für sich vermeidet ein Ensemble alles, was mit dem erwünschten Eindruck unvereinbar ist. Dennoch lässt sich, wie Goffman im 6. Kapitel aufzeigt, eine „communication out of character" – im Deutschen mit „Kommunikation außerhalb der Rolle" übersetzt – beobachten. Damit wird eine Kommunikation zwischen den Ensemblemitgliedern gemeint, die vor dem Publikum versteckt werden soll und die auch nicht auf die eigentliche Darstellung ausgerichtet ist. Das Verhöhnen von Abwesenden, die Regieanweisungen, das gegenseitige Necken gehören ebenfalls dazu wie „realigning actions" in Form ironisch gemeinter Höflichkeitsbekundungen.

Die Gefahr besteht immer, dass Informationen übermittelt werden, die mit dem angestrebten Eindruck unvereinbar sind. Auf Zwischenfälle reagieren die Teilnehmer/innen peinlich berührt, verlegen und nervös. Im vorletzten Kapitel („The arts of impression management", dt.: „Die Techniken der Eindrucksmanipulation") wird gezeigt, wie Zwischenfälle vermieden oder ihre Auswirkungen wenigstens minimiert werden. Dabei wird gezeigt, welche Verteidigungsmaßnahmen die Darstellenden anwenden, wie sie dabei durch Schutzmaßnahmen des Publikums und z. T. von Außenseiter/innen unterstützt werden und wie sie selbst wiederum durch Maßnahmen diese Schutzmaßnahmen ermöglichen.

Im Schlusskapitel fasst Goffman seine Ausführungen zusammen und kontrastiert seinen „dramaturgical approach" (PS2, 240, „dramaturgische Perspektive", PS_{dt}, 219); gegen die gängigen – technische, politische, strukturelle und kulturelle – Perspektiven; positioniert den Gegenstandsbereich der Interaktion in Abgrenzung zur Ebene der Persönlichkeit und der

Gesellschaft und macht auf die Kulturgebundenheit seiner Aussagen aufmerksam. Darüber hinaus verdeutlicht er die Spannung zwischen den moralischen Ansprüchen der Subjekte in der sozialen Situation und dem Zwang zur Darstellung. Ergänzt wird dies, indem verdeutlicht wird, dass zwischen dem/der Darsteller/in und dem dargestellten Subjekt unbedingt für die soziologische Analyse differenziert werden muss.

Vergleich der Fassungen von 1956 und 1959

Es lassen sich eine ganze Reihe von Unterschieden zwischen der ersten (1956) und der zweiten (1959) Fassung herausstellen. Dabei handelt es sich zum Teil jedoch nur um redaktionelle Änderungen: So wurden zusätzliche Absätze eingefügt (z. B. Seite 24) oder ein Absatz entfernt (Seite 240). Auch wurden einige Sätze umgestellt oder einzelne Worte ersetzt. Schon deutlich stärker wurde in den Text eingegriffen, indem eine Fülle von Fußnoten in den Text integriert wurden. So war z. B. das lange Zitat aus Franz Kafkas *Der Prozess,* verwendet als Illustration für den Verlust der Kontrolle über das Bühnenbild („setting"), zunächst nur in einer Fußnote (PS2, 60) und erst in der zweiten Ausgabe im Text (PS2, 95; PS_{dt}, 88 f.). Darüber hinaus weitete Goffman das illustrative Material deutlich aus. Zahlreich sind Ergänzungen im Zusammenhang mit der Idealisierung (PS2, 38 ff.; PS_{dt}, 38 ff.). Auch die Passage mit dem Engländer Preedy am spanischen Badestrand, die Arlie R. Hochschild (1979) für die Einführung des Begriffes der „emotion work" aufgreift und die aus einem Roman von William Sansom (1956) stammt, findet sich erst in der zweiten Ausgabe (PS2, 4 f.; PS_{dt}, 8 ff.).

Weiter in die Inhalte reichen mehrere argumentative Textergänzungen. Neben der Einfügung einzelner Sätze – wie zum Beispiel den Hinweis auf seine Shetland-Studie (PS2, XIf; PS_{dt}, 4) – sind es vier umfangreichere Ergänzungen: 1) Die Einleitung wurde – von zusätzlichen illustrativen Materialien abgesehen – um ca. dreieinhalb Seiten ergänzt. (Eingefügt wurden in PS2: auf Seite 2: Abs. 2; auf Seite 3: Thomas-Zitat, ab Seite 4: 8 Absätze, ab Seite 7 4 Absätze; in der Übersetzung PS_{dt} betrifft das die Seiten 6, 7, 8 und 10.) Als die wichtigste Ergänzung ist hier die Unterscheidung von zwei Arten der Kommunikation zu nennen: *expression given* und *expression given off.* 2) Vollständig neu ist das Unterkapitel „Reality and Contrivance" (PS2, 70 ff.; „Wahrheit und Dichtung", PS_{dt}, 65 ff.) im 1. Kapitel. 3) Am Ende des vorletzten Kapitels „The Arts of Impression Management" (PS, 236 f.; „Techniken der Eindrucksmanipulation", PS_{dt}, 214 f.) wurden im Anschluss an ein längeres Simone de Beauvoir-Zitat vier zusätzliche Absätze, darunter ein Beispiel, ergänzt. 4) Ebenfalls vollständig neu ist das abschließende Unterkapitel „Staging and the Self" (PS2, 252 ff.; „Das Selbst und seine Inszenierung", PS_{dt}, 230 ff.) in der „Zusammenfassung" („Conclusion") und damit der Abschluss des gesamten Buches.

Philip Manning (1992, 40) vertritt die Auffassung, „that these additions effectively overturn the book's main argument, and mark a central change of direction for Goffman's work as a whole". Nach Manning liegt der Erstfassung eine „two selves thesis" zugrunde, womit zum Ausdruck gebracht wird, dass das Individuum beschrieben wird „as a set of performance masks hiding a manipulative and cynical self" (ebd., 44). In der Ausgabe von 1959 verwendet Goffman die Theatermetapher nicht mehr als Beschreibung des sozialen Lebens, sondern nur noch heuristisch. Damit werde zugleich der zynischen Auffassung der *two selves thesis* der Boden entzogen. Aus meiner Sicht kann die These von Manning nicht überzeugen. Manning übersieht, dass auch in der Erstfassung gleich einleitend auf die Grenzen der Brauchbarkeit der Theatermetapher hingewiesen wird. Ebenfalls bleibt außer Betracht, dass schon die Fassung von 1956 viele Verweise auf moralische Aspekte beinhaltet, die sich aus der wechselseitigen Verpflichtung zur rituellen Sorgfalt ergeben. Folgt man diesem Verständnis, dann handelt es sich bei den Ergänzungen um ein Unternehmen, die bereits in der Erstfassung angelegte Argumentation noch deutlicher zu machen.

Rezeption

Schon die schottische Ausgabe von *The Presentation of Self in Everyday Life* hat eine sehr positive Aufnahme erfahren (Smith 2006; Raab 2014). Gregory P. Stone (1957, 105) bezeichnete dieses Buch als „one of the most trenchant contributions to social psychology in this generation“. Die Überarbeitung erhielt dann 1961 von der American Sociological Association den MacIver Award. In der Begründung für die Auszeichnung wird das Buch gewürdigt als „a brilliant analytical essay on interaction among persons. It has already stimulated both study and further theoretical analysis“ (zit. nach Oromaner 2000, 115). In einer – wenn auch sicherlich nicht repräsentativen – Umfrage zu den einflussreichsten soziologischen Büchern des 20. Jahrhunderts der International Sociological Association (ISA) errang Goffmans Erstlingswerk den zehnten Platz (https://www.isa-sociology.org/en/about-isa/history-of-isa/books-of-the-xx-century).

Das Buch hat den Anstoß zu der lange Zeit gängigen Etikettierung der (frühen) Arbeiten Goffmans als „dramaturgical approach“ gegeben (Smith 2013). Sie findet sich z. B. bei der für die deutschsprachige Goffman-Rezeption in den 1970er und 1980er Jahren maßgeblichen Arbeit von Alvin W. Gouldner (1974, orig. 1970), aber auch schon in der vor allem zustimmenden Kritik von Sheldon Messinger, Harold Sampson und Robert D. Towne. (1962). Bei dieser Etikettierung wurde nicht hinreichend berücksichtigt, dass Goffman von Anfang an das Theater lediglich als eine Metapher zur Beschreibung sozialer Wirklichkeit aufgefasst hat. Indem er in der Zusammenfassung von einer fünften Perspektive gesprochen hat, hat er jedoch selbst zu diesem Missverständnis beigetragen. Anders als etwa Dahrendorf und auch viele andere hat diese Rezeptionslinie von Anfang an erkannt, dass für Goffman Darstellung ein Schlüsselbegriff ist. Auf dieses Buch nimmt auch Jürgen Habermas (1981) vor allem Bezug, wenn er das dramaturgische Handeln als – neben dem teleologischen und dem normenregulierten Handeln – eine von drei gängigen Handlungstypen dem kommunikativen Handeln gegenüberstellt.

Literatur

Biemel, Walter: J. P. Sartre: Die Faszination der Freiheit. In: Josef Speck (Hg.): Grundprobleme der großen Philosophen, Bd. 5. Göttingen 1982, 87–125.

Branaman, Ann: Drama as life. The seminal contribution of Peter Burke. In: Charles Edgley (Hg.): The drama of social life. A dramaturgical handbook. Abingdon, London 2013, 15–26.

Burke, Kenneth: Grammar of motives. Berkeley, Los Angeles, London 1945.

Burke, Kenneth: Permanence and change. An anatomy of purpose [1935]. New York 1954.

Burke, Kenneth: Perspectives of incongruity. Bloomington 1964.

Burns, Tom: Erving Goffman. New York 1992.

Gouldner, Alvin: Weitere Symptome der Krise: Goffmans Dramaturgie und andere neue Theorien. In: Ders.: Die westliche Soziologie in der Krise. Reinbek bei Hamburg 1974, 453–466.

Gusfield, Joseph R.: The bridge over separated lands: Kenneth Burke's significance for the study of social action. In: Herbert W. Simons/Trevor Melia (Hg.): The legacy of Kenneth Burke. Madison 1988, 28–53.

Habermas, Jürgen: Theorie des kommunikativen Handelns. Band 1: Handlungsrationalität und gesellschaftliche Rationalisierung. Frankfurt/Main 1981.

Hochschild, Arlie R.: Emotion work, feeling rules, and social structure. In: American Journal of Sociology 85 (1979), 551–575.

Knoblauch, Hubert: Von der Kompetenz zur Performanz. Wissenssoziologische Aspekte der Kompetenz. In: Thomas Kurtz/Michaela Pfadenhauer (Hg.): Soziologie der Kompetenz. Wiesbaden 2010, 237–256.

Manning, Philip: Erving Goffman and modern sociology. Cambridge 1992.

Messinger, Sheldon L./Sampson, Harold/Towne, Robert D.: Life as theater: Some notes on the dramaturgic approach to social reality. [1962]. In: Gary Alan Fine/Gregory W. H. Smith (Hg.): Erving Goffman, Vol. II. London 2000, 213–224.

Oromaner, Mark: Erving Goffman and the academic community [1980]. In Gary Alan Fine/Gregory W. H. Smith (Hg.): Erving Goffman, Vol. I. London 2000, 114–119.

Raab, Jürgen: Erving Goffman. Konstanz und München [2008]. ²2014.

Popitz, Heinrich: Der Begriff der sozialen Rolle als Element der soziologischen Theorie. Tübingen 1967.

Sartre, Jean-Paul: Das Sein und das Nichts. Versuch einer phänomenologischen Ontologie. [frz. 1943] Reinbek bei Hamburg ⁷2001.

Smith, Gregory W.H.: Erving Goffman. New York 2006.
Smith, Gregory W.H.: The dramaturgical legacy of Erving Goffman. In: Charles Endley (Hg.): The drama of social life. A dramaturgical handbook. Abingdon, London 2013, 57–72.
Stone, Gregory P.: Review of „The presentation of self in everyday life". In: American Journal of Sociology 63/1 (1957), 105.
Verhoeven, Jef C.: An interview with Erving Goffman, 1980 [1993]. In: Gary A. Fine/Gregory W. H. Smith (Hg.): Erving Goffman, Vol. 1. London 2000, 213–236.

Asylums. Essays on the Social Situation of Mental Patients and Other Inmates

38

Tino Schlinzig

Der Titel von Goffmans *Asyle* entbehrt nicht einer gewissen Ironie und kann beim ersten Lesen zunächst auf eine falsche Fährte führen, hat doch das dem Griechischem entlehnte *Asyl* gemeinhin eine überwiegend positive Konnotation im Sinne eines Sicherheit bietenden Zufluchtsortes für Verfolgte sowie das Recht jedes Einzelnen, Asyl zu beantragen und die humanitäre Pflicht von Staaten dieses zu gewähren. Im Englischen kommt dem Begriff *Asylum* jedoch eine weitere Bedeutung zu. Er verweist auf eine um etwa 1800 einsetzende Institutionalisierung der vormals weitestgehend im Privaten verborgenen Sorge von Menschen mit psychischen Störungen. Öffentliche und private Einrichtungen übernahmen zunehmend die Funktion, diesem Personenkreis Zuflucht zu gewähren, wenngleich je nach Institution mit einem breiten Spektrum an Erfahrungsmöglichkeiten für die Schutzsuchenden – von einem Ort der Fürsorge bis zu einer Stätte der Inhaftierung und Erniedrigung (Housten 2020).

Goffman zeichnet ein scharfes und zuweilen polemisch pointiertes Porträt psychiatrischer Einrichtungen als eine ‚totale Institution', die in ihrem umfassenden Charakter die Lebensführung ihrer Insass/innen organisiert und die außerhalb der Anstalt üblicherweise getrennten Lebensbereiche des Alltags in einer Zwangseinheit verbindet. Das Besondere im Studium ebendieser Einrichtungen sieht Goffman darin, deren Vermögen offenzulegen, das Selbst ihrer Insass/innen zu definieren und damit gleichzeitig Grundlegendes über „das Selbst unter institutionellen Gesichtspunkten" soziologisch in Erfahrung zu bringen (AS_b_{dt}, 127; AS_b, 127). Zuvorderst nimmt er dabei die Perspektive der Kontrollierten ein, denen die Möglichkeit der Selbstdarstellung und des Managements ihres Selbst als eigenständige Subjekte genommen wird. Damit rücken nicht die als Krankheit definierten Verhaltensweisen der Insass/innen in den Blick, sondern die Wirkweise einer machtvollen Institution und die Bemühungen der Insass/innen um Wahrung ihrer Selbstachtung, um Erhalt von Handlungsautonomie sowie um Anpassung an die durch die Organisation gesetzten Bedingungen. Bereits der Klappentext der deutschen Ausgabe des Buches stößt die Lesenden auf einen weiteren bedeutsamen Aspekt. Goffmans Betrachtungen der totalen Institutionen und deren Definitionsmacht innerhalb der Anstaltsmauern unterbreiten ferner ein Angebot zur Ausdeutung von Normalitätsvorstellungen der Gesamtgesellschaft. Was in Gesellschaften als Normalität gilt, konstituiert sich in seinem Verständnis über den Ausschluss von abweichendem Verhalten, welches vor allem der Definitionsmacht starker Institutionen unterliegt.

T. Schlinzig (✉)
ETH Zürich, Zürich, Schweiz
E-Mail: tilo.schlinzig@tu-dresden.de

K. Lenz und R. Hettlage (Hrsg.), *Goffman-Handbuch*, https://doi.org/10.1007/978-3-476-05871-3_38

Dass diese Zuschreibungsprozesse zuweilen beliebigen Charakter annehmen können, verdeutlicht Goffman an dem Umstand, dass die Hospitalisierung von Abweichenden in nicht wenigen Fällen auf „Karriere-Zufälle" („career contingencies") (AS_b_{dt}, 134; AS_b, 134) zurückzuführen ist und „der Lebenslauf fast eines jeden Menschen genügend ehrenrührende Tatsachen hergäbe, um die fallgeschichtliche Rechtfertigung für eine Hospitalisierung zu liefern" (AS_b_{dt}, 157; AS_b, 159).

Nach dem 1959 bei Doubleday Anchor in New York erschienenen *The Presentation of Self in Everyday Life,* das im Deutschen mit dem für ein breites Publikum anschlussfähigeren Haupttitel *Wir alle spielen Theater* veröffentlicht wurde, ist *Asylums* die zweite größere Verlagsveröffentlichung Goffmans. Im Original erschien *Asylums* im Jahr 1961. Die deutsche Fassung wurde zum ersten Mal 1972 im Suhrkamp-Verlag verlegt. Je nach Sprachfassung umfasst es 336 bzw. 367 Seiten. Wenngleich sich von Seiten des Verlags keine Auskunft über die Menge der verkauften Exemplare einholen ließ, wird bereits an der Anzahl der Auflagen erkennbar, dass sich auch die deutschsprachige Ausgabe einem ungebrochen großen Interesse erfreut. Im Jahr 2018 erschien bereits die 21. unveränderte Auflage von *Asyle.* Nach Verlagsangaben wird der Band etwa alle zwei Jahre nachgedruckt.

Die Übersetzung wurde von Nils Thomas Lindquist vorgelegt, der neben Romanen wie Jack Kerouacs *On the road* auch innerhalb des Suhrkamp-Verlagsprogramms einige weitere soziologische Titel bearbeitet hat – unter diesen Talcott Parsons *Gesellschaften. Evolutionäre und komparative Perspektiven* (1986). Aus Goffmans Œuvre hat er zudem die Übersetzung des 1976 erstmals erschienen *Gender Advertisements* – im Deutschen *Geschlecht und Werbung* – übernommen. Beim Lesen von *Asyle* fällt sodann auch auf, dass die Interpretationen Lindquists das Kolorit ihrer Zeit in sich tragen. Eine Reihe von Begrifflichkeiten ließen sich in der heutigen Lesart durchaus anders übersetzen; ein Problem, das Robert Hettlage und Karl Lenz (1991, 32 f.) für Goffmans ohnehin mitunter wenig stringenten Umgang mit seinem grundlegenden Begriffsapparat bereits thematisiert haben. Die 1973 und damit mehr als zehn Jahre später als das Original erschienene und bisher einzige deutsche Fassung des Buches nimmt einige sprachliche Schleifungen vor, die Goffmans lang gehegte und vermutlich auch biografisch gespeiste kritische Position gegenüber der Psychiatrie die Schärfe nimmt (Dellwing 2014, 169). So ist es fraglich, ob die von Lindquist vorgenommene Übersetzung von „role dispossession" (AS_a, 13) im englischen Original in „Rollenverlust" (AS_a_{dt}, 26) nicht ein wenig die Schärfe nimmt oder ihm gar eine andere Konnotation gibt. Es wäre durchaus treffend, diesen mit „Rollenenteignung oder -entzug" zu übersetzen und damit stärker den Schwerpunkt zu legen auf die aktive Gestaltung und Transformation des Selbst der Insass/innen durch den Stab der totalen Institution. Auch ließe sich Goffmans „civilian self" (AS_a, 47 f.) nicht nur mit dem „bürgerlichen" (AS_a_{dt}, 54) als vielmehr mit einen im weiteren Sinne „zivilen Selbst" übersetzen. Kurzum, diese beiden Beispiele zeigen, dass es durchaus lohnenswert wäre, eine Neuübersetzung oder kommentierte Ausgabe anzustrengen.

Von Herbst 1954 bis Ende 1957 war Goffman „visiting member" am Laboratory of Socio-environmental Studies des National Institute of Mental Health (NIMH) in Bethesda. Während dieses Zeitraums führte er seine Klinik-Studien durch (s. Kap. 3). Die empirische Grundlage für *Asyle* bilden seine einjährigen ethnografischen Beobachtungen im St. Elizabeth Hospital in Washington D.C., einer Einrichtung mit zur damaligen Zeit gut 7000 Insass/innen sowie teilnehmende Beobachtungen am National Institute of Health Clinical Center, wie Goffman im Vorwort des Bandes darlegt (AS_{dt}, 7; AS, IX). Bemerkenswert bereits an dieser Stelle ist sein sozialpolitischer Anspruch, den er mit dieser Arbeit verknüpft und der später den Begriff der „totalen Institution" („total institution") zu einem Kampfbegriff in den Debatten etwa um die Reformierung des Strafvollzugs in Deutschland werden lässt. Anders als es das insbesondere innerhalb der deutschsprachigen

Soziologie kontrovers diskutierte Postulat der Werturteilsfreiheit erwarten ließe, stellt Goffman offensiv heraus, dass es für das „getreuliche" Studium der Situation der Patient/innen unumgänglich sei, sich parteiisch auf die Seite der Insass/innen und damit die „richtige" zu schlagen. Die Rechtfertigung dieses kritischen Ansinnens sieht er in dem Ungleichgewicht der Fachdiskussion seiner Zeit, die ihm zufolge zu einseitig die Perspektive der Psychiatrie beleuchten würde (AS_{dt}, 8; AS, X). Es fällt nicht schwer, Goffmans einleitende Bemerkungen zu den methodischen Grenzen seiner Herangehensweise im Vorwort zu *Asyle* auch als eine Kritik zu verstehen an den aus seiner Sicht reduktionistischen Perspektiven des Mainstreams der US-amerikanischen Soziologie der 1960er Jahre.

Inhalt und Kernthesen

Wer soziologisch über Strafvollzug und Hospitalisierung nachdenkt, kommt auch um Michel Foucault (1973; 1977) und seine sozialhistorischen Analysen des Wandels der Irren, Wahnsinnigen, Geisteskranken und der Disziplinierung nicht herum. Sein besonderes Augenmerk liegt auf der Herstellung einer öffentlichen Ordnung und der Grenzziehung zwischen Normalität und Abweichung. Seine Perspektive auf den Wahnsinn als Gegenstand der Medizin richtet sich auf die Beobachtung der Entstehung des psychiatrischen Diskurses, der Internierung und der (Definitions-)Macht. Anders Goffman. Als Hauptanliegen von *Asyle* skizziert er das Ziel „to develop a sociological version of the structure of self" (AS, XIII; AS_{dt}, 11). Damit knüpft er an das an, was bereits in *The Presentation of Self in Everyday Life* angelegt ist: die Untersuchung der Selbst-Präsentationen der Individuen, Praktiken der Image-Kontrolle und bei alledem die gegenseitige Beeinflussung der Subjekte in Interaktionen von Angesicht zu Angesicht. Hierin scheint bereits die von Goffman später in seiner Presidential Address der American Sociological Association formulierte Absicht auf, ein eigenständiges Theorie- und Forschungsprogramm der *Interaction Order* zu begründen und damit eine genuin mikrosoziologische Antwort auf die für das Fach grundlegende Frage nach der Herstellung und Stabilisierung sozialer Ordnungen zu geben (InO). In das Zentrum seiner Betrachtungen stellt er stets die Interaktion, verstanden als die zeitlich und räumlich begrenzte physische Kopräsenz von zwei oder mehr Personen in „response presence" (ebd., 2, siehe auch „Einleitende Definitionen" BP, 13–30; BP_{dt}, 29–45). In *Asyle* drängt sich diese Absicht nicht unmittelbar auf. Dennoch, so stellen Hettlage/Lenz (1991, 30) heraus, beziehen sich die darin enthaltenen Beschreibungen immer auch auf Interaktionen in Situationen vis-à-vis.

Der *Asyle*-Band setzt sich aus vier in ihrem Umfang recht unterschiedlich ausfallenden Essays zusammen, die durchaus als in sich geschlossen gelesen werden können. Goffmans Verständnis zur Wirk- und Funktionsweise totaler Institutionen wie der Psychiatrie und dem Strafvollzug eröffnet sich jedoch vor allem im ergänzenden Studium dieser im Buch als Abschnitte angelegten Texte: 1) „Über die Merkmale totaler Institutionen", 2) „Die moralische Karriere des Geisteskranken", 3) „Das Unterleben einer öffentlichen Institution" sowie 4) „Das ärztlichen Berufsmodell und die psychiatrische Hospitalisierung. Einige Bemerkungen zum Schicksal der helfenden Berufe".

Der 1957 in *Symposium on Preventive and Social Psychiatry* erstmalig und 1961 in *The Prison* von Donald R. Cressey nochmals erschienene erste Teil *Über die Merkmale totaler Institutionen* befasst sich mit Strukturtypen und zentralen Merkmalen ‚totaler Institutionen', ein Begriff, der in der weiteren Rezeption Karriere machen sollte. Zunächst scheint dieser aufgrund seiner Nähe zur Organisation etwas unglücklich gewählt (zur Begriffsdiskussion: Hettlage 2008; s. Kap. 26). Als Beispiele par excellence können Psychiatrie und Strafvollzug dennoch insoweit als Institutionen gelesen werden, als dort „Ordnungsprämissen und -prinzipien symbolisch zur Darstellung gebracht und dadurch stabilisiert werden" (Rehberg 1994, 47). Goffmans Interesse daran führt Tom Burns (1992) auf dessen Teilnahme an den Kursen Everett C. Hughes zurück, einem US-amerikanischer Soziologen, der an der Universität Chicago bei Robert E. Park promoviert und später selbst als Professor für Soziologie an der University of Chicago tätig gewesen ist: „It is clear from Goffman's course notes (he gave me a copy of them) that it must have been a remarkable teaching enterprise – entivened with allusions, encyclopedic in its coverage, and radically critical and innovative in its approach" (Burns 1992, 142). Goffmans Verständnis der totalen Institution kann als eine direkte Fortführung von Hughes' Soziologie verstanden werden (s. Kap. 14). Umso mehr überrascht es, dass er ohne jegliche Referenz auf seinen einstigen Mentor auskommt, mit dem er während des Schreibens von *Asyle* im engen Kontakt stand. Anders als es sich zudem vermuten ließe, wird der Begriff als solcher in dem 102 Seiten umfassenden ersten der insgesamt vier Essays (engl. Ausgabe) eher vage und knapp umrissen. Im Kern steht für Goffman 1) die Auflösung der im Alltag außerhalb totaler Institutionen charakteristische Trennung unterschiedlicher menschlicher Wirkbereiche des Alltags:

> „A basic social arrangement in modern society is that the individual tends to sleep, play, and work in different places, with different co-participants, under different authorities, and without an overall rational plan. The central feature of total institutions can be described as a breakdown of the barriers ordinarily separating these three spheres of life" (AS_a, 5f.; AS_a_{dt}, 17).

Weiterhin nennt er 2) die Verrichtung alltäglicher Tätigkeiten in unmittelbarer Gesellschaft einer großen Gruppe von Schicksalsgenossen, 3) die umfassende Planung der Tätigkeiten durch ein formales Regelsystem und einen Stab an Personal sowie 4) die Unterordnung der erzwungenen Aktivitäten unter einen rationalen Plan, der „angeblich" den offiziellen Zielen der Institution folgt. Eingehend rückt Goffman „die Welt der Insassen" in das Licht seiner Betrachtungen und arbeitet die weitreichende Diskulturation der Hospitalisierten und Gefangenen heraus, die mit der Aufnahme in der Anstalt ihren Ausgangspunkt nimmt und sich über den Aufenthalt hinweg in Form zahlreicher rituell stabilisierter Ungleichheitsrelationen zwischen Stab und Insass/innen manifestieren. Diese hierarchisch organisierte Binnendifferenzierung findet ihren Ausdruck in einem „Rollenverlust" („role dispossession") (AS_a_{dt}, 26; AS_a, 13), dem Verlust der „Identitätsausrüstung" („identity kit") (AS_a_{dt}, 30; AS_a, 20), Praktiken der „physischen Verunreinigung" („physical contamination") (AS_a_{dt}, 35; AS_a, 25), einem potenziell degradierenden „Benamungssystem" („naming system") (AS_a_{dt}, 39; AS_a, 31) und dem Personal gegenüber erbrachten „Ehrerbietungspatterns" („deference patterns") (AS_a_{dt}, 43; AS_a, 36), die in der tiefgreifenden Modifikation des Selbst und im „bürgerlichen Tod" („civil death") (AS_a_{dt}, 26; AS_a, 16) der Insass/innen münden. Das Perfide sieht Goffman darin, dass totale Institutionen bei den Insass/-innen eine Akzeptanz des nach ihren Maßgaben erzwungenen Selbst verlangt, wie er im zweiten Teil „Die moralische Karriere des Geisteskranken" zu verdeutlichen sucht: „Ein institutionelles Arrangement dieser Art unterstützt das Selbst weniger, als dass es dieses konstituiert" (AS_b_{dt}, 166; AS_b, 168). Dem entgegen setzen Gefangene und Hospitalisierte Handlungen, die Goffman „sekundäre Anpassungsmechanismen" nennt, die „es dem Insassen erlauben, sich verbotene Genüsse bzw. erlaubte Genüsse mit verbotenen Mitteln zu verschaffen" (AS_a_{dt}, 59; AS_a, 54) und sich selbst damit den Nachweis der Handlungsautonomie zu erbringen (zu Praktiken primärer und sekundären Anpassung, s. Kap. 27). Eingehegt werden diese Bestrebungen über ein Belohnungen und Strafen umfassendes Privilegiensystem, welches die Gruppe der Insass/innen noch einmal in sich zu stratifizieren vermag. Im dritten Essay des Bandes „Das Unterleben einer öffentlichen Institution" elaboriert Goffman diesen Gedanken (AS_c, 188–207, AS_c_{dt}, 185–201).

Die Darstellungen dieses Essays erschöpfen sich jedoch nicht in den dichten Beschreibungen der Lebenswelt der Insass/innen. Mit den Einsichten in „die Welt des Personals" verdeutlicht Goffman, dass es sich um einen besonderen Zuschnitt von Arbeit *mit* und *am* Menschen handelt. Das offenkundige Machtgefälle zwischen

Stab und Insass/innen und die durch Drohung, Belohnung und Überredung abgesicherte Differenzierung zwischen beiden Gruppen vermeidet keineswegs, dass das Personal den gebotenen Abstand verliert und einem „Engagementzyklus" („involvement cycle") von Mitleid und Fürsorge erfülltem Kontakt und Rückzug verfallen kann (AS_a$_{dt}$, 85; AS_a, 82). Die Angehörigen des Stabs, so stellt Goffman heraus, sehen sich mit widersprüchlichen Zielstellungen konfrontiert und einem doppelten Mandat ausgestattet – einerseits gilt es Gehorsam zu erzwingen und andererseits die „menschlichen Normen aufrecht[zu]erhalten und die rationalen Ziele der Institution [zu] verwirklichen" (AS_a$_{dt}$, 94; AS_a, 92). Dass dieses Gefüge eine – durchaus fragile – Setzung ist, zeigt die Möglichkeit der auch spielerischen Auflösung oder des Tausches der konträren Rollen, die Goffman in den rituell fundierten Anstaltszeremonien wie etwa dem Laientheater, Tag der offenen Tür und Anstaltssport sieht (AS_a, 93–124; AS_a$_{dt}$, 95–123).

Mit dem erstmalig 1959 in der Zeitschrift *Psychiatry* (22/2, 123–142) veröffentlichten zweiten Aufsatz des Bandes „Die moralische Karriere des Geisteskranken" rückt Goffman die Statusveränderungen Hospitalisierter von einem Bürger bzw. einer Bürgerin zu einem Patienten bzw. einer Patientin in den Fokus. Der Titel wirft wiederum Fragen auf. Nachvollziehbar führt Goffman den Begriff der ‚Karriere' ein, der den Blick auf zweierlei eröffnen soll: das Selbstbild und Identitätsgefühl einerseits und die dafür relevante Öffentlichkeit sowie die Version eines Selbst, welches die Organisation den Insass/innen nahelegt andererseits (AS_b, 127; AS_b$_{dt}$, 127). Das vorangestellte Adjektiv „moralisch" allerdings bleibt seltsam unaufgelöst. Goffman gibt in dieser Hinsicht nur sparsam Hinweise, etwa dann, wenn er zu Beginn dieses Teils schreibt, das Hauptaugenmerk läge auf den „*moral* aspects of career", verstanden als „the regular sequence of changes that career entails in the person's self and in his framework of imagery for judging himself and others" (AS_b, 128; AS_b$_{dt}$, 127; H. i. O.).

In einer Verlaufsperspektive rekonstruiert er idealtypisch drei Karriere-Phasen: die 1) vorklinische, die 2) klinische sowie die 3) nachklinische, wobei er Letztere für seine Betrachtungen einklammert. Die Darstellungen zielen für beide betrachteten Phasen auf die biografischen Konstruktionsleistungen der Patient/-innen, die darum bemüht sind, sich vor dem Hintergrund ihrer Hospitalisierung in einem günstigen Licht zu präsentieren und eine strategische Kontrolle ihres Images und der verfügbaren Informationen vorzunehmen wie es Goffman in *Stigma* und *Interaktionsrituale* ausführlich darlegt. Aufschlussreich sind diese Darstellungen identitätstheoretisch. Über die konkrete Situation der Anstalt hinausgehend wird deutlich, wie sehr wir in der Selbstdarstellung und -konzeption von anderen abhängig sind und sich unsere Vorstellungen von uns selbst sozial kontrolliert konstituieren.

Der dritte und umfänglichste Aufsatz des Bandes „Unterleben einer öffentlichen Institution. Eine Untersuchung über die Möglichkeit, in einer Heilanstalt zu überleben" wurde in einer gekürzten Fassung bereits 1957 auf der Jahresversammlung der American Sociological Society vorgelegt. Die einleitenden Darstellungen sind ganz grundlegend organisationssoziologischer Natur. Auch unter Verweis auf Amitai Etzioni nimmt Goffman eine bis dahin ausstehende Eingrenzung seines Organisationsbegriff vor und spricht von „instrumental formal organizations" (AS_c, 175; AS_c$_{dt}$, 173), die er definiert als „ein System absichtsvoll koordinierter Aktivitäten, welche geschaffen wurde, um allgemeine, klar umrissene Ziele zu erreichen" (ebd.). Auch hier widmet er seine Aufmerksamkeit den Anpassungsleistungen der Individuen an die Identifikations- und Definitionsmacht der Institution und deren Widerständigkeit. Auf eine Formel gebracht, schreibt er: „Eine Handlung vorschreiben heißt, eine Welt vorschreiben; sich vor einer Vorschrift drücken, heißt, sich vor einer Identität drücken" (AS_c$_{dt}$, 183; AS_c, 187). Bevor Goffman sich der exemplarischen Darstellung des Unterlebens der Klinik zuwendet, setzt er Praktiken der Anpassung in Organisationen in das Zentrum seiner Darstellungen. Der ‚primären Anpassung' als eine Form kooperativer Haltung und Selbstintegration in eine Organisation stellt er den Begriff der ‚sekundären Anpassung' gegenüber (s. Kap. 27). Letztere beschreibt Strategien der Insass/innen, sich der Festlegung auf eine bestimmte Rolle und der Zuschreibung eines devianten Selbst durch die Organisation zu entziehen (AS_c, 188–207, AS_c_{dt}, 185–201). Von Seiten der Organisation durchaus geduldete kleinere Regelverletzungen wie etwa der Gebrauch illegitimer Transportmittel für den Transfer verbotener Objekte oder die Anwendung einer Geheimsprache in Form von Gebärden bilden die Grundlage für die Wahrung des eigenen Identitätsentwurfes der Insass/innen. Diese Praktiken werden jedoch durch die Institution gleichsam als Anhaltspunkt für die Richtigkeit ihrer Diagnose herangezogen und stabilisieren hierüber die Ordnung des Machtarrangements. Zu einem gewissen Grad adaptieren Organisationen selbst sekundäre Anpassungen, indem sie den Insass/innen Überschreitungen gewähren und hierüber – trotz der Aufweichung der Ordnungsbehauptungen – Kontrolle zurückgewinnen (AS_c, 201; AS-C_{dt}, 192). Ebenso arrangiert sich das Personal mit dem Unterleben der Organisation und stützt dieses, etwa dann, wenn Dienstleistungen der Insass/innen in Anspruch genommen werden – ein „black market in services" (Burns 1992, 201).

Im vierten und abschließenden Teil des Bandes „Das ärztlichen Berufsmodell und die psychiatrische Hospitalisierung. Einige Bemerkungen zum Schicksal der helfenden Berufe" betrachtet Goffman das Verhältnis zwischen Helfenden und Klient/innen im Allgemeinen sowie im Besonderen die Situation der Hospitalisierung in einer psychiatrischen Anstalt. Goffman arbeitet eine Reihe von Strukturmerkmalen von Dienstleistungsverhältnissen heraus, die bereits in einem konventionellen Arzt/Ärztin-Patienten/Patientin-Modell eine konsequenzenreiche Eigenheit aufweisen: der Gegenstand der Dienstleistung ist nicht vom Besitzenden zu trennen. Patient/innen erlangen zuweilen einen Objektstatus. Aufgrund einer psychischen Erkrankung Hospitalisierten wird ferner die soziale Rolle des kompetenten Subjekts in eigener Sache aberkannt. Anders als in der herkömmlichen Ausprägung dieses Dienstleistungsverhältnisses, in dem Hilfesuchende vertrauensvoll auf die Kompetenz der Helfenden setzen und Helfende zwischen Objekt und Klient/innen zu unterscheiden wissen, ist in der Beobachtung Goffmans die Beziehung zwischen Ärzten/Ärztinnen einer Psychiatrie und ihren Patient/innen anders konfiguriert: „Statt eines Dienenden und eines Bedienten finden wir einen Regierenden und einen Regierten, einen Vorgesetzen und die ihm Untergebenen" (AS_d_{dt}, 336; AS_d, 353). Zugespitzt zeigt Goffman, dass die Auflösung des Dienstleistungsmodells bzw. die Aufführung einer solchen Beziehung durch das Anstaltspersonal nur Ausdruck einer sanktionierenden Gesellschaft ist, die Psychiatrien mit dem Mandat ausstattet, auf Abweichende korrektiv einzuwirken und einen Umbau ihres Selbst vorzunehmen.

Rezeption und Wirkung

Das grundlegende soziologische Interesse Goffmans *Asyle* liegt in der generellen Betrachtung des Verhältnisses von Subjekt und Gesellschaft sowie der Konstitution von Identität. Besondere – und auch selektive – Aufmerksamkeit erlangten Goffmans Überlegungen jedoch durch seine nun bereits vor gut 60 Jahren vorgetragene Kritik an der Psychiatrie und des Gefängnisses als soziale Kontrollinstanzen zur Durchsetzung herrschender Normalitätsvorstellungen einer Gesellschaft und Einhegung von Devianten (s. Kap. 70). Die Implikationen seiner Beobachtungen der totalen Institution und der Perspektivenwechsel auf die Sicht der Insass/-innen spiegeln sich wohl am deutlichsten in den Debatten um Patientenrechte in Psychiatrien und in der Reformbewegung für eine Humanisierung des Strafvollzugs der 1970er Jahre wider. Stellt der Band für viele sozialwissenschaftliche Studien „eher einen losen Anknüpfungs- als einen dezidierten Ausgangspunkt theoretischer und empirischer Arbeit dar" (Dollinger/Schmidt 2015, 250), ließ sich – mehr oder minder direkt aus Goffmans Analysen abgeleitet – in den

1960er Jahren ein Umdenken in der Behandlung psychisch Kranker beobachten (Hettlage 2008, 263 f.). Den Begriff der ‚totalen Institution' aufzugreifen, war zudem ein besonders geschickter Schachzug Goffmans, wie Burns (1992, 143) darlegt. Er bietet den Angehörigen der Psychiatrie die Möglichkeit, sich selbst auch als Opfer weitgreifender Institutionalisierungsprozesse zu sehen und damit die Akzeptanz sowie Rezeption innerhalb des Faches zu befördern.

Über die Reflexion von Praktiker/innen hinausgehend bietet *Asyle* mit seinen grundlegenden Annahmen zur totalen Institution ungeachtet der zumeist auf die Methodik abzielenden Kritik auch heute noch ein hohes Anregungspotenzial für die Analyse institutioneller Mechanismen etwa durch die Soziologie, Sozialarbeit und Kriminologie. So werden Goffmans Betrachtungen zurate gezogen, um beispielsweise ein Verständnis für die Funktionsweise von Militärs zu entwickeln und aus einem professionssoziologischen Interesse heraus Sozialisationsprozesse von Soldatinnen und Soldaten zu studieren (Apelt 2012; Elbe/Richter 2012). Aus dieser konzeptuellen Linse heraus lässt sich ebenso gut die stigmatisierende und stadträumlich segregierende Wirkung von Sonderschulen, Heimen und Werkstätten für Menschen mit Behinderung studieren (Spörke 2012). Arbeitssoziologische Untersuchungen wie die von Mike Geppert und Daniel Pastuh (2017) rahmen ihre Forschungen mit Goffmans Annahmen zur totalen Institution für die Analyse von Machtkonfigurationen sowie potenziell problematischen Arbeits- und Beschäftigungsformen in Unternehmensorganisationen (s. Kap. 67). Nicht zuletzt stellt Goffmans *Asyle* für die kriminologisch-soziologische Betrachtung des Strafvollzugs auch nach Jahrzehnten seiner Veröffentlichung eine zum Klassiker avancierte Referenz dar (Feest/Lesting/Lindemann 2017; Dollinger/Schmidt 2015).

Literatur

Apelt, Maya: Militärische Sozialisation. In: Nina Leonhard/Ines-Jacqueline Werkner (Hg.): Militärsoziologie – Eine Einführung. Wiesbaden 2012, 428–446.

Burns, Tom: Erving Goffman. London, New York 1992.

Dellwing, Michael: Zur Aktualität von Erving Goffman. Wiesbaden 2014.

Dollinger, Bernd/Schmidt, Holger: Zur Aktualität von Goffmans Konzept „totaler Institutionen". Empirische Befunde zur gegenwärtigen Situation des „Unterlebens" in Gefängnissen. In: Marcel Schweder (Hg.): Handbuch Jugendstrafvollzug. Handlungsfelder und Konzepte. Weinheim 2015, 245–259.

Elbe, Martin/Richter, Gregor: Militär: Institution und Organisation. In: Nina Leonhard/Ines-Jacqueline Werkner (Hg.): Militärsoziologie – Eine Einführung. Wiesbaden 2012, 244–263.

Feest, Johannes/Lesting, Wolfgang/Lindemann, Michael (Hg.): Strafvollzugsgesetze. Kommentar. 7. Auflage. Köln 2017.

Foucault, Michel: Überwachen und Strafen. Die Geburt des Gefängnisses. 1. Auflage. Frankfurt/Main 1977.

Foucault, Michel: Wahnsinn und Gesellschaft. Frankfurt/Main 1973.

Geppert, Mike/Pastuh, Daniel: Total institutions revisited: what can Goffman's aproach tell us about ‚oppressive' control and ‚problematic' conditions of work and employment in contemporary business organizations? In: Competition & Change 21/4 (2017), 253–273.

Hettlage Robert: Totale Institutionen – Organisationsanalyse und Gesellschaftsperspektive. In: Herbert Willems (Hg.): Lehr(er)buch Soziologie. Wiesbaden 2008, 253–268.

Hettlage, Robert/Lenz, Karl: Erving Goffman: Ein soziologischer Klassiker der zweiten Generation. Bern, Stuttgart 1991.

Houston, Robert Allan: Asylums: the historical perspective before, during, and after. In: Lancet Psychiatry 7/4 (2020), 354–362.

Rehberg, Karl-Siegbert: Institutionen als symbolische Ordnungen. Leitfragen zur Theorie und Analyse institutioneller Mechanismen (TAIM). In: Gehard Göhler (Hg.): Die Eigenart der Institutionen. Zum Profil politischer Institutionentheorie. Baden-Baden 1994, 47–84.

Spörke, Michael: Die behindernde/behinderte Stadt. In: Frank Eckardt (Hg.): Handbuch Stadtsoziologie. Wiesbaden 2012, 745–774.

39 Encounters. Two Studies in the Sociology of Interaction

Paul Eisewicht

Encounters erschien in den USA 1961 bei The Bobbs-Merrill Company als erster Band der Reihe *Advanced Studies in Sociology* und 1973 auf Deutsch unter dem Titel *Interaktion: Spaß am Spiel/Rollendistanz* bei Piper. Es besteht neben dem Vorwort aus zwei Aufsätzen: *Fun in Games* (dt.: *Spaß am Spiel*) und *Role Distance* (dt.: *Rollendistanz*). Das Buch fällt in Goffmans produktivste Phase, in der innerhalb einer Dekade nach *Presentation of Self in Everyday Life* (1959) und mit der Entfristung seiner Stelle in Berkeley mit *Asylums* (1961), *Behaviour in Public Places* (1963), *Stigma* (1963), *Interaction Ritual* (1967) und *Strategic Interaction* (1969) sieben Bücher erschienen sind.

Die theoretischen Bezüge des Bandes stellen Goffmans Auseinandersetzung mit der sozialpsychologischen Gruppenforschung (u. a. Bales 1950; EN, 8 f.; EN_{dt}, 8 f.), spieltheoretischen Ansätzen (v. a. Schelling 1960; EN_a, 34 f., 38 f.; EN_a_{dt}, 38 f., 43 f.) und der kulturanthropologischen Rollentheorie (v. a. Linton 1936; EN_b, 85 f.; EN_b_{dt}, 95 f.) dar. *Fun in Games* ist ein erster Ausweis für Goffmans langjähriges Interesse am Untersuchungsgegenstand (Glücks-)Spiel (s. Kap. 66). Diesen Fokus – und damit auch die Zentralität der Spielmetapher (Knoblauch 1994) – teilt der Aufsatz mit dem Aufsatz *Where the Action is* (IR_f) und der Aufsatzsammlung *Strategic Interaction.* Ab Ende der 1950er Jahre beginnt Goffman, zusammen mit seiner ersten Frau, Angelica Schuyler Choate, verstärkt Kasinos in Reno und Las Vegas zu besuchen, mit der Absicht, diese als Teil der Dienstleistungsindustrie zu beforschen. Seine Veröffentlichungen gelten dabei als Vorarbeiten zu einem Forschungs- und Buchprojekt zum Glücksspiel, das jedoch nie realisiert wurde (ausführlich hierzu Shalin 2016).

Vorwort

Bereits der Titel markiert das zentrale Anliegen. Goffman verlagert den Fokus interaktionistischer Soziologie von der Gruppe(ninteraktion) weg hin zur Sozialform der Begegnung („encounter") (EN, 7; EN_{dt}, 7). Unterschieden wird zwischen „unfocused interaction" („nicht-zentrierte Interaktion") und „focused interaction" („zentrierte Interaktion"):

> „Unfocused interaction consists of those interpersonal communications that result solely by virtue of persons being in one another's presence […]. Focused interaction occurs when people effectively agree to sustain for a time a single focus of cognitive and visual attention" (ebd.).

Gespräche und Brettspiele sind für Goffman Beispiele für die letztgenannte Form, die er

P. Eisewicht (✉)
Fakultät Sozialwissenschaften, TU Dortmund,
Dortmund, Deutschland
E-Mail: paul.eisewicht@tu-dortmund.de

K. Lenz und R. Hettlage (Hrsg.), *Goffman-Handbuch,* https://doi.org/10.1007/978-3-476-05871-3_39

auch als „focused gathering, or an encounter, or a situated activity system" (EN, 8; EN_{dt}, 8) bezeichnet und die Gegenstand der beiden folgenden Artikel ist. Ein Beispiel für nicht-zentrierte Interaktion sind die auf sich konzentrierten Anwesenden in einem Warteraum.

Goffmans Begriff der Interaktion und vor allem der zentrierten Interaktion haben in der Soziologie Resonanz gefunden. Als prominenter Beleg kann die Systemtheorie von Niklas Luhmann (1975a, b) genannt werden (s. Kap. 57), die sich bei seinen Ausführungen zum einfachen Sozialsystem bzw. zur Interaktion als einer der drei von ihm unterschiedenen Systemebenen stark von Goffman hat anregen lassen (Meyer 2015; s. Kap. 57).

Mit seiner Ausrichtung auf *encounter* erweitert Goffman gegenüber der Gruppenforschung seine Perspektive erheblich. Er ist auch deutlich stärker an Fragen der Herstellung und Aufrechterhaltung situativer Ordnung interessiert, die in Gruppenperspektive bereits durch die Gruppenstruktur gelöst scheinen. Diese Fragen der situativen sozialen Ordnung illustriert er anhand von Spielen als *gaming encounter* im ersten und anhand vom Rollenhandeln beim Karussellfahren und medizinischen Operationen im zweiten Aufsatz.

Spaß am Spiel

Spiele sind für Goffman ein prototypischer Untersuchungsgegenstand, da sie in vereinfachter Weise die Struktur realweltlicher Situationen darstellen. Spiele (genauer „gaming encounter" EN_a, 36; „Spielbegegnung" EN_a_{dt}, 40) stellen eine fokussierte Interaktion dar, bei der alle Spielenden über den Rahmen des Spiels in einem geordneten situativen Zusammenhang stehen. Einleitend führt Goffman dabei drei formale Aspekte fokussierter Interaktionen auf:

1. „Regeln der Irrelevanz" (EN_a_{dt}, 21–28; „rules of irrelevance"; EN_a, 19–26): Begegnungen sind dahingehend geordnet, als die gemeinsam geteilte Situationsdefinition klärt, was beachtet und was nicht beachtet werden sollte. So ist es z. B. irrelevant, womit gespielt wird, was davor, danach oder auch währenddessen außerhalb des Spiels passiert. Spiele rahmen und bündeln folglich Ereignisse und bestimmen den Sinn, der Ereignissen innerhalb des Rahmens zugewiesen wird (ENa, 20; EN_a_{dt}, 22). Hier findet sich eine frühe Anwendung von Gregory Batesons Rahmenbegriff, die Goffman später in *Frame Analysis* (FA 1974) ausgearbeitet hat.
2. „Realisierte Hilfsmittel" (EN_a_{dt}, 29–32; „realized ressources" EN_a, 26–29): Während Regeln der Irrelevanz bestimmen, was ausgeschlossen wird, so bestimmen die angewendeten Spielregeln, was im Rahmen des Spiels als wirklich, als spielbedeutsam gilt („game-meaningful events" EN_a, 26). Diese spielbedeutsamen Ereignisse erzeugen aus dem Spiel generierte Rollen („game-generated roles or identities" ebd.). Spiele sind, wie auch andere (seriöse) fokussierte Interaktionen, „world-building activities" (EN_a, 27; EN_a_{dt}, 30); mittels dieser Hilfsmittel wird eine eigenlogische, abgrenzbare Welt konstruiert.
3. „Transformationsregeln" (EN_a_{dt}, 32–38; „transformation rules" EN_a, 29–34): Für die Verteilung der Ressourcen sind Allokationsmerkmale der Spielenden entscheidend. Diese können spielbezogen zugewiesen werden. So kann z. B. die Reihenfolge in den Spielzügen durch Auswürfeln festgelegt werden. Sie kann aber auch durch äußere Bedingungen bestimmt werden. So kann z. B. festgelegt werden, dass die jüngste Person beginnt. Transformationsregeln legen die Relevanz fest, die extrem begründete Eigenschaften der Personen, die am Spiel teilnehmen, zukommt. Im Unterschied zu den realisierten Hilfsmitteln beziehen sich Transformationsregeln auf das Verhältnis von Spiel und externen Gegebenheiten. Anders als die Regeln der Irrelevanz legen diese fest, was von außen in dieser Spielsituation relevant wird.

Unter „dynamics of encounters" (EN_a, 34–66; EN_a_{dt}, 38–74) differenziert Goffman

Elemente des Spiels aus (v. a. „move", „game" und „play"), sein Fokus liegt aber auf Vorfällen und Graden des Engagements der Spielenden und wie diese in der Spielsituation integriert und reguliert werden. Das Engagement im Spiel („spontaneous involvement"; EN_a, 38; EN_a, 43), also das distanz- und reflektionslose Aufgehen in der Spielsituation, ist Goffman zufolge eine der zentralen, aber spieltheoretisch verkannten Dynamiken. Es ist der Grund, warum Spielende sich nicht wie idealisierte rationale Akteure und Akteurinnen in einem idealisierten abstrakten Spiel verhalten. Geteilte spontane Involviertheit in fokussierter Interaktion ist die Grundlage gegenseitigen Respekts und gefühlter Zusammengehörigkeit: Eine mangelnde Involviertheit kann als Ablehnung von Personen und Situationsdefinitionen verstanden werden. Sind die (Transformations-)Regeln des Spiels kongruent zum Fokus und Grad des Engagements der beteiligten Personen, dann gehen Spielende in der Spielwelt auf und fühlen sich wohl (als Deckung zwischen obligatorischem und aktuellem Involvement; EN_a, 44; EN_a_{dt}, 49). Sind die Erfordernisse des Spiels nicht deckungsgleich mit dem, worin man involviert ist, dann können sich Anspannung und Langeweile einstellen. Solche Spannungen regulieren zu können, ist maßgeblich dafür, den Fokus der Interaktion und damit dessen Grenzen, aber auch die damit einhergehenden identitätsstiftenden Rollen aufrecht zu erhalten.

Weitere Dynamiken ergeben sich aus ungeplanten Zwischenfällen (EN_a_{dt}, 51 f.; „incidents"; EN_a, 45 f.) bzw. Emotionsausbrüchen („Ausfallen" und „Zerbrechen des Rahmens", EN_a_{dt}, 62 f.; „flooding out" und „breaking frame"; EN_a, 55 f.). Goffmans Beispiel für Vorfälle sind hier u. a. Freudsche Versprecher aber auch problematische Situationen mit stigmatisierten Menschen (auch ST). Situationsgefährdend werden diese Vorfälle und Ausbrüche, wenn sie nicht durch Takt und Charme in die Situation (ein-)geordnet, darin transformiert und integriert werden können (ENa, 48 f.; EN_a_{dt}, 4 f.).

Zentrales Thema des Aufsatzes ist damit die Gefahr des Zusammenbruchs eines Rahmens bzw. einer fokussierten Interaktion, wie situative Rollen und Regeln helfen, die soziale Ordnung zu erhalten und wie sich Personen und Situationen dahingehend unterscheiden, wie und wann Spannungen bedrohlich, d. h. situativ nicht mehr kontrollierbar, werden. Was über die Regeln der Transformation, die Integration von situativen Vorfällen und menschlichen Ausfällen geleistet wird, ist in Anlehnung an die Funktion der Zellmembran die Aufrechterhaltung des Fokus und der grenzerhaltenden Mechanismen, welche die Begegnung (also die kleine Welt der fokussierten Interaktion) von der Umgebung (also der weiteren Welt) abscheidet (EN_a, 65 f.; EN_a_{dt}, 73 f.).

Schließlich wendet sich Goffman dem Spaß am Spiel zu (EN_a, 66–79; EN_a_{dt}, 74–89), der sich einstellt, wenn die beteiligten Personen die geltenden Regeln aufrechterhalten können und sich das obligatorische mit dem spontanen Involvement decken. Der Reiz des Spiels liegt im unsicheren Ausgang einerseits. Die Regeln und Teams werden auch dahingehend balanciert, um diese Unsicherheit zu wahren. Andererseits liegt der Reiz darin, dass externe Eigenschaften der Spielenden (Geschicklichkeit, Selbstkontrolle, Intelligenz, körperliche Stärke etc.) im Spiel in kontrollierter Weise zum Ausdruck kommen (ohne die Grenze des Spiels zu überschreiten) und so anerkannt werden können, ohne dass die Demonstration dieser Eigenschaften den Rahmen des Spiels überspannen würde. Übergreifend sieht Goffman in *gaming encounters* das Bestreben der Beteiligten, Euphoriegefühle zu maximieren und die Interaktion angenehm zu halten, was zugleich ein Grundzug fokussierter Interaktionen generell ist. Spiele als *encounter* errichten eine Grenze zur äußeren Welt und ermöglichen es, sich mit anderen Menschen auseinanderzusetzen und dabei gegenseitig entsprechend der Regeln bzw. Rahmung kontrolliert Ausdrucksweisen zuzulassen. Die Welt wird in der kleinen Welt der fokussierten Interaktion (er)fass- und kontrollierbar ohne die Beteiligten zu überfordern (s. Kap. 4). Damit kommt Goffman zu dem Schluss, dass *encounter* hinsichtlich der Etablierung und Aufrechterhaltung ihrer Membran verstanden werden können, d. h. wie sie diese Grenzziehungen bewerkstelligen, mittels derer aus der überfordernden Vielfalt an Welt und möglicher Eigenschaften Elemente ausgewählt, eingeholt und kontrolliert werden. Die unerschütterliche Erfahrung sozialer Wirklichkeit erwächst Goffman zufolge nicht aus der Unerschütterlichkeit der äußeren Welt, sondern aus den Regeln und Mechanismen sozialer Begegnungen. Sich in dieser sozialen Wirklichkeit wohlzufühlen, heißt, sich ihren Regeln zu unterwerfen. Sich nicht an diese Regeln zu halten, sich merkwürdig, inadäquat und unangemessen zu verhalten, bedeutet so Goffman, eine Gefahr, ein Zerstörer von Welten zu sein (EN_a, 81; EN_a_{dt}, 90 f.).

Rollendistanz

Goffmans zweiter Aufsatz ist an der Weiterentwicklung des Begriffs der Rolle orientiert. Nach der eingehenden Erörterung gängiger Begrifflichkeiten, u. a. von Status, Position, Rollenausführung, sowie von Verbundenheit *zur* und Verpflichtung *gegenüber* einer Rolle (EN_b, 85–91; EN_b_{dt}, 95–102), werden Limitationen dieser Rollentheorien (v. a. in der prominenten Fassung von Linton 1936) ausgeführt. Hieran schließt sich ein Definitionsvorschlag von Rolle „as the typical response of individuals in a particular position“ (EN_b, 93; EN_b_{dt}, 104) an. Damit verlegt Goffman den Fokus der Rollentheorie weg von Perspektiven, in denen Rollen aus sozialen Strukturen und den darin veranschlagten Positionen erwachsen hin auf eine ‚atomare‘ Referenzebene: die der Situation und des „situierten Aktivitätssystems“ (EN_b_{dt}, 107 „situated activity system“ EN_b, 95;). Dabei geht es nicht um eine soziale Rolle und deren Situationen, als vielmehr um Situationen (als Kleingruppenphänomene in ihrer naturalistischen Umgebung) und die darin zur Aufführung kommenden (situierten) Rollen. Als Beispiel bezieht sich Goffman hier und folgend zuerst auf das Karussellfahren, das verschiedene Personen zueinander in kommunikativen Bezug setzt. Es gibt differenzierte situierte Rollen: die der Karussellfahrenden, der Zuschauenden und der Karussellbedienenden. Mit diesen Rollen gehen bestimmte Selbstbilder einher; z. B. für Karussellfahrende, mutig zu sein und Körperkontrolle zu demonstrieren. Typischerweise aber gelten zwei Annahmen für Rollen: dass Individuen akzeptieren, dass sie bzw. ihre Rolle anhand ihres Verhaltens und ihrer Erscheinung identifiziert werden und dass die Hinweise und Informationen, die übermittelt werden, konsistent und kohärent zu weiteren nachfolgenden (Rollen-)Informationen sind. Rollen dienen folglich dem situationsangemessenen Ausdruck, sie sind aber nicht immer identitätsstiftend. Denn die Eigenschaften, die Individuen in Situationen aufgrund des Eindrucks, den sie machen, von anderen zugeschrieben bekommen, sind nur teils willkommen und als Teil der Selbstdefinition akzeptiert. Sie sind teils auch unerwünscht.

Dies ist der Ausgangspunkt von Goffmans Interesse: wenn die Konsistenz im Ausdruck und die Akzeptanz der Rolle nicht aufrechterhalten werden können. Individuen sind dabei keineswegs passive Gefäße für Rollenverhalten, wie in der herkömmlichen Rollentheorie, sondern sie verhalten sich im Vollzug konkreter Situationen gegenüber den potentiellen Bedeutungen, die ihnen in ihrer Rolle und deren Ausführung zugeschrieben werden. Sie leisten eine Ausdrucks- und Informationskontrolle, um falsche Eindrücke zu vermeiden oder zumindest zu korrigieren. Beispiele für eine solche Informationskontrolle sind Erklärungen, Entschuldigungen und scherzhafte Bemerkungen (EN_b_{dt}, 117; „explanation“, „apology“, „joking“; EN_b, 104 f.), die dazu dienen, die Wirkung unpassend erachteter Informationen rückwirkend zu entschärfen oder aber durch unseriöse, überzogene Darstellung Ausgedrücktes vorgreifend zu bagatellisieren.

Teilhabe an Face-to-face-Interaktionen erfordert also, dass die Beteiligten sich kontrollieren können, dass sie verstehen was passiert und wer kommuniziert und dass sie sich entsprechend verhalten können. Gelingt dies nicht, droht die gesamte Interaktion bzw. das Aktivitätssystem zu scheitern (wie bei kleinen Kindern, die der Situation des Karussellfahrens nicht gewachsen sind und in ihr nicht gelassen sind, weil sie nicht mit ihr und in ihr umzugehen wissen). Dabei ist zu unterscheiden, dass ein Individuum eine Rolle ausführen kann und dass es die Erlaubnis hat, die Rolle einzunehmen.

Beim Karussell ist beobachtbar, dass zweijährige Jungen sich gegen die Fahrt wehren oder währenddessen den Abbruch fordern. Für drei- bis vierjährige Kinder stellt die Situation des Karussellfahrens auch eine herausfordernde, aber bewältigbare Herausforderung dar. Sie benötigen keine mitfahrenden Eltern, nehmen ihre Rolle ernst und engagiert war und zeigen ihre Situationsbeherrschung, wenn sie bei jeder Passage der zuschauenden Eltern diesen zuwinken. Daraus zieht Goffman drei Rückschlüsse auf gelingende Rollendarstellungen in Situationen generell (EN_b, 106; EN_b_{dt}, 118 f.): (1) eine zum Ausdruck gebrachte Verbundenheit mit der Rolle („attachment"), (2) die Demonstration der Qualifikation und Fähigkeit zur Ausübung der Rolle („qualification and capacity"), sowie (3) ein aktives oder spontanes Einbezogensein in das Rollenhandeln („engagement or spontaneous involvement"). Diese drei Aspekte kennzeichnen die An- und Übernahme einer Rolle („embracement"), ein Aufgehen in dem Selbst, dem Rollenbild, das in der konkreten Rolle in dieser Situation bereitgestellt wird (EN_b, 106; EN_b_{dt}, 120).

Fünfjährigen Kindern erscheint die Rolle des Karussellfahrens zunehmend ungenügend. Und dies kommt z. B. darin zum Ausdruck, dass Kunststücke vollführt werden, die anzeigen, dass die Beherrschung des Karussellfahrens keiner größeren Aufmerksamkeit bedarf. In seinem so gearteten Eingriff in die Situation wird angezeigt, dass man sich von der bereitstehenden Rolle zurückzieht und von dem damit verbundenen Selbstbild distanziert. Es kommt also zu einer angezeigten Differenz zwischen dem, als was sich das Kind selbst versteht und dem, was es in der Situation tut. Eben dies bezeichnet Goffman als „Rollendistanz" (EN_b, 108; EN_b_{dt}, 120 f.). Rollendistanz bezieht sich also weniger darauf, was getan wird, als darauf, welche Verbundenheit in dem, wie es getan wird, zur Rolle markiert wird. Es wird also nicht die Rolle, sondern dass damit verbundene Selbstbild abgelehnt. Bei Sieben- und Achtjährigen steigert sich der Ausdruck der Rollendistanz mitunter soweit, dass das Karussellpersonal das Verhalten ahndet, weil darin eine Ablehnung der Sicherheitsmaßnahmen markiert wird. Dennoch wird der Aktivität des Karussellfahrens – wenn auch mit Langeweile und Lässigkeit – nachgegangen. Im Alter von elf und zwölf Jahren wird Rollendistanz dadurch angezeigt, dass das Karussellfahren spöttisch begleitet wird. Gerade bei Jungen geht es hier, Goffman zufolge, v. a. um den Ausdruck einer Männlichkeit, die nur geschützt werden kann, indem eine scherzhafte oder kreative Distanz zur Rolle des Fahrenden aufgebaut wird (s. Kap. 46). Erwachsene greifen dagegen auf andere Techniken der Rollendistanz zurück. Sie müssen zwar nicht mehr anzeigen, mit der Herausforderung der Rolle umgehen zu können. Sie müssen aber stets anzeigen, dass die Rolle keine Herausforderung mehr darstellt.

Auch wenn sich unterscheidet, wer sich von welcher Rolle distanziert, dient die ausgedrückte Rollendistanz stets dem Schutz der eigenen Person und der Gefahr mit der Situation und dem eigenen (kompetenten oder weniger kompetenten) Umgang darin zu sehr identifiziert zu werden. Rollendistanz erwächst aus der Kluft zwischen den Verpflichtungen der Rolle („role obligations") und der Ausführung der Rolle („role performance"), die allerdings in der Soziologie weitestgehend übersehen wird. Goffman argumentiert, dass Rollendistanz Teil einer typischen Rolle ist und starken Einfluss auf das Verhalten in der Situation hat.

Um seine Konzeption in ihrer Reichweite zu testen, zieht Goffman im Weiteren ein maximalkontrastierendes Beispiel zum kindlichen Karussellfahren heran, nämlich das der medizinischen Operation bzw. konkreter der/des ausführenden Chefchirurgin bzw. -chirurgen (EN_b, 115–132: EN_b_{dt}, 131–149). Er zeigt, dass sich auch in dieser anerkannten seriösen Rolle, Formen der Rollendistanz finden. Wird dem Arzt bzw. der Ärztin z. B. eine Ampulle vom assistierenden Personal gezeigt, damit diese/r den Inhalt überprüfen kann, kann diese Situation heruntergespielt oder satirisch überzogen werden, z. B.

indem die Inhaltsstoffe in einer predigenden Gesangsstimme vorgelesen werden (EN_b, 119; EN_b_{dt}, 134 f.) und damit eine Distanz zu den verpflichtenden Tätigkeiten der Rolle angezeigt wird. Die Distanz zu diesem in der Rolle situiertem Selbst erfüllt in Goffmans Perspektive eine Funktion für die Aufrechterhaltung des situierten Aktivitätssystems (EN_b, 120 ff.; EN_b_{dt}, 135 ff.). Für die Aufrechterhaltung des Systems ist es erforderlich, dass alle Beteiligten ein gewisses Gleichgewicht halten, dass sie kommunizieren und handeln und das ihnen Kommunizierte und das Geschehen um sie herum verstehen können. Sie müssen sich in der Situation in ihrer Rolle kontrollieren; können sie dies nicht, muss die Chefchirurgin/der -chirurg eingreifen. Kritik in Form scherzhafter Bemerkungen zu verpacken ist eine Form, die Sanktion zu verdecken, die Spannung zu lösen, ohne das Fehlverhalten unbeachtet zu lassen – oder aber es erlaubt Scherze in Form einer Sanktion zu machen. Beides erfordert eine gewisse Distanz zur Schicklichkeit medizinischer Operation. Auch Befehle, die die Chirurgin/der Chirurg berechtigt ist, zu erteilen, werden mitunter in Höflichkeiten verpackt. Umso mehr, desto anspruchsvoller, konzentrations- und präzisionsnotwendig oder delikater das ist, was von Untergebenen gefordert wird. Scherze können aber auch seitens die Chirurgin/der Chirurg vor oder nach anspruchsvollen Teilen der Operation zur Lockerung angebracht werden. Dies gilt auch für die Behandlung, des in der Operation sakralisiert behandelten Körpers der Patientin bzw. des Patienten, wenn davor oder danach ein profaner, informellerer Umgang damit beobachtbar ist. Und dies gilt auch für den Chirurgen bzw. die Chirurgin selbst, sich z. B. bei kleinen Fehlern selbst zu diskreditieren, um das Gleichgewicht der Rolle zu halten, ohne dass andere Beteiligte dadurch verunsichert werden und ihrerseits das Aktivitätssystem gefährden. Die Demonstration regulierter Rollendistanz, nicht nur in problematischen Situationen und weniger für sich, als für die anderen Anwesenden, zeigt eine Ausdrucks- und damit Situationskontrolle an und stabilisiert in dieser Weise das System. Die Seriosität der Rollendarstellung aufzulockern, ist dabei ein Privileg (eingeübter) übergeordneter Rollen, z. B. darin, sich Aktivitäten und Kommunikationsweisen untergeordneter Rollen mehr oder minder ernsthaft anzunehmen, damit Statusdifferenzen vermeintlich zu nivellieren, um Situationen zu stabilisieren – aber gerade darin auch diese Differenzen deutlich zu machen.

Die herkömmliche Rollentheorie zielt darauf ab, dass Rollen vermitteln, wie Individuen sich gegenseitig wahrnehmen. Demgegenüber argumentiert Goffman, dass das Individuum vielmehr sein Verhalten in situ in Relation zu den vorhandenen Rollen reguliert und dass dabei auch eine pointierte Form der Desidentifikation mit der Rolle eine Bedeutung zukommt, *ohne* dass damit die Regeln der geltenden Situationsdefinition gefährdet wären. Rollendistanz kann dann zur Anwendung kommen, wenn es sich um verschiedene überlagerte Angelegenheiten oder Zugehörigkeiten handelt: Der Mensch ist Goffman zufolge im Sozialen ein „multi-role-performer" (ENb 142; EN_b_{dt}, 160). Dies ist z. B. der Fall, wenn es nicht nur darum geht, Chefchirurg/in zu sein, sondern auch Krankenhauspersonal, auch Mann bzw. Frau zu sein oder wenn Freundschaftsbeziehungen durch administrative Ungleichheiten herausgefordert werden. Individuen gehen nicht in Situationen und den darin vorhandenen Rollen auf, vielmehr gehen auch die anderen Selbstbilder in die Situation mit ein. Goffman vergleicht das Individuum mit einem bzw. eines/r Türsteher/in, der/die die Freund/innen unter der Hand einschleust (respektive seine anderen Zugehörigkeiten und Selbstbilder). Als Funktionsträger einer Rolle in einem situierten Aktivitätssystem haben Individuen einen gewissen (organisational und kulturell vermittelten) Manövrierraum, Rollen stärker zu trennen oder zu vermischen (EN_b, 140 f.; EN_b_{dt}, 157 f.).

Der Essay wendet sich so gegen ein vereinfachtes Rollenverständnis, nach dem „an individual does march up and down like a wooden soldier, tightly rolled up in a particular role" (EN_b, 143; EN_b_{dt}, 161). Vielmehr managen Individuen (auch in ein und derselben Situation) verschiedenste an- und abwesende

Zugehörigkeiten und Rollen (als „dance of identification"; EN_b, 144; EN_b$_{dt}$, 161). In seiner mikroskopischen Analyseperspektive (EN_b, 143; EN_b$_{dt}$, 161) fokussiert Goffman darauf, wie Individuen als Rollenträger die mit diesen Rollen einhergehenden Ansprüche, aber auch die Ansprüche anderer – in die Situation hineinreichender – Rollen, regulieren und damit Interaktionen stabilisieren und ordnen. Mit der Demonstration der Leistungsfähigkeit des Begriffes der Rollendistanz argumentiert Goffman gegen eine „tendency to keep a part of the world safe from sociology" (EN_b, 152; EN_b$_{dt}$, 171). Das vermeintliche ‚Außerhalb-der-Rolle-Sein', dass in anderen Theorien Anzeichen eines ‚wahren' Selbst ist, ist im Gewand der Rollendistanz vielmehr der Schatten, den andere Rollen auf die konkrete Interaktion werfen. Für Goffman sind diese für ein solches Selbst veranschlagte Anzeichen Elemente von Rollendistanz in ihren vielfältigen Funktionen (abwesende Rollen präsent zu halten, Rollensicherheit zu demonstrieren, Kritik zu üben und Interaktionssysteme zu stabilisieren etc.). Damit nimmt Goffman eine Gegenposition zu prominenten Rollentheorien ein; auch zu Georg Simmel und konkret dessen zweites soziologisches Apriori (Simmel [1908] 1992, 50 ff.).

Zur Rezeption

Bei ihrer thematischen Unterschiedlichkeit eint die Aufsätze nicht nur der Fokus auf encounter als eine neu konzipierte und systematisierte Analyseeinheit. Es eint sie auch, dass in beiden Fällen die Fragilität der sozialen Ordnung und die Gefahren der Destabilisierung für Individuum und Interaktion im Zentrum stehen. Individuen stabilisieren Situationen, wenn sie ihr Engagement und ihre Verpflichtung in Balance halten, wenn sie Situationen aushalten, multiple Rollenansprüche managen und diese Beherrschung anzeigen. Individuen fordern situative Ordnungen aber auch durch ihr Verhalten heraus, wenn sie ein zu viel oder zu wenig an Engagement und Verpflichtung zum Fokus der Interaktion und der Rolle einbringen. Was dieses Maß bestimmt und welche Mittel dafür vorhanden sind, ist sozialgeschichtlich gerahmt, liegt aber auch in der Situation (deren Rahmung gewissermaßen) bereit. Für seine Argumentation greift Goffman im für ihn typisch essayistischen Stil auf eigenes empirisches Material von seiner Forschung auf den Shetland Inseln wie auch in psychiatrischen Krankenhäusern zurück, flicht dabei aber auch zahlreiche literarische Illustrationen ein und grenzt sich dabei von verschiedenen Perspektiven ab, um so seinen originären Beitrag zu akzentuieren.

Encounters wurde nach seiner Veröffentlichung breit besprochen, so z. B. in *American Journal of Sociology* (Potter 1962), *American Sociological Review* (Bloombaum 1962), *Contemporary Psychology* (Kelley 1963), *American Anthropologist* (Brunner 1963) und *Sociological Quarterly* (Dye 1964). Kennzeichnend ist dabei, dass aus sozialpsychologischer Perspektive der Band kritischer verhandelt wird, was nicht verwundert, da Goffman nicht nur sozialpsychologische Verfahren (wie die Beobachtung unter experimentalen Laborbedingungen), als auch deren Begrifflichkeiten angreift. Ebenso wenig überrascht, dass in seinem ethnographischen Zugang und essayistischen Stil der Band seitens der Anthropologie positiver aufgenommen wurde. Grundsätzlich wird die methodisch unklare, anekdotische Argumentation der Aufsätze scharf kritisiert (Potter 1962; Kelley 1963), wenn auch die grundlegende Idee und Fokusverschiebung von Gruppen auf *encounter* als bedeutender originärer Beitrag gewertet wird (Bloombaum 1962; Potter 1962; Dye 1964). Entsprechend breit sind die Anschlüsse an beide Texte, nicht nur von Seiten thematischer Forschung zu Spielen (s. Kap. 66) und Krankenhäusern. Von den vielen Begriffskonzeptionen hat dabei jene der Rollendistanz die größte Popularität erlangt (Coser 1966; s. Kap. 28). Sicherlich steht *Encounters* dennoch im Schatten des konzeptionell umfangreicheren *Presentation of Self in Everyday Life* und der empirisch konzentrierten Arbeiten *Asylums* und *Stigma*. Es ist aber insoweit wegweisend, als sich hier, wie Robert Hettlage (1991, 112) und Hubert Knoblauch (1994, 27) argumentieren, in *Spaß am*

Spiel erste Grundlegungen der Rahmenanalyse zeigen. Petra Deger (2000, 196 f.) sieht in *Encounters* und *Strategic Interaction* die Grundlage einer misslichen Fehlinterpretation Goffmans, als hier spieltheoretisch konzipierte, strategisch handelnde Akteure und Akteurinnen als angeblich zynische Strategen mit „manipulativ[en] Zügen" (ebd., 197) zum Tragen kommen (auch bei Gildemeister/Hericks 2012, 16; in Bezug auf PS 1959; auch Potter 1962). Dies stehe im Kontrast zu Goffmans späteren Werken und Anliegen, die stärker an Fragen sozialer Ordnung und dem „Schutz des fragilen Selbst" (Deger 2000, 197) orientiert sind, die aber eigentlich auch den Kern von *Encounters* ausmachen.

Literatur

Bales, Robert F.: Interaction process analysis. Cambridge 1950.

Bloombaum, Milton: Book review. In: American Sociological Review 27/3 (1962), 436–437.

Brunner, Edward M.: Book review. In: American Anthropologist 65/6 (1963), 1416–1417.

Coser, Rose Laub: Role distance, sociological Ambivalence, and transitional status systems. In: American Journal of Sociology 72/2 (1966), 173–187.

Deger, Petra: Masken der Normalität. In: Alfred Schäfer/Michael Wimmer (Hg.): Masken und Maskierungen. Wiesbaden 2000, 187–207.

Dye, Mary: Elizabeth Book review. Sociological Quarterly 5/1 (1964), 85.

Gildemeister, Regine/Hericks, Katja: Geschlechtersoziologie. München 2012.

Hettlage, Robert: Rahmenanalyse – oder die innere Organisation unseres Wissen um die Ordnung der Wirklichkeit. In: Robert Hettlage/Karl Lenz (Hg.): Erving Goffman – ein soziologischer Klassiker der zweiten Generation. Bern, Stuttgart 1991, 95–154

Kelley, Harold H.: Book review. Contemporary Psychology 8/2 (1963), 71–72.

Knoblauch, Hubert: Erving Goffmans Reich der Interaktion. In: Erving Goffman (Hg.): Interaktion und Geschlecht. Frankfurt/Main 1994, 7–49.

Linton, Ralph: The study of man. New York 1936.

Luhmann, Niklas: Interaktion, Organisation, Gesellschaft/Einfache Sozialsysteme. In: Ders.: Soziologische Aufklärung 2. Opladen 1975a, 9–20.

Luhmann, Niklas: Einfache Sozialsysteme. In: Ders.: Soziologische Aufklärung 2. Opladen 1975b, 21–39.

Meyer, Christian: „Metaphysik der Anwesenheit". Zur Universalitätsfähigkeit soziologischer Interaktionsbegriffe. In: Bettina Heintz/Hartmann Tyrell (Hg.): Interaktion – Organisation – Gesellschaft revisited. Sonderheft der Zeitschrift für Soziologie. Stuttgart 2015, 321–345.

Potter, Robert J.: Book review. In: American Journal of Sociology 68/1 (1962), 125–126.

Shalin, Dimitri N.: Erving Goffman, Fateful Action, and the Las Vegas Gambling Scene. UNLV Gaming Research & Review Journal 20/1 (2016), 1–38.

Schelling, Thomas C.: The strategy of conflict. Cambridge 1960.

Simmel, Georg: Soziologie. Untersuchungen über die Formen der Vergesellschaftung [1908]. Georg Simmel Gesamtausgabe Band 11. Frankfurt/Main 1992.

40 Behavior in Public Places. Notes on the Social Organization of Gatherings

Karl Lenz

Die Jahre 1961 und 1963 waren für Goffman besonders reich an Publikationen. Nachdem schon 1961 mit *Asylums* und *Encounters* Bücher erschienen waren, folgten zwei Jahre später zwei weitere, neben *Stigma* das Buch, das hier im Mittelpunkt stehen soll: *Behavior in Public Places.* Während die beiden erstgenannten Bücher vier bzw. zwei eigenständige Aufsätze umfassen, handelt es sich bei *Behavior in Public Places* – wie auch bei *Stigma* – um eine Monographie mit 248 Seiten. Bereits 1971 erfolgte eine erste deutschsprachige Ausgabe unter dem Titel *Verhalten in sozialen Situationen. Strukturen und Regeln der Interaktion im öffentlichen Raum,* übersetzt von Hannah (auch Hanne) Herkommer. Sie hat, z. T. mit ihrem Ehemann Sebastian, eine Reihe soziologischer Fachbücher übersetzt. Erschienen ist das Buch in einer Reihe *Bauwelt Fundamente,* in der u. a. mehrere Bücher des schweizerisch-französischen Architekten, Architekturtheoretikers und Möbeldesigners Le Corbusier erschienen sind. Der Theologe und Soziologe Peter C. Dienel (1923–2006) verfasste ein „Geleitwort" zu dieser Ausgabe. Mit Blick auf das Zielpublikum dieser Reihe wirft er die Frage auf, inwiefern das vorliegende Buch für Stadtplanung und Architektur von Interesse ist; seine Antwort auf diese Frage bleibt – wohl zu Recht – unklar. Überdeutlich wird eine große Distanz zum Autor. So weist Dienel (1971, 9) darauf hin, dass George Homans die gleiche Problemstellung, wenngleich für die Gruppe statt der Zusammenkunft, „viel eingehender" bearbeitet habe. Nicht nur weil das Buch zwischenzeitlich vergriffen war, hat Hubert Knoblauch dieses Buch 2009 in einer überarbeiteten Fassung neu publiziert (Joller 2012). Ein zentrales Anliegen war es, zugleich durch eine grundlegende Überarbeitung den zentralen Gehalt deutlicher herauszuarbeiten. Dies kommt schon in dem neu gewählten Titel *Interaktionen im öffentlichen Raum* zum Ausdruck. Mit „behavior" ist bei Goffman nicht gemeint, was man in der deutschsprachigen Soziologie als „Verhalten" versteht, sondern es geht um sinnhafte und ausdrucksreiche Aktivitäten von Subjekten. Diese werden auch nicht isoliert betrachtet, sondern stets im Zusammenwirken der Anwesenden in einer sozialen Situation. Vorangestellt ist zudem eine Einleitung (Knoblauch 2009), die mit zahlreichen Bezügen auf das Gesamtwerk kenntnisreich zum Buch hinführt.

K. Lenz (✉)
Institut für Soziologie, TU Dresden,
Dresden, Deutschland
E-Mail: karl.lenz@tu-dresden.de

K. Lenz und R. Hettlage (Hrsg.), *Goffman-Handbuch,* https://doi.org/10.1007/978-3-476-05871-3_40

Datengrundlage und Bezüge zur Dissertation

Als Datengrundlage nutzt Goffman für dieses Buch seine Mitte der 1950er Jahre durchgeführte St. Elizabeth-Hospital-Studie, die vorher schon in *Asylums* eingegangen ist, sowie seine Shetland-Studie, auf deren Grundlage er seine Dissertation (CCoIC) schrieb (s. Kap. 3). Aber nicht nur die Nutzung der Daten aus dieser Feldstudie verbindet *Behavior in Public Places* mit seiner Dissertation. Entsprechend des skizzierten Theorie- und Forschungsprogramms der Interaction Order befasst er sich mit Interaktion und legt das „ritual model of interaction" (CCoCI, 104) zugrunde (s. Kap. 23). Aber nicht nur das, überhaupt greift er in diesem Buch mehr als in allen anderen Publikationen – wie im Weiteren zu zeigen sein wird – auf Konzepte zurück, die er in seiner Dissertation entworfen hat. Seine Datenbasis für diese Publikation reicht über diese beiden Feldstudien hinaus; Goffman verwendet zusätzlich im hohen Maße natürliche Daten (Lenz 2008). Neben der Sammlung von diversen Zitatenausschnitten sind es in diesem Buch vor allem Benimmbücher, allem voran das von Emily Post (1872–1960) ursprünglich aus dem Jahr 1922 stammende Benimmbuch *Etiquette in Society, in Business, in Politics, and at Home,* das in den USA jahrzehntelang mit aktualisierten Auflagen ein Bestseller war. Goffman hat die Ausgabe von 1937 in diesem Buch verwendet und mit dem verbreiteten Kurztitel *Etiquette* zitiert. Goffman nutzt Verhaltensratgeber, da diese nicht nur beschreiben, wie man sich richtig zu benehmen hat, sondern zugleich für eine bestimmte Zeit und für eine bestimmte Gesellschaftsschicht die gültigen Verhaltensstandards archivieren.

Interaktionsordnung im öffentlichen Raum

Behavior in Public Places umfasst 15 Kapitel, die in fünf Teilen zusammengefasst sind. Der erste Teil, betitelt mit „Einführung", umfasst zwei Kapitel, in denen die Fragestellung skizziert wird und einige Grundkonzepte vorgestellt werden. Goffmans Ausgangspunkt bildet die Arbeit der Psychiatrie. Ihre Diagnosen psychischer Störungen beziehen sich auf Verhaltensweisen ihrer Patient/innen, die als „inappropriate in the situation" (BP, 3; BP_{dt}, 19) erscheinen. Diese Arbeiten sind – so Goffman – für die Soziologie unmittelbar von Nutzen, da sie die Aufmerksamkeit auf den bislang vernachlässigten Gegenstand der Interaktion richtet. Der Nutzen geht aber noch weiter, da die situative Unangemessenheit die in der jeweiligen Situation zugrundeliegenden Regelhaftigkeit erkennbar macht. Gleich einleitend wird dadurch eine seiner grundlegenden Arbeitsstrategien sichtbar, die in Anschluss an Paul Drew und Anthony Wootton (1988, 7) als „investigation of the normal through the abnormal" bezeichnet werden kann. Das Gegenprogramm dazu ist die Analyse von Ratgebern, da diese einen Einblick in den „Katalog angemessener Verhaltensweisen" liefern können. Wie schon in seiner Dissertation macht Goffman deutlich, dass er von einem Modell sozialer Ordnung („social order") ausgeht. Soziale Ordnung wird dabei definiert „as the consequence of any set of moral norms that regulates the way in which persons pursue objectives" (BP, 8; BP_{dt}, 24). Dabei geht es nicht um die rechtliche oder ökonomische Ordnung, sondern um die geltende und hergestellte Ordnung in sozialen Interaktionen. Der in seiner Dissertation geprägte Begriff der Interaktionsordnung wird zwar nicht verwendet, auch wenn es genau darum geht. Goffman spricht in diesem Buch von einer „Kommunikations-Verkehrsordnung" („communication traffic order"). Das Wort Rituale kommt an verschiedenen Stellen und in unterschiedlichen Zusammenstellungen vor, jedoch wird nicht von „ritual model" oder „ritual order" gesprochen. Die rituellen Regeln, die ganz wesentlich die Interaktionsordnung bilden, benennt Goffman in diesem Werk als „situational proprieties" („situative Anstandsregeln") (BP, 24; BP_{dt}, 39). Wiederum in Übereinstimmung mit seiner Dissertation macht er darüber hinaus deutlich, dass seine Aufmerksamkeit vor allem auf den öffentlichen Raum („public places") gerichtet ist, wie nunmehr in der neuen deutschsprachigen Ausgabe bereits im Titel zum Ausdruck gebracht wird.

Nach der Klärung des Gegenstandes folgen einige grundlegenden Definitionen. Unmittelbar anknüpfend an die Kapitel drei und vier seiner Dissertation, jedoch mit mehr begrifflicher Klarheit wird von „linguistic messages" („sprachliche Mitteilungen") und „expressive messages" („expressive Botschaften") (BP, 3; BP_{dt}, 28) gesprochen. Diese Unterscheidung hat in Form von „expresssion [...] gives and expression [...] given off" ebenfalls in der überarbeiteten Fassung von *The Presentation of Self in Everyday Life* (PS, 2) Eingang gefunden (s. Kap. 22). Da sprachliche Mitteilungen und expressive Botschaften in Interaktionen eng miteinander verknüpft sind, ist ein breiter Informationsfluss gegeben. Goffman nimmt auf alle Sinne Bezug, macht aber zugleich auf die herausgehobene Relevanz des Auges – mit einer deutlichen Referenz auf Georg Simmel (1992 [1908]) – aufmerksam. Neben der Fülle an Informationen ist die Wechselseitigkeit von Sender- und Empfängerrolle, auch wenn es in Einzelfällen Ausnahmen (z. B. beim Bespitzeln) gibt, eine weitere Besonderheit von Interaktion. Aus seiner Dissertation übernimmt Goffman als nächstes den Begriff der „social occasion". Beispiele dafür sind ein Arbeitstag im Büro oder ein Abend in der Oper. Eine – so ,die deutsche Übersetzung – „soziale Veranstaltung" „provides the structuring social context in which many situations and their gatherings are likely to form, dissolve, and re-form, while a pattern of conduct tends to be recognized as the appropriate and (often) official or intended one" (BP, 18; BP_{dt}, 34). Auch seine Unterscheidung zwischen nicht-zentrierten („unfocused") und zentrierten Interaktionen („focused interaction"), die Goffman bereits in seinem zwei Jahre vorher erschienenen Werk *Encounters* (1961, 7) verwendet hat, stammt aus seiner Dissertation. Dort hat er dafür noch die Ausdrücke „undirected" and „directed" (CCoIC, 116) verwendet. Neu dagegen ist, dass Goffman bei situierten Aktivitäten – also bei Handlungen in sozialen Situationen – zwischen „merely situated" und „situational" unterschiedet (BP, 22). Ins Deutsche wird diese Unterscheidung – und das ist eine wesentliche Verbesserung zur Erstübersetzung – mit „situiert" und „situativ" übertragen (BP_{dt}, 38). Verdeutlicht werden soll damit, dass es bei situierten Aktivitäten Komponenten gibt, die in einer Situation vorkommen, aber auch unabhängig von der Situation passieren können, also auch, wenn keine Person oder nur eine anwesend ist. Diese bloß-situierten Aspekte unterscheidet Goffman von Aspekten, die unmittelbar an die Situation gebunden sind, also von situativen Aspekten. Zur Illustration ein Beispiel, das Goffman selbst gebraucht hat (BP, 21 f.): Der Verlust von Wertgegenständen, den jemand erleidet, wenn ein bewaffneter Räuber bei seiner Anwesenheit in seine Wohnung eindringt, ist bloß-situiert. Dieser Einbruch und Raub hätte auch passieren können, während diese Person im Urlaub ist. Dagegen ist die Gefahr für Leib und Leben durch die Waffe, die der Eindringling mit sich führt, situativ oder situationsgebunden; sie besteht nur, wenn das Opfer auch anwesend ist.

„Body idiom" (Körpersprache) und „involvement" (Engagement oder Anteilnahme)

Die nächsten beiden Teile – mit jeweils drei Kapiteln – befassen sich nacheinander mit der nicht-zentrierten und der zentrierten Interaktion. Gleich einleitend wird nochmals herausgestellt, dass Interaktionen immer mehr als den sprachlichen Austausch umfassen. Das findet sich auch bereits in der Grundlegung seines Theorie- und Forschungsprogrammes, jedoch wurde dort „face-to-face interaction" und „conversational interaction" noch synonym verwendet (s. Kap. 23). Auch ohne dass gesprochen wird, gibt es in Begegnungen unvermeidlich einen dichten Informationsfluss zwischen den Anwesenden. Paul Watzlawick, Janet H. Beavin und Don D. Jackson (1967) haben das später auf die populär gewordene Formulierung gebracht, dass in einer sozialen Situation nicht nicht kommuniziert werden kann. Dieser über die Sprache hinausreichende Informationsfluss wird verursacht durch die anwesenden und wahrnehmbaren Körper (s. Kap. 62). Im Sinne der oben dargestellten Unterscheidung handelt es sich also um situative Aspekte. Zusammenfassend bezeichnet Goffman diese mit dem Körper einhergehenden Informationen als „body idiom" (BP, 33), also als „Körpersprache" (BP_{dt}, 49). Diese vom Körper vermittelten expressiven Zeichen werden wahrgenommen und sind mit Bedeutungen ausgestattet. Im Vergleich zum sprachlichen Ausdruck lässt sich die Körpersprache weniger gut abschirmen und ist für andere leichter zugänglich. Weniger geeignet für komplexe Aussagen dient sie in erster Linie zur Vermittlung von Informationen über soziale Attribute oder der Bilder, die man von sich selbst, von anderen und der aktuellen Begegnung hat. Als Informationsvermittlung ist die Körpersprache zugleich normativ reguliert, da es in Interaktionen immer auch Verpflichtungen gibt, bestimmte Informationen zu geben und andere zurückzuhalten. Body idiom behandelt Goffman in Verbindung mit nicht-zentrierten Interaktionen, weist aber gleichfalls darauf hin, dass diese durchaus auch für zentrierte Interaktionen relevant sind.

Im Anschluss wirft er die Frage auf, welche Informationen durch die Körpersprache gegeben werden. Er geht dieser Frage anhand einer „occasioned activity" nach, z. B. einer politischen Rede bei einer Parteiversammlung. Daran teilzunehmen bedeutet, sich kognitiv und affektiv in den Bann ziehen zu lassen. Goffman bezeichnet das als „involvement". Dieser Begriff, der bereits in seiner Dissertation einen breiten Raum eingenommen hat, steht im Weiteren im Zentrum. Goffman führt selbst aus, dass er sich bei diesem Begriff vor allem auf das Werk *Balinese Character* von Gregory Bateson und Margaret Mead (1942) stützt (s. Kap. 18). Darüber hinaus liegt die Vermutung nahe, dass auch W. Lloyd Warners Begriff der „participation" anregend war. Näher erläutert wird dieser Begriff in einer Fußnote; Goffman verweist dort darauf, dass dieser Begriff zwei wesentliche Komponenten umfasst: zum einen „commitment", die Übernahme von Verantwortung für bestimmte Handlungen, und zum anderen „attachment", womit vor allem eine affektive Identifikation gemeint ist. Im Deutschen wurde „involvement" mit „Engagement" übersetzt, was aufgrund dieser Komponenten jedoch nur eine Annäherung sein kann. Goffman selbst hat in *Rollendistanz* (EN_b) stattdessen schon „engagement" verwendet, ist jedoch in diesem Buch wieder zu „involvement" zurückgekehrt. Auch das zeigt an, dass – eine Vergleichbarkeit der Bedeutungsinhalte in englischer und deutscher Sprache unterstellt – „involvement" mehr umfasst als „engagement". Als Übersetzungsalternative für „involvement", die den Bedeutungsgehalt besser zum Ausdruck bringen kann, könnte man sich „Anteilnahme" vorstellen. Soziale Veranstaltungen machen vielfach Vorgaben, in welchem Ausmaß „involvement" (Anteilnahme) gefordert ist; Goffman spricht in diesem Zusammenhang von einem „involvement idiom". Die körperlichen Anzeichen der praktizierten Anteilnahme lassen sich nach außen abschirmen („involvement shield", „Engagementschutz" oder „Teilhabe-Tarnung"). Besonders wichtig ist die Differenzierung verschiedener Formen der Anteilnahme *(involvement)*; sie werden als „main" und „side involvement" (übersetzt mit: „Kern-" und „Nebenengagement") sowie „dominant" und „subordinate involvement" (übersetzt mit: „dominantes" und „untergeordnetes Engagement") bezeichnet. Die erste Unterscheidung findet sich – allerdings noch auf „interplay" bezogen – bereits in seiner Dissertation. Der Hauptteil der Aufmerksamkeit und des Interesses wird durch das main involvement in Anspruch genommen. Ein „side involvement" ist eine Tätigkeit, die nebenbei ausgeführt wird und welche die vorrangig kognitive und affektive Ausrichtung nicht beeinträchtigt und bedroht. Ein Beispiel wäre das zeitweise bei Frauen beliebte Stricken beim Zuhören. Ein involvement (Anteilnahme) wird dann als dominant bezeichnet, wenn die soziale Veranstaltung den Einzelnen zu einer vollen Aufmerksamkeit zwingt. Von „untergeordnet" wird gesprochen, wenn es in dem Maße und zeitlich so lange praktiziert werden darf, bis die volle Aufmerksamkeit erforderlich wird. Das Zeitungslesen vor dem Arztgespräch illustriert diese Unterscheidung. Aufgezeigt werden Regeln im Umgang mit diesen Formen.

Dabei wird zudem verdeutlicht, dass eine Anteilnahme (involvement) nicht übertrieben werden darf, sondern stets ein bestimmter Spielraum an Selbstkontrolle und Selbstbestimmung aufrechterhalten werden muss. In modernen Gesellschaften bestehe ein Zwang zur Anzeige von Individualität, was Goffman in seinem Aufsatz *Rollendistanz* (EN_b) kurz vorher ausführlich aufzeigte. Neben Regeln zu diesen Formen werden auch Regeln zu den Objekten und Richtungen der Anteilnahme (involvement) beschrieben. Dabei wird auf das Ausgerichtetsein auf die eigene Person („auto-involvement"), die geistige Abwesenheit („away") und Erscheinungsformen im Grenzbereich zwischen Normalität und Pathologie eingegangen.

„Civil Inattention", Begegnungen mit Bekannten und Fremden

Den Teil zur zentrierten Interaktion beginnt Goffman mit der Beschreibung eines interpersonellen Rituals, was er als „civil inattention" (übersetzt als „höfliche Gleichgültigkeit"; alternative Übersetzung s. Kap. 35: „höfliche Unaufmerksamkeit") bezeichnet: Zwei Personen, die sich begegnen, zeigen sich die gegenseitige Wahrnehmung der Anwesenheit kurz auf und wenden dann unmittelbar die Aufmerksamkeit wieder voneinander ab. Für Goffman bildet es „the slightest of interpersonal rituals" (BP, 84; BP_{dt}, 98), dennoch reguliert es den sozialen Verkehr fortlaufend. Ausführlich wird im Weiteren auf die Wichtigkeit der Blicke in Interaktionen eingegangen (BP, 88 ff.; BP_{dt}, 102 ff.) und die Regelungen zur Zugänglichkeit (BP, 104 ff.; BP_{dt}, 117 ff.) und zur Beendigung einer Interaktion (BP, 110 f.; BP_{dt}, 123 f.) aufgezeigt. Als nächstes wendet Goffman sich der Begegnung zwischen Bekannten zu. Unterschieden werden dabei zwei grundlegende Formen des Erkennens (BP, 122 ff.; BP_{dt}, 127 ff.): Das kognitive Erkennen („cognitive recognition") umfasst die soziale oder persönliche Identifikation einer Person. Daran schließt das soziale Erkennen („social recognition") an, indem durch ein offenes Begrüßen oder zumindest ein Lächeln dies zum Ausdruck gebracht wird. Bekannte sind verpflichtet, das soziale Erkennen zum Ausdruck zu bringen; ein Nichtwahrnehmen oder Schneiden wird als ein Verstoß gegen die rituelle Ordnung aufgefasst. Im Unterschied dazu brauchen Nichtbekannte einen Grund, um miteinander in Kontakt zu treten. Möglich ist das aber, wenn die andere Person eine exponierte Position innehat, wie es z. B. bei einer Polizistin oder einem Zeitungsverkäufer der Fall ist (BP, 125 ff.; BP_{dt}, 137 ff.). Auch gibt es Kontexte, in denen eine wechselseitige Offenheit gegeben ist (BP, 129 ff.; BP_{dt}, 140 ff.). Das ist u. a. in offenen Regionen der Fall; eine Bar oder auch der Karneval sind Beispiele dafür. Möglich ist ebenfalls, mit Listen und Tricks diese Möglichkeit in Anspruch zu nehmen, auch wenn diese eigentlich nicht vorliegt.

Zugängliche Interaktion

Vielfach sind Interaktionen nicht begrenzt auf die Personen, die daran teilnehmen, sondern sie können auch Zuschauer/innen umfassen. Das ist z. B. dann der Fall, wenn zwei Personen sich miteinander im Zug unterhalten und die Plätze daneben besetzt sind. Mit dem Phänomen der zugänglichen Begegnungen („accessible engagements") befasst sich der vierte Teil. Damit greift Goffman ein Thema auf, das er in seiner ersten Veröffentlichung (PS) in der Relation von Ensemble und Publikum ausführlich behandelte. An dieser Stelle werden zunächst Kommunikationsgrenzen („communication boundaries") beschrieben, die physisch gegeben, aber auch durch Konventionen errichtet sein können (BP, 151 ff.; BP_{dt}, 161 ff.). In zugänglichen Interaktionen ist es verbreitet, dass die Zuschauer/innen eine Art höfliche Unaufmerksamkeit nicht nur einzelnen Personen gegenüber, sondern der Begegnung selbst bekunden. Immer möglich ist es auch, dass diese Unaufmerksamkeit nur vorgetäuscht wird. In zugänglichen Begegnungen gibt es Regelungen und Beschränkungen, „on the way in which individuals [...] properly invest themselves in mutual-involvements" (BP, 166; BP_{dt}, 175). Gezeigt wird dabei, dass nicht nur die situierten Aktivitäten der Zuschauer/innen, sondern auch der Teilnehmer/innen reguliert ist. Bedingt sind diese Festlegungen vor allem durch die soziale Veranstaltung. Aufgezeigt wird dabei die Möglichkeit, dass die Teilnahme in der zentrierten Interaktion eingeschränkt wird, da die Aufmerksamkeit auf die Zuschauer/innen ausgedehnt wird oder gar ein Nebenengagement („side involvement") hergestellt wird. (Selbst wenn das an dieser Stelle nicht ausführlich erörtert werden kann, kann man die Stringenz in der Verwendung der Begriffe „involvement", „engagement" und „participation" vor allem in diesem Teil durchaus kritisch hinterfragen. Mehr begriffliche Präzision wäre wünschenswert gewesen.)

Situative Anstandsregeln und die mögliche Pathologisierung von Verstößen

Abgeschlossen wird das Buch mit vier Kapiteln, die zusammen den letzten Teil, betitelt als „Interpretations", bilden. Dabei geht es weniger um Interpretationen, sondern vielmehr um eine Zusammenfassung, die für das Verständnis des Werkes durchaus leitend sind. Ausgehend von der Betonung, dass es ihm in diesem Buch vor allem um die Regulierung der Anteilnahme (involvement) in einer sozialen Situation gegangen ist, werden die Formen der situativen Anstandsregeln und ihre Funktionen zusammengefasst und dabei durchaus auch noch ergänzt. Mit Blick auf das Zusammenwirken der Beteiligten kann – so Goffman – von einer „structure of involvement in the situation" (BP, 193; „Engagement-Struktur der Situation", BP_{dt}, 201) gesprochen werden. Auch wenn die soziale Situation die Einheit sei, in der die Regulierung der Anteilnahme sichtbar werde, sei die soziale Veranstaltung („social occasion") noch wichtiger als die Situation. „To engage in situational impropriety, then, is to draw improperly on what one owes the social occasion" (BP, 194; BP_{dt}, 201). Deutlich wird damit ein Vorgriff auf das Rahmenkonzept, mit dem er sein frühes Social-ocassion-Konzept ablöst, ersetzt und erweitert. Ausführlich wird auf die hohe Variabilität der vorgegebenen Anforderungen an eine angemessene Anteilnahme eingegangen. Um die Eckpunkte zu benennen, verwendet er statt der Begriffe Informalität vs. Formalität die der Lockerheit und Steifheit („looseness", „tightness"). Abschließend kommt Goffman auf die Verbindung zur Psychiatrie zurück. In Fortführung von Beiträgen aus *Aylsums* und im Vorgriff seines als Appendix angefügten Beitrags *The Insanity of Place* aus *Relations in Public* (RP_g) wird nach der „symptomatic significance of situational improprieties" (BP, 216 ff.; BP_{dt}, 223 ff.) gefragt: Behandelt wird, wie und wann Verstöße gegen situative Anstandsregeln als Hinweise und Belege für eine psychische Erkrankung aufgefasst werden. Gezeigt wird, dass nicht alle Verstöße gleichermaßen pathologisiert werden. Wesentlich sei, ob mit dem Verstoß eine Absichtlichkeit und damit Übernahme von Verantwortlichkeit verbunden wird. Auch komme es darauf an, „whether the offender is in a position to prevent action being taken against him" (BP, 240; BP_{dt}, 244). Insgesamt mögen zwar die situierten Aspekte von Handlungen vielfach relevanter sein, sie sind es nicht, wenn es um die Zuschreibung psychischer Auffälligkeiten geht. „(A)n individual's capacity and willingness to sustain situational proprieties are so crucial to one›s fundamental judgments of him" (BP, 247; BP_{dt}, 251). Und Goffman ergänzt: „More than to any family or club, more than to any class or sex, more than to any nation, the individual belongs to gatherings, and he had best show that he is a member in good standing" (BP, 248; BP_{dt}, 251). Mit einem Aufzeigen einer Gemeinsamkeit von Gefängnissen und psychiatrischen Kliniken, die beide dem Schutz bestimmter Aspekte sozialer Ordnung dienen sollen, endet das Buch: „Just as we fill our jails with those who transgress the legal order, so we partly fill our asylums with those who act unsuitably – the first kind of institution being used to protect our lives and property; the second, to protect our gatherings and occasions" (BP, 248; BP_{dt}, 252).

Rezeption

Von Goffmans vier Monographien – alle anderen Bücher sind Aufsatzsammlungen – ist *Behavior in Public Places* jene, deren Rezeption am schwächsten ausgefallen ist. Im deutschsprachigen Raum hat dabei sicherlich der eher zufällige Publikationskontext der Erstausgabe beigetragen. Diese deutlich schwächere Rezeption ist aber kein bloßes deutsches Phänomen, sondern gilt ebenso international. Es dominiert eine Steinbruch-Rezeption; neben dem Begriffspaar ‚zentrierte' und ‚nicht-zentrierte Interaktion' hat vor allem das Konzept der *civil inattention* in der Rezeption eine hohe Resonanz gefunden. Im Vergleich zu den großen Publikationserfolgen von *The Presentation of Self in Everyday Life*, *Asylums* und dem im gleichen Jahr erschienen *Stigma* und der sehr breiten Rezeption dieser Bücher ist dieses Werk deutlich zurückgeblieben und das zu Unrecht. Deutlicher und umfassender als in den anderen drei Monographien entfaltet Goffman in diesem Werk die Grundzüge seines Theorie- und Forschungsprogramms und in keiner anderen Publikation hat er mit der gleichen Ausführlichkeit die über den sprachlichen Austausch hinausgehenden Aspekte der Interaktion aufgezeigt (Joller 2012).

Durch die eher schwache Rezeption wurde auch nicht erkannt, dass in diesem Buch am stärksten auf seine neun Jahre vorher eingereichte Dissertation Bezug genommen wird. Vielfach wird vermutet, dass das für seine erste Buchpublikation gilt. Sicherlich gibt es auch Bezüge in *The Presentation of Self in Everyday Life* auf seine aus seiner Shetland-Studie entstandenen Dissertation, aber diese ist deutlich geringer als in diesem Werk. Zwar hat Goffman in *Behavior in Public Places* deutlich stärker auf seine Klinik-Studien als auf seine Shetland-Studie als empirisches Material zurückgegriffen, aber auf der konzeptionellen Ebene fallen die Bezüge deutlich stärker aus. Schon die beiden zentralen Konzepte in diesem Buch – *involvement* und *social occasion* – sind direkte Übernahmen aus *CCoIC*.

Der Vergleich dieses Werkes und seiner Dissertation macht zugleich die Entwicklung des Denkens von Goffman erkennbar. Dies wird am deutlichsten, wenn man betrachtet, was er in dieser späteren Arbeit nicht übernommen hat. Während Goffman in seiner Dissertation durchaus noch in Gefahr einer versteckten Psychologie ist (s. Kap. 36), – durch die Verwendung der zentralen Unterscheidung von „euphoric" und „dysphoric interaction" (CCoIC, 170 ff.) – hat er in dieser Fortentwicklung seines Theorie- und Forschungsprogrammes in diesem Buch den Kernsatz von Durkheim, dass Soziales nur durch Soziales zu erklären sei, konsequent umgesetzt. Goffman verzichtet auf die Verwendung dieser Unterscheidung. Er macht dies jedoch nicht dadurch, indem er das Soziale vollkommen vom Subjekt abtrennt (s. Kap. 9). Für seinen Gegenstandsbereich der Interaktion ist die Anwesenheit der Subjekte konstitutiv und die Subjekte und ihre Ansprüche sind Teil seiner Analyse. Dabei geht Goffman von – und das ist für ihn ein situativer Aspekt – sowohl verletzbaren wie auch potenziell verletzenden Subjekten aus, die in ihrer Begegnung wechselseitig Ansprüche auf eine rituelle Sorgfalt hegen und in aller Regel auch bereit sind, diese zu beachten.

Literatur

Dienel, Peter C.: Geleitwort zur deutschen Ausgabe. In: Erving Goffman: Verhalten in sozialen Situation. Gütersloh 1971, 7–12.

Drew, Paul/Wootton, Anthony: Introduction. In: Paul Drew/Anthony Wootton (Hg.): Erving Goffman. Exploring the interaction order. Cambridge 1988, 1–13.

Joller, Stefan (2012): Rezension von Erving Goffman: Interaktion im öffentlichen Raum. In: rezensionen: kommunikation: medien, 3. August 2012, https://www.rkm-journal.de/archives/9393 (20.09.2020).

Knoblauch, Hubert: Die Öffentlichkeit der Interaktion. In: Erving Goffman: Interaktion im öffentlichen Raum. Frankfurt/Main 2009, 9–14.

Lenz, Karl: Verstehen und Erklären bei Erving Goffman. In: Rainer Greshoff/Georg Kneer/Wolfgang Ludwig Schneider (Hg.): Verstehen und Erklären. Eine Einführung in methodische Zugänge zum Sozialen. München 2008, 239–259.

Simmel, Georg: Soziologie. Untersuchungen über die Formen der Vergesellschaftung [1908]. Georg Simmel Gesamtausgabe Band 11. Frankfurt/Main 1992.

Watzlawick, Paul/Beavin Janet H./Jackson, Don D.: Menschliche Kommunikation. Formen, Störungen, Paradoxien [1967]. Bern 1969.

41 Stigma. Notes on the Management of Spoiled Identity

Anne Waldschmidt

Sowohl international als auch interdisziplinär hat Erving Goffmans *Stigma* (1963), dessen englisches Original nur 147 Seiten umfasst und als „best-selling book" (Tyler/Slater 2018, 721) gilt, eine überaus große, vielfältige Rezeption erfahren, die bis in das 21. Jahrhundert hinein andauert. Dies trifft in besonderem Maße auf den deutschsprachigen Raum zu. Mit dieser Arbeit stellte sich der nordamerikanische Soziologe erstmalig dem hiesigen Publikum vor; sie sollte sein Image nachhaltig prägen.

Unter dem Titel *Stigma. Über Techniken der Bewältigung beschädigter Identität* (1967) war „Goffmans bekanntester Text" (Kardoff 2009, 137) und „wohl populärstes Werk" (Dellwing 2014, 123) bereits vier Jahre nach der Erstausgabe auf Deutsch erhältlich. Übersetzt wurde das Buch von Frigga Haug (geb. 1937). Die marxistisch orientierte Feministin, die heute als prominente Vertreterin der Geschlechterforschung und Kritischen Psychologie gilt (Löw 2005), war zur damaligen Zeit noch Studentin.

Mittlerweile wird *Stigma* zu den Schlüsselwerken der Identitätsforschung gezählt (Engelhardt 2010). Auch Untersuchungen zu sozialer Abweichung, Ausgrenzung und Abwertung, ob in Kriminologie, Medizin, Psychiatrie und Sozialer Arbeit, verschiedenen Bindestrich-Soziologien oder in der Sozialpsychologie, greifen immer wieder darauf zurück (Kardoff 1991; 2009).

Entstehungsgeschichte

Neben dem wissenschaftstheoretischen Kontext und der ‚Hinterbühne', nämlich der vom Kampf gegen Rassismus und dem Beginn der nordamerikanischen Bürgerrechtsbewegung geprägten Zeitgeschichte (Tyler 2018; 2020), ist für die Entstehungsgeschichte des Buches auch die Biographie des Autors relevant (Dellwing 2014, 11–22). Wie verschiedene Fußnoten (z. B. ST 94, 135; ST_{dt}, 119, 167) andeuten, hat Goffman das Buch als ‚Nebenprodukt', nämlich während seiner Tätigkeit am National Institute of Mental Health in Bethesda, Maryland, und seiner Feldforschung im St. Elizabeths Hospital in Washington, D.C., verfasst. Dass er sich in der zweiten Hälfte der 1950er Jahre für soziale Randgruppen und die Psychiatrie interessierte, lässt sich, abgesehen davon, dass diese Themen damals *in the air* waren, auch auf sein Privatleben zurückführen. Goffmans Ehefrau, die Psychologin Angelica Schuyler Choate, die er 1952 geheiratet hatte, war psychisch krank und beging 1964 Suizid (s. Kap. 1).

Aus dem Vorwort von *Stigma* geht hervor, dass die Arbeit ein Jahr vor der Buchveröffentlichung im Rahmen eines von der Southern

A. Waldschmidt (✉)
Humanwissenschaftliche Fakultät, Universität zu Köln, Köln, Deutschland
E-Mail: anne.waldschmidt@uni-koeln.de

K. Lenz und R. Hettlage (Hrsg.), *Goffman-Handbuch,* https://doi.org/10.1007/978-3-476-05871-3_41

Sociological Society veranstalteten Gastvortrags diskutiert wurde. Bereits 1957 hatte Goffman eine „frühere summarische Fassung" (ST_{dt}, 7; ST, o. S.) in einem Sammelband publiziert.

Fragestellung und Vorgehen

Im Mittelpunkt des Werks steht das Phänomen der Identität und deren ‚Management' unter der Bedingung von zugeschriebenem ‚Anderssein'. Gleich zu Beginn, im Vorwort, setzt sich Goffman von der (Sozial-)Psychologie ab. Seit über einer Dekade gebe es zwar in diesem Fachgebiet „gute Arbeit" sowie „nützliche klinische Studien" (ST_{dt}, 7; ST, o. S.). Die „Aufgabe" bestehe jedoch in der Sichtung dieser und insbesondere „populäre[r] Arbeiten", „um zu prüfen, was sie für die Soziologie beibringen können" (ebd.), denn beabsichtigt sei, ein spezielles „Begriffsschema[.]" zu entwerfen und die „Relation von Stigma zum Thema Devianz" (ebd.) zu klären. Folglich tauchen verstreut im ganzen Text immer wieder Bemerkungen auf, welche die eigene soziologische Perspektive hervorheben (z. B. ST, 13, 51, 73, 113, 123, 126; ST_{dt}, 23, 68, 94, 141, 153, 156).

Primär geht es Goffman darum, eine dezidiert soziologische Identitätstheorie zu entwickeln, indem er die ‚soziale Identität', auch im Verhältnis zu ‚persönlicher Identität', herausarbeitet und dabei die ‚Ego-Identität', das Selbst oder Ich-Bewusstsein, nur streift. Seine Vorannahme ist, dass soziale Identität vornehmlich in *face-to-face interactions* hergestellt und stabilisiert oder auch verunsichert und ‚beschädigt' wird. „Like [Harold] Garfinkel, Goffman approaches this question from the opposite pole. Instead of focusing on social order [...], he displays a keen interest in analysing the ways in which sustained social interaction can or does break down" (Williams 1987, 136).

Als Irritation oder Störung in der Interaktion fungiert ihm zufolge ein wahrnehmbares, negativ bewertetes Merkmal, d. h. ein ‚Stigma', das einzelnen Interaktionsbeteiligten zugeschrieben wird. Ein solches Stigma kommt vor allem in ‚gemischten' Begegnungen von ‚Normalen' und ‚Anderen' zum Tragen. Bei Letzteren unterscheidet er zwischen diskreditierten (stigmatisierten) und diskreditierbaren (stigmatisierbaren) Personen. Während die einen ein ‚unerwünschtes' Attribut aufweisen, das für ein Gegenüber offenkundig ist, handelt es sich bei den anderen um Personen, die ein potenzielles Stigma verstecken können. Diese unterschiedlichen Ausgangssituationen führen zu verschiedenen Umgangsweisen. Für die Diskreditierten geht es darum, Spannung zu managen; dagegen haben die Diskreditierbaren die Aufgabe, Informationen zu kontrollieren. Kurz und knapp: „*Stigma* is ‚The Presentation of *Discredited* Self in Everyday Life'" (Freidson 1983, 361; H.i.O.).

Das analytische Zentrum von *Stigma* ist also nicht ‚das Selbst' oder ‚die Person', sondern die ‚Inter-Aktion', das Dazwischen, das entsteht, wenn Gesellschaftsmitglieder einander persönlich begegnen, kurz, „the structure of interaction" (ST, 104; ST_{dt}, 131). Die Dynamik einer solchen Inter-Aktion ist Goffman zufolge nicht unendlich kontingent, sondern gehorcht den Regeln und Regelmäßigkeiten der allgemeinen Interaktionsordnung der nordamerikanischen Gegenwartsgesellschaft.

Was das methodische Vorgehen betrifft, wird der Studie zwar „eine methodologische Schlüsselstellung" in Goffmans „Forschungsprogramm" (Kardoff 2009, 137) zugeschrieben. Jedoch handelt es sich weder um eine theoretische Abhandlung noch um eine empirische Untersuchung im engeren Sinne, sondern um eine recht unorthodoxe (um nicht zu sagen: an vielen Stellen willkürlich erscheinende) Sekundäranalyse wissenschaftlicher Veröffentlichungen und Fallbeschreibungen sowie autobiographischer und fiktionaler Werke. Unkonventionell ist nicht nur die Vorgehensweise, sondern auch der essayistische Schreibstil, zu dem sich der Autor explizit bekennt (z. B. ST, o. S., 24, 42; ST_{dt}, 7, 35, 57).

In der soziologischen Fachliteratur wird Goffman zumeist „wegen seiner theoretisch unbelasteten, klaren Sprache" und „stets anschaulichen Beispiele" (Raab 2014, 8) gelobt. Zwar sei die Analyse „cool, ironic" (Freidson 1983,

361), jedoch zeige der Verfasser „deep moral sensibility“, „compassion“ (ebd.) und „humanistic concerns“ (Williams 1987, 137). Bei der heutigen Lektüre fällt jedoch eher ein letztlich verobjektivierender, ethnologischer Blickwinkel auf, der sich in Fachbegriffen wie *rite de passage* (ST, 79; ST_{dt}, 102) und sprachlichen Wendungen – z. B. „tribal stigma of race, nation, and religion“ (ST, 4; ST_{dt}, 13), „his own kind“ (ST, 107 f.; ST_{dt}, 134 f.) oder „clan“ (ST, 28; ST_{dt}, 40) – niederschlägt. Zudem bewirkt Goffmans „starke Orientierung an der Ethologie“ (Raab 2014, 58) und die damit verbundene „Distanzierung und Befremdung“ nicht nur einen „neuen, unbefangenen Blick auf den Menschen, auf sein Verhalten und seine Interaktionen“ (ebd.), sondern auch – jedenfalls aus Sicht der Disability Studies (s. Kap. 63) – einen „hostile tone toward its subjects“ (Garland-Thomson 1997, 30). Nicht zuletzt sieht man sich mit der „sexist language of his time“ (Müller 2020, 5) und vielen damals gängigen, heute zu vermeidenden Begriffen wie z. B. ‚Idiot‘, ‚Krüppel‘ oder ‚Neger‘ konfrontiert, auch wenn man Goffman zugutehalten muss, dass er gleichzeitig auf die Problematik von „Stigmatermini wie Krüppel“ (ST_{dt}, 14; ST, 5) aufmerksam macht.

Aufbau und Inhalt

Schlägt man *Stigma* auf, wird man gleich zu Beginn durch einen narrativen ‚Trick‘ gewissermaßen thematisch ‚verstrickt‘. Denn nach dem Vorwort ist ein Leserbrief abgedruckt, in dem eine verzweifelte 16-Jährige, die unter einer Gesichtsentstellung leidet, ihr tragisches Schicksal schildert (ST, o. S.; ST_{dt}, 8). Beim umbefangenen Lesen wird man unweigerlich emotional affiziert; mitnichten handelt es sich jedoch um ein authentisches Dokument. Vielmehr stammt es aus dem satirischen Roman *Miss Lonelyhearts* von Nathanael West ([1933] 2012, 9 f.).

Der eigentliche Text ist in fünf Kapitel unterteilt. Das *erste* Kapitel behandelt „Stigma und soziale Identität“; es stellt die Wortgeschichte von Stigma (s. Kap. 30) vor und bietet Begriffsklärungen. In der persönlichen Begegnung gehe es zum einen um *„die virtuale soziale Identität“* (ST_{dt}, 10; ST, 2; H.i.O.), d. h. die „Charakterisierung ‚im Effekt‘“ (ebd.), und zum anderen um die *„aktuale soziale Identität“* (ebd.; H.i.O.), d. h. die Attribute, die dem Individuum tatsächlich bewiesen werden können. Lasse sich eine auffällige, ‚unerwünschte‘ Diskrepanz zwischen virtualer und aktualer sozialer Identität feststellen, werde der einzelnen Person ein Stigma ‚angeheftet‘. Diese Zuschreibung beschädige ihren sozialen ‚Kredit’, d. h. ihr Ansehen oder ‚Prestige‘. Zu unterscheiden seien drei „kraß verschiedene Typen“ von Stigma: „Abscheulichkeiten des Körpers“, „individuelle Charakterfehler“ und „die phylogenetischen Stigmata von Rasse, Nation, Religion“ (ST_{dt}, 12 f.; ST, 4).

Um zu verhindern, dass die von Unsicherheit und Peinlichkeit geprägten Begegnungen zwischen ‚Normalen‘ und ‚Stigmatisierten‘ gewissermaßen außer Kontrolle geraten, komme es in der persönlichen Begegnung zu einem „Regreß wechselseitiger Rücksichtnahme“ (ST_{dt}, 29; ST, 18). In diesem Interaktionsgeschehen spielten außerdem „teilnehmende Andere“ (ST_{dt}, 30; ST, 19) eine Rolle, denn mit ihrer Hilfe könne sich das diskreditierte Individuum der eigenen ‚Normalität‘ versichern. Neben „Seinesgleichen“ (ebd.), d. h. den gleichermaßen Betroffenen, gebe es „die ‚Weisen‘“ (ST_{dt}, 40; ST, 28), d. h. Fachleute oder Familienangehörige und andere Nahestehende. Letztere trügen ein „Ehrenstigma“ (ST_{dt}, 43; ST, 31) und dienten dem stigmatisierten Individuum als „protektiver Kreis“ (ST_{dt}, 123; ST, 97). Im letzten Abschnitt des Kapitels wird ein „Moralischer Werdegang“ (ST_{dt}, 45 ff.) von stigmatisierten Personen skizziert.

Das *zweite* Kapitel dreht sich um „Informationskontrolle und persönliche Identität“. Während in Kontakten zwischen Diskreditierten und Normalen eine „Arbeit der sorgsamen Nichtbeachtung“ (ST_{dt}, 56; ST, 41) geleistet werden müsse, gehe es für eine diskreditierbare Person um ‚Informationsmanagement‘. Soziale Information werde durch „Zeichen“ vermittelt, die „reflexiv“ und „verkörpert“ sind (ST_{dt}, 58; ST, 43). Im Interaktionsgeschehen sei die „Visibilität“ eines Stigmas,

d. h. als „der allgemeinere Terminus ‚Wahrnehmbarkeit' [...] und ‚Evidenz'" (ST_{dt}, 64; ST, 48), ein entscheidender Faktor. Dabei müsse aber „die entziffernde Fähigkeit des Publikums spezifiziert werden" (ST_{dt}, 67; ST, 51).

Ein weiterer Abschnitt beschäftigt sich mit „Persönlicher Identität" (ST_{dt}, 67 ff.; ST, 51 ff.). Darunter versteht Goffman *nicht* den ‚Kern' eines Menschen, „das Innerste seines Seins" (ST_{dt}, 74; ST, 56 f.), sondern lediglich die Einzigartigkeit und Kontinuität der persönlichen Biographie anhand „positiver Kennzeichen" („positive marks") oder „Identitätsaufhänger" („identity pegs") sowie den körper- und namensgebundenen „Informationskomplex" (ebd.), der für eine Person gültig sei. Ein Stigma entstehe im Zuge der Herausbildung sozialer Identität, könne aber auch als Teil der persönlichen Identität fixiert werden. Während gemeinhin angenommen werde, dass man „wirklich nur eine einzige [Biographie] haben" könne (ST_{dt}, 81; ST, 62), sei das Individuum durchaus in der Lage, „verschiedene Ichs aufrecht[zu]erhalten" (ST_{dt}, 81 f.; ST, 63). Anschließend geht Goffman auf „Biographische Andere", d. h. die „Wissenden" und „Unwissenden", ein (ST_{dt}, 85; ST, 66) und vergleicht den Fall des stigmatisierten Individuums mit ‚schlechtem Ansehen' mit einer ‚Berühmtheit' mit hohem sozialen Prestige.

Das zweite Kapitel behandelt außerdem das „Täuschen" (ST_{dt}, 94 ff.) bzw. „Passing" (ST, 73 ff.) als Variante des Stigma-Managements. Im Alltagshandeln gehe es weniger um die „Extreme von vollständiger Geheimhaltung [eines Stigmas] auf der einen Seite und vollständiger Information auf der anderen Seite" (ST_{dt}, 96; ST, 74). Vielmehr praktizierten „weite Personenkreise" wegen „der großen Belohnungen, die die Tatsache, als normal betrachtet zu werden, mit sich bringt" (ebd.), das Täuschen. Sodann werden die Spielarten – „vom momentanen unbeabsichtigten Täuschen am einen Pol bis zu der klassischen Art von entschlossenem totalen Täuschen" (ST_{dt}, 103; ST, 80) – mit ihren Problemen und Konsequenzen betrachtet. Außerdem dienten verschiedene „Techniken der Informationskontrolle", „die das Individuum mit einem geheimen Defekt [...] anwendet" (ST_{dt}, 117; ST, 92), dazu, das Stigma-Zeichen zu verstecken, zu verwischen oder auch bewusst zu offenbaren. Als zusätzliche „adaptive Technik" stehe das „Kuvrieren" (ST_{dt}, 128 ff.) bzw. „Covering" (ST, 102 ff.) zur Verfügung, um ein auffälliges Merkmal ‚abzudecken' oder ‚abzumildern', mithin die Wahrnehmbarkeit eines Stigmas zu reduzieren.

Am Anfang des *dritten* Kapitels über „Gruppenausrichtung und Ich-Identität" stellt Goffman heraus, dass soziale und persönliche Identität besser zu verstehen sind, wenn sie zusätzlich mit der „empfundene[n] oder Ich-Identität" („‚ego' or ‚felt' identity") kontrastiert werden, die „zuallererst eine subjektive und reflexive Angelegenheit" sei (ST_{dt}, 132; ST, 105). Den Zusammenhang der drei Identitätsvarianten beschreibt er so: Der Begriff der sozialen Identität erlaube es, Stigmatisierung zu betrachten; mithilfe der persönlichen Identität könne die Rolle der Informationskontrolle im Stigma-Management verstanden werden; die Ich-Identität gebe Aufschluss darüber, was das Individuum über das Stigma und sein Management empfindet. Die Situation des stigmatisierten Individuums sei von „Ambivalenz" (ST_{dt}, 133 ff.; ST, 106 ff.) gekennzeichnet. Es müsse Identitäts-Standards erwerben und anwenden, obwohl es ihnen nicht entspricht. Zwar könnten die Einzelnen versuchen, ihr ‚Dilemma' individuell zu bewältigen. „Professionelle Darstellungen" einschlägiger Berufsgruppen oder von Mitgliedern der eigenen Gruppe könnten dem Individuum jedoch dabei helfen, aus dem „grundlegenden Widerspruch-in-sich" (ST_{dt}, 136; ST, 109) herauszufinden.

Eigene Abschnitte drehen sich außerdem um „In-group-Ausrichtungen" (ST_{dt}, 140 ff.; ST, 112 ff.) und „Out-Group-Ausrichtungen" (ST_{dt}, 143 ff.; ST, 114 ff.): Die ‚in-group', d. h. die Bezugsgruppe der „Leidensgenossen" (ST_{dt}, 28 f.; ST, 18), sei für das stigmatisierte Individuum von zentraler Bedeutung, impliziere aber eine Art ‚double bind'. Unabhängig davon, ob „Assimilation" (ST_{dt}, 143; ST, 114), d. h. Anpassung, oder „Separiertheit" (ebd.), d. h. Ablehnung bzw. sogar „Verachtung" (ebd.) der

Mehrheitsgesellschaft, angestrebt werde, letztlich ‚entkomme' das stigmatisierte Individuum dem gesellschaftlichen Anpassungsdruck nicht. Vom ihm werde erwartet, sich vom Standpunkt der „Normalen' zu betrachten; nur unter dieser Bedingung erfahre es gesellschaftliche Anerkennung: „So läßt man eine *Schein-Akzeptierung [„phantom acceptance"]* die Basis für eine *Schein-Normalität [„phantom normalcy"]* bilden" (ST_{dt}, 152; ST, 122; H.i.O.). Die paradoxe Situation des stigmatisierten Individuums erfordere „Identitätspolitik" (ST_{dt}, 153 ff.; ST, 123 ff.) seitens der Professionellen, welche die Stigmatisierten repräsentierten, obwohl sie wüssten, dass es „vielleicht überhaupt keine ‚authentische' Lösung" (ST_{dt}, 155; ST, 124) für das Identitätsdilemma gebe.

Das *vierte* Kapitel über „Das Ich und sein Gegenüber" stellt das entwickelte Analysekonzept in einen theoretischen Rahmen. Dabei grenzt sich Goffman explizit vom Devianzansatz ab: Davon auszugehen sei, dass jedes ‚normale' Individuum seine Fehler habe und von einer potentiell „schmachvolle[n] Kluft" (ST_{dt}, 157; ST, 127) zwischen virtualer und aktualer sozialen Identität bedroht sei. Zu fokussieren seien also weniger „unübliche[.] Abweichungen vom Gewöhnlichen", als vielmehr „gewöhnliche[.] Abweichungen vom Üblichen" (ebd.). Die Stigmatheorie thematisiere eine letztlich alle betreffende „normative Misere" (ST_{dt}, 159; ST, 129). Für „das Problem nicht-aufrechterhaltener [Identitäts-]Normen" (ST_{dt}, 160; ST, 129) stehe als „Hauptlösung" das „Täuschen [„passing"] und Kuvrieren" zur Verfügung, nämlich „eine spezielle Anwendung der Künste des Eindruckmachens" (ebd.). Dabei lasse sich „eine Form stillschweigender Kooperation zwischen Normalen und Stigmatisierten" (ebd.) beobachten, als deren Folge „die allgemeine Normengrundlage" (ebd.) aufrechterhalten werde.

Somit seien „die Rolle ‚normal' und die Rolle ‚stigmatisiert' Teile des gleichen Komplexes [.], Zuschnitte des gleichen Standardstoffes" (ST_{dt}, 161; ST, 130). Zwar seien „Personen mit verschiedenen Stigmata in einer weitgehend ähnlichen Situation" und würden „in weitgehend ähnlicher Weise reagieren" (ebd.). Jedoch hätten auch „der Stigmatisierte und der Normale die gleiche mentale Ausrüstung" (ebd.). Es gebe genügend „Evidenz" für die Allgegenwart „zwiefältigen Rollenspiels" (ST_{dt}, 164; ST, 133) und zwar „in beide[.] Richtungen, hinein in die stigmatisierte Kategorie oder heraus aus ihr" (ST_{dt}, 165; ST, 132). Auch wenn lebenslängliche Attribute bewirken könnten, daß ein Individuum dauerhaft stigmatisiert sei, handle es sich jedoch bei dem Normalen und dem Stigmatisierten „nicht [um] Personen, sondern eher [um] Perspektiven" (ST_{dt}, 170; ST, 138), denn Stigmatisierung umfasse „einen durchgehenden sozialen Zwei-Rollen-Prozeß, in dem jedes Individuum an beiden Rollen partizipiert" (ST_{dt}, 169 f.; ST, 138).

In „Deviationen und Devianz", dem *fünften* und letzten Kapitel, thematisiert Goffman nochmals das Verhältnis von sozialer Abweichung und Stigma. Zwar werde der Devianzbegriff wegen „der Bequemlichkeit des Etiketts" (ST_{dt}, 172; ST, 140) häufig benutzt, jedoch könne er nicht immer angewendet werden, denn nicht „alle Abweichenden" verbinde genug; „weit mehr unterscheidet sie voneinander" (ebd.).

Rezeption von *Stigma*

Wie eingangs erwähnt, hat *Stigma* in den unterschiedlichsten Fächern sowohl international als auch deutschsprachig eine nahezu unüberschaubare Menge an Sekundärliteratur und letztlich eine eigene Forschungsrichtung hervorgebracht, die im Englischen „stigma research" (Pescosolido/Martin 2015, 87) oder „stigma studies" (Müller 2020, 5; Thomas 2021, 453) genannt wird. Seit den 2000er Jahren zeigt sich gleichzeitig der Trend einer ‚Emanzipation' vom eigenen ‚Gründungsvater': „Goffman's Stigma is becoming marginalized over time", da sich nur noch „a limited number of publications" explizit auf ihn bezieht (Müller 2020, 11). Wagt man im Anschluss an andere Versuche der Gesamtdarstellung (z. B. Williams 1987; Klingmüller 1990; Kardoff 2009; Watzka 2012; Pescosolido/Martin 2015; Müller 2020; Tyler 2020) einen Überblick über die bisherige Rezeption in den letzten sechzig Jahren, lassen sich drei Phasen herausdestillieren, die grob jeweils mit zwei Jahrzehnten koinzidieren.

Erstens: Bis in die 1960er Jahre hinein dominieren in der nordamerikanischen Soziologie die Debatten über Devianz und Vorurteil (s. Kap. 30) und es gibt kaum wissenschaftliche Aufmerksamkeit für Stigma(-tisierung) als gesellschaftliches Phänomen. Die 1965 in *American Journal of Sociology, American Sociological Review* und *Contemporary Psychology: A Journal of Reviews* veröffentlichten Rezensionen von *Stigma* sind zurückhaltend bis kritisch (Müller 2020, 6). Zwar kann im Rückblick „mit dem Erscheinen von Goffmans Werk ein deutlicher ‚turning-point' in der Aufmerksamkeit der ‚scientific community' für das Thema" (Watzka 2012, 42) identifiziert werden, jedoch dauert es mehr als ein Jahrzehnt, bis sich dieser Einfluss geltend macht. Lediglich in Arbeiten zur Lebenssituation behinderter Menschen (Hunt 1966; Scott 1969) wird Stigma(-tisierung) relativ früh thematisiert. Für seine Studie zur ärztlichen Profession greift Eliot Freidson ([1970] 1979) auf Goffman zurück, um verschiedene Varianten der von Talcott Parsons entwickelten ‚Krankenrolle' nach dem Grad ihrer Legitimität zu unterscheiden. Einige gesundheitliche Beeinträchtigungen (z. B. Epilepsie) würden als ‚illegitim' gelten und seien mit Stigma(-tisierung) verbunden; die Identität der Betroffenen sei deshalb „für immer beschädigt" (ebd., 197).

Neben den soziologischen Analysen von Medizin, Psychiatrie und Rehabilitation, die *Stigma* als „profoundly important contribution" (Williams 1987, 148) nutzen, entdecken in den 1970er Jahren vor allem die Soziologien der sozialen Abweichung und sozialen Probleme Goffmans Werk. Die vorherrschenden Devianz- und Etikettierungstheorien können damit um interaktionistische Theorieelemente angereichert werden; auch die Lebenslagen und Bewältigungsformen verschiedener Randgruppen lassen sich so besser verstehen. Im deutschen Sprachraum eröffnet der Sammelband *Stigmatisierung 1+2. Zur Produktion gesellschaftlicher Randgruppen* (Brusten/Hohmeier 1975) die breitere Diskussion. In der Folgezeit führen „Goffmans Anregungen für soziologische Handlungsfelder" (Kardoff 1991, 327) zu einer ausgeprägten Psychologisierung, Therapeutisierung sowie (Behinderten- und Sozial-)Pädagogisierung des Stigmakonzepts; dabei erfolgt thematisch eine Verengung auf die ‚gemischten' sozialen Situationen (z. B. Krähenbühl 1977; Cloerkes 1979) und analytisch auf das „marginalising stigma" (Müller 2020, 6 f.). Zeitgleich rezipiert die allgemeine Soziologie *Stigma* in Arbeiten über *Soziologische Dimensionen von Identität* (Krappmann 1971) und die Strukturen von Interaktionsprozessen (s. Kap. 31).

Zweitens differenziert sich in den 1980er Jahren auf internationaler Ebene der sozialpsychologische Diskursstrang aus. Mit dem Fokus auf *Social Stigma. The Psychology of Marked Relationships* (Jones/Farina/Hastorf u. a. 1984) entwirft in den USA eine Arbeitsgruppe um Edward E. Jones „six dimensions or factors" von Stigma: „Concealability", „Course", „Disruptiveness", „Aesthetic qualities", „Origin" und „Peril" (ebd., 24) sollten künftig als „crucial variables" (ebd.) die Forschung leiten. Im Anschluss an die sich formierenden Disability Studies wird an anderer Stelle die Forderung laut, nicht „marked relationships" (Fine/Asch 1988, 9) zu fokussieren, sondern „beyond stigma" vor allem die strukturellen Bedingungen von Ausgrenzung wie z. B. „human-made barriers of architecture or discriminatory work practices" (ebd.) in den Blick zu nehmen. In Großbritannien plädiert Simon Williams (1987) aus Sicht der Medizinsoziologie für eine stärkere sozialtheoretische Orientierung.

Außerdem wird die Diskussion zunehmend multidisziplinär. Unter dem Titel *The Dilemma of Difference* (Ainlay/Becker/Coleman 1986) wird wiederum in den USA Stigma als soziales und kulturelles Konstrukt, in Verbindung mit sozialer Marginalisierung und Kontrolle sowie kognitions-, lern- und interaktionstheoretisch analysiert. Zugleich kritisiert Ann Branaman das verbreitete „fragmentary reading of Goffman" als unzureichend; vielmehr sollten seine „snapshots of social life" aufeinander bezogen werden, „in such a way that the larger portrait of Goffman the social theorist can be appreciated" (Branaman 1997, xlv). Hierzulande arbeitet Bernhard Klingmüller (1990) Entstehungshintergrund, Rezeption und Programmatik von *Stigma* systematisch auf; in der allgemeinen Soziologie bleibt Wolfgang Lipps (1985) kultursoziologische Studie *Stigma und Charisma* singulär.

Drittens ist die Zeitspanne ab 2000 von einem regelrechten ‚Boom' der Stigmaforschung gekennzeichnet, der sich vor allem quantitativ bemerkbar macht (Watzka 2012, 42; Pescosolido/Martin 2015; Müller 2020, 4) und, wohl auch bedingt durch die Förderung des US-amerikanischen National Institute of Mental Health, thematisch überwiegend in „health studies and especially those focusing on HIV/AIDS and mental illness" (Müller 2020, 7) stattfindet. In diesem Zusammenhang definieren Bruce G. Link und Jo C. Phelan (2001) Stigma als „co-occurrence" von fünf Komponenten, nämlich „labeling, stereotyping, separation, status loss, and discrimination"; außerdem sei zu berücksichtigen: „for stigmatization to occur, power must be exercised" (ebd., 363). Auch im deutschsprachigen Diskurs wird in den 2000er Jahren „Goffmans Stigma-Identitätskonzept [.] neu gelesen" (Kardoff 2009). Im Anschluss an die Disability Studies schlägt etwa Ernst von Kardoff vor, „den mikrosozialen Kosmos der Goffmanschen Interaktionsordnung" um die „Aufnahme makrosozialer Entwicklungen" und „von Emotionsarbeit, Körperinszenierung und biografische Arbeit" als anschlussfähige Konzepte zu erweitern (ebd., 138).

Mittlerweile lässt sich eine Kanonisierung der klinisch-psychologischen Stigmaforschung (Pescosolido/Martin 2015) beobachten. Unter den Stichworten „stigma complex" (ebd.) und „stigma power" (Link/Phelan 2014) wird zugleich in diesem Diskursstrang die Verwobenheit von Stigma mit Normativität und Macht hervorgehoben. Umso mehr gilt dies für die jüngste Dekade und originär soziologische Ansätze. Internationale Beiträge (z. B. Lamont 2018; Scambler 2018; Tyler/Slater 2018; Müller 2020; Thomas 2021) eint das Bemühen um gesellschaftskritische Lesarten von *Stigma*, indem „structural stigma" von „symbolic stigma" unterschieden (Hannem 2012) oder *The Machinery of Inequality* (Tyler 2020) in den Mittelpunkt gestellt werden. Dabei werden die Verbindungen von Neoliberalismus, Austeritätspolitik und „the weaponising of stigma" (Scambler 2018, 766) thematisiert. Insbesondere Imogen Tyler (2018, 2020) verknüpft eine politisch-ökonomisch und gouvernementalitätstheoretisch orientierte, kritische Lektüre von *Stigma* mit dem Anliegen der *Black Sociology* und situiert sich dabei explizit „in the context of the wider movement to ‚decolonise' the sociological canon" (Tyler 2018, 747).

Kritische Würdigung

Trotz der jüngst zu beobachtenden ‚Re-Soziologisierung' der Debatte hält Thaddeus Müller (2020, 12) fest: „Stigma has become part of a specific discipline and has been redefined in its publications." Auch Kardoffs (2009, 137) Frage ist durchaus berechtigt: „Was kann eine erneute Lektüre eines so erfolgreichen, vielzitierten und debattierten Textes noch an Neuem bringen?" Angesichts erhöhter „Anforderungen an persönliche wie kollektive Identitätsarbeit und Identitätspolitiken unter den Bedingungen der reflexiven Moderne" (Kardoff 2009, 138) lohnt sich jedoch die Auseinandersetzung mit *Stigma* mehr denn je. Empirisch ist – z. B. in der „konkrete[n] Wirklichkeit behinderter und langfristig erkrankter Menschen" (Kardoff 2016, 410) – das Phänomen der Stigmatisierung weiter von Bedeutung. Längst ist auch Stigma in die Alltagssprache ‚eingedrungen' (Watzka 2012, 28) und zu einem vermeintlich selbsterklärenden *buzzword* avanciert (Müller 2020, 12); insofern ist es sinnvoll, Goffmans Werk genauer zur Kenntnis zu nehmen. Berücksichtigt man die Orts- und Zeitgebundenheit des Autors, bietet der Essay vielfältige Anregungen sowohl für „the study of stigma" als auch für „the study of the rest of the social world" (ST, 126; ST_{dt}, 156). Für den frischen Blick eignet sich vor allem die Lektüre des englischen Originals. Dabei lassen sich inhaltlich relevante, in der deutschsprachigen Sekundärliteratur auffällige Missverständnisse vermeiden, die offenkundig auf die Übersetzung zurückzuführen sind.

Anstatt beispielsweise den Terminus *personal identity* mit *persönlicher* Identität zu übersetzen oder, wie es in der Rezeption geschieht (z. B. Engelhardt 2010, 127 ff.), die beiden Ausdrücke *persönliche* und *personale* Identität wechselseitig als Synonyme zu benutzen, wäre es womöglich adäquater, konsequent von ‚personaler Identität' zu sprechen, um die von Goffman selbst erwähnte Assoziation mit „Personalakten" (ST_{dt}, 80; ST, 62) nahezulegen. Ihm war es nämlich wichtig, *personal identity* von der psychologisch relevanten, subjektiv empfundenen „‚ego' or ‚felt' identity" (ST, 105; ST_{dt}, 132) eindeutig zu unterscheiden. Auch sind die Ausführungen zum ‚Täuschen' schlüssiger, wenn man den im Englischen benutzten Terminus ‚passing' kennt. Während Täuschen ein Irreführen impliziert, somit der stigmatisierten Person unterstellt wird, dass sie die ‚Wahrheit' nicht ans Licht kommen lassen will, meint ‚passing' eher ‚Vorübergehen, Vorbeigehen, Durchgehen', eben ein – zuweilen auch absichtsloses – ‚Passieren'. Wie die Disability Studies zeigen, ermöglicht es dieses Konzept, in der gesellschaftlichen Wirklichkeit ein vielseitiges Spektrum des kreativen und zuweilen subversiven Umgangs mit Stigmata zu entdecken. Vor allem an dieser Stelle, so lässt sich resümieren, erweist sich Goffman als Vordenker: Indem er die Mikropraktiken in den Blick nimmt und sich zugleich von Émile Durkheim (s. Kap. 12) inspirieren lässt, zeigt er, dass stigmatisierte Personen eben keine passiven ‚Opfer' sind, die ihre soziale Ausgrenzung lediglich erdulden, sondern aktiv Handelnde, die ihre *face-to-face interactions* selbst gestalten können, auch wenn einengende Normen dabei zum Tragen kommen: „In Goffman's scheme of imagery [wo]man is at one and the same time a *determined* and *determining* being" (Williams 1987, 147; H.i.O.).

Literatur

Ainlay, Stephen C./Becker, Gaylene/Coleman, Lerita M. (Hg.): The Dilemma of difference: A multidisciplinary view of stigma. New York, London 1986.

Branaman, Ann: Goffman's social theory. In: Charles Lemert/Ann Branaman (Hg.): The Goffman reader. Cambridge, Mass. 1997, xlv–lxxxii.

Brusten, Manfred/Hohmeier, Jürgen (Hg.): Stigmatisierung 1 + 2. Zur Produktion gesellschaftlicher Randgruppen. Neuwied, Darmstadt 1975.

Cloerkes, Günther: Einstellung und Verhalten gegenüber Körperbehinderten. Eine Bestandsaufnahme der Ergebnisse internationaler Forschung. Berlin 1979.

Dellwing, Michael: Zur Aktualität von Erving Goffman. Wiesbaden 2014.

Engelhardt, Michael von: Erving Goffman: Stigma. Über Techniken der Bewältigung beschädigter Identität. In: Benjamin Jörissen/Jörg Zirfas (Hg.): Schlüsselwerke der Identitätsforschung. Wiesbaden 2010, 123–140.

Fine, Michelle/Ash, Adrienne: Disability beyond stigma: Social interaction, discrimination, and activism. In: Journal of Social Issues 44/1 (1988), 3–21.

Freidson, Eliot: Celebrating Erving Goffman. In: Contemporary Sociology 12/4 (1983), 359–362.

Freidson, Eliot: Profession of medicine: A study of the sociology of applied knowledge. Chicago 1970 (dt.: Der Ärztestand. Berufs- und wissenschaftssoziologische Durchleuchtung einer Profession. 1979)

Garland-Thomson, Rosemarie: Extraordinary bodies: Figuring physical disability in American culture and literature. New York 1997.

Hannem, Stacey: Theorizing stigma and the politics of resistance: Symbolic and structural stigma in everyday life. In: Dies./Chris Bruckert (Hg.): Stigma revisited: Implications of the mark. Ottawa, Ont., 2012, 10–28.

Hunt, Paul (Hg.): Stigma: The experience of disability. London, Dublin, Melbourne 1966.

Jones, Edward E./Farina, Amerigo/Hastorf, Albert H./Markus, Hazel/Miller, Dale T./Scott, Robert A./French, Rita de S.: Social stigma: The psychology of marked relationships. New York 1984.

Kardoff, Ernst von: Goffmans Anregungen für soziologische Handlungsfelder. In: Robert Hettlage/Karl Lenz (Hg.): Erving Goffman. Ein Klassiker der zweiten Generation. Bern, Stuttgart 1991, 327–354.

Kardoff, Ernst von: Goffmans Stigma-Identitätskonzept – neu gelesen. In: Herbert Willems (Hg.): Theatralisierung der Gesellschaft. Band 1: Soziologische Theorie und Zeitdiagnose. Wiesbaden 2009, 137–161.

Kardorff, Ernst von: Stigma und Stigmatisierung. In: Ingeborg Hedderich/Judith Hollenweger/Gottfried Biewer/Reinhard Markowetz (Hg.): Handbuch Inklusion und Sonderpädagogik. Bad Heilbrunn 2016, 407–412.

Klingmüller, Bernhard: „Stigma" als Perspektive: Entstehungshintergrund, strukturierte Analyse, Rezeption und Programmatik von Goffmans „Stigma". Diss., FU Berlin 1990.

Krähenbühl, Peter: Der Blinde in gemischten sozialen Situationen. Rheinstetten 1977.

Krappmann, Lothar: Soziologische Dimensionen von Identität. Strukturelle Bedingungen für die Teilnahme an Interaktionsprozessen. Stuttgart 1971.

Lamont, Michèle: Addressing recognition gaps: Destigmatization and the reduction of inequality. In: American Sociological Review 83/3 (2018), 419–444.

Link, Bruce G./Phelan, Jo C.: Conceptualizing stigma. In: Annual Review of Sociology 27/1 (2001), 363–385.

Link, Bruce G./Phelan, Jo C.: Stigma power. In: Social Science & Medicine 103 (2014), 24–32.

Lipp, Wolfgang: Stigma und Charisma. Über soziales Grenzverhalten. Berlin 1985.

Löw, Martina: Frigga Haug (Hg.): Frauen – Opfer oder Täter? Diskussion. Studienheft. 46. Berlin: Argumentverlag 1981. In: Dies./Bettina Mathes (Hg.): Schlüsselwerke der Geschlechterforschung. Wiesbaden 2005, 148–157.

Müller, Thaddeus: Stigma, the moral career of a concept: Some notes on emotions, agency, teflon stigma, and marginalizing stigma. In: Symbolic Interaction 43/1 (2020), 3–20.

Pescosolido, Bernice A./Martin, Jack K.: The stigma complex. In: Annual Review of Sociology 41 (2015), 87–116.

Raab, Jürgen: Erving Goffman [2008]. Konstanz/München ^{2}2014.

Scambler, Graham: Heaping blame on shame: ‚Weaponising stigma' for neoliberal times. In: The Sociological Review Monographs 66/4 (2018), 766–782.

Scott, Robert A.: The making of blind men: A study of adult socialization. New York 1969.

Thomas, Gareth M.: Dis-mantling stigma: Parenting disabled children in an age of ‚neoliberal-ableism'. In: The Socological Review 69/2 (2021), 451–467.

Tyler, Imogen: Resituating Erving Goffman: From stigma power to black power. In: The Sociological Review Monographs 66/4 (2018), 744–765.

Tyler, Imogen: Stigma: The machinery of inequality. London 2020.

Tyler, Imogen/Slater, Tom: Rethinking the sociology of stigma. In: The Sociological Review Monographs 66/4 (2018), 721–743.

Watzka, Carlos: Stigma. Zur Karriere eines soziologischen Begriffs. In: Ders./Florian Schwanninger (Hg.): Virus. Beiträge zur Sozialgeschichte der Medizin, Band 11. Schwerpunkt: Behinderung(en). Wien 2012, 27–52.

West, Nathanael: Miss Lonelyhearts. Roman. Aus dem amerikanischen Englisch übersetzt und herausgegeben von Dieter E. Zimmer. Zürich 2012 (engl.: Miss Lonelyhearts. 1933).

Williams, Simon: Goffman, interactionism, and the management of stigma in everyday life. In: Graham Scambler (Hg.): Sociological theory and medical sociology. London 1987, 134–164 (auch in Gary A. Fine/Gregory W. H. Smith [Hg.]: Erving Goffman, Vol. 3. London 2000, 212–238).

Interaction Ritual. Essays on Face-to-Face Behavior

42

Manfred Prisching

Interaction Ritual – als Goffmans fünftes Buch 1967 erschienen – ist eine Aufsatzsammlung. Neben einem Originalbeitrag (IR_f) umfasst es vier aus der Mitte der 1950er Jahre stammende Aufsätze sowie eine weitere Arbeit aus dem Jahr 1964. Die deutsche Übersetzung mit dem Titel *Interaktionsrituale. Über Verhalten in direkter Kommunikation* ist vier Jahre später erstmals erschienen. Goffman beschäftigt sich in diesen Arbeiten mit Interaktionsgelegenheiten, mit der Enträtselung von Situationen zwischen Menschen, mit den Mühen, dem Gelingen und dem Scheitern von Interaktionen.

1) Goffman setzt in diesem Band – wie in seinem Werk überhaupt – bei Alltagserfahrungen an, berichtet diese in Anekdoten und sucht nach allgemeinen Verhaltensmustern. Dabei blickt er nicht auf das Individuum, sondern auf Situationen, Interaktionen, Beziehungen. Er betrachtet alltägliche Kommunikationen, Verhaltensweisen, die zu unwichtig sind, als dass sie normalerweise reflektiert würden. Sprachkreativ werden Metaphern ins Spiel gebracht, etwa von Theater, Drama, Spiel, Zeremonie und Ritual. „Traditionell handelt die Sprache der Soziologie von Organisationen, Strukturen, Rollen und Status, sie ist nicht darauf eingestellt, das Verhalten von Menschen zu beschreiben, wenn sie einfach nur zusammen sind" (IR_e_{dt}, 158; IR_e, 144). Wie Alfred Schütz und Thomas Luckmann geht er vom Alltag und Alltagswissen aus, sein Interesse gilt aber vor allem den Unsicherheiten, den tastenden Arrangements, dem Hin und Her des Situationsverstehens, den Schwankungen und Verletzlichkeiten, den emotionellen Begleitaspekten, den Zeichen, Signalen und Kommunikationen, mit Hilfe derer in Situationen des sozialen Austauschs eine gewisse Festigkeit (ein ‚Arbeitskonsens') gewonnen wird.

2) In den *Interaktionsritualen* werden in sechs Aufsätzen solche Begegnungen und ihre Probleme verarbeitet: Techniken der Imagepflege („face-work"); Ehrerbietung und Benehmen („deference and demeanour"); Verlegenheit („embarrassment"); Entfremdung („alienation") in der Interaktion; psychische Symptome und öffentliche Ordnung sowie Spannungssituationen („action"). Alltäglichkeit, die unbeachtete Normalität, wird „verfremdet", die Aufmerksamkeit auf üblicherweise nicht bewusst wahrgenommene Selbstverständlichkeiten gelenkt. Ein einfaches Gespräch ist eine komplizierte Sache. Die Situation steht für Goffman im Mittelpunkt. Das Innenleben einer Person A (ihre Eigenschaften, Motive, Ziele, Gedanken, Hoffnungen und Erwartungen) ist unzugänglich; nach außen gibt es eine beabsichtigte Präsentation der Person; diese wiederum muss nicht mit der von

M. Prisching (✉)
Institut für Soziologie, Universität Graz, Graz, Österreich
E-Mail: manfred.prisching@uni-graz.at

K. Lenz und R. Hettlage (Hrsg.), *Goffman-Handbuch*, https://doi.org/10.1007/978-3-476-05871-3_42

Person B wahrgenommenen übereinstimmen; und schließlich gelangen wir zur durch B interpretierten Person. Das Spiel geht (durch Rückkoppelungen) wieder in die andere Richtung, indem B (reaktiv und konstruktiv) Signale und Handlungen setzt, die von A verstanden und gedeutet werden müssen. Im Zusammenspiel beider ergibt sich soziale Realität. Zugleich steht im Hintergrund ein Regelsystem, eine Interaktionsordnung; aber zu ihrer Anwendung bedarf es der beiderseitigen Situationsdefinition, der Wahrnehmung von Spielräumen und der Durchführung von Praktiken. Im Handeln entsteht, was stattfindet. Zugleich ist das interaktive Gebilde flüssig, beweglich, veränderbar; ein dauernder impliziter Verhandlungsprozess, in dem definiert werden muss, was der Fall ist, wie die Machtverhältnisse arrangiert werden, welche Konflikte man durchläuft oder welche Lösungen man findet. Individuen sind dabei weder souveräne Entscheider noch determinierte Regelvollzieher.

3) Beobachtungsmaterialien für Interaktionslogiken finden sich überall. Sie bieten Anstöße für Überlegungen oder dienen zu ihrer Illustrierung. Man greift sie aus dem Alltagsleben, aus eigenen Erfahrungen, aus Zeitungen, ohne künstliche methodologische Einschränkungen. Michael Dellwing beschreibt Goffmans ‚serendipity', seine Flaneurethnographie (Dellwing 2014, 39 ff., Dellwing/Prus 2012). Goffman sammelt Zufälligkeiten. Er interessiert sich nicht sonderlich für das methodische Instrumentarium, für erkenntnistheoretische Leitlinien, für die Entwicklung eines Werkzeugkastens – was manchmal als Lockerheit und Bescheidenheit, manchmal als Nachlässigkeit oder Überheblichkeit beurteilt wurde. Er nutzt seine eigenen Erfahrungen (aus der Psychiatrie, aus Krankenhäusern, aus Spielkasinos, aus dem Alltag), im letzten Aufsatz des vorliegenden Bandes greift er auf Stories aus Zeitungen und aus der fiktiven Literatur zurück. Jedenfalls hielt sich Goffman nicht an die zeitgenössische Attitüdenforschung oder an die beliebten Gruppenexperimente.

4) Eigentlich erweckt schon der Begriff Interaktionsrituale, ebenso jener der Interaktionsordnung, einen allzu ‚festgefügten' Eindruck, als gewusstes Regelwerk oder normativ stabilisierte Struktur. Goffman pflegt eine leichthändige Verwendung von Begriffen. Bei einem Ritual gibt es normalerweise feste Regeln, formelle Abläufe, einen festgelegten Symbolbezug – es ist ein Zeremoniell. Aber genau das meint Goffman nicht. Er betrachtet Situationen als liquide Verhältnisse und was die Menschen in ihnen machen, ist Eindrucksmanagement, permanente Produktion von Mitteilungen, Bedeutungen, Umwegen, Andeutungen, permanenter Austausch von unvollkommen entzifferbaren Signalen – und natürlich finden typisierte Handlungen und Elemente des Kollektivbewusstseins dabei Verwendung. In dieser Liquidität kann man Strategien analysieren, mit denen die Menschen die Normalität einer Situation aufrechterhalten, ihr Bedürfnis nach Ordnung und nach Fortsetzung einer Interaktion. Eigentlich sind wohl eher Verhaltensmuster und Situationslogiken als Rituale im herkömmlichen Sinn gemeint.

5) Den Spannungen zwischen Rationalität und Emotion gilt Goffmans besonderes Interesse. Es geht nicht nur um Selbst- und Fremdbilder, um ein beschränktes Looking-Glass-Self (Scheff 2006a, 33 ff.), sondern in besonderem Maße um die Gefühle, die sich einstellen, wenn Interaktionen gelingen oder misslingen: etwa Stolz oder Scham (Scheff 2006b). Natürlich handeln Menschen, wie es ihnen situativ vernünftig scheint; aber man darf keine feste Identität, keine geordneten Präferenzen, keine ausreichende Information, keine wohldefinierte Situation, keinen langdauernden Plan voraussetzen. Und es geht nicht um Rationalität *versus* Affektivität, sondern auch um jene komplexe Rationalität, die im Umgang mit emotionellen Situationskomponenten steckt. Erhellend ist dafür die Analyse von Entgleisungen, das Scheitern der Ordnung des Redens; Strategien der Aufrechterhaltung von Gespräch, Image, Kooperation trotz diverser Störungen und Irritationen; Verhaltensrepertoires im Kontext von Peinlichkeiten, Ehrverletzungen, Regeldurchbrechungen oder Unangemessenheiten.

Im Weiteren werden die Beiträge aus den *Interaktionsritualen* einzeln vorgestellt.

Techniken der Imagepflege (orig.: On face-work: An analysis of ritual elements in social interaction)

Dieser Aufsatz ist zunächst 1955 in *Psychiatry* erschienen, einer Zeitschrift, in der Goffman mehrmals publiziert hat. Als Ausgangspunkt wird darauf hingewiesen, dass in der Welt sozialer Begegnungen die Menschen bestimmte Strategien verfolgen. Sie müssen miteinander umgehen und die Kommunikation aufrechterhalten. Durch das Verhalten soll ein konsistentes persönliches Image („face") vermittelt werden, denn ein falsches oder fehlendes Image erschwert den Austausch. Dafür steht eine begrenzte Zahl von Verhaltens- und Darstellungsweisen zur Auswahl. Es wird erwartet, dass jeder das Leben mit seinem Image in steter Übereinstimmung hält. Insofern wird jeder sein eigener „Gefängniswärter" (IR_a_{dt}, 15; „jailor" IR_a, 10). Die Übersetzung von Goffmans „face" als „Image" ist mehrfach (zu Recht) kritisiert worden. Image ist eigentlich der Ruf einer Person, das Bild, das eine Mehrzahl von Menschen in relativ dauerhafter Weise von dieser Person hat, Ansehen, Reputation. (Es kann auch plötzliche Veränderungen des Images, etwa durch die Offenbarung skandalöser Vorkommnisse, geben.) Mit dem Image verbindet sich stärker das öffentliche Erscheinungsbild, allenfalls verbirgt sich die „wirkliche" Person dahinter. Goffman meint etwas anderes: Eine Person will ihr „Gesicht" wahren. Sie will Identität, Selbst- und Fremdbild aufrechterhalten. Sie will aus einer Interaktion unbeschädigt herauskommen. Sie will darin „bestehen" können, in reziprokem Einverständnis. Natürlich tragen einzelne Interaktionserfahrungen auch zu jenem Image bei, das eine Person insgesamt genießt. Dennoch suggeriert der Begriff „Image" zu viel an Kontinuität und Kollektivität. Gesichtswahrung kann sich von der konkreten Gesprächssituation bis zur allgemeinen Reputation einer Person erstrecken (s. Kap. 68).

Images werden jedenfalls gemeinsam aufrechterhalten. Man schont die Gefühle der anderen (s. Kap. 64). Wenn man der Erniedrigung anderer zusieht, ist man herzlos; wenn man unsensibel ist gegenüber dem Verlust des eigenen Images, dann ist man schamlos. Es gibt ein vielfältiges Repertoire von Techniken der (individuellen und gemeinsamen) Imagepflege („face-work"). Man muss zeitgerecht Ereignissen entgegenarbeiten, deren symbolische Implikationen das Image bedrohen. Man braucht Gelassenheit; Takt, soziale Geschicklichkeit; Übung der Wahrnehmungsfähigkeit. Äußerstenfalls kann man Kontakte vermeiden oder bedrohliche Ereignisse ignorieren. Statt direkter Verletzungen bedient man sich oft einer Sprache der Andeutungen, Ambiguitäten oder Scherze.

Dennoch kommt es zu ungewollten Verletzungen, zufälligen Beleidigungen, aber auch zu boshaften und gehässigen Handlungen. Wenn die Sache schiefläuft, strebt man oft korrektive Prozesse („corrective process") an. Man kann Schwierigkeiten mit gewisser Leichtigkeit hinnehmen, einen Zwischenfall übergehen oder dem/der Interaktionspartner/in einen ‚Verstoß' einfach verzeihen. Man kann einen Angriff parieren und einen erfolgreichen Gegenschlag machen. Man kann Ausgleichshandlungen setzen: Entschuldigung, Entschädigung, das Angebot von Selbstbestrafung, Signale der Selbsterniedrigung; alles mit dem Ziel, die expressive Ordnung und die Images wiederaufzurichten.

Insgesamt ist die sprachliche Interaktion eine subtile und dynamische Konstellation. Wenn man ein Gespräch beginnt, wird ein Rahmen geschaffen, für den jedenfalls lose Spielregeln gelten.

> „Eine Anzahl signifikanter Gesten wird angewendet, um Kommunikation in Gang zu setzen, und als ein Mittel für die Beteiligten, sich gegenseitig als legitime Partner anzuerkennen. Während dieses Prozesses gegenseitiger Bestätigung befinden sich die so bestätigten Personen in einem sogenannten Gesprächszustand, d. h. sie haben sich offiziell zur sprachlichen Kommunikation bereit erklärt und sich gegenseitig garantiert, den Wortfluss aufrechtzuerhalten" (IR_a_{dt}, 40f.; IR_a, 34).

Es gibt Angemessenheiten für Redeweisen und Redelängen, für die Länge von Pausen und die Intensität von Aufmerksamkeitsbekundungen.

Unpassende Pausen signalisieren Desinteresse oder Minderwertigkeitsgefühl. Hat sich einer „einmal an dem Gespräch engagiert, darf er nur das Maß an Aufmerksamkeit verlangen, das einen angemessenen Ausdruck seines relativen sozialen Wertes darstellt" (IR_a_{dt}, 43; IR_a, 36). Die Beteiligten wissen, wann das rituelle Gleichgewicht („ritual equilibrium") bedroht ist. Man kann Mitteilungen taktvoll zurückweisen, um Modifikation bitten – die Ausgleichshandlungen („interchanges") sind beendet, wenn jede/r Anwesende deutlich macht, dass er/sie in befriedigendem Ausmaß rituell besänftigt ist.

Über Ehrerbietung und Benehmen (orig.: The nature of deference and demeanor)

Dieser Beitrag wurde erstmals 1956 in der Zeitschrift *American Anthropologist* veröffentlicht.

> „Viele Götter sind abgeschafft worden, aber der Mensch selbst bleibt hartnäckig als eine wichtige Gottheit bestehen. Er schreitet mit Würde einher und ist Empfänger vieler kleiner Opfer. Er achtet eifersüchtig auf die Anbetung, die ihm gebührt; wird er aber im richtigen Glauben angesprochen, dann ist er bereit, denen zu vergeben, die ihn beleidigt haben" (IR_b_{dt}, 105; IR_b, 95).

Ehrerbietung („deference") bezieht sich auf eine Kategorie, die in der modernen Welt fast unmodern geworden zu sein scheint: so etwas wie „Ehre"; diese wird aber doch unter Begriffen wie Würde oder Respekt thematisiert. Es ist eine höfliche und respektvolle Haltung, insbesondere gegenüber höhergestellten, besonders respektablen oder geachteten Personen; aber auch Rücksichtnahme und Sorgsamkeit im Verhalten gegenüber jedem/jeder Gesprächspartner/in. Benehmen („demeanor") meint Auftreten, Gebaren, Höflichkeit, angemessenes Betragen; die eigene Haltung, die sich im Verhalten gegenüber anderen ausdrückt; die Umgangsweise, wie sie in Worten, Aussagen, Bewegungen oder Handlungen sichtbar wird. Bei richtigem Benehmen darf man davon ausgehen, dass sich die anderen so verhalten, dass man nicht „entwürdigt" oder „entehrt" die Interaktion verlässt.

Es gibt Verhaltensregeln, Handlungsorientierungen, Festlegungen für das angemessene oder richtige Tun – einerseits Verpflichtungen, andererseits moralische Erwartungen. Oft werden sie in Routinen verfestigt. „In unserer Gesellschaft umfasst der Kodex für inhaltliche Regeln und Ausdrucksweisen das Recht, die Moral und die Ethik; der Kodex für zeremonielle Regeln und Ausdrucksweisen ist dagegen in dem verkörpert, was wir Etiquette nennen" (IR_b_{dt}, 62; IR_b, 55). Das „zeremonielle Idiom" („ceremonial idiom") einer Gruppe schließt Statusrituale ein, Ehrerbietungssignale, Huldigung, Unterwürfigkeit, Gunst, Respekt, Vertrauen, die Würdigung von Kenntnissen, Zuneigung.

„Eine deutliche Weigerung, eine erwartete Ehrerbietung zu erweisen, bedeutet oft die Ankündigung, dass offene Rebellion begonnen hat" (IR_b_{dt}, 69; IR_b, 61). Man muss mit dem Kanon solcher Regeln subtil umgehen. So gibt es etwa Vermeidungsrituale: zum anderen angemessene Distanz wahren, seine Ehre nicht verletzen; körperliche Nähe oder Berührung korrekt anwenden; bestimmte Aspekte nicht ansprechen; ehrerbietige oder selbstschützende Zurückhaltung. Es gibt ebenfalls Zuvorkommenheitsrituale: Begrüßung, Einladungen, Komplimente, kleinere Hilfsdienste, ein kompliziertes körperliches Berührungssystem.

Regeln des Benehmens können kaum ausreichend expliziert werden. Sie beinhalten vieles, was Bourdieu später als „Habitus" bezeichnen wird, innerliche Dispositionen und äußerliche Präsentationen. Ehrerbietung und Benehmen sind zu verknüpfen. Manchmal gibt es auch zeremonielle Entweihung, etwa durch Ironie oder Hänselei, übertrieben spielerische Wahrung der Form, nicht zu vergessen Varianten der Selbsterniedrigung oder Spielregeln des Aggressionsvollzugs.

Verlegenheit und soziale Organisation (orig.: Embarrassment and social organization)

Die Erstveröffentlichung erfolgte 1959 in der traditionsreichen Zeitschrift *The American Journal of Sociology*. Was kann, jenseits aller bisherigen Erörterungen, noch bei einer Interaktion schieflaufen? Eine ganze Menge: Erröten, Tölpelhaftigkeit, Stottern, eine ungewöhnlich tiefe oder hohe Stimme, Schwitzen, Erbleichen, Blinzeln, Händezittern, zögernde oder unschlüssige Bewegung, Geistesabwesenheit und Unpässlichkeit; Zusammenziehen des Zwerchfells, ein Schwindelgefühl, das Bewusstsein angespannter und unnatürlicher Gebärden, Verwirrtheit, Trockenheit im Mund und Anspannung der Muskeln. Verlegenheit kann bei jeder Interaktion auftreten: ein dummer Zwischenfall, ein Misston, Dissonanzen. Gleichgewicht, Selbstkontrolle, Balance sind gestört. Es läuft nicht.

Es kann abrupte Verlegenheitssituationen geben, die sich langsam wieder normalisieren. Das Niveau von Verlegenheit kann aber auch im Zuge der Interaktion gleichbleiben. Es werden bei einem Verstoß meist Versuche folgen, die Irritation zu verbergen. Aber es kann auch zum Zusammenbruch einer Interaktion kommen. ‚Publikumssegregation' („audience segregation") bewahrt oft vor Dilemmata; gewisse Spielräume bestehen, um sein Rollenspiel vor unterschiedlichen Zuschauer/innen anders zu gestalten (IR_c_{dt}, 119; IR_c, 108). Überall und immer gilt: Die soziale Welt ist eine zerbrechliche Sache.

Entfremdung in der Interaktion (orig.: Alienation from interaction)

Hierbei handelt es sich um eine Wiederveröffentlichung eines Aufsatzes, der 1957 in der Zeitschrift *Human Relations* erschienen war. Wenn man mit jemandem zu einem Gespräch zusammentrifft, bedeutet dies ein gewisses Niveau von Engagement. Man kann von dem Gespräch so in Bann gezogen werden, dass man anderes vergisst, bis hin zu einem sozialen Trancezustand. Aber es kann auch das Gegenteil geschehen: Man kann sich in der Begegnung ‚entfremden', es entsteht Unbehagen – wie geht man damit um?

Zu den Regeln der Etikette gehört die Erwartung der Beteiligten, dass man die Aufmerksamkeit auf das Gespräch richtet. Unaufmerksamkeit wäre Unhöflichkeit. Allerdings könnte man auch seine Aufmerksamkeit in einem Ausmaß der Einhaltung der Spielregeln zuwenden, dass man sich nicht mehr ausreichend dem Gespräch bzw. dem Thema widmen kann. Neben der eigenen Verhaltenssteuerung muss dafür gesorgt werden, dass die anderen Teilnehmer/innen ihr Engagement aufrechterhalten – durch Rückmeldungen, Andeutungen, Signale. Das Gespräch hat seine eigene Logik: Man muss passende Themen finden, die wechselseitigen Mitteilungen in Fluss halten, die eigenen Gefühle und Ansichten auf die Möglichkeiten der Anderen abstimmen. Das gemeinsame Gesprächsengagement ist eine zerbrechliche Angelegenheit, es droht immer die Möglichkeit des Scheiterns bzw. der Entfremdung.

Entfremdung ist eine der ‚Entgleisungsvarianten' eines Gesprächs. Man versenkt sich nicht in ein Gespräch, sondern baut ‚innerliche Distanz' auf: durch Desinteresse oder Ablenkung von außen; durch egozentrische Ich-Befangenheit einer Akteurin/eines Akteurs; durch die übermäßige Befassung mit dem Gesprächsverlauf selbst, gewissermaßen in einer Sicht aus der Metaebene; durch Überbescheidenheit oder Unbescheidenheit. Es kann also mangelndes oder übermäßiges Engagement („involvement") geben, schließlich muss man auch seine Affekte beherrschen (IR_d_{dt}, 134; IR_d, 122). Mehr oder minder kaschierte Teilnahmslosigkeit kann bei Gesprächsteilnehmenden Unbehagen auslösen, so dass dieser als Spielverderber/in oder Störenfried gesehen wird. Durch zusätzliche Signale der Interaktionspartnerin/des -partners können die Anwesenden verwirrt werden: Der/die Sprecher/in kann sehr hässlich oder sehr schön sein, einen Sprachfehler haben, mit dem erwarteten Dialekt nicht vertraut sein, ein besonderes Augenzucken aufweisen, besonders heiser sein usw. Die Formen der Entfremdung gehen ineinander über, manchmal ist eine Entfremdung die Folge der anderen. Geheucheltes Engagement kommt vor.

> „Engagement vorzutäuschen, ist ein Kunstgriff des entfremdeten Individuums, der je nach dessen Motiven verschieden beurteilt wird. Manches zur Schau getragene Engagement gilt als zynisch, weil der Betreffende nicht so sehr an den Gefühlen der anderen interessiert zu sein scheint, als vielmehr an dem Vorteil, den er gewinnen kann, wenn er die anderen glauben macht, sie erregten seine Aufmerksamkeit. Er erweckt den Anschein, als ob er sich mit dem Gespräch beschäftige; in Wirklichkeit ist er damit beschäftigt, diesen Anschein zu erwecken" (IR_d_{dt}, 139; IR_d, 126f.).

Es gibt aber auch Situationen, in denen die Verwirrung des/der Gesprächspartners/-partnerin der Situation angemessen ist. Ein/e Untergebene/r kann etwa keine Gelassenheit zeigen, wenn der/die Vorgesetzte Verwirrtheit erwartet.

Psychische Symptome und öffentliche Ordnung (orig: Mental symptoms and public order)

Dieser Beitrag ist erstmals 1964 in einem Sammelband mit dem Titel *Disorders of Communication,* herausgegeben von David McKenzie Rioch und Edwin A. Weinstein erschienen. Goffman nimmt dabei ein Thema auf, das er in seinen beiden kurz vorher erschienenen Büchern *Asylums* und *Behavoir in Public Places* bereits ausführlich behandelt hat.

Psychische Symptome werden von den Psychiater/innen gegenüber dem sozialen Delikt, also dem unangemessenen Handeln, in den Vordergrund gestellt. Aber im Grunde sind die psychischen Zuschreibungen in Wahrheit soziale Funktionsdefizite – nur so wird das abweichende Verhalten ja überhaupt erkannt. „Sehr oft ist das Fehlverhalten eines Patienten eine öffentliche Angelegenheit, und zwar, weil jeder, der mit ihm im gleichen Raum ist, bemerken wird, dass er sich unangemessen verhält" (IR_e_{dt}, 153; IR_e, 139). Es gibt so etwas wie Spielregeln im öffentlichen Verkehr, eine „öffentliche Ordnung", insbesondere auch in Organisationen. „Psychotisches Verhalten ist in vielen Fällen das, was man als situationale Unangemessenheit bezeichnen kann" (IR_e_{dt}, 155; „situational impropriety" IR_e, 141). Unangemessenheit bedeutet: Andere können sich in das Verhalten nicht einfühlen, der/die Handelnde wird als unberechenbar wahrgenommen, er/sie lebt nicht in derselben Welt wie man selbst (IR_e_{dt}, 156; IR_e, 141). Aber es ist in Wahrheit ein graduelles Verhältnis, es sind nicht unterschiedliche Schubladen.

„Wo was los ist – wo es action gibt" (Where the action is)

Der letzte Aufsatz – ein Originalbeitrag – nimmt fast die Hälfte des Buches ein und setzt andere Akzente: Nicht so sehr die Verletzbarkeit der Akteurin/des Akteurs ist das Thema, sondern seine/ihre Suche nach Abenteuer, Triumph, Aufregung und Übermut. Goffman startet mit rationaler Entscheidungstheorie im Kontext des Glücksspiels. Dann beginnt er die einfachen Erwartungswerte aufzulösen: Aufregung und Angst des Spiels haben einen Eigenwert. Im Alltagsleben ist die Ergebnismatrix nicht klar definiert. Es geht nicht nur um den konkreten Ertrag einer Entscheidung, sondern um die Chance eines anderen Pfads, der für das ganze zukünftige Leben gilt. Es gibt schicksalhafte Tätigkeiten oder Entscheidungen. In sozialen Situationen spielt (mit begrenzter Vorhersehbarkeit) das Verhalten der anderen eine Rolle. Bei vielen Tätigkeiten entkommt man der Schicksalhaftigkeit nicht: von gefährlichen Jobs über die Aufgabe des Soldaten bis zum professionellen Sport. Es gibt risikominimierende Abwehrmaßnahmen: Sorgfalt, Versicherung, Höflichkeit, Aberglauben und anderes.

Manche Menschen suchen aber Action, Erregung, die riskante Herausforderung. „Mit dem Begriff *action* meine ich Handlungen, die folgenreich und ungewiss sind und um ihrer selbst willen unternommen werden" (IR_f_{dt}, 203; IR_f, 185). Die Kategorie *action* vollzog ihren Aufstieg, als die sonstigen gesellschaftlichen Lebensumstände Schicksalhaftigkeit einschränkten. *Action* gibt es im Glücksspiel, im Sport, beim Entertainment, Konsum, durch Drogen; und Stierkampf, Autorennen, Bowling, Pistolenduell werden als weitere Beispiele genannt, ebenso Flirten und Verführung, die Beteiligung an Straßenbanden. Man steigert *action* durch Handicapping, indem man dem/der schwächeren Gegner/in einen Vorteil einräumt. Man braucht Mut, Kampfbereitschaft, Integrität, Galanterie, Haltung, Geistesgegenwart, Würde, Coolness – und ‚Bühnensicherheit', je nach Situation. *Action* ist also in Goffmans Beschreibung das Gegenteil jener Alltäglichkeit, die er sonst beschreibt. Je gesicherter die Welt ist, desto stärker drängen Individuen zum ‚Ausbruch'. Und je nach persönlicher Haltung ist es das ‚volle Risiko', dem sie sich hingeben, oder das bloß ‚imaginierte, abgesicherte Risiko'. *Action* kann alles sein, wenn nur Thrill vermittelt wird.

Standhaftigkeit unter Druck beweist Charakter. Eine *Action*-Situation ist eine Momentaufnahme, in welcher der Charakter eines Menschen beurteilt wird. Er kann später davon zehren. Oder umgekehrt: Das Versagen in einer heiklen Situation diskreditiert eine Person – sogar vor sich selbst. Charakter ist also zweierlei: einerseits dauerhafte Charakteristik eines Menschen, andererseits eine Eigenschaft, die in schicksalhaften Momenten geschaffen oder zerstört wird. Es gibt Charakterwettkämpfe, was zu Problemen der Ehre oder der Satisfaktion, der realen oder metaphorischen Duelle führt – was uns mit dem ‚Image' des ersten Aufsatzes verknüpft. Selbst der Konflikt kann kooperativ sein – indem etwa aus einem Duell beide Akteure/Akteurinnen ehrenhaft herauskommen. Von der anfänglichen Rationaltheorie sind wir bei solchen Situationen allerdings bereits weit entfernt.

Schlussbemerkung

Goffman ist (mit den Interaktionsritualen und seinen anderen, davon nicht abtrennbaren Arbeiten) allemal im Spiel, wo es um dramaturgische Perspektiven (Hitzler 1992) und die Hinterfragung von Normalitäten geht. Auch die Verknüpfung mit Pierre Bourdieu und seinem Habitus (Willems 1997) oder mit Norbert Elias und seiner Figurationssoziologie ist offensichtlich. Die Verbindungslinien gehen heute zur Emotionssoziologie, zur Identitätsbestimmung in der Postmoderne (wie bei Sennett), zur Ethnographie des Alltagslebens (Honer; Hitzler), zur hermeneutischen Wissenssoziologie und Symbolanalyse (Soeffner; Schnettler) sowie zur Sozioprudenz (Albrecht), zum kommunikativen Konstruktivismus (Knoblauch; Reichertz; mit methodisch anderer Akzentuierung), zur Diskursanalyse (Oevermann; Keller). Jean-Claude Kaufmann, André Kieserling, Roland Girtler und viele andere greifen auf Goffman, den Klassiker der zweiten Generation (Hettlage/Lenz 1991), zurück (Raab 2014). Denn Goffman macht das bewusst, was wir tagtäglich erleben.

Literatur

Dellwing, Michael: Zur Aktualität von Erving Goffman. Wiesbaden 2014.

Dellwing, Michael/Prus, Robert: Einführung in die interaktionistische Ethnografie. Soziologie im Außendienst. Wiesbaden 2012.

Hettlage, Robert/Lenz, Karl (Hg.): Erving Goffman. Ein soziologischer Klassiker der zweiten Generation. Bern 1991.

Hitzler, Ronald: Der Goffmensch: Überlegungen zu einer dramatologischen Anthropologie. In: Soziale Welt 43 (1992), 449–461.

Raab, Jürgen: Erving Goffman. Köln [2]2014.

Scheff, Thomas J.: Goffman unbound! A new paradigm for social science. Florence 2006a.

Scheff, Thomas J.: The emotional/relational world. Shame and the social bond. In: Jonathan H. Turner (Hg.): Handbook of sociological theory. New York 2006b, 255–268.

Willems, Herbert: Rahmen und Habitus. Zum theoretischen und methodischen Ansatz Erving Goffmans: Vergleiche, Anschlüsse und Anwendungen. Frankfurt/Main 1997.

Strategic Interaction

43

Alex Preda

Strategic Interaction is a 147 page-long book published in 1969 in Philadelphia by the University of Pennsylvania Press. It was preceded by *The Interaction Ritual* (1967) and succeeded by *Relations in Public* (1971). The German edition *(Strategische Interaktion)* was published in 1981 by Hanser Verlag.

This relatively slim volume contains a short preface and two essays that had not been published before: *Expression Games. An Analysis of Doubts at Play* (ST_a) and *Strategic Interaction* (ST_b), respectively. Critical reviewers noted the novelty of the two papers, which Goffman had written at the UC Berkeley's Institute of International Studies (IIS) and Harvard University's Center for International Affairs, respectively, during the period 1966–67. A preliminary version of *Expression Games* with the title *Communication and Enforcement Systems* appeared in 1966 in *Strategic Interaction and Conflict,* edited by Kathleen Archibald at the IIS. The IIS was established in 1955 as a center for international, comparative, and policy research, which was not Goffman's immediate domain of expertise.

The early decades of the Cold War were a boom period for game theory in economics and political science. In SI, Goffman apparently engages with game theory, which is explicitly mentioned several times in the preface and both essays. He refers approvingly to Thomas Schelling's 1960 *Strategy of Conflict,* widely read across the social sciences at the time (Erickson et al. 2013, 13). There was also an older preoccupation with strategic games in sociology, illustrated by Jessie Bernard's article *Theory of Games* (1954).

A closer reading of SI shows though that Goffman does not engage with the formal aspects of game theory but rather takes reference to this theory as an occasion for laying out a double program of research. The preface's first sentence states that the ultimate interest is to "develop the study of face-to-face interaction as a naturally bounded, analytically coherent field—a sub-area of sociology" (SI, ix; SI_{dt}, 9). This is in line with, though much stronger than prefatory, similarly programmatic statements from the *Interaction Ritual* and *Relations in Public.* Towards the end of the second article, Goffman discusses social relationships and social gatherings as two separate and distinct substantive areas, to which the study of strategic interactions can contribute, without being co-extensive with either of them, or with the study of communication systems. The implication is that strategic interactions (often called games in SI) are a third area of investigation within the study of face-to-face interactions, along with relationships and gatherings. Overall, Goffman

A. Preda (✉)
King's College London, London, Großbritannien
E-Mail: alexandru.preda@kcl.ac.uk

K. Lenz und R. Hettlage (Hrsg.), *Goffman-Handbuch,* https://doi.org/10.1007/978-3-476-05871-3_43

emphasizes throughout SI that interactions can well have calculative, gamelike aspects which shouldn't be ignored. One key issue is whether such aspects can be taken as fundamental for any face-to-face interaction or not. This has significant implications for his research program.

Expression games. An analysis of doubts at play

The first and longer essay starts with two basic propositions: first, that interactions are grounded in each party's assumptions about the fundamental nature of the counterparty. This means that interactions have an evaluative dimension: parties need information in order to evaluate each other. They seek to acquire information about the counterparty, while revealing or concealing information about themselves. Second, the mere presence of individuals produces signs and marks—in Goffman's words, co-presence exudes expression, and expression contains non-discursive information. This latter is contextual and pertains to the individual's relationship to what is transpiring. The relationship between expression and the information it contains can be considered a loose coupling: information contained in expression can, but must not necessarily fulfil the requirements of repleteness, correctness, and candor.

There is a distinction then between the intentional transmission of information, where the avowed purpose is to impart correct information (and these requirements are fulfilled), on the one hand, and information contained in expressions which are a side effect of action, on the other hand. This resonates with distinction between expressions being given and being given off from *The Presentation of the Self in Everyday Life* (PS2, 2, PS_{dt}, 6).

Goffman identifies parties to expression games as subject and observer, or concealer and searcher/seeker—these can be individuals, as well as groups. However, expression games can have not only two, but also three parties. This is because expression games (and strategic interactions) can never be completely isolated from personal relationships and communication with third parties who, from the viewpoint of the players, become involved in the game. As parties to a game are likely to be involved in additional games, each party is doubly a concealer and doubly a seeker. Parties play thus against each other and past each other at the same time.

In situations where an observer is dependent on what he can learn from a subject, and the subject is oriented to facilitate or frustrate the assessment, contests over assessment occur, and information becomes strategic. Expression games occur in such situations. Strategic situations are then understood as interaction formats between two or three parties where something is at stake for each of the parties involved, and attaining the stakes depends on the moves the parties will make. Moves, in their turn, depend on the information gained from the counterparty's expressions at each previous move and countermove. As expressions are only loosely coupled to information, it becomes possible for the parties to develop expression moves and countermoves. In strategic situations parties will engage then in a double game: a game containing action moves, and a game containing expression moves. Goffman's preoccupation in SI_a is with the latter. He makes clear though that expression games can arise in mundane, as well as in exceptional situations, which suggests that they are ubiquitous. This is consistent with a view of strategic interaction as a third interactional domain, impacting on, but not coextensive with social relationships and gatherings, respectively. A more recent analysis of mundane expression games is provided by Christena Nippert-Eng (2010, chap. 1).

Expression games are intrinsic to strategic interactions, though the latter are more than the former. A strategic interaction will always include moves on two levels, action and expression. With regard to the latter, Goffman distinguishes a number of basic moves (unwitting, naïve, control, uncovering, and counter-uncovering), each supported by various examples drawn mostly from accounts of spies and smugglers. He discusses the institutional arrangements set in place to limit expression games related to identity (such as identity cards or passports, which Goffman sees as formal identity tags), suggesting that expression games are generalized and ubiquitous.

Participants in expression games strive to anticipate each other's moves and countermoves. In order to do this, they need to take the position of the other. Goffman makes several times explicit reference to George Herbert Mead ([1934] 1957, 174) (see chap. 13). However, Goffman also states that in many expression games the assumption of full intersubjectivity is unwarranted, suggesting that there are limits to this reciprocal position taking. These limits are a corollary of the loose coupling between expression and information.

Goffman sees expression games and, more generally, strategic interactions, as being subject to various constraints and limitations, formal and informal, games-intrinsic and -extrinsic. Limitations on games are given by physical factors, knowledge, human nature, and social norms. The most important game-intrinsic constraints are provided by what is to be hidden, what is to be used as cover, and the means of perception available. The participants' capacity to control their emotional expressions, together with their state of technological knowledge and competence are not only limitations of expression games, but also sources of uncertainty for the players. Players have natural weaknesses, whereby "natural" means that said weaknesses arise out of the properties of face-to-face interactions that make a perfect game impossible. For instance, the frame of conventional spoken interaction requires the participants' disattending to attitude, bodily movements, tics, and so on. Consciously attending to these elements becomes an inherent weakness for the participants. Therefore, in order to play expression games well, participants would have to observe this frame, or otherwise they become vulnerable. Here, and in other places in SI as well, Goffman seems to imply that strategic interactions cannot take place without and outside a set of basic properties of face-to-face interactions.

As the coupling between expression games and action moves is a loose one, the former can gain a quasi-autonomy. In such cases, expression games can be played for their own sake, and the parties seek to discover how sophisticated their opponent is. This implies that an evaluation of the opponent's attributes for the evaluation's sake becomes the new stake of the game. In such a case, expression games degenerate: they decouple from action moves and become estheticized.

Strategic interactions are characterized by uncertainty, which can be heightened under at least two conditions: one is the estheticization of expression games. The other one is raising the stakes of the game, which has as a consequence the degeneration of assessment. This means that parties to the strategic interaction cannot evaluate anymore whether the basic properties of face-to-face interactions retain validity or not. Under these two conditions, strategic interactions form "a terrible loop" (SI_a, 69; ST_a_{dt}, 63): they become self-sustaining.

Goffman concludes the essay by emphasizing that strategic interactions are unstable, but also that they are ubiquitous and not the sole province of spies and intelligence organizations (80 f.). His apparently provocative statements that "It is mainly wanted criminals, spies, and secret police who must extendedly present themselves in a false personal and/or social identity to those who think they know them well. [...] And note, just as we are like them in significant ways, so they are like us" (SI_a, 80 f.; ST_a_{dt}, 73) points again to the anchoring of strategic interactions and expression games within the basic properties of face-to-face interactions. This is entirely in line with the opening statement of the preface about establishing the study of face-to-face interactions as an analytically coherent field, since such an enterprise can neither ignore strategic interactions, nor see them as situated outside mundane interaction frames. Implicitly, this is a significant delimitation from formal game theory, which Goffman has taken as an occasion for his investigation of games. A series of questions about how strategic interactions are situated within mundane interaction frames remain unanswered in this essay, above all perhaps the relationship between games and ritual, an issue which resurfaces in the second essay.

Strategic interaction

While the first essay is concerned with expression moves, the second one focuses on action moves. Goffman references again game theory, but does not address any aspect of its formalization. He mentions the prisoner's dilemma—a classic game situation—only once in a footnote (SI_b, 105; ST_b$_{dt}$, 93). Goffman takes game theory as an occasion for building an analytical framework which treats games as an interaction format among others. He adopts first the analytical strategy of considering simplified, imaginary scenarios for decision-making, but he also uses various examples collated from media stories. He defines a series of basic terms, such as party, player, coalition, and interests and notices that an individual can play for a party or be part of one. In gaming situations, individuals can be players, pawns, tokens, or informants.

Games can be played when a party is exposed to a force (of nature—e.g., to an animal predator), but a full-fledged game will take place when the player(s) are opposed to a force (i.e., against a human opponent). Only then it becomes possible to take the position of the other in a Meadian sense and achieve some degree of intersubjectivity. It would be impossible to take the position of the other when the other is, say, a grizzly bear. Why this is so is made clear by Harry Collins/Robert Evans (2007, 79) in their discussion of social embodiment. In games, there are thus inimical forces and there are opponents, and combinations thereof. Goffman sees the study of full-fledged strategic interactions as advancing Meadian social psychology and the symbolic interactionist program, by insisting on the mutual awareness of participants and by providing a "natural means for excluding from consideration merely any kind of interdependence" (SI_b, 136 f.; ST_b$_{dt}$, 117 f.).

Games have turns and moves: the first are moments of choice, while the second are "course(s) of action which involve(s) real physical consequences in the external world and give(s) rise to objective and quite concrete alterations in the [...player's] life situation" (SI_b, 90; ST_b$_{dt}$, 81). A basic feature of moves is that they are visible—here Goffman seems to draw inspiration primarily from face-to-face contests, in which visibility of the opponent is given at all times. There are decisions, understood as moves that the opponent has decided to undertake but has not implemented yet; there are readied moves, begun moves, undiscovered moves, viable and unviable ones. There is also an operational code, understood as the orientation to gaming which will influence how the opponent plays; style of play is treated as a residual category here. There is resolve (the determination of the players to go ahead with the game). There is the informational state of the opponents, and also their resources, such as having someone else to play for them. There are strategies, understood as "framework(s) of different courses of action, each linked in advance to a possible choice of the opponent" (ST_b, 100; ST_b$_{dt}$, 88), enabling players to reply immediately to the move of the opponent, and there are the players' positions in the course of a game.

Games have devices which are not mere accessories, but intrinsic to how the payoff is achieved and how players make their moves. Devices can be an essential game resource (e.g., a football) or a decision machine (e.g., a pair of dice). Games also have enforcement agents: Goffman refers here to weddings and swearing rituals as examples (ST_b, 124 f.; ST_b$_{dt}$, 108 f.), which makes the distinction between a ritual and a game problematic. At the very least, rituals themselves can be treated as a real game move, and not as an expression move.

Another set of important features of games is related to the attributes of the players, primarily their gameworthiness. Goffman defines it in the second essay in terms of the players' intellectual proclivity to assess the game without being influenced by emotions and without letting expression games degenerate, while being capable of dissembling about their own capabilities. This latter implies that expression games are all important, but their coupling to action has to be kept under control.

Resolve, integrity, and mutual appreciation of the players are "the very nub of gaming" (SI_b, 99; ST_b$_{dt}$, 88), implying that strategic interactions are not devoid of reciprocal obligations of the parties. Taken together with Goffman's previous argument that these interactions unfold within, not without the basic interaction frame (also Vollmer 2013, 373), which has its own obligations, this means that participants in strategic games are subjected to multiple ethical constraints.

The above elements (players, stakes, moves, turns, decisions, codes, strategies, positions, mutual appreciation, resolve, devices, enforcement agents) make possible the definition of the strategic interactions as having two dimensions: first, concrete courses of action taken in the real world that constrain the actors. Second, "decisions made by directly orienting oneself to the other parties and giving weight to their situation as they would seem to see it, including their giving weight to one's own," or, in other words, "mutually assessed mutual assessment(s)" (ST_b, 101; ST_b$_{dt}$, 89).

With this, Goffman identifies trustworthiness as a fundamental condition of strategic interaction, different from credibility. The latter is related to the assessment players make of each other's moves and hence to expression. Trust is "the reliance [… a player] gives through his own actions to classes of the other's avowals based on consideration of the latter's 'moral character'" (SI_b, 103 f.; ST_b$_{dt}$, 91). It is game-specific and can cease when the game ceases. While credibility implies that players assess each other's expression moves (which are part of the game), trust is provided by reciprocal assessment of the other party's commitment to the game. It is this norm of commitment as a player (and the associated standards of conduct) that provide the social bedrock of strategic interactions, while circumscribing them at the same time. As Goffman puts it, participants in games are engaged in a mutual fatefulness which commits them. Goffman explicitly rejects enlightened self-interest as a bedrock of strategic interactions and argues that while normless interactions are easy to conceive, in practice they cannot be encountered. This means that, while games have a stake (or payoff), what is at stake in them is something different from the stake. Getting the payoff must be for players a means for attaining what is at stake in the game.

The social norms of commitment can be enforced through external and internal constraints, restrictions, and controls. Goffman distinguishes between socially tight and loose games: tight games are institutionally organized and controlled, and here external controls play a more prominent role (sports contests are instances of tight games). Loose games are mediated by social relationships: they are fraught with more uncertainties, and external controls are less effective. In loose games, informal mechanisms of social enforcement play a bigger role, but this enforcement is likely to be more uneven when compared with tight games.

In the final pages of the essay, Goffman returns to face-to-face informal conversation both as the baseline from which to pursue the study of strategic interactions and as a domain which can be suffused with, yet is irreducible to games. His preoccupation is to locate strategic interactions as empirically separate and distinct from social relationships and encounters, respectively, and as illuminating both. The study of strategic interactions adds programmatically to the study of face-to-face interactions too. Goffman reiterates the difficulty of distinguishing between expression games and strategic interactions, difficulties amplified when the former degenerate. Notably, he does not clarify the relationship between strategic interaction and ritual, this latter concept being prominent in his other works.

Reception

Strategic Interaction is one of Goffman's less popular books. As of this writing, its citation count on Google Scholar is 2,677. For comparison, *The Interaction Ritual* (immediately preceding SI) has a count of 18,908. *Relations in Public* (immediately after SI) has a count of 8,128. Game theorists have started paying attention to SI only very recently, possibly in relationship to the rise of behavioural economics which has come to admit the complexity of social interactions (e.g., Lanzi 2013). In the 1970s, political scientists wrote positive reviews of SI, stating that Goffman's "basic point is so clearly correct for most human interactions that he hardly needs the supportive or illustrative 'big war' examples" (Quester 1975, 998). First sociological and anthropological reviews of SI were published in 1971 to 1974 and were negative. Writing in *American Anthropologist,* Edwin M. Lemert (1972, 8) noticed that Alvin Gouldner had "delineated the insufficiency and the peculiarly amoral nature of the perspective which threads consistently through [Goffman's] writings". This is a curious critique, if we think of Goffman's insistence in SI that strategic interactions impose varied moral obligations on participants. Lemert (1972, 9) suggested that Goffman was a spent force and criticized him for not taking into account the cost of games. Carl Crouch, reviewing SI in the *American Sociological Review* (1971, 136), criticized Goffman for failing to introduce a set of concepts which take the sociological analysis of strategic interactions beyond what game theory had to say. Crouch acknowledged the attention paid to the taken-for-granted conditions under which strategic interactions unfold and considered that the only genuine conceptual advance offered by SI is the notion of expression management—which Goffman does not actually use in SI. Goffman uses only once the term impression—not expression—management (SI, 13). The negative tone was echoed in the UK in a review by Laurie Taylor, who faulted Goffman for abandoning the dramaturgical metaphor and for discussing too much the "formal subtleties of spying" (1972, 312). Laurie Taylor (1972, 313) called SI "Goffman's first piece of mundane sociology". Guy Swanson (1974, 1007) published a significantly longer and more positive review in the *American Journal of Sociology.* Swanson acknowledged that developing a genuinely sociological social psychology required deriving an analysis of social relations from the study of social interactions and that the latter cannot be done properly without paying attention to strategic interactions. Yet, argued Swanson, SI laid bare the distance Goffman had to go in specifying the basic properties of face-to-face interactions. One could argue that, after fifty years, this distance is still to be travelled.

References

Bernard, Jessie: The theory of games of strategy as a modern sociology of conflict. In: American Journal of Sociology 59/5 (1954), 411–424.

Collins, Harry/Evans, Robert: Rethinking expertise. Chicago 2007.

Crouch, Carl: Review of Strategic Interaction. In: American Sociological Review 36/1 (1971), 135–136.

Erickson, Paul/Klein, Judy L./Daston, Lorraine/Lemov, Rebecca/Sturm, Thomas/Gordin, Michael D.: How reason almost lost its Mind. The strange career of cold war rationality. Chicago 2013.

Lanzi, Diego: Frames and social games. In: Journal of Socio-Economics 45 (2013): 227–233

Lemert, Edwin: Review of Strategic Interaction. In: American Anthropologist 74/1–2 (1972), 8–10.

Mead, George Herbert: Mind, self, and society from the standpoint of a social behaviorist [1934]. Chicago 1957 (German 1968).

Nippert-Eng, Christena: Islands of privacy. Chicago 2010.

Quester, George H.: Review of Strategic Interaction. In: The American Political Science Review 69/3 (1975), 997–998.

Swanson, Guy E.: Review of Strategic Interaction. In: American Journal of Sociology 79/4 (1974), 1004–1008.

Taylor, Laurie: Review of Strategic Interaction. In: Sociology 6/2 (1972), 311–313.

Vollmer, Hendrik: What kind of game is everyday interaction? In: Rationality and Society 25/3 (2013), 370–404.

Relations in Public. Microstudies of the Public Order

44

Michael Dellwing

Relations in Public ist 1971 erschienen. 1974 folgt die deutsche Übersetzung unter dem Titel *Das Individuum im öffentlichen Austausch. Mikrostudien zur öffentlichen Ordnung.* Es ist in vieler Hinsicht ein Scharnierwerk. Es steht damit am Ende der langen Serie von Arbeiten, in denen Goffman offene Alltagssoziologie betreibt; ihm folgen mit *Frame Analysis* und *Forms of Talk* theoretischere, strukturierte und linguistischer orientierte Werke. Es steht auch an einem biografischen Übergang: 1968 wechselt Goffman aus Kalifornien von Berkeley, dem Zentrum der studentisch beförderten Öffnungen der 1960er Jahre, an die konservativere University of Pennsylvania. Das ist zugleich ein Wechsel aus einer Position in der Soziologie, für die Herbert Blumer ihn rekrutiert hatte, in eine Stelle der Anthropologie und Soziologie, mit Sitz im anthropologischen Museum. *Relations in Public* ist Goffmans erstes Buch, das in diesem Umfeld entstanden ist (1969 erscheint *Strategic Interaction;* die Entstehungs- und Produktionszeit von Büchern macht dieses jedoch zum letzten kalifornischen Werk) und vielleicht der letzte offensichtliche Beitrag in Goffman's „people-watching series" (Class 1973, 645) –, eine Referenz zu bird-watching, die später noch einmal wesentlich werden wird.

Dieses Buch ist in vieler Hinsicht die Kulmination von Goffmans unstrukturierter, impressionistischer Sammlung und Analyse, nun aber stark von der mit der eingesetzten Berühmtheit ermöglichten Nonchalance geleitet. Das macht das Buch nicht nur inhaltlich, sondern auch theoriepolitisch wichtig. In seiner Rezension bemerkt Herbert Blumer, Goffman schaffe es, „to treat seriously what social scientists, pretty much across the board, never see or at the best regard as trivia. Who among them, for example, would be likely to take such a commonplace matter as the utterance of greetings and show its important role in social interaction?" (Blumer [1972] 2000, 5). Goffmans Leistung besteht darin, detailliert und tiefgründig zu analysieren, was vor unser aller Nase geschieht, aber bis dato untererforscht war. Emanuel Schegloff (1988, 89 f.) schreibt, Goffman habe die alltägliche Interaktion als Forschungsfeld „habilitiert", indem er sie einfach bemerkt hat. Damit entdeckt er eine neue Spezies: „the unnoticed world of everyday interaction" (Chriss 1993, 478).

Dass die Soziologie dort erst hingeführt werden musste, birgt eine Einsicht: Sichtlich brauchte es einen Ausbruch aus der verbreiteten Überzeugung, Arbeit erst dann für Wissenschaft zu halten, wenn sie tief in Theorie oder Methode verankert ist, so tief, dass sie letztlich

M. Dellwing (✉)
Leuphana Hochschule Lüneburg,
Lüneburg, Deutschland
E-Mail: michael.dellwing@leuphana.de

K. Lenz und R. Hettlage (Hrsg.), *Goffman-Handbuch*, https://doi.org/10.1007/978-3-476-05871-3_44

mehr Theorie und Methode als Lebenswelt ist. Goffman bricht diese Überzeugung, indem er seine Arbeit um seine Beispiele herum aufbaut und als Querverweise vorwiegend Belletristik und Alltagsmaterial verwendet, während Theorie und Methode nur am Rande Verwendung finden. Seine ständig wechselnden Metaphern und ständig wechselnden Begriffe zur Beschreibung der sozialen Welt behindern abstrakte Theoretisierung und Exegese systematisch (wenn auch nicht immer erfolgreich). Seine Form der „unstrukturierten Betrachtung“, die ihre Materialien ohne Ordnung und Design erhob, verwehrt sich einer Systematisierung seiner Arbeit als Methode.

Diese Verteidigung der Offenheit soziologischer Forschung geschieht regulär durch eine Abgrenzung von naturwissenschaftlichen Methoden und auch Goffmans Arbeit könnte als Abkehr von einer „vernaturwissenschaftlichten“ Soziologie gelesen werden. Viele von Goffmans Spitzen richten sich gegen das Bild der strengen Naturwissenschaft. Eine andere Lesart, auch im Licht Goffmans breiterer Arbeit, wäre jedoch, diese Form „strenger“ Forschung insgesamt als Theater zu verstehen, denn Goffman erreicht sie in *Relations in Public* zunächst durch einen seiner vielen eklektischen Verweise. Seine Auseinandersetzung mit dem Feld nimmt die Form einer Beobachtung an, die ansonsten auf Tiere in freier Wildbahn angewandt wird, der Ethologie, die sich als Wissenschaft der Untersuchung des tierischen Handelns als Naturwissenschaft versteht. Goffman dehnt sein Angebot einer offenen Wissenschaft damit über die einfache Trennung zwischen Sozial- und Naturwissenschaft aus. *Relations in Public* kann auch als eine Betrachtung von Interaktion gelesen werden, die durch die Metapher des Chaos hindurch ermöglicht, Ordnung als eine Form der momentanen Illusion zu sehen, die durch kleinste Handlungen von Menschen ins Chaos geführt werden kann. Das Buch zeigt auch, wie Menschen und Wissenschaft – als Form der menschlichen Praxis auch nicht verschieden – beständig Chaos kaschieren.

Ethologie

Die in *Relations in Public* errungenen Einsichten kann Goffman durch einen auf den ersten Blick sündig erscheinenden Zugriff erlangen. Soziologie als Wissenschaft der kontingenten Deutungsordnung menschlicher Interaktion verwehrt sich systematisch allen Versuchen der naturalisierenden Erklärung. Sie widersetzt sich Versuchen, das menschliche Leben den lebensweltdeutungsbefreiten, mechanischen Theorien der Populärbiologie zu unterwerfen, die Handeln evolutionsbiologisch oder -psychologisch deuten wollen. Sie kritisiert Versuche, Verhaltensexperimente an Mäusen, Ratten oder Hamstern auf menschliches Verhalten übertragen zu wollen. Das Heranziehen von Erkenntnissen aus Kontexten fernab von menschlicher Interaktion taugt häufig wenig, um auf das Verhalten von Menschen zu schließen, umso mehr, wenn das tierische Verhalten in künstlichen Laborbedingungen aufkommt. Goffman jedoch nutzt Beispiele aus der Tierwelt, um die beständige Leistung zu untersuchen, mit der die scheinbar natürliche Alltagswelt gestützt wird. Goffman nutzt damit Beispiele, die ansonsten mit der Unterstellung von Natürlichkeit einhergeht, um Narrative von Natürlichkeit zu destabilisieren.

Damit pirscht Goffman im Bereich der Ethologie; James Chriss bemerkt, „[t]he place of ethology in Goffman's writings has been an unpopular and generally overlooked topic among sociologists“ (1993, 477). Das hängt wohl mit der Unbeliebtheit von Verweisen auf Tierstudien in der Soziologie zusammen.

Entsprechend groß ist die Skepsis, wenn Soziologie Tiere als Vergleich heranzieht. Eine der ältesten Einsichten der soziologischen Forschung lautet jedoch: Wollen wir wissen, was Menschen tun, sollten wir sie keinesfalls einfach direkt fragen; „[i]f we want to find out what the micro-social world is like we should go out and look“ (Strong [1983] 2000, 42). In der Tierforschung ist es offenkundig nicht möglich, die beobachteten Gruppen zu befragen; ihr Handeln muss durch Beobachtung durchdrungen werden. Chriss (1993, 477) fügt ebenso an,

> „What Goffman saw in public – the largely unthinking gestures, posturings, and other forms of verbal and nonverbal behavior (signs) which persons continually give off and receive while navigating their way through the teeming streets and alleys of the metropolis – lent itself admirably to the ethological frame".

Überblick

Relation in Public umfasst neben dem Vorwort sieben Beiträge, die Goffman selbst zunächst als verschiedene Felder der Face-to-face-Interaktion rahmt, dann zu „a field [...] to do battle in" konkretisiert (RP, X; RP_{dt}, 10): Es geht, jenseits der etwas alltagsnahen Rezeption, die der Band zur Zeit seines Erscheinens erfahren hatte, nicht um den Kampf um Sicherheit im städtischen Alltag (wie der originale Klappentext es rahmte), sondern um die Auseinandersetzung, die mit der Konstruktion von Normalität ganz üblicherweise einhergeht (s. Kap. 32). Diese symbolische Auseinandersetzung wird im ersten Beitrag (*The Individual as a Unit;* dt.: *Das Individuum als Einheit*) noch einmal sanfter als „gamesmanship" (RP_a, 14; in der deutschen Ausgabe mit „aggressivem, kämpferischem Verhalten" RP_a_{dt}, 37) übersetzt, was die Sanftheit der Spielerei zugunsten einer martialischen Fassung verliert) gerahmt und das trifft den Kern der Beiträge sehr gut: Goffman untersucht die verschiedenen Arten, wie Normalität im Alltag unter Berücksichtigung der besagten „Gefahren" verhandelt wird. In *The Individual as a Unit* ist das die Normalität des Alltags auf der Straße, mit dem berühmt gewordenen Beispiel des Passierens auf einem Gehweg: Scheinbar einfach und offensichtlich, mit einer selbstverständlichen Normalität – aber bei näherer Betrachtung hochgradig komplex mit viel mehr Aufwand zur Aufrechterhaltung einer viel brüchigeren Realität, als der Alltag das annimmt. Das bleibt Thema der Beiträge: *Territories of the Self* (RP_b; dt.: *Die Territorien des Selbst*) untersucht die Konstruktionen der Räume, die das Selbst von anderen abgrenzen, während *Supportive Interchanges* (RP_c; dt.: *Der bestätigende Austausch*), *Remedial Interchanges* (RP_d; dt.: *Der korrektive Austausch)* und *Tie Signs* RP_e; dt.: *Beziehungszeichen*) die Verhandlungen betrifft, die Menschen nach so gedeuteten Brüchen (wieder) verbinden und Deutungen des gemeinsamen Handelns kitten; aus ihnen entsteht das Unterfeld der „aligning actions" (Stokes/Hewitt 1976), das in den Jahrzehnten nach Erscheinen dieses Bandes zu einem eigenen Forschungsziel ausgebaut wurde. *Normal Appearances* (RP_f; dt.: *Normale Erscheinungen*) thematisiert die Praktiken, mit denen andere einerseits als potentielle Störer/innen einer Ordnung gelesen und zugleich Strategien entwickelt werden, diese Ordnung zu stützen. Hier treten Goffmans Vergleiche mit dem Tierreich am stärksten zutage. Mit *The Insanity of Place* (RP_e; dt.: *Die Verrücktheit des Platzes*) endet der Band mit einem von Goffmans unzweifelhaften Klassikern und vielleicht einem seiner Hauptwerke: Der Darstellung des langsamen Prozesses, in dem Zuschreibungen „psychischer Störung" die Normalität einer herrschenden Gruppe gegen einen Außenseiter dadurch durchsetzen, dass dessen gesamte Lebenswelt zugunsten der herrschenden Normalität umgedeutet wird, inklusive seiner Selbstdeutung. Zusammen mit *Asylums* ist dieser Beitrag Kern der Goffmanschen Psychiatriekritik und Teil der Basis, auf der Goffman beständig als Wegbereiter der Antipsychiatrie gedeutet werden kann (s. Kap. 70).

Chaos, Ordnung, Zerbrechlichkeit

Während viele Analysen Goffmans Arbeit als Explikation der sozialen Ordnung und damit Goffman als Ordnungstheoretiker lesen, kann gerade dieses Werk als eines über Chaos und Zerbrechlichkeit gesehen werden, das den beständigen Kampf gegen das fundamentale Chaos der Welt thematisiert. Die soziale Ordnung ist keine einfache soziale Tatsache; sie ist eine instabile, diverse, multiperspektivische und beständig konfliktische Leistung, die als fragile und ambivalente Größe im „infinite regress of mutual consideration'" (ST, 18; ST_{dt}, 29) immer wieder neu hergestellt werden muss, und jede Herstellung ist unverzüglich zerbrechlich. Goffman untersucht die Verteidigungen des Territoriums, das aus tierischen Territorialkämpfen hinreichend bekannt ist, in menschlicher Gesellschaft aber vorrangig als Form der Unordnung im Rahmen z. B. von Drogenkriegen oder „jugendlichen" Irrwegen thematisiert wird. Goffman untermauert den eigentlich banalen Punkt, dass diese Kämpfe nicht als abweichend oder jugendlich verstanden werden müssen, sondern als Alltag gesehen werden können; ihre Abweichungszuschreibungen erhalten diese Praktiken erst, wenn sie von Gruppen ausgehen, die ohnehin bereits stigmatisiert sind. Zentral ist die Betrachtung von Kittpraktiken, mit denen in den Vordergrund gerückt wird, wie *normal* die Nichterfüllung von Ordnungsidealen ist, wie die Illusion dieses Ideals beständig über die Klüfte des Chaos hinweggerettet werden muss. *Normale Erscheinungen* ist der Beitrag, der am stärksten auf die Parallelen zu „tierischer Gesellschaft" zurückgreift, um diese Argumentation auszudehnen. Es ist damit vielleicht der am deutlichsten ethologische Beitrag seiner Aufsatzsammlung; es ist auch der am deutlichsten an der Gefahr des Zerbrechens der Illusion der Ordnung ausgerichtete Beitrag. Von der existentiellen Gefahr des Opfertiers bis hin zur symbolischen Deutungsgefahr des Menschen im Alltag kann er dabei feststellen, dass die letztere nicht weniger existentiell ist. Wie ein Tier sich nicht darauf verlassen kann, den Tag zu überleben, kann ein Mensch sich nicht darauf verlassen, dass seine liebgewonnenen Ordnungsideen das tun (ein Punkt, der in *Stigma* vielleicht am tiefgreifendsten für die Frage stabiler Identitäten erschlossen wird). In Blumers Worten, „the activity of humans falls into two modes: going about their business and being at the same time on the watch for alarms, threats and dangers" (Blumer [1972], 2000, 5) . Den Abschluss macht *Die Verrücktheit des Platzes* – einer der wenigen Beiträge Goffmans, dessen Titel in der Übersetzung gewinnt, da es um die Verschiebungen der Statusplätze von Menschen geht, die in der Zuschreibung von Verrücktheit eingefangen werden. Dieser verbindet sich direkt mit der Feststellung der existentiellen Gefahr, die darin liegt, dass andere die geteilten Deutungen der Realität nicht aufrechterhalten und auch die Illusionen und Fassaden, die in „remedial interchanges" liegen, nicht mit aufrechterhalten. Hier geht es Goffman um das Chaos („havoc"), das Einzelpersonen anrichten können, wenn sie schon die kleinsten Rituale der Ordnung nicht mehr einhalten. „The physical capacities of any normal adult equip him, if he so wills it, to be immensely disruptive of the world immediately at hand. He can destroy objects, himself, and other people. He can profane himself, insult and contaminate others, and interfere with their free passage" (IR_f, 169; IR_f_{dt}, 186 f.). Menschen sind in beständiger Deutungsgefahr; „Thus, the individual constantly employs little *schticks* to keep himself in some sort of defensible posture. He engages in little performances to actively portray a relationship to such rules as might be taken to be binding on him" (RP_d, 186; RP_d_{dt}, 252). Die Betrachtungen in *Relations in Public* reichen damit von beständiger Beobachtung der Umwelt, „remedial interchanges" und Sanktionspraktiken, mit denen Normalität verteidigt wird bis zum Extremfall der psychiatrischen Behandlung jener, die die bürgerliche Ordnung durchbrechen und nicht mit klassischen Strafmaßnahmen einzufangen sind, die Black Hawk Hancock/Roberta Garner (2011, 325) als „events at the far end of the spectrum of disruption" identifizieren.

Peter K. Manning (2008, 686) fokussiert auf diese Gefahren als „dunkle Schatten" der sozialen Interaktion: Der Schatten von „interruption, loss of poise, alienation and betrayal", der nicht etwa eine bestehende fragile Ordnung bedroht, sondern der im Zaum gehalten werden muss, um die fragile Illusion einer Ordnung immer wieder aufs Neue zu erschaffen: Ordnung ist eine beständig hergestellte Scharade. Auch Marshall Berman ([1972] 2000) untermauert die Betonung der Wundersamkeit von Ordnung, wenn er Goffmans Reaktion auf die Bürobesetzungen an der Columbia University wiedererzählt: Die Frage hier sei nicht, „oh nein, wie können Menschen so etwas tun", sondern „how it is that human beings do this sort of thing so rarely. How come persons in authority have been so overwhelmingly successful in conning those beneath into keeping the hell out of their offices?" (Berman [1972] 2000, 272). Dass Goffman *Relations in Public* gerade am Ende der turbulenten 1960er-Jahre schreibt, ist hier kein Zufall. Seine Beobachtungen in den unterschiedlichen Beiträgen in *Relations in Public* laufen damit auf eine starke gemeinsame Pointe hinaus: Dass die sozialen Praktiken, die hier beobachtet werden, beständig das Chaos in Schach halten. Manning (2008, 686) drückt das deutlich aus, wenn er feststellt, „Goffman is not presuming order. There is an abiding sense in which chaos and disorder lurk always at the edges of interactions and these require work to manage and keep on track". Hancock/Garner (2011, 316) betonen in der gleichen Linie die „incoherence, irrationality, unreason, incomprehensibility and unbearableness of social life" als Ausgangspunkt von Goffmans Betrachtung und nennen diese Ausrichtung eine „attention to havoc and containment".

Bevor diese Darstellung jedoch zu hobbesianisch wird: Das Chaos, das Goffman hier ins Zentrum setzt, ist kein absolutes, das ja auch gar nicht existieren könnte. Es ist das, was als Chaos *aussieht,* wenn es aus der Sicht einer gesetzten Ordnung betrachtet wird. Das ist eine klassische Einsicht der Nachbarschaftsethnografien der Chicago School, aus der Goffman ja selbst stammt, die ebenso immer wieder festgestellt hatte, dass putativ „wilde" Teile der Stadtkultur bloß nicht den Strukturen der bürgerlichen Gesellschaft folgten. Das Chaos Goffmans wird damit zu einer Metapher für die Befremdung der eigenen Gesellschaft, die an der Wurzel jeder guten Soziologie steht: Als Widerstand gegen selbstgefällige Normalitäten und kalzifizierte Selbstverständlichkeiten, die sich als „Ordnung" und den Widerstand gegen sie als „Chaos" ausgeben können.

Man könnte denken, Goffman unterstellt, dass das Chaos einbricht, wenn er bemerkt, dass Menschen die „worst possible readings in mind" haben (RP_d, 109; RP_d_{dt}, 156), gegen die sie ihre Alltagspräsentationen projizieren; Goffman nennt das die „virtual offense" (RP_d, 108 f.; RP_d_{dt}, 156). Es könnte jedoch auch als Unterstellung der Gefahr der Ordnung gelesen werden, und gerade der Gefahr einer falsch als zu ernst und zu aufrichtig verstandenen Ordnung. Wie Goffman in der Theatermetapher fragt, wie es denn wäre, würden wir das soziale Leben als Schauspiel betrachten, weil wir es im Alltag durch die Brille einer (oft unerträglichen) Aufrichtigkeit sehen, dreht auch hier Goffman zunächst nur die Alltagsheuristik um; Goffman hat, wie Berger ([1973] 2000, 282) bemerkt, auf der anderen Seite „none of the conservative's piety about rules", die den Alltag durchzieht. Da wir das soziale Leben im Alltag als ordentlich verstehen, ist Goffmans Frage nun: wie wäre es, wenn wir diese Rahmung hinter uns ließen? Das ist für die Betrachtung der wissenschaftlichen Arbeit, zu der ich nun gelangen möchte, zentral. Auch hier gilt: was, wenn wir die (auch hier genauso oft unerträglichen) Fassaden der Aufrichtigkeit fallen ließen?

Wissenschaftliche Ordnung im Chaos

In seiner weitreichenden Exposition der Praktiken, in denen eine chaotische Welt in einer Fassade der Ordnung gehalten wird, betont Goffman die Illusion der Hierarchisierung, die in sozialer Ordnung steckt. Beides zusammen bildet einen – aber nicht den einzigen – Zugriff zu Goffmans Offenheit der Forschung. Strong zitiert eine persönliche Mitteilung Goffmans, in der er die Ambiguität der Referenz auf Naturwissenschaft, die immer wieder in der Sozialwissenschaft aufkommt, aufgreift: „Casting one's endeavor in the more respectable forms of the mature sciences is often just a rhetoric" (Strong [1983] 2000, 42). Eine, die mit der tatsächlichen Arbeit der Naturwissenschaft und ihren abduktiven Überraschungen oft wenig zu tun hat, sondern vielmehr die Fassade der Ordnung der Naturwissenschaft unironisch glaubt und unkundig nachstellt; ein Naturwissenschafts-Cosplay vonseiten einer streng wirkend wollender Sozialwissenschaft. In seiner Rezeption der Ethologie bietet Goffman eine subtile

Zurückweisung der positivistischen Ideale, die die Naturwissenschaft und ihre Kopien, die in der Soziologie als Naturwissenschaftscosplay aufkommen, als Fassaden aufrechterhalten.

Manning ([1976] 2000. 340) stellt fest, dass bereits die Einleitung zu *Relations in Public* Goffmans „Ambivalenz" bezüglich „presenting a logical structure integrating or systematizing his sociology" offenbart, wobei Ambivalenz ein sehr diplomatischer Begriff für die offenen Boshaftigkeiten ist, die in *Relations in Public* zum Recycling pseudonaturwissenschaftlicher Ordnung in den Sozialwissenschaften aufkommen. Das wird in der Breite von Goffmans Arbeit deutlich, aber *Relations in Public* wird hier besonders offen und oft auch polemisch. Er bemängelt hier gerade die strukturierte Form wissenschaftlicher Arbeit, die aus dieser Ordnung Wissenschaftlichkeit ableiten möchte, „based on offhandedly collecting and analyzing data, a hit-or-miss license I was encouraged to exercise" (RP_e, 235; RP_e$_{dt}$, 314). Goffman betrachtet diese Form der Ordnung teils mit genüsslicher Ironie, teils mit offener Ridikulisierung. „Concepts are devised on the run in order to get on with setting things up so that trials can be performed and the effects of controlled variation of some kind or other measured, the science of which is assured by the use of lab coats and government money" (RP, XVI; RP$_{dt}$, 18).

Auch hier tritt ein weiteres Mal die Implikation zutage, dass diese Formen der Ordnungen Theater sind. Goffmans eigene Darstellung verbleibt beständig am Minimum eines rituellen Entgegenkommens gegenüber dieser Fassade. „All one normally gets are glancing asides and deflationary footnotes" (Strong [1983] 2000, 40). Zu den „asides" gehören schnelle Abwiegelungen einer Erwartung fester Ordnung, wie der Hinweis auf Goffmans „unsystematic, naturalistic observation" (RP, XV; RP$_{dt}$, 17) oder kurze Verweise auf Comicmagazine wie „Mad Magazine's Snappy Answers to Stupid Questions" (RP_d, 171; RP_d$_{dt}$, 235, Fn. 53) und den „Peanuts"-Comic (RP_d, 176 f.; RP_d$_{dt}$, 241, Fn. 57). Das hat RodneyStark zur Feststellung gebracht „He read hell of a lot more artsy stuff than he did of sociology" (Shalin/Stark 2009, 7) – und auch mehr Popkulturquellen, die oft eine prominentere Stellung in seinen Verweisen einnehmen. Diese Praxis der Minimalbedienung ritueller Vorgaben hatte Goffman an anderer Stelle thematisiert: dass, wenn ein Ritual erwartet wird, jede Kleinigkeit als Erfüllung gelesen wird, um die Fassade der Ordnung zu wahren und den Frieden der Situation aufrechtzuerhalten. Damit leistet Goffman offenen Widerstand gegen genau die Praxis, die er zuvor festgestellt hatte – die der Aufrechterhaltung einer Fassade von Ordnung. Relations in Public bedient diese rituellen Vorgaben, um eigene Deutungen des Alltags zu machen, aber stellt sie offen infrage, wenn der Band über die eigene Sammlung spricht. „(T)he assumption […] that if you go through the motions attributable to science then science will result" reicht nicht. „(M)any of these efforts remind me of the experiments children perform with Gilbert sets: ‚Follow instructions and you can be a real chemist, just like the picture on the box'" (RP: xvi; RP$_{dt}$, 18). Diese „creatures of research designs" sind illusorische Fronten – „no existence outside the room in which the apparatus and subjects are located, except perhaps […] under sympathetic auspices and a full moon" (RP, xvi; RP$_{dt}$, 18). Im Fokus steht die Betrachtung der untersuchten alltäglichen Lebenswelt, nicht Theorie oder Methode; mehr noch, ein Fokus auf Theorie und Methode entfremdet von dieser Lebenswelt. Der Psychologie wirft er vor, „Understanding of ordinary behavior has not accumulated; distance has" (RP, xvi; RP$_{dt}$, 19). Es ist gerade diese Revolte, die Blumer an *Relations in Public* besonders lobt: „Fortunately, his interests are in untangling the empirical world rather than in paying obeisance to some sanctified scheme for doing so" (Blumer [1972], 2000, 6). Diese rituelle Minimalerfüllung, gepaart mit ironisierter Herausforderung von Ordnungsfassaden, ist kein Widerstand um des Widerstands willen: Es ist die einzige Art, in einer Welt, die eben nicht nur aus Regeln besteht, zu bestehen. Ein „social naturalist" müsse, wie Goffman in einem Brief an Philip Strong ([1983] 2000, 42) formuliert hat, akzeptieren, als „one-armed botanist" zu arbeiten und die Grenzen der Methode und des Faches anzuerkennen. Stanley Fish (1994, 218) merkt an,

> „We are all living *out* pragmatism because we live in a world bereft of transcendent truths [and] must make do with the ragtag bag of metaphors, analogies, rules of thumb, inspirational phrases, incantations, and jerry-built 'reasons' that keep the conversation going and bring it to temporary, always revisable, conclusions",

Goffman regt an, das „unashamedly" tun und seine Empfehlung ist es nach Strong (ebd.) „you too can treat your own life as data". William Gamson fügt hinzu, Goffman zeigt uns, „Sociology could be fun and playful, and that does not make it any less serious" (Shalin/Gamson 2009, 4). Das rückt die inspirierende Kraft von Goffmans Widerstand gegen methodische Strukturen in den Vordergrund: Seine ‚Schamlosigkeit' regt eine ‚schamlose' Abkehr vom Versuch an, Naturwissenschaftscosplay zu betreiben und zu glauben, nur strukturierte und ordentliche Sammlung könnte valide Erkenntnisse liefern.

Goffmans Arbeit ist ein verwobener Gang durch Metaphern: Wie wäre es, lebensweltliche Handlungen als Theater zu verstehen, als Spiel, als Ritual? Das beinhaltet keine feste Aussage darüber, dass diese Handlungen als solche verstanden werden müssten; sie zeigen nur auf, dass eine solche metaphorische Einhegung neue Erkenntnisse liefern kann. Gerade in Bezug zu Goffmans Arbeit wäre ein Duktus der Eindeutigkeit und einheitlicher Lesart der Literatur auf weit breiterer Basis fehl am Platz. *Relations in Public* spielt mit vielen Metaphern, die Goffman auch anderweitig fruchtbar gemacht hat; es spielt zudem mit einem Metaphernwechsel von Ordnung zu Chaos: Was wäre gewonnen, wenn wir nicht von der Ordnung der Welt ausgingen, sondern von Chaos und der beständigen Herstellung einer Illusion von Ordnung? Letztlich bedeutet das natürlich, dass „Ordnung" kein falscher Zugriff auf Goffmans Betrachtungen des Alltags ist; es ist lediglich ein anderer Zugriff, der andere Erkenntnisse liefert.

Literatur

Berger, Bennett: A fan letter on Erving Goffman [1973]. In: Gary A. Fine/Gregory W. H. Smith (Hg.): Erving Goffman, Vol. 1. London 2000, 277–289.

Berman, Marshall: Weird and brilliant light on the way we live now. In: Gary A. Fine/Gregory W. H. Smith (Hg.): Erving Goffman, Vol. 1. London 2000, 266–276.

Blumer, Herbert: Action vs. interaction. Review of Relations in Public, by Erving Goffman [1972]. In: Gary A. Fine/Gregory W. H. Smith (Hg.): Erving Goffman, Vol. 4. London 2000, 3–8.

Chriss, James J: Looking back on Goffman: The excavation continues. In: Human Studies 16 (1993), 469–483.

Class, Loretta: Relations in Public by Erving Goffman. In: Bulletin of the Menninger Clinic 37 (1973), 645–648.

Fish, Stanley: There's no such thing as free speech and it's a good thing too. Oxford 1994.

Hancock, Black Hawk/Garner, Roberta: Towards a philosophy of containment: Reading Goffman in the 21st century. In: The American Sociologist 42 (2011), 316–340.

Manning, Peter: The decline of civility: A comment on Erving Goffman's sociology [1976]. In: Gary A. Fine/Gregory W. H. Smith (Hg.): Erving Goffman, Vol. 1. London 2000, 329–347.

Manning, Peter: Goffman on organizations. In: Organization Studies 29 (2008), 677–699.

Schegloff, Emanuel: Goffman and the analysis of conversation. In: Paul Drew/Anthony Wootton (Hg.): Erving Goffman: Exploring the interaction order. Boston 1988 (auch in: Gary A. Fine/Gregory W. H. Smith (Hg.): Erving Goffman, Vol. 1. London 2000, 176–213).

Shalin, Dmitri/Stark, Rodney: Interview with Rodney Stark. 2009. Online bei: https://digitalscholarship.unlv.edu/cgi/viewcontent.cgi?article=1065&context=goffman_archives (21.6.2021).

Shalin, Dmitri/Gamson, William: A stranger determined to remain one. Interview with William Gamson. 2009 Online bei: https://digitalscholarship.unlv.edu/goffman_archives/25/ (21.6.2021).

Stokes, Randall/Hewitt, John P.: Aligning actions. In: American Sociological Review 41 (1976), 838–849.

Strong, Philip M.: The importance of being Erving—Erving Goffman, 1922 to 1982 [1983]. In: Gary A. Fine/Gregory W. H. Smith (Hg.): Erving Goffman, Vol. 1. London, 38–47.

Frame Analysis. An Essay on the Organization of Experience

45

Jürgen Raab

Frame Analysis, Goffmans neuntes Buch, ist drei Jahre nach der Erstveröffentlichung unter dem Titel *Rahmen-Analyse. Ein Versuch über die Organisation von Alltagserfahrungen* in deutscher Sprache erschienen. Es gilt vielfach als sein Hauptwerk (Willems 1997; Hettlage 2000; Knoblauch 2000). Unbestritten ist die *Rahmen-Analyse* das philosophischste, umfangreichste und mit zehn Jahren auch das am längsten vorbereitete Buch. Einen Sonderstatus nimmt es auch ein, weil sich der zeitlebens auf keine Kritiken und Rezensionen seiner Aufsätze und Bücher reagierende Goffman bei der *Rahmen-Analyse* offenbar zu einer Ausnahme genötigt sah. Denn als ihn zwei Vertreter der reinen Lehre des symbolischen Interaktionismus in ihrer Besprechung des Buches vorwerfen, er sei vom Strukturalismus infiziert und ihn aus dem Kreis der Interaktionisten exkommunizieren wollen, reagiert er in der einzigen Replik seiner Laufbahn mit einer strengen Richtigstellung (Denzin/Keller 1981; RDK; s. Kap. 9; 51). Inhaltlich unterscheidet die *Rahmen-Analyse* von Goffmans früheren und nachfolgenden Studien, dass nun nicht mehr nur die Unsicherheit und Verletzlichkeit von Selbstbildern und sozialen Interaktionssituationen, sondern sehr viel umfassender der fragile Status von Wirklichkeit insgesamt thematisch wird. Wie der Untertitel des Werkes vermerkt, geht es ganz grundsätzlich um die „Organisation von Alltagserfahrungen" und damit um die Frage, welche Erfahrungen den Handelnden als wirklich gelten können, welche sie als mehr oder minder harmlose Spielformen dieser Wirklichkeit auffassen dürfen und welche sie als strategisch motivierte Verdrehungen von Wirklichkeit deuten müssen. Der Umgang mit der Mehrdeutigkeit sozialer Situationen, ja die Auslegung der Wirklichkeit insgesamt, und die mithin stets provisorische Antwort auf die immer sich wieder aufdrängende Frage, was hier eigentlich vorgeht, geschieht mithilfe jener Sinnstrukturen und Ordnungsschemata, die Goffman in die Metapher des Rahmens kleidet und zum Zentrum seiner Untersuchungen erhebt.

Phänomenologische Leitlinien

Wesentliche Anregungen zur *Rahmen-Analyse* verdankt Goffman der phänomenologisch fundierten Soziologie von Alfred Schütz, vor allem dessen Aufsatz *Über die mannigfaltigen Wirklichkeiten* (Schütz 2003 [1945]; s. Kap. 17). Für die Verfolgung der Frage, wie sich Sinnkonstitutionen im menschlichen Bewusstsein vollziehen, wendet Schütz die Phänomenologie von Edmund Husserl sozialwissenschaftlich,

J. Raab (✉)
Institut für Sozialwissenschaften, Universität Koblenz-Landau, Landau, Deutschland
E-Mail: raab@uni-landau.de

K. Lenz und R. Hettlage (Hrsg.), *Goffman-Handbuch,* https://doi.org/10.1007/978-3-476-05871-3_45

indem er den Erfahrungsraum der Lebenswelt, der sich bei Husserl noch auf die konstitutiven Akte des Bewusstseins begrenzt, zu einer im sozialen Handeln sinnhaft sich aufbauenden und soziologisch verstehbaren Alltagswirklichkeit erweitert. Schütz begreift den Sinnbereich des Alltags zwar als nur eine von vielen in sich geschlossenen Sinnprovinzen und Wirklichkeitsordnungen neben dem Traum, der Phantasie oder der wissenschaftlichen Kontemplation. Weil wir im Alltag einander sinnlich wahrnehmen, interagieren und kommunizieren, ragt diese Sinnprovinz als *paramount reality* aber aus dem Gesamt der mannigfaltigen Wirklichkeiten heraus. Für Goffman wird sich Schütz' Gedanke, nach dem individuellen Sinnzuschreibungen und Situationsdefinitionen mit historisch, sozial und kulturell verfügbaren Deutungsschemata und Handlungsmustern wechselwirken, als richtungsgebend erweisen. Jedoch betont er die problematischen Aspekte stärker als die Berührungspunkte und markiert klare Differenzlinien (Eberle 2000; Mote 2001).

Zunächst interessiert sich Goffman anders als Schütz nicht für die Entstehung von Wirklichkeitsdeutungen im subjektiven Bewusstsein. Vielmehr geht es ihm um die situative Anwendung und interaktive Abstimmung von Erfahrungsschemata und damit letztlich um die gesellschaftliche Konstruktion der Wirklichkeit (Persson 2019; Raab 2019). Immerhin weist der Begriff des Rahmens unverkennbare Parallelen zu Schütz' Begriff der Sinnprovinz auf. Doch im Unterschied zu Schütz ist Goffman nicht an der Beschreibung von universalen Strukturen der subjektiven Orientierung in der Lebenswelt gelegen, weshalb er auch keine protosoziologischen Konstitutionsanalysen betreibt. Vielmehr setzt er in der *Rahmen-Analyse* seine Untersuchungen zur Soziologie der Interaktionsordnung konsequent fort, wenn er das Verhältnis zwischen dem subjektiven Bewusstsein und den sozialen Kontexten, in denen sich menschliches Bewusstsein ausbildet und Alltagserfahrungen organisiert werden, im Auge behält. Darüber hinaus erachtet es Goffman als problematisch, wie Schütz von der Lebenswelt des Alltags als einer homogenen Wirklichkeitsordnung zu sprechen. Für seine eigenen Untersuchungen wird er Mehrdeutigkeit der *paramount reality* behaupten und auf die Risiken ebenso wie auf die Chancen eingehen, wenn Akteur/innen dieselben Situationen unterschiedlich interpretieren. Schließlich spiegelt sich die deutlich höhere Dynamik des Goffmanschen Ansatzes auch in dem Umstand wider, dass es ihm sekundär um das Aufschichten von abstrahierenden Schemata geht und primär ums Ausloten der konkreten Möglichkeitsräume des Handelns in sozialen Situationen. Dies zeigt sich in der Kritik an Schütz' Vorstellung, der Übergang von einer Sinnprovinz in die andere werde von den Handelnden wie ein Schock, im Verständnis von Søren Kierkegaard als Sprung, erfahren. Der Vorstellung definitiver Grenzziehungen und deutlich spürbarer Schwellen zwischen den Sinnprovinzen hält Goffman abermals die Gleichzeitigkeit und Durchlässigkeit sozialer Wirklichkeiten entgegen. Mit Blick auf die ihn besonders interessierenden Tricks, Verheimlichungen, Betrügereien, Schwindelmanöver oder Idealisierungen macht er nicht nur auf die Verletzlichkeit und Vorläufigkeit von Wirklichkeitskonstruktionen aufmerksam. Er versucht zudem zu zeigen, wie sehr die den sozialen Alltag mitbestimmenden strategischen Handlungen und Täuschungen auf subtilen Modulationen und Transformationen von Rahmen beruhen. Mit der *Rahmen-Analyse* stellt sich Goffman somit vor allem die Aufgabe und bietet sich die Chance, den von Schütz als vermeintlich stärksten, stabilsten und umfassendsten erachteten Sinn- und Wirklichkeitsbereich des Alltags als schwankend, brüchig und verletzlich, vor allem aber als keinesfalls homogen und dominant freizulegen.

Normalität und ihre Gefährdungen

Wie das Tier – so der äußerste Rand des rahmenanalytischen Ansatzes – befindet sich der Mensch in einer dauerhaften Grundspannung zwischen Sorglosigkeit und Alarmierung. Entweder alles scheint in Ordnung und der Eindruck von Normalität lässt sie in ihren Tätigkeiten fortfahren. Oder sie haben das Gefühl, ‚dass etwas los ist', die Dinge also nicht in Ordnung sind, worauf sich ihre ganze Aufmerksamkeit sofort und exklusiv auf die Bewältigung der bedrohlichen Situation richtet. Im Unterschied zu Tieren verfügen Menschen allerdings über ein „Empfindungsvermögen für Normalität" (RP_f_{dt}, 319; RP_f, 239), nämlich die Fähigkeit, den jeweiligen Wirklichkeitsausschnitt und seinen Status zu reflektieren. Zudem besteht die größte Alarmquelle und fortdauernde Bedrohung des Menschen in den Angehörigen der eigenen Gattung, zuvorderst in den aktuellen Interaktionspartner/innen. Denn was im Konkurrenzkampf um soziale Aufmerksamkeit und Anerkennung in modernen Gesellschaften auf dem Spiel steht, ist nicht unbedingt die physische Unversehrtheit, stets aber ihr Image *(face)*. Dabei erweist sich als besondere Gefahr sozialer Situationen, dass alle Vorkehrungen zur Identifikation von normalen Erscheinungen – Goffman klassifiziert mit absteigender Stabilität „materielle Rahmen" („furnished frame"), „Lauerlinien" („lurk lines"), „Zugangspunkte" („access points") und „das soziale Netz" („the social net") (RP_f_{dt}, 374–404; RP_f, 284–309) – von den Handelnden auch strategisch zur Durchsetzung ihrer Handlungsabsichten eingesetzt werden. Sie können arglistig vorgetäuscht und heimtückisch arrangiert sein, was uns für die anderen zu stets einzukalkulierenden Quellen der Verwundbarkeit ihrer Images macht. Sobald wir vermeintlich zufälligen Ereignissen und unbedeutenden Kontakten mit Vorbehalt gegenübertreten, wenn wir auch kleinste Zeichen im Verhalten anderer als Belege für Heuchelei und Unaufrichtigkeit interpretieren und selbst – oder eben gerade – perfekte Inszenierungen unser Misstrauen erwecken, dann verweist dies eingeschlossen aller möglichen Vorurteile, Fehlauslegungen und Irrtümer auf die grundsätzliche Deutungsbedürftigkeit menschlichen Handelns und auf die ebenso prinzipielle Mehrdeutigkeit sozialer Wirklichkeit insgesamt.

Weil „das Subjekt argwöhnt, dass das, was als normal erscheint, es in Wirklichkeit vielleicht gar nicht ist, und die Anderen argwöhnen, dass der arglose Eindruck, den das Subjekt macht, in Wirklichkeit vielleicht ein Schauspiel ist" (RP_f_{dt}, 370; RP_f, 282), stellt sich für die Handelnden zur Behauptung und Bewährung im Interaktionsgeschehen schließlich drittens die Aufgabe in sozialen Situationen für- und miteinander ein Normalitätsschauspiel aufzuführen. Inhalt des Schauspieles ist es, in den Augen der anderen als normal und gewöhnlich zu erscheinen, sie also von den unverfänglichen eigenen Absichten zu überzeugen, während man zugleich seine eigentlichen Ziele unter dem Deckmantel der Harmlosigkeit weiterverfolgen mag. Erneut bildet das Formen- und Regelwerk der Interaktionsordnung die Voraussetzung für die Teilhabe an der Herstellung normaler, nicht alarmierender Erscheinungen. Nur die beiden hierfür unhintergehbaren Mindestanforderungen, deren souveräne Beherrschung aber bereits den/die voll sozialisierte/n Akteur/-in ausweist, seien an dieser Stelle erwähnt: das Vorführen von Gelassenheit und das Gewähren höflicher Gleichgültigkeit. Schon ihr nur vermeintliches Ausbleiben gibt Anlass zur Alarmierung. Kündigen die Interaktionspartner/innen ihre Arbeitsverträge jedoch vollends auf, werden also die Spielregeln des Normalitätsschauspiels gebrochen und die Formen und Regeln der Interaktionsordnung unübersehbar beschnitten oder gar umfassend verwehrt, öffnen sich Abgründe unter der dünnen Decke der Zivilisation. Dann werden die Handelnden für sich selbst und für die anderen zum Problem, und die soziale Situation verwandelt sich zur Hölle (RP_f_{dt}, 427–433; RP_f, 328–333).

Grundsicherungen: Primäre Rahmen

Für die *Rahmen-Analyse* ergreift Goffman den Bogen im Spannungsverhältnis zwischen dem Selbst *(self)* und der sozialen Situation an den äußersten Enden und dehnt ihn so weit wie in keiner anderen seiner Untersuchung. Zwar weist der Untertitel des Werkes die Organisation der Alltagserfahrung als sein Thema aus. Doch Goffman ist weit davon entfernt, subjektive Bewusstseinsstrukturen und Verstehensprozesse rekonstruieren zu wollen. Vielmehr

> „geht es um die Situation, um das, dem sich ein Mensch in einem bestimmten Augenblick zuwenden kann; dazu gehören oft einige andere Menschen und mehr als die von allen unmittelbar Anwesenden überblickte Szene. Ich gehe davon aus, dass Menschen, die sich gerade in einer Situation befinden, vor der Frage stehen: Was geht hier eigentlich vor?“ (FA_{dt}, 16; FA, 8).

Die vorläufige Antwort entscheidet über das weitere Deuten und Handeln in sozialen Situationen. Entsprechend erhebt Goffman sie zur Leitfrage seiner *Rahmen-Analyse.*

Die prinzipielle Mehrdeutigkeit des Weltzugangs – der Umstand eben,

> „dass vom Standpunkt eines bestimmten Menschen aus etwas als das erscheinen kann, was tatsächlich vor sich gehe, während es sich in Wirklichkeit einfach um einen Scherz oder einen Traum oder einen Zufall oder einen Fehler oder ein Missverständnis oder eine Täuschung oder eine Theateraufführung usw. handeln kann“ (FA_{dt}, 18f.; FA, 10)

– lässt Menschen zur eigenen Wahrnehmungs- und Handlungsorientierung nach Anzeichen für den aktuell gültigen Wirklichkeitsstatus suchen. Zugleich sehen sie sich veranlasst, ihren Interaktionspartner/innen mittels Anzeigehandlungen zu vermitteln, in welchen Deutungs- und Handlungszusammenhängen sie sich gemeinsam mit ihnen zu befinden glauben. Diese „Organisationsprinzipien für Ereignisse“ nennt Goffman Rahmen („frame“; FA_{dt}, 19; FA, 10; s. Kap. 33). Die hierzu erforderlichen Deutungs- und Handlungsschemata gehören zum sozial tradierten Wissensvorrat von Gruppen, Gemeinschaften und Gesellschaften und bilden sogar den Hauptbestandteil ihrer Kultur: ihre Kosmologie.

Goffman betont seine Nähe zum Rahmen-Begriff von Gregory Bateson (s. Kap. 18). Dieser notierte während seiner anfangs der 1950er-Jahre im Fleishhacker-Zoo von San Francisco durchgeführten Studien folgende Beobachtung:

> „Ich sah zwei junge Affen *spielen*, d.h. in eine Interaktionsfolge verwickelt, bei der die Handlungseinheiten oder Signale denen des Kampfes zwar ähnlich, aber nicht gleich waren. Es war selbst für den menschlichen Beobachter offensichtlich, dass die Abfolge als Ganze kein Kampf war, und es war dem menschlichen Beobachter auch ersichtlich, dass dies für die beteiligten Affen ‚nicht Kampf‘ war. Nun konnte dieses Phänomen Spiel nur auftreten, wenn die beteiligten Organismen in gewissem Maße der Metakommunikation fähig waren, d.h. Signale austauschen konnten, mit denen die Mitteilung ‚Dies ist ein Spiel‘ übertragen wurde“ (Bateson 1981, 244; H. i. O.).

In diesem Beispiel handelt es sich – nun bereits auf den Menschen und in die Terminologie Goffmans übertragen – um die Modulation *(keying)* von einem primären Rahmen *(primary framework)*. Primäre Rahmen verwandeln „einen sonst sinnlosen Aspekt einer Szene zu etwas Sinnvollem“ (FA_{dt}, 31; FA, 21), wobei analytisch zwischen natürlichen und sozialen Primärrahmen zu unterscheiden ist. Natürliche Primärrahmen werden auf rein physikalische Umstände zurückgeführt, wie die Jahreszeiten, Gewitter, Körpertemperatur und Pulsschlag, Krankheiten, Todesfälle und ähnliches mehr. Soziale Primärrahmen sind das Ergebnis intentionaler menschlicher Handlungen, wie beispielsweise Wetterberichte in den Medien, und liefern nicht selten die Zielscheibe moralischer Beurteilungen, wie etwa im Falle von Fettleibigkeit oder Mordanschlägen. Durchaus aber kommt es zu Überlappungen zwischen natürlichen und sozialen Primärrahmen, denn gleichgültig, ob man sich selbst eine Zigarette anzündet oder sie sich anzünden lässt, in beiden Fällen kann es zu Lungenkrebs kommen. Entsprechend besteht für Goffman eine der Aufgaben der *Rahmen-Analyse* darin, „eine analytische Grundlage zur Unterscheidung von Gründen der Mehrdeutigkeit“ zu liefern (FA_{dt}, 337; FA, 307).

Spielformen und Auslegungssachen: Modulationen und Täuschungen

Weil soziale Primärrahmen zu den Grundelementen einer jeden Kultur gehören, ja diese sogar ausmachen, werden sie von den Angehörigen bezüglich ihres Wirklichkeitsstatus nur selten thematisiert, und gelten somit in aller Regel als selbstverständliche und gesicherte Normalität ihres Alltags. Die Angehörigen einer Kultur sträuben sich sogar regelrecht dagegen, ihr angestammtes und vertrautes kosmologisches Ordnungssystem zu verlassen. Deshalb sind die primären Rahmen auch das Urbild und Ausgangsmaterial für vielfältige Spielformen in Gestalt von Sinn- und Bedeutungstransformationen, für eben jene schon genannten Modulationen. Wie in Batesons Beispiel vom gespielten Kampf übersetzen Modulationen ein Ereignis, das in einem ‚primären Rahmen' bereits sinnvoll erscheint, in etwas, das diesem Ereignis nachgebildet ist, von den Handelnden aber ganz anders gesehen wird und von den Deutenden je nach der in Betracht gezogenen Modulationsstufe bereits sehr unterschiedlich interpretiert werden kann. „So-Tun-als-ob" („make-believe"), „Wettkämpfe" („contests"), „Zeremonien" („ceremonials") „Sonderausführungen" („technical redoings") und „In-anderen-Zusammenhang-Stellen" („regroundings") sowie die teils sehr feingliedrige Unterkategorien dieser Modulationen (FA_{dt}, 52–97; FA, 40–82) interessieren Goffman vor allem in Bezug auf die moralischen Grenzen ihrer Durchführbarkeit und damit in ihre Nähe zu jenem Sondertypus der Modulation, den er als Täuschungsmanöver („fabrications") beschreibt (FA_{dt}, 98–142; FA, 83–123).

Während Modulationen darauf zielen, alle Beteiligten zur gleichen Interpretation darüber zu bewegen, was in einer sozialen Situation vor sich geht, führen Täuschungsmanöver zu sozialen Unterschieden, denn sie trennen die Handelnden in Täter/in und Opfer. Sind die Pläne oder gar die Verschwörungen der Täter/-innen erfolgreich, verdrehen oder verspiegeln sie die Wirklichkeit in ihrem Sinne. Werden sie aber aufgedeckt, rücken die Akteur/innen in ein zweifelhaftes Licht und ihr Ansehen nimmt Schaden. Dabei sind Täuschungen in guter Absicht, wie Trainings, die in Zusammenhang mit Berufsausbildungen geschehen, von schädigenden Täuschungen zu unterscheiden. Und weil bei Täuschungen in guter Absicht die Grundinteressen der Betroffenen, anders als bei schädigenden Täuschungen wie etwa Intrigen, nicht übergangen oder verletzt werden, erscheinen entlarvte Urheber/innen auch nicht als vollends moralisch befleckt und sozial diskreditiert.

Entscheidend für die *Rahmen-Analyse* aber ist: In sozialen Situationen agiert das Selbst in einer Doppelrolle als Akteur/in und gleichzeitig als Beobachtender und Interpret eigener und fremder Handlungen. Denn gleich, ob es sich um die Aktualisierungen primärer sozialer Rahmen, um Modulationen oder um Täuschungsmanöver handelt, stets obliegt den Interaktionspartner/innen die Aufgabe, einen intersubjektiv geteilten Deutungs- und Handlungszusammenhang zur strategischen Bewältigung von sozialen Situationen herzustellen und aufrechtzuerhalten. Denn nur in Koordination und Kooperation lässt sich die Mehrstimmigkeit sozialer Wirklichkeit in ein wie auch immer geartetes, in sich stimmiges Normalitätsschauspiel überführen. Und nur so auch lassen sich Selbstdarstellungen in sozialen Situationen aufbauen und durchhalten. Hierfür stellen Rahmen *(frames)* mit ihren Auslegungshinweisen und Regieanweisungen die sozial objektiven, dem Einzelnen und seiner spezifischen Situation historisch und sozialisatorisch vorgelagerte Wirklichkeitskonstruktionen bereit, die dann in den sozialen Prozessen der Rahmung *(framing)* für das jeweilige szenische Arrangement und auf dessen konkrete Bedeutung hin situativ angepasst und zugeschnitten werden.

Damit sind die theoretischen und methodologischen Grundzüge der *Rahmen-Analyse* umrissen. Rahmenanalytische Untersuchungen versuchen ein Ziel aus verschiedenen Richtungen zu treffen. Hierfür greifen sie unterschiedliche, nach dem Prinzip der Kontrastierung gewählte Handlungsstücke aus sozialen Situationen heraus und befragen sie auf ihre stabilen, von den Handelnden notwendig zu beachtenden und zu aktualisierenden Strukturen ebenso, wie auf die in ihnen vorfindlichen Freiheiten zur Ausgestaltung, Formung und Dehnung des Vorgegebenen. Denn zwischen dem Rahmen und seinem starren Regelwerk einerseits und den freien Spielen der Rahmung andererseits entwerfen und präsentieren die Handelnden jenes zarte und zerbrechliche Bild ihrer Selbstdarstellung vor anderen, welches im Fluchtpunkt von Goffmans Soziologie der Interaktionsordnung steht und das er das ‚Image' (‚face') nennt (Soeffner 2004). Dabei erstrecken sich die rahmenanalytischen Untersuchungen bis hin zu den Rändern, an denen die Grenzen des Normalen und Möglichen verschwimmen, überschritten oder durchbrochen werden. Drei eigene Anwendungen seines rahmenanalytischen Ansatzes veranschaulichen dies grob.

Geschlechterrahmen

Gegen Ende seiner Forschungstätigkeit greift Goffman die gemeinhin als normal und selbstverständlich hingenommene Vorstellung auf, die Geschlechtszugehörigkeit gehöre zur „essentiellen Natur" des Menschen (GA_a$_{dt}$, 33; GA_a, 7), sei also in der Metaphorik der *Rahmen-Analyse* ein primärer natürlicher Rahmen. Zweifelsohne gehört die Geschlechtsidentität „zu den am tiefsten verankerten Merkmalen des Menschen", ja sie ist „die elementarste Charakterisierung des Menschen" (GA_a$_{dt}$, 34; GA_a, 7) überhaupt und bezeichnet deshalb sogar noch mehr als andere Attribute der sozialen Identität wie Ethnizität, Alter und Sozialmilieu „die tiefste Schicht dessen, was wir sind" (ABS$_{dt}$, 131; ABS, 315). Doch Goffman will zeigen, dass erst ein sozial erlerntes Darstellungsverhalten und eine sozial erworbene Deutungskompetenz das Selbst zu einem sozial akzeptierten Angehörigen seines Geschlechts macht. Dieser Plan leitet die Ausbildung und Vorführung der entsprechenden Images ebenso an wie die ritualisierte Inszenierung eines letztlich gesamtgesellschaftlichen Normalitätsschauspiels. Zugleich eröffnet er den Handelnden die Chance, ihr Verhalten weitestgehend einem vermeintlich ihrer Natur entspringenden Ausdrucksrepertoire, wie Körperhaltung, Gang, Gestik, Mimik, Prosodie zu überantworten. In seiner ironisch-bissigen Art und in Abwandlung eines berühmten Ausspruches von Karl Marx bringt Goffman diese Einsicht auf die einprägsame Formel: „Das Geschlecht, nicht die Religion, ist das Opium des Volkes" (ebd.).

Die zentralen Handlungsweisen zur Stabilisierung und Verfestigung der Geschlechterordnung erfasst und klassifiziert der Begriff der institutionellen Reflexivität *(institutional reflexivity)*. Ein Beispiel ist die geschlechtsspezifische Arbeitsteilung, die schon mit der Pflege des Nachwuchses beginnt und bei der sich die gegengeschlechtlichen Partner/innen entsprechend ihrer ‚Natur' wechselseitig entlasten und ergänzen. Ein anderes Beispiel ist die ganz gewöhnliche Sozialisation im Haushalt mit ihren geschlechtsspezifischen Rollenverteilungen. Gekonnt spielt Goffman auf der Klaviatur der Vieldeutigkeit, wenn er das Arrangement der Geschlechter einmal als funktionale Übereinkunft der Akteur/innen sich gemäß ihrer ‚Natur' zu verhalten beschreibt, das andere Mal als deren geteilte Bereitschaft zur Unterwerfung unter die Konventionen der Darstellung von Geschlechtszugehörigkeit. Beide Male trägt das Arrangement ganz entscheidend dazu bei, soziale Situationen zu rahmen, um sie gemeinsam zu bewältigen (s. Kap. 46).

Medienrahmen

Ein für moderne Gesellschaften zentrales Moment der institutionellen Reflexivität sind die Medien. Goffman ist nicht nur daran gelegen, die Sichtweise vom naturgegebenen Geschlechterverhalten zu entkräften, er will im gleichen Zuge auch die nicht weniger verbreitete Ansicht entkräften, Mediendarstellungen und insbesondere die Konsumwerbung verbinde nichts oder nur sehr wenig mit der außermedialen Wirklichkeit. Sein eigentliches Ziel aber ist der Nachweis, dass das, was sich die Gesellschaft in den Darstellungen der Konsumwerbung sinnlich erfahrbar und diskursiv zugänglich macht, nicht weniger, aber auch nicht mehr ist als die Struktur ihrer eigenen Sozialbeziehungen in Idealgestalt. Seine materiale Analyse von Werbebildern offenbart, dass der „fotografische Rahmen" (GA_c$_{dt}$, 110; GA_c, 25) das außermediale, rituelle Arrangement der Geschlechter verdichtet, stilisiert und überhöht, was es nur umso prägnanter hervortreten lässt. Die Modulationen, bei denen Werbeprofis ideale Inszenierungen von Geschlechterimages und ihrer Sozialbeziehungen darbieten, bezeichnet

Goffman dann auch als Hyper-Ritualisierung (GA_a$_{dt}$, 18, 109 „*hyper-ritualization*",; GA_a, 3). Allerdings informieren die in Reklamebildern vorgeführten rituellen Idiome (*ritual idioms*) nicht nur darüber, was in sozialen Situationen los ist. Vielmehr überschreiten sie den Medienrahmen und wirken auf die Alltagswahrnehmung und das Alltagshandeln zurück, indem sie „uns als Betrachter nachdrücklich daran erinnert, welchen Platz wir einzunehmen haben" (GA_c$_{dt}$, 117; GA_c, 27).

Gesprächsrahmen

Goffmans dritte rahmenanalytische Anwendung geschieht im Bereich sprachsoziologischer Problemstellungen. Wie alle anderen Handlungselemente sozialer Situationen können Sprechhandlungen ausgestaltet, also transformiert, moduliert und sogar vorgetäuscht werden. Deshalb stellt Goffman gegen Ende seiner *Rahmen-Analyse* heraus, dass die soziologische Untersuchung von Sprechakten und Redezugwechseln sich auf die konkreten Handlungskontexte, also auf die Rahmen und die Rahmungen von sozialen Situationen beziehen muss, in die sprachliche Zeichen eingebettet sind und die wiederum durch sprachliche Zeichen hervorgebracht und aktualisiert, stabilisiert und verändert werden (s. Kap. 47).

So ändern Sprechende fortwährend den Redestatus *(footing)*, wenn sie Nebenbemerkungen, Späße und Exkurse einflechten oder andere Personen mit modulierter Prosodie zitieren oder gar nachahmen (FT_c; FT_a$_{dt;}$ s. Kap. 34). Mit solchen Wechseln, Verschachtelungen und Umrahmungen, aber auch im Umgang mit Störungen und eigenen Fehlleistungen, zeigen sie dem Publikum und sich selbst Veränderungen in ihrer Orientierung und Haltung an. Goffmans Aufsatz *The Lecture* verdichtet und strukturiert diese Beobachtungen exemplarisch zu einem einzigen und wohl einzigartigen Anschauungsbeispiel. Wahrscheinlich ist es Goffmans reifstes Stück, sicherlich aber dasjenige, welches ihn, besser: mit dem er sich selbst als Person am eindrücklichsten charakterisiert und das seine soziologische Haltung, Perspektive und Arbeitsweise in geradezu idealtypischer Manier widerspiegelt. Denn anhand der Fallanalyse einer sozialen Situation, deren Hauptakteur er selbst ist und in der er sich beim Handeln selbstbeobachtend über die eigene Schulter blickt, skizziert Goffman die Grundzüge seiner Soziologie der Interaktionsordnung, führt in seine methodischen Prinzipien der Kontrastierung und Klassifikation ein und spielt dabei zugleich auf mehreren Ebenen in unverhohlener Ironie mit dem Rahmen und den Rahmungen der sozialen Situation: Wenn er den Vortrag zum Gegenstand seines eigenen Vortrages wählt; wenn er das Formen- und Regelwerk für die Inszenierung des Bühnenstücks beherzigt, während er parallel zu seiner Aufführung und Selbstdarstellung dessen analytische Struktur nicht nur darlegt, sondern auch noch vorführt; und wenn er den Vortrag schließlich als perfekt strukturierten Schrifttext in die *Forms of Talk* aufnimmt (FT_d).

Literatur

Bateson, Gregory: Eine Theorie des Spiels und der Phantasie [1955]. In: Ders.: Ökologie des Geistes. Anthropologische, psychologische, biologische und epistemologische Perspektiven. Frankfurt/Main 1981, 241–261 (engl. 1972).

Denzin, Norman K./Keller, Charles M.: Frame analysis reconsidered. In: Contemporary Sociology 10 (1981), 52–60.

Eberle, Thomas S.: Rahmenanalyse und Lebensweltanalyse. In: Ders.: Lebensweltanalyse und Handlungstheorie. Beiträge zur Verstehenden Soziologie. Konstanz 2000, 81–126.

Hettlage, Robert: Erving Goffman. In: Dirk Kaesler (Hg.): Klassiker der Soziologie Band 2. München 2000, 188–205.

Knoblauch, Hubert: Erving Goffman: Frame Analysis. In: Dirk Kaesler/Ludgera Vogt (Hg.): Hauptwerke der Soziologie. Stuttgart 2000, 171–176.

Mote, Jonathon E.: From Schütz to Goffman: The search for social order. In: The Review of Austrian Economics 14/2,3 (2001), 219–231.

Persson, Anders: Framing social interaction. Continuities and cracks in Goffman's frame analysis. London, New York 2019.

Raab, Jürgen: Erving Goffman. From the perspective of the new sociology of knowledge. London, New York 2019 (dt. 2014).

Schütz, Alfred: Über die mannigfaltigen Wirklichkeiten [1945]. In: Ders.: Theorie der Lebenswelt 1. Die pragmatische Schichtung der Lebenswelt. Alfred Schütz Werkausgabe V.1. Konstanz 2003, 181–247.

Soeffner, Hans-Georg: Handlung – Szene – Inszenierung. Zur Problematik des ,Rahmen'-Konzepts bei der Analyse von Interaktionsprozessen [1989]. In: Ders.: Auslegung des Alltags – der Alltag der Auslegung. Konstanz [2]2004, 160–179.

Willems, Herbert: Rahmen und Habitus. Zum theoretischen und methodischen Ansatz Erving Goffmans. Frankfurt/Main 1997.

Gender Advertisements und *The Arrangement between the Sexes*

46

Julia Wustmann

„Das Geschlecht, nicht die Religion, ist das Opium des Volkes" (ABS_{dt}, 131; ABS, 315). Mit dieser Aussage bedient sich Erving Goffman der berühmten Metapher von Karl Marx, nach der die Religion das Opium des Volkes sei. Nach Marx ist Religion ein von Menschen selbstgeschaffenes, repressives Mittel, das soziale Ungleichheitsverhältnisse legitimiere und dazu führe, dass Menschen nicht gegen diese Missstände vorgingen. Denn Religion wirke in übertragener Bedeutung berauschend und betäubend und belasse Menschen in einer selbstgeschaffenen Illusion (Eberhardt 2019). Nach Goffman sei nun aber Geschlecht ein solch sozial konstruiertes Mittel der Unterdrückung. Durch Geschlecht würden Ungleichheitsverhältnisse gerechtfertigt und Menschen bedienten sich trotz und wegen dieser Missstände dieses Mittels. Diese ambivalente Dynamik belegt und begründet Goffman in zwei Studien, die in den Sozialwissenschaften nicht weniger als die „Betrachtungsweise von Geschlecht als naturalisiertem Ordnungsfaktor von Interaktionen" zur Folge hatten (Kotthoff 1994, 160).

J. Wustmann (✉)
Fakultät Sozialwissenschaften, TU Dortmund, Dortmund, Deutschland
E-Mail: julia.wustmann@tu-dortmund.de

Geschlecht und Geschlechterverhältnisse in Goffmans Werken

In nahezu allen Werken Goffmans finden sich Verweise auf das Thema Geschlecht und Geschlechterverhältnisse. Seine intensive analytische Auseinandersetzung mit dem Thema setzte aber erst in den 1970er ein. Aus ihr gingen zwei zentrale Studien hervor: Im Jahr 1976 veröffentliche er die mit dem George Orwell Preis ausgezeichnete Abhandlung *Gender Advertisements,* die zunächst als Aufsatz in der Zeitschrift *Studies in the Anthropology of Visual Communication* und drei Jahre später dann in Buchform erschien (dt.: *Geschlecht und Werbung* 1981). Im Jahr 1977 veröffentliche er den Aufsatz *The Arrangement between the Sexes* in der Zeitschrift *Theory and Society.* Erst knappe zwei Jahrzehnte später wurde dieser Aufsatz zusammen mit seiner ASA-Präsidentenadresse im Sammelband *Interaktion und Geschlecht* (1994), herausgegeben von Hubert Knoblauch, in deutscher Übersetzung mit dem Titel *Das Arrangement der Geschlechter* veröffentlicht. Beide Publikationen zu Geschlecht fielen in ein Jahrzehnt, das eine entscheidende Dekade der Frauenrechtsbewegung gewesen ist. So erschien etwa 1972 die erste Ausgabe des *Ms. Magazines,* eine Zeitschrift, die sich zu einem zentralen Sprachrohr der zweiten Welle des amerikanischen Feminismus etablierte. Im Jahr 1973

K. Lenz und R. Hettlage (Hrsg.), *Goffman-Handbuch,* https://doi.org/10.1007/978-3-476-05871-3_46

wurden überdies nach einem Urteil des Obersten Gerichtshofs der Vereinigten Staaten in der Sache „Roe vs. Wade" Schwangerschaftsabbrüche in den USA legalisiert.

So wie die damals bestehenden Geschlechterverhältnisse in den 1970er-Jahren zunehmend medial und politisch thematisiert wurden, so wurden sie auch in verstärktem Maße zum analytischen Gegenstand in den Sozialwissenschaften. Allerdings kritisiert Goffman die bis dato herkömmliche Annahme der Sozialwissenschaften, dass Geschlecht „ein ‚erlerntes, diffuses Rollenverhalten' [sei]" (ABS_{dt}, 105; ABS, 301). Eine solche Annahme führe in der Konsequenz zur Selbstimmunisierung gegenüber neuen Erkenntnissen, denn über eine solche Setzung würde das Arrangement der Geschlechter vielmehr bestätigt und verfestigt, obwohl es genau jenes eigentlich zu hinterfragen gelte. Goffman ließ sich, in Abgrenzung dazu, von der bis dato noch randständigen feministischen Forschung anregen, im Rahmen derer aufgezeigt wurde, wie soziale Phänomene naturalisiert werden. Im Aufdecken von jenen gesellschaftlichen Konstruktionsprozessen, durch die das Männliche und das Weibliche zum fraglos Gegebenen werden, sieht Goffman eine zentrale Leistung des Feminismus (Kotthoff 1994, 164).

Auch in biographischer Hinsicht fallen die beiden Analysen Goffmans zu Geschlecht in eine Zeit grundlegender Veränderung. Denn Goffman verließ Ende der 1960er-Jahre Berkeley, wo er an der Universität von Kalifornien als Professor beschäftigt war. Über seine Forschungsarbeiten war er zur Kultfigur avanciert und wechselte nicht zuletzt wegen des damit einhergehenden Trubels 1969 an die Universität von Pennsylvania in Philadelphia, um sich wieder stärker auf die Konzeptualisierung seines Theorie- und Forschungsprogramms konzentrieren zu können. Beide Studien Goffmans zum Thema Geschlecht folgten unmittelbar auf sein Hauptwerk *Frame Analysis* (s. Kap. 45). Ein Umstand, der sich darin widerspiegelt, dass der Fokus der beiden Analysen „auf den vom individuellen Handeln *abgelösten*, in Interaktionsordnungen und situativer Rahmung begründeten Formen und Prozessen der Interaktion" (Gildemeister/Hericks 2012, 142, H.i.O.) liegt. In der leitenden Erörterung der Frage, wie soziale Ordnung möglich ist, konzentriert sich Goffman also nicht ausschließlich auf soziale Situationen oder soziale Strukturen, sondern betont vielmehr die sich fortwährend vollziehenden Wechselwirkung zwischen diesen. Diese spezifische Analyseeinstellung zeigt sich bereits in den einführenden Überlegungen in *The Arrangement between the Sexes,* in denen Goffman die Absicht formuliert, seine Forschungsfragen „aus dem Blickwinkel sozialer Situationen und der darin aufrechterhaltenen öffentlichen Ordnung zu klären" (ABS_{dt}, 105; ABS, 301).

The Arrangement between the Sexes

Nach Goffman bildet Geschlecht die Basis für einen zentralen Code, der soziale Interaktionen und Strukturen sowie auch Annahmen, die Individuen über ihre eigene Natur anstellen, maßgeblich prägt (ABS_{dt}, 105; ABS, 301). Aufgrund dieser Kodifizierung ist unser Alltagsverständnis durch die Vorstellung dominiert, dass Geschlecht eine biologisch bedingte, objektive Tatsache darstellt, die strukturierend auf die soziale Organisation unserer Gesellschaft einwirkt. Goffman betont, dass „die körperlichen Unterschiede zwischen den Geschlechtern als solche keine große Bedeutung für die menschlichen Fähigkeiten haben, die wir zur Bewältigung der meisten Aufgaben benötigen" (ABS_{dt}, 139; ABS, 319). Eigentlich sei es in unserer Gesellschaft organisatorisch und technisch durchaus möglich, die physiologischen Unterschiede zwischen Frauen und Männern auszugleichen und so der biologischen Geschlechterdifferenz gänzlich die soziale Bedeutung zu entziehen (ABS_{dt}, 106 f.; ABS, 301 f.).

Vor dem Hintergrund dieser Überlegungen beschäftigt Goffman die Frage, „was aus der Umwelt herausgefiltert oder in sie hineinprojiziert werden musste, damit die angeborenen Unterschiede zwischen den Geschlechtern, die es ja gibt, überhaupt irgendeine Bedeutung [...] bekommen konnten" (ABS_{dt}, 128; ABS,

313). Er fragt danach, auf welche Weise physiologische Geschlechterunterschiede, wie etwa Genitalien oder die Fähigkeit von Frauen zu gebären, in sozialen Arrangements überhaupt erst bedeutsam gemacht werden. Daran anschließend gilt es nach Goffman zudem zu rekonstruieren, wie uns die institutionellen Mechanismen unserer Gesellschaft die biologistischen Erklärungen zum sozialen Arrangement der Geschlechter als stichhaltig erscheinen lassen (ABS_{dt}, 107; ABS, 302). Mit dieser Perspektive bezieht Goffman die auch in seinen anderen Forschungsarbeiten zentrale „interaktionistische Prämisse, dass Objekte ihre Bedeutung nicht in sich tragen, sondern diese erst in der Interaktion von Menschen hergestellt wird […], systematisch auf das Objekt ‚Geschlechterdifferenz'" (Gildemeister/Hericks 2012, 142).

Für Goffman liegt die Antwort auf seine Forschungsfragen im Phänomen der „institutionellen Reflexivität" („institutional reflexivity"). Unter diesen Begriff fasst er den Umstand, dass „Geschlecht so institutionalisiert wird, dass es genau die Merkmale des Männlichen und Weiblichen entwickelt, welche angeblich die differente Institutionalisierung begründen" (Kotthoff 2003, 126). Goffman führt zur Exemplifizierung dieses Phänomens verschiedene Merkmale sozialer Organisation an, anhand derer er aufzeigt, wie institutionell abgesichert wird, dass sich „Frauen und Männer ihre angeblich unterschiedliche ‚Natur' gegenseitig wirkungsvoll vorexerzieren können" (ABS_{dt}, 143; ABS, 321). Neben der geschlechtsspezifischen Arbeitsteilung und dem am Geschlecht ausgerichteten Identifikationssystems zur Verortung und Benennung unseres Gegenübers führt er u. a. auch das parallelisierte Arrangement von Frauen- und Herrentoiletten an:

> „Es betrifft zwar die *Funktionsweise* der je nach Geschlecht unterschiedlichen Organe, doch nichts an dieser Funktionsweise würde *biologisch* eine Absonderung verlangen; *dieses* Arrangement ist ein rein kulturelles Phänomen. […] Die Trennung der Toiletten wird als natürliche Folge des Unterschieds zwischen den Geschlechtskategorien hingestellt, obwohl sie tatsächlich mehr ein Mittel zur Anerkennung, wenn nicht gar zur Erschaffung dieses Unterschieds ist" (ABS_{dt}, 134; ABS, 316, H.i.O.).

Die Trennung von Toiletteneinrichtungen nach Geschlecht ist nach Goffman nicht ursächlich biologisch begründet. Dass die Biologie nicht die Ursache für getrennte Toiletten ist, zeigt sich etwa am Beispiel von Toiletten in Zügen, denn diese sind in der Regel nicht nach Geschlecht getrennt und werden trotzdem ohne Aufsehen oder Verzweiflung von Allen gleichermaßen benutzt. Es zeigt sich an nach Geschlecht getrennten Toiletten folglich, wie die Relevanz von Geschlecht so inszeniert wird, dass die Geschlechterdifferenz zur scheinbar natürlichen Gegebenheit wird, die eine parallelisierende Ordnung bedingt – nicht das Geschlecht bedingt, dass unsere soziale Organisation getrennter Toiletten bedarf, sondern Individuen schreiben dem Geschlecht eine solche Bedeutung zu, dass es zum Anlass einer räumlichen Trennung gemacht wird.

Die Grundlage für institutionelle Reflexivität bildet die kurz nach der Geburt (bzw. mittlerweile bereits während der Schwangerschaft) anhand der dimorphen Genitalien vorgenommene Bestimmung des biologischen Geschlechts („sex"). An diese erste Kategorisierung schließt sich umgehend die Zuordnung zu einer von zwei „Geschlechtsklassen" („sex class") an, durch die wiederum eine „an das Geschlecht gebunden[e] Identifikationskette (Mann-Frau, männlich-weiblich, Junge-Mädchen, er-sie)" abgerufen wird (ABS_{dt}, 107; ABS, 302). Die Geschlechtsorgane bilden den Ausgangspunkt für einen Sortierungsprozess, an den sich differenzierende Attributionen anschließen, die das biologische Geschlecht rückwirkend bedeutsam werden lassen. Gemäß dieser Dynamik fasst Goffman das biologische Geschlecht somit rein biowissenschaftlich, während er den Begriff „Geschlechtsklasse" als soziologische Kategorie konzeptioniert (ABS_{dt}, 108 f.; ABS, 303).

Die Zuteilung zu einer der beiden Geschlechtsklassen ist nur der erste Schritt eines dauerhaften Sortierungsprozesses, der auch eine unterschiedliche Sozialisation von Kindern bedingt. Im Zuge der Sozialisation erfahren Mädchen und Jungen aufgrund ihrer ihnen zugeschriebenen Geschlechtsklasse eine unterschiedliche Behandlung, an sie werden andersartige Anforderungen gestellt und sie machen verschiedene Erfahrungen (ABS_{dt}, 109; ABS, 303). Darüber hinaus eignen sich Kinder während der Sozialisation eine ihrer je zugeordneten Geschlechtsklasse entsprechende „Weise der äußeren Erscheinung, des Handelns und Fühlens" (ebd.) an. Diesen Komplex fasst Goffman – in Abgrenzung zum biologischen Geschlecht („sex") – unter den Begriff des sozialen Geschlechts („gender") zusammen. Im Laufe der Sozialisation identifizieren sich Individuen schließlich zunehmend mit der eigenen Geschlechtsklasse und beurteilen sich selbst immer stärker nach Idealvorstellungen von Weiblichkeit und Männlichkeit, wodurch eine Geschlechtsidentität („gender identity") ausgebildet wird. Geschlecht wird somit schrittweise zu einer der bedeutsamsten Quellen der Selbstidentifikation für Individuen (ABS_{dt}, 109 f.; ABS, 303 f.).

Der Gegenstand, der in geschlechtlichen Sozialisationsprozessen angeeignet wird, ist das wesentliche Resultat dieser Prozesse: ein „umfassende[s], geschlossene[s] Bünde[l] sozialer Glaubensvorstellungen und Praktiken" (ABS_{dt}, 106; ABS, 302), welche, ähnlich einer selbsterfüllenden Prophezeiung, das Arrangement der Geschlechter reproduziert und diesem überhaupt erst einen Sinn verleiht. Derlei Glaubensvorstellungen zu Geschlecht sind auch Bestandteil institutioneller Ordnungen. „Geschlecht" ist nach Goffman der „Prototyp einer sozialen Klassifikation" (ABS_{dt}, 108; ABS, 302), da die Geschlechtszuordnung nahezu alle Individuen betrifft und in der Regel ein Leben lang Gültigkeit beansprucht. Als Klassifikation ordnet Geschlecht einerseits institutionell komplexitätsreduzierend die Welt, andererseits ist es auch für Individuen in konkreten sozialen Situationen bei der Einordnung ihres Gegenübers von Bedeutung. Es wird jedoch nicht einfach schematisch angewendet, sondern „stattdessen aktualisieren die institutionellen Arrangements und das Wissen um die damit verbundenen Verhaltens- und Handlungsmuster *umgekehrt* permanent den Klassifikationsprozess" (Gildemeister 2008, 138, H.i.O.).

Genau jene wechselseitige Dynamik zwischen sozialer Ordnung und sozialen Interaktionen ist es, die Goffman mit dem Begriff der institutionellen Reflexivität beschreibt und die dazu führt, dass Geschlecht so institutionalisiert wird, dass es letztendlich als vermeintlich natürlicher Anlass der Institutionalisierung erscheint. Schließlich wird nur vor dem Hintergrund dieser wechselseitigen Dynamik verständlich, was Goffman mit der Formulierung „Arrangement der Geschlechter" zu vermitteln versucht: zum einen ist das Arrangement der Geschlechter buchstäblich als ‚Anordnung' der Geschlechter zu verstehen, wie das Beispiel der getrennten Toiletten illustriert. Zum anderen ist das Arrangement der Geschlechter als eine vergeschlechtliche Ordnung in sozialen Situationen zu fassen, die „im interaktiven Handeln, den alltäglichen Ritualen und zeremoniellen Sequenzierungen hergestellt [wird]" (Gildemeister/Hericks 2012, 142).

Gender Advertisements

Neben der Toilettentrennung als paralleler Organisation des öffentlichen Raums führt Goffman in *The Arrangement between the Sexes* unter anderem auch Paarbildungsregeln und -praktiken heterosexueller Paare sowie die geschlechterbezogene Arbeitsteilung und Arbeitsplatzvergabe als Beispiele für die Dynamik institutioneller Reflexivität an (ABS_{dt}, 120–123, 134–137; ABS, 309 ff., 317 ff.). In *Gender Advertisements* wird überdies deutlich, dass auch Medien als Kommunikationsmittel ein Teil der institutionellen Reflexivität sein können. Das Buch unterteilt sich in drei eigenständige Aufsätze.

Im ersten Aufsatz *Darstellung der Geschlechter (Gender Display)* werden konzeptuelle Grundlagen eingeführt. Den Ausgangspunkt bildet der Begriff der Ritualisierung, bei dem sich Goffman auf Émile Durkheim und vor allem die Ethologie stützt. Unter Bezugnahme auf diese Traditionen geht Goffman davon aus, dass „gewisse emotional motivierte Verhaltensweisen formalisiert werden: sie werden vereinfacht, übertrieben, stereotypisiert und aus dem spezifischen Kontext der auslösenden Reize" genommen, um eine „effektivere [...] Signalwirkung" (GA_a$_{dt}$, 8 f.; GA_a, 1) zu erzielen. Derlei formalisierte Verhaltensweisen bezeichnet Goffman – anders als die Ethologie, die von Kommunikation spricht – als Darstellung („display"). Darstellungen geben einen Hinweis darauf, wie sich Akteur/innen in sozialen Situationen ausrichten und positionieren (GA_a$_{dt}$, 9 f., 18; GA_a, 1, 3). Über Darstellungen werden Informationen über eine Person in der sozialen Situation zum Ausdruck gebracht. Da sich die in einer sozialen Situation involvierten Akteur/innen wechselseitig an den Darstellungen orientieren, werden dadurch gleichzeitig auch die Modalitäten dieser sozialen Situation festgelegt. Ritualisierte Ausdrucksformen haben somit neben einer informierenden auch eine kontrollierende Funktion und in ihnen kommen immer auch grundlegende kulturelle Vorgaben zum Vorschein. Dies gilt auch und in besonderer Weise für die Geschlechterdarstellungen, unter denen Goffman die Gesten und Haltungen fasst, durch die die Zugehörigkeit zu einer Geschlechterklasse im Alltag fortlaufend angezeigt wird: „Wenn wir die Geschlechtsrollen als kulturell feststehende Korrelate der Geschlechtszugehörigkeit definieren (sei es infolge der Biologie oder eines Lernprozesses), dann verweist die Darstellung der Geschlechter auf die konventionellen Porträts dieser Korrelate" (GA_a$_{dt}$, 10.; GA_a, 1; auch Kotthoff 2003, 144). Exemplarisch zeigt sich dies an geschlechtsspezifischen Bekleidungsritualen, über die Geschlechterglaubensvorstellungen darstellend zum Ausdruck gebracht werden. So demonstrieren die Bekleidungsrituale von Männern Stabilität, Funktionalität und Schlichtheit, wohingegen sich die Bekleidungsrituale von Frauen durch Instabilität, Verspieltheit und Ornamentik auszeichnen (Kotthoff 2003, 127).

Vor dem Hintergrund dieser theoretischen Verknüpfung der Ritualisierung von Verhaltensweisen und Geschlechterglaubensvorstellungen wirft Goffman in diesem ersten Beitrag die Frage nach den Ursprüngen der Symbole der Geschlechterdarstellung auf. Als eine kulturelle Quelle der Geschlechter-Darstellungssymbolik macht Goffman neben der Tierfolklore sowie der höfischen und militärischen Etikette den „Eltern-Kind-Komplex – in seiner Mittelschicht-Idealversion" aus (GA_a$_{dt}$, 20; GA_a, 4). Das Verhältnis von Männern und Frauen versteht Goffman als eine Ritualisierung der Eltern-Kind-Beziehung, was er in der Ähnlichkeit der jeweiligen Asymmetrien begründet sieht: Während Frauen in ritueller Hinsicht Kindern gleichgestellt seien und über ihre Ausdrucksformen Unsicherheit, Unwissenheit und Emotionalität darstellen, nehmen Männer über ritualisierte Darstellungen die Elternrolle ein und demonstrieren entsprechend relational dazu Stabilität, Expertentum und Rationalität (GA_a$_{dt}$, 20–28; GA_a, 4 f.; Kotthoff 1994, 176 f.).

Goffman stellt die Behauptung auf, dass die Aufgabe von Reklamedesigner/innen, nämlich die dramatische Darstellung des Werts eines Produkts, „nicht unähnlich der Aufgabe der Gesellschaft ist, wenn sie ihre sozialen Situationen mit zeremoniellen und rituellen Zeichen ausstattet, die eine Orientierung der Beteiligten aneinander ermöglichen" (GA_c$_{dt}$, 116; GA_c, 27). Bei der Erstellung von Reklamefotos kommt dasselbe Repertoire ritualisierter Ausdrucksweisen zur Anwendung, das alle Gesellschaftsmitglieder im sozialen Miteinander benutzen. Allerdings stilisieren Reklamedesigner/-innen in der Produktdarstellung ihrerseits, was bereits als Stilisierung gilt, was Goffman unter den Begriff der „Hyper-Ritualisierung" („hyper-ritualization") fasst. Ritualisierte Ausdrucksformen von Geschlechterbeziehungen begegnen uns im Rahmen von Werbung folglich in hyper-ritualisierter Form (GA_a$_{dt}$, 18; GA_a, 3; GA_c$_{dt}$, 327; GA_c, 84).

Die Hyper-Ritualisierung als Mittel von Reklamewerbung sieht Goffman darin begründet, dass alle Gesellschaftsmitglieder die Welt um sie herum in der Regel nur flüchtig wahrnehmen, was bedeutet, dass die Wahrnehmung auf einer Reihe von Kategorien basiert, die angewendet werden (GA_b$_{dt}$, 90 f.; GA_b, 22 f.). Reklamedesigner/innen greifen für Produktpräsentation auf derlei komplexitätsreduzierende Typisierungen zurück. Wir sehen bei Reklamebildern folglich idealisierte Personen, die in idealisierten Beziehungen zueinander stehen und die idealisierte Mittel einsetzen, um zu idealisierten Ziele zu gelangen (GA_c_{dt}, 115; GA_c, 26). Aber gerade wegen dieser idealisierten Typisierung in der Reklame lohnt sich deren Analyse, denn

> „wenn wir erkannt haben, was die Bildermacher aus den Materialien einer Situation zu machen wissen, dann geht uns vielleicht eine Ahnung auf, was wir möglicherweise selbst ständig tun. Und hinter unendlich vielfältigen szenischen Konstellationen entdecken wir vielleicht ein einziges rituelles Idiom; hinter einer Vielzahl oberflächlicher Unterschiede – einige wenige strukturelle Formen" (GA_c_{dt}, 118; GA_c, 27).

Im zweiten Beitrag *Bilder-Rahmen (Picture Frames)*, das von Greg Smith als „an exercise in frame analysis" bezeichnet wird (2010, 173), erörtert Goffman wie Bilder im Allgemeinen und Reklamebilder im Besonderen konzeptuell gefasst werden können. Im Mittelpunkt des Beitrags stehen Fotografien (s. Kap. 61). Um der Frage nach dem Wirklichkeitsgehalt von Fotos nachzugehen, werden eine Reihe von Unterscheidungen aufgeführt. Differenziert wird zwischen privaten und öffentlichen Bildern; zu Letzteren zählt Goffman die Reklamebilder. Voneinander abgegrenzt werden Schnappschüsse, gefälschte oder retuschierte Fotos und gestellte Bilder, die meist ein Posieren erfordern. Ein Foto kann eine Szene zum Gegenstand haben oder es kann sich um ein Porträt handeln. Um den Wirklichkeitsgehalt sichtbar zu machen, vergleicht Goffman diese Formen mit dem Alltagsleben, Theaterstücken und anderen Bildern wie Gemälden und Cartoons. Für eine analytische Perspektive unterscheidet Goffman zwischen Sujet („subject") und Modell („model"). Das Sujet ist der Gegenstand oder das Thema der Darstellung, das Modell meint dagegen die materielle Vorlage („material guide") (GA_b_{dt}, 55 ff.; GA_b, 13). Ein/e Künstler/in kann eine Person malen, die nicht mehr lebt oder nie gelebt hat; dafür braucht es auch nicht unbedingt ein Modell. Für eine Fotografie ist dagegen ein Modell unverzichtbar. Möglich ist, dass bei einem Porträt Sujet und Modell zusammenfallen. Ein Mannequin, das in einem Reklamebild als Nonne abgebildet wird, macht jedoch deutlich, dass das nicht immer der Fall sein muss. Nach Goffman ist in diesem Kontext die Problemstellung der Übertragung („cross-over") von zentraler Relevanz. Damit ist gemeint, dass ein Modell selbst in einem gestellten Bild immer schon eigene Elemente hineinbringt. Das Mannequin ist in ihrem wirklichen Leben zwar keine Nonne, sie ist jedoch Frau und kann somit auf ein breites Repertoire der Geschlechterdarstellung zurückgreifen. Goffman betont, dass „wie gestellt und ‚künstlich' ein Bild immer sein mag, es [...] doch Elemente enthalten [wird], die reale Dinge belegen" (GA_b_{dt}, 84; GA_b, 21). Besonders gilt dies für das „gemeinsam[e] Idiom der Haltungen, Gesten und Blicke [...], mittels dessen wir uns anderen gegenüber in sozialen Situationen ohne Worte choreografisch darstellen" (ebd.). Diese Übertragung machen Reklamefotos zu einem reichhaltigen Material für die Analyse der Geschlechterforschung.

Im dritten Aufsatz *Das Bild der Geschlechter in den Reklamebildern (Gender Commercials)* zeigt Goffman schließlich anhand der Analyse von über 500 Reklamebildern auf, wie sich Reklamedesigner/innen für die Konstruktion fiktiver Sozialwelten der gesellschaftlichen Idealbilder von Weiblichkeit und Männlichkeit bedienen und wie über Reklamebilder asymmetrische Glaubensvorstellungen von Geschlecht reproduziert werden. Seine besondere analytische Vorgehensweise, die auch als piktorale Musteranalyse („pictorial pattern analysis") bezeichnet wird, besteht darin, dass er einer Serie nummerierter Bilder zu einer typischen Geschlechterdarstellung je nur einen kurzen interpretativen Kommentar voranstellt. Die dem Kommentar folgenden Bilderserien sind dann so arrangiert, dass sie von links nach rechts, von oben nach unten oder aber quer gelesen werden können. Die Leser/innenschaft wird somit in eine aktive Rolle versetzt, da die verbal formulierten Argumente mit den visuellen Argumenten von den Lesenden selbstständig in Verbindung gebracht werden müssen (Smith 2010, 175 f., 178 ff.).

In seinen empirischen Analysen schlussfolgert Goffman, dass Männer in Reklamebildern meist einen räumlich erhöhten Standort einnehmen, woraus er ableitet, dass die relative Größe dazu eingesetzt wird, eine gesellschaftliche Status-Überlegenheit von Männern gegenüber Frauen zu symbolisieren. Vice versa demonstrieren die räumlich niedrigeren Positionen von Frauen in Reklamebildern ihren untergeordneten gesellschaftlichen Rang, ihre Vulnerabilität und Verfügbarkeit (GA_c_{dt}, 120–124, 169–183; GA_c, 28 f., 41–45). Auch einzelne Körperhaltungen tragen die bildliche Darstellung der Geschlechterasymmetrie: So zeige sich in der häufig schrägen Körper- oder Kopfhaltung von Frauen gegenüber Männern, ein symbolischer Ausdruck von Demut oder Unterwerfung (GA_c_{dt}, 186–189, 246–251; GA_c, 46 f., 63 f.).

Häufig werden Männer auch als Belehrende und Frauen als Belehrte illustriert, worin sich eine rituelle Gleichstellung von Frauen mit Kindern zeigt, da Lernsituationen typische Settings der Alltagswelt von Kindern sind (GA_c_{dt}, 144; GA_c, 34). Auch sind es in der Mehrzahl Männer, die auf den Reklamebildern in beschützenden Posen gezeigt werden, sei es über den Arm, an dem sich Frauen unterhaken oder der um Frauen gelegt wird. Derlei Beschützer-Gesten sind typisch für das Mann-Frau-Verhältnis, lassen sich aber ebenso auf die Eltern-Kind-Konstellationen übertragen (GA_c_{dt}, 215–219; GA_c, 54 f.). Schließlich sind es auch mehrheitlich Frauen, die sich „wie das Kind mit einer Tüte Eis" auf den Reklamebildern ihren Emotionen hingeben – im Gegensatz zu rational dargestellten Männern (GA_c_{dt}, 269–274; GA_c, 68 ff.). All diese Beispiele illustrieren empirisch die Annahme Goffmans, dass das Mann-Frau-Verhältnis eine Ritualisierung der Eltern-Kind-Konstellation darstellt.

Goffman schlussfolgert, dass es sich bei kommerziellen Werbefotos zwar um sorgfältige Inszenierungen von vermeintlich natürlichen Ausdrucksweisen der Geschlechter handelt, diese nachgeahmten Ausdrucksweisen aber letztlich selbst nur künstliche Posen darstellen (GA_c_{dt}, 327 f.; GA_c, 84). Der Unterschied zwischen Reklame-Szenen und Szenen der Alltagswelt besteht darin, dass man die „Standardisierung, Übertreibung und Vereinfachung, wie sie für Rituale im allgemeinen typisch ist, [...] in kommerziellen Reklameposen in erhöhtem Maß" beobachten kann, nämlich als Hyper-Ritualisierung (GA_c_{dt}, 327; GA_c, 84). So ist es gleich, ob man für ein Reklamebild posiert oder eine ritualisierte Alltagshandlung vornimmt, denn man ist in beiden Fällen um eine Idealdarstellung einer Idealvorstellung von sozialen Verhältnissen bemüht. Alltägliche, vermeintlich natürliche, Ausdrucksweisen der Geschlechter sind somit auch „Reklamebilder, die ein bestimmtes Weltbild verkaufen sollen, und zwar unter nicht weniger fragwürdigen und trügerischen Bedingungen als jene, mit denen die Reklame hantiert" (GA_c_{dt}, 328; GA_c, 84). Dergestalt werden im Sinne der institutionellen Reflexivität über Reklamebilder asymmetrische Glaubensvorstellungen von Geschlecht reproduziert, die die soziale Ungleichheit zwischen Männern und Frauen bedingen und weiter manifestieren.

Rezeption und Wirkung

Goffman wird aufgrund seiner Erörterungen und Analysen zu Geschlechterdarstellungen in Reklamebildern aus *Gender Advertisements* als „the visual sociologist *avant la lettre*" bezeichnet, „a practitioner of a specialism that had scarcely been invented in 1979 when he published his major contribution" (Smith 2010, 179, H.i.O.). Das Buch erfährt vor allem innerhalb der visuellen Soziologie eine hohe Aufmerksamkeit, doch werden die drei separaten Parts von *Gender Advertisements* auf ganz unterschiedliche Weise rezipiert. Aus dem Aufsatz *Darstellung der Geschlechter (Gender Display)* wird vor allem der Begriff „Hyper-Ritualisierung" oft aufgegriffen. Denn mit diesem Begriff legt Goffman eine eigene theoretische Konzeption des Verhältnisses von Geschlechterdarstellungen im Alltag und in der Werbung vor, die sich dadurch auszeichnet, dass Reklamebilder nicht einfach als künstlich inszenierte

Nachahmungen von sozialen Alltagssituationen gerahmt werden. Nach Goffman zielten Geschlechterdarstellungen in der Reklame wie auch Geschlechterdarstellungen im Alltag stattdessen auf dasselbe ab, nämlich auf das Erreichen einer Idealdarstellung einer Idealvorstellung von sozialen Verhältnissen (s. Kap. 65). Das Kapitel *Bilder-Rahmen (Picture Frames)* gilt zwar als ein origineller, theoriebasierter Beitrag zur soziologischen Bedeutung von Fotografien (Smith 2010, 173). Trotzdem erfährt das Kapitel im Vergleich zu den anderen Beiträgen in der Rezeption weitaus weniger Beachtung, was mitunter daran liegt, dass in diesem Kapitel mehr grundlagentheoretische Fragen zum Status von Fotografien aufgeworfen als beantwortet werden (Smith 2010, 173 f.; s. Kap. 61). Das dritte Kapitel *Das Bild der Geschlechter in den Reklamebildern (Gender Commercials)* erfuhr die umfangreichste Rezeption. Zahlreiche Studien verfolgen entweder das Ziel, Goffmans Ergebnisse zu Geschlechterdarstellungen in der Werbung aktualisierend zu replizieren oder aber sie streben unter Verwendung seiner Terminologie und Thesen eine Analyse von Geschlechterdarstellungen in anderen Medienformaten an. Die Studien beschränken sich dafür jedoch überwiegend auf inhaltsanalytische oder quantitative Vorgehensweisen. Seine methodisch innovative Vorgehensweise der piktoralen Musteranalyse wurde kaum aufgenommen und weiter ausgearbeitet und bleibt damit letztlich leider weitestgehend unbeachtet. Nichtsdestotrotz gilt *Gender Advertisements* als Evergreen der visuellen Soziologie, da Goffman aufgezeigt hat, was eine visuelle Soziologie erkenntnistheoretisch leisten kann, wenn Bilder nicht einfach als Illustrationen, sondern als Daten verstanden werden (Smith 2010, 174–179; s. Kap. 61).

Der Aufsatz *The Arrangement between the Sexes* wurde von feministischen Forscherinnen zunächst ablehnend kommentiert (z. B. Wedel 1978). Es wurde kritisiert, dass sich Goffmans Analysen ausschließlich auf heteronormative Geschlechtsstereotype der amerikanischen Mittelschicht beziehen und sie geschlechtliche Stereotype vielmehr unreflektiert reproduzieren würden, statt sie zu entnaturalisieren. Zudem wurde bemängelt, dass Goffman die komplexe Verwobenheit von Machtverhältnissen aus *race, class* und *gender* missachte und darüber hinaus Frauen als eine homogene, privilegierte Gruppe begreift, statt die diversen und ungleichen Lebenslagen von Frauen zu berücksichtigen (Kotthoff 1994, 170 ff.). Trotz dieser Kritikpunkte diente dieser Text jedoch als wichtiger Impulsgeber innerhalb der Geschlechtersoziologie. Zu einem zentralen konzeptionellen Anstoß wurde Goffmans Schlussfolgerung, dass nicht nur Männern, sondern auch Frauen selbst aktiv mit an der Herstellung der sozialen Geschlechterungleichheiten mitwirken. Im Anschluss an diese Überlegung wurde in der Frauen- und Geschlechterforschung die Opferstilisierung von Frauen zunehmend kritisch reflektiert und Prozesse der Mittäterschaft gerieten in den analytischen Fokus (Thürmer-Rohr 2008). Schließlich stießen Goffmans Überlegungen aus *The Arrangement between the Sexes* (ebenso wie jene aus *Gender Advertisements*) auch zentrale theoretische Debatten an, denn sowohl die Konzepte des *doing gender* (West/Zimmerman 1989) und des *undoing gender* (Hirschauer 1994) wie auch das Konzept der Performativität von *gender* (Butler 1991) beziehen sich auf Goffmans konzeptionelle Überlegungen zu Geschlecht (Kotthoff 1994, 162–165; Smith 2010, 168–173). Aufgrund dieser impulsgebenden Wirkung zählt Goffman zum festen Repertoire der geschlechtersoziologischen Hand- und Lehrbücher (s. Kap. 65).

Literatur

Butler, Judith: Das Unbehagen der Geschlechter. Frankfurt/Main 1991.

Eberhardt, Joachim: Religion als „das Opium des Volkes“. Ein Beitrag zur Ideengeschichte – mit einigen neuen Funden. In: Deutsche Vierteljahrsschrift für Literaturwissenschaft und Geistesgeschichte 93 (2019), 263–286.

Gildemeister, Regine/Hericks, Katja: Geschlechtersoziologie. Theoretische Zugänge zu einer vertrackten Kategorie des Sozialen. München 2012.

Gildemeister, Regine: Doing Gender. Soziale Praktiken der Geschlechterunterscheidung. In: Ruth Becker/

Beate Kortendiek (Hg.): Handbuch Frauen- und Geschlechterforschung. Wiesbaden [2]2008, 137–145.

Hirschauer, Stefan: Die soziale Fortpflanzung der Zweigeschlechtlichkeit. In: Kölner Zeitschrift für Soziologie und Sozialpsychologie 46/4 (1994), 668–692.

Kotthoff, Helga: Was heißt eigentlich doing gender? Differenzierungen im Feld von Interaktion und Geschlecht. In: Freiburger FrauenStudien 91 (2003), 125–161.

Kotthoff, Helga: Geschlecht als Interaktionsritual? In: Erving Goffman: Interaktion und Geschlecht. Frankfurt/Main 1994, 159–194.

Smith, Greg: Reconsidering Gender Advertisements. Performativity, framing and display. In: Michael H. Jacobsen (Hg.): The contemporary Goffman. New York/London 2010, 165–184.

Thürmer-Rohr, Christina: Mittäterschaft von Frauen. Die Komplizenschaft mit der Unterdrückung. In: Ruth Becker/Beate Kortendiek (Hg.): Handbuch Frauen- und Geschlechterforschung. Wiesbaden [2]2008, 88–93.

Wedel, Janet M.: Ladies, we 've been framed! Observations on Erving Goffman's „The Arrangements between the Sexes“. In: Theory and Society 5/1 (1978), 113–125.

West, Candace/Zimmerman, Don: doing gender. In: Gender & Society 2 (1989), 125–151.

Forms of Talk und *Felicity's Condition*

47

Hubert Knoblauch

Während sich Goffman in seinem Werk durchgängig mit Kommunikation auseinandergesetzt hat, wandte er sich erst in seinen späteren Arbeiten der sprachlichen Kommunikation zu. Die aus dem Jahr 1981 stammende Aufsatzsammlung *Forms of Talk* und der zwei Jahre später im *American Journal of Sociology* erschienene Aufsatz *Felicity's Condition* sind Ausdruck dieser Neuausrichtung. Dieser Aufsatz und drei der fünf Buchbeiträge sind 2005 in der von Hubert Knoblauch, Christine Leuenberger und Bernt Schnettler herausgegebenen deutschen Übersetzung unter dem Titel *Rede-Weisen. Formen der Kommunikation in sozialen Situationen* erschienen. Goffmans Hinwendung zur sprachlichen Kommunikation hat vermutlich mit dem damaligen „linguistic turn" (Philips 1983) zu tun, der die Rolle der Sprache in allen Wissenschaften hervorhebt. Sie ist aber auch in enger Kooperation mit John Gumperz (1975) entstanden, der eine „interaktionale Soziolinguistik" entwickelte. Goffmans Interesse an der Sprache fand seinen Ausdruck übrigens auch in seiner Tätigkeit als Herausgeber der soziolinguistischen Zeitschrift *Language in Society,* die er ab 1972 ausübte. Ein weiterer bedeutsamer Hintergrund für Goffmans zunehmende Beschäftigung mit Gesprächen dürfte seine Auseinandersetzung mit der Konversationsanalyse gewesen sein. So findet sich schon in der *Frame-Analysis* (1974) ein Transkript, das von Gail Jefferson stammt – einer der Begründer/innen der Konversationsanalyse. Hier auch entwickelt er schon die verschiedenen Sprecherrollen, die er in den *Forms of Talk* wiederaufnehmen wird: Sprecher/innen können als „Urheber" („source") ihrer Äußerungen gelten, als „maßgebende Subjekte und Gestalter" („principal" „animator") „oder lediglich als „Lautsprecher" („sounding box") ihrer Äußerungen FA_{dt}, 553 ff.; FA, 516 ff.). Darüber hinaus können in den Äußerungen selbst die vielfältigsten „Figuren" („figures") auftreten: neben natürlichen, mit den Sprechenden identischen Figuren kann es sich um gespielte Figuren handeln, um gedruckte, zitierte oder in Sprache und Gesten nachgeahmte.

Forms of Talk besteht aus einer Sammlung von weitgehend eigenständig lesbaren Aufsätzen, die zwischen 1974 und 1980 verfasst wurden. Sie werden in wenigen Seiten eingeleitet, in denen er sein Thema betont. Es geht ihm dabei nicht nur um Äußerungen, sondern auch um die Weisen, wie sie in vielfältigen sozialen Relationen zwischen Sprechenden und Hörenden körperlich realisiert bzw. ‚performt' werden.

Der Bezug zur Konversationsanalyse wird schon im ersten – vorab schon 1976 in der Zeitschrift *Language and Society* veröffentlichten – Beitrag *Erwiderungen und Reaktionen* (*Replies*

H. Knoblauch (✉)
Institut für Soziologie, TU Berlin,
Berlin, Deutschland
E-Mail: hubert.knoblauch@tu-berlin.de

K. Lenz und R. Hettlage (Hrsg.), *Goffman-Handbuch,* https://doi.org/10.1007/978-3-476-05871-3_47

and Responses) deutlich. Selbst wenn er einleitend nur von „Dialoganalyse" spricht, zieht sich die Auseinandersetzung mit Harvey Sacks, Emanuel Schegloff und der von ihm geschätzten Gail Jefferson (1974) durch weite Teile des gesamten Textes (s. Kap. 50; 55). In einem ersten Teil erläutert er zunächst einige Prinzipien dieser Dialoganalyse, die sich deutlich an die Redezugabfolge hält. Deren weitere Funktionsweise versucht er durch zwei Prinzipien zu erhellen, die er einmal „Systemvoraussetzungen" (FA_b_{dt}, 82; „system requirements", FT_a, 14), ein anderes Mal „rituelle Beschränkungen", FA_b_{dt}, 86; „ritual constraints", FT_a, 18) nennt. Systemvoraussetzungen beziehen sich auf Merkmale, die das schlichte Prozessieren der Kommunikation in der Konversation garantieren. Es handelt sich um Merkmale, wie sie „Kommunikationsingenieur/innen" verwenden würden – und die auch für eine Systemtheorie der Interaktion relevant sind, ohne allerdings bisher beachtet worden zu sein. Kommunikation aber funktioniert nicht nur durch die Logik des Austausches, sondern auch durch die Beachtung der Kopräsenz von Menschen. Eine ähnliche Ergänzung der Konversationsanalyse ist das zentrale Thema des Aufsatzes: Das Grundmuster des konversationellen Austausches – also die Paarsequenz – ist selbst ein Fall einer grundlegenderen Sequenz von Zügen: Nicht sprachliche Fragen und deren Erwiderungen bilden die Grundlage, sondern Aufforderungen und Reaktionen. Sprachliche Interaktionen, wie Frage und Antwort, sind also ein Sonderfall eines umfassenden „Handlungsdialogs", wie man ihn schon bei George Herbert Mead (1973) beschrieben findet.

Der zweite Beitrag, der im Deutschen als *Reaktionsrufe (Response Cries)* übersetzt wurde, erklärt sich daraus, dass es sich hier um Äußerungen handelt, die im Alltag geläufigerweise als etwas angesehen werden, was unwillkürlich geschieht – etwas, das als „Überborden der Natur" (FA_c_{dt}, 174; „natural overflowing" FA_b, 99) angesehen wird, wie etwa die Laute, die Handelnde ausstoßen, wenn ihnen etwas Ekliges begegnet, wenn ihnen ein Missgeschick widerfährt oder wenn sie unerwartete Anstrengungen durchführen müssen. Damit sind Ausrufe gemeint, wie etwa „Igitt", „Brrr" oder „Ooh". Goffmans vornehmliches Interesse gilt besonders den Reaktionsrufen im Zusammenhang mit dem „Selbstgespräch" („self talk"), die also außerhalb des Gesprächsrahmens stattfinden. Wir müssen nicht schon reden, um diese Äußerungen zu tätigen. Diese Ausrufe sind ihm ein weiterer Beleg für die durchgängige These, dass das Gespräch als Teil einer umfassenderen Untersuchungskategorie betrachtet werden muss: der sozialen Situation. Weil diese Situation als *soziale* Situation Anwesender definiert ist, besteht ihr Aufweis darin, dass auch diese vermeintlich einsamen Aktivitäten Andere involvieren. Im extremsten Falle sind wir selbst gleichzeitig Sprecher/in und Hörer/in in einer Person.

Goffman wendet sich hier zunächst deutlich gegen psychologische Vorstellungen, die das Selbstgespräch als eine Form des Egozentrismus betrachten oder es mit dem Tagtraum vergleichen. Das Selbstgespräch, so räumt er ein, wird zwar in unserer Gesellschaft nicht sehr geschätzt, ja mitunter unterliegt es sogar einem gewissen Tabu. Aus dem Blickwinkel der Interaktionsforschung betrachtet, kann es jedoch sogar als eine Form der Ritualisierung angesehen werden: Das Selbstgespräch ahmt in einem anderen Kontext ein Gespräch nach, wie es zwischen Personen stattfindet. Wie schon Mead vor ihm das Denken, so betrachtet Goffman das Selbstgespräch als eine abgeleitete Form. Es ist deswegen eine Ritualisierung, weil es eine Handlungsform aus ihrem ursprünglichen Kontext löst. Selbstgespräche sind zwar auf einen Handelnden beschränkt, doch zeigt ihre Ausführung, wie sich Handelnde an der Situation als Ganzer orientieren und damit die Vorstellung der Intersubjektivität aufrechterhalten. Sie sind also bewusst und zeigen an, dass wir im Handeln gegenseitige Verständlichkeit, Wachheit und Aufmerksamkeit unterstellen. Dieses Anzeigen kann auch als Inszenierung betrachtet werden. Und Goffman hebt hervor, dass auch solitäre Äußerungen als soziale, genauer: kommunikative Handlungen zu betrachten sind.

Einer der zentralen Beiträge von *Forms of Talk* ist zweifellos der 1979 zuvor in der Zeitschrift *Semiotica* veröffentlichte Aufsatz *Redestatus (Footing)* (s. Kap. 34), denn er bietet den analytischen Rahmen sowohl für das Verständnis des Vortrags *(The Lecture)* wie auch der *Reaktionsrufe*. Im Mittelpunkt steht die methodologische Frage, was die Grundeinheit der Analyse dessen ist, was Goffman „talk" nennt. „Talk" ist nicht einfach als „Reden" zu übersetzen, weil es immer Teil einer *sozialen Situation* ist, in der sich Menschen begegnen. Wir könnten es am genauesten als performatives und relationales „kommunikatives Handeln" (Knoblauch 2017) übersetzen, denn es setzt die gegenseitige Beobachtung und andere nichtsprachliche Elemente voraus, lässt sich aber nicht durch das schlichte ‚Paradigma' des dialogischen Gesprächsmodells erfassen. Dessen Annahme, dass Gespräche aus zwei Positionen (Sprecher/in und Hörer/in) bestehen, dekonstruiert Goffman detailliert.

Zunächst wendet er sich den verschiedenen Ausprägungen von Hörer/innen zu (FT_a_{dt}, 45 ff.; FT_c, 131 ff.), die er nur bedingt als Rollen bezeichnen möchte: Beisteher/in und Mithörer/in, Lauscher/in und aus Höflichkeit übersehene Fremde zählen hierzu ebenso wie Hörer/innen in „Nebengeschehnissen" („byplay") „Quergeschehnissen" („crossplay") oder „Seitengeschehnissen" („sideplay"), deren Bedeutung dann offensichtlich wird, wenn es zu „Zusammenstößen" oder „Entgleisungen" kommt. Dass Hörer/innen keineswegs nur Gesprächsrollen erfüllen, zeigt sich besonders in den Situationen, in denen auch, aber eben nicht nur gesprochen wird – etwa bei Ärzte/Ärztinnen oder bei der handwerklichen Arbeit. Noch differenzierter ist die Ausprägung der Sprecher/innenrolle. Hier nimmt Goffman die Unterscheidung der Typen aus der *Rahmenanalyse des Gesprächs* (FA_{dt}, Kap. 13) auf, die er nun „Animateur" („animator"), „Autor" („author") und "Urheber" („principal") nennt (FT_a_{dt}, 59, FT_c, 144). Daneben aber gibt es für Sprecher/-innen noch zahllose weitere Möglichkeiten, sich gleichsam zu „multiplizieren": Im Gespräch treten sie nicht nur als "adressierendes Selbst" auf, sondern in vielfältigen Verwandlungen: Als Figuren, die auf mehrfache Weise eingebettet oder eingerahmt sein können.

Die situativen bzw. kommunikativen Rollen sind keineswegs statisch. Vielmehr findet ein Wechsel zwischen dem statt, was Goffman als „Teilnahmestatus" („participation status") bezeichnet, also das Verhältnis der Sprecher/in zu ihren Äußerungen. Dieser Teilnahmestatus kann uns ebenfalls Aufschluss darüber geben, was Goffman dann als „Teilnahmerahmen" („participation framework") bezeichnet, einer der Begriffe, den er einleitend hervorhob (FA_{dt}, 51; FA, 137). Unter Teilnahmerahmen versteht er das Verhältnis der Sprechenden – und ihrer Äußerungen – zueinander. Das, zwischen dem gewechselt wird, bezeichnet Goffman hier als ,„Redestatus". Der Redestatus hat in seinen Augen mit der Orientierung, Ausrichtung und dem entworfenen Selbst der Beteiligten zu tun, die während einer Verhaltenssequenz aufrechterhalten werden. Sie werden durch Veränderungen des Verhaltens angezeigt – beim Sprechen mit Code-Wechseln, die als Markierungen von Grenzen zu größeren Einheiten (z. B. Episoden) dienen. Als „Ritualisierung" („ritualization") schließlich bezeichnet er das Umpflanzen von Interaktionsformen aus einem Interaktionskontext in einen anderen (FT, 2; Knoblauch/Leuenberger/Schnettler 2005, 26).

Das Kapitel über *The Lectures* bietet ein hervorragendes Beispiel sowohl für die *Rahmen-Analyse* als auch für den *Redestatus (Footing)*. Beim Vortrag („lecture") handelt es sich um eine institutionalisierte Form der „Vorführung" („performance"), in der Worte im Vordergrund stehen – und die erneut deutlich macht, dass es sich hierbei nicht nur um ein „Sprechereignis" (Hymes) handelt (FT_d, 165). Vielfach ist es sogar eine „Zeremonie" („celebrative occasion" (ebd., 168), die von Schirmherren organisiert wird, um damit ihre Organisation zu glorifizieren. Dies wird durch ein „Star-System" bestückt (ebd., 169), aus dem wechselnde Redner/innen zu wechselnden Themen rekrutiert und – je nach Star-Status – unterschiedlich teuer bezahlt werden. Als Zeremonie oder als Vorführung weist diese Kommunikationsform sowohl Aspekte des Spektakels auf, also der Show, die um den Vortrag herumgemacht wird, als auch des eigentlichen Spiels, also des Vortrags. Nur mit diesem letzten Aspekt beschäftigt sich Goffman in diesem Buch.

Auch wenn Goffman betont, dass die vielfältigen Verhaltensweisen des Publikums ein ebenso untersuchenswertes wie vernachlässigtes Phänomen darstellen, konzentriert sich seine Analyse besonders auf die Rollen des Sprechenden: „Animateur" als „Sprechmaschine", „Autor" und „Urheber" sind die Funktionen des Sprechenden, die üblicherweise in ihrer Dreifaltigkeit als miteinander verbunden angesehen werden. Insbesondere die „Animation" schlüsselt er in weitere Unterformen auf: das Auswendiglernen oder Memorieren, das laute Lesen und das spontane Reden. Jede dieser „Produktionsweisen" („production modes"; ebd., 172) – Goffman verwendet hier nicht den für die *Forms of Talk* zentralen Begriff des „Produktionsformats" – schafft eine andere Form der Beziehung zwischen Sprecher/in und Hörer/in, eine Schnittstelle zwischen dem Text und der Situation seiner Vorführung.

Der ‚Redestatus' wiederum bezieht sich auf die verschiedenen Positionen, in denen die Sprecher/in erscheinen kann. Dazu gehört einmal das Text-Selbst, das moduliert werden kann. Solche „Modulationen" („keying") sind etwa Textklammern, mit denen ein Text eröffnet und beschlossen wird. In diesen tritt das Selbst anders in Erscheinung als im Haupttext. Solche Modulationen sind auch in Kleinstversionen innerhalb von Vorträgen möglich. Einschübe sind eine weitere Form solcher Modulation, in denen wir andere Haltungen zum Text einnehmen. Eine weitere Art der Modulation bzw. des Redestatus ist das „Rauschen". Hier geht es um die Behandlung des technischen Kommunikationskanals, die uns als Sprechmaschine betrifft. Ebenso kann die Darbietung selbst auf unterschiedliche Weisen geschehen, etwa in Form eines „geschliffenen Vortrags" („‚hypersmooth' delivery"), in „gehobenem Stil" („high style") und als „Simulation" („simulation") (ebd., 188). Dies sind Formen, in denen der Text kontextualisiert wird.

So vielfältig die Sprecherrollen sind, erschöpft sich genauso das Hören des Vortrags keineswegs nur in der schlichten Aufnahme des Textes. Vielmehr haftet dem Vortrag ein ritueller Charakter an: nicht nur der Vortrag als solcher soll gehört werden – man erhofft vielmehr auch Zugang zu einer Autorität zu erhalten, die öffentliche Aufmerksamkeit erregt.

Der letzte Beitrag des Bandes konnte schon deswegen keinen Platz in der deutschen Übersetzung finden, weil er auf schwer zu übersetzendem empirischem Material beruht: Kermit Schafer Radiosendung über berühmte Versprecher aus den 1950er und 1960er-Jahren. Anhand ihrer empirischen Analyse möchte Goffman herausfinden, was wir als Hörer/innen erkennen können, wenn wir nur genau zuhören. Ausführlich typisiert und klassifiziert Goffman die verschiedenen Versprecher („influences", „slips", „boners" und „gaffes"), um sich dann den Versprechern bei Rundfunkansagen zuzuwenden (ebd., 209 f.). Es kann sich dabei um phonologische Störungen handeln, um Wiederholungen, mechanische Fehler und Vorder- bzw. Hinterbühnenprobleme (man dünkt sich offline). Bemerkenswert ist dabei sein Zugang, stellt er sich doch die Frage, wie sie überhaupt als Versprecher („faultables") erkannt werden (ebd., 225). Sein besonderer Zugang besteht darin, dass er die Versprecher nicht als Phänomen an sich behandelt, sondern als etwas, das als Versprecher erkennbar gemacht wird. Das kann mit Ad-hoc-Erläuterungen, Metakommunikation oder Selbstkommunikation geschehen. Radioversprecher lassen etwas aufscheinen, was wir aus dem Alltag ebenso kennen: wie wir nämlich als kompetente Sprecher/innen erscheinen, auch wenn wir Fehler begehen. Dabei spielt nicht nur das Footing oder der Teilnahmestatus eine Rolle; vielmehr geht es, wie immer, auch um die strategische Frage, wie sich die Sprechenden selbst darstellen.

Obwohl die *Glückungsbedingungen (Felicity's Condition)* nicht in den *Forms of Talk* erschienen, sondern posthum 1983 im *American Journal of Sociology*, setzen sie das Thema jenes letzten Buches von Goffman konsequent fort. Wie der Titel des Aufsatzes schon andeutet, nimmt Goffman hier Bezug auf die Theorie der Sprechakte, die er scharf kritisiert. Dieser Ansatz erscheint ihm mit Blick auf das Verhältnis von Sprache und Kontext so unbefriedigend, dass er ihn rasch verwirft und sich anderen Ansätzen zuwendet. Goffman konzentriert sich zunächst auf die Präsuppositionen. Gemeint sind damit jene vielen alltäglichen Unterstellungen und Vorannahmen des Common Sense, also das „was wir in einem Handlungsverlauf als selbstverständlich voraussetzen" (FT_d_{dt}, 202; FeC, 1). Man beachte, dass Goffman diesen in der Linguistik gebräuchlichen Begriff hier keineswegs auf sprachliche Handlungen beschränkt (s. Kap. 68). Es geht ihm um soziale Präsuppositionen, also stillschweigende Vorannahmen über Selbstverständlichkeiten, wie wir sie selbst vornehmen und bei anderen voraussetzen (dazu Austin 1972, 37). Freilich konzentriert er sich auf soziale Präsuppositionen im Sprachgebrauch, genauer: im mündlichen Sprachgebrauch. Der Sprachgebrauch erscheint auch hier wieder besonders untersuchenswert, weil sich solche Präsuppositionen in der grammatischen Oberflächenstruktur, aber auch etwa in prosodischen Merkmalen ausdrücken. Präsuppositionen finden sich etwa als vorausgesetzte vorangegangene Ausdrücke, die wir durch Substitutionen herstellen (anaphorische Ausdrücke, die darauf hinweisen, welche Antezedenzien gemeint sind). Präsuppositionen, so zeigt Goffman an einer Reihe von Beispielen, gehen jedoch nicht nur auf schon Gesagtes zurück: sie sind keineswegs nur in Äußerungen enthalten, sondern auch in deiktischen Handlungen und sie beziehen sich vor allem auf das, was man im Bewusstsein der Hörer/innen vermutet – oder dort wieder in Erinnerung bringen zu können glaubt. Goffman identifiziert besondere Verfahren der „Verortung", mit denen für die Kommunikation erforderliche Inhalte bewusstgemacht werden. Die Bedeutung des Wissens zeigt sich auch an lakonischen Äußerungen, die deutlich machen, welches und wie viel Wissen wir in die Situation hinein importieren.

Die Untersuchung der Präsuppositionen macht also deutlich, dass die Untersuchung der Sprache die Sprache und das Sprechen selbst transzendiert und auf die sozialen, auch nicht-sprachlichen Arrangements verweist, in denen gesprochen wird. Präsuppositionen sind also keineswegs nur kognitiv, sondern enthalten eine normative Komponente. Kommunikation glückt nur dann, wenn eine gewisse Normalität unterstellt wird, die sich vor allem auf die sprachlichen Aspekte bezieht. Dazu gehört etwa die Moral der Rücksichtnahme – dass man also ein Feingefühl dafür entwickelt, was man voraussetzen darf. Dazu gehört der referentielle Takt, der regelt, dass man Äußerungen auf die Zuhörer/innen und das eigene Wissen von ihnen zuschneidet. Und dazu gehören schließlich ebenso Gesprächskonventionen, wie etwa die Formen der Beibehaltung und Änderung von Themen. Nur in besonders „rationalen" Gesprächen zählen dazu auch die Maximen der Konversation, wie sie H. Paul Grice (1975) im Rahmen der Sprechakttheorie entwickelt hat. Soziale Konventionen regeln, wann Wissen offen angesprochen werden kann, wann man eine Vorwarnung geben muss, bevor man spricht; unter welchen Bedingungen Unbekannte miteinander reden können, wann sie sich entschuldigen müssen, welche Themen für alle zugänglich sind und wer von uns etwas wissen darf und sollte. All diese Regeln, die Goffman sehr ausführlich behandelt, führen ihn zum Schluss, dass wir tatsächlich offenen Büchern gleichen, sobald jemand die Regeln des Zugangs kennt.

Neben den schon bekannten Themen bietet Goffmans *Glückungsbedingungen* eine Reihe von weiteren Aspekten, die Folgen für das Verständnis seines Ansatzes haben. Indem er aufzeigt, wie neben vorangehenden Äußerungen das Vorwissen, die lokalen äußeren Umstände und importierte Informationen in das Sprechen eingehen, indem sie besonderen Regeln und Konventionen gehorchen, liefert er eine analytische Unterscheidung verschiedener Kontexte der Kommunikation. Dabei zeigt er deutlich, dass Kontexte sich keineswegs in ,sprachliche' und ,nichtsprachliche' scheiden lassen, sondern dass immer mehrere in die Situation eingehen – auf eben die Weise, die sozial geregelt ist. Zum Zweiten zeigt er, wie sehr Wissen und Bewusstsein an Kommunikation beteiligt ist. Wir können, so ließe sich aus seinen Ausführungen folgern, weder sprachliche noch nichtsprachliche Kommunikation ohne Bezugnahme auf das Bewusstsein beschreiben – weder als Handelnde noch als wissenschaftliche Beobachter/innen. Ganz im Gegenteil geht das, was im Bewusstsein vor sich geht, sehr *wesentlich* in den Interaktionsverlauf ein.

Die „linguistische Wende" der *Rede-Weisen* stellt für manche einen Bruch in der Arbeit Goffmans dar. Wie Stephen Levinson (1988, 165) hervorhebt, betont er nach wie vor die Bedeutung der Situation, denn „talk is properly analysed, he argued, only in the context of the participation status of each person present in an encounter". Diese Betonung des Kontextes (Knoblauch 1995) hat zu einer starken Rezeption im Bereich der Soziolinguistik und der linguistischen Pragmatik geführt, für die Levinson im englischsprachigen oder Peter Auer (1999, 148 ff.) im deutschsprachigen Raum steht. Trotz seiner kritischen Haltung zur Ethnomethodologie ist Goffman auch in der Konversationsanalyse (Bergmann 1991) und besonders in der darauf aufbauenden Videographie rezipiert worden (Heath/Sanchez/Hindmarsh u. a. 2002; Tuma u. a. 2014). Während das Buch in der allgemeinsoziologischen Goffman-Rezeption wenig Beachtung findet, so spielt es insbesondere für die Ausarbeitung des kommunikativen Konstruktivismus (Keller/Knoblauch/Reichertz 2012) eine tragende Rolle.

Literatur

Auer, Peter: Sprachliche Interaktion. Tübingen 1999.

Austin, John L.: Zur Theorie der Sprechakte. Stuttgart 1972 (engl. 1965).

Bergmann, Jörg: Goffmans Soziologie des Gesprächs und seine ambivalente Beziehung zur Konversationsanalyse. In: Robert Hettlage/Karl Lenz (Hg.): Erving Goffman ein soziologischer Klassiker der 2. Generation. Bern, Stuttgart 1991, 301–326.

Grice, H. Paul: Logic and conversation. In: Peter Cole/ Jerry L. Morgan (Hg.): Syntax and Semantics, Vol. 3. Speech Acts. New York 1975, 41–58.

Gumperz, John: Sprache, soziale Kultur und Identität. Düsseldorf 1975.

Heath, Christian/Sanchez Svensson, Marcus/Hindmarsh, Jon/Luff, Paul/vom Lehn, Dirk: Configuring awareness. In: International Journal of Computer Supported Cooperative Work 11/3–4 (2002), 317–347.

Keller, Reiner/Knoblauch, Hubert/Reichertz Jo (Hg.): Kommunikativer Konstruktivismus. Theoretische und empirische Arbeiten zu einem neuen wissenssoziologischen Ansatz. Wiesbaden 2012.

Knoblauch, Hubert: Kommunikationskultur: Die kommunikative Konstruktion kultureller Kontexte. Berlin 1995.

Knoblauch, Hubert: Die kommunikative Konstruktion der Wirklichkeit. Wiesbaden 2017.

Kmoblauch, Hubert/Leuenberber, Christine/Schmettler, Bernt (2005): Einleitung. In: Erving Goffman: Rede-Weisen. Formen der Kommunikation in sozialen situationen. Konstanz, 9–28.

Levinson, Stephen: Putting linguistics on a proper footing: Explorations in Goffman's concepts of participations. In: Paul Drew/Anthony Wootton (Hg.): Erving Goffman. Exploring the interaction order. Boston 1988, 161–227.

Mead, George Herbert: Geist, Identität und Gesellschaft, Frankfurt/Main 1973 (engl. 1934).

Phillips, John: Goffman's linguistic turn: a comment on ›forms of talk‹. In: Theory, Culture and Society 2 (1983), 114–116.

Sacks, Harvey/Schegloff, Emanuel A./Jefferson, Gail: A simplest systematics for the organization of turn-taking for conversation. In: Language 50/4 (1974), 696–735.

Tuma, Rene/Schnettler, Bernt/Knoblauch, Hubert: Videographie. Einführung in die interpretative Videoanalyse sozialer Situationen. Wiesbaden 2014.

Presidential Address: *The Interaction Order*

48

Laura Bovone

Goffman wrote *The Interaction Order* in 1982 when he was sixty; it was meant to be the Presidential Address to be read in front of the annual meeting of the American Sociological Association. Eventually, it turned out to be his last important work and a sort of scientific will (published posthumously, like his very last article, *Felicity's Condition,* in 1983;), although he wrote most of it without being aware that he was at the end of his career and life (see chap. 1).

Later on, sending it to the *American Sociological Review* for publication, he added an ironic but sad prefatory note explaining to readers that they were actually presented with a presidential address that was not delivered, because he had not been able to take part in the meeting (in German: *Die Interaktionsordnung* 1994). Therefore, Goffman (InO, 1; InO_{dt}, 51) defines this essay as a "dubious offering", necessarily transformed from spoken to written form.

He had at length demonstrated in *The Lecture* (FT_d) that, when one listens to a scholar in person, "the music of interaction" is added to the scientific content. The presidential address was actually meant to offer his colleagues an occasion to reflect on the performance they had decided to attend. The preparation of *The Interaction Order* is an act of academic performance, whose rituals impose to write a text, deliver it, then refine and send it to the publisher. But with regard to academic rituals, Goffman (InO, 2; InO_{dt}, 53) does not hesitate to claim his "embarassment" and his embarassment for being embarrassed: he is perfectly aware of the pretense involved in the operation, including the fact that pieces of the prepared "preachment" could be found in previous publications. Although he does not mention that the last chapter of his PhD thesis (CCoIC) was also entitled *The Interaction Order,* it is clear that here he means to take stock of an entire life issue.

It is difficult for a scholar who never wanted to take himself too seriously to leave a scientific legacy to his colleagues. *The Interaction Order* turns out to be the most reflexive text of an author officially acknowledged as eminently reflexive (Collins 1981b, Scheff 2003), constantly questioning the taken for granted in social life and in sociology, as well as constantly questioning his own point of view.

The Interaction Order and its domain

The interaction order is the "face-to-face domain [...] whose preferred method of study is microanalysis" (InO, 2; InO_{dt}, 55). It is a pervasive domain, though, crossing and overcoming

L. Bovone (✉)
Dipartimento di Sociologia, Università Cattolica del Sacro Cuore, Mailand, Italien
E-Mail: laura.bovone@unicatt.it

K. Lenz und R. Hettlage (Hrsg.), *Goffman-Handbuch,* https://doi.org/10.1007/978-3-476-05871-3_48

all distinctions traditionally established by our discipline: city/village, public/private; intimate/impersonal relations (see chap. 23). Dealing with all of those territories in previous works, Goffman had largely employed a variety of unifying metaphors such as the theatre, the ritual, traffic, the frame and the game, all of them at least mentioned in *The Interaction Order.* Through those metaphors and an impressive stock of empirical material, Goffman fosters an interest in the situations and micro-practices of everyday life, a social dimension regarded as trivial by all the classics but Simmel (TNS; Schwartz/Jacobs 1979). Moreover, despite focusing on the problem of social order, like classic sociology, he definitely breaks with it by defining order not as an institutional construction but "as a matter of ordinary common sense" (Collins 1988, 59).

It is easy then to understand why the interaction order constitutes the core of Goffman's theory (Rawls 1987; Drew/Wootton 1988; Bovone/Rovati 1992; Misztal 2001; Manning 2010), although it remains a difficult concept to specify.

In *Behavior in Public Places,* Goffman (BP, 24 ff.; BP_{dt}, 39 ff.) had already devoted many pages to define "public order", which for him is unrelated to public safety and police authority and rather concerns a suitable communicative behavior in situation: in Goffman's view, public order is clearly an equivalent of the interaction order.

As if summarizing all of that, in *The Interaction Order* Goffman explains how sociology defines the individual's social situation using structural variables such as ethnicity, age, gender, social classes, relationships and groups. What is typical of social situations, though, is not "merely situated […] incidentally located in social situations" but is situational; it can "only occur in face-to-face assemblies" (InO, 3; InO_{dt}, 56 f.). Therefore, the unit of analysis for studies on the interaction order are "encounters" where few or many persons create contacts in occasional conversations or more formal meetings.

In *The Interaction Order* the term "public order" almost disappears, while expressive and ritual components of the interaction order are repeatedly underlined.

Rules

"Pedestrian traffic rules", as Goffman (InO, 2; InO_{dt}, 55) ironically calls the rules concerning the interaction order, "can be studied in crowded kitchens as well as crowded streets, interruption rights at breakfast as well as in courtrooms, endearment vocatives in supermarket as well as in the bedroom".

So Goffman repeats that sociology should not be interested only in public formal life; interaction rules are to be studied (and are the same) also in the most secret settings of everyday life. That is for sure a veiled reminder of the well-known antinomy, frontstage and backstage, that Goffman introduced alongside the theatre metaphor. In *The Presentation of Self in Everyday Life,* the antinomy is both depicted and brought into question by many examples (PS2, 106 ff.; PS_{dt}, 99 ff.). Among these, one of the most famous is derived from the young Goffman's fieldwork in Shetland Islands. The frontstage is the restaurant dining room where waiters put on an expert and efficient performance in front of clients/the audience; they then retire to the kitchen/backstage where local crofters' manners prevail, as well as a more relaxed spontaneous behavior. But in every interactional context, and therefore also in the kitchen, a frontstage is soon created where a new team starts performing for the witnesses, showing that in fact performers pass from a performance to another, and any back region is ready to become a front region. Similarly, in the previous quotation, Goffman (InO) invites to study interaction rules in the kitchen or even in the bedroom, that he had already depicted (PS2) as backstage settings.

The traffic metaphor was first introduced in 1953 in *Face Work* to reaffirm the primacy of social over the self: "to study face-saving is to study the traffic rules of social interaction" (IR_a, 12; IR_a_{dt}, 17). According to Goffman, self-presentation is not an individual's undertaking aimed at self maintainance but proves the individual's commitment to interaction. A parallel is then clearly established between the communicative expressive order and the social ritual order, where the self works as the coupling pin: "One's face, then, is a sacred thing, and the expressive order required to sustain it is therefore a ritual one" (IR_a, 19, IR_a_{dt}, 25).

But it is the ritual metaphor that prevails in *The Interaction Order,* as it was in *Face Work,* while expressiveness (widely explored in PS2; BP) is taken for granted here and used as synonymous of communication: it is said for instance (InO, 3; InO_{dt}, 59) that "social ritualization" has "a specialized communicative function". Its unwritten rules decide how service transactions can save equality and also provide exceptions; in etiquette books, we find ceremonial rules prescribing "little niceties" between different categories, like men and women or children and parents (InO, 12; InO_{dt}, 87).

Even though only mentioned here, the term etiquette recalls an already settled classification of behavioral rules allowing an insight into Goffman's idea of morality. Playing openly with words, in *The Nature of Deference and Demeanor* of 1956 Goffman suggested a comparison between ethics and etiquette: giving to the latter the dignity of a ceremony, he claimed that its rules visibly affect any interaction, while not all activities carry a substantive moral meaning. In his conclusive paper, Goffman restates the *sui generis* moral dimension of the interaction order (Bovone 1993). Ritual functions ih a reciprocally binding way, imposes obligations but also implies expectations, therefore a certain cooperation is needed to do what must be done (PS2; IR; InO).

The apparently trivial rules of courtesy, says Goffman (InO, 16; InO_{dt}, 102), secure (or reinforce) routine and "systematic recognition". On one side, then, and according to Michael Jacobsen (2010, 222), ritual recognition provides a "micro-functionalist perspective" on the possibilities "of keeping social order, at least at the micro-level, in a state of equilibrium". But, on the other side, as Peter K. Manning (2010, 102) underlines, "the interaction order reflects [...] the needs of the self to be recognised and sustained".

A working consensus about the definition of situation

In *The Interaction Order,* the discussion concerning what makes the situation function orderly is not linear: Goffman explores a number of concepts, only to promptly discard them. As Anne W. Rawls (1987) points out, the term "working consensus" („Arbeitsübereinstimmung" oder „Arbeitskonsensus"), used many times earlier (PS2, 10; PS_{dt}, 13; BP, 96; BP_{dt}, 109), then recalled as "working acceptance" (IR_a11; „Arbeitskonsens" IR_a_{dt}, 17) and here as "working understanding" (InO, 9; „vernünftige, funktionierende Verstandigung", InO_{dt}, 77), is the one that best summarizes the interaction order's requisites which imply

> "a large base of shared cognitive presuppositions, if not normative ones [...] a traffic code [...] a product of a normative consensus [...] arrangements which allow a great diversity of projects and intents to be realized through unthinking recourse to procedural forms" (InO, 5f.; InO_{dt}, 63ff.).

The concept of working consensus covers both sides of the interaction order, the agreement about the meaning of the situation, and the agreement about the moral commitment requested by the interaction and its participants.

As in many of Goffman's works (e.g. FA; FeC), the main issue seems to be the possibility of gathering—obviously implicitly, "unthinkingly"—a shared gaze on the surrounding reality and understanding that this can be considered worth living, safe and predictable (Misztal 2001). Face-to-face interaction has an evident "promissory" character: we have to trust what we see, take our risk while defining the others, but in the end accept "the sustained, intimate coordination of action" (InO 1983, 3) provided and required by communication.

In *The Presentation of Self in Everyday Life* Goffman (PS2, 253: PS_{dt}, 231) concluded that "a correctly staged and performed scene leads the audience to impute a self to a performed character, but this imputation—this self—is a product of a scene that comes off, and it is not a *cause* of it". In *The Interaction Order* (InO, 4 f.;

InO_{dt}, 61 f.) he repeats that social situations are the "natural theater" of our physical and psychological vulnerability but also of that recognition. Social ritualization offers a standard for everybody's behavior and "enabling conventions" (see chap. 21).

Even though in The *Interaction Order* Goffman does not explicitly recall the theme of framing, working consensus can be said to concern the whole activity through which we organize our experience to make sense of what we call reality. The activity of framing and reframing in which individuals are involved makes experience extremely "vulnerable" (FA), the same "vulnerability" mentioned for the interaction order (see chap. 33; 45). But even though interpretations are stratified, denied and corrected, they tend to stabilize in the end: what Goffman (FA, 338; FA_{dt}, 369) calls "a workably correct view of what is going on" means that "each participant has [...] a tolerably correct view of the others' views, which includes their views of his view". On the cognitive side, we can say that a mutual understanding of the existing frames is established. On the practical side, in *The Interaction Order* Goffman (InO, 4; InO_{dt}, 61) claims that "our ritual vulnerabilities are our ritual resources": when we feel in danger, or, which is the same, we feel that the interaction order is in danger, we are invited to a better care of our and others' images/selves (Baptista 2003).

In conclusion, working consensus informs the performance of actors already working to keep it. It is an adjustment mechanism for the different definitions of the situation and a starting point for new interactive undertakings. The interaction order is clearly a collective achievement that allows saving the face based on a shared frame. Lastly, if the interaction order draws on a working consensus that has both a cognitive and an operative component, the cognitive component can reasonably be attributed to the framing activity.

The loose coupling with the macro (social structures)

Once the centrality of microanalysis to study the interaction order and its situational character is established, the second step is to specify the relationship existing between its "minor social rituals" and the macrostructures that, according to grand theory, generate social order (InO, 9, 11; InO_{dt}, 78 ff.; 83 ff.). Race, class, gender, age are variables pertaining to different analytical levels from which Goffman (PS2, 239 ff.; PS_{dt}, 217 ff.; FA, 13; FA_{dt}, 22) has long distanced himself. Here, in his most institutional paper, having restated that those variables are not central in his understanding of social situation, he addresses the problem of finding a bridge between micro and macro, as to put back together the two souls of contemporary sociology (see chap. 35). In fact, although complex organizations function through face-to-face contacts, sociology tends to neglect their importance, while sometimes regarding macrostructures as a mere sum of microphenomena. However, Goffman (InO) rejects the most extreme positions that have livened up the micro–macro debate in the 1980's (such as Collins 1981a). For instance, the use of reciprocal first-naming as an address formula not only varies by region, class and epoch but also takes on many different meanings for the different relations of the same individual, which makes its interpretation difficult in terms of societal structure. Similarly, in service transactions, attributes such as age, gender, class and race certainly interfere with the two basic rules of equality and courtesy, but in a complex and unpredictable way, often depending on local or other contingencies. On the other side, the diffusion of a more informal way of dressing at work or the fact that women and blacks have breached segregated public spaces have not had that great influence on social structure. There is a connection between the micro and macro order, but a loose one: "[W]hat one finds, in modern societies at least, is a nonexclusive linkage—a 'loose coupling'—between interactional practices and social structure [...] a set of transformation rules, or a membrane selecting how various externally relevant social distinctions will be managed within interaction" (InO, 11; InO_{dt}, 85).

Of course, we better understand the interaction order when we consider its infractions, as Goffman extensively does in *Asylums,* describing coercive systems discriminating against people who have systematically broken ceremonial rules. Total institutions offer shining examples of spoiled and manipulated identity, while new rituals are informally built at the interactional level producing another working consensus. But also in this case, Goffman's focus is totally micro, investigating those aspects of institutions that nobody has cared to study before (Strong 1988).

So, although Goffman (IR) has fully acknowledged his debt to Durkheim, the microanalysis method typical of his research, the very balanced address to the micro–macro relationship (Giddens 1987; Branaman 2001), and the stress on communication processes, make it difficult to agree with those who interpret Goffman as a true follower of Émile Durkheim (Collins 1981b; Giglioli 1984). On the other hand, the loose linkage existing between macro-structures and micro-practices and the unexpected paradoxical connections we can sometimes find between order and disorder speak for Goffman's empirical vocation and reinforce his frequent (InO, 17; InO_{dt}, 103) urges to study human social life "naturalistically".

According to Manning (2010, 115), the actual interaction order that regulates representations "is the only truly observable social phenomenon", the rest being known "on the basis of inferences" (PS2, 3). Moreover, Charles Lemert (2003) states that, if sociology wants to be an empirical science, it has to admit that its relation with structures is only imaginary and, on the contrary, focus, as Goffman does, on that interaction membrane where macrostructures meet individuals.

Conclusions

Following the advice Goffman gave just before dying, the order of interaction seems to be a condition for individual felicity, to be safeguarded through courtesy and education, holding the others in due regard. Even more precise and politically significant is the mandate Goffman (InO, 17; InO_{dt}, 103) assigns to sociologists when concluding *The Interaction Order:* to analyze with naturalistic accuracy, through independent unsponsored research, the point of view of those with "institutional authority".

That means that the order of interaction cannot be an imposed order. As we have already seen, both for Goffman and mainstream sociology, order has to do with morality, but for Goffman the latter originates not from institutions but from interactions and self-presentations, the level where the individual can hold out against attempted abuse.

At the end of a lecture informed by a strong analytical connotation but all in all decisively irreverent towards established sociology, Goffman (InO, 17; InO_{dt}, 103 f.) encourages his colleagues (who elected him to the prestigious office that entitled him to speak) to be themselves irreverent and to challenge easy or totalitarian "social arrangements enjoyed [...] by [...] priests, psychiatrists, school teachers, police [...] government leaders, parents, males, whites [...] media operators". Social order must actually be searched for together, putting into practice, in private as much as in public, in everyday life as much in science, a few rules of courtesy/democracy, even though the clichés that guaranteed a quiet life for the establishment should prove to be overturned.

According to Goffman, sociology's task is not to define but to communicate, indeed to animate the debate, without settling for obvious or enforced solutions. Therefore, not only is Goffman's work unfinished—as is all scientific work, even when not interrupted by an early death—not only does he know that it is unfinished, but actually proposes it as unfinished (Waksler

1989). The incompleteness is unavoidable and something that, for Goffman, sociology has to work with.

References

Baptista, Luiz C.: Framing and cognition. In: A. Javier Trevino (ed.): Goffman's legacy. Lanham, Boulder, New York, Toronto. Oxford 2003, 197–215.

Bovone, Laura: Ethics as etiquette. The emblematic contribution of Erving Goffman. In: Theory, Culture and Society 9/4 (1993), 25–39 (also in Gary A. Fine/ Gregory W. H. Smith (ed.): Erving Goffman, Vol. 2. London 2000, 18–31).

Bovone Laura/Rovati Giancarlo (ed.): L'ordine dell'interazione: la sociologia di Erving Goffman. Milano 1992, 47–63.

Branaman, Ann: Erving Goffman. In: Anthony Elliott/ Bryan S. Turner (ed.): Profiles in Contemporary social theory. London 2001, 94–106.

Collins, Randall: Micro-translation as a theory building strategy. In: Karin Knorr-Cetina/Aaron Cicourel (ed.): Advances in social theory and methodology. Toward an integration of micro- and macro-sociologies. Boston, London, Henley 1981a, 81–107.

Collins, Randall: Three stages of Erving Goffman. In: Ibid.: Sociology since midcentury. New York 1981b, 219–253.

Collins, Randall: Theoretical continuities in Goffman's work. In: Paul Drew/Anthony Wootton (ed.): Erving Goffman. Exploring the interaction order. Cambridge 1988, 41–63.

Drew, Paul/Wootton, Anthony (ed.): Erving Goffman. Exploring the interaction order. Cambridge 1988.

Giddens, Anthony: Social theory and modern sociology. Cambridge 1987.

Giglioli, Pierpaolo: Una lettura durkheimiana di Goffman. In: Rassegna Italiana di Sociologia 21,3 (1984), 401–427.

Jacobsen, Michael H.: Recognition as ritualised reciprocation. The interaction order as a realm of recognition. In: Ders. (ed.): The contemporary Goffman. New York, Abingdon 2010, 199–231.

Lemert, Charles: Goffman's enigma. In: A. Javier Trevino (ed.): Goffman's Legacy. Lanham, Boulder, New York, Toronto, Oxford 2003, xi–xvii.

Manning, Peter K.: Continuities in Goffman. The interaction order. In: Michael H. Jacobsen (ed.): The contemporary Goffman. New York, Abingdon 2010, 98–118.

Misztal, Barbara A.: Normality and trust in Goffman's theory of interaction order. In: Sociological Theory 19/3 (2001), 312–324.

Rawls, Anne W.: The interaction order sui generis: Goffman's contribution to social theory. In: Sociological Theory 5/2 (1987), 136–49 (also in Gary A. Fine/ Gregory W. H. Smith (ed.): Erving Goffman, Vol. 2. London 2000, 252–274).

Scheff, Thomas J.: The Goffman legacy. Deconstructing/ reconstructing social science. In: A. Javier Trevino (ed.): Goffman's legacy. Lanham, Boulder, New York, Toronto, Oxford 2003, 50–70.

Schwartz, Howard/Jacobs, Jerry: Qualitative methods. New York 1979.

Strong, P. M.: Minor courtesies and macro structures. In: Paul Drew/Anthony Wootton (ed.): Erving Goffman. Exploring the interaction order. Cambridge 1988, 228–249.

Waksler, Frances C.: Erving Goffman's sociology: An introductory essay. In: Human Studies 12/1–2 (1989), 1–18.

Teil VI
Verbindungen, Bezüge, Differenzen

Harold Garfinkel (1917–2011)

49

Christian Meyer

Harold Garfinkel und Erving Goffman stehen beide für die Leistung, in den 1950er und 1960er-Jahren auf innovative Weise eine mikroskopisch forschende Soziologie des Alltagslebens entwickelt zu haben. Zusammen mit anderen Soziologen wie Howard S. Becker, Herbert Blumer und Edwin M. Lemert haben sie der Disziplin damit einen neuen Gegenstand eröffnet.

Während Goffman und Garfinkel einige theoretische Orientierungen teilten, bezogen sie sich insgesamt jedoch auf unterschiedliche Theorietraditionen. Ähnlich wie Goffman direkt in Chicago kam Garfinkel während seines MA-Studiums an der University of North Carolina von 1939 bis 1942 in Kontakt mit der Chicagoer Schule der Soziologie, insbesondere William I. Thomas und Florian Znaniecki. Den Pragmatismus, insbesondere John Dewey, hatte er bereits zuvor, u. a. im Austausch mit Philip Selznick kennengelernt, der während Garfinkels BA-Studiums an der University of Newark (heute Rutgers, 1936–1939) an der Columbia University Soziologie studierte und mit dem er seitdem freundschaftlich verbunden war (Garfinkel 2002, 83).

C. Meyer (✉)
Fachbereich Geschichte und Soziologie, Universität Konstanz, Konstanz, Deutschland
E-Mail: christian.meyer@uni-konstanz.de

Wie frühe Arbeiten ([1948] 2006) zeigen, entwickelte Garfinkel seine theoretischen Positionen in kritischer Auseinandersetzung mit den pragmatistischen Ansätzen von John Dewey, George H. Mead, William James und Charles S. Peirce. In Abgrenzung zu Mead z. B. konzeptualisiert er Identität nicht als Rollen- oder Bewusstseinsinhalt, sondern als Resultat von Interaktion (s. Kap. 13). Garfinkel kritisiert an Mead eine reifizierende Konzeption der Person, die den interaktiven Austausch zwischen Personen im Mentalen und nicht in tatsächlich realisierten, empirisch beobachtbaren Äußerungssequenzen in sozialen Situationen verortet. Da sequenzielle Ordnungen in ihren empirischen Details nicht erfasst werden, wird auch Motivation als eine Eigenschaft der Akteur/innen und nicht der Beziehung *zwischen* ihnen behandelt. Auch Konzeptionen wie Perspektiven- und Rollenübernahme, die im Zentrum des zeitgenössischen symbolischen Interaktionismus standen, reifizieren, so Garfinkels Kritik, das Selbst und dessen Motivationen.

Mit Goffman teilte Garfinkel hingegen ein lebenslanges Interesse an Émile Durkheims Schriften (s. Kap. 12) – jedoch stärker an dessen Gedanken zur sozialen Ordnung in den *Regeln der soziologischen Methode* oder der *Arbeitsteilung* und weniger, wie Goffman, an den Ausführungen zur Sakralität und zum Ritual in den *Elementaren Formen des religiösen Lebens*. Garfinkel kritisiert Goffmans an Durkheim

K. Lenz und R. Hettlage (Hrsg.), *Goffman-Handbuch*, https://doi.org/10.1007/978-3-476-05871-3_49

anschließende Idee emotional belebender oder entkräftender Auswirkungen erfolgreicher oder fehlgeschlagener Interaktionsrituale (s. Kap. 23). Entsprechend wandte sich Garfinkel auch gegen Goffmans Nutzung des ethologischen Ritualbegriffs zur Erklärung sozialer Interaktion, da dieser eine feststehende, verlässliche und wiederholbare Struktur suggeriere, Interaktion aber tatsächlich für ihre Teilnehmer/innen permanente interpretative Arbeit bedeute, insbesondere in Bezug auf die ständige Frage, „what to do next" (Garfinkel 1967, 12).

Weitere, weniger kontroverse gemeinsame Bezüge betreffen Kenneth Burkes soziale Dramatheorie sowie die kulturvergleichende anthropologische Literatur (s. Kap. 16). Zudem waren Goffman und Garfinkel beide an Ganoven- und Hochstaplerliteratur interessiert (z. B. CMO), in der strategische Verhaltensmodifikationen sowie Regel- und Normbrüche zum Zwecke der Täuschung beschrieben werden (Turowetz/Rawls 2020, 9). Auch Literatur zum Thema des *Passing,* also zur Vortäuschung von Identitäten, etwa von Afro-Amerikaner/innen als Weiße, weckte ihr gemeinsames soziologisches Interesse an Identität und Rolle und deren fragilem und manipulierbarem Status.

Goffman und Garfinkel repräsentieren beide eine Alltagssoziologie, die sich detailliert mit der Art und Weise befasst, wie Menschen bei der Gestaltung alltäglicher sozialer Interaktionen spezifische Kompetenzen einsetzen und auf spezifische implizite Wissensbestände zurückgreifen. Ein gemeinsames Merkmal, das auch mit dem Pragmatismus übereinstimmt, ist die Konzeption der sozialen Ordnung als praktisches Ergebnis menschlichen Handelns. Einige der Ideen, die später entweder der Ethnomethodologie oder Goffman zugeordnet wurden, sind tatsächlich im frühen Austausch zwischen Garfinkel und Goffman entstanden, und beide zusammen führten die Disziplin so zu einem detaillierteren Blick auf den Alltag und die Interaktion.

Goffman hatte „konversationale Interaktion" bereits in seiner Dissertation als „one species of social order" (CCoIC, 1) begriffen, die eigene Organisationsprinzipien aufweist, die er in neun Schritten analysierte und schließlich als „Interaktionsordnung" („interaction order") bezeichnete. Garfinkel hingegen betrachtete Interaktion nicht als soziale Ebene eigenen Rechts, sondern als einzigen Realisationsort sozialer Ordnung insgesamt, in den die Akteur/innen ihr Alltagswissen über soziale Strukturen hineinlesen (Sharrock 1999, 121).

Zur Beschreibung der Interaktionsordnung bezog sich Goffman auf Talcott Parsons, indem er dessen Systemmodell strukturfunktionalistischer Tradition modifizierte (CCoIC, 36 f., 343–360). Auch bei Garfinkel ist der Bezug zu Parsons stark, dessen Schüler er war und an dessen *action frame of reference* er seine Arbeiten bis Anfang der 1960er-Jahre kritisch orientierte. Beide, Garfinkel und Goffman, kritisieren an Parsons allerdings, dass er aus ihrer Sicht Durkheims Interesse an Praktiken in einen Fokus auf Überzeugungen und Werte verwandele und Praktiken wie konzeptionelle Ordnungen behandele. Damit übersehe er gerade deren Spezifikum der ‚Unordnung', Kontingenz und Eventualität in situierter Interaktion, das sie ins Zentrum ihres Interesses rückten. Allerdings hegte Goffman in diesem Zusammenhang Sympathien für einen gewissen Positivismus oder auch Realismus, den er Parsons (aber auch der Chicagoer ethnografischen Soziologie) zuschrieb (Verhoeven 1993, 325), während Garfinkel diesen ebenso wie Goffmans Bezüge zur Verhaltensforschung als reifizierend ablehnte und gerade die soziale Konstituiertheit vermeintlich objektiver Umstände zu rekonstruieren suchte. Weder Goffman noch Parsons – so Garfinkels Einwand – befassten sich mit der Problematisierung oder Einklammerung ihrer eigenen stillschweigenden Verständnisse sozialer oder soziologischer Phänomene und mit der Relation von wissenschaftlichem Wissen mit Alltagswissen (Sharrock 1999, 121 f.).

Mit dem Interesse an den intersubjektiven und praktischen Grundlagen sozialer Ordnung war für Garfinkel aus theoretischer Perspektive im Unterschied zu Goffman vor allem die Phänomenologie von fundamentaler Bedeutung: Er hatte sich sehr früh mit Texten von Edmund Husserl, Alfred Schütz, Aron Gurwitsch und

Felix Kaufmann beschäftigt. Als Garfinkel nach einem Intermezzo in der US Air Force 1946 ein Stipendium für die Graduate School der Harvard University erhielt, um bei Parsons in Soziologie zu promovieren, nahm er diese Orientierung mit. Er nutzte bis Mitte der 1960er-Jahre die Phänomenologie, um Parsons handlungstheoretischen Ansatz konstruktiv-kritisch weiterzuentwickeln. Während er sich hierfür in den 1940er und 1950er-Jahren insbesondere der Texte von Schütz und Kaufmann bediente, gewannen ab der zweiten Hälfte der 1950er und in den 1960er-Jahren Gurwitsch und Maurice Merleau-Ponty an Bedeutung.

Die gemeinsame Entwicklung einer mikroskopisch vorgehenden Soziologie des Alltagslebens begann jedoch sehr viel früher. Goffman und Garfinkel lernten sich 1953 unmittelbar nach ihren Promotionen – Garfinkel hatte 1952 in Harvard, Goffman 1953 in Chicago promoviert – auf Initiative von Goffman kennen, der einige Seminararbeiten von Doktoranden aus Harvard erhalten hatte, darunter Garfinkel ([1948] 2006), in dem es auch um das Selbst und seine Darstellung geht. Goffman schickte Kommentare an Garfinkel und ermunterte ihn, das Manuskript zu publizieren (Rawls/Turowetz 2019, 21 Fn. 15). In dieser Zeit muss auch Goffman seine Dissertation an Garfinkel geschickt haben.

Mit ihrem gemeinsamen Interesse dafür, wie sich das Soziale in konkreten Face-to-face-Interaktionen gestaltet und vollzieht, standen sie in der akademischen Soziologie in den USA der 1950er-Jahre noch relativ alleine. Damals wurde dieser Themenbereich innerhalb der akademischen Soziologie unter dem Begriff der Sozialpsychologie gefasst. Im Anschluss an Durkheim interessierten sich Garfinkel und Goffman besonders für – wie es damals noch hieß – die Soziologie abweichenden Verhaltens. Dieses Interesse verfolgten sie beide am Beispiel von psychiatrisch bedingten Normabweichungen, Statusmanipulationen und unklaren Identitäten. Beide untersuchten diese Themen in darauf spezialisierten Organisationen mit ethnografischen Methoden, deren Wert Garfinkel vermutlich durch Goffman schätzen gelernt und in modifizierter Form übernommen hat.

In den 1950er und 1960er-Jahren tauschten beide regelmäßig ihre unveröffentlichten Manuskripte aus. Nachdem sie beide Assistenzprofessuren im University of California-System erhalten hatten (Garfinkel ab 1954 in Los Angeles, Goffman ab 1958 in Berkeley), intensivierte sich der Kontakt, und sie setzten ihre Schriften gegenseitig auf ihre Seminarliteraturlisten und unterrichteten sie ihren Studierenden (Wieder/Zimmermann/Raymond 2010, 134). Larry Wieder, der 1957 an der University of California at Santa Barbara studierte, lernte in einer Einführungsveranstaltung Goffmans *The Presentation of Self in Everyday Life* in der Edinburgher Edition (1956) kennen, da sein Dozent Clovis Shepherd es zuvor in einem Seminar bei Garfinkel an der UCLA gelesen hatte (Wieder/Zimmermann/Raymond 2010, 134).

Als Goffman bereits in Berkeley war, gründete Selznick, der Garfinkel an die UCLA vermittelt hatte, aber bereits 1952 von dort nach Berkeley gewechselt war, 1961 das Center for the Study of Law and Society. Es erlaubte zahlreichen späteren Interaktionssoziolog/innen eine Finanzierung ihrer Promotionsprojekte. Dazu zählten z. B. David Sudnow, Harvey Sacks, Emanuel Schegloff, Jack Whalen und Roy Turner. Aaron Cicourel führte am Center ein Postdoc-Projekt durch. Parsons' neuere Arbeiten, Goffmans erste Bücher und Garfinkels und Goffmans gemeinsamer einsemestriger Aufenthalt in Harvard im Jahr 1959 hatten unter Studierenden an der Ostküste ein großes Interesse an Interaktions- und Alltagssoziologie geweckt, das zahlreiche Interessent/innen nun nach Kalifornien zog. Schegloff berichtet: „I learned from Goffman of the very possibility of studying interaction *per se,* and of the possibility of description as a serious disciplined undertaking" (Cmejrková/Prevignano 2003, 21). Für viele der Interessent/innen diente Goffman als Sprungbrett zu Garfinkel und dessen Ethnomethodologie (Rawls/Whalen/Manning 2008); manche sprechen auch von einer „propädeutischen Funktion", die Goffman für die

Ethnomethodologie einnahm (Wieder/Zimmermann/Raymond 2010, 136).

Doch Goffmans und Garfinkels gemeinsames soziologisches Interesse an Alltag und Interaktion sowie Identität und Rolle und deren fragilem und manipulierbarem Status beschränkte sich nicht auf die Lehre und regelmäßige gegenseitige Einladungen, gemeinsame Tagungen und Workshops, sondern schlug sich auch – wie wir aus Unterlagen im Garfinkel-Archiv wissen – in einem gemeinsamen Buchprojekt in den Jahren 1962 und 1963 nieder, das jedoch scheiterte. Der gemeinsame Plan war, das Manuskript von Goffman, das als *Stigma* erschien, zusammen mit dem ungekürzten Manuskript von Garfinkel, das später mit dem Titel „Passing and the managed achievement of sex status in an intersexed person, part 1" als Kap. 5 in dessen *Studies in Ethnomethodology* (116–185) aufgenommen wurde, als gemeinsames Buch mit dem Titel *On Passing and Stigmatized Identity* zu veröffentlichen (Turowetz/Rawls 1947, 28 Fn. 30). Der Briefwechsel zur Buchplanung, der sich im Garfinkel-Archiv befindet, ist freundschaftlich, beide hoffen auf die Entfristung ihrer universitären Anstellungen. Garfinkel nannte als Grund für den Rückzug seiner Beteiligung letztlich, dass er die postoperativen Interviews, die sein Kollege aus der Psychiatrie, Robert J. Stoller, mit Agnes geführt hatte, noch auswerten wollte, Goffman diese Verzögerung jedoch nicht recht war. So kam es zur getrennten Veröffentlichung.

Die Tatsache, dass beide Texte für ein gemeinsames Buchprojekt von Goffman und Garfinkel gedacht waren, ist insofern erstaunlich, als Garfinkels Text oftmals als scharfe Kritik an Goffman gelesen wird, die einen starken theoretischen Antagonismus zwischen den beiden Soziologen offenlege. In der Tat wirft Garfinkel im Agnes-Text Goffmans dramaturgischem Ansatz aus dessen Buch *The Presentation of Self in Everyday Life* einige Probleme vor. Der wichtigste theoretische Vorwurf besteht darin, dass Goffman soziale Interaktion übermäßig strategisch konzeptualisiere und die großen Anteile der Interaktion ignoriere, die nicht zweckrational sind. Damit der Mensch jedoch mit dem einen Zehntel, das wie bei einem Eisberg über dem Wasser liegt, rational und strategisch umgehen könne, müsse er die „nine tenth" (Garfinkel 1967, 173), die unter Wasser liegen, als selbstverständlich voraussetzen, als unbestreitbaren Hintergrund, der für seine Kalküle relevant ist, aber eben unbemerkt bleibt. Garfinkel verweist an dieser Stelle auf Durkheims Diskussion der nicht angegebenen und auch prinzipiell nicht angebbaren vorvertraglichen Bedingungen von sozialen Verträgen, die Goffman übersehe. Gerade alltägliche Formen der Darstellung von sozialem Geschlecht *(passing)* könnten daher nicht durch Goffmans dramaturgische Analyse erklärt werden, da wir in unserem alltäglichen Verhalten nicht fortwährend ‚Theater spielen' – so der deutsche Titel des kritisierten Buches – könnten. Vielmehr müsse vieles, was wir tun, schon aus pragmatischen Gründen Teil eines für selbstverständlich gehaltenen Substrats praktischen Wissens sein. Goffmans Konzept des „impression management" (PS2, 208–37; dt. „Eindrucksmanipulation", PS_{dt}, 189–215) ist nach Garfinkels Wahrnehmung für einen großen Teil sozialer Interaktion daher nicht anwendbar. Im alltäglichen *Passing* – der Performanz von Identität – erfolgt aus Garfinkels Perspektive keine rein strategische Interaktion, sondern vielmehr eine Mischung aus selbstverständlich verkörpertem, praktischem Wissen und absichtlichem Verhalten. Nicht so freilich für Agnes: Wie Garfinkel sagt, wurde ihr „dieser Luxus nicht gewährt" (1967, 175) – vielmehr war sie gezwungen, zum „practical methodologist" zu werden, die die praktischen Methoden der Darstellung einer ‚Frau' tatsächlich durchweg strategisch einsetzte und so auch im Interview reflektieren konnte. Mit Goffman hingegen entstehe eine ahistorische Sicht auf den Schauspielenden, der in jeder sozialen Situation erneut frei scheint, die Rolle zu übernehmen, die er als angemessen erachtet, um die gewünschten Ziele zu erreichen. Garfinkel zufolge ist *Passing* jedoch ein prinzipiell unvollendeter Prozess, an dem permanent gearbeitet wird.

Eine wechselseitige Ablehnung scheint also insgesamt keineswegs in dem Maße vorhanden gewesen zu sein, wie sie manchmal vermutet oder stilisiert wird, zumal Goffman selbst Garfinkels Kapitel zu Agnes in seinem Buch *Stigma* (ST, 88 Fn. 82; St_{dt}, 112) und in den *Relations in Public* (RP_f, 278 Fn. 37; RP_f_{dt}, 366) als „useful case study" erwähnt. An zahlreichen Stellen dankt Goffman Garfinkel für Hinweise oder verweist anerkennend auf unpublizierte Manuskripte (z. B. AS_d, 375 Fn. 40; AS_d_{dt}, 356; BP, 78 Fn. 15; BP_{dt}, 92 Fn. 80; ST, 62 Fn. 34; ST_{dt}, 81). Einige der Verweise (z. B. MSP, 140) demonstrieren eine tiefgehende Kenntnis von Konzepten Garfinkels, die nur marginal veröffentlicht und kaum rezipiert wurden, so etwa der „praxeologischen Validität" (Garfinkel 1956b; 2002, 105 ff., 185 ff.). In seinem frühen Text *On Face-Work* (1955, 218 Fn. 9; IR_a_{dt}, 21), in *Asyle,* insbesondere der Analyse der *Moralischen Karriere eines Geisteskranken* (AS_b, 139 Fn. 19; AS_b_{dt}, 138), und in *Stigma* (ST, 85 Fn. 74; ST_{dt}, 109) greift Goffman auf Garfinkels (1956a) Konzept der „Degradierungszeremonien" zurück. Besonderen Anklang fand offenbar Garfinkels Text über Vertrauen und Vertrauensbruch (1963), den Goffman in *Encounters* (EN_a, 19 Fn. 4, 26 Fn. 16; EN_a_{dt}, 22, 29) zitiert. Garfinkel (1993, 9) schildert, dass Goffman diesen Text als sein „Meisterstück" ansah, während er selbst ihn rückblickend als noch zu sehr den Schützschen und Parsonsschen Paradigmen verhaftet und „vor-ethnomethodologisch" charakterisiert.

Da das gemeinsame Publikationsprojekt nicht zustande gekommen war, sorgte sich Goffman zudem um Garfinkels Zukunft und drängte ihn zur Veröffentlichung einer eigenen Anthologie. Zu diesem Zweck setzte er sich auch beim Verlag Prentice Hall ein, bei dem sein „Stigma" herausgekommen war (Garfinkel 1993, 9; Rawls/Whalen/Manning 2008). Nach dessen Erscheinen zitiert Goffman Garfinkels *Studies in Ethnomethodology* (1967) anerkennend in *Relations in Public* (RP_d, 169 Fn. 49; RP_d_{dt}, 232), wobei er zusätzlich auf dessen Begriff des „accomplishments" verweist (RP_f, 223; in der deutschen Übersetzung fehlt diese Stelle). Auch die frühe Entwicklung der Konversationsanalyse, an der Garfinkel noch beteiligt war, war Goffman vor deren Publikation bekannt. In *Strategic Interaction* (SI_a, 9 Fn. 8; SI_a_{dt}, 128) etwa verweist er auf Garfinkel und Sacks' Arbeiten über Gesprächssituationen.

Auch nach seinem Wechsel 1969 an die Pennsylvania State University befasst sich Goffman mit Garfinkels Gedankengut. In einem seiner spätesten Texte (FeC, 21; FT_d_{dt}, 226) akzeptiert Goffman sogar mit Verweis auf Garfinkels Text *Studies of the Routine Grounds of Everyday Activities* (1964, abgedruckt in Garfinkel 1967, 35–75) Garfinkels gegen sein eigenes Konzept des *„impression managements"* aus der *Presentation of Self* gerichtete Kritik.

Ähnliches gilt umgekehrt: Garfinkel dankt Goffman explizit in seinem Text über Degradierungszeremonien (1956a, 420 Fn. 1) sowie in den *Acknowledgments* zu den *Studies in Ethnomethodology* (1967, xi). Neben dem Agnes-Kapitel in Garfinkel (1967), in dem Garfinkel Goffmans *Presentation of Self* (1959) ausführlich diskutiert, befasst er sich in (1956b) mit dessen Aufsatz *On cooling the mark out,* den er als ein Beispiel für die aus der Chicagoer Schule bekannte ethnografische Verwendung natürlicher Metaphern behandelt. Hierbei identifiziert der Ethnograf bzw. die Ethnografin formale Ähnlichkeiten zwischen Situationen mit Personen, die an unterschiedlichen Positionen der sozialen Ordnung stehen, unabhängig von deren eigener Einschätzung der Situation. In einem Aufsatz erwähnt Garfinkel (1962) das *impression management* als Beispiel für Garfinkels eigene, an Mannheim nur begrifflich orientierte Auffassung der in der Soziologie gängigen dokumentarischen Methode der Interpretation, mit der eine empirische Instanz als Dokument für ein bekanntes Prinzip oder Muster ‚gelesen' wird.

Goffmans *Frame Analysis* wurde bisweilen als Replik auf Garfinkels Kritik in *Agnes* und als Präsentation eines eigenen sozialtheoretischen Entwurfs gedeutet. Eine Kritik an Garfinkel enthält das Buch jedoch nicht (s. Kap. 45). Der eigene sozialtheoretische Entwurf baut wie Garfinkel auf Alfred Schütz' Konzept der mannigfaltigen Wirklichkeiten (FA, 5; FA_{dt}, 13) auf, nutzt jedoch Theorieelemente von Gregory Bateson, um auszuarbeiten, wie soziale Aktivitäten mit unterschiedlichen Charakteren versehen werden. Dabei geht Goffman davon aus, dass es eine Art neutralen und unmarkierten Sinn-Substrats „konkreten, tatsächlichen Tuns" gebe, das als Ausgangsmaterial *(model)* dann kreativ moduliert werden kann, um Sinnmodifikationen und neue soziale Definitionen zu erzeugen (FA, 560; FA_{dt}, 602). Garfinkel (1993, 26 f.) kritisiert die Unterstellung eines derartigen Ausgangsmaterials und geht davon aus, dass gerade auch der Eindruck der Unmarkiertheit eine eigenständige Leistung darstellt, die ebenso in Praktiken konstituiert werden muss – und damit als Leistung *(accomplishment)* zu sehen ist – wie alle anderen Formen des Sozialen, die Goffman als modulierte Ableitungen und Transformationen eines eigentlichen Ausgangsmaterials begreift.

Obwohl Goffmans Buch *Frame Analysis* von 1974 den Untertitel *An Essay on the Organization of Experience* trägt, nutzt es nicht den phänomenologischen Erfahrungsbegriff, sondern fasst Erfahrung als sozial bzw. kommunikativ gerahmte Erlebnisse von Individuen, als „etwas, was ein einzelner Handelnder in sein Bewußtsein aufnehmen kann" (FA_{dt}, 22; FA, 13). Für diese Erfahrungen ist für Goffman ein fester gesellschaftlicher Rahmen wesentlich, der vorab existiere und sozial definiert ist (Verhoeven 1993, 342). Die Rahmung ist in Goffmans Modell eine Information, die zur Wahrnehmung einer zunächst natürlich organisierten Situation *hinzukommt* und so eine Differenz zu anderen Situationen herstellt. Mit dieser Konzeption schließt er an Batesons Kommunikationstheorie an (s. Kap. 18), der diese Zusatzinformation als *Metakommunikation* bezeichnet.

Für Garfinkel hingegen ist Erfahrung selbst in ihrer scheinbar natürlichen Wahrnehmungsdimension bereits sozial organisiert (Garfinkel [1952] 2008, 132). Im Anschluss an die Phänomenologie geht er davon aus, dass die Wahrnehmung von Situationen aus der organisierten, an gemeinsamen konstitutiven Regeln oder Hintergrunderwartungen orientierten Koordination mit anderen Teilnehmern resultiert. Gemeinsam konstituieren Akteure damit Erfahrungen, die jedoch ihre soziale Konstituiertheit invisibilisieren: Sie erscheinen so selbstverständlich und natürlich, dass sie, wie Garfinkel (1967, 36 f.) es ausdrückt, „seen but unnoticed" bleiben. Für Garfinkel existiert folglich keine reine, an der natürlichen Objektsituation orientierte Erfahrung, zu der dann eine Rahmung hinzukommen könnte, sondern nur Erfahrung, die durch die Praktiken der Mitglieder spezifisch als solche organisiert wird. Während Goffman also seine Theorie der sozialen Situation insgesamt kommunikationstheoretisch am Konzept der *Differenz* ausrichtet, begründet Garfinkel sie erfahrungstheoretisch am Begriff der *Konstitution.* Dieser fundamentale Unterschied begründet die Verschiedenheiten zwischen den Theorien der beiden Wissenschaftler, die ab Ende der 1960er-Jahre immer mehr zum Tragen kommen. Dementsprechend spielt für Goffman der Zeichenbegriff durchweg eine große Rolle, den Garfinkel (1993, 27) dahingehend kritisiert, dass er invariante, intrinsische Kernbedeutungen im Sinne einer Prototypensemantik unterstelle und die permanente Vagheit und kontextuelle Indexikalität übersehe.

Auch Goffmans letztes Werk, *Forms of Talk,* ist weder gegen Garfinkel noch gegen die Ethnomethodologie gerichtet (s. Kap. 47). Vielmehr wendet es sich gegen einige Strömungen der Ethnomethodologie, die Goffman als „left wing of ethnomethodology" (FT_d, 168) bezeichnet und spezifisch gegen die aus der Ethnomethodologie und Goffmans eigenen Forschungen (Heritage 2008, 301) hervorgegangene Konversationsanalyse, die Goffman als technisch und formalistisch kritisiert (Cmejrková/Prevignano 2003, 34). Den theoretischen Grundbestand von Garfinkels Ethnomethodologie erwähnt er hingegen durchaus zustimmend (FT_e, 224 Fn. 17; 225 Fn. 19). Aus der gleichen Zeit stammt auch Goffmans in einem Interview geäußerte Kritik, dass Garfinkels Schüler und Schülerinnen unter dem Label „Ethnomethodologie" eine abgeschlossene Gruppe bildeten, die sich vom Rest der US-amerikanischen Soziologie isoliere (Verhoeven 1993, 345).

Abschließend kann gesagt werden, dass der frühe und lange andauernde Kontakt zwischen

Goffman und Garfinkel von großer Wertschätzung geprägt war (Sharrock 1999, 120), beide in ihren Arbeiten stark befruchtete und zur begrifflichen Schärfung ihrer Ansätze diente. Der Antagonismus zwischen beiden wird stark überschätzt und bezieht sich mehr auf einen Streit zwischen Goffman und der Konversationsanalyse, die er selbst mit beeinflusst hat.

Literatur

Cmejrková, Svetla/Prevignano, Carlo L.: On conversation analysis: An interview with Emanuel A. Schegloff. In: Carlo L. Prevignano (Hg.): Discussing conversation analysis. The work of Emanuel A. Schegloff. Amsterdam 2003, 11–55.

Garfinkel, Harold: Conditions of successful degradation ceremonies. In: American Journal of Sociology 61/5 (1956a), 420–424.

Garfinkel, Harold: Some sociological concepts and methods for psychiatrists. In: Psychiatric Research Reports 6 (1956b), 181–198.

Garfinkel, Harold: Common sense knowledge of social structures: the documentary method of interpretation in lay and professional fact finding. In: Jordan M. Scher (Hg.): Theories of the mind. New York 1962, 689–712.

Garfinkel, Harold: A Conception of and experiments with ‚trust' as a condition of stable concerted actions. In: O.J. Harvey (Hg.): Motivation and social interaction. New York 1963, 187–238.

Garfinkel, Harold: Studies of the routine grounds of everyday activities. In: Social Problems 11/3 (1964), 225–250.

Garfinkel, Harold: Studies in Ethnomethodology. Englewood Cliffs 1967 (dt. 2020).

Garfinkel, Harold: Ethnomethodology misreading of Gurwitsch – phenomenal field. Manuskript im Garfinkel-Archiv. Newburyport 1993.

Garfinkel, Harold: Ethnomethodology's program. Working out Durkheim's aphorism. Hg. und eingel. von Anne W. Rawls. Lanham 2002.

Garfinkel, Harold: Seeing sociologically. The routine grounds of social action [1948]. Hg. und eingel. von Anne W. Rawls. Boulder 2006.

Garfinkel, Harold: Toward a sociological theory of information [1952]. Hg. und eingel. von Anne W. Rawls. Boulder 2008.

Heritage, John: Conversation analysis as social theory. In: Bryan Turner (Hg.): The New Blackwell Companion to social theory. Oxford 2008, 300–320.

Rawls, Anne W./Whalen, Jack/Manning, Peter: Interview von Dmitri Shalin vom 1. August. Goffman-Archiv der University of Nevada 2008. http://cdclv.unlv.edu/archives/interactionism/goffman/rawls_whalen_08.html (02.07.2021)

Rawls, Anne W./Turowetz, Jason: Introduction to Parsons' primer. In: Harold Garfinkel: Parsons' primer. Hg. von Anne W. Rawls. Stuttgart 2020, 1–108.

Sharrock, Wes: The omnipotence of the actor: Erving Goffman on ‚the definition of the situation'. In: Greg Smith (Hg.): Goffman and social organization. Studies in a sociological legacy. London 1999, 119–137.

Turowetz, Jason/Rawls, Anne W.: The development of Garfinkel' ‚trust' argument from 1947 to 1967. In: Journal of Classical Sociology 2020, 1–35 (Online First).

Wieder, D. Lawrence/Zimmerman, Don H./Raymond, Geoffrey: UCLA: Then and now. In: Wendy Leeds-Hurwitz (Hg.): The social history of language and social interaction research. People, places, ideas. Cresskill 2010, 127–158.

Verhoeven, Jef C.: An interview with Erving Goffman, 1980. In: Research on Language and Social Interaction 26/3 (1993), 317–348 (auch in Gary A. Fine/Gregory W. H. Smith (Hg.): Erving Goffman, Vol. 1. London 2000, 213–236).

Harvey Sacks (1935–1975)

50

Elliott Hoey und Anne Warfield Rawls

Harvey Sacks was one of Goffman's most important graduate students. Sacks (along with Emmanuel Schegloff) was Goffman's PhD student at Berkeley from 1960–1966. Some of Goffman's later work, including *Forms of Talk* (1981), was written in response to the new discipline of Conversation Analysis (CA) that Sacks was carving out (with Schegloff, Gail Jefferson, Anita Pomerantz and Alene Terasaki). From 1960, Sacks worked closely with Harold Garfinkel, whom he met in 1959–1960 while in Cambridge, where he also attended Talcott Parsons' seminars at Harvard and Noam Chomsky's lectures at MIT. Sacks' relationship with Goffman effectively ended when Goffman refused to sign-off on Sacks' PhD in 1964 (replaced by Aaron Cicourel in 1966).

Harvey Sacks: Placement in theoretical contexts

Having begun graduate studies with Goffman in 1960, Sacks went on to develop the discipline of Conversation Analysis (CA). Although Sacks was formally Goffman's graduate student, the emergence of CA can be traced to Garfinkel's influence on Sacks' view of social order. The intellectual interchange between Garfinkel and Sacks began in 1959–1960, when the two met in Parsons' seminar. Sacks, having finished his law degree at Yale in spring 1959, developed an interest in how the law worked as a social institution. His interest in the use of language in legal reasoning also drew Sacks to the linguistic theory of Chomsky. There was a profound resonance between Sacks' interests and Garfinkel's (1967) research on how the legal reasoning of juries worked: not by its own internal principles, but by common-sense practical reasoning of the jurists.

Sacks and Garfinkel shared an abiding concern with the actual methods witnessably used by societal members in doing the business of everyday society, such as those employed by jurists and lawyers in undertaking the activities that constitute legal settings. Garfinkel focused on accounts for the actions members use in organizing their everyday activities. Rather than locating order in aggregate distributions of features, or internalized dispositions, Garfinkel and Sacks looked for social order in the organization of social settings and the practices members use to organize those settings. In 1962, Garfinkel secured a fellowship for Sacks at the *Suicide Prevention Center* (SPC) at UCLA, where he collected data for his PhD. Their relationship

E. Hoey (✉)
Department of Language, Literature and Communication, Vrije Universiteit Amsterdam, Amsterdam, Niederlande
E-Mail: e.m.hoey@vu.nl

A. W. Rawls
Bentley University, Waltham, MA, USA
E-Mail: arawls@bentley.edu

K. Lenz und R. Hettlage (Hrsg.), *Goffman-Handbuch*, https://doi.org/10.1007/978-3-476-05871-3_50

continued through Sacks' doctoral studies at Berkeley and his appointments at UCLA and University of California–Irvine, until his early death in 1975.

Sacks' interests in practical reasoning and situated action bear the mark of Garfinkel's ethnomethodology (1967). Indeed, Sacks described his work as "developing a methodology for ethnomethodology" (Garfinkel archive). At the same time, Sacks set out to develop something of his own that was not wholly dependent on Garfinkel's imprimatur (Goodwin 2019, 10). He wanted to create a natural observational science of human social behavior that could "handle the details of actual events" (Sacks 1984a, 26).

During the period 1960–1964 Sacks travelled between Berkeley and Los Angeles, working with Goffman and Garfinkel. These two giants of social interactionism were also in close communication with each other at that time (see Chap. 49). In 1962–1963 they collaborated on a book titled *On Passing* that would have contained Goffman's research on Stigma and Garfinkel's essay on Agnes. Sacks was an important go-between and in at least one instance was instrumental in patching up a disagreement. It is important for understanding the development of CA that Sacks was actively working with both scholars during this formative period.

With a firmly ethnomethodological orientation, Sacks began to look at the domain of face-to-face behavior, which Goffman had popularized. In this respect we can see Goffman's influence on the development of CA. Sacks did not merely work at the convergence of Garfinkel and Goffman, however, but integrated the two in a way that transformed both. Sacks was sensitive to the interactive constitution of activities in a manner that was more fine grained than Goffman and more systematic and detailed than Garfinkel. One difference was that Garfinkel encouraged Sacks' discoveries of sequential order and incorporated them into his work, whereas Goffman challenged them.

There were other influences on Sacks' work. That of Chomsky is particularly apparent. Attending Chomsky's lectures at MIT (Schegloff 1992, xiii), Sacks became familiar with his idea of an 'ideal speaker-hearer' whose mental grammar allowed them to distinguish what was grammatically acceptable. Sacks focused on "listening and hearing obligations" but with a different objective. He was concerned to discover the mutual social obligations of listener and hearer in the context of situated ongoing interaction, and the relationship of those obligations to the successful accomplishment of social action. If Sacks did eventually take an interest in constructing a 'machinery' that could repeatedly 'generate' the objects we find in social interactions, he nevertheless did so in a relentlessly interactional way. What 'the grammaticality of a sentence' was for Chomsky, 'the accountability of social action' in sequential details became for Sacks.

Sacks entirely rejected Chomsky's location of meaning/order in grammar, or minds. For Sacks, the meaning of action was a result of mutual orientation to "listening and hearing obligations", which oriented the sequential placement of utterances—as ordered moves that had to be worked out in-situ. This position on grammar and action set Sacks apart from Chomsky, and also from Goffman and from John Searle, whose ideas about speech acts were circulating around Berkeley at the time. Sacks chose to focus on accountability rather than grammaticality, on actual utterances in a sequence rather than conditions of felicity, and on how utterances as acts set up obligations for other speakers. Indeed, Sacks' position was closer to Garfinkel's conception of Ludwig Wittgenstein's language games, as Garfinkel ([1960] 2019) laid out in 1960.

Problems addressed and advanced

The most general formulation by Sacks, of his own work, is that he wanted "to describe the methods persons use in doing social life" (1984a, 21). Sacks, with Garfinkel and Goffman, saw everyday activities as a vast unexamined domain. The tools needed to undertake such a program of research did not yet exist. Sacks wanted to develop them, "to see whether actual single events are studiable and how they might be studiable, and then what an explanation of them would look like" (1984a, 26). While he shared this focus with Goffman, only Garfinkel was trying to develop a method for doing the research. This project was truly immense; it embraced nothing less than the creation of a sociological approach for uncovering the order properties of social action. The aim was "to get into a position to transform, in an almost literal, physical sense, our view of 'what happened', from a matter of a particular interaction done by particular people, to a matter of interactions as products of a machinery. We are trying to find that machinery" (1984a, 25 ff.).

The conviction that the order properties of interaction hold the key to the big questions—a conviction he shared with Garfinkel—led Sacks to insist on studying actual events rather than stereotypical understandings and accounts from self-reflection, recollection, or interviews. While an interest in the doings of everyday life was not new—especially to Goffman—Sacks went further, developing the method of using audio and video recordings, basing his research and teaching entirely on transcripts of talk, a practice he began in 1962. This methodological innovation was inspired by Garfinkel's practice of recording and transcribing his own interactions. But Sacks went beyond Garfinkel in insisting that analyses stick entirely to what was available in the audio (and thus to participants), a practice Garfinkel subsequently emulated. Sacks' early use of transcription was later augmented by Jefferson's invention of transcription conventions that captured aspects of talk not previously available for analysis.

Sacks' objective was "to take singular sequences of conversation and tear them apart in such a way as to find rules, techniques, procedures, methods, maxims [which] can be used to generate the orderly features we find in the conversations" (1992, 339). In undertaking this project, Sacks lectured and published on many interrelated topics, with several emerging as particular loci of interest. These include his work on the use of membership categories (1992); the visibility of tasks of ordinary behavior (1984b); conversationalists' ordering of turns-at-talk (Sacks/Schegloff/Jefferson 1974); the organization of topics and stories (1972c) in conversation; the orderly production of linked actions in sequences of action (Schegloff/Sacks 1973); the preferences for agreement and contiguity (Sacks 1987); conversational uses of lists, repetitions (1992), numbers (1988), and jokes (1974, 1978); and the organization of repair and the achievement of 'success' in sequences of talk (Sacks 1968; Schegloff/Jefferson/Sacks 1977). In some of these topics, one can detect the influence of Goffman, as we discuss next.

Connections to Goffman's work

Goffman popularized social interaction in the 1960's, making it a viable a domain of study in its own right. That Sacks addressed himself to the everyday world of social interchange is the clearest connection between them. The height of Goffman's influence on Sacks occurred during Sacks' first years at Berkeley. Sacks wrote a paper for one of Goffman's courses (published as *Notes on police assessment of moral character* 1972) that addressed police officers' methods for scrutinizing ordinary appearances in the world, with an eye toward the visibility of incongruities that may warrant investigation. This topic echoed Goffman's ongoing concerns with impression management, what is 'given' versus 'given off', and how inferences of moral character are drawn from such impressions. Determining what can be apperceived at a glance was a thread Sacks continued to follow in later work, for example, on glances as actions and the work of doing 'being ordinary' (1984b).

However, there is at best an indirect relationship between the published works of Goffman and Sacks. While "conceptual" affinities are not hard to find—for example, between Goffman's remedial interchanges (1971) and Sacks' repair organization (Schegloff et al., 1977), or between Goffman's face-work (FaW; also IR_a) and Sacks' preference organization (1987)—Sacks' work is never conceptual—always focusing on close empirical analysis of how things are being organized—so comparisons to Goffman are not very illuminating. It is difficult to establish a definitive lineage, in part because Sacks' work begins with Garfinkel and stands at the juncture between Goffman and Garfinkel. It is more a Garfinkel lineage with Goffman worked in. As Schegloff (1992, xxiv) observed, "a serious treatment of the directions of influence and the interplay of ideas between [Goffman and Sacks] remains to be written" (also Rawls 1987, 1989, 2003).

Though their topics were superficially similar, Sacks saw Goffman more as a helpful precursor than the foundation on which he was building. In introducing his fall 1967 course, he recommended students read *The Presentation of Self in Everyday Life,* but warned them against making direct connections: "The sorts of things [Goffman's] attending and the kinds of points he's making in no way stand in a one-to-one relationship with the sorts of things that I do. But nevertheless [...] that would be the best thing to have, if one wanted some background" (1995, 619). Although the "interaction order" was the field in which both labored, Sacks started with different assumptions about order, used different tools, and planted different seeds.

By the time he died in 1975, Goffman was well aware of Sacks' research and the enormous influence of CA, and Goffman's later works grapple with the ideas and methods Sacks and other conversation analysts were proposing. Indeed, Goffman's *Forms of Talk* was primarily a dialogue with conversation analysis (see Chap. 47). The book highlights Goffman's criticism of CA as a kind of systems engineering, a view borne of his misunderstanding of CA as mechanistic and technical, which is to say, devoid of ritual (see Chap. 23). He missed entirely the inherently sociological character of what Sacks was doing. This speaks to the different approaches taken by Goffman and Garfinkel to interaction. Whereas for Goffman interaction remained a ritual enterprise, which could be studied anecdotally, for Garfinkel the structure of interaction is different each time, while comprised of underlying rules and expectations that remain fairly constant. For Sacks, like Garfinkel, the order properties of interaction are the result of using a set of rules in an infinite number of, nevertheless specifiable, ways.

In spite of his criticisms of Sacks, Goffman did embrace the use of empirical data in the form of recordings, both in seminars and papers like *Radio Talk* (FT_d). But for the most part, differences between Goffman's approach to interaction and the positions taken by Sacks produced friction and misunderstanding. Nevertheless, Goffman did, at Sacks' request, take on Jefferson as a post-doctoral researcher at the University of Pennsylvania Center for Urban Ethnography (Goodwin 2019).

Goffman and Sacks in California

After completing his law degree at Yale in 1959, Sacks went to MIT for a year (during which he attended Parsons' seminars and met Garfinkel). In fall 1960 he moved to Berkeley to take up graduate studies in sociology, where he encountered Goffman, whom Sacks "took more seriously than he did virtually any other member of the faculty" (Schegloff 1992, xxiii). Sacks enrolled in Goffman's courses and Goffman was on his dissertation committee. The parting of the ways came in 1964, when Sacks' prepared to defend his dissertation, but Goffman refused to sign off on it.

The substance of their disagreement, according to Schegloff (1995), was over what Goffman considered a circularity in Sacks' analysis. That "circularity" likely involved differences over where meaning was located in interaction—a topic that came up in their January 1964 discussion at the SPC in Los Angeles (discussed below). It was rumored that Goffman also demanded Sacks cite more literature, which Sacks refused to do—perhaps ironic given Goffman's reluctance to situate his own works in any genealogy. It wasn't until 1966 that Aaron Cicourel—an early collaborator of Garfinkel's—was able to persuade Goffman to withdraw from Sacks' dissertation committee and let Cicourel sign off on his PhD.

Beyond the analytic evidence of Sacks' dissertation itself, we outline—for the first time—the disagreement between Goffman and his most famous student. In the early 1960's, Sacks was working not only with Goffman, but also with Garfinkel and Ed Shneidman in Los Angeles. Sacks' dissertation was based on recordings of telephone calls to the SPC (founded and directed by Shneidman). In 1962, Garfinkel secured Sacks a research fellowship at the SPC and Sacks moved to Los Angeles and started research at the Center. In January 1964 the Center hosted a small conference on "suicide as a social fact". In attendance were Sacks, Garfinkel, and Shneidman along with Parsons and Goffman. The entire (two-day) conference was audiotaped and transcribed, which affords a glimpse into the differences between Goffman and Sacks/Garfinkel that emerged in their discussion.

Contrasts between Goffman and Sacks

During the SPC conference, it becomes clear that Goffman was analytically satisfied with stereotypes, labels, familiar and extreme cases, and invented and elicited examples. By contrast, Sacks and Garfinkel insisted throughout on actual examples (in detail) and were more concerned with foundational matters; how participants oriented their actions, what accounts they offered/accepted, and in the order properties of actual events. Both argued that insofar as actor's intentions are material to the meaning of action they would need to be displayed in the action itself. These differences appear in the audio of two events, one in 1960 and one in 1964.

On dramaturgy

Sacks, in a 1960 discussion with Garfinkel (during Parsons' seminar), articulated his dissatisfaction with Goffman's dramaturgical metaphor for social life. "A more subtle description of sociological phenomena would have to (describe) how is it that these things as *stage directions* nevertheless result in an ordered situation" (Garfinkel/Sacks 1960, 8:20). Goffman's move of replacing a course of action with stage directions to various roles was, for Sacks, an abstraction disconnected from the details of a given situation. "Roles" were problematic because, Sacks maintained, there was chasm between where someone is and any given role they might come to take on. Sacks called the whole business "tricky", likening it to "Churchill writing a history of himself". The way Goffman had put it, a person has to act with respect to the features of a role without knowing precisely what those features are. They have to somehow 'get up there' and act out abstracted courses of action and roles; the problem is how to do this.

Sacks gives the example of a pre-medical student (referencing Garfinkel's PhD research) as someone who is precarious in coming to a new role. The problem is how to locate those features that are attached to the role of "a medical professional". This is precarious for the student because any proposed ordering must accord with "an opinion without respect to anybody", and not necessarily in accordance to "what I happen to think". Even more troubling is the systematic unavailability of an evaluation, according to Sacks. They cannot ask "How did I do?" While they can do their best to adhere to the features that they believe are appropriate to the role, they have no assurance that they are going about it the right way. For instance, in interviewing for medical school, they cannot know whether the admissions board are treating them as "a medical professional" or as "just another person". They have to do the right things in the right way, and the admissions board has to see those right things as properly and legitimately done. The problem is, how?

Although very early in his career—this was 1960, and Sacks had not yet moved to Berkeley—Sacks' insistence on looking at things in-situ encapsulates a major difference between his approach and Goffman's. While Goffman was satisfied with accounting for scenes through familiar schemes and categorizations, Sacks, befitting his interest in ethnomethodology, insisted on examining the local production of social order.

The problem of roles would be developed in a sophisticated way by Sacks in his Membership Categorization Analysis (MCA). This could be seen as a solution to "roles" insofar as it translated them into practices for categorization as occasioned and used. A large body of research in CA takes up MCA, and has been particularly instructive in analysing how race and inequality are accomplished through categorization.

On 'appropriate suicides'

At the 1964 SPC conference, the discussion of suicide turned to the topic of "an appropriate suicide". Goffman offered examples of such a thing: "If the president gets picked up with the wrong type of woman", that would be an appropriate suicide. Or if not the president then "a high church person, somebody of real high pure status", and if not someone with community esteem, then just "a character" who "gets picked up in the john for soliciting young boys" (SPC 2a/4, 22). In a characteristically Goffmanian manner, he constructs a stage vignette with rotating characters, in which the scene so invoked is supposed to capture the stereotypical grounds for "an appropriate suicide". His approach assumes a consensus on social esteem and things that would ruin it. The exchange shows Goffman's technique of summoning a scene whose familiarity is to be taken as evidencing its truth. In response, Sacks seeks to get at what is beneath the conception of "an appropriate suicide" in the first place. He wants to know if in fact people respond as Goffman claims they do. For Sacks, this is an empirical question:

> [SPC 2a/4, 22–23]
> HS: I think it's- it's- you're raising an empirical issue. I ask now, where is it that persons,
> (.) what is it that persons who commit suicide (2.0) seek as traditional grounds for the
> suicide, then you will [make-
> EG: [as most understandable
> quote unquote=
> HS:=No where they- where they c- (.) Do they claim its legitimacy in any case, that
> would be the issue you're asking now. (1.0) If they claim its legitimacy what do they seek, (1.0) as the things that provide its legitimacy.

In what would come to be known as a topic-resource distinction, Sacks' challenge to Goffman is not with "an appropriate suicide" as a given category, but rather with how something comes to be called "an appropriate suicide" (to be seen as a category) in the first place. Sacks expands on this approach and what it would mean for analysis, as opposed to Goffman's approach that would rely on stereotypes and media portrayals of "an appropriate suicide". If someone wanted such a death, Sacks asks,

> [SPC 2a.4, 27]
> HS: could he count on, (2.0) let's say, that it would be a matter of public discussion, and,
> let's say, of voting, or of persons with esteem saying, 'That was appropriate', so that he could direct the possibility of, that somehow persons might wrote- write a private note to those around them, knowing that the ways they would assess, they would go about deciding it, as compared to doing it in a public fashion so that it would have to be- it wo- the discussion of whether they died appropriately would have to be in the media.

The upshot is that "the thing about appropriateness now becomes a matter where (1.1) the way it would be established, (0.9) becomes something to which the person can orient (0.5) in proposing the character of how it came about that they are doing it" (SPC 2a.4, 27).

For Sacks, judgments of propriety are not in the first instance found in stereotypical understandings. Instead, arrival at what is "appropriate" in a given case is a procedural question of examining methods of justification.

Goffman, for his part, appears to concede some methodological ground. Instead of consulting his own understandings to come up with a plausible scenario, Goffman suggests turning to others: "Why don't you ask some people that you're talking to, make a questionnaire" (SPC 2a.4, 30). Sacks questions the need to consult others, however. He counters, "But they can't- but you see if the- why- why- you have this mass of materials, and anyway they're doing it!" (SPC 2a.4, 30). In other words, there is no need to canvass for opinions and stereotypical understandings of what people suppose would happen *because we can see what they are actually doing*. Moreover, there is at the SPC "this mass of materials", referring to telephone calls and other documentary evidence around suicide showing how people do these things. Their different stances towards sources of data echo Wittgenstein's methodological injunction, "Don't think; look!".

Goffman responds by articulating the rationale for consulting others: "the non-suicide public is involved too. You've got to ask them also. You've got better information from suicides because they're constructing detail in a serious way to justi- to warrant their act. But take other people too, and ask them about the extremes, and then you get the pure case that these persons are perhaps directing themselves to" (SPC 2a.4, 32). Goffman's inclination is to refine an image of the "pure case" through the triangulation of stereotypes. His picture still centers on an idealized self and situation. As Rawls (1989, 151) argued, Goffman's conception of the interaction order was constrained principally by the needs of the self, whereas Sacks (with Garfinkel) would "introduce the important idea that the requirements of intelligibility also impose constraints on the order of interaction".

What Goffman and Sacks have in common is a conception of interaction grounded on social contract, what Goffman referred to as a "working consensus" with "involvement obligations". For Sacks, these obligations translate into "listening and hearing obligations" to sequential order properties of social action that bear an important resemblance to Garfinkel's (1963) "trust conditions". The big difference between Goffman and Sacks is the degree to which they treat social objects made in interaction as fragile. For Goffman the self is fragile, but social categories, language and meaning are not. Goffman lets in symbolic meaning and consensus. For Sacks and Garfinkel, all words, gestures, and actions are fragile, indexical, and must be placed in sequences of action in an orderly way—to acquire meaning.

References

Garfinkel, Harold: Notes on language games as a source of methods for studying the formal properties of linguistic events [1960]. In: European Journal of Sociology (2019), 148–174.

Garfinkel, Harold: A conception of, and experiments with, 'trust' as a condition of stable concerted actions. In: O. J. Harvey (ed.): Motivation and Social Interaction. New York 1963, 187–238.

Garfinkel, Harold: Studies in ethnomethodology. Englewood Cliffs. New York 1967.

Garfinkel, Harold/Sacks, Harvey. Harvey Sacks and Garfinkel discussion on pre-medical candidate paper re: the nature of practical circumstances. Harvard, Spring 1960 (3 audiograph records). Garfinkel Archive.

Goodwin, Charles/Salomon, René. Not being bound by what you can see now. Charles Goodwin in conversation with René Salomon [32 paragraphs]. In: Forum Qualitative Sozialforschung/Forum: Qualitative Social Research 20/2 (2019), Art. 11, http://dx.doi.org/https://doi.org/10.17169/fqs-20.2.3271.

Rawls, Anne W.: The interaction order sui generis: Goffman's contribution to social theory. In: Sociological Theory 5/2 (1987), 136–149.

Rawls, Anne W.: Language, self, and social order: A reformulation of Goffman and Sacks. In: Human Studies 12 (1989), 147–172.

Rawls, Anne W.: Orders of interaction and intelligibility: Intersections between Goffman and Garfinkel by way of Durkheim. In: Javier Trevino (ed.): Goffman's legacy. Lanham 2003, 216–253.

Sacks, Harvey: On Understanding. Unpublished manuscript, Garfinkel Archive. 1968.

Sacks, Harvey: An initial investigation of the usability of conversational materials for doing sociology. In: David N. Sudnow (ed.): Studies in social interaction. New York 1972a, 31–74.

Sacks, Harvey: Notes on police assessment of moral character. In: David N. Sudnow (ed.): Studies in social interaction. New York 1972b, 280–293.

Sacks, Harvey: On the analyzability of stories by children. In John J. Gumperz/Dell Hymes (ed.): Directions in sociolinguistics: The ethnography of communication. New York 1972c, 325–345.

Sacks, Harvey: Some consideration of a story told in ordinary conversations. In: Poetics 15 (1974), 127–138.

Sacks, Harvey: Some technical considerations of a dirty joke. In: J. Schenkein (ed.): Studies in the organization of conversational interaction. New York 1978, 249–269.

Sacks, Harvey: Notes on methodology. In: J. Maxwell Atkinson/John Heritage (ed.): Structures of social action: Studies in conversation analysis. Cambridge 1984a, 21–27.

Sacks, Harvey: On doing 'being ordinary'. In: J. Maxwell Atkinson/John Heritage (ed.): Structures of social action: Studies in conversation analysis. Cambridge 1984b, 413–429.

Sacks, Harvey: On the preferences for agreement and contiguity in sequences in conversation. In: Graham Button/John R. E. Lee (ed.): Talk and social organization. Clevedon 1987, 54–69.

Sacks, Harvey: Lectures on conversation, 2 Vols. (Fall 1964–Spring 1972). Oxford 1992.
Sacks, Harvey/Schegloff, Emanuel A./Jefferson, Gail: A simplest systematics for the organization of turn-taking for conversation. In: Language 50/4 (1974), 696–735.
Schegloff, Emanuel A./Jefferson, Gail/Sacks, Harvey: The preference for self-correction in the organization of repair in conversation. In: Language 53/2 (1977), 361–382.
Schegloff, Emanuel A.: Goffman and the analysis of conversation. In Paul Drew/Anthony J. Wootton (eds.): Erving Goffman: Exploring the interaction order. Boston 1988. 89–135.
Schegloff, Emanuel A.: Introduction. In: Harvey Sacks, Lectures on conversation (Fall 1964–Spring 1968), Vol. 1. Oxford 1992, ix–xii.

Norman K. Denzin

51

Rainer Winter

Sowohl Erving Goffman als auch Norman K. Denzin haben einen wesentlichen Beitrag zur Entwicklung der qualitativen Forschung im Kontext der interpretativen Soziologie in Nordamerika geleistet. Dabei wurden die Arbeiten Goffmans oft der Tradition des Symbolischen Interaktionismus zugerechnet. Auch wenn Goffman an der Universität Chicago promovierte und Herbert Blumer an seiner Berufung auf seine erste Professur an der Universität von Kalifornien in Berkeley maßgeblich beteiligt war, hat er dennoch einen eigenständigen Ansatz entwickelt, der sicherlich mehr durch Émile Durkheim als durch George H. Mead und Herbert Blumer geprägt ist. Sein Schwerpunkt liegt nämlich nicht auf der Konstitution des Selbst in interpretativen Prozessen und dessen Perspektive. Vielmehr arbeitet er eindringlich heraus, dass es soziale Interaktionen sind, die die Präsentation eines individuellen Selbst erforderlich machen, wenn sie gelingen sollen. Sein Blick richtet sich auf die alltäglichen Rituale, in denen in wechselseitigen Prozessen ein Selbst ‚unterstellt', imaginiert und bestätigt wird (Collins 1988). Für Goffman ist das Selbst ein „heiliges Objekt" im Sinne Durkheims (1981), dem Ehrerbietung entgegengebracht wird.

Denzin dagegen steht bis heute in der Tradition des Symbolischen Interaktionismus (s. Kap. 9). Sein Ausgangspunkt sind nicht Fragen der sozialen Organisation von Gesellschaft und damit verbundene strukturelle Zwänge. Dagegen möchte er Interaktionen in ihrer prozesshaften, multidimensionalen und dynamischen Gestalt betrachten. In ihnen entwickeln sich situierte Formen des Sozialen, die veränderlich, provisorisch und kontingent sind. Auch für Denzin wird ein Selbst in Interaktionen aufgeführt. Anders als Goffman, für den das Selbst aber eher ein „ideologisches Konzept" (Collins 1988, 50) darstellt, interessiert sich Denzin für die Person und ihre Biographie, die in unterschiedlichen Situationen auch verschiedene Formen von Selbst hervorbringen kann. Vor allem epiphanische Erlebnisse, die zu einer Neudefinition des eigenen Lebens führen, sind in vielen seiner Arbeiten wichtig. Wie Mead und Blumer hat Denzin also ein sozialpsychologisches Interesse am Selbst, an dessen (Auto-)Biographie, seinen Interpretationen sowie Praxisformen. Die Tradition des Symbolischen Interaktionismus setzt er aber nicht nur fort, sondern transformiert sie auch. So erweitert er sie durch die poststrukturalistisch angeleitete Interpretation von kulturellen Texten und medialen Arrangements. Überdies entwickelte er eine „performance ethnography", in der das Selbst und sein Verständnis der Welt zur Aufführung kommen soll. Inspiriert durch die politische Soziologie von Charles Wright Mills (1959) betrachtet

R. Winter (✉)
Institut für Medien- und Kommunikationswissenschaft, Universität Klagenfurt, Klagenfurt, Österreich
E-Mail: Rainer.Winter@aau.at

K. Lenz und R. Hettlage (Hrsg.), *Goffman-Handbuch*, https://doi.org/10.1007/978-3-476-05871-3_51

er die Konstruktion von Biographien im Kontext gesellschaftlicher Problemlagen.

Zunächst werde ich die Kritik von Denzin und Charles M. Keller (1981) an Goffmans *Frame Analysis* (1974) und dessen Replik (RDK) diskutieren. Anschließend werde ich zeigen, dass Denzin der Arbeitsweise von Goffman in seinen Studien zum Film folgt und diese als Aufführungen des Selbst betrachtet. Dabei zeigt er auch, dass dessen dramaturgisches Modell nicht anthropologisch essentialisiert werden sollte, sondern eher historischen Charakter hat. Schließlich zeige ich die Verbindungslinien und Unterschiede zwischen der „performance ethnography" und Goffmans Konzeption der Theatralität auf. Eine kurze Schlussbetrachtung fasst die Ergebnisse zusammen.

Die Debatte zwischen Denzin/Keller und Goffman

Denzins und Kellers *Frame Analysis Reconsidered* (1981) stellt einen kritischen Kommentar nicht nur zu *Frame Analysis* (1974), sondern zum Gesamtwerk von Goffman dar. Bereits anfangs machen sie klar, dass dessen Arbeiten ihrer Ansicht nach nicht zum Symbolischen Interaktionismus und der mit ihm verbundenen pragmatistischen Sozialpsychologie in der Tradition von William James, Charles H. Cooley und George H. Mead zu zählen seien (s. Kap. 9). Sie betrachten ihn als einen Strukturalisten, wie es George Gonos (1977) vorgeschlagen hat, der an der Identifizierung von Strukturen in sozialen Interaktionen und nicht an der Eigenbedeutung der Erfahrungen von Akteuren interessiert sei. So kommen sie zu dem Schluss:

> „Goffman does not provide concepts useful for studying social interaction, the interpretation by actors of the behavior of other social actors, the process of framing, as it was outlined by Bateson, or any of the processes of meaning attribution or negotiation of problematic situations as discussed by Schutz. Rather, we contend that in *Frame Analysis* Goffman presents a structural analysis of selected and (to our way of thinking) peripheral aspects of everyday experience" (Denzin/Keller 1981, 52 f.).

Diese heftige Kritik erklärt sich aus der zu Goffman unterschiedlichen Perspektive auf soziale Interaktionen, die Denzin/Keller vertreten. In der Tradition der soziologisch orientierten Sozialpsychologie fokussieren sie auf die subjektive Perspektive von Akteur/innen, auf deren Motive, Emotionen, Zwecke und Absichten. „The ‚how' of face-to-face behavior is of central concern, as are the meanings participants bring to, construct, and attach to the activities they find themselves caught up in" (Denzin/Keller 1981, 53). Während Goffmans Interesse dem Vollzug von Ritualen und ihrer strukturierenden Kraft gilt, sind Denzin/Keller vornehmlich an den Interpretationen und Deutungen der Akteur/innen interessiert. Sie heben hervor, dass jede/r Akteur/in auf ein Repertoire an Verhaltens-, Sinn- und Wissensformen zurückgreifen kann, das, biographisch bedingt, auch Unterschiede aufweist. Es dient ihm/ihr zur Interpretation des Verhaltens seiner/ihrer Interaktionspartner/-innen. „Self-reflexive, feeling, interacting individuals lie at the core of the interpretative paradigm. Meaning is to be found in interaction, not in structures or rules" (ebd., 53). Vor allem in Gesprächen mit sich selbst oder mit anderen legt man seine eigenen Projekte oder das Verhalten von anderen (neu) aus, bestimmt die Bedeutung von Lebensentwürfen und Situationen.

Denzin/Keller führen wesentliche Merkmale auf, die ihrer Ansicht nach den Strukturalismus kennzeichnen, so z. B. die determinierende Kraft von Regeln, die für die formale Regelmäßigkeit von sozialen Aktivitäten sorgt, das Netzwerk von Beziehungen, in das ein Verhalten eingebunden ist, oder der regelgeleite Übergang zwischen Strukturen. „Meaning, purpose, and intentionality (or motive) are processes embodied in structures, not persons; in the structure of a myth, in a ‚fait divers' (Barthes 1972, 188 f.)" (Denzin/Keller 1981, 54). Dann wenden sie sich der *Frame Analysis* (1974, 13) zu, deren Thema „the structure of experience individuals have at any moment of their social lives" (FA, 13; FA_{dt}, 22) ist (s. Kap. 45). Zunächst referieren sie Goffmans Unterscheidung im Bereich primärer Rahmen zwischen natürlichen und sozialen Rahmen, die Prozesse des

„keying" („Modulation") und der „fabrication" (Täuschungsmanöver") (Denzin/Keller 1981, 54 ff.). Entscheidend sei, dass jeder Rahmen seine eigene Logik, Motive, Formen von Intentionalität und geordneten Sinnmuster enthalte. Seine Struktur gebe auch vor, wie er durch die Konstruktionen der Akteur/innen transformiert werden könne. Bei Goffman bleibe aber unklar, wie es zu einer Transformation komme und wie sie organisiert sei (ebd., 55). Denzin/-Keller (ebd., 55 f.) folgern, dass Goffman einem aristotelischen Wissenschaftsverständnis verpflichtet sei und sich deshalb auf die Klassifizierung von ‚Objekten', in diesem Fall von Rahmen, konzentriere.

> „Goffman's Frame Analysis is very much preoccupied with the classification of frames which are responsible for telling persons what it is that is going on here. In Mead's terms, we get the nature of the object first (the frame), and the experiences which follow are defined in terms of the frame's basic dimensions" (Denzin/Keller 1981, 56).

So entwerfe er ein statisches Bild vom sozialen Geschehen.

Schließlich wenden Denzin/Keller sich Gregory Batesons Analyse (1972) von psychologischen Rahmen zu, von dem Goffman das Konzept geborgt hat und auf den er sich bezieht (s. Kap. 18). Sie bezweifeln, dass Goffmans Verwendung des Rahmenbegriffs in der Tradition von Bateson stehe, weil er davon ausgehe, dass Rahmen sich selbst bestimmen und transformieren würden. Für Bateson dagegen sei ein Rahmen eine Reihe von sinnvollen Handlungen. Er könne von Akteur/innen erkannt und auch verlassen werden, wenn er paradoxal oder konfliktreich sei (Denzin/Keller 1981, 56).

Darüber hinaus kritisieren sie Goffman, weil er im Geiste des Strukturalismus – ähnlich wie Roland Barthes (1972) – nicht an der Botschaft von kulturellen Texten interessiert sei, sondern an der regelgeleiteten Struktur des Systems, das ihnen Sinn verleihe (Denzin/Keller 1981, 57). Goffman untersucht eine Fülle von kulturellen bzw. medialen Texten auf ihre Rahmungsweisen hin. Auf diese kulturellen Muster greifen die Akteur/innen zurück, um Situationen zu definieren. Denzin/Keller (1981, 57) wenden ein: „selves, meaning, motive, and intentionality cannot be confined to depictions of the human found in myth, TV commercials, gender advertisements, Hollywood movies, the Bible, folk tales, and frames". Sie weisen darauf hin, dass Akteur/innen sich selbst und die Situation, in der sie sich befinden, unterschiedlich interpretieren können. Deutungen können vorläufig, partiell, widersprüchlich oder inkohärent sein. Sie verändern sich im Laufe einer Interaktion. „Interpretations move and shift over time, transformations into unitary, consensually defined frames are infrequent" (ebd., 59). Zudem könnten die Akteur/innen Situationen auf vielfältige Weise transformieren. Goffmans strukturale Betrachtungsweise versuche, Interaktionen zu klassifizieren und bleibe dabei deren Oberflächen verhaftet. Ihr entgehe gerade die subjektive Perspektive der Akteur/innen und damit der Beitrag einer Sozialpsychologie in der interpretativen Tradition von James-Mead-Schütz-Bateson (ebd., 57). „His frames are frozen forms. His concept of reality is illusive and blurred. His posited transformations have no cause or process behind them. His frames catch events that are on the periphery of everyday life" (ebd., 59). Goffmans Akteure seien Monaden, die die Welt nach vorgegebenen Rahmen interpretieren, eine Interaktion, die zur Veränderung von gesellschaftlichen Strukturen führe, sei nicht vorgesehen. Hier lässt sich einwenden, dass Goffman eine Modulation von Rahmen fast immer für möglich halt (Winter 1986). Freilich baut sie auf den kulturell vorgegebenen Rahmen auf. Er rechnet also durchaus mit einer kreativen Agency der Akteur/innen, die soziale Formen modifizieren, unterlaufen und verändern können.

Goffman hat sich entschieden und heftig gegen diesen Kommentar gewendet. „There is very little I agree with in D&K's essay and nothing in which I find merit" (RDK, 61). Mit Recht weist er zunächst daraufhin, dass seine Arbeiten durchaus in der Tradition von James, Mead, Cooley und Schütz stehen würden. So führe ein von ihm nachgezeichneter Weg von der Analyse von Subuniversa von Sinn zu einer Analyse der Organisation und Struktur dieser Sinnwelten (FA). Er kritisiert, dass für Denzin und Keller jede Form der Organisiertheit von Interaktionen nur dann von Bedeutung sei, wenn sie an die subjektive Perspektive der Akteur/-innen rückgebunden werde (RDF, 61). Damit würde aber das gesamte Forschungsfeld, das die Regeln von ‚Face-to-face'-Interaktionen erfolgreich untersucht, ausgeblendet.

Goffman weist explizit eine Verbindung seiner Arbeiten zum französischen Strukturalismus zurück. Ihm habe der Funktionalismus von Durkheim und Radcliffe-Brown die Möglichkeit eröffnet, ‚Face-to-face'-Interaktionen als eigenständiges Forschungsfeld zu bestimmen (ebd., 62). Dabei habe er durchaus Interesse am Selbst, würde es aber unter einer anderen Perspektive als Denzin/Keller untersuchen.

> „My plea then is not that one should not see that it is persons with unique biographies who do the interacting, but that one should move on from this warming fact to try to uncover the principled ways in which such personal histories are given place, and the framework of normative understandings this implies" (ebd., 62).

Er unterstreicht, dass Rahmen ein wesentlicher Baustein unserer Kultur sind und unterschiedliche Grade an Institutionalisierung aufweisen (ebd., 63). Wie er an vielen Beispielen in *Frame Analysis* (1974) zeigt, sind sie auch historisch veränderlich. „And occasionally one individual has some effect on a particular frame. But the individuals I know don't invent the world of chess when they sit down to play, or the stock market when they buy some shares" (RDK, 63). Goffman stellt fest, dass er über James und Schütz hinausgehen musste, um die Organisiertheit der Erfahrung in Rahmen verstehen zu können. So habe er z. B. von James lernen können, dass ein Subuniversum eine eigene Existenzweise habe, die als real betrachtet werde, solange man sich in diesem aufhalte (ebd., 63).

> „That is what I tried to extend in FA. My treatment does not provide enough detail on how any particular sub-universe is put together, but it does affirm this issue as a critical one, and it does consider a wide range of contingencies we must face by virtue of organizing our perceptions and involvements this way" (ebd., 64 f.).

Durch Bateson habe er verstanden, dass Handlungen in einem neuen räumlichen und zeitlichen Setting ihre Bedeutung verändern können. Goffman betont, dass Rahmungen für ihn aber keine psychologischen Prozesse seien, sondern zur Organisation von Ereignissen und Kognitionen gehören würden.

Er hebt hervor, dass sein Interesse auch der Frage gelte, welche Möglichkeiten ein Rahmen der Artikulation des Selbst gebe. Die Analyse kultureller Texte diene ihm dazu, solche Möglichkeiten aufzuzeigen. Er sei aber keineswegs der Auffassung, dass Handlungsmächtigkeit nur in fiktiven Bereichen vorkomme. Er stimme jedoch mit Denzin und Keller darin überein, dass es wichtig sei zu untersuchen, wie es zu Modulationen von Rahmen komme. Hierzu seien aber ethologische oder linguistische Perspektiven wichtiger als die interpretative Tradition, weil sie Muster und Strukturen mikroanalytisch herausarbeiten würden.

Abschließend weist Goffman auf Desiderata in *Frame Analysis* hin. Sie sei zu sehr auf Beispiele aus fiktiven Bereichen und auf die Zusammenfassung von Nachrichten über reale Ereignisse gestützt. „There is insufficient consideration given to how different frames can be openly and simultaneously sustained […] there is little detail given about any primary framework, and there is insufficient attention paid to the shifting from one of these frames to another" (RDK, 67). Er sehe aber keine Verbindung zu den klassifikatorischen Bemühungen von Aristoteles, weil sein Buch lediglich einen Versuch darstelle, Rahmung als einen sozialen Prozess zu begreifen (ebd., 68). Dabei entwerfe er auch kein statisches, ‚eingefrorenes' Bild der sozialen Wirklichkeit. Akteurinnen würden sich jeden Moment fragen, was eigentlich vor sich gehe, wie Aktivitäten und Ereignisse zu rahmen seien. Deshalb sei seine Analyse auf die Episoden der ‚Face-to-face'-Interaktion fokussiert, in denen kognitive Orientierungen wahrscheinlich seien: „an episode's bracking conventions, its laminative depth, its tolerance or intolerance for various types of out-of-frame activity, its potential for misframing, its vulnerability to disorganization" (ebd., 68). Goffman gesteht zu, dass die ‚snap-shot view' durchaus Teil seines Ansatzes sei. Er bestreite auch nicht, dass Akteur/-innen durch ihre biographischen Erfahrungen geprägt seien, es gebe aber Regeln der Etikette, die festlegen würden, wieweit diese zur Geltung kommen könnten. Etwaige Brüche von Normen müssten gemanagt werden. Aufgabe der Rahmen-Analyse sei zu untersuchen, wie dies realisiert würde. Abschließend hält Goffman fest, dass Denzin/Keller ihre eigene Perspektive verteidigen und fördern wollten. „So they have a lively concern for certain books. In their case, however, tied to what they accuse me of: a stilted sense of social reality" (ebd., 68).

Wenn wir betrachten, wie Denzin seinen Ansatz in den folgenden Jahrzehnten profiliert hat, wird klar, dass Goffman zum Teil Recht hatte. Es geht ihm in dem Beitrag mit Keller darum, seinen Zugang zur Tradition und seinen sich entwickelnden Ansatz in einer Auseinandersetzung mit dem bis heute bedeutendsten Vertreter interpretativer Soziologie zu profilieren. Goffmans Replik macht klar, dass die Kritik von Denzin/-Keller ihm nicht weiterhelfen kann, weil er eine andere Perspektive auf soziale Interaktionen verfolgt (s. Kap. 9). Während er von der sozialen Interaktion ausgeht und untersucht, was sie zur Organisierung von Erfahrungen und den Möglichkeiten des Selbst beiträgt, interessiert sich Denzin für die Erfahrungen des Selbst, die in Interaktionen und auch gegen Institutionen zur Geltung gebracht werden. Goffman nimmt die Rolle des distanzierten Beobachters ein, der Strukturen und Regeln alltäglicher Interaktionen ethnographisch erforscht und skeptisch gegenüber dem humanistischen Menschenbild und dem Kult des Selbst ist, nicht deshalb weil er nichts von diesen Idealen halten würde, sondern weil sie in der Welt, die er beschreibt, eben nur Ideologien sind, was er nüchtern und ohne Illusionen herausarbeitet. Denzin dagegen kritisiert, dass sie bisher nicht verwirklicht sind und möchte zu ihrer Entfaltung beitragen. So fokussiert er auf die subjektive Perspektive der Akteur/innen und arbeitet deren (mögliche) Bedeutung heraus. In späteren Arbeiten versucht er Bühnen zu finden und zu errichten, auf denen diese sich experimentell entfalten kann.

Die Aufführungen des Hollywoodfilms

Wie wichtig die Arbeiten von Goffman für Denzin sind, zeigt sich auch in seinen Studien zum Film. In *Images of Postmodern Society* (1991) wendet sich Denzin dem Hollywoodfilm der 1980er Jahre zu, den er als Ausdruck der postmodernen Kultur dieser Zeit betrachtet. Ausgehend von seinem Interesse am Selbst und dessen Erfahrungen und Erlebnissen richtet sich seine Forschungsfrage auf die in Klasse, „race" und Gender verankerten Aspekte des postmodernen Selbst. „A single question guides my discussion: ‚How are these three identities enacted, and dramaturgically staged in postmodern culture?" (Denzin 1991, 1). Wie Goffman analysiert Denzin kulturelle Texte (Filme, Rezensionen, Werbetexte etc.), um diese Frage beantworten zu können. Er folgt ihm auch insofern, als er davon ausgeht, dass die Identitäten des postmodernen Selbst dramaturgisch inszeniert werden, sowohl im Film als auch im Alltag. So geht es ihm gerade um die Herausarbeitung der dramaturgischen Konstruktionen, die die postmoderne Kultur auszeichnen (ebd., 149). In dekonstruktiven Analysen wichtiger Filme der 1980er Jahre deckt er die Repräsentation des postmodernen Selbst und seiner Identitätsprobleme auf.

Denzin möchte aufklären, um zu vermeiden, dass das postmoderne Selbst sich mit den „surface reflections" (ebd., 18) aus Hollywood kritiklos identifiziert. „This is the dilemma of the postmodern self: to find an essential humanity in a forest of signs which deal only in reflections" (ebd., 18). Hierzu greift er auf die politische Soziologie von Mills (1959) und dessen Konzeption einer soziologischen Vorstellungskraft zurück, die Politik, Geschichte, Gesellschaft und Biographie in ihrer Verflechtung untersucht und so persönliche Problemlagen als gesellschaftlich verursacht und veränderbar begreift.

In *The Cinematic Society* setzt Denzin (1995) diese Perspektive fort und bestimmt den/die

Voyeur/in als das typische postmoderne Selbst. „Adrift in a sea of symbols, we find ourselves, voyeurs all, products of the cinematic game" (ebd., 1). Das Selbst habe den investigativen und disziplinierenden Blick verinnerlicht (ebd., 5), der in der medial verfassten Postmoderne allgegenwärtig sei. Denzin untersucht die Einführung und Veralltäglichung des Kinos in den USA und analysiert die damit erfolgte voyeuristische Durchdringung der Gesellschaft und die Formen des Voyeurismus in Film und Gesellschaft. Hierbei bezieht er sich auf Simmels und Goffmans Analyse der Bedeutung des Blicks im Alltag (ebd., 29 f.). Anders als diese leben wir aber nicht mehr in einer primär durch den Buchdruck geprägten Kultur. „We live instead in a video, cinematic age, where the cinematic apparatus intervenes between the material world and everyday, lived experience" (ebd., 200). In seinen Studien zum Film liest Denzin Goffmans Arbeiten also historisch. Das dramaturgische Modell ist (erst) in der Postmoderne zur beherrschenden Organisation sozialer Wirklichkeiten geworden.

Die Wende zu einer performativen Soziologie

In *Much Ado about Goffman* setzt sich Denzin (2003a) noch einmal explizit mit den Arbeiten von Goffman auseinander. Goffmans dramaturgisches Modell und dessen Vokabular (Darstellungen, Vorder-, Hinterbühne, Ensemble etc.) hätten der Soziologie eine neue Forschungsperspektive und ein wichtiges Untersuchungsfeld vermittelt (ebd., 128). Er hebt dessen literarische Sensibilität und Versuch der Entwicklung einer seiner Ansicht nach zeitlosen, naturalistischen Soziologie (ebd., 129) hervor. Dann kritisiert er aber Goffmans Modell als zu artifiziell und auf die Differenz von Realität und Illusion fixiert (ebd., 130). Stattdessen schlägt Denzin (Winter/Niederer 2008) eine performative Soziologie vor, die an realen Menschen orientiert sein solle, die miteinander reagieren. Für sie solle die Frage nach Original und Kopie keine Rolle spielen.

Im Anschluss an die anthropologischen Studien von Victor Turner (1986) und Dwight Conquergood (1998) hebt Denzin die vielfältigen Bedeutungen einer Performance hervor. Sie könne z. B. eine Konstruktion, Grenzerfahrung, Mimesis, Bewegung oder Intervention sein (Denzin 2003a, 135 ff.). Entscheidend sei jedoch ihre existentielle Verankerung. „Persons are performers, but each person is unique, a universal singular, summing up and universalizing in his or her lifetime a particular segment of human history" (Denzin 2003b, 32). In einer Aufführung kann das Biographische mit dem Politischen verbunden werden und ein Widerstand gegen gesellschaftliche Zustände artikuliert werden, die zu Leiden, Diskriminierung und Unterdrückung führen. Eine an der Performance orientierte Form der Forschung und des Schreibens soll den unpolitischen Charakter der Goffmanschen Arbeiten überwinden.

Schluss

Das Werk von Erving Goffman ist ein wichtiger Bezugspunkt für den Ansatz von Norman K. Denzin. Er setzt sich mit ihm intensiv auseinander, kritisiert es, möchte den Mythos Goffman (Denzin 2003a, 129) dekonstruieren, bleibt aber dennoch bei der Entwicklung und Profilierung seines eigenen Ansatzes Goffman insofern treu, als auch er der Aufführung *(performance)*, wenn auch unter anderen Vorzeichen, eine zentrale Bedeutung zuweist.

Literatur

Barthes, Roland: Critical essays. Evanston, Ill. 1972.

Bateson, Gregory: Steps to an ecology of mind. New York 1972 (dt. Ökologie des Geistes. Frankfurt/Main 1981).

Collins, Randall: Theoretical continuities in Goffman's work. In: Paul Drew/Anthony Wooton (Hg.): Erving Goffman. Exploring the interaction order. Cambridge, Oxford 1988, 41–63.

Conquergood, Dwight: Beyond the text: Toward a performative cultural politics. In: Sheron J. Dailey (Hg.): The future of performance studies: Visions and revisions. Annandale 1998, 25–36.

Denzin, Norman K.: Images of postmodern society. Social theory and contemporary cinema. Thousand Oaks u.a. 1991.

Denzin, Norman K.: The cinematic society. The voyeur's gaze. Thousand Oaks u.a. 1995.

Denzin, Norman K. Much ado about Goffman. In: A. Javier Trevino (Hg.): Goffman's Legacy. Lanham/Oxford 2003a, 127–142.

Denzin, Norman K.: Performance ethnography. Critical pedagogy and the politics of culture. Thousand Oaks u. a. 2003b.

Denzin, Norman K./Keller, Charles M.: Frame analysis reconsidered. In: Contemporary Sociology 10/1 (1981), 52–60 (auch in Gary A. Fine/Gregory W. H. Smith (Hg.): Erving Goffman, Vol. 4. London 2000, 65–78).

Durkheim, Émile: Die elementaren Formen des religiösen Lebens. Frankfurt/Main 1981 (frz. 1912).

Gonos, George: ‚Situation' versus ‚frame': The ‚interactionist' and the ‚structuralist' analyses of everyday life. In: American Sociological Review 42/6 (1977), 854–867 (auch in Gary A. Fine/Gregory W. H. Smith (Hg.): Erving Goffman, Vol. 4. London 2000, 31–50).

Mills, Charles Wright: The sociological imagination. Oxford 1959.

Turner, Victor: The anthropology of performance. New York 1986.

Winter, Rainer: Rahmen-Analyse der Therapeut/Klient-Interaktion. E. Goffmans Beitrag zur Analyse der therapeutischen Beziehung. Unveröffentlichte Diplomarbeit im Fach Psychologie der Universität Trier 1986.

Winter, Rainer/Niederer, Elisabeth (Hg.): Ethnographie, Kino und Interpretation – die performative Wende der Sozialwissenschaften. Der Norman K. Denzin Reader. Bielefeld 2008.

Anselm L. Strauss (1916–1996)

52

Jörg Strübing

Die Einschätzung der Bezüge, Ähnlichkeiten und Differenzen zwischen zwei eminenten Soziologen wie Erving Goffman und Anselm L. Strauss wird immer unterschiedlich ausfallen, je nachdem, wie weit oder eng man den Kontext des Vergleichs fasst: Nimmt man die ganze Breite soziologischer Ansätze und Theorien der letzten 80 Jahre zum Bezugspunkt, dann mögen die Unterschiede zwischen Goffman und Strauss beinahe marginal wirken, so viele Ähnlichkeiten, Parallelen und Überschneidungen gibt es zwischen beiden und so gravierende Differenzen zu anderen Positionen im Fach. Waren nicht beide Interaktionisten der zweiten Generation? Haben nicht beide eine Chicago School-Prägung? Haben nicht beide vor allem in der US-amerikanischen Gesellschaft der zweiten Hälfte des vergangenen Jahrhunderts geforscht? Und standen sie nicht beide subjektlastigen Handlungstheorien ebenso wie system- und strukturtheoretischen Ansätzen kritisch gegenüber? Erst wenn man etwas näher herantritt und sich genauer dafür interessiert, welchen Strömungen sie jeweils ausgesetzt waren und gefolgt sind, welche sie gar geprägt haben, wenn man den Blick darauf fokussiert, wie zwei ähnlich alte, in einem ähnlichen Forschungsfeld und einer vergleichbaren Theorie- und Methodentradition sich bewegende Forscher ihre je eigene Statur gewonnen und ihr je eigenes Werk geschaffen haben: Erst dann enthüllt sich, wie verschieden die beiden waren und wie sie beide auf sehr unterschiedliche Art zum Fortschritt der Soziologie beigetragen haben.

Parallelen und Berührungspunkte zwischen Strauss und Goffman

Ebenso wie Goffman ist der amerikanische Soziologe Strauss – wie es Robert Hettlage und Karl Lenz (1991) nennen – ein „Klassiker der zweiten Generation". Obwohl beide aus unterschiedlichen Ländern Nordamerikas stammen, weisen ihre Biographien eine Reihe von Ähnlichkeiten auf. Beide entstammen einem jüdischen Migrationsmilieu. Während Goffmans Eltern aus der Ukraine nach Toronto, Kanada, immigrierten, hatte Strauss deutsche Großeltern (Strübing 2007, 13). Beide nehmen nicht – wie für den männlichen Teil ihrer Generation typisch und prägend – als Soldaten am Zweiten Weltkrieg teil, sondern sind zu dieser Zeit mitten in ihrer akademischen Ausbildung: Nach einem naturwissenschaftlichen Undergraduate Studium in Virginia arbeitet Strauss ab 1939 an seinem soziologischen Master in Chicago, das er nach seiner Promotion 1945 zunächst wieder verlässt.

J. Strübing (✉)
Institut für Soziologie, Eberhard Karls Universität Tübingen, Tübingen, Deutschland
E-Mail: joerg.struebing@uni-tuebingen.de

K. Lenz und R. Hettlage (Hrsg.), *Goffman-Handbuch*, https://doi.org/10.1007/978-3-476-05871-3_52

Goffman hingegen trifft 1945 an der University of Chicago ein, nachdem er zuvor in Toronto seinen Bachelor of Arts in Soziologie erworben hat. 1949 verlässt Goffman Chicago bereits wieder Richtung Edinburgh, Schottland, kommt aber 1952 zum Verfassen seiner Dissertation auf Basis seiner Feldstudie auf den Shetland Inseln zurück nach Chicago (s. Kap. 1). Dort trifft zur gleichen Zeit auch Strauss nach Lehrtätigkeiten in Wisconsin und Indiana wieder ein. Als Assistenzprofessor gehört er als Vertreter für den kurz zuvor nach Berkeley berufenen Herbert Blumer der Kommission an, die Goffman im Herbst des darauffolgenden Jahres mit der Dissertationsschrift *Communication Conduct in an Island Community* promoviert – ohne allerdings in die Betreuung der Arbeit involviert gewesen zu sein.

Sowohl für Goffman als auch für Strauss war die Beziehung zu Everett C. Hughes prägend. Strauss traf während seines Studiums an der University of Chicago auf den bei Robert E. Park und Ernest W. Burgess ausgebildeten kanadischen Soziologen Hughes, war aber zunächst noch wenig angetan von dessen Lehr- und Forschungsstil, der ihm damals als bloßes „Geschichtenerzählen" erschien (Baszanger 1996, 356). Erst in seiner zweiten Chicagoer Zeit und vor dem Hintergrund einer zunehmenden Unzufriedenheit mit den Begrenzungen der stark von Blumer geprägten sozialpsychologischen Perspektive begann er, dem Ansatz von Hughes mehr abzugewinnen und arbeitete in der Folge intensiv auch in einem gemeinsamen empirischen Projekt mit ihm zusammen. Aus diesem Projekt ist das Buch *Boys in White* hervorgegangen, an dem auch Howard S. Becker und Blanche Geer mitwirkten. Hier machte Strauss prägende Erfahrungen mit systematisch vergleichender qualitativer Datenanalyse, knüpfte im Weiteren aber auch an Hughes Konzept eines dynamisch offenen Akteur-Umwelt-Verhältnisses an, dem „ecology approach"' (Hughes [1957] 1971) mit dem Hughes vor allem Prozesse beruflicher Sozialisation und Organisation mit betrieblichen Organisationsprozessen zu verbinden wusste. Dies sollte bei Strauss später in der Theorie sozialer Welten seinen Widerhall finden. Goffman wiederum war deutlicher nicht nur von Hughes (s. Kap. 14), sondern auch von der gesamten Feldforschungstradition der Gruppe um Park geprägt, die allein mit der Vielzahl inzwischen klassischer Feldstudien und den dabei entwickelten innovativen Forschungsansätzen das heutige Bild der frühen Chicago School bestimmt (s. Kap. 8).

Strauss' theoretische Positionierung

In der deutschen Rezeption ist Strauss in erster Linie als Mitbegründer der Grounded Theory wahrgenommen worden, eines qualitativ-empirischen Forschungsansatzes, der beansprucht, durch systematisch vergleichende Analyse empirischen Materials gegenstandsbezogene Theorien generieren zu können. In zweiter Linie wurden und werden seine medizinsoziologischen Arbeiten rezipiert, neben den gemeinsam mit Barney Glaser publizierten Studien zu Bewusstheitskontexten Sterbender (*Awareness of Dying*, 1965) und zu Sterbeverlaufskurven (*Time for Dying*, 1968) vor allem Arbeiten zur Klinik als sozialer Organisation sowie zur Pflegearbeit bei chronisch Kranken. Dabei ist lange übersehen worden, dass Strauss neben und in seinen methodischen und gegenstandsbezogenen Beiträgen bereits früh begonnen hatte, eine eigene soziologisch-theoretische Perspektive zu entwickeln.

Ausgehend von seinem Unbehagen an einer von Blumer eher enggeführten symbolisch-interaktionistischen Sozialpsychologie befasste sich Strauss ab Anfang der 1950er Jahre mit der Frage, wie man pragmatistisch-interaktionistisches Denken stärker mit Fragen der Organisiertheit und Strukturiertheit von Gesellschaft zusammen denken kann, wie man also den Beitrag von Interaktion zur Organisiertheit von Gesellschaft ebenso konzeptualisieren kann wie die Rolle, die soziale Strukturen in konkret situierter Interaktion spielt. Während es heute dazu eine Vielzahl von Theorieangeboten gibt, war die Lösung dieser Frage für die von den ‚Grand Theories' dominierte nordamerikanische Soziologie der damaligen Zeit ein Desiderat:

Pragmatistisches und interaktionistisches Denken war trotz der brillanten Vorarbeiten von George H. Mead und John Dewey noch nicht im Mainstream der Soziologie angekommen, Sozialpsychologie noch nicht in ihrer Relevanz für das soziologische Denken erkannt.

Vor dieser Ausgangslage begann Strauss ab 1953 an einem ursprünglich mit „An Essay on Identification" überschriebenen Text zu arbeiten, der schließlich weiter ausgebaut 1959 unter dem Titel *Mirrors and Masks* erschien und das Verhältnis von Identität und Gesellschaft aus interaktionistischer Perspektive rekonstruierte. Sein Thema war dabei, wie Strauss im Vorwort zu einer späteren Auflage des Buches schrieb, „how to circumvent the crippling dichotomy of social structure versus social interaction" (Strauss [1959] 1997, 2). Hier zeigte sich bereits deutlich jene pragmatistische Denkfigur, die sich wie ein roter Faden auch durch alle späteren Arbeiten von Strauss zieht: Die Auflösung unfruchtbarer Dichotomien wie Individuum/Gesellschaft, Akteur/Umwelt, Mikro/Makro oder Leib/Seele. Eine Konsequenz dieses Denkens ist die Umstellung der analytischen Perspektive auf Prozessualität, also die Dekonstruktion von Dichotomien und Ontologien zugunsten einer Rekonstruktion ihrer Genese und Wechselwirkung. In *Mirrors and Masks* ging es denn auch nicht primär darum, was Identität ist, sondern darum, wie Identität im interaktiven Wechselspiel von Vergesellschaftung und Individuierung hergestellt wird, sich entwickelt und wie sie im Kontakt mit der Umwelt immer wieder Modifikationen erfährt.

In einer Vielzahl qualitativ-empirischer Studien vornehmlich rund um Themen der Organisation und Praxis von Gesundheitsleistungen verfolgte Strauss sein sozialtheoretisches Anliegen weiter und entwickelte inkrementell eine Reihe von Konzepten, die sich erst in der Rückschau als jene zusammenhängende Theorieperspektive erweisen, die schließlich als ‚Theorie sozialer Welten und Arenen' bekannt werden sollte (Clarke 1991; Strübing 2007). In einer Studie in einer psychiatrischen Klinik entstand Anfang der 1960er Jahre das Konzept der ausgehandelten Ordnung („negotiated order approach"), in den darauffolgenden Studien zu Tod und Sterben im Krankenhaus erarbeitete er gemeinsam mit Barney Glaser nicht nur den Forschungsstil der Grounded Theory, sondern auch die Theoriefiguren des „awareness context" sowie des „dying trajectory". Diese Konzepte waren zwar zunächst Kern einer gegenstandsbezogenen Theorie zu Praktiken in Krankenhaus, sie erwiesen sich jedoch auch weit darüber hinaus als erklärungsmächtige sozialtheoretische Denkfiguren. In weiteren Studien etwa zur *Social Organization of Medical Work* (Strauss/Fagerhaugh/Sczek et al. 1985) zeigten Strauss und sein Team wie soziale Gruppierungen (von der Kleingruppe bis hin zu z. B. Professionen) als „soziale Welten" ihren inneren Zusammenhalt aus einem gemeinsamen praktischen *Commitment* zu charakteristischen Kernaktivitäten gewinnen und wie dabei Mitgliedschaft graduell und im Prozess variiert. Anders als Organisationen sind soziale Welten nicht formal verfasst und stehen häufig orthogonal zu ihnen. In organisationalen Kontexten treffen Mitglieder unterschiedlicher sozialer Welten in alltäglicher Praxis, z. B. in Form von Erwerbsarbeit aufeinander (z. B. Ärztinnen, Pfleger und Reinigungspersonal im Krankenhaus) und handeln im praktischen Vollzug ihre variierenden Perspektiven aus – ein ubiquitärer Vorgang für den Strauss den Begriff der „Arena" geprägt hat.

Berührungspunkte im sozialtheoretischen Denken

Strauss und Goffman waren beide keine Freunde exegetischer Theoriearbeit. Bezüge auf Arbeiten anderer Autor/innen beschränken sich in ihren Schriften auf ein unverzichtbares Minimum und treten in der Regel hinter originellen theoretischen Eigenleistungen zurück – bei Goffman noch etwas ausgeprägter als bei Strauss. Genauer gesagt: In den Arbeiten von Goffman, der andere Autor/innen ohnehin eher sparsam zitiert, kommt Strauss gar nicht explizit vor. Strauss umgekehrt nahm in einigen wenigen Arbeiten ausdrücklich auf Goffman Bezug.

Dies begann bereits mit einer ersten Erwähnung in *Mirrors and Masks* (1959). Dort erörterte Strauss in einem Kapitel über Interaktion Fragen des Statuszwangs sowie der interaktiven Prozesse der Statuszuweisung. Er betonte dabei die kulturbedingte Variabilität und Gradualität von Statusbegriffen, konstatierte aber zugleich und unter Verweis auf die Dissertation von Goffman, dass Kontexte, in denen Statuszuweisungen kommunikativ erfolgen, einer milieuspezifisch variierenden, aber eben doch: Regelhaftigkeit unterliegen. Strauss ging an dieser Stelle allerdings nicht näher auf Goffmans Studie und die dort verfolgte Argumentation ein. Er nutzte diesen Verweis eher affirmativ zur Stützung des eigenen Argumentationsgangs. Diese eher kursorische Erwähnung erklärte sich allerdings auch daraus, dass sich bei Goffman zu dieser Zeit ein theoretisches Gerüst erst in vagen Konturen abzeichnete.

Erst als sich Strauss in seinem Buch *Negotiations* (1978) systematischer mit dem Konzept der ausgehandelten Ordnung befasste und dafür zunächst die existierenden sozialtheoretischen Bestimmungen für das Verhältnis von sozialer Ordnung und Interaktion kritisch aufarbeitete, widmete er – gleich im ersten Kapitel – auch Goffmans Arbeiten zu totalen Institutionen und dem darin angelegten deterministischen Konzept von Handlung eine kritische Inspektion. Strauss Ausgangspunkt war dabei die These, dass es negative Folgen für eine soziologische Theorie haben muss, wenn sie nicht über einen entwickelten Begriff interaktiver Aushandlungen verfügt. Strauss kritisiert denn auch Goffmans Vorstellung des Zusammenwirkens von Struktur und Organisation einerseits und situierter Interaktion andererseits recht deutlich. Goffman sei zu sehr darum bemüht, Determinismen in den Strukturen totaler Organisationen (wie Gefängnissen oder psychiatrischen Kliniken) aufzuweisen, denen die diesen Organisationen anvertrauten Identitäten unterlägen. Daher gelänge es ihm mit seinem Ansatz nicht, die konstitutive Rolle interaktiver Aushandlungen für die Genese, den Erhalt und die Modifikation sozialer Strukturen (auch in totalen Institutionen) zu erfassen und zu konzeptualisieren (1978, 32). Goffman bliebe letztlich befangen im Dualismus von Freiheit und Zwang. Auch wenn er soziale Ordnung als fragiles, interaktiv zu ‚störendes' Phänomen betrachtete, bleibe er doch dabei, dass es immer wieder sozialer Reparaturmaßnahmen bedürfe, um Ordnung wiederherzustellen (1978, 32). Würden interaktive Aushandlungen in ihrer Tragweite angemessen konzeptualisiert, so schließt Strauss seine kritische Durchsicht, müsste Goffmans Theorie totaler Institutionen umgeschrieben werden. Dies würde – und hier zeigt Strauss bei aller Kritik auch Sympathie für Goffmans Ansatz – den interaktionistischen Claim Goffmans sogar noch stärken (1978, 94).

Aufschlussreich ist schließlich auch eine Passage in *Continual Permutation of Action* (1993) dem späten Schlussstein in Strauss' Theoriewerk, in der dieser das für seinen Ansatz zentrale Konzept der ‚representation' darstellte und sich dabei von Goffman und seiner Perspektive der „presentation" („Darstellung") abgrenzte. „Representation" meint als ein Moment von Interaktion die enaktierte symbolische Zugehörigkeit zu kollektiven Identitäten. Der Plural steht dafür, dass jede Person unterschiedliche Identitäten aufweist und – bewusst oder nicht – in Interaktionen eine oder mehrere davon repräsentiert. Als interaktive Leistung werden Repräsentationen zwischen Interaktionspartner/innen realisiert: „This is a triadic process of (1) a presenting action, (2) with respect to some social unit, which is (3) directed at another unit (audience)" (Strauss 1993, 172). Eine Person kann bestimmte Zugehörigkeiten bewusst, unbewusst oder sogar entgegen der eigenen Absicht anzeigen (ein Emblem am Revers, ein Kleinkind im Tragetuch oder die eigene Hautfarbe), aber die Interaktionspartner/innen wählen – implizit oder explizit – aus, welche der angebotenen Zugehörigkeiten situativ repräsentiert werden. Fehlinterpretationen sind nicht nur möglich, sondern können auch provoziert werden.

Im Unterschied dazu bezeichnet Goffmans Konzept von ,,„presentation" aus der Sicht von Strauss die mehr oder weniger intentional auf der Vorderbühne gezeigte Fassade des Selbst von Individuen bzw. von kollektiven Identitäten, eine Fassade, die auf der Hinterbühne auch wieder fallengelassen werden kann. „Presentation“ ist damit ein Element der Theatermetaphorik bei Goffman: Es wird in einer jeweiligen Öffentlichkeit etwas zur Aufführung gebracht; Authentizität ist dabei nicht zwingend erforderlich, auch wenn sie die Aufführung leichter gelingen ließe. Repräsentationen im Strausschen Sinne hingegen können zwar in Maßen situativ gewählt werden, sind aber doch immer Ausdruck eines Aspektes der Identität von Personen und Gruppen, und sie werden reziprok sowohl verkörpert als auch zugewiesen.

Es sind diese wenigen Passagen, in denen Strauss sich explizit mit Goffmans Arbeiten auseinandersetzt. Es ist daher schwer abzuschätzen, ob und wie das theoretische Denken der beiden Soziologen einander wechselseitig beeinflusst hat. Goffman war mit seinem Bemühen um die Erforschung der Interaktionsordnung näher an Harold Garfinkel und seinen formalen Strukturen der Alltagsinteraktion (s. Kap. 49). Beide versuchten mit empirischen Mitteln die Regelhaftigkeit von Sozialität in Interaktionsprozessen zu ergründen und beider Bezugspunkt war empirisch vornehmlich die Face-to-face-Interaktion. Bei Strauss hingegen zeigte sich schon früh das Interesse, Interaktionsprozesse in ihrem Zusammenspiel mit organisationalen und anderen sozialen Strukturen zu untersuchen. Auch bei Goffman findet sich vor allem in seinen frühen Studien zu Gefängnissen und Psychiatrien ein Interesse an Interaktion in Organisationen, allerdings befasste er sich anders als Strauss nicht mit den materialen und infrastrukturellen Dimensionen sozialer Strukturierungsprozesse, sondern behandelte Organisationen und Institutionen vor allem als normative gesellschaftliche Instanzen, deren Einfluss auf Interaktionsprozesse ihn interessierte. Strauss wiederum interessiert sich anders als Goffman oder Garfinkel nicht für Interaktion als Gegenstand *sui generis,* sondern als naheliegenden empirischen Anknüpfungspunkt, an dem sich mit geeigneten Methoden die reziproken Konstitutionsverhältnisse von Handeln, Struktur und Materialität herausarbeiten lassen.

Unabhängig von der Frage der wechselseitigen Bezugnahme aufeinander kann man feststellen, dass Strauss und Goffman sich auch im Modus des Theoriebezugs und der Theorieentwicklung deutlich voneinander unterschieden. Für Goffman war typisch, dass er Phänomene alltäglicher und meist öffentlicher Interaktion zum Ausgangspunkt nahm und daran Stück um Stück Elemente dessen in theoretische Konzepte fasste, was er schon früh als Interaktionsordnung bezeichnen und in seinem Spätwerk als Kern seiner Soziologie herausstellen sollte (InO). Die einzelnen Alltagsbeobachtungen, die er analytisch bearbeitet zum Ausgangsmaterial seiner Theoretisierungen machte, standen pars pro toto für seinen Forschungsgegenstand „Interaktion“. Bei Strauss hingegen stand immer zunächst ein genuines Forschungsinteresse für die Problembezüge des empirischen Feldes im Vordergrund. Er wollte durch soziologische Analyse herausfinden, wie z. B. eine Krebsstation im Krankenhaus oder das Management häuslicher Pflege funktioniert und damit einen praktischen Beitrag zu einer gesteigerten Problemlösungsfähigkeit im jeweiligen Handlungsfeld leisten. Erst im zweiten und dritten Schritt richtete er den Blick auf den Austrag seiner empirisch-gegenstandsbezogenen Studien für mögliche sozialtheoretische Konzepte.

Forschungspraxis und Methoden

Strauss und Goffman waren also keine typischen soziologischen Theoretiker, die systematisch Theorie aus Theorie entwickelten, sondern – jeder auf seine Art – Sozialforscher mit Interesse für die sozialtheoretischen Konsequenzen ihrer empirischen Befunde. Neben dem Blick auf Berührungspunkte im theoretischen Werk der beiden Autoren lohnt bei daher auch eine genauere Betrachtung ihrer empirisch-methodischen Haltung und Praxis. Hier zeigen sich neben wenigen Ähnlichkeiten durchaus deutliche Unterschiede.

Goffman wie Strauss betrieben Feldforschung (s. Kap. 3). Dabei vertrat Goffman eine eher radikale und am ehesten an Bronisław Malinowski erinnernde Position, also Feldforschung als Katharsis: Die „gelingt am besten, wenn man nackt bis auf die Knochen ist und wenn man auf so wenig Ressourcen wie nur möglich zurückgreift" (OFw_{dt}, 264; OFw, 127). Anders freilich als der Sozialanthropologe Malinowski begab sich Goffman nicht in fremde Kulturen, sondern beschränkte seine Beobachtungen auf die eigene Kultur einer weißen nordamerikanischen Mittelschicht – was ihm gelegentlich zum Vorwurf gemacht wurde (Raab 2014, 120 f.). Goffman hat sich eher wenig und nie systematisch zu Methodenfragen geäußert und dies gelegentlich mit der Besorgnis einer Rationalisierung der Forschungspraxis begründet (OFw_{dt}, 262; OFw, 124 f.). Seine Soziologie setzte empirisch an, wie er es nannte, „Gelegenheiten" an, nutzte also Beobachtungsgelegenheiten, wo sie sich ergaben. Dabei beschränkte er sich praktisch vollständig auf teilnehmende Beobachtungen.

Strauss hatte in Bezug auf empirische Forschung und deren Explizierung eine andere Haltung, die vielleicht auch aus seiner Ausbildung bei Herbert Blumer resultierte: Dieser hatte sich schon seit den 1930er Jahren immer wieder methodologische Kritiken empirischer Verfahren publiziert und auch qualitative Studien, wie etwa die Studie *The Polish Peasant in Europe and America* von William I. Thomas und Florian Znaniecki, kritischen Fragen ausgesetzt – wenngleich die Hauptstoßrichtung seiner über die Jahre und mit dem sich vertiefenden Methodenschisma in der US-amerikanischen Soziologie heftiger werdenden Kritiken der Variablensoziologie der standardisierten Sozialforschung galt. Strauss äußerte sich später kritisch über Blumers Haltung, weil er darin zu viel Abwertung anderer Ansätze und zu wenig eigene konstruktive Vorschläge sah (Strübing 2007, 17). Insofern nimmt es nicht Wunder, dass Strauss bereits sein erstes großes eigenes Forschungsprojekt dazu nutzte, nicht nur einen eigenen Forschungsstil zu entwickeln, sondern diesen auch – gemeinsam mit Glaser – zu publizieren. Sie taten dies mit einer deutlichen Kritik an der damaligen standardisierten Sozialforschung, aber eben konstruktiv, indem sie eine Vorgehensweise systematisch vergleichender Dateninterpretation vorschlugen. In späteren Schriften hat Strauss diesen Forschungsstil der Grounded Theory weiter detailliiert und methodologisch fundiert. Die Dateninterpretation mit einer fallkontrastiven Heuristik ist zugleich auch ein Arbeitsmittel, dass wir bei Goffman wiederfinden, der z. B. in seiner Studie über Rollendistanz (EN_b) systematisch eine Karussellfahrt und die Arbeit eines Chirurgen miteinander vergleicht. Es ist zwar nicht ausgeschlossen, dass sich der junge Goffman vom damals bereits erfahreneren Strauss etwas abgeschaut hat, wahrscheinlicher aber ist, dass beide diese Heuristik von Hughes übernommen haben, der schon in den 1950er Jahren mit systematisch kontrastiven Vergleichen gearbeitet hat (Gerson 1991, 287).

Anders als Goffman legte Strauss seine Feldforschung multimethodisch und vieldimensional an. Ihm galt alles als Daten, dessen er habhaft werden konnte, und er zielte nicht allein auf Interaktion unter Anwesenden, wie sie Goffman am Herzen lag, sondern zog das gesamte organisatorisch institutionelle Gefüge seines Untersuchungsfeldes mit in die Datengewinnung ein. Er führte Interviews, beobachtete, sammelte Dokumente und andere Artefakte aus dem Feld und unterzog schließlich alles einer mikroskopischen und kontinuierlich vergleichenden Datenanalyse.

Goffman und Strauss haben fast drei Jahrzehnte in enger räumlicher Nähe, zunächst in Chicago und später nur durch die San Francisco Bay voneinander getrennt, den soziologischen Interaktionismus mit ihren vielfältigen Studien und ihrem konzeptuellen Reichtum vorangetrieben. Erstaunlich, dass sie sich dabei offenkundig so wenig begegnet geschweige denn nahegekommen sind.

Literatur

Baszanger, Isabelle: The work sites of an American interactionist: Anselm L. Strauss, 1917–1996. In: Symbolic Interaction 21/4 (1998), 353–377.

Clarke, Adele E.: Social worlds/arenas theory as organizational theory. In: David R. Maines (Hg.): Social organization and social process. Essays in honor of Anselm Strauss. New York 1991, 119–158.

Gerson, Elihu M.: Supplementing grounded theory. In: David R. Maines (Hg.): Social organizations and social processes. Essays in honour of Anselm Strauss. New York 1991, 285–301.

Hettlage, Robert/Lenz, Karl (Hg.): Erving Goffman – Ein Klassiker der zweiten Generation. Bern 1991.

Hughes, Everett C.: Going concerns: The study of American institutions. In: Ders.: The sociological eye. Chicago 1971, 52–64.

Raab, Jürgen: Erving Goffman. Klassiker der Wissenssoziologie Bd. 6 [2008]. Konstanz [2]2014.

Strauss, Anselm L.: Negotiations: Varieties, contexts, processes and social order. San Francisco 1978.

Strauss, Anselm L.: Continual permutations of action. New York 1993.

Strauss, Anselm L.: Mirrors and masks. The search for identity [1959]. New Brunswick 1997.

Strauss, Anselm L./Fagerhaugh, Shizuko/Suczek, Barbara/Wiener, Carolyn: Social organization of medical work. Chicago 1985.

Strübing, Jörg: Anselm Strauss. Klassiker der Wissenssoziologie Bd. 4. Konstanz 2007.

Dell Hymes (1927–2009)

53

Christian Meier zu Verl

Dell Hymes und Erving Goffman verbindet eine fast über zwei Jahrzehnte andauernde Freundschaft und Arbeitsbeziehung, über die bislang – wenn überhaupt – nur am Rande berichtet wurde (für den deutschsprachigen Diskurs: Hettlage/Lenz 1991; Raab 2014). Auch in den öffentlichen Nachrufen auf Goffman und Hymes finden sich nur wenige Hinweise auf diese langjährige Beziehung (u. a. Bergmann/Meyer 2010; Silverstein 2010). Der von Hymes (1984) verfasste Nachruf auf Goffman – zunächst im Zuge einer Memorial Session für Goffman und Everett C. Hughes (78th Annual ASA-Meeting in Detroit) mündlich vorgetragen und anschließend in *Theory and Society* veröffentlicht – gibt jedoch einen ersten, wenn auch fragmentarischen Einblick in die gemeinsame Arbeit für die Zeitschrift *Language in Society* und die Buchreihe *Conduct and Communication* (University of Pennsylvania Press), deren Herausgeber Hymes und Goffman lange Zeit waren. Beide lernten sich spätestens Anfang der 1960er Jahre an der University of California in Berkeley kennen und formten zusammen mit John Gumperz und Susan Ervin-Tripp eine sich regelmäßig treffende interdisziplinäre Diskussionsgruppe. An den Treffen der Gruppe nahmen gelegentlich auch weitere Kollegen der UC Berkeley teil, wie der Anthropologe Ethel Albert, der Psychologe Dan Slobin, der Linguist Wallace Chafe und die Philosophen John Searle und David Schroeder (Murray 1998, 103). Die Entwicklung der Soziolinguistik und insb. der Ethnografie des Sprechens geht auch auf diesen persönlichen und informellen Diskussionszusammenhang zurück. Aus diesem Zusammenhang ging aber auch die Freundschaft zwischen Goffman und Hymes hervor.

Hymes, der von Charles F. Voegelin mit einer Arbeit über die Sprache der Kathlamet – eine indigene Sprachgemeinschaft Amerikas – im Fach Linguistik 1955 promoviert wurde, knüpft an die ethnolinguistische Tradition von Franz Boas und Edward Sapir (Konzept der sprachlichen Relativität) an. In seiner an die Promotion anschließenden Zeit als Assistent Professor an der Harvard University (1955–1960) stand Hymes im intensiven Austausch mit Clyde Kluckhohn und Talcott Parsons vom Department of Social Relations (ebd., 100). Ohne Aussicht auf eine dauerhafte Stelle – die Linguisten Roman Jakobson und Joshua Whatmough hatten kein Interesse an Hymes als Kollegen – kam er 1960 durch die Vermittlung von Alfred L. Kroeber als Associate Professor an die UC Berkeley (Silverstein 2010, 935). In den fünf Jahren, die Hymes in Berkeley war, entwickelt er im engen Austausch mit Gumperz die Ethnografie des Sprechens (1962), die Ethnografie der

C. Meier zu Verl (✉)
Fachbereich Geschichte und Soziologie,
Universität Konstanz, Konstanz, Deutschland
E-Mail: christian.meier-zu-verl@uni-konstanz.de

K. Lenz und R. Hettlage (Hrsg.), *Goffman-Handbuch*, https://doi.org/10.1007/978-3-476-05871-3_53

Kommunikation als eine Form der Erweiterung der Ethnografie des Sprechens (1964 zusammen mit Gumperz) und nachfolgend das SPEAKING Model (1974). Das Akronym SPEAKING setzt sich aus den folgenden analytischen Begriffen oder Dimensionen der Kommunikation zusammen, die mit einer Ethnografie der Kommunikation empirisch untersucht werden sollen: *Setting, Participants, Ends, Act sequence, Key, Instrumentalities, Norms, Genre.* In dieser Zeit lernten sich auch Hymes und Goffman intensiv kennen. Goffman kam bereits 1958 an die UC Berkeley und wurde 1962 zum Full Professor ernannt (Fine/Manning 2003, 36). Diese (inter-) disziplinären und persönlichen Kontakte waren grundlegend für die ‚Erneuerung' der linguistischen Anthropologie und für die nachfolgenden Forschungsaktivitäten an der University of Pennsylvania (1965–1987) und der University of Virginia (1987–1998).

Die Ethnografie des Sprechens ist Hymes' innovativer Versuch, Linguistik und Kulturanthropologie – nach einer Phase der Trennung – auf eine neue Weise ins Gespräch zu bringen (Keating 2001, 285). Nicht mehr die Sprache, sondern das Sprechen als ein performatives Tun und dessen Verbindung zur Kultur soll untersucht werden. Nach Boas' Entwurf einer ‚Vier-Felder-Anthropologie' (biologische Anthropologie, Kulturanthropologie, Archäologie und Linguistik), die auch die Relation zwischen Kultur und Sprache erforscht, entfernen sich in den nachfolgenden 1950er Jahren Linguistik und Kulturanthropologie zunehmend (inhaltlich und institutionell) voneinander. Nicht zuletzt steht die universalistische Linguistik von Noam Chomsky – mit einer vom Prinzip sprachlicher Relativität befreiten Universalgrammatik – paradigmatisch für diese Wende der Linguistik, die die Performanz der Sprache, also das Sprechen als ein durch Kultur „kontaminiertes" Phänomen aus der linguistischen Theoriebildung ausschließt und damit den Arbeitszusammenhang zwischen Linguistik und Kulturanthropologie aufkündigt (Hymes 1980, 339 f.). Gegen diese ‚Kulturvergessenheit' der Linguistik wenden sich die jungen Kollegen der UC Berkeley mit ihren neuen Entwürfen einer Soziolinguistik. Damit wird der Anfang des 20. Jahrhunderts beginnende *linguistic turn,* der zunächst die Philosophie erfasste, ab den 1960er Jahren in Berkeley im Austausch zwischen Linguistik, Anthropologie und Soziologie fortgeführt. Die Ethnografie des Sprechens ist eine Variante dieser neu entstehenden Soziolinguistik. Ethnografisches Ziel ist es, eigenständige Muster des Sprechens empirisch zu erforschen, die zuvor weder von der linguistischen Forschung über Grammatik noch von den Ethnografien der Anthropologie berücksichtigt wurden (ebd., 341). Das Sprechen innerhalb einer Gemeinschaft („speech community") wird mit diesem Paradigmenwechsel gleich zweifach hervorgehoben: Durch die Analyse von sozialen Variationen des Sprachgebrauchs in urbanen Gemeinschaften und des konkreten Sprechens während eines Sprechereignisses (Duranti 2009, 270). Die Ethnografie des Sprechens weitet – entgegen einer strukturellen Analyse von Bedeutungsdimensionen – den Kontext zur Rekonstruktion von Bedeutungen auf den konkreten Gebrauch aus, so dass im Sprechen konkrete Bedeutungen realisiert und andere hingegen bis auf Weiteres suspendiert werden (Hymes 1980, 347). Sprache bzw. Sprechen wird damit zu einem empirischen Phänomen, das der/die Ethnograf/in durch sein/ihr eigenes Sprechen im ethnografischen Feld in seiner Bedeutung von außen (‚etische Perspektive'), aber v. a. auch von innen erschließen kann (‚emische Perspektive'). Dies gelingt ihm/ihr durch den Erwerb „kommunikativer Kompetenz" („communicative competence"; Hymes 1972a) und damit praktisch verbunden durch die aktive Teilnahme an Situationen des Sprechens. Kommunikative Kompetenz ist jedoch nicht nur methodologisch von Relevanz, vielmehr handelt es sich um einen zentralen Gegenstand der Ethnografie des Sprechens. Sie beinhaltet jenes Wissen, situations-, kultur- und kontextspezifisch adäquat zu kommunizieren. Mit diesem Fokus auf Kompetenzen des Kommunizierens positioniert sich Hymes explizit gegen die „linguistische Kompetenz" von Chomsky (1965). Auch für Goffman wird im Anschluss an Hymes der Begriff der (In-)Kompetenz interaktionssoziologisch zentral. Ausgangspunkt sind Sprechereignisse, in denen Mitglieder einer Sprachgemeinschaft ihre Kompetenzen für andere kompetente Mitglieder öffentlich machen. Teil der Ethnografie ist es somit zu beschreiben, wie diese kommunikativen Kompetenzen erworben werden. Eine solche Beschreibung des Sprechens – wie sie Hymes methodologisch mit seiner Ethnografie des Sprechens einfordert – ist auch für Goffman in seiner Zeit an der UC Berkeley, aber auch in den nachfolgenden Jahren an der University of Pennsylvania relevant. In den Büchern *Frame Analysis* und *Forms of Talk* rezipiert Goffman nicht nur die Konversationsanalyse von Harvey Sacks (s. Kap. 50) und Emanuel Schegloff (s. Kap. 55) kritisch, sondern knüpft auch vermehrt an wichtige soziolinguistische Begriffe und Konzepte von Hymes an (Hill 1985; Bergmann 1991). Die Sprachgemeinschaft, das kommunikatives Repertoire, Sprechereignis und SPEAKING Model gehören wie die kommunikative Kompetenz zu einer Reihe von Konzepten, mit denen nicht nur die Muster des Sprechens als Wechselwirkung von Kultur und Sprache, sondern auch Phänomene des Sprechens *sui generis* kulturvergleichend sichtbar gemacht werden können. Das SPEAKING Model von Hymes leitet den/die Ethnograf/in methodologisch an, bestimmte Komponenten des Sprechereignisses als Kontexte in seine/ihre Beschreibungen über das Ereignis mit einzubeziehen, um linguistisch-adäquate und zugleich ethnografisch-kulturvergleichende Beschreibungen anzufertigen. Es geht Hymes mit seinem Model also um Differenzen und Ähnlichkeiten innerhalb einer Sprachgemeinschaft, aber auch vergleichend um Differenzen und Ähnlichkeiten zwischen Sprachgemeinschaften (Keating 2001, 290).

Die Soziolinguistik und insb. die Ethnografie des Sprechens von Hymes und deren konzeptionelle Erweiterungen sind auch für den mittleren und späten Goffman prägend. In *Frame Analysis* finden sich v. a. Referenzen auf linguistische und anthropologische Konzepte, an die Goffman mit seiner Soziologie der Interaktion anschließt. Goffman wendet sich zunächst gegen einen aus seiner Sicht ‚überfrachteten' Situationsbegriff, der davon ausgeht, dass die Teilnehmer/-innen von Interaktionen alles (immer wieder von Neuem) aushandeln müssen. Hymes (1984, 621) versteht den Aufsatz *The Neglected Situation,* in dem Goffman erstmals versucht, den Begriff der Situation zu bestimmen (s. Kap. 21), als Initialzündung einer persönlichen linguistischen Wende, deren Tragweite sich in den nachfolgenden Arbeiten bis hin zu *Forms of Talk* widerspiegelt. Goffman definiert die Situation im Anschluss an seinem zuvor eingeführten Situationsbegriff (TNS) als ein durch Rahmungen vorstrukturiertes soziales Ereignis. Situationen werden daran anschließend durch Routinen und Aushandlungen bestimmt, wobei Goffman den Routinen in *Frame Analysis* einen höheren Stellenwert einräumt (FA, 1 f.). Das Rahmenkonzept von Goffman weist dabei einige Parallelen zum Genrekonzept der Linguistik und insbesondere zum Begriff der Tonart („key", Hymes 1974) auf. Goffman bezieht sich an dieser Stelle auch explizit auf Hymes. Für ihn wird der Begriff der Tonart in seiner performativen Dimension als „keying" und „rekeying" für das Wechseln zwischen einzelnen Rahmen soziologisch relevant (FA, 44). Beide machen dabei mit ihren Begriffen auf Techniken des Wechselns zwischen Rahmen und Bedeutungen aufmerksam (auch Hymes 1972b; Bauman/Sherzer 1975, 106 f.). Diese beiden Konzepte versuchen den Begriff des Kontextes weiter zu differenzieren, um Bedeutungskonstruktionen im Sprechen (SPEAKING Model) und in sozialen Interaktionen analytisch zu beobachten. Diese teilweise zu statisch entworfenen Kontextbegriffe wurden u. a. von Gumperz (1992; mit Bezug auf Hymes) und Harold Garfinkel (1967; mit Bezug auf Goffman) kritisiert. Es zeigen sich aber auch tieferliegende begriffliche Differenzen: Goffman bevorzugt einen engen Performanzbegriff, der konzeptionell auf das Theater bezogen bleibt. Hymes hingegen definiert Performanz in einem weiten Sinne als eine allgemeine Eigenschaft von Verhalten. Goffman selbst macht in einer Fußnote in *Frame Analysis* auf diese Differenz aufmerksam (FA, 124). Die freundschaftliche Beziehung zwischen Goffman und Hymes zeigt sich aber nicht nur in den beiden oben aufgezeigten produktiven Begriffsarbeiten, sondern auch an einer anderen Stelle in *Frame Analysis,* in der Goffman Hymes für einen Hinweis auf das Werk des Linguisten Jakobson dankt und dessen Begriff des „connector" übernimmt (FA, 211). Als Verbindungen („connectives", ebd.) bezeichnet Goffman nun die fortlaufenden Vollzüge von Interaktionen, in denen es für die Teilnehmer/-innen entscheidend ist, ihre Aktivitäten und die Aktivitäten ihrer Ko-Teilnehmer/innen zu lokalisieren, zu benennen, auf diese zu referenzieren etc. Diese textliche Form des Referenzierens innerhalb einer Fußnote zeigt aber auch eine Art der Verbundenheit zwischen Goffman und Hymes, mit der ihre enge Arbeitsbeziehungen indirekt sichtbar wird. Das Buch *Frame Analysis* steht jedoch noch nicht unter den gleichen Vorzeichen einer Hinwendung zur Soziolinguistik oder Sprachsoziologie wie Goffmans Buch *Forms of Talk,* das in der Buchreihe *Conduct and Communication* veröffentlicht wurde – jener Buchreihe, die Hymes und Goffman im Jahr 1969 gemeinsam gegründet haben und seitdem als Herausgeber maßgeblich editorisch betreuten. Drei der fünf Kapitel von *Forms of Talk* wurden vorab in linguistischen Zeitschriften veröffentlicht (*Replies and Responses* in *Language in Society, Response Cries* in *Language* und *Footing* in *Semiotica*) und bauen nicht nur auf Goffmans kritischer Diskussion der Konversationsanalyse, sondern auch auf seiner breiten Rezeption der Soziolinguistik auf. In den Kapiteln *Footing* und *Lecture* referiert Goffman direkt auf Hymes' Arbeiten, um die Begriffe Situation und Sprechereignis weitergehend zu bestimmen und damit andere Begriffe, wie den des Sprechers, in Form von *animator* („Animateur"), *author* („Autor") und *principal* („Urheber") zu erweitern (FT_c, 144; FT_a_{dt}, 59). Auch bei der Konzeption von Kompetenz bezieht sich Goffman auf die Arbeiten von Hymes und schließt mit seinen soziologischen Überlegungen direkt daran an (FT_e, 201 ff.). Dies macht er, indem er nicht Kompetenz, sondern Inkompetenz ins Zentrum stellt und Fehler beim Sprechen, deren Reparaturversuche und deren soziale Konsequenzen in den analytischen Blick nimmt. Zu Goffmans *linguistic turn* in Form einer Hinwendung zu Themen der Linguistik und deren soziologische Reformulierung trägt sicherlich neben vielen anderen auch Hymes bei, mit dem Goffman bis zu seinem Tod an unterschiedlichen editorischen Vorhaben, aber auch institutionellen Projekten wie dem *Center for Urban Ethnography* (CUE) der University of Pennsylvania gearbeitet hat. Das CUE haben Hymes, Goffman und John Szwed 1969 an der UPenn gegründet (Darnell 2011, 193). Nach der Gründung wird es anschließend Teil der Graduate School of Education, deren Dekan Hymes von 1975 bis 1987 war (Silverstein 2010, 933). Der Führungsstil von Hymes als Dekan ist jedoch auch nach seinem Tod weiterhin umstritten, so dass sein Porträt erst kürzlich aus dem Gebäude der Graduate School entfernt wurde (Elegant 2018).

Kurz nach dem Wechsel von Hymes an die UPenn versucht er auch Goffman dorthin zu holen, wie aus einem Briefwechsel zwischen der universitären Leitung und Hymes hervorgeht. In einem Brief (09.01.1968) an Goffman beschreibt Hymes, dass er versucht neben Goffman auch den Soziolinguisten William Labov an die UPenn zu holen, damit sie zu dritt an gemeinsamen Projekten arbeiten und eigene Studierende ausbilden können. Labov wechselte wenig später durch die Vermittlung von Goffman tatsächlich ans CUE, das – wie aus einem Brief von Goffman an Hymes hervorgeht – v. a. durch die Drittmittelbeantragung von Szwed und Goffman finanziert werden konnte, während Hymes zwischen 1968 und 1969 Fellow der University of Cambridge war. Der Stil der Briefe, die sich die beiden schreiben, ist freundschaftlich und v. a. von der Hoffnung geprägt, gemeinsam in unterschiedlichen Zusammenhängen neue wissenschaftliche Wege zu gehen:

> „Dear Erv, We're pretty much in a state of nervous anticipation, hoping that you will decide to come. [...] I've been trying to think of the things that are vital to you in deciding what to do about the University's offer; the place isn't perfect but it has great possibilities, and I believe you s[h]ould find it a good place for yourself. And I want very much for you to come. Sincerely, Dell" (Brief vom 9.1.1968).

In einem seiner letzten Briefe an Goffman vor dessen frühem Tod – in dem auch eine erste, etwas andere Version seines Gedichts „On First Looking into a Manuscript by Goffman", das später in Hymes' Nachruf auf Goffman erschien (Hymes 1984, 631), zu finden ist – gratuliert er ihm nicht nur zur Nominierung von *Forms of Talk* für den *National Book Award,* sondern verteidigt auch *Forms of Talk* gegen die von Roy Harris (Professor für Allgemeine Linguistik an der University of Oxford) in der Zeitschrift *Times Literary Supplement* hervorgebrachte Kritik und geht nachfolgend in eine regelrechte Mystifizierung ihrer gemeinsamen Arbeit über:

> „Maybe in this field we have to think of ourselves as the Greek originals, and the universities of England, such as Oxford, as being like the Romans, wanting to translate and make their own what they were not able to create" (Brief vom 24.12.1981).

Nach Goffmans Tod verfasste Hymes einen ausführlichen Nachruf für die Zeitschrift *Theory and Society.* Darin finden sich zahlreiche weitere Hinweise auf ihre gemeinsame Arbeit als Herausgeber. Die Gutachten über die eingereichten Artikel und Bücher hatten Hymes und Goffman häufig selbst erstellt, oder deren Erstellung bei Kolleg/innen aus ihrem unmittelbaren Umfeld angefragt (wie z. B. Goffmans zweite Frau Gillian Sankoff, die u. a. das Manuskript *Language Death* von Nancy Dorian für die Buchreihe *Conduct and Communication* begutachtet hatte). Für Hymes ist auch Goffman seit ihrer Zeit an der UC Berkeley Teil eines „lockeren Zusammenschlusses" („loose confederation", Hymes 1984, 621), der sich in über 20 Jahren durch Goffmans Tätigkeiten zu einem Netzwerk der Soziolinguistik entwickelt hat. Dabei spricht sich Goffman – wie Hymes anmerkt – immer wieder gegen eine vorschnelle und soziologisch uninformierte Korrelation einzelner Phänomene des Sprechens mit Aspekten der Teilnahme an Situationen aus. Sprechereignisse können in diesem Sinne nicht auf einzelne Zusammenhänge reduziert werden, sondern müssen in ihrem eigenständigen Muster erfasst werden, um deren Funktion für den Vollzug sozialer Situationen zu erfassen (ebd.).

Goffman entwirft nicht nur eine eigene Soziologie der Interaktion, sondern arbeitet zugleich auch an einer Schnittstelle zwischen Soziolinguistik und Interaktionssoziologie. An dieser Schnittstelle treffen sich Analysen von Situationen, mit denen sowohl linguistische als auch sozialstrukturelle Aspekte gleichermaßen als relevant behandelt werden. Das Ausblenden von sozialstrukturellen Aspekten in den bei *Language in Society* eingereichten Manuskripten merkt Goffman daher mehrfach kritisch gegenüber Hymes an (ebd., 627). Hymes fasst Goffmans Sicht dementsprechend mit dem Motto „linguistics needs the sociologist" (ebd., 622) zusammen. Für Goffman – auch dies geht aus seinen editorischen Kommentaren hervor – stellt sich die Soziologie jedoch als fragmentiert dar. Eine Vergessenheit sozialstruktureller Aspekte und eine empirische Simplifizierung von sozialen Gesprächsordnungen – die er in *Frame Analysis* und *Forms of Talk* ins Zentrum seiner Soziologie der Interaktion rückt und so versucht, im soziologischen Diskurs neu zu positionieren, – unterstellt Goffman immer wieder einem Teil seiner soziologischen Kolleg/innen. Dies betrifft v. a. die konversationsanalytischen Schüler von Garfinkel (ebd., 624, 629), jedoch nie Garfinkel selbst (s. Kap. 49). Die interdisziplinäre Verbindung von Soziolinguistik und Soziologie der Interaktion lässt sich wohl am deutlichsten in der Beziehung zwischen Goffman und Hymes wiederfinden, die ihre jeweiligen Disziplinen nachhaltig geprägt und im Kontakt miteinander für die jeweils ‚andere Perspektive' offen und anschlussfähig gehalten haben.

Literatur

Bauman, Richard/Sherzer, Joel: The ethnography of speaking. In: Annual Review of Anthropology 4 (1975), 95–119.

Bergmann, Jörg: Goffmans Soziologie des Gesprächs und seine ambivalente Beziehung zur Konversationsanalyse. In: Robert Hettlage/Karl Lenz (Hg.): Erving Goffman. Ein soziologischer Klassiker der zweiten Generation. Bern 1991, 301–326.

Bergmann, Jörg/Meyer, Christian: Nachruf. Dell H. Hymes (1927–2009). In: Zeitschrift für Soziologie 39 (2010), 151–153.

Chomsky, Noam: Aspects of the theory of syntax. Cambridge, Mass. 1965.

Darnell, Regna: Dell Hathaway Hymes. In: American Anthropologist 113 (2011), 192–195.

Duranti, Alessandro: History of linguistic anthropology. In: Anita Sujoldzic (Hg.): Linguistic Anthropology. Oxford 2009, 263–278.

Elegant, Naomi: GSE removes portrait of former dean after misconduct allegations. In: The Daily Pennsylvanian. Philadelphia. CXXXIV (2018), 1–2.

Fine, Gary A./Manning, Philip: Erving Goffman. In: George Ritzer (Hg.): The Blackwell Companion to Major Contemporary Social Theorists. Malden 2003, 34–62.

Garfinkel, Harold: Studies in Ethnomethodology. Englewood Cliffs, NJ 1967.

Gumperz, John J.: Contextualization and understanding. In: Alessandro Duranti/Charles Goodwin (Hg.): Rethinking context. Language as an interactive phenomenon. Cambridge 1992, 229–252.

Gumperz, John J./Hymes, Dell (Hg.): The ethnography of communication. Special Issue of American Anthropologist 66/6 (1964).

Hettlage, Robert/Lenz, Karl (Hg.): Erving Goffman. Ein soziologischer Klassiker der zweiten Generation. Bern 1991.

Hill, Jane H.: Is a sociolinguistics possible? A review article. In: Comparative Studies in Society and History 27 (1985), 461–471.

Hymes, Dell: The ethnography of speaking. In: Thomas Gladwin/William C. Sturtevant (Hg.): Anthropology and human behavior. Washington D.C. 1962, 13–53.

Hymes, Dell: On communicative competence. In: John B. Pride/Janet Holmes (Hg.): Sociolinguistics. Selected readings. Harmondsworth 1972a, 269–285.

Hymes, Dell: Models of the interaction of language and social life. In: John J. Gumperz/Dell Hymes (Hg.): Directions in sociolinguistics. The ethnography of communication. New York 1972b, 35–71.

Hymes, Dell: Foundations in sociolinguistics. An ethnographic approach. Philadelphia 1974.

Hymes, Dell: Die Ethnographie des Sprechens. In: Arbeitsgruppe Bielefelder Soziologen (Hg.): Alltagswissen, Interaktion und gesellschaftliche Wirklichkeit. Opladen 1980, 338–423.

Hymes, Dell: On Erving Goffman. In: Theory and Society 13 (1984), 621–631.

Keating, Elizabeth: The ethnography of communication. In: Paul Atkinson/Amanda Coffey/Sara Delamont/John Lofland/Lyn Lofland (Hg.): Handbook of ethnography. London 2001, 285–301.

Murray, Stephen O.: American sociolinguistics. Theorists and theory groups. Amsterdam 1998.

Raab, Jürgen: Erving Goffman. Klassiker der Wissenssoziologie Bd. 6 [2008]. Konstanz ^{2}2014.

Silverstein, Michael: Dell Hathaway Hymes. In: Language 86 (2010), 933–939.

Pierre Bourdieu (1930–2002)

54

Yves Winkin

Seen from afar, the plausibility of strong personal and intellectual relationships between Erving Goffman and Pierre Bourdieu seems very weak. Goffman was a lone wolf who never built a research team; Bourdieu always assembled and led teams and networks. Goffman called for "frameworks of the lower range" (PCP, 4); Bourdieu aimed for ambitious grand schemes. Goffman filled his papers with almost private jokes; Bourdieu was as serious as only a Normale Supérieure-trained student can be when it comes to writing long papers. And yet, the two of them deeply appreciated each other, both as persons and as scholars. They exchanged correspondence, invited each other respectively to Philadelphia and Paris, and they regularly referred to each other's work, both orally and in writing. Above all, Bourdieu, as editor of the series *Le Sens Commun* at the Editions de Minuit Parisian publishing house, arranged for the translation of seven of Goffman's books, which makes him the most widely French-translated American sociologist of the second half of the 20th century. As editor of the journal *Actes de la Recherche en Sciences Sociales,* Bourdieu also published several papers and excerpts from Goffman's books. It would be a mistake, however, to speak of a deep mutual intellectual influence. While they opened each other's minds to new references, they both stayed within the boundaries of their systems and only displayed surface knowledge of one another's work. What is probably more important than alleged influences is their mutual support as they realized they shared the same professional ethos and the same acute sense of their heterodoxy.

From a biographical point of view, the first explicit mention of Goffman's work by Bourdieu can be spotted in *Esquisse d'une théorie de la pratique* (1972, 197). Bourdieu barely mentions the expression "total institution" ("as Goffman says"), providing no explicit reference. Bourdieu got to know *Asylums* in the mid-60s thanks to French sociologist Robert Castel, who at the time worked with Michel Foucault and knew especially well the American psychiatric scene (Castel/Castel/Lovell 1979). Bourdieu was so impressed that he approved a translation and an essay-like presentation by Robert Castel (Castel, personal communication, 1987). While the translation was in process, Bourdieu worked on the manuscript of *Esquisse,* which was completed around 1967 (Wacquant, personal communication, 2019). All this to say that it was not until 1972, when Bourdieu was a visiting fellow at the Institute for Advanced Study in Princeton, that he got to know Goffman personally, as he visited him in Philadelphia once or twice. While their relations remained rather formal, as shown

Y. Winkin (✉)
Liège, Belgium
E-Mail: yveswinkin29@gmail.com

K. Lenz und R. Hettlage (Hrsg.), *Goffman-Handbuch,* https://doi.org/10.1007/978-3-476-05871-3_54

by the tone of the letters exchanged, they embarked on a steady stream of translations: *Presentation of Self* and *Relations in Public* in 1973, *Interaction Ritual* in 1974, *Stigma* in 1975 (*Forms of Talk* and *Frame Analysis* were translated and published after Goffman's death, in 1987 and 1991, respectively). While at Princeton, Bourdieu suggested Goffman as a possible permanent fellow. He was violently rebuked by Robert Bellah and others (Bourdieu, personal communication, 1979). He realized how Goffman was perceived by the dominant American sociology of the time as an outsider, one who did not merit serious consideration. As he perceived himself to be in an analogous position in the French field of sociology, Bourdieu conceived of a sacred union between the two of them. Translating Goffman's books was for him not only a contribution to the international circulation of ideas he always promoted, but it was also a way of defending Goffman against his colleagues, whose arrogance he could not stand.

When I (Winkin) told Bourdieu in June 1976 that I was going to the University of Pennsylvania for my Master's degree, he immediately asked me to go and see Goffman, who welcomed me very graciously, although letting me know that he was annoyed by the slow pace of the French translation of *Frame Analysis*. I understood that as a message meant to be reported to Bourdieu. For several years I thus became an informal messenger between the two giants. Obviously they discussed matters through other means as well, but I facilitated, for example, a dialogue about a sociological sacred cow, the concept of "social class". From Bourdieu's point of view, Goffman did not understand anything about social class, and that was the major weakness of his work. Goffman did not accept that criticism; he told me he knew what social class was about—he had worked with W. Lloyd Warner. Here were two totally different visions of social class, one embedded in a dynamic conflict theory, the other framed in a properly segmented vision of society (Smith/Winkin 2013). Bourdieu returned to the debate in a footnote of *La Distinction* (1979, 563, fn 21, as spotted by F. Tavares Paes Lopes 2009) in which he quotes Goffman twice (in English) for his "marginalism", i.e., his reduction of social classes to social rankings. Such a major theoretical difference did not prevent Bourdieu from inviting Goffman to Paris twice in the 1970s as Associate Director of Studies at the Ecole des Hautes Etudes en Sciences Sociales. Goffman apparently suggested that Bourdieu consider a position at the University of Pennsylvania, but he declined because he "felt that if he stayed in the USA he would be unable to develop the kind of critical sociology he wanted to create" (Calhoun 2008, 282).

A few days after Goffman's death, Bourdieu published a moving paper in *Le Monde,* speaking of Goffman as "the discoverer of the infinitely small" (1982). Bourdieu was fascinated by Goffman's capacity to make sociological sense out of interactions. One has to remember that Bourdieu wrote in *Esquisse* that "the truth of the interaction never dwells entirely in the interaction" (1972, 184). In that respect, he criticized social psychology, interactionism, and ethnomethodology for confusing physical space and social space, interpersonal relations and structural relations. He thus could only be in agreement with Goffman's final sentence of his introduction to *Interaction Ritual* "Not, then, men and their moments. Rather moments and their men" (IR, 3; IR_{dt}, 9). Without using Bourdieu's intricate vocabulary, Goffman was expressing the same idea: people do not produce interactions; they are produced by them. The study of interaction has to do with the "syntactical relations among the acts of different persons mutually present to one another" (IR, 2; IR_{dt}, 8). Bourdieu used the same metaphor on the cover of the French edition of *Relations in Public*—he spoke of a grammatical description of the "stuff of society". That was the basis of Goffman and Bourdieu's tacit agreement. Bourdieu found in Goffman's early work a demonstration that it was possible to stay within the confines of a globally Durkheimian sociology while exploring territories that used to be pre-empted by social psychology or by variants such as social interactionism. Goffman found in Bourdieu a solid champion who would back him up, whatever he offered (Bourdieu could have been wary of the later Goffman, who ventured into a shaky frame analysis or into a questionable reformulation of conversational analysis). Actually, there is no available paper in which Bourdieu discusses at length Goffman's work or vice versa. Bourdieu only kept including in his publications the same Goffman formulae, especially "the sense of one's place" (SCS, 297).

Goffman only mentioned Bourdieu's work in a few, later publications, such as *Forms of Talk* (FT, 210, fn. 8). But the question is not who quoted whom, where and how many times, the main point is that Bourdieu and Goffman found in each other trustworthy moral and political allies, more than compatible or complementary theoretical partners. Thus it can be argued that they did not influence each other in the sense that they did not integrate one another's work into their own system of thought. Rather, they faced together what they considered an adversarial world on the premises of shared values. At least five shared moral values can be mentioned as constituting their common ethos.

First, they had a total commitment to hard work. They soon discovered they both worked long hours, totally dedicated to scholarship. They both believed in the "progress" of science, and accepted as normal to devote one's life to it. Only in the latter years of his life could Goffman begin to relax a bit—and to enjoy unicycling on his sidewalk (he broke a leg as a consequence). Bourdieu never calmed down, although he did play soccer with his three sons when they were kids, especially during the long summer vacations in Béarn. But neither ever stopped writing, reading, and commenting on papers.

Second, no matter how theoretical their work may appear to readers, they both felt a total commitment to empirical work. Goffman kept returning to the field. After his fieldwork in Unst (1949–1950), St Elizabeth's Hospital (1955–1956), and Las Vegas casinos (1959–1965), he conducted observational work for his radio talk study, and resumed fieldwork in casinos (in New Jersey and possibly in Europe) in the late 1970s under the aegis of the Guggenheim Foundation (see Chap. 3). Bourdieu not only organized important collective surveys, from *Travail et Travailleurs en Algérie* (1963) to *Misère du Monde* (1993), he also kept doing fieldwork on his own, from his early years in Algeria until the very end of his life in Béarn (Grenfell, 2006). They thought poorly of sheer theoretical work, as Goffman expressed only too well in his discussion with Jef Verhoeven: "I'm always struck by the fact that in Europe, whether you are a Marxist, or somebody on the other political side, whether you are in Germany or France or another country, ultimate reality for social science is not social life but the writings of some character like Karl Mannheim or Karl Marx or Max Weber or anybody else like that" (Verhoeven, 1993, 343). Bourdieu could not have agreed more. There is a parallel to be made between *On Fieldwork* (OFw, first delivered to the Pacific Sociological Association in 1974) and *Participant Objectivation* (Bourdieu, 2003, first delivered as the Huxley Memorial Lecture in 2000). While Bourdieu led ethnography into an epistemological stance, as subtly analysed by Jan Blommaert (2005) and Loïc Wacquant (2005), Goffman simply insisted on the sheer physical and mental hardship of fieldwork ("The way to make a world is to be naked to the bone, to have as few resources as you can get by with", OFw, 127). But both called for a hard-nosed ethnography, as opposed to the "self-indulgent, intimist return to the singular, private person of the anthropologist" (Bourdieu 2003, 281) exemplified by post-modern, textual anthropology à la James Clifford and George E. Marcus (1986).

Third, the dedication to scholarship is reflected in their deep involvement in the defence of academic publications. Goffman reviewed dozens of articles for Dell Hymes, while serving on the editorial board of *Language in Society* (Hymes 1984). He also spent time as editor of a series of reprints at Bobbs-Merrill, and as general editor, with Dell Hymes, of the University of Pennsylvania book series *Conduct and Communication* (see Chap. 53). That meant thousands of pages to read and comment on. Bourdieu's work as "publicist" was even more staggering. He edited more than 60 books in his series *Le Sens Commun* at the Minuit publishing house. He read, corrected, and approved every single paper published in the journal *Actes de la Recherche en Sciences Sociales,* which he created in 1975 and managed until his untimely death in 2002. There were five issues per year and an average of five papers per issue.

Fourth, Goffman and Bourdieu considered their graduate students as junior colleagues who deserved time and consideration. Once admitted into his trust, Goffman's students at the University of Pennsylvania could explore at will four drawers full of papers, letters, reprints, and preprints located in his secretary's office. It was an absolute treasure trove. Students could call him at home and he would often invite them to his house on Rittenhouse Street. Of course, there were not many students who had that privilege. But that was precisely the point Goffman wanted to make: once you are accepted, we are all in the same company, entirely dedicated to scholarship. Goffman once sent to Hymes a two-page letter of comments about one of Leeds-Hurwitz's first-year graduate papers, prepared for a course taught by Hymes, that he liked and sent on to Goffman (in Winkin/Leeds-Hurwitz 2013, 30 ff.). Bourdieu's attitude was very similar: he personally responded to papers and books submitted to him by students and young scholars, taking more time with them on the phone or during appointments than even with more established colleagues. There was a sense of building an international community of future top-level "monks" (and nuns), whose goal would not be so much advancing their career as furthering social science.

Finally, contrary to public perception, Goffman and Bourdieu shared an obligation to "tell the truth" in the name of science that led them to painful self-disclosures, such as *The Insanity of Place (RP_g)* and *Esquisse pour une auto-analyse* (Bourdieu, 2004). There was no necessity for Goffman to tell about his wife's slow descent into mental illness; there was no necessity for Bourdieu to tell about how he was humiliated in his boarding house. Or rather, there was: they both felt they ought to go that far in their quest for underlying structures. In a less dramatic vein, Bourdieu much admired Goffman's *The Lecture* (FT_d), in which he saw much similarity with his own *Leçon sur la Leçon* (1982), which was his inaugural address as professor at the Collège de France. He was struck by Goffman's capacity to produce a "role distance" which was not simply irony for the sake of irony but rather a way to control the complacency of self-exhibition (Bourdieu, personal communication, 1992). In other words, both men valued modesty and hated public exposure.

As far as political values are concerned, there is an apparent gap between Bourdieu's well-known vision of sociology as a "combat sport" and Goffman's shying away from fights and causes. But a closer look is needed here. First, during the years Bourdieu and Goffman got to know each other, Bourdieu was not so much on the public side of political involvement. He acted more off-stage, so to speak. But he was very active, especially in the French Algerian community. Second, Goffman was much more politically involved than he publicly claimed. It may be argued that *Asylums, Stigma,* and *Gender Advertisements* are "combat books" because of the ways they are written: they call for changes in the ways "dominated groups" (to use a Bourdieusian formulation) are treated, be they mental patients, disabled people, or women. There is no way Bourdieu could not have been sensitive to Goffman's style as a loud cry and could not have felt kinship. Third, Goffman took a public stand in the defence of equality for men and women, in spite of the fact he was not well understood by some feminist readers (Wedel 1978). He always accepted invitations by feminist groups to go free of charge on his "road show", as he called it, showing the slides of *Gender Advertisements* (Gillian Sankoff, personal communication, 1983). Although Bourdieu's own contribution to the issue (*La Domination masculine* 1998) came 16 years after Goffman's death, there is a commonality of political interests over the years which cannot be denied.

In order to understand the sources of their complicity, one may try a comparison with Aaron Cicourel and Gregory Bateson. Bourdieu much appreciated Cicourel, both as a person and as a scholar (Winkin 2006). He admired the tough, ascetic long-distance runner and he respected the capacity of the sociologist to collect data, to explore new theoretical vistas, to argue with ethnomethodology and conversational analysis. When Bourdieu and I (Winkin) worked on a profile of Cicourel, I suggested we could be critical about Cicourel's reductionist understanding of the notion of habitus. No way. What was more important for Bourdieu was Cicourel's "materialistic sociology", at the crossroads of the natural sciences and the social sciences (Bourdieu/Winkin 2002). Bourdieu trusted him entirely and was not interested in criticizing him. Bourdieu's total appreciation of Cicourel could be applied to Goffman: he gave them both a blank check for their heterodoxy, which was then reinforced by their common distaste for prophetic posturing.

Although Bourdieu never got to know Gregory Bateson personally, he admired the anthropologist who wrote *Naven,* which he published in his book series as early as 1971. But he could not stand the author of *Steps to an Ecology of Mind* (1972) whom he considered too flaky (Bourdieu, personal communication, 1984). In other words, Bourdieu envisioned Bateson as an idealist philosopher, who was, to make matters worse, on the verge of becoming a guru at the end of his life, a status Bourdieu abhorred.

The preceding presentation of the personal and intellectual relations between Goffman and Bourdieu sheds a light on the interactions between two sociological empires—North American and European—during the second half of the 20th century. As micro-history keeps demonstrating, in-depth intellectual appreciation always relies on in-depth personal appreciation.

References

Bateson, Gregory: La cérémonie du Naven. Paris 1971.

Bateson, Gregory: Steps to an ecology of mind. New York 1972

Blommaert, Jan: Bourdieu the ethnographer. In: The Translator 11/2 (2005), 219–236.

Bourdieu, Pierre: Esquisse d'une théorie de la pratique. Genève 1972 (Ger.: Entwurf einer Theorie der Praxis. Frankfurt/Main 1979).

Bourdieu, Pierre: La distinction. Paris 1979 (Ger.: Die feinen Unterschiede. Frankfurt/Main 1982).

Bourdieu, Pierre: Leçon sur la leçon. Paris 1982.

Bourdieu, Pierre: La misère du monde. Paris 1993.

Bourdieu, Pierre: La domination masculine. Paris, 1998.

Bourdieu, Pierre: Goffman, le découvreur de l'infiniment petit. In: Le Monde, 4/12/1982, 1 + 30 (Trans.: Gary A. Fine/Gregory W. H. Smith (eds.): Erving Goffman, Vol. 1. London 2000, 3–4).

Bourdieu, Pierre/Winkin, Yves: Préface. In: Aaron Cicourel: Le raisonnement médical. Une approche socio-cognitive. Paris 2002, 9–19.

Bourdieu, Pierre: Participant objectivation. In: Journal of the Royal Anthropological Institute 9/2 (2003), 281–294.

Bourdieu, Pierre: Esquisse pour une auto-analyse. Paris 2004

Bourdieu, Pierre/Darbel, Alain/Rivet, Jean-Paul/Seibel, Claude: Travail et travailleurs en Algérie. Paris 1963

Calhoun, Craig: Pierre Bourdieu. In: George Ritzer (ed.): The Blackwell Companion to major contemporary social theorists. London 2008, 275–311.

Castel, Françoise/Castel, Robert/Lovell, Anne: La société psychiatrique avancée. Paris 1979.

Clifford, James/Marcus George E. (eds.): Writing culture: The poetics and politics of ethnography. Berkeley 1986.

Grenfell, Michael: Bourdieu in the field: From the Béarn and to Algeria – A timely response. In: French Cultural Studies 17/2 (2006), 223–239.

Hymes, Dell: On Erving Goffman. In: Theory and Society, 13/5 (1984), 621–631

Smith, Gregory W. H./Winkin, Yves: Working the Chicago interstices: Warner and Goffman's intellectual formation. In: Jacqueline Low/Gary Bowden (eds.): The Chicago School diaspora: Epistemology and substance. Montréal/Kingston 2013, 126–149.

Tavares Paes Lopes, Felipe: Bourdieu and Goffman: an essay on the common points and differences between both authors according to Bourdieu's perspective (in Portuguese). In: Estudos E Pesquisas Em Psycologia (Sao Paolo) 9/2 (2009), 389–407.

Verhoeven, Jef C.: An Interview with Erving Goffman, 1980. In: Research on Language and Social Interaction 26/3 (1993), 317–348 (also in Gary A. Fine/Gregory W. H. Smith (eds.): Erving Goffman, Vol. 1. London 2000, 213–236).

Wacquant, Loïc: Following Pierre Bourdieu in the field. In: Ethnography 5 (2005), 387–414.

Wedel, Jane: Ladies, we have been framed! In: Theory and Society 5/1 (1978), 113–125.

Winkin, Yves: Aaron Cicourel. In: Encyclopedia Universalis, Paris 2006, 393.

Winkin, Yves/Leeds-Hurwitz, Wendy: Erving Goffman. A critical introduction to media and communication theory. New York 2013.

55 Goffmans Schüler/innen

Jörg R. Bergmann und Anssi Peräkylä

In seiner Zeit als Professor an den Universitäten in Berkeley (1958–1968) und Philadelphia (1968–1982) hatte Goffman zahlreiche „graduate students", die er bei der Arbeit an ihren Dissertationen (mit)betreute. Im Gegensatz zu Harold Garfinkel und dessen Begründung der Ethnomethodologie hatte Goffman zwar bewusst darauf verzichtet, eine Schule ins Leben zu rufen (Verhoeven 1993, 345), doch natürlich bewegten sich die Doktorand/innen thematisch, methodisch und theoretisch auf seinen Spuren. Einige von ihnen blieben in ihren Doktorarbeiten relativ eng an Goffmans Arbeitsstil und -themen gebunden, andere entfernten sich bereits in ihren Dissertationen und dann im weiteren Verlauf ihrer wissenschaftlichen Karrieren erheblich von ihrem Lehrer, wieder andere verließen die Universität für außerakademische Berufskarrieren.

Die folgende Darstellung beschränkt sich auf den Kreis derjenigen, die in einem engeren Sinn als Goffmans Schüler/innen bezeichnet werden können. Neben den Doktorand/innen, die bei Goffman promoviert haben, sollen dazu im Folgenden auch diejenigen gezählt werden, die zwar formal nicht seine „graduate students" waren, für die er aber als Mentor oder wichtigste Bezugsgröße fungierte. Nicht angestrebt wird ein Überblick darüber, wo überall sich Goffmans Spuren finden und von wem seine Arbeiten zitiert, aufgegriffen und weitergeführt wurden.

Die ethnographische Tradition

Zwar war Goffman während seines Studiums Anfang der 1950er Jahre an der University of Chicago ein „reluctant apprentice" (Jaworski 2000), der bereits früh eigene Wege einzuschlagen begann, doch in methodischer Hinsicht blieb er stark von dem Forschungsstil der Chicago School (s. Kap. 8) geprägt. So betrieb er für seine Dissertation, eine „study of conversational interaction" (CCoIC, 1), zwölf Monate lang Feldforschung in einer kleinen Gemeinde auf den Shetland-Inseln, stützte sein Buch *Asylums* auf langjährige ethnographische Beobachtungen in einer psychiatrischen Klinik oder ließ sich für eine Studie über soziale Interaktion in einem Spielcasino zu einem Blackjack-Karten-Dealer ausbilden (SI, 122; SI_{dt}, 145; Shalin 2016, 12–16).

1) Ethnographien öffentlicher Räume Zu den zahlreichen Schüler/innen Goffmans, die diesem methodischen Ansatz folgten, gehören vier,

J. R. Bergmann (✉)
Fakultät für Soziologie, Universität Bielefeld, Bielefeld, Deutschland
E-Mail: joerg.bergmann@uni-bielefeld.de

A. Peräkylä
Faculty of Social Sciences, University of Helsinki, Helsinki, Finnland
E-Mail: anssi.perakyla@helsinki.fi

K. Lenz und R. Hettlage (Hrsg.), *Goffman-Handbuch*, https://doi.org/10.1007/978-3-476-05871-3_55

die sich primär dem Thema widmen, das etwa in seinen Büchern *Behavior in Public Places* und *Relations in Public* behandelt wird: den Praktiken der Herstellung dessen, was er bereits in seiner Dissertation (1953) und auch in seiner letzten Publikation (InO) als „interaction order" bezeichnet hat.

Eine Bar ist – wie andere Geselligkeitsräume auch – ein (weitgehend) frei zugänglicher, öffentlicher Ort. Das, was sich in einer Bar an interaktivem Geschehen abspielt, war das Thema der Dissertation von *Sherri Cavan* (1938–2016), die Anfang der 1960er Jahre, vermittelt über Garfinkel, von der UCLA zu Goffman an die UC Berkeley (Cavan 1994) wechselte. In San Francisco beobachtete sie über drei Jahre hinweg in der Rolle eines einfachen Gastes in ca. einhundert Bars das Geschehen und spezifisch das Interaktionsverhalten der Besucher/innen. Auf dieser Grundlage schrieb sie ihre Dissertation, die 1966 unter dem Titel *Liquor License – An Ethnography of Bar Behavior* publiziert und bald berühmt wurde. Cavan beschreibt in ihrer Studie das Ensemble der Akteur/innen in der Szenerie einer Bar (Barkeeper, Stammkund/innen, Gelegenheitsgäste, Prostituierte, Tourist/innen), deren typische räumliche und soziale Verhaltensmuster, die sozialen Beziehungen zwischen den Gästen, die Geselligkeitsformen und rituellen Praktiken der Gestaltung von *encounters*, die Konflikte, den Drogenhandel und viele andere Elemente der Barkultur. Ausgehend von ihren Beschreibungen gelangt Cavan zu verallgemeinerbaren Einsichten in die Formenwelt und Funktionsweisen eines urbanen, öffentlich zugänglichen Schauplatzes, der die sozialen Schichtunterschiede zwischen den Akteur/innen weitgehend neutralisiert und ihnen durch eine „suspension of consequentiality" eine Art „time-out" von ihren sonst geltenden beruflichen und privaten Pflichten gewährt. Viele Jahre später hat Cavan einen Text über Goffmans Bildungsbiographie geschrieben und darin eine Verbindung zwischen seinen formativen Erfahrungen zwischen den beiden Weltkriegen und seinen späteren Werken hergestellt (Cavan 2014).

Ein anderer Doktorand, der in den 1960er Jahren bei Goffman in Berkeley studierte und in seiner Abschlussarbeit ähnlich wie Cavan der ethnographischen Tradition folgend ein spezifisches soziales Setting untersuchte, ist *Marvin B. Scott* (Lebensdaten unbekannt). Basierend auf langjähriger teilnehmender Beobachtung schrieb Scott eine Dissertation über Pferderennen und Pferdewetten, die 1966 abgeschlossen und 1968 als Buch unter dem Titel *The Racing Game* veröffentlicht wurde. In seiner Studie beschreibt Scott zum einen die Akteur/innen des Geschehens in und um die Pferderennbahn: die Jockeys, die Trainer/innen, die Pferdebesitzer/-innen, die Zuschauer/innen, die ihre Wetten platzieren, und auch die Pferde selbst: „What is a horse?" (1968, 13). Zum andern aber verfolgt Scott – wie Goffman in seinen Arbeiten – das Ziel, in den spezifischen, von ihm beschriebenen sozialen Szenen allgemeine soziale Strukturmuster zu entdecken. Er erkennt, dass sich in seinem Fall aus dem Management von Informationen generische Muster entwickeln: Wie gelangen die Akteur/innen – bei der Beurteilung der Rennpferde, bei der Einschätzung ihrer Wettchancen etc. – an relevante Informationen, welche Strategien der Verheimlichung haben sie, welche Praktiken des Handelns und Tauschens von Informationen lassen sich beobachten? Auf der Grundlage seiner Beobachtungen über den Umgang mit Wissen und Nicht-Wissen postuliert Scott (1968, 3): „The proper study of social organization is the study of the organization of information". Wie einige andere Doktorand/innen arbeitet auch Scott mit analytischen Konzepten und Strategien, die explizit auf Goffmans Arbeiten zurückgehen; im Fall von Scott war dies insbesondere das Buch *Strategic Interaction*, das ihm als Manuskript vorlag. Bald nach der Publikation seiner Monographie machte sich Scott einen Namen durch seine Zusammenarbeit mit *Stanford M. Lyman*, mit dem er u. a. den häufig zitierten Aufsatz über *Accounts* (Scott/Lyman 1968; dt. 1976) verfasste sowie den Aufsatz *Territoriality* (Lyman/Scott 1967), der ein Thema aufgreift, das Goffman später in dem Kapitel *The Territories of the*

Self seines Buchs *Relations in Public* behandeln sollte.

Eine andere Doktorandin, die sich der „interaction order" spezifisch in der urbanen Öffentlichkeit widmete, ist *Lyn H. Lofland* (*1937). Lofland schloss ihre Doktorarbeit 1970 an der University of California ab, allerdings nicht in Berkeley, sondern auf der anderen Seite der Bay in San Francisco. Goffman war weder als Betreuer noch als Mitglied der Prüfungskommission an ihrer Promotion beteiligt; sie ist also – formal betrachtet – nicht seine Schülerin. Doch zum einen war sie über ihren Mann John Lofland, der 1964 bei Goffman promoviert hatte (s. u.), mit Goffman in Verbindung, zum anderen befasste sie sich in ihrer Dissertation mit einem ureigenen Thema Goffmans: der Begegnung von Fremden in der urbanen Öffentlichkeit. Über viele Monate hinweg betrieb sie Feldforschung etwa in Bus Depots oder dem Flughafen in Detroit, und das so generierte Datenmaterial war die Grundlage ihrer Dissertation, die in überarbeiteter Fassung 1973 unter dem Titel *A World of Strangers: Order and Action in Urban Public Space* erschien. Den Spuren Georg Simmels und Goffmans folgend geht Lofland in dieser Arbeit der Frage nach, wie es möglich ist, dass Personen, die einander fremd sind, sich friedlich und ohne große Mühen begegnen können. Sie verfolgt, welche historischen Entwicklungen die interaktiven und sozialpsychologischen Voraussetzungen für die Anonymität des Großstadtlebens geschaffen haben, und zeigt, dass der/die Fremde bei einer sozialen Begegnung nicht einfach nur ein/e ‚Fremde/r' ist, sondern in der Wahrnehmung immer schon mit szenischen Identitäten ausgestattet wird. Mit ihrem späteren Buch *The Public Realm: Exploring the City's Quintessential Social Territory* (1998), das u. a. Goffman gewidmet ist, legte sie noch einmal eine Synopse zu einer mikrosoziologischen Stadtsoziologie vor. 1989 edierte sie die Abschrift eines heimlich aufgezeichneten Vortrags von Goffman über methodische Aspekte der Feldforschung (OFw).

Ein im Jahr 1980 erschienener Aufsatz von *Carol Brooks Gardner* (Lebensdaten unbekannt) über „street remarks" setzt ein mit Goffmans Beobachtung, dass die Begegnung von zwei einander unbekannten Personen in der urbanen Öffentlichkeit von der Norm einer „civil inattention" – in der deutschen Übersetzung: einer „höflichen Gleichgültigkeit" – bestimmt wird (BP, s. auch Kap. 29). In diesem Aufsatz konfrontiert Gardner, die damals an der University of Pennsylvania in Philadelphia an ihrer Doktorarbeit saß, Goffmans Feststellung mit einer Gegenbeobachtung: Männer reagieren auf Frauen in der Öffentlichkeit häufig gerade nicht mit höflicher Indifferenz, sondern richten ihre Aufmerksamkeit und die ihrer (männlichen) Umgebung durch Pfeifen, Hupen, Klingeln, andere Geräusche (Rülpsen, Schnäuzen), Ausrufe und mehr oder weniger anzügliche, als Kompliment getarnte Bemerkungen demonstrativ auf die vorbeigehende Passantin. Dieses Phänomen der offensichtlichen Verletzung einer Regel der öffentlichen Kommunikation war dann auch das Thema von Gardners Dissertation *Aspects of Gender Behavior in Public Places in a Small Southwestern City* (1983). Die Studie, der eine jahrelange teilnehmende Beobachtung auf öffentlichen Plätzen in Santa Fe (New Mexico) zugrunde liegt, setzte sich kritisch mit Goffmans Analyse öffentlicher Interaktionspraktiken auseinander. Dennoch unterstützte Goffman seine Doktorandin engagiert bei ihrer Arbeit; es war die letzte Dissertation, die er noch bis kurz vor seinem Tod betreute. Goffmans Arbeiten blieben in Gardners weiterer wissenschaftlichen Karriere ein zentraler, wenn auch kritisch reflektierter Bezugspunkt. In verschiedenen Publikationen entfaltete sie ihre These weiter, dass die „public order" kein – wie bei Goffman unterstellt – geschlechtsneutraler Raum ist (jedenfalls nicht in US-amerikanischen Städten), sondern die Möglichkeiten der Partizipation und Inanspruchnahme zwischen Mann und Frau ungleich verteilt sind (Gardner 1995). Gardner und Lyn H. Lofland sind zusammen diejenigen Schülerinnen Goffmans, die seinen Untersuchungen und Überlegungen zur interaktiven Ordnung des öffentlichen Lebens am stärksten verpflichtet bleiben.

2) Ethnographische Community Studies Goffmans Dissertation von 1953 trägt den Titel *Communication Conduct in an Island Community* und ist in mancher Hinsicht dem Muster der Gemeindestudien in der Tradition der Chicago School verpflichtet. Als er 1968 von Berkeley nach Philadelphia wechselte, wurde Goffman an der dortigen Universität nicht Professor am Institut für Soziologie, sondern Mitglied am *Center for Urban Ethnography.* Obwohl seine Arbeiten also einen Bezug zu „community studies" und „urban sociology" haben, hat Goffman diesen Aspekt nicht weiterverfolgt. Das haben dann aber einige Schüler/innen von ihm getan, die in ihren Dissertationen einzelne soziale Gruppen und Gemeinden ethnographisch untersucht haben.

Zu Beginn der 1960er Jahre begann *John Lofland* (*1936), damals „graduate student" der Soziologie an der UC Berkeley, mit Unterstützung Goffmans (Lofland 1985, 122) eine obskure religiöse Gruppe ethnographisch zu untersuchen. Die Gruppe hatte für das Jahr 1967 das Kommen des Millenniums vorhergesagt, wofür sie aber 144.000 Konvertiten benötigte. (Jahrzehnte später entwickelte sich diese Gruppe zu der international bekannten Vereinigungskirche der Moon-Bewegung.) Lofland nahm an dem Leben der Gruppe teil, beobachtete im Sinn Goffmans ihre Rituale, ihre formellen und informellen Treffen, ihre Abschottung in einem ‚Milieu', ihre Begegnungen mit Nicht-Mitgliedern, studierte ihre Sprache und verfolgte ihre Missionierungsbemühungen. Vor allem aber interessierten Lofland die sozialen und psychischen Stadien einer (religiösen) Konversion und die Praktiken der Etablierung und kontrafaktischen Stabilisierung eines Glaubenssystems. Diese Themen standen im Mittelpunkt seiner Dissertation *The World Savers: A Field Study of Cult Processes* (1964), die zwei Jahre später unter dem Titel *Doomsday Cult: A Study of Conversion, Proselytization, and Maintenance of Faith* (Lofland 1966) publiziert wurde. Das Thema seiner Dissertation hat Lofland später in zwei Richtungen weiter verfolgt – in Studien über Abweichung und Identität und über soziale Bewegungen. Darüber hinaus war Lofland 1972 Gründer und langjähriger Herausgeber der Zeitschrift *Urban Life and Culture* (seit 1987 *Journal of Contemporary Ethnography*), und er hat mit seiner Frau Lyn H. Lofland mehrfach neu aufgelegte Lehrbücher über qualitative Methoden verfasst (Lofland/Lofland 1995).

Um eine Gemeinschaft geht es auch in der Dissertation *Kehillat Kodesh: Deciphering a Modern Orthodox Jewish Synagogue* von *Samuel C. Heilman* (*1946), die er 1973 an der Universität in Pennsylvania abschloss. Heilman, der im Milieu des orthodoxen Judentums aufwuchs und seinen Glauben täglich praktizierte, machte das Leben in einer orthodoxen jüdischen Synagoge zum Gegenstand seiner Ethnographie. Angestoßen dazu wurde er von Goffman, der zwar aus einer jüdischen Familie kam, doch kein Interesse an *jewish studies* hatte. Heilmans Augenmerk galt dem Geschehen hinter der offiziellen religiösen Außenseite einer religiösen Gemeinschaft. Er verwandelte sich dazu über zwei Jahre hinweg von einem bloßen Teilnehmer in einen teilnehmenden Beobachter, dessen Aufmerksamkeit weniger den spirituellen Vorgängen, dafür umso mehr dem profanen Leben in einer kleinen Synagoge galt. Im Mittelpunkt seiner 1976 unter dem Titel *Synagogue Life: A Study in Symbolic Interaction* publizierten Monographie steht daher auch die Synagoge als verdichteter Ort des sozialen Lebens. Heilman widmet sich den Akteur/innen mit ihren sozialen Beziehungen und ihren Interaktionspraktiken, er beschreibt, wie religiöse Objekte auf der Hinterbühne gehandhabt werden, wie nach – oder sogar neben – einem Gebet oder einer anderen religiösen Verrichtung Informationen ausgetauscht und nachbarschaftliche Belange geregelt werden. In zwei langen Kapiteln analysiert er die Formen der Klatsch- und Scherzkommunikation und zeigt auf, welche wichtige Funktionen diese Praktiken für die kleine jüdische Gemeinde erfüllen. Nach seiner Promotion hat sich Heilman vorrangig mit religionssoziologischen, auf das Judentum bezogenen Themen befasst, aber auch in mehreren Texten die Doppelrolle als Teilnehmer und Beobachter – *The Jewish sociologist: The* *native-as-stranger* (Heilman 1980) – methodologisch reflektiert.

3) Ethnographische Organisationsstudien (Krankenhäuser, psychiatrische Kliniken und andere totale Institutionen) Ende der 1950er Jahre, als Goffman nach Berkeley kam, war *Thomas J. Scheff* (*1922) als Doktorand an der dortigen Universität eingeschrieben und führte Feldforschung für seine Dissertation in einer psychiatrischen Klinik durch – in einem Setting wie jenes, das Goffman ein paar Jahre zuvor für sein Buch *Asylums* beobachtet hatte. Scheff (2006) berichtet, dass Goffman ihm einige entscheidende Ratschläge bei der Interpretation seiner Daten gegeben hat; dennoch lassen seine Erinnerungen nicht erkennen, dass Goffman sehr aktiv an der Betreuung seiner Dissertation beteiligt gewesen wäre. Nach der Dissertation, die 1961 unter dem Titel *Staff Resistance to Change in a Mental Hospital* angenommen wurde, befasste sich Scheff weiter mit der sozialen Organisation von psychischen Störungen. Seine Arbeiten kulminierten in dem viel beachteten Buch *Being Mentally Ill* (Scheff 1966; dt. 1969), in dem eine Theorie der psychischen Krankheit vorgestellt wird, die sich um den Begriff der residualen Devianz dreht. Gemeint sind damit nicht-normative Verhaltensweisen, die sich nicht mit den üblichen Kategorien wie Kriminalität, Perversion oder Trunkenheit erklären lassen. Erst in seiner etwas späteren Arbeit über Scham als „master emotion" im sozialen Leben hat Scheff (1988) Goffmans Arbeiten gründlich rezipiert. Er verbindet darin Goffmans Konzepte der Gesichtswahrung (FaW; auch IR_a) und der Verlegenheit (ESO; auch IR_c). Auf dieser Grundlage entwickelt Scheff die Theorie eines Ehrerbietungs-Emotion-Systems, deren Ziel es ist, die Dynamik zwischen der sozialen Organisation von Scham, Stolz und Wut und ihren innerpsychischen Prozessen so zu erklären, dass daraus verständlich wird, wie es zu sozialer Konformität kommt. Bei aller Wertschätzung ist Scheff auch kritisch gegenüber Goffman, an dessen Verhaltensanalyse er insbesondere bemängelt, dass darin die psychischen Prozesse aus den Augen verloren und zudem die engen Verbindungen zwischen Scham und Wut nicht erfasst werden. 2006 publizierte Scheff noch eine Monographie mit dem Titel *Goffman Unbound! A New Paradigm for Social Science,* in der er Goffmans Arbeiten sowie seine eigenen Studien zu psychischen Störungen, Scham, Gewalt, Männlichkeit, Liebe und Hass zum Entwurf eines neuen mikrosoziologischen Paradigmas amalgamiert.

Ein weiterer Student, den Goffman bei seiner ethnographischen Doktorarbeit über die Sterbebegleitung in zwei Krankenhäusern betreute, war *David Sudnow* (1938–2007). Sudnow promovierte 1965, ein auf der Doktorarbeit basierendes Buch erschien 1967 unter dem Titel *Passing On: The Social Organization of Dying* (Sudnow 1967; dt. 1973). Im Vorwort des Buches verweist Sudnow darauf, dass er zum Zeitpunkt des Abschlusses der Dissertation und der Abfassung des Buches dabei war, sich von Goffmans interaktionaler Perspektive hin zu Garfinkels Ethnomethodologie zu bewegen. Nach einer Danksagung an Goffman schreibt Sudnow (1973, 4): „Ich möchte nicht behaupten, dass diese Studie wirklich repräsentativ für ‚ethnomethodologische' Soziologie ist – obwohl ich natürlich sehr glücklich wäre, wenn dies doch der Fall sein sollte". Dennoch ist Goffman in Sudnows Arbeit nicht nur in den Fußnoten, sondern auch im analytischen Stil präsent. Oft wird Goffmans Schreibweise, die seine Bücher auszeichnet, als distanziert und sardonisch beschrieben (Trevino 2003, 10), und dieses Merkmal kennzeichnet auch Sudnows Text. In Abgrenzung zum ‚klinischen' und ‚biologischen' Tod beschreibt er den ‚sozialen Tod', der zu dem Zeitpunkt eintritt, „von dem ab der – ‚klinisch' und ‚biologisch' noch lebende – Patient im Wesentlichen als Leiche behandelt wird" (Sudnow 1973, 98). Sudnow illustriert sein Konzept mit anschaulichen ethnographischen Vignetten: So beobachtete er eine Krankenschwester, die sich bemüht, die Augenlider eines sterbenden Patienten zu schließen, und als Grund dafür angibt, dass es nach dem tatsächlichen Tod viel schwieriger sei, sie zu schließen, da die Muskeln beginnen, sich zu versteifen und die Augenlider dazu neigen, sich wieder von selbst zu öffnen. Sudnows ethnographisches Auge sowie sein Schreibstil und der Tonfall seiner Texte sind Goffman sehr ähnlich, auch wenn sich seine Konzeptualisierungen bereits in Richtung Ethnomethodologie bewegten. In späteren Jahren verlagerte Sudnow, der selbst ein versierter Jazzpianist war, sein Interesse auf ethnomethodologisch informierte Studien über Jazzimprovisation (Sudnow 1978) und entwickelte ein Programm zum Selbststudium des Klavierspielens *(The Sudnow Method).*

Eviatar Zerubavel (*1948) kam 1972 aus seiner Heimat Israel in die USA, um bei Goffman in Pennsylvania zu studieren. Goffman stand damals, wie sich Zerubavel (2008) erinnert, der Teilnahme von Soziologiestudent/innen in seinen Seminaren eher ablehnend gegenüber. Zerubavel schaffte es dennoch, zugelassen zu werden und schrieb eine Hausarbeit über „nicht-materielle Bewahrer des Selbst", in der er die These entwickelte, dass neben Information und Privatheit die Zeit einer dieser Stabilisatoren ist. Dies war die Ausgangsidee, die 1976 zu seiner ethnographischen Dissertation führte, aus der die 1979 publizierte Monographie *Patterns of Time in Hospital Life* hervorging. Darin untersucht Zerubavel etwa die rhythmischen Strukturen des Krankenhauslebens oder die zeitlichen Aspekte der Arbeitsteilung und Gruppenbildung. Der Untersuchung liegt die Idee zugrunde, Zeit nicht als Aspekt anderer sozialer Phänomene zu berücksichtigen, sondern als eigenständiges Phänomen des sozialen Lebens in den Blick zu nehmen. Welche Rolle Zeit in einem Krankenhaus spielt, macht Zerubavel durch die Beobachtung deutlich, dass Verantwortung nicht nur sachlich und sozial, sondern auch zeitlich strukturiert ist: Man denke etwa an die täglichen Stationsvisiten, an die Dringlichkeit der Notfallstation oder an den Nachtdienst. Zerubavel folgt Goffman insbesondere darin, dass er nicht bei der Beschreibung eines Einzelfalles stehen bleibt, sondern bemüht ist, aus seiner Ethnographie generische Muster der zeitlichen Organisation zu destillieren, die nicht an bestimmte Settings gebunden sind. Dem Buch von 1979 folgten später etliche weitere Studien Zerubavels zur Soziologie der Zeit, etwa zur Standardisierung der Zeit oder über das kollektive Gedächtnis (Zerubavel 2003). Darüber hinaus hat Zerubavel zu verschiedenen wissens- und kultursoziologischen Themen gearbeitet, so etwa über die Macht des Selbstverständlichen im Alltagsleben (Zerubavel 2018).

Auch *Jacqueline P. Wiseman* (*1938) ist eine von jenen Schüler/innen Goffmans, die ihre Dissertationen über ein Thema aus dem medizinisch-psychiatrischen Sektor geschrieben haben. In ihrer 1964 abgeschlossenen Arbeit, die 1970 unter dem Titel *Stations of the Lost: The Treatment of Skid Row Alcoholics* publiziert wurde, untersucht Wiseman das Leben von Alkoholiker/innen in einem Armenviertel. (*Skid row* bezeichnet im Amerikanischen das Armenghetto einer Stadt.) Gestützt auf teilnehmende Beobachtung und Interviews zeichnet Wiseman in ihrer Ethnographie ein detailreiches Bild der Lebenssituation der chronisch Alkoholkranken und der typischen ‚Stationen', die sie in ihrem Leben durchlaufen. (Den Titel von Wisemans Buch hatte Goffman vorgeschlagen.) Das sind auf der einen Seite die sozialen Kontrollagenturen (Polizei, Justiz, Gefängnis), die die Alkoholiker/innen vielfachen Einschränkungen und Regimen unterwerfen, und auf der anderen Seite die Rehabilitations- und Therapieeinrichtungen, deren Ziel es ist, die Alkoholiker/-innen über Programme der Verhaltensänderung und andere Maßnahmen von der Alkoholsucht zu befreien. Wie Wiseman zeigt, treffen in diesen Begegnungen zwei Weltsichten aufeinander: die Perspektive der chronischen Trinker/innen aus dem Armenghetto und die Sicht der Professionellen, die in der Regel aus der weißen Mittelschicht kommen. Der Zusammenstoß dieser beiden Perspektiven erfordert von den Alkoholiker/innen wie von den Polizist/innen, Jurist/innen und Therapeut/innen, ihre jeweiligen Realitätsvorstellungen und Erwartungen zu revidieren. Die Alkoholiker/innen müssen lernen, ihre Hoffnungen aufzugeben, dass die Klinik eine Art Zaubermittel hat, um sie von der Alkoholsucht zu befreien; die Professionellen sind gefordert, die Erfahrung zu verarbeiten, dass so viele ihrer Klient/innen trotz aller Bemühungen rückfällig werden und zurück ins

Trinkermilieu fallen oder erneut im Gefängnis landen. Vor diesem Hintergrund verfolgt Wiseman in ihrer Monographie etliche Motive Goffmans, insbesondere aus *Asylums* und *Stigma:* das Bemühen der Alkoholiker/innen um den Aufbau und die Pflege einer ‚normalen' äußeren Erscheinung auf der Vorderbühne, das starke Bedürfnis nach einem „personal territory", das Verheimlichen und Täuschen, die Scham über schäbige Kleidung oder nicht-eingehaltene Versprechen, der passive Widerstand der Insass/-innen, die Transformation des Stigmas in einen Vorteil. Im Anschluss an Goffmans *Insanity of Place* (IOP; auch RP_g) hat sich Wiseman in späteren Arbeiten mit der Frage befasst, was es für die Familie und insbesondere für die Ehefrauen bedeutet, wenn der Mann alkoholabhängig ist (Wiseman 1991).

In Goffmans Umfeld entstanden auch noch einige weitere ethnographische Untersuchungen über Krankenhäuser und andere totale Institutionen, an denen er direkt oder indirekt beteiligt war. Drei von ihnen sollen hier noch kurz vorgestellt werden.

Basierend auf der Beobachtung von zahlreichen gynäkologischen Untersuchungen durch männliche Ärzte auf der Geburtsstation eines Krankenhauses hat *Joan P. Emerson* (*1935) 1963 an der UC Berkeley ihre Dissertation *Social Functions of Humor in a Hospital Setting* vorgelegt. Ausgehend von Goffmans Überlegung, dass jede soziale Interaktion ‚prekär' und zerbrechlich ist, untersucht sie, wie im Fall von gynäkologischen Untersuchungen die Situationsdefinition einer rein ‚medizinischen' Interaktion aufrechterhalten wird (Emerson 1970a) und alle Beteiligten an der Wahrnehmung mitarbeiten, dass ‚nothing unusual is happening' (Emerson 1970b). Emerson, die aus ihrer Dissertation nur einige Aufsätze publiziert hat, hat nach ihrer Promotion die Universität verlassen und ist Psychotherapeutin geworden. *Dorothy E. Smith* (*1926) kam Ende der 1950er Jahre über Garfinkel zu Goffman, der dann Betreuer ihrer Doktorarbeit wurde. Gestützt auf eine 18-monatige Feldforschung in einem psychiatrischen Krankenhaus schloss sie 1963 ihre Dissertation unter dem Titel *Power and the Front Line: Social Controls in a State Mental Hospital* ab. In späteren Interviews beklagte sich Smith zwar, dass sie von Goffman kaum Unterstützung bei ihrer Doktorarbeit erhielt, doch betont sie auch: „He was a very... He had a big impact" (Smith 2010, 14), wobei weniger die Texte Goffmans, sondern mehr sein Habitus als unabhängiger und furchtloser „maverick" der Soziologie Einfluss auf Smith hatten. (Das trifft im Übrigen auch auf einige andere mit Goffman assoziierte Doktorand/innen zu, etwa *Gary T. Marx* [1984]). In den folgenden Jahren wurde Smith zu einer der Begründerinnen einer „feministischen Soziologie" (Smith 1987) und entwickelte damit im Zusammenhang einen Ansatz, den sie „institutional ethnography" nannte (Smith 2005). Bekannt in Deutschland wurde sie vor allem mit ihrem Aufsatz *K ist geisteskrank. Die Anatomie eines Tatsachenberichtes* (Smith 1976), der als exemplarische ethnomethodologische Textanalyse gilt. Bereits als Student hatte *John K. Irwin* (1929–2010) Anfang der 1960er Jahre von Goffman den Rat erhalten, für seine Masterarbeit die kalifornische Surferkultur zu untersuchen, was er auch tat (Irwin 1973). Irwin, der vor seinem Studium wegen eines Raubüberfalls für mehrere Jahre im Gefängnis saß, wandte sich dann der Kriminologie und hier insbesondere der Analyse von Verbrecherkarrieren (Irwin 1970) und des amerikanischen Gefängnissystems zu. Er blieb mit Goffman bis zu dessen Tod eng befreundet (Irwin 2008) und setzte seinem Buch *The Jail: Managing the Underclass in American Society* (Irwin 1985) die Widmung voran: „To Erving Goffman, who tried to teach me, but I wouldn't learn".

Die Entwicklung der Konversationsanalyse

Während die ethnographisch orientierten Doktorand/innen Goffmans untereinander ein lockeres Netzwerk bildeten, formierte sich während Goffmans Zeit in Berkeley ein kleiner Zirkel seiner Schüler/innen, die stark beeinflusst waren von Garfinkels frühen ethnomethodologischen Studien und die in ihren Arbeiten einen eigenen

Ansatz suchten (Murray 2010, 15 ff.). Das intellektuelle Zentrum dieser Gruppe bildete Harvey Sacks (s. Kap. 50), der ab 1964 damit begann, seine Vorlesungen, in denen er seine neuen Ideen entwickelte, aufzuzeichnen und zu vervielfältigen. Alle Mitglieder der Gruppe, zu der noch David Sudnow (s. o.), Emanuel Schegloff und Roy Turner gehörten, schlossen zwischen 1966–1969 ihre Doktorarbeiten ab.

Emanuel Schegloff (*1937), der 1958 nach Berkeley kam und dort 1960 seinen Master machte, hat 1967 mit der Arbeit *The First Five Seconds: The Order of Conversational Opening* promoviert. „It was Professor Erving Goffman who first directed my attention to the detailed study of interaction", schreibt Schegloff in der Danksagung seiner Dissertation, die sich mit der Organisation von Gesprächseröffnungen befasst. Als Datenmaterial dienten ihm Tonaufnahmen von Anrufen, die bei der Beschwerdestelle eines Polizeireviers eingingen oder von dort getätigt wurden. Die wichtigsten Ergebnisse der Arbeit wurden in einem Artikel im *American Anthropologist* veröffentlicht (Schegloff 1968), in dem Schegloff das Konzept der Summons-Answer-Sequenz vorstellt, mittels derer der geordnete Ablauf der Eröffnung von Telefongesprächen erklärt werden kann. Schegloff postuliert, dass diese Sequenz „kein telefonspezifisches Ereignis" ist (Schegloff 1968, 1089), sondern eine kontextunabhängige zweiteilige Interaktionssequenz, die aus einer Aufforderung und einer Antwort besteht und auch nicht-sprachlich realisiert werden kann. Auch wenn der Aufsatz viele Bezüge zu Goffmans Arbeiten enthält, ist der Einfluss von Sacks und Garfinkel stärker, worauf auch die Fußnote mit Danksagungen hinweist. Später äußerte sich Schegloff explizit kritisch zu Goffman, am deutlichsten und schärfsten in einem Beitrag zu einem Sammelband, der sich Goffmans Arbeiten widmet (Schegloff 1988). Zwar erkennt Schegloff die innovative Leistung Goffmans an, die Organisation von Interaktion als eigenständigen Forschungsgegenstand definiert und etabliert zu haben, doch Goffmans Entscheidung, das Ritual und die Sorge um die Wahrung des eigenen Gesichts in den Mittelpunkt der Interaktionsorganisation zu rücken, trifft auf Schegloffs entschiedene Ablehnung. Seiner Ansicht ist Goffmans Interaktionstheorie nicht, wie er noch 1967 postulierte, eine Theorie über die syntaktischen Beziehungen zwischen Handlungen, sondern eine Theorie über Individuen und ihre Psychologie. Aufgrund seiner latent psychologischen Ausrichtung ist, so Schegloff, Goffmans Ansatz nicht in der Lage, die grundlegenden Mechanismen der Herstellung und Aufrechterhaltung von sozialer Ordnung zu erfassen, etwa das System, das in Gesprächen den Sprecher/innenwechsel organisiert, oder die Mechanismen der Reparatur, die intersubjektive Verständigung absichern. Ganz im Gegensatz zu Schegloff sah Scheff (1988) gerade im Fehlen der psychologischen Komponente ein wesentliches Defizit in Goffmans Arbeiten. Neben seiner rituellen und psychologischen Orientierung kritisierte Schegloff vor allem auch, dass Goffman sich in seinen Studien nicht auf Daten von realen Interaktionsabläufen in Form von Audio- oder Videoaufzeichnungen stützt. Schegloff hat mit seinen Arbeiten wesentlich zur Begründung der Konversationsanalyse beigetragen und mit seinem Lehrbuch (Schegloff 2007) einen kanonischen Text dazu geliefert.

Ein weiterer Doktorand Goffmans, der 1960 von Chicago nach Berkeley kam und bald zu der Gruppe um Harvey Sacks stieß, war *Roy Turner* (1928–2017). Turner, der in England geboren wurde, gelangte über Umwege zur Soziologie und ist insofern ein interessanter Akteur in diesem Netzwerk, als er in seinen Arbeiten Goffmansche Motive mit ethnomethodologischen und konversationsanalytischen Konzepten verbindet und verwandtschaftliche Bezüge zu John Austin und der Ordinary Language Philosophy herausstellt. Seine 1968 abgeschlossene Dissertation *Talk and Troubles: Contact Problems of Former Mental Patients* bildet in einem gewissen Sinn eine Fortsetzung von Goffmans *Asylums:* Sie befasst sich mit der spezifischen Lebenssituation und -problematik von ehemaligen psychiatrischen Patient/innen. Die Daten für seine Arbeit erhob Turner durch teilnehmende Beobachtung in der Rolle eines freiwilligen Helfers in einer Tagesklinik, als Beobachter in Vereinen für ehemalige Patient/innen und über Interviews. Turner zeigt, dass Patient/-innen nach ihrer Entlassung aus der Klinik das Stigma des psychiatrischen Patientens mit sich tragen und damit diskreditierbar sind, weshalb sie ihre früheren Beziehungen nicht einfach wieder aufnehmen und fortsetzen können und ihre Abwesenheit häufig durch unwahre Angaben und Begründungen zu normalisieren suchen. Turners Interesse daran, wie ehemalige psychiatrische Patient/innen ihre eigene (Nicht-)Beobachtbarkeit herstellen, ist ganz auf der Linie von Goffmans Studie über *Stigma,* doch Turner verallgemeinert diese Perspektive in Richtung auf das Reflexivitätskonzept von Garfinkel: Akteur/innen machen im Vollzug von Handlungen ihr eigenes Tun reflexiv erkennbar und darstellbar – „accountable" (Garfinkel). Turner hat seine Dissertation nie publiziert, doch in einer Reihe von Aufsätzen therapeutische Gespräche oder Anrufe bei der Polizei untersucht, die eher Garfinkel und Sacks als Goffman verpflichtet sind. Einen Namen hat sich Turner durch die Edition des Penguin-Taschenbuchs *Ethnomethodology: Selected Readings* (Turner 1974) gemacht, mit dem die Ethnomethodologie auch bei einem nicht-soziologischen Publikum bekannt wurde.

Auch nach seinem Wechsel nach Pennsylvania 1968 hatte Goffman Student/innen, die dem Ansatz der Konversationsanalyse folgten oder ihm nahe standen. *Marjorie Harness* Goodwin (*1944) war ab Ende der 1960er Jahre Doktorandin bei Goffman und schrieb bei ihm ihre Dissertation über Gesprächspraktiken von schwarzen Großstadtkindern. Während ihrer Zeit an der Universität in Philadelphia arbeiteten dort zahlreiche renommierte Wissenschaftler/-innen über Sprache und soziale Interaktion, darunter zeitweise Gail Jefferson, die einen starken Einfluss auf Goodwins Arbeit hatte. Marjorie Goodwin und ihr Ehemann Charles Goodwin (s. u.) verbrachten viel Zeit mit Jefferson und befassten sich in informellen Seminaren mit der Analyse von audiovisuell aufgezeichneten Interaktionsdaten (M. H. Goodwin, private Mitteilung). Sie schloss 1978 ihre Dissertation mit dem Titel *Conversational Practices in a Peer Group of Urban Black Children* ab und publizierte in den nachfolgenden Jahren eine Reihe von Artikeln, von denen viele mit dem Thema der Dissertation zusammenhingen. Basierend auf ihrer Dissertation erschien 1990 ihre Monographie *He-Said-She-Said: Talk as Social Organization among Black Children,* in der es zentral um die Organisation der sprachlichen und nichtsprachlichen Aktivitäten einer Gruppe von Kindern in einer afroamerikanischen Nachbarschaft geht: um Anweisungen, das Erzählen von Geschichten, Konflikte, Beschuldigungen, Klatsch. Methodisch orientiert sich Goodwin an der Konversationsanalyse, doch gibt es auch eine starke ethnographische Komponente. Der Einfluss Goffmans zeigt sich nicht nur in der konzeptionellen Rahmung, sondern vor allem auch darin, wie Goodwin die Beteiligungsstrukturen nachzeichnet und verfolgt, wie sich die Akteur/-innen in ihren Aktivitäten zueinander ausrichten und sich gegenseitig im Gespräch darstellen (M. H. Goodwin 1990, 10). In vielbeachteten Veröffentlichungen vor und nach dieser Monographie (z. B. M. H. Goodwin 1980; 2007) entwickelte sie die Analyse von interaktiven Beteiligungsmustern weiter und konzentrierte sich dabei zunehmend auf deren verkörperte Formen. Bemerkenswert ist, wie unterschiedlich sich zwei konversationsanalytische Schüler/-innen Goffmans, M. H. Goodwin und Schegloff, auf Goffmans Werk beziehen. Während Schegloff eine tiefe Kluft zwischen Konversationsanalyse und Goffman sieht, ist M. H. Goodwin bemüht, Goffmans Ideen in ihren eigenen Arbeiten fortzusetzen und weiterzuentwickeln. Doch der Goffman, von dem sich Schegloff distanzierte (s. o.), ist ein anderer Goffman als der, an den M. H. Goodwin anknüpfte. Schegloff kritisierte Goffmans Ansatz, Gesichtswahrung, Selbstpräsentation und Ritual als elementaren Unterbau jeglicher sozialer Interaktion zu behandeln (so etwa in OFw auch IR_a), und er empfand zudem Goffmans Charakterisierung der Konversationsanalytiker/innen als „communications engineers" (RaR, 264; auch FT_a, 14; FT_b_{dt}, 82) als ungerecht und unzutreffend. Für M. H. Goodwin haben diese beiden Texte keine Relevanz, „ihr" Goffman ist der Autor von *Behaviour in Public Places* und *Footing* (Foo; auch FT_c; FT_a_{dt}), also derjenige, für den die fokussierte Interaktion die wichtigste Form von Sozialität bildet und der die Beteiligungsmuster und -modi der Akteur/innen zum Gegenstand seiner Forschung gemacht hat.

Von eminenter Bedeutung war Goffman auch für *Charles Goodwin* (1943–2018), den Ehemann von M. H. Goodwin. Er hat in Philadelphia das Studium der Linguistik/-Kommunikationswissenschaften absolviert und 1977 mit der Dissertation *Some Aspects of the Interaction of Speaker and Hearer in the Construction of the Turn at Talk in Natural Conversation* abgeschlossen. Zwar war Goffman weder als Betreuer noch als Prüfer an Goodwins Promotion beteiligt, doch hatte er, dessen Seminare Goodwin zuweilen besuchte, lebhaftes Interesse und nahm Anteil an der Entstehung von dessen Dissertation. Vor seinem Studium war C. Goodwin als Dokumentarfilmer für zwei Kinderkliniken tätig, und die dabei erworbenen Fähigkeiten setzte er für sein Dissertationsprojekt ein. Bis dahin bestand die Datenbasis konversationsanalytischer Studien beinahe ausschließlich aus Tonbandaufzeichnungen von Face-to-face- oder Telefongesprächen. Goodwin war der erste, der – unterstützt durch die zu dieser Zeit neu aufkommende Videotechnologie – damit begann, die nicht-sprachlichen Praktiken in der sozialen Interaktion aus der Perspektive der Konversationsanalyse zum Gegenstand der Forschung zu machen. Dabei konnte er sich auf eine lange Forschungstradition der filmbasierten Analyse von nonverbaler Kommunikation stützen, etwa auf die Arbeiten von Ray Birdwhistell, Adam Kendon oder Albert E. Scheflen. In seiner 1982 publizierten, auf der Dissertation beruhenden Monographie *Conversational Organization: Interaction Between Speakers and Hearers* geht C. Goodwin von Goffmans Konzept der „zentrierten Interaktion" („focussed interaction") aus und zeigt, wie die wechselseitige Orientierung der Akteur/innen das Ergebnis fortwährender Koordinationsleistungen ist. Ein herausragendes Ergebnis seiner Analyse ist der Nachweis, dass vermeintliche Fehler des Ausdrucks oder der Sprachplanung der Aufmerksamkeitssicherung dienen und insofern interaktiv erzeugte Phänomene sein können. Anstatt Blickverhalten, Körperposition oder Gestikulation als Elemente eines – beschränkten – Verhaltensrepertoires zu betrachten, werden sie durch C. Goodwins Analysen zu Praktiken der Sozialität und der Absicherung von intersubjektivem Verstehen. C. Goodwin hat in den folgenden Jahren neben der Sprache und dem Körper als dritte Dimension noch die materielle, historisch geformte und von Zeichen durchsetzte Umwelt systematisch in seine Untersuchungen eingebaut. Auf diese Weise sind Studien etwa über die Arbeit von Archäolog/innen, Ozeanograph/innen oder über die Beweistätigkeit von Jurist/innen vor Gericht entstanden, die in ihrer Verbindung aus Konversationsanalyse, Ethnographie und Semiotik eine paradigmatische Bedeutung haben. Diese und andere seiner Studien hat Goodwin in die Monographie *Co-Operative Action* (2018) integriert, die er noch kurz vor seinem Tod fertigstellen konnte und die einen umfassenden Entwurf zu einer Theorie enthält, in deren Zentrum der Nachweis steht, dass Handeln, Sprache und historisch entstandene Umwelt aufs Engste ineinandergreifen und miteinander verflochten sind. Goodwin hat mit seinen Arbeiten die Entwicklung der Analyse multimodaler Kommunikation enorm befördert, und zwar nicht nur im Hinblick auf die empirische Detailanalyse, sondern auch für die Entwicklung einer aus der Empirie generierten Theorie.

Ethnographie der Kommunikation, Linguistische Anthropologie

Nach Goffmans Wechsel an die Universität in Philadelphia im Jahr 1968 entwickelte sich dort mit Dell Hymes, William Labov, Ray Birdwhistell und Ward Goodenough ein Zentrum für die Analyse des Zusammenhangs von Sprache, Kultur und sozialer Interaktion (Leeds-Hurwitz/Sigman 2010). Insbesondere mit Blick auf seine Publikation *Forms of Talk* kann man daher mit einem gewissen Recht davon sprechen, dass Goffman während seiner Zeit in Philadelphia einen „linguistic turn" (Phillips 1983) vollzogen hat. Goffman hatte in Philadelphia nur wenige eigene Doktorand/innen und versuchte zudem, Soziologiestudent/innen vom Besuch seiner Seminare abzuhalten (Delaney 2014). Dennoch war er als Mentor oder Prüfer an Promotionen von Student/innen beteiligt, die aus der Anthropologie, der Linguistik oder Kommunikationswissenschaft kamen.

Zu diesen Doktorand/innen, die nicht zum engeren Kreis der Schüler/innen Goffmans gezählt werden können, gehört etwa *Susan U. Philips* (*1943), eine linguistische Anthropologin, bei deren Promotion Goffman einer der drei Prüfer war. Unter der Betreuung von Dell Hymes hat Philips ihre Dissertation *The Invisible Culture: Communication in Classroom and Community on the Warm Springs Indian Reservation* 1974 abgeschlossen und 1983 publiziert. Sie zeigt in dieser Arbeit unter Berücksichtigung des sprachlichen und nicht-sprachlichen Verhaltens, dass sich Vorschulkinder in dem von ihr untersuchten Indianerreservat kulturell geprägte Formen der Übermittlung von Informationen aneignen, die es ihnen erschweren, an dem von Kommunikationsstandards der amerikanischen Mittelschicht bestimmten Schulunterricht teilzunehmen. So hat sie etwa die Beobachtung gemacht, dass die von Goffman (FA, 565; FA_{dt} 1977, 607) eingeführte Unterscheidung zwischen adressierten und nicht-adressierten Rezipient/innen in den Interaktionen der Warm Springs Indianer nur ganz selten auftritt (Philips 1976, 90). Wie dieses Beispiel deutlich macht, benutzt Philips die Analysen Goffmans, um kulturelle Variationen in der sozialen Interaktion sichtbar zu machen.

Eine andere Studentin, die Goffman als Mentor bei ihrem Dissertationsprojekt unterstützte, ist *Marilyn Merritt* (1941–2021). Ihre Doktorarbeit im Fach Linguistik mit dem Titel *Resources for Saying in Service Encounters* wurde 1976 angenommen (Merrit 1976a); auch hier war Goffman Mitglied der dreiköpfigen Prüfungskommission. Das Datenmaterial ihrer Untersuchung bestand aus Audioaufnahmen von Verkaufs- und Beratungsgesprächen, hauptsächlich in einem kleinen Laden auf dem Campus. Basierend auf der Dissertation veröffentlichte Merritt die viel zitierte Arbeit *On Questions Following Questions in Service Encounters* (Merritt 1976b), in denen sie Gesprächsepisoden analysiert, bei denen auf Fragen keine Antworten, sondern andere Fragen folgten. (Die Arbeit erschien in der gleichen Ausgabe von *Language in Society*, in der auch Goffmans Aufsatz *Replies and Responses* veröffentlicht ist). In dieser Arbeit bringt Merritt den konversationsanalytischen Begriff der Paarsequenz (Schegloff/Sacks 1973) und Goffmans Begriff des rituellen Austausches (RP_d) zusammen, wobei sie jedoch nicht auf den Aspekt der Gesichtswahrung in Goffmans Konzept abstellt, sondern auf dessen strukturelle Seite. Ein ritueller Austausch kann mehr als zwei Züge umfassen und damit verständlich machen, wie mehrere aufeinanderfolgende Paarsequenzen (z. B. Frage und Antwort) miteinander verbunden sind und wie es kommt, dass auf eine Frage manchmal eine Frage folgt. Merritts Studie ist eine empirische Detailanalyse, doch wie viele andere Schüler/-innen Goffmans verfolgt sie auch ein theoretisches Interesse und wollte letztlich zu einer „allgemeinen Diskurstheorie“ beitragen.

Auch *Deborah Schiffrin* (1951–2017) war eine Studentin, die bei Goffman studierte und in ihren Arbeiten stark von ihm beeinflusst wurde. Ihre linguistische Dissertation an der University of Pennsylvania *Discourse Markers: Semantic Resource for the Construction of Conversation* wurde von William Labov betreut, 1982 angenommen und 1987 als Monographie publiziert. Darin beschäftigt sich Schiffrin mit den Funktionen von Diskursmarkern wie etwa „oh“, „well“ oder „so“ und zeigt, wie diese Partikeln dazu dienen, die Äußerung, in der sie stehen, in den weiteren Gesprächs- und Bedeutungskontext zu integrieren. Auch in späteren Arbeiten stützte Schiffrin ihre Analysen oft auf Konzepte Goffmans, so etwa in ihrem Aufsatz *Narrative as Self-portrait: Sociolinguistic Construction of Identity* (Schiffrin 1996), in dem Goffmans Unterscheidung zwischen „giving information“ und „giving off information“ benutzt wird, um die sprachliche Situierung des Selbst in der sozialen Interaktion zu beschreiben.

Goffman als Lehrer

In den Erinnerungen der Schüler/innen Goffmans, die im Goffman-Archiv von Dmitri Shalin (2007–2015) gespeichert und öffentlich zugänglich sind, erscheint Goffman als ein engagierter und mitreißender akademischer Lehrer, der hohe Ansprüche an seine Student/innen stellte, harsch und nicht selten verletzend in der Kritik, aber auch fürsorglich und ermutigend. Seine Schüler/innen sollten nicht seine „Lehre" verbreiten, vielmehr war er interessiert daran, von seinen Schüler/innen zu lernen. Als einmal in einem Gespräch jemand erwähnte, dass Harvey Sacks sein Schüler sei, intervenierte Goffman mit der Bemerkung „What do you mean? I was *his* student" (Wiseman 2009).

Viele seiner Schüler/innen wurden später selbst sehr erfolgreiche Universitätsprofessor/-innen nicht selten in recht unterschiedlichen Fachrichtungen. Diese Diversifikation resultiert nicht nur daraus, dass Goffman seine Schüler/-innen immer ermutigte, eigene Wege zu gehen, sie spiegelt auch wider, dass Goffman im Verlauf seiner wissenschaftlichen Biographie in seinen Veröffentlichungen eine Vielfalt von Themen abdeckte. Es ist von daher auch nicht erstaunlich, dass sich unter seinen Schüler/innen verschiedene Netzwerke oder Gruppen bildeten, die sich durchaus kritisch beäugten; das bezeugen nicht zuletzt etwa die zahlreichen Geschichten über die Differenzen zwischen „Ethnograph/innen" und „Konversationsanalytiker/-innen", deren Konfliktlinien sich manchmal mitten durch ein Department zogen. Erstaunlich ist eher, dass Goffman für die heterogenen Strömungen unter seinen Schüler/innen eine fortdauernde Orientierungs- und Bezugsgröße blieb.

Goffman hinterließ bei seinem Tod keine Schule. Er hinterließ Schüler/innen, die ihr Erbe in jeweils eigene neue Vorhaben investierten. Man kann vielleicht bedauern, dass dabei einige der Themen Goffmans – wie etwa die dramaturgische Perspektive aus *The Presentation of Self in Everyday Life,* die „formale" Soziologie seiner *Frame Analysis* oder das zentrale Konzept der Gesichtswahrung *(face work)* – von seinen Schüler/innen nur zögerlich weitergeführt wurden. Aber das haben dann Andere übernommen. In Bezug auf Goffman sind alle seine Leser/-innen ‚ideelle' Schüler/innen.

Literatur

Cavan, Sherri: Liquor license. An ethnography of bar behavior. Chicago 1966.

Cavan, Sherri: Becoming an ethnographer. In: Kathryn Meadow-Orlans/Ruth Wallace (Hg.): Gender and the academic experience. Berkeley Women Sociologists. Lincoln, London 1994, 57–70.

Cavan, Sherri: When Erving Goffman was a boy. The formative years of a sociological giant. In: Symbolic Interaction 37/1 (2014), 41–70.

Delaney, Michael: Goffman at Penn. Star presence, teacher-mentor, profaning jester. In: Symbolic Interaction 37/1 (2014), 87–107.

Emerson, Joan P.: Social functions of humor in a hospital setting. PhD thesis, University of California. Berkeley 1963.

Emerson, Joan P.: Behavior in private places. Sustaining definitions of reality in gynecological examinations. In: Hans Peter Dreitzel (Hg.): Recent sociology No. 2. Patterns of Communicative Behavior. London 1970a, 74–97.

Emerson, Joan P.: 'Nothing unusual is happening'. In: Tamotsu Shibutani (Hg.): Human nature and collective behavior. Papers in honor of Herbert Blumer. Englewood Cliffs, N.J. 1970b, 208–222.

Gardner, Carol B.: Passing by. Street remarks, address rights and the urban female. In: Sociological Inquiry 50/3–4 (1980), 328–356.

Gardner, Carol B.: Aspects of gender behavior in public places in a small southwestern city. PhD thesis, University of Pennsylvania. Philadelphia 1983.

Gardner, Carol B.: Passing by. Gender and public harassment. Berkeley 1995.

Goodwin, Charles: Some aspects of the interaction of speaker and hearer in the construction of the turn at talk in natural conversation. PhD thesis, University of Pennsylvania. Philadelphia 1977.

Goodwin, Charles: Conversational organization: Interaction between speakers and hearers. New York, London 1982.

Goodwin, Charles: Co-operative action. New York 2018.

Goodwin, Marjorie H.: Conversational practices in a peer group of urban black children. PhD thesis, University of Pennsylvania. Philadelphia 1978.

Goodwin, Marjorie H.: Processes of mutual monitoring implicated in the production of description sequences. In: Sociological Inquiry 50/3–4 (1980), 303–317.

Goodwin, Marjorie H.: He-said-she-said: Talk as social organization among black children. Bloomington, Indiana 1990.

Goodwin, Marjorie H.: Participation and embodied action in preadolescent girls' assessment activity. In: Research on Language and Social Interaction 40/4 (2007), 353–375.
Heilman, Samuel C.: Synagogue life. A study in symbolic interaction. Chicago, London 1976.
Heilman, Samuel C.: Jewish sociologist. Native-as-stranger. In: The American Sociologist 15/2 (1980), 100–108.
Irwin, John K.: The felon. Englewood Cliffs, N.J. 1970.
Irwin, John K.: Surfing. The natural history of an urban scene. In: Urban Life and Culture 2/2 (1973), 131–160.
Irwin, John K.: The jail. Managing the underclass in American society. Berkeley 1985.
Irwin, John K.: Goffman was by far the smartest, most interesting, complex, though, at times, snide or disparaging individual I have ever known. In: Dmitri N. Shalin (Hg.): Bios Sociologicus: The Erving Goffman Archives (2008), 1–3.
Jaworski, Gary D.: Erving Goffman. The reluctant apprentice. In: Symbolic Interaction 23/3 (2000), 299–308.
Leeds-Hurwitz, Wendy/Sigman, Stuart J.: The Penn tradition. In: Wendy Leeds-Hurwitz (Hg.): The social history of language and social interaction research. People, places, ideas. Cresskill, N.J. 2010, 235–269.
Lofland, John: Doomsday cult. A study of conversion, proselytization, and maintenance of faith. Englewood Cliffs, N.J. 1966.
Lofland, John: Protest. Studies of collective behaviour and social movements. London, New York 1985.
Lofland, John/Lofland, Lyn H.: Analyzing social settings. A guide to qualitative observation and analysis. Belmont, CA ^{3}1995.
Lofland, Lyn H.: A world of strangers. Order and action in urban public space. New York 1973.
Lofland, Lyn H.: The public realm: Exploring the city's quintessential social territory. New York 1998.
Lyman, Stanford M./Scott, Marvin B.: Territoriality: A neglected sociological dimension. In: Social Problems 15/2 (1967), 236–249.
Marx, Gary: Role models and role distance: A remembrance of Erving Goffman. In: Theory and Society 13/5 (1984), 649–662 (auch in Gary A. Fine/Gregory W. H. Smith (Hg.): Erving Goffman, Vol. 1. London 2000, 60–70).
Merritt, Marilyn: Resources for saying in service encounters. PhD thesis, University of Pennsylvania. Philadelphia 1976a.
Merritt, Marilyn: On questions following questions in service encounters. In: Language in Society 5 (1976b), 315–357.
Murray, Stephen O.: Interactional sociolinguistics at Berkeley. In: Wendy Leeds-Hurwitz (Hg.): The social history of language and social interaction research. People, places, ideas. Cresskill, N.J. 2010, 97–126.
Phillips, John W.P.: Goffman's linguistic turn. A comment on ‚Forms of Talk'. In: Theory, Culture & Society 2/1 (1983), 114–115.
Philips, Susan U.: Some sources of cultural variability in the regulation of talk. In: Language in Society 5 (1976), 81–95.
Philips, Susan U.: The invisible culture: Communication in classroom and community on the warm springs Indian reservation. New York, London 1983.
Scheff, Thomas J.: Being mentally ill: A sociological theory. Chicago 1966; (dt.: Das Etikett ‚Geisteskrankheit'. Frankfurt/Main 1973).
Scheff, Thomas J.: Shame and conformity. The deference-emotion system. In: American Sociological Review 53 (1988), 395–406.
Scheff, Thomas J.: Goffman unbound! A new paradigm for social science. London 2006.
Schegloff, Emanuel A.: The first five seconds. The order of conversational openings. PhD thesis. Department of Sociology, University of California. Berkeley 1967.
Schegloff, Emanuel A.: Sequencing in conversational openings. In: American Anthropologist 70/6 (1968), 1075–1095.
Schegloff, Emanuel A.: Goffman and the analysis of conversation. In: Paul Drew/Anthony Wootton (Hg.): Erving Goffman. Exploring the interaction order. Cambridge 1988, 89–135 (auch in Gary A. Fine/Gregory W. H. Smith (Hg.): Erving Goffman, Vol. 4. London 2000, 176–213).
Schegloff, Emanuel A.: Sequence organization in interaction: A primer in conversation Analysis, Vol. 1. Cambridge 2007.
Schegloff, Emanuel A./Sacks, Harvey: Opening up closings. In: Semiotica 8/4 (1973), 289–327.
Schiffrin, Deborah: Discourse markers. Cambridge 1987.
Schiffrin, Deborah: Narrative as self-portrait. Sociolinguistic constructions of identity. In: Language in Society 25 (1996), 167–203.
Scott, Marvin B.: The racing game. Chicago 1968.
Scott, Marvin B./Lyman, Stanford M.: Accounts. In: American Sociological Review 33/1 (1968), 46–62 (dt.: Praktische Erklärungen. In: Manfred Auwärter/Edit Kirsch/Klaus Schröter (Hg.): Seminar: Kommunikation, Interaktion, Identität. Frankfurt/Main 1976, 73–114).
Shalin, Dmitri N.: Bios Sociologicus. The Erving Goffman Archives (2007–2015), https://digitalscholarship.unlv.edu/goffman_archives/ (10.02.2021).
Shalin, Dmitri N.: Erving Goffman, fateful action and the Las Vegas gambling scene. In: UNLV Gambling Research & Review Journal 20/1 (2016), 1–38.
Smith, Dorothy E.: Power and the front line: Social controls in a state mental hospital. Department of Sociology, University of California. Berkeley 1963.
Smith, Dorothy E.: 'K is mentally ill'. The anatomy of a factual account. In: Sociology 12 (1978), 23–53

(dt.: 'K ist geisteskrank'. Die Anatomie eines Tatsachenberichts. In: Elmar Weingarten/Fritz Sack/Jim Schenkein (Hg.): Ethnomethodologie. Beiträge zu einer Soziologie des Alltagshandelns. Frankfurt/Main 1976, 368–415).

Smith, Dorothy E.: The everyday world as problematic. A feminist sociology. Boston 1987.

Smith, Dorothy E.: Institutional ethnography: A sociology for people. Lanham 2005.

Smith, Dorothy E.: 'You are here'. Interview with Dorothy E. Smith by William K. Carroll. In: Socialist Studies/Études socialistes 6/2 (2010), 9–37.

Sudnow, David: Passing on. The social organization of dying. Englewood Cliffs, N.J. 1967 (dt.: Organisiertes Sterben. Eine soziologische Untersuchung. Frankfurt/Main 1973).

Sudnow, David: Ways of the hand. The organization of improvised conduct. London 1978.

Trevino, A. Javier: Introduction: Erving Goffman and the interaction order. In: A. Javier Trevino (Hg.): Goffman's legacy. Lanham, Maryland 2003, 1–49.

Turner, Roy: Talk and troubles: Contact problems of former mental patients. PhD thesis. Department of Sociology, University of California. Berkeley 1968.

Turner, Roy (Hg.): Ethnomethodology. Selected readings. Middlesex 1974.

Verhoeven, Jef: An interview with Erving Goffman 1980. In: Research on Language and Social Interaction 26/3 (1993), 317–348.

Wiseman, Jacqueline P.: Stations of the lost. The treatment of skid row alcoholics. Englewood Cliffs, N.J. 1970.

Wiseman, Jacqueline P.: The other half. Wives of alcoholics and their social-psychological situation. New York 1991.

Wiseman, Jacqueline P.: Dmitri Shalin Interview with Jacqueline Wiseman about Erving Goffman entitled „Having a Genius for a Friend". In: Dmitri N. Shalin (Hg.): Bios Sociologicus: The Erving Goffman Archives (2009), 1–49.

Zerubavel, Eviatar: Patterns of time in hospital life. A sociological perspective. Chicago 1979.

Zerubavel, Eviatar: Time maps. Collective memory and the social shape of the past. Chicago 2003.

Zerubavel, Eviatar: Dmitri Shalin Interview with Eviatar Zerubavel about Erving Goffman entitled „Studying with Erving Goffman". In: Dmitri N. Shalin (Hg.): Bios Sociologicus: The Erving Goffman Archives (2008), 1–16.

Zerubavel, Eviatar: Taken for granted. The remarkable power of the unremarkable. Princeton, London 2018.

Teil VII
Rezeption

Jurgen Habermas and Theory of Communicative Action

56

James J. Chriss

German philosopher and sociologist Jurgen Habermas has sustained a fifty-year project of social inquiry which has sought to conceptualize human society in its totality along with the elements comprising it. This is a project of grand theory which has been pursued by a number of sociologists and, before the establishment of the discipline in the 1880s, by philosophers and theologians since human antiquity. Having read and understood both the systems functionalism of Talcott Parsons and the phenomenology of Edmund Husserl and his followers (most directly for sociology, Alfred Schütz), Habermas has famously distinguished between system and lifeworld. For purposes of this discussion, we will concentrate on the lifeworld, for it is there that face-to-face interaction is nurtured and even made possible.

Habermas' main goal has been the development of a theory of communicative action. From his early training at the Frankfurt School of Critical Theory, Habermas took the position that in the capitalist mode, human beings tend to be used in an instrumental, purposive manner focusing narrowly on their production value. In other words, within capitalism persons' labor is used in instrumental fashion for the fulfillment of broader socioeconomic goals. For the capitalist system, of course, the overriding goal is profit, and human beings' value is calibrated on the basis of the extent to which they maximize the profit of owners through their labor. Here, Habermas' Marxism moves from Hegel to Kant, specifically the Kantian Categorical Imperative that one should never treat persons as means but only as ends, which stands as the foundation of discourse ethics within the theory of communicative action.

In doing so, Habermas must inexorably attend to the micro-level of face-to-face interaction. Influenced by Walter Benjamin, Habermas identifies talk itself as a sphere of non-violence where mutual understanding through language occurs (MacKendrick 2004, 282). Here, at the level of expressive and affective relationships, interactions and relations are non-instrumental. Within this expressive realm, persons engage with co-present others for the sake of their relationships.

Habermas (1979) notes that Benjamin arrived at this position not through Kant or Marx after him, but through his close adviser and friend Gershom Scholem whose working familiarity with Jewish mysticism informed Benjamin's insights into such things as the suspension of the dialectic and the identification of spaces between original presence in the world and later cultural appropriation by way of capitalist commodification. For example, in the realm of art

J. J. Chriss (✉)
Department of Criminology, Anthropology, and Sociology, Cleveland State University, Cleveland, USA
E-Mail: j.chriss@csuohio.edu

K. Lenz und R. Hettlage (Hrsg.), *Goffman-Handbuch*, https://doi.org/10.1007/978-3-476-05871-3_56

criticism, Habermas notes that a pure Marxist critique, such as in the hands of Marcuse, in view of the rise of fascist art—here painfully reminding everyone that Hitler was a painter—demanded the dialectical abolition of bourgeoise art and, with it, culture writ large. As opposed to this Marxist project of demystification and decommodification, Benjamin's project was more akin to an archaeology—in ways consistent with Foucault (Agamben 1999, 2019; Hacking 2004)—which traced the transformation from the beautiful to the true. This project has parallels with Goffman's own insights into how everyday, face-to-face conduct—the realm of appearances and the aesthetic—is simultaneously episodic and open to improvisation in the moment on the one hand, but also subject to sedimentation of cultural meaning by way of the framing mechanisms of the interaction order on the other (Foucault's "apparatus," the transcendental features of which get us closer to the "true"). This also points to a phenomenological distinction between lifeworld and system which, all things considered, is one of the fundamental themes running through all of Habermas' work.

Habermas wonders whether this kind of communicative or non-coerced action could ever be institutionalized at the organizational or institutional level, that is, at the systems or macro-level. Bureaucracies, for example, through institutional and/or organizational capture orchestrate the activities of persons, directing them toward a relatively narrow set of actions which have functional significance for the attainment of goals being pursued by the organization and for which the person is there, in the first place, to contribute toward those goals.

Persons are carriers of cultural traditions and equipped with cultural competence only insofar as these are needed to pursue goals of the productive system or sector within which they are situated. This does not quite fulfill the conditions for the ideal speech situation, whereby all actors present are privy to the validity claims inherent in all speech and can take stances toward the content of that speech. Within systems settings, persons are not equal in terms of their status as fellow human beings, but interact more on the basis of their particular status within the structural hierarchy of the organizational setting. For example, organizations are not open with regard to the definition of the situation, which most of the time is decided beforehand and is not open to negotiation. The definition of the situation is always already embedded in the formal organization of work itself, including textualizations (in the form of employee handbooks, the chain of command, and organizational manifests) which aim to reduce ambiguities and increase efficiency across all work situations. Within this micro-realm, at the point of contact between flesh-and-blood human beings whether in systems settings (e.g., formal organizations) or in the lifeworld, Erving Goffman (InO) has established face-to-face interaction as a domain to be studied in its own right, and has gone on to develop a dramaturgical model for making sense of the massively plural activities taking place there. Dramaturgy uses the analogy of the theatre, that in essence everyday human beings are like actors on a stage playing parts for the benefit of an audience. Goffman admits that it is an imperfect analogy, and notes that in linking real life to the stage, there is the potential for artifice, conjuring, or even dissembling according to the goals being pursued by social actors. Gifted professional actors draw audiences into the stories being told on stage, and audiences take the dutiful stance of suspended disbelief so as to maximize their enjoyment of the play whether what is being elicited at any moment is anger, sorrow, horror, intrigue, happiness, anxiety, surprise, or wonder.

But even as we are pulled into the performance, afterwards we walk away knowing that it was only a play or a movie, hence the disbelief that was suspended during the course of the performance gives way to a stance of unseriousness when it is over. In real life, on the other hand, most of the time most of us have no reason to believe something is up, so we tend to accept what is before us as a matter-of-fact aspect of our social world. This is what phenomenologists call the natural attitude, and for the most part we are not alive to the possibility that what others in our immediate presence are up to is a complete fraud or farce. In other words, we tend to accept the world in a serious stance as opposed to the unserious stance taken toward professional actors on the stage even as we suspend disbelief concerning their performances. Through their self-presentations, everyday human beings, just like actors on the stage, seek to define the situation and maintain it through proper displays of decorum, demeanor, and other situational proprieties attendant to the setting or event. Because we naturally take a serious stance toward the world of everyday life and the fellow human beings who populate it, and because they know full well that others in their immediate presence are doing likewise, characters such as con men can win over hapless and unsuspecting others who naturally take this serious stance (PS2, 70; PS_{dt}, 65). The con man banks on the seriousness of everyday life—that is, the mark's assumption that nothing is up—and pulls off the con or dupe through his or her believable performance, along the way maintaining normal appearances and successfully defining the situation most advantageous to him or her. For Goffman, the dramaturgical model is useful for explaining human interaction, but it is not infallible because of the realities of serious and unserious stances. Indeed, Goffman noted that "All the world is not, of course, a stage, but the crucial ways in which it isn't are not easy to specify" (PS2, 72; PS_{dt}, 67).

The most important aspect in all of this, which is driven deep into the analytical frameworks of both Goffman and Habermas, is talk (Chriss 1995). Indeed, talk is a ubiquitous feature of human life, and many consider the human faculty for symbolic, verbal communication to be the key feature distinguishing the human from the animal. There had been a longstanding, folk understanding that actions are distinct from mere words, as in the sayings "Actions speak louder than words", or "Sticks and stones may break my bones, but words will never hurt me". Yet, still, there are counter phrases to this sentiment, such as "Speaking truth to power" or "The pen is mightier than the sword". But notice that the latter "thingifies" mere words into the written form. Indeed, law and other forms of textualization—the bellwether of legal-bureaucratic reasoning—seek to ground the sentiment of the group, largely created and disseminated orally, more authoritatively, giving it an aura of facticity which, presumably, takes it beyond the locally-ordained validity arising from the proper attention to language rules which casts current speakers as possessors of communicative competence (Habermas 1996).

Over time, however, the easy distinction between words and action has been dissolved in the "linguistic turn" now developed into a concerted philosophy of language represented across numerous disciplines and projects, including those of sociolinguistics, conversation analysis, semiotics, hermeneutics, and pragmatics. All of these and more trace beginnings back to the work of Frege, Wittgenstein, Austin, Searle, Peirce, and Saussure, as well as the Frankfurt School of Critical Theory and the Vienna Circle logical positivists (e.g., Conley/O'Barr/Conley Riner 2019; Morris 2001). The consensus coming out of this communicative or linguistic turn is that "mere" words gear into the world as strongly and significantly as actions, and that speech is in itself an act because of the way it attempts to accomplish something in the world. Hence, we now speak of "speech acts" and are busily studying how the content and form of speech are connected.

Although both Goffman and Habermas use speech act theory in their own work, Goffman is less convinced of its efficaciousness for social explanation. Indeed, when considering the ubiquitous concept of presentation of self within the dramaturgical framework (see Chap. 24), Goffman reminds us of the gap between what people say they do and what they actually do. Indeed, in a talk on the methodology of ethnography given in 1974 which was surreptitiously recorded, Goffman said, "I don't give hardly any weight to what people say, but I try to triangulate what they're saying with events" (OFw, 131; OFw_{dt}, 268). Goffman does acknowledge that specific types of speech acts according to Austin and Searle—whether assertives, directives, commissives, performatives, or expressives—are useful to the extent that they help initiate interaction (FT_a, 64; FT_b_{dt}, 138).

For example, saying "I beg your pardon" to a stranger is simultaneously an opening and apology—which could be expressive or performative depending on context—for the unexpected intrusion, which is then typically followed up with that which contextualizes the utterance, for example, "Do you know what time it is?" On the other hand, Goffman warns that a simplistic listing of types of utterances cannot possibly account for the subtleties and nuances of talk, not to mention the social context lying behind and implicated in them. All talk is subject to variable interpretation of that which is actually spoken, and snap judgments are often made regarding, say, whether a literal versus a figurative rendering of the utterance is in order. Even an actual, literal assertion about a state of affairs can have an ironic or unserious force, such as when James Bond proclaimed "she is dead on her feet" upon leaving his recently shot dance partner at a stranger's table (FT_a, 65; FT_b_{dt}, 139).

All utterances bring to bear at least these three things to consider for those present to any strip of talk, namely, the locutionary (the actual production and construction of the speech), the illocutionary (the intent of the speaker), and the perlocutionary (the actual effect on hearers whether or not it was intended by the speaker). Goffman is less interested in the philosophical or deep causal aspects of talk, and more interested in representing persons, places, and social gatherings utilizing a keen ethnographic vision—learned from his Chicago School days and his earlier work at the Canadian National Film Board—for capturing the subtleties which comprise face-to-face interaction. Habermas (1971, 1973, 1984, 1996), on the other hand, is steeped in the philosophy of science and brings to bear a critical stance which seeks to articulate how and why persons lack communicative competence or are thwarted in their attempt to participate fully and freely in social life whatever the social context. For Habermas (1984), this promise of a formal semantics of sentences from Austin and Searle constituted the first steps toward an analytical approach for spanning system and lifeworld—since everywhere persons speak or at least have the potential to do so—and the development of a theory of communicative action identifying the validity claims embedded in all speech. In some ways this runs parallel to *Felicity's Condition* (1983; FT_d_{dt})—the tacit notions of propriety all competent speakers hold regarding communicative competence—as elaborated by Goffman.

We see, then, that Goffman and Habermas are dealing with talk from (seemingly) different perspectives and for different purposes, although at points their approaches converge. This difference is especially well-articulated by a question Habermas (1998, 164) poses to himself. He asks, what is to be gained for a useful sociological theory of action by my favored formal-pragmatic approach?

The question arises, at least, why would not an empirical-pragmatic approach [that of Goffman and others] be better for this, an approach that did not dwell on the rational reconstruction of isolated, highly idealized speech acts but started at once with everyday communicative practices.

Habermas (1998, 164 ff.) goes on to admit that his formal pragmatics, in seeking to identify the conditions under which reaching understanding is possible—wherein only the weight of the better argument prevails—appears hopelessly removed from actual language use and, hence, seems to disqualify itself as a proper grounding for any theory of communicative action. Habermas's justification for formal pragmatics reaches back to his earlier work on knowledge and human interests, which banks upon Marx's inversion of Hegel's idealism into a materialist dialectic emphasizing labor and the worldly pursuit of power and interests as identified, understood, and acted upon by social actors within any preexisting cultural horizon. This means that knowledge is not transcendental but practical (or immanent), arising from the realities on the ground as configured and realized within any historical-cultural setting.

Interests, then, are knowledge-constitutive (Habermas 1971, 135), and by the time of the Enlightenment and the extension of the scientific method into the social and human sciences, three different approaches to explanation or understanding were institutionalized according to the associated knowledge-constitutive interests. The three orientations to explanation which emerged are the practical, the technical, and the emancipatory. These three forms of knowledge-constitutive interests align remarkably well with Helmut Wagner's (1963) typology of three basic sociological paradigms, namely, the positivist (Habermas's technical interests), the interpretive (practical interests), and the evaluative (emancipatory interests). Somehow, amazingly, Habermas has elided his beginnings in the evaluative paradigm—from which he fled because of the explanatory deficiencies of a critique run rampant as it assumed modern society was shot through with the oppression of bourgeois structures and cultures whereby the baby of Enlightenment reason is thrown out with the bathwater of bourgeois domination, thereby short-circuiting the scientific attempt to explain and eradicate such debilitating elements in the first place, short of revolution or total societal destruction—and in so doing views the practical or pragmatic attempt to seek understanding within a social scientific or philosophical framework as the only viable road to sociological explanation given a litany of equally (or nearly so) debilitating features of positivism (Habermas 1976).

Both Goffman and Habermas are concerned with morality, which represents the tacit notions of propriety that, if followed and enforced by a critical mass of persons in the lifeworld, will lead to some semblance of the good life. The enforcement of morality is informal, that is, it is taken up by all competent members of society acting only in their capacity as fellow human beings. But how each of the theorists fleshes out morality—the "ought"—and how it does its work in achieving the good life, are case studies in the way it can be explained either from an empirical-pragmatic (Goffman) or a universal-discursive (Habermas) approach. Hence, for Goffman, when persons come together in the lifeworld and set about to firm up the definition of the situation for present purposes—whatever the nature of the gathering may be—that work has a distinctive moral character. As Goffman states, "Society is organized on the principle that any individual who possesses certain social characteristics has a moral right to expect that others will value and treat him in an appropriate way" (PS2, 13; PS_{dt}, 16). Goffman admits much of this work is carried out through talk in face-to-face settings, but rather than focusing on talk per se, Goffman notes the wide gamut of verbal and nonverbal resources utilized in any self- or team-presentation, and through this give and take between co-present participants in strips of activity, "communicative acts are translated into moral ones" (PS2, 249; PS_{dt}, 228).

Habermas (1996) wonders how we can get from the validity of morality and other features of the informal lifeworld to the facticity of law and other obdurate forms of mandatory—rather than merely voluntary—rules and regulations represented in the systems of bureaucracy. Goffman was never explicitly concerned with the political project of tracing out lifeworld validity and how it connects up with system facticity—that is, the loose coupling between the micro-realm of face-to-face encounters and the macro-realm of institutions and organizations, but Habermas of course was. Hence, Habermas needed talk, since it is pervasive and used across system and lifeworld—as the connective tissue linking these domains (one informal, the other formal)—and not just talk, but the validity claims embedded in all talk. For Goffman, the tacit norms of appropriate speech and conduct (*Felicity's Condition*) carried out on the front stage secure (for the most part) the lifeworld as a realm of being-together to accomplish joint tasks in solidarity (both in the phenomenological and Durkheimian sense), while for Habermas one must go beneath the surface of talk to the validity claims embedded within it for securing the system (facticity) but also the lifeworld (validity).

Hence, both Goffman and Habermas are traveling in the pragmatics of the interpretive paradigm, although Habermas prefers a formal pragmatics informed by a speech acts analytic—albeit modified in his theory of communicative action—while Goffman practices an empirical pragmatics generated through the attention to real, face-to-face behavior informed by a dramaturgy skeptical of formal speech acts and which replaces validity claims with Felicity's Condition. Both forms of pragmatics claim the purity of immanence, however, in good Aristotelian fashion, both also smuggle in transcendent elements: Habermas largely from evaluative theory along with some of the technical features of Parsons' systems theory and functionalism, and Goffman from structuralism and functionalism (largely from Durkheim and Parsons). Habermas, in fact, attempted to carry on the Marxist tradition of historical immanent critique, and this showed up in his unwillingness to accept morality—as Goffman did—as simply the naturalistic give-and-take of self-presentations and attempts to define situations in the everyday lifeworld. For Habermas, Goffman's empirical pragmatics merely affirms (unwittingly) bourgeoisie morality, hence, he needed to dig beneath it analytically to unearth the validity claims underlying all speech which presumably are safe from bourgeoise contamination (Antonio 1989). In ways, Habermas's strategy is akin to Garfinkel's (1967) attempt to go below the surface of appearances as well, suggesting that nearly invisible ethnomethods are the glue that holds society together.

References

Agamben, Giorgio: The man without content, translated by G. Albert. Stanford, CA 1999.

Agamben, Giorgio. Creation and anarchy, translated by A. Kotsko. Stanford, CA 2019.

Antonio, Robert J.: The normative foundations of critical theory: Evolutionary versus pragmatic Perspectives. In: American Journal of Sociology 94/4 (1989), 721–748.

Chriss, James J.: Habermas, Goffman, and communicative action: Implications for professional practice. In: American Sociological Review 60/4 (1995), 545–565.

Conley, John M./O'Barr, William M./Conley Riner, Robin: Just Words: Law, language, and power. Chicago 2019.

Garfinkel, Harold: Studies in ethnomethodology. Englewood Cliffs, NJ 1967 (dt. 2020).

Habermas, Jürgen: Knowledge and human interests, translated by J.J. Shapiro. Boston 1971 (dt.: Erkenntnis und Interesse, 1968).

Habermas, Jürgen: A postscript to knowledge and human interests. In: Philosophy of the Social Sciences 3 (1973), 157–189.

Habermas, Jürgen: The analytical theory of science and dialectics. In: Theodor W. Adorno et al. (ed.): The positivist dispute in German sociology. New York 1976, 131–162 (dt.: Analytische Wissenschaftstheorie und Dialektik. In: Der Positivismusstreit in der deutschen Soziologie, 1972).

Habermas, Jürgen: Consciousness-raising or redemptive criticism: The contemporaneity of Walter Benjamin. In: New German Critique 17 (1979), 30–59.

Habermas, Jürgen: Theory of communicative action, vol. 1, translated by T. McCarthy. Boston 1984. (dt.: Theorie des kommunikativen Handelns 1981).

Habermas, Jürgen: Between facts and norms, translated by W. Rehg. Cambridge, MA 1996 (dt.: Faktizität und Geltung, 1991).

Habermas, Jürgen: On the pragmatics of communication, edited by M. Cooke. Cambridge 1998.

Hacking, Ian: Between Michel Foucault and Erving Goffman: between discourse in the abstract and face-to-face interaction. In: Economy and Society 33/3 (2004), 277–302.

MacKendrick, Kenneth: The moral imaginary of discourse ethics. In: Dieter Freundlieb et al. (ed.) Critical theory after Habermas. Leiden 2004, 280–306.

Morris, Martin: Rethinking the communicative turn. Albany, NY 2001.

Wagner, Helmut: Types of sociological theory: Toward a system of classification. In: American Sociological Review 28/5 (1963), 735–742.

Systemtheorie (Niklas Luhmann, 1927–1998)

57

Andre Kieserling

Der Einfluss, den Goffman auf den frühen Luhmann übte, ist ein fruchtbarer Teil seiner Wirkungsgeschichte. Er ist jedoch so dicht, so breit und zugleich in jedem einzelnen Falle so sehr durch Luhmanns eigene Fragestellungen vermittelt, dass seine volle Aufklärung im Rahmen einer knappen Übersicht nicht zu leisten wäre. Stattdessen wird eine exemplarische Präsentation geboten, die sich im Theoretischen auf zwei Themen konzentriert: auf den Begriff der Selbstdarstellung, den Luhmann von Goffman übernimmt, weil er seinen Vorstellungen über die Generalisierung von Verhaltenserwartungen sehr entgegenkommt, und auf die gesellschaftstheoretische Relativierung, die dieser Begriff in Luhmanns eigenen Vorstellungen über „unpersönliches Handeln" erfährt. Es geht also eigentlich um eine Unterscheidung, nämlich um die zwischen persönlichem und unpersönlichem Handeln.

Auch die Vielzahl der Gegenstände und Themen, die Luhmann mit ihrer Hilfe behandelt, übrigens ohne dies in jedem Falle zu explizieren, zwang zur Auswahl. Hier habe ich mich zugunsten von Beiträgen zur Rechtssoziologie (Luhmann 1973) und zur politischen Soziologie (Luhmann 1965) entschieden, und zwar auf Kosten von Alternativthemen wie Organisation, Vertrauen oder Liebe, die man gleichfalls hätte behandeln können. Diejenigen Leser des folgenden Überblicks, die ihren Goffman und ihren Luhmann gleichermaßen gut kennen, werden daher einiges vermissen und anderes in unnötiger Ausführlichkeit präsentiert finden – und beides zu Recht. Der komplementäre Vorteil dieser thematischen Askese scheint mir indes schwerer zu wiegen: Leser, die von Goffman her kommen, von Luhmann nichts wissen und sich dann vielleicht fragen, ob eine Lektüre sich lohnen könnte, finden sich mit einer Entscheidungsgrundlage versorgt, die ihnen mehr bietet als nur jene Benennungen und Bezeichnungen, Einordnungs- und Etikettierungsversuche, in denen sich Übersichten wie diese bei größerer Themenvielfalt oft zu erschöpfen pflegen.

Soziale Funktion personaler Darstellungen

Das thematische Interesse an elementaren sozialen Kontakten bildet eine Konstante im Werk Niklas Luhmanns, aber die Schwerpunkte seiner interaktionssoziologischen Publikationen liegen deutlich in den frühen 1960er Jahren. Von Goffman angeregt, hat Luhmann schon damals die These vertreten, dass sich auch einfache soziale Situationen als soziale Systeme begreifen lassen und also in einer allgemeinen Theorie

A. Kieserling (✉)
Fakultät für Soziologie, Universität Bielefeld, Bielefeld, Deutschland
E-Mail: andre.kieserling@uni-bielefeld.de

K. Lenz und R. Hettlage (Hrsg.), *Goffman-Handbuch*, https://doi.org/10.1007/978-3-476-05871-3_57

solcher Systeme vorkommen müssen, und als Probe auf die Fruchtbarkeit dieser Konzeption führt er eine Vielzahl von Analysen durch. Behandelt werden unter anderen: die der formalen und informalen Kontakte unter den Mitgliedern großer Organisationen (Luhmann 1964, speziell 331 ff.), die Darstellung solcher Systeme vor ihren sei es anwesenden, sei es oder abwesenden Nichtmitgliedern (Luhmann 1964, 295 ff.; 1971, 134 ff.), die Darstellungsprobleme beim Aufbau persönlichen Vertrauens (Luhmann 1968), die symbolischen Implikationen des Auftretens vor Gericht (Luhmann 1973).

Die Terminologie war damals freilich noch nicht kodifiziert. Abwechselnd spricht Luhmann von Kontaktsystemen in einem breiten, auch Kleingruppen einschließenden Sinne des Wortes, von elementaren Verhaltensweisen, gelegentlich auch von Situationen und Situationssystemen. Die Festlegung auf den Terminus Interaktion bzw. Interaktionssystem erfolgt demgegenüber später, nämlich erst zu Beginn der 1970er Jahre (Luhmann 1975). Seither hat dieser Systembegriff der Interaktion an den Entwicklungen der soziologischen Systemtheorie partizipiert und ist darüber aus den wissenschaftsgeschichtlichen Zusammenhängen seiner Entstehungszeit herausgetreten (Kieserling 1999). In jenen frühen Beiträgen zur Interaktionssoziologie sind diese Zusammenhänge dagegen ganz offenkundig. Und es ist leicht zu sehen, dass Goffman in ihnen eine zentrale Rolle spielt.

Als Paradigma für die innergesellschaftliche Autonomie von Interaktionen dient bei Goffman (EN) das Gesellschaftsspiel. Die Interaktion unter den Spielenden behandelt er als soziales System, weil er sich für die Bedingungen und für die Grenzen der Ausdifferenzierung dieses Systems, etwa gegenüber einer vorbestehenden Rangdifferenzierung, interessierte. An diesen Analysen war für Luhmann interessant, dass sie sich der seinerzeit üblichen Unterscheidung von konkreten und analytischen Systemen nicht beugten. Die Gruppe der Spielenden ist nicht als analytisches System im Sinne von Parsons gefasst, denn die Systemgrenzen werden ja nicht von der Wissenschaft, sondern von den Spielenden selbst gezogen und gegebenenfalls auch verteidigt. Sie ist aber auch kein konkretes System im üblichen Sinne des Wortes, weil sie keine Vollerfassung der Teilnehmer/innen in ihrer konkreten Menschlichkeit leistet. Stattdessen gibt es systemeigene Abgrenzungs- und Ausgrenzungsleistungen, die sich immer auch gegen personale und soziale Merkmale der Mitwirkenden selbst richten, um externe Einflüsse auf den Spielverlauf zu neutralisieren. Goffman spricht von Regeln der Relevanz und der Irrelevanz, um die konstitutive Funktion dieser in den Gegenstand selbst eingebauten Abstraktionsleistungen zu bezeichnen, und Luhmann hat ihn dafür vielfach und nie ohne Zustimmung zitiert. Der Sinn des Systembegriffs, hat er dazu später einmal notiert, sei innerhalb der Unterscheidung von Abstraktion und Realität nicht zu fassen, da er ja gerade die Abstrahierbarkeit der Realität selbst zu treffen suche.

Luhmann (1964, 59 ff.) fasst solche Leistungen der Selbstabstraktion mit dem Begriff der generalisierten Verhaltenserwartung. Eine Verhaltenserwartung ist generalisiert, wenn sie durch verschiedene Handlungen verschiedener Menschen gestützt werden kann, also zu einer gewissen Indifferenz gegenüber der organischen und psychischen Differenzierung dieser Menschen ermächtigt. Eine Norm zum Beispiel wird nicht nur durch konformes Verhalten ihres jeweiligen Adressaten gestützt, sondern auch durch diejenigen, die ihn bei abweichendem Verhalten an sie erinnern, – angefangen bei dem, der sich durch dieses Verhalten konkret enttäuscht fühlt, über die etwa vorhandenen Zuschauer dieser Szene bis zur voll ausgebauten Gerichtsorganisation (Luhmann 1971, 40 ff.). Luhmann sieht deutlich, dass Goffmans Analysen auch dort, wo sie ohne eigenen Systembegriff gearbeitet sind, diesen für ihn wichtigen Punkt immer wieder sehr gut getroffen haben, dass nämlich Handlungen verschiedener Menschen denselben Sinn bestätigen, dieselbe Verhaltenserwartung aufbauen, dieselbe Generalisierung verteidigen können. Die breite Kooperation an Darstellungen ist dafür das beste Beispiel.

Es liegt nahe, hier an den Fall zu denken, dass mehrere Personen eine idealisierte Version ihres sozialen Systems darzustellen versuchen. Denn wie Goffman (PS2) gezeigt hat, müssen sie dazu nicht nur untereinander, sondern auch mit ihren nur scheinbar passiven Zuschauern kooperieren, und diese Kooperation zwischen einem Ensemble und seinem Publikum bietet ein gutes Beispiel für einen Sinnzusammenhang der Aktionen trotz Verschiedenheit der Akteure sowie für die darin steckenden Kompensationsmöglichkeiten: Wenn es den Eheleuten nicht gelingt, ihre Ehekrise vor dem eingeladenen Abendgast zu verbergen, dann kann auch er sich an der Rettung der Situation und der Darstellungsgeschichte seiner Gastgeber beteiligen, etwa indem er die feindseligen Untertöne in ihren Darstellungen geflissentlich ignoriert. Obwohl kein Teil des darstellenden Ensembles, trägt damit auch er zum Gelingen der Darstellung bei, und entsprechend könnte er durch eigenes Fehlverhalten den Darstellungserfolg auch gefährden. Funktionalistisch und mit Blick auf Äquivalenzbeziehungen gesehen heißt dies: Die Eheleute müssen in der eigenen Darstellung keine letzte Perfektion erreichen, weil ein Teil ihrer dazu nötigen Eigenbeiträge, sollte er ausfallen, durch Beiträge des Gastes ersetzt werden kann. Darstellungsthemen wie etwa dasjenige einer harmonisch geführten Ehe fungieren als Maß für die Ersetzbarkeit der Handlungen verschiedener Personen und stiften so jenen „Sinnzusammenhang zwischen den Handlungen verschiedener Menschen“, den Luhmann damals auch benutzt, um den Begriff des sozialen Systems zu definieren.

Aber die Außendarstellung eines sozialen Systems, hergestellt durch die teils offene, teils versteckt praktizierte Kooperation zwischen seinen Mitgliedern und seinen Nichtmitgliedern, ist nicht der einfachste Fall dieser Art. Denn wie Goffman gezeigt und Luhmann von ihm gelernt hat, ist schon die einfache Selbstdarstellung einer Person keineswegs nur auf deren eigene Beiträge angewiesen (s. Kap. 24). Wer sich vor den Augen seiner Mitmenschen blicken lässt oder gar das Wort an sie richtet, der bildet zusammen mit ihnen ein System, und zwar einfach deshalb, weil er nicht ausdrücken kann, wer er ist oder zu sein wünscht, wenn sie ihn darin nicht unterstützen. Es gibt also eine tieferliegende Sozialität der Selbstdarstellung, die man nicht erwischt, wenn man sie lediglich als individuelle Strategie des Statuserwerbs denkt. Alvin W. Gouldner (1974) war der erste, der das Konzept in dieser Weise trivialisierte und daraus eine Kritik an Goffman zu machen versuchte. Inzwischen hat er Nachfahren gefunden, die Goffman sogar dafür loben, das Imponierverhalten ehrgeiziger Leute „entdeckt“ zu haben. Aber darum geht es gar nicht. Die eigentliche Einsicht lautet vielmehr, dass die Selbstdarstellung einer Person immer das Ergebnis von Teamwork ist. Interaktionen sind soziale Systeme, die auf der Kooperation an Selbstdarstellungen beruhen.

Jeder Interaktionsteilnehmer ist also mit eigenen Handlungen an eigenen und an fremden Selbstdarstellungen beteiligt. Erst das macht verständlich, warum die verschiedenen Darstellungen nicht einfach äußerlich koordiniert werden wie etwas, das man jederzeit auch unkoordiniert haben könnte, sondern immer schon unter Abstimmungszwang stehen. Die Interaktion ist ein System von Personen, die ihre Darstellungen abgestimmt haben, und in dem es daher, oberhalb einer gewissen Schwelle auch keine isolierbaren Darstellungsschicksale mehr gibt.

Die für Luhmann wertvollsten Einsichten Goffmans beziehen sich auf das breite Interesse an der Protektion fremder Darstellungen. Wenn einem ein Darstellungsfehler unterläuft, dann helfen andere ihm darüber hinweg, indem sie ihm eine schonende Auslegung des Malheurs abnehmen oder antragen. Wenn jemand einen bereits geschwächten, sichtlich um Fassung bemühten Darsteller so heftig attackiert, dass er vollends auszufallen droht, mag sich die Stimmung im System gegen den Angreifer kehren, und zwar auch bei denen, die ihn bisher unterstützt hatten (Luhmann 1973, 95). Auch andere Darstellungskrisen lösen, wenn sie nur schwer genug sind, diffuse Wellen symbolischer Hilfsbereitschaft aus, und auch dies mitunter gegen die eigentlich vorgesehene Rollenverteilung. Die leichte Enttäuschung einer Verhaltenserwartung wird also taktvoll ignoriert oder einer schonenden Erklärung zugeführt, die die Fortgeltung der Erwartung bestätigt. Und auch bei deutlichen Schwächen oder nach starken Angriffen bleibt der Darsteller nicht allein, weil andere ihm und damit der gefährdeten Situation zu Hilfe eilen. In Luhmanns Sprache übersetzt, zeigt sich in solchen Phänomenen, dass die Person als Garant für Verhaltenserwartungen fungiert, die nicht nur sachlich, also nicht nur im Sinne von Konsistenz, sondern auch zeitlich und auch sozial generalisiert sind. An der breiten Unterstützung, die personale Darstellungen in großen und kleinen Notlagen finden, zeigt sich, dass dargestellte Personen in einfachen Sozialsystemen die Funktion einer Struktur tragen. Sie schränken die Verhaltensmöglichkeiten ein, auf die man gefasst sein, und dies nicht nur für den jeweiligen Darsteller, sondern auch für die anderen. Sie symbolisieren eine Reduktion sozialer Komplexität und werden um dieser Funktion willen geschätzt und geschützt.

Wir hatten schon gesagt: Das soziale System wird durch seine Generalisierungen mit Redundanzen und Substitutionsmöglichkeiten ausgerüstet, die seine partikulare Abhängigkeit von den Handlungen und Handlungsbereitschaften einzelner Personen lockern. Vor allem lockern sie die Abhängigkeit vom dem, der die Verhaltenserwartung jeweils erfüllen soll. Soweit die Generalisierung gelingt, soweit kann der Adressat aus seiner Schlüsselstellung für das weitere Schicksal der Erwartung verdrängt werde. Er kann sich anders verhalten als erwartet, aber damit ist die Erwartung noch nicht erledigt. Sie kann vielmehr auch durch sinngleiche Handlungen anderer gerettet werden.

Diesen Grundgedanken hatten wir bisher an drei verschiedenen Verhaltensweisen erläutert: der Hilfe nach Darstellungsfehlern, dem Schutz gegen Angriffe und dem Beistand in schweren Darstellungskrisen – all diese Verhaltensweisen bezeugen, wie leicht die Beiträge eines Darstellers, wenn aus irgendeinem Grunde blockiert, durch Beiträge von anderen ersetzt werden können. Das stärkste Zeugnis dieses Interesses an fremden Darstellungen haben wir damit noch gar nicht erwähnt. Es zeigt sich, wenn der Darsteller selbst den Versuch unternimmt, sich von einer Darstellungsgeschichte zu lösen, die ihm nicht länger opportun dünkt, wenn er sich also nicht durch unfreiwillige Missgriffe, sondern absichtsvoll und selbstbewusst von der bisherigen Linie entfernt. So etwas ist unproblematisch, nachdem überraschende Ereignisse die gesamte Situationsdefinition umwarfen und dann auch die anderen an ihrer Geschichte nicht festhalten können. Anders verhält es sich, wenn jemand einen solchen Ausstieg im Alleingang zu vollziehen gedenkt. Dann kehren sich die protektiven Einrichtungen des sozialen Systems auch gegen ihn selbst. Andere werden ihm seine Geschichte wie eine Norm vorhalten, an die er gebunden ist, und sollte er dies ernsthaft bestreiten, dann mag dies zu nicht minder ernsthaften Zweifeln an seiner Eignung als Darsteller schlechthin führen – mit all den Folgen für weitere Kontaktchancen, die so etwas haben kann. Oder es kommt zu Konflikten, in dem seine Gegner ihm die Erwartung, aus der er ausbrechen will, als eigene Erwartungserwartung entgegenhalten, für die sie zu kämpfen bereit sind.

Man kann dies auch so wiedergeben, dass die Selbstdarstellung einer Person auch für sie selbst indisponibel wird, sobald die anderen sich mit eigenen Darstellungen darauf eingelassen haben. Dargestellte Personen wären demnach, was immer einer solchen Darstellung an psychischen Realitäten zugrunde liegen mag, die Strukturen einfacher Sozialsysteme.

Diese Bindungen entstehen freilich erst im Laufe der Zeit. Zu Beginn der Interaktion sind alle Anwesenden frei, sich so oder anders zu darzustellen. Vor allem der Fremde hat hier besondere Freiheiten. Er kann sich von einer Vergangenheit in anderen Systemen lösen, ohne dass es bemerkt würde. Er kann auswählen, womit er sich identifiziert gibt, und er kann diese Auswahl an die Erwartungen seiner neuen Interaktionspartner anpassen. Aber auch wenn dieses Element relativer Geschichtslosigkeit fehlt, auch wenn die Beteiligten bereits miteinander bekannt sind, gibt es Möglichkeiten genug, über die Grundlinie des eigenen Verhaltens zu entscheiden. Jedes neue Thema bietet eine Gelegenheit dazu.

Die damit ermunterten Verhaltenserwartungen werden dann aber für andere Teilnehmer zur Prämisse eigener Darstellungen, und das erklärt das breite Interesse daran, dass jeder Handelnde auf der einmal gewählten Linie bleibt. Für den Handelnden bedeutet dies, dass er von einem gewissen Zeitpunkt an nicht mehr frei ist, seine Darstellungen unter Anwesenden zu wechseln, so wie es ihm gerade opportun dünkt, und andererseits keine kritische Aufmerksamkeit auf sich zieht, wenn er im Großen und Ganzen bei ihr bleibt. Seine Darstellung hört damit auf, „seine" Darstellung zu sein. Als Garantie für die Erwartbarkeit seiner Handlungen wird sie notfalls auch gegen ihn selbst verteidigt. Das schließt Korrekturen selbstverständlich nicht aus, wohl aber setzt es voraus, dass man dafür situativ einleuchtende Gründe präsentieren kann. Wer sich als Nichtraucher eingeführt hat, schreibt Luhmann, der kann nicht einfach zu rauchen beginnen, ohne eine Erklärung dafür zu präsentieren, die klarstellt, dass er im Übrigen derselbe bleiben wird.

Freiheiten gegenüber der eigenen Darstellungsgeschichte sind also nicht schon dadurch gesichert, dass man der Autor dieser Darstellung ist. Die Zuweisung von Autorschaft, die Institutionalisierung des Handelns als frei gewählt, ist vielmehr in erster Linie ein Instrument der sozialen Verpflichtung. Sie wird gewährt um der nur auf diese Weise zu erreichenden Selbstbindung willen. Das einfache System hat seine Autonomie also nicht daran, dass es Teilnehmer mobilisieren und auswechseln könnte, ohne die eigene Identität zu verlieren. Stattdessen muss es, um diese Identität zu sichern, die dargestellte Identität der Teilnehmer selbst immobilisieren.

Soziale Systeme, die durch personalisierte Verhaltenserwartungen strukturiert sind, lassen sich nicht leicht ändern, weil das immer auf eine Änderung der Personen selbst hinausliefe. Das begrenzt nicht nur ihre Fähigkeit, sich den Änderungswünschen von Nichtmitgliedern anzupassen, also etwa einer neuen Gesetzgebung zu folgen (Luhmann 1971, 318 ff.). Auch den Selbständerungswünschen, die eigene Mitglieder vortragen, ob nun spontan oder nach Umweltkontakten, setzen sie erhebliche Widerstände entgegen. Um dies an einem Beispiel zu erläutern, das Luhmann in seiner Auseinandersetzung mit Habermas gebraucht hat: Einer diskutierenden Gruppe ist es gelungen, den anwesenden Familienvater von den Vorzügen der antiautoritären Erziehung zu überzeugen, aber daheim findet er eine Gattin vor, die an die Vorzüge der bisher praktizierten Erziehung hängt und diesen Aspekt ihrer Darstellungsgeschichte zu verteidigen weiß.

In der Konsequenz solcher Überlegungen hat Luhmann nach Möglichkeiten gesucht, im Verhältnis von Person und Sozialsystem für relative Invarianz bzw. für eigengesetzliche Variation zu sorgen. Kann man sich soziale Systeme vorstellen, die ihre Strukturen variieren können, ohne die Persönlichkeit ihrer Mitglieder umschulen oder gar brechen zu müssen? Wir werden noch sehen, dass Luhmanns Antwort über den Begriff des unpersönlichen Handelns läuft. Zuvor wollen wir jedoch an seine Soziologie des Gerichtsverfahrens erinnern.

Soziologie des Gerichtsverfahrens

Die liberale Idee, man könne Personen als Individuen ansprechen und als Individuen ändern, etwa indem man mit ihnen diskutiert oder indem man sie an Gerichtsverfahren mit möglicherweise fatalem Ausgang beteiligt, greift an der sozialen Funktion der Person vorbei. Die dabei zu ändernden Vorurteile, Einstellungen, Rechtauffassungen sind nämlich nicht einfach Meinungen des Betreffenden, von denen er sich jederzeit lösen könnte. Denn als Themen seiner Darstellung vor anderen, ob nun im Freundeskreis oder in der Familie, am Arbeitsplatz oder am Stammtisch haben sie immer schon Kontinuitätserwartungen von Dritten auf sich gezogen, und keine prästabilierte Harmonie stellt sicher, dass auch diese Kleinsysteme den Änderungsversuch konvergent unterstützen.

In seiner Soziologie des Gerichtsverfahrens, diesem Meisterwerk seiner an Goffman geschulten Beobachtungstechnik, zieht Luhmann (1973) daraus eine originelle Konsequenz. Das Verfahren könne nicht garantieren, dass am

Ende auch der Verlierer dem ungünstigen Urteil zustimmt und in der Rolle des reuigen Sünders erscheint, wohl aber könne es sicherstellen, dass er und die Seinen mit ihrer etwaigen Urteilskritik sozial isoliert bleiben.

Um dies zu zeigen, verwendet Luhmann einen auch sonst benutzten Begriff von Institutionalisierung (Luhmann 1972, 64 ff.), der auf eine Temporalisierung der Problemstellungen abzielt. Der Begriff soll Prozesse bezeichnen, in denen die unterstellbare Unterstützung für eine Darstellung zunimmt, und zwar mit dem Ergebnis, dass die entsprechende Gegendarstellung dann eben stärker individualisiert werden muss. Ein naheliegendes Beispiel für so einen Prozess bietet natürlich die Kleidermode. Zunächst braucht man Mut, sozialen Status oder vielleicht auch nur die Freiheit und Unbefangenheit dessen, der weiter nichts zu verlieren hat, um der neuen Mode gegen die Institution der alten zu folgen, aber am Ende, wenn man sie ohne jedes Risiko und ohne jeden Darstellungswert tragen könnte, braucht es Eigensinn und Charakterstärke, dies gerade nicht zu tun. Ein anderes Beispiel wäre der oben geschilderte Prozess, in dem Selbstdarstellungen zur Institution werden und dann auch für den Darsteller selbst nicht mehr zur Disposition stehen.

Aber auch Gerichtsverfahren lassen sich so beschreiben. An ihrem Anfang stehen zwei Parteien, die jeweils für sich beanspruchen, die Institution auf ihrer Seite zu haben. Aber am Ende wird dieser Anspruch nur dem Gewinner bescheinigt, und der der Verlierer findet sich, und zwar in der Konsequenz seiner eigenen Darstellung, in einer chancenlosen und sozial isolierten Lage. Wie ist das möglich?

Die Rechtstheorie unterscheidet bekanntlich zwischen der objektiven Geltung des Rechts, seiner Gesetze und seiner Urteile, und einer dafür sicher hilfreichen, letztlich aber gar nicht erforderlichen, da rein faktischen Legitimität. Legitimität ist also nicht ein anderes Wort für Rechtsgeltung, sondern für soziale Zustimmung, die man aber nicht prüfen muss, um verbindlich entscheiden zu können. Diese puristische Unterscheidung ist soziologisch nicht sehr ergiebig, und tatsächlich dient sie den Juristen ja auch zur Abwehr soziologischer Zugriffe. Wie das Buch Luhmanns zeigt (1973, 129 ff.), kann sie aber auch soziologisch nicht einfach beiseitegeschoben und ignoriert werden, da ihr eigentümlicher Objektivismus ein tragender Teil des Legitimationsvorgangs selbst ist. Er bildet, und zwar unabhängig von aller Rechtstheorie, eine prämissive Grundstruktur der Interaktion im Gerichtsverfahren, auf die sich einlassen muss, wer überhaupt teilnehmen will, und er umschreibt damit auch das *hidden curriculum* für den Verlierer: Er darf sich beteiligen und seine Auffassungen darstellen, aber nur wenn er im Nebensinn seiner Rolle mitdarstellt, dass es für die objektive Geltung des Urteils auf seine Zustimmung gar nicht ankommt. Er findet sich also zur Selbstdarstellung seiner eigenen Unmaßgeblichkeit für die Frage der Rechtsgeltung aufgerufen, und nach Ableistung dieser zeremoniellen Arbeit ist klar, dass auch sein etwaiger Protest gegen das Urteil nicht mehr sein kann als privates Ressentiment.

Der Zwang zu dieser passiven Darstellung wird, und zwar wiederum stillschweigend und prämissiv, über Erfordernisse der Rollenkomplementarität ausgeübt. Die Vorstellung, im objektiven Recht seien die offenen Fragen bereits entschieden, und das Verfahren habe nur herauszufinden, zu wessen Gunsten und wie, geht zunächst von der Rolle des Richters aus. Mehr als andere muss er nämlich die Unmaßgeblichkeit seiner eigenen Subjektivität darstellen und zeigen, dass er nur sein Programm ausführt – woraus unter anderem folgt, dass er nicht charmant umworben, sondern rational überzeugt werden will. Würde er die Freiheitsgrade erkennen lassen, die ihm seine mobile Argumentationskunst auch bei scheinbar eindeutiger Rechtslage bietet, dann hätte er den Zumutungsgehalt des Urteils als Person zu verantworten. Der Gewinner müsste sich bedanken, der Verlierer könnte sich rächen, und auch die möglicherweise Mitbetroffenen aus anderen Rollenzusammenhängen, angefangen bei den Politikern an der Spitze seiner Bürokratie, könnten ihm mit Vorwürfen kommen. Um all dies zu verhindern, mimt der Richter strenge Sachlichkeit. Seiner eigenen Darstellung zufolge findet er sich durch das objektive Recht ungefähr so gebunden, wie ein realistisch begriffener Erkenntnisvorgang es durch seinen Gegenstand wäre. Hier wie dort besteht also keine Freiheit außer der einen, Fehler zu machen. Und diese Darstellung schränkt dann auch die anderen ein: Wenn schon der Richter sich für unmaßgeblich erklärt, wie könnten sie dann als „Rechtsquelle" auftreten?

Der Verlierer wirkt an der Institutionalisierung des ihm ungünstigen Urteils mit, aber nicht, indem er Zustimmung zeigt, sondern indem er in den Implikationen seiner Darstellung andere Teilnehmer unterstützt, und unter ihnen vor allem den Richter, die ganz offensichtlich von der Unmaßgeblichkeit seiner Zustimmung ausgehen. Nur wo Zustimmung unmaßgeblich ist, kann Zustimmungsverweigerung folgenlos sein. Der Beitrag des Verlierers liegt in einer Art von eigenhändig vollbrachtem Rückzug aus der Subjektstellung.

Unpersönliches Handeln und gesellschaftliche Differenzierung

Die Selbstdarstellung des Richters ist ein gutes Beispiel für das, was Luhmann (1973, 96 ff.) unpersönliches Handeln genannt hat. Was ist damit gemeint?

Sieht man etwas genauer zu, dann ist der von Goffman betonte Ausdruckswert einer Handlung eine Variable, die sehr unterschiedliche Werte annehmen kann. Die Handlung kann also über den Handelnden mehr oder weniger viel verraten und ihn dementsprechend auch mehr oder minder stark verpflichten. Unpersönliches Handeln meint den Fall, in dem ein Handeln über den Handelnden wenig besagt. Goffman (EN_b) hatte so etwas im Begriff der Rollendistanz zu fassen versucht: Ältere Kinder besteigen das Karussellpferd eigentlich nur noch, um sich von jüngeren Kindern zu unterscheiden, nicht um zu reiten. Sie zeigen deutlich, dass die Aufgabe, sich im Sattel zu halten, sie keineswegs ausfüllt, und diese Rollendistanz schützt sie davor, für unreifer gehalten zu werden, als es ihrer Meinung über diese Reife entspricht.

Die Analogie zum Begriff der Rollendistanz ist mit Vorsicht zu nehmen. Goffmans Begriff zielt auf eine individuelle Strategie. Luhmann will demgegenüber auf die These hinaus, dass die Entscheidung für oder gegen Unpersönlichkeit und Reserve in vielen Kontexten sozial vorgezeichnet ist. Es gibt bestimmte Handlungen oder Handlungsaspekte, die der Handelnde gar nicht als Ausdruck seiner Person oder als Darstellung seines Charakters auffassen kann, weil in ihnen das soziale System sich darstellt, dem er angehört. Den Fahrplan des Busses rechnet man nicht dem Busfahrer zu, sondern seiner Organisation, und für den Steuersatz ist nicht der Finanzbeamte verantwortlich, der ihn eintreibt.

Den Finanzbeamten erwähne ich an dieser Stelle nicht zufällig, sondern weil die soziale Rolle des Beamten schlechthin ein gutes Paradigma für die Unterscheidung von persönlichem und unpersönlichem Handeln bietet. Man sieht dies deutlicher, sobald man sich klarmacht, dass der Beamte, klassisch formuliert, immer auch Bürger ist. Er wirkt am politischen System also nicht nur dadurch mit, dass er nach feststehenden Programmen verbindliche Entscheidungen anfertigt und sie dem Publikum mitteilt. Er hat daneben auch eine politische Meinung und vielleicht auch parteipolitische Affinitäten, und diese können zur aktuellen Regierungspartei durchaus in Gegensatz stehen. Aber wie ist es möglich, dass jemand Regierungen gehorcht und ihre Gesetze anwendet, ohne seine davon abweichende politische Überzeugung zu ändern, und ohne dass andere ihn mit dem Vorwurf der persönlichen Inkonsequenz konfrontieren oder gar anfangen, an seinem Verstand oder an seiner Selbstkontrolle zu zweifeln?

Die Antwort lautet: Die Rechtstreue des Beamten ist als unpersönliches Verhalten stilisiert und bindet ihn nicht in anderen Rollen. Er ist weder zur Fortsetzung noch zum Konsequentsein verpflichtet, wenn er sich am Feierabend an politischen Diskussionen beteiligt. Er muss natürlich seine Berufswahl persönlich vertreten und darin konsistent bleiben. Daher kann er die Verwaltung auch im Privatleben nicht einfach als eine von Grund auf verkommene Institution bezeichnen und gleichwohl an seiner Mitgliedschaft in ihr festhalten wollen, ohne seine Mitmenschen zu irritieren. Aber das verpflichtet ihn nicht zu persönlicher Loyalität mit der jeweiligen Regierung, also auch nicht dazu, sie auch außerhalb der Dienstzeiten, auch als politischer Zeitgenosse, auch in politischen Wahlen, auch den eigenen Freunden und Verwandten gegenüber zu verteidigen. Denn was er im Dienst tut, das ist nicht eigentlich ihm zurechenbar. Das ist jedenfalls die offizielle Linie seiner Darstellung dem Publikum gegenüber: Andere würden unter demselben Gesetz ebenso entscheiden wie er, und er selbst unter einem anderen anders.

Ganz ähnlich verhält es sich mit dem einfachen Bürger. Er kann neuen Regierungen und neuen Gesetzen folgen, ohne damit viel über sich selbst auszusagen, und infolge dieser Ausdrucksschwäche kann eine solche Folgebereitschaft auch dann von ihm erwartet werden, wenn er sich vorher als entschiedener Gegner der Änderung dargestellt hat und sie auch jetzt noch, und nachdem sie verbindlich wurde, mit allen legalen Mitteln bekämpft. Das Nebeneinander von Rechtsgehorsam und politischem Änderungsbegehren wird ihm nicht als persönlicher Widerspruch angerechnet, und zwar deshalb nicht, weil der Rechtsgehorsam gar nicht als persönliches, sondern als gesinnungsbeliebiges Handeln institutionalisiert ist. Entsprechend vertritt Luhmann einen Begriff der politischen Legitimität (Luhmann 1973, 27 ff.), der nicht etwa auf die Überzeugungsgrundlagen der Staatsbürger zielt, sondern darauf, dass man legitimen Entscheidungen folgen kann, ohne sich größere Rückfragen zu exponieren.

Das politische System muss eigene Entscheidungen treffen können, die den eingegangenen und dargestellten Bindungen großer Gruppen von Personen zuwider sind, ohne dass diese allein dadurch schon vor die Wahl gestellt würden, entweder bei ihrer Bindung zu bleiben und dadurch zum politischen Ungehorsam oder zum Rechtsbruch gezwungen zu werden oder der politischen Entscheidung unter Opfern ihrer Identität folgen zu müssen. Und das kann nur dadurch erreicht werden, dass man Folgebereitschaft als unpersönliches Handeln vorsieht, sie nämlich pauschal, ohne Ansehen der Inhalte und von jedermann erwartet und diese Erwartung dann institutionalisiert. Das hat den Vorteil, im Verhältnis der politischen Entscheidungen zu den politischen Bindungen der Personen relative Invarianz bzw. unabhängige Variabilität herstellen zu können. Das Individuum kann die eigenen Bindungen wählen und wechseln, ohne die kollektiven Bindungen zu verunsichern, denen es als Bürger natürlich auch selbst unterliegt, und umgekehrt können diese sich ändern, ohne die Individuen (oder ihre Sprecher und Meinungsgruppen) als Systeme mit eigener Geschichte zur Anpassung zu zwingen.

Diese Beispiele aus dem Bereich der politischen Soziologie lassen schon erkennen, dass die Grundlagen für eine Theorie des unpersönlichen Handelns nicht mit den Mitteln einer reinen Interaktionstheorie aufgeklärt werden können. Luhmann selbst führt die Karriere dieses Handlungstyps auf gesellschaftliche Differenzierung zurück. Damit ist der Sachverhalt gemeint, dass es sehr verschiedenartige soziale Systeme gibt, die sich auf verschiedenartige Aufgaben konzentrieren und ihren Mitgliedern ein dementsprechend verschiedenartiges Verhalten abverlangen. Ein Offizier in der Armee soll auf offenen Ungehorsam strenger und unnachsichtiger reagieren, als man es einem Familienvater gestatten würde. Ein Spion soll lügen, aber ein Ehemann soll auf Fragen seiner Gattin wahrheitsgemäß antworten. Zusammen mit den sozialen Rollen des Offiziers, des Vaters, des Spions, des Ehemannes ändern sich auch die Vorstellungen über angemessenes Verhalten. Was hier Lob einträgt, kann dort Tadel auslösen, und was hier willkommen ist, kann dort auf Widerstand stoßen: andere Rollen, andere Sitten, andere Kriterien für richtig und falsch.

Um die darin gelegene Problematik zu sehen, muss man sich klarmachen, dass die Personen typisch an mehreren Sozialsystemen mitwirken, so dass Rollenhäufungen entstehen: Der Offizier ist auch Familienvater, der Spion ist seinerseits verheiratet, die Beamten und Staatsbürger treten auch als Regierungskritiker in Erscheinung. In all diesen Fällen stellt die Institutionalisierung von Unpersönlichkeit sicher, dass die persönliche Darstellung der Beteiligten nicht in Unvereinbares auseinanderfällt, weil sie immer nur einen Teil ihrer Handlungen als persönliches Handeln vertreten müssen. Man muss also nicht zu allen eigenen Handlungen auch stehen, sondern nur zu einer engeren Auswahl daraus, und nur diese ausgewählten Handlungen müssen dann auch halbwegs zueinander passen, nur sie werden einem auf den Charakter angerechnet, nur sie gelten als Selbstverpflichtung, nur in ihnen muss man Konsequenz zeigen.

In den späteren Entwicklungen der Systemtheorie treten die Themen dieser knappen Übersicht merklich zurück. Es handelt sich jedoch nicht nur um eine Vorstufe zu Späterem, sondern um eine selbständige Ausarbeitung einiger Prämissen dieser Theorie, etwa über die Trennung personaler und sozialer Systeme. Ihr Schicksal, ungelesen zu bleiben, mag man unverdient finden.

Literatur

Gouldner, Alvin: Weitere Symptome der Krise: Goffmans Dramaturgie und andere neue Theorien. In: Ders.: Die westliche Soziologie in der Krise. Reinbek bei Hamburg 1974, 453–466 (engl. 1970).

Kieserling, André: Kommunikation unter Anwesenden: Studien über Interaktionssysteme. Frankfurt/Main 1999.

Luhmann, Niklas: Funktionen und Folgen formaler Organisation. Berlin 1964.

Luhmann, Niklas: Lob der Routine. In: Ders.: Politische Planung. Opladen 1971, 113–143.

Luhmann, Niklas: Grundrechte als Institution. Ein Beitrag zur politischen Soziologie. Berlin 1965.

Luhmann, Niklas: Vertrauen. Ein Mechanismus der Reduktion sozialer Komplexität. Stuttgart 1968.

Luhmann, Niklas: Legitimation durch Verfahren. Frankfurt/Main 1973.

Luhmann, Niklas: Rechtssoziologie. Reinbek bei Hamburg 1972.

Luhmann, Niklas: Interaktion, Organisation, Gesellschaft. In: Ders.: Soziologische Aufklärung 2. Opladen 1975, 9–21.

58 Rational Choice-Theorien

Thomas S. Eberle

Im folgenden Beitrag wird der aktuelle Stand der Rational Choice-Theorien (RCT) skizziert und die Rezeption der RCT durch Goffman sowie die Rezeption von Goffman in der RCT dargestellt. Ein besonderer Schwerpunkt bildet dabei die Rezeption Goffmans im Modell der Frame-Selektion.

Der aktuelle Stand der Rational Choice-Theorien

Gemäß Karl-Dieter Opp (2018) wird in der Literatur unterschieden zwischen der Rational Choice-*Theorie* und dem Rational Choice-*Ansatz*. Der Rational Choice-Ansatz, auch individualistischer Erklärungsansatz oder methodologischer Individualismus genannt, ist ein Forschungsprogramm, das kollektive Sachverhalte (Makrovariablen) als Ergebnis individuellen Handelns erklärt. Und das individuelle Handeln wiederum wird mit Hilfe der RCT erklärt. Dabei handelt es sich nicht um eine einzelne Theorie, sondern um eine Familie von Theorien. Allen gemeinsam sind die Grundannahmen, dass menschliches Handeln erstens durch seine Präferenzen bzw. seine Ziele (bzw. den Nutzen) beeinflusst wird, und zweitens durch die Handlungsalternativen (bzw. die positiven Anreize) einerseits sowie die Handlungsrestriktionen (bzw. die Kosten oder negativen Anreize) andererseits. Drittens versucht jede Person ihren Nutzen zu maximieren, d. h. aus ihrer Situation das jeweils Beste zu machen.

Opp unterscheidet eine enge Version (eV) und eine weite Version (wV) der Theorie rationalen Handelns, die sich anhand folgender Annahmen unterscheiden:

1. Art der Handlungsoptionen: Die Handlungswahl wird durch *objektiv* gegebene (eV) oder *wahrgenommene* Handlungsmöglichkeiten (wV) bedingt;
2. Art der Präferenzen: In Betracht gezogen werden nur *egoistische* Präferenzen (eV) oder *alle Arten* von Präferenzen (wV);
3. Objektivität der Handlungsrestriktionen: Das Handeln wird erklärt durch *objektive* (eV) oder durch *wahrgenommene* Handlungsrestriktionen (wV).
4. Inhalt der Handlungsrestriktionen: Nur *materielle* (eV) oder *alle Arten* von Handlungsrestriktionen (wV) erklären Handeln;
5. Art der Information: *Vollständige* Information ist gegeben (eV) vs. *unvollständige* Information ist möglich (wV);
6. Bedeutung von Handlungsrestriktionen: *Nur Restriktionen* erklären Handeln (eV) vs. *Restriktionen und/oder Präferenzen* erklären Handeln (wV);

T. S. Eberle (✉)
St. Gallen, Schweiz
E-Mail: thomas.eberle@unisg.ch

K. Lenz und R. Hettlage (Hrsg.), *Goffman-Handbuch*, https://doi.org/10.1007/978-3-476-05871-3_58

7. Art der Nutzenmaximierung: *Objektiver* Nutzen wird maximiert (eV) vs. *subjektiver* Nutzen wird maximiert (wV).

Die RCT ist bereits im 19. Jh. in der *Ökonomie* entstanden. Sie hat sich seither ständig fortentwickelt, ist in ihren Grundannahmen aber auffallend konstant geblieben. Menschliches Verhalten mittels RCT zu erklären, wird in der Ökonomie heutzutage ‚Ökonomik' genannt, und das portierte Menschenbild ist der *homo oeconomicus.* Viele ökonomischen Modelle operieren nach wie vor mit der engen Version der RCT. In den Markttheorien kommt man damit in der Tat ziemlich weit, orientieren sich Marktteilnehmende doch nachweislich stark an den Preisen der nachgefragten Güter und Dienstleistungen sowie an ihrem monetären Budget. Wirtschaftliches Handeln wird ja gerade durch Kosten-Nutzen-Kalküle und Profitstreben definiert – Marktteilnehmende, die dies missachten, werden wirtschaftlich kaum überleben.

Seit Anfang der 1980er Jahre, vor allem seit Gary Beckers *A Treatise on the Family* (1981), wofür er 1992 mit dem Alfred-Nobel-Gedächtnispreis für Wirtschaftswissenschaften geadelt wurde, setzte der ‚ökonomische Imperialismus' ein. Becker betrachtete die Familie wie eine kleine Fabrik, die Kinder, Fähigkeiten und Wissen, Mahlzeiten, Gesundheit und Selbstwertgefühle produziert. Seither trauen sich die Ökonom/innen zu, mit der Ökonomik *jegliches* menschliche Handeln erfolgreich zu analysieren und zu erklären: Auch Liebesbeziehungen, Kinder aufziehen, religiöser Glaube, das Streben nach Glück, selbst altruistische Handlungsweisen werden durch nutzenmaximierende Kosten-Nutzen-Kalküle „erklärt". Einige Ökonom/innen erweitern dazu die enge Version der RCT, einige wenige sogar sehr weit, andere gaben die RCT insgesamt auf (zum aktuellen Stand der Ökonomik Kirchgässner 2013).

Im selben Zeitraum haben sich der RC-Ansatz und die RCT auch in der Soziologie, der Sozialpsychologie und der Politikwissenschaft verbreitet. Bekannte Vertreter in der Soziologie sind James R. Coleman, Karl-Dieter Opp, Clemens Kroneberg und Frank Kalter, Andreas Diekmann und Thomas Voss, die gemäß Opp (2018, 67) alle eine weite Version der RCT vertreten. Noch weiter erstrecken sich allerdings sozialpsychologische Varianten der RCT wie etwa die Wert-Erwartungs-Theorie (WET) von Hartmut Esser oder die Version von Raymond Boudon. Was nun aber alle diese Versionen eint, sind folgende Grundsätze:

- Grundlage bildet die *analytische Wissenschaftstheorie,* also ein rigoroser, präziser Argumentationsstil, das Formulieren von klaren und prüfbaren Hypothesen und die Verwendung von formalen Verfahren – in dezidierter Abgrenzung zum narrativen Stil, der in den Sozialwissenschaften weitverbreitet ist. Selbst in der Ökonomie ist sukzessive eine Abkehr vom „Modellplatonismus" (Hans Albert), der auch angesichts gegenläufiger Fakten die Modelle mittels Immunisierungsstrategien aufrechterhielt, hin zu empirisch überprüfbaren Hypothesen zu beobachten. Hochgehalten wird damit auch das Ideal einer *Einheitswissenschaft* anstelle der Paradigmen-Vielfalt: Der RC-Ansatz wird als erklärungskräftigster Ansatz propagiert, sowohl für die Ökonomie, die Soziologie als auch die Politikwissenschaft.
- Der RC-Ansatz will *kollektive Sachverhalte* erklären. Er sucht also nach Zusammenhängen zwischen Makrovariablen, konstruiert aber keine Kausalität zwischen diesen Makrovariablen, sondern erklärt sie über das Mikromodell menschlichen Handelns. Die Makrovariablen werden quantitativ erfasst, daher besteht eine *Präferenz für quantitative Methoden und mathematische Verfahren.* Es werden bevorzugt Sekundäranalysen vorgenommen, z. B. von bereits vorhandenen Paneldaten.
- *Rationalität* wird allein auf der Mikroebene verortet, es gibt keine Rationalität auf der Makroebene. Die RCT bildet *Modelle* menschlichen Handelns, also *Homunculi,* wie Alfred Schütz sie nannte. Leitendes Konstruktionsprinzip bei der Modellbildung ist es, die *Modelle so einfach wie möglich und so kompliziert wie nötig* zu

gestalten. Diese Modelle dienen zur Erklärung *kollektiver* Sachverhalte, nicht zur Erklärung eines konkreten individuellen Handelns. Die RCT geht also nicht davon aus, dass Menschen in ihrem Alltag laufend Kosten-Nutzen-Kalküle vornehmen. Sie unterstellt heutzutage auch nicht mehr, dass Menschen immer rational handeln oder dass sie als einsame Akteure/Akteurinnen ohne soziale Kontakte leben.

Typische Anwendungsfelder für RC-Ansatz und RCT sind etwa Kriminalität, Terrorismus, Fertilität, Migration und Integration, soziale Ungleichheit, Wahlverhalten, soziale Bewegungen, Proteste und Revolutionen, oder Ursachen und Wirkungen von Normen, Institutionen und Strafen. Seit sich die RCT zur Spieltheorie weiterentwickelt hat, sind weitere Felder dazu gekommen, wie politische Verhandlungen und vor allem Konfliktstrategien, -taktiken und -lösungen.

Die Rezeption der Rational Choice-Theorie durch Goffman

Nachdem Goffman in den 1950er Jahren die soziale Welt als Theater interpretiert hatte (PS_{dt}), begann er in den 1960er Jahren mit der Spiel-Metapher zu operieren. Interaktionen bestanden nun aus Spielzügen von Spieler/innen. So setzt er sich in *Strategic Interaction,* aber auch schon früher, mit der Spieltheorie und RCT auseinander. Philip Manning (1992, 9) führt dies auf den Einfluss des Ökonomen Thomas C. Schelling zurück, mit dem Goffman 1966–67 ein Jahr an der Harvard University verbrachte – eine Deutung, die seither in der Goffman-Rezeption oft kolportiert wurde. Schelling war ein führender Pionier der Spieltheorie, der für seine spieltheoretischen Analysen von Konflikt und Kooperation 2005 den Alfred-Nobel-Gedächtnispreis für Wirtschaftswissenschaften erhielt. Gary D. Jaworski (2019) hat die Beziehung der beiden und ihre gegenseitigen Einflussnahmen akribisch recherchiert. Dabei kommt er zum Schluss, Goffmans Freund und Kritiker Tom Burns habe wohl recht mit der Feststellung, dass Goffman und Schelling ihre Positionen unabhängig voneinander entwickelt, dann aber die Parallelen und Konvergenzen entdeckt und sich miteinander auseinandergesetzt haben.

Auf Initiative Goffmans trafen sich die beiden bereits in den späten 1950er Jahren – vermutlich 1956 oder 1957 – in Washington, wo sie sich miteinander austauschten. Goffman übergab Schelling seine Aufsätze *On cooling the mark out* sowie *On face work,* welche Schelling 1958 in einem Aufsatz und 1960 in seinem Buch *The Strategy of Conflict* mehrmals lobend zitiert. Dieses Buch war bahnbrechend, weil Schelling die Spieltheorie der beiden Pioniere John von Neumann und Oskar Morgenstern erheblich erweiterte. Neumann/Morgenstern hatten das Gebiet der Spieltheorie 1944 begründet, beschäftigen sich aber nur mit nichtkooperativen Null-Summen-Spielen zweier Personen, wie etwa Schach, Poker und anderen Strategie-Spielen, bei denen es einen Gewinner und einen Verlierer gab. Schelling interessierte sich demgegenüber für „mixed-motive games", bei denen die Parteien in eine Mischung von sowohl Konflikt als auch Kooperation involviert sind, wie etwa bei Kriegen und Kriegsdrohungen, Streiks, Verhandlungen, Klassen- und Preiskriegen, Erpressungen oder Verkehrsstaus. Zu entscheidenden Spielzügen in solchen Kontexten gehören auch Drohungen und Versprechen, und damit diese wirksam werden können, müssen sie kommuniziert und durchgesetzt werden. Schelling beschäftigt sich daher mit Durchsetzungsschemata („enforcement schemes"), mit denen eine „compliance" erzwungen und eine „noncomplicance" entdeckt werden kann. Ein Paradebeispiel jener Zeit war die Verhinderung eines überraschenden nuklearen Erstschlags durch ein Abkommen mit den Sowjets.

Goffman traf Schelling wieder 1964 an der dreitägigen Konferenz „Strategic Interaction and Conflict" an der UC Berkeley, zu denen ein knappes Dutzend angesehener Spiel- und Konflikttheoretiker/innen eingeladen waren. Goffman war Mitglied des Programmkomitees und hatte den Begriff „strategische Interaktion" geprägt. An der Konferenz führte er in das Thema „Communication and Enforcement Systems“ ein und versuchte auf der Basis von Schellings Spieltheorie die Grundbegriffe „Interaktion“ und „Kommunikation“ zu klären. Er stieß bei der Mehrheit der Teilnehmenden aber auf heftige Kritik: Seine Ausführungen seien von fragwürdigem praktischem Wert und geringer intellektueller Bedeutung. Als der Vorsitzende Goffman einen „Zauberlehrling“ nannte, nahm ihn Schelling in Schutz. Auch er stimmte indes mit den anderen Spieltheoretiker/-innen überein, dass man auf den ambiguösen Begriff der Kommunikation verzichten sollte. Schelling lud Goffman daraufhin zu einem Forschungsaufenthalt an der Universität Harvard ein, berichtete aber später, dass sie nicht wirklich Freunde geworden seien: Goffman sei sehr distanziert gewesen und habe die meiste Zeit schreibend in seinem Büro verbracht (Jaworski 2019).

In *Strategic Interaction* präsentiert Goffman seine Überlegungen und nimmt auf Schelling Bezug (s. Kap. 43). Sein Forschungsinteresse ist allerdings breiter und richtet sich auf die grundlegenden Merkmale der Interaktionsordnung und seine ethnographische Empirie macht deren Reichhaltigkeit sichtbar. Im Unterschied zur Spieltheorie erkennt er, dass nicht jede Interaktion strategisch ist; strategische Interaktionen bilden neben Zusammenkünften und sozialen Beziehungen ein drittes Feld. Des Weiteren analysiert Goffman – ebenfalls im Unterschied zur Spieltheorie – nicht nur Spielzüge auf der Handlungsebene, sondern auch auf der Ausdrucksebene. Denn Interagierende evaluieren einander nicht nur allein aufgrund ihrer Handlungen, sondern auch anhand ihres Ausdrucksverhaltens. Wie Goffman schon in *The Presentation of Self in Everyday Life* aufgeführt hatte, enthält das Ausdrucksverhalten nicht nur intendierte, sondern oft auch nicht-intendierte Informationen, die das Gegenüber auswertet. Da Interaktionen reziprok sind, handelt es sich um ein eigentliches Ausdrucksspiel, bei dem beide damit beschäftigt sind, bestimmte Aspekte vor dem Anderen zu verbergen und sie umgekehrt beim Anderen zu entdecken. Goffman untersucht viele Facetten strategischer Interaktion und entwickelt das vielfältige Spektrum möglicher Täuschungen und Gegentäuschungen, das er später in *Frame Analysis* darlegt. Obwohl er viele Aspekte anhand von Beispielen von Spionage und Gegenspionage erörtert, findet er strategische Interaktionen genauso in alltäglichen Situationen. Im Unterschied zur Spieltheorie betrachtet er sie jedoch immer als situiert, d. h. in konkrete Situationen eingebettet und in den allgemeinen Merkmalen der sozialen Interaktion verankert.

Jaworski (2019) zeigt, dass Schellings Analyse der „enforcement schemes“ im Vergleich zur Analyse Goffmans unzureichend ist. Goffman analysiert das gesamte Spektrum von Einschränkungen *(constraints)* menschlichen Verhaltens. Er beginnt bei der Natur, die unerbittlich sein kann: Eine Flut, ein Waldbrand oder eine tödliche Krankeit setzt Bedingungen und Optionen, innerhalb derer man handeln muss. Dies sind „tight games“, denn die Zwänge sind enorm und die Konsequenzen unausweichlich. Gesellschaftliche Spiele sind demgegenüber lockerer. Da gibt es zunächst die Funktionäre sozialer Institutionen, die ein organisiertes System von Sanktionen applizieren – Wächter/innen und Richter/innen, wie sie Schellings „enforcement schemes“ vorsehen. Das Spiel wird noch lockerer, wenn die Spieler/innen selbst für die Durchsetzung zuständig sind. Im Unterschied zu Schelling hebt Goffman die Bedeutung *internalisierter Standards* hervor, die in der Kommunikation das hauptsächlichste Durchsetzungssystem bilden: normative Standards, wie z. B. Vertrauen, Sportlichkeit, *fair play* und *truth-telling,* für deren Durchsetzung die Person selbst verantwortlich ist. Obwohl sich Goffman leidenschaftlich für die Abweichungen von der Norm interessiert, betrachtet er „Die Wahrheit sagen“ als eine Tugend, die auf einer organisatorischen Notwendigkeit basiert – denn wenn niemand mehr die Wahrheit sagt, bricht auch die soziale Ordnung zusammen. Schließlich analysiert Goffman weitere Faktoren des „enforcements“ auf der Ebene der Face-to-face-Interaktion: Geschmack, gegenseitiger Respekt, Sympathie, und Takt. Sie bilden kein bloßes Additiv zu breiteren normativen Standards, sondern können diesen zuwiderlaufen: in informalen

Interaktionen ist Takt oft wichtiger als die Wahrheit. So verzichten Akteure oft darauf, jemandem offen die Meinung zu sagen, kann diese doch sehr beleidigend sein.

Im Unterschied zur (damaligen) Spieltheorie der RCT betont Goffman also das gemeinschaftliche moralische Fundament sozialer Interaktionen, die nicht-spielartigen Elemente von Spielen. Moralische Standards, die internalisiert sind und „enacted" werden, bleiben tief verborgen. Für Spieltheoretiker/innen mögen die normativen Grenzen des reinen Spielens bedauerlich sein, für Soziolog/innen bilden sie das Hauptinteresse. Obwohl Goffman keine Kritik der RC-Spieltheorie formuliert, kann *Strategic Interaction* als implizite Kritik gelesen werden. So schließt sich Jaworski (2019, 399) Randall Collins an, der Goffmans Analyse als „Kritik neo-rationalistischen Denkens" wertet.

Die Rezeption Goffmans in der Rational Choice-Theorie

Im ökonomischen Kernbereich wird weiterhin mit dem engen Modell des neoklassischen *homo oeconomicus* operiert, indem von der Maximierung des Eigennutzes ausgegangen wird. Leitende Devise ist: Guck mal, wie weit du mit der Eigennutzannahme bei einer Erklärung kommst – zusätzliche Annahmen werden nur eingeführt, wenn unbedingt notwendig. Auch der Soziologe James S. Coleman, der in seinem fast 1000-seitigen Monumentalwerk *The Foundations of Social Theory* (1990) die Anliegen der Soziologie in die RCT integrieren will, setzt Rationalität mit Eigennutz gleich. Coleman war von Gary Becker beeinflusst, mit dem er an der University of Chicago arbeitete, und übernahm dessen ökonomische Entscheidungstheorie. Während Becker diesen Ansatz nur auf ausgewählte soziale Problemlagen anwendet, erstreckt ihn Coleman auf jegliches menschliche Handeln.

Menschen, die in jeder gesellschaftlichen Situation immer nur ihren persönlichen Eigennutz maximieren, sind allerdings Soziopathen. Entsprechend vernichtend fiel die Kritik an Colemans Theorie von Seiten seiner soziologischen Fachkolleg/innen aus. Es wurde ihm unter anderem vorgeworfen, weit hinter Talcott Parsons' *Structure of Social Action* zurückzufallen. Nur auf instrumentelles Handeln zu setzen, blende Kultur und Moralität, symbolisches Handeln, Emotionen und Expressivität, konzertiertes *sense-making* usw. aus – alles, was Goffman, Alfred Schütz, Harold Garfinkel und der Symbolische Interaktionismus an Forschungsergebnissen hervorgebracht haben. In der Tat spricht Coleman nicht von konkreten Akteur/innen, sondern vom einem „set of abstract rational actors" (1990, 18), womit kollektive Sachverhalte erklärt werden sollen. Er will die Verhaltensannahmen möglichst einfach halten, um bezüglich der kollektiven Effekte analytisch umso präziser zu sein (mittels Formalisierung und Mathematik). Selbstverständlich fehlen einem derart abstrakten Handlungsmodell jegliche Anschlussmöglichkeiten an Goffman.

Weitere Annahmen fügten der RCT vor allem jene Forschenden hinzu, die sich mit nichtwirtschaftlichen und/oder empirischen Verhaltensweisen beschäftigten. Völlig neuartige Impulse lieferte die *behavioral economics,* die Verhaltensökonomik, die mittels (v. a. spieltheoretischer) Experimente konkrete Verhaltensweisen empirisch erforscht. So entdeckten beispielsweise Ernst Fehr und Simon Gächter (2000), dass Versuchspersonen ihren Nutzen nicht maximieren, sondern sich nach Regeln der Fairness verhalten, und zwar selbst dann, wenn ein rein egoistisches Verhalten keine negativen Konsequenzen zeitigen würde. Dafür hatten Soziologie und Psychologie zwar schon längst ausreichende Belege, aber erst jetzt wurden diese Erkenntnisse auch in der Ökonomie ernstgenommen. Was viele Ökonom/innen aber nicht davon abhält, weiterhin mit dem *homo oeconomicus* zu operieren.

Die Verhaltensökonomik hat die RCT seither mit soziologischen und sozialpsychologischen Konzepten angereichert. Einen umfassenden Integrationsversuch von RCT und soziologischen Theorien hat kürzlich Herbert Gintis (2017) vorgelegt. Kenntnisreich durchkämmte er die Soziologie, um jene theoretischen Konzepte (z. B. Norm, Internalisierung, Kultur) und empirischen Beobachtungen zu sammeln, die ihm bei der Erweiterung der RCT behilflich sein könnten. In der Folge betrachtet er Gesellschaft als gigantisches Spiel mit Regeln, deren Stabilität einerseits auf Anreizen, andererseits aber auch auf unveränderbaren moralischen Prinzipien beruht, die als kategorischer Imperativ wirken. Akteur/innen teilen mit Anderen mentale Modelle, wie in einer Situation angemessen zu handeln ist, angetrieben durch Eigeninteressen, aber auch eingeschränkt durch moralische Normen. Ihre Handlungen sind nicht nur durch Interessen, sondern auch durch Emotionen und Gewohnheiten geleitet, und neben den universalen moralischen Prinzipien und dem Eigeninteresse gibt es auch das Motiv, zugunsten von Anderen zu handeln. All diese neuen Elemente baut Gintis in die RCT ein und beansprucht damit, sämtliche relevanten soziologischen Erkenntnisse integriert zu haben – im Unterschied zur Soziologie aber über einen kohärenten analytischen Theoriekern zu verfügen.

Gintis' Syntheseversuch von Ökonomie und Soziologie ist allerdings keine echte Synthese, sondern lediglich eine feindliche Übernahme, wie Harmut Esser (2019, 883) in seiner umfangreichen Buchbesprechung richtig feststellt und ausführlich begründet. In unserem Zusammenhang genügt der Hinweis, in welchem Kontext sein einziges Goffman-Zitat steht: bei *interpretive theorizing* (Gintis 2017, 163 f.). Zu dieser Rubrik zählt Gintis neben Goffman auch Alfred Schütz, Peter L. Berger und Thomas Luckmann, Michel Foucault und postmodernistische Ansätze, aber auch etwa Karl Marx, Ferdinand Tönnies, Mark Granovetter, Jürgen Habermas, Niklas Luhmann oder Pierre Bourdieu. Und er wischt sie mit einem einzigen Argument vom Tisch: All diese Ansätze seien zwar anregend, aber sie basierten auf philosophischen Positionen, die weder von Philosoph/innen und noch viel weniger von Sozialwissenschaftler/innen allgemein akzeptiert seien.

Weder bei den engen noch weiten Varianten der RCT noch in der Verhaltensökonomik sind also Anschlussmöglichkeiten an Goffman zu finden. Wenden wir uns im Folgenden dem Modell der Frame-Selektion zu, das Opp als „sozialpsychologische Variante“ bezeichnet und von den weiten Varianten der RCT abgrenzt, und das sich mittlerweile auch selbst von den üblichen Varianten der RCT absetzt.

Die Rezeption Goffmans im Modell der Frame-Selektion

Harmut Esser ist der bisher einzige Soziologe, der eine echte Integration von RCT und anderen soziologischen Theorien entwickelt und dabei auch interpretative Ansätze gebührend berücksichtigt hat. Er ist auch der einzige RC-Theoretiker, der Goffmans Werke ernsthaft rezipierte. Sein Ziel war erklärtermaßen, die wichtigsten Konzepte der Gesellschaftswissenschaften zu *einem* theoretischen Modell der soziologischen Erklärung zusammenzuführen. Damit vertritt er ebenfalls die Idee einer sozialwissenschaftlichen Einheitswissenschaft, im Unterschied zum ökonomischen Imperialismus aber in einem Paradigma echter Integration sozialwissenschaftlicher Schlüsselerkenntnisse.

Wissenschaftstheoretische Grundlage auch dieses Paradigmas bilden der Kritische Rationalismus (Karl Popper) und die analytisch-erklärende Wissenschaftstheorie (Hans Albert). Die Kernstruktur einer soziologischen Erklärung muss demnach drei Schritte beinhalten (Esser 1993):

1. *Die Logik der Situation:* Hier geht es um eine verstehende Rekonstruktion der sozialen Situation, der sich die Akteure/Akteurinnen ausgesetzt sehen, in der Terminologie von Schütz also um die Rekonstruktion der Konstruktionen erster Ordnung. In Form von Brückenhypothesen werden die speziellen situationellen Randbedingungen für die Gesetze der Selektion spezifiziert.
2. *Die Logik der Selektion:* Hier geht es um die allgemeinen nomologischen Gesetze, nach denen die Akteure/Akteurinnen unter den gegebenen Bedingungen eine der Alternativen auswählen. Anstelle der Nutzentheorie plädiert Esser für die Wert-Erwartungs-Theorie (WET), gemäß der jene Handlungsalternative

gewählt wird, die bei der Bewertung der Folgen und der Erwartung der Eintrittswahrscheinlichkeit dieser Folgen am besten abschneidet.

3. *Die Logik der Aggregation:* Hier geht es um die aggregierende Transformation der individuellen Effekte des Handelns der Akteure/Akteurinnen zum jeweiligen kollektiven Explanandum.

Die Gesamtheit der drei Schritte bildet eine kausal-analytische Konstruktion zweiter Ordnung.

Esser kritisiert an der Soziologie, dass sie – in Abgrenzung zur Ökonomie – die Interessen des/der Akteurs/Akteurin und die Handlungsrestriktionen weitgehend außer Acht lasse, sich nicht um die genaue Spezifizierung der Konstrukte und ihrer präzisen kausal-funktionalen Beziehung bemühe, oft bei bloßen Beschreibungen stehen bleibe und keine Erklärungen kollektiver Sachverhalte mit präzisen Aussagen liefere. An den üblichen Varianten der RCT kritisiert er, dass sie den soziologisch entscheidenden Umstand übersehe, dass Situationen immer über eine normative und kulturelle Orientierung definiert werden. Um diese Mängel zu beheben, rekurriert Esser auf die erweiterte RCT von Siegwart Lindenberg (1985), der den *homo oeconomicus* durch sein RREEMM weiterentwickelt – der Mensch sei ein Resourceful, Restricted, Expecting, Evaluating, Maximizing Man – und die Wichtigkeit von Institutionen und moralischen Obligationen betont. Und er übernimmt Lindenbergs Methode der abnehmenden Abstraktion, um die formal präzise RCT in kontrollierten Schritten der Realität anzunähern.

Früh setzt sich Esser (1991) eingehend mit Alfred Schütz auseinander und akzeptiert dessen grundlegende These, dass Sinn vor Logik kommt: Man muss zuerst die sinnhaften Konstruktionen erster Ordnung, welche Handelnde mit ihrer Situation und ihrem Handeln verbinden, *verstehen,* bevor man dieses mittels Konstruktionen zweiter Ordnung *erklären* kann. Er anerkennt Schütz' bedeutende Beiträge, insbesondere zur Klärung der Alltagsrationalität (die dieser noch vor Herbert Simon's *bounded rationality* formuliert hatte) und zum Problem der Institutionalisierung. Sorgfältig arbeitet er die zahlreichen Konvergenzen heraus, die zwischen Schütz und der RCT erkennbar sind, und postuliert, dass Schütz' Anliegen in einer erweiterten RCT, die mit *habits* und *frames* operiert und sich als Fortführung von Max Webers Programm einer verstehend-erklärenden Soziologie versteht, besser aufgehoben seien.

In sieben Lehrbüchern „Soziologie" – „Allgemeine Grundlagen" (1993) und sechs Bänden „Spezielle Grundlagen" (Bd. 1–6, 1999–2001) – setzt sich Esser mit den verschiedenen soziologischen Theorien auseinander und klopft sie auf jene Beiträge ab, die er für sein integratives Paradigma relevant hält. Er manifestiert dabei eine bemerkenswerte theoretische Offenheit und Aufgeschlossenheit und vermag fast jedem soziologischen Ansatz etwas Positives abzugewinnen. In diesem Rahmen beschäftigt er sich auch intensiv mit Goffman. Bereits im Band „Allgemeine Grundlagen" verweist er im Subkapitel „Gesellschaft als symbolische Interaktion" auf Goffmans Rahmen-Analyse (Esser 1993, 481), ebenso in Bd. 3 in Bezug auf Tricks und Techniken der Rettung einer schiefgehenden Interaktion (2000b, 257). In Bd. 1 hebt er hervor, dass sich Goffman deutlich gegen eine allzu subjektivistische Interpretation des Thomas-Theorems ausgesprochen hat (1999, 76). In Bd. 5, wo Esser Institutionen als Regeln mit Geltungsanspruch definiert, genauer: als Erwartung über die Einhaltung bestimmter Regeln, die Geltung beanspruchen (2000d, 2), schreibt er, dass in der Alltagssprache Institution oft mit einer Anstalt verwechselt werde. Diesem Sprachgebrauch sei auch Goffman in *Asyle* gefolgt. Was Goffman mit „totaler Institution" meine, sei nichts anders als eine spezielle Art von Organisation (die allerdings im Hintergrund einen institutionellen Rahmen habe) (2000d, 12 ff.).

Besonders ausführlich werden Goffmans Werke in Kap. 7 zur sozialen Rolle (Bd. 5, 2000d, 141–197) und Kap. 8 zu sozialen Drehbüchern dargestellt (Bd. 5, 2000d, 199–235). Im Rahmen der sozialen Rolle werden Goffmans Konzepte der sozialen und personalen und der virtuellen und aktuellen Identität, der Rollendistanz, des Selbstausdrucks und der Ausstrahlung, des Stigmas, der Manipulation des Ausdrucks durch Informations-Management (als Strategie der Identitätspolitik), der Rollenambiguität und der sozialen Definition der Situation vorgestellt. Bei den sozialen Drehbüchern (Schemata und Scripts) geht es im Subkapitel „Wenn die Drehbücher versagen…" weiter mit den Territorien des Selbst, primären und sekundären Regeln und sozialen Rahmen als sozial geteilte Drehbücher und Schemata von Situationen, und im Subkapitel „Wir alle spielen Theater?" mit Interaktionsritualen, Ensembles, Darsteller/innen und Publikum, Bühne, Kulissen, Requisiten, Hinterbühne sowie möglichen Konflikten. Auch im Bd. 6 (2001), wo er sich mit kulturellen Bezugsrahmen, Symbolen und Sinn sowie Interpretation auseinandersetzt, kommt er unter den Themen „Identität" und „Kampf um die Definition der Situation" nochmals auf Goffman zu sprechen. Insgesamt ist die Rezeption Goffmans also recht umfassend, und sie ist didaktisch auch gut aufbereitet.

Esser stellt anerkennend fest, die Soziologie habe von Goffman mehr gelernt als aus tausend Büchern über theoretische Soziologie (Bd. 5, 2000d, 219). Goffman habe faszinierende Beschreibungen jener Konflikte, Dilemma-Situationen und mikropolitischen Vorgänge verfasst, von denen die Modelle des strategischen Handelns der erklärenden Soziologie nur das formale und abstrahierende Abbild seien (Bd. 6, 2001, 515). Essers Ziel ist es erklärtermaßen, die Essenz aus Goffmans Werken in die WET und die darauf aufbauende Tauschtheorie einzubauen. So legt er zum einen Wert auf all jene Passagen, wo Goffman die Akteure/Akteurinnen als ‚interessengeleitet' beschreibt, nicht nur hinsichtlich strategischer Interaktionen, sondern auch etwa in ihrem Bemühen, ihre Selbstdarstellung so zu gestalten, dass sie einen möglichst guten Eindruck hinterlassen. Menschen nutzen kulturelle Vorgaben oft höchst geschickt und in strategischer Absicht. Zum andern betont er die enorme Rolle der ‚sozialen Drehbücher'. Diese beinhalten soziale Regeln, Rezepte, Routinen und Rituale für typische Situationen. Goffman habe sich, wie Harold Garfinkel, primär für die Fragilität der Selbstverständlichkeiten interessiert, für Situationen, in denen die Drehbücher versagen oder Lücken haben. Letztlich habe er damit aber gezeigt, wie stabil diese Drehbücher de facto seien, verfügen Akteure/Akteurinnen doch über mannigfaltige (institutionelle) Mittel, Fehltritte durch Reparaturleistungen zu korrigieren und damit die soziale Ordnung aufrechtzuerhalten (Bd. 5, 2000d, 215–219).

Bei Drehbüchern fallen nun allerdings die zwei Schritte im Erklärungsmodell, die Logik der Situation und die Logik der Selektion, zusammen: Wenn eine Situation als typische erkannt ist, wird quasi automatisch ein bestimmtes Drehbuch oder Script aktualisiert. Ist die Situation aber untypisch, neuartig, so setzen bewusste Überlegungen im Sinn der RCT ein. Um dies theoretisch abzubilden, entwickelt Esser das Modell der Frame-Selektion (MFS) (Bd. 6, 2001; 2018): In einem Prozess der Decodierung von signifikanten Symbolen *(cues)* werden in einer Situation Muster erkannt, wodurch *Frames,* also spezifische mentale Modelle der Definition einer Situation aktiviert werden. Ist der *Match* zwischen wahrgenommenem Objekt und verankertem mentalen Modell perfekt, wird der betreffende Frame, das zugehörige Script und das damit verbundene Verhalten automatisch-spontan ausgelöst, ohne jede weitere Abwägung von zukünftigen Konsequenzen oder bewusster Wahl. Dies ist der ‚as-Modus der Frame-Selektion' (automatisch-spontan). Bei einem *Mismatch* und stärkeren Motiven zur Beachtung von Konsequenzen erfolgt eine mehr oder weniger begrenzte, rationale Wahl. Dies ist der ‚rc-Modus der Frame-Selektion'. Das MFS postuliert damit eine ‚variable Rationalität' des/der Akteurs/Akteurin, bei der die rationale Wahl gemäß RCT nur einen Spezialfall bildet (Esser 2018).

Damit wird einem klassischen soziologischen Einwand gegen die RCT entsprochen: Im MFS wird nicht jedes Handeln als zweckrational betrachtet, sondern der Weg freigelegt, im Sinne Webers auch traditional-habituelles, wertrationales und emotional-affektuelles Handeln zu integrieren. Esser begnügt sich aber nicht mit einer Beschreibung, sondern will herausfinden, nach welchen *allgemeinen* Regeln oder „Gesetzen“ sich erklären lässt, wann und warum welcher *spezielle* Handlungstyp gerade gilt. Am Beispiel der Ehescheidung untersucht er, wann typischerweise die Logik der affektuellen oder auch normativen Bindung an den Partner/die Partnerin in eine kühl berechnende Suche nach Alternativen und Abwägung von Nutzen und Kosten umschlägt. Anhand der Mannheimer Scheidungsstudie zeigt er auf, dass das Framing der Ehe in verschiedenen Alterskohorten unterschiedlich ist und Opportunitäten für Alternativen daher unterschiedlich wahrgenommen und realisiert werden (Esser 2002). Dabei beansprucht er, mit dem MFS alle Variablentypen der vier bislang getrennten Ansätze zur Erklärung von Scheidung zu integrieren: Anreize, Opportunitäten, Werte und gemeinsame Sinnwelten.

Während die meisten RC-Ansätze ihr Erklärungsmodell nur auf kollektives, nicht aber individuelles Verhalten beziehen, kann das MFS auch auf konkrete empirische Handlungsweisen angewandt werden, z. B. zur Analyse der experimentellen Ergebnisse der Verhaltensökonomik. Wie Esser (2018) am Beispiel der berühmten Studie von Fehr/Gächter (2000) aufzeigt, kann das MFS deren Ergebnisse besser erklären als die Autoren. Die Verhaltensökonomen Fehr, Gächter und Gintis haben zwar den an Eigennutz orientierten neo-klassischen *homo oeconomicus* widerlegt und die RCT mit altruistischen Motiven, sozialen Normen und emotionalen Präferenzen erweitert. Sie übersehen aber die grundlegende Bedeutung von Situationsdefinitionen, die immer in gesellschaftliche Symbolwelten und kulturelle Bezugsrahmen eingebettet sind und – wie auch Goffman betont hat – eine normative Orientierung enthalten, die jedem Akt vorausgeht.

Referenzen auf Goffman findet man in der RCT außer bei Esser lediglich bei Personen, die dem MFS nahestehen: Kroneberg (2005) verweist bei der Behandlung der Definition der Situation auf die Rahmen-Analyse, Michael Schmid (2004) in Bezug auf soziale Prozesse gleich auf sieben Werke Goffmans, Lindenberg (2013) bei der Erörterung von „Social Rationality, Self-Regulation, and Well-Being“ auf *The Presentation of Self in Everyday Life*. Allerdings handelt es sich hierbei um bloße Hinweise und nicht um inhaltliche Auseinandersetzungen wie bei Esser: Keiner dieser Autoren zeigt sich sonderlich daran interessiert, Beschreibungen in jener Detailfülle vorzunehmen wie Goffman.

Fazit

In der Theorietradition der RC-Ansätze und RC-Theorien, in ihren engen wie weiten Varianten, ist die Rezeption Goffmans äußerst marginal geblieben. Es fehlt schlichtweg die Anschlussfähigkeit, befassen sich RC-Ansätze doch mit der Erklärung kollektiver Sachverhalte. Auf diesem Gebiet liegen unzweifelhaft ihre besonderen Verdienste, konnten sie mit ihren Modellbildungen doch aufzeigen, zu was für nicht-intendierten Effekten aggregiertes individuelles Verhalten zuweilen führt. Die RCT erhob indes nicht den Anspruch, konkretes empirisches Handeln einzelner Individuen erklären zu können. Dies änderte sich mit der Verhaltensökonomik, deren Experimente die restriktiven Annahmen des neoklassischen *homo oeconomicus* schlichtweg widerlegten. Seither wurde die RCT durch zahlreiche zusätzliche Annahmen angereichert, auch unter Einbezug soziologischer und sozialpsychologischer Konzepte. Bis zur Einsicht, dass jede Handlung mit einer Definition der Situation beginnt, sind indes auch sie nicht vorgestoßen. Auch sie nahmen von Goffman keine Notiz.

Anschlussfähig ist hingegen Essers MFS, das eine Brücke zwischen RCT und interpretativen Ansätzen baut. Essers Auseinandersetzung mit Goffmans Werken ist seriös, seine Faszination spürbar und seine Begeisterung echt. Mit dem MFS nimmt er die soziologische Kritik der RCT auf und bietet ein integratives Paradigma an, das – im Gegensatz zu den meisten anderen Ansätzen – materielle Opportunitäten, institutionelle Regeln sowie kulturelle Bezugsrahmen und Symbole jeweils *zusammen* betrachtet, gleichwohl aber die Kriterien einer kausal-analytischen Erklärung erfüllt. Das MFS, das auch von Kroneberg vertreten und weiterentwickelt wird, erhebt damit einen Überlegenheitsanspruch im Sinne eines deutlich größeren Geltungsbereichs.

Allerdings sieht sich das MFS gleich zwei Fronten gegenüber. Die erste wird durch die übrigen Varianten der RCT, also den Großteil der RCT gebildet. Diese bekräftigen das methodische Prinzip, die Annahmen möglichst einfach zu halten, um auch auf der Ebene der Aggregation zu präzisen Aussagen zu gelangen. So schreibt Opp (2020, 66), dessen Debatten mit Esser in der deutschen Soziologie legendär sind, dass das MFS wohl als Ergänzung der RCT akzeptiert werden könne, dass aber die meisten RCT-Wissenschaftler/innen lediglich an den wahrgenommenen Anreizen, die das Verhalten bestimmen, interessiert seien und das auch legitim sei. In den (seltenen) Fällen, in denen auch diese Anreize erklärt werden sollen, könne man das MFS ergänzend hinzuziehen.

Die zweite Front besteht in den interpretativen Ansätzen, deren Repräsentant/innen sich partout nicht davon überzeugen lassen, dass ihre qualitativen Forschungsprojekte im MFS integrativ aufgehoben wären. In ihren Augen ist das MFS im Vergleich zur übrigen RCT zwar realitätsnäher, aber noch bei weitem nicht realitätsnah genug. Sie stehen den Messoperationen der quantitativen Soziologie skeptisch gegenüber und betonen die Kontextabhängigkeit, Indexikalität und Situiertheit von Äußerungen und Handlungen. Sie sind auf subtile Sinnmodifikationen sensibilisiert, achten auf größtmögliche Sinnadäquanz ihrer Konstruktionen und fühlen sich im Korsett szientifischer Erklärungsmodelle nicht adäquat aufgehoben. Esser (2018, 26 f.) wirft ihnen daher vor, Soziologie auf Beschreibungen zu beschränken und sich gegen jede Vorstellung der Präzisierung, der kausalen Erklärung, der Generalisierung und kumulativen Wahrheitsannäherung zu sperren.

Wie würde wohl Goffman auf das MFS reagieren? Zu seiner Zeit war er dezidiert der Ansicht, die Hypothesen testende Wissenschaft sei „eine Art kongeniale Magie" *(sympathetic magic),* die weder Neues entdecke, noch adäquate Konzepte und Bezugssysteme entwickle, in die neue Fakten eingeordnet werden können. Im Gegensatz zu seiner „unsystematischen naturalistischen Beobachtung", die durchaus auch ihre Grenzen habe, trage sie nichts dazu bei, unser Verständnis alltäglichen Verhaltens zu erweitern (RP_dt 1974, 17 ff.; RP, xv ff.). Goffmans Erkenntnisse mögen teilweise in die WET und die darauf aufbauende Tauschtheorie übersetzbar sein, doch fragen wir umgekehrt: Führt auch wieder ein Weg zurück? Leitet das MFS dazu an, Beobachtungen und Beschreibungen in einer derartigen Detailfülle und neue Konzepte in einer derartigen Reichhaltigkeit zu produzieren, wie Goffman dies getan hat? Kein Vertreter des MFS, dieser sympathischsten Variante aller RC-Theorien, ist in diese Richtung gegangen; vielmehr gilt auch für sie das Diktum, die Frames der Situationsdefinitionen möglichst einfach zu halten, um formal präzise, logisch gehaltvolle und inhaltlich explanative Aussagen zu ermöglichen. So unterscheidet sich Goffmans Analyse des vielschichtigen Framings innerhalb eines Interaktionsprozesses markant von den paar Haupt-Frames, die Esser in Bezug auf das Ehescheidungsrisiko ganzen Alterskohorten zuschreibt.

Goffman war ein ausgesprochener *maverick* und sträubte sich gegen jegliche Einordnung in irgendwelche soziologischen Theorietraditionen oder Schulen. Es ist unrealistisch anzunehmen, dass er sich in der heutigen soziologischen Landschaft, die zersplitterter ist als damals, anders verhalten würde. So ist kaum vorstellbar, dass er zugunsten von MFS-Modellierungen auf seine ethnographischen Erkundungen verzichten würde. Letztlich prallen hier nämlich Weltbilder aufeinander. Howard S. Becker (2003), der Goffman schon aus der Zeit kennt, als sie gemeinsam an der University of Chicago studierten, erläutert anhand von *Asyle* dessen methodisches Vorgehen: Bei der Beschreibung konkreter sozialer Phänomene habe Goffman vermieden, die Begrifflichkeiten der Untersuchten zu verwenden, um nicht unter der Hand auch deren Perspektiven und Wertungen zu übernehmen. Stattdessen habe er eine neutrale und spezifisch technische Sprache kreiert aufgrund einer rigorosen komparativen Analyse. So habe er das Merkmal „totale Kontrolle“ in so verschiedenen Organisationen wie psychiatrischen Anstalten, Gefängnissen und Klöstern entdeckt, die normalerweise niemals als ähnlich bezeichnet würden. Den Vorzug der ethnographischen Forschung erblickt Becker (2015) darin, dass sie die Details und Besonderheiten sozialer Situationen herausarbeitet. In diesen zeige sich nämlich, wie Becker an konkreten Beispielen demonstriert, dass vieles auf der Welt aus purem Zufall passiere. Damit können sich viele nicht abfinden, wie die Kausalkonstruktionen der akademischen Soziologie zeigen.

Nach wie vor bin ich der Ansicht, dass Schütz' phänomenologische Lebensweltanalyse die adäquatere Grundlage der Sozialwissenschaften bildet als die analytische Wissenschaftstheorie (Eberle 2000). In ihr lassen sich unterschiedliche Paradigmen und Weltbilder verorten, und sie bietet auch zahlreiche Anschlussstellen an Goffman. Blickt man von der Lebensweltanalyse auf die RCT, ergibt sich natürlich eine andere Perspektive, als wenn man von der RCT auf Schütz' Lebensweltanalyse blickt. Angesichts der verschiedenen Wissenschafts- und Weltbilder ist die empirische Wahrscheinlichkeit, dass sich die Paradigmenvielfalt der Soziologie zugunsten des MFS auflöst, jedenfalls gering. Auch die ethnographische Soziologie wird kaum zum MFS konvertieren, sondern in der Tradition Erving Goffmans, Howard S. Beckers und anderer weiterforschen. Esser kommt indes das nachhaltige Verdienst zu, eine Brücke zwischen RCT und interpretativen Ansätzen sowie zwischen RCT und Goffman gebaut und damit Anknüpfungspunkte für beide Seiten geschaffen zu haben.

(Miss-)Interpretiert man Esser nicht so, dass nun alle nur noch mit dem MFS operieren sollten, sondern dahingehend, dass es eine Brücke zwischen zwei bislang verfeindeten Lagern innerhalb eines arbeitsteiligen Wissenschaftssystems bildet, so ist auf dieser Grundlage ein gegenseitiger Austausch und eine Verständigung möglich.

Literatur

Becker, Gary: A treatise on the family. Cambridge, Mass. 1981.

Becker, Howard S.: The Politics of presentation: Goffman and total institutions. In: Symbolic Interaction 26/4 (2003), 659–669.

Becker, Howard S.: Howard S. Becker interviewed by Harvey Molotch. In: Public Culture 24/2 (2015), 421–443.

Coleman, James S.: Foundations of social theory. Cambridge, Mass./London 1990.

Eberle, Thomas S.: Lebensweltanalyse und Rational Choice. In: Ders.: Lebensweltanalyse und Handlungstheorie. Beiträge zur Verstehenden Soziologie. Konstanz 2000.

Esser, Hartmut: Alltagshandeln und Verstehen. Zum Verhältnis von erklärender und verstehender Soziologie am Beispiel von Alfred Schütz und „Rational Choice“. Tübingen 1991.

Esser, Hartmut: Soziologie. Allgemeine Grundlagen. Frankfurt/Main, New York 1993.

Esser, Hartmut: Soziologie. Spezielle Grundlagen. Bd. 1: Situationslogik und Handeln, Frankfurt/Main 1999.

Esser, Hartmut: Soziologie. Spezielle Grundlagen. Bd. 2: Die Konstruktion der Gesellschaft. Frankfurt/Main 2000a.

Esser, Hartmut: Soziologie. Spezielle Grundlagen. Bd. 3: Soziales Handeln. Frankfurt/Main 2000b.

Esser, Hartmut: Soziologie. Spezielle Grundlagen. Bd. 4: Opportunitäten und Restriktionen. Frankfurt/Main 2000c.

Esser, Hartmut: Soziologie. Spezielle Grundlagen. Bd. 5: Institutionen. Frankfurt/Main 2000d.

Esser, Hartmut: Soziologie. Spezielle Grundlagen. Bd. 6: Sinn und Kultur. Frankfurt/Main 2001.

Esser, Hartmut: In guten wie in schlechten Tagen? Das Framing der Ehe und das Risiko zur Scheidung. Eine Anwendung und ein Test des Modells der Frame-Selektion. In: Kölner Zeitschrift für Soziologie und Sozialpsychologie 54/1 (2002), 27–63.

Esser, Harmut: Sanktionen, Reziprozität und die symbolische Konstruktion einer Kooperations-„Gemeinschaft“. In: Zeitschrift für Soziologie 47/1 (2018), 8–28.

Esser, Hartmut: Big Steps and Blind Spots: Herbert Gintis's take-over of sociology is economic imperialism. In: Sociologický časopis/Czech Sociological Review 55/6 (2019), 883–889.

Fehr, Ernst/Gächter, Simon: Cooperation and punishment in public goods experiments. In: American Economic Review 90 (2000), 980–994.

Gintis, Herbert: Individuality and entanglement. The moral and material bases of social life. Princeton, NJ, Oxford 2017.

Jaworski, Gary D.: Erving Goffman as Sorcerer's Apprentice. In: The American Sociologist 50 (2019), 387–401.

Kirchgässner, Gebhart: Homo oeconomicus. Das ökonomische Modell individuellen Verhaltens und seine Anwendung in den Wirtschafts- und Sozialwissenschaften. Tübingen [3]2013.

Kroneberg, Clemens: Die Definition der Situation und die variable Rationalität der Akteure. Ein allgemeines Modell des Handelns. In: Zeitschrift für Soziologie 34/5 (2005), 344–363.

Lindenberg, Siegwart: An assessment of the new political economy: its potential for the social sciences and for sociology in particular. In: Sociological Theory 3/1 (1985), 99–114.

Lindenberg, Siegwart: Social rationality, self-regulation, and well-being: The regulatory significance of needs, and the self. In: Rafael Wittek/Tom A.B. Snijders/Victore Nee (Hg.): Handbook of Rational Choice Research. Stanford, Cal. 2013, 72–112.

Manning, Philip: Erving Goffman and Modern Sociology. Cambridge UK 1992.

Opp, Karl-Dieter: Die Theorie rationalen Handelns. In: Oliver Decker (Hg.): Sozialpsychologie und Sozialtheorie, Bd. 1: Zugänge. Wiesbaden 2018, 61–76.

Opp, Karl-Dieter: Rational choice theory, the model of frame selection and other dual-process theories. A critical comparison. In: Vincent Buskens/Rense Corton/Chris Snijders (Hg.): Advances in the sociology of trust and cooperation. Theory, experiments, and field studies. Berlin, New York 2020, 41–74.

Schelling, Thomas C.: The strategy of conflict. Cambridge MA 1960.

Schmid, Michael: Rationales Handeln und soziale Prozesse. Wiesbaden 2004.

59 Interaktion und (digitale) Medien

Ruth Ayaß

Immer wieder findet sich in der Literatur der Hinweis, Goffman habe sich nicht oder nur wenig mit Medien befasst. Dieser Eindruck ist so nicht richtig. Seine beiden letzten größeren Publikationen setzten sich mit Medien auseinander: *Gender Advertisements* und *Radio Talk* (FT_e). Dennoch ist unschwer erkennbar, dass die Analyse von Medien oder medial vermittelter Kommunikation zuvor *nicht* im Zentrum von Goffmans Texten stand. Die am stärksten rezipierten Texte Goffmans – also vor allem *Presentation of Self, Behavior in Public Places, Relations in Public* und *Frame Analysis* – befassten sich mit der Interaktion in Face-to-face-Situationen, also mit Interaktionen, die unter Bedingungen wechselseitiger Wahrnehmung bei körperlicher Anwesenheit stattfinden. In Goffmans Definition dieser sozialen Situation sind Medien und medial vermittelte Kommunikation dabei ausdrücklich *nicht* mit gemeint. So fasst er die Bedingungen dieser Face-to-face-Beziehung in *Presentation of Self* als „the reciprocal influence of individuals upon one another's actions when in one another's immediate physical presence" (PS2, 15; PS_{dt}, 18). Diese Definition findet sich wiederkehrend: In *Interaction Ritual* zum Beispiel definiert Goffman das „gathering" als Zusammenkunft, „whose members include all and only those who are at the moment in one another's immediate presence" (IR_e, 144: IE_e_{dt}, 159). Und diese Fokussierung auf Begegnungen, die ‚immediate' sind, schließt die Analyse von Medien – zunächst – per Definition aus.

Wo und wie Goffman Medien thematisiert

Gleichwohl nimmt Goffman in vielen Texten und an vielen Stellen auf Medien Bezug – teils sind diese Bezüge offensichtlich, teils nicht. Daher sei zunächst kurz aufgezeigt, wo und wie Goffman sich auf Medien bezieht:

1) Medien als Gegenstand der Analyse In *Gender Advertisements* analysiert Goffman detailliert die Geschlechterbilder, welche in den Werbe-Anzeigen in Zeitungen und Zeitschriften dargestellt und erzeugt werden (s. Kap. 46). Die Studie enthält, für die soziologische Literatur der 1970er Jahre durchaus unüblich, über 500 Abbildungen dieser Annoncen. In *Radio Talk* analysiert Goffman Versprecher, die in Radiokommunikation auftreten, sowie die Bearbeitung solcher Lapsus seitens derer, denen sie unterlaufen. Man sieht schon an diesen beiden Texten, dass Goffman den Medien keineswegs so desinteressiert gegenüberstand, wie dies viel-

R. Ayaß (✉)
Fakultät für Soziologie, Universität Bielefeld, Bielefeld, Deutschland
E-Mail: ruth.ayass@uni-bielefeld.de

K. Lenz und R. Hettlage (Hrsg.), *Goffman-Handbuch*, https://doi.org/10.1007/978-3-476-05871-3_59

fach vermutet wird. Dennoch steht in diesen Texten keine eigenständige Medientheorie im eigentlichen Sinn im Zentrum. In *Gender Advertisements* interessieren ihn weniger die Werbeannoncen an sich als vielmehr die zeremoniellen Darstellungen von Familie und Geschlecht, die in diesen Bildern zum Ausdruck kommen (und in ihnen ‚hyperritualisiert' werden). Und in *Radio Talk* widmet Goffman sich weniger dem Radio und seinen Produktionsbedingungen, als vielmehr dem ‚production format' und damit den Äußerungen der Sprechenden selbst – also wo und wie der/die Radiosprecher/in als ‚author' agiert, wo er/sie hingegen als ‚animator' auftritt, wo er/sie spontan spricht (‚fresh talk'), wo er/sie vorliest oder rezitiert.

Die Beispiele, die in diesen beiden Texten herangezogen werden, stammen aus den Medien der 1970er Jahre. In diesem Jahrzehnt waren (in den USA) die klassischen gedruckten Verbreitungsmedien (Bücher, Zeitschriften, Zeitungen etc.) wie auch die elektronischen Medien Hörfunk und Fernsehen fest etabliert. In *Radio Talk* und *Gender Advertisements* werden zwei populäre Massenmedien der 1970er Jahre – Hörfunk und Zeitschrift – zum eigenständigen soziologischen Analysegegenstand.

2) Beispiele aus Medien und medialer Kommunikation Aber auch wo Goffman auf den ersten Blick *nicht* explizit Medien zum Gegenstand macht, nimmt er auf mediale Kommunikation Bezug. In *Frame Analysis,* in *Asylums* sowie in anderen Texten bezieht er sich auf Romane, Briefe und Autobiographien. Zudem zitiert er häufig aus Zeitschriften und Zeitungsartikeln. Diese Verweise auf Medien dienen ihm zum einen als Belege und als Beispiele. Aber Goffman baut auch ganze Argumente auf Situationen auf, die aus medialer Kommunikation stammen. Im Aufsatz *Footing* (FT_c) entwickelt er aus einem Zeitungsbericht über eine Pressekonferenz (des damaligen US-Präsidenten Nixon) heraus ein ganzes Programm zur Analyse von Sprecherpositionen und Teilnehmerkonstellationen in Face-to-face-Situationen (s. Kap. 34). Goffman thematisiert also Medien aller Art fortwährend für die Analysen alltäglicher Interaktionen.

3) Medien in Face-to-face-Kommunikationen Von diesen Beispielen abgesehen sind Face-to-face-Interaktionen Gegenstand von Goffmans Analysen, also Situationen mit „full conditions of *copresence*" (BP, 17; H.i.O.; BP_{dt}, 33). An dieser Ko-Präsenz ist für Goffman nicht allein die leibliche Anwesenheit, sondern vor allen Dingen die darauf beruhende Möglichkeit der wechselseitigen Wahrnehmung relevant sowie die Konsequenzen, die sich daraus ergeben: „persons must sense that they are close enough to be perceived in whatever they are doing, including their experiencing of others, and close enough to be perceived in this sensing of being perceived" (ebd.). Nur unter Bedingungen solcher wechselseitigen Wahrnehmungen vollzieht sich der Blickkontakt, geschehen fokussierte Interaktionen und die Rituale alltäglicher Begegnungen. Bei genauer Lektüre von Goffmans Texten, die sich mit alltäglichen Begegnungen und Interaktionen befassen, wird deutlich, dass er auch in diesen Texten immer wieder auf medial vermittelte Kommunikationen eingeht, wenn auch meist kurz: auf Briefkommunikation und auf Telefonkommunikation – also auf medial vermittelte Kommunikation zwischen Individuen. In *The Interaction Order,* ein Text, der als Vermächtnis Goffmans gelten kann, erwähnt er zum Beispiel „the telephone and the mails" als Varianten der Face-to-face-Situation, genauer als: „reduced versions of the primordial real thing" (InO, 2; InO_{dt}, 55). Auch in *Relations in Public* listet er Telefon, Telegrafie und Briefe als „marginal and derived forms of social contact" (RP_c, 70 f.; RP_c_{dt} 107 f.) auf.

Für Goffmans Analysen sind medial vermittelte Interaktionen zwischen Individuen insofern problematisch, als hier die wechselseitige Wahrnehmung der Teilnehmer/innen eingeschränkt ist. Gerade bei den Medien, die er als Beispiele nennt, Telegrafie und Briefwechsel, lässt sich wechselseitige Wahrnehmung in seinem Sinn kaum beobachten. Das Telefon nimmt hier eine Zwischenstellung ein, da es den Interagierenden – zumindest akustisch – wechselseitige Wahrnehmung ermöglicht und die Telefonierenden in Alltagssituationen wiederum beobachtbar sind. Wenig überraschend ist es gerade die Interaktion via Telefon, welche Goffman als Beispiel näher ausführt. In *Relations in Public* (RP_d, 220 ff.; RP_d_{dt}, 294 ff.) führt er das Beispiel des Telefonierenden an, der sich während seines Telefonats in Anwesenheit *anderer* kopräsenter Personen befindet, die ihm beim Telefonieren zuhören und zusehen und damit ein Publikum bilden. Die telefonierende Person wiederum befindet sich dadurch in zwei Interaktionen zugleich – Goffman bezeichnet sie als „the man in the middle" (RP_d, 221; „die Mittelperson", RP_d_{dt}, 295). Diese Person hat „a bystander at his own end of the line and a party at the other" (ebd.). Sie kann mit der anwesenden Person Allianzen eingehen und zum Beispiel Zeichen von Ungeduld oder Verärgerung austauschen. Telefonkommunikation ist wegen dieses ungewissen Teilhabestatus für beide Interagierende riskant: „Persons on the phone are thus vulnerable to each other to an inordinate degree" (RP_d, 220; RP_d_{dt}, 296). Die besondere Position des in der Öffentlichkeit Telefonierenden wird auch im Aufsatz *Response Cries* deutlich, wo Goffman das Telefonieren mit einem ‚unboothed street phone' diskutiert (also ein Festnetztelefon mit halb-offener Telefonmuschel oder ganz ohne ‚Gehäuse'), bei welchem der Telefonierende dem Strom der Fußgänger entweder den Rücken zukehrt oder diesen „in an abstracted way" beobachtet (FT_b, 86; FT_c_{dt}, 160). Man sieht an diesen Beispielen: Goffman interessiert sich zwar tatsächlich *nicht* primär für medial vermittelte Kommunikation. Doch beobachtet er durchaus die Augenblicke und die Gelegenheiten, bei denen Medien in alltägliche Kommunikation hineinreichen und die soziale Situation verändern (was zu seinen Zeiten vor allen Dingen für das Medium Telefon zutrifft).

Goffman habe ‚mediated contact' sorgfältig aus seiner Analyse ausgeschlossen, meint Ruth Rettie (2009, 424). Dies trifft aber, wie man sieht, so pauschal nicht zu. Dennoch: Goffmans Analysen zielen primär auf die Face-to-face-Kommunikation. Er entwickelt seine Begriffe für die Analyse der Kommunikation und Interaktion unter physisch Anwesenden.

Wo und wie Goffmans Begriffe die Analyse von Medien erschließen

Zahlreiche Analysen von sozialen Medien schließen direkt an Goffman an. Sie zeigen, dass Goffmans Analysen des Alltags und der Alltagskommunikation und seine Begriffe für die Analyse digitaler und sozialer Medien gewinnbringend sind. Im Folgenden soll daher diskutiert und gezeigt werden, wie sich Begriffe Goffmans in der Analyse digitaler und sozialer Medien verwenden lassen:

1) Participation Framework (in medialer Kommunikation) Im schon erwähnten Text *Footing* übt Goffman an der gängigen Unterscheidung zwischen „Sprecher/in" und „Hörer/in" scharfe Kritik – er bezeichnet sie schlicht als inadäquat. Stattdessen beschreibt Goffman das ‚alignment', das Interagierende in und durch ihre Äußerungen gegenüber sich selbst wie auch gegenüber anderen einnehmen als „footing" (FT_c, 128; „Redestatus", FT_a_{dt}, 41 f.). Kommt es zu einem Wechsel dieses „alignments", kommt es entsprechend zu einem „change in footing". Zunächst unterscheidet Goffman zwischen ratifizierten und nicht-ratifizierten Teilnehmer/innen. Akteur/innen, die einer sozialen Begegnung, einem ‚encounter', als ratifizierte Teilnehmer/innen beiwohnen, hören deswegen aber nicht notwendig zu – wie im Gegenzug jemand zuhören kann, ohne ratifizierte/r Teilnehmer/in zu sein. Auf der Ebene nicht-ratifizierter Teilnehmer/innen unterscheidet Goffman zwischen mehreren Partizipationsmöglichkeiten, die die Akteur/innen einnehmen können: Sie können „bystander" („Zaungast") sein, „overhearer" („Passivhörer") oder „eavesdropper" („Mithörer"). „Bystander" ist zum Beispiel jemand, der zwar nicht an der Interaktion teilnimmt, aber Zugang zu ihr hat (wenn man zum Beispiel bei jemandem in der Tür steht). Zwischen ratifizierten und nicht-ratifizierten Teilnehmenden gibt es eine Reihe von Interaktionsmöglichkeiten, die Goffman unter den Begriffen „byplay" („Nebengeschehen"), „crossplay" („Quergeschehen") und „sideplay" („Seitengeschehen") ausführt (FT_c, 134 ff.; FT_a$_{dt}$, 47 ff.). „Crossplay" zum Beispiel meint die Interaktion zwischen ratifizierten Teilnehmer/innen einer Interaktion und einem „bystander" (etwa wenn man der Person in der Tür ein Zeichen gibt, dass man gleich soweit ist). Goffman zeigt in *Footing* im Wesentlichen auf, dass schon in alltäglichen Interaktionen sehr viel mehr Teilnahmerollen bestehen, als die unzulängliche Trennung von Sprecher/in und Hörer/in (oder Sender/in und Empfänger/in) suggeriert. Man solle die Anwesenheit von „bystander" als Regelfall betrachten und nicht als Ausnahme. *Footing* zeigt, dass es in alltäglichen Interaktionssituationen verschiedene Formen der Teilnahme gibt, die sich fortlaufend verändern. Zieht man nun Medien hinzu, wird das „participation framework" („Teilnehmerrahmen") sehr viel komplexer, da Medien vielfältige Optionen des ‚participation framework' anbieten und verwenden. Ian Hutchby (2006) zeigt dies anhand von Radiosendungen, in denen die Zuhörenden während der Sendung anrufen und darüber zu Teilnehmer/innen dieser Sendungen werden. John Heritage (1985) überträgt Goffmans Begriffe auf das Medium Fernsehen. Er analysiert Interviews im Fernsehen als „production of talk for an overhearing audience". Moderator/in und Studiogast führen ein Interview, welches ohne ein Publikum gar nicht durchgeführt werden würde und in dem die Interviewfragen und die Antworten des Gastes auf dieses abwesende Publikum zugeschnitten sind. Steven Clayman (1992) zeigt, daran anschließend, wie die von Goffman beschriebenen ‚changes in footing' in Interviews in Fernsehnachrichten gehandhabt werden: Die Journalist/innen betten zum Beispiel ihre wertenden Äußerungen in Zitate ein, so dass ihre Fragen gleichzeitig kritisch klingen und doch ‚neutral', da sie im Zitat schließlich nur die Äußerungen *anderer* wiedergeben.

Diese Analysen können insofern exzellent an Goffman anknüpfen, als schließlich, insbesondere in *Radio Talk,* die verschiedenen Formen von „participation status" („Teilnehmerstatus") und „production format" („Produktionsformat") von Goffman selbst schon anhand medialer Kommunikation durchgeführt wurden. Aber auch soziale Medien bieten sich für Analysen im Sinne des „participation framework" an: Es gibt zum Beispiel „lurker" auf sozialen Plattformen, also Personen, die nichts von sich preisgeben, aber still und passiv rezipieren, „follower" und vieles andere mehr. Über diese alltäglichen Ethno-Kategorien des Feldes hinaus gibt es in sozialen Medien zahlreiche weitere Teilnahmepositionen, die sich erst in der Analyse erschließen. Dhiraj Murthy (2012) zeigt zum Beispiel auf, wie sich im „Weiterleiten" und „Zitieren" auf Twitter jeweils das Publikum und das Produktionsformat der Äußerungen ändern. (Für weitere Analysen zu sozialen Medien die Beiträge in Gerhardt/Eisenlauer/Frobenius 2014; Jenkins 2010; sowie die Hinweise in Beneito-Montagut 2015, 538; Jacobsen/Kristiansen 2015, 186 ff.; Ling 2010, 276; Murthy 2012, 1066; Winkin/Leeds-Hurwitz 2013, 89 ff.).

2) (Medial vermittelte) Begegnungen Medien stellen zahlreiche Variationen von wechselseitiger, unvermittelter Interaktion her. Medien reichen heute zum einen in die Face-to-face-Situationen des Alltags hinein, in welchen zwei oder mehr Interagierende sich im selben Raum aufhalten und einander wechselseitig gegeben sind. Goffmans Beispiele aus der Telefonkommunikation zeigen, dass dies nicht erst eine Eigenschaft der sogenannten sozialen Medien ist. Seine Diskussion der „person in the middle" bei einem Telefonat in Anwesenheit Dritter (siehe oben) ist ein Beispiel dafür. Mit heutigen digitalen Medien und ihren technischen Grundlagen können aber auch „encounters" in Goffmans Sinn (BP 1963, 88 f.; BP$_{dt}$, 102 f.) durchgeführt werden, in denen sich die Interagierenden wechselseitig wahrnehmen können – für Goffman ein zentrales Merkmal der Face-to-face-Situation. Für zentrierte Interaktionen, in denen die Interagierenden ihre Handlungen an einem gemeinsamen Fokus ausrichten, ist daher nicht weiter physische Anwesenheit im wörtlichen Sinn nötig. Goffmans Arbeiten zu fokussierten Interaktionen wurden vielfach für die empirische Analyse solcher medial vermittelter Begegnungen verwendet. Wie diese Studien zeigen, haben medial geführte „encounters" ihre eigenen situativen Einschränkungen, die tief in die Interaktion eingreifen. Christian Heath und Paul Luff (1993) führen dies am Beispiel von Interaktionen in *Videokonferenzen* aus. Die technischen Bedingungen haben zentrale Auswirkungen auf die Realisierung der Interaktion. Dies betrifft zum einen die meist leicht versetzte Übertragung des Tons, welche zu vermeintlichen Pausen, gleichzeitigem Sprechen und anderem führt (schon Tonträgheiten von Viertelsekunden genügen hier, um einen anderen Beitrag als Unterbrechung wahrzunehmen). Körperliche Aktionen wie Gestik, welche auf der einen Seite dreidimensional ausgeführt werden, können auf der anderen Seite der Videokonferenz nur zweidimensional gesehen werden. Das Gegenüber wird daher quasi nur entkörpert („disembodied") wahrgenommen. Hinzu kommen Probleme ausgerechnet im Blickkontakt – bei Goffman eine zentrale Eigenschaft für die Koordination gemeinsamer Aktivitäten. In Videokonferenzen und Videotelefonie (wie bei Skype oder Zoom) ist direkter Blickkontakt *nicht* möglich, da die Interagierenden nur entweder in die Kamera *oder* der bildlichen Übertragung ihres Gegenübers in die Augen schauen können (sogenanntes ‚eye contact dilemma'). Insbesondere während der Corona-Pandemie, die sich ab dem Frühjahr 2020 entwickelte, wurden solche Videokonferenzen plötzlich viel häufiger verwendet als zuvor und dienten nicht mehr nur als gelegentliche Ergänzung von fokussierten Interaktionen unter Anwesenheit, sondern ersetzten sie vielfach komplett, sowohl in beruflichen wie privaten Kontexten. Durch diese Konferenzsysteme etablieren sich neue Interaktionsformen mit den unterschiedlichsten Partizipationsmöglichkeiten. Diese beruhen auf den technischen Möglichkeiten, mit denen sich in den verschiedenen Programmen die eigene Anwesenheit herstellen, darstellen und manipulieren lässt (das eigene Bild ein-/ausschalten, den Hintergrund oder sich selbst „weichzeichnen", den eigenen Ton ein-/ausschalten; mit einzelnen ‚chatten', mit ‚allen' chatten). Das „encounter" findet hier prinzipiell zu *anderen* Bedingungen von Wechselseitigkeit, Aufmerksamkeit, Zugänglichkeit etc. statt. Hier finden sich entsprechend auch technik- und softwarebedingte Variationen von Interaktionsroutinen (etwa die ‚echte' oder eine virtuelle Hand heben) in der Herstellung von Rederechten, aber auch neue Formen von Begrüßungen und Verabschiedungen (in die Kamera winken bei beruflichen Meetings; Küsse auf Displays drücken in privaten Gesprächen). Die Technik verändert nicht nur die Interaktionen, sondern sie greift strukturell in Interaktionen ein und gibt Äußerungsformate vor (Eisenlauer 2014 zeigt diese Eigenmächtigkeit der Technik am Beispiel Facebook). Die mediale Vermittlung und die technischen Bedingungen wirken in das „encounter" selbst hinein, so dass hier eigene Interaktionsformen mit eigenen Beteiligungsstrukturen entstehen (und nicht nur mediale Varianten). Diese Formen gehen zudem mit Interaktionen unter Anwesenden Hybridformate ein. Mediale „encounters" verlaufen, was wechselseitige Wahrnehmung, Blickkontakt, Ko-Präsenz etc. betrifft, anders als Begegnungen zu Face-to-face-Bedingungen. Mit der Medialisierung ändert sich auch die soziale Situation (Heath/Luff 1993 zu Videokonferenzen, Rettie 2009 zu „mediated encounters" via Telefon, Roser Beneito-Montagut 2015 zu „online encounters" auf Facebook, Twitter, Spotify und anderen ‚social network sites' sowie Murthy 2012 über Twitter).

Vor allem Karin Knorr-Cetina (2012) betont, dass diese neuen Formen sozialer Begegnungen, die Goffman wie erwähnt noch als „reduced versions of the primordial real thing" (InO, 2; InO_{dt}, 55) beschrieb, eine zunehmende Bedeutung für die Interaktionen in modernen Gesellschaften haben. Knorr-Cetina erfasst diese Interaktionsformen und die Kontexte, in denen sie stattfinden, mit dem Begriff der „synthetischen Situation". Damit bezeichnet sie Situationen, die „den *body-to-body*-Ausgangspunkt der *face-to-face*-Situation" (2012, 90) verlassen und nicht weiter die physische Ko-Präsenz am selben Ort zugrunde legen. Synthetische Situationen umfassen

Konstellationen, die eben *nicht* den geteilten Ort und physische Kopräsenz der Akteur/innen voraussetzen. An die Stelle von Face-to-face-Situationen treten ‚Face-to-*screen*'-Situationen, und die Akteur/innen sind tele-präsent. Die Interaktionspartner/innen in solchen Online-Interaktionen treffen sich, so Knorr Cetina, „eher in der Zeit als an einem Ort" (2012, 102).

3) (Mediated) Behavior in Public Places In *Behavior in Public Places* führt Goffman die Unterscheidung zwischen fokussierten und nicht-fokussierten Interaktionen ein und diskutiert im Zusammenhang damit Fragen von Engagement („involvement") und Interaktionen zwischen einander Unbekannten im öffentlichen Raum (s. Kap. 40). Mit dem Begriff „accessibility" (BP, 104; „Zugänglichkeit", BP_{dt}, 117) bezeichnet er die Bedingungen, unter denen Unbekannte in öffentlichen Situationen Kontakt zueinander aufnehmen können (BP, 104–110; BP_{dt}, 117–123). In der Öffentlichkeit sind Interagierende zu einer gewissen Bereitschaft zum Engagement verpflichtet, aber auch dazu, sich zurückzuhalten und Interaktion zu unterlassen – und andere Akteur/innen, Passant/innen zum Beispiel, zu ignorieren. Goffman prägte für diese Formen der ephemeren wechselseitigen Wahrnehmung den Begriff der „civil inattention" (BP, 83; „höfliche Gleichgültigkeit", BP_{dt}, 97). Er beschreibt, mit welchen Mitteln Interagierende diese „civil inattention" herstellen – wie sie anzeigen, dass sie den anderen wahrnehmen, aber zugleich nicht für Interaktion mit ihm zur Verfügung stehen. Eine zentrale Rolle spielt dabei das Blickverhalten. Ein anderes Mittel zur Vermeidung von Interaktionen sind „involvement shields" („Schutzwälle"). Darunter versteht Goffman Orte und Gegenstände, welche den Akteur/innen erlauben, ihr Handeln vor den Blicken anderer abzuschirmen (BP, 38–42; BP_{dt}, 54–58). Als Beispiele verwendet Goffman Sonnenbrillen, Fächer oder Masken. Für die Herstellung von Nicht-Zugänglichkeit in der Öffentlichkeit spielen in den vergangenen Jahren Medien, insbesondere mobile Geräte, eine immer prominentere Rolle. Sie werden als „involvement shields" eingesetzt (Ayaß 2014). Schon früher wurden Medien wie Bücher und Zeitungen in privaten Kontexten wie in der Öffentlichkeit dazu verwendet, sich als (geistes-)abwesend und beschäftigt anzuzeigen. In Räumen und Situationen, in denen einander Unbekannte sich für längere Zeit gemeinsam aufhalten (müssen), werden Medien sogar bereitgestellt, damit die Anwesenden sich mit ihnen beschäftigen können (Zeitschriften in Wartezimmern von Ärzten/Ärztinnen und beim Friseur; Ständer mit Informationsmaterial in Ämtern und Behörden; Litfaßsäulen und Plakatwände an Bushaltestellen und U-Bahn-Stationen etc.). Vor allem aber Smartphones sind aus mehreren Gründen gut als „involvement shield" geeignet: Sie binden die Blicke und teils auch den Hörsinn ihrer Nutzer. Sie sind klein und tragbar und können dadurch überallhin mitgenommen werden. Als „involvement shield" taugen die Geräte des Weiteren, weil sie als individueller Besitz jederzeit hervorgeholt und beiseitegelegt werden können (in Wartesituationen zum Beispiel). Durch ihre fortwährende Verwendung als „involvement shields" sind die mobilen Geräte in öffentlichen Kontexten allgegenwärtig. Sie führen zu einem neuen „Behavior in Public Places", nämlich einem *mediatisierten* Verhalten an öffentlichen Orten.

Eben weil gerade Smartphones im Alltag omnipräsent sind und vielfach eingesetzt werden, um mit Abwesenden zu kommunizieren, bilden sich auch neue Formen des „with". Unter einem „with" versteht Goffman Personen, die erkennbar zueinander gehören und eine Einheit bilden (RP_a, 19). Zwei Menschen auf einer Parkbank zum Beispiel werden als ein „with" (als ein „Miteinander", RP_a_{dt}, 43) wahrgenommen oder Passant/innen in der Fußgängerzone, wobei Letztere ein „mobile with" bilden, da sich dieses „with" fortbewegt. Telefonierende bilden ebenfalls ein „with", das allerdings nicht auf Anwesenheit am selben Ort angewiesen ist, und dessen Gespräch möglicherweise vor Ort mitgehört werden kann. Welche Implikationen hier „bystander" oder „eavesdropper" für das „participation framework" haben können, wurde schon gezeigt. „In public places we have ‚singles' (a party of one) and ‚withs' (a party of more than one) [...]", schreibt Goffman (InO, 6; InO_{dt}, 68) – aber genau genommen bildet das in der Öffentlichkeit telefonierende Individuum ein ortsübergreifendes „with", das lokal aus nur *einer* wahrnehmbaren Person, einem „single", besteht. Wenn das Mobiltelefon von Personen auch im Gehen oder beim Fahren benutzt wird, ändert sich das „participation framework" erneut. Vor Ort bilden diese Individuen zwar zunächst jeweils ein „single" (und werden vielleicht auch von anderen für ein solches gehalten), aber zusammen bilden sie ein mobiles Miteinander (mit einer nicht leiblich anwesenden Person), zudem mit einem ständig wechselnden Publikum, was die Situation nur schwer durchschaubar macht. Für Interaktionen steht das mobile „with" nicht zur Verfügung: Es ist ausgesprochen schwer, Blickkontakt zu einer Person herzustellen, die in der Öffentlichkeit telefoniert *und* geht. Nicht selten liegt hier ein doppelt mobiles „with" vor, wenn beide an verschiedenen Orten telefonierenden „singles" sich jeweils vor Ort fortbewegen. Dieses „with" ist im Sinne Ole B. Jensens (2010) ein vernetztes „with", das einander wechselseitig zur Verfügung steht, aber nicht den Personen vor Ort.

4) Mediale (und virtuelle) Rahmen Für die Analyse der (fiktionalen) Welten in (Massen-)Medien scheint Goffmans Rahmenanalyse zunächst prädestiniert, da hier – in Spielesendungen, in Talkshows und vielem anderem mehr – Personen teils als Figuren, teils in Rollen auftreten und, wie im Theater, einem Publikum eine Aufführung geben, die mit klarer Anfangs- und Schlussklammer versehen ist. Goffmans Begriff des Rahmens wird hier jedoch, insbesondere in Psychologie und Kommunikationswissenschaft, oft verkürzt rezipiert (zum Beispiel im Begriff des „framing"), teils wird er auch mit anderen Ansätzen vermengt und dabei meist verwässert (zu solchen Verkürzungen siehe auch die Kritik bei Winkin/Leeds-Hurwitz 2013, 90 f.). Doch wie schon Gary A. Fine (1983) zeigte, sind Goffmans Begriffe aus der Rahmenanalyse für die empirische Analyse (fiktionaler) medialer Welten und ihrer Übergänge in die Alltagswelt hervorragend geeignet. Fine führt dies anhand sogenannter Fantasy Role Play Games (wie zum Beispiel Dungeons and Dragons) vor, Spiele, die nicht nur ein eigenes Regelwerk haben, sondern auch spezifische Medien verwenden. Sie beruhen als Pen-&-Paper-Rollenspiel – wie ihr Name schon sagt – auf papiernen Regelbüchern, Charakterbögen und Spiel-Plänen. Fine zeigt, dass verschiedene Rahmen in diesen Spielen aktiv sind, welche verschiedene Interaktionskonstellationen erzeugen – etwa wenn ein/e Spieler/in (wie auch von Goffman für das Theater beschrieben) „out of character" spricht. Für die Spieler/innen stellt der fiktionale Rahmen (nur) einen Teil ihrer Erfahrung dar. Gerade Spiele haben in ihren virtuellen Versionen, vor allem als Massively Multiplayer Online Role-Playing Games (MMORPGs), ungeheure Popularität erlangt und eigene subkulturelle Szenen erzeugt. In diesen virtuellen Spielen treten sich Akteur/innen als Avatare gegenüber, die sie (im Rahmen technischer Vorgaben) selbst erzeugen und gestalten können, und interagieren in diesen Rollen in einer fiktionalen Welt mit anderen Avataren. Dort (in den fiktionalen Welten) kann man Krieg führen, aber auch Häuser bauen, Schafe züchten und Land bewässern. Jonas Linderoth (2012) zeigt anhand eines solchen Spiels (World of Warcraft), wie hartnäckig die Spieler/innen sich bemühen, in der fiktionalen Welt zu bleiben. Sie stellen dies aktiv durch „upkeying" her – und es ist keineswegs allein die technisch-virtuelle Umgebung, die dies herstellt oder gewährleistet.

5) Presentation of Self (in und durch Medien) Zweifellos bieten soziale Medien zahlreiche Möglichkeiten der Präsentation des Selbst, doch greift es zu kurz, soziale Medien, vor allem Bildmedien wie Instagram, schlicht als Vorderbühne zu beschreiben (weil wie so oft dabei Goffmans Bühnenmetapher missverstanden wird). Die Bilder, welche auf sozialen Medien veröffentlicht werden, zählen in Goffmans Sinn eher zu den zeremoniellen Darbietungen, wie er sie in *Gender Advertisements* und *Interaction Ritual* beschreibt. Dennoch ist die Bühnenmetapher für die Analyse sozialer Medien hilfreich, da die „expressions given"

– zum Beispiel in Darstellungen des Selbst auf Twitter oder Instagram – nicht mit den „expressions given off" übereinstimmen müssen (wie viele Nutzer/innen sozialer Medien schmerzhaft erfahren) (zu den „expressions given and given off" siehe PS2, 4; PS_{dt}, 8). In *Presentation of Self* (PS2, 112; PS_{dt}, 104) findet sich die Beobachtung, dass das (Festnetz-)Telefon eher „back-stage" angesiedelt ist, damit es auch für private Telefonate verwendet werden kann. Goffman zählt das (Festnetz-)Telefon zu den Requisiten der Hinterbühne. Wie Rich Ling zeigt, hat mit dem Mobiltelefon die Telefonie diese Hinterbühne verlassen und dadurch aber die Vorderbühne verändert. Zudem bringt das Mobiltelefon den/die Telefonierende/n (sofern er/sie in der Öffentlichkeit telefoniert) in eine Situation, in der er/sie eine „dual front-stage" handhaben muss (2010, 278–283).

Warum Goffmans Begriffe für die Analyse medialer Situationen taugen

Es ist immer wieder festgestellt worden, dass sich Goffmans Terminologie dazu eignet, Dinge zu beschreiben und zu analysieren, die weit außerhalb seines Blickfelds lagen. Michael Jacobsen und Søren Kristiansen führen dies darauf zurück, dass sich Goffmans analytisches Glossar durch „timelessness, versatility, and elasticity" (2015, 185) auszeichne. Gerade für die Analysen sozialer Medien trifft diese Einschätzung in hohem Maße zu. Mehr noch: Goffmans Begriffe eignen sich für die Analyse der sozialen Medien besonders gut, *weil* sie ursprünglich gar nicht auf diesen besonderen empirischen Gegenstand zielten, sondern, und hier schließt sich der Kreis, auf den Alltag der Akteur/innen und auf die Face-to-face-Situation, in welche diese Medien nun Einzug gehalten haben. Es ist daher nur auf den ersten Blick widersprüchlich, dass gerade Goffmans klarer Fokus auf die Bedingungen von Wechselseitigkeit, Wahrnehmung und Aufmerksamkeit unter Anwesenden seine Begrifflichkeit in hohem Maße anschlussfähig macht für die Analyse von Medien, die mit verschiedenen Mitteln eben solche synchrone oder nahezu synchrone Kommunikation herstellen. Medien haben sich ver-alltäglicht, und Prozess und Resultat dieser Ver-Alltäglichung sind ein Goffmansches Thema *par excellence.*

Literatur

Ayaß, Ruth: Using media as involvement shields. In: Journal of Pragmatics 72 (2014), 5–17.

Beneito-Montagut, Roser: Encounters on the social web. Everyday life and emotions online. In: Sociological Perspectives 58/4 (2015), 537–553.

Clayman, Steven: Footing in the achievement of neutrality. The case of news interviews discourse. In: Paul Drew/John Heritage (Hg.): Talk at work. Interaction in institutional settings. Cambridge 1992, 163–198.

Eisenlauer, Volker: Facebook as a third author. (Semi-) automated participation frameworks in social network sites. In: Journal of Pragmatics 72 (2014), 73–85.

Fine, Gary A.: Shared fantasy: Role-playing games as social worlds. Chicago, London 1983.

Gerhardt, Cornelia/Eisenlauer, Volker/Frobenius, Maximiliane (Hg.): Participation framework revisited. (New) Media and their audiences/users. In: Journal of Pragmatics 72 (2014), 1–90, Special Issue.

Heath, Christian/Luff, Paul: Disembodied conduct. Interactional asymmetries in video-mediated communication. In: Graham Button (Hg.): Technology in working order. Studies of work, interaction, and technology. London, New York 1993, 35–54.

Heritage, John: Analyzing news interviews. Aspects of the production of talk for an overhearing audience. In: Teun A. van Dijk, (Hg.): Handbook of discourse analysis. Vol. 3: Discourse and Dialogue. London 1985, 95–117.

Hutchby, Ian: Media talk. Conversation analysis and the study of broadcasting. Glasgow 2006.

Jacobsen, Michael H./Kristiansen, Søren: The social thought of Erving Goffman. Los Angeles 2015.

Jenkins, Richard: The 21st-century interaction order. In: Michael H. Jacobsen (Hg.): The contemporary Goffman. New York 2010, 257–274.

Jensen, Ole B.: Erving Goffman and everyday life mobility. In: Michael H. Jacobsen (Hg.): The contemporary Goffman. New York 2010, 333–351.

Knorr Cetina, Karin: Die synthetische Situation. In: Ruth Ayaß/Christian Meyer (Hg.): Sozialität in Slow Motion. Theoretische und empirische Perspektiven. Wiesbaden 2012, 81–110 (orig.: The synthetic situation. interactionism for a global world. In: Symbolic Interaction 32/1 (2009), 61–87).

Linderoth, Jonas: The effort of being in a fictional world. Upkeyings and laminated frames in MMORPGs. In: Symbolic Interaction 35/4 (2012), 474–449.

Ling, Rich: The „unboothed“ phone. Goffman and the use of mobile communication. In: Michael H. Jacobsen (Hg.): The contemporary Goffman. New York 2010, 275–292.

Murthy, Dhiraj: Towards a sociological understanding of social media: Theorizing Twitter. In: Sociology 46/6 (2012), 1059–1073.

Rettie, Ruth: Mobile phone communication. Extending Goffman to mediated interaction. In: Sociology 43/3 (2009), 421–438.

Winkin, Yves/Leeds-Hurwitz, Wendy: Erving Goffman. A critical introduction to media and communication theory. New York, Wien 2013.

60 Qualitative Sozialforschung: Ethnografie

Jürgen Raab

Die anhaltende Berühmtheit und der nachhaltige Einfluss der Aufsätze und Bücher von Erving Goffman verdanken sich nicht zuletzt ihrer zur Entstehungszeit zwischen 1949 und 1981 noch eher unkonventionellen sozialwissenschaftlichen Methodologie und Methode. Was inzwischen zum grundlegenden und mithin selbstverständlichen Rüstzeug einer jeden qualitativen Sozialforschung gehört, stieß unter der Vorherrschaft des Parsonsschen Strukturfunktionalismus und der standardisierten, quantitativ verfahrenden Forschungsansätze noch verbreitet auf Unverständnis und sah sich vielfacher, teilweise heftiger Kritik und gar unverhohlener Ablehnung ausgesetzt.

Obschon sein Beitrag zur Etablierung der Verfahren qualitativer Sozialforschung aus heutiger Sicht gänzlich unumstritten ist, beschränken sich Goffmans methodologische Reflexionen sowie seine Ausführungen zur methodischen Vorgehensweise bei der Datengenerierung und Datenaufbereitung auf Randbemerkungen und finden sich an eher randständigen Orten, in Einleitungen und Fußnoten, während die Ergebnisdarstellungen als bereits in Begriffe, Metaphern und Modelle übersetzte, zu analytischen Konzepten und konzeptionellen Bezugsrahmen verdichtete Beobachtungen zur Soziologie der Interaktionsordnung den eigentlichen Kern der Schriften bilden. Eine Ausnahme stellt der auf einem verdeckten Tonbandmitschnitt beruhende und von Lyn H. Lofland unter dem Titel *On Fieldwork* (OFw) posthum edierte Wortbeitrag zu einem Workshop dar, in dem Goffman einige grundsätzliche Darlegungen zur ethnographischen Feldforschungspraxis macht. Die nachfolgenden Darlegungen stützen sich daher neben den spärlichen Anmerkungen in den Werken primär auf seine Selbstaussagen in einem von Jef C. Verhoeven kurz vor Goffmans Tod im Jahre 1980 geführten Interview. Wenngleich er sich auch dort eher verschlossen gibt:

> „What those methods are, I'm not the best person to say. That is, somebody would have to analyze what I do. My version would be […] just doctrine, and not really telling you" (Goffman in Verhoeven 1993, 338 f.).

Methodischer Primat der ethnographischen Feldforschung

Unverrückbares Standbein von Goffmans Selbstverständnis als Sozialwissenschaftler ist Max Webers Postulat der Werturteilsfreiheit. Der ideelle Anspruch dient ihm insbesondere deshalb als Leitlinie seiner Untersuchungen, weil sich aus ihm die drei heute als Bedingungen der Möglichkeit einer jeden qualitativen Forschung

J. Raab (✉)
Institut für Sozialwissenschaften, Universität Koblenz-Landau, Landau, Deutschland
E-Mail: raab@uni-landau.de

K. Lenz und R. Hettlage (Hrsg.), *Goffman-Handbuch*, https://doi.org/10.1007/978-3-476-05871-3_60

anerkannten methodologischen Prämissen herleiten und begründen: Strukturelle ‚Offenheit' bei gleichzeitig zu wahrender ‚Distanz' gegenüber dem ‚Forschungsgegenstand' und anhaltende ‚Skepsis' nicht nur gegenüber konkurrierenden Ansätzen und Erkenntnissen, sondern auch und vor allem gegenüber den eigenen Vorverständnissen und den selbstkonstruierten Begriffen, Konzepten und Bezugsrahmen.

Besonders anschaulich wird Goffmans werturteilsfreie Haltung in seinem Verständnis des zum soziologischen Grundinventar zählenden Begriffs der sozialen Ordnung. Denn während „Betrachtungen über soziale Ordnung oft auf einer konservativen Einstellung beruhen" und „die politische Doktrin" vorherrscht, „dass Ordnung etwas ‚Natürliches' sei, dass jegliche Ordnung gut und eine schlechte soziale Ordnung besser als überhaupt keine sei" (RP_{dt}, 11 f.; RP, XI), schließen Goffmans Perspektive und Horizont ganz unvoreingenommen alle Anpassungs- und Gestaltungsleistungen der Handelnden ein: die konformen, unauffälligen, normalen ebenso wie die abweichenden, übertretenden und regelverletzenden. Weil ihm daran gelegen ist, seine Forschungen zur Soziologie der Interaktionsordnung von jeglichen Einfärbungen durch Werturteile frei zu halten, also keine empirische Erscheinungsform sozialen Handelns durch die Brille von Vorbehalten als richtig oder falsch, gut oder schlecht zu beurteilen, könne ihm allenfalls vorgeworfen werden, er „sei neutral oder zurückhaltend" nicht aber, er „moralisiere" (RP_{dt}, 17; RP, XV), „auch wenn die Art der Darstellung gelegentlich diesen Eindruck vermitteln könnte" (BP_{dt}, 21; BP, 5).

Doch auch wenn sich Goffman in seinem Vorbehalt gegenüber jeder streng paradigmatisch begründeten Methodentrennung vor allem durch Everett C. Hughes geprägt sieht, erachtet er standardisierte Erhebungen für Erkundungen zum spezifischen Zuschnitt seines genuin eigenen Forschungsprogramms als nur bedingt geeignet. Zwar erzeuge die Interaktion von Angesicht zu Angesicht viele empirische Indikatoren, die sich messen und zählen lassen. Doch erreiche man eine gleichermaßen umfassende wie systematische Beschreibung und Interpretation des Gewebes der Interaktionsordnung einschließlich seiner Grundelemente, namentlich die Erforschung der sozialen Bedeutung all jener „Blicke, Gesten, Haltungen und sprachlichen Äußerungen, die Leute ständig in die Situation einbringen", nicht über stark vorstrukturierte und starr formalisierte methodische Verfahren der Datengenerierung, sondern „nur mit guten ethnographischen Studien" (IR_{dt}, 7 f.; IR, 1 f.).

Das methodische Primat der empirisch-ethnographischen Feldforschung („field work") gründet sich auf die Einsicht in die Notwendigkeit, die soziale Situationen konstituierenden Interaktionsprozesse möglichst unmittelbar und unverfälscht in ihren ‚natürlichen' Abläufen und Einbettungen zu studieren. Daher Goffmans Abstandnahme gegenüber allen ‚künstlichen', weil stärker vermittelnden und durch die Forscher und Forscherinnen beeinflussten Zugängen – wie etwa die Einrichtung von Experimentalanordnungen oder auch die Erhebung von Interviews – und seine Hinwendung zu für die ethnographische Forschung als fruchtbarer erachteten, von linguistischen und insbesondere ethnologischen Studien bereits entwickelten Beobachtungs-, Beschreibungs- und Analyseverfahren.

Das eigentliche Herzstück der naturalistischen Feldforschung („naturalistic research") aber ist die teilnehmende Beobachtung („participant observation"), genauer, die beobachtende Teilnahme („observant participation") – präzisiert Goffman doch schon in der Einleitung zu seiner Dissertation: „My real aim was to be an observant participant, rather than a participating observer" (CCoIC, 2). Wenn sich Goffman bei der Unterscheidung zwischen teilnehmender Beobachtung und beobachtender Teilnahme ganz augenscheinlich der letzteren zuordnet, scheint dies in eklatantem Widerspruch zu seiner Auffassung zu stehen, die Soziologie sei in erster Instanz und letzter Konsequenz eine Distanz aufbauende und Distanz erhaltende Beobachtungswissenschaft. Der vermeintliche Gegensatz hellt sich jedoch auf, wird Feldforschung als eine Gratwanderung zwischen Nähe (Teilnahme) und Distanz (Beobachtung) verstanden, die ein fortlaufendes Auspendeln bedeutet, an dessen Ausgang und Ziel das

Herstellen und Wahren von Distanz steht, während auf dem dazwischenliegenden Weg eine innige Annäherung an den ‚Forschungsgegenstand' gefordert ist. Anders gesprochen: Weil die ethnographische Beobachtung wie kein anderes sozialwissenschaftliches Verfahren der Datenproduktion offen ist für alle gemeinhin übersehenen, weil für selbstverständlich und damit als nicht weiter beachtenswert genommenen Aspekte des Alltags und der Alltagswahrnehmung, sucht sie eine besondere Nähe zum ganz gewöhnlichen Alltagshandeln der Akteur/innen, und verlangt für diese besondere Beobachtungshaltung und Beobachtungsperspektive einen fortwährenden Balanceakt aus intensivster Annäherung bei zugleich kontrollierter Distanzwahrung zu den Bedingungen und zu den Verhältnissen der zu erforschenden sozialen Situation (Honer 1993, 34 ff.; Hitzler 1999; Smith 2006, 114 ff.; Hitzler/Eisewicht 2016).

Die anspruchsvollen Voraussetzungen und die sehr eigenen Erkenntnischancen dieses Zugangs legt Goffman in einer für ihn selten expliziten Ausführung zur Feldforschung eindrücklich dar – eine Schilderung, die es daher verdient, ausführlich zitiert zu werden:

> „Unter teilnehmender Beobachtung verstehe ich eine Technik, […] Daten zu erheben, indem man sich selbst, seinen eigenen Körper, seine eigene Persönlichkeit und seine eigene soziale Situation den unvorhersehbaren Einflüssen aussetzt, die sich ergeben, wenn man sich unter eine Reihe von Leuten begibt, ihre Kreise betritt, in denen sie auf ihre soziale Lage, ihre Arbeitssituation, ihre ethnische Stellung oder was auch immer reagieren. Dass man also in ihrer Nähe ist, während sie auf das reagieren, was das Leben ihnen zumutet. […] Dadurch wird der Körper auf das Feld ‚eingestimmt', und mit einem solchen ‚eingestimmten' Körper und dem Recht, ihnen räumlich nahe zu sein (das Sie sich durch das eine oder andere hinterlistige Mittel erschlichen haben), sind Sie in der Lage, die gestischen, visuellen und körperlichen Reaktionen auf das festzuhalten, was um sie herum vor sich geht. Und weil Sie im selben Schlamassel wie die anderen stecken, werden Sie auch einfühlsam genug sein, das zu erspüren, worauf sie reagieren. Das ist in meinen Augen das Herzstück der Beobachtung. Wenn Sie es nicht schaffen, in diese Lage zu kommen, können Sie meines Erachtens keine ernsthafte Arbeit leisten" (OFw_{dt}, 263; OFw, 126).

Die Früchte der ethnographischen Feldarbeit liegen in der erhöhten Aufmerksamkeit und dem gesteigerten Gespür für eine Vielzahl eher unauffälliger Details und vermeintlich trivialer Nebensächlichkeiten im alltäglichen Interaktionsgeschehen. Aus dem Bestreben heraus also, die Wahrnehmung für die Vielgestalt und Vielschichtigkeit von sozialer Wirklichkeit offen und empfänglich zu halten, plausibilisiert sich Goffmans Bezeichnung seiner methodischen Vorgehensweise als „unsystematische naturalistische Beobachtung" (RP_{dt}, 17; RP, XV), ebenso wie sein Vorbehalt gegenüber Methodenvorgaben, die im Stil von rezeptbuchmäßigen Gebrauchsanweisungen den forschenden Blick einzufangen und auszurichten versuchen. Seiner Auffassung nach scheint es „sich hier um eine Art kongeniale Magie zu handeln, der die Überzeugung zugrunde liegt, dass, wenn man die Handlungen vollzieht, die der Wissenschaft zugeordnet werden, das Resultat Wissenschaft sein müsse. Das ist aber nicht der Fall" (RP_{dt}, 18; RP, XVI).

Nicht ohne Grund betitelt Pierre Bourdieu (1983) seinen Nachruf auf Goffman daher auch mit *Discoverer of the Infinite Small,* und nicht weniger bezeichnend resümiert Robert Hettlage mit Seitenblick auf Georg Simmel, dem Stammvater der Mikrosoziologie, Goffmans Beitrag zur Soziologie bestehe darin, „das ‚Mikroskop' der Analyse zwar nicht erfunden, aber einsatzfähig gemacht zu haben" (Hettlage 2000, 191). Gleichwohl konnte ihm selbst die mikroskopische Auflösung offenbar nicht hoch und fein genug sein, wenn er in bescheidener Zurückhaltung notiert, sein Forschungsbemühen gleiche eher einem „pinning with our ten thumbs what ought to be secured with a needle" (FT, 2). Denn die durch die Feinanalysen freigelegten Details der Interaktionsordnung sind gerade deshalb so bedeutsam, weil sie an ihrer spezifischen Stelle innerhalb von Interaktionsprozessen nicht nur im Sinne des Thomas-Theorems zur Definition von sozialen Situationen beitragen. Sie gehen darüber hinaus in die wechselseitigen Typisierungs- und Identifizierungsleistungen der Anwesenden ein, weshalb ihnen Goffman eine entscheidende

Rolle in der Konstruktion von Images *(image)* beimisst. Hierauf machen bereits die Grundzüge einer Mikrosoziologie des Blickverhaltens aufmerksam, etwa wenn die an einer sozialen Situation Beteiligten sehen, dass sie von anderen gesehen werden, und dass man ihnen ansieht, dass sie dies sehen, und sie wiederum sehen können, dass sie auch bei diesem Sehen gesehen werden – was die an der sozialen Wechselwirkung beteiligten Personen veranlasst, für den gegenseitigen Schutz ihrer Images *(face)* zumindest einige ihrer Verhaltensweisen am Blickgebaren der anderen zu orientieren (FT, 1 f.; auch Kaufmann 1996).

Ethnographisch gestützte Soziologie der Interaktionsordnung

Neben frühen ethnographischen Forschungsprojekten, an denen Goffman während seiner Ausbildungszeit an der University of Chicago als Assistent mitwirkt, gründet sich Goffmans heutiger Ruf als Klassiker der soziologischen Ethnographie und naturalistischen Beobachtung auf eine Anzahl mehrmonatiger, in der Regel mehrjähriger Feldaufenthalte (s. Kap. 3). Die zwischen 1949 und 1951 erhobene Shetland-Studie, die von Mitte bis Ende der 1950er Jahre in unterschiedlichen Krankenanstalten durchgeführten Klinik-Studien, sowie die sich mit Unterbrechungen von 1958 bis Mitte der 1960er Jahre erstreckenden Feldforschungen in Spielkasinos bilden nicht nur die empirische Basis für je eigenständige Abhandlungen und Bücher, sie stellen Goffman auch einen stetig wachsenden, bald reichhaltigen Korpus an ethnographischen Erhebungen bereit, aus dem er sich für nachfolgende Publikationen immer wieder bedient.

Wenn Goffman in der Einführung zu *Interaktion im öffentlichen Raum* jedoch ausführt,

> „unsere Daten entnehmen wir zum Teil einer Untersuchung über eine psychiatrische Klinik […], zum Teil der Untersuchung einer Gemeinde auf den Shetland-Inseln, einige stammen aus Benimm-Büchern und andere aus meinem Zettelkasten, in dem ich Zitate festhalte, die mich frappiert haben. […] (A)ber die meisten meiner Kommentare beziehen sich auf meine eigenen Erfahrungen mit dem Verhalten von Menschen aus den Mittelschichten in den USA" (BP_{dt}, 20 f.; BP, 4 f.).

weist er zumindest auf zweierlei hin. Zum einen, dass zum Grundstock seiner Daten weit mehr als nur die eigenen Felderhebungen gehören. Zum anderen, dass sich das Strukturprinzip beim Zusammenstellen der an bestimmten Stellen jeweils von ihm herangezogenen weiteren Materialien nicht von seiner Vorgehensweise bei der ethnographischen Forschung unterscheidet. Weil er beide Materialsorten, die selbstgenerierten und die zusätzlich eingeführten, als ‚natürliche Daten' erachtet, nämlich als ohne jeglichen Anstoß und ohne ‚künstliches' Zutun von Sozialwissenschaftler/innen entstandene Selbstdokumente der Alltagswahrnehmungen, der Alltagsdeutungen und des Alltagshandelns von Akteur/innen, gelten sie ihm als ebenbürtige, die unverzichtbaren eigenen Beobachtungsdaten anreichernde, durch Vergleiche absichernde und daher methodisch wertvolle Quellen für seine ‚unsystematische' naturalistische Beobachtung. So gehen Ausschnitte aus Zeitungsartikeln oder Etikettenbüchern und fließen Beobachtungen und Beschreibungen aus Studien anderer wissenschaftlicher Autor/innen ebenso gleichberechtigt in die Deskriptionen, Illustrationen und Analysen ein, wie Darstellungen und Handlungen aus Romanen, Theaterstücken, Filmen, Comics oder Schilderungen aus biographischen Erfahrungsberichten, und werden Werbefotografien oder Mitschnitte von Radiosendungen in seinen späten Studien zum Geschlecht und zum Gespräch sogar zu Kerndaten.

Innerhalb der von Robin Williams treffend als „conceptual constructivism" bezeichneten methodischen Arbeitsweise (1983, 100; auch Willems 2000), bildet nun der Übergang zur Datenaufbereitung den notwendigen Schritt von der bewusst unsystematisch gehaltenen Datengenerierung hin zur analytischen Strukturierung und begrifflich-typisierenden Klassifizierung der Materialien. Denn, so Goffman,

> „your mission is to provide order for what you've seen, and that order means structure […]; you

have to end up [...] with phases, structures, patterns, or you haven't said anything. [...] There you are into structural sociology of one kind or another" (Goffman in Verhoeven 1993, 335).

Nur mit Verlusten ist ihm sein konkretes Vorgehen an dieser entscheidenden methodischen Schwelle in die diskursive Ordnung von Sprache übersetzbar – „mysterious – not a process that I can explicate at all" –; doch erscheint es ihm wie eine Bewegung aus Schweben und Tasten – „a sort of freewheeling", das in seinen Ergebnissen „ought to be presented tentatively, that is not as confirmed findings but merely as suggestions" –, über die er zumindest so viel zu Protokoll geben vermag:

„When I do these studies I take a large number of illustrations, variously obtained, and put them all before my eyes in one form or another and try to get a formulation that is compatible with all of them, so there is a check upon just making wild imputations. [...] I collect lots of different things and force myself to try to find the formulation that's relevant and consistent with it" (Goffman in Verhoeven 1993, 338 ff.).

Diese Systematisierungsarbeit geschieht auf zwei ineinandergreifenden Ebenen. Immer im Ausgang und mit stetem Rückbezug auf die konkret vorliegende empirische Datenbasis besteht ihre Aufgabe zunächst in der Konstruktion von analytisch-begrifflichen Konzepten („concepts"). Die Konzepte werden dann auf einer umlagernden Abstraktionsebene zur Konstruktion von konzeptionellen Bezugsrahmen („conceptual frameworks") zum einen je für sich typologisch weiter ausdifferenziert und dabei zum anderen und zugleich miteinander zu einem übergeordneten Strukturzusammenhang verwebt. Die von Goffmans Doktorvater Anselm L. Strauss vorangetriebene Grounded Theory wird den ständigen Wechselprozess von Datenerhebung und Dateninterpretation sowie die fortschreitende Verbindung und Integration von Konzepten und Kategorien als methodische Grundoperationen für die Theorieproduktion aus materialen Analysen etablieren. Noch zusätzlich unterstützt Goffman seine schon vermittels der beiden Kunstgriffe gewonnenen außergewöhnlichen Perspektiven und überraschenden Einsichten in das vermeintlich Selbstverständliche des sozialen Alltags über den ebenso ausgiebigen wie bemerkenswert kreativen, bisweilen ironischen, gar zynischen Einsatz von Analogien und Metaphern. Das Einsetzen seiner auf den beiden Konzeptebenen entwickelten Konstruktionen in Vergleichshorizonte und ihr Einkleiden in Begriffsbilder eröffnet Entsprechungen und Gegenerleuchtungen, die deren Bedeutungen, Eigenschaften und Merkmale zusätzlich charakterisieren, und über die Goffman die Berührungspunkte seiner Konstruktionen ebenso anzeigt, wie die Grenzen ihrer Reichweiten.

Beispiele für die erste, tentative Ordnung der Datensammlung durch den Einbezug von analytischen Konzepten („concepts") sind – in loser Folge – die begrifflich-typologischen Unterscheidungen von zentrierter und nicht-zentrierter Interaktion („focused interaction", „unfocused interaction"), Fortbewegungseinheiten („vehicular units") und Partizipationseinheiten („participation units"), natürlichen und sozialen Primärrahmen („primary framework"), Vorderbühne („front stage") und Hinterbühne („backstage"), primärer und sekundärer Anpassung („primary adjustment", „secondary adjustment"), Rollenspiel („role playing") und Rollendistanz („role distance"), von Vermeidungs- und Zuvorkommenheitsritualen im öffentliche Austausch, von diskreditierten und diskreditierbaren Stigmatisierten oder einer Welt der Insass/innen und einer Welt des Stabes in sogenannten totalen Institutionen. Durch seinen Drang zur Strukturierung und Systematisierung gerät Goffman erkennbar in Distanz zu Georg Simmel, mit seiner – in dieser Hinsicht eher defizitären – formalen Soziologie, und rückt erkenntnistheoretisch wie methodologisch in die Nähe von Émile Durkheim und seiner für die Religionssoziologie fundamentalen und gleichfalls rein dichotomen Unterscheidungen von Heiligem und Profanem, von negativen und positiven Ritualen.

Seine analytischen Konzepte erweitert Goffman unter steter Hinzuziehung weiterer empirischer Daten zu den dann feiner gegliederten, durch vielfältige Beispiele aus dem Datenkorpus wiederum illustrierten und nun auch systematisch geordneten konzeptionellen Bezugsrahmen. Exempel hierfür sind die in *Das Individuum im öffentlichen Austausch* (RP_{dt}) ausgehend von der konzeptionellen Unterscheidung zwischen Fortbewegungseinheiten („vehicular units") und Partizipationseinheiten („participation units") beschriebenen Territorien des Selbst („territories of the self"), mit ihrer Typologie von persönlicher Raum („personal space"), Box („stall"), Benutzungsraum („use space"), Reihenposition („turns"), Hülle („sheaths"), Besitzterritorien („possessional territory"), Informationsreservaten („informational preserves") und Gesprächsreservaten („conversational preserves"). Weitere konzeptionellen Bezugsrahmen sind die in *Asylums* die Welt der Insassen und die Welt des Stabes sozial miteinander verbindenden Anstaltszeremonien (Hauszeitung, Gruppentherapie, Jahres-/Weihnachtsfeiern, Laientheater, Tag der offenen Türe/Wohltätigkeitsveranstaltungen, sonntäglicher Gottesdienst), oder die in der *Rahmen-Analyse* auf Grundlage der Unterscheidung von natürlichen und sozialen Primärrahmen („primary framework") beschriebenen Modulationen (So-tun-als-ob, Wettkämpfe, Zeremonien, Sonderaufführungen, In-anderen-Zusammenhang-stellen) und Selbsttäuschungen (Traum, Sonderzustände, psychotische Produktionen, Hysterie, Hypnose).

Ein weiteres Mal folgt Goffman in ganz grundlegender Hinsicht der Methodologie und Methode Max Webers, wenn er sich neben dem Postulat der Werturteilsfreiheit für die Entwicklung von analytischen Konzepten und vor allem von konzeptionellen Bezugsrahmen auch auf das Arbeitsprinzip der Idealtypenbildung beruft (AS_a_{dt}, 17; AS_a, 5). Im Sinne Webers idealtypisch sind Goffmans konzeptionelle Bezugsrahmen erstens aufgrund ihres ‚utopischen' Charakters, denn ihre Kategorien präsentieren sich in der empirischen Wirklichkeit niemals in so reiner Form und in so scharfer Trennung zueinander, wobei gerade die Abweichungen und Abstände zwischen den idealtypischen Konstruktionen und der empirisch beobachtbaren, gesellschaftlichen Wirklichkeit besondere Einblicke in die sozialen Verhältnisse versprechen. Zweitens sind idealtypische Konstruktionen äußerst flexibel zu handhabende, sozialwissenschaftliche Instrumente, müssen sie doch unter anderen oder sich wandelnden gesellschaftlichen Bedingungen, und im Lichte weiterer analytischer Perspektiven und neu gewonnener Einsichten fortwährend angepasst, neu eingerichtet, korrigiert, verfeinert und gegebenenfalls gänzlich ersetzt werden. Drittens schließlich sind die einzelnen Kategorien der idealtypisch konstruierten, konzeptionellen Bezugsrahmen nach einem Strukturprinzip logisch voneinander getrennt und zueinander angeordnet.

Doch so sehr das methodische Arbeitsprinzip auch zu besonderen Einsichten in die soziale Wirklichkeit der Interaktionsordnung verhelfen vermag, es birgt methodische Probleme. Sie gaben Anlass zu teilweise polemischer, den impressionistischen und suggestiven Charakter der Konstruktionen herausstellender Kritik. Die Probleme blieben Goffman selbst aber keineswegs verborgen. Denn werden die zu Bezugsrahmen aggregierten Konzepte zur methodischen Kontrolle und für Vergleiche wieder an die Ursprungsdaten angelegt, verhelfen sie in der Regel zu neuen Beobachtungen und drängen zur Revision und Modifikation oder gar zur Konstruktion immer weiterer analytischer Konzepte. Darüber hinaus erlauben die Konstruktionen den Einbezug auch anderer Differenzierungskriterien und lassen sich zudem wechselseitig aufeinander beziehen und ineinander führen, was gleichfalls die Ausbildung neuer Konzepte und anderer Bezugsrahmen nach sich zieht. Daher auch Goffmans keineswegs resignierendes Resümee: „I have no strong belief in what I espouse. I claim it's a reasonable operating hypothesis, and if people take a different view, it ends up with other problems" (Goffman in Verhoeven 1993, 327).

Das auf dem Wege der Konstruktion analytischer Konzepte und konzeptioneller Bezugsrahmen erreichte Komplexitätsniveau markiert für Goffman die Grenzlinie für die Generalisierung von soziologischen Aussagen überhaupt. Denn gleich seinen Lehrern und Vorbildern Robert E. Park, Everett C. Hughes und Georg

Simmel hegt er gegenüber sozialwissenschaftlichen Großtheorien eine grundlegende Skepsis, die er noch dazu auf jegliche soziologischen Theorieentwürfe, gleich welchen Reichweitenanspruchs, ausdehnt:

> „I have grave doubts about the value of recent grand sociological theories, and grand doubts about their circumspect successors – theories of the middle range. [...] Yet I believe that the provision of a single conceptual distinction, if it orders and illuminates, and effects delight in the contours of our data, can warrant our claim to be students of society. [...] So what we need, I feel, is a modest but persistent analytically: framework of the lower range" (PCE, 4).

Dabei macht Goffmans Skepsis nicht vor den eigenen Konstruktionen halt, begreift er seine Konzepte und Bezugsrahmen doch als Heuristik, deren analytischer Wert sich einzig daran bemisst und behauptet, ob sie zu immer weiteren, auch anders gelagerten Forschungen zu Teilausschnitten von sozialer Ordnung anregen, und keinesfalls daran, wie beharrlich sie sich gegenüber der empirischen Wirklichkeit zu behaupten meinen. Ein methodischer Vermerk im Vorwort zu seinem letzten Buch bringt diese Haltung symptomatisch zum Ausdruck:

> „The ideas purport to be general (in the sense of always applicable), and worth testing out. This is the warrant for repeated approaches from different angles and the eventual retracing of practically everything. Yet, of course, none of the concepts elaborated may have a future. So I ask for what these papers be taken for what they are: exercises, trails, tryouts, a means of displaying possibilities, not establishing fact" (FT, 1).

Goffmans begriffliche Konstruktionen verfolgen eine strukturierende und systematisierende Aufgabe. Die Soziologie der Interaktionsordnung zielt aber nicht darauf ab, gesellschaftliche Wirklichkeit über die Matrix eines festgefügten Strukturgitters gleich dem Parsonsschen AGIL-Schema zu kartographieren. Vielmehr will sie über immer wieder neue und andere Näherungen die gelebte, sich fortwährend reproduzierende und dabei zugleich sich wandelnde soziale Ordnung tentativ beschreiben. Die hierfür aus der empirischen Wirklichkeit ethnographisch zu gewinnenden analytischen Konzepte und konzeptionellen Bezugsrahmen müssen phantasievoll und elastisch genug gebaut sein, damit sie als ‚Messwerkzeuge' wiederum flexibel und kreativ an diese empirische Wirklichkeit angelegt werden können.

Theoretisch orientierter Naturalismus – naturalistische orientierte Theoriearbeit

Erving Goffmans Ruf als Klassiker der qualitativen Methoden und der soziologischen Ethnographie gründet sich auf seiner als ‚naturalistisch' zu kennzeichnenden Feldforschung. Aus dieser Haltung erfuhr die qualitative Sozialforschung ganz entscheidende, heute als klassisch geltende Impulse, und auch zukünftige ethnografisch arbeitende Soziologen und Soziologinnen werden, grob besehen, zumindest in vier Hinsichten noch sehr Grundsätzliches von ihr lernen können.

Denn erstens gewinnt Goffmans Methodologie des ‚theoretisch orientierten Naturalismus' aus ‚natürlichen Daten' analytische Konzepte und konzeptuelle Bezugsrahmen für das Theorieprogramm einer Soziologie der Interaktionsordnung. Die Wirklichkeitsangemessenheit und der Komplexitätsgrad, die mithilfe dieser Konzepte und Rahmen erreicht werden können, markieren für Goffman zugleich die Grenzen nicht nur seiner ethnografisch gestützten Interaktionstheorie, sondern der Soziologie überhaupt. Daher ist theoretischen Konstruktionen stets mit zweifelndem und kritischem Vorbehalt zu begegnen. Ihr Wert besteht vor allem darin, der empirischen Forschung neue Impulse zu geben und so die Soziologie an der empirischen Wirklichkeit fortwährend zu korrigieren, zu verfeinern und zu erweitern.

Zweitens ist es Goffman nicht um das Extreme und Exotische, um Sonderwelten, Expertengemeinschaften oder Subkulturen getan, sondern um den sozialen ‚Alltag' in seiner geradezu ungeheuerlichen Trivialität, Normalität und Selbstverständlichkeit. Um das Wissen, die Erfahrungen und die Interaktionen der Handelnden, aus denen sich die soziale Wirklichkeit des Alltags konstituiert, empirisch beschreiben und analytisch ordnen zu können, bedient sich die Soziologie der Interaktionsordnung der qualitativen Methoden und in herausgehobener Form der Ethnographie. Dieser Art und Weise, Soziologie zu betreiben, ist unverkennbar jene Grundhaltung der Chicago School eingeschrieben, der gemäß,

> „the study of the situation, the behavior in the situation, the changes brought about in the situation, and the resulting change behavior represent the nearest approach the social scientist is able to make“ (Thomas 1951, 15).

Drittens eröffnen die konkreten, sinnlich erfahrbaren sozialen Situationen mitsamt ihrer ‚natürlichen Daten‘ Sozialforscherinnen und Sozialforschern zwar einen weitgehend unverstellten weil unvoreingenommenen und damit ‚naturalistischen‘ Zugang zur empirischen Wirklichkeit. Um aber soziale Situationen nicht wie die Handelnden selbst aus der vertrauten alltagspragmatischen, sondern aus einer das alltagspragmatische Handeln erforschenden, sozialwissenschaftlichen Perspektive in den Blick zu nehmen, geht die Bewegung des Sich-Annäherns und Einlassens zugleich mit einer Gegenbewegung der Distanznahme und ‚Befremdung‘ einher. „What is it that's going on here?“ (FA, 8; FA_{dt}, 16) lautet denn auch jene Distanz und Differenz setzende Einstiegsfrage der Goffmanschen Soziologie, die Sozialforschern und Sozialforscherinnen dazu verhilft, sich in der sozialen Situation beim Handeln beobachtend über die eigene Schulter zu schauen.

Viertens schließlich geben genaue Beobachtungen und detaillierte Beschreibungen von sozialen Situationen zwar erste, aber noch nicht hinreichende Antworten auf diese Frage, was da eigentlich los ist. Denn werden die Beobachtungen und Beschreibungen nicht – wie es Goffman meisterhaft beherrscht und vorführt – Schritt für Schritt zu theoretischen Konstruktionen abstrahiert, bleibt die ethnographische Praxis deskriptiv und illustrativ, fallverhaftet und episodisch, und mündet bestenfalls in anschaulichen Darstellungen oder eindringlichen Reportagen (vgl. exemplarisch Alice Goffman 2014). Werden die naturalistischen Beobachtungen und Beschreibungen der ethnographischen Praxis jedoch in analytische Konzepte überführt und zu konzeptuellen Bezugsrahmen entwickelt, schlägt die Soziologie den Weg der ‚Theoriebildung‘ ein: jenen unabgeschlossen und möglicherweise unabschließbaren Pfad, auf dem sich Forscherinnen und Forscher auf stetig steigerndem Niveau, wie auf einer Spirale oder Serpentine, zu immer wieder neuen Beobachtungen und neuen Beschreibungen der sozialen Wirklichkeit hinführt und anregt.

Zusammengenommen lässt sich das über diese vier Aspekte umschriebene, unentwegte und unaufkündbare Zusammenwirken von empirischer Forschung als theoretisch orientiertem Naturalismus auf der einen und theoretischer Abstraktion und Verallgemeinerung auf der anderen Seite, respektive von naturalistisch orientierter Theoriearbeit einerseits und empirischer Forschung andererseits, kaum prägnanter als in Anlehnung an Kant auf den Punkt bringen: Theorie ohne Empirie ist leer – Empirie ohne Theorie ist blind.

Literatur

Bourdieu, Pierre: Erving Goffman. Discoverer of the infinitely small. In: Theory, Culture and Society 2/1 (1983), 112–113 (auch in Gary A. Fine/Gregory W. H. Smith (Hg.): Erving Goffman, Vol. 1. London 2000, 3–4).

Goffman, Alice: On the run: Fugitive life in an American city. Chicago 2014 (dt. 2015).

Hettlage, Robert: Erving Goffman. In: Dirk Kaesler (Hg.): Klassiker der Soziologie. Bd. 2. München 2000, 188–205.

Hitzler, Ronald: Welten erkunden. Soziologie als (eine Art) Ethnologie der eigenen Gesellschaft. In: Soziale Welt 50/4 (1999), 473–482.

Hitzler, Ronald/Eisewicht, Paul: Lebensweltanalytische Ethnographie – im Anschluss an Anne Honer. Weinheim, Basel 2016.

Honer, Anne: Lebensweltliche Ethnographie. Wiesbaden 1993.

Kaufmann, Jean-Claude: Frauenkörper – Männerblicke. Soziologie des Oben-ohne. Konstanz 1996 (frz. 1995).

Smith, Gregory W. H.: Erving Goffman. London, New York 2006.

Thomas, William I.: Social Behavior and Personality. New York 1951.

Verhoeven, Jef C.: An Interview with Erving Goffman, 1980. In: Research on Language and Social Interaction 26/3 (1993), 317–348 (auch in Gary A. Fine/Gregory W.H. Smith (Hg.): Erving Goffman, Vol. 1. London, 213–236).

Willems, Herbert: Erving Goffmans Forschungsstil. In: Uwe Flick/Ernst von Kardorff/Ines Steinke (Hg.): Qualitative Forschung. Ein Handbuch. Reinbek bei Hamburg 2000, 42–51.

Williams, Robin: Sociological tropes: A tribute to Erving Goffman. In: Theory, Culture and Society 2/1 (1983), 99–116 (auch in Gary A. Fine/Gregory W. H. Smith (Hg.): Erving Goffman, Vol. 2. London 2000, 105–110).

Visuelle Soziologie

61

Michael R. Müller

Nachdem die Photographie in der amerikanischen Soziologie um die vorletzte Jahrhundertwende zunächst eine zumindest illustrative Rolle spielte, um sodann gänzlich an Bedeutung zu verlieren, erwachte das Interesse an ihr erst wieder in den 1970er Jahren. Seinen sichtbaren Ausdruck fand dieses erneute Interesse in zwei kurz nacheinander in den *Studies in the Anthropology of Visual Communication* erschienenen Aufsätzen: in Howard S. Beckers *Photography and Sociology* (1974) und in Erving Goffmans *Gender Advertisements* (1976, 1979). Becker erkannte in der Photographie ein zeitgemäßes Instrument der sozialwissenschaftlichen Datenerhebung und suchte sie dementsprechend als Möglichkeit der Dokumentation sozialer Vorgänge zu nutzen. Goffman hingegen kaprizierte sich auf die Photographie als ein bereits alltagsweltlich genutztes Mittel der Darstellung von Menschen und Geschichten. Minutiös untersucht Goffman in *Gender Advertisements* mehr als fünfhundert Werbeanzeigen auf die in diese stillschweigend eingearbeiteten Gender-Stereotype (s. Kap. 46) und setzt damit Maßstäbe nicht nur für die methodisch kontrollierte Auswertung solch eines damals noch ungewöhnlichen Datenmaterials, sondern auch in Hinblick auf die Würdigung der Photographie als eine Ausdrucksform des sozialen Lebens und als einen legitimen Gegenstand soziologischer Forschung.

Es ist also kaum verwunderlich, dass Goffman als Klassiker der Visuellen Soziologie rezipiert wird. Mitnichten aber begründet sich seine Bedeutung allein schon in der Würdigung der Photographie als soziologischem Untersuchungsgegenstand. Wichtiger noch und bis heute instruktiv ist, dass mit seinen Arbeiten eine Grundlegung der Visuellen Soziologie vorliegt, die ein soziologisch eigenständiges, auf der Analyse wechselseitiger sozialer Beobachtungsprozesse aufbauendes Verständnis bildhafter Ausdrucks- und Darstellungsformen herzuleiten vermag. Markanterweise sind es nicht etwa Theorieanleihen bei Charles S. Peirce oder Ludwig Wittgenstein, die systematisch durchaus möglich gewesen wären, sondern Goffmans eigene ethnographische Beobachtungen, die ihm die Leistungsfähigkeit und sozialkommunikative Bedeutung des Gesichtssinns vor Augen führen.

Der durch Alltagsbegegnungen und Medienkonsum fortwährend geschulte Gesichtssinn, so Goffmans grundlegende Einsicht, weiß mehr zu beobachten und zu differenzieren, als es die Sprache darzustellen vermag: Die Präzision des Gesichtssinnes – die Akribie also, mit der Individuen feinste Nuancen ihres Verhaltens wechselseitig beobachten – ist eine andere Präzision als die der Sprache. Denn wäh-

M. R. Müller (✉)
Institut für Medienforschung, TU Chemnitz, Chemnitz, Deutschland
E-Mail: michael-rudolf.mueller@phil.tu-chemnitz.de

K. Lenz und R. Hettlage (Hrsg.), *Goffman-Handbuch*, https://doi.org/10.1007/978-3-476-05871-3_61

rend im Sprachgebrauch die Dinge mit Hilfe von Worten beschrieben und somit begrifflich verallgemeinert und idealisiert werden, ist der Gesichtssinn darauf aus, die „Unterschiede zwischen Dingen" (GA_c_{dt}, 109; GA_c, 25) zu identifizieren, d. h. die Dinge in ihrer Besonderheit voneinander abzuheben. Es ist eben dieses „immense […] Vermögen des Auges" (GA_c_{dt}, 108), selbst feinste Unterschiede im sozialen Ausdrucks- und Darstellungsverhalten zu registrieren, das in der analytischen Perspektive Goffmans die gesellschaftliche Entwicklung und den gesellschaftlichen Gebrauch ganz unterschiedlicher Formen des bildhaften Ausdrucks nicht nur ermöglicht, sondern gattungsgeschichtlich geradezu verlangt. Unmittelbar körperlich vollzogene Verhaltensstilisierungen fungieren nach Goffman ebenso als „Displays" (GA_a, 1 ff.) des Ausdrucks- und Darstellungsverhaltens von Individuen, wie Körperbemalungen, die Kleidung oder wie der kommerzielle Gebrauch von Photographien, den er in den *Gender Advertisements* beschreibt. Sie alle – Verhaltensstilisierungen, vestimentäre Emblematisierungen und Bildpräsentationen – sind auf die Beobachtungstätigkeit des sozialen Gegenübers hin ausgelegte Adressierungen des Gesichtssinnes.

Für die Visuelle Soziologie *nach* Goffman bedeutet dies, dass diese sich weder über ihren zweifelsohne wichtigen Untersuchungsgegenstand ‚Bild' einseitig als Bildwissenschaft definieren muss, noch über den Gesichtssinn als eine Art Sinnespsychologie. Goffmans Verdienst ist es, eine Theorie menschlichen Ausdrucks- und Darstellungsverhaltens ausgearbeitet zu haben, die der Visuellen Soziologie eine im Kern sozialtheoretische Grundlegung zu geben vermag.

Von der leibgebundenen Kundgabe zum medientechnischen Artefakt

Mitnichten könne man, so merkt Goffman immer wieder an, von Sprache oder, für ihn gleichbedeutend, von „Kommunikation […] im engeren Sinn des Wortes" (GA_a_{dt}, 9; GA_a, 1) sprechen, wenn man es mit den von ihm in den Blick genommenen Ausprägungen menschlichen Ausdrucks- und Darstellungsverhaltens zu tun hat. Denn offenkundig beruhen die von ihm in Arbeiten wie *The Presentation of Self in Everyday Life, Behavior in Public Places, Relations in Public* oder *Gender Advertisements* beschriebenen Ausdrucks- und Darstellungsformen – statt auf der Verwendung sprachähnlich organisierter Zeichen – auf der demonstrativen Einhaltung (oder gegebenenfalls Abweichung) von konventionalisierten Verhaltensmustern. Beispiele sind für Goffman u. a. das öffentliche Händchen-Halten adoleszenter Personen als unausgesprochener, gleichwohl evidenter Kundgabe des Bestehens einer (potentiell) sexuellen Beziehung (RP) oder das „rituelle Idiom" der gender-stereotypen Darstellung von ‚Männlichkeit' und ‚Weiblichkeit' (RP_e und GA, *passim*). Durch die Übernahme (bzw. die Abwandlung oder Vermeidung) konventionalisierter Formen des Verhaltens und des äußeren Erscheinungsbildes passen sich Individuen, so Goffman, nicht nur bestehenden sozialen Arrangements und Positionsgefügen an (oder unterlaufen diese), sondern verleihen dieser Anpassung (bzw. ihrer Anpassungsverweigerung) auch weithin sichtbar Evidenz. Diesseits noch der Nutzung von artifiziellen Bildmedien und grafischen Techniken wird hier, unmittelbar auf der Ebene der Modulierung körperlichen Verhaltens, ein Grundprinzip jedweden *bildhaften* Ausdrucks- und Darstellungsverhaltens sichtbar: Das Prinzip einer mit Anpassung und Abweichung spielenden, durch Ähnlichkeit und Differenz Bedeutung generierenden Ausdrucks- und ggf. Artefaktgestaltung (weiterführend Müller 2019).

Die selbstdarstellerische Gesamtheit von „Verhalten" („indicative behavior") und „Erscheinungsbild" („appearance") (GA_a, 1; Übersetzung M.M), die Goffman in *The Presentation of Self in Everyday Life* metaphorisch noch als „Fassade" („front") (PS2, 22) bezeichnet, wird er in *Gender Advertisements,* weitaus präziser, mit dem ethologischen – in der deutschen Übersetzung leider abhanden gekommenen – Terminus des „Displays" („display") (GA_a, 1 ff.) belegen. Die im Kern performative soziale Funktion solcher Displays erkennt Goffman darin, dass sie erwartete oder erwünschte Formen des Kontakts und des Austauschs zweier oder mehrerer Individuen darstellerisch vorwegnehmen, indem sie gesellschaftlich vorgeformte Verhaltensmuster, Körperbilder oder Artefaktgestaltungen demonstrativ aufgreifen, abwandeln und zu situativ passenden Bildern („images") zusammenstellen. Displays im Sinne Goffmans sind m.a.W. all diejenigen Ausdrucks- und Darstellungsformen, mit deren Hilfe Individuen je spezifische images von sich und ihren Beziehungen für bestimmte soziale Situationen entwerfen.

Als instruktiv für die Visuelle Soziologie hat sich die Bandbreite bildhafter Ausdrucks- und Darstellungsformen erwiesen, die Goffman erfasst. Zu nennen sind hier insbesondere (1) Goffmans Analysen des *Blickkontakts* (weiterführend hierzu auch Gardener 1980) sowie (2) seine Untersuchungen zur *Choreografie sozialräumlicher Nähe und Distanz* (weiterführend hierzu auch Ball/Smith 1986; Knoblauch 1998 sowie bildanalytisch Raab 2018); fernerhin thematisiert er (3) die *Kleidung* sowie in *Gender Advertisements* schließlich (4) auch *Bilder* im engeren, medientechnischen Wortsinn.

Ad (1): In seinen Analysen des *Blickkontakts* zeigt Goffman auf, dass dem Gesichtssinn eine besondere, keineswegs nur rezeptive Bedeutung für die visuelle Sozialkommunikation zukommt: Wenn etwa, so Goffmans vielleicht bekanntestes Beispiel, einander fremde Passant/innen den direkten Blickkontakt vermeiden und damit der bürgerlichen Konvention „höflicher Gleichgültigkeit" (BP_{dt}, 97 ff.; „civil inattention" BP, 83 ff.) folgen (s. Kap. 29), so bedeutet dies genauer betrachtet, dass diese Passant/innen ihre Blicke *so* über das Auge des jeweiligen Gegenübers hinwegführen, dass der den je anderen beobachtende Blick selbst Ausdruckscharakter erlangt und zu einer Darstellung der besonderen Beziehung ‚Wir sind einander Fremde' wird. Den für die Visuelle Soziologie namensgebenden Gesichtssinn (lat. *visus*) erfasst Goffman bezeichnender Weise selbst als ein soziale Wirklichkeit konstituierendes Display – nicht also als ein nur rezeptiv tätiges Sehorgan, sondern als ein Medium bildhaften Ausdrucks- und Darstellungsverhaltens. Eine ganz ähnliche Auffassung von der Bedeutung des Blicks als einem sozialen Display hatte bereits ein anderer Klassiker der Visuellen Soziologie in seiner ‚Soziologie der Sinne' vertreten: Georg Simmel, auf den Goffman hier denn auch explizit verweist.

Ad (2): Eines der komplexesten, ebenfalls genuin sozialen Displays, die Goffman untersucht, ist die *Choreografie sozialräumlicher Nähe und Distanz*. Die Adressierung des Gesichtssinnes erfolgt auch hier durch die Einhaltung oder Abweichung von konventionalisierten Darstellungs- und Verhaltensmustern – mit der Besonderheit allerdings, dass diese Muster nicht nur die Darstellung der *je eigenen* Person betreffen, sondern die Ausgestaltung der körperlich-räumlichen Nähe und Distanz zu *Anderen* (etwa beim Schlange-Stehen) bzw. das je eigene Verhalten in Bezug auf *deren* Besitztümer und Refugien (exemplarisch: reservierte Liegestühle) (RP_b). Eben weil bereits kleinste Unterschreitungen der körperlichen Distanz zu Anderen oder minimale Übertritte in deren Territorien als sozial unangemessene Verhaltensweisen wahrgenommen werden, erlangt die Choreografie sozialräumlicher Positionierungen unweigerlich den Stellenwert eines überaus effektiven Ausdrucks- und Darstellungsverhaltens – den Stellenwert eines gestisch-visuellen Displays (das Goffman soziologisch ‚gleichberechtigt' neben vokal-auditiven Formen der Sozialkommunikation untersucht). Die Bildhaftigkeit solcher Ausdrucks- und Darstellungsformen besteht auch hier wieder darin, dass je spezifische Momente der Anpassung an Konventionen mit je spezifischen Momenten der Variation oder der Abweichung ins Verhältnis treten und sich zu einer – sozialkommunikativ überaus effektiven – Ausdrucksgestalt fügen. In interdisziplinärer Perspektive bleibt zu ergänzen, dass Goffmans Analysen sozialräumlicher Choreografien eine bemerkenswerte thematische Parallele zu Max Imdahls formalen Untersuchungen von Personen-Choreographien auf Gemälden aufweisen. Ohne dass beide Autoren voneinander (explizit) Notiz genommen hätten, machen sich der Soziologe und der Kunstwissenschaftler jeweils für sich an die

Erkundung einer Dimension des Ausdrucks und der Darstellung, deren „Informationsdichte", wie Imdahl (1995, 313) in Analogie zu Goffman formuliert, sprachlich „nicht zu erreichen ist".

Ad (3): Obgleich Goffman die darstellerische Bedeutung der *Kleidung* immer wieder betont, geht er – anders als Simmel in seinen Aufsätzen über die *Mode* – auf die Beschaffenheit, die Funktionsweise und die Wandelbarkeit vestimentärer Emblematiken nicht näher ein. Diesen Aspekt bildhaften Ausdrucks- und Darstellungsverhaltens wird in der deutschsprachigen Literatur Hans-Georg Soeffner mit seinen Analysen „Emblematische[r] Formen sozialer Orientierung" (2004, 180–209) aufgreifen und vertiefen. Soeffner ist es auch, der Goffmans interaktionstheoretische Perspektive auf alltägliche Darstellungs- und „Verhaltensstile" (GA_a_{dt}, 19; „behavioral styles", GA_a, 8) systematisch mit Simmels gesellschaftstheoretischer Perspektive auf die Pluralität moderner „Stile des Lebens" verknüpft (Soeffner 2010, 81–110). Kenntlich wird so das Programm einer Soziologie symbolischer Ordnungs- und Orientierungsformen, für die der gesellschaftsgeschichtliche Gebrauch und Wandel von ritualisierten Blickkontakten, sozialräumlichen Choreografien, vestimentären Emblematiken und medialen Beobachtungsvorrichtungen von zentraler Bedeutung sind.

Einen ähnlich umfassenden materialen Gegenstandsbereich der Visuellen Soziologie definieren im englischsprachigen Raum Michael Emmison, Philip Smith und Margery Mayall (2012). In einem Gesamtüberblick über die empirischen Forschungsfelder der Visuellen Soziologie füllen sie die von Goffman offen gelassenen Lücken im Spektrum bildhafter Ausdrucks- und Darstellungsformen auf und untergliedern dieses Spektrum in „zweidimensionale visuelle Daten" (Photographien, Gemälde, Karten, Pläne etc.), „dreidimensionale visuelle Daten" (Artefakte), „belebte visuelle Daten" (Räume, Architekturen, Territorien), „lebende visuelle Daten" (menschliches Blick-, Distanz- und Kleidungsverhalten) und „virtuelle visuelle Daten" (ebd., 62–249). Unter der letztgenannten Dimension verstehen Emmison/Smith/Mayall nicht etwa ins Digitale transferierte zweidimensionale Daten, sondern die Realisierung aller vier vorausgehenden Dimensionen auf digitalen Bühnen, in virtuellen Umwelten und unter Nutzung von Hyperlink-Technologien.

Goffmans eigene Arbeiten decken innerhalb dieses Spektrums vor allem den Bereich der ‚lebenden' und ‚belebten' visuellen Daten ab und lenken die Aufmerksamkeit somit zunächst einmal auf die Bildhaftigkeit des Körpers als einem Desiderat jedweder „Sozialtheorie des Bildes" (Breckner 2010, 149–161). Einen ähnlichen Akzent hat in der neueren Kunst- und Bildwissenschaft Hans Belting mit seiner ebenfalls den menschlichen Körper in den Mittelpunkt stellenden „Bild-Anthropologie" (2001) gesetzt. Gleichviel aber, ob man sie als sozialtheoretisch oder bildanthropologisch qualifiziert, die Grundannahme, dass sein Körper das erste Bildmedium des Menschen ist, verweist auf ein gattungsgeschichtlich weites, mitnichten auf Grafik, Malerei und Photographie beschränktes Spektrum bildhafter Ausdrucks- und Darstellungsformen und eröffnet im Blick zurück auf den Körper zugleich eine Perspektive voraus auch auf andere, ebenfalls *raum-zeitlich ephemere* und *situativ wandelbare* Bildmedienartefakte: auf digitale Displays, Hyperimages, GIFs, *augmented realities,* virtuelle Raumbilder etc.

Ad (4): Dem Blickkontakt als unmittelbar leibgebundenem Display steht in der Logik Goffmans das technisch produzierte Bildmedium als ein „vom Körper abgelöst[es]" (BP_{dt}, 1963, 30; „disembodied", BP, 14) Display gegenüber. Im Zeitalter der technisch nicht nur reproduzierbaren, sondern immer wieder auch re-arrangierbaren Bilder, kommt solchen Bildmedien eine für die soziale Imagebildung kaum zu unterschätzende Bedeutung zu. Um so dringlicher stellt sich denn auch für die zeitgenössische Visuelle Soziologie die Frage, wie sich die Bildmedienartefakte des Web 2.0 in jene „soziale[n] Porträts" einfügen, die Individuen „mit Hilfe ihres Gesichts, ihres Körpers und kleinerer verfügbarer Materialien" entwerfen, um sich „mikro-ökologisch so ein[zu]ordnen, dass ihr Platz im größeren Rahmen der Gesellschaft abgebildet wird" (GA_a_{dt}, 24; GA_a, 6). Goffman selbst widmet sich in *Gender*

Advertisements zwar der Analyse von Photographien. Bekanntlich aber handelt es sich bei den von ihm untersuchten Bildern um photographische Werbeanzeigen, die er als gesellschaftliche Sehschulen konzipiert, nicht aber um photographische Selbstporträts oder digitale Hyperimages, wie sie im 21. Jahrhundert gebräuchlich werden.

Wenig spricht nun allerdings dafür, anlässlich der von Goffman selbst nicht mehr berücksichtigten Erweiterung körperlicher oder körpernaher sozialer Displays durch technische, vom Körper ablösbare Displays (Wappenschilder, Porträts, digitale Hyperimages etc.), auf die analytisch weniger aufschlussreiche, medienkritische Gegenüberstellung von ‚körperlicher Authentizität' und ‚medialer Inszeniertheit' zurückzugreifen. Nimmt man Goffmans mikroanalytischen Ansatz der Untersuchung von Interaktionsordnungen ernst, so tritt stattdessen die Frage nach dem Ergänzungsverhältnis solch unterschiedlicher Displays in der Vordergrund bzw. die Frage nach den spezifischen Funktionen und der Bedeutung, die medientechnische Displays sowohl für die soziale Selbstdarstellung erlangen, als auch für die gesellschaftliche Organisation von sozialen Situationen und für den kulturellen Wandel gesellschaftlicher Wissenshintergründe (exemplarisch Sonnenmoser 2018).

Einen terminologisch bemerkenswerten Ansatz der Auseinandersetzung mit dieser Problemstellung stellt das Konzept der „Self-Representation" (Thumim 2012) dar, das den Begriff der *Self-Presentation* in medienanalytischer Absicht variiert: Während es Goffman in Büchern wie *Presentation of Self in Everyday Life* vornehmlich um die Analyse körperlicher oder körpernaher Displays geht, fokussieren die Vertreterinnen des *Representation*-Konzeptes bildmediale Formen und Umgebungen der Selbstdarstellung auf Weblogs, Vlogs und anderen Plattformen. Mit Goffman teilen sie die – bisweilen als ‚konstruktivistisch' titulierte – Annahme, dass jedwede Selbstdarstellung notwendig auf bereits existente soziokulturelle Ausdrucksmaterialien und Darstellungsformen zurückgreift, d. h. immer schon symbolisch vorgeformt ist. Über Goffman aber hinausgehend thematisieren sie insbesondere die erweiterten selbstdarstellerischen Möglichkeiten, die sich gesellschaftlich auf rituellen und sodann auf medialen Bühnen bieten. Was die von den Vertreterinnen des *Representation*-Konzeptes untersuchten, populärkulturellen, existentiell-biographischen oder politischen Medienphänomene gemeinsam haben ist, dass die jeweils genutzten Darstellungsformen und -inhalte medial immer wieder zu Ausdrucksfiguren zusammengestellt werden, die alltagspragmatische Identitätserwartungen oder Normalitätsunterstellungen unterlaufen, die also, in diesem Sinne, ästhetisierte Ausdrucksfiguren sind. Für eine Analyse medientechnisch realisierter sozialer Displays ist solch eine Aufmerksamkeit für unterschiedliche Kontexte, Zusammenhänge und Sinnfiguren der Medienaneignung kaum verzichtbar. Denn auch dann, wenn für alle Formen der Imagebildung gilt, dass sie ‚sozial konstruiert' sind, so sind die Unterschiede zwischen körperlichen/körpernahen und vom Körper ablösbaren Displays in Hinblick auf die jeweiligen technischen, kulturellen und gesellschaftlichen Möglichkeiten und Beschränkungen des sozialen Austauschs mediensoziologisch signifikant.

Vom ethnografischen Fallvergleich zur seriell-vergleichenden Bildanalyse

Goffmans Bedeutung für die Visuelle Soziologie besteht indes nicht nur darin, dass seine Arbeiten ein genuin sozialwissenschaftliches Verständnis bildhafter Ausdrucks- und Darstellungsformen ermöglichen. Nicht minder instruktiv nimmt sich der von ihm in *Gender Advertisements* beschrittene Weg der Analyse von Bilddaten aus. Ganz offensichtlich verdankt sich Goffmans Verfahrensweise, die er selbst mit keinerlei Label oder Originalitätsanspruch versieht, weit mehr der alltagsethnographischen Beobachtungspraxis der Chicago School (Hughes 1993; Raab 2014), als irgendeiner Form der Auseinandersetzung mit bildanalytischen Verfahrensweisen der Kunst- oder Medienwissenschaften seiner Zeit. Wenn er mehr als fünfhundert Werbegrafiken zusammenstellt und miteinander vergleicht, so geht es ihm *auch bildanalytisch* darum, unterschiedliche Muster einer bestimmten Verhaltensstilisierung zu identifizieren (im Fall von *Gender Advertisements* um Muster der Geschlechterstilisierung).

Goffmans ethnografische Orientierung und Erfahrung verleiht denn auch seiner Bildhermeneutik ihre spezifische Prägung. Denn anders als etwa in der Kunstwissenschaft üblich, vergleicht Goffman nicht einzelne Bildpaare, sondern 508 Bilder eines extensiv zusammengestellten Korpus (Prinzip des extensiven Vergleichs). Anders aber auch, als dies noch Gregory Bateson und Margaret Mead in ihrer photographischen Analyse des *Balinese Character* (1942) handhabten, zielen Goffmans Bildvergleiche nicht auf die Aufdeckung von Ähnlichkeiten im Verhalten von Individuen und damit auch nicht auf den Versuch, allgemeine theoretische Aussagen photographisch zu verifizieren. Ihm geht es stattdessen um die Identifikation unterschiedlicher Ausprägungen einer bestimmten Klasse darstellerischen Verhaltens, d. h. um den Versuch, mit Hilfe bildanschaulicher Differenzierungen theoretisch noch nicht erfasste Muster, Formen und Techniken der visuellen Sozialkommunikation kenntlich werden zu lassen (Prinzip des kontrastierenden Vergleichs).

Die explizite Ausrichtung seines Vergleichsverfahrens auf die Identifikation von „Unterschiedlichkeit" (GA_c_{dt}, 109; GA_c, 25) spiegelt sich unmittelbar auch in den Sampling-Prinzipien wider, die Goffman der Korpusbildung seiner Gender-Studie zugrunde legt. Die Auswahl von Bilddaten erfolgt in *Gender Advertisements* nicht etwa unter Gesichtspunkten der „Repräsentativität" (GA_c_{dt}, 106; GA_c, 24), wie er betont; sie soll also nicht die Verbreitung bestimmter Muster der Geschlechterstilisierung aufzeigen. Vielmehr ist es Goffman darum bestellt, bislang nicht beschriebene Muster der Geschlechterstilisierung zu erfassen und dementsprechend prinzipiell *jedes* Bilddatum in das Vergleichskorpus aufzunehmen, *sofern* dieses Datum die Kenntlichwerdung eines neuen Musters verspricht. Wenn er dementsprechend konstatiert, dass die „abgedruckten Bilder [...] *willkürlich* aus Zeitungen und Massenzeitschriften ausgewählt [wurden], wie sie eben – wenigstens mir [Goffman] – zur Hand waren" (GA_c_{dt}, 104; Herv. M.M.; GA_c, 24), so verbirgt sich hinter dieser, heute provozierend erscheinenden terminologischen Nonchalance das Prinzip einer auf theoretischen Erkenntniszuwachs bzw. theoretische Sättigung ausgerichteten Datenselektion.

Explizit weist Goffman auch darauf hin, dass er nur die ersten beiden der insgesamt drei Arbeitsschritte „Entdeckung, Darstellung und Beweis" (GA_c_{dt}, 107; GA_c, 24) durchführt, die ein vollständiges Forschungsprogramm beinhalten müsste. Goffmans Untersuchung bleibt in diesem Punkt tatsächlich kursorisch – und eben dieser Verzicht auf Schritt III (‚Beweis') bringt ihm bis heute den geschlechtersoziologisch nicht unberechtigten Vorwurf ein, er habe vor allem diejenigen Werbegrafiken ausgewählt, die seine untersuchungsleitende Vorannahme relativ fest gefügter, d. h. ‚hyperritualisierter' Geschlechterklischees bzw. Geschlechterstereotype untermauere. Eine Analyse der Verbreitung der von ihm selbst bildanalytisch rekonstruierten Muster der Geschlechterstilisierung (= Schritt III ‚Beweis') in unterschiedlichen Medien, Milieus und Lebensstilen der US-amerikanischen Gesellschaft der 1970er Jahre hätte wohl ohne größere theoretische Probleme den Nachweis und die Untersuchung auch anderer, durch andere Verhaltensstile gekennzeichnete Geschlechterbilder ermöglicht und damit eine nicht nur sozialtheoretische, sondern auch zeitbezogene Diskussion seiner Befunde. Goffman selbst weist sogar darauf hin, dass etliche der von ihm herausgearbeiteten Darstellungsmuster keineswegs „notwendig [...] mit Sujets gegensätzlicher Geschlechts-Identität" (GA_c_{dt}, 113; GA, 26) in Verbindung zu bringen seien. Verwendung finden sie, wie seine Bilddaten zeigen, auch in Zusammenhängen der Verkörperung von Eltern-Kind-Beziehungen, der Rahmung formeller und informeller Situation oder der Kennzeichnung institutioneller Positionsunterschiede, d. h. als Bestandteile auch anderer ‚ritueller Idiome'.

So kursorisch Goffmans Forschungsdesign insgesamt auch geblieben sein mag, seine bildanalytische Vorgehensweise erweist sich gerade auch in der wissenschaftsgeschichtlichen Nachbetrachtung als eine Lösungsmöglichkeit für gleich mehrere methodische Probleme: (1) das Problem der Gegenstandsangemessenheit bildanalytischer Verfahren, (2) das Problem der Darstellung bildanalytischer Untersuchungsergebnisse und (3) das Problem der Auswertung großer Bilddatenmengen.

Ad (1): Indem er systematisch vergleichend vorgeht, d. h. durch die Kontrastierung seiner Daten unterschiedliche Ausführungen ähnlicher Ausdrucks- und Darstellungsformen identifiziert, nimmt er – methodisch gezielt und kontrolliert – jenes darstellerische Spiel mit *Ähnlichkeit und Differenz* (s. o.) in den Blick, das bereits in der gesellschaftlichen Alltagskommunikation peinlich genau beobachtet und als bildhafter Anschauungswert jeweiliger Darstellungen erfasst wird. Goffman entwickelt m.a.W. eine Methodik, die das mundane Unterscheidungsvermögen des Auges sozialwissenschaftlich gezielt einsetzt, um alltagsweltliche Techniken, Medien und Dokumente der Adressierung dieses Unterscheidungsvermögens zu untersuchen – eine Hermeneutik also, die ihre Validität aus der Kenntnis der alltäglichen Mechanismen, Routinen und Konventionen der visuellen Sozialkommunikation sowie der methodisch kontrollierten Nutzung dieses Wissens bezieht. Methodisch kontrollierbar macht Goffman dieses Wissen, indem er je konkrete körperliche oder bildmediale Darstellungen systematisch mit anderen Displays des ihm zugänglichen soziokulturellen Bildwissensbestands vergleicht und auf jene Unterschiede hin untersucht, die in der Alltagskommunikation – eben vor dem Hintergrund dieses soziokulturellen Bildwissensbestands – als Möglichkeiten der Darstellungs- und Verhaltensstilisierung, d. h. der Erzeugung sozialer Anschauungswerte, zur Verfügung stehen.

Ad (2): Die Ergebnisse seiner Untersuchung stellt er in Form von Bildtafeln dar, die jeweils einen besonderen Aspekt der untersuchten Ausdrucks- und Darstellungsformen kenntlich werden lassen, sowohl bildanschaulich als auch durch kurze, begleitende Kommentare. Methodologisch gesehen haben diese Bildtafeln – in *Gender Advertisements* sind es zweiundsechzig – eine doppelte Funktion. Einerseits sind sie diejenige Organisationsform, in der sich die empirische Vergleichsarbeit vollzieht und kontrastiv ausdifferenziert. Andererseits dokumentieren sie diese Arbeit und sind Teil der Belegstruktur seiner Untersuchung. Mit seinen Bildtafeln (und den diesen zugrundeliegenden Unterteilungs- und Kommentarprinzipien) findet Goffman einen *modus operandi* der Auswertung von Bilddaten, der den Präzisions- und Abstraktionsanforderungen wissenschaftlicher Aussagesysteme und Argumentationsketten Genüge leisten kann, ohne Bilder künstlich oder vorschnell in Sprache zu verbiegen.

Ad (3): Wissenschaftsgeschichtlich gesehen stellt sich Goffman mit *Gender Advertisements* relativ früh schon dem mittlerweile virulenten Problem der Auswertung großer Bilddatenmengen. Ohne Vergleichsverfahren, wie sie auch Goffman verwendet, sind die immensen Bildmengen, die die technisierte Alltagskommunikation all denjenigen beschert, die diese Kommunikation untersuchen wollen, kaum zu bewältigen (Pilarczyk/Mietzner 2005). Eine der methodologischen Schwierigkeiten solcher Vergleichsverfahren besteht indes darin, dass sie – wenn sie im Sinne fortlaufender Ähnlichkeitsaufdeckungen durchgeführt werden – zwar die Auszählung und damit die Analyse der Verbreitung bestimmter Bildtypen erlauben, darüber hinaus aber kaum einen gesteigerten Erkenntniswert (in Bezug auf die jeweiligen Phänomene der visuellen Kommunikation) haben. Goffmans Verfahrensweise stellt sich hier insofern als Problemlösung dar, als sie – statt auf Ähnlichkeitsaufdeckung – auf systematische Kontrastierung abstellt, d. h. auf die Identifikation bislang nicht beschriebener Bildmuster. Goffmans Verfahrensweise ist somit geeignet, den Bestand sozialwissenschaftlich bekannter und reflektierter Bildtypen zu erweitern und jenes interpretative Wissen um unterschiedliche Bildtypen und Handlungsprobleme bereitzustellen, ohne das weder händische Korpusauszählungen noch ‚Beschulungen' von KI-Routinen der *big image data analysis* möglich wären.

Insofern mag es auch nicht verwundern, dass Goffman u. a. als Wegbereiter der

„Bildinhaltsanalyse“ rezipiert wird (Aiello/Parry 2020, 23). Eine korpusanalytische Auswertung beispielsweise von Hashtag-indizierten Plattformbilddaten setzt notwendig Kontrastierungsverfahren wie die von Goffman erprobten voraus, wenn auf solchen Bildern nicht nur etwelche Alltagsgegenstände, Tiere oder Personen identifiziert werden sollen, sondern darstellerische Muster und Strategien etwa der personalen Selbstthematisierung. Im deutschsprachigen Raum sind die von Goffman erprobten Kontrastierungsprinzipien insbesondere in das Methodenrepertoire der wissenssoziologischen „Bild-durch-Bild-Interpretation“ (Soeffner 2012, 208) bzw. der „figurativen Hermeneutik“ (Müller 2012) aufgenommen worden. Der Ausdifferenzierung bildmedialer Ausdrucks- und Darstellungsformen entsprechend, stellt sich hier die Herausforderung, die Prinzipien des seriellen und kontrastiven Vergleichens auf höchst unterschiedliche Untersuchungsgegenstände und Bilddatentypen anzuwenden. Analytisch geht es darum, Verfahren nicht nur der Auswertung sozialwissenschaftlich generierten Bildkorpora und der Untersuchung von Einzelbildern weiterzuentwickeln, sondern auch der Analyse von ikonischen Bildclustern (Weblogs, Fotostrecken, Ausstellungen) und digitalen Hyperimages (durch Hyperlinks aggregierte Bildsysteme).

Strukturell sichtbar wird in der beträchtlichen Bandbreite bildhafter Ausdrucks- und Darstellungsformen, mit der sich Visuelle Soziologie heute auseinandersetzen muss, dass das natürliche Differenzierungsvermögen des Gesichtssinnes je nach technischen Möglichkeiten und gesellschaftlichen Bedingungen die Erfindung und den Gebrauch immer neuer sozialer Displays gleichsam in Auftrag gibt. Derjenige Auftrag indes, der sich aus Goffmans Denkstil für die Visuelle Soziologie ergibt, besteht darin, nicht nur einzelne solcher Displays als ‚Methodenproblem‘ in den Blick zu nehmen, sondern den immer schon intermedialen Aufbau sozialer Displays – das situative Zusammenspiel also und das institutionalisierte Ergänzungsverhältnis von körperlichen, körpernahen und medialen Darstellungsformen. Denn immer noch dürfte die ethologisch Ausgangsbeobachtung Goffmans gelten, dass die Displays, mit denen Personen einander begegnen, die „Bedingungen des Kontakts“ dieser Personen festlegen – den „Modus“, den „Stil“ oder die „Formel“ für die Beziehungen, die sich zwischen ihnen entwickeln sollen (GA_a$_{dt}$, 9; GA_a, 1).

Literatur

Aiello, Georgia/Parry, Katy: Visual communication. Understanding images in media culture. London 2020.

Bateson, Gregory/Mead, Margaret: Balinese Character. A photographic analysis. New York 1942.

Ball, Michael S./Smith, Gregory W. H.: The visual availability of queueing's local organization. In: Communication and Culture 19/1 (1986), 27–58.

Becker, Howard S.: Photography and sociology. In: Studies in Visual Communication 1/1 (1974), 3–26.

Belting, Hans: Bild-Anthropologie. München 2001.

Breckner, Roswitha: Sozialtheorie des Bildes. Bielefeld 2010.

Emmision, Michael/Smith, Philip/Mayall, Margery: Researching the visual. Los Angeles 2012.

Gardener, Carol B.: Passing by: Street remarks, address rights, and the urban female. In: Sociological Inquiry 50/3-4 (1980), 328–356.

Hughes, Everett C.: The sociological eye. New Brunswick, London 1993.

Imdahl, Max: Ikonik. Bilder und ihre Anschauung. In: Gottfried Boehm (Hg.): Was ist ein Bild? München 1995, 301–324.

Knoblauch, Hubert: Pragmatische Ästhetik. In: Herbert Willems/Martin Jurga (Hg.): Inszenierungsgesellschaft. Opladen 1998, 305–324.

Müller, Michael R.: Figurative Hermeneutik. In: Sozialer Sinn 13/1 (2012), 129–161.

Müller, Michael R.: Kritik des Sehens. In: Ronald Hitzler/Jo Reichertz/Norbert Schroer (Hg.): Kritik der Hermeneutischen Wissenssoziologie. Weinheim, Basel 2019, 353–366.

Pilarczyk, Ulrike/Mietzner, Ulrike: Das reflektierte Bild, Bad Heilbrunn 2005.

Raab, Jürgen: Erving Goffman [2008], Konstanz ^{2}2014.

Raab, Jürgen: Visuelle Sinnkonstellationen. In: Michael R. Müller/Hans-Georg Soeffner (Hg.): Das Bild als soziologisches Problem. Weinheim, Basel 2018, 210–231.

Soeffner, Hans-Georg: Auslegung des Alltags – der Alltag der Auslegung. Konstanz 2004.

Soeffner, Hans-Georg: Visual sociology on the basis of 'visual concentration'. In: Hubert Knoblauch et al. (Hg.): Video Analysis, Frankfurt/Main 2012, 209–218,
Soeffner, Hans-Georg: Symbolische Formung. Weilerswist 2010.
Sonnenmoser, Anne: Phantasma und Illustration. Weinheim, Basel 2018.
Thumim, Nancy: Self-representation and digital culture. London 2012.

62 Körpersoziologie

Robert Gugutzer und Jerome Barrick

So wie Erving Goffman zu Recht als „soziologischer Klassiker der zweiten Generation" (Hettlage/Lenz 1991) gilt, kann er mit gleichem Recht als körpersoziologischer Klassiker der ersten Generation bezeichnet werden. Neben Norbert Elias, Michel Foucault und Pierre Bourdieu ist Goffman eine der tragenden Säulen der sich seit den 1980er Jahren langsam aber stetig etablierenden Soziologie des Körpers, wobei Goffmans Rezeption, beginnend ab Mitte der 1990er Jahre, etwas später als jene der drei anderen Klassiker einsetzte. Gemeinsam ist diesen Klassikern der Körpersoziologie, dass ihre Arbeiten gar nicht als ‚Körpersoziologie' angelegt waren. Keiner der vier Autoren hat eine soziologische Theorie des Körpers entwickelt, ihre wegweisenden körpersoziologischen Erkenntnisse sind vielmehr Nebenprodukte ihrer eigentlichen Forschungen: der „zivilisierte Körper" als sichtbarer Ausdruck des europäischen Zivilisationsprozesses (Elias), der „disziplinierte Körper" als bevorzugtes Objekt der modernen Disziplinargesellschaft (Foucault), der „habituelle Körper" als inkorporiertes Ergebnis der französischen Klassengesellschaft (Bourdieu) und der „dramaturgische Körper" als Hauptakteur auf der sozialen Bühne des Alltags (Goffman) (Gugutzer 2004). Goffmans Alleinstellungsmerkmal liegt hierbei darin, dass er als erster Soziologe vielfach und unermüdlich – wenn auch oftmals nur im Vorübergehen – die zentrale Bedeutung des Körpers in mikrosozialen Kontexten dargelegt hat. Goffmans materialreiche Arbeiten haben deutlich gemacht, dass soziale Akteur/innen *verkörperte* Akteur/innen sind, die sich nicht nur sprachlich miteinander verständigen, sondern ebenso mittels ihrer körperlichen Erscheinungs- und Verhaltensweisen, ihrer körperlichen Darstellungen und Zuschreibungen. Im theoretisch vielstimmigen Konzert der Körpersoziologinnen und -soziologen ist Goffman daher der Klassiker einer interaktionistischen Körpersoziologie, in deren Mittelpunkt der menschliche Körper als Produzent – und weniger als Produkt, wie bei Elias, Foucault und Bourdieu – gesellschaftlicher Wirklichkeit steht (Williams/Bendelow 1998, 55–61; Howson 2013, 18–31; Gugutzer 2004, 92–99).

Die Körpersoziologie hat Goffman den Klassikerstatus auch deshalb verliehen, weil sie in ihm einen Autor sieht, der frühzeitig eines ihrer wesentlichen programmatischen Ziele realisiert hat, nämlich die Überwindung des cartesianischen Dualismus. Der Körpersoziologie ist es ein eminent wichtiges Anliegen, deutlich

R. Gugutzer (✉) · J. Barrick
Institut für Sportwissenschaften, Goethe Universität Frankfurt, Frankfurt am Main, Deutschland
E-Mail: gugutzer@sport.uni-frankfurt.de

J. Barrick
E-Mail: Barrick@sport.uni-frankfurt.de

K. Lenz und R. Hettlage (Hrsg.), *Goffman-Handbuch*, https://doi.org/10.1007/978-3-476-05871-3_62

zu machen, dass der in der Soziologie weit(er) hin vorherrschende Körper-Geist-Dualismus ein einseitiges Menschenbild transportiert, von dem sich die Soziologie zu verabschieden habe. So wenig die Gesellschaft (ihre Werte, Normen etc.) allein ‚im Kopf' der Menschen verortet ist, ist auch soziales Handeln kein bloß mentales Handeln und soziale Ordnung kein ausschließlich geistiges Produkt. Soziales Handeln und soziale Ordnung betrachtet die Körpersoziologie als gleichermaßen körperliche Phänomene. Mit dem Begriff „Verkörperung" bzw. „embodiment" versucht die Körpersoziologie diese anticartesianische, die Körper-Geist-Trennung überwindende Position zu bezeichnen, weshalb sie sich selbst auch als „verkörperte Soziologie" oder „carnal sociology" (Crossley 1995) begreift. Goffman gilt als einer der Wegbereiter dieser verkörperten Soziologie, eben weil er in seinen soziologischen Analysen der Körperlichkeit und Sinnlichkeit menschlicher Individuen, persönlicher Verhaltensweisen und zwischenmenschlicher Interaktionen eine fundamentale Bedeutung beimaß.

Im Folgenden wird Goffmans maßgeblicher Einfluss auf die Körpersoziologie dargelegt, indem jene Ideen und Begriffe Goffmans vorgestellt werden, die in der Körpersoziologie am stärksten rezipiert werden. Anstelle eines Forschungsüberblicks über körpersoziologische Arbeiten, die sich auf Goffman beziehen, zielen die Ausführungen somit primär darauf, das körpersoziologische Potenzial Goffmans zu verdeutlichen. Die Rede von einem körpersoziologischen Potenzial soll verdeutlichen, dass Goffmans Begriffe und Metaphern, wie erwähnt, nicht dezidiert körpersoziologisch angelegt waren. Seine Körpersoziologie bleibt in seinen Arbeiten oftmals implizit, und das Anliegen dieses Beitrags ist es, Goffmans implizite Körpersoziologie explizit zu machen. Hierfür rücken drei für die Körpersoziologie zentrale Sichtweisen bzw. Konzepte Goffmans in den Mittelpunkt: die *verkörperte Interaktionsordnung*, der *dramaturgische Körper* sowie das *körperbasierte Identitätsmanagement*. Der Text endet mit Hinweisen auf einige der wichtigsten theoretischen Fortführungen von Goffmans Ansatz im Feld der Körpersoziologie sowie auf empirische Herausforderungen, die sich für eine Goffmansche Körpersoziologie gegenwärtig stellen.

Verkörperte Interaktionsordnung

Die interaktionistische Körpersoziologie stützt sich auf Goffman als zentralen Referenzautor, weil dieser die „gegenseitige körperliche Präsenz zum Ausgangspunkt" (InO$_{dt}$, 55; InO, 2) seiner Interaktionssoziologie erklärt und damit ein körpersoziologisches Grundverständnis formuliert hat. Goffman zufolge spielt sich das soziale Leben primär in sozialen Situationen ab, das heißt im Bereich unmittelbarer Interaktion; unmittelbar sind soziale Interaktionen insofern, als die Interaktionsteilnehmer/innen physisch anwesend sind, sich in ihrer körperlichen Präsenz gegenseitig von Angesicht zu Angesicht wahrnehmen und ihr Verhalten bezugnehmend auf ihre körperliche Kopräsenz aneinander orientieren. Die Körpersoziologie hat daraus den Schluss gezogen, mikrosoziale Situationen unter dem Gesichtspunkt zu analysieren, welche Bedeutung die körperlichen Erscheinungs- und Verhaltensweisen sowie die wechselseitigen leiblich-sinnlichen Wahrnehmungen von Menschen für die Herstellung, Aushandlung, Irritation oder Aufhebung von je spezifischen Interaktionsordnungen haben. Anknüpfend an Goffman interessiert sich die interaktionistische Körpersoziologie daher für Themen wie Körpersprache (*body idioms*), Körperkontrolle, Körperbeobachtung (*body monitoring*) oder Körpermanagement wie *face work* und *body work*. So wie Goffman betont auch die Körpersoziologie, dass all diese Körperpraktiken keine rein individuellen Weisen des Körperumgangs sind, sondern Ausdruck der in der sozialen Situation strukturell verankerten Normen, Regeln, Konventionen etc. Zugleich wird in körpersoziologischen Arbeiten, noch expliziter als bei Goffman selbst, hervorgehoben, dass mikrosoziale Ordnungen körperlich her- und dargestellte Ordnungen sind, die Interaktionsordnung daher als verkörperte Interaktionsordnung – beispielsweise eines Fitnessstudios (Sassatelli 1999) – aufzufassen sei. Wie stabil diese verkörperte Interaktionsordnung ist und vor allem, wodurch sie ins Wanken gebracht werden kann – etwa durch einen Flashmob auf einem Universitätscampus (Haddington et al. 2012) –, sind körpersoziologisch relevante Anschlussfragen.

Mit Blick auf die körperliche Konstruktion der Interaktionsordnung interessiert sich die Körpersoziologie vor allem für zwei prominente Themen Goffmans: Zum einen für die „Territorien des Selbst" (RP_b_{dt}; „territories of the self", RP_b), zum anderen für „Interaktionsrituale" (IR_{dt}; „interaction ritual" IR). Die Territorien des Selbst sind körpersoziologisch von Belang, weil Goffman in diesem Aufsatz den/die verkörperte/n Akteur/in in den Mittelpunkt seiner Interaktionssoziologie gerückt hat. In sozialen Situationen erheben Menschen territoriale Besitzansprüche, die sie anzeigen und verteidigen, und zwar insbesondere dann, wenn sie von anderen in Frage gestellt werden. Im Zentrum dieser „Reservate" („preverses") des Individuums steht der eigene Körper, vor allem dessen „Hülle" („sheath", worunter Haut und Kleidung verstanden wird), sowie der den Körper umgebende „persönliche Raum" („personal space"), „dessen Betreten seitens eines anderen vom Individuum als Übergriff empfunden wird, der es zu einer Mißfallensbekundung und manchmal zum Rückzug veranlaßt" (RP_b_{dt}, 56; RP_b, 30). Wie Goffman zeigt, ist der Körper des Individuums jedoch nicht nur ein schützenswertes Reservat, sondern häufig auch das Mittel einer territorialen Grenzverletzung. Von harmlosen Körperberührungen über starrende und durchbohrende Blicke, unangenehme Körperlaute oder Körpergerüche (Raab 2001, 156–212, hier: 192–203) bis zu expliziten körperlichen Handgreiflichkeiten oder gar Vergewaltigungen kann es zu „territorialen Übertretungen" („territorial offenses") und damit zu Verletzungen des verkörperten Selbst kommen. Interaktionsordnungen basieren ganz wesentlich auf solchen körperlichen Markierungen, Sicherungen und Missachtungen der Territorien der beteiligten Selbste. Sie basieren darüber hinaus ebenso auf der Aus- und Aufführung „interpersoneller Rituale" (RP_d_{dt}, 98; „interpersonal ritual", RP_d, 63).

An Goffmans – auf Durkheim und die Ethologie zurückgehenden – Ritualbegriff schließt die Körpersoziologie vor allem dann an, wenn sie das körperliche *doing* quasi-mechanischer, konventioneller oder zeremonieller Handlungen nachzeichnen möchte. Interaktionsrituale im Goffmanschen Sinne sind körperlich ausgeführte Routinehandlungen, die an die situationsspezifischen Normen, Regeln und moralischen Standards angepasst sind und auf diese Weise die Interaktionsordnung sicherstellen. Interpersonelle Rituale tragen konkret zur Organisation sozialer Interaktionen bei, indem die Interaktionsteilnehmer/innen ihre Körper als Informationsquellen nutzen und dabei darauf bedacht sind, anderen mit Respekt, Takt und Ehrerbietung zu begegnen. Goffman betrachtet das moderne Individuum als durch „Heiligkeit" (IR_b_{dt}, 54; „sacredness" IR_b, 47) ausgezeichnet, weshalb er solche symbolischen Gesten hervorhebt, mit denen dem anderen Selbst Anerkennung gezollt wird (s. Kap. 23). Die Körpersoziologie nutzt Goffmans Konzept der interpersonellen Rituale mit überwiegend profaner Konnotation, indem sie sich darauf beschränkt zu analysieren, wie die Interaktionsteilnehmer/innen gewohnheitsmäßig ein sozial angemessenes körperliches Verhalten zeigen, wie sie ihre „leibgebundene Kundgabe" durch „einfache Leibeskontrolle" (RP_a_{dt}, 32 bzw. 34; „body gloss" „single body check", RP_a, 11 bzw. 12) ins Visier nehmen, und wie sie sich so wechselseitig versichern, dass ihre körperlichen Routinehandlungen die Interaktionsordnung zumindest nicht gefährden (Meuser 2002, 26–31). Mit anderen Worten: Die Körpersoziologie fokussiert in Anschluss an Goffman mikrosoziale Ordnungen als wiederkehrend prozesshaftes *bodily doing*.

Der dramaturgische Körper

Das in der Körpersoziologie wohl am stärksten rezipierte Buch Goffmans ist sein 1959 erschienenes Werk *The Presentation of Self in Everday Life*. Die Resonanz dieses Buches erklärt sich vor dem gesellschaftlichen

Hintergrund, dass seit dem letzten Drittel des 20. Jahrhunderts die Darstellung des eigenen Selbst zu einer sozialen Selbstverständlichkeit oder gar Verpflichtung geworden ist, und der körperlichen Selbstdarstellung hierbei eine besondere Bedeutung bzw. Aufmerksamkeit zukommt. Goffmans Buch ist allerdings auch unabhängig vom spätmodernen Körper- und Selbstkult von körpersoziologischer Relevanz. Goffman macht darin nämlich deutlich, dass Menschen in jeder Kultur und zu jeder Zeit als Rollenträger auftreten, wenn sie einander begegnen, wobei sie typischerweise versuchen, ihre Rolle so gut zu spielen, dass die Interaktionsordnung nicht gefährdet ist. Der Körper erfüllt hierbei eine zentrale dramaturgische Funktion, da die Aufrechterhaltung der Interaktionsordnung entscheidend davon abhängt, dass die Interaktionsteilnehmer/innen die Körperregeln des normativ richtigen Verhaltens (des Anstands, des Benehmens, der Höflichkeit, der *civil inattention* etc.) kennen und einhalten. Die rollenmäßige Selbstdarstellung auf der Bühne des Alltags ist eine körperliche Darstellungsleistung, der dramaturgische Körper mithin eine funktionale Notwendigkeit für die Her- und Sicherstellung einer gemeinsamen Situationsdefinition, diesbezüglich aber ebenso eine potenzielle Bedrohung.

Die Körpersoziologie hat Goffmans Theatermetaphorik, die er in diesem Buch zur Beschreibung der Organisationsprinzipien des alltäglichen Zusammenlebens entwickelt hat, unter besonderer Berücksichtigung ihrer körperlichen Dimensionen in ihren begrifflichen Werkzeugkasten einsortiert. Zum selbstverständlichen körpersoziologischen Begriffsinstrumentarium zählen seitdem etwa die körperliche Fassadenarbeit als eine wichtige Bedingung bzw. Option, bei den anderen Situationsteilnehmer/-innen den richtigen „Eindruck" („impression") zu hinterlassen, wofür den Alltagsschauspieler/innen ein mehr oder weniger großes Arsenal an körperlichen „Techniken der Eindrucksmanipulation" („arts of impression management") zur Verfügung steht, das sie primär auf der „Vorderbühne" („frontstage") nutzen, während sie auf der „Hinterbühne" („backstage") des Soziallebens sich körperlich gehen lassen und so aus der Rolle fallen können. Dazu zählen des Weiteren die Körperlichkeit von „Störungen" („disruption"; in Form von Missgeschicken, Fehltritten, Fauxpas) des sozialen Stücks, das gerade am Laufen ist, sowie die damit verbundenen körperlichen „Verteidigungs- und Schutzmanöver" (PS_{dt}, 16; „defensive and protective practices", PS2, 14) der Darsteller/innen und des Publikums, unter denen vor allem die „Kontrolle über Gesichtsausdruck und Stimme" (PS_{dt}, 197; „management of one's face and voice", PS2, 217) von Bedeutung sind. Kurz, die Körpersoziologie nutzt Goffmans Theatermetaphorik, um zu zeigen, auf welche Weise der dramaturgisch eingesetzte Körper soziale Interaktionssituationen maßgeblich mitgestaltet.

Ein besonders prominentes Beispiel hierfür ist die emotions- und körpersoziologische Studie *The Managed Heart* von Arlie R. Hochschild (1983). Hochschild geht es darin um die Veranschaulichung, inwieweit die Inkorporation von körperlicher Fassadenarbeit in dienstleistungsorientierte ökonomische Strukturen zu Selbstentfremdungsprozessen führt, wofür sie zur empirischen Illustration Flugbegleiterinnen gewählt hat. Die Umgangsweisen von Flugbegleiter/innen mit Flugpassagier/-innen erweisen sich Hochschild zufolge als eine wesentlich von *face work* und *body work* gekennzeichnete inszenatorische Praxis, deren Einübung einen festen Bestandteil ihres beruflichen Ausbildungsprogramms bildet. Der zentrale Fokus der körperlichen Fassadenarbeit der Flugbegleiterinnen liegt dabei auf der körperlichen Darstellung einer sich in Attributen von Weiblichkeit äußernden Freundlichkeit, die auf das stete Wohlbefinden der Fluggäste gerichtet ist. Dazu zählen ebenso körperdramaturgische Inszenierungstechniken zugunsten eines Emotionsmanagements, etwa um die eigenen Gefühle im Umgang mit verärgerten Passagier/innen nicht nach außen zu tragen. So dient körperliche Fassadenarbeit einerseits dazu – und dies erstreckt sich über den Flugbegleiterberuf hinaus auf sämtliche Dienstleistungsberufe –, bestimmte Einstellungen und die eigene emotionale Verfassung gegenüber einer Situation vor anderen zu verbergen und ihnen andererseits zugleich eine sichtbare „körperliche Darstellung" („bodily enactment") der Definition des Situationsgeschehens zur Verfügung zu stellen (RP_d_{dt}, 177; RP_d, 125). Als Folge dieser beruflichen Verpflichtung zur Emotionskontrolle berichten Flugbegleiterinnen vom Verlust ihres Authentizitätsgefühls (Howson 2013, 38–42).

Goffmans dramaturgisches Modell hat innerhalb des körpersoziologischen Diskurses einen besonderen Stellenwert auch insofern, als es einen konstruktiven Beitrag zu der für die Körpersoziologie wichtigen Frage der Interdependenz von körperlicher Materialität und gesellschaftlicher Wirklichkeitsinszenierung liefert. Dass Goffmans Beitrag gleichwohl ergänzungsbedürftig ist, hat etwa Julia Reuter (2004) in einer Diskussion des Goffmanschen Credos einer körperlichen Inszenierung von Sozialität mit Judith Butlers Ausführungen zur gesellschaftlichen Inszenierung von Körperlichkeit gezeigt. Wie bereits weiter oben erwähnt, dienen nach Goffman Praktiken der Selbstpräsentation wesentlich zur Konservierung der Heiligkeit des Selbst, das in der Alltäglichkeit sozialer Begegnungen durch territoriale Vereinnahmungsversuche und Imagebeschädigungen stets in Situationen der Gefährdung seiner Identität gerät. Der Körper erweist sich hierbei als Ausdrucksmittel im Zuge einer inszenatorischen Selbstbehauptung des Individuums. Für Butler hingegen erlangt das Selbst allererst im Akt der Aufführung seine Realität, insofern es sich im Medium der körperlichen Inszenierung hervorbringt. Identität ist körperlicher Expression somit nicht vorgeschaltet, vielmehr erweist sich Körperlichkeit überhaupt erst als Bedingung der Möglichkeit des Selbst. Wenngleich es einzelne Körper sind, die sich in ihrem Inszenierungspotenzial *als* Individuum konstituieren, begreift Butler Körperinszenierungen gleichwohl als ein Gut gesellschaftlicher Öffentlichkeit. Inszenatorische Praktiken der Subjektivierung sind Butler zufolge daher in erheblicher Weise von gesellschaftlicher Formung und insbesondere von Machtstrukturen gekennzeichnet (ebd., 102–107) – ein Aspekt, dem Goffman kaum Aufmerksamkeit geschenkt hat (s. u.).

Körperbasiertes Identitätsmanagement

Aus der Sicht einer interaktionistischen Körpersoziologie ist der menschliche Körper auch deshalb ein sozial relevantes Phänomen, weil mit ihm unweigerlich Zuschreibungen einhergehen, die das soziale Miteinander beeinflussen (können). Menschen, die einander begegnen, nehmen sich als alte/junge, weibliche/männliche, weiße/schwarze, gesunde/kranke etc. Körper wahr, wobei diese Wahrnehmungen als Zuschreibungen anzusehen sind, mit denen häufig Bewertungen einhergehen. Eine Folge davon ist, dass die sozialen Akteur/innen eine Art präventives Körpermanagement betreiben, um die vermeintlichen oder tatsächlichen Zuschreibungen abzufedern. Mit seinem Buch *Stigma* hat Goffman hierfür die klassische Studie geliefert, die in der Körpersoziologie bis heute einflussreich ist (s. Kap. 41).

Seinem Selbstverständnis nach handelt *Stigma* von der „Pathologie der Interaktion" (ST_{dt}, 29; „pathology of interaction" ST, 18). Das Buch richtet seinen konzeptionellen Fokus auf Formen sozialen Begegnens, deren charakteristisches Merkmal in einem für die Situationsbeteiligten spürbaren Gefühl von „Unbehaglichkeit" („uneasiness", ebd.) über die „gegenseitige, unmittelbare physische Gegenwart" (ST_{dt}, 22; „another's immediate presence"; ST, 12) im Prekären des Moments besteht. Das prekäre Element der Situation besteht hierbei wesentlich in einer Bedrohung für die Identität der Anwesenden. Im Besonderen geht es Goffman um Konfrontationen mit sowie um Strategien der Überwindung von Ängsten vor dem drohenden Verlust von sozialer Akzeptanz und Anerkennung. Gegenstand von *Stigma* ist daher nicht Stigmatisierung im engen Sinne, sondern das Thema Identität bzw. Identitätsmanagement. Dabei erhält der Aspekt der Körperlichkeit – vor der Kontrastfolie des „gemischten Kontakts" zwischen dem ‚normalen' und dem ‚stigmatisierten' Individuum (ST_{dt}, 142; „mixed contacts" ST, 113) – einen entscheidenden Stellenwert, der in der Körpersoziologie entlang des Konzepts körperbasierten Identitätsmanagements zu einer wesentlichen Fluchtpunktperspektive ausgearbeitet worden ist. Der körpersoziologische Blick ist hier vor allem auf die (potenziellen) Identitätsbeschädigungen gerichtet, die mit dem Körper als konstitutivem Strukturmerkmal sozialer Interaktionen einhergehen (können).

So erweist sich nach Goffman der Körper als materielle Instanziierung eines Stigmas, die den Garant für dessen „Evidenz" (ST_{dt}, 64; „evidentness", ST, 48) und damit auch für dessen situative Relevanz darstellt. Goffman zufolge sind es in nicht unerheblichem Maße *verkörperte* Zeichen, die im Zuge stereotyper Fremdzuschreibungen den Status diskreditierender Informationen erhalten. Die soziale Bedeutung des Körpers resultiert ganz wesentlich aus dieser Funktion, Informationsträger zu sein. Goffman verweist zum Beispiel auf phylogenetische Stigmata wie die Hautfarbe, auf angeborene oder äußerlich herbeigeführte „physische Deformationen" (ST_{dt}, 12; „physical deformities" ST, 4) wie Geburtsfehler sowie auf die Sträflingshaarschur. Die kontinuierliche Wahrnehmbarkeit sich körperlich abzeichnender, diskreditierender Informationen markiert mithin den ersten Schritt in der reziproken Hinwendung der Situationsbeteiligten, die sich auszeichnet durch kooperative Bewältigungsversuche von durch das Stigma entstehenden Spannungen: dem Kaschieren verspürter Irritationen über die Präsenz von Andersartigkeit. Verallgemeinert bedeutet das, dass der Körper nicht nur wesentlich an Praktiken der Erzeugung, sondern ebenso an solchen des Verbergens potenziell diskreditierbarer Informationen beteiligt ist. Im Kontext derartiger Akte des Täuschens dienen körperbasierte Ausdrucksmittel einer Form der Selbstinszenierung zugunsten der Kontrollierbarkeit von diskreditierbaren Informationen über die eigene Person und somit dem Schutz der eigenen Identität vor unerwünschten, beschämenden und enthüllenden Zuschreibungen anderer.

Die Körpersoziologie greift Goffmans Auseinandersetzung mit der Rolle des Körpers im Kontext von Stigmatisierungsprozessen und Identitätsmanagement besonders im Rahmen der Disability Studies auf (z. B. Waldschmidt 2008; s. Kap. 63). Der durch Goffmans Analyse feinjustierte Blick qualifiziert Körperlichkeit hier explizit als konstitutives Merkmal für Akte der Stigmatisierung. Dies verdeutlicht sich nicht allein an der Feststellung vom anwesenden Körper als Medium zur Materialisierung von Stigmata, sondern auch mit Rekurs auf die Aspekte eines körperbasierten Ausdrucksidioms und der Selbstdisziplin des Körpers als Akteur im Zuge von Identitätsmanagement (ebd., 5802 f.). Damit erfährt die körpersoziologische Auffassung vom Körper als Produzent von Gesellschaft eine Konkretisierung dahingehend, dass das körperbasierte Handlungspotenzial wesentlich beteiligt ist am fortdauernden Prozess der Identitätskonstruktion (ebd.).

Über den engen Kontext der Disability Studies hinaus nutzt die Körpersoziologie Goffmans Ausführungen daher auch in dem Sinne, dass sie zeigt, dass Stigmamanagement eine Aufgabe ist, die jede ‚normale' Person leisten muss, nämlich immer dann und dort, wo „Identitätsnormen" (ST_{dt}, 159 f.; „identity norms", ST, 129 f.) wirken, die den Körper zum Thema haben. Wann immer Menschen sich in Situationen befinden, in denen sie die ihnen zugeschriebene „virtuale soziale Identität" („virtual social identity") nicht (vollständig) erfüllen, ihre „aktuale soziale Identität" („actual social identity") also von den situativ vorherrschenden Identitätsnormen abweicht (ST_{dt}, 11; ST, 3), sind sie genötigt, Stigmamanagement bzw. Identitätsmanagement zu betreiben. Da das Individuum im öffentlichen Austausch immer nur als Rollenträger agiert, ist es unweigerlich mit den damit zusammenhängenden Identitätsnormen konfrontiert. Damit heißt es umzugehen, um das eigene Selbst und die soziale Situation zu retten. So wird die Wissenschaftlerin, die bei ihrem Vortrag kompetent erscheinen möchte, dann aber ins Stottern gerät oder gar ihre Stimme verliert, ad hoc versuchen, mit Hilfe von Eindruckstechniken eine „Schein-Normalität" („phantom normalcy") herzustellen, um zumindest eine „Schein-Akzeptierung" („phantom acceptance") zu erhalten (ST_{dt}, 152; ST, 122). Das heißt, in Situationen, in denen eine körperbasierte Stigmatisierung droht oder bereits eingetreten ist, bedarf es eines körperbasierten Identitätsmanagements, um den Glauben an die eigene normale Identität zu sichern und das soziale Geschehen am Laufen zu halten.

Fazit: Anschlüsse an und Herausforderungen für Goffmans Beitrag zur Körpersoziologie

So anerkannt Goffman als Klassiker der Körpersoziologie ist, so auffällig ist auch, dass mit Goffman ‚pur' in der Körpersoziologie gegenwärtig nur mehr selten gearbeitet wird. Die herausragende Bedeutung Goffmans für die interaktionistische Körpersoziologie ist unbestritten, doch früh schon wurde sie als ergänzungsbedürftig angesehen und um andere Ansätze erweitert. Prominente Beispiele dafür liefern die international renommierten Körpersoziologen Nick Crossley und Chris Shilling. So hat Crossley (1995) vorgeschlagen, Goffmans Konzept der Interaktionsordnung mit Maurice Merleau-Pontys Konzept der *intercorporéité* zu verbinden, um auf diese Weise, stärker als Goffman selbst, die enge Verschränkung von sinnlich-leiblicher Wahrnehmung und sozialem Handeln herauszuarbeiten. Mit Goffman und Merleau-Ponty lasse sich zeigen, so Crossley, dass Intersubjektivität gleichbedeutend ist mit Interkorporalität und die Interaktionsordnung das Resultat eines „carnal interchange: face-to-face, body-to-body, seen-seer: an intertwining, a chiasm" (ebd., 145).

Shilling (1999) wiederum hat Goffmans Konzept der Interaktionsordnung in Anthony Giddens' Strukturierungstheorie integriert und infolgedessen eine Strukturierungstheorie des Körpers vorgeschlagen, der es darum geht, ausgehend vom Konzept „verkörperte Interaktion" den Struktur-Akteur-Dualismus zu überwinden. Nach Shilling erfolgt die „lose Koppelung" (InO_{dt}, 85; „loose coupling" InO, 11) zwischen sozialen Akteur/innen und sozialen Strukturen im Medium interagierender Körper, da diese einerseits in ihrem Tun sowohl von den sozialen Strukturen (im Sinne Giddens: deren Regeln und Ressourcen) geprägt sind, wie sie andererseits zugleich auf die Reproduktion oder den Wandel der Strukturen einwirken.

Des Weiteren wurde Goffmans interaktionistische Körpersoziologie insbesondere von Vertreterinnen und Vertretern poststrukturalistischer Ansätze als ergänzungsbedürftig angesehen. So hat beispielweise Reuter (2004), wie bereits erwähnt, Goffmans Fokus auf die körperliche Präsentation des Selbst um Butlers Konzept der sozialen Repräsentation des Körpers performanztheoretisch erweitert, um damit das widerständige Potenzial körperlichen Agierens zu verdeutlichen. Dies verweist auf das für den Poststrukturalismus wichtige Thema Macht, von dem es oftmals heißt, Goffman habe es ignoriert, und das in der Körpersoziologie primär unter Bezugnahme auf Foucault diskutiert wird. In diesem Sinne hat etwa Waldschmidt (2008) vorgeschlagen, Goffmans interaktionistischen Zugang zum stigmatisierten, insbesondere ‚behinderten' Körper um Foucaults diskurs- und dispositivtheoretischen Ansatz zu ergänzen, weil nur so deutlich würde, dass körperliche ‚Behinderung' sowohl das Ergebnis eines strukturellen „making dis/ability" als auch eines interaktiven „doing dis/ability" sei (ebd., 5808).

Schließlich fand Goffman auch Aufnahme im Feld des Symbolischen Interaktionismus – dem er sich selbst bekanntermaßen nicht zurechnete –, und dies gerade deshalb, weil er im Unterschied zum Symbolischen Interaktionismus die Körperlichkeit der sozial Interagierenden stark gemacht hat (Waskul/Vannini 2006).

In empirischer Hinsicht steht die Goffmansche Körpersoziologie vor der paradoxen Situation, dass ihr im Zuge einer rasant voranschreitenden Digitalisierung aller Lebensbereiche ihre zentrale Stärke als Schwäche ausgelegt und sie deshalb zukünftig marginalisiert werden könnte. Gemeint ist Goffmans analytischer Fokus auf die körperliche Kopräsenz von Menschen in Situationen unmittelbarer

Interaktion, der als körpersoziologischer Anachronismus angesehen werden könnte, je mehr und umfassender soziale Interaktionen kommunikationstechnologisch vermittelt ablaufen. Goffman trägt (vermeintlich) selbst zu dieser Auffassung bei, wenn er das Telefonieren und Briefeschreiben zwar als Beispiele für zwischenmenschliche Interaktionen anerkennt, allerdings nicht als unmittelbare Interaktionen, da sie medial vermittelt sind – unmittelbare Interaktion setzt die körperliche Kopräsenz der Interaktionsteilnehmer/innen voraus. Wenn aber bereits Telefonieren und Briefeschreiben aus dem Bereich unmittelbarer Interaktion herausfallen und damit körpersoziologisch irrelevant zu sein scheinen, wie sieht es dann erst mit gegenwärtig (und sicherlich auch zukünftig) besonders populären Kommunikationstechnologien wie Skype, Facebook, Instagram, Snapchat, TikTok, Zoom etc. aus? Verschwindet der Körper in und mit diesen technosozialen Medien gänzlich von der Bühne des Alltags?

Geht man mit Goffman über Goffman hinaus, indem man sein Verständnis von unmittelbarer Interaktion auf alle sozialen Situationen ausweitet, in denen Menschen sich körperlich-sinnlich wahrnehmen und daran ihr Handeln ausrichten, wobei die Wahrnehmung auch einseitig und der Raum virtuell sein kann, dann sollte es leicht einsichtig sein, dass die soziale Relevanz des Körpers und folglich die körpersoziologische Relevanz Goffmans ungebrochen sind. Selfies sind eine Form der körperlichen Selbstdarstellung, Instagram-Fotos dienen dem Imagemanagement, die Internetpornografie lebt von körperlichen Inszenierungen, Täuschungen oder Grenzüberschreitungen, Videokonferenzen haben ihre eigenen Körperregeln und -rituale und erfordern bzw. ermöglichen eine ungewohnte Fassadenarbeit, etc. Kurz, Goffmans Begriffe, Metaphern und Konzepte sind auch oder gerade im Zeitalter digitalisierter Interaktionen von hohem analytischem Wert, da sie es ermöglichen, die Körperlichkeit sozialer Situationen auch dort zu erkennen, wo sie scheinbar keine Rolle spielt.

Literatur

Crossley, Nick: Body technics, agency and intercorporeality: On Goffman's ‚Relation in Public'. In: Sociology 29 (1995), 133–149.

Gugutzer, Robert: Soziologie des Körpers [2004]. Bielefeld [5]2015.

Haddington, Pentti et al.: Civil inattention in public places: Normalising unusal events through mobile and embodied practices [62 paragraphes]. In: Forum Qualitative Sozialforschung/Forum Qualitative Social Research 13 (2012), Art. 7.

Hettlage, Robert/Lenz, Karl (Hg.): Erving Goffman – ein soziologischer Klassiker der zweiten Generation. Bern, Stuttgart 1991.

Hochschild, Arlie R.: The managed heart. Commercialization of human feeling. Berkeley 1983 (dt. 2006).

Howson, Alexandra: The body in society: An introduction. Cambridge 2013.

Meuser, Michael: Körper und Sozialität. Zur handlungstheoretischen Fundierung einer Soziologie des Körpers. In: Kornelia Hahn/Michael Meuser (Hg.): Körperrepräsentationen. Die Ordnung des Sozialen und der Körper. Konstanz 2002, 19–44.

Raab, Jürgen: Soziologie des Geruchs. Über die soziale Konstruktion olfaktorischer Wahrnehmung. Konstanz 2001.

Reuter, Julia: Körperinszenierungen. Zur Materialität des Performativen bei Erving Goffman und Judith Butler. In: Das Argument 254 (2004), 102–114.

Sassastelli, Roberta: Interaction order and beyond: A field analysis of body culture within fitness gyms. In: Body & Society 5 (1999), 227–248.

Shilling, Chris: Towards and embodied understanding of the structure/agency relationship. In: British Journal of Sociology 50 (1999), 543–562.

Waldschmidt, Anne: „Wir Normalen" – „die Behinderten"? Erving Goffman meets Michel Foucault. In: Karl-Siegbert Rehberg (Hg.): Die Natur der Gesellschaft. Verhandlungen des 33. Kongresses der Deutschen Gesellschaft für Soziologie in Kassel 2006. Frankfurt/Main 2008, 5799–5809.

Waskul, Dennis/Vannini, Philipp (Hg.): Body/embodiment. Symbolic interaction and the sociology of the body. Burlington, Hampshire 2006.

Williams, Simon J./Bendelow, Gillian: The lived body. Sociological themes, embodied issues. London 1998.

63 Disability Studies

Anne Waldschmidt

In zwei frühen Publikationen, nämlich *Asylums. Essays on the Social Situation of Mental Patients and Other Inmates* und vor allem *Stigma. Notes on the Management of Spoiled Identity,* widmete sich Goffman Phänomenen, die für die Lebensrealität von Menschen mit Behinderungen und die Analyse der Differenzkategorie ‚Behinderung' *(disability)* relevant sind. Diese Werke haben unter anderen die Disability Studies inspiriert. Um Missverständnisse zu vermeiden, sei vorab bemerkt: Bei Disability Studies handelt es sich nicht um die englische Bezeichnung für Heil- und Sonderpädagogik *(special needs education),* Rehabilitationssoziologie *(sociology of rehabilitation)* oder Soziologie der Behinderung *(sociology of disability),* sondern um (gesellschafts-)kritische Studien zu Behinderung. Ähnlich anderen *Studies* wie z. B. Gender & Queer Studies sind die Disability Studies in den späten 1970er und frühen 1980er Jahren – von der sozialen Bewegung behinderter Menschen inspiriert – zunächst im angloamerikanischen Sprachraum entstanden und seit etwa zwei Jahrzehnten auch in der deutschsprachigen Wissenschaft präsent (Waldschmidt 2020a, 2022). Auch wenn der Diskurs maßgeblich von soziologischer Theorie und Methodologie geprägt ist, lässt er sich von „more traditional sociological examinations of disability" (Titchkosky 2000, 203) unterscheiden.

Die Kritik der Disability Studies (z. B. Titchkosky 2000, 205 ff.) an dem in der Soziologie vorherrschenden, devianztheoretischen Verständnis von Behinderung hätte Goffman vermutlich geteilt, hatte er doch in *Stigma* die Absicht formuliert, „the relation of stigma to the subject matter of deviance" (ST, o.S.; ST_{dt}, 7) klären zu wollen. Zudem dankt er in der ersten Fußnote der Sozialpsychologin Beatrice A. Wright (1917–2018) für „many re-quotable quotations and many useful references" (ebd.) und verweist auf ihr Lehrbuch *Physical Disability: A Psychological Approach* (Wright 1960), das heute als wegweisend für den kritischen Diskurs zu Behinderung gilt. Trotz dieser bisher noch nicht in Gänze aufgearbeiteten Verbindungslinien stellt sich das Verhältnis zwischen Goffman und den Disability Studies keineswegs als harmonisch dar.

Um die Historizität und Kulturalität, Relativität und Kontingenz von (Nicht-)Behinderung *(dis/ability)* zu untersuchen, nutzen die Studien zwar *auch* dessen Werk, greifen ansonsten aber auf einen ganzen Strauß anderer Theorieansätze zurück (Waldschmidt 2020b, c). Sichtet man den Forschungsstand mithilfe einer international vergleichenden Perspektive, zeigt sich der Atlantik gewissermaßen als Scheidelinie. Während die

A. Waldschmidt (✉)
Humanwissenschaftliche Fakultät,
Universität zu Köln, Köln, Deutschland
E-Mail: anne.waldschmidt@uni-koeln.de

K. Lenz und R. Hettlage (Hrsg.), *Goffman-Handbuch*, https://doi.org/10.1007/978-3-476-05871-3_63

britischen Disability Studies Goffman eher kritisch gegenüberstehen, ist das theoretische Programm in den USA von der Chicagoer Schule und nicht zuletzt von Goffman geprägt. Im Folgenden werden die entsprechenden Debatten – fokussiert auf *Asylums* und *Stigma* sowie entlang einer groben Chronologie – vorgestellt. Dabei wird zwischen angloamerikanischer und deutschsprachiger Rezeption unterschieden.

Asylums in den Disability Studies

Allgemein gilt *Asylums* als Katalysator für die Psychiatriereformen in den verschiedenen westlichen Industrieländern, die in den 1960er und 1970er Jahren beginnen (Rudloff 2010). Indem der Begriff der „totalen Institution" (AS_a_{dt}, 15–23; AS_a, 4–12) die Gemeinsamkeiten von Gefängnis und Anstaltspsychiatrie aufzeigte und Argumente für die Schließung der „long-stay hospitals" (Goodley 2017, 69) lieferte, war das Buch zugleich bedeutsam für die Anti-Psychiatriebewegung (s. Kap. 26 und 70).

Dagegen haben die Disability Studies es zwar zur Kenntnis, nicht aber zum Anlass eigener Theoretisierungen genommen. Dieses Desinteresse ist verwunderlich, schließlich war der Kampf für ein selbstbestimmtes Leben außerhalb von Anstalten auch ein Ausgangspunkt für die internationale Behindertenbewegung (Hunt 1966). Vermutlich liefen aber die fast zeitgleich publizierten Studien *Wahnsinn und Gesellschaft, Die Geburt der Klinik* sowie *Überwachen und Strafen* von Michel Foucault (1961, 1963, 1975) *Asylums* den Rang ab, verbanden erstere doch – im Unterschied zu Goffmans eher „consensual position" (Goodley 2017, 69) – die Analyse von Medizin und Psychiatrie mit einer radikalen Gesellschafts- und Wissenschaftskritik (Carlson 2015; Ben-Moshe 2017; Waldschmidt 2020c).

Der internationale Stellenwert erschließt sich – erstens – über die Inhaltsverzeichnisse und Register der Tertiärliteratur, die den Wissenskanon der Disability Studies maßgeblich geprägt hat. Dabei stellt man fest, dass weder im *Handbook of Disability Studies* (Albrecht/Seelman/Bury 2001) oder in *The Disability Studies Reader* (Davis 2017), noch in den *Keywords of Disability Studies* (Adams/Reiss/Serlin 2015) oder im *Routledge Handbook of Disability Studies* (Watson/Vehmas 2020) das Werk ausführlich besprochen wird. Schaut man sich – zweitens – einzelne Beiträge genauer an, vertieft sich der Eindruck einer mehrheitlich kursorischen Rezeption.

Mit Fokus auf die USA stellt Licia Carlson (2015, 111) – neben Foucaults Arbeiten, die sie als „central" für die Disability Studies einstuft – *Asylums* als lediglich „important" heraus; Bradley Lewis (2017, 107, 116) nennt in „A Mad Fight: Psychiatry and Disability Activism" Goffman kurz im Text und Liat Ben-Moshe (2017, 123) erwähnt die Studie nur in einem Satz, obwohl sie Parallelen zwischen einem Gefängnisaufenhalt und dem Leben in Behinderteneinrichtungen bzw. psychiatrischen Anstalten herausarbeitet.

In Großbritannien setzen Colin Barnes und Geof Mercer (2010) in *Exploring Disability: A Sociological Introduction* – durchaus provokant – eine totale Institution mit Massentierhaltung gleich: Sie reduziere das (Alltags-)Leben auf „a single experience of ‚batch living' – akin to animal factory farms" (ebd., 50). Positiv würdigen sie, dass Goffman herausarbeitet, wie unterschiedlich psychiatrisierte Personen mit dem Kontroll- und Disziplinarregime der Anstalt umgehen. Karl Nunkoosing und Mark Haydon-Laurelut (2012) zeigen im Anschluss an *Asylums* in einer empirischen Studie, dass das institutionelle Wohnen für Menschen mit sogenannter ‚geistiger Behinderung' – trotz jüngerer Veränderungen in den Strukturen – weiter Züge der totalen Institution trägt. In *Disability Studies: An Interdisciplinary Introduction* erwähnt Dan Goodley (2017, 69), dass laut Goffman die Territorien des Selbst in totalen Institutionen verletzt werden.

Wendet man sich den deutschsprachigen Disability Studies zu, trifft man ebenfalls nur gelegentlich auf *Asylums.* Vor allem die hiesige Disability History, d. h. die geschichtswissenschaftliche Forschung im Anschluss an die Disability Studies, bezieht sich auf die Arbeit. In seinem Überblick über die (De-)Institutionalisierung in der Bundesrepublik weist Wilfried

Rudloff (2010, 178 f.) darauf hin, dass sie in den 1970er Jahren „die nötige Munition“ für die Kritik an dem „Prinzip ‚Anstalt‘ als Hilfetyp und Lebensform“ geliefert habe. In neueren regionalgeschichtlichen Fallstudien zur stationären Behindertenhilfe in kirchlicher Trägerschaft in Westdeutschland nutzen Hans-Walter Schmuhl und Ulrike Winkler die Studie; für den Zeitraum 1945 bis Ende der 1960er Jahre schätzen sie Goffmans Ansatz „als außerordentlich tragfähig und wegweisend“ (Winkler 2011, 3) ein. Jedoch könne die jüngere Zeitgeschichte der stationären Einrichtungen, „und zwar über die Zäsur [...] von 1968 hinweg, womit weitreichende und tiefgreifende Veränderungsprozesse [...] in das Blickfeld rücken“ (Schmuhl 2013, 133), mit *Asylums* nicht mehr angemessen analysiert werden.

Offensichtlich wird die Studie in den internationalen Disability Studies durchaus wohlwollend zur Kenntnis genommen, von großer Begeisterung kann jedoch keine Rede sein. Auch das biographische Detail, dass Goffman mitbetroffener Angehöriger war, da seine erste Ehefrau Angelica psychisch erkrankte und 1964 Suizid beging (s. Kap. 1), und vermutlich auch aus diesem Grund 1970 zusammen mit Thomas Szasz (1971) die bis 1980 existierende *American Association for the Abolition of Involuntary Mental Hospitalization* gegründet hat, hat in dem eigentlich auf die Authentizität von Sprechpositionen Wert legenden Diskurs noch keine große Resonanz gefunden.

Stigma in den Disability Studies

Im Unterschied zu *Asylums* gilt *Stigma* als „crucial to the emergence of disability studies as a field“ (Love 2015, 173). Allerdings wird zumeist ignoriert, dass sich Goffman – streng genommen – gar nicht mit der Differenzkategorie Behinderung beschäftigt, sondern sie lediglich exemplarisch benutzt, um die allgemeine Interaktionsdynamik im Falle von ‚beschädigter‘ Identität herauszuarbeiten (s. Kap. 41). Im Folgenden wird ebenfalls die Rezeptionsgeschichte – getrennt nach nordamerikanischen und britischen sowie deutschsprachigen Beiträgen – nachgezeichnet. Dabei werden die vielen Fundstellen in der Sekundär- und Tertiärliteratur, die *Stigma* lediglich erwähnen, außer Acht gelassen.

In den USA hat vor allem Irving K. Zola (1935–1994), Soziologieprofessor an der privaten Brandeis University, Nestor der Disability Studies und Aktivist der Behindertenbewegung, dafür gesorgt, dass *Stigma* Beachtung fand. In den 1960er Jahren arbeitete er mit Goffmans einflussreichen Mentor Everett C. Hughes zusammen (s. Kap. 14), der die University of Chicago verlassen hatte und nach Brandeis gewechselt war. Zola wiederum übte großen Einfluss auf Rosemarie Garland-Thomson aus, die in den 1990er Jahren an seiner Hochschule ihre Dissertation in Literaturwissenschaft verfasste.

Von ihm auf das Werk aufmerksam gemacht, beginnt sie, ihre Behinderung zu reflektieren und sich in den Disability Studies zu situieren (Brune/Garland-Thomson/Schweik u. a. 2014). *Stigma* habe zwar einen „curiously insensitive title and distingly hostile tone toward its subjects“, jedoch liefere es „a useful vocabulary for placing disability in social contexts“ (Garland-Thomson 1997, 30). Im expliziten Bezug auf Goffmans Beschreibung des „only one completely unblushing male in America“ (ST, 128; ST_{dt}, 158) entwickelt sie die Denkfigur des ‚normate‘: „Normate, then, is the constructed identity of those who, by way of the bodily configurations and cultural capital they assume, can step into a position of authority and wield the power it grants them“ (Garland-Thomson 1997, 8).

In *Enforcing Normalcy,* einer anderen, kulturwissenschaftlichen Pionierarbeit, argumentiert Lennard J. Davis (1995) im Anschluss an Goffman, dass das Sichtbarwerden eines verkörperten Andersseins entscheidend sei: „Disability is a specular moment“ (ebd., 12). In seinem einflussreichen Buch *Disability Theory* nutzt der früh verstorbene Literaturwissenschaftler Tobin Siebers (1953–2015) das in *Stigma* entwickelte Konzept des ‚passing‘ (hierzu auch Brune/Wilson 2013) und macht „Disability as Masquerade“ (Siebers 2008, 96–119) fruchtbar, indem er zusätzlich an Gender Studies und Crip Theory anschließt. Behinderte Menschen würden zwar durchaus, wie von Goffman beschrieben, ihre Behinderung verbergen oder ‚abdecken'; in bestimmten Situationen würden sie aber auch – gemäß einer anderen „logic" (ebd., 100) – Behinderung bewusst inszenieren.

Einen guten Einblick in die nordamerikanische Debatte, die zwar kritisch, jedoch insgesamt von positiver Würdigung geprägt ist, bietet zusätzlich eine anlässlich des fünfzigsten Jubiläums von *Stigma* 2013 durchgeführte und anschließend publizierte Veranstaltung (Brune/Garland-Thomson/Schweik u. a. 2014). In *Keywords of Disability Studies* hebt außerdem Heather Love (2015, 176) hervor: „Stigma is sticky, and it has the power to confer identity; it is general, but it attaches to particular individuals; once one is marked with stigma, it may be difficult to escape its hold". Auch im *Disability Studies Reader* ist *Stigma* prominent vertreten, wenn auch in der zwanzigjährigen Publikationsgeschichte des Sammelbandes in unterschiedlicher Gewichtung, auf die hier nicht näher eingegangen werden kann. Fast alle Auflagen enthalten „Selections from *Stigma*", d. h. Textauszüge des Originals (Davis 2017, 133–144). „Part III: Stigma and Illness" (ebd., 133–172) umfasst unter anderem einen Aufsatz von Lerita Coleman-Brown (2017), der im Original bereits 1986 publiziert wurde und seit 1997 durchgängig im *Reader* enthalten ist. Unter der Überschrift „Stigma: An Enigma Demystified" (ebd., 145) argumentiert diese Autorin sozialpsychologisch, dabei geht sie weder auf Goffman noch auf die Disability Studies ausführlich ein.

Im Unterschied zu den USA trifft man in Großbritannien auf einen viel kritischeren Umgang mit *Stigma*. Bereits Mitte der 1960er Jahre hat Paul Hunt (1937–1979), der damals in einem Heim lebte und in den 1970er Jahren ein Begründer der britischen Behindertenbewegung sein wird, unter der Überschrift *Stigma: The Experience of Disability* (Hunt 1966) zwölf autobiographische Essays behinderter Frauen und Männer veröffentlicht (Barnes/Mercer 2010, 27 ff.; Brune/Garland-Thomson/Schweik u. a. 2014). Methodisch schließt das Buch an Goffman an, schließlich hatte dieser ebenfalls „extensively [...] autobiographies and case studies" (ST, Buchcover) benutzt. Allerdings erwähnt Hunt (1966) *Stigma* mit keinem Wort und möchte offensichtlich seine Essaysammlung als impliziten Kontrapunkt verstanden wissen: „This book is an attempt to explore the experience of disability [...] more realistically and at greater depth" (ebd., ix).

Victor (Vic) Finkelstein (1938–2011), ein anderer Aktivist und Pionier der Disability Studies, setzt sich explizit mit Goffman auseinander, und zwar in *Attitudes and Disabled People* unter der offensichtlich ironisch gemeinten Überschrift „Stigma: Spoiling the notes on the management of prejudice" (Finkelstein 1980, 19 ff.). Der Psychologe Finkelstein, der seine Heimat Südafrika aus politischen Gründen verlassen musste, wirft dem Soziologen Goffman die Verharmlosung des Stigmabegriffs und der griechischen Antike (ST, 1; ST_{dt}, 9) vor. In der damaligen Sklavenhaltergesellschaft habe Stigma ein von Gewalt geprägtes Machtverhältnis ausgedrückt, dagegen reduziere Goffman sie auf eine intervenierende Variable in sozialen Handlungszusammenhängen (Finkelstein 1980, 21). Michael (Mike) Oliver (1945–2019), Soziologe und Doyen der Disability Studies, konzediert, dass *Stigma* für die Beschreibung von Interaktionsgeschehen zwar ein passendes Konzept liefere, aber unfähig sei, „to explain why this stigmatisation occurs or to incorporate collective rather than personal responses to stigma" (Oliver 1990, 66). Auch ignoriere Goffman die Möglichkeit, „that individuals might confront, reject, or ignore, as a deliberate strategy, their stigmas rather than to cope with them" (ebd., 67; ähnlich Barnes/Mercer 2010, 51).

Barnes/Mercer (2010, 47) nennen *Stigma* „influential", äußern aber ansonsten die Kritik, dass „power relations and structural discrimination, as well as historical shifts" (ebd., 50) ausgeblendet würden. Oliver/Barnes (2012) formulieren eine vernichtende Bewertung: Goffmans Ansatz sei „ultimately reductionist" und „reactionary" (ebd., 46). Dabei fällt auf, dass sie – wie auch Barnes/Mercer (2010), Finkelstein (1980) und Oliver (1990) – den Begriff Stigma umstandslos mit Vorurteil, Devianz und dem Etikettierungsansatz in einen Topf werfen (s. Kap. 30). Einen methodologischen Akzent bringt Mark Priestley (1998, 80) ein, indem er Goffmans „individual-idealist position“ kritisiert.

In jüngerer Zeit tauchen in den britischen Disability Studies auch positiv würdigende Lesarten auf. Tom Shakespeare (2006, 68–82) diskutiert die „politics of disability identity“ anhand einer erkennbar von Goffman inspirierten Unterscheidung von zwei Formen der Markierung: *label* als negatives, stigmatisierendes Etikett und *badge* als positiv konnotierte Zugehörigkeit zu einer sozialen Gruppe oder politischen Bewegung. Edmund Coleman-Fountain und Janice McLaughlin (2013, 134) plädieren ausdrücklich für „the inclusion of symbolic interactionism within the repertoire of critical disability studies“. Sasha Scambler (2020, 175) argumentiert mit Blick auf Großbritannien, dass Stigmatisierung auch als politische Strategie eingesetzt werde, um Sozialansprüche abzuwehren.

Im deutschsprachigen Raum beschäftigen sich, erstens, die soziologischen Disability Studies mit Goffman. Wissens- und körpersoziologisch untersucht Carolin Länger (2002, 7; H.i.O.) Blindheit „*in Relation* zu Sichtigkeit“. Zumeist werde „das Stigmakonzept auf ein kognitives Problem reduziert“ (ebd., 3). Dabei habe Goffman „gerade nicht die Zuschreibungsinhalte [untersucht], sondern die Praktiken, die ein Stigma ‚sichtbar‘ werden lassen“ (ebd., 4). Mit deutlich kritischerem Blick arbeitet Claudia F. Bruner (2005, 45–51) Schwachstellen von *Stigma* heraus: So werde Goffman dem eigenen Anspruch nicht gerecht, da er selbst keine *„Begriffssprache von Relationen“* (ebd., 47; H.i.O.) anwende. Auch bleibe der „sozial unauffällige Körper des Stigmatisierenden […] außen vor“ (ebd., 46) und weder der historisch-soziale Kontext von Interaktionseinheiten noch die *„politische* Dimension des Stigmatisierungsprozesses“ (ebd., 48; H.i.O.) würden beachtet. Außerdem deute Goffman die Bemühung der stigmatisierten Person, dem Stigma zu entgehen, einseitig als „(bemitleidenswerter) Ausdruck einer Verzweiflung, nicht an der Welt der Normalen teilhaben zu können“ (ebd., 50). Ähnlich kritisch wirft Anne Waldschmidt (2007, 30, 32) der Stigmatheorie „Körpervergessenheit“ und ein essentialistisches Verständnis von (Körper-) Behinderung vor. Auch weist sie auf die unreflektierte Verwendung des Normalitätsbegriffs hin und kritisiert Goffmans „machttheoretische Kurzsichtigkeit“ (Waldschmidt 2008, 5802–5803, 5804). Gleichwohl nutzt sie den Ansatz als einen „Baustein“, um „das *doing dis/ability,* die Performanz und Inszenierung von (Nicht-) Behinderung nachzuvollziehen“ (Waldschmidt 2011, 93; H.i.O.). Desweiteren schließt Lakshmi S. Kotsch (2012) an Goffman an, um die „interaktive Umsetzung des Selbstbestimmungsgedankens“ (ebd., 45) in den Beziehungen von körperbehinderten Frauen und ihren (menschlichen) Assistentinnen zu verstehen.

Zweitens trifft man – ähnlich wie bei der Rezeption von *Asylums* – in der hiesigen Disability History auf Anschlüsse an *Stigma.* Beispielsweise enthält das von einer Arbeitsgruppe um Cordula Nolte herausgegebene Handbuch *Dis/ability History der Vormoderne* (Nolte/Frohne/Halle u. a. 2017) das Kapitel „Stigma – Zeichen des Herausgehobenseins“ (ebd., 179–183) mit drei Beiträgen und zusätzlich drei weitere, thematisch relevante Aufsätze (ebd., 419–422, 426–427, 427–429). Sie behandeln den Umgang mit Gesichtsentstellung, Leprakrankheit und Syphilis ebenso wie positive Stigmatisierung und das Vorzeigen von ‚Leibesschäden‘ als Mittel, um Mitleid zu erheischen. Argumentiert wird, dass Goffmans Ansatz für die Geschichte der Vormoderne mit Gewinn benutzt werden könne, dabei müsse allerdings eine differenzierte Betrachtung erfolgen, da gesundheitliche Beeinträchtigungen damals weit verbreitet waren. Selbst für Syphilis und Leprakrankheit sei eine systematische Exklusion nicht durchgängig nachweisbar, vielmehr seien die „Verhältnisse von Distanz und Nähe […] je nach Situation unterschiedlich austariert“ (Klötzer/Nolte/Frohne 2017, 180) worden. Auch seien Blindheit, Lähmung oder Wundmale bei ‚Heiligen‘ „as manifestations of their holiness“ (Kuuliala 2017, 182) und zurückbleibende Beeinträchtigungen von ‚Wunderheilungen‘ als positive Stigmata gedeutet worden.

Drittens finden sich in den deutschsprachigen Disability Studies interdisziplinäre Beiträge, die sich teils ausführlich, teils kursorisch mit Goffman auseinandersetzen. Der Erziehungswissenschaftler Volker Schönwiese (2011) benutzt den Stigmaansatz, um aus der Sicht eines Rollstuhlfahrers Alltagsszenen zu analysieren. Vermutlich „auch als Erfolg von Selbstvertretungsarbeit und [...] Inklusionsbemühungen" hätten „sich manche traditionelle[.] Interaktionsspannungen in den letzten Jahrzehnten reduziert" (ebd., 160). Als Psychologin untersucht Rebecca Maskos (2018) im Anschluss an Goffman die Funktion des Rollstuhls als ‚Stigma-Symbol'. Trotz der „entwertenden diskursiven Rahmung" würden die rollstuhlfahrenden Interviewten ihn auch „als Freiheits- und Sicherheitsbeschaffer, als ‚Freund' und Statussymbol" (ebd., 70) erleben. Neuere Beiträge thematisieren Goffmans Bedeutung für die Modelle von Behinderung (Waldschmidt 2020b, 60 f.) sowie – mit Bezug auf die ‚Weisen' und ihr ‚Ehrenstigma' (ST, 28 ff.; ST_{dt}, 40 ff.) – die Rolle von ‚verbündeten', ‚mitbetroffenen' oder nahestehenden Personen von stigmatisierten Individuen (Behrisch 2020, 219). Im deutschsprachigen *Handbuch Disability Studies* (Waldschmidt 2022) werden Goffmans Arbeiten im Zusammenhang mit der Theoriebildung, den soziologischen Disability Studies und kritischen Studien zu Blindheit sowie im Kontext der Identitätsdebatte rezipiert und diskutiert.

Aktuelle Trends in der Rezeption

Bei der Darstellung des Forschungsstands fallen einerseits geographische, den unterschiedlichen nationalen Kontexten geschuldete Unterschiede ins Auge; andererseits sind disziplinäre Eigenheiten auffällig, wie etwa die ausgeprägte kulturwissenschaftliche Diskussion in den USA, der soziologische Überhang in Großbritannien und die stärkere Bedeutung der Disability History im deutschen Sprachraum. In diesem letzten Abschnitt sollen nun noch drei aktuelle Trends in der Rezeption kurz behandelt werden.

Erstens scheint es, als sei nach nunmehr sechs Jahrzehnten der vielfältigen Auseinandersetzung (fast) alles zu Goffmans Werk gesagt. Es lässt sich somit von einer ‚Sättigung' der Lektüre sprechen; entsprechend wiederholen sich die Kritiken (zusammenfassend: Abrams 2014; Brune/Garland-Thomson/Schweik u. a. 2014; Waldschmidt 2020a, 94 ff.). Zugleich gibt es ‚Meta-Kritiken', welche die gegen Goffman erhobenen Vorwürfe als verkürzt zurückweisen und ihrerseits die Kritik kritisieren (z. B. Coleman-Fountain/McLaughlin 2013; Abrams 2014).

Zweitens existieren trotz einer Vielzahl von Lesarten auffällige Lücken. Bislang fokussiert die Rezeption noch sehr auf *Stigma* und *Asyle,* deren thematische Relevanz für die kritische Analyse von Behinderung offensichtlich ist. Demgegenüber werden Goffmans allgemeinsoziologische Schriften bislang nur ausschnittweise wahrgenommen und in nur wenigen Beiträgen auch benutzt (z. B. Waldschmidt 2011; Kotsch 2012; Coleman-Fountain/McLaughlin 2013; Abrams 2014). Dass die Rezeption dynamisch und noch nicht ans Ende gekommen ist, zeigen – drittens – verschiedene Versuche, Goffman im Sinne einer Triangulation mit anderen Theorieansätzen zu verbinden. Zum einen gibt es Verknüpfungen mit Foucault (Waldschmidt 2007, 2008; Nunkoosing/Haydon-Laurelut 2012; Maskos 2018) *oder* Bourdieu (Schmuhl 2013); zum anderen finden sich Dreierkombinationen, etwa mit Mary Douglas *und* Foucault (Garland-Thomson 1997) oder mit Bourdieu *und* Foucault (Waldschmidt 2011).

Fazit

In der Entwicklungsgeschichte der Disability Studies nimmt Goffmans Werk „gewissermaßen die Rolle eines ‚Scharniers'" ein (Waldschmidt 2020a, 129): Einerseits sind *Asylums* und *Stigma* noch sehr dem individualisierenden Blick und der „social deviance perspective" (Oliver/Barnes 2012, 51) auf Behinderung verhaftet, andererseits sind sie hilfreich, um die Wirkmacht der Institutionalisierung und die Ausgrenzungsprozesse in sozialer Interaktion zu verstehen. Insgesamt ist die Rezeption denkbar breit; sie reicht von produktiver Nutzung über differenzierte Würdigung bis hin zu dezidierter

Ablehnung. So bewerten unter anderem Jeffrey A. Brune und Daniel J. Wilson (2013, 3) sowie Love (2015, 174) Goffmans *Stigma* als „classical“ und „seminal“. Dagegen erklärt Oliver (2009, 103), Goffman sei nicht nur „dead in a material sense“, sondern seine „products are too; the [...] micro version[.] of role theory“.

Auch wenn die kritischen Studien zu Behinderung Goffmans Gesamtwerk noch zu entdecken haben, leisten sie für die Rezeption von *Asylums* und *Stigma* wertvolle Beiträge, die von dem allgemeinen Diskurs stärker zur Kenntnis zu nehmen wären. Goffman aus Sicht der Disability Studies zu lesen heißt zum einen, die Gewaltförmigkeit und Kontrollmacht institutioneller Unterbringung zu thematisieren, die auch den gegenwärtigen, sich als offen und gemeindeorientiert verstehenden Wohnformen behinderter und alter Menschen weiter inhärent sind, wie jüngst gerade auch die Corona-Pandemie vor Augen geführt hat. Zum anderen lässt sich mit den Disability Studies Stigmatisierung weniger als individuelles Problem und Herausforderung in der persönlichen ‚Identitätsarbeit‘ verstehen, sondern als situativ wirksame, soziale Kontrolle, bei deren Aushandlung Ausgrenzungsmechanismen zum Tragen kommen. Vor allem regen die Disability Studies dazu an, nicht wie Goffman von einem ‚normalen Wir‘ auszugehen, sondern Normalitäten im Plural zu denken, als Ergebnis unterschiedlicher Praxen, Perspektiven und Rollen. Nicht zuletzt rücken sie den alltäglichen Erfahrungshorizont potenziell stigmatisierbarer Menschen in den Vordergrund. Ihnen zufolge sind Menschen mit Behinderungen keine passiven Objekte, sondern immer auch kreative und subversive Jongleure und Jongleusen im Umgang mit einengenden institutionellen Strukturen oder abwertenden Stigmata, sowohl bei deren Verschleierung als auch bei der Überwindung.

Literatur

Abrams, Thomas: Re-reading Erving Goffman as an emancipatory disability researcher. In: Disability Studies Quarterly 34/1 (2014), o.S., https://dsq-sds.org/article/view/3434/3525 (03.02.2021).

Adams, Rachel/Reiss, Benjamin/Serlin, David (Hg.): Keywords for disability studies. New York 2015.

Albrecht, Gary L./Seelman, Katherine D./Bury, Michael (Hg.): Handbook of disability studies. Thousand Oaks, London, New Dehli 2001.

Barnes, Colin/Mercer, Geof: Exploring disability. A sociological introduction. Cambridge 2010.

Behrisch, Birgit: Behinderung und Nähebeziehung. Merkmalsträger*innenschaft und ‚Mitbehinderung‘. In: David Brehme/Petra Fuchs/Swantje Köbsell/Carla Wesselmann (Hg.): Disability Studies im deutschsprachigen Raum. Weinheim, Basel 2020, 218–224.

Ben-Moshe, Liat: The institution yet to come: Analyzing incarceration through a disability lens. In: Lennard J. Davis (Hg.): The disability studies reader. Abingdon, New York ^{5}2017, 119–130.

Brune, Jeffrey A./Wilson, Daniel J. (Hg.): Disability and passing: Blurring the lines of identity. Philadelphia 2013.

Brune, Jeffrey A./Garland-Thomson, Rosemarie/Schweik, Susan/Titchkosky, Tanya/Love, Heather: On the fiftieth anniversary of Erving Goffman's Stigma. In: Disability Studies Quarterly 34/1 (2014), o.S., http://dsq-sds.org/article/view/4014/3539 (06.09.2017).

Bruner, Claudia Franziska: KörperSpuren. Zur Dekonstruktion von Körper und Behinderung in biografischen Erzählungen von Frauen. Bielefeld 2005.

Carlson, Licia: Institutions. In: Rachel Adams/Benjamin Reiss/David Serlin (Hg.): Keywords for disability studies. New York, London 2015, 109–112.

Coleman-Brown, Lerita: Stigma: An enigma demystified. In: Lennard J. Davis (Hg.): The disability studies reader. Abingdon, New York ^{5}2017, 145–159.

Coleman-Fountain, Edmund/McLaughlin, Janice: The interactions of disability and impairment. In: Social Theory & Health 11/2 (2013), 133–150.

Davis, Lennard J.: Enforcing normalcy: disability, deafness and the body. New York, London 1995.

Davis, Lennard J. (Hg.): The disability studies reader: Abingdon, New York ^{5}2017.

Foucault, Michel: Wahnsinn und Gesellschaft. Eine Geschichte des Wahns im Zeitalter der Vernunft. Frankfurt/Main 1969 (orig. 1961).

Foucault, Michel: Die Geburt der Klinik: Eine Archäologie des ärztlichen Blicks. München 1973 (orig. 1963).

Foucault, Michel: Überwachen und Strafen. Die Geburt des Gefängnisses. Frankfurt/Main 1976 (orig. 1975).

Finkelstein, Victor: Attitudes and disabled people. Issues for discussion. New York 1980.

Garland-Thomson, Rosemarie: Extraordinary bodies: Figuring physical disability in American culture and literature. New York 1997.

Goodley, Dan: Disability studies. An interdisciplinary introduction. Thousand Oaks, London, New Dehli^2 2017.

Hunt, Paul (Hg.): Stigma: The experience of disability. London, Dublin, Melbourne 1966.

Klötzer, Ralf/Nolte, Cordula/Frohne, Bianca: Am Rande, aber dazu gehörig: Leprakranke Menschen. In: Cordula Nolte/Bianca Frohne/Uta Halle/Sonja Kerth (Hg.): Dis/ability History der Vormoderne. Ein Handbuch. Affalterbach 2017, 180–182.

Kotsch, Lakshmi S.: Assistenzinteraktionen. Zur Interaktionsordnung in der persönlichen Assistenz körperbehinderter Menschen. Wiesbaden 2012.

Kuuliala, Jenni: Positive stigmatisation: Manifestations of holiness and miraculous healing. In: Cordula Nolte/Bianca Frohne/Uta Halle/Sonja Kerth (Hg.): Dis/ability History der Vormoderne. Ein Handbuch. Affalterbach 2017, 182–183.

Länger, Carolin: Im Spiegel von Blindheit. Eine Kultursoziologie des Sehsinnes. Stuttgart 2002.

Lewis, Bradley: A mad fight: Psychiatry and disability activism. In: Lennard J. Davis (Hg.): The disability studies reader. Abingdon, New York [5]2017, 102–118.

Love, Heather: Stigma. In: Rachel Adams/Benjamin Reiss/David Serlin (Hg.): Keywords for disability studies. New York, London 2015, 173–176.

Maskos, Rebecca: „Und dann hab' ich gemerkt, wie viel Spaß das auch macht". Rekonstruktionen von Behinderung und Nichtbehinderung am Beispiel der Rollstuhlnutzung. In: Journal für Psychologie 26/2 (2018), 50–74.

Nolte, Cordula/Frohne, Bianca/Halle, Uta/Kerth, Sonja (Hg.): Dis/ability History der Vormoderne. Ein Handbuch. Affalterbach 2017.

Nunkoosing, Karl/Haydon-Laurelut, Mark: Intellectual disability trouble: Foucault and Goffman on „challenging behaviour". In: Dan Goodley/Bill Hughes/Lennard J. Davis (Hg.): Disability and social theory: New developments and directions. Houndmills, Basingstoke, New York 2012, 195–211.

Oliver, Michael: The politics of disablement: A sociological approach. Houndmills, Basingstoke 1990.

Oliver, Michael: Understanding disability. From theory to practice. Houndmills, Basingstoke, New York [2]2009.

Oliver, Michael/Barnes, Colin: The new politics of disablement. Houndmills, Basingstoke, New York 2012.

Priestley, Mark: Constructions and creations: Idealism, materialism and disability theory. In: Disability & Society 13/1 (1998), 75–94.

Rudloff, Wilfried: Das Ende der Anstalt? Institutionalisierung und Deinstitutionalisierung in der bundesdeutschen Behindertenpolitik. In: Elsbeth Bösl/Anne Klein/Anne Waldschmidt (Hg.): Disability History: Konstruktionen von Behinderung in der Geschichte. Bielefeld 2010, 169–190.

Scambler, Sasha: Long-term disabling conditions and disability theory. In: Nick Watson/Simo Vehmas (Hg.): Routledge handbook of disability studies. Abingdon, New York [2]2020, 172–188.

Schmuhl, Hans-Walter: Lebensbedingungen und Lebenslagen von Menschen mit geistiger Behinderung in den von Bodelschwinghschen Stiftungen Bethel seit 1945. Theoretische Vorüberlegungen und empirische Streiflichter. In: Ders./Ulrike Winkler (Hg.): Welt in der Welt. Heime für Menschen mit geistiger Behinderung in der Perspektive der Disability History. Stuttgart 2013, 133–160.

Schönwiese, Volker: Behinderung und Identität: Inszenierungen des Alltags. In: Christian Mürner/Udo Sierck (Hg.): Behinderte Identität? Neu-Ulm 2011, 143–162.

Shakespeare, Tom: Disability rights and wrongs. Abingdon, New York 2006.

Siebers, Tobin: Disability theory. Ann Arbor 2008.

Szasz, Thomas: Letters to the editor: American Association for the Abolition of Involuntary Mental Hospitalization. In: American Journal of Psychiatry 127/12 (June 1971), 1698.

Titchkosky, Tanya: Disability studies: The old and the new. In: The Canadian Journal of Sociology/Cahiers Canadiens de Sociologie 25/2 (2000), 197–224.

Waldschmidt, Anne: Behinderte Körper: Stigmatheorie, Diskurstheorie und Disability Studies im Vergleich. In: Torsten Junge/Imke Schmincke (Hg.): Marginalisierte Körper. Beiträge zur Soziologie und Geschichte des anderen Körpers. Münster 2007, 27–43.

Waldschmidt, Anne: „Wir Normalen" – „die Behinderten"? Erving Goffman meets Michel Foucault. In: Karl-Siegbert Rehberg (Hg.): Die Natur der Gesellschaft. Verhandlungen des 33. Kongresses der Deutschen Gesellschaft für Soziologie in Kassel 2006, Teilband 2. Frankfurt/Main, New York 2008, 5799–5809.

Waldschmidt, Anne: Symbolische Gewalt, Normalisierungsdispositiv und/oder Stigma? Soziologie der Behinderung im Anschluss an Goffman, Foucault und Bourdieu. In: Österreichische Zeitschrift für Soziologie 36/4 (2011), 89–106.

Waldschmidt, Anne: Disability Studies zur Einführung. Hamburg 2020a.

Waldschmidt, Anne: Jenseits der Modelle: Theoretische Ansätze in den Disability Studies. In: David Brehme/Petra Fuchs/Swantje Köbsell/Carla Wesselmann (Hg.): Disability Studies im deutschsprachigen Raum. Weinheim, Basel 2020b, 56–73.

Waldschmidt, Anne: Disability Studies. In: Clemens Kammler/Rolf Parr/Ulrich Johannes Schneider (Hg.): Foucault-Handbuch. Leben – Werk – Wirkung. Berlin 2020c, 457–462.

Waldschmidt, Anne (Hg.): Handbuch Disability Studies. Wiesbaden 2022.

Watson, Nick/Vehmas, Simo (Hg.): Routledge handbook of disability studies. Abingdon, New York 2020.

Winkler, Ulrike: „Was sagt uns die Geschichte?" Erfahrungen in der Aufarbeitung aus historischer Perspektive. Vortrag anlässlich der BeB-Fachtagung „Gegen unsere Ohnmacht im Umgang mit Gewalt." Hofgeismar, 30. Januar bis 1. Februar 2011, https://silo.tips/queue/von-ulrike-winkler-3?&queue_id=-1&v=1603006903&u=MTM0Ljk1LjIwNy43OA== (18.10.2020).

Wright, Beatrice A.: Physical disability: A psychological approach. New York 1960.

Emotionssoziologie

64

Rainer Schützeichel

Erving Goffmans Untersuchungen zählen zum klassischen Bestand der Emotionssoziologie. Das ist aus mehreren Gründen ein erstaunlicher Befund. Obwohl in seinen Arbeiten durchaus eine breite Vielfalt von Emotionen thematisiert wird, befassen sie sich ausführlich und intensiv nur mit einer Emotionsgruppe, nämlich denjenigen Emotionen, die bei selbstzugerechneten Regelverstößen auftreten und von Goffman als ‚embarrassment' bezeichnet werden. Man sollte in Bezug auf *embarrassment* nicht von einer distinkten Emotion, sondern von einer Emotionsfamilie sprechen, zu der emotionale Haltungen gehören, die von ‚Verlegenheit', ‚Unbehagen' und ‚Betretenheit' auf der einen Seite über Formen der ‚Peinlichkeit' bis hin zur ‚Scham' und ‚Schuld' auf der anderen Seite reichen. (Da es keine adäquate deutschsprachige Übersetzung gibt, behalten wir im Folgenden den englischen Ausdruck bei). Andere Emotionen wie Stolz, Neid oder Vertrauen (Misztal 2001) werden von Goffman marginal behandelt.

Ein weiterer Grund: Goffman befasst sich mit Emotionen in einem eher außergewöhnlichen Sinne. Er konzipiert sie als Interaktionselemente und -akte. Er untersucht die verschiedenen Formen und Funktionen von *embarrassment* in ihrem interaktiven Zusammenhang. Man könnte auch formulieren: Er befasst sich mit Emotionen als interaktiven Praktiken, als expressiven Präsentationen und Darstellungen in (rituellen) Interaktionen und eben nicht als Gefühle, ‚feelings' oder ‚sentiments', also als wie auch immer näher zu bestimmende mentale oder kognitive, leibliche oder phänomenale Erlebnisse, aber auch nicht mit Emotionen als äußeren Affekten. Seine Analysen lassen auch nicht erkennen, dass ihnen eine explizite Emotionstheorie zugrunde liegt, wie man sie bei vielen anderen Untersuchungen der emotionssoziologischen Forschungstradition vorfindet. Von daher können sich umgekehrt auch viele Forschungsprogramme auf Goffman berufen. Seine Bedeutung als emotionssoziologischer Klassiker resultiert also nicht aus einer emotionstheoretischen Fundierung seiner Interaktionsanalysen, sondern aus ihrer interaktionsanalytischen Fundierung seiner Emotionsanalysen. Denn damit führt er in die soziologische Emotionsforschung ein neues paradigmatisches Gerüst ein. Trotz vielfacher Rezeption wird aber dieses paradigmatische Gerüst – welches eng mit Goffmans werkgeschichtlich erst spät explizit gemachtem Vorschlag, Interaktionen als eine Ordnung sui generis zu betrachten und welches aber bis in die Jahre seiner unveröffentlichten Dissertation *Communication Conduct in an Island Community* zurückreicht (Chriss 2003) – in seinem konzeptionellen Kern in der

R. Schützeichel (✉)
Fakultät für Soziologie, Universität Bielefeld, Bielefeld, Deutschland
E-Mail: rainer.schuetzeichel@uni-bielefeld.de

K. Lenz und R. Hettlage (Hrsg.), *Goffman-Handbuch*, https://doi.org/10.1007/978-3-476-05871-3_64

Folgezeit nur wenig aufgegriffen. Dass Emotionen in ihrem interaktiven Zusammenhang analysiert werden müssen, ist nicht erst mit Goffman zu einem soziologischen Gemeinplatz geworden. Goffman wird auch häufig in die Linie derjenigen eingereiht, die sich auf den overten, performativen Anteil und damit auf den körperlichen, mimischen und gestischen Ausdruck von Emotionen beschränken. Aber auch damit wird man ihm nicht gerecht, denn man übersieht, dass der methodische und konzeptionelle Kern der Analysen von Goffman darin liegt, Emotionen als Interaktionsakte zu betrachten, die eine spezifische Funktion in der Grammatik interaktionaler Ordnungen einnehmen. Dieser analytische Vorschlag hat aber kaum eine Nachfolge gefunden.

In diesem Beitrag wird die Rezeption der Arbeiten von Goffman im Bereich der Emotionssoziologie vorgestellt. Die Rezeption weist verschiedene thematische Schwerpunkte auf. Um die verschiedenen Rezeptionspfade identifizieren zu können, ist es in einem ersten Schritt notwendig, in aller Kürze die zentralen emotionssoziologischen Gehalte vorzustellen und ihre Achsen zu bestimmen. Dies erfolgt im ersten Teil des Beitrags. Anschließend werden im zweiten Teil die wesentlichen Schwerpunkte der nachfolgenden Rezeption ausgeführt. Der Beitrag schließt mit einer kurzen Erörterung der Bedeutung der Untersuchungen Goffmans für die soziologische Emotionsforschung.

Grundlagen der Emotionssoziologie Goffmans

Die ausführlichsten Auseinandersetzungen Goffmans mit Emotionen finden sich in den frühen Arbeiten, insbesondere in *On Face Work* (FaW; auch IR_a), *The Nature of Deference and Demeanor* (NDD; auch IR_b), in *Embarrassment and social organization* (ESO; auch IR_c) und schließlich in *The Presentation of Self in Everyday Life*. Goffmans Analysen weisen aber generell eine hohe Emotionsaffinität auf. Das ist auf zwei Eigenschaften des Gegenstandsbereichs zurückzuführen. Erstens ist festzuhalten, dass keine andere soziale Konfiguration eine derart hohe Affinität zu Emotionen besitzt wie der Typus der Interaktion als Face-to-face-Beziehung, in welcher alle Beteiligten füreinander weitgehend präsent sind und von daher einer enormen Kontrolle unterliegen können. Goffman setzt sich zweitens gegen einen Kommunikationsbegriff ab, wie er seit den 1950er Jahren in Folge des technischen und dann kybernetischen Kommunikationsverständnisses verstärkt in der Soziologie Einzug hielt. Interaktion ist nach Goffman wesentlich mehr als Übertragung oder Rezeption von Informationen. Interaktion ist in erster Linie ‚encounter' und nicht Kommunikation in einem informationstheoretischen Sinne. Interaktionen, so könnte man Goffmans Modell abstrakt darstellen, prozessieren immer auf zwei Ebenen, einer operativen Ebene der realisierten Akte und einer normativen Erwartungsebene, die in Bezug auf den Status, das Selbst, die Identität, das Image oder sonstige normative Orientierungen oder Regeln definiert, welche Akte in welcher Weise und von wem realisiert werden sollten. Goffman geht nun in seinen Analysen erstens davon aus, dass emotionale Akte dann auftreten, wenn sich zwischen der operativen und der normativen Ebene Differenzen einstellen, und er interessiert sich zweitens für solche Emotionen, in denen solche Diskrepanzen negativ bewertet und die Gründe für diese Diskrepanzen Akteur/innen zugerechnet werden können.

> „Embarrassment has to do with unfulfilled expectations […]. Given their social identities and the setting, the participants will sense what sort of conduct *ought* to be maintained as the appropriate thing, however much they may despair of its actually occurring" (ESO, 268, H.i.O.; IR_c_{dt}, 114 f.).

Dieses Interaktionsmodell ist durchaus in der Lage, eine große Bandbreite von verschiedenen Emotionen und Emotionsgruppen zu analysieren, aber Goffman beschränkt sich auf eine spezifische Gruppe, eben solche, die dem Phänomenbereich des *embarrassment* zugerechnet werden können (Knoblauch/Herbrik 2013). Diese können in ihren interaktiven Einbettungen und ihrem phänomenalen Erleben durchaus divergieren, aber sie alle lassen sich strukturell auf die negativ bewertete und zugerechnete Nichteinhaltung und Abweichung von normativen Anforderungen zurückführen.

Goffman befasst sich, wie schon betont, mit Emotionen nicht im Hinblick auf ihre kognitiven oder leiblichen Generierungsmechanismen, ihre psychischen Wirkungen oder auch ihre Handlungsmotivationen, sondern mit ihren interaktiv hergestellten Evokationen und Konsequenzen im Hinblick auf die Handlungswahl, den Status und die soziale Identität von Interaktant/innen in unterschiedlichen sozialen Settings. In *On Face Work* bezeichnet er Emotionen als Handlungsschritte in einer Logik des rituellen Spiels. Dem wegweisenden Aufsatz über *Embarrassment and Social Organization* liegt die Prämisse zugrunde, dass sich in Emotionen und insbesondere im *embarrassment* generische Eigenschaften von Interaktionen zeigen: „Embarrassment [...] demonstrates some generic properties of interaction", wie Goffman im Abstract dieses Aufsatzes (ESO, 264), der in die Buchveröffentlichung nicht übernommen wurde, formuliert. Emotionen weisen also relationale Eigenschaften auf, die sie in Interaktionskontexten erhalten. Als eine interaktive Eigenschaft machen sich Emotionen nach Goffman vornehmlich im leiblichen Ausdruck bemerkbar, im Erröten oder Erbleichen, Schwitzen, Stottern, in der Stimmmodulation, im Versuch, sich unsichtbar zu machen, Blicken auszuweichen und anderen Formen leiblicher Intentionalität. Statt von *embarrassment* spricht Goffman mitunter auch von „discomfiture" oder „uneasiness" (ESO, 266 f.; IR_c_{dt}, 109). Dass er die Emotionen im Rahmen des *embarrassment* als eine Eigenschaft von Interaktionsbeziehungen betrachtet, kommt auch darin zum Ausdruck, dass er als Antipoden nun gerade keine Emotion in einem normalen Wortsinn wie beispielsweise Stolz betrachtet, sondern solche, die eben selbst wiederum Eigenschaft von Interaktionsbeziehungen sind. Goffman spricht von „poise" oder „ease" (ESO, 267 bzw. 266; IR_c_{dt}, 113 bzw. 112) und bezieht sich damit auf solche Eigenschaften wie Takt, sicheres Auftreten, Gelassenheit, Ungezwungenheit, Behaglichkeit, Ruhe oder Leichtigkeit, Souveränität und Sicherheit, die einen selbstverständlichen Interaktionsfluss und damit das Gleichgewicht innerhalb einer Interaktionsordnung charakterisieren.

Um in Interaktionen Diskrepanzen und Differenzen zwischen Handlungsakten und den normativen Anforderungen in seinen vielfältigen Bezügen erst gar nicht aufkommen zu lassen und die kollektive Definition der Situation in ihrem Sinne zu beeinflussen, sind bekanntermaßen nach Goffman die Interaktant/innen zu strategischer Interaktion, zu einer Generierung von Vorder- und Hinterbühnen und zu ‚impression management' angehalten, also zu Strategien, in denen der Signal- und Statuswert von Emotionen in besonderer Weise zum Tragen kommt und die Interaktionsakte zu einer Form des *emotion work* werden lassen (s. Kap. 24).

Dies hat ihm jedoch mitunter den Vorwurf eingetragen (Neckel 2005; Branaman 2003; Kuzmics 1986), er begnüge sich mit einer relativ oberflächlichen Sichtweise und nehme die Mechanismen oder Selbstverhältnisse, die sich hinter den ‚Masken' oder den dramaturgischen und expressiven Darstellungen verbergen, nicht in den Blick. Daraus resultiere auch, so Sighard Neckel (2005), dass Goffman die Möglichkeiten der Steuerbarkeit der eigenen Gefühle durch *impression management* überschätze. Man darf aber nicht verkennen, dass es Goffman nicht um diese interiorisierten psychischen Dimensionen, sondern um die interaktionalen Konsequenzen von *embarrassment* geht, denn als ein Interaktionselement signalisieren solche Emotionen einen Zustand der Unbestimmtheit und der Krise von Interaktionen, in welcher die Erwartungen neu justiert, die Situationen neu definiert und die Fassaden und Projektionen neu ausgehandelt werden müssen. Das ist eine für den Einzelnen problematische Anforderung, weil alle Neubestimmungen der Situation stets auf kollektiven Prozessen beruhen, und es ist eine für alle Beteiligten bedrohliche Situation, weil anomische Entwicklungen drohen.

Embarrassment demonstriert aber nicht nur generische Eigenschaften von Interaktionen, sondern solche expressiven Akte stellen zudem eine ubiquitäre Interaktionsoption dar. „(T) here is no interaction in which participants do not take an appreciable chance of being sligthly embarrassed or a slight chance of being deeply humiliated" (PS2, 243: PS_{dt}, 222). Kaum eine Interaktion ist vor *embarrassment* gefeit. Weshalb aber ist das der Fall? Goffman zentriert in einzigartiger Weise Emotionen in dem gemeinsamen analytischen Konnex von Interaktion und Sozialstruktur. Interaktionen stellen *face-to-face encounters* dar, die mit spezifischen Problemen behaftet sind. Interaktionen stellen eine Ordnung sui generis deshalb dar, weil sie für alle Beteiligten spezifische und typische Probleme generieren, die in anderen Formen sozialer Beziehungen in der Weise kaum oder nicht gegeben sind. Sie weisen von Goffman als ‚Ritual' bezeichnete Ordnungen auf, die Abweichungen in besonderer Weise sichtbar machen und damit eine Gefährdung oder Unterminierung des Status oder des Images von Personen evozieren können (s. Kap. 23). Diese realisieren und manifestieren sich im Interaktionsakt der Emotionen. Will man Interaktionen abstrakter modellieren, so prozessieren sie auf einer operativen Ebene der Akte und einer normativen Ebene der Erwartungen, des Selbst, der Identitätsansprüche, der Ehrerbietungen und des Benehmens (NDD), auf Konventionen und Regeln, die mit bestimmten „Sollwerten" versehen sind. Folgt man der Argumentation von James J. Chriss (2003), dann arbeitete Goffman seit seiner Dissertation im Rahmen eines mikrofunktionalistischen Paradigmas, demzufolge in einem Interaktionskontext die einzelnen Elemente bestimmte objektive, funktionale Erfordernisse erfüllen müssen. Emotionen signalisieren Abweichungen von diesen funktionalen Sollwerten. Für Face-to-face-Beziehungen heißt das, dass positive oder negative Abweichungen zwischen der operativen und normativen Ebene für alle Beteiligten wahrnehmbare Ausdrucks-Informationen darstellen. Die Handlungen stehen damit im Zeichen einer verdichteten Interdependenz. Interaktionen weisen, so Goffman in *The Interaction Order*, eine hohe Vulnerabilität auf. Die angestrebten oder unterstellten Normwerte und die symmetrischen oder asymmetrischen Regeln können stets verfehlt oder verletzt werden. Solche Abweichungen lauern in allen Interaktionen. Kommt es zu negativen Abweichungen der Akte von den normativen Erwartungen, so drückt sich dies in den als expressiv zu beschreibenden Akten des *embarrassment* aus. Sie haben einen dokumentarischen Charakter und können, wie Goffman herausarbeitet, signalisieren, dass eine interagierende Person nicht in der Lage ist oder sich nicht in der Lage sieht, sich in einer Situation kohärent in Bezug auf Normen und Erwartungen zu verhalten, sie können anderen gegenüber den Verlust an Selbstachtung zum Ausdruck bringen oder sie bedeuten, dass die normativen Erwartungen der Interaktionspartner/innen nicht realisierbar scheinen. *Embarrassment* unterliegt seinerseits negativen Bewertungen. Die entsprechenden Emotionen sind Zeichen von „weakness, inferiority, low status, moral guilt, defeat, and other uneviable attributes" (ESO, 266; IR_c_{dt}, 111). Ebenso wichtig ist nach Goffman die Notwendigkeit, *embarrassment* zu vermeiden, beispielsweise dadurch, dass nicht nur die Betroffenen in einer Situation *face work* betreiben und gewisse Peinlichkeiten oder Verlegenheiten normalisieren oder überdecken, oder dadurch, dass die Betroffenen generell solche Situationen, in denen sie sich unbehaglich fühlen oder von Scham bedroht werden, vermeiden. Auch die von Goffman vielfach beschriebene Option, dass die anwesenden Interaktionspartner/innen im Sinne des Takts, des guten Tons und der Etikette über Peinlichkeiten evozierendes Verhalten hinweggehen, gehört in diesen Kontext.

Dieses allgemeine Interaktionsmodell benutzt Goffman zu einer dichten Analyse von zwei Gegenstandsbereichen: Wie werden soziale Statuspositionen (‚Selbst', ‚Identität', ‚face' etc.) in Interaktionen generiert und prolongiert? Und wie unterscheiden sich private und öffentliche Interaktionsräume in ihren verschiedenen Ausprägungen, beispielsweise als Vorder- und Hinterbühne? Verglichen mit dem erstgenannten Forschungsschwerpunkt finden Emotionen im zweiten Schwerpunkt jedoch weitaus weniger Berücksichtigung. Aber allgemein gilt: Als Interaktionselemente, in denen sich die Kongruenz oder Diskrepanz von Akten und normativen Anforderungen manifestiert, dokumentieren

Goffman zufolge Emotionen den prozessualen Zustand, in dem sich Interaktionen befinden.

Emotionssoziologische Rezeptionspfade

Dass Goffman eine größere Breite von Forschungsprogrammen mit überaus divergenten theoretischen Prämissen inspirierte, ist nicht zuletzt dem Umstand geschuldet, dass seine interaktionsanalytische Fundierung mit durchaus divergierenden Emotionskonzepten kompatibel ist. Im vorangegangenen Abschnitt wurde gezeigt, dass in Goffmans emotionssoziologisch relevanten Arbeiten verschiedene thematische Schwerpunkte identifiziert werden können, die zu unterschiedlichen Rezeptionspfaden führen: (a) die Emotionsgruppe des *embarrassment* selbst, (b) die interaktionsanalytischen Grundlagen dieser Theorie, (c) der Zusammenhang von Statuspositionierungen, *face work* und Emotionen und (d) gesellschaftstheoretische Problemstellungen bezüglich der Reichweite und der explanativen Kraft von Goffmans Analysen.

a) *Embarrassment* Über die sachlich naheliegende Anschlussmöglichkeit, die mit dem *embarrassment* gegeben ist, kann man leider nur wenige Worte verlieren. Sieht man einmal von den vielen soziologischen Arbeiten zur Scham ab, so finden sich zur dieser Emotionsgruppe nur wenige Fortsetzungen. An allererster Stelle ist auf die Studie von Nicola Döring (2015) über Situationen der „Peinlichkeit" zu verweisen, die thematisch wichtige Erweiterungen vornimmt. Aber ansonsten spielen „Verlegenheit" oder „Betretenheit" in der soziologischen Forschung keine große Rolle. Sie sind gleichsam in die Sozialpsychologie abgewandert.

b) Emotions- und Interaktionsmodelle In den Schriften von Goffman findet sich, wie einleitend betont, keine elaborierte, explizite Emotionstheorie. Dennoch gibt es Versuche, seinen Ansatz emotionstheoretisch einzuordnen. Die soziologische Emotionsforschung benutzt zu ihrer Selbstbeschreibung unterschiedliche taxonomische Ordnungssysteme. Entsprechend wurden und werden auch Goffmans Analysen in unterschiedlicher Weise eingeordnet. Helmut Kuzmics (1986) nimmt, der Emotionstheorie von Norbert Elias folgend, eine sich an psychoanalytische Interpretationen anlehnende Einordnung vor und betrachtet die Gefühle des *embarrassment* als Konsequenz von Affekthemmungen. Eine Einordnung, die schon deshalb problematisch ist, weil nach Goffman Emotionen nicht auf innerpsychischen Dynamiken, sondern sozialen Bewertungen beruhen und von daher gerade affektbetontes Handeln zu Verlegenheit und in peinliche Situationen führen kann. Nach Arlie R. Hochschild (1983) lassen sich in der Emotionssoziologie drei größere Forschungsrichtungen mit einem jeweils eigenen theoretischen Kern unterscheiden. Das organismische Modell reduziert Emotionen auf biologisch-physiologische Prozesse, das sozialkonstruktivistische auf kulturelle Prägungen, und das interaktionistische Modell auf die soziale Permeabilität und Plastizität von körperlichen Prozessen. Sie ordnet Goffman dem dritten Modell zu. Andere taxonomische Ordnungsversuche bezweifeln die Adäquatheit einer solcher Skala und sehen eher einen Gegensatz zwischen kulturalistischen und sozialstrukturellen Theorieoptionen. Nach Theodore D. Kemper (1978) ist der analytische Ansatz von Goffman nicht dem kulturalistischen Feld zuzurechnen, welches Emotionen als Manifestationen kultureller Regeln begreift, sondern der sozialstrukturellen Option, denen zufolge sich Emotionen aus der strukturellen Positionierung von Akteur/-innen im Interaktions- und Handlungsgeschehen ergeben. Benutzt man hingegen solche taxonomischen Ordnungen, die sich, wie in der interdisziplinären Emotionsforschung üblich, eher an dem Kriterium der Individuierung von Emotionen orientieren, so lassen sich in einer groben Weise physiologische, phänomenologische und kognitive Theorierichtungen unterscheiden. Aufgrund der generischen Differenzen, die er anführt, gibt es gute Gründe, Goffman einer besonderen Spielart kognitivistischer Theorien zuzuordnen, nämlich sogenannten Belief-Desire-Theorien (Schützeichel 2012), also solchen Theorien, die Emotionen auf die Differenz von Annahmen über faktische Realisationen einerseits und Wünschen bzw. normativen Erwartungen andererseits zurückführen.

Diese emotionstheoretische Problematik steht in einem engen Zusammenhang mit dem basalen Interaktionsmodell, welches Goffman seinen Analysen zugrunde legte. Dieses Modell sieht vor, dass Emotionen im Funktionskreis des *embarrassment* als Interaktionselemente zu verstehen sind, die sich an der selbstattribuierten Differenz von Verhaltensakten und normativen Anforderungen orientieren, also als Reaktionen auf eine Diskrepanz von Verhalten und Anspruch in Bezug auf das Selbstbild und Image, Identität und Integrität, Status oder Position auftreten. Damit finden sich schon bei Goffman die zentralen Grundsätze eines Modells, welches später im Rahmen der sogenannten Iowa-School des Symbolischen Interaktionismus unter dem Titel der „Control Theories" in ihren verschiedenen Ausprägungen als Affekt-Kontroll- oder Identitäts-Kontroll-Theorie bekannt wird (Smith-Lovin/Heise 1988). Auch diese gehen von kybernetischen Mechanismen aus, die an den in Interaktionen in Anspruch genommenen Sollwerten in der Gestalt von Identitäten, Statuspositionen oder etablierten Diskursbedeutungen orientiert sind und Emotionen als Abweichungssymptome konzipieren.

c) Status, Face Work und Emotionen Wichtige Anschlüsse und Erweiterungen finden sich insbesondere in der Gruppe der sozialstrukturell orientierten Forschungsansätze, die ein eher kulturalistisches oder kognitivistisches Emotionskonzept vertreten. Die ‚dramaturgische' Seite wird in besonderer Weise von Stanford Lyman und Marvin Scott in ihrer Arbeit über *Coolness in Everyday Life* (1969) betont. Eine – wenn man so will – ‚Sozialpsychologisierung' erfahren Goffmans Analysen in den Arbeiten von Thomas J. Scheff (2006), der in Untersuchungen zur Rolle von Emotionen in der kommunikativen Herstellung von sozialer Ordnung Goffman mit Charles H. Cooley verbindet und von daher nicht nur *embarrassment* oder Scham, sondern auch Stolz als die positive Kehrseite zu den zentralen negativen wie positiven Sanktionsoptionen in der Herstellung von Konformität in sozialen Beziehungen erklärt. In der Studie von Candace Clark (1997, 232–238) über *Misery and Company* wird eine andere Folgerung aus Goffmans Studien gezogen: Emotionen dienen in Interaktionen als „place-markers" – ihre eigenen wie die Emotionen Anderer informieren Individuen über die Position, die sie im sozialen Geschehen haben.

Einen erheblichen Einfluss haben Goffmans Analysen auf die 1983 erschienene, wegweisende Studie von Hochschild (1983) über *The Managed Heart,* in welcher das Emotionsmanagement und die Kommerzialisierung von Gefühlen in Dienstleistungs- oder Serviceberufen untersucht wird. Schon der Zentralbegriff der „emotion work" erinnert an das face work bei Goffman. „Emotion work" heißt, dass das emotionale Erleben wie die Artikulation von Emotionen so gestaltet werden, dass sie den herrschenden Emotionsregeln entsprechen. Dass face work in allererster Linie auch *emotion work* ist, ist auch nach Goffman der Fall. So weist er in seinem Aufsatz über *Fun in Games* (EN_a) darauf hin, dass in vielen Situationen dramaturgisch erforderliche Emotionen präsentiert werden müssen. Aber die wichtigste Erweiterung von Hochschild kann zugleich als eine Kritik an Goffman verstanden werden: *Emotion work* ist je nach Status und Position nicht auf face work beschränkt, ist nicht nur „surface acting", sondern „deep acting", also eine Imagination von Zuständen, die das erforderliche Fühlen hervorbringen. Auch die professionssoziologische Studie von Jennifer Pierce (1996) über *Gender Trials* bewegt sich in der von Goffman gelegten Spur, aber auch sie betont wie Hochschild die Notwendigkeit einer stärker ungleichheits- und insbesondere gendersoziologischen Verankerung.

Goffmans Analysen stellen schließlich eine wichtige Referenzposition für die beiden dominanten theoretischen Optionen im Bereich der sozialstrukturellen Emotionsforschung dar, die eine eher biologisch fundierte Emotionstheorie vertreten. Sowohl die Theorie der Interaktionsrituale von Randall Collins (2005) als auch die sozialstrukturelle Theorie von Kemper (1978) betonen, dass die Status-Positionen und die Macht- und Statusdifferenzen von Individuen im sozialen Geschehen wichtige Faktoren für die soziologische Erklärung der Emotionsgenese sind. Beide Ansätze präzisieren jedoch Bindungswirkungen von Emotionen und die Macht- und Statuskonstellationen, in denen Individuen stehen können. In dieser Hinsicht füllen sie eine explanative Lücke, die man in Goffmans Arbeiten konstatieren muss (so auch Branaman 2003, 98). Aber man muss – um dies zu wiederholen – feststellen, dass eben das Forschungsinteresse von Goffman nicht in einer soziologischen Erklärung von Emotionen liegt, sondern darin, wie Interaktionen prozessieren und welche Funktionen in diesem Prozessieren Emotionen als Sprechakte haben können.

Es lässt sich in Bezug auf diesen Rezeptionsschwerpunkt festhalten: Goffman verbindet in seinen Analysen interaktionsanalytische mit sozialstrukturellen Dimensionen unter der leitenden Fragestellung, wie *encounters* ablaufen und Interaktionsordnungen aufrechterhalten werden. Emotionen haben nach Goffman eine diagnostische Funktion – sie signalisieren, dass die interaktive Ordnung mit ihren (möglicherweise divergierenden) Normwerten aus dem Gleichgewicht kommt und die sozialen Positionen gegebenenfalls neu justiert werden müssen. In der Rezeption verschieben sich diese Parameter. Gegenüber der bei Goffman dominanten Interaktionsanalyse tritt die sozialstrukturelle Problematik zunehmend in den Vordergrund.

d) Makrosoziologische Einbettung Schließlich gibt es einen weiteren Diskussionsstrang, der sich mit den historischen und makrosoziologischen Implikationen von Goffmans Analysen befasst. Es wird Goffman vorgeworfen, dass er weder über einen historischen noch über einen makrosoziologischen Rahmen verfüge. Im Gegenteil, seine Theorie stehe in der Gefahr einer Universalisierung und Anthropologisierung von Phänomenen, die sich nur den gesellschaftlichen Verhältnissen einer fortgeschrittenen Moderne verdankten (Schudson 1984, passim; Schwalbe 1993, passim; Sennett 1983, 51). Symptomatisch ist die Feststellung von Alvin W. Gouldner (1974, 456), Goffman beschreibe „die neue bürgerliche Welt des ‚Managements des Eindruckmachens' […], die von ängstlichen, außengeleiteten Menschen mit feuchten Händen bewohnt werde, die in der permanenten Furcht leben, von anderen bloßgestellt zu werden oder sich unabsichtlich zu verraten". Auch Kuzmics (1986) betont die fehlende historische Einbindung. Im Unterschied zu Elias sei Goffman nicht in der Lage, die historischen Prozesse und die sozialen Mechanismen anzugeben, die dazu führen, dass „Verlegenheit" in der Moderne ein, wie von Goffman unterstellt, universales Vorkommnis darstelle. Sicherlich wird man konzedieren müssen, dass solche Fundierungen bei Goffman fehlen. Goffman bettet seine emotionssoziologischen Beobachtungen zwar in strukturelle Kontexte moderner Gesellschaften wie die Pluralität und Segregation der Rollen oder das Vordringen von Situationen mit informellen Kommunikationsanforderungen ein, auch organisationssoziologische Einordnungen sind reichhaltig vertreten, aber diese sind, da sie nicht im Erkenntnisinteresse der Interaktionssoziologie liegen, nicht systematisch durchgearbeitet.

Goffman und die Emotionssoziologie

Welche Bedeutung hat Goffman für die soziologische Emotionsforschung? In der Rezeptionsgeschichte finden sich durchgehend zwei sich spiegelnde Haupteinwände gegen eine Emotionssoziologie Goffmanscher Provenienz. Es wird gegenüber dieser als Mikrosoziologie eingeordneten Analytik sowohl eine fehlende makrosoziologische Einbettung als auch eine fehlende handlungstheoretische Fundierung vorgeworfen. Sie weise erhebliche explanative Lücken darin auf, die Genese von Emotionen aus der Apperzeption, der Kognition oder der Interpretation von Situationen „von unten" zu erklären, wie auch, so andere Kritiker/innen, die Genese von emotionalen Anforderungen und Emotionsformen „von oben" aus der makrosoziologischen, historischen, kulturellen, gesellschaftstheoretischen Perspektive. Wenn man eine umfassende soziologische Theoriebildung vornehmen will, mögen diese Einwände berechtigt sein. Sie übersehen jedoch den zentralen

Punkt, in dem der soziologische Gewinn dieser Analysen liegt: Goffman konzipiert Emotionen als elementare Komponenten von Interaktionen, die auf Gleich- oder Ungleichgewichte in *encounters* zurückzuführen sind, ihren konstitutiven Ort in den interaktiven Prozessen als einer Ordnung sui generis und damit einer objektiven Realität haben. Eine von Goffman inaugurierte Soziologie der Emotionen führt Emotionen auf strukturell äquivalente, aber historisch und kulturell sich variabel realisierende Konstellationen zurück. Dieses von Goffman mitunter ausformulierte, mitunter aber auch nur angedeutete Modell ist in der Lage, eine Vielzahl von Emotionen über die von ihm untersuchte Phänomenfamilie des *embarrassments* hinaus aus interaktiven Konstellationen abzuleiten und ihre jeweilige soziale Realisierung zu erklären.

Literatur

Branaman, Ann: Interaction and hierarchy in everyday life. Goffman and beyond. In: A. Javier Treviño (Hg.): Goffman's legacy. Lanham 2003, 86–126.

Chriss, James J.: Goffman as microfunctionalist. In: A. Javier Treviño (Hg.): Goffman's legacy. Lanham 2003, 181–196.

Clark, Candace: Misery and company. Sympathy in everyday life. Chicago 1997.

Collins, Randall: Interaction ritual chains. Princeton 2005.

Döring, Julia: Peinlichkeit. Formen und Funktionen eines kommunikativ konstruierten Phänomens. Bielefeld 2015.

Gouldner, Alwin W.: Die westliche Soziologie in der Krise. Bd. 2. Reinbek bei Hamburg 1974 (engl. 1970).

Hochschild, Arlie Russell: The managed heart: Commercialization of human feeling. Berkeley 1983 (dt. 2006).

Kemper, Theodore D.: A social interactional theory of emotions. New York 1978.

Knoblauch, Hubert/Herbrik, Regine: Erving Goffman: Social embarrassment and social organization. In: Konstanze Senge/Rainer Schützeichel (Hg.): Hauptwerke der Emotionssoziologie. Wiesbaden 2013, 140–143.

Lyman, Stanford M./Scott, Marvin B.: Coolness in everyday life. In: Marcello Truzzi (Hg.): Sociology and everyday life. Englewood Cliffs NJ 1969, 91–101.

Kuzmics, Helmut: Verlegenheit und Zivilisation. Zu einigen Gemeinsamkeiten und Unterschieden im Werk von E. Goffman und N. Elias. In: Soziale Welt 37 (1986), 465–486.

Misztal, Barbara A.: Normality and trust in Goffman`s theory of interaction order. In: Sociological Theory 19 (2001), 312–324.

Neckel, Sighard: Kultursoziologie der Gefühle. Einheit und Differenz – Rückschau und Perspektiven. In: Rainer Schützeichel (Hg.): Emotionen und Sozialtheorie. Frankfurt/Main, New York 2005, 124–139.

Pierce, Jennifer L.: Gender trials. Emotional lives in contemporary law firms. Berkeley 1996.

Scheff, Thomas J.: Goffman unbound. A new paradigm for social science. London 2006.

Schudson, Michael: Embarrassment and Erving Goffman's idea of human nature. In: Theory and Society 13 (1984), 633–648 (auch in Gary A. Fine/Gregory W. H. Smith (Hg.): Erving Goffman, Vol. 2. London 2000, 3–17).

Schützeichel, Rainer: Emotionen in Handlungen. Skizzen zu einer soziologischen Integration von Emotions- und Handlungstheorie. In: Annette Schnabel/Rainer Schützeichel (Hg.): Emotionen, Sozialstruktur und Moderne. Wiesbaden 2012, 227–256.

Schwalbe, Michael L.: Goffman against postmodernism: Emotion and the reality of the self. In: Symbolic Interaction 16/4 (1993), 333–350 (auch in Gary A. Fine/Gregory W. H. Smith (Hg.): Erving Goffman, Vol. 4. London 2000, 370–386).

Sennett, Richard: Verfall und Ende des öffentlichen Lebens. Frankfurt/Main 1983 (engl. 1977).

Smith-Lovin, Lynn/Heise, David: Analyzing social interaction. Advances in affect control theory. New York 1988.

Geschlechterforschung

65

Anne-Laure Garcia

Bei der Erforschung der sozialen Ordnung von Interaktionen widmet Goffman der Inszenierung von Geschlechtern ein besonderes Augenmerk. Denn neben Alter, Ethnie und Klasse ist das Geschlecht seiner Ansicht nach die vierte Kategorienzugehörigkeit, deren Zuschreibung für die Dynamik der Interaktion folgenreich ist. In sozialen Situationen, in denen mehrere Personen körperlich anwesend sind, sich wechselseitig wahrnehmen und aufeinander reagieren, wird eine Her- und Darstellung der Kategorien ‚männlich' und ‚weiblich' geleistet. Das Geschlecht betrachtet er als „ein Musterbeispiel, wenn nicht sogar [als] den Prototyp einer sozialen Klassifikation" (ABS_{dt}, 108; ABS, 302).

Goffman weist schon in seinen frühen Schriften immer wieder auf die Relevanz von vergeschlechtlichten Darstellungen und Wahrnehmungen für den reibungslosen Verlauf von Interaktionsprozessen und für die Aufrechterhaltung sozialer Ordnung hin. In T*he Presentation of Self in Everyday Life* erklärt er, dass das Geschlecht eine der Komponenten der „persönlichen Fassade" ist, die stark mit der Erscheinung und dem Verhalten der Darsteller/innen verbunden ist (PS2). In *Stigma* zieht er immer wieder das Beispiel des abweichenden Sexualverhaltens von Homosexuellen, Prostituierten oder ledigen Müttern heran, um Stigmatisierungsprozesse als Reaktion auf nicht erfüllte Normerwartungen zu illustrieren (ST). In *The Interaction order* arbeitet er die Vielfalt an impliziten Benimmregeln heraus, die die Mitglieder einer Gesellschaft in alltäglichen Interaktionen befolgen und thematisiert hierbei die geschlechtliche Komponente (InO_{dt}, 85 ff.; InO, 11 ff.).

Ende der 1970er Jahre beschäftigt sich Goffman ausführlich mit einer Mikrosoziologie der Geschlechter und veröffentlicht dazu zwei Texte (s. Kap. 46). Im erstmals in der Fachzeitschrift *Studies in the Anthropology of Visual Communication* (GeA) und nahezu unverändert als Monographie erschienenen *Gender Advertisements* (GA) hebt er die Frauen-Männer-Machtverhältnisse hervor, die in Werbebildern anhand subtiler Inszenierungen der Hilfsbedürftigkeit und Unterwürfigkeit von weiblichen Modellen sowie der damit zusammenhängenden körperlichen und gesellschaftlichen Überlegenheit von männlichen Figuren visuell verfestigt werden. Im Aufsatz *The Arrangement between the Sexes* (ABS) arbeitet er heraus, inwiefern in der nordamerikanischen Gesellschaft seiner Zeit Individuen unter dem Zwang stehen, als ‚Frauen' bzw. ‚Männer' identifiziert zu werden, und wie stark die alltäglichen Interaktionen von Geschlechtsdarstellung und -wahrnehmung geprägt sind.

Auch wenn Goffman keine Theorie der Geschlechterbeziehungen entworfen hat, wer-

A.-L. Garcia (✉)
Institut für Soziologie, TU Dresden,
Dresden, Deutschland
E-Mail: anne-laure.garcia@tu-dresden.de

K. Lenz und R. Hettlage (Hrsg.), *Goffman-Handbuch,* https://doi.org/10.1007/978-3-476-05871-3_65

den sein Ansatz sowie einige seiner Begriffe aktuell als hoch relevant bzw. rezeptions- und diskussionswürdig für die Geschlechterforschung eingestuft und weiterhin verwendet.

Von der feministischen Ablehnung zur geschlechtersoziologischen Anerkennung

Einige feministische Forscherinnen nahmen zu Goffmans Aufsatz *The Arrangement between the Sexes* sehr kritisch Stellung. Sie sind der Ansicht, dass sich seine Analyse auf Geschlechterstereotypen stütze, heteronormativ geprägt sei sowie komplexe Machtverhältnisse zwischen Klassen, Rassen und Geschlechtern vernachlässige (Winkin 1990, 57). Sie waren empört über einige Aussagen Goffmans, die sie für sexistisch erachteten und haben es ihm in persönlichen Gesprächen und/oder Publikationen auch mitgeteilt (Deegan 2014). Besonders stark kritisiert wurden die Textstellen aus diesem Aufsatz, wonach Sekretärinnen nur darauf warten, einen Ehemann zu finden, um ihren Beruf aufzugeben (ABS, 317; ABS_{dt}, 135), sowie das verwendete Beispiel, dass bei einer Vergewaltigung die betroffene Frau den gewalttätigen Mann höflich darum bitten solle, mit seinem Angriff aufzuhören (ABS, 311; ABS_{dt}, 124 f.).

In ihrem kurz nach dem Erscheinen von *The Arrangement between the sexes* veröffentlichten Aufsatz *Ladies, we've been framed!* bringt Janet M. Wedel viele dieser Kritikpunkte zusammen und zeigt auf, inwiefern in Goffmans Analyse der Geschlechterbeziehungen die Selbstreflexivität fehlt, die er in seinen bisherigen Werken gezeigt hatte und den anderen immer wieder vorschrieb (Wedel 1978, 113). Sie wirft ihm u. a. vor, sich an vergeschlechtlichten Interaktionsmustern aus dem post-viktorianischen Zeitalter zu orientieren. Hierdurch würde er Geschlechterstereotypen und -hierarchien verfestigen, die er eigentlich entnaturalisieren wollte. Indem er betont, dass Frauen im Unterschied zu anderen benachteiligten Gruppen eine hohe Wertschätzung entgegengebracht wird, verschweigt er, dass ihre Arbeit als weniger wertvoll als die von Männern angesehen wird. Er verschweigt, dass ihre Tätigkeit in der Erwerbssphäre weniger entlohnt wird und innerhalb der familiären Sphäre ohne Entlohnung zu erfolgen hat. Goffmans Aufdeckung der Mechanismen der männlichen Herrschaft erachtet Wedel auch als nicht ausreichend, da der historische Kenntnisstand, die Ergebnisse interkultureller Gegenüberstellung und die Charakteristika der Klassenverhältnisse in der US-amerikanischen Gesellschaft (ebd., 114) nicht genügend berücksichtigt werden. Darüber hinaus bedauert sie, dass sich Goffman so stark auf die Konfiguration bezogen hat, in der zwei weiße heterosexuelle Menschen aus der Mittelschicht miteinander verheiratet sind. Anderen Konfigurationen gegenüber bleibt er dagegen blind. Die Erwerbsarbeit ist für die meisten Frauen keine Tätigkeit, die ihnen ermöglicht, in Kontakt mit potenziellen Ehemännern zu treten oder sich bis zur Familiengründung zu beschäftigen, sondern eine finanzielle Notwendigkeit. Goffman übersieht die zahlreichen Frauen aus unterprivilegierten Gruppen, die u. a. als Wäscherinnen, Dienstmädchen, Köchinnen oder Fabrikmitarbeiterinnen (ebd., 118) schwer arbeiten, um sich selbst und ihre Kinder zu ernähren. Schließlich stellt Wedel fest, dass Goffmans bekannte Aussage, wonach nicht die Religion, sondern das Geschlecht das Opium des Volkes sei, nur teilweise zutrifft (ABS, 315; ABS_{dt}, 131): „Domination of women and children may serve to ‚drug' the male masses, compensating them for their powerlessness relative to the male elite, but it cannot account for the exclusion of women demanded by the prescription itself" (Wedel 1978, 118).

Trotz fehlender Veröffentlichungen in feministischen Zeitschriften und Zitaten in feministischen Hauptwerken (West 1996, 354) prägte Goffmans Forschungsprogramm einige Studien aus der Frauen- und Geschlechterforschung schon kurz nach der Entstehung dieses Forschungsbereichs. Goffmans Vermächtnis für Mikrosoziolog/innen, die Geschlechterbeziehungen auf der Ebene von Interaktionen untersuchen, geht weit über die Einbeziehung seiner sich hauptsächlich mit den Geschlechtern auseinandersetzenden Schriften hinaus. Ein Großteil der Analysen von heterosozialen Interaktionen, die ab den 1970er Jahren durchgeführt worden sind, wurden von Goffmans Forschungsperspektive und seinen konzeptuellen Grundlagen geprägt. Arlie R. Hochschild stützt sich in ihrer Unterscheidung von „surface acting" und „deep acting" im Erwerbs- und auch Privatleben (1983) sowie in ihrer Analyse der in Frauenratgebern vermittelten vergeschlechtlichten Verhaltenskodices (1990) ausgiebig auf Werke von Goffman (PS2; IR; SI; FA). Viele Analysen über Unterbrechungen in heterosozialen Gesprächen lehnen sich an Goffmans Perspektive in *The Nature of Deference and Demeanor* (1956; auch IR_b) an (West 1996, 358 ff.). Unter Goffmans Doktorand/innen gab es schließlich auch einige feministische Wissenschaftler/innen – u. a. Arlene Kaplan Daniels, Carol Brooks Gardner und Dorothy E. Smith, deren Forschungsdesigns und -ergebnisse in einem jahrelangen Austausch mit ihrem Betreuer entstanden. Beispielsweise erklärte Carol Brooks Gardner (1989, 43), dass ihre Untersuchung über vergeschlechtlichte Interaktionsmuster Goffman sehr viel verdanke. Mit ihrer stark von der Mikrosoziologie des Alltags geprägten Studie zeigte sie in seiner Theorie einen blinden Fleck auf: Die Geschlechter sind eine hoch signifikante soziale Kategorie für die Gestaltung von Interaktionen im öffentlichen Raum. Auf der Straße unterwegs zu sein, heißt mit Darstellungen von Macht und Privilegien konfrontiert zu werden. Z. B. erscheint eine Frau mit (einer) männlichen Begleitperson(en) als besetzt und beschützt; allein oder mit anderen Frauen zusammen als potenzielles Opfer von erniedrigenden und/oder sexualisierten Bemerkungen sowie von körperlicher Gewalt.

Aktuell ist Goffmans Ansatz ein fester Bestandteil in geschlechtersoziologischen Übersichts- und Lehrbüchern (z. B. Kian 2010; Gildemeister/Hericks 2012). Er wird als einer der ersten Soziolog/innen eingeordnet, der die Relevanz der Mikro-Ebene bei der sozialen Konstruktion der Zweigeschlechtlichkeit aufzeigte und die Geschlechterordnung als eine sich auf Hierarchisierungen stützende Interaktionsordnung definierte.

Die interaktive Konstruktion von Geschlecht

Laut Goffman liegen die Wirksamkeit und die Persistenz des zweigeschlechtlichen Arrangements als gesellschaftliche Differenzierungsmuster vor allem darin begründet, dass Individuen ab ihrer Geburt in allen Face-to-Face-Konstellationen eine Einordnung in den Kategorien ‚weiblich' oder ‚männlich' erfahren. Die immer neu bestätigte und aktualisierte Sortierung erklärt er weder durch angeborene Charakteristika, die am nackten Körper des Neugeborenen sichtbar werden, noch durch sekundäre Geschlechtsmerkmale, die mit der Pubertät entstehen und die Körpererscheinung prägen können. Goffman entnaturalisiert dieses Phänomen, indem er seine Analyse auf der Ebene der Interaktionsordnung verortet. Er verwendet den Begriff ‚Geschlechtsklassen', um die rein gesellschaftlichen Geschlechterkategorien zu kennzeichnen. Diese binäre Einordnung der Individuen ist eine der wichtigsten Quellen für die Selbst- und Fremdidentifikation, denn sie ist eine erste Sortierung, die Gesellschaftsmitglieder ab dem Kleinkindalter erlernen. Darüber hinaus wird sie aufgrund einer sehr hohen Rekurrenz tagtäglich bestätigt und durch eine tiefe und breit geteilte Überzeugung in ihrer Gültigkeit bekräftigt. Kurzgefasst: Goffmans Definition der Geschlechterordnung als Interaktionsordnung legitimiert eine mikrosoziologische Analyse der alltäglichen Prozesse der Herstellung von sozial konstruierten geschlechtlichen Kategorien in Face-to-face-Interaktionen.

Goffmans Annahme einer hohen Relevanz der alltäglichen Interaktionspraxis bei der sozialen Konstruktion der Zweigeschlechtlichkeit teilen die Forscher/innen aus interaktionstheoretisch begründeten Ansätzen, die Darstellungsleistungen und Entzifferungsprozesse bei Geschlechtsattributionen ins Zentrum ihrer mikrosoziologischen Untersuchungen legen.

Schon ab Ende der 1960er Jahre lässt sich bei Vertreter/innen der ethnomethodologischen Tradition die These finden, wonach die Hervorbringung des Geschlechts in interaktiven Prozessen durch Darstellungs- und Attributionsleistungen durchgeführt wird. Um bei jeder Interaktion eine interaktive Zuordnung des Gegenübers als ‚weiblich' oder ‚männlich' vorzunehmen, würden sich die Individuen auf Alltagsannahmen der Zweigeschlechtlichkeit stützen. Demnach gäbe es nur zwei Geschlechter (Binarität). Des Weiteren wäre die Zugehörigkeit zum weiblichen oder zum männlichen Geschlecht (Exklusivität) am nackten Körper ablesbar (Askription) und würde weder eine Aufkündigung noch einen Wechsel erlauben (Invarianz). Wie bei Goffman wird hier davon ausgegangen, dass Geschlecht in allen sozialen Situationen mitläuft. Um die Konstruktion des Geschlechts in alltäglichen Interaktionen besser zu verstehen, wird in diesem mikrosoziologischen Ansatz oft die Randgruppe der Transsexuellen untersucht, denn diese entsprechen nicht den Alltagsannahmen der Zweigeschlechtlichkeit und dank ihnen können die Zwänge und Regeln sozialer Interaktionen besonders deutlich ans Licht gebracht werden. Häufig zitiert wird dabei Harold Garfinkels Pionierstudie (1967; dt. 2020), die am Fall der Mann-zur-Frau transgeschlechtlichen Agnes aufzeigt, wie voraussetzungsreich und ebenso störanfällig der Prozess der interaktiven Konstruktion des Geschlechts ist (s. Kap. 49).

Das Konzept des *doing gender*, das Candace West und Don H. Zimmerman (1989) entworfen haben, stützt sich auf Garfinkels Agnes-Studie (1967; dt. 2020) und auch auf Goffman. Es legt den analytischen Fokus auf die interaktiven Praktiken der Her- und Darstellung von Geschlecht. Die interaktive Erzeugung von Geschlecht wird als omnipräsent und -relevant erachtet, denn sie verlangt ein stabiles praktisches Wissen und eine präreflexive Inkorporierung, die nicht je nach Situation ‚abgeschaltet' werden können. Die Zurschaustellung und Zuordnung in alltäglichen Situationen verlaufen nach West/Zimmerman ständig und unterschwellig, abgesehen von Irritationen, die infolge einer falschen oder unmöglichen Kategorisierung vorkommen. Ein Beispiel für die Allgegenwärtigkeit von *doing-gender*-Prozessen in Interaktionen ist die Sprechweise, oder genauer gesagt die Stimme und die Prosodie. Die Tonhöhen, die Intonationsmuster und die Rhythmen, die beim Sprechen verwendet werden, sind nur begrenzt an die physiologischen Eigenschaften gebunden, sondern stellen habitualisierte Inszenierungspraktiken dar, die geschlechtlich kodiert sind (Kotthoff 2003, 134 ff.). Die Nutzung der Stimmbänder entspricht weder der vorgegebenen Breite an Tonhöhenbewegungen noch an Intonationsvariationen, sondern den kulturell verankerten Erwartungen an die performierten Geschlechtskategorie und kann nicht auf einmal geändert werden.

Die alltäglichen sozialen Situationen im Arbeitsfeld sind ein weiterer Gegenstand, anhand dessen die interaktive Erzeugung von Geschlecht stark untersucht wurde. Die Darstellung von Geschlecht kann nämlich zu den erwarteten Verhaltensweisen im Beruf bzw. in der Profession gehören. Besonders in Erwerbsbereichen, in denen es für die Arbeitnehmer/-innen zur Berufsroutine gehört, mit Kund/innen oder Klient/innen zu interagieren, wird eine geschlechtliche Kodierung des beruflich passenden Auftretens sichtbar. Der Zusammenhang zwischen Geschlecht und Arbeit auf interaktiver Ebene wurde am Konzept *doing gender while doing the job* erläutert.

Die These einer permanenten Inszenierung von Geschlecht, die West/Zimmerman (1987) formulierten, ist auf Kritik gestoßen. Hierbei wurde u. a. auf Goffman Bezug genommen, denn anders als Garfinkel (1967; dt. 2020) diagnostizierte er keine Omnirelevanz von Geschlecht, sondern stellte „unterschiedliche Inszenierungsgrade" (Kotthoff 2003, 132) je nach sozialer Situation heraus. Die Dramatisierung der Frauen-Männer-Hierarchie durch ritterliches Benehmen ist z. B. ein erwünschtes optionales Verhalten und keine Pflicht. Es besteht kein Zwang einer Frau beim Tragen von offensichtlich schweren Einkauftaschen zu helfen, wenn sie für die Haushaltsführung entlohnt wird oder der interagierende Mann viel älter und/oder gebrechlicher als sie erscheint.

Vor dem Hintergrund dieser Kritik erweiterte West in Zusammenarbeit mit Sarah Fenstermaker ihr Begriffsinstrumentarium: Mit dem Konzept des *doing difference* soll thematisiert werden, dass ein Ruhenlassen der Geschlechterdifferenzen als möglich erachtet wird, sofern in einer Interaktion andere soziale Kategorien eine höhere Relevanz als das Geschlecht erhalten (West/Fenstermaker 1995). Um festzuhalten, dass sich in untersuchten Interaktionsprozessen Grenzziehungen entlang anderer sozialer Kategorien als denen des Geschlechts herausarbeiten lassen bzw. dass verschiedene Her- und Darstellungsleistungen miteinander sich kreuzen bzw. sich überlagern, erweiterten die Ethnomethodolog/innen in den letzten Jahrzehnten die Anwendung des *doing*-Konzepts (z. B. *doing student, doing hierarchy, doing technique*). In der Nachfolge von Goffman betonte schließlich Stefan Hirschauer, dass der Zwang der Geschlechterklassifikation, der am Anfang einer sozialen Situation besteht, keine unvermeidliche, kontinuierlich hohe Relevanz des Geschlechts auf der mikro-interaktionalen Ebene mit sich bringen muss. An bestimmten Orten und zu gewissen Zeitpunkten ist die relative Signifikanz der Geschlechterunterscheidung so niedrig, dass sie in den Hintergrund tritt bzw. heruntergespielt werden kann. Um derartige vorübergehende situationelle „Episoden" und die damit zusammenhängende „Diskontinuität der Geschlechterkonstruktion" (Hirschauer 1994, 677) zu konzipieren, hat Hirschauer vorgeschlagen, das Konzept des *undoing gender* zu verwenden. Mit dieser Bezeichnung wird hervorgehoben, dass das „Vergessen" in sich eine „konstruktive Leistung" (ebd., 678) ist: Von der wahrgenommenen Zugehörigkeit zu einer Geschlechterkategorie kann nur abgesehen werden, wenn ihr kein hoher Grad der Relevanz für die Interaktion zugeschrieben wird. Diese Prozesse der interaktiven Erzeugung bzw. Nicht-Erzeugung von Geschlechtlichkeit sind situations- und feldspezifisch, so dass ihre Analyse die Einbeziehung der Meso- und Makroebene erfordert, um aufzuzeigen, inwiefern die Konstruktion der Geschlechter institutionalisiert ist.

Institutionelle Reflexivität und Hartnäckigkeit der Geschlechterhierarchien

An der Schnittstelle zwischen Interaktionsordnung und Sozialstruktur verortet Goffman Phänomene der Rückbezüglichkeit, die er als institutionelle Reflexivität bezeichnet. In solchen sozialen Arrangements werden die Individuen dazu gebracht, sich aufgrund des gesellschaftlichen Glaubens an die Relevanz von biologischen Unterschieden nach Geschlechtsklassen ‚Mann' oder ‚Frau' einzuordnen, was die herrschenden Glaubensvorstellungen wiederum bekräftigt. Derartige alltägliche Bestätigungen der Existenz bzw. der Relevanz von Differenzen erachtet Goffman als den Schlüssel für das Verständnis der Hartnäckigkeit der Naturalisierungs- und Hierarchisierungsprozesse von Geschlecht. Eine besonders bekannte Illustration derartiger „geschlechtskatalysierende[r] Sozialarrangements" (Hirschauer 1994, 686) ist die architektonische Verankerung von nicht anatomisch begründeten räumlichen Segregationen in öffentlichen Gebäuden – wie die geschlechtsgetrennten Sanitäreinrichtungen und Umkleidekabinen, die „Orte ‚geschlechtlicher Besinnung'" (ebd., 687) vorgeben. Ein weiteres in der Fachliteratur häufig genanntes Beispiel sind die heterosexuellen Paarbildungsregeln. Denn das Beachten der konventionellen Größenunterschiede und Altersabstände geht Hand in Hand mit einer Reproduktion der geschlechtlichen Hierarchie innerhalb des Paares – und dies sowohl auf körperlicher als auch ökonomischer Ebene. Ein weiterer, stark rezipierter Fall von institutioneller Reflexivität ist die Arbeitsteilung. Die sozialen Vorgaben zur Verteilung von produktiven und reproduktiven Funktionen je nach Geschlecht und die damit verbundene räumliche Separierung bei der Ausführung von weiblich und männlich kodierten Tätigkeiten geben den Individuen die Möglichkeit, „ihre angeblich unterschiedliche ‚Natur' wirkungsvoll vorexerzieren [zu] können" (ABS_{dt}, 143; ABS, 321). Durch die Arbeitsteilung werden eine Komplementarität und eine Hierarchie zwischen

Mann und Frau inszeniert, die sozial konstruiert sind – dies sowohl in der familiären wie auch in der beruflichen Sphäre.

An Goffman orientierte Sozialwissenschaftler/innen konnten zeigen, dass bei der Arbeit die vergeschlechtlichten Differenzierungs- und Hierarchisierungsprozesse nicht vorrangig über die interaktive Herstellung von Weiblichkeit und Männlichkeit verlaufen. Ab den 1980er Jahren weisen z. B. mehrere Studien darauf hin, dass dichotome Markierungen zum großen Teil symbolisch und/oder räumlich stattfinden – bspw. mittels Berufsbezeichnungen, Kleiderordnungen oder Dekorationen der Arbeitsplätze (z. B. Maruani/Nicole-Drancourt 1989; Heintz/Nadai/Fischer u. a. 1997). Die Reproduktion der zweigeschlechtlichen Ordnung vollzieht sich aber vor allem gleichsam mühelos, weil die Besetzung der Positionen den Glauben an eine Dichotomie bekräftigt, woran sie anknüpft. Die hohe Stabilität von situationsübergreifenden Elementen sozialer Reproduktion der Zweigeschlechtlichkeit wird auch häufig mit Sicht auf die Geschlechtersegregation der Arbeitswelt erklärt. Auf horizontaler Ebene sorgen die Wahl und die Ausübung eines sogenannten ‚Männer-‘ oder ‚Frauenberufs‘ sowohl für langanhaltende Vergeschlechtlichung der sozialen Arrangements als auch für hartnäckige geschlechtliche Kodierungen von Tätigkeiten. Auf vertikaler Ebene werden die Zuschreibungen einer besonderen Beruflichkeit bzw. Professionalität von männlichen Arbeitenden dadurch bestätigt, dass die höheren Positionen innerhalb von Organisationen überproportional oft von Männern besetzt werden, was wiederum zur Bestätigung der männlichen Hegemonie und der weiblichen Unterordnung beiträgt. Auch innerhalb eines Berufs bzw. einer Profession werden Polarisierungen und Hierarchisierungen zwischen den Geschlechtern legitimiert und reproduziert, indem Interessen für Spezialgebiete und besondere Kompetenzen naturalisiert werden. Die geschlechtskonstituierenden Wirkungen der Arbeitsteilung auf der Meso-Ebene untersuchte z. B. Angelika Wetterer (2002) mit Sicht auf verschiedene Berufe innerhalb des medizinischen Feldes. Aus einer sozialkonstruktivistischen und wissenssoziologischen Perspektive zeigte sie nicht nur auf, dass die Markierung von geschlechtlichen Differenzen unter Kolleg/innen durch die Vergeschlechtlichung bzw. Naturalisierung spezifischer Kompetenzen erfolgt, sondern auch, dass der „Prozess der Geschlechterkonstruktion als integrale[r] Bestandteil von Prozessen der Berufskonstruktion und Professionalisierung“ (ebd., 24) analysiert werden muss.

Die Hartnäckigkeit der geschlechterdifferenzierenden Zuordnung von Tätigkeiten sowie der damit einhergehenden Hierarchisierung wurden in den letzten zwanzig Jahren verstärkt mit Blick auf die Arbeitsteilung innerhalb heterosexueller Zweierbeziehungen untersucht. Goffman selbst hatte die paarinterne Arbeitsteilung teilweise naturalisiert, aber diese biologische Prägung als zeitlich begrenzt definiert:

> „Eine Mutter ist zweifellos aufgrund ihrer biologischen Ausstattung in der Lage, einen Säugling zu stillen, ein Vater aber nicht. Aufgrund dieser unumstößlichen Tatsache ist es nur angemessen, dass der Vater – und nur er – vorübergehend diejenigen Aufgaben übernimmt, die mit einer längeren Abwesenheit vom Haushalt verbunden sein können“ (ABS_{dt}, 128; ABS, 313).

Zahlreiche Studien (z. B. Kaufmann 1992, dt. 1992; Koppetsch/Burkart 1998) weisen auf die Persistenz geschlechtsspezifischer Teilung von Haus- und Sorgearbeit innerhalb von Familien hin, und dies auch bei sich an Egalitätsnormen orientierenden Paaren. Tradierte Praktiken in der Verteilung der Hausarbeit nehmen insbesondere infolge der Haushaltsgründung und der Geburt des ersten gemeinsamen Kindes zu. Diese Retraditionalisierung im Umfang und bei den Formen der Hausarbeit wird meistens durch naturalisierende Verantwortlichkeits- und Kompetenzzuschreibungen gerechtfertigt oder als Ergebnis von Aushandlungen zwischen zwei Individuen mit geschlechtlich geprägten Vorlieben präsentiert. Wohlfahrtsstaatliche Regeln und Ressourcen wirken hierbei oft wie Beweise für eine biologisch prädeterminierte Geschlechterdifferenz im elterlichen Engagement, an deren Institutionalisierung sie maßgeblich teilhaben. Mit Blick auf derartige Diskrepanzen zwischen

Alltagswissen und sozialer Praxis spricht Wetterer von „Zeiten der rhetorischen Modernisierung", in denen „der Zirkel der institutionellen Reflexivität" sich nicht mehr „mit gleicher Einfachheit und Eleganz" schließen lässt (2015, 20).

Zur Darstellung der Zweigeschlechtlichkeit in den Medien

Auch wenn Goffmans Schriften über die Darstellung der Geschlechter in Werbefotos (GA) in der Sekundärliteratur zum Teil als zweitrangig betrachtet wurden, finden sie eine hohe Aufmerksamkeit in der visuellen Soziologie und im Themenfeld Geschlecht und Medien (s. Kap. 61 und 68). Die starke Bezugnahme auf Goffman wird durch Zitate, Begriffe sowie manchmal durch eine explizite Nennung des Autors im Aufsatztitel (z. B. Belknap/Leonard 1991; Kang 1997; Bell/Milic 2002) sichtbar. Aufgegriffen wird insbesondere der Begriff der Hyperritualisierung, um klarzustellen, dass Werbebilder nicht nur choreografierte idealisierende Nachahmungen sozialer Situationen sind, sondern dass sie durch eine extrem gesteigerte Verwendung von symbolischen Idiomen ein rasches Verständnis der Bilder durch die Konsument/innen ermöglichen.

Studien, die untersuchen, inwieweit Geschlechterstereotype in der Werbung vorhanden sind, stützen sich häufig auf Goffmans Ergebnisse, um ihre Forschungsdesiderate auszuformulieren. Übernommen werden seine Thesen, wonach die Überlegenheit des Männlichen durch die Inszenierung eines körperlichen Größenunterschieds sowie die Rollenaufteilung zwischen weiblichen und männlichen Modellen symbolisiert wird. Auch wird der weibliche Körper durch Posen als kostbar, empfindlich und sexuell verfügbar dargestellt. Da die sich auf Goffman stützenden Medienanalysen meistens auf stereotype Darstellungen hinsichtlich der Geschlechterdichotomie und der Frauen-Männer-Hierarchien fokussieren, gerät eine zentrale Problemstellung aus Goffmans Werbeuntersuchung in Vergessenheit: Anhand der Besetzungskonventionen und dramaturgischen Zuspitzungen in Reklamebildern wird eine rituelle Ordnung in Szene gesetzt, die in die Alltagswelt hineinreicht. Dies ist bedauernswert, denn Werbebilder sind aufgrund des sogenannten kommerziellen Realismus für die mikrosoziologische Analyse spannende natürliche Daten. Sie modulieren nämlich Elemente aus sozialen Situationen und vermitteln modellhaft Vorstellungen der Geschlechter über ihre wechselseitigen Beziehungen.

In dieser medien- und kommunikationswissenschaftlichen Rezeption wird Goffmans Abneigung gegen standardisierte Sammlungs- und Auswertungsverfahren öfters nicht berücksichtigt. In solchen Fällen werden starre Verfahren der Datensammlung und quantitativ orientierte Forschungsdesigns verwendet. Goffmans Erbschaft wird auf einige seiner Begrifflichkeiten und empirischen Ergebnisse reduziert. Daraus wird eine Liste von Kriterien abgeleitet, die zwei Vorteile haben: Sie ermöglichen in großen Mengen Bildmaterialien systematisch zu analysieren und ihre Deutungen wurden schon von Goffman vorgegeben. Es handelt sich u. a. um die relative Größe (biologischer Dimorphismus), die Berührung von Gegenständen (liebkosen vs. utilitärer Zugriff), den von Männern um die Schulter einer Frau gelegten Arm (sexuelles Besitzverhältnis), die Abwendung des Blicks durch Frauen (Zeichen der Passivität bzw. Unterwerfung) oder das Liegen auf einem Bett und das Knien auf dem Fußboden (Ausdrücke der sexuellen Verfügbarkeit). Einige Autor/innen fügen weitere Kriterien, z. B. den Anteil an nackter Haut, für die Aktualisierung der Thesen von Goffman hinzu, führen diachrone Vergleiche durch, um langfristige Entwicklungen innerhalb einer Gesellschaft nachzuzeichnen oder plädieren für interkulturelle Gegenüberstellungen der Ergebnisse. Häufig werden die Werbedaten systematisch ausgewertet, die Analysekriterien quantitativ aufbereitet und die Ergebnisse in Tabellen festgehalten (z. B. Belknap/Leonard 1991, 110 ff.; Kang 1997, 991, 993; Bell/Milic 2002, 215 ff.). Zum Schluss wird gemessen, inwiefern Goffmans Analyseergebnisse zu einem anderen Zeitpunkt bzw. in einer anderen Gesellschaft zutreffen. Um solche starken Differenzen auf methodologischer Ebene trotz theoretischer Anlehnung an Goffman zu rechtfertigen, wird in diesen Schriften auf Kritiken gegen seine willkürlich erscheinende Sampling-Strategie und seine undurchschaubare Auswertungstechnik rekurriert. Die manchmal starke ‚Untreue' gegenüber Goffmans mikrosoziologischen Denken verwundert wenig, wenn die Literaturliste der betroffenen Schriften zur Hand genommen wird: Meistens wird nur das Buch *Gender Advertisements* genannt, manchmal kommt auch *The Arrangement between the Sexes* hinzu. Mit anderen Worten: Der Großteil des soziologischen Werkes von Goffman wird schlicht nicht berücksichtigt.

Ausblick

Die Geschlechterforschung stellt einen der geistes- und sozialwissenschaftlichen Bereiche dar, in welchem seit Beginn des 21. Jahrhunderts ein *visual turn* zu beobachten ist. Eine Reihe von Beiträgen ist entstanden, die sich mit dem Einsatz qualitativer Methoden bei der Analyse visueller Geschlechterkonstruktionen auseinandersetzen (z. B. Drüeke 2016; Knaut 2016; Grittmann 2018). Die Palette der zwecks Analyse der Darstellungen von Genderismen behandelten Bilder wird hierbei immer breiter – z. B. Nachrichtenmagazine, Sportberichterstattungen, Spielfilme, Selbstporträts *(Selfies)* oder digitale Spiele. In vielen Studien, die bildliche Konstruktionen von Geschlecht zum Gegenstand ihrer Analyse erheben, ist der Bezug zu Goffmans bildanalytischen Pionierarbeiten sowie seine Analysen von Interaktionen nicht wegzudenken.

Trotz anfänglicher kritischer Rezeption nehmen Geschlechterforscher/innen seit über 30 Jahren Bezug auf Goffmans Theorie- und Forschungsprogramm und verwenden sein begriffliches Instrumentarium reichlich. Mit Blick auf Interaktionen, Organisationen und Institutionen werden die Inszenierungen, Bestätigungen sowie Bekräftigungen von zweigeschlechtlichen Arrangements analysiert. Die bewussten und unbewussten Dar- und Herstellungsleistungen der Kategorien ‚weiblich' und ‚männlich' herauszuarbeiten, steht in der Tradition von Goffman und wird auch außerhalb der Soziologie weitergeführt. Mit Sicht auf die stetig wachsende Bedeutung von Bildern und Medien in digitalisierten Gesellschaften kann sogar davon ausgegangen werden, dass die Anlehnung an Goffmans Perspektive in der Geschlechterforschung guten Zeiten entgegengeht.

Literatur

Bell, Philip/Milic, Marko: Goffman's Gender Advertisments revisited: combining content analysis with semiotic analysis. In: Visual Communications 1/2 (2002), 203–222.

Belknap, Penny/Leonard, Wilbert M.: A conceptual replication and extension of Erving Goffman's study of Gender Advertisements'. In: Sex Roles 25/3 (1991), 103–118.

Deegan, Mary Jo: Goffman on gender, sexism, and feminism: A summary of notes on a conversation with Erving Goffman and my reflections then and now. In: Symbolic Interaction 37/1 (2014), 71–86.

Drüeke, Ricarda: Gender und Medien als Gegenstand qualitativer Forschung in der Kommunikationswissenschaft. In: Stefanie Averbeck-Lietz/Michael Meyen (Hg.): Handbuch nicht standardisierte Methoden in der Kommunikationswissenschaft. Wiesbaden 2016, 573–585.

Gardner, Carol Brooks: Gender in public places: Rethinking Goffman's vision of everyday Life. In: The American Sociologist 20/1 (1989), 42–56.

Garfinkel, Harold: Studies in Ethnomethodology. Malden 1967. (dt.: Studien zur Ethnomethodologie. Frankfurt/Main 2020).

Gildemeister, Regine/Hericks, Katja: Goffman. In: Ders.: Geschlechtersoziologie: theoretische Zugänge zu einer vertrackten Kategorie des Sozialen. München 2012, 138–145.

Heintz, Bettina/Nadai, Eva/Fischer, Regula/Ummel, Hannes: Ungleich unter Gleichen. Studien zur geschlechtsspezifischen Segregation des Arbeitsmarktes. Frankfurt/Main 1997.

Grittmann, Elke: Grounded theory und qualitative Bildanalyse. Die Analyse visueller Geschlechterkonstruktionen in den Medien. In: Tanja Thomas/Lina Brink/Elke Grittmann/Kaya de Wolff (Hg.): Anerkennung und Sichtbarkeit. Perspektiven für eine kritische Medienkulturforschung. Bielefeld 2018, 23–46.

Hirschauer, Stefan: Die soziale Fortpflanzung der Zweigeschlechtlichkeit. In: Kölner Zeitschrift für Soziologie und Sozialpsychologie, 46/4 (1994), 668–692.

Hochschild, Arlie R.: The managed heart: Commercialization of human feeling. Berkley 1983.

Hochschild, Arlie R.: Gender codes in women's advice books. In: Stephen Harold Riggins (Hg.): Beyond Goffman. Studies on communication, institution, and social interaction. Berlin, Boston (1990), 177–294.

Kang Mee-Eun: The portrayal of women's images in magazine advertisements: Goffman's Gender Analysis. In: Sex Roles 37 (1997), 979–996.

Kaufmann, Jean-Claude: La trame conjugale. Analyse du couple par son linge. 1992 (dt.: Schmutzige Wäsche. Die eheliche Konstruktion von Alltag. Konstanz 1994).

Kian, Azadeh: Erving Goffman: de la production sociale du genre à l'objectivation de différences biologiques. In: Danielle Chabaud-Rychter (Hg.): Sous les sciences sociales, le genre: relectures critiques, de Max Weber à Bruno Latour. Paris 2010.

Knaut, Annette: Die Konstruktion von Geschlecht im virtuellen Raum. In: Sasa Bosancic/Reiner Keller (Hg.): Perspektiven wissenssoziologischer Diskursforschung. Theorie und Praxis der Diskursforschung. Wiesbaden 2016, 53–74.

Koppetsch, Cornelia/Burkart, Günter: Die Illusion der Emanzipation. Zur Wirksamkeit latenter Geschlechtsnormen im Milieuvergleich. Konstanz 1998.

Kotthoff, Helga: Was heißt eigentlich doing gender? Differenzierungen im Feld von Interaktion und Geschlecht. Freiburger FrauenStudien 9/12 (2003), 125–161.

Maruani, Margaret/Nicole-Drancourt, Chantal: Au labeur des dames: métiers masculins, emplois féminins. Paris 1989.

Wedel, Janet M.: Ladies, we 've been framed! Observations on Erving Goffman's "The Arrangements between the Sexes". In: Theory and Society 5/1 (1978), 113–125.

West, Candace: Goffman in feminist perspective. In: Sociological Perspectives 39/3 (1996), 353–369.

West, Candace/Zimmerman, Don: Doing gender. In: Gender & Society 1/2 (1989), 125–151.

West, Candace/Fenstermaker, Sarah: Doing difference. In: Gender & Society 9/1 (1995), 8–37.

Wetterer, Angelika: Arbeitsteilung und Geschlechterkonstruktion. ‚Gender at work' in theoretischer und historischer Perspektive. Konstanz 2002.

Wetterer, Angelika: Rhetorische Modernisierung und institutionelle Reflexivität. Die Diskrepanz zwischen Alltagswissen und Alltagspraxis in arbeitsteiligen Geschlechterarrangements. In: Freiburger FrauenStudien, 16 (2015), 75–96.

Winkin, Yves: Goffman et les femmes. In: Actes de la recherche en sciences sociales 83 (1990), 57–61.

Game Studies

66

Michael Dellwing

Das Spiel gehört zu den Kernelementen des menschlichen Alltags. Es ist nicht nur wesentlicher Teil der Kulturentwicklung (Huizinga [1956] 2004), sondern auch ein zentrales Feld gegenwärtiger Popkultur. Trotz seines prominenten historischen und lebensweltlichen Status hat die Erforschung des Spielens nur wenig Fuß in der Soziologie gefasst; wenn das Spiel in der Soziologie aufkommt, dann in aller Regel als Metapher der Sozialtheorie; als Glücksspielforschung, was ein verwandtes, aber nicht identisches Feld darstellt; selten noch als kulturhistorisches Phänomen (was dann oft dazu führt, dass Schach als Beispiel angeführt wird, was das Spiel bildungsbürgerlich sicher macht, aber seine gegenwärtige lebensweltliche Einbettung verfehlt); dazu tritt die in letzter Zeit zunehmende Erforschung der sozialen Dynamiken, Inklusivität und Ritualität des Computerspiels (z. B. Kirschner/Eisewicht 2017). Insgesamt ist die Erforschung des Spielens in der Soziologie weiterhin jedoch nur gering vertreten. Umgekehrt hat die Disziplin der Erforschung des Spielens, die Game Studies, sich stark in der Sozialwissenschaft bedient, um Praktiken der Interaktion, Realitätskonstruktionen, sozialer Strukturen und Rollen in und um das Spielen zu erforschen. Dabei haben die Game Studies der Arbeit von Erving Goffman besonderes Augenmerk geschenkt.

Das ist zunächst nicht verwunderlich. Das Spiel ist in Goffmans Arbeit prominent: er war zusammen mit seiner Frau leidenschaftlicher Black Jack-Spieler, und auch sein Alltag kann als spielerisch bezeichnet werden (Dellwing 2015, 29 ff.). Das Spiel ist außerdem eine von vier Metaphern – neben Theater, Ritual, und Sprache – die sich durch Goffmans Arbeit ziehen und ihm seine spezifische Art der kreativen Untersuchung der Alltagswelt ermöglichen, was jedoch eine stärkere Verbindung zur allgemeinen Soziologie als zur Untersuchung des Spiels schafft. Goffman war zudem selbst ein leidenschaftlicher Spieler, der sich mit Spielestudien beschäftigt hat. Darüber hinaus sind aber vor allem seine spezifischen Beiträge zur soziologischen Betrachtung des Spiels umfangreich: *Fun in Games* (EN_a) und *Where the Action Is* (IR_f) befassen sich unmittelbar mit der Thematik des Spiels. Auch seine alltagssoziologischen Betrachtungen berühren immer wieder das Thema des Spielens und werden vor allem immer wieder in Spieleforschungen aufgegriffen. Das betrifft zunächst Goffmans klassische Studien in *The Presentation of Self in Everyday Life,* das die Untersuchung der Darstellung der Spielenden und die Rollenannahme des Spielcharakters erlaubt, was vor allem in

M. Dellwing (✉)
Leuphana Hochschule Lüneburg, Lüneburg, Deutschland
E-Mail: michael.dellwing@leuphana.de

K. Lenz und R. Hettlage (Hrsg.), *Goffman-Handbuch,* https://doi.org/10.1007/978-3-476-05871-3_66

Rollenspielen oder Avatar-basierten Computerspielen wenig überraschenderweise unmittelbar einschlägige Forschungen erlaubt. Seine zentrale Anwendung findet Goffmans Arbeit jedoch in der Übertragung von Ideen aus *Frame Analysis* auf die Trennung zwischen Spiel und Welt, zu der Goffmans spielspezifische Betrachtungen in *Fun in Games* herangezogen werden (s. Kap. 39), vor allem zu „rules of irrelevance" (EN_a, 19; EN_a$_{dt}$, 21). Denn zu den grundlegenden Konzepten der Spieleforschung gehört der in Johan Huizingas Klassiker *Homo Ludens* (2004) thematisierte ‚Zauberkreis', der die Trennung der Alltagswelt vom Spiel thematisiert, wobei in letzterem wesentliche Elemente der Alltagsordnung verschoben oder ausgesetzt sind. Diese Trennung war vor allem aufgrund ihrer (oft so gedeuteten) strukturalistischen Schärfe umstritten. Goffmans Betrachtungen des Spiels dienen hier dazu, die Grenzen zwischen der Norm- und Rollenordnung der Welt und der Ordnung des Spiels zu öffnen und gerade die Vermengung von Spiel und Alltag, und Spiel *als* Alltag, zu thematisieren.

Darstellung im Spiel

Goffmans Betrachtungen zur Präsentation des Selbst im Alltag haben auf vielen Feldern breite Anwendung gefunden und das Spiel ist hier keine Ausnahme. In Kontexten wie der Selbstpräsentation nach bürokratischen Erwartungen im Fall eines Amts ist das Selbstverständnis von Akteur/innen häufig eines, das diese Rollen als ‚aufgesetzt' thematisiert, während Ausbrüche in liminalen Kontexten wie beim Karneval oder während des Spiels Akteur/innen als ‚Selbstverwirklichung' oder (im Fall des Karnevals besonders paradoxerweise?) als ‚Maskenfallenlassen' vorkommt. In beiden Fällen liegt die Untersuchung mithilfe von Goffmans Begriffen der Hinter- und Vorderbühne nahe.

Die Spieleforschung hat diesen Zugriff vor allem für Avatare und die öffentliche Übertragung von Spielen in Livestreams oder Videos angewandt. Es ist dabei zunächst vor allem Goffmans nuancierte Thematisierung der sozialen Realität als gemeinsam geleistete Darstellung, die für die Spieleforschung attraktiv ist: Spielen ist eine Tätigkeit, in der eine Welt im Miteinander geschaffen und aufrechterhalten wird. Ob bei Fantasy-Rollenspiel oder Brettspiel: die Spielwelt mit ihren Inhalten und Regeln, in der diese Aktivitäten vorgenommen werden, hängt davon ab, dass alle Beteiligten sie zusammen aufrechterhalten. Dennis Waskul und Matt Lust (2004, 336) bemerken zu Rollenspielen, „role-playing games are akin to improvisational theater: fantasy action collectively sustains the dramatic narrative of a coauthored Goffmanian realm that is imaginatively fashioned by gamemasters and players through the use of dice and gaming rules". Auch Sara Wanenchak (2010) weist auf die Wiederkehr des Theaters in *Frame Analysis* hin, um Rollenspiele mit beiden zugleich in Verbindung zu bringen. Neben Live- und pen and paper-Rollenspielen hat die Präsentation des Selbst zudem im Fall von Computerspielen auch jenseits des Rollenspiels Anwendung gefunden. Für den Fall der Online-Selbstpräsentation ist das bereits früh geschehen.

Vor allem bei Spielen, in denen Spielende Avatare steuern, die sie repräsentieren, kommt Goffmans Thematisierung zur Anwendung; und hier vor allem, wenn Spielende diese Avatare selbst gestalten können (Linderoth 2012), was die Frage der Grenze zwischen Spiel und Nicht-Spiel berührt: Die Gestaltung des Avatars geschieht in der Regel zu Beginn des Spiels, aber bevor das inhaltliche Spiel beginnt. Dabei hat dieser Teil über die Jahre eine ganz eigene Attraktivität entwickelt. Während einige Spielende schnell Avatare erstellen, um zum inhaltlichen Spiel übergehen zu können, verbringen andere Stunden damit, diesen Avatar zu gestalten, spielen dann kurz – und gehen zurück, um einen neuen Avatar zu gestalten. Sie galt früh und lange als Spielwiese visueller und beschreibender Selbstdarstellung. Gleichzeitig bemerken sie, wo dieses ‚Editieren' weitere Möglichkeiten aufweist und wo es sich weiterhin als strukturell stark eingebundene Darstellung in Text, Sprache, Ausdruck und einsozialisierten Kommunikationsritualen handelt.

Simon Gottschalk (2010, 514) schreibt, damals noch über die Plattform *Second Life*, „While we can customize every pixel of our avatar's appearance, we cannot invent communication skills we do not actually possess". Jedoch ist nur das als Einschränkung zu kurz gedacht, da es die eigenen Sozialisationsleistungen des Spiels außer Acht lässt: es mag im frühen 21. Jahrhundert der Fall gewesen sein, wenn Menschen, die ‚offline' sozialisiert wurden, dann begannen, Onlinespiele zu spielen; da heute jedoch Onlineinteraktion zu einem wesentlichen Element der Sozialisation geworden ist, transportiert sich hier nicht nur familiäre Herkunft, sondern auch digitale Herkunft; der Status von Online-Interaktion als ‚third place' (Steinkuehler/Williams 2006) macht die gegenseitige Präsentation auch zu einem Sozialisationsort geteilter Darstellungsrituale. Lange vor Constance Steinkuehler und Dimitri Williams kommt dieser Gedanke bei Goffman bereits auf, wenn er sich auf „Simmel's famous description of the encounters of ‚pure sociability'" bezieht (EN_a, 21; EN_a_{dt}, 23), sich dann aber von „Simmel's embarrassing effort to treat sociability as a type of ‚mere' play" abgrenzt (ebd.).

Die Präsentation des Selbst in Avataren geschieht in erster Linie vor anderen Spielenden in Online-Spielen, aber auch vor sich selbst. Während die Erforschung dieser Form der Selbstpräsentation online weite Kreise gezogen hat, ist in den letzten Jahren eine weitere Form hinzugetreten: die Präsentation des eigenen Spielens vor einem (zu diesem Zeitpunkt) nicht spielenden Online-Publikum in Streams, was vor allem auf Plattformen wie Twitch, YouTube und dLive geschieht, wodurch die Interaktion der Darstellung deutlich verschieben wird. Auch hier ist die Präsentation des Selbst zum wesentlichen Teil der Erforschung des Spielens geworden (Kirschner/Eisewicht 2017), mit dem Unterschied, dass erstens ein nicht-spielendes Publikum eine andere Präsentation erhält als ein mit- oder gegenspielendes (beide aber gleichzeitig aufrechterhalten werden müssen), und dass in der Regel die spielende Person und der gespielte Avatar im Bild sind, was eine Selbstpräsentation des Körpers der spielenden Person mit einfügt, die ansonsten gelöscht wird. Woermann/Kirschner (2015, 439) beschäftigen sich mit der Ausdehnung der sozialen Situation weit jenseits klassischer Face-to-face-Interaktion, die z. B. in Onlinekontexten des Streamens und Spielens aufkommen: „we might say that the media environment of streamsites ‚extends over the entire territory within which this mutual monitoring is possible' (IR, 167)", und dieses Territorium hat sich nun in eine weltweite Simultaneität ausgedehnt.

Dazu kommt im Fall des Spiels, dass diese gemeinsame Kreation der Welt von den Beteiligten im Spiel auch als Kreation gedeutet wird. Im Fall von Rollenspielen ist das unstrittig; für die Präsentation des Selbst in Streams wird das bereits wieder prekär, vor allem, da erfolgreiches Streaming oft die Konstruktion von Authentizität beinhaltet, was zumindest mit der Darstellung einhergeht, dass das dargestellte Spielenden-Selbst das ‚echte' Selbst darstelle. Nun unterscheidet sich das Spiel in seiner gemeinsamen Aufrechterhaltung jedoch nicht vom Rest der Welt, wie wir wissen; Authentizität ist konstruiert, wie der gesamte Alltag in seiner Deutung auch in gemeinsamen Ritualen aufrechterhalten wird. In Goffmans eigener Betrachtung des Spiels bemerkt er bereits, „Games [...] are world-building activities [...] serious activities have this quality, too" (EN_a, 27; EN_a_{dt}, 30).

Zauberkreise und Rahmenanalysen

Das bereits erwähnte Werk *Homo Ludens* gilt als Klassiker der Spieleforschung, und das darin entwickelte Konzept des Zauberkreises stand lange im Zentrum der wissenschaftlichen Betrachtung des Spiels. An dieser Trennung hängen eine Reihe von klassischen Unterscheidungen der Spieleforschung, die als ‚Kriterien des Spiels' markiert wurden: Spaß (Dippel/Fizek o. J., 10), Zwangsfreiheit (Caillois 1961, 12; Fine 2008, 317; auch Huizinga 2004, 16), Zweckfreiheit (Thiedeke 2010, 17), Konsequenzfreiheit (Fine 2008, 317) und die Regelhaftigkeit des Spiels (z. B. Fine 2008,

317), die oft als zentrales Kriterium aller Spiele gerahmt wird. Sie alle hängen an einer klaren Trennung zwischen Spiel und Nicht-Spiel und benötigen diese Trennung, um ‚in Ordnung' gehalten werden zu können. Darüber hinaus hat die Exzeptionalismusdebatte vor allem online und offline, und damit auch Spiel und Nicht-Spiel (in Kontexten des Onlinespiels) scharf getrennt.

Diese klare Trennung ist lange als prekär identifiziert worden (Lehdonvirta 2010). Gordon Calleja (2012, 5) bemerkt, „Huizinga and Caillois were writing at a time when such ontological partitioning had not yet been challenged by the critical lens of post-structuralism". Kritik an ihr ist in der Spieleforschung weit verbreitet (z. B. Consalvo 2009; Montola 2011; Lehdonvirta 2010); „the game and ordinary life are not separate dimensions in players' lives" (Isabella 2007, 21). Mia Consalvo (2009) schlägt for, „there is no magic circle" und meint damit, dass keine vorgegebene Grenze zwischen Spiel und Nicht-Spiel besteht: „Games are created through the act of gameplay, which is contingent on player acts" (408). Katie Salen und Eric Zimmerman (2004, 95) sekundieren, „[t]o play a 'game means entering a magic circle, or perhaps creating one as a game begins". Eine der bekannteren Überarbeitungen des Konzepts des Zauberkreises stammt von Daniel Pargman und Peter Jacobsson (2006), die ein „weak boundary"-Modell an die Stelle des festen Kreises setzen. *Frame Analysis* ist dabei beständig Bezugspunkt dieser offeneren Ansätze: „[F]rame analysis fits nicely with current anthropological, practice-theoretical and anti-exceptionalist descriptions of video games that see games not as something irreducible or standing out of the rest of cultural and social reality" (Deterding 2009). Pargman/Jakobson (2006, 11) bemerken, „players can possibly switch between different 'frames' of mind while playing, with only one frame being active at any specific point of time" (11), und Consalvo (2009, 413 f.) schlägt vor, „[r]ather than restrict games to a bounded circle, another way of understanding the processes of gameplay could be through application of another framework – the frames and keys of Erving Goffman". Consalvo (2009) dehnt den Rekurs auf Goffman weiter aus und bezieht „*keyings*" („Modulation") mit ein, um festzustellen, dass auf dieser Ebene festgestellt wird, ‚was vor sich geht' – d. h., was gemeinsam als Definition der Situation dessen, was vor sich geht, ausgehandelt wird; an diesem Punkt werden Goffmans Bezüge zum Spiel mit aufgegriffen: „Goffman's examples of forms of keyings included make believe, play, rehearsals, simulations, practicing, and other such states" (414). Dabei treten auch Verbindungen zu Goffmans unmittelbarer Spieleforschung mit auf: Marinka Copier (2007, 131) bringt hier Goffmans *Fun in Games* ins Spiel, wobei sie Goffmans Betrachtung des ‚screens' aufgreift, um ihn mit Edward Castronovas Vorschlag zu verbinden, den Zauberkreis als „poröse Membran" zu verstehen: „[...] people are crossing it all the time in both directions, carrying their behavioral assumptions and attitudes with them" (Castronova 2005, 150).

Waskul/Lust (2004, 351) identifizieren Goffman als Forscher, der Menschen als beständig „in the liminal threshold between illusion and reality" verortet, was nicht nur die Trennung auflöst, sondern beide als feste Kategorien gleich mit. Gerade in *Fun in Games* betont Goffman, dass das „Außen" des Spiels nie außen bleiben kann und die Grenze nur prekär, bedingt und vorläufig bleibt, immer unter einer Lawine von Vorbehalten, die weder jemals völlig expliziert noch aufgelöst werden (könne);

> „(I)t is possible to imagine a focused gathering where almost all externally based matters [...] are treated as officially irrelevant [...] independent of sex, age, language, socioeconomic status, physical and mental condition, religion, [...] hierarchy, and so forth. But, in actual fact, externally realized matters are given some official place and weight in most encounters [...] even if only as determinants of the terms of address employed [...]. 'Anyone for tennis?' did not quite mean anyone" (EN_a, 29.; EN_a_{dt}, 33).

Dabei kann sich die moderne Spieleforschung zudem auf soziologisch-ethnografische Rezeptionen Goffmans beziehen. Gary Alan Fine ([1983] 2002) untersucht in den 1980er Jahren in *Shared Fantasy* Rollenspiele, ein soziologisches Werk, das heute ebenso als Klassiker der Game Studies Anerkennung findet. Es ist also bereits die spieleforscherische Anwendung Goffmans innerhalb symbolisch-interaktionistischer Zirkel (eine Zuordnung, die nicht überinterpretiert werden sollte: Goffman war erklärter Gegner solcher ‚scholastischer Ordnungen' von Theorie; sie wird hier dennoch wiedergegeben, da Fine mehrfach ausgezeichnetes Mitglied der Society for the Study of Symbolic Interaction ist und damit in seiner Eigendeutung in diese Gruppe fällt). Diese greift die Chancen für Öffnung und Erweiterung nicht nur auf, sondern trägt sie weiter. Dabei geht es vor allem darum, soziologische Offenheiten in die Spieleforschung zu tragen – wie die klassische Erkenntnis, dass scharfe Trennungen auch im Alltagsleben nicht vorkommen, wir beständig zwischen Rollen wechseln, wobei die gerade nicht aktiven Rollen dennoch im Hintergrund mitschwingen und damit nie wirklich inaktiv sind: „There is nothing magical about switching between roles. It is something we do all the time and can literally be done at the blink of an eye" (Pargman/Jakobsson 2006, 20).

Der Zauberkreis wurde zur Grundlage der Spielewissenschaft; Goffmans Rahmenanalyse ersetzt dieses Konzept nicht, sie liefert lediglich einen Zugriff, das Zauberkreis-Konzept mit einem update zu versehen und für die gegenwärtigen Erkenntnisse der Pluralität der Welt zu erweitern. Während die Figur des Zauberkreises eine dualistische Ordnung privilegiert hatte – oder zumindest häufig so verwendet wurde –, ist Goffmans *Frame Analysis* in der Lage, eine pluralistischere und uneindeutigere Untersuchung fluider Trennlinien zu ermöglichen. Wenn Calleja (2012, 6) kritisiert, „[i]t seems as though we have adopted an overly simplistic concept from Huizinga merely because he represents an early engagement with the study of play (and partially games)", ist das daher vielleicht zu pointiert: Die Produktivität des Zauberkreiskonzepts wird von der Rahmenanalyse gestärkt, indem die Aufhebung der klaren Trennung bei Beibehaltung der Frage es nicht nur erlaubt, klassische Fragen der Spieleforschung weiterhin, nun aber offener zu stellen. Die Rahmenanalyse erlaubt es zudem, die praktische Produktion des Spiels, seine Offenheit und seinen Pluralismus im Licht der Notwendigkeit, Abgrenzungen zu betreiben, in den Vordergrund der Untersuchung zu rücken.

Diese Öffnung ruft z. B. Fragen wie jene hervor, welche Aktivitäten zum Spiel gehören, eine Frage, die nicht einfach strukturalistisch entschieden werden kann, sondern der Verhandlung der Beteiligten unterliegt. Liegt der Chat in einem Onlinespiel innerhalb oder außerhalb des Zauberkreises? Es kommt darauf an. „[P]articipants in [...] games negotiate the precarious boundaries between reality, imagination, and fantasy", schreiben Waskul/Lust (2004, 334) über Rollenspiele, aber die Feststellung gilt für alle Spielkontexte, in denen entschieden werden muss, was Teil des Spiels ist, was zur Unterstützung des Spiels nötig ist, was als außerhalb des Spiels ausgeklammert wird, auf welcher Ebene des Spiels etwas eingebunden wird, und vor allem: wie diese Grenzen wabern und sich verschieben, je nachdem, worum es gerade geht. Viele Spiele hängen in der Teamkoordination von der Einbeziehung des Redens um das Spiel herum ab, auch wenn sie nicht in der Spielsoftware geschehen, sondern in einer spezifischen Software wie z. B. *discord.* Aber auch jenseits der Koordination gehören Chats zum Spielerlebnis, wenn z. B. ein eigentlich ‚zusätzlicher' Chat nicht nur zur Atmosphäre des Spiels gehört, sondern hier vorgenommene Herausforderungen und Sticheleien den/die Gegner/in mürbe machen oder unkluge Spielzüge provozieren. Diese Gespräche sind Teil des Spiels, wenn die Praktiken der Beteiligten sie als solches integrieren – völlig unabhängig irgendwelcher Regelordnungen oder Softwareprogrammierungen.

Sebastian Deterding (2011, 110) nennt diese Ordnungen daher pragmatisch, nicht ontologisch. Simona Isabella (2007, 31), die zuvor bereits stark auf die Rahmenanalyse zurückgegriffen hatte, bringt diese Verhandlung in Verbindung mit Goffmans Thematisierung von Vorder- und Hinterbühnen: „The relation between these two levels of communication" ist hier die Trennung zwischen „in-game" und „out of game"; in Rollenspielkontexten bezeichnet „in game" Handlungen, die Spielende als Charaktere vollziehen, out of game solche, die sie als

Spielende vollziehen. Die Trennung ist berühmt porös, unklar und offen für Missbrauch (Wienert-Risse 2013). Dennis Wienert-Risse (2013) untersucht das, mit starken Bezug zu Goffmans Rahmen-Analyse, für den Fall des Live-Action Rollenspiels (LARP) und unterscheidet hier Außenweltrahmen von Spielregel- und Spielweltrahmen, in-game- von out-of-game-Rahmen, eine Unterscheidung, die gerade in Liverollenspielen außerordentlich wichtig ist und die nicht einfach als Dualismus verstanden werden kann; beide sind immer als suspendierte Möglichkeiten mit im Spiel, auch wenn sie gerade nicht aktiv sind.

Wanenchak (2010) zieht an diesem Punkt eine Verbindung von Goffmans Auseinandersetzung mit dem Spiel in *Fun in Games,* speziell mit seiner Beschäftigung mit *rules of irrelevance,* und der Rahmenanalyse: „Goffman explains how any ‚irrelevant' matter existing outside the frame which serves as a distraction to the game participants may be integrated into the focused interaction in such a way that it will not be a source of embarrassment or disruption to any of the participants" (Wanenchak 2010, Bezug zu EN_a, 48; EN_a_{dt}, 54 f.). Beide bemerken damit, dass *Fun in Games* als Vorläufer von *Frame Analysis* betrachtet werden kann, eine Lesart, die die Einsicht relativiert, dass es vor allem Goffmans nicht-spielebasierte Arbeit sei, die die Spieleforschung informiert. Auch Waskul/Lust (2004, 336) machen diese Referenzen und bemerken die Nähe von Goffmans Konzeption von ‚engrossment' zum *Magic Circle,* in dem es ja gerade um den gemeinsamen Fokus auf die Spielaktivität geht, bei der jedoch der Fokus auf die Welt außerhalb nie wirklich wegfällt, was die Trennung zwischen beiden wieder verwischt.

Hier geht es gerade nicht um die Trennung, die ein Zauberkreis vom Rest der Welt bietet, sondern um die Wege, diese unterschiedlichen Rahmen zeitgleich zu vereinbaren und die künstlichen Grenzen gleichzeitig praktisch zu schaffen und zu überbrücken. „[E]ven the most sophisticated role-players found themselves in just the opposite situation – players who play a multiplicity of roles they cannot so easily compartmentalize" (Waskul/Lust 2004, 351). Für sie war Goffman hier wegweisend, da er „the first to recognize and fully explore the precarious distinctions between persona, player, and person in everyday life" (ebd., 352) gewesen sei. „[I]nteraction and focus can exist on several different levels, with players focusing on and interacting through the game, as well as directly with each other outside of the world of the game" (Wanenchak 2010).

Die Welt ist ein Spielbrett

Goffman hatte die Metapher des Spiels bekanntermaßen weiträumig verwendet, um soziale Interaktion zu untersuchen; gemeinsam mit den Metaphern von Theater, Ritual und Sprache handelt es sich um einen der vier großen metaphorischen Zugänge, die Goffman in seiner Alltagssoziologie nutzt (Dellwing 2015). Goffmans langfristige, direkte Auseinandersetzung mit dem Spiel in verschiedenen spezifischen Arbeiten stellen hierbei auch sicher, dass Goffmans Zuwendung zum Spiel realitätsnah und nicht eine reine theoretische Übertragung bleibt.

Das Gleiche gilt für seine Rezeption. Deterding (2009, 1) kritisiert in besonderem Bezug zur Spieleforschung, „Goffman's work has not been appreciated as a whole. It remained a theoretical stone quarry". Diese Kritik ist auch außerhalb der Spieleforschung häufig aufgekommen. Dabei hatte Goffman sich sein Leben lang sowohl gegen eine Rezeption seiner Arbeiten in Form einer Gesamttheorie als auch gegen eine einfache (d. h. direkte) Übertragung einzelner Konzepte auf neue Felder gewehrt. Goffmans Präferenz lag darin, dass Forschende von seinen Ansätzen inspiriert werden, eigene Konzepte zu entwickeln, eigene ‚Gerüste' zu bauen.

In der Spieleforschung ist beides geschehen. Zwar gibt es einige direkte Anwendung gerade der Theatermetapher auf die Erforschung des Spielens, aber die Spieleforschung hat diese Vorgaben immer als Sprungbrett genutzt, um eigene Thematisierungen zu entwickeln, die gerade auf diesem Feld auch immer bereits von Immersion informiert und gestärkt waren; Forschende der

Spieleforschung sind quasi-selbstverständlich selbst Spielende, und ohne diese Immersion wäre eine sinnvolle Auseinandersetzung ohne die Reproduktion von Außendeutungen auch kaum möglich.

Seinen eigentlichen Einfluss erlangt Goffman jedoch als Korrektiv einer starren, aber ohnehin bereits prekären Idee des „Zauberkreises", wo *Frame Analysis* als Sprungpunkt für eine Relativierung der Trennung zwischen Spiel und Nicht-Spiel diente und die Figur des Zauberkreises in eine plurale, fluide und geleistete Ordnung verschiedener Rahmen zu verschieben half. Gerade daher sind die Spielestudien, die sich teils ausführlich auf Goffmans Alltagssoziologie berufen, weit jenseits des Felds des Spiels anwendbar. Waskul/Lust (2004, 352) bemerken die Tatsache, dass Rollenspiele zwar einerseits „whimsically distinct" sind: die Praxis des Rollenspiels war nie eine Massen- oder Mehrheitspraxis. Zugleich jedoch sind seine Strukturen nicht außergewöhnlich. „[I]t is equally reasonable to assume that most people understand precisely what it means to occasionally play other kinds of roles – often of occupational or institutional origin. In a similar sense, all is a ruse, charade, or game" (ebd.). Das war auch schon in *Fun in Games* zu finden, wie bereits bemerkt, wo Goffman die Weltenkonstruktion betont (EN_a, 27; EN_a_{dt}, 30).

Zudem hatte Goffman bereits in den 1960er Jahren den heute geläufigen Begriff ‚gaming' verwendet: „The varieties of interaction that occur among persons who are face to face for the avowed purpose of carrying on a game, I shall call gaming" (EN_a, 36¸; EN_a_{dt}, 40), nicht zu reden von der Anwendbarkeit von Goffmans Betrachtungen in *Stigma* auf die Abwertung des Spielens in Gegenwartsgesellschaften. So ist Goffman nicht nur eine zentrale Einflussfigur auf die Spieleforschung; die Brücke erlaubt es zudem, die Erkenntnisse der Spieleforschung tiefer in die weitere Sozialwissenschaft einzubinden und zur Erkenntnis zurückzukehren, dass Spielen zu den basalen Aktivitäten des Menschen gehört – was selbstverständlich die heute dominante Form des Spielens einschließt, das Computerspiel.

Literatur

Caillois, Roger: Roger: Man, play, and games. Champaign 1961.

Calleja, Gordon: Erasing the magic circle. In: John Richard Sageng/Hallvard J. Fossheim/Tarjei Mandt Larsen (Hg.): The philosophy of computer games. Dordrecht 2012, 77–91.

Castronova, Edward: Synthetic worlds: The business and culture of online games. Chicago 2005.

Consalvo, Mia: There is no magic circle. In: Games and Culture 4 (2009), 408–417.

Copier, Marinka: Beyond the Magic Circle. Beyond the magic circle: A network perspective on role-play in online games. Utrecht 2007.

Dellwing, Michael: Zur Aktualität von Erving Goffman. Wiesbaden 2015.

Deterding, Sebastian: The game frame: Systemizing a Goffmanian approach to video game theory. In: DiGRA Conference 2009, 1–5.

Deterding, Sebastian: Was geht hier eigentlich vor sich? Medienrealität, Mediensozialisation und Medienkompetenz aus rahmenanalytischer Perspektive. In: Johannes Fromme/Stefan Iske/Winfried Marotzki (Hg.): Medialität und Realität. Wiesbaden 2011, 103–126.

Dippel, Anne/Fizek, Sonja: Ludifizierung von Kultur. Zur Bedeutung des Spiels in alltäglichen Praxen der digitalen Ära (o. J.). http://www.academia.edu/download/45810104/Ludifizierung_von_Kultur_Dippel___Fizek.pdf (10.01.2017).

Fine, Gary Alan: Shared fantasy: Role-playing games as social world [1983]. Chicago 2002.

Fine Gary Alan: Mind, games. In: Contemporary Sociology 37 (2008), 317–319.

Gottschalk, Simon: The presentation of avatars in second life: Self and interaction in social virtual spaces. In: Symbolic Interaction 33/4 (2010), 501–525.

Huizinga, Johan: Homo Ludens Vom Ursprung der Kultur im Spiel [1956]. Leipzig 2004.

Isabella, Simona: Ethnography of online role-playing games: The role of virtual and real contest in the construction of the field. In: Forum Qualitative Sozialforschung 8/3 (2007), Art. 36, http://nbn-resolving.de/urn:nbn:de:0114-fqs0703367 (21.06.2021).

Kirschner, Heiko/Eisewicht, Paul: Spielende und ihr Publikum – unterhaltungsorientierte Darstellungen des Spielens auf Online-Videoplattformen. In: Judith Ackermann (Hg.): Phänomen Let´ s Play-Video. Wiesbaden 2017, 133–144.

Lehdonvirta, Villi: Virtual worlds don't exist: Questioning the dichotomous approach in MMO studies. In Game Studies 10 (2010). http://gamestudies.org/1001/articles/lehdonvirta (03.11.2016).

Linderoth, Jonas: The effort of being in a fictional world: Upkeyings and laminated frames in MMORPGs. In: Symbolic Interaction 35/4 (2012), 474–492.

Montola, Markus: A ludological view on the pervasive mixed-reality game research paradigm. In: Personal and Ubiquitous Computing 15 (2011), 3–12.

Pargman, Daniel/Jakobsson, Peter: The magic is gone: A critical examination of the gaming situation. In: Mediaterra, Athen, 6.–8. Oktober 2006. Fournos 2006, 15–22.

Salen, Katie/Zimmerman, Eric: Rules of play: Game design fundamentals. Cambridge 2004.

Steinkuehler, Constance/Williams, Dmitri: Where everybody knows your (screen) name: Online games as 'third places.' In: Journal of Computer-Mediated Communication 11 (2006), 885–909.

Thiedeke, Udo: Spiel-Räume: Kleine Soziologie gesellschaftlicher Exklusionsbereiche. In: Caja Thimm (Hg.): Das Spiel: Muster und Metapher der Mediengesellschaft. Wiesbaden 2010, 17–32.

Wanenchak, Sara: Tags, threads, and frames: Toward a synthesis of interaction ritual and livejournal roleplaying. In: Game Studies 10/1 (2010). http://gamestudies.org/1001/articles/wanenchak?utm_source=twitterfeed&utm_medium=twitter (21.06.2021)

Waskul, Dennis/Lust, Matt: Role-playing and playing roles: The person, player and persona in fantasy role-playing. In: Symbolic Interaction 27/3 (2004), 333–356.

Wienert-Risse, Dennis: Aus dem Rahmen gefallen. Warum LARP von Klischees lebt. In: Heinrich Dickerhoff/Carl David Habbe/Bodo Jentzsch/Gerke Schlickmann/Daniel Steinbach/Dennis Wienert-Risse (Hg.): LARP: Nur ein Spiel?: Aufsatzsammlung zum MittelPunkt. Braunschweig 2013.

Woermann, Niklas/Kirschner, Heiko: Online livestreams, community practices, and assemblages. Towards a site ontology of consumer community. In: Advances in Consumer Research 43 (2015), 438–442.

Organisationsforschung

67

Thomas S. Eberle

Organisationsforschung ist ein sehr lebendiges und heutzutage sehr komplexes Forschungsgebiet, das durch Interdisziplinarität und internationale Vernetzung geprägt ist. Es wurde anfangs vor allem von Forschenden der Soziologie sowie der Sozial- und Organisationspsychologie getragen, anschließend immer mehr auch von solchen der Betriebswirtschaft und Managementlehre, wo sich auch das Forschungsgebiet *Organizational Behavior* etablierte. Es stießen aber auch Angehörige der Anthropologie, der Linguistik, der Philosophie und weiterer Disziplinen hinzu. Die interdisziplinäre Ausrichtung passte wenig zur disziplinären Struktur der Universitäten, weshalb die Organisationsforschung vor allem an *Business Schools* ihre institutionelle Heimat fand. Denn Betriebswirtschaft und Managementlehre als praxisorientierte Disziplinen sind seit jeher eklektisch und interdisziplinär ausgerichtet. Die Organisationsforschung hat auch eigene Konferenzen und fachspezifische Journals hervorgebracht. Wichtige Konferenzen sind die Academy of Management Annual Meetings (AoM), die European Group for Organizational Studies (EGOS), die Standing Conference On Organizational Symbolism (SCOS), die Critical Management Studies Conference, das International Process Symposium und der Organization Studies Workshop. Einschlägige Fachzeitschriften im US-amerikanischen Raum sind *Organization Science,* die *Academy of Management Review* und der *Academy of Management Journal,* der *Administrative Science Quarterly* und der *Journal of Management Inquiry,* im europäischen Raum *Organization Studies, Human Relations, Organization, Culture and Organization, Organization Theory, Qualitative Research in Organizations and Management* sowie der *Journal of Organizational Ethnography.* Diese Vielfalt an Konferenzen und Journals für Organisationsforschung ist schlichtweg überwältigend. Gab es in den 1980er und 1990er Jahren noch einige einschlägige Bücher über Organisationsforschung, hat sich die Diskussion angesichts der Komplexität des Feldes zunehmend auf die Ebene von Zeitschriftenartikeln verschoben.

In der disziplinären Soziologie gilt die Organisationssoziologie als Spezialgebiet und führt eher ein Schattendasein. Angesichts der enormen Bedeutung, welche Organisationen in den modernen Gesellschaften haben, überrascht dieser Sachverhalt sehr. In der Tat teilt sich die Soziologie in eine Makro- und eine Mikrosoziologie, während die Mesoebene lange Zeit eine Leerstelle geblieben ist. Nachdem Talcott Parsons‘ Strukturfunktionalismus lediglich Handlungs- und Gesellschaftssystem unterschieden

T. S. Eberle (✉)
Seminar für Soziologie (HSG-SfS), Universität St. Gallen, St. Gallen, Schweiz
E-Mail: thomas.eberle@unisg.ch

K. Lenz und R. Hettlage (Hrsg.), *Goffman-Handbuch,* https://doi.org/10.1007/978-3-476-05871-3_67

hatte, wies Niklas Luhmann dem Organisationssystem einen systematischen Platz als Systemebene zwischen Interaktions- und Gesellschaftssystem zu. Dies blieb nicht ohne Einfluss, vor allem im deutschen Sprachraum und vorab unter Systemtheoretiker/innen. Nur wenige Universitäten haben jedoch Lehrstühle geschaffen, die spezifisch der Organisationssoziologie gewidmet sind. Auch in der Deutschen Gesellschaft für Soziologie (DGS) hat sich erst 2011 eine entsprechende Sektion gebildet. Immerhin sind in den letzten zwei Jahrzehnten einige deutschsprachige Lehrbücher erschienen, die von Organisationssoziolog/innen geschrieben wurden, während Bücher über Organisationstheorien sonst vorwiegend von Betriebswirt/-innen verfasst wurden. In der US-amerikanischen Soziologie ist die Lage nicht wesentlich anders. Entsprechend ihrer pragmatischen Ausrichtung gibt es in der American Sociological Association eine thematisch gemischte Sektion Organizations, Occupations and Work, und Lehrstühle für Organisationssoziologie sind an soziologischen Fakultäten nur wenige zu finden. Weltweit gilt: Die meisten Lehr- und Forschungsstellen für Organisationsforschung finden sich – auch für Soziolog/innen – primär an Business Schools und Wirtschaftsuniversitäten.

Die Rezeption Goffmans in der Organisationsforschung

Durchforstet man die Organisationsforschung im deutschsprachigen Raum, stößt man kaum je auf einen Verweis auf Goffman. Bei betriebswirtschaftlichen Publikationen erstaunt dies nicht besonders, bei soziologischen indes schon. Unter den Büchern über Organisationssoziologie seit 2000 enthalten lediglich deren zwei eine nennenswerte Referenz auf Goffman: Bernhard Miebach (2012) verweist in seiner *Organisationstheorie* auf Goffmans totale Institution sowie das Rahmenkonzept, und Stefan Kühls *Schlüsselwerke der Organisationssoziologie* (2015) enthält wenigstens ein Kapitel über Goffmans *Asyle.* Dass Goffman derart wenig beachtet wurde, hat mit den hauptsächlichen theoretischen Ausrichtungen der deutschsprachigen Organisationssoziologie zu tun: Interpretative Ansätze sind allgemein marginal geblieben; in der Regel wurden sie als Mikrosoziologie betrachtet, die der Mesoebene der Organisation nicht gerecht wurden (Eberle 2020). Dies in pointiertem Gegensatz zur US-amerikanischen Organisationsforschung, wo interpretative Ansätze dank Gibson Burrell und Gareth Morgan (1979) und Gareth Morgan (1997) seit den 1980er und 1990er Jahren fest etabliert sind. Interessanterweise nahm der Betriebswirt Alfred Kieser in seinen *Organisationstheorien* (1992) ein Kapitel über *Interpretative Ansätze in der Organisationstheorie* auf (geschrieben von Michael Wollnik), das in der 6. Auflage von 2006 mit dem Ko-Herausgeber Mark Ebers gestrichen und in der 7. Auflage 2014 in neuer Form wiederaufgenommen wurde (*Interpretative Theorien,* geschrieben von Elke Weik) – in beiden fehlt jedoch eine Bezugnahme auf Goffman.

Wirft man einen Blick auf die internationale Szene interdisziplinärer Organisationsforschung, so ergibt sich ein anderes Bild: Aus Goffmans Werk wurden viele verschiedene Aspekte aufgegriffen, und es gibt dazu eine reichhaltige Literatur. Allerdings verbreitete sich die Goffman-Rezeption erst, als neue Fachzeitschriften gegründet wurden, die sich erstens von der vorherrschenden Managementperspektive und zweitens von der quantitativen Organisationsforschung verabschiedeten. Im Folgenden konzentriere ich mich auf einige Schwerpunkte der Rezeption:

- Der dramaturgische Ansatz und Techniken des impression managements
- Identität und Stigma
- Totale Institution
- Rahmenanalyse

Der dramaturgische Ansatz

Der dramaturgische Ansatz Goffmans wurde in der Organisationsforschung als Erstes aufgegriffen, vor allem der Begriff des Eindrucksmanagements. Robert A. Giacalone und Paul Rosenfeld (1989) präsentieren in ihrem Buch

Impression Management in Organizations eine Sammlung entsprechender Studien, die sie nach ihrer Provenienz (Sozialpsychologie oder Managementforschung) ordnen, aber auch nach Untersuchungsbereichen (Selektion und Eintritt in die Organisation, Vorgesetzten-Mitarbeitenden-Beziehung, Leadership sowie abweichendes Verhalten). Die Herausgeber erkennen Goffman als bahnbrechenden Urheber (PS2) an, betonen aber gleichzeitig, dass sich die *impression management theory* (mit dem Kürzel „IM-Theory") seither eigenständig weiterentwickelt habe. In der Tat wurden Goffmans Ausführungen in die Begrifflichkeit der damaligen Sozialpsychologie übersetzt und damit aus ihrem interaktionistischen Kontext herausgelöst: Da gibt es nun Akteur/innen mit Persönlichkeitsmerkmalen, ein Publikum mit charakteristischen Eigenschaften, typische IM-Strategien sowie verschiedene Umweltfaktoren; Interaktionen werden zu Reiz-Reaktionsketten, und alles kann in einem Schema als untereinander in Zusammenhang stehend grafisch dargestellt werden, wie William Gardner und Mark J. Matinko (1988) anschaulich demonstrieren. 20 Jahre später erstellen Mark C. Bolino, Michele K. Kacmar, William H. Turnley u. a. (2008) eine Sammelrezension der IM-Literatur seit 1988 – Goffman wird darin überhaupt nicht mehr erwähnt, wie auch in der neueren Literatur seither nicht mehr.

Goffmans dramaturgischer Ansatz erschöpft sich allerdings nicht in Techniken der Informationskontrolle und Eindrucksmanipulation, sondern thematisiert auch das Ensemble, das Publikum, Vorder- und Hinterbühnen, Kulissen und Requisiten, usw. (s. Kap. 24 und 37). Auch die *Theater-Metapher* als Ganzes hat Eingang in die Organisationsliteratur gefunden. Einen guten Überblick über die einschlägige Literatur bieten David M. Boje, John T. Luhman und Ann l. Cunliffe (2003). Dabei stellen sie Goffmans metaphorischen Ansatz „Organisation ist wie Theater" jenem von Kenneth Burke gegenüber („Organisation ist Theater"). Bezugnehmend auf die *Rahmen-Analyse,* wo Goffman Unterschiede zwischen realem Theater und Alltagsleben herausarbeitet, kritisieren sie, Goffman sei zu wenig dramaturgisch, weil er sich mit klassischen Aufführungen statt mit kreativen Dramen befasse und übersehe, wie dramatisch das wirkliche Leben sei. Burke analysiere demgegenüber real vorkommende Sprechakte und habe erkannt, wie stark ritualisiert und mit durchdachten Skripts durchsetzt das *corporate life* sei. Die Lösung zwischen diesen beiden Ansätzen, welche die Theaterthematik in der Organisationsliteratur prägen, liegt nach Ansicht der Autoren in einer dialektischen Perspektive: Organisationales Leben ist beides, es ist wie Theater, aber es ist auch Theater.

Einen weiteren Überblick über einschlägige Studien bieten Georg Schreyögg und Heather Höpfl (2004) in ihrem Special issue *Theatre and Organization.* Sie gruppieren sie in drei unterschiedliche thematische Schwerpunkte:

- Organisationen als Theater und Schauspiel in einem metaphorischen Sinn;
- Theatertechniken in Arbeitssettings;
- Organisationales Theater, d. h. maßgeschneiderte Theaterstücke für Organisationen, beispielsweise um Mitarbeitende zu überzeugen, ihre Einstellungen und ihr Verhalten zu ändern, oder um neue Verhaltensweisen einzuüben.

Fundamental neue Aspekte sind seither nicht hinzugekommen. Dramaturgische Ansätze nehmen in der Organisations- und Managementforschung einen festen Platz ein, und es finden sich auch in jüngster Zeit Studien, die explizit mit Goffmans Ansatz arbeiten.

Identität und Stigma

Die Rezeption von Goffmans Überlegungen zur Identität (s. Kap. 31) erfolgten in der Organisationsforschung auf zwei Schienen: Erstens in Form von „identity work", zweitens in Zusammenhang mit „organizational identity". Das Thema „Identitätsarbeit" hat sich im Bereich *Organizational behavior* wie die IM-Theorie verselbstständigt und von Goffman abgekoppelt – ein Überblick über den aktuellen

Forschungsstand von Brianna Barker Caza, Heather Vough und Harshad Puranik (2018) gesteht Goffman keinerlei aktuelle Relevanz mehr zu. Die zweite Rezeptionsschiene entstand, nachdem im Anschluss an die in den 1980er Jahren entbrannte Debatte über „Organisationskulturen" die Frage nach der „organisationalen Identität" aufkeimte. Um dieses Konzept zu entwickeln, griff man auf die Identitätstheorien von Charles H. Cooley, George H. Mead und Goffman zurück. Die Grundidee war, dass nicht nur Individuen, sondern auch Organisationen eine Identität haben, die sie kommunizieren und aufrechterhalten, aber auch laufend anpassen. Auch bei Organisationen gibt es Selbstbilder und Fremdbilder, und auch Organisationen versuchen, sich gegenüber Mitarbeitenden wie Außenstehenden in einem möglichst guten Licht zu präsentieren. Bald gerieten die zahlreichen Diskurse und Narrationen in den Blick, in denen die Identität von Organisationen dargestellt und geformt wird. Einen guten Überblick über die Genese des Konzepts und den damaligen Stand der Diskussion gibt der erste Sammelband zum Thema von Mary Jo Hatch und Majken Schultz (2004). Seither sind zahlreiche weitere Artikel und Bücher zu „organizational identity" erschienen, und auch hier rückte Goffman zunehmend in den Hintergrund.

Anhaltende Relevanz genießt indes Goffmans Studie zum Umgang mit „Stigmatisierung", also beschädigter Identität (St_{dt}; s. Kap. 30). Ramona L. Paetzold, Robert L. Dipboye und Kimberly D. Elsbach (2008) konstatieren, dass es in der Organisationsforschung noch wenige Studien über Stigmatisierung gibt und betreuen dazu ein „Special topic forum" in der renommierten *Academy of Management Review*. Dabei thematisieren sie Stigmatisierung auf der individuellen wie auf der organisationalen Ebene. Auf der individuellen Ebene geht es um Goffmans Frage, wie die von einem Makel Betroffenen in einer Organisation mit dem Stigma umgehen, ob sie beispielsweise einen unsichtbaren Makel wie eine abweichende sexuelle Orientierung am Arbeitsplatz verschweigen oder ein *coming out* wagen wollen. Dabei wird immer auch die Organisationskultur thematisiert, die das entsprechende Stigma inkorporiert oder toleriert, wobei neuere Forschungen zeigen, dass es bezüglich Stigmatisierungen auch hybride Organisationskulturen gibt. Analog zu Individuen können aber auch Organisationen selbst stigmatisiert werden, und gewisse Stakeholders können diesbezüglich ziemlich mächtig sein. Cynthia E. Devers, Todd Dewett, Yuri Msihina u. a. (2009) legen dazu eine häufig zitierte „A General Theory of Organizational Stigma" vor, in welcher die Thematik systematisiert wird und Forschungslücken aufgezeigt werden. Es zeigt sich, dass Stigmatisierungen nicht nur negative, sondern auch positive Seiten haben können, wenn beispielsweise die (verqueren) Werthaltungen der Stigmatisierenden gebrandmarkt werden und damit ein sozialer Wandel in Gang gesetzt wird. Stigma-Management wird damit zur Managementaufgabe und der gewiefte Umgang mit Skandalen zur Aufgabe professioneller Unternehmenskommunikation. Tommy Jensen und Johan Sandström (2015) werten dies allerdings auch als Verengung des Blickwinkels, empfehlen einen erneuten Rückgriff auf Goffman und verorten organisationales Stigma in der Interaktionsordnung: Unabhängig von der offiziellen PR-Kommunikation setzen sich die Mitarbeitenden auch selbst mit der ethischen Frage auseinander, ob die Stigmatisierung ihrer Organisation zu Recht oder zu Unrecht erfolgt und ob sie persönlich noch länger mit ihr identifiziert werden oder lieber kündigen wollen.

Totale Institution

Merkwürdigerweise wurden in der Organisationsforschung ausgerechnet jene Schriften Goffmans, die sich am intensivsten mit Organisation befassen und die in der Allgemeinen Soziologie breit diskutiert wurden, erst spät rezipiert: *Asyle* und das Konzept der totalen Institution (s. Kap. 34 und 38). In einem Aufsatz mit dem provokativen Titel „Why is organization theory so ignorant?" weist Stewart Clegg (2006) auf die Vernachlässigung totaler Institutionen hin. Er führt diese Ignoranz auf die Professionalisierung der Organisationstheorie als eigenständige Disziplin zurück. Da sich diese primär an Business Schools etablierte, war sie vorwiegend an Organisationen der Wirtschaftswelt sowie an Management- und Steuerungsfragen interessiert. Und da es ihr vor allem um das Design von Organisationen ging, hatte sie eine Präferenz für institutionalistische, strukturtheoretische und systemtheoretische Ansätze. Von ethnographischen Methoden hielt sie sich fern, und die Grunddisziplinen Soziologie und Anthropologie wurden lange marginalisiert. So hat es die Organisationstheorie beispielsweise verpasst, die Rolle von Organisationen zu thematisieren, die in menschliche Verbrechen involviert waren – trotz ihrer enormen gesellschaftlichen und historischen Bedeutung. Die Werkzeuge dazu standen, so Clegg, schon seit längerem zur Verfügung: Goffmans Konzept der totalen Institution, Michel Foucault disziplinarische Mechanismen und Zygmunt Baumans Studie zum Holocaust. Goffman hatte vieles von dem, was Foucault später publizierte, schon vorweggenommen, und indem er konkrete Handlungen untersuchte, waren seine Analysen exakter. Organisationssoziologisch sind beispielsweise die Konzentrationslager der Nazis ein Paradebeispiel einer totalen Institution und als Forschungsgegenstand interessant: Die effiziente Verfrachtung von Millionen stigmatisierter Menschen und deren Tötung in den KZs war jedenfalls, so Clegg, eine enorme organisatorische Leistung. Dabei sei gar nicht so klar, wer das eigentlich überhaupt angeordnet habe. Die Organisationstheorie sei geschichtsblind, moniert Clegg. Doch in einer Zeit, in der Abu Ghraib und Guantanamo Bay wieder Teil des öffentlichen politischen Apparats geworden sind, wäre es doch höchste Zeit für die Organisationsforschung, sich mit totalitären Institutionen zu befassen. Clegg untersuchte später, wie jene Organisation funktionierte, die in Kambodscha den Genozid vollzog (das S-21 Vernichtungslager). Er weist jedoch auch darauf hin, dass man aus Goffmans Studien viel für andere Organisationstypen lernen kann: Goffman zeige an einem extremen Beispiel Alltagsmechanismen von Autorität und Macht auf, die auch in normalen Organisationen wirken, dort aber weniger evident sind, wie etwa Mitglieder einzuschließen, Außenstehende draußen zu behalten und die Realität der Situation systematisch falsch darzustellen.

Diesen Faden nimmt Ulrike Froschauer (2008) auf, eine der wenigen Repräsentant/innen einer interpretativen Organisationsforschung im deutschsprachigen Raum. In einem Themenheft, in dem sich Historiker/innen der Neuzeit mit „totalen Institutionen" wie Klöstern, Kasernen, Zucht- und Arbeitshäusern, Waisenhäusern, Internaten, Irrenanstalten, und Kriegsgefangenenlagern beschäftigen, gibt sie ihrem Erstaunen darüber Ausdruck, dass Goffmans Untersuchungen in der Organisationsliteratur kaum je rezipiert wurden. Dies sei umso erstaunlicher, als Goffmans Arbeiten zur totalen Institution doch einen wichtigen Beitrag zur organisationstheoretischen Forschung leisteten. So stellt er eine Reihe von Schlüsselfragen, die für jede Organisation relevant sind, wie etwa die Frage der Einführung neuer Mitglieder in eine Organisation, die Frage der Abgrenzung der Organisation und ihrer Mitglieder zu ihrer Umwelt, die Frage der Entwicklung und Absicherung der personalen Identität oder die Frage der symbolischen Bedeutung institutioneller Praktiken. Auch die neuere Organisationsliteratur, so Froschauer, vernachlässigt nach wie vor die organisationale Sozialisation, wie auch die Analyse des Verhältnisses von jüngeren und älteren Organisationsmitgliedern und ihres Verhaltens im Zuge organisationaler Umbruchsphasen. Goffman zeichnet demgegenüber ein differenziertes Bild des Arrangements der Mitglieder mit ihrer Organisation. Sekundäre Anpassung, also die Unterwanderung organisationaler Restriktionen durch Handlungen, die eigentlich verboten sind, aber trotzdem ausgeführt werden (s. Kap. 27), sind eine Weise, mit Entfremdung umzugehen. Sie kann als Bollwerk des Selbst fungieren, besonders bei unfreiwilliger Mitgliedschaft in einer Organisation, indem eine Art Parallelwelt geschaffen wird. Diese Überlegungen gelten für sämtliche Organisationen, in denen die offiziellen Vereinbarungen und die stillschweigenden Annahmen der Beteiligten darüber, was sie sich wechselseitig schulden oder eben nicht, auseinanderklaffen. Solche Arten von Unterleben findet man in jeder Organisation. Goffman zeigt auch die vielfältigen Formen institutioneller Praktiken auf, die heute unter dem Titel Organisationskultur abgehandelt werden, was in der betriebswirtschaftlichen Perspektive jedoch meist nur unter dem Aspekt ihrer instrumentellen Verwertbarkeit für organisationale Zwecke betrachtet wird. Seiner Zeit weit voraus, hat Goffman wesentlich zu einer prozessorientierten Organisationsforschung beigetragen.

Im Unterschied zur Organisationsforschung wurde Goffmans Konzept der totalen Institution sowohl in der Allgemeinen Soziologie als auch in anderen Disziplinen diskutiert. Es regte viele weitere Studien in anderen Settings an und lud auch zu Erweiterungen ein. So zeigte beispielsweise Lewis A. Coser ([1974] 2015), dass es auch außerhalb geschlossener Anstalten „gierige Organisationen" gibt, die ihre Mitglieder einer totalitären Kontrolle aussetzen, wie z. B. Sekten und politische Gruppierungen, aber auch Familien gegenüber Hausfrauen und Hausdienern. Das Konzept der totalen Institution zog allerdings auch allerlei Kritik auf sich. Ein erster Einwand weist auf die Heterogenität der Organisationen hin, die Goffman unter dem Begriff subsumiert; so zeigten weitere Studien, dass sich Gefängnisse, Klöster und Kasernen doch auch wesentlich voneinander unterscheiden. Ein zweiter Einwand besagt, Goffman beschreibe einen längst überkommenen Typ psychiatrischer Anstalt, den es in dieser Form heutzutage nirgends mehr gebe. Ein dritter Einwand betrifft die mangelnde analytische Schärfe von Goffmans Analyse. So schlägt Christie Davies (1989) vor, den Grad der Totalität von Institutionen entlang der Dimension ihrer Bürokratisierung und der Dimension ihrer Offenheit vs. Geschlossenheit zu differenzieren; zudem müsste man auch über die offiziellen Zielsetzungen der Institution und die Formen der Zustimmung von Seiten ihrer Mitglieder Rechenschaft ablegen. Ein vierter Einwand schließlich bemängelt, Goffmans ethnographisches Vorgehen sei intransparent. Dem ist nach heutigem Stand der Methodendiskussion in der ethnographischen Forschung zweifellos zuzustimmen (zur Kritik an Goffmans Konzept der totalen Institution: Hettlage 2008 sowie s. Kap. 26).

All diese Kritik belegt letztlich nur, wie fruchtbar Goffmans Konzept und seine empirische Untersuchung dazu waren. Trotzdem wurden sie in der Organisationsforschung weitgehend ignoriert. So beklagt Peter K. Manning (2008), dass sogar in einem Journal wie *Organization Studies,* der sich explizit einer Kontrastkonzeption zum vorherrschenden Mainstream von Funktionalismus, Quantifizierung und Numerologie verschrieben hatte, während der ersten drei Jahrzehnte seines Bestehens Goffman kaum je rezipiert wurde. Manning, der sich sein Leben lang mit Goffman und Ethnomethodologie beschäftigt hat, will in seinem Beitrag vor allem dem Vorurteil, man dürfe Organisationsforschung nicht auf Interaktionsanalyse reduzieren, entgegentreten. Gesellschaft *ist* Interaktion, Organisation *ist* Interaktion. Ansätze, welche Organisationen als ein Set fix vorgegebener Variablen untersuchen, gehen völlig an der Realität vorbei. Ebenso schweben auch viele alternative Ansätze, wie etwa die Narrations- und Textanalysen, über dem Fundament der interaktiven Ordnung. Goffman liegt daher richtig, Organisationsanalysen stets bei situierten Interaktionen anzusetzen und die konkreten Verhaltensweisen („performances") zu untersuchen, in denen Ordnung situativ hergestellt wird. Dabei zeigt sich auch, wie kontingent und fragil diese Ordnungen in Organisationen sind und wie reifizierend die Konstrukte, welche lediglich die formalen Regeln in Betracht ziehen. Goffmans Definition von Organisation sei demgegenüber, so Manning, genial: Eine instrumentelle formale Organisation wird als System zweckmäßig koordinierter Aktivitäten bestimmt, mit denen gewisse Ziele erreicht werden sollen, wobei sich Goffman auf Einheiten in festen Gebäuden beschränkt, die er als soziale Einrichtung, Institution oder Organisation bezeichnet (AS_c, 175 f.; AS_c_{dt}, 173). Das Geniale erblickt Manning darin, dass Goffman nie abstrakt über diese formalen Aspekte spricht, sondern sie immer als in die situierten Interaktionen einer konkreten Organisation eingewoben sieht. Je nach Interaktionssituation treten formale Regeln zeitweise in Erscheinung, dann aber auch wieder nicht. All die offensichtlichen Merkmale einer formalen Organisation – Regeln, Rollen, Beziehungen, Macht- und Autoritätsstrukturen, *mission statements,* strategische Pläne und Ziele – sind nur bedeutungsvoll in und durch Interaktionen, durch welche sie konstituiert werden. Da Goffman von der Gleichheit ebenbürtiger Akteur/-innen in Begegnungen ausgeht, betrachtet er organisationale Regelungen unter dem Aspekt, dass sie die Handlungsfreiheit der Akteur/innen einschränken. Dies gilt grundsätzlich für sämtliche Organisationen, ist in totalen Institutionen aber besonders ausgeprägt.

Howard S. Becker (2003) arbeitet anhand von Goffmans *Asylen* einige methodologische Implikationen heraus, die für die Soziologie wegweisend sind. Goffman vermied es, die Begrifflichkeiten zu verwenden, welche die Angehörigen der untersuchten Organisation verwendeten, sondern versuchte eine neutrale, wissenschaftliche oder „technische" Sprache zu verwenden. So sprach er von „Insassen", nicht von „psychisch Kranken"; von „sekundärer Anpassung", nicht von „verbotenen Tätigkeiten"; oder eben von „totaler Institution", nicht von „psychiatrischer Klinik". Sozialwissenschaftliche Forschende übernehmen viel zu oft, so Becker, die gängigen Terminologien aus dem Forschungsfeld und damit die üblichen moralischen Werthaltungen, wie die Machtperspektive der Herrschenden (z. B. die Arzt/Ärztin- oder Managementperspektive), statt sich um eine neutrale, deskriptive Sprache zu bemühen. Dies gilt in besonderem Maße auch für die Organisationsforschung. Goffmans Idealtyp der totalen Institution kam zustande, indem er verschiedene soziale Einrichtungen miteinander verglich und als gemeinsames Merkmal die „totale Kontrolle" definierte. In dieser Perspektive zeigen sich Gemeinsamkeiten zwischen Klöstern, Gefängnissen, Spitälern, Kasernen usw. Nach gängiger Auffassung jedoch können sich diese gar nicht ähnlich sein, weil sie sich in moralischer Hinsicht fundamental voneinander unterscheiden.

Rahmenanalyse

„Frames" und „framing" sind Begriffe, die sich in der Organisationstheorie weit verbreitet haben, aber meistens abgelöst von Goffmans *Rahmen-Analyse.* Eine Ausnahme bildet der Beitrag *A Golden Braid: Allport, Goffman, Weick,* in dem Barbara Czarniawska (2006) die Bedeutung dieser drei Autoren für die Organisationsforschung erläutert. Floyd Henry Allport war ein einflussreicher Sozialpsychologe, der einen behavioristischen Ansatz vertrat, experimentell forschte und sich vehement gegen soziologische Begrifflichkeiten, wie kollektives Verhalten, Organisation, Institution oder Gesellschaft auflehnte. Um soziale Strukturen zu erklären, entwickelte er eine Ereignis-Struktur-Theorie: Ereignisse verbinden sich zu Strukturen, Untersuchungsgegenstand ist das „structuring" (ähnlich wie in Bruno Latour's Actor-Network-Theory). Ähnlich geht es Goffman nicht um *social order,* sondern um das *ordering* – um das laufende Herstellen eines Zusammenhangs von Interaktionen. Auch die Hauptleistung von Goffmans Rahmenanalyse erblickt Czarniawska darin, dass er den von Bateson übernommenen Rahmenbegriff dynamisierte: *framing* ist die Organisation der Erfahrung als Prozess. Dass Goffmans Rahmenanalyse von der Organisationsforschung nicht rezipiert wurde, liegt ihres Erachtens darin begründet, dass sie einfach zu früh erschienen sei – die Organisationsforschung war noch nicht reif dafür. Dies gelte auch für das Buch *The Social Psychology of Organizing* von Karl Weick (orig. 1969; dt. 1995a), das nicht die Organisation, sondern das Organisieren als Prozess ins Zentrum stellte und erst nach der zweiten Auflage 1979 zu einem Bestseller wurde (orig. 1969; dt.: 1995a). Die Prozessperspektive verbindet die drei Autoren. Mit Allport teilt Weick das Interesse an kybernetischen Vernetzungen, mit Goffman den Fokus auf das *ordering* sowie das Talent, Anekdoten als Belege zu verwenden. In *Sensemaking in Organizations* greift Weick (1995b, 110) auch explizit auf Goffmans Rahmenanalyse zurück: „sensemaking starts with three elements: a frame, a cue, and a connection“. Beeinflusst von der Linguistik, setzt er Rahmen mit Vokabularien gleich und unterscheidet sechs Typen: Vokabularien der Gesellschaft (Ideologien), der Organisation (welche Nicht-Routinearbeiten Struktur geben), der Arbeit (Paradigmen), der Bewältigung (Handlungstheorien), der Vorgänger (Tradition) sowie der Vokabularien von Reihenfolge und Erfahrung (Geschichten). Für das *Sensemaking* müssen sie immer mit „cues“ verbunden werden: allein machen Rahmen keinen Sinn.

In einem hervorragenden Überblick über die Verwendung des Rahmen- und Rahmungs-Konzepts in der Management- und Organisationsliteratur stellen Joep P. Cornelissen und Mirjam D. Werner (2014) fest, dass die ubiquitäre Verwendung dieses Konzepts auch ihren Preis hat, nämlich unterschiedliche Definitionen in separat verlaufenden theoretischen Verwendungskontexten. Sie ordnen die relevante Literatur nach Mikro-, Meso- und Makro-Ebene und thematischen Forschungsschwerpunkten. Auf der Mikro-Ebene verorten sie die kognitionspsychologischen Ansätze, die sich mit kognitiven Rahmen und Bezugsrahmen von Individuen befassen und sich vor allem für *priming*-Effekte interessieren, also für die Frage, wie Rahmen Gedächtnisassoziationen hervorrufen, welche die Entscheidungsbildung sowie soziale Beurteilungen (oft unbewusst) beeinflussen. Auf der Meso-Ebene geht es um die interaktive Konstruktion und Aushandlung von Sinn in organisationalen Kontexten. Eine reichhaltige Literatur in vielen verschiedenen empirischen Feldern befasst sich mit strategischen Rahmungen, technologischen Rahmungen und kollektiven Handlungsrahmen, wobei die Tendenz besteht, sich vorwiegend auf die organisationalen Folgen bestimmter Rahmungen (bezüglich Fähigkeitsentwicklung, Technikanwendungen oder Mobilisierung) zu konzentrieren, also mehr auf die Ergebnisse als auf den Prozess (selbst beim *Reframing* für Organizational Change). Rahmungen auf der Makro-Ebene werden von der neo-institutionalistischen Theorie verwendet, welche Organisationen und deren Logik im Kontext ihrer institutionellen Umwelt erforscht. Dabei werden auch widersprechende Rahmungen und Angleichungen von Rahmen untersucht. Indem Rahmen als virtuelle Bedeutungsstrukturen definiert werden, die in alltäglichen Interaktionen gegenwärtig sind und nicht separat von solchen lokalen Kontexten erforscht werden können, werden Makro- und Mikro-Ebene miteinander integriert. Cornelissen/Werner schlagen vor, Rahmungen auf der Ebene von Interaktionsprozessen zu erforschen, was in der Organisationsforschung nach wie vor selten gemacht werde. Methodologisch impliziere dies, nicht mehr auf Wörter zählende Inhaltsanalysen zu setzen, sondern auf ethnographische Methoden und Interaktionsanalysen. Dazu hatte Goffman bereits 40 Jahre früher den Weg gewiesen.

Resümee

Die zögerliche Rezeption von Goffman in der Organisationsforschung ist nicht allein auf Ignoranz (Clegg 2006) zurückzuführen, sondern hat auch achtenswerte Gründe. Die soziologische Forschung untersucht Organisationen, die schon existieren und (mehr oder weniger) funktionieren, und interessiert sich dann beispielsweise für die Mechanismen sozialer Kontrolle und die Parallelwelten des Unterlebens. Die Organisations- und Managementforschung dagegen beschäftigt sich traditionell mit der Frage, wie menschliche Arbeitsabläufe mit hoher Arbeitsteilung so koordiniert und organisiert werden können, dass am Schluss ein qualitativ hochwertiges Produkt herauskommt, sei es ein Auto, ein Handy oder eine Dienstleistung. Dazu genügt es nicht, vorhandene Interaktionsordnungen zu untersuchen, sondern sie muss Organisationen auch als Ganzes durchdenken und gestalten. Und da Organisationen mindestens kostendeckend aber besser profitabel arbeiten sollen, fokussieren sie sich gerne auf die Kernfragen Effizienz *(doing things right)* und Effektivität *(doing the right things)*, die es wo immer möglich zu steigern gilt.

Goffman stellt demgegenüber ganz andere Fragen. Indem er organisationale Regelungen als Einschränkungen der Handlungsfreiheit betrachtet, haben diese von Anfang an eine negative Konnotation. Ähnlich hat Ralf Dahrendorf in seinem *homo sociologicus* die Gesellschaft als ärgerliche Tatsache und die Rollenerwartungen als Einschränkung der Freiheit des Einzelnen betrachtet, dies aber später als „Jugendsünde" bezeichnet. Denn Rollen wie auch Organisationen schränken nicht nur ein, sondern sie bieten auch Handlungs- und Entfaltungsoptionen. Dies gilt selbstverständlich umso mehr, je weniger die Organisation den Charakter einer totalen Institution hat, je weniger engmaschig also das System sozialer Kontrolle ist. Aber selbst bei totalen Institutionen zeichnet ein einseitiges Bild, wer sich nur auf den Aspekt sozialer Kontrolle beschränkt. Im Unterschied zu Gefängnisinsass/innen haben sich beispielsweise Nonnen und Mönche freiwillig dem strengen Regime des Klosterlebens unterworfen und identifizieren sich damit. Gleichzeitig genießen sie zahlreiche Entfaltungsmöglichkeiten, und oft empfinden sie die organisationalen Regelungen nicht als Einschränkung, sondern als Stütze in ihrem Alltagsleben (Eberle/Soegtrop 2019).

Goffman war seiner Zeit voraus, die Organisationsforschung wurde erst Jahrzehnte später reif für die Rezeption seines Werks. Die Sozialpsychologie hat zwar Goffmans Konzepte des „impression managements" und des „identity works" aufgegriffen und zu eigenständigen Theorien ausgebaut, der Urheber hat darin aber nur noch eine historische Bedeutung. Auch das Rahmungskonzept ist inzwischen weitverbreitet, aber selten in Form von Goffmans Rahmenanalyse. Eine besondere Stellung nimmt Goffmans Studie zur Stigmatisierung ein – das Thema genießt gegenwärtig und wohl auch in naher Zukunft eine besondere Aktualität.

Auch Goffmans Konzept der totalen Institution erfährt vermehrt Aufmerksamkeit. So gibt es inzwischen nicht nur Studien über Gefängnisse, Militärlager, psychiatrische Kliniken und Sport-Akademien, sondern auch Untersuchungen privatwirtschaftlicher Unternehmungen. Mittlerweile werden selbst in *Business Journals* Merkmale totaler Institutionen etwa bei der taiwanesischen Firma Foxconn oder dem deutschen Detailhändler Lidl beobachtet. Befördert wurde diese Entwicklung durch die *Critical Management Studies (CMS)*, die in der Kritischen Theorie wurzeln und das Feld der Organisationsforschung thematisch und konzeptionell beträchtlich erweitert haben.

Das Potential von Goffmans Werk für die Organisationsforschung ist allerdings noch längst nicht ausgeschöpft. Wie ich kürzlich für den Bereich Organisationsentwicklung erläuterte, wäre schon viel gewonnen, wenn in Bezug auf *organizational change* weniger eine psychologische und psychotherapeutische, sondern mehr eine soziologische Perspektive eingenommen würde (Eberle 2018). Denn organisationales Handeln findet stets in konkreten sozialen Situationen statt, und organisationale Praktiken sind immer in lokalen Kontexten situiert. Werden z. B. Rahmen lediglich als kognitive Konzepte betrachtet und ihre Verankerung in der konkreten Interaktionspraxis übersehen, laufen „reframings" und Change-Projekte Gefahr, zu Oberflächenretuschen zu verkommen, während die herkömmliche Interaktionspraxis unbeirrt weiterläuft, womöglich verschoben ins Unterleben der Organisation. Dieses Unterleben und die konkrete Interaktionspraxis zu kennen, ist für den Erfolg von Veränderungsprojekten fundamental, und dazu eignet sich, obwohl aufwendig, am besten ein ethnographischer Ansatz.

Nachdem inzwischen ein Großteil der Organisationsforschung Weicks (1995a) Diktum gefolgt ist, sich nicht auf Organisationen, sondern aufs *organizing* zu konzentrieren, ist die Affinität zu Goffmans Prozessperspektive allgemein größer geworden. Somit sind auch die Chancen für eine weitere Rezeption Goffmans gestiegen. Diese wird aber immer weniger in Form einer systematischen Werk-Exegese erfolgen, sondern unter dem Gesichtspunkt, ob sich sein Ansatz, seine Konzepte und seine Ideen in einem konkreten empirischen Kontext dazu eignen, fruchtbar weiterentwickelt zu werden. Denn mehr als andere Gebiete der Sozialwissenschaften ist die Organisationsforschung weniger getragen von Tradition als vielmehr von einem besonderen Drang nach Kreativität und Innovation.

Literatur

Barker Caza, Brianna/Vough, Heather/Puranik, Harshad: Identity work in organizations and occupations: Definitions, theories, and pathways forward. In: Journal of Organizational Behavior 39 (2018), 889–910.

Becker, Howard S.: The politics of presentation: Goffman and total institutions. In: Symbolic Interaction 26/4 (2003), 659–669.

Boje, David M./ Luhman, John T./Cunliffe, Ann L.: A dialectic perspective on the organization theatre metaphor. In: American Communication Journal 6/2 (2003), o. S.

Bolino, Mark C./Kacmar, Michele K./Turnley, William H./Gilstrap, Bruce J.: A multi-level review of impression management motives and behaviors. In: Journal of Management 34/6 (2008), 1080–1109.

Burrell, Gibson/Morgan, Gareth: Sociological paradigms and organisational analysis. London 1979.

Clegg, Stewart: Why is organization theory so ignorant? The neglect of total institutions. In: Journal of Management Inquiry 15/4 (2006), 426–430.

Cornelissen, Joep P./Werner, Mirjam D.: Putting framing in perspective: A review of framing and frame analysis across the management and organizational literature. In: The Academy of Management Annals 8/1 (2014), 181–235.

Coser, Lewis A.: Gierige Institutionen. Soziologische Studien über totales Engagement. Frankfurt/Main 2015 (orig.: Greedy institutions. Patterns of undivided commitment. New York 1974).

Czarniawska, Barbara: A golden braid: Allport, Goffman, Weick. In: Organization Studies 27/11 (2006), 1661–1674.

Davies, Christie: Goffman's concept of the total institution: Criticisms and revisions. In: Human Studies 12 (1989), 77–95.

Devers, Cynthia E./Dewett, Todd/Msihina, Yuri/Belsito, Carrie A.: A general theory of organizational stigma. In: Organization Science 20/1 (2009), 154–171.

Eberle, Thomas S.: Klassiker der Organisationsforschung (28): Erving Goffman. Was geht hier eigentlich vor? In: ZOE (OrganisationsEntwicklung. Zeitschrift für Unternehmensentwicklung und Change Management) 37/2 (2018), 92–98.

Eberle, Thomas S.: Interpretative Organisationsanalyse. In: Michaela Pfadenhauer/Elisabeth Scheibelhofer (Hg.): Interpretative Sozial- und Organisationsforschung: Methodologie und Methoden, Ansätze und Anwendung in Wien. Weinheim, Basel 2020, 212–229.

Eberle, Thomas S./Soegtrop, Ulrike: Can monasteries learn from modern organizational theory? In: Günter Müller-Stewens/Notker Wolf (Hg.): Leadership in the context of religious institutions. The case of Benedictine Monasteries. Berlin 2019, 73–92.

Froschauer, Ulrike: Erving Goffmans „Totale Institutionen" und die Organisationsforschung. In: Martin Scheutz (Hg.): Totale Institutionen. Wiener Zeitschrift zur Geschichte der Neuzeit 8/1 (2008), 150–155.

Gardner, William L./Matinko, Mark J.: Impression management in organizations. In: Journal of Management 14/2 (1988), 321–338.

Giacalone, Robert A./Rosenfeld, Paul: Impression management in the organization. Hillsdale, N.J. 1989.

Hatch, Mary Jo/Schultz, Majken (Hg.): Organizational Identity. Oxford 2004.

Hettlage, Robert: Totale Institutionen. Organisationsanalyse und Gesellschaftsperspektive. In: Herbert Willems (Hg.): Lehr(er)buch Soziologie. Wiesbaden 2008, 253–268.

Jensen, Tommy/Sandström, Johan: Normal deviants and Erving Goffman: Extending the literature on organizational stigma. In: Nordic journal of working life studies 5/4 (2015), 125–142.

Kieser, Alfred (Hg.): Organisationstheorien. Stuttgart 1992.

Kühl, Stefan (Hg.): Schlüsselwerke der Organisationsforschung, Wiesbaden 2015.

Manning, Peter K: Goffman on organizations. In: Organization Studies 29/5 (2008), 677–699.

Miebach, Bernhard: Organisationstheorie. Wiesbaden ²2012.

Morgan, Gareth: Images of organization. Thousand Oaks, London, New Delhi ²1997.

Paetzold, Ramona L./Dipboye, Robert L./Elsbach, Kimberly D.: A new look at stigmatisation in and of organizations. In: Academy of Management Review 33/1 (2008), 186–193.

Schreyögg, Georg/Höpfl, Heather: Theatre and organization: Editorial introduction. In: Organization Studies 25/5 (2004), 691–704.

Weick, Karl E.: Der Prozess des Organisierens. Frankfurt/Main 1995a (engl.: The social psychology of organizing. New York ¹1969; ²1979).

Weick, Karl E.: Sensemaking in organizations. Thousand Oaks 1995b.

Linguistik

68

Helga Kotthoff

Erving Goffmans Arbeiten waren vor allem in vier Bereichen für die Linguistik folgenreich. Der erste betrifft Analysen von „face-work“. Ausgehend von Émile Durkheims und Alfred Radcliffe-Browns Herangehensweisen an die symbolische Bedeutung jeglicher sozialer Praxis und die Folgen dessen für die Gemeinschaft, entwickelte Goffman einen Beschreibungsapparat für den rituellen Umgang miteinander in der säkularisierten Welt, in der trotzdem „Ehrerbietug und Benehmen“ (NDD; auch IR_b; IR_b_{dt}) das zeremonielle Leben miteinander regeln. Er beschrieb symmetrische Höflichkeitsregeln, wie etwa das Verbot sich gegenseitig zu bestehlen (Benehmen), und asymmetrische, wie bestimmte Aufstehverpflichtungen (Ehrerbietung). Schon 1955 hatte er in *On face-work* (FAW; auch IR_a; IR_a_{dt}) veranschaulicht, dass das Individuum bestimmte Ansprüche und Anforderungen an Interaktionen verinnerlicht hat und mehr oder weniger in der Interaktion erfüllt, deren Verletzungen nicht folgenlos bleiben: Diese Herangehensweise hat die linguistische Pragmatik (zwar mit Modifikationen) stark inspiriert.

Zweitens hat Goffman die rahmenkonstituierende Funktion der sozialen Situation herausgearbeitet (FA). Typische Abläufe sind antizipierbar und ereignen sich auf verschiedenen Ebenen, deren Kohärenz oder Wechsel non-, para- oder metasprachlich indiziert werden kann. Anders als semantische Rahmentheorien, die oft lexikbasiert vorgehen, steht hier die Verknüpfung eines kognitiven ‚Frame‘ und situativer Elemente im Vordergrund, die in verschiedenen Modalitäten realisiert werden können (z. B. Spaß, Ernst, Zufall, Notwendigkeit). Diese bezeichnete er als „keyings“ („Modulationen“).

Drittens war Goffmans in seinem Kapitel *Footing* (Foo, auch FT_c; FT_a_{dt}) vorgenommene Differenzierung innerhalb von Sprecher- und Hörerrollen auch in der Linguistik sehr einflussreich. Man kann Animator/in von Äußerungen sein, ohne streng genommen als ihr/e Urheber/in („author“) zu gelten. Das ist üblicherweise bei Redewiedergaben der Fall. Außerdem ist der Prinzipal („principal“) jemand, dessen Worte für das Gegenüber qua Position verbindlich sind. Diese Konzepte von Animator/in, Urheber/in und Prinzipal können zusammengenommen Hinweise geben auf das Produktionsformat („production format“) einer Äußerung. Ebenso können wir einer Konversation folgen, ohne offizielle/r Zuhörer/in („bystander“) zu sein. Diese Unterscheidung von mehr oder weniger adressierten Rezipient/innen hilft, viele Besonderheiten von Interaktionen zu verstehen.

Der vierte Bereich liegt in der semiotischen Analyse von *Arrangements der Geschlechter* (ABS). Hier sieht Goffman, wie für Frauen

H. Kotthoff (✉)
Universität Freiburg, Deutschland
E-Mail: helga.kotthoff@germanistik.uni-freiburg.de

K. Lenz und R. Hettlage (Hrsg.), *Goffman-Handbuch*, https://doi.org/10.1007/978-3-476-05871-3_68

und Männer unterschiedliche Orte in der sozialen Ordnung institutionalisiert werden, die naturalisieren und ritualisieren, dass Männer einerseits mit Grobheit, andererseits mit Macht und Einfluss assoziiert werden und Frauen mit Sanftheit, Anziehungskraft und niedrigem Rang (Knoblauch 1994). Goffman hat mit *Gender Advertisements* (GA) eine grundlegende Studie zur Anzeigenwerbung durchgeführt und deren Geschlechterbilder als Hyper-Ritualisierungen gefasst. Den ritualisierten Ausdrucksformen, welche im Alltag schon als Geschlechterglaubensvorstellungen vorhanden sind, wird stilistisch gehuldigt, aber sie können auch unterlaufen werden; in der Werbung werden sie hyperritualisiert. Im Buch *Gender Advertisements* zeigt Goffman anhand von Bildwerbung, wie normativ und asymmetrisch die Geschlechterglaubensvorstellungen sind, welche sie vermittelt.

Linguistische Analysen von Face-work

Das Selbst bedarf einer kohärenten Inszenierung, die von anderen mehr oder weniger bestätigt wird. „Face" betrifft bei Goffman eine rituelle Ausstattung mit moralischen Implikationen (s. Kap. 23). Obwohl Goffman selbst sein Face-Konzept über den Aufsatz (FaW) und die spätere Publikation im Buch *Interaction Ritual* (IR; IR_{dt}) nicht weiter ausgebaut hat (Auer 2013, 153 ff.), fußten die Anthropologin Penelope Brown und der Linguist Stephen Levinson ihr Modell von „politeness" (1978), das von positiven und negativen „face-wants" (Gesichts-Bedürfnissen) ausgeht, darauf, dass jeder Mensch mit zwei grundsätzlichen Bedürfnissen ausgestattet sei, „the want to be unimpeded and the want to be approved" (Brown/Levinson 1978, 63).

Nach Goffman richtet sich Verhalten an diesen menschlichen Grundbedürfnissen aus. Brown/Levinson systematisieren, wie Sprachgebrauch als Handeln in sozialen Beziehungen diesen beiden „face-wants" gerecht werden muss und sehen das grundsätzliche Vorkommen eines Repertoires an diesbezüglichen Kommunikationsstrategien als universell an.

Vom negativen Gesicht leiten sie alle Formen der sprachlichen Indirektheit ab und alle Höflichkeitsformen von „non-imposition" (1978, 66). Handlungen, die den Handlungsspielraum des Hörers/der Hörerin behindern, wie z. B. Drohungen, Aufforderungen und Befehle, können durch zahlreiche Modalisierungsstrategien abgemildert werden, die für verschiedene Einzelsprachen beschrieben wurden. Das eigene negative „face" (im Deutschen oft mit „Image" übersetzt, Kritik daran bei Auer 2013, 155) kann sich z. B. durch Danksagungen, Entschuldigungen oder Verpflichtungen bedroht fühlen. Negative Höflichkeit ist typisch für Distanzbeziehungen.

> „The outputs are in all forms useful in general for social distancing (just as positive politeness realizations are forms for minimizing social distance); they are therefore likely to be used whenever a speaker wants to put a social brake on to the course of his interaction" (Brown/Levinson 1987, 130).

Ihr langer Aufsatz von 1978 wurde 1987 als Buch publiziert und mit einem ausführlichen Vorwort versehen.

Das positive Image ist hingegen dasjenige, welches eine Person an Bestätigung, Verständnis, Sympathie und Liebesbekundung von einer anderen Person erhält und an sie gibt. Brown/Levinson schreiben, dass es in vertrauten Beziehungen mehr Aktivitäten der positiven Höflichkeit gebe. Positive Höflichkeit schaffe Solidarität und Vertrautheit. Hohe Vertrautheitsgrade könnten signalisiert werden über eine Zurücknahme von negativer Höflichkeit und eine Zunahme an Strategien positiver Höflichkeit und könnten auch so hergestellt werden. Durch Kritik und Beschwerde kann ich das positive Gesicht meines Gegenübers angreifen, durch Grüßen, Komplimente, Scherzen und Anrede mit Spitznamen kann ich es bestätigen. Allerdings liegt vor allem innerhalb des Spektrums der positiven Höflichkeit ein erheblicher Spielraum. Ausgedehnte Grußrituale leisten eine erheblich andere Beziehungsgestaltung als Anreden mit möglicherweise despektierlichen Spitznamen (Kotthoff 1996). Auch bei Komplimenten spielen Bezugspunkte und Stilebenen eine Rolle.

Brown/Levinson (1987, 69) entwickeln eine Taxonomie für die Ausführung potentiell imagebedrohlicher Sprechaktivitäten. Die erste Handlungsalternative eines/einer Sprechers/Sprecherin besteht darin, die imagebedrohliche Sprechhandlung auszuführen oder zu unterlassen. Hat man sich für die Ausführung entschieden, kann weiter alterniert werden, ob man sie „on record" oder „off record" (unverblümt oder verklausuliert/indirekt) ausführt. „Off record"-Strategien verlangen komplexe Implikaturen, da ihnen keine klare Intention zugeordnet werden kann (ebd. 1987, 211). Indirektheit sei die wichtigste „off record"-Strategie der Höflichkeit. (In der Forschung konnte gezeigt werden, dass Indirektheit insgesamt gar nicht so unmittelbar mit Höflichkeit zusammenhängt, wie Brown/Levinson meinten. Z. B. Held 1995). Die Sprecherin lässt sich die Möglichkeit defensiver Interpretationen offen. Wird die Sprechaktivität „on record" realisiert, so kann dies ohne „redress" (Abfederung, Abschwächung, Modalisierung, Einbettung) geschehen oder mit „redress". Facework verlangt Interpretations- und Inferenzleistungen und basiert insofern auf einer unterstellten Verhaltensrationalität (Ehrhardt 2018).

Brown/Levinson (1987) und Brown (2005) geben drei unabhängige und kultursensitive Variablen an, die den Grad an Höflichkeit beeinflussen: (1) die soziale Distanz (D) zwischen Sprecher und Hörer, (2) die relative Macht (P) der Sprecherin im Bezug auf den Hörer, (3) das Gewicht der Zumutung in der Kultur, welches Größe/Schwere/Ausmaß der involvierten Handlung betrifft (Brown/Levinson 1987, 74 ff.).

Alle drei Dimensionen sind in den meisten Gesprächen von Belang. Beispielsweise sind institutionelle Beziehungen vom Ausgangspunkt her in der Regel distanziert. Erst viele Jahre später wurde anhand von Gesprächsdaten gezeigt, dass sich die Distanz interaktional verringern lässt (Kasper 1990; Arundale 2010). Ist die relative Macht der Institutionenvertreter/-innen höher, kann dies trotzdem von beiden Seiten heruntergespielt werden (Kotthoff 2017). Brown/Levinson meinen, je geringer der Distanziertheitsgrad oder das Statusgefälle zwischen Personen sei, desto eher verzichteten sie auf negative Höflichkeiten und umso eher übten sie positive Höflichkeiten aus. Die neuere Höflichkeitsdiskursforschung betont, dass sich der Distanziertheitsgrad und auch der Bedrohungsgrad aushandeln lässt (dazu später mehr). Alle drei kultursensitiven Variablen werden in ihrer konkreten Bedeutung eher konversationell ausgehandelt als vorab gesetzt, wie es das Sprechaktmodell von Brown/Levinson noch suggeriert.

Höflichkeitsabstufungen seien sowohl auf der Dominanz-Unterordnungsachse als auch auf der Distanz-Intimitätsachse ansiedelbar. Bei Brown/Levinson wird ein zweistufiges Modell der Beziehungsgestaltung von Distanz vs. Vertrautheit entworfen (*off record* und/oder negative Höflichkeit = Distanz und positive Höflichkeit = Vertrautheit). Dies reicht kaum aus, um die sozialdiagnostische Potenz von Interaktionen damit zu fassen. Einige wichtige Kritikpunkte und Erweiterungen des Modells seien hier vorgetragen.

U. a. Gabriele Kasper (1990, 203) kritisiert unter Bezug auf andere Autor/innen den unidirektionalen Effekt von sozialen Faktoren auf den Grad an Höflichkeit, welcher der Dialektik von vorkommunikativen Beziehungsvorgaben und kommunikativer Beziehungsaushandlung nicht gerecht wird:

> „Despite efforts to consider the compounded impact of macrosocial factors on politeness enactment, the preceding discussion remains unsatisfactory in that it suggests an unidirectional effect of social factors on politeness styles, thereby failing to reconstruct the dialectic relationship between communicative activity and social relationship. As pointed out by Brown and Fraser (1979) and Kochman (1984), for instance, social attributes such as power and distance are themselves constituted by and subject to change in ongoing interaction. This thesis has been empirically supported, among others, by Aronsson and Sätterlund-Larsson (1987), who demonstrate that social distance is a dynamic and negotiable property in doctor-patient discourse".

In ihrem Vorwort zu der Ausgabe von 1987 legen Brown/Levinson einige Bedenken dar, die sie selbst bezüglich der 1978 zum ersten Mal publizierten Arbeit inzwischen entwickelt hatten. Sie schreiben, ihre Theorie der Höflichkeit arbeite mit der klassischen Form einer „Hypothese-Deduktions-Methode" (1987, 11). Der analytische Apparat wird bereits vor der Auseinandersetzung mit dem empirischen Sprachmaterial entwickelt; das Sprachmaterial soll die vorab definierten Kategorien belegen. Sie ließen sich also nicht darauf ein, ihre Kategorien möglicherweise in Auseinandersetzung mit dem Sprachmaterial zu revidieren, wie es für qualitative Herangehensweisen wünschenswert wäre. Sie schreiben zwar, sie hätten sich zu Unrecht auf eine intuitive „means-ends"-Beziehung zwischen kommunikativen Zielen und Äußerungstypen verlassen. Aber der Einbezug von Höflichkeitsgesichtspunkten in Interaktionsanalysen wurde später von anderen Forscher/innen versucht (z. B. Lüger 1992; Kotthoff 1996; Arundale 2010; Forschungsüberblick in Ehrhardt 2018). Heinz Helmut Lüger (1992) zeigt beispielsweise an einem Gesprächsausschnitt, wie Ablehnungshandlungen nach sich wiederholenden Angeboten immer gravierender werden. Es wird deutlich, dass man Analysen von Gesichtsarbeit nicht auf der Ebene isolierter Sprechakte betreiben sollte.

Brown/Levinson hatten Goffmans Konzept von „face" für linguistische Analysen von Höflichkeit fruchtbar gemacht, indem sie „facework" und Höflichkeit gleichgesetzt haben, was später in Frage gestellt wurde.

Obwohl dem prinzipiellen Vorhandensein gesichtsbezogener Kommunikationsstrategien ein universeller Status nicht abgesprochen wurde, zeigte es sich sehr bald als produktiv, den kontextsensitiven kulturellen und sprachlichen Besonderheiten näher auf die Spur zu kommen. Susanne Günthner (1993) fasst die Forschung zusammen, die darüber hinaus eine individualistische Orientierung kritisierte, die sie dem Ansatz von Goffman und Brown/Levinson unterstellten. Beispielsweise läge japanischen und chinesischen Kulturen von vorn herein eine Kollektivorientierung zu Grunde, die in der Kommunikation so habitualisiert sei, dass für jeden eine Wir-Identität zentraler sei als individuelles Agieren. Die Idee einer sozialen Indexikalisierung scheint aber mit Goffmans Ausrichtung kompatibel und spielt grundsätzlich eine Rolle.

Viele Sprechaktivitäten wurden in ihren kulturell unterschiedlichen Realisierungsmustern beleuchtet. Aufforderungen, Kritik und Dissens bedrohen das negative Gesicht des Gegenübers und begegnen uns in einer großen Bandbreite an Realisierungen, die für die Beziehung folgenreich sind. Hohe Direktheitsstufen bei potentiell gesichtsbedrohlichen Aktivitäten wurden u. a. für Deutschland, Frankreich, Israel und Russland nachgewiesen. Günthner (1993) zeigt, dass chinesische Sprecher/innen über Dissens hinausgehend sogar negative Informationen so indirekt äußern, dass Fremdkulturelle kaum die angemessenen Inferenzen ziehen können. Außerdem äußern sie viel mehr rituelle Ablehnungen von Angeboten, die dann normalerweise mehrfach wiederholt werden. Letzteres gilt für viele Kulturen. Im Zusammenhang der Erforschung kultureller Eigenarten rund um Facework blühte auch diejenige zu interkulturellen Missverständnissen auf, die darauf beruhen, dass Interagierende nicht angemessen inferieren, was im Kontext gemeint ist (Günthner 1993; Ehrhardt/Neuland/Yamashita 2011 und die dort publizierten Studien).

Obwohl zu dem in der Pragmatik stark beachteten und auf Goffmans Theorie fußenden Modell von Brown/Levinson (1978, 1987) inzwischen eine kaum überschaubare Vielfalt an Auseinandersetzungen, partiellen Gegenentwürfen und Ergänzungen entstanden ist, wird es nach wie vor mit Modifikationen als Ausgangspunkt für Analysen von Beziehungsgestaltungen verwendet.

Das so geprägte wissenschaftliche Modell von Höflichkeit (etisch) unterscheidet sich erheblich von emischen Konzeptionen, was schon Harald Haberland und Ingwer Paul (1996, 31) in ihrer Dreiteilung von 1. elementarer Höflichkeit, 2. kodifizierter Höflichkeit und 3. reflektierter Höflichkeit zu berücksichtigen versuchten (Ehrhardt/Neuland/Yamashita 2011, 14). Die „elementare Höflichkeit" beinhaltet die Berücksichtigung gebräuchlicher Verhaltensstandards und wird den Interagierenden als Höflichkeit in der Regel nicht bewusst (gehört also nicht zu ihrem emischen, alltagsweltlichen Konzept). Unter Rückgriff auf die Unterscheidung von Konzepten erster und zweiter Ordnung bei Alfred Schütz werden die emischen Konzepte oft auch Höflichkeit 1 und die etischen Konzepte 2. Ordnung Höflichkeit 2 genannt (z. B. bei Watts 2003; Locher 2004). Im Unterschied zu sonstiger Beziehungsgestaltung fußt Höflichkeit auf konventionellen Verfahren, die man kennt. Die zweite Ebene schließt eng an Etikette-Regeln an (sie wäre auch von Laien explizierbar) und die dritte Ebene liegt jenseits von Normen in ausgesuchter und bemerkbarer Beziehungsgestaltung. Die letzten beiden gehören zu Alltagskonzepten von Höflichkeit. Richard J. Watts (2003) und Miriam Locher (2004) erarbeiten unter Rückgriff auf Goffman Überlegungen zur Unterscheidung einer beziehungsorientierten „relational politics" und einer wissensbasierten Höflichkeit im engeren Sinne und binden sie in Interaktionsanalysen ein. Auch Robert Arundale (2010), und andere Forscher/-innen (Überblicke in Ehrhardt/Neuland/Yamasita 2011; Ehrhardt 2018) haben die konversationellen Aushandlungspotentiale von „face" stärker herausgearbeitet als Goffman selbst und Brown/Levinson und sie in Interaktionsstudien eingebunden. Wenn beispielsweise Vergnügen und Unterhaltung deutlich für alle Beteiligten die Hauptfunktionen der Konversation ausmachen, kann der Rahmen der Höflichkeit verlassen werden, sowohl in beziehungsfördernder als auch beziehungsbedrohlicher Hinsicht (Kotthoff 1996). Die Studien zu invektiven und anderen intendierten Gesichtsverletzungen, wie sie z. B. im Internet um sich greifen, stellen ihre Analysen ebenfalls in einen Goffmanschen Zusammenhang (Bonacchi 2018). Konversationsanalysen von Gesprächseröffnungen und -beendigungen treten mit dem Goffmanschen Gesichtskonzept geradezu notwendigerweise in Kontakt (Auer 2020), denn die rituellen Komponenten gehen über den Austausch von Grußformeln weit hinaus.

Als Soziologe geht Goffman davon aus, dass sich die gesellschaftliche Ordnung sowohl in der Interaktion mit ihren Beziehungszeichen, Spuren und Rollen zu erkennen gibt, als auch historisch in ihr begründet liegt (Knoblauch 1994). Im Zusammenhang mit der Erforschung der Interaktionsordnung hat Goffman sich auch Fragen der Darstellung normativer Zuweisungsakte gewidmet, die Implikationen beinhalten für die gesellschaftlichen Plätze der Individuen (mehr dazu im 9. Kapitel von Kotthoff 1998; Watts 2003). Goffmans Interessen an der rituellen Dimension von sozialen Beziehungen bleiben grundsätzlich soziologischer als die von Brown/Levinson. Ganz in der Logik der „Interaktionsordnung" liegt auch die Anordnung der Geschlechter in sozialen Situationen.

Rahmungen

Für Goffman sind die Batesonschen Begriffe der Metakommunikation und der Rahmung zentral. In *Encounters* (EN; EN_{dt}) und in *Frame Analysis* (FA; FA_{dt}) baut er den Gedanken aus, dass jede Kommunikation in mehreren „Existenzschichten" (dt. 1977, 10; „orders of existence", FA, 2) verwirklicht wird. Schütz ([1945], 2003) bearbeitete diesen Gedanken hauptsächlich in *On Multiple Realities.* Beispielsweise wird in der Scherzkommunikation eine Art Theaterrahmen erzeugt (Kotthoff 1998). Man fordert jemanden spaßig heraus und lässt gleichzeitig durchblicken, dass der Angriff spielerisch gemeint ist.

In *Rahmen-Analyse* versucht Goffman, verschiedene Vorarbeiten zu den Sinnbereichen zusammenzubringen, um für konkrete Kontexte die Frage beantworten zu können „Was geht hier eigentlich vor?" (FA_{dt}, 16; FA, 8). Seine Rahmenanalyse will Aufschluss über die Organisation unserer Alltagserfahrungen geben und geht diesbezüglich von Verschachtelung aus (s. Kap. 45). Die primären natürlichen und sozialen Handlungsweisen, die den Mitgliedern einer Gesellschaft zu Gebote stehen, müssen zunächst einmal gekannt werden, um Abläufe antizipieren zu können (FA_{dt}, 49 f.; FA, 38 ff.). Diese können moduliert werden, d. h. in ihrem Wirklichkeitsstatus manipuliert werden. Wir können beispielsweise kämpfen oder einen Kampf spielen. Die Beteiligten erkennen üblicherweise die besondere Rahmung und die zeitlichen Klammern, auf deren Wirkungsbereich die Transformation beschränkt sein soll. In den letzten vierzig Jahren wurde diese Idee der Rahmungsanzeige und Kontextualisierung der Kommunikation von verschiedenen Forscher/innen ausgebaut (Müller 1984; Auer 2013 zu Bühler, Gumperz, Hymes und Schütz; Ehmer 2011).

Für kognitive Rahmungstheorien ist in der Forschung eine große Begriffsvielfalt bemüht worden („Schemata", „Pläne", „Skripts", „Muster", „Makrostrukturen" etc.). Ein wichtiger Unterschied besteht darin, ob die Theorie kognitive Musterbildung und -repräsentanz fokussiert oder ob es ihr zentral um die interaktive Wahrnehmungssteuerung geht, die auf der Ebene der Äußerungsgestaltung betrieben wird. Die Grundidee der Rahmung im Sinne der kognitiven Erwartungsgestaltung und Erfahrungsstabilisierung geht zurück auf Frederick Bartlett (1932) und im von Goffman zentral gesetzten Sinne der performativen Interpretationsformung auf Johan Huizinga (1938) und Gregory Bateson (1953, 1954). Bateson baute Huizingas Idee aus, dass man ein Grundverhalten (Kampf) und eine quasi-metaphorische Ableitung desselben unterscheiden könne, eine Prozessierung zweiter Ordnung. In die Äußerung selbst ist non- und paraverbal eine Ebene integriert, die den Bezug der Sprecherin/des Sprechers zur Äußerung klärt (Clark 1996). Oliver Ehmer (2011) referiert Studien aus der kognitiven Linguistik, die die im Diskurs aufgebauten kognitiven Strukturen als mentale Räume fassen. Situatives Wissen wird in Form von Frames gespeichert (Ehmer 2011, 32 im Rückgriff auf Ansätze von Charles Fillmore). Die Theorie mentaler Räume geht davon aus, dass im Verlauf des Diskurses verschiedene mentale Räume geöffnet werden können, die als szenisches Hintergrundwissen netzartig und bildhaft gespeichert sind.

Kognitive Rahmungsaktivitäten finden als Forschungsfeld in der Diskursanalyse seit langer Zeit starke Beachtung und manche stimmen mit Goffmans Zentralsetzung der Situation überein:

> „Die rahmenhafte Vorgabe von Erwartbarem beginnt [...] bereits auf der Ebene der sozialen Situation, in der das Sprechereignis stattfindet. Ab Beginn der Rezeption einer gesprochenen Nachricht dienen die Sprachkenntnisse dazu, weitere Erwartbarkeiten aufgrund syntaktisch/semantischer und prosodischer Gesetzmäßigkeiten zu konstituieren, die im Falle ihrer Bewahrheitung die Schnelligkeit alltäglicher Sprach-Verstehensvorgänge gewährleisten" (Müller 1984, 23).

Die Grundidee aller Rahmentheorien besteht darin, dass Handlungen nicht isoliert, sondern in Zusammenhängen verstanden und koordiniert werden, die schon eine Wahrnehmungsgeschichte haben. Die linguistische Begrifflichkeit ist in diesem Feld uneinheitlich. Heute haben beispielsweise Ronald Langackers Vorstellungen des Zusammentreffens von „current discourse space" und „usage event" Gemeinsamkeiten mit Goffmans Vorstellung von Rahmen. Ronald Langacker (2001, 144) bestimmt den gegenwärtigen Diskursraum als mentalen Raum, den die Sprecher/innen zu einem bestimmten Moment des Diskurses teilen. Verständigung gelingt nur auf der Basis der Unterstellung weitgehend geteilter Typikalitätsstrukturen. Typikalität macht bestimmte Elemente eines Rahmen erwartbar oder sogar obligatorisch. Sie bezieht sich sowohl auf stabile als auch auf veränderliche Situationsbestandteile, die kognitiv in Bildern strukturiert sind.

Eine bedeutsame Untergruppe der Rahmung repräsentiert das, was Goffman (FA, 44) und Dell Hymes „keying" nennen und ins Deutschen mit Modulation übersetzt (FA_{dt}, 56) wurde, jedoch besser als „Interaktionsmodalität" bezeichnet werden sollte (zur Forschung die Kapitel zu Hymes und Gumperz in Auer 2013). Damit sind sehr spezifische Wechsel des Realitätsbezugs gemeint. In der Scherzkommunikation lockert sich dieser beispielsweise, aber auch beim exaltierten Reden oder bei verschärften Gangarten des Streitens, deren scharfe Aussagen man oft später zurücknimmt. Besonders dieses Konzept von „keying" hat in der Idee der integrierten Metakommunikation einen seiner Ausgangspunkte.

Footing

Goffman hat später in seine Rahmungstheorie einen Begriff eingeführt, der die besonderen Gesprächsrollen und Verantwortungsbereiche der Interaktant/innen bezeichnet: „footing" (Foo; auch FT_c; Ft_a$_{dt}$). Darunter fasst er die besondere Beziehungs- und Rollengestaltung in Gesprächen (s. Kap. 34). Er ist der Ansicht, dass in Gesprächen ganz grundsätzlich mitkommuniziert wird, welcher Status der eigenen Rede verliehen wird: spricht man als Individuum oder als institutionelle Autorität? Lässt man die Worte anderer aus sich sprechen oder eigene?

„Footing" bezeichnet also den Redestatus, die Beziehung zwischen der sprechenden Person und dem, was sie sagt. Die Rollen Hörer/in und Sprecher/in umfassen Aspekte einer Rahmenanalyse, in der der Status von Äußerungen von Belang ist.

Für Alltagsgespräche zeigen Günthner (1999) und Ehmer (2011) und die hier verarbeitete Forschung, dass Redewiedergaben verbale und intonatorische Charakterisierungen enthalten können, durch die – auf der Basis von Stereotypen – Bilder von Personen, sozialen Gruppen usw. vermittelt werden. Andere Stimmen werden oft nicht einfach reproduziert, sondern sie werden auf eine besondere Weise stilisiert.

Für die Interaktionslinguistik ist das Spiel mit Stimmenvielfalt in vieler Hinsicht von Belang. Für Kinder stellen natürliche Alltagsgespräche schon eine reiche Mischung aus Stimmenzuordnungen und Formen dar. Sowohl beim Spielen, als auch beim Erzählen ist dies relevant. Die Inszenierung fremder Stimmen taucht im Spracherwerb früh auf, nämlich beim Spielen (Bose 2003). Dreijährige sind im Prinzip schon in der Lage, in ihren Erzählungen Figurendialoge prosodisch von narrativen Passagen abzusetzen. Mit fünf Jahren unterscheiden sie übergeordnete Erzählerstimmen und Figurenstimmen problemlos. Mit sieben bewältigen sie in der gesprochenen Sprache syntaktisch und auch durch Pronomenwechsel die Überführung von Dialogen in indirekte Redewiedergabe.

Die Hyperritualisierung von Gender in der Werbung

In *The Arrangement between the Sexes* zeichnet Goffman die rituelle Überhöhung der gesellschaftlichen Sondierungsprozesse nach, die als Geschlechterunterschiede institutionalisiert werden (s. Kap. 46). Leider haben die Gender Studies Goffmans weitreichenden und rekonstruktiven Ausführungen zur Ritualität von Geschlechterunterschieden selten als Ausgangspunkt genommen und auch nicht die Soziologie zu ihrer Basiswissenschaft gemacht, sondern die dekonstruktive Philosophie (mehr dazu in Kotthoff/Nübling 2018; s. Kap. 65). *Gender Advertisements* huldigt „Hyperritualen", die auch im Alltag vorhandene Idealisierungen von männlicher Tatkraft und weiblicher Sanftheit und Anziehungskraft weiter überhöhen und an Konsum binden (Kotthoff 1994). Auch in der Linguistik sind die Genderismen der Werbung analysiert worden. Heutige linguistische Werbungsanalyse versucht, der Multimodalität der Text-Bild-Konstellationen noch stärker gerecht zu werden (Domke 2012; Pittner 2014; Kotthoff/Nübling 2018).

Goffman analysierte das Bildmaterial der Printwerbung. Dieses Bildmaterial, welches ja aus den 1970er Jahren stammt, ist selten pornographisch. Er zeigt, wie auf Werbefotos relative Größe eingesetzt wird, um Dominanz und Unterordnung zu signalisieren. Er vergleicht dargestellte männliche und weibliche Berührungen von Gegenständen. Der Mann packt an, z. B. die Jägermeisterflasche, und hält sie fest. Frauen deuten Berührungen oft nur an. Statt des utilitären männlichen Zugriffs zeichnen sie nur die Linien eines Gegenstandes nach. Weibliche Selbstberührungen sollen das Gefühl vermitteln, dass der Körper etwas Kostbares sei. Wenn auf einem Bild Mann und Frau direkt zusammenarbeiten, dann übernimmt der Mann die Leitung der Aktivität. Man sieht den Herrn Doktor eine

Tabelle lesen und die Krankenschwester, welche auch einen Blick von der Seite darauf wirft. Frauen werden oft abgebildet, wie sie Hilfe annehmen. Die Frau liegt oft, Männer sind höher arrangiert. Liegende Stellungen sind ein konventioneller Ausdruck von Hilflosigkeit und sexueller Verfügbarkeit. Erhöhte räumliche Standorte symbolisieren höhere soziale Ränge. Frauen werden auch oft in Schräghaltungen gezeigt, Männer in geraden. Schräge Kopfhaltungen vor allem gelten als Ausdruck von Demut. In der feministischen Werbungsanalyse wurde bislang hauptsächlich mit Bildmaterial gearbeitet.

Ähnlich sind auch die Geschlechterverhältnisse in der Radio-Werbung, in der sie interessanterweise stimmlich und durch Dialogrollen des Experten und der Belehrten inszeniert werden (Kotthoff 1994; Kotthoff/Nübling 2018).

Karin Pittner (2014) vergleicht Genderstereotypen in der deutschen und arabischen Haushaltswerbung. Im Sinne Goffmans sieht sie Gender als eine Ritualisierung, verstanden als „eine Folge von gewohnheitsmäßigen, konventionellen Handlungen, durch welche der eine dem anderen Achtung erweist“ (GA_{dt}, 8; GA, 1). Werbung sieht sie in seinem Sinne als „Hyperritualisierung“. Sie wertet 95 Anzeigen aus der Zeitschrift „Schöner Wohnen“ aus, die zwischen 1973 und 2013 geschaltet wurden. Zwischen 1973 und 1993 richtet sich die Printwerbung für Küchen noch hauptsächlich an Frauen und inszeniert Männer häufig als Experten, z. B. als „Küchenprofi“. Im Jahr 2013 werden sie kaum noch bei der Erledigung von Küchenarbeiten dargestellt, obwohl Umfragen weiterhin belegen, dass sie auch mit einer Vollzeitbeschäftigung den größeren Teil der Hausarbeit in der Familie erledigen. Nach wie vor sind Männer wie zu Goffmans Zeiten oft in Expertenrollen zu finden. Da im arabischen Raum keinen egalitären Geschlechterbildern gehuldigt wird, ist der Vergleich interessant und die Geschlechterdifferenzen treten noch ausgeprägter in Erscheinung.

Schluss

Mit seinen eigenwilligen Ethnographien und seinem methodischen Eklektizismus hat Goffman einerseits der Interaktionsordnung immer ihren eigenen Platz belassen, andererseits aber z. B. im Genderbereich deutlich gesehen, wie dieser eine gesellschaftliche Struktur (re)produziert. Solch losen Kopplungen geht seit längerer Zeit die interaktionale Soziolinguistik nach. Da Goffman selbst selten stringente Theorien zu sozialen Phänomenen geliefert hat (Auer 2013), wundert es nicht, dass seine dramatologische Perspektive auf die interaktionale und gesellschaftliche Ordnung an ganz verschiedenen Stellen in der Interaktions-, Text- und Soziolinguistik aufgegriffen werden. Insgesamt spielt sein Werk auf jeden Fall in der Linguistik nach wie vor eine beachtliche Rolle.

Literatur

Arundale, Robert: Constituting face in conversation: Face, face-work and interactional achievement. In: Journal of Pragmatics 42 (2010), 2078–2105.

Auer, Peter: Sprachliche Interaktion. Eine Einführung anhand von 22 Klassikern [1999]. Tübingen ²2013.

Auer, Peter: Anfang und Ende fokussierter Interaktion. In: Karin Birkner/Peter Auer/Angelika Bauer/Helga Kotthoff: Einführung in die Konversationsanalyse. Berlin 2020, 33–103.

Bartlett, Frederick: Remembering. Cambridge 1932.

Bateson, Gregory (1953): The position of humor in human communication. In: Heinz von Forster (ed.): Cybernetics Ninth Conference. New York: Josiah Macy, Jr. Foundation, 1–47.

Bateson, Gregory (1954/1972): A theory of play and phantasy. In: (Ders.): Steps to an ecology of mind. San Francisco: Chandler, 177-193. (dt.: Ökologie des Geistes. Frankfurt/Main 1981, 241–262.

Bonacchi, Silvia: Verbale Aggression. In: Frank Liedke/Astrid Tuchen (Hg.): Handbuch Pragmatik. Stuttgart 2018, 439–448.

Bose, Ines: Doch da sin janur muster: Kindlicher Sprechausdruck im sozialen Rollenspiel. Frankfurt/Main 2003.

Brown, Penelope/Levinson, Stephen: Universals in language usage: Politeness phenomena. In: Esther Goody (Hg.): Questions and Politeness. Cambridge 1978, 56–289.

Brown, Penelope/Levinson, Stephen: Politeness. Some Universals in Language Usage. Cambridge 1987.

Brown, Penelope: Linguistic politeness. In: Ulrich Ammon/NorbertDittmar/KlausMattheier/PeterTrudgill (Hg.): Sociolinguistics. An international handbook of the science of language, communication and society. Berlin, New York 2005, 1410–1416.

Clark, Herbert: Uses of language. Cambridge 1996.

Domke, Christine: Love sells – Überlegungen zur (non-)verbalen Inszenierung von Paaren in aktuellen Werbespots. In: Susanne Günthner/Dagmar Hüpper/Constanze Spieß (Hg.): Genderlinguistik. Berlin, New York 2012, 129–157.

Ehmer, Oliver: Imagination und Animation. Die Herstellung mentaler Räume durch animierte Rede. Berlin, New York 2011.

Ehrhardt, Claus: Höflichkeit. In: Frank Liedtke/Astrid Tuchen (Hg.): Handbuch Pragmatik. Stuttgart 2018, 282–293.

Ehrhardt, Claus/Neuland, Eva/Yamashita, Hitoshi: Sprachliche Höflichkeit zwischen Etikette und kommunikativer Kompetenz. Eine Einführung. In: Dies. (Hg.): Sprachliche Höflichkeit zwischen Etikette und kommunikativer Kompetenz. Frankfurt/Main 2011, 9–45.

Günthner, Susanne: Diskursstrategien in der interkulturellen Kommunikation. Analysen deutsch-chinesischer Gespräche. Tübingen 1993.

Günthner, Susanne: Polyphony and the ›layering of voices‹ in reported dialogue: An analysis of the use of prosodic devices in everyday reported speech. In: Journal of Pragmatics 31 (1999), 685–708.

Haberland, Harald/Paul, Ingwer: Eine Theorie der Höflichkeit. Osnabrücker Beiträge zur Sprachtheorie 52: Themenheft zu Höflichkeit, 7–69, 1996.

Held, Gudrun: Verbale Höflichkeit. Studien zur linguistischen Theoriebildung und empirische Untersuchung zum Sprachverhalten französischer und italienischer Jugendlicher in Bitt-und Dankessituationen. Tübingen 1995.

Huizinga, Johann (1987): Homo ludens. Vom Ursprung der Kultur im Spiel [1938]. Reinbek: Rowohlt

Kasper, Gabriele: Linguistic politeness. Current research issues. In: Journal of Pragmatics 14 (1990), 193–218.

Knoblauch, Hubert: Erving Goffmans Reich der Interaktion. In: Erving Goffman: Interaktion und Geschlecht. Frankfurt/Main, New York 1994, 7–50.

Kotthoff, Helga: Geschlecht als Interaktionsritual? Nachwort. In: Erving Goffman: Interaktion und Geschlecht. Hg. von Hubert Knoblauch. Frankfurt/Main 1994, 159–194.

Kotthoff, Helga: Conversational joking and impoliteness. On relational politics. In: Folia Linguistica XXX/3–4 (1996), 299–327.

Kotthoff, Helga: Spaß Verstehen. Zur Pragmatik von konversationellem Humor. Tübingen 1998.

Kotthoff, Helga: Beziehungsgestaltung in schulischen Sprechstunden. In: Eva Neuland/Claus Ehrhardt (Hg.): Höflichkeit in der Diskussion. Frankfurt/Main 2017, 307–331.

Kotthoff, Helga/Nübling, Damaris: Genderlinguistik. Eine Einführung in Sprache, Gespräch und Geschlecht. Tübingen 2018.

Langacker, Ronald: Discourse in cognitivegrammar. In: Cognitive Linguistics 12/2 (2001), 143–188.

Locher, Miriam: Power and politeness in action. Berlin 2004.

Lüger, Heinz Helmut (Hg.): Stile der Höflichkeit. Frankfurt/Main 1992.

Müller, Klaus: Rahmenanalyse des Dialogs. Aspekte des Sprachverstehens in Alltagssituationen. Tübingen 1984.

Pittner, Karin: Die Hausfrau und der Küchenprofi. Die Entwicklung von Geschlechterstereotypen in der Haushaltswerbung. In: Zeitschrift für angewandte Linguistik 61/1 (2014), 27–47.

Schütz, Alfred: Über die mannigfaltigen Wirklichkeiten [1945]. In: Ders., Theorie der Lebenswelt, Bd. 1: Die pragmatische Schichtung der Lebenswelt. Konstanz, 177–247.

Watts, Richard J.: Politeness. Cambridge 2003.

Pädagogik

69

Alfred Schäfer

Die Rezeption der Theorie Goffmans in der deutschen Erziehungswissenschaft konzentriert sich auf die seit Ende der 1960er Jahre erscheinenden Übersetzungen seiner Schriften. Dabei fallen die Aufnahme und die Situierung bestimmter Theoriefiguren Goffmans zusammen mit einem eben zu jener Zeit stattfindenden Umbruch in dieser Wissenschaft. Bis zum Beginn der 1960er Jahre war für die Bestimmung des pädagogischen Gegenstandes und die methodische Herangehensweise ein geisteswissenschaftlich-hermeneutischer Zugang bestimmend gewesen. Für diesen war nicht nur kennzeichnend, dass er die Pädagogik als eine praktisch-orientierende Wissenschaft verstand, sondern dass er zugleich die Frage nach dem gesellschaftlichen Ort des pädagogischen Geschehens auszublenden versuchte. Betont wurde die Eigenständigkeit des pädagogischen Raumes, und die Verantwortung der Erziehung bestand nicht zuletzt darin, die Heranwachsenden vor dem direkten Zugriff gesellschaftlicher Imperative zu bewahren.

Dieses vorherrschende Paradigma wurde nun in den 1960er Jahren von zwei Seiten her in Frage gestellt (Wulf 1977). Auf der einen Seite suchte man den Anschluss an die methodischen Verfahren einer empirischen Wissenschaft: Es ging um eine Transformation der Pädagogik in eine Wissenschaft, die sich an den methodischen Standards der Sozialforschung orientieren sollte. Auf der anderen Seite, die im vorliegenden Zusammenhang bedeutsam ist, zielte man ebenso auf die Berücksichtigung der gesellschaftlichen Vermitteltheit pädagogischer Verhältnisse. Aber man verfolgte dabei eine doppelte Strategie. Auf der einen Seite wendete man sich gegen einen pädagogischen Idealismus, für den die Prozesse einer soziofunktionalen Integration keine Rolle zu spielen schienen. Auf der anderen Seite aber versuchte man doch, an jene Befreiungs- und Autonomisierungsperspektiven der pädagogischen Tradition anzuknüpfen. Man versuchte also, gesellschaftliche Integrationsprozesse und pädagogische Emanzipationsperspektiven zu verbinden (Dahmer/Klafki 1968; Keckeisen 1984). Dazu griff man vorrangig auf die Kritische Theorie Frankfurter Provenienz und hier vor allem auf den Ansatz von Jürgen Habermas zurück.

Das die sich entwickelnde Kritische Erziehungswissenschaft umtreibende Problem zeigt sich dabei gegen Ende der 1960er Jahre in einer breiten Konjunktur sozialisationstheoretischer Perspektiven und einer sich verstärkt dem Problem der Reproduktion sozialer Ungleichheit widmenden Sozialisationsforschung. Es war die kritische Thematisierung

A. Schäfer (✉)
Martin-Luther-Universität Halle-Wittenberg, Halle (Saale), Deutschland
E-Mail: alfred.schaefer@paedagogik.uni-halle.de

K. Lenz und R. Hettlage (Hrsg.), *Goffman-Handbuch,* https://doi.org/10.1007/978-3-476-05871-3_69

der Sozialisation, an die sich die Erziehungswissenschaft anschloss. Und es war eine damals zunächst nur als ‚Raubdruck' kursierende Vorlesung von Jürgen Habermas, die hier bedeutsam wurde und in der das Konzept der Identität bei Goffman eine bedeutsame Rolle spielte. Habermas wendet sich gegen das strukturfunktionale Rollenkonzept von Talcott Parsons, das blind gegenüber der Frage sozialer Repression sei und die Frage des Konflikts zwischen Individuum und Rolle sowie problematische Interpretationsspielräume nicht berücksichtige (Habermas 1977, 127). Demgegenüber könne vor dem Hintergrund des Symbolischen Interaktionismus auf die Ambivalenz sozialer Forderungen, auf Probleme der Reziprozität, auf die Rollenambiguität und die Möglichkeit einer reflexiven Distanzierung hingewiesen werden. Mit solchen Verweisen können – jenseits einer abstrakten Gegenüberstellung von Individuum und Gesellschaft – „Freiheitsgrade des Handelns" (ebd.) noch in der sozialen Vermittlung sichtbar gemacht werden. Im Identitätskonzept Goffmans, das dieser in *Stigma* entwickelt, sieht Habermas eine Möglichkeit, diese sozial vermittelten Freiheitsgrade zu identifizieren: Mit Blick auf die soziale Identität spricht er von einer Scheinnormalität, da das Individuum niemals mit den sozialen Erwartungen übereinstimmen kann; für die personale Identität erscheint die Unmöglichkeit, mit der eigenen Biographie konsistent zu sein, als Scheineinzigartigkeit. Und es ist die Ich-Identität, die zwischen beiden Unmöglichkeiten, die zugleich aber Notwendigkeiten darstellen, eine Balance herstellen muss (Habermas 1977, 131 f.).

Identität: Zwischen Gefährdung und Befähigung

An dieser Stelle hängt nun vieles davon ab, wie man die gerade erwähnte Unmöglichkeit versteht, sowohl mit den sozialen Erwartungen wie auch mit einer persönlichen Biographie identisch sein zu können. So kann etwa betont werden, dass – wie Goffman das im erwähnten Buch tut – man sozial wie auch im Hinblick auf die Inszenierung des eigenen Selbst auf diese Unmöglichkeit verpflichtet werden kann und dass daraus ein offener Horizont von Diskreditierungs- und Stigmatisierungsmöglichkeiten folgt. Oder man kann den Akzent auf die ‚Freiheitsgrade' legen und gleichsam aus der Perspektive des Individuums Bewährungs- und Erfolgsmöglichkeiten sondieren. Eben dies geschieht nun in der für die erziehungswissenschaftliche Rezeption bedeutsamen Dissertation des Bildungsforschers Lothar Krappmann (1971) (s. Kap. 31). Für Krappmann ist es für eine gelingende Interaktion erforderlich, dass die Individuen sich wechselseitig anerkennen, dass aber eine vollständige Erfüllung sozialer Erwartungen ebenso unmöglich ist wie die Erfüllung der Erwartungen an eine individuelle Einzigartigkeit (Krappmann 1971, 80). Da daher eine solche wechselseitige Anerkennung der „‚als ob'-Basis des Verhaltens" (ebd., 78) nicht selbstverständlich ist, sind (in einer nun pädagogischen Wendung) bestimmte Fähigkeiten erforderlich, deren Entwicklung zu fördern ist. Diese gelten einerseits als Voraussetzung für das Gelingen jeder Interaktion; andererseits aber werden sie nun als „identitätsfördernde Fähigkeiten" (ebd., 132) verstanden.

Dabei ist die sich damit andeutende pädagogische Verschiebung durchaus problematisch. Wenn es sich bei Fragen einer gelingenden Identitätsdarstellung in sozialen Interaktionsprozessen um solche einer immer offenen Zuschreibung handelt, dann impliziert der Verweis, dass eben dieses Gelingen von ‚Fähigkeiten' abhängt, die Unterstellung, dass man diese Zuschreibungsprozesse durch ein ‚kompetenztheoretisches' Modell grundieren und pädagogisch befördern könne. Den grundlosen und unvorhersehbaren sowie daher kaum zu kontrollierenden Zuschreibungsprozessen, in denen Fragen der sozialen und personalen Identität ausgehandelt werden, kann dann durch Fähigkeiten begegnet werden, die ein ‚souveränes' Balancieren im Namen der Ich-Identität versprechen. Diese Fähigkeiten werden von Krappmann also zugleich so verstanden, dass sie eine gelingende Identitätsbalance fördern und damit die Ich-Identität stärken. Die Abgründe der Interaktion erscheinen auf diese Weise zumindest pädagogisch bearbeitbar dadurch, dass man in einer (dann allerdings selbst nicht abgründigen) Interaktion notwendige individuelle Fähigkeiten fördert.

Die zu fördernden Fähigkeiten, die dann im Laufe der 1970er Jahre immer wieder in der pädagogischen Literatur aufgerufen werden, sind damit einerseits Momente *in* einem problematisch bleibenden Interaktionsprozess. Sie teilen dessen dramaturgische und bodenlose ‚Als ob'-Logik. Sie bleiben also Momente der Inszenierung. Andererseits aber werden sie so verstanden, als ob sie im Verhältnis *zum* Ablauf der sozialen Interaktion stünden, als ob sie ein distanziertes, reflexives und tendenziell souveränes Verhältnis zu dieser Interaktion ermöglichen würden. So beginnen die Konzepte der Rollendistanz, der Empathie (qua Perspektivenübernahme) oder der Ambiguitätstoleranz schillernd zu werden. Rollendistanz bildet nicht nur einen Moment im abgründigen Interaktionsprozess, einen Moment der differentiellen Selbstinszenierung, mit dem ein Abstand zum eigenen Engagement dokumentiert wird; sie wird zugleich als ein reflexives „Korrelat der Bemühung um Ich-Identität" (ebd., 138) verstanden. Empathie scheint jene von Goffman betonte Unmöglichkeit der Perspektivenübernahme zumindest – qua subjektive Leistung – in sozial verträgliche Bahnen lenken zu können. Die Fähigkeit zur Übernahme der Perspektiven der anderen Interaktionsteilnehmer/innen erscheint als steigerungsfähig und lässt sich in ihren Entwicklungsschritten untersuchen (Selman 1980). Ambiguitätstoleranz wird nicht nur – als Frustrationstoleranz – mit der Möglichkeit disharmonischer Perspektiven in Verbindung gebracht. Sie wird zu einer Fähigkeit, mit der Andersartigkeit und möglichen Intransparenz übernommener Perspektiven umzugehen, diese auszuhalten. Von hier her liegt es dann nahe, diese Fähigkeit mit der Möglichkeit in Verbindung zu bringen, dass (in psychoanalytischer Diktion) auf Abwehrmechanismen verzichtet werden kann (Krappmann 1971, 158 ff.). Und die vierte Fähigkeit, die der Darstellung der eigenen Identität, scheint wiederum diese anderen Fähigkeiten als subjektive Gelingensbedingungen vorauszusetzen: Es ist eine nun kompetente Darstellung der eigenen Identität, die als solche eine gewisse Immunität gegenüber den Abgründen unkontrollierbarer Zuschreibungsprozesse erlangt hat.

Stigmatisierung: Eine pädagogische Selbstkritik

Auch wenn auf diese Fähigkeiten in ihrer pädagogischen Programmatik immer wieder (durchaus im weiteren Rahmen des Symbolischen Interaktionismus) Bezug genommen wird (etwa Mollenhauer 1972), so ist für die pädagogische Rezeption Goffmans doch ein von Krappmann eher ausgeblendeter Aspekt besonders bedeutsam. Dabei handelt es sich um die durch den Interaktionismus insgesamt in Frage gestellte pädagogische Handlungstheorie und deren Vorstellung einer asymmetrischen Vermittlungssituation. Hier wird also die Abgründigkeit, vor allem aber der Herrschaftsanspruch der pädagogischen Programmatik selbst noch einmal fragwürdig. Selbst also, wenn man die positive Einschätzung jener Fähigkeiten wie Rollendistanz, Empathie oder Ambiguitätstoleranz teilt, scheint die pädagogische Ambition selbst zum Problem zu werden. Obwohl Teil der sozialen Interaktion, nimmt sie für sich in Anspruch, über dieser zu stehen und sie lenken zu können. Und um diesen Herrschaftsanspruch kritisieren zu können, greift man in den 1970er und 1980er Jahren auf Theoriefiguren Goffmans zurück. Motive wie das der Stigmatisierung, der totalen Institution oder des Unterlebens werden nun in einer Weise aufgerufen, dass sie als Kritik pädagogischer Handlungsweisen und pädagogischer Institutionen dienen können (s. Kap. 26 und 27). Man kann wohl diesen Einsatz einer kritisch die eigenen Dominanzzusammenhänge beobachtenden Erziehungswissenschaft als die wohl prominenteste Rezeptionslinie der Theorie Goffmans ansehen. Sie bekräftigt jene gesellschaftskritische Perspektive auf pädagogische Handlungsweisen und Institutionen, wie sie für die eingangs erwähnte Kritische Erziehungswissenschaft kennzeichnend ist; und sie hält zugleich an jenen überkommenen pädagogischen Traditionen fest, die im Namen des pädagogischen Adressaten seit der Aufklärung gegen dessen soziale Funktionalisierung optiert haben. Stigmatisierungsprozesse und Tendenzen zu einer Totalisierung pädagogischer Herrschaft werden also so rezipiert, dass sie einerseits eine Kritik an pädagogischen Prozessen erlauben und gleichzeitig andererseits die Perspektive auf eine gelingende – symmetrische – Interaktion eröffnen.

Es ist diese Ausrichtung hin auf eine Herrschaftskritik im Namen einer möglichst symmetrischen Aushandlung von Identitäten, die zu bestimmten (Um-)Akzentuierungen der Theorie Goffmans führt. So rücken mit Blick auf die Prozesse der Stigmatisierung durch die Fokussierung auf Herrschaftsanalysen weniger die von Goffman betonte Problematik der allgegenwärtigen Diskreditierungs- und Stigmatisierungsmöglichkeiten sowie die damit verbundene Fragilität von Identitätsinszenierungen in den Vordergrund. Stärker gewichtet wird – und hier überschneiden sich sozial- und schulpädagogische Herangehensweisen – der Umgang mit einem für die jeweilige Institution problematischen Verhalten. Es sind also institutionelle Normen – wie Leistung oder Selbstkontrolle in der Schule, unauffälliges Handeln –, vor deren Hintergrund hier ein Handeln zum Problem wird: Der Fokus liegt auf dem ‚abweichenden Verhalten‘ (Brusten/Hurrelmann 1973; Heinze 1976). Und der Rückgriff auf das Konzept der Stigmatisierung ermöglicht es dabei, die Umgangsweise mit einem solchen Verhalten selbst noch einmal zu qualifizieren. Man kann auf ganz unterschiedliche Weise mit Lernstörungen, Leistungsproblemen, auffälligem Sozialverhalten, schichtbedingten Defiziten oder Konzentrationsproblemen umgehen. Man kann nach Erklärungen oder Hilfsperspektiven Ausschau halten, um eine Anpassung an die sozialen Forderungen und Standards zu ermöglichen. Man kann aber auch – und hier zeigt sich der Prozess der Stigmatisierung als Herrschaftsstrategie – diese Probleme den Auffälligen selbst zurechnen, ihnen eine ‚auffällige Identität‘ zuschreiben. Auf diese Weise entstehen dann abweichende und sich verfestigende Karrieren (Homfeldt/Lauff/Maxeiner 1977), denen die Stigmatisierten schließlich kaum noch entrinnen können.

Auch eine solche Einordnung von Stigmatisierungsprozessen erscheint dabei selbst wiederum als uneindeutig. Und dies hängt mit dem Stellenwert zusammen, den man der Stigmatisierungspraxis als Zuschreibungspraxis zuweist. Auf der einen Seite sind es in den vorliegenden Untersuchungen durchaus institutionell lokalisierbare, die organisatorischen Abläufe störende Handlungsweisen, die zum Anlass von Stigmatisierungsprozessen werden. Eine Kritik ergäbe sich dann daraus, dass die Repräsentant/innen der jeweiligen Institutionen auf eine repressive Weise reagieren, die so nicht ohne Alternativen ist. Auf der anderen Seite aber kann man den Herrschaftsaspekt dieser repressiven Vorgehensweise dadurch betonen und hervorheben, indem man deren Zuschreibungscharakter betont. In dieser (nominalistischen) Variante ergibt sich letztlich die Schwierigkeit, dass das abweichende Verhalten selbst auf einer Zuschreibung beruht, dass es also keine ‚objektiven‘ oder ‚institutionellen‘ Kriterien mehr gibt, um es identifizieren zu können. In diesem Fall geht es dann nicht mehr um den richtigen Umgang mit einem abweichenden Verhalten, sondern zunächst einmal darum, dass dieses gar nicht zweifelsfrei identifiziert werden kann, sondern auf Zuschreibungen beruht, in deren Durchsetzung nun der Herrschaftsakzent liegt. Diese Variante ist nun – und nicht ohne Bezug auch auf Howard S. Beckers (1963) in diesem Zusammenhang eher ambivalent bleibende Studie über *Außenseiter* – unter dem Stichwort des ‚labeling approach‘ diskutiert worden.

Die Auseinandersetzungen um den ‚Definitionsansatz abweichenden Verhaltens‘ bleiben dabei selbst unentschieden. Im Namen dieses Ansatzes wird einerseits eine Kritik an ätiologischen Erklärungsstrategien formuliert, die abweichendes, nicht den sozialen Normen und Standards genügendes Verhalten dadurch zu erklären beanspruchen, dass sie auf soziale, vor allem aber individuelle (biographische, genetische) Ursachen verweisen. Kritisiert wird an solchen Modellen nicht nur das deterministische Erklärungsmodell und die aus ihm folgenden Ontologisierungstendenzen, sondern vor allem auch, dass der soziale Aushandlungscharakter der Bedeutung von Normen in sozialen Beziehungen – und damit eben auch Fragen von Macht und Durchsetzung – nicht berücksichtigt werden (Keckeisen 1974, 127). Zugleich wird aber umgekehrt und andererseits auch betont, dass man auf ätiologische Ansätze kaum wird verzichten können (Herriger 1979). Damit wird die Definition – und der mit ihr verbundene starke Kritikgestus – um jene Perspektive ergänzt, die sich vor dem Hintergrund doch akzeptierter Definitions*kriterien* um eine angemessene pädagogische Strategie bemüht. Eine solche Strategie könnte dann etwa darauf achten, dass sich Zuschreibungsprozesse nicht zu Karrieren verfestigen. Letztlich aber hängen solche pädagogischen Möglichkeiten daran, dass man zwischen dem ätiologisch erklärten Phänomen und den stigmatisierenden Zuschreibungsprozessen unterscheiden kann und dass man diese Unterscheidung dann auch eindeutig, d. h. selbst nicht als Moment eines Stigmatisierungsprozesses kommunizieren kann. Es sind nun allerdings diese Möglichkeiten, die aus der Perspektive Goffmans wohl eher skeptisch zu beurteilen sind.

Die Rehabilitierung des Unterlebens in der Schule als totaler Institution

Zu einem ähnlichen Ergebnis kommt man, wenn die Rezeption des Konzepts der „totalen Institution“ betrachtet wird: Auch hier geht es einerseits darum, durch den Rückgriff auf dieses Konzept eine herrschaftskritische Perspektive auf die Schule zu entwickeln. Andererseits zielt die Thematisierung der Schule als zumindest tendenziell totaler Institution darauf, Subversionsmöglichkeiten in den Blick zu nehmen. In diesem Fall geht es bei der Befreiungsperspektive also weniger um eine pädagogische Programmatik als um subversive Strategien der unterdrückten Schüler/innen, die um die Wahrung einer differentiellen Identität ringen. Die Strategie der pädagogischen Rezeption des Konzepts der totalen Institution (AS_a) besteht also primär darin, eine (heuristische) Kritikfolie zu entwerfen, vor deren Hintergrund ein ‚abweichendes‘ Verhalten von Schülerinnen und Schülern einen nachvollziehbaren und legitimen Sinn erhält. Dabei nimmt man in Kauf, dass die von Goffman angegebenen Kriterien für die Rede von totalen Institutionen für die Schule wohl nur bedingt und mit Einschränkungen in Anschlag zu bringen sind. Bei der Schule handelt es sich wohl kaum um eine von der Außenwelt abgetrennte Einrichtung, in der die Grenzen zwischen Arbeit, Freizeit und Familie aufgehoben sind. Auch von einer strikten Trennung von (pädagogischem) Stab und Insass/innen mit einer quasi unumschränkten Macht des Stabes wird man so kaum sprechen können. Ebenso wenig wird man kaum annehmen können, dass die Insass/innen diesen Raum nicht auf eigene Initiative verlassen können. Um die Schule also in die Nähe einer totalen Institution zu rücken, bedarf es eher der Behauptung von Tendenzen, die in diese Richtung weisen (Heinze 1980, 52–59). Die eher metaphorische Referenz auf die Figur der totalen Institution, die in pädagogischen Publikationen jener Zeit häufiger anklingt, ohne allerdings zu einem systematischen Analyseinstrument zu werden, gewinnt ihre Faszination vor allem dadurch, dass mit ihr gezeigt werden kann, dass noch unter äußersten Herrschaftsbedingungen Strategien der (wenn auch vielleicht hilflosen) Gegenwehr möglich sind, dass Individuen nicht bereit sind, das Ringen um eine eigene Identität aufzugeben. Phänomene der „sekundären Anpassung“ (AS_c_{dt}, 185 ff.; AS_c, 188 ff.) rücken damit in den Fokus der Aufmerksamkeit: unangepasste, Forderungen umgehende, sich entziehende, oppositionelle, destruktive oder auch unerlaubte Handlungsweisen (s. Kap. 29). Solche Handlungsweisen mögen die institutionellen Abläufe nicht systematisch in Frage stellen, sondern deren Macht vielleicht sogar stärken, indem sie Gelegenheit zu negativen Sanktionen geben. Ihnen geht es aber dennoch um eine Markierung der Differenz von institutionellen Anforderungen und individuellem Selbst. Es geht um die Behauptung eines gegenüber den sozialen Ordnungs- und Identitätszwängen differenten Selbst.

Die Bedeutung, die eine solche Perspektive nun für Pädagogik gewinnt, ist eine andere als jene, die mit der Herrschaftskritik im Rahmen der Stigmatisierung aufgerufen wurde. Dort ging es primär darum, die eigene pädagogische Definitionsmacht in Frage zu stellen. Hier nun scheint es so zu sein, dass die pädagogische Herrschaft, selbst wenn sie in totaler Form auftritt, nicht die Form einer radikalen Unterdrückung annehmen kann. Die ‚Freiheitsgrade des Handelns' (Habermas) lassen sich auch nicht durch gewaltförmige pädagogische Institutionen gänzlich auslöschen. Daraus folgt hier nun keine positive pädagogische Programmatik, sondern zunächst eine Rehabilitierung des ‚abweichenden Verhaltens'. Wurde dieses in der pädagogischen Diskussion lange unter dem Konzept der Disziplinprobleme verhandelt, so gewinnt dieses abweichende Verhalten, diese Formen der sekundären Anpassung, nun die Aura einer legitimen Gegenwehr. Das Unterleben der Insass/innen einer tendenziell totalen Institution wie der Schule, deren abgeschirmtes oder okkultes Engagement, die geistige Absenz der Schüler/innen oder ihre Formen der intransparenten Kommunikation oder Selbstbeschäftigung, gewinnt nun seine Legitimität einerseits als Gegenwehr gegen einen überzogenen Herrschaftsanspruch; andererseits besteht diese Legitimation darin, dass sich auch noch in dieser vielleicht hilflosen Form der Gegenwehr das nicht zu unterdrückende Streben nach einer eigenen Identität zeigt (Heinze 1980, 83–89).

Die Selektivität der Rezeption: Vergebene Möglichkeiten?

Interdisziplinäre Rezeptionsweisen hängen vor allem auch von den Problembestimmungen im Rahmen der rezipierenden Disziplin ab. Sie entscheiden nicht zuletzt, warum eine Theorie oder Analysemöglichkeit interessant oder fruchtbar erscheint. Für die Erziehungswissenschaft hing die Art und Weise, aber auch der Zeitraum der Rezeption Goffmans mit jener Wende von der geisteswissenschaftlichen Pädagogik zur Kritischen Erziehungswissenschaft zusammen. Wie zu zeigen versucht, war damit einerseits eine Kritik an der bisher übersehenen gesellschaftlichen Integrationsfunktion pädagogischer Prozesse verbunden, eine Kritik an deren idealistischer Selbstbegründung. Auf der anderen Seite aber zielte man darauf, die pädagogischen Möglichkeiten und Ideale gegen deren nun berücksichtigte gesellschaftliche Einbindung erneut zu stärken und neu zu begründen. Die Rezeption der Konzepte einer problematischen Identität, der Stigmatisierung und der Metapher einer ‚totalen Institution' folgte nun exakt dieser doppelten Zielstellung: der Identifikation sozialer Zumutungen und Herrschaftsprozeduren und der Suche nach Möglichkeiten, sich dem zu entziehen. Es ist dabei wohl kein Zufall, dass sich diese Rezeptionsstrategie in jenen pädagogischen Teildisziplinen ereignete, die am ehesten mit Herrschaftsstrategien oder Disziplinierung in Verbindung gebracht werden konnten: der Sozial- und Schulpädagogik. Die Ansätze einer so skizzierten Kritischen Erziehungswissenschaft versanden in den 1980er Jahren zunehmend: Und dies betrifft auch die geschilderte Rezeptionsweise der Theorie Goffmans.

Man kann einen solchen Befund nun selbst noch einmal auf eine zweifache Weise akzentuieren. Der Rückgang der Kritischen Erziehungswissenschaft betrifft vor allem deren doppelte Ausrichtung auf Sozialkritik und pädagogische Orientierung. Gerade letztere rückt in ihren normativen Untertönen zunehmend in den Hintergrund, während an einer sozialkritischen Perspektive doch weitgehend festgehalten wird. Dies zeigt sich etwa in der Rezeption der Habitustheorie Pierre Bourdieus oder der Subjektivierungsthese Michel Foucaults, die beide mit dem kritischen Motiv einer Grenzbestimmung pädagogischer Möglichkeiten verbunden werden. Und ein solches Denken von der Grenze der pädagogischen Möglichkeiten her betrifft auch das, was als Orientierung gelten kann. So lässt sich beispielsweise die Betonung der Alterität der pädagogischen Adressat/innen, ihrer verpflichtenden Unzugänglichkeit, so verstehen, dass mit ihr nicht nur jede pädagogische Programmatik, sondern jede vermeintlich gelingende Perspektivenübernahme zum Problem wird.

Es ist nun nicht zuletzt eben dieses Problem der Alterität, das sich mit der Theorie Goffmans in eine durchaus fruchtbare Verbindung bringen ließe (Schäfer 2000, 34–47). Die Unmöglichkeit einer dennoch notwendigen Perspektivenübernahme könnte von hier her nicht nur als ein primär moralisches Problem aufgerufen werden: als unbeantwortbare Frage danach, wie man dem Anderen gerecht werden könne. Mit Goffman ließe sich die Performativität der Umgangsweisen mit diesem zugleich notwendigen wie unlösbaren Problem analysieren: das Spiel der Masken, Sakralisierungs- und Stigmatisierungsstrategien, die Bedeutung von Ritualen, über die eine unbegründbare Ordnung stabilisiert wird. Es ließe sich eine Perspektive auf die Rhetorizität des Sozialen gewinnen. Solche Rezeptionsperspektiven, die Goffman nicht nur mit Blick auf die Erziehungswissenschaft in aktuellen theoretischen Debatten verorten, stehen aus. Für die Erziehungswissenschaft selbst könnten damit durchaus neue Einsatzpunkte gewonnen werden, die analytisch gerade am Scheitern der Perspektivenübernahme ansetzen, an den unkalkulierbaren Notwendigkeiten, sich unter unverfügbaren Bedingungen zu exponieren oder am performativen Umgang mit den Strategien zur Sakralisierung jenes Selbst, um dessen herausgehobene Position nach Goffman die interaktiven Verhandlungen kreisen. Ob man dabei analytisch eine Perspektive einnimmt, die eher eine ‚Tragödie im Ethischen' betont (Mersch 2015), oder ob man einen distanzierten (und die pädagogischen Ambitionen entscheidend irritierenden) Blick auf die in dieser Tragik zugleich liegende Absurdität wirft, kann dabei hier unentschieden bleiben.

Literatur

Becker, Howard S.: Outsiders. Studies in the sociology of deviance. New York, London 1963 (dt. ^{2}2019).

Brusten, Manfred/Hurrelmann, Klaus: Abweichendes Verhalten in der Schule. Eine Untersuchung zu Prozessen der Stigmatisierung. München 1973.

Dahmer, Ilse/Klafki, Wolfgang (Hg.): Geisteswissenschaftliche Pädagogik am Ausgang ihrer Epoche – Erich Weniger. Weinheim, Basel 1968.

Habermas, Jürgen: Stichworte zur Theorie der Sozialisation [1968]. In: Ders.: Kultur und Kritik. Verstreute Aufsätze. Frankfurt/Main 1977, 118–194.

Heinze, Thomas: Unterricht als soziale Interaktion. Zur Interaktion von Schülern und Lehrern. München 1976.

Heinze, Thomas: Schülertaktiken. München, Wien, Baltimore 1980.

Herriger, Norbert: Verwahrlosung. Eine Einführung in Theorien sozialer Auffälligkeit. München 1979.

Homfeldt, Werner/Lauff, Werner/Maxeiner, Jürgen: Für eine sozialpädagogische Schule. Grundlagen, Probleme, Perspektiven. München 1977.

Keckeisen, Wolfgang: Die gesellschaftliche Dimension abweichenden Verhaltens. Perspektiven und Grenzen des labeling approach. München 1974.

Keckeisen, Wolfgang: Zwischen Kritik und Praxis: Studien zur Entwicklung und Aufgaben kritischer Erziehungswissenschaft. Weinheim, Basel 1984.

Krappmann, Lothar: Soziologische Dimensionen der Identität. Strukturelle Bedingungen für die Teilnahme an Interaktionsprozessen. Stuttgart 1971.

Mersch, Dieter: Performativität und Gewalt. Überlegungen zur Tragödie im Ethischen. In: Gerhard Gamm/Andreas Hetzel (Hg.): Ethik – wozu und wie weiter? Bielefeld 2015, 185–204.

Mollenhauer, Klaus: Theorien zum Erziehungsprozess. Zur Einführung in erziehungswissenschaftliche Fragestellungen. München 1972.

Schäfer, Alfred: Vermittlung und Alterität. Zur Problematik von Sozialisationstheorien. Opladen 2000.

Selman, Robert L.: The growth of interpersonal understanding. Developmental and clinical analyses. New York 1980.

Wulf, Christoph: Theorien und Konzepte der Erziehungswissenschaft. München 1977.

Psychiatrie

70

Michael Dellwing

Es gibt kaum ein Feld, dem Goffman so viel Aufmerksamkeit geschenkt hat wie der Psychiatrie. Die beiden meistzitierten Werke Goffmans, *Asyle* und *Stigma,* greifen auf ethnografisches Material aus psychiatrischen Kliniken zurück, vor allem (aber nicht ausschließlich, AS, 7) der St. Elisabeth-Klinik, an der er im Rahmen eines Forschungsprojekts in den frühen Jahren seiner Karriere forschte. In seinen Arbeiten finden sich beständig Kapitel zu psychiatrischen Deutungen, z. B. in *The Symptomatic Significance of Situational Improprieties* (BP, 216 ff.; das ganze Buch basiert auf einer initialen Abgrenzung zur Psychiatrie), *Mental Symptoms and Public Order* (MSP; auch IR_e) und *The Insanity of Place* (IOP; auch RP_g).

Gerade die grundlegende Arbeit Goffmans zu *Stigma* ist später immer wieder auf das *Stigma* der ‚psychisch gestörten' Person angewandt worden, und gerade von Vertreter/innen der gegenwärtigen somatischen Psychiatrie, während *Asyle* immer wieder als Kernwerk der Antipsychiatrie zitiert wird. Beide Sichtweisen werden Goffmans Betrachtungen nicht gerecht; sie stellen eine Rezeption aus Sicht normalisierter Alltagsdiskurse dar. Es geht Goffman in seinen alltagssoziologischen Betrachtungen jedoch um die kontrollierte Demontage von Alltagsdiskursen, gerade jenen, die im Alltag als besonders ‚sicher vor der Soziologie' gehalten werden sollen, eine Kategorie, zu der gerade psychiatrische Diskurse derzeit gehören. Dabei erschöpft sich Goffmans Arbeit jedoch nicht in der Demontage, sondern nutzt psychiatrische Narrative vielmehr als Königsweg zur Erkenntnis der Prozesse, in denen Normalität verteidigt wird: Medikalisierung stellt mit die stärkste Form des Aufzeigens von Brüchen der Normalerwartung für alltäglich rituales Handeln dar. Die Entindividualisierung und Demontage naturalisierender, pathologisierender Diskurse ist damit lediglich Mittel, um das dahinterliegende Ziel zu erreichen: Die Erforschung der Prozesse, in denen alltägliche Normalität als solche erst gemacht und aufrechterhalten wird.

Alltagsdiskursive Rezeption 1: Stigma

Stigma gehört zu Goffmans meistzitierten Werken, und die gegenwärtige alltagssprachliche Verwendung des Begriffs ist auch seiner Popularisierung in diesem Werk geschuldet Gerade in der Psychiatrie haben *Stigma* und der seiner Popularisierung folgende Begriff der Destigmatisierung große Bedeutung erlangt. Das bedeutet zugleich jedoch eine bestenfalls verkürzte, schlimmstenfalls missverstandene Rezeption

M. Dellwing (✉)
Leuphana Hochschule Lüneburg, Lüneburg, Deutschland
E-Mail: michael.dellwing@leuphana.de

K. Lenz und R. Hettlage (Hrsg.), *Goffman-Handbuch,* https://doi.org/10.1007/978-3-476-05871-3_70

von Goffmans Auseinandersetzung mit der Psychiatrie: Die Situationsdefinition ‚Krankheit' wird in dieser Rezeption als Tatsache gesetzt, die Stigmatisierung als soziales Problem und ungerechtfertigte Aberration. Der Rekurs auf Stigma geschieht hier lediglich, um Destigmatisierung – und damit verbunden die hinter dieser Idee stehende Forderung nach der Akzeptanz des biomedizinischen Modells, dass das Phänomen als rein natürliche Tatsache auffasst – als zu erreichende Normalität zu rahmen. Stigma wird in diesem Modell zu einer objektiven Tatsache und zum zu bekämpfenden Zustand (Rosen/Walter/Casey u. a. 2000; Abbey/Charbonneau/Tranulis u. a. 2011). In dieser objektivierten Form wird es zum Einflussfaktor reduziert, der sich auf Genesungs- und Integrationschancen auswirkt (Thomé/Dargél/Migliavacca u. a. 2012; Gerlinger/Hauser/Hert u. a. 2013), was das Konzept in die Ausbildung zur Stigmaprävention einfließen lässt (Bates/Stickley 2013).

Damit ist Stigma hier nicht mehr das komplexe Modell einer sozialen Deutung, der Stabilisierung von Normalnarrativen und der cleveren Ausweichpraktiken, die Goffman untersucht: Goffmans Studie liefert eine tiefgründige Auseinandersetzung mit den Deutungen und der Ungleichheiten der Deutungsmacht, die mit Stigma einhergehen. Das betrifft vor allem auch die Tatsache, dass ein beschädigtes Selbst vor allem von außen beschädigt wird, nicht dadurch, dass eine objektive Gegebenheit abgewertet wird, sondern dadurch, dass eine Gegebenheit erst als solche *gerahmt* wird. Die Abwertung ist Teil dieser Rahmung und nicht lediglich aufgesetzt. Zudem verliert eine solche Objektivierung die bei Goffman so wichtige Betonung, dass Stigma eine Gefahr für alle Menschen darstellt und nicht nur für eine spezifische ‚abweichende' Gruppe. Die stigmatisierte Abweichung ist Ergebnis einer sozialen Praxis und eben keine objektive Tatsache. Die universelle Vulnerabilität, die mit der Offenheit der Deutung dessen, was als ‚Stigma' gilt, einhergeht, geht dabei verloren. Goffman schreibt aus der Perspektive der Stigmatisierten; sein Buch zeigt nicht nur auf, wie Stigmatisierte aus der Normalgesellschaft ausgegrenzt werden, sondern wie die Mechanismen der Stigmatisierung alle treffen können und nicht nur für eine bestimmte, klar begrenzte Gruppe spürbar werden. Seine Untersuchung der Techniken des Umgangs mit beschädigten Identitäten zeigt nicht nur die trickreiche Kreativität der Betroffenen, sondern weist daraufhin, dass diese Kreativität viel weiter verbreitet ist als nur unter den ‚offensichtlich' Stigmatisierten: Es handelt sich um Praktiken, die allen offenstehen und bei Leser/innen, die Goffman mit ‚wir Normalen' anspricht, Schauder des Erkennens hervorrufen können – und damit die ‚wir Normalen'-Formulierung als feine Ironie und letztlich hinterlistige Falle offenbart.

Alltagsdiskursive Rezeption 2: Antipsychiatrie und Psychiatriereform

Neben einem einfachen Rückgriff auf Stigma (als Buch und als Konzept), der gerade nicht aus psychiatriekritischen Zugriffen heraus aufkommt, wird Goffman umgekehrt in der Antipsychiatrie wie auch in der Psychiatriereform als wesentlicher Einfluss aufgeführt (Kotowicz 1997; Ellerby 2011). Das gilt vor allem für seine Arbeit in *Asyle* und ebenso, wieder, in *Stigma.*

Die Antipsychiatrie hatte in den 1970er und 1980er Jahren besonders auf der Basis marxistischer Zugriffe kritische Analysen psychiatrischer Macht und der Reproduktion bürgerlicher Normalität in psychiatrischen Praktiken untersucht, mit der herrschende Normalitäten mit Hilfe ideologisierter Biologismen durchgesetzt werden (z. B. Laing 1969, 1972; Cooper 1978; Basaglia 1974a, b). Diese hochgradig antagonistische Auseinandersetzung mit psychiatrischer Theorie und Praxis identifiziert Psychiatrie als Herrschaftsinstrument, das bürgerliche Normalitäten stützt, indem Abweichungen pathologisiert und damit eine kontingente Struktur sozialer Normalität naturalisiert werden. Diese Kritik ist bis heute aktuell und marxistische Psychiatriekritik gehört heute wieder zu den Kernelementen einer sozialwissenschaftlichen Auseinandersetzung mit dem Feld (Cohen 2015, 2016; auch Jurk 2008).

Die Einordnung von Goffman in diese Linie der antagonistischen Auseinandersetzung mit der biophysiologisch orientierten Psychiatrie ist dabei nicht abwegig. Nicht nur in *Asyle* nimmt er die Seite der Kontrollierten ein, denen im Rahmen ihrer Einlieferung in eine Institution die Möglichkeiten des Managements ihres Selbst als autonome Person genommen werden (AS_a, 41; AS_a_{dt}, 47). Goffmans Darstellung sieht die betroffenen Personen in der Tat als am empfangenden Ende einer Kollusion, einer ‚Verschwörung'. Während diese zunächst durchaus gutmütig und gutwillig ist (RP_g, 380; RP_g_{dt}, 490 f.) und lokale und translokale soziale Ordnungen stützt, handelt es sich dennoch um Prozesse des Ausschlusses und um die (oft permanente) Produktion und Reproduktion der Hierarchisierung von Personen. Da Patienten nach Episoden dieser Art nie als ‚geheilt' gelten, sondern immer nur als ‚gerade symptomfrei' (‚in remission', Rosenhan 1973), ist eine einmal gemachte Zuschreibung dieser Art ein Damoklesschwert, das nun über allen zukünftigen Aushandlungen, und vor allem über zukünftigen Aushandlungskonflikten hängt: „(T)his can mean that he must permanently lower the conception he has of his own character and must never again be adamant in presenting his views" (RP_g, 366; RP_g_{dt}, 473). Das ist die Seite Goffmans, die in der Nähe von Howard S. Beckers ‚Labeling Approach' steht: die Untersuchung von Abweichungszuschreibung als machtvolle Deutung.

Goffmans Arbeiten sind im Allgemeinen bereits durchweg scharfzügig, herausforderndironisch und nicht selten auch höhnisch; sie halten jedoch den schneidensten Spott für die Psychiatrie zurück, wie Peter K. Manning (1980, 265) bemerkt. Er beginnt seine Analyse psychiatrischer Anstalten in *Asyle* mit der Feststellung, „I came to the hospital with no great respect for the discipline of psychiatry nor for the agencies content with its current practice" (AS, x; AS_dt, 8). Seine Untersuchungen über die Jahre führen auch nicht zu einer Reproduktion psychiatrischer Diskurse in Goffmans Arbeit. In *Relations in Public,* ein Jahrzehnt später, nennt er psychiatrische Kliniken „hopeless storage dumps trimmed in psychiatric paper" (RP_g, 336; RP_g_{dt}, 434) und bemerkt abschätzig, „Patients recover more often than not, at least temporarily, but this seems to be in spite of the mental hospital, not because of it" (RP_g, 335; RP_g_{dt}, 434). Goffman bemerkt daher, „[t]his has been not merely a bad deal; it has been a grotesque one" (RP_g, 336; RP_g_{dt}, 435). Zusätzlich findet sich in Goffmans Arbeit auch die antipsychiatrische Erkenntnis, dass es sich in als symptomatisch markierten Verhaltensweisen um eine Form des Widerstandes gegen herrschende Strukturen handelt (womit keinesfalls bewusste Absicht unterstellt wird): „(I)t is difficult to escape the conclusion (…) that failure to exhibit 'presence' is a normal, understandable expression of alienation from, and hostility to, the gathering itself and the officials in it" (BP, 25; BP_{dt}, 41). Als ein Beispiel nennt Goffman. „self-befoulments" (RP_b, 52; „Selbstbeschmutzungen" RP_b_{dt}, 85). Sie werden als Form der Rollendistanz aufgefasst, als Widerstand gegen vorgegebene Rollenordnungen, die es dem Behandelten ‚schwer machen, eine Person zu sein'.

Gerade im Licht der Tatsache, dass das Thema Goffman auch persönlich berührt hat (Dellwing 2015, 17), kann diese Auseinandersetzung durchaus auch als Abrechnung gelesen werden (s. Kap. 1). Es wäre jedoch zu vereinfacht, aus diesen Äußerungen Goffmans zu schließen, dass es sich um eine klassische antipsychiatrische Position handele. Wenn Goffman der Psychiatrie vorwirft, das ‚Chaos' in sozialen Beziehungen (zumindest analytisch) zu ignorieren, wenn sie sich allein auf die biologisch-organische Problematik zurückzieht, so dehnt er diesen Vorwurf auch auf die Soziologie aus „when they treat mental illness merely as a labeling process" (RP_g, 357; RP_g_{dt}, 461 f.). Es geht Goffman hier nicht darum, den Status dieser Deutung als sozial gemacht infrage zu stellen; diese Kategorien sind soziale Leistungen, nicht einfach Beschreibungen objektiver körperlicher Zustände. Es geht vielmehr darum, die Einseitigkeit infragezustellen, die im Labeling-Begriff – eigentlich: einem Missverständnis des Labeling-Begriffes – liegen kann, diese Deutung nämlich lediglich als herrschaftliche Ausgrenzung zu verstehen. Es war niemals Intention des ‚Labeling Approach' ein Narrativ, dass die Verursachung beim Handelnden sucht, durch ein Narrativ zu ersetzen, das die Verursachung bei der Handlung des Labelers sucht. Als interaktionistische Devianzsoziologie ging es ihr immer um die interaktive Konstruktion von Deutung, in der Macht zwar eine Rolle spielt, aber auch Machtstrukturen uneindeutig und komplex sind und letztlich auch Macht Deutungsprozessen unterliegt. Goffmans Widerstand gegen eine ‚reine' Labelingperspektive ist damit ein Widerstand gegen eine *missverstandene* Labeling-Perspektive; es geht nicht darum, die machtvollen Durchsetzungen von Deutungen infrage zu stellen, sondern vielmehr darum, die komplexen interaktiven Deutungsprozesse zu untersuchen, die nicht lediglich einfach auf einseitige Machthandlungen zurückgeführt werden können. Gerade, da jede Interaktion eingeschriebene Machtverhältnisse mit sich bringt und soziale Ordnung immer auch eine Machtordnung ist, ist die Erkenntnis, dass Psychiatrie ebenso Teil eines Machtmechanismus darstellt, zunächst nur Ausdruck einer Selbstverständlichkeit und nicht notwendigerweise bereits als Kritik zu verstehen. Die Psychiatrie hat ihre Natürlichkeitsnarrative jedoch so erfolgreich im öffentlichen Diskurs verankert, dass es sich um eine außerordentlich mächtige Form der Deutung handelt, deren Effekte Goffman nicht als rein negativ einordnet.

Psychiatrie als (mächtige) Deutung

Mit dieser komplexen Betrachtung von Deutungen wird das Feld der Psychiatrie, und auch die Bewertung dieses Feldes, ebenso komplex. „(M)ental illness, pragmatically speaking, is first of all a frame of reference, a conceptual framework, a perspective that can be applied to social offenses as a means of understanding them" (RP_g, 354; RP_g_{dt}, 459). Damit findet sich bei Goffman eine entwickelte soziologische Perspektive auf Erklärungen: Sie leisten sozial nicht ‚Wahrheit', sondern Schließung im Sinne einer Definition, mit der wir weitergehen und die problematische Situation verständlich machen können; es handelt sich um „remedial interchanges" („korrektive Austausch") im Sinne der in *Relations in Public* (RP_d) entwickelten Interaktionsstudien. Erklärungen erfolgen aufgrund von Irritationen in die Welt des Normalen und schützen somit soziale Normalitäten. Die Zuschreibung einer ‚psychischen Störung' liefert einen Weg aus diesem Chaos für alle Beteiligten. Es handelt sich in psychiatrischen Deutungen nicht nur um einseitige Unterwerfungen, sondern um die Lösung eines multidimensionalen Interaktionsproblems, das Macht auch in unerwarteten Richtungen aufweist: Denn, wie Goffman bemerkt, gehen diese Situationen mit der Annahme von Autoritätsrollen einher, die vom Umfeld nicht geteilt werden, was eine Neubalancierung erfordert. „Even when the patient hallucinates or develops exotic beliefs, the concern of the family is not simply that a member has crazy notions, but that he is not keeping his place in relationships" (RP_g, 365; RP_g_{dt}, 472). Die Menschen, von denen Goffman hier spricht, begehen „acts […] which openly proclaim to others that he must have assumptions about himself which the relevant bit of social organization can neither allow him nor do much about" (RP_g, 356; RP_g_{dt}, 461). Patienten werden ‚manisch' und ‚befördern' sich in der Familie und im Beruf: Ihre Welt ist auf einmal zu klein und so expandieren sie ziellos und hektisch (RP_g, 364; RP_g_{dt}, 470 f.). Oder sie werden depressiv und ziehen sich zurück, so dass „[t]he burden of enthusiasm and domestic work must now be carried by fewer numbers" (RP_g, 363; RP_g_{dt}, 470). Ohne die Rituale der Entschuldigung oder die Möglichkeit, sich aus ihrer Präsenz zu entfernen – oder sie zu entfernen – zersetzt die Verfehlung, rituelle Bestätigungen der emotionalen und praktischen Familienordnung zu leisten, diese Ordnung (RP_g, 367; RP_g_{dt}, 475). Das Problem in diesen besonderen Situationen des familiären Chaos besteht nicht in einer einfachen Machtbeziehung, sondern darin, dass keine Seite die rituellen Züge vollzieht, in denen eine Ordnung erhalten oder eine neue stabilisiert wird. Der Ausbruch wird weder rituell geglättet noch als neuer Status Quo akzeptiert. „The offender appears to make little effort to conceal his offense or ritually neutralize it" (RP_g, 355; RP_g_{dt}, 459), und „[n]either he nor they withdraw from the organization or relationship sufficiently to allow his expression to confirm what his status implies" (RP_g, 367; RP_g_{dt}, 475). Die Familie hat es daher mit einem Bruch zu tun, den sie nicht ertragen kann, aber ertragen muss: Sie ist somit gefangen in anhaltenden, beständigen, sich gegenseitig bekämpfenden Ritualhandlungen, mit denen soziale Plätze mit Alltagshandlungen behauptet, vom Rest aber nicht anerkannt werden. Es sind ständige Brüche, die niemals rituell geglättet werden und damit niemals eine Ordnung stabilisieren: es ist ein beständiger Kampf um soziale Realität, den keine Seite aufgibt, sei es, weil sie dazu nicht in der Lage ist, sei es, weil sie dazu nicht bereit ist (für die Soziologie ohnehin eine problematische Unterscheidung). „They cannot let him have his wrong beliefs because they cannot let him go" (RP_g, 365; RP_g_{dt}, 472). Ein Dilemma. Die Psychiatrie leistet hier einen wichtigen Dienst, für den die Arztrolle benötigt wird: Sie entbindet die Angehörigen von ihrer Verantwortung dafür, diesen Krieg zu entscheiden, indem sie ihre Realität gegen Widerstand durchsetzen. Diese ‚Hilfe' rettet dem Umfeld die Welt, tut das jedoch zu einem hohen Preis. Trotz allen Widerstandes gegen die simplifizierenden Naturalisierungen der Psychiatrie ist die Lösung, die Goffman beschreibt, in Teilen durchaus elegant.

Dass es sich in dieser Lösung um die Naturalisierung und Individualisierung eines komplexen Konflikts handelt, der weder einfach natürlich noch individualbasiert ist, ist in dieser Perspektive ebenso zunächst eine deskriptive Feststellung; diese Naturalisierung „functions [...] to protect the sanctity of the social occasion and the sentiments of the participants. This is an important service. We *need* to think that situational offenders are sick" (BP, 235; BP_{dt}, 240). Ob das geleistet werden sollte, stellt eine Wertungsfrage dar, die noch weiter von diesen Analysen entfernt bleibt. Goffman, dem Soziologen, geht es darum, zu bemerken, wie soziale Situationen überhaupt erst Störungen einer Schwere erfahren, die die Beteiligten dazu bringt, die Psychiatrie als Alliierten hinzuzuziehen, um diese Störungen aufzulösen, und welche Leistungen die Psychiatrie erbringt, um diese Lösungen zu erreichen. Eine soziologische Auseinandersetzung, wie Goffman sie fordert, bleibt daher tiefgründiger – und wirft sowohl einfachen Zuschreibungsanalysen als auch der biomedizinischen Psychiatrie eklatante Vereinfachungen vor. Wie Goffman bemerkt, „psychiatric textbooks [...] provide charmingly explicit formulations on the 'nature' of human nature" (AS_a, 89; AS_a_{dt}, 90) – und der „Natur" der „richtigen" Interaktion. „At present there is a rather special and hardening language in psychiatry, involving terms such as 'flattened affect', 'posturing', 'manneristic movement', 'out of contact', and others, which solves the problem of having to write up clinical notes in a hurry but which provides the practitioner with a handful of thumbs" (IR_e, 138; IR _e_{dt}, 153) und „[t]o collapse the warfare of social place in a troubled family into such terms as 'acting out' or 'manic' keeps things tidy, but mostly what such terms accomplish is the splendid isolation of the person using them" (RP_g, 386; RP_g_{dt}, 499).

Psychiatrie als Sammler für soziale Dynamiken

Diese komplexe Einschätzung betrifft nicht nur die Bewertung psychiatrischer Praktiken als Prozess des sozialen Kitts; es betrifft ebenso den komplexeren Nutzen, den eine solche soziale Praxis für die Soziologie abwirft. Goffmans Soziologie der Psychiatrie ist vor allem auch deshalb distinkt von der Antipsychiatrie, da sie den Widerstand gegen psychiatrische Deutungen nicht als Kernziel hat; sie ist vielmehr Nebeneffekt, und – wie gesehen – auch nur ein uneinheitlicher Nebeneffekt einer anderen Zielsetzung: der Erforschung der Praktiken und Prozesse, mit denen Menschen den Alltag ordnen.

Hier liegt bereits der Grund, warum gerade die interaktionistische Alltagssoziologie überdurchschnittlich innovativ im Umgang mit

Devianz war. Die Praktiken der Deutung von Abweichung zeigen die versteckteren Praktiken an, mit denen Normalität gemacht wird, Praktiken, die im eigentlichen Zentrum der Forschung standen. Der Beginn eines ‚Normbruchs' ist durchaus der, an dem sich eine Zuschreibung von ‚Geisteskrankheit' entzünden kann: „[W]hen an act that will later be perceived as a mental symptom is first performed by the individual who will later be seen as a mental patient, the act is not taken as a symptom of illness but rather as a deviation from social norms" (RP_g, 345; RP_g$_{dt}$, 447). Die Psychiatrie bearbeitet mehr als alle anderen Formen der Abweichungszuschreibung jene Interaktionen, in denen die grundlegenden Normalitäten der sozialen Welt unter Verhandlung stehen: „[m]ental symptoms [...] are made up of the very substance of social obligation" (RP, 387; RP_g$_{dt}$, 499). So ist es oft der Fall, dass „symptomatology is specifically and not merely incidentally an improper keeping of social distance" (IR_b, 69; IR_b$_{dt}$, 78). Sie nehmen die Rollen nicht ein, die andere in einer Begegnung von ihnen erwarten, z. B. wenn Goffman eine Patientin beobachtet, die nicht ihr Gegenüber, sondern immer wieder die Tür anstarrte (BP, 180 f.; BP$_{dt}$, 188 f.). Sie versperren sich Rollen, von denen die anderen überzeugt sind, dass sie sie einnehmen müssten, um die Begegnung aufrechtzuerhalten. Anstatt sich an ihrem Platz zu involvieren, nehmen sie „occult involvements" ein (BP, 75; „okulte Engagements", BP$_{dt}$, 89).

> „a kind of awayness where the individual gives others the impression, whether warranted or not, that he is not aware he is 'away.' This is the area of what psychiatry terms 'hallucinations' and 'delusionary states.' Corresponding to these 'unnatural' verbal activities, there are unnatural bodily ones, where the individual's activity is patently tasklike but not 'understandable' or 'meaningful'" (ebd.).

Goffman bekundet mehrfach seinen Dank an die Psychiatrie, die mit diesen Situationen besseres Material zu gebrochener, disharmonischer Interaktion liefert als alle anderen Sammler/-innen: „We sociologists should be grateful for this harvest, all the more so because it has been brought in by delicate hands" (BP, 3: BP$_{dt}$, 19). Die Gegenleistung ist jedoch eine, die das Feld der Psychiatrie nicht annehmen kann, ohne dabei zusehen zu müssen, wie ihre Selbstverständlichkeiten zerlegt werden. Dieser Anfangspunkt ist jedoch komplexer, als einfache Analysen aus der Perspektive der ‚Verteidigung der Normalität' das annehmen. Die gebrochene ‚Normordnung' der Interaktion ist zwar das, was als Symptom ‚aufgeführt' wird: „In diagnosing mental disorder and following its hospital course, psychiatrists typically cite aspects of the patient's behavior that are 'inappropriate in the situation'. [...] [M]any of these delicts are petty, embarrassing, or messy" (ebd.). Was aber ‚der Situation unangemessen' ist, ist in einem aufeinander bezogenen Spiel mit rituellem Idiom durchaus offen und fluide, und ‚Normbruch' scheitert, die Umstände dieser Probleme detailliert nachzuvollziehen – und wenn es nur darum geht, wer welche Situation als Angriff gewertet hat, mit welchem Recht und welcher Teamunterstützung, und was die rituelle Signifikanz dieses Verhaltens war. Eine Person, die in ihrem sozialen Umfeld auffällt, ist nicht einfach eine, die eine abstrakte soziale Normalität oder Norm bricht, sondern zunächst eine Person, mit der andere in ihrem unmittelbaren Umfeld Interaktionsprobleme haben. Zu sagen, diese Probleme entstünden mit Regelbruch, ist soziologisch unhaltbar, es ist alltäglichmoralistisch. Goffman bemängelt daher, dass die Losung des ‚Normbruchs' zwar häufig verwendet wird, es jedoch völlig unausgearbeitet bleibt, was in welchen Kontexten wie kontrolliert wird, und wozu: „Although social scientists have been classifying psychotic behavior as a type of improper conduct, a type of deviancy [...] they, like their medical colleagues, have not carried the matter very far" (IR_e, 140; IR_e$_{dt}$, 155), und schlimmstenfalls haben sie die Angelegenheit in moralistisches Gebiet getragen. An diesem Punkt kommen die Machtbeziehungen, die komplexen Dynamiken sozialer Situationen, die Referenzen zu früheren Interaktionen und den dort verfestigten Rollen wieder in die Situation hinein, so dass aus einer Symptomzuschreibung – wie auch aus einer Devianzzuschreibung – nicht so einfach auf Normen geschlossen werden darf, sondern oft auch und gerade auf die verwobenen bestehenden Deutungskonstruktionen verwiesen werden muss, in denen solche Normen – und Normalitäten – zitiert werden (Dellwing 2008). Das lässt uns erkennen, dass es bei Goffmans Thematisierung der Psychiatrie subtiler zugeht als in anderen kritischen Auseinandersetzungen. Er zeigt uns, wie aus der oben diskutierten sozialen Leistung einer stabilen Welt, die es benötigt, dass andere mitspielen, schnell instabile Welten werden können, wenn Menschen sich dem rituellen Idiom auf Arten und Weisen bemächtigen, die diese Stabilität brechen, und uns und sich selbst gefährlich werden können. Die Kontrolle über diese Stabilität liegt in Härtefällen bei der Psychiatrie, und es ist eine Rolle, die jemand spielen muss: Gäbe es den Glauben an „Geisteskrankheiten" nicht, bemerkt Goffman, müsse man ihn erfinden (RP_g, 335; RP_g_{dt}, 434).

Literatur

Abbey, Susan/Charbonneau, Manon/Tranulis, Constantin/Moss, Pippa/Baici, Wayne/Dabby, Layla/Gautam, Mamta/Pare Michael: Stigma and discrimination. In: Canadian Journal of Psychiatry 56/10 (2011), 1–9.

Bates, Littisha/Stickley, Theodore: Confronting Goffman: How can mental health nurses effectively challenge stigma? A critical review of the literature. In: Journal of Psychiatric and Mental Health Nursing 20/7 (2013), 569–575.

Basaglia, Franco: Was ist Psychiatrie? In: Ders. (Hg.): Was ist Psychiatrie? Frankfurt/Main 1974a, 7–18.

Basaglia, Franco: Die Freiheit in der Gemeinschaft als Alternative zur institutionellen Regression. In: Ders. (Hg.): Was ist Psychiatrie? Frankfurt/Main 1974b, 19–36.

Cohen, Bruce: Mental health user narratives – New perspectives on illness and recovery. London 2015.

Cohen, Bruce: Psychiatric hegemony – A marxist theory of mental illness. London 2016.

Cooper, David: Die Sprache der Verrücktheit. Erkundungen ins Hinterland der Revolution. Berlin 1978.

Dellwing, Michael: Geisteskrankheit als hartnäckige Aushandlungsniederlage. In: Soziale Probleme 19/2 (2008), 150–171.

Dellwing, Michael: Zur Aktualität von Erving Goffman. Wiesbaden 2015.

Ellerby, Mark: On anti-psychiatry. Brentwood, Essex 2011.

Gerlinger, Gabriel/Hauser, Marta/Hert, Marc De/Lacluyse, Kathleen/Wampers, Martien/Correll, Christoph U.: Personal stigma in schizophrenia spectrum disorders: A systematic review of prevalence rates, correlates, impact and interventions. In: World Psychiatry 12/2 (2013), 155–164.

Jurk, Charlotte: Der niedergeschlagene Mensch. Münster 2008.

Kotowicz, Zbigniew: R.D. Laing and the paths of antipsychiatry. London 1997.

Laing, Ronald D.: Phänomenologie der Erfahrung. Frankfurt/Main 1969.

Laing, Ronald D.: Das geteilte Selbst. Eine existentielle Studie über geistige Gesundheit und Wahnsinn. Köln 1972.

Manning, Peter K.: Goffman's framing order: Style as structure. In: Jason Ditton (Hg.): The View From Goffman. London 1980, 252–284.

Rosen, Alan/Walter, Garry/Casey, Dermot/Hocking, Barbara: Combating psychiatric stigma: An overview of contemporary initiatives. In: Australasian Psychiatry 8/1 (2000), 19–26.

Rosenhan, David: On being sane in insane places. In: Science 179 (1973), 250–258.

Thomé, Emi da Silca/Dargél, Aroldo A./Migliavacca, Fabiana M./Potter, William A./Jappur, Daniel M. C./Kapczinski, Flávio/Ceresér, Keila M.: Stigma experiences in bipolar patients: The impact upon functioning. In: Journal of Psychiatric and Mental Health Nursing 19/8 (2012), 665–671.

71 Criminology

James J. Chriss

Erving Goffman did not specifically set out to develop a criminological theory, yet even so, Goffman's thought has informed various aspects of criminological thinking since the 1950s. Much of this has to do with glimpses Goffman provided into the interactional difficulties various state actors, including those of the criminal and juvenile justice systems, face in carrying out their duties. Since much of this work involves agents of the state—police, prosecutors, judges, and social service workers to name a few—dealing with fellow human beings in oftentimes difficult circumstances, the micro- or interactional-level can be brought into relief and made the context within which questions can be raised and solutions proposed.

It is also the case that Goffman rarely dealt with criminology per se in the narrow sense, although of course he did spend quite a bit of time focusing on deviance, which is the violation of norms in general. Compared to deviance, criminology is a narrower undertaking, as crime is defined as the violation of criminal law. Criminology, then, is the study of how and why persons violate the criminal law, but it also analyzes the production of criminal law and the operation of the criminal justice system. Traditionally, criminology has focused on lawbreakers, but an alternative, broader project within criminology is focusing on lawmakers and the ways in which criminal justice practitioners do their work. This is labeling theory, its focus being on societal reactions to deviance, and how certain acts at certain times in particular societies come to be labeled as crime, delinquency, or deviance (Becker 1973).

A General Theory of Informal Social Control

Goffman's dramaturgical theory of action can be viewed as a general theory of informal social control, insofar as Goffman developed a sophisticated analysis of the ways human beings in the presence of others seek to maintain the most flattering image of themselves as dictated by the particular gathering within which such interaction occurs. Offensive or strange conduct among co-present others is typically dealt with by informal sanctions, such as shows of disgust, glares or raised eyebrows, or the premier and frontline sanction: avoidance. Besides informal control, there are also medical control and legal control, and typically the way the latter are initiated is through the give-and-take of actors in the lifeworld who realize that the available informal sanctions are inadequate for dealing with any particular delict (Chriss 2013). The formal

J. J. Chriss (✉)
Department of Criminology, Anthropology, and Sociology, Cleveland State University, Cleveland, USA
E-Mail: j.chriss@csuohio.edu

K. Lenz und R. Hettlage (Hrsg.), *Goffman-Handbuch*, https://doi.org/10.1007/978-3-476-05871-3_71

sanctions, whether legal or medical, become operative in the face of persistent or serious violations of the norms of propriety or civility which cannot be adequately responded to by co-present others.

Goffman described this movement or drift into trajectories of higher-order or formal systems of control—in this case, the movement from informal to medical control—as follows: "Persons who come to the attention of a psychiatrist typically come to the attention of their lay associates first" (IR_e, 137; IR_e_{dt}, 151). Through their presentations of self which co-present others may come to label as strange, crazy, inexplicable, illegal, abhorrent, noxious, inappropriate, or disgusting—that is, as delictual or deviant—different types of offenders are understood as having violated particular types of order. As Goffman explains, "Common criminals, we say, offend the property order; traitors the political order; incestuous couples the kinship order; homosexuals the sex-role order; drug addicts perhaps the moral order; and so forth" (IR_e, 141; IR_e_{dt}, 155).

In the course of their presentations of self, persons engaged in acts that may come to be labeled as delictual by co-present others will seek to maintain normal appearances by keeping discrepant or discrediting information hidden in the backstage. Indeed, people who seem overly concerned with gathering information from others about how they are being perceived are in turn viewed suspiciously. Persons adept at concealing this type of furtive activity excel in spying, gambling, and other sorts of strategic actions and interactions. Police, themselves astute observers of subtle aspects of human behavior and mannerisms, can be tipped off to the concern with concealment that such suspects may unwittingly be giving off. Goffman noted, for example, that "Criminals who expose the fact that they are trying to find out what the police know or suspect can thereby give themselves away" (SI_a, 52; SI_a_{dt}, 49).

Goffman suggests that mental illness violates public order, but even more to the point, it could be said that mental illness violates the *behavioral* order, that is, the tacit notions persons in a particular society hold concerning what counts as normal behavior (IR). Goffman's focus on the interactional level and the things people do in each other's presence to uphold the definition of the situation and the sanctity of gatherings, stands as the leading general theory of informal control available to sociologists and criminologists (Chriss 2013). Persons who are knowledgeable of the framing rules and conventions of their society can, if they so choose, purposely fabricate frames (FA) to hide or render as innocent acts that, if known, would be defined as nefarious, deviant, or criminal.

These types of people, the willing fabricator of frames whose goal is the maintenance of normal appearances so that nefarious deeds can be carried out behind closed doors, are called social deviants. The many types of social deviant—Goffman's list includes prostitutes, drug addicts, delinquents, criminals, hobos, winos, homosexuals, and others—are united to the extent that they are involved in some sort of "collective denial of the social order" (ST, 144; ST_{dt}, 176). In short, social deviants must maintain definitions of the situation most favorable to the furtherance of their disvalued activities.

Maintenance of Normal Appearances

Goffman developed a general explanation of how this is accomplished in his essay *Where the Action Is* (IR_f). We can begin by noting that most of us live our lives in relative obscurity such that the daily routines and occurrences which make up a life are systematically lost to the past upon completion of any particular life event or string of events. That is, as private beings most of our activities are not accorded public status, that is, our actions do not become (for the most part) a matter of public record. Hence, there is little reason to invest the extraordinary effort into reconstructing lives as far as the great majority of persons are concerned. However, we see such transformations from private to public life in those instances where individuals are directly (or even indirectly, for example, as witnesses) affected by legal entanglements. There are other mechanisms, of course, other than legal proceedings which can serve to transform the definition of the situation in the present and redefine lost or vaguely remembered events of the past. Biography comes immediately to mind (although it should be noted that biographical studies are reserved overwhelmingly for certain famous and public figures). In the realm of the more mundane and routine, however, there are anthropological/ethnographic studies which attempt to explicate the situation of everyday people in their native settings. Finally, historical studies have for years now attempted to recreate or shed light on events in the past. However, the extracting and unearthing of evidence directed toward the elucidation of unobserved (or inconsequentially observed) human activity for purposes of defining or redefining events viewed as necessitating legal intervention and scrutiny is a special case of the general project of providing microstudies of people, places, and events.

Goffman (IR 1967) begins by elucidating some of the features or structural components of games of chance which he feels are generally taken for granted or which are otherwise overlooked entirely, and from this discussion parallels are drawn to the situation of human social action, particularly with respect to the ontological or theoretical status of the means-ends schema. For example, Goffman suggests that whereas in real life actions and their eventual outcomes have a discernable temporal dimension—indeed, final outcomes of choices of action are decided sometimes decades later—in games of chance the periods (or phases, these being "squaring off", "determination", "disclosure", and "settlement", IR_f, 155; IR_f_{dt}, 170) are decided almost instantaneously, that is, once the bet has been placed, the "outcome is determined and payoff awarded all in the same breath of experience" (IR_f, 156; IR_f_{dt}, 171).

Goffman then addresses the criteria by which actors assess risk and potential gains connected with any course of action, which is compatible (on some level, see below) with game theory's assumption that participants engage in cost/benefit calculations regarding the playing of any particular game of chance. Here, rational action is treated as an ideal type, for in real life there are too many variables to take into account and, since oftentimes ends of action lie in the distant future, social actors playing the game of life rely less on purely utilitarian cost/benefit probabilities and instead make decisions based on "subjective probability", a very loose consideration or assessment of the situation based on either past experience, advice, or even personal hunch. "Consequentiality", then, is the term used to describe the far-flung ramifications which derive from the placing of a bet and the myriad concomitant potential outcomes. That is, the bettor playing the game of life must attempt to assess the long-term consequences of any specific possible move.

Avoiding Fatefulness

Yet even with the most carefully calculated, the most meticulously planned course of action, the human experience is such that in certain instances situations and events conspire to produce an outcome far removed from the original intent of the action. "Fatefulness", then, is the term used to describe the mechanisms by which chance occurrences infiltrate life. Goffman (IR_f, 169; IR_f_{dt}, 186) delineates three ways in which managed social activity can degenerate into fits of fatefulness: (1) Dumb luck: that is, the "adventitious linking of events" which can creep into the picture beyond the control or manageability of the participants. (2) The vulnerability of the body: As Goffman argues, "A body is a piece of consequential equipment, and its owner is always putting it on the line" (IR_f, 167; IR_f_{dt}, 183). The importance of this observation is obvious and cannot be overstated or overemphasized: No matter how safe an actor feels in his or her situation or station in life, the fact remains that for one to properly live that moment of life, that is, to partake in any moment of living, the actor must be physically present, in the flesh, in order to carry out that slice or strip of living. Of course, virtual reality technologies have created the possibility and increasing availability of telecopresence (Zhao 2005). Even so, for the most part humans are susceptible to accidents or bodily harm during the routine living of a life. (3) The norms which regulate behavior in social gatherings are such that the need to maintain appropriate social demeanor is tacitly incumbent upon all social participants.

For most individuals, then, even very slight slippages or deteriorations of demeanor maintenance, especially if one makes a consistent showing of the unfortunate offensive trait (i.e. the inability or unwillingness to suppress in public normal physiological processes which are considered to be properly contained within the boundaries of self and thus not open to public consumption or perusal, e.g. belching, burping, passing gas, and so forth) can bring discredit to the actor. Thus, the need to maintain face and proper demeanor in situational engagements, and the potential consequences for failing to uphold the tacit conventions of social gatherings, are the risks which actors take in playing the game of life.

Goffman's point in all of this is to suggest that humans attempt to manage their affairs—both their time on and time off—such that fatefulness can be avoided (Shalin 2016). Goffman defines action as those "activities that are consequential, problematic, and undertaken for what is felt to be their own sake" (IR_f, 185; IR_f_{dt}, 203). That is, gaming events are engaged in as ends in themselves to provide actors with manageable situations which simulate the exhilaration of such real-life episodes without having to take the connected risks. And participants engaged in such events—be it gambling, mountain climbing, sky-diving, or other types of physically demanding team and individual sports—report that certain affective states are aroused. We see, then, that situations obtaining from various forms of "action" offer those participating in the gaming event "excitement without cost" (IR_f, 263; IR_f_{dt}, 285). Granted, we could say that there are definite risks or costs connected with participating in such activities as sky-diving and so forth. But this gets back to the notion of subjective probability; that is, each activity has its own degree of "action" wherein participants can use their own subjective probabilities as guidelines to assess exactly which activities would be appropriate to engage in for the purpose of producing specific levels of excitement while at the same time allowing for the maintenance of acceptable levels of manageability.

Goffman's vision of the individual in society suggests that one of the most fundamental yet profound aspects of living is that human actors attempt to manage their affairs such that episodes of eventfulness and fatefulness are kept to a minimum. What this implies, then, is that in the main the average life can be seen to be generally routine and uneventful, and that the events which do arise in persons' lives are largely managed to the extent that the consequentiality of any particular choice of action can be predicted, foreseen or controlled. This concept of the average state of affairs, which serves to describe how individuals tend to live their lives, is important because it provides a framework by which sociologists and other observers of human social life have come to embrace the view of the individual in society. Especially apposite here is the concept of the uneventfulness or routineness of everyday life because it is here, among the routine and the everyday, that the greater proportion of life is led. Because of the very routineness of everyday activity which defines the situation for the great majority of social actors, sociologists such as Harold Garfinkel (1967) have argued that, contrary to how it had been viewed traditionally, the tacit, everyday, commonsense, nearly invisible rules of social engagement constitute a legitimate area of study in its own right. Following Garfinkel's thinking, I agree that sociology's calling is to elaborate more fully the routine, everyday status—the meaning, if you will—of what it is to live a life. Further, in terms of explicating the other sphere of life—the fateful, the eventful, the spectacular, the extraordinary, or what have you—I contend that legal institutions have done an exceptionally thorough job in establishing the rules and governing laws pertaining to the meaning and definition of events which fall under their purview or jurisdiction. Obviously, then, in light of what has been discussed thus far, one major subset of nonroutine or eventful activities of great import are those situations which call for some type of legal intervention. In order to examine when and how the legalistic view of the actor becomes pertinent in which particular social situations we must first describe a setting in which anonymity and routineness is more often than not the rule, and then describe under what conditions legal resources are brought to bear.

Anonymity of Urban Society and Legal Investigation

To reiterate from above, within the lifeworld and its natural attitude (per phenomenology) we go about the daily routine of our lives with certain situational realities which serve to constrain, shape and modify, or impinge upon the evolution and natural progression of a life. In terms of modern industrial society, we may speak of the function which being anonymous or faceless in a crowd or in general public serves, and that is, as Georg Simmel (1950) has suggested, that the detached, diffuse encounters which typify anonymous public doings provide a buffer by which the dangers inherent in dealing with strangers are kept to a minimum. That is, the ability to take on the role of anonymous other in public—a role which lacks any specific identity attachments—relieves the individual of the responsibility of investing in specific or focused moral entanglements, allowing him or her to defer instead to the role of the faceless and the anonymous, of disinterestedness, inconsequentiality, and inattention, which reside wholly within the realm of the tacit codes and rules of urban, impersonal public behavior.

Against the backdrop of the anonymity and facelessness of the teeming masses of urban society, there are times when the solitary individual comes into bold relief and becomes an object of intense interest and scrutiny. The project of explicating the situation of solitary individuals has been to an extent already elucidated, for instrumental purposes, by legal practitioners and social control organizations, especially police and detective agencies. That is, situations occasionally arise which call for the careful retracing of (or accounting for) a person engaged in the living of his or her life, and in response to these needs resources are marshalled such that situations are recreated or evidence is brought forth pertaining to where an unobserved individual was at which particular time doing what and why. In sum, any legalistic attempt to recreate a situation for purposes of resolving a dispute—be it the attempt to solve a homicide, uncover an embezzlement scheme, place blame for the wrongful theft or destruction of property, or what have you—has implications and provides precedence for the study of aloneness.

For example, when ego is traveling alone in transit from one place to another during the routine, everyday execution of a life, more often than not he or she will be inconsequentially observed by anonymous others who are busy with their own situational obligations and engagements. In the routine living of a life, then, most of us are ill-prepared (and indeed, it is generally not expected of us) to account for each and every place of transitory residence or situational engagement. Furthermore, most of us are (rightly) unconcerned with the movements of anonymous others as they go about the business of their lives, just so long as those movements do not create situations which lead to the constraining of or impinging upon the successful carrying out of others' immediate tasks. The next step is to analyze how the unexamined life (or any aspect of it) becomes transformed into the "examined life" (Kekes 1988). That is, for the great majority of persons (save certain highly-visible individuals such as celebrities) lives are led in relative obscurity. Most of us are not followed around by reporters, investigators, researchers or other trained observers who meticulously scrutinize and document our every move. As Zygmunt Bauman (1990) has observed, living in modern industrial society implies that typically public activity is guided by a set of impersonal, generalized norms (e.g. the tacit rules of pedestrian traffic) wherein the art of "mismeeting" is elevated to primacy. As Goffman's (BP) notion of civil inattention implies, strangers in our midst are typically afforded only fleeting, inconsequential attention, and as Bauman (1990, 25) notes, "the stranger is allocated to the sphere of disattention".

The art of mismeeting allows for the "de-ethicalization" of dealings with anonymous others, and from this one can sense that a specific ontological split has been forged between on the one hand physical proximity and on the other moral proximity. As Bauman (1990, 26) states, "It is through their facelessness that the mobile units of urban congestion are silenced as the possible sources of moral command". One may note, for example, that policing and monitoring of public space is by and large an urban invention, and such offenses as loitering can be seen as the violation of or the intrusion into the anonymity of those who are passing through the region (Bauman 1990, 28 f.).

I am referring primarily to legal investigators here, because they are the agents of law through which evidence is unearthed and lives are examined. In legalese, these investigators are involved in the ad hoc reconstruction of putative evidence. Most legal investigators, although not typically lawyers themselves, are nevertheless well versed in most facets of legal proceedings, including civil, equity, and criminal law. Anthony M. Golec (1976, 3) provides a good description of the role of the legal investigator in such matters: "Any investigation is simply a gathering of *facts*. Legal investigation is the gathering of facts pertaining to a situation which is likely to be the subject of litigation. The legal investigator is the trained professional who searches out the facts to which an attorney can apply the law". As Golec continues, the investigator is above all else committed to the pursuit of *truth* about any situation whose circumstances are vague, unclear or disputed. But, Golec warns, *fact* and *truth* are not necessarily synonymous, and as he continues, "What one person perceives and believes to be truth is not necessarily fact. His perception and belief can be distorted through no fault of his own. It is by the careful sifting and study of the assorted perceptions of many persons that an investigator arrives at the true facts and, in turn, at the truth of the given situation". Through these observations it is easy to see the wide net which the legal system must necessarily cast in attempting to arrive at a "truthful" definition of the situation. The "long arm of the law", then, can reach out to even peripherally involved actors in a situation, along the way directing and focusing their enormous power and resources toward the examination of previously unexamined lives.

Bauman (1990, 30) notes that, "The very idea of the ethical has been transformed to suit the situation dominated by the rule of law". The legal system can be seen as the mechanism by which ultimate ethical and moral decisions can be brought to bear for purposes of regulating and defining the social order, especially in cases where disputes arise which may require the highly codified set of guidelines which the law provides. This is consistent with the western ideals of rugged individualism and negative rights, rendering the routine nature of living as being in the main inconsequential, lacking fatefulness, mundane, everyday; in sum, not requiring the presence of observers whose sole purpose is to document for the public record the living of that life. Only extraordinary events bring to bear the attention of those involved in the documenting and analyzing of such events. One such subset of the superordinary being discussed here, of course, are those illicit or illegal activities which, when discovered, call forth local, state or federal social control and legal agencies. Authorized representatives of the various legal bodies are empowered to unearth evidence pertaining to the dispute (be it between private individuals, individuals and corporations, individuals and the state, and on through the various possibilities), and through the appropriate legal procedures (preliminary hearings, pleas, the introduction of evidence in court), final decisions are reached concerning exactly what happened and why. Procedural law, then, pertains to the rules of evidence gathering and the introduction of that evidence into a court of law. We are here interested specifically in the effect this process has on the personal lives of witnesses and litigants, that is, the instrumental opening up of lives for the court's perusal in order to assess their place in secret or inconsequentially witnessed doings.

The Power of Legal Institutions

I would like to give some examples of what I mean when I refer to the power which legal institutions possess (and which are written into the rules of legal process) in transforming a previously unexamined life into an examined one. First, let us consider the situation of a bank manager. The bank manager, while physically present at work, is part of a structure of role relationships contained within what Goffman has described as an interaction order (InO), which defines for all participants in that order—be they tellers, loan managers, the vice president, and so forth—specific identity traits which invest each actor with certain levels of familiarity through which recognition is afforded. As Goffman (FA) has discussed, the primary frame of this gathering is ostensibly one which provides the definition of the situation in terms of the workplace. As such, there is a level of mundanity and routineness in that all participants in the work environment share certain expectations and, as a consequence, predictable forms of appropriate work-related action are reciprocated in the context of going about the daily routines of their work.

However, consider the case in which, unbeknownst to all other coworkers, the bank manager has been involved for the last six months in an elaborate embezzlement scheme, say, the transference of funds from several customers' IRA accounts into his own secret or misnamed accounts. The bank manager has thus created, as Goffman (FA, 83–123; FA_{dt}, 98–142) has discussed, a fabricated frame, one in which an illicit act continues unabated and undetected in the very presence of coworkers. The embezzler operates within the realm of the deceivers, the dupers and con artists, the saboteurs and conspirators whose overriding concern is the management of secret affairs in order to ensure that unexamined lives do not become examined ones. Eventually, if and when things begin to unravel for the bank manager and certain incriminating patterns or pieces of evidence come to light, an immediate and inexorable process begins, one which literally transforms the mundane, everyday experiences of one leading an unexamined life (the bank manager) into a life which is highly circumspect, investigated, scrutinized, probed, prodded, and ultimately dismantled. Investigators are brought to the scene, police agencies are alerted to the offense, and coworkers are probed and prodded themselves for any information which they might possess pertaining to the activities, character, and so forth, of the accused.

Consider, in the second case, an unobserved individual engaged in an illegal act such as burglary or theft. Aloneness is an important concept here because for the burglar to proceed undetected it is in his or her own best interest that there be no witnesses to the event. This brings to mind the stereotypical vision of the masked bandit stalking away cloaked in the secrecy of darkness at all hours of the night performing unabated all kinds of onerous deeds. This is the epitome of the unexamined life, one which is as close to invisible as physical reality permits. Until such time that the perpetrator is caught, the act remains without a face, relegated to the files of the unsolved or the unsolvable. When goods are discovered missing from a domicile or business such that the only recourse is to make a report to the legal authorities concerning the matter, mechanisms are put into place and resources (e.g., investigations, search warrants, affidavits, etc.) are marshalled in an attempt to shed light on the circumstances surrounding the illicit doings and, with respect to possible suspects, an attempt is made to establish where each was at which particular time doing what and why. These transformative legal actions are animated, given life and sustained until resolution (if any) by an authority which comes directly from the pages of elaborately coded legal, evidentiary, and procedural guidebooks as realized in Western civil and criminal law.

This is not to imply, however, that acts of this nature (burglary, theft) are routinely committed alone. More often than not pairs or teams work together, and in fact entire networks of burglary rings operate with nearly orchestral precision in an effort to enhance the take. For legal purposes, networks of concerted illegal activities such as these bring to the fore additional charges (e.g. racketeering, conspiracy), but for purposes of this discussion the situation of the lone bandit will suffice. It should also be noted that, although the actual deed is usually unobserved, the general setting within which such activity takes place is society-at-large, that is, movement in or transit through public places for purposes of arriving at the illicit destination is by and large a spatial reality which cannot be avoided. As such, chances are very good that the perpetrators will be at the very least inconsequentially observed by anonymous others, thereby establishing the potential for authorities to identify the suspect. Let us also be aware that because of the diffuse, impersonal nature of chance meetings or disinterested observation in public places, those in transit toward the commissioning of an illicit act will pass through public places in anonymous fashion such that little or no suspicion will be drawn toward them. Of course, the possibility that suspicion might be raised involves to a great extent such things as 'dumb luck' and other peculiar circumstances of the moment, including such variables as the time of day or night, the roads employed, the district (business or residential), the number of anonymous others out and about, the suitability of the attire and demeanor of those embarking on the illicit act, and so forth.

On the Use of Normal Appearances

This discussion has been concerned with how individuals typically manage their affairs so that episodes of fatefulness and eventfulness can be avoided. Within the everyday living of a life persons manage impressions of themselves (PS2) which are deemed appropriate for any given situation or encounter. The routine grounds which provide the setting for these strips of activity must be amenable to the types of environments within which human beings feel comfortable and safe in going about the business of their lives. In other words, more often than not things appear normal, routine, and predictable. Goffman's discussion on this subject is well worth noting (RP_f, 239; RP_f_{dt}, 319): "When the world immediately around the individual portends nothing out of the ordinary, when the world appears to allow him to continue his routines (being indifferent to his designs and neither a major help nor a major hindrance), we can say that he will sense that appearances are 'natural' or 'normal'. For the individual, then, normal appearances mean that it is safe and sound to continue on with the activity at hand with only peripheral attention given to checking up on the stability of the environment. Wariness is handled as a side-involvement; the human animal might say that he can 'take things at face value', the unstated implication being that he can predict from what he sees what it is that is likely to come about, and this is not alarming. And when special attentiveness is required, as when humans cross a busy intersection or unpack eggs, it will be understood that this special effort is restricted to a brief period of time".

Thus we come to understand the normal, routine, mundane appearance of everyday life; the situation must by and large present itself as such because otherwise human beings would be overly cautious, defensive and apprehensive concerning even the most trivial aspects part and parcel to the everyday business of living. Normal appearance is, then, a requirement for stable social relations. This normalcy of appearance, however, opens the door for certain individuals, skilled at impression management and able to fabricate appropriate frames, to create an underlife for themselves and their associates such that illicit acts can be carried out literally right under the noses of those sharing the offender's immediate spaces. This is certainly the case for the embezzler discussed earlier. And in terms of the general public, similar criteria of normality apply, a normality of appearance which allows certain inconsequentially observed others to carry out illegal acts such as burglary and whatnot. However, due to the nature of dumb luck, occasionally criminals going about their business *are* noticed by police or law enforcement personnel who happen to be at the right place at the right time and are specially trained and skilled in the art of observation. Susan Black (1963, 95) explains that although most untrained observers rarely spot anything amiss in the typical burglar, the trained observer or detective "will see a guy on the street who has an air or a mannerism that arouses his suspicion and makes him want to take a second look". The astute observer may be tipped off by such things as the person's appearing to be out of place; exhibiting nervousness or anxiousness; looking around (presumably for a place to burglarize) more than normally would be the case, and so forth. This serves as further illustration of the utility of Goffman's dramaturgical vision, particularly as it relates to the kind of things that could be labeled criminal or deviant arising from the give and take of co-present others in face-to-face settings.

References

Bauman, Zygmunt: Effacing the face: On the social management of moral proximity. In: Theory, Culture & Society 7/1 (1990), 5–38.

Becker, Howard S.: Outsiders: Studies in the sociology of deviance. New York 1973 (german [2]2014)

Black, Susan: Burglary: II. In: New Yorker 43 (Dec. 1963), 89–152.

Chriss, James J.: Social control: An introduction. Cambridge, UK 2013.

Garfinkel, Harold: Studies in ethnomethodology. Englewood Cliffs, NJ 1967 (german 2020).

Golec, Anthony M.: Techniques of legal investigation. Springfield, IL 1976.

Kekes, John: The examined kife. Lewisburg 1988.

Shalin, Dmitri N.: Erving Goffman, fateful action, and the Las Vegas gambling scene. In: UNLV Gaming Research & Review Journal 20,1 (2016), 1–38.

Simmel, Georg: The sociology of Georg Simmel, translated by K.H. Wolff. Glencoe, IL 1950.

Zhao, Shanyang: The digital self: Through the looking glass of telecopresent others. In: Symbolic Interaction 28/3 (2005), 387–405.

72 Geschichtswissenschaften

Martin Scheutz

Das Werk von Erving Goffman – und hier vor allem sein Konzept der totalen Institution – scheint in den Geschichtswissenschaften eine Vergangenheit, aber wenig Gegenwarts- oder gar Zukunftsperspektiven zu haben. Zu tief scheint etwa seine für die Geschichtswissenschaften essentielle Essaysammlung *Asylums. Essays on the Social Situation of Mental Patients and Other Inmates* von 1961 (AS_{dt}) in der zeitgenössischen Debatte um die Reform von Psychiatrien, Krankenhäusern oder Gefängnissen verwurzelt. Dieser Befund wird dem Originaltext nicht gerecht, denn Goffmans Texte besitzen bis heute eindeutig „‚aufklärerisches' Potential", ohne zu moralisieren (Watzka 2011, 48). Seine Praxisnähe, seine gute Stilistik und seine leichte Zugänglichkeit auch für Nicht-Soziolog/innen animieren zum Lesen. Goffmans Text *Asylums* wurde zu einem interdisziplinären Passepartout vieler geschichtswissenschaftlicher Arbeiten in den 1970er und 1980er Jahren (Scheutz 2008a, b).

Aus einer geschichtswissenschaftlichen Perspektive wurde die Essaysammlung Goffmans zu den Asylen bald bei der historischen Interpretation von Institutionsgeschichte angewendet. Als typisch für die vergleichsweise rasche Rezeption der 1972 publizierten deutschen Version kann etwa der Wiener Sozialhistoriker Hannes Stekl mit seiner grundlegenden Arbeit zu den österreichischen Zucht- und Arbeitshäusern zwischen 1671 und 1920 gelten. Stekl verortete sein Thema im Einleitungskapitel seiner Habilitationsschrift von 1978 auch in der Organisationssoziologie.

> „Weit fruchtbarere Anregungen [als die Anstaltsmonografien, MS] vermittelte dagegen Goffmans Theorie ‚totaler Institutionen', der die sozialpsychologischen Aspekte verschiedener Arten von Anstaltsaufenthalten mit größter Akribie beschrieben und dabei auf die engen Verbindungen zwischen gesellschaftlicher Stabilisierung und der Beurteilung von Außenseitern und Anormalen verwiesen hatte" (Stekl 1978, 14).

Rund 30 Jahre später klingt die Einschätzung Goffmans durch den „Gefängnishistoriker" Falk Bretschneider recht ähnlich:

> „Totale Institutionen verstand er [Goffman] als radikale Gegenpole zur Gesellschaft, die für ihn ein sozialer Raum spontaner Selbstverwirklichung war. […] Goffman schilderte totale Institutionen als künstliche Gegen-Welten, die von unselbständigen Insassen bevölkert werden, die durch Mauern, Zäune und Tore völlig vom Rest der Gesellschaft isoliert sind" (Bretschneider 2008, 8).

Zwar nicht ganz in den alltäglichen Sprachgebrauch eingedrungen, aber doch einer populären Wissenschaftssprache zugeschlagen, fand der Terminus der „totalen Institution" breite Akzeptanz in den 1970er und 1980er Jahren, ohne in der Regel inhaltlich besonders trennscharf

M. Scheutz (✉)
Institut für Österreichische Geschichtsforschung/
Institut für Geschichte, Universität Wien, Wien, Österreich
E-Mail: martin.scheutz@univie.ac.at

K. Lenz und R. Hettlage (Hrsg.), *Goffman-Handbuch*, https://doi.org/10.1007/978-3-476-05871-3_72

oder punktgenau eingesetzt zu werden. Den Begriff der „Institution" könnte man dabei im Sinne einer „soziale Institution" folgendermaßen verstehen: als „relativ auf Dauer gestellte, durch Internalisierung verfestigte Verhaltensmuster und Sinngebilde mit regulierender und orientierender Funktion" (Blänkner/Jussen 1998, 12). Der Begriff der totalen Institutionen hat sich im Sinne einer wissenschaftlichen Umgangssprache weitgehend vom ursprünglichen Forschungskontext und seinen Schöpfern verabschiedet. Goffman, den man in einer breiteren Öffentlichkeit vor allem mit Interaktionsordnung und -prozessen verbindet, wurde 1952 während seines Studiums in einer Lehrveranstaltung an der Universität von Chicago bei Everett C. Hughes (1897–1983) erstmals mit dem Begriff totale Institutionen konfrontiert (Burns 1992, 142). Der Untersuchungsgegenstand seines 1961 publizierten zweiten, bereits höchst erfolgreichen Buches mit dem Titel *Asylums* war eine große, mit 7000 Insass/innen belegte psychiatrische Anstalt (St. Elizabeths Hospital, Washington, D.C.), in der Goffman zwischen 1955/56 in „teilnehmender Beobachtung" (Lenz 1991, 50 f.) ein innenperspektivisches, mikrosoziologisch orientiertes Modell von geschlossenen Institutionen (Göhler 2004, 212), die sich mit der ‚Verwahrung' von Personen beschäftigen, entwickelte (s. Kap. 3). Goffman erläutert dabei seine methodische Herangehensweise kaum, was ihm herablassend den Vorwurf der Theorieferne eingetragen hat. Als Assistent des Sportreferenten in die Klinik eingeschleust, zeigt Goffman aber in dieser frühen Studie bereits Fähigkeiten, die ihn auch später auszeichnen sollten: die Verbindung von scharfer Analyse und prägnanter, stilistisch sicherer und gut organisierter Darstellung. *Asyle* – so der deutsche Titel – wurde schnell zu einem wichtigen kritischen Referenztext für die Analyse und Hinterfragung von repressiven Verwahreinrichtungen verschiedener Ausrichtung. Der Soziologe entwickelt dabei keine präzise Beschreibung der totalen Institutionen, sondern arbeitet am Beispiel der psychiatrischen Anstalt kritisch mehrere Merkmalbündel heraus, die einerseits halfen, diese inhaltlich zu beschreiben, andererseits bot diese unscharfe Beschreibung und die Verweigerung einer abschließenden Definition ausreichend Platz, um diese begriffliche Leerstelle zu füllen, indirekt ist diese Unbestimmtheit vielleicht sogar mit ein Erfolgsgarant des Begriffes totale Institutionen (s. Kap. 26).

Nach Goffman sind totale Institutionen – „alles andere als Stätten des Intellekts" (AS_a_{dt}, 87; AS_a, 84) – eine Unterform eines allgemeinen Begriffs von sozialen Institutionen, die er als „Räume, Wohnungen, Gebäude oder Betriebe, in denen regelmäßig eine bestimmte Tätigkeit ausgeübt wird" (AS_a_{dt}, 15; AS_a, 3), festzulegen versuchte. Er sprach die Kombination von Wohn- und Arbeitsräumen insgesamt als eine negative, Lebenszeit verschlingende ‚Art Welt für sich' an. Diese Institutionen können sich prinzipiell nach ihren Kriterien, wie z. B. beschränkte/unbeschränkte Zugänglichkeit oder Zielsetzung, unterscheiden. Die totale Institution bildet einen Extremfall auf letzterer Skala, da sie „durch Beschränkungen des sozialen Verkehrs mit der Außenwelt" einen „allumfassenden oder totalen Charakter" (AS_a_{dt}, 15 f.; AS_a, 4) annimmt. Meist sind totale Institutionen durch physische Barrieren (wie Zäune, hohe Mauern, Klausurbereich oder naturräumliche Gegebenheiten) von der Umwelt getrennt. Inklusion und Exklusion werden dadurch baulich verdeutlicht. ‚Abgeschlossenheit', Rationalisierung des alltäglichen Lebens und autoritäre, bürokratische Organisation des Anstaltslebens sind sowohl Praktiken als auch Arrangements betreffende Charakteristika von totalen Institutionen.

Insgesamt fünf Gruppen von totalen Institutionen können nach der breiten Annäherung des Autors gemäß ihren Zielsetzungen unterschieden werden (AS_a_{dt}, 16; AS_a, 4 f.): (1) Fürsorge unselbstständiger und ‚harmloser' Menschen (Blinden-, Alters-, Kinder- und Waisenheime, Armenasyle usw.); (2) Fürsorge von unselbstständigen Personen, die in irgendeiner Weise eine Gefahr für die Gesellschaft darstellen (Tuberkulosesanatorien, psychiatrische Kliniken, Leprosorien); (3) Schutz der Gesellschaft vor ‚gefährlich' geltenden Personen; nicht primär zum Wohle der abgesonderten Personen

(Gefängnisse, Zuchthäuser, Kriegsgefangenenlager, Konzentrationslager); (4) Kontrolle von Insass/innen mit arbeitsähnlichen Zielen (Kasernen, Internate, Schiffe, Arbeitslager, koloniale Stützpunkte, große Gutshäuser); (5) Zufluchtsort oder religiöse Ausbildungsstätten (Abteien, Klöster, Konvente, mönchische Wohngemeinschaften).

Folgende Merkmale kennzeichnen totale Institutionen und deren Ordnungsarrangements (AS_a_{dt}, 17 f.; AS_a, 6): (1) Sie sind allumfassend. Das Leben aller Mitglieder findet nur an dieser einzigen Stelle statt, es gibt keine Trennung von Wohn-, Aufenthalts- und Arbeitsbereich. Das Leben in totalen Institutionen ist einer einzigen zentralen Autorität unterworfen. (2) Die Mitglieder der Institution führen ihre alltägliche Arbeit in unmittelbarer (formeller) Gesellschaft und (informaler) Gemeinschaft ihrer Schicksalsgefährt/innen aus. Das Spazierengehen in einem Gefängnis findet beispielsweise in Gruppen in den Höfen statt. (3) Alle Tätigkeiten und sonstigen Lebensäußerungen sind exakt geplant und ihre Abfolge wird durch explizite Regeln und durch einen Stab von Funktionär/innen vorgeschrieben. (4) Die verschiedenen Tätigkeiten und Lebensäußerungen sind in einem einzigen rationalen Plan vereinigt, der dazu dient, die offiziellen Ziele der Institution zu erreichen.

Zentral für die Organisation von totalen Institutionen nach Goffman ist die Unterscheidung von ‚Insass/innen' und Überwachungspersonal (am Beispiel von Alterungsprozessen Bexten Reed 1978). Die in sich wiederum binnendifferenzierte Welt des Stabes – nicht mit der ‚Führung', sondern der ‚Überwachung' der Insass/innen beschäftigt – ist streng von der Welt der Insass/innen getrennt. Ungeachtet der verschiedenen Ziele sei das zentrale Merkmal der Institutionen „die Handhabung einer Reihe von menschlichen Bedürfnissen durch die bürokratische Organisation ganzer Gruppen von Menschen" (AS_a_{dt}, 18; AS_a, 6), aus der automatisch eine Trennung zwischen Verwalter/innen (dem Personal) und Verwalteten (den Insass/innen) entsteht. Totale Institutionen kennzeichnen sich durch Parallelflächen verschiedener kultureller, ethnischer und sozialer Welten, die trotz einiger Berührungspunkte weitgehend autonom, und vom Stab nur begrenzt beeinflussbar, nebeneinander existieren. Diese Trennung ist die Hauptquelle von sozialen Konflikten und Problemen innerhalb der Institution. „Bezeichnenderweise sehen sowohl der Stab als auch die Insassen das Gebäude wie den Namen der Institution als etwas dem Stab Gehörendes an" (AS_a_{dt}, 20; AS_a, 9). Eine Betriebsfeier eines Gefängnisses umfasst also, um Abstraktes zu verdeutlichen, die Angehörigen des Stabes, die die Einrichtungen des Gefängnisses (Bäckerei, Krankenstation usw.) repräsentieren, und nicht die Insass/innen.

Totale Institutionen, „soziale Zwitter, einerseits Wohn- und Lebensgemeinschaft, andererseits formale Organisation" sind – so eine von mehreren Lesarten von Goffmans Text – „Treibhäuser, in denen unsere Gesellschaft versucht, den Charakter von Menschen zu verändern. Jede dieser Anstalten ist ein natürliches Experiment, welches beweist, was mit dem Ich des Menschen angestellt werden kann" (AS_a_{dt}, 23; AS_a, 12). Der amerikanische Soziologe suchte mit seiner Fallbeschreibung vor allem das Auseinanderfallen von Ziel und realer Ausformung von „totalen Institutionen zu kritisieren, der Gegensatz von Heil- und Resozialisationsabsicht und der konkreten Ausformung von Autorität und Kontrolle seitens der Anstaltsführung wird für ihn evident" (Burns 1992, 157). Als eine von Goffmans Kernthesen könnte man anführen, dass psychiatrische Anstalten die Probleme, die sie vorgeben zu heilen, gleichsam selbst produzieren.

„Kaserne, Zucht- und Arbeitshaus, Internat und Irrenanstalt – die bekanntesten weltlichen Prägeapparaturen – scheinen mehr oder weniger vollständig jene Disziplinierungstechniken anzuwenden, die der Baukastensatz der klösterlichen Disziplinierungstechniken [bereits] enthält" (Treiber/Steinert ^{2}2005, 119). Mit Goffman in der Hand konnten Spezialist/innen wie Militär-, Gefängnis- oder Kirchenhistoriker/innen rasch und ergebnisoffen aufeinander zugehen. Das Konzept der totalen Institution und der amorphen Macht über Menschen stützt sich dabei auf Max Webers Konzept der über Disziplin (erfolgreich Gehorsam ‚kraft eingeübter Einstellung') erzielten Rationalisierung als Schlüsselkategorie moderner Gesellschaften. Vor allem die Sozial- und Erziehungswissenschaften sowie die Medizingeschichte (besonders die Psychiatrie) haben sich um eine praktische Anwendung des Konzeptes der totalen Institution intensiver bemüht. Die historische Wissenschaft hat, soweit dies überblickt werden kann, mit diesem Konzept insgesamt recht oberflächlich gearbeitet, obwohl sich Goffmans eklektizistischer Ansatz mit mikrogeschichtlichen Fragestellungen gut verbinden ließe (Schaffner 2007, 72–89). Vielerorts äußerten Historiker/innen Zweifel und „Skepsis bezüglich der Übertragbarkeit des soziologischen Modells auf historische Institutionen, da sich der soziale Kontext, die Größenordnung, Anstaltsziele und Individualitätskonzepte weitgehend vom Ausgangspunkt Goffmans unterscheiden" (Heidegger/Daum-Dietrich 2008, 85).

Goffmans beispielgesättigte Ableitung der Verhältnisse im St. Elisabeths Hospital, Washington, ist ausgesprochen suggestiv und baut auf breiter historischer Argumentation auf. Das Kloster und die Ausprägung der rationalisierten Askese, die Einteilung von Raum/Zeit und die institutionalisierte (Selbst-)Kontrolle der Insass/-innen erscheinen in Goffmans Meisternarrativ und in mehreren Folgestudien als Laboratorien aller danach folgenden Disziplinierungsmethoden (als Beispiel Felhofer 1987, 67–78). Auch das „Schwungrad der frühneuzeitlichen Staatsbildung" findet sich bei Goffman. Als ‚Mutterschoß' der Disziplin könnte man das Militär, vor allem nach der Heeresreform der Oranier aus dem 16. Jahrhundert, ansehen, weil das Heer einem neuen Disziplinbegriff zum Durchbruch verhalf (Reinhard 1999, 344–363). Weitgehend unstrittig gelten Gefängnisse heute als Inbegriff der totalen Institutionen (Bögemann 2004, 30), indem sie eine hierarchisch strukturierte Organisation (ein geschlossenes System) aufweisen und als Aufbewahrungsort für delinquente Mitglieder der Gesellschaft gelten. Nach innen erfüllt das Gefängnis den Auftrag einer via rigides Regelwerk durchgesetzten Besserung der Insass/innen gemäß den herrschenden Normen; nach außen schützt das Gefängnis die ‚Gesellschaft' vor den einsitzenden Delinquent/innen bzw. allgemein vor Straftaten. Das erste Zuchthaus in London (Schloss Bridewell um 1550) und das Amsterdamer Zuchthaus von 1595 brachten ein neues Disziplinierungskonzept, das mittels Arbeitsstrafen und geistlicher Ermahnung eine ‚Korrektion' der ‚liederlichen' Insass/innen (Bettler/innen, Kleinkriminelle) vorsah, auf den Weg. So martialisch diese Institutionen sich in den zahlreich publizierten Normen der Frühen Neuzeit ausnahmen, in der Realität blieben die Funktionsgruppen Personal und Insass/innen hoch verschränkt. Insass/innen übernahmen vielfältige Kontrollfunktionen über andere Mithäftlinge, die Gefängniswelt verschränkte sich mit der Außenwelt (am Grazer Beispiel Hammer-Luza 2019).

Rasch wurde Goffmans beschreibendes Konzept und dessen Ursprungsnarrativ in der Benediktsregel und im europäischen Kloster im Gefolge eines 1980 erstmals erschienenen Buches des Juristen Hubert P. Treiber und des Soziologen Heinz Steinert popularisiert. Das Konzept der totalen Institutionen fand sich bald mehr oder minder konzeptscharf (Treiber/Steinert 2005, 61–86) – und die Geschichtswissenschaften mitunter nur am Rand berührend – auf Armenhäuser, Altersheime, Fabriken, Flugzeuge, Internate, Irrenanstalten, Jugenderziehungsanstalten, Kadettenanstalten, Kasernen, Klöster, Schiffe, Stadien oder etwa Waisenhäuser überschlagen (als Beispiele Lisch 1976; Felhofer 1987; Gerstenberger 1996; Steiner 1999; Heinzelmann 2004; Schneider 2008; Täubig 2009; Scott 2011; Faber 2013). Goffman wurde in diesen Texten fast als ‚Historiker' zitiert. Mitunter bildete dabei eine geschichtswissenschaftliche, mikrogeschichtliche Betrachtung der behandelten Institution den nur recht schwammigen Ausgangspunkt der institutionellen Betrachtungsweise.

Kritik hat Goffmans Konzept beispielsweise nicht nur durch Anthony Giddens erfahren, der die fehlende Einbettung der verschiedenen Teilgesellschaften in die ‚Gesamtgesellschaft' monierte. Giddens wollte die wirtschaftliche, geisteswissenschaftliche und politisch-kulturelle Vernetzung der Anstalt mit der ‚Umwelt' und die durchaus durchlässigen Grenzen zwischen der Institution und der Außenwelt stärker betont wissen (Giddens 1995, 192). Gerade eine rigide Trennung von Insass/innen und Personal lässt sich etwa für neuzeitliche Gefängnisse, Klöster oder Spitäler nicht belegen. Im Gegenteil handelte es sich bei Gefängnissen um eine ‚gefangene Gesellschaft', die Insass/innen wie Personal gleichermaßen wie einen Mantel umschloss (Bretschneider 2008). Die friedlichen, aber auch gewalttätigen Interaktionen von Personal und Insass/innen in Gefängnissen waren weitumspannend: Gefängniswärter/innen spielten mit Gefangenen Karten, weibliche Insassen gebaren Kinder, die von Wärtern gezeugt wurden, Gewaltexzesse und ein Strafsystem betonte umgekehrt die Gegensätze. Auch die rigide Scheidung einer Innen- und Außenwelt der Totalen Institutionen fand in der historischen Betrachtungsweise vermehrt Kritik. Vielfach erschienen die Anstaltsmauern in historischen Arbeiten weniger hoch als dies Goffman postulierte. Ja, die Anstaltsgrenzen waren überraschend „durchlässig, sowohl in Bezug auf den Zugang von Besuchern als auch in Bezug auf das Wahrnehmen von Außenkontakten durch die ‚Insassen'" (Heidegger/Daum-Dietrich 2008, 84).

In kritischer Würdigung Goffmans wandte sich eine Wiener Tagung 2009 dem Verhältnis von Personal und Insass/innen am Beispiel von Klöstern, Spitälern, Strafanstalten und verschiedenen Lagerformen zu und weichte das scheinbare unüberbrückbare Gegensatzpaar Goffmans im Sinne der Interdependenz (Watzka 2011) auf:

> „Insgesamt lässt sich damit festhalten, dass an die Stelle einer weithin funktionalistischen Auffassung vom Gegen-Einander, wie sie Goffmans Begriff der ‚Totalen Institution' über weite Strecken nahe legt, heute eine Perspektive rückt, die das aufeinander bezogene Handeln von Akteuren in sozialen Kräftefeldern untersucht und seine sozialen Mechanismen, Motive sowie Erfahrungshintergründe zu verstehen versucht. Goffmans Studien sind dafür nach wie vor ein theoretisch anregender, durch seine provokanten Mehrdeutigkeiten auch herausfordernder Ausgangspunkt, dessen nachhaltiger Verdienst es bleibt, als einer der ersten den Blick auf alltägliche Interaktionen im Anstaltskontext gelenkt zu haben" (Bretschneider/Scheutz/Weiß 2011, 20 f.).

Andere Arbeiten von Goffman, etwa zu Stigma und Ausgrenzungsmechanismen oder zu Interaktionsordnungen, Geschlechterrollen und Rollenspielen (etwa Verheyen 2010, 27), wurden dagegen nach meinem Eindruck in historischem Kontext weniger rezipiert; weil hier interdisziplinär agierende Kulturanthropolog/innen wie Victor Turner bald die Forschungen Goffmans in ihrer Wirkungsmacht überflügelten. Vor allem in der Ritualforschung zu alltäglichen ‚Interaktionsritualen' erscheint Goffman aber als wichtiger Schrittmacher für die Erforschung ritualisierter Face-to-face-Kommunikation in der Vormoderne. Die Mechanismen des neuzeitlichen ‚Ehrdiskurses' im Sinne eines sozialen Dramas lassen sich mit seinen Interaktionsanalysen erhellen. Goffmans meist nur mehr forschungsgeschichtlich als relevant zitierte Studien zu Interaktionsritualen (IR) und zum Theaterspielen (PS2) lieferten den Historiker/-innen wichtige Einsichten zur komplexen Schaffung eines ‚Selbstbildes' über Rituale. Dieses Selbstbild folgt kollektiven Regeln und erscheint durch Sozialisation erworben. Von Goffmans Forschungen führt ein direkter Weg zu vielzitierten vormodernen „Präsenzkulturen" (Stollberg-Rilinger 2019, 45) und zur „Anwesenheitsgesellschaft" (Schlögl 2008). Ritualisierte Verhaltensweisen im Sinne Goffmans lassen sich dabei nicht nur im höfischen oder kirchlichen Zeremoniell, in der Liturgie oder dem Turnier, sondern etwa auch in der Gelehrtenkultur (Janke 2008) nachweisen. In einer historischen Perspektive verschwimmen dabei ganz nach den Vorstellungen Goffmans häufig die Grenzen zwischen Theater und Wirklichkeitsebene. Während man im Theater nachahmend spielt, ist man im Ritual, was man spielt (Stollberg-Rilinger 2019, 205). Im Dezember 1562 begegneten sich beispielsweise zwei mächtige französische Adelige, nämlich der Prinz von Condé und der Herzog von Guise, am Abend in einem Schloss. Einer der Adeligen war ein Kriegsgefangener des anderen.

> „Der andere, der ihn gefangen genommen hatte, wollte ihm die einer Person seines Ranges zukommende Ehre erweisen. Dazu gehörte es auch, dass er ihm das einzige prachtvoll ausgestattete Bett des Schlosses, in dem er ihn gefangen hielt, angeboten hatte. Der so geehrte Gefangene lehnte das Angebot ab und bestand darauf, dass der Besitzer das Bett statt dessen selbst benutzen solle. Am Ende des höflichen Disputs stellte sich als einzig ehrenhafte Alternative heraus, dass beide das Bett miteinander teilten" (Janke 2008, 236).

Diese Geschichte über adelige Ritualformen zeigt wie mittels ritualisierter Höflichkeit eine Kriegssituation spielerisch gelöst wurde, indem dem kriegsgefangenen ‚Gast' das beste Bett im Haus angeboten wurde. Ritual und Theater sind nach Goffman verwoben, die Kriegs- und Konfliktsituation reagiert auf den Stand der Akteure und deren Umgangsformen. Allerdings: „Nach der Theateraufführung steht der ermordete König wieder auf, nach dem Hinrichtungsritual aber nicht" (Stollberg-Rilinger 2019, 205).

Literatur

Bexten Reed, Monika: Aging in a total institution: The case of older prisoners. Nashville 1978.

Blänkner, Reinhard/Jussen, Bernhard: Institutionen und Ereignis. Anfragen an zwei alt gewordene geschichtswissenschaftliche Kategorien. In: Dies. (Hg.): Institutionen und Ereignis. Über historische Praktiken und Vorstellungen gesellschaftlichen Ordnens. Göttingen 1998, 9–16.

Bögemann, Heiner: Gesundheitsförderung in totalen Institutionen am Beispiel einer geschlossenen Justizvollzugsanstalt. Oldenburg 2004.

Bretschneider, Falk: Gefangene Gesellschaft. Eine Geschichte der Einsperrung in Sachsen im 18. und 19. Jahrhundert. Konstanz 2008.

Bretschneider, Falk/Scheutz, Martin/Weiß, Alfred Stefan: Machtvolle Bindungen – Bindungen voller Macht. Personal und Insassen in neuzeitlichen Orten der Verwahrung zwischen Konfrontation und Verflechtung. In: Dies. (Hg.): Personal und Insassen von „Totalen Institutionen" – zwischen Konfrontation und Verflechtung. Leipzig 2011, 7–24.

Burns, Tom: Erving Goffman. London u. a. 1992.

Faber, Richard (Hg.): Totale Institutionen? Kadettenanstalten, Klosterschulen und Landerziehungsheime in der Schönen Literatur. Würzburg 2013.

Felhofer, Gisela: Die Produktion des disziplinierten Menschen. Wien 1987.

Gerstenberger, Heide: Men apart: the concept of „total institution" and the analysis of seafaring. In: International Journal of Maritime History 8/1 (1996), 173–182.

Giddens, Anthony: Die Konstitution von Gesellschaft. Grundzüge einer Theorie der Strukturierung. Frankfurt/Main 1995.

Göhler, Gerhard: Institution. In: Ders./Matthias Iser/Ina Kerner (Hg.): Politische Theorie. 22 umkämpfte Begriffe zur Einführung. Wiesbaden 2004, 209–226.

Hammer-Luza, Elke: Im Arrest. Zucht-, Arbeits- und Strafhäuser in Graz (1700–1850). Wien 2019.

Heidegger, Maria/Daum-Dietrich Elisabeth: Die k. k. Provinzial-Irrenanstalt Hall in Tirol im Vormärz – eine Totale Institution? In: Martin Scheutz (Hg.): Themenheft: Totale Institutionen. Wiener Zeitschrift zur Geschichte der Neuzeit 8/1 (2008), 68–85.

Heinzelmann, Martin: Das Altenheim – immer noch eine „totale institution"? Eine Untersuchung des Binnenlebens zweier Altenheime. Diss. Göttingen 2004.

Janke, Gabriele: Ritualisierte Verhaltensweisen in der frühneuzeitlichen Gelehrtenkultur – Bettgeschichten. In: Alf Lüdtke/Reiner Prass (Hg.): Gelehrtenleben. Wissenschaftspraxis in der Neuzeit. Köln 2008, 235–246.

Lenz, Karl: Erving Goffman – Werk und Rezeption. In: Robert Hettlage/Karl Lenz: Erving Goffman, ein soziologischer Klassiker der zweiten Generation. Bern 1991, 25–93.

Lisch, Ralf: Totale Institution Schiff. Berlin 1976.

Reinhard, Wolfgang: Geschichte der Staatsgewalt. Eine vergleichende Verfassungsgeschichte Europas von den Anfängen bis zur Gegenwart. München 1999.

Schaffner, Martin: Verrückter Alltag. Ein Historiker liest Goffman. In: Österreichische Zeitschrift für Soziologie 32/2 (2007), 72–89.

Scheutz, Martin: „Totale Institutionen" – missgeleiteter Bruder oder notwendiger Begleiter der Moderne? Eine Einführung. In: Martin Scheutz (Hg.): Themenheft: Totale Institutionen. Wiener Zeitschrift zur Geschichte der Neuzeit 8/1 (2008a), 3–19.

Scheutz, Martin (Hg.): Themenheft: Totale Institutionen. Wiener Zeitschrift zur Geschichte der Neuzeit 8/1 (2008b).

Schlögl, Rudolf: Kommunikation und Vergesellschaftung unter Anwesenden. Formen des Sozialen und ihre Transformation in der Frühen Neuzeit. In: Geschichte und Gesellschaft 34/2 (2008), 155–224.

Schneider, Christine: Frauenklöster der Frühen Neuzeit als totale Institutionen – Gleichheit und Differenz. In: Martin Scheutz (Hg.): Themenheft: Totale Institutionen. Wiener Zeitschrift zur Geschichte der Neuzeit 8/1 (2008), 20–33.

Scott, Susie: Total institutions and reinvented identities. New York 2011.

Steiner, Olivier: Konfliktbewältigung in totalen Institutionen. Ein Versuch am Beispiel von Jugenderziehungsanstalten. Lizentiatsarbeit Basel, 1999.

Stekl, Hannes: Österreichs Zucht- und Arbeitshäuser: 1671–1920. Institutionen zwischen Fürsorge und Strafvollzug. Wien 1978.

Stollberg-Rilinger, Barbara: Rituale. Frankfurt/Main, New York [2]2019.

Täubig, Vicki: Totale Institution Asyl. Empirische Befunde zu alltäglichen Lebensführungen in der organisierten Desintegration. Weinheim, München 2009.

Treiber, Hubert P./Steinert, Heinz: Die Fabrikation des zuverlässigen Menschen. Über die „Wahlverwandtschaft" von Kloster- und Fabrikdisziplin. Düsseldorf [2]2005 (1980).

Verheyen, Nina: Diskussionslust. Eine Kulturgeschichte des „besseren Arguments" in Westdeutschland. Göttingen 2010.

Watzka, Carlos: Zur Interdependenz von Personal und Insassen in „totalen Institutionen": Probleme und Potentiale von Erving Goffmans „Asyle". In: Falk Bretschneider/Martin Scheutz/Alfred Stefan Weiß, (Hg.): Personal und Insassen von „totalen Institutionen" – zwischen Konfrontation und Verflechtung. Leipzig 2011, 25–53.

Personenregister

K. Lenz und R. Hettlage (Hrsg.), *Goffman-Handbuch*, https://doi.org/10.1007/978-3-476-05871-3

L

M